TRAITÉ-FORMULAIRE

GÉNÉRAL

ALPHABÉTIQUE ET RAISONNÉ

DU NOTARIAT

PAR

AMIAUD

ANCIEN PRÉSIDENT DE LA CHAMBRE DES NOTAIRES D'ANGOULÊME
AUTEUR DU *Tarif général* et *du point des notaires* ET DE PLUSIEURS AUTRES OUVRAGES DE NOTARIAT

QUATRIÈME ÉDITION

TOME QUATRIÈME

PARIS

ADMINISTRATION DU JOURNAL DES NOTAIRES ET DES AVOCATS

52, RUE DES SAINTS-PÈRES, 52

1895

TRAITÉ-FORMULAIRE

GÉNÉRAL

ALPHABÉTIQUE ET RAISONNÉ

DU NOTARIAT

OUVRAGES DU MÊME AUTEUR

Étude de droit pratique. — De la renonciation à son hypothèque légale par la femme du vendeur au profit de l'acquéreur (1869), in-8°.

De la vénalité et de la propriété des offices des notaires (1870), *épuisé.*

Le Notariat en Russie et en Espagne (1873), *épuisé.*

Études sur le Notariat français. — Réformes et améliorations (1879), in-8°.

De la prescription de l'hypothèque par le tiers détenteur. — Interprétation des articles 2180 et 2267 du Code civil (1880), in-8°.

Le tarif général et raisonné des notaires. — Étude sur les principes et le mode de rémunération des actes, etc., 2° *édition* (1881), 2 vol. in-8°. — Prix: 15 fr.

Recherches bibliographiques sur le Notariat français (1881), in-12.

Explication de la loi du 5 août 1881 sur la taxe et la prescription des frais des actes notariés (1882), in-8°. — Prix : 2 fr.

Commentaire de la loi du 25 ventôse an XI (2° *édition* de l'ouvrage de Rutgeerts) (1884), 3 vol. in-8°. — Prix : 27 fr.

Aperçu de l'état actuel des législations civiles de l'Europe et de l'Amérique (1884), *rare.*

De la transmission des offices de notaire. — Manuel pratique en matière de cession, de création et de suppression d'office et de transfert de résidence (1891), 2° *édition*, in-8°. — Prix : 3 fr.

TRAITÉ-FORMULAIRE

GÉNÉRAL

ALPHABÉTIQUE ET RAISONNÉ

DU NOTARIAT

PAR

Albert AMIAUD

ANCIEN PRÉSIDENT DE LA CHAMBRE DES NOTAIRES D'ANGOULÊME

AUTEUR DU *Tarif général et raisonné des notaires*, DU *Commentaire de la loi du 25 ventôse an XI*
ET DE PLUSIEURS AUTRES OUVRAGES DE NOTARIAT

QUATRIÈME ÉDITION

TOME QUATRIÈME

PARIS

ADMINISTRATION DU JOURNAL DES NOTAIRES ET DES AVOCATS

52, RUE DES SAINTS-PÈRES, 52

1895

COMPLÉMENT PÉRIODIQUE
DU
TRAITÉ-FORMULAIRE DE M. AMIAUD

Le TRAITÉ-FORMULAIRE de M. AMIAUD est tenu au courant par le *Journal du Notariat*, qui paraît le jeudi de chaque semaine, et dont les bureaux sont situés à Paris, 19, rue de Lille.

TRAITÉ-FORMULAIRE

GÉNÉRAL

ALPHABÉTIQUE ET RAISONNÉ

DU NOTARIAT

PATERNITÉ ET FILIATION

Ces deux termes corrélatifs sont employés pour désigner le lien naturel ou légal qui unit entre eux les enfants et les père et mère dont ils sont nés.

On distingue et la loi reconnaît trois espèces de filiation :

  a) La filiation légitime ;
  b) La filiation naturelle ;
  c) La filiation civile ou adoptive ;

Sommaire :

§ 1. Filiation légitime.
§ 2. Filiation naturelle.
§ 3. Filiation adoptive.
§ 4. Puissance paternelle.
§ 5. Enregistrement.
§ 6. Formules.

§ 1. FILIATION LÉGITIME.

1. — C'est celle de l'enfant qui a été conçu pendant le mariage et des œuvres du mari.

2. — La filiation légitime résulte de trois faits :

  a) Le *mariage* de la femme dont l'enfant se prétend issu ;
  b) La *maternité* : l'accouchement de la femme et l'identité du récla-mant avec l'enfant dont elle est accouchée ;
  c) La *paternité* du mari de la femme.

3. — **Mariage de la femme.** — C'est le premier fait à établir ; il faut, en effet, savoir avant tout s'il y a eu mariage.

Le mariage se prouve, soit par l'acte de l'état-civil, — soit par témoins, si les registres n'ont pas existé ou ont été perdus, soit enfin, dans certains cas, par la possession d'état.

Tome IV.

1

4. — Maternité de la femme. — La maternité résulte de l'*accouchement* de la femme et de l'*identité* de l'enfant (1).

Pour prouver l'accouchement, trois modes de preuve sont admis (art. 319 à 325, C. civ.) :

L'*acte de naissance* ;

La *possession d'état* ;

La *preuve par témoins*.

5. — *Acte de naissance.* — Cet acte prouve à la fois le fait de l'accouchement et l'identité de la femme indiquée comme mère ; peu importe qu'elle soit désignée comme femme mariée et que le nom du mari se trouve ou non dans l'acte (art. 319, C. civ.).

Lorsque les registres n'ont pas existé ou ont été perdus, l'acte rétabli à l'aide de témoins et d'écrits privés a la même force que l'acte de naissance ordinaire : il prouve l'accouchement et l'identité de la femme.

6. — *Possession d'état d'enfant légitime.* — C'est-à-dire un ensemble de faits propres à établir que le réclamant a la qualité qu'il invoque : s'il a porté le nom du mari ; si la femme et le mari le traitent en enfant légitime et ont pourvu, en cette qualité, à son éducation ; si la famille et la société le tiennent pour tel (art. 321, C. civ.).

Il faut que la possession d'état ait été *constante*, c'est-à-dire commencée assez tôt et continuée assez régulièrement pour être probante.

C'est à *défaut de titre* (2) que l'enfant invoque la possession d'état (art. 320, C. civ.). L'une des preuves peut être combattue par l'autre.

Mais lorsque l'acte de naissance et la possession d'état sont *conformes*, attribuent à l'enfant la même filiation l'un et l'autre, aucune preuve contraire n'est admise, ni de la part de l'enfant ni de la part de ceux qui lui contesteraient son état (art. 322, C. civ.) (3).

7. — *Témoins.* — Ce mode de preuve est admis :

Lorsque l'enfant n'a ni titre ni possession d'état ;

Lorsque, ayant seulement un titre, il le prétend faux ;

Lorsque, ayant seulement une possession d'état, il la prétend fausse ;

Lorsque, ayant un titre et une possession contradictoires, il veut ou faire prévaloir l'un sur l'autre, ou les écarter l'un et l'autre, pour établir sa vraie filiation.

La preuve par témoins n'est permise qu'à la condition de produire préalablement :

Soit un commencement de preuve par écrit, c'est-à-dire un acte rendant vraisemblable la filiation prétendue (art. 324, C. civ.), des titres de famille, les registres et papiers domestiques du père ou de la mère, etc... (4).

Soit des présomptions ou indices, résultant de faits *graves* et dès lors *constants*, c'est-à-dire incontestés (art. 323, C. civ.).

8. — Identité de l'enfant. — Tous les moyens sont bons pour établir que le réclamant est l'enfant de la femme qui est accouchée : titres, témoins, présomptions, etc.

9. — Paternité du mari de la mère. — La paternité n'étant pas un fait sensible, comme la maternité, la loi a remplacé les *preuves* impossibles à fournir par une *présomption* : certains enfants sont présumés issus du mari de leur mère ; ce sont :

---

(1) L'enfant dont on conteste l'état a pour faire établir cet état une action imprescriptible (art. 328) qui peut aussi être exercée par ses héritiers.

(2) Mais l'enfant peut invoquer sa possession d'état sans être obligé de justifier de la non existence ou de la destruction des registres de l'état-civil

(Cass., 2 février 1870 (S. 1871-1-243) ; Aubry et Rau, t. IV, § 141 ; Demolombe, t. V, n° 206; Laurent, t. III, n° 40).

(3) Cass., 1er février 1876, 9 juillet 1879 (S. 1880-1-241).

(4) Demolombe, t. V, n° 246 ; Cass., 27 janvier 1857.

a) Les enfants *conçus pendant le mariage ;*
b) Les enfants *conçus avant, mais nés pendant le mariage ;*
c) Les enfants *même conçus et nés après le mariage.*

10. — Enfants conçus pendant le mariage. — L'époque de la conception ne saurait être fixée que par celle de la naissance. Le Code a posé les limites légales de la grossesse : six mois, ou mieux cent quatre-vingts jours au *minimum* ; dix mois, ou plutôt trois cents jours au *maximum*.

Prenons le jour de la naissance ; remontons d'abord jusqu'au cent-quatre-vingtième jour précédent, puis jusqu'au trois-centième ; la conception se place dans l'intervalle de cent-vingt jours qui sépare ces deux termes (art. 312, C. civ.).

La jurisprudence fait le calcul de *jour à jour*, et non d'heure à heure (1).

Donc, sont conçus pendant le mariage :

1° L'enfant né plus de cent quatre-vingts jours après la célébration du mariage ;

2° L'enfant né moins de trois cents jours après la mort du mari.

À l'un et à l'autre s'applique la présomption légale : le mari est présumé père de l'enfant, *pater is est quem justæ nuptiæ demonstrant*. La loi présume et la cohabitation des époux, et la fidélité de la femme.

11. — Mais cette présomption légale n'est pas invincible, car il existe trois causes de répudiation de paternité, de *désaveu :*

L'impossibilité physique ;
L'impossibilité morale ;
La séparation de corps.

12. — Impossibilité physique de cohabitation. — L'impossibilité physique est reconnue dans deux cas seulement : *éloignement* tel que les époux n'ont pas pu se réunir ; par exemple, l'un est demeuré en prison, au secret ; — *accident* (et non pas seulement maladie), tel que blessure, mutilation. — L'impuissance naturelle, ou faiblesse de constitution, n'est pas un motif suffisant (art. 313, C. civ.) (2). — Mais l'accident est une cause de désaveu, lors même qu'il est antérieur au mariage, le texte ne distingue pas, et l'on ne peut imposer au mari coupable de dissimulation la paternité comme peine.

13. — Impossibilité morale. — Séparation de fait des époux, inimitié reconnue, maladies graves, etc.

Mais ce motif ne peut être invoqué que dans un cas: si la femme a caché sa grossesse au mari, s'il y a eu *recel* de l'enfant. Le mari est alors admis à justifier tous les faits propres à établir qu'il n'est pas le père de l'enfant. Parmi ces faits, le plus probant est l'*adultère* de la femme, directement prouvé par le mari. Mais il n'est pas nécessaire, comme certains auteurs le soutiennent (en s'appuyant sur le texte de l'article 313), que cette preuve directe soit faite par le mari.

14. — Séparation de corps et divorce. — Avant les lois du 6 décembre 1850 et 27 juillet 1884, la séparation n'était une cause de désaveu qu'en cas de recel de l'enfant ; elle figurait alors parmi les faits constituant l'impossibilité morale.

Aujourd'hui elle est, comme le divorce, une cause principale de désaveu.

Elle s'applique aux enfants qui sont nés : — plus de trois cents jours après la décision autorisant la femme à avoir un domicile séparé, et moins de cent quatre-vingts jours depuis le rejet de la demande, ou depuis la réconciliation (art. 313, C. civ.).

---

(1) Cass., 8 février 1869 (S. 1869-1-215) ; Orléans, 3 juin 1869 : Demolombe, t. V, n° 19 ; Aubry et Rau, t. VII, p. 28.
(2) Dans le cas même de recel de la naissance de l'enfant : Aubry et Rau, t. VII, p. 48 ; Demolombe, n° 34 ; Laurent, t. III, n° 367. — Mais le mari peut, en alléguant son impuissance naturelle, désavouer l'enfant, en cas d'adultère, si la naissance lui a été cachée (Paris, 20 avril 1861).

Le mari n'a donc qu'à établir les dates pour désavouer l'enfant.

15. — Pour faire ce désaveu, le mari a une action qu'on appelle action en désaveu ou en répudiation de paternité.

S'il est vivant, cette action appartient à lui seul.

Pendant un court délai : un mois, s'il se trouve sur les lieux de la naissance de l'enfant ; — s'il était absent (non présent) lors de la naissance, il a deux mois après son retour ; — si on lui a caché la naissance, il a deux mois après la découverte de la fraude (art. 316, C. civ.).

16. — Les créanciers du mari n'ont pas l'action ; l'intérêt en jeu est ici tout moral et personnel.

17. — Si le mari est mort et a laissé écouler le délai utile pour agir, l'action en désaveu est éteinte.

Si le mari est mort après avoir intenté l'action, ses héritiers peuvent la suivre, pourvu qu'elle ne soit pas périmée.

Si le mari est mort dans le délai utile, — ses héritiers peuvent intenter l'action (art. 317, C. civ.). On entend ici par héritiers, tous ceux que la loi désigne en général par ce nom, y compris les légataires à titre universel.

18. — Quel *délai* ont les héritiers ? — Deux mois, soit depuis le jour où l'enfant s'est mis en possession des biens du mari, soit depuis le jour où ils sont troublés par lui dans leur possession.

Si le délai accordé au mari ou à ses héritiers se trouve insuffisant, ils peuvent le prolonger d'un mois par toute espèce d'acte ayant date certaine, signifié à l'enfant dans le délai légal, et lui déclarant leur intention de le désavouer.

19. — L'action doit être dirigée contre l'enfant, lorsqu'il est *majeur ;* s'il est *mineur,* on dirige l'action contre un tuteur *ad hoc ;* la loi craint la partialité du tuteur ordinaire. La jurisprudence confie la nomination au conseil de famille, et non au tribunal.

La mère doit être mise en cause.

20. — Le désaveu peut aussi avoir lieu par acte notarié ou sous-seing privé qui est signifié à l'enfant ; — mais cet acte sera non avenu, s'il n'est suivi, dans le délai d'*un mois,* d'une action en justice dirigée contre un tuteur *ad hoc* donné à l'enfant et en présence de la mère (art. 318, C. civ.) (1).

21. — **Enfants conçus avant, et nés pendant le mariage.** — Ce sont les enfants nés *moins* de cent quatre-vingts jours après le mariage. — Le mari est *présumé* en être le père (art. 314, C. civ.).

Mais il peut *désavouer* l'enfant, par le simple rapprochement de dates, qui prouve une conception antérieure au mariage ; sauf dans les trois cas suivants :

  a) S'il a connu la grossesse avant le mariage ; il a en se mariant consacré ou accepté la paternité ;

  b) S'il a signé l'acte de naissance sans faire de réserves ;

  c) Si l'enfant n'est pas né viable ; il n'a eu aucun droit, inutile de déshonorer la mère.

22. — Les enfants de cette classe, non désavoués, sont-ils *légitimes* ou *légitimés ?*

1er SYSTÈME. — *Légitimés.* Les enfants nés hors mariage ne peuvent être que légitimés par mariage subséquent (art. 331, C. civ.). En conséquence, les enfants qui étaient adultérins ou incestueux au moment de leur conception, ne sont pas légitimés par le mariage que leurs père et mère contracteraient avant leur naissance ; car les enfants adultérins ou incestueux ne peuvent être légitimés (même article) (2).

2e SYSTÈME. — *Légitimes.* L'article 331 ne s'applique pas à ces enfants. Ils

---

(1) Aubry et Rau, § 545 *bis,* note 33 ; Demolombe, t. V, n° 154.

(2) Cass., 28 juin 1869 ; Dijon, 31 mars 1870. — V. Aubry et Rau, § 545-9 et 12.

sont régis par l'article 314, qui est placé sous la rubrique des enfants légitimes. Dès que l'enfant naît pendant le mariage, le législateur ferme les yeux sur les vices de son origine (1).

23. — Enfants conçus après le mariage. — Ce sont ceux qui sont nés *plus* de trois cents jours après la mort du mari.

Il semble étonnant qu'on ait à s'occuper d'eux. Pourtant si la veuve fait inscrire l'enfant sous le nom de son mari défunt, il est en fait considéré comme légitime, jusqu'à ce que les intéressés lui contestent sa légitimité (art. 315, C. civ.).

24. — L'action en *contestation de légitimité* appartient à tout intéressé, y compris l'enfant. Elle est imprescriptible ; mais l'enfant acquiert par prescription les biens recueillis dans la succession du mari.

25. — L'enfant né avant l'heure de minuit qui clôt le trois centième jour, depuis et y compris le jour du décès du mari de sa mère, est légitimé, bien qu'il se soit écoulé plus de trois cents fois vingt-quatre heures entre la mort du mari et la naissance (2).

26. — **Enfants légitimés.** — La *légitimation* est l'admission de l'enfant naturel au titre et aux droits d'enfant légitime (art. 331 à 333, C. civ.).

27. — La *légitimation* s'applique aux seuls enfants *naturels simples*. Elle ne s'applique ni aux enfants adultérins ni aux enfants incestueux.

28. — La *légitimation* n'a lieu qu'aux conditions suivantes :

    a) *Reconnaissance* de l'enfant, soit volontaire émanant des deux parents, soit judiciaire. La reconnaissance volontaire peut se faire par acte séparé, ou dans l'acte même de mariage ;

    b) Le *mariage subséquent* des deux parents, c'est-à-dire concomitant ou postérieur à la reconnaissance. Un mariage *putatif* suffirait.

29. — A quelle époque peut-on légitimer un enfant ?

Tant qu'il existe, d'abord. — *Après sa mort* même, s'il a existé des descendants légitimes, auxquels profitera la légitimation de leur auteur.

30. — Effets de la légitimation. — L'enfant légitimé a tous les droits d'un enfant légitime, à compter seulement de sa légitimation. Ainsi, il ne succède point aux membres de la famille décédés auparavant (3).

§ 2. FILIATION NATURELLE.

31. — La filiation naturelle résulte de la reconnaissance des enfants nés hors mariage par le père ou la mère.

Cette reconnaissance peut avoir lieu *volontairement*, soit devant l'officier de l'état-civil et dans l'acte de naissance même de l'enfant (art. 62, C. civ.) — soit par *acte judiciaire*, lorsque, sur l'ordre du juge, le greffier enregistre un *aveu* de filiation naturelle fait à l'audience, — soit par acte *notarié* (V. *infrà*, vᵒ RECONNAISSANCE D'ENFANT NATUREL (art. 334. C. civ.).

Elle peut aussi avoir lieu *judiciairement*. C'est ce qu'on appelle alors la recherche de la maternité ou de la paternité naturelle.

32. — Recherche de la maternité naturelle. — Elle est admise, parce que l'accouchement est un fait dont la constatation est facile (art. 341, C. civ.) (4).

---

(1) Lyon, 6 avril 1870 ; Poitiers, 19 juillet 1875 ; Demolombe, t. V, nᵒ 57 ; Laurent, t. III, nᵒ 385.

(2) Cass., 3 février 1869 ; Orléans, 3 juin 1869 (*Rev. not.*, nᵒˢ 2396 et 2814).

(3) Cass. 11 mars 1811 ; Paris, 21 décembre 1812 ;

Rouen, 3 juillet 1840 ; Aubry et Rau, p. 71 ; Demolombe, t. V, nᵒ 369.

(4) Elle n'est permise qu'en faveur de l'enfant et jamais contre lui (Cass., 3 février 1851, 29 juillet 1861 et 29 juillet 1878 (S. 1879-1-155) ; Demolombe, nᵒ 527).

L'enfant doit prouver :

    a) L'accouchement de la femme ;

    b) Son identité à lui.

33. — La preuve de l'accouchement se fait :

I. — *Par l'acte de naissance.* — Lorsqu'il contient le nom de la mère. Car cet acte est destiné à prouver l'accouchement de n'importe quelle femme.

II. — *Par témoins.* — Mais le préliminaire du *commencement de preuve par écrit*, exigé de l'enfant légitime, est aussi demandé dans la recherche de la maternité naturelle, avec plus de sévérité même. — Ainsi l'écrit doit, suivant la règle de droit commun, émaner de la mère elle-même. — En outre, il ne saurait être remplacé par des présomptions ou indices graves.

On décide généralement que la *possession d'état* d'enfant naturel ne suffit pas pour établir la filiation (1).

34. — En ce qui concerne l'identité de l'enfant, la preuve par témoins est admise, mais seulement lorsqu'il y a un commencement de preuve par écrit (art. 341, C. civ.).

35. — **Recherche de la paternité naturelle.** — En principe, elle est interdite. Il n'est aucune preuve certaine de la paternité ; les nombreuses réclamations des écrivains n'ont pu déterminer le législateur à en permettre la recherche (art. 340, C. civ.). Mais il a été jugé à plusieurs reprises que les tribunaux peuvent, sans violer l'article 340 du Code civil, allouer des dommages-intérêts à une fille à raison de la séduction suivie de grossesse, dont elle aurait été l'objet (2).

Par exception, dans le cas d'*enlèvement*, les tribunaux peuvent déclarer le ravisseur père de l'enfant, si l'époque de l'enlèvement se rapporte à celle de la conception. — Peu importe que la femme fût mineure ou majeure, qu'il y ait eu violence ou non ; toute latitude est laissée au juge. — Mais on ne saurait assimiler le viol à l'enlèvement.

36. — La reconnaissance a pour effet de conférer des droits et d'imposer des devoirs aux parents et aux enfants :

37. — **Droits des parents.** — Ils ont :

    a) La puissance paternelle (art. 383, C. civ.) ;

    b) L'administration légale (3) ;

    c) Droit à la pension alimentaire (V. *infrà*, v° Pension alimentaire, n° 17) ;

    d) Ils succèdent à leur enfant (V. *infrà*, v° Succession) ;

Mais ils n'ont pas la *jouissance légale* de ses biens (4).

Sur la tutelle des enfants naturels, V. *infrà*, v° Tutelle.

38. — **Droits des enfants.** — Notre ancienne jurisprudence refusait tout droit à l'enfant naturel. Le droit intermédiaire l'assimilait à l'enfant légitime. Le Code lui accorde une partie seulement des droits concédés à l'enfant légitime.

    a) Il prend le *nom* de celui qui l'a reconnu. S'il a été reconnu par

---

(1) Cass., 17 février 1851, 16 décembre 1861 et 3 avril 1872 ; Aubry et Rau, p. 200 ; Laurent, t. IV, n° 18. — *Contrà* : Demolombe, n° 480.

(2) Cass., 24 mars 1845 ; 26 juillet 1864 ; Grenoble, 18 mars 1864 ; Toulouse, 28 novembre 1864 ; Bordeaux, 14 décembre 1864 ; Rouen, 22 février 1865 ; Nîmes, 2 janvier 1867.

(3) La question est cependant controversée. On dit, pour refuser l'administration légale au père naturel, que l'article 389 qui est le seul texte régissant cette matière *suppose le mariage*, et que, par suite, il ne saurait s'appliquer au père naturel (Dalloz, *Puissance paternelle*, n° 105 ; Aubry et Rau, t. VI, p. 213 ; Demolombe, t. VI, n° 650-651).

Nous préférons, avec Laurent, t. IV, n° 359, l'opinion contraire. On peut répondre, en effet, qu'il y a bien d'autres textes dans le Code civil qui supposent le mariage, les articles 203, 373, 380, 381, par exemple, et que les auteurs appliquent néanmoins aux père et mère naturels. Mais pour nous, la raison déterminante, c'est que l'administration des biens, comme l'éducation des enfants, est un attribut de la puissance paternelle ; c'est un *devoir* que la nature impose au père et que la loi consacre. L'enfant ne peut pas veiller lui-même à ses intérêts ; qui peut et doit y veiller, sinon le père ?

(4) Caen, 22 novembre 1860 ; Aubry et Rau, t. VI, p. 214 ; Demolombe, t. VI, n° 249.

son père et par sa mère, régulièrement il doit avoir le nom du premier (V. *infrà*, v° Reconnaissance d'enfant naturel).

b) Il a droit à une *pension alimentaire* (*id.*).

c) Il a un droit de *succession* sur la fortune de ses parents. — Mais ceux-ci ne peuvent, ni par don, ni par legs, dépasser la fraction que la loi attribue à l'enfant naturel, au titre des *Successions* (V. *infrà*, v° Succession).

Si l'auteur de la reconnaissance était *marié* au moment où il l'a faite, l'enfant reconnu ne pourrait nuire, par une réclamation de pension ou d'héritage, ni au conjoint, ni aux enfants du mariage (art. 337, C. civ.). — Pourtant si l'enfant était aussi reconnu par l'autre époux, la reconnaissance produirait tous ses effets ordinaires. — En dehors de toute famille se trouvent les enfants naturels *non reconnus*. Ils sont sans nom, comme sans droits de famille.

39. — **Enfants adultérins et incestueux.** — La reconnaissance, soit volontaire, soit judiciaire, ne peut avoir lieu au profit des enfants *adultérins* ou *incestueux* (art. 335-342, C. civ.) (1).

Dire que la reconnaissance de ces enfants est interdite, c'est dire : 1° que l'officier public, aussi bien que le juge, en doit refuser la constatation ; 2° que si, en fait, la reconnaissance se produit, elle est non avenue (2).

40. — Les enfants adultérins ou incestueux ne sont point admis, même en l'absence d'héritiers, à exercer sur l'hérédité de leur père ou de leur mère, les droits successifs que la loi accorde aux enfants naturels reconnus dans les articles 757 et 758 du Code civil.

Ils n'ont droit qu'à des aliments (art. 762). Ces aliments sont réglés eu égard aux facultés du père ou de la mère, au nombre et à la qualité des héritiers légitimes et aux besoins de l'enfant (3).

Lorsque le père ou la mère de l'enfant adultérin ou incestueux lui auront fait apprendre un art mécanique, ou lorsque l'un d'eux lui aura assuré des aliments de son vivant, l'enfant ne pourra élever aucune réclamation contre leur succession (art. 764).

§ 3. Filiation adoptive.

41. — *L'adoption* est l'acte qui établit entre deux personnes un lien de filiation civile analogue à la filiation légitime.

Il y a deux modes d'adoption ; elle est tantôt *conventionnelle*, tantôt *testamentaire* (art. 343 à 370, C. civ.).

42. — **Conditions de l'adoption conventionnelle.** — Les conditions imposées pour l'adoption *conventionnelle* diffèrent, suivant qu'il s'agit d'une adoption *ordinaire* ou d'une adoption *privilégiée*.

43. — Pour l'adoption ordinaire, les conditions imposées sont (art. 345, C. civ.):

De la part de l'adoptant :

a) Qu'il soit sans descendants légitimes (4).

b) Qu'il soit âgé de plus de cinquante ans.

c) Qu'il ait au moins quinze ans de plus que l'adopté.

---

(1) Est *adultérin* l'enfant issu de deux personnes, dont l'une au moins était *mariée* avec un autre que le second auteur de l'enfant. — Est *incestueux* l'enfant issu de deux personnes *parentes* ou *alliées* au degré prohibé.

(2) Cass., 29 janvier 1883 ; Paris, 28 janvier 1882 ;

Aix, 5 janvier 1882 ; Amiens, 29 juin 1883 ; Demolombe t. V, n° 587.

(3) Aubry et Rau, t. VI, p. 226 ; Demolombe, t. XIV, n°s 126 et 127.

(4) Mais il peut avoir des enfants naturels reconnus (Cass., 8 juin 1861 et 8 décembre 1868).

d) S'il est marié, qu'il ait obtenu le consentement de son conjoint. — Mais l'adopté ne devient pas pour cela enfant adoptif du conjoint.

e) Qu'il jouisse d'une bonne réputation. C'est le tribunal qui est juge de la question (art. 355, C. civ.).

f) Enfin, il faut que l'adoptant ait donné à l'adopté, pendant la minorité de celui-ci, six années de soins continus.

De la part de l'adopté :

a) Qu'il soit majeur.

b) Qu'il ne soit pas enfant adoptif d'une autre personne, si ce n'est du conjoint du nouvel adoptant (1). Ainsi, deux époux peuvent avoir le même enfant adoptif; deux autres personnes ne le peuvent pas.

c) Qu'il ait obtenu le consentement de ses père et mère, ou demandé leur conseil (V. *suprà*, v° ACTE RESPECTUEUX).— Le consentement est *obligatoire* pour le fils, comme pour la fille, jusqu'à vingt-cinq ans accomplis. — Celui de la mère est requis comme celui du père. — Jamais il n'y a lieu de réclamer le consentement des aïeuls et aïeules (art. 346, C. civ.).

44. — Pour l'adoption *privilégiée,* ainsi dénommée parce qu'elle est la récompense d'un service rendu par l'adopté à l'adoptant, il faut :

De la part de l'adoptant :

a) Qu'il n'ait pas de descendants légitimes.

b) Qu'il soit majeur; il n'est pas utile qu'il ait plus de cinquante ans.

c) Qu'il soit plus âgé que l'adopté.

d) Si l'adoptant est marié, qu'il ait obtenu le consentement de son conjoint.

e) Que l'adoptant ait été sauvé par l'adopté d'un danger de mort (art. 345, C. civ.).

De la part de l'adopté, il y a lieu d'exiger les mêmes conditions que pour l'adoption ordinaire (art. 346, C. civ.).

45. — **Formes de l'adoption conventionnelle.** — L'adoption est un contrat *solennel* : outre le *consentement* des deux parties, indispensable en tout contrat, elle exige des *formes* solennelles.

I. — Déclaration solennelle du consentement, devant le juge de paix du domicile de l'adoptant (art. 353, C. civ.) (2). Ce consentement donné, les deux parties ne peuvent plus désormais le retirer; si donc l'adoptant mourait avant l'achèvement des formalités suivantes, l'adopté en poursuivrait l'accomplissement contre les héritiers de l'adoptant (art. 360, C. civ.) (3).

II. — Avis du tribunal d'arrondissement.

Dans les dix jours (ce délai n'est pas prescrit à peine de nullité) (4), la partie la plus diligente défère au tribunal l'acte dressé devant le juge de paix. Le tribunal, en *chambre du conseil,* sans publicité, examine si les conditions de l'adoption sont remplies, entend le procureur et prononce ainsi : *Il y a lieu* ou *il n'y a pas lieu* à l'adoption (art. 355 et 356, C. civ.).

III. — Homologation de l'adoption par la cour d'appel (art. 357, C. civ.).

---

(1) Mais l'enfant naturel peut être adopté par le père ou la mère qui l'a reconnu (Aix, 12 juillet 1866; Paris, 4 juillet 1868; Montpellier, 10 décembre 1868; Cass., 28 avril 1841, 1ᵉʳ avril 1856, 8 juin 1861, 13 mai et 8 décembre 1868 (*Rev. not.,* n° 2544).

(2) La présence en personne des contractants devant le juge de paix n'est pas indispensable ; on peut

adopter par mandataire (Demolombe, t. VI, n° 88). L'adopté peut aussi être représenté par un fondé de pouvoirs.

(3) Caen, 15 mai 1867 ; Cass., 14 juin 1869 (S. 1869-1-371).

(4) Nancy, 30 décembre 1871 ; Demolombe, n° 98.

Dans le mois de l'avis du tribunal (1), la Cour sera appelée à statuer sur l'adoption. Elle suit les mêmes règles d'examen que le tribunal, et elle prononce son arrêt en *audience publique*, sans énoncer de motifs, en ces termes : *Le jugement est confirmé*, ou *le jugement est réformé ; en conséquence, il y a lieu*, ou *il n'y a pas lieu à l'adoption.*

Cet arrêt sera affiché en tels lieux et en tel nombre d'exemplaires que le tribunal jugera convenable (art. 358, C. civ.) ; et, dans les trois mois de l'arrêt, inscription de l'adoption est faite sur les registres de l'état-civil du domicile de l'adoptant (art. 359, C. civ.).

46. — Effets de l'adoption conventionnelle. — L'adopté reste dans sa famille naturelle (art. 348, C. civ.). — Il demeure tenu de la dette alimentaire envers ses ascendants. Il conserve son droit à une pension alimentaire. — Le droit réciproque de succession persiste entre ses parents et lui (art. 348, C. civ.).

L'adopté n'entre pas dans la famille de l'adoptant ; le lien n'existe qu'entre ce dernier et lui (2).

L'adopté prend le nom de l'adoptant qu'il ajoute au sien (art. 347, C. civ.).

L'adopté peut demander une pension alimentaire à son père adoptif ; ce dernier la lui doit même de préférence à son père naturel.

L'adopté succède à l'adoptant, à titre d'enfant légitime (art. 350, C. civ.) (V. *infrà*, v° SUCCESSION).

L'adoptant ne succède pas à l'adopté. — Pourtant il reprend les biens qu'il lui a donnés : soit dans la succession de l'adopté mort sans postérité ; soit dans la succession des descendants de l'adopté, morts eux-mêmes sans postérité (art. 351, 352, C. civ.).

Les descendants de l'adoptant reprennent les biens donnés par l'adoptant, seulement dans la succession de l'adopté décédé sans postérité.

Il y a prohibition de mariage : entre l'adoptant, l'adopté et ses descendants ; entre l'adoptant et le conjoint de l'adopté ; entre l'adopté et le conjoint de l'adoptant ; entre l'adopté et les enfants de l'adoptant ; — entre les enfants adoptifs d'un même individu (art. 348, C. civ.).

47. — Adoption testamentaire et tutelle officieuse. — Lorsqu'une personne craint de mourir avant la majorité de celui qu'elle désire adopter, elle obvie, dans une certaine mesure, à ce danger, au moyen d'une *tutelle officieuse*, servant de préliminaire à une *adoption testamentaire.*

48. — Tutelle officieuse. — C'est le contrat par lequel une personne, assumant les devoirs de la tutelle ordinaire, s'engage, en outre, à élever un enfant et à le mettre en état de gagner sa vie.

49. — La tutelle officieuse a lieu aux conditions suivantes :

De la part du tuteur :

a) Il ne doit pas avoir de descendants légitimes (art. 362, C. civ.) ;
b) Il doit avoir plus de cinquante ans (art. 361, C. civ.) ;
c) Il doit avoir obtenu le consentement des père et mère, ou celui du conseil de famille, ou celui des administrateurs de l'hospice qui a recueilli l'enfant ;
d) S'il est marié, il lui faut le consentement de son conjoint (art. 362).

De la part de l'enfant, une seule condition est exigée :
L'enfant aura moins de quinze ans.

(1) Cass., 28 février 1866 et 1er mai 1872 (S. 1872-1-191) ; Aubry et Rau, t. IV. p. 612. (2. Aubry et Rau, t. IV, p. 650 ; Demolombe, *Adopt.*, n° 139 ; Valette, p. 196 ; Hureaux, t. I, n° 18. — *Contrà* : Nancy, 30 mai 1868 ; Cass., 10 novembre 1869 (*Rev. not.*, n° 2662, art. 19753, J. N.). D'après la Cour de cassation, si l'adopté meurt avant l'adoptant, laissant des *enfants légitimes*, ceux-ci, qu'ils soient nés avant ou après l'adoption, viennent à la succession de l'adoptant.

La tutelle officieuse s'accomplit par un acte solennel des consentements respectifs, rédigé par le greffier du juge de paix (art. 363, C. civ.).

50. — Effets de la tutelle officieuse. — Le tuteur officieux s'oblige :

A élever l'enfant à ses frais ; car la tutelle officieuse fait passer au tuteur, alors même que l'enfant a ses père et mère, la garde de sa personne et l'administration de ses biens (art. 365, C. civ.) (1) ;

A gérer gratuitement sa fortune ; le tuteur officieux jouit, à cet égard, des mêmes droits et se trouve soumis aux mêmes obligations que le tuteur ordinaire. Il a un subrogé-tuteur ; ses immeubles sont grevés d'une hypothèque légale ; il est également comptable de son administration (art. 370, C. civ.) ;

A mettre l'enfant en état de gagner sa vie (art. 364, C. civ.) ;

A indemniser l'enfant dans deux cas : — Si le tuteur décède sans avoir adopté l'enfant encore mineur, des moyens de subsistance doivent être assurés à celui-ci jusqu'à sa majorité. Cette obligation passe même aux héritiers et successeurs universels du tuteur ; elle ne s'éteint même pas dans le cas où le pupille aurait reçu de son tuteur un legs plus ou moins important (2).

— Si l'adoption requise par l'enfant dans les trois mois après sa majorité, n'a pas eu lieu par suite du refus du tuteur, ou même à raison d'un empêchement involontaire de sa part, et si l'enfant n'est pas en état de gagner sa vie, le tuteur ou ses héritiers peuvent être condamnés à indemniser ce dernier de l'incapacité où il se trouve de subvenir à ses besoins ; cette indemnité se résout en secours propres à lui procurer un métier (3).

51. — Adoption testamentaire. — Après cinq ans (4) révolus depuis la tutelle, le tuteur peut, dans la prévision de son décès, conférer à son pupille l'adoption testamentaire, qui sera valable si le tuteur ne laisse pas d'enfants légitimes. Elle a lieu par un acte de testament soit public, soit olographe, mais sans disposition de biens.

L'adopté manifeste son consentement par un acte d'acceptation qui, comme le testament, est transcrit sur les registres de l'état-civil (V. supra, v° ACCEPTATION D'ADOPTION).

§ 4. PUISSANCE PATERNELLE.

52. — C'est, d'après le conseiller d'Etat Réal, le droit fondé par la nature et confirmé par la loi, qui donne au père et à la mère, pendant un certain temps et sous certaines conditions, la surveillance de la personne, l'administration et la jouissance des biens de leurs enfants.

Le Code a consacré ce droit, en inscrivant en tête du titre de la puissance paternelle une maxime qui n'est que la conséquence des lois éternelles de la morale et du droit naturel, et qui s'adresse à tous les enfants : « L'enfant, à tout âge, doit honneur et respect à ses père et mère (art. 371). »

Il en a fixé la durée en ajoutant, dans l'article 372, que l'enfant reste sous l'autorité de ses parents jusqu'à sa majorité ou son émancipation.

La puissance paternelle existe, pour les enfants naturels reconnus, comme pour les enfants légitimes (art. 383, C. civ.) (5).

---

(1) Aubry et Rau, p. 146 ; Demolombe, t. VI, n°° 231-233.
(2) Cass., 24 août 1831 ; Aubry et Rau, p. 148.
(3) Aubry et Rau, p 149 ; Demolombe, n° 252.
(4) Ce délai est obligatoire(Cass., 26 novembre 1856).
(5) Aubry et Rau, t. VI, p. 210 ; Demolombe, t. II, n° 615. Toutefois, le droit de la puissance paternelle sur les enfants naturels n'est pas aussi étendu que sur les enfants légitimes.

Les père et mère naturels jouissent bien de tous les droits découlant des devoirs de garde, d'éducation, de correction, sauf cependant aux tribunaux à restreindre ou à suspendre l'exercice de ces droits, si l'intérêt des enfants l'exige (Aubry et Rau, t. VI, p. 210, note 7 ; Demolombe, t. VI, n°° 615, 621 et 622).

Ils ont aussi le droit d'émanciper leurs enfants.
Ils en ont la tutelle légale (Aubry et Rau, t. VI

53. — La puissance paternelle se compose de quatre attributs :
 a) Droit de garde et d'éducation ;
 b) Droit de correction ;
 c) Droit d'administration ;
 d) Droit de jouissance.

Les deux premiers de ces droits s'exercent sur la *personne* du mineur, les deux autres sur ses *biens*.

54. — La puissance paternelle appartient au père et à la mère. Ils en jouissent, alors même qu'ils sont encore mineurs. Mais comme le père seul est investi, durant le mariage, de l'exercice du droit, on peut dire qu'en dehors de certains cas exceptionnels l'autorité de la mère est à peu près nulle ; elle se réduit au *droit d'avis* lorsque l'enfant veut se marier, au droit de *consentement*, s'il veut se faire adopter.

Lorsque le père meurt, ou lorsqu'il vient à perdre, de son vivant, le droit ou l'exercice du droit de puissance paternelle, la mère est investie des prérogatives qui étaient précédemment réservées à son mari.

55. — La puissance paternelle cesse à la majorité de l'enfant ; quelques-uns de ses attributs s'éteignent avant elle, comme le droit de jouissance légale (V. *infrà*, n° 75). Certains autres lui survivent, comme le droit de consentement au mariage, ou de conseil.

Mais il arrive parfois qu'elle s'échappe des mains auxquelles elle était confiée : le père ou la mère condamné pour excitation de ses enfants à la débauche est déclaré déchu de la puissance paternelle et de tous les droits qui en découlent (art. 335, C. pén.) (1).

Il en est ainsi des père et mère condamnés dans les cas prévus par les articles 1 et 2 de la loi du 24 juillet 1889 (2).

---

p. 213 ; Poitiers, 1ᵉʳ août 1870 ; Alger, 17 mars 1875 ; Clermont, 23 février 1883 ; Tours, 6 mai 1884. — *Contrà* : Paris, 28 juillet 1892 (V. *infrà*, v° TUTELLE). Ils sont le droit de leur nommer un tuteur par testament (Aubry et Rau, p. 214).—Mais ils n'ont pas la jouissance des biens de leurs enfants (Caen, 22 mars 1860 ; Proudhon, n° 124 ; Aubry et Rau, p. 214 ; Demolombe, n° 649).

(1) Valette, t. II, p. 351 ; Demolombe, t. VI, n° 362.

(2) Dôle, 24 août 1889 ; Langres, 7 mai 1890 ; Orléans, 12 août 1890. — La loi du 24 juillet 1889, relative à la *protection des enfants maltraités ou moralement abandonnés*, dispose :
Art. 1ᵉʳ. — Les père et mère et ascendants sont déchus de plein droit, à l'égard de tous leurs enfants et descendants, de la puissance paternelle, ensemble de tous les droits qui s'y rattachent, notamment ceux énoncés par les articles 108, 141, 148, 150, 151, 346, 361, 372 à 387, 389, 390, 391, 397, 477 et 755 du Code civil, et à l'article 46 de la loi du 27 juillet 1872 :
1° S'ils sont condamnés par application du paragraphe 2 de l'article 334 du Code pénal ;
2° S'ils sont condamnés, soit comme auteurs, coauteurs ou complices d'un crime commis sur la personne d'un ou plusieurs de leurs enfants, soit comme co-auteurs ou complices d'un crime commis par un ou plusieurs de leurs enfants ;
3° S'ils sont condamnés deux fois comme auteurs, co-auteurs ou complices d'un délit commis sur la personne d'un ou plusieurs de leurs enfants ;
4° S'ils sont condamnés deux fois pour excitation habituelle de mineurs à la débauche.
Cette déchéance laisse subsister entre les ascen-

dants déchus et l'enfant les obligations énoncées aux articles 205, 206 et 207 du Code civil.
Art. 2. — Peuvent être déchus des mêmes droits :
1° Les père et mère condamnés aux travaux forcés à perpétuité ou à temps, ou à la réclusion comme auteurs, co-auteurs ou complices d'un crime autre que ceux prévus par les articles 86 et 101 du Code pénal ;
2° Les père et mère condamnés deux fois pour un des faits suivants : séquestration, suppression, exposition ou abandon d'enfants ou pour vagabondage ;
3° Les père et mère condamnés par application de l'article 2, paragraphe 2, de la loi du 23 janvier 1873, ou des articles 1, 2 et 3 de la loi du 7 décembre 1874.
4° Les père et mère condamnés une première fois pour excitation habituelle de mineurs à la débauche ;
5° Les père et mère dont les enfants ont été conduits dans une maison de correction, par application de l'article 66 du Code pénal ;
6° En dehors de toute condamnation, les père et mère qui, par leur ivrognerie habituelle, leur inconduite notoire et scandaleuse ou par de mauvais traitements, compromettent soit la santé, soit la sécurité, soit la moralité de leurs enfants.
Art. 5. — Pendant l'instance en déchéance, la chambre du conseil peut ordonner, relativement à la garde et à l'éducation des enfants, telles mesures provisoires qu'elle juge utiles.
Art. 9. — Dans le cas de déchéance de plein droit encourue par le père, le ministère public ou les parents désignés à l'article 3 saisissent sans délai la juridiction compétente, qui décide si, dans l'intérêt de l'enfant la mère exercera les droits de la puissance paternelle tels qu'ils sont définis par le Code civil. Dans ce cas, il est procédé comme à l'article 4. Les articles 5, 6 et 7 sont également applicables.

56. — L'exercice du droit est suspendu par l'absence ou l'interdiction du bénéficiaire du droit. C'est ainsi qu'en cas de séparation de corps ou de divorce, les enfants sont confiés à celui qui a obtenu la mesure (art. 302). Les tribunaux sont même autorisés, dans l'intérêt des enfants, à en donner la garde soit à l'autre époux, soit à une tierce personne. Il peut l'être également par une décision judiciaire, quand le père ou la mère se livrent à des sévices à l'égard de l'enfant, — quand la maison paternelle est un lieu de débauche, — quand le père ou la mère se livre à l'immoralité sous les yeux de l'enfant.

57. — Garde et éducation. — Nous n'avons que peu de chose à dire du droit de garde. — C'est ce droit qui est visé par l'article 374, ainsi conçu : « L'enfant ne peut quitter la maison paternelle sans la permission de son père, si ce n'est pour enrôlement volontaire après l'âge de dix-huit ans révolus » (1).

Le droit de garde est indépendant de la tutelle : ainsi, lorsque la mère n'est pas tutrice de ses enfants mineurs, elle les conserve néanmoins auprès d'elle. — Mais le domicile légal du mineur est chez son tuteur ; et c'est devant le tribunal du domicile de ce dernier que devraient être portées toutes les actions intentées contre le pupille.

58. — Le droit d'*éducation* est un corollaire du droit de garde. Ce droit que la puissance paternelle confie aux père et mère est en même temps pour eux un devoir sanctionné par la loi (art. 203, C. civ.) ; il les autorise, comme il les oblige à surveiller et à diriger la conduite de leurs enfants, à régler le mode de leur éducation, de leur instruction, à déterminer le culte religieux dans lequel ils seront élevés, enfin à s'occuper de tout ce qui constitue le développement de l'existence intellectuelle et morale des enfants.

Pendant le mariage, le père seul est investi de ce droit de surveillance et d'éducation ; il peut choisir l'établissement où ses enfants seront élevés et régler les communications avec les personnes du dehors, interdire les visites même de

---

Toutefois, lorsque les tribunaux répressifs prononceront les condamnations prévues aux articles 1 et 2, paragraphes 1, 2, 3 et 4, ils pourront statuer sur la déchéance de la puissance paternelle dans les conditions établies par la présente loi.

Dans le cas de déchéance facultative, le tribunal qui la prononce statue par le même jugement sur les droits de la mère à l'égard des enfants nés et à naître, sans préjudice, en ce qui concerne ces derniers, de toute mesure provisoire à demander à la chambre du conseil, dans les termes de l'article 5, pour la période du premier âge.

Si le père déchu de la puissance paternelle contracte un nouveau mariage, la nouvelle femme peut, en cas de survenance d'enfants, demander au tribunal l'attribution de la puissance paternelle sur ces enfants.

Art. 10. — Si la mère est prédécédée, si elle a été déclarée déchue ou si l'exercice de la puissance paternelle ne lui est pas attribué, le tribunal décide si la tutelle sera constituée dans les termes du droit commun, sans qu'il y ait, toutefois, obligation pour la personne désignée d'accepter cette charge.

Les tuteurs institués en vertu de la présente loi remplissent leurs fonctions sans que leurs biens soient grevés de l'hypothèque légale du mineur.

Toutefois, au cas où le mineur possède ou est appelé à recueillir des biens, le tribunal peut ordonner qu'une hypothèque générale ou spéciale soit constituée jusqu'à concurrence d'une somme déterminée.

Art. 11. — Si la tutelle n'a pas été constituée conformément à l'article précédent, elle est exercée par l'assistance publique, conformément aux lois des 15 pluviôse an XIII et 10 janvier 1849, ainsi qu'à l'article 24 de la présente loi. Les dépenses sont réglées conformément à la loi du 5 mai 1869.

L'assistance publique peut, tout en gardant la tutelle, remettre les mineurs à d'autres établissements et même à des particuliers.

Art. 13. — Pendant l'instance en déchéance, toute personne peut s'adresser au tribunal par voie de requête, afin d'obtenir que l'enfant lui soit confié.

Elle doit déclarer qu'elle se soumet aux obligations prévues par le paragraphe 2 de l'article 364 du Code civil, au nom de la tutelle officieuse.

Art. 14. — En cas de déchéance de la puissance maternelle, les droits du père et, à défaut du père, les droits de la mère, quant au consentement au mariage, à l'adoption, à la tutelle officieuse et à l'émancipation, sont exercés par les mêmes personnes que si le père et la mère étaient décédés, sauf les cas où il aura été décidé autrement en vertu de la présente loi.

Les père et mère frappés de déchéance dans les cas prévus par l'article 1ᵉʳ et par l'article 2, paragraphes 1, 2, 3 et 4, ne peuvent être admis à se faire restituer la puissance paternelle qu'après avoir obtenu leur réhabilitation.

Dans les cas prévus aux paragraphes 5 et 6 de l'article 2, les père et mère frappés de la déchéance peuvent demander au tribunal que l'exercice de la puissance paternelle leur soit restitué. L'action ne peut être introduite que trois ans après le jour où le jugement qui a prononcé la déchéance est devenu irrévocable.

(1) Ce texte a été modifié par l'article 59, paragraphe 6, de la loi du 15 juillet 1889 sur le recrutement de l'armée, qui dispose que si l'enfant a moins de *vingt ans*, il doit être pourvu du consentement de ses père, mère ou tuteur, et que ce dernier doit être autorisé par le conseil de famille.

la mère ou des aïeuls ou aïeules, si elles peuvent être nuisibles aux enfants (1) ; sauf aux tribunaux à apprécier si cette défense ne constitue pas un abus de la puissance paternelle (2).

A défaut du père, mort, interdit ou absent, ou si sa conduite ne présente pas de garanties suffisantes, la mère, même remariée, ou, à son défaut, les ascendants de la tutrice exerceront ce droit.

Mais la mère, destituée de la tutelle pour cause d'inconduite notoire, peut être privée de diriger l'éducation de ses enfants et de les surveiller (3).

L'éducation doit être en rapport avec la fortune des parents ; mais ce devoir ne va pas jusqu'à l'obligation de fournir une dot à l'enfant.

59. — Droit de correction exercé par le père. — Le second attribut de la puissance paternelle consiste dans le droit de correction.

En quoi consiste ce droit ? Dans la faculté attribuée au père, — ou plus généralement à l'époux investi de la puissance paternelle, — de faire détenir dans une maison de correction, pendant un temps qui varie avec l'âge du mineur, l'enfant dont la conduite lui fournit de graves sujets de mécontentement (art. 375).

60. — Deux voies sont ouvertes au père qui veut faire détenir son enfant : la voie *autoritaire* et la voie de *réquisition*.

Dans l'un et l'autre cas, c'est le président du tribunal qui délivre l'ordre d'arrestation. Il ne peut le refuser si le père agit par *voie autoritaire* ; lors, au contraire, que le père est forcé par la loi de recourir à la voie de *réquisition*, le président ne délivre l'ordre d'arrestation qu'après en avoir conféré avec le procureur de la République ; il peut le refuser, il peut abréger le temps de la détention requis par le père.

61. — Le père n'a pas toujours la liberté de choisir entre les deux moyens. Il ne peut plus recourir qu'à la voie de réquisition :

a) Lorsqu'il est remarié. La loi a redouté l'influence d'une marâtre.

b) Lorsque l'enfant a plus de quinze ans révolus. L'enfant est déjà une personnalité avec laquelle on compte. D'abord ses impressions sont plus vives et plus durables et il est important d'en bien peser l'influence probable.

c) Lorsque l'enfant a des biens personnels. On a voulu prévenir des actes d'arbitraire, des pressions, etc.

d) Lorsque l'enfant exerce un état. Il occupe déjà son rang dans la société, il ne faut pas le déconsidérer à la légère. Dans tous les cas, on doit y regarder à deux fois avant d'interrompre le cours de ses études ou de ses bénéfices.

62. — Durée de la détention. — Si l'enfant a moins de seize ans commencés, le *maximum* de la détention est d'*un mois*. S'il a dépassé cette limite, la détention peut être prolongée jusqu'à *six mois*.

L'enfant n'est point sans défense contre l'ordre d'arrestation qui est prononcé contre lui. Il peut adresser, par l'entremise du procureur de la République, un mémoire au procureur général près la Cour d'appel, qui le transmet au premier président. Ce dernier peut, s'il le juge à propos, abréger la détention ou ordonner l'élargissement.

63. — Droit de correction exercé par la mère. — La mère ne peut jamais exercer le droit de correction que par voie de réquisition, et avec le concours des deux plus proches parents paternels.

La mère remariée perd complètement le droit de correction.

---

(1) Bordeaux, 16 juillet 1867; Seine, 16 mars 1877 (S. 1877-2-218).

(2) Cass., 12 et 26 juillet 1870 (S. 1871-1-28) et 28 juillet 1891. — Sic : Bourges, 8 décembre 1884 ; Paris, 2 juillet 1885.

(3) Cass., 15 mars 1864 et 27 janvier 1879 (S. 1879-1-464) ; Douai, 27 février 1888.

64. — Le père ou la mère qui veut faire détenir son enfant n'est tenu que de fournir une soumission de payer tous les frais et de fournir les aliments convenables (art. 378, C. civ.).

Le lieu est ordinairement une maison spéciale, telle que la colonie agricole de Mettray. Si l'enfant est interné dans une prison publique, il doit être séparé des malfaiteurs ordinaires.

65. — La correction ne doit jamais laisser de trace. Aussi va-t-il sans dir' qu'elle ne figure point au casier judiciaire.

66. — L'ordonnance du président n'indique également aucun motif, et il n'y a d'autre écriture que l'inscription de l'entrée sur un registre distinct de l'écrou de la prison.

67. — Le père qui a obtenu un acte d'arrestation peut n'y pas donner suite, ou abréger la détention. Certains auteurs refusent d'attribuer ce droit de grâce à la mère. Pour nous, nous nous refusons à admettre une distinction qui ne repose sur aucun motif sérieux, et qui n'est écrite nulle part.

L'enfant, après avoir été gracié, peut être détenu de nouveau s'il retombe dans les mêmes écarts.

Les droits relatifs à la surveillance et à la garde de la personne des enfants sont de l'essence de la puissance paternelle et ne peuvent en être démembrés par aucune convention ou disposition quelconque.

68. — **Droits sur les biens de l'enfant.** — Les parents ont deux droits sur ces biens :

        a) L'administration légale ;
        b) La jouissance légale.

69. — **Administration légale.** — C'est le droit des parents d'administrer tous les biens de l'enfant mineur.

Ce droit appartient :

        a) Au père, s'il est présent et capable ;
        b) A défaut du père absent, interdit ou condamné, le droit passe à la mère.

L'administration légale cesse :

        a) Par l'émancipation de l'enfant. — Celui-ci prend alors l'administration de sa fortune ;
        b) Par la mort de l'un des époux. — L'enfant est alors placé en tutelle, et l'administration passe aux mains du tuteur.

70. — **Règles de l'administration légale.** — Le législateur n'a pas déterminé les règles auxquelles est soumise l'administration légale. Il s'est borné à dire, dans l'article 389 du Code civil, que « le père est, durant le mariage, administrateur des biens personnels de ses enfants mineurs. »

Cette administration a été donnée au père, parce que, seul, il a pendant le mariage l'exercice de la puissance paternelle. Par exception, la mère a l'administration, quand elle exerce la puissance paternelle au nom de son mari, en cas d'absence, par exemple (art 141, C. civ.), ou en cas d'interdiction du père. Mais elle ne saurait avoir cette administration de son chef ; si le père meurt, la mère a bien la gestion et la jouissance des biens de ses enfants, mais comme tutrice légale.

L'administration légale et la tutelle ont donc le même objet ; ce sont des pouvoirs de même nature ; aussi quelques auteurs en ont conclu que l'administration légale est régie par les lois de la tutelle (1).

71. — Mais la Cour de cassation a décidé que l'administration légale du père *est essentiellement distincte de la tutelle* (2).

---

(1) Demante, t. II, n° 187 *bis*; Valette sur Proudhon, t. II, p. 283; Boileux, t. II, sur l'art. 389; Ducaurroy, Bonnier et Roustaing, t. I, n° 589 ; Massé et Vergé, t. I, p. 406.

(2) Cass., 4 juillet 1842, 8 juin 1867 (S. 1867-1-273).

Cette doctrine est suivie par les auteurs les plus autorisés : Aubry et Rau, t. I, p. 505; Demolombe, t. VI, n° 2408 ; Marcadé, t. II, p. 157; Laurent, t. IV, n° 301 et suiv.

C'est ainsi que l'on reconnaît :

a) Qu'il n'y a pas de personne qui joue, à côté du père, le rôle de subrogé-tuteur ; c'est la mère qui est censée surveiller l'administration (1).

Mais que faut-il décider s'il s'élève un conflit d'intérêts entre le père et son enfant mineur ? La question est très controversée et trois systèmes divisent la doctrine et la jurisprudence : dans un premier système, on soutient qu'il y a lieu à la nomination d'un *tuteur ad hoc* (2), et le tuteur doit être nommé par le conseil de famille (3) ; dans un autre système, en cas d'opposition d'intérêts, il y a lieu à la nomination d'un *administrateur ad hoc* par le conseil de famille (4) ; enfin d'après une troisième opinion, l'*administrateur ad hoc* devrait être nommé par le tribunal (5) et il n'est pas nécessaire de lui adjoindre un subrogé-tuteur (6).

b) Que les dispositions des sections VI et VII du titre de la *Tutelle*, concernant les causes d'excuse, d'incapacité, d'exclusion et de destitution ne sont pas applicables au père administrateur (7).

c) Que les biens du père administrateur ne sont pas grevés d'hypothèque légale, comme ceux du tuteur (8).

d) Que le père administrateur légal n'est pas tenu, en ce qui concerne la vente et l'estimation des meubles appartenant à ses enfants, de se conformer aux dispositions des articles 452 et 453 du Code civil, ni à celles de la loi du 24 mars 1806 et du décret du 25 septembre 1813 pour la vente des rentes sur l'Etat et des actions de la Banque de France (9).

e) Que le père, administrateur légal des biens de ses enfants, a le droit de recevoir pour ceux-ci les sommes d'argent à eux léguées ou leur appartenant, sans être astreint ni à donner caution, ni à en faire emploi dans un délai déterminé (10).

f) Que le père, à la cessation de son administration légale, doit compte de sa gestion (art 389, C. civ.) mais conformément au droit commun (11). Par suite, l'article 474 du Code civil ne lui est pas applicable, et il ne doit pas de plein droit, à partir de la clôture du compte, les intérêts du reliquat de ce compte (12) ; — pas plus que l'article 472 qui frappe de nullité tout traité intervenu entre le tuteur et le mineur devenu majeur avant la reddition du compte de tutelle (13).

72. — Au point de vue de la capacité et des droits du père sur les biens de ses enfants, l'analogie entre le tuteur et le père, qui sont l'un et l'autre des administrateurs, est tellement apparente, que des auteurs ont cru devoir assimiler

---

(1) Cass., 4 juillet 1842 ; Besançon, 29 novembre 1864 ; Paris, 5 avril 1876 : Bordeaux, 2 juin 1876 (S. 1876-2-330 et 331) ; Aubry et Rau, t. I, p. 500 ; Demolombe, n° 421 ; Laurent, n° 310 ; Baudry-Lacantinerie, t. I, n° 831.

(2) Bordeaux, 19 mars 1875; Aubry et Rau, p. 500; Demolombe, n° 422 ; Laurent, n° 310.

(3) Douai, 5 juillet 1878 ; Poitiers, 4 juin 1884 ; Cass., 10 juin 1885 (S. 1885-1-367).

(4) Bordeaux, 2 juin 1876 (S. 1876-2-330) ; Douai, 5 juillet 1878.

(5) Paris, 9 janvier 1874 et 5 avril 1876 ; Condom, 1er juin 1876.

(6) Cass., 14 janvier 1878 (S. 1878-1-218 ; art. 21840, J. N.). — V. *supra*, v° PARTAGE, n°° 165 et suiv.

(7) Demolombe, n° 430 ; Laurent, n° 301 ; Le Puy, 10 décembre 1869.

(8) Toulouse, 25 février 1845 et 2 janvier 1868 (S. 1873-2-191) ; Bordeaux, 10 août 1845 ; Nîmes, 5 février 1849 ; Grenoble, 4 février 1850 ; Riom, 30 août 1852 ; Aubry et Rau, p. 501 ; Demolombe, n° 420 ; Laurent, n° 309.

(9) Aubry et Rau, p. 504 à 507 ; Demolombe, n°° 436-437.

(10) Lyon, 9 août 1877 (S. 1878-2-174 ; art. 21981, J. N.).

(11) Agen, 17 mars 1854 ; Aix. 9 novembre 1864 ; Cass., 30 janvier 1866 (S. 1866-1-204) ; Aubry et Rau, p. 503.

(12) Aubry et Rau, p. 509 ; Demolombe, n° 456 ; Laurent, n° 319.

(13) Mêmes auteurs.

l'administration du père à celle du tuteur, malgré les travaux préparatoires du Code qui prouvent, de la manière la plus formelle, la volonté contraire du législateur ; et ils enseignent, en conséquence, que, comme le tuteur, le père ne peut faire, seul, que les actes de pure administration, et qu'il est soumis soit à l'autorisation du conseil de famille, soit à l'homologation du tribunal pour les actes que le tuteur ne peut faire sans cette intervention. Mais cette doctrine ne nous paraît pas admissible, puisqu'elle suppose tout d'abord l'existence d'un conseil de famille appelé à contrôler la gestion du père, conseil qui n'existe pas.

Nous pensons donc que le père est, au point de vue de son administration, soumis uniquement aux règles du droit commun ; il a les droits et est soumis aux obligations de tout administrateur. Celui qui administre les biens appartenant a un tiers, ne peut faire que des actes d'administration ; il ne peut pas faire d'actes de disposition, sans l'autorisation du tribunal (1).

C'est ainsi que la jurisprudence admet que le père administrateur peut accomplir, sans se pourvoir d'aucune autorisation, les actes en vue desquels le tuteur est obligé de demander la simple autorisation du conseil de famille (2).

Par exemple : intenter une action immobilière (3).

— Acquiescer à un jugement, même relatif à des droits immobiliers (4).

— Demander l'envoi en possession d'un legs universel fait au profit de ses enfants (5).

— Répondre à une action en partage (art. 465, C. civ.) ou la provoquer (6).

— Accepter une donation (art. 935, C. civ.).

— Faire des baux des immeubles de ses enfants, conformément aux dispositions des articles 1429, 1430 et 1718 du Code civil.

— Acquérir, au nom de ses enfants mineurs, des immeubles, alors que ces acquisitions sont commandées par les nécessités d'une bonne administration (7).

Mais il a aussi été jugé que le père, administrateur, ne saurait faire seul les actes pour lesquels, en cas de tutelle, l'avis du conseil de famille est sujet à l'homologation du tribunal.

Par exemple : transiger ou compromettre au nom de ses enfants (8) ;

— Ou vendre les immeubles appartenant à ses enfants (9) ;

— Ou consentir une servitude, une affectation hypothécaire.

Dans tous ces cas, l'autorisation du tribunal est nécessaire ; mais cette autorisation suffit et les formalités imposées au tuteur ne sont pas nécessaires (10).

73. — Le père, administrateur légal, peut-il, seul, aliéner les meubles corporels ou incorporels appartenant à ses enfants mineurs ? L'affirmative est généralement enseignée (11). Il pourrait donc, quelle qu'en soit la valeur, aliéner seul, et sans aucune autorisation, des rentes sur l'État, des actions de la Banque de France et autres valeurs appartenant à ses enfants. La loi du 27 février 1880, relative à l'aliénation et à la conversion des valeurs mobilières appartenant à des mineurs n'est pas, en effet, applicable au père administrateur légal (12). Cela résulte des

(1) Aubry et Rau, p. 501; Demolombe, n° 445-446; Laurent, n° 314.
(2) Montpellier, 30 mars 1859; Besançon, 29 novembre 1864 (S. 1865-2-76).
(3) Bourges, 11 février 1863.
(4) Pau, 15 juillet 1865 ; Cass., 3 juin 1867 (S. 1867-1-178).
(5) Paris, 2 juin 1865 et 30 avril 1867 (art. 13838, J. N.)
(6) Bruxelles, 9 mars 1868.

(7) Cass., 5 janvier 1863 et 2 mai 1865.
(8) Vitré, 30 juin 1861; Marseille, 12 décembre 1864 (S. 1865-2-216); Seine, 29 avril 1891.
(9) Villefranche, 12 mars 1887 (Rev. not., n° 7710); Douai, 22 janvier 1894 ; Laurent, n° 305.
(10) Pont, Petits contrats, t. I, n° 560 ; Fréminville, t. I, n° 13.
(11) Aubry et Rau, p 507; Demolombe, n° 437.
(12) Aussi a-t-il été jugé qu'il peut transférer au porteur les titres nominatifs en leur nom (Amiens, 11 juin 1890

travaux préparatoires de cette loi et des circulaires ministérielles des 10 mars et 20 mai 1880 (1).

Le droit d'administration légale n'étant pas un des attributs *essentiels* de la puissance paternelle, on décide généralement et il a été jugé qu'un testateur peut soustraire les biens par lui légués au profit d'enfants mineurs, à l'administration légale de leur père, pourvu qu'il n'ait ainsi en vue que l'intérêt des enfants (2).

74. — Droit de jouissance légale. — C'est le droit accordé aux père et mère de percevoir et de conserver pour eux les *revenus* des biens personnels de l'enfant. C'est une récompense des soins qu'ils donnent à sa fortune.

Ce droit existe sur tous les biens de l'enfant, excepté sur :

  a) Les biens que l'enfant acquiert par un travail séparé de celui des parents (3) ;

  b) Les legs et dons faits à l'enfant, quand la libéralité a été faite sous la condition *expresse* que les père et mère n'en jouissent pas (art. 387, C. civ.) ;

  c) Les successions dont les parents ont été écartés comme indignes (art. 730, C. civ.).

Le droit de jouissance légale n'est pas un véritable usufruit. En particulier, il ne peut être ni cédé par les parents, ni hypothéqué par eux, ni saisi par leurs créanciers (4).

Mais, pas plus que le droit d'administration légale, il ne tient à l'essence même de la puissance paternelle et il peut en être distrait par une convention spéciale ; il a été jugé qu'une personne, en donnant ou en léguant des biens à un enfant mineur, peut stipuler, si ces biens font partie de la quotité disponible, que le père ou la mère serait privé de la jouissance légale de ces biens (5).

75. — Qui a la jouissance léga e? — Si le mariage *dure encore*, en principe, le droit appartient au père. — Si la mère administre les biens de l'enfant pendant l'absence ou l'interdiction de son mari, c'est pour celui-ci qu'elle perçoit les revenus.

Si le mariage est *dissous*, le droit appartient à l'époux survivant.

76. — Causes de déchéance du droit. — Perdent le droit aux revenus :

La mère veuve et *remariée*, de peur qu'elle n'en fasse profiter le second mari (art. 386, C. civ.) (6). Mais, le père ou la mère dont l'inconduite serait notoire ne perdraient pas, pour cela, la jouissance légale ; l'article 386 est limitatif (7).

L'époux contre lequel le divorce aura été prononcé (art. 386, C. civ.) ;

L'époux survivant qui a négligé l'*inventaire* des biens communs (art. 1442 (8);

Le père ou la mère *condamné* par application de la loi du 24 juillet 1889 et de l'article 335 du Code pénal.

77. — Charges de la jouissance légale. — Les charges qui grèvent

(1) Art. 2249, J. N. ; Buchère, *Comment.*, n° 38 ; Bonnet, *J du not.*, n° 3358 ; Seine, 27 avril 1882 et 3 février 1886 ; Mont-de-Marsan, 13 décembre 1887 ; Compiègne, 15 mai 1889.

(2) Paris, 21 décembre 1864 ; Cass., 3 juin 1872 (art. 20425, J. N.) ; Dijon, 3 mars 1880 ; Seine, 1er mars 1890 (*J. du not.*, 1890, p. 828) ; Dict. du not., v° *Administ. légale*, n° 20 ; Aubry et Rau, t. I, p. 502 ; Demolombe t. VI, n° 458.

(3) Il n'est pas nécessaire, pour que l'article 387 soit applicable. que l'enfant se soit établi pour son compte et ait quitté la maison paternelle (Laurent, n° 326 et tous les auteurs). On devrait donc, en principe, considérer comme appartenant en propre à l'enfant et non soumis à la jouissance légale, les titres, rentes sur l'Etat, livrets de caisse d'épar-

gne ou autres valeurs, inscrits au nom de l'enfant personnellement ; l'immatricule même du titre au nom de l'enfant lui permet d'invoquer mieux que personne la règle de l'article 2279 : en fait de meubles, possession vaut titre.

(4) Aubry et Rau, t. II, p. 467; Demolombe, t. VI, n° 527; Paris, 19 mars 1828; Bordeaux, 19 juin 1849.

(5) Cass., 24 mai 1851; Besançon, 4 juillet 1864; Orléans, 5 février 1870; Poitiers, 17 janvier 1878; Cass,. 3 juin 1872 (*Rev. not.* n° 4156).—Sic : Demolombe, t. VI, n° 458; t. XVIII, n° 814; Aubry et Rau, t. I, p. 502 ; Laurent, t. IV, n° 800.

(6) Bourges, 18 juin 1890.

(7) Montpellier, 25 août 1864; Demolombe, n° 365; Laurent. n° 344

(8) Rennes, 5 février 1894.

l'*usufruit* ordinaire grèvent aussi la jouissance légale : réparations d'entretien, contributions annuelles, etc...

En outre, l'article 385 du Code civil met à la charge de l'usufruitier légal :

a) La nourriture, l'entretien et l'éducation des enfants ;

L'entretien et l'éducation de l'enfant doivent être en rapport avec sa fortune, sauf au père à compléter lui-même sur ses biens le revenu insuffisant.

b) Le paiement des arrérages ou intérêts des capitaux ;

Si les biens recueillis par l'enfant sont grevés de *dettes* portant intérêt, les intérêts seulement seront à la charge de la jouissance légale. On y comprend même les intérêts *échus* et en retard, à l'époque où l'enfant recueille les biens (1) ;

c) Les *frais funéraires* et de dernière maladie de ceux qui ont transmis les biens à l'enfant (2) ;

78. — Mais les parents investis de la jouissance légale ne sont pas assujettis à donner caution (3).

79. — Extinction du droit. — L'*âge de dix-huit ans* accompli atteint par l'enfant met fin à la jouissance légale; et si les parents conservent l'administration des biens jusqu'à la majorité, ils devront compte des revenus des dernières années.

L'*émancipation* de l'enfant, grâce à laquelle il administre lui-même toute sa fortune, met aussi fin au droit des parents (art. 384, C. civ.) (4) (V. *infrà*, v° Tutelle).

Les auteurs et la jurisprudence sont également d'accord pour décider que l'usufruit légal, comme l'usufruit ordinaire, doit prendre fin par suite d'*abus de*

---

(1) Cette question est controversée : d'après une première opinion, les intérêts et arrérages mis par la loi à la charge de la jouissance légale ne devraient s'entendre que des intérêts échus depuis l'ouverture de l'usufruit (Nîmes, 9 juillet 1856 ; Nancy, 28 mai 1881 (art. 22582, J. N.) ; Toullier, t. II, n° 1069 ; Chardon, *Usufruit légal*, n° 150). Mais il paraît plus rationnel et plus conforme au texte d'étendre la disposition de l'art. 385, même aux intérêts dus antérieurement. C'est l'opinion dominante (Arras, 5 juin 1859 ; Le Puy, 25 mars 1865 ; Proudhon, t. I, n° 206 ; Demolombe, n°* 543-514 ; Laurent, n° 332).

(2) Et non ceux des enfants eux-mêmes venant à décéder (Douai, 22 juillet 1854 ; Demolombe, n° 547 ; Laurent, n° 333 ; Demante, n° 130). Les frais du deuil de la veuve sont compris dans les frais funéraires (Paris, 10 août 1864 (S. 1864-2-286).

(3) Toulouse, 26 août 1818 ; Lyon, 9 août 1877 (S. 1878-2-174) ; Laurent, n° 308.

(4) Le mineur est émancipé de plein droit par le mariage (art. 476, C. civ.).

Le mineur, même non marié, pourra être émancipé par son père, ou, à défaut de père, par sa mère, lorsqu'il aura atteint l'âge de quinze ans révolus. — Cette émancipation s'opérera par la seule déclaration du père ou de la mère, reçue par le juge de paix assisté de son greffier (art. 477).

Le mineur resté sans père ni mère pourra aussi, mais seulement à l'âge de dix-huit ans accomplis, être émancipé, si le conseil de famille l'en juge capable. — En ce cas, l'émancipation résultera de la délibération qui l'aura autorisée, et de la déclaration que le juge de paix, comme président du conseil de famille, aura faite dans le même acte, *que le mineur est émancipé* (art. 478).

Lorsque le tuteur n'aura fait aucune diligence pour l'émancipation du mineur dont il est parlé dans l'article précédent, et qu'un ou plusieurs parents ou alliés de ce mineur, au degré de cousin germain ou à des degrés plus proches, le jugeront capable d'être émancipé, ils pourront requérir le juge de paix de convoquer le conseil de famille pour délibérer à ce

sujet. — Le juge de paix devra déférer à cette réquisition (art. 479).

Le compte de tutelle sera rendu au mineur émancipé, assisté d'un curateur qui lui sera nommé par le conseil de famille (art. 480).

Le mineur émancipé passera les baux dont la durée n'excédera point neuf ans ; il recevra ses revenus, en donnera décharge, et fera tous les actes qui ne sont que de pure administration, sans être restituable contre ces actes dans tous les cas où le majeur ne le serait pas lui-même (art. 481).

Il ne pourra intenter une action immobilière, ni y défendre, même recevoir et donner décharge d'un capital mobilier, sans l'assistance de son curateur, qui, au dernier cas, surveillera l'emploi du capital reçu (art. 482).

Le mineur émancipé ne pourra faire d'emprunts, sous aucun prétexte, sans une délibération du conseil de famille, homologuée par le tribunal de première instance, après avoir entendu le procureur de la République (art. 483).

Il ne pourra non plus vendre ni aliéner ses immeubles, ni faire aucun acte autre que ceux de pure administration, sans observer les formes prescrites au mineur non émancipé. — A l'égard des obligations qu'il aurait contractées par voie d'achats ou autrement, elles seront réductibles en cas d'excès; les tribunaux prendront, à ce sujet, en considération la fortune du mineur, la bonne ou mauvaise foi des personnes qui auront contracté avec lui, l'utilité ou l'inutilité des dépenses (art. 484).

Tout mineur émancipé dont les engagements auraient été réduits en vertu de l'article précédent, pourra être privé du bénéfice de l'émancipation, laquelle lui sera retirée en suivant les mêmes formes que celles qui auront eu lieu pour la lui conférer (art. 485).

Dès le jour où l'émancipation aura été révoquée, le mineur rentrera en tutelle, et y restera jusqu'à sa majorité accomplie (art. 486).

Le mineur émancipé qui fait un commerce, est réputé majeur pour les faits relatifs à ce commerce (art. 487).

jouissance (1), ou par l'inexécution des obligations auxquelles la jouissance légale est soumise (2) ; — et aussi par suite des divers cas de déchéance prononcés par la loi (art. 334, 335, Code pénal ; L. 24 juillet 1889, art. 1 à 8).

§ 5. ENREGISTREMENT.

80. — L'acte de désaveu de paternité, s'il est passé devant notaire, est sujet, comme acte innominé, au droit fixe de 3 francs, en principal.

Il en est de même de l'acte de désistement du désaveu.

Le droit fixe de 3 francs est encore seul applicable à la déclaration d'adoption, quand elle est faite par acte notarié (3).

§ 5. FORMULES.

1. — Désaveu de paternite.

Pardevant..., etc.
    A comparu :
M. Marcel Olivier, négociant, demeurant à...;
Lequel a exposé ce qui suit :
Le comparant a eu connaissance, le..., que Mme Louise Veber, son épouse, demeurant à..., est accouchée le..., d'un enfant du sexe..., qui a été présenté le lendemain à la mairie de .., où il a été porté sur les registres de l'état-civil sous les noms de..., comme fils (*ou* fille) des sieur dame Olivier ;
    Néanmoins, longtemps avant l'époque présumée de la conception de cet enfant, et jusqu'après sa naissance, le comparant a été dans l'impossibilité physique de cohabiter avec sa femme ; en effet, il est parti le..., pour..., où il est resté jusqu'au..., ainsi que le constatent :
    1° Un certificat de..., en date du..., constatant que M. Olivier a habité ladite ville de..., depuis le... jusqu'audit jour..., sans aucune interruption ;
    2° Un certificat du capitaine du navire .., en date du... dernier, établissant que M. Olivier, comparant, s'est embarqué à son bord le..., et est débarqué le..., au port de...
    Lesquelles pièces, dûment timbrées et légalisées, représentées par M. Olivier pour être annexées à ces présentes, après avoir été par lui certifiées véritables en présence des notaires soussignés, seront présentées à la formalité de l'enregistrement en même temps que le présent acte.
    Dans cette situation, M. Olivier déclare, par ces présentes, désavouer formellement l'enfant dont il s'agit, conformément au droit que lui en donne le deuxième alinéa de l'article 312 du Code civil.
    Pour faire signifier ces présentes à qui il appartiendra, etc.
    Dont acte...

2. — Désistement d'une demande en réclamation d'état.

Pardevant..., etc.
    A comparu :
M. Paul Bourget, étudiant en droit, demeurant à..., etc.
Lequel a, par ces présentes, déclaré se désister sans réserve de la demande en réclamation d'état, comme enfant légitime de (*noms, prénoms et professions des père et mère*), qu'il a formée contre M..., suivant exploit signifié par M^e huissier à..., le..., enregistré.
    Pour la signification de ce désistement, tout pouvoir est donné au porteur d'une expédition des présentes.
    Dont acte...

(1) Grenoble, 18 février 1816; Lyon, 3 juin 1893. | dent seulement aux tribunaux le droit de prendre
(2) Limoges, 23 juillet 1824; Paris, 4 février 1832; | les mesures utiles.
Proudhon, n° 2426 ; Laurent, n° 314. — *Contra* : | (3) LL. 22 frimaire an VII, art. 68, n° 51 ; 18 mai
Demolombe, n° 699; Aubry et Rau, p. 92, qui accor- | 1850, art. 8 ; et 28 février 1872, art. 4.

3. — **Acceptation d'adoption testamentaire** (V. *suprà*, v° Acceptation d'adoption).

4. — **Consentements divers par le père** (V. *suprà*, vᵗˢ Consentements a adoption, a engagement militaire, a mariage, a ordination ou a noviciat, et a tutelle officieuse).

PENSION ALIMENTAIRE

C'est la prestation, en argent ou en nature, fournie à une personne par une autre qui s'y trouve obligée soit en vertu de la loi, soit par suite d'une convention.

Sommaire :

§ 1. Fondement de l'obligation alimentaire. Entre quelles personnes elle existe.
§ 2. Formes. Formalités.
§ 3. Capacité. Conditions d'exercice. Objet et étendue de l'obligation alimentaire.
§ 4. Caractères de l'obligation alimentaire. Ses effets.
§ 5. Responsabilité notariale.
§ 6. Honoraires.
§ 7. Enregistrement.
§ 8. Formules.

§ 1. Fondement de l'obligation alimentaire. Entre quelles personnes elle existe.

1. — Comme cela résulte de la définition que nous avons donnée, la constitution d'une pension alimentaire peut avoir pour fondement soit l'obligation légale, soit une obligation conventionnelle.

L'obligation *conventionnelle* résulte le plus souvent d'un legs ou d'une donation dont la pension alimentaire se trouve être une des conditions, lorsque, par exemple, un testateur institue *Primus* pour légataire universel, à la charge par lui de servir, à une personne désignée, — un parent infirme, ou une domestique, — une pension alimentaire ; — ou, lorsqu'une personne âgée se dépouille, par acte entre-vifs, de tous ses biens au profit d'un tiers, auquel elle impose la charge de la nourrir et de subvenir à tous ses besoins.

Elle peut encore être constituée dans d'autres circonstances : une personne, par son imprudence ou une faute quelconque tombant sous le coup des articles 1382 et 1383 du Code civil, occasionne à une autre une blessure ou une infirmité grave qui la met dans l'impossibilité de pourvoir à son existence ; elle peut lui constituer volontairement et par conventions arrêtées d'un commun accord, une pension alimentaire, à titre d'indemnité.

Nous étudierons plus loin dans quelle forme ces conventions peuvent être établies.

L'obligation *légale* prend sa source, au contraire, dans une disposition expresse de la loi. Elle a pour fondement le lien de famille, la parenté qui existe entre celui qui doit la pension et celui qui la reçoit. C'est donc, en définitive, une dette pour ainsi dire *naturelle*, sanctionnée par la loi civile.

Toutefois, la parenté ne suffit pas à créer la dette alimentaire ; le législateur, pensant avec raison qu'il n'y avait pas lieu d'établir l'obligation alimentaire entre des hommes qui n'auraient plus rien de commun, ni la maison, ni les intérêts, ri les affections, a restreint cette obligation dans certaines limites et spécifié les cas dans lesquels elle devrait être admise. Nous allons examiner ces divers cas.

2. — Cas d'obligation légale. — L'obligation alimentaire a été établie par la loi non seulement dans la famille *légitime*, mais aussi dans la famille *naturelle* ; et cela est équitable, puisque cette obligation a pour principe, pour cause efficiente, la parenté.

3. — Dans la famille *légitime*, l'obligation alimentaire est limitée à trois classes de personnes :

a) Les ascendants et descendants (art. 205, C. civ.) ;

b) Les alliés à titre d'ascendants et descendants (art. 206, C. civ.) ;

c) Les époux (art. 205 et 212, C. civ.).

Elle n'existe point entre collatéraux, oncles et neveux, cousins germains, ni même entre frères et sœurs, contrairement à ce qui existe dans d'autres législations mieux inspirées.

4. — Ascendants et descendants. — Les ascendants et descendants, à quelque degré qu'il soient, sont tenus les uns envers les autres de la dette alimentaire. Ce principe résulte de la combinaison des articles 205 et 209 du Code civil, qui disposent : le premier, que « les enfants doivent des aliments à leurs père et mère et autres ascendants qui sont dans le besoin, » ; le second que les dispositions résultant de cet article sont *réciproques* (1).

5. — Cette obligation, imposée aux enfants par l'article 205, s'étend, en cas d'impossibilité par ceux ci d'y satisfaire, aux petits-enfants, à titre subsidiaire ou complémentaire (2).

Ainsi, les petits-enfants sont tenus de fournir des aliments à leurs grands-parents dans le besoin, non seulement au cas de prédécès des fils et filles de ceux-ci, mais aussi au cas où les fils et filles sont sans ressources ou n'ont que des ressources insuffisantes (3).

6. — Et l'obligation de réciprocité qui existe entre les père et mère et leurs enfants s'étend également entre les aïeuls et les petits-enfants. L'aïeul peut donc être tenu de continuer à servir à sa petite-fille la pension alimentaire qu'il fournissait à sa fille (4).

7. — Alliés à titre d'ascendants et descendants. — D'après l'article 206 du Code civil, les gendre et belle-fille doivent également des aliments à leurs beau-père et belle-mère ; et réciproquement, les beaux-pères et belles-mères doivent des aliments à leurs gendres et brus, tant que subsistent les liens qui produisent l'affinité (5).

Cette obligation que la loi met à la charge des alliés n'est point une obligation *subsidiaire* de l'obligation imposée aux ascendants et descendants. Ils sont tenus concurremment avec ces derniers et, par suite, ne sauraient prétendre qu'ils ne sont tenus qu'à défaut par les parents de satisfaire à la dette alimentaire (6).

8. — L'obligation alimentaire n'existe qu'envers les ascendants du conjoint ; elle n'existe pas entre une personne et les conjoints de ses ascendants. En conséquence, on n'accorde pas l'obligation alimentaire entre parâtres et marâtres et filiâtres, pour employer les expressions consacrées dans notre ancien droit.

De même, on décide généralement que l'obligation imposée aux gendres et belles-filles, de nourrir leurs beau-père et belle-mère, ne s'étend pas aux ascendants de ces derniers (7).

---

(1) Aubry et Rau, t. VI, p. 99; Demolombe, t. IV, n° 23 ; Laurent, t. III, n° 58 ; Colmar, 9 mars 1813 ; Bordeaux, 16 février 1828.
(2) Caen, 17 août 1880.
(3) Lyon, 12 août 1884.
(4) Cass., 28 octobre 1807; Lyon, 25 août 1831.
(5) Rennes, 16 février 1821.
(6) Cass., 17 juin 1855 ; Caen, 17 novembre 1877

(S. 1878-2-259) ; Laurent, t. III, n° 64. — *Contrà :* Aubry et Rau, t VI. p. 103.
(7) Grenoble, 9 août 1862 ; Toullier, t. II, n° 612; Allemand, t. II, n° 1236; Ducaurroy, Bonnier et Roustaing, t. I, n° 356 ; Laurent, t. III, n° 59. — *Contrà :* Aubry et Rau, t. VI, p. 102; Demante, t. I, n° 288 ; Demolombe, t. IV, n° 25 ; Lyon 12 août 1884.

9. — Aux termes de l'article 206, l'obligation cesse :

a) Lorsque la belle-mère a convolé en secondes noces ;

b) Lorsque celui des époux qui produisait l'affinité et les enfants issus de son union avec l'autre époux sont décédés.

10. — **Convol.** — La belle-mère remariée ne peut plus réclamer des aliments à son gendre ou à sa bru ; mais l'obligation subsiste entière entre la belle-mère, d'une part, et, d'autre part, le conjoint et les enfants du gendre ou de la bru.

Un autre point non moins incontestable, c'est que le convol du beau-père n'entraîne pas la même déchéance que celui de la belle-mère, et l'obligation alimentaire subsiste au profit comme à la charge de son gendre et de sa bru.

11. — Le principe de réciprocité de la dette alimentaire n'empêche pas que la femme remariée ne continue à devoir des aliments à son gendre et à sa bru. Du moins, telle est l'opinion généralement admise (1).

Mais la même doctrine n'admet pas que la bru remariée puisse demander personnellement des aliments à la mère de son conjoint décédé, alors même qu'il existe des enfants du premier mariage (2).

12. — **Décès de l'époux sans enfants.** — La seconde cause de cessation de l'obligation alimentaire est la dissolution du mariage par le décès, sans enfants, de l'époux qui produisait l'alliance.

L'effet de cette cause d'extinction est absolue et réciproque. Les beau-père et belle-mère ne conservent pas plus de droit après cette extinction que les gendre et bru ; et il a même été jugé que l'article 206 doit recevoir son application, alors même que la pension alimentaire fournie par le gendre à son beau-père aurait été stipulée *réversible* sur la tête de sa veuve (3).

Mais, tant qu'il y a des enfants issus du mariage, l'enfant ne fût-il que conçu, l'obligation alimentaire subsiste comme si le mariage durait toujours (4).

12 bis. — **Divorce.** — Le divorce a aussi pour effet de mettre fin à l'obligation alimentaire à laquelle est tenu chaque époux envers l'ascendant de son conjoint, alors même qu'il existe des enfants issus du mariage (5).

13. — **Époux.** — Avant la loi du 9 mars 1891 (6), modificative des droits

---

(1) Aubry et Rau, t. VI, p. 99 ; Marcadé, sur les art. 204 à 207 ; Duvergier, t. II, p. 614. — *Contrà* : Demolombe, n° 29.

(2) Aubry et Rau, p. 100 ; Demolombe, n° 28 ; Demante, t. I, n° 289.

(3) Lyon, 18 décembre 1885.

(4) Marseille, 12 décembre 1862 ; Demolombe, n° 24 bis ; Laurent, n° 78.

(5) Cass., 13 juillet 1891.—*Contrà* : Paris, 18 juillet 1889.

(6) L'article 1er de cette loi est ainsi conçu :

Art. 1er. — L'article 767 du Code civil est ainsi modifié :

« Art. 767. — Lorsque le défunt ne laisse ni parents au degré successible, ni enfants naturels, les biens de sa succession appartiennent en pleine propriété au conjoint non divorcé qui lui survit et contre lequel n'existe pas de jugement de séparation de corps passé en force de chose jugée.

« Le conjoint survivant non divorcé qui ne succède pas à la pleine propriété. et contre lequel n'existe pas de jugement de séparation de corps passé en force de chose jugée, a, sur la succession du prédécédé, un droit d'usufruit qui est :

« D'un quart, si le défunt laisse un ou plusieurs enfants issus du mariage ;

D'une part d'enfant légitime le moins prenant, sans qu'elle puisse excéder le quart, si le défunt a des enfants nés d'un précédent mariage ;

« De moitié dans tous les autres cas, quels que soient le nombre et la qualité des héritiers.

« Le calcul sera opéré sur une masse faite de tous les biens existant au décès du *de cujus*, auxquels seront réunis fictivement ceux dont il aurait disposé, soit par acte entre-vifs, s.it par acte testamentaire au profit de successibles, sans dispense de rapport.

« Mais l'époux survivant ne pourra exercer son droit que sur les biens dont le prédécédé n'aura disposé ni par acte entre-vifs, ni par acte testamentaire et ni par préjudicier aux droits de réserve ni aux droits de retour.

« Il cessera de l'exercer dans le cas où il aurait reçu du défunt les libéralités, même faites par préciput et hors part, dont le montant atteindrait celui des droits que la présente loi lui attribue, et, si ce montant était inférieur, il ne pourrait réclamer que le complément de son usufruit.

« Jusqu'au partage définitif, les héritiers peuvent exiger, moyennant sûretés suffisantes, que l'usufruit de l'époux survivant soit converti en une rente viagère équivalente. S'ils sont en désaccord, la conversion sera facultative pour les tribunaux.

« En cas de nouveau mariage, l'usufruit du conjoint cesse s'il existe des descendants du défunt. »

de l'époux survivant sur la succession de son conjoint, on décidait que l'obligation alimentaire entre époux résultait des articles 212 et 214 du Code civil (1).

Cette solution ne saurait plus faire doute aujourd'hui ; la loi nouvelle a complété l'interprétation donnée au Code civil par la doctrine en ajoutant à l'article 205 les dispositions suivantes :

« La succession de l'époux prédécédé en doit, dans le même cas, à l'époux survivant. Le délai pour le réclamer est d'un an à partir du décès et se prolonge, en cas de partage, jusqu'à son achèvement.

« La pension alimentaire est prélevée sur l'hérédité. Elle est supportée par tous les héritiers et, en cas d'insuffisance, par tous les légataires particuliers, proportionnellement à leur émolument.

« Toutefois, si le défunt a expressément déclaré que tel legs sera acquitté de préférence aux autres, il sera fait application de l'article 927 du Code civil. »

Le droit à la pension alimentaire existe, pendant toute la durée du mariage, quels que soient le régime adopté et la répartition des charges du mariage.

Il ne peut être ni supprimé, ni diminué par la volonté du prémourant.

Il survit à la séparation de fait des époux, si le mari, par exemple, refuse de recevoir sa femme au domicile conjugal (2) ; — et en général, toutes les fois que la cessation de la vie commune résulte du fait exclusif de l'un des époux (3).

L'époux, judiciairement séparé, qui se trouve dans le besoin, conserve le droit de réclamer à son conjoint des ressources pécuniaires alors même que la séparation de corps aurait été prononcée contre lui (4).

En cas de *divorce* prononcé soit directement, soit par suite de conversion de séparation de corps, l'obligation alimentaire subsiste malgré la dissolution du mariage (art. 301, C. civ.) (5). — Toutefois, les dispositions de cet article ne peuvent être invoquées que par celui des époux qui a obtenu le divorce.

14. — Enfant légitimé. — Au point de vue de l'obligation alimentaire, l'enfant légitimé doit être placé sur la même ligne que l'enfant légitime.

15. — Enfant adoptif. — L'adoption, laissant l'adopté dans sa famille naturelle, ne porte aucune atteinte à l'obligation alimentaire qui existe entre lui et les membres de sa famille légitime.

De même, comme il n'entre point dans la famille de l'adoptant, il faut décider qu'aucune obligation alimentaire n'est établie entre l'adopté et les parents alliés ou l'époux de l'adoptant.

L'obligation alimentaire n'existe donc, par suite des prescriptions de l'article 349 du Code civil, qu'entre l'adopté et l'adoptant et réciproquement.

16. — Famille naturelle. — En ce qui concerne la famille naturelle, l'obligation alimentaire a été resserrée par le législateur dans des limites beaucoup plus étroites que pour la famille légitime.

Ainsi, entre *concubins*, il n'y a pas d'obligation alimentaire, car les unions libres ne produisent aucun effet légal.

Mais l'obligation alimentaire existe en ligne directe, ascendante et descendante. Ainsi l'enfant naturel a le droit de réclamer des aliments à ses père et mère, qui sont tenus de le nourrir, élever et entretenir, aussi bien que s'il était un enfant légitime (6).

(1) Art. 212. — Les époux se doivent mutuellement fidélité, secours, assistance.
Art. 214. — La femme est obligée d'habiter avec le mari et de le suivre partout où il juge à propos de résider ; le mari est obligé de la recevoir et de lui fournir tout ce qui est nécessaire pour les besoins de la vie, selon ses facultés et son état.
(2) Rouen, 31 août 1865 ; Rouen, 6 décembre 1877 ; Seine, 13 janvier 1882 ; Aubry et Rau, t. V,

p. 132 ; Demolombe, t. IV, n° 110 ; Laurent, t. III n° 52.
(3) Donai, 2 juin 1852 ; Bordeaux, 31 mai 1854.
(4) Cass., 8 juillet 1850 et 26 août 1864 ; Aubry et Rau, p. 199 ; Demolombe, n° 501 ; Laurent, n° 53.
(5) Donai, 29 juin 1885 ; Alger, 2 février 1886 (S. 1886-2-177).
(6) Toulouse, 25 juillet 1863 et 24 décembre 1885 ; Paris, 26 août 1873 ; Toullier, t. II, n° 676 ;

Cette obligation est réciproque et elle existe également au profit des père et mère de l'enfant naturel.

Mais une condition qui, d'après la majorité des auteurs et la jurisprudence dominante, est nécessaire pour que la dette alimentaire existe, c'est qu'il y ait eu, de la part du père ou de la mère, ou de la part des deux, une reconnaissance *légale* et *régulière*. Une reconnaissance sous signature privée, par exemple, ne saurait donner naissance à l'obligation alimentaire (1), — alors même que celui qui a souscrit la reconnaissance se serait obligé par l'acte qui la renferme à fournir les aliments (2).

L'enfant naturel n'étant *légalement* rattaché qu'à ses père et mère, il ne peut évidemment réclamer des aliments à des personnes au regard desquelles il n'est qu'un étranger, les ascendants de ses père et mère, par exemple. — De même, ces derniers ne sauraient prétendre que l'enfant naturel est tenu de la dette alimentaire à leur égard (3).

Mais on est d'accord pour décider que le lien qui, au point de vue de la dette alimentaire, unit les père et mère naturels à leur enfant légalement reconnu, s'étend à sa descendance *légitime* (4), — ainsi qu'à l'*époux* de l'enfant naturel (5).

17. — Enfant adultérin et incestueux. — L'enfant dont la filiation adultérine ou incestueuse est établie, ou n'est pas contestée, a droit à une pension alimentaire d'après l'article 762 du Code civil, et il peut la réclamer, soit à la succession de ses père et mère, soit à ceux-ci durant leur vie. Mais il ne saurait en réclamer à d'autres, et notamment aux ascendants légitimes de ses père et mère.

Réciproquement, les père et mère adultérins ou incestueux sont fondés à réclamer des aliments à leur enfant (6).

18. — Donataire. — Il existe encore, en dehors des cas où la parenté et l'alliance sont le fondement de l'obligation alimentaire, une circonstance où le législateur a créé cette obligation légale envers les parties ; c'est le cas où une personne a donné ses biens à une autre. Si le donateur se trouve plus tard dans l'indigence et que le donataire se refuse à lui fournir des aliments, le donateur peut faire révoquer la donation pour cause d'ingratitude (art. 955, C. civ.). *A fortiori* aurait-il le droit d'exiger une pension alimentaire (7).

§ 2. FORMES. FORMALITÉS.

19. — Pour savoir quelle forme est applicable aux actes de constitution d'une pension alimentaire, il faut distinguer si l'acte est l'exécution d'une *obligation légale* ou d'une *convention* librement et volontairement arrêtée entre les parties.

Si la pension alimentaire est constituée en exécution des articles 205, 206 et 212 du Code civil, l'acte peut être établi soit en la forme authentique, — soit sous signatures privées, si toutes les parties savent signer et si aucune garantie hypothécaire n'est conférée par le débiteur, auquel cas l'acte devrait être notarié.

S'agit-il, au contraire, d'une pension alimentaire constituée à la suite d'ac-

Demolombe, t. V, n° 16 ; Aubry et Rau, t. VI, p. 215 ; Laurent, t. IV, n° 126 ; Baudry-Lacantinerie, t. I, n° 753.

(1) Cass., 4 octobre 1812 ; Montpellier, 7 décembre 1843 ; Bordeaux, 27 novembre 1852 ; Douai, 3 décembre 1853 ; Aix, 14 juillet 1853 ; Toullier, t. II, n° 976 ; Laurent, t. IV, n° 50 ; Rolland de Villargues, n° 234 ; Bonnier, *Preuves*, n° 445 ; Demolombe, t. IV, n° 18.

(2) Douai et Aix, précités.—La Cour de cassation a cependant déclaré valable l'obligation de celui qui,

s'avouant le père d'un enfant, s'est engagé à subvenir à tous ses besoins. Cass., 27 mai 1862 (art. 17464, J. N.).—Sic : Douai, 15 mars 1865 ; Angers, 11 août 1871 (art. 20133, J. N.).

(3) Demolombe, t. IV, n° 18 ; Laurent, t. III, n° 62 ; Cass., 7 juillet 1817 ; Neufchâtel, 10 août 1885.

(4) Demolombe, n° 21.

(5) Paris, 28 mars 1840 ; Demolombe, *loc. cit.*

(6) Demolombe, t. IV, n° 19.

(7) Aubry et Rau, t. VII, p. 416 ; Demolombe, t. XX, n° 647.

cords intervenus entre les parties, soit comme condition d'une libéralité, ou d'un marché, ou à titre d'indemnité, il y a lieu de rechercher si cette pension est constituée à titre *gratuit* ou *onéreux*.

Il est évident que, dans le premier cas, l'acte est assujetti aux formes et aux règles de la donation entre vifs (V. cep. Paris, 30 juin 1893 (*J. du not.*, 1893, p. 662); dans le second, la forme des actes ordinaires est seule imposée.

Bien que constituée à titre gratuit, toutefois, la pension alimentaire créée à titre rémunératoire, pour reconnaître des services rendus ou à titre d'indemnité d'un préjudice causé, pourrait être établie dans la forme notariée, dans les formes prescrites pour les actes solennels.

20. — Constatée par acte notarié, la constitution de pension alimentaire doit être reçue en *minute*. Elle est toujours portée au Répertoire.

En cas de conflit entre les notaires des deux parties, la minute doit être attribuée au notaire de la personne à qui la pension est due et servie.

21. — Formalités. — Cet acte n'est soumis à aucune formalité particulière. Une inscription doit seulement être prise au bureau des hypothèques, si le débiteur a conféré une garantie hypothécaire pour sûreté de la pension.

22. — Acceptation. — Il est utile que la constitution soit acceptée.

3. Capacité. Conditions d'exercice. Objet et étendue de l'obligation alimentaire.

23. — Capacité. — Pour constituer une pension alimentaire, il faut être capable de s'obliger.

Si la pension est constituée à titre gratuit, le crédi-rentier et celui qui constitue la pension doivent avoir la capacité requise pour les donations ou les testaments.

24. — L'article 208 du Code civil précise les conditions d'exercice de l'obligation alimentaire. Les aliments ne sont accordés, d'après cet article, que dans la proportion des besoins de celui qui les réclame et de la fortune de celui qui les doit.

Deux conditions sont donc imposées :
a) Il faut que celui à qui est due la pension alimentaire soit dans le besoin ;
b) Il faut, en outre, que celui qui doit la servir ait des ressources suffisantes pour la payer.

25. — Dans quels cas l'homme sera-t-il considéré comme étant dans le *besoin*? Lorsqu'il sera dans l'impossibilité de travailler et n'aura pas de biens (1).

La jurisprudence et les auteurs sont unanimes d'abord pour refuser le droit aux aliments à celui qui pourrait s'en procurer par son travail (2).

Mais, dans l'appréciation que les juges auront à faire de ce point fort complexe, il y a lieu de prendre en considération les forces physiques, les aptitudes, les facultés intellectuelles et la condition sociale des parties (3).

En outre, les aliments ne sont dus qu'à celui qui n'a pas de biens, c'est-à-dire qui n'a, ni en revenus, ni en capital pouvant être utilisé, de ressources suffisantes pour pourvoir à son existence suivant ses forces, son âge et sa position ; car il n'est pas nécessaire que le dénûment soit absolu.

Enfin, *l'aisance du débiteur*, telle est la seconde condition d'exercice de l'obli-

(1) Demolombe, t. X, n° 41 ; Laurent, t. III, n° 71. | Rennes, 19 avril 1866 ; Aubry et Rau, t. VI,
(2) Paris, 13 avril 1838, 10 janvier et 2 fé- | p. 106.
vrier 1862 ; Cass., 7 juillet 1863 (S. 1863-1-874) ; | (3) Lyon, 17 janvier 1882.

gation alimentaire, car on ne saurait admettre qu'une personne se dépouille pour subvenir aux besoins d'autrui. Ce serait là un excès de dévouement que la loi ne peut imposer.

Les mêmes éléments d'appréciation qui entrent dans le calcul des besoins du créancier entrent dans le calcul de l'aisance du débiteur. Ainsi, le débiteur d'aliments ne devra être libéré de son obligation que par l'impossibilité de travailler, jointe à l'absence de fortune ; et, pour apprécier cette fortune, on doit tenir compte des dettes qui grèvent le débiteur et les déduire de son capital (1).

Les aliments ne peuvent être accordés *in futurum* et en vue des ressources éventuelles du débiteur (2).

C'est toujours au créancier qui réclame des aliments à prouver : la réalité et l'étendue de ses besoins ; — la réalité et l'importance dont peut disposer celui qui devrait la pension (3).

26. — Objet de l'obligation alimentaire. — L'obligation alimentaire ayant pour objet la prestation de ce qui est nécessaire aux besoins de la vie, il y a lieu de se demander ce qu'elle comprend.

On est d'accord pour décider que par « *aliments* », on doit entendre tout ce qui est nécessaire aux besoins d'une personne, non seulement en ce qui concerne la nourriture, mais aussi le vêtement et l'habitation (4) — et les soins ou dépenses nécessaires en cas de maladie (5).

Les vêtements et le logement comprennent aussi l'éclairage, le chauffage, le blanchissage et tout ce qui, en définitive, constitue l'entretien.

Mais l'obligation alimentaire n'emporte pas l'obligation de payer, ni les dettes du créancier d'aliments (6) ; — à moins qu'il s'agisse de dettes contractées pour cause de besoins alimentaires (7), — ni les frais funéraires.

27. — Paiement de la pension. — La pension alimentaire est-elle payable en argent ou en nature ? Si la constitution de la pension est le résultat, non d'une obligation légale, mais d'une convention établie entre les parties, l'acte qui fixe cet accord précise d'ordinaire comment et dans quelles conditions elle sera servie. Si elle doit être servie en nature, il détermine la quantité, la qualité, le poids des diverses subsistances à fournir, l'époque et le lieu où le service sera fait, etc. Ces stipulations font la loi des parties.

Lorsque la pension résulte d'une obligation légale, la dette alimentaire doit être, *en principe*, acquittée en argent, sous forme de prestation périodique ; et il a été jugé que l'offre faite par le fils à son père de le recevoir, nourrir et entretenir, ne peut être sanctionnée par le juge qu'autant que le père l'a acceptée (8).

Mais, suivant les circonstances, il appartient aux tribunaux de décider souverainement, d'après les rapports des parties et leur position, si celui qui demande une pension alimentaire devra être tenu de la recevoir en nature dans la demeure du débiteur et si celui-ci doit être dispensé de payer la pension alimentaire (art. 210 et 211, C. civ.).

Toutefois, lorsqu'il s'agit de toute autre personne que des père et mère, il faut remarquer que les tribunaux ne peuvent autoriser le débiteur à recevoir dans sa demeure et à y nourrir le créancier qu'autant qu'il y a impossibilité pour le débiteur de payer la pension alimentaire. Les père et mère peuvent, au

(1) Cass., 17 juin 1856.
(2) Nancy, 12 juin 1879.
(3) Caen, 17 août 1880 ; Aubry et Rau, p. 107 ; Laurent, n° 72. — Quand un père, ayant plusieurs enfants, réclame à un seul une pension alimentaire, cette pension doit être fixée en tenant compte de la portion qui serait à la charge des autres enfants (Orléans, 24 mars 1888).

(4) Aix, 19 décembre 1809.
(5) Bruxelles, 24 mars 1876 ; Seine, 13 juillet 1887 ; Toulouse, 15 décembre 1887.
(6) Aubry et Rau, p. 108 ; Demolombe n° 53.
(7) Bordeaux, 8 juin 1830 ; Gand, 12 mai 1870.
(8) Grenoble, 8 avril 1870 et 1er décembre 1874.

contraire, invoquer le principe de l'article 211 du Code civil, lors même qu'ils ne sont pas dans l'impossibilité de payer la pension (1).

Du caractère même de la dette qui a pour objet de pourvoir aux besoins de l'existence, découle le mode de paiement ordinairement fixé en prestations périodiques. Le débiteur ne saurait donc être tenu de fournir à l'indigent un capital, pour en percevoir les revenus.

En ce qui concerne la fixation du nombre des termes de la pension, le moment des échéances, si les parties ne s'entendent pas pour les fixer, les tribunaux ont un pouvoir discrétionnaire pour le faire, en prenant en considération les intérêts et convenances respectifs des parties (2).

28. — Lieu de paiement. — Faute de convention, il faut décider que la pension, conformément aux articles 1247 et 1248 du Code civil, est payable au domicile du débiteur de la pension et que les frais du paiement sont à la charge du débiteur. Toutefois, on reconnaît que les tribunaux pourraient en décider autrement, si le parent indigent se trouvait vieux ou infirme.

Serait nulle, comme contraire à la morale et aux droits de la puissance paternelle, la convention qui aurait pour effet d'astreindre un père auquel les aliments seraient dus par son fils, à résider dans un lieu déterminé pour y recevoir les termes de sa pension alimentaire (3).

29. — Arrérages. — Si le créancier de la pension a laissé passer plusieurs termes sans les réclamer, pourra-t-il plus tard les réclamer ? La négative est généralement décidée ; l'indigent a vécu, dit-on ; donc il n'était pas dans le besoin. C'est ce qu'on exprime en disant que les pensions alimentaires *n'arréragent pas* (4).

30. — Garanties. — Lorsque l'obligation alimentaire résulte d'une convention, le débiteur peut stipuler, en vue de garantir ses engagements, telles sûretés que bon lui semble et qu'agréera le créancier, un nantissement, une hypothèque ; et les garanties, si les formalités légales ont été remplies, sont opposables à tous les créanciers du débiteur.

Mais si l'obligation alimentaire n'existe qu'en vertu de la loi, le juge ne peut, en principe, obliger le débiteur soit à constituer un capital, soit à donner une caution ou une hypothèque pour assurer le paiement des arrérages ; sauf le cas où les circonstances indiqueraient, de la part du débiteur, l'intention frauduleuse de se soustraire au paiement de la pension ; et encore les sûretés fournies ne pourraient-elles, en cas de déconfiture ou de faillite, être opposées aux autres créanciers (V. *suprà*, v° HYPOTHÈQUE LÉGALE, n° 13).

§ 4. CARACTÈRES DE L'OBLIGATION ALIMENTAIRE. SES EFFETS.

31. — L'obligation alimentaire est une obligation *d'ordre public*. Il en résulte qu'aucune renonciation, aucune prescription ne saurait l'atteindre. Toute renonciation, même à titre de transaction, serait nulle (6).

Cette obligation étant, en outre, essentiellement *personnelle*, il en résulte qu'elle est intransmissible et inaliénable ; *intransmissible*, c'est-à-dire qu'elle ne saurait passer aux héritiers de celui qui en est tenu (7), à la différence de l'obliga-

(1) Aubry et Rau, § 558-86.
(2) Demolombe, n° 64.
(3) Bourges, 9 août 1832.
(4) Paris, 16 juillet 1872 ; Bordeaux, 13 août 1872; Caen, 27 janvier 1874 ; Orange, 13 mars 1884. V. aussi Cass., 3 août 1883 ; Aubry et Rau, p. 108 ; Demolombe, n° 71.
(5) Aubry et Rau, p. 126 ; Demolombe, n°° 68

et 69 ; Cass., 30 janvier 1828 ; Lyon, 5 février 1869 (S. 1869-2-250). — *Contrà* : Lyon, 24 août 1885.
(6) Bordeaux, 26 juillet 1855 ; Pau, 23 juin 1884.
(7) Orléans, 24 novembre 1855 ; Cass., 8 juillet 1857 ; Dijon, 17 août 1860 ; Toulouse, 28 mars 1866 ; Montpellier, 30 mai 1866 ; Besançon, 8 juillet 1879 (art. 22402, J. N.) ; Demobombe, n° 40 ; Laurent, n° 48.

tion alimentaire conventionnelle (1) ; *inaliénable*, c'est-à-dire que le créancier à qui est due la pension alimentaire ne peut vendre ni céder ce droit à prix d'argent ; — ce qui distingue encore la dette alimentaire légale de la pension alimentaire constituée par convention ou par testament, laquelle est aliénable et cessible (2).

32. — Insaisissabilité. — Aux termes de l'article 581, 2° et 4°, du Code de procédure civile, « sont insaisissables les provisions alimentaires admises en justice..., les sommes et pensions pour *aliments*, encore que le testament ou l'acte de donation ne les déclare point insaisissables ».

Occupons-nous d'abord des aliments dus en vertu de l'obligation légale et auxquels se réfère le § 2 de l'article 581.

L'expression *provision alimentaire* doit s'entendre de tous les aliments accordés en vertu de l'obligation alimentaire légale. Ces aliments sont insaisissables, voilà le principe. Elles peuvent toutefois exceptionnellement être saisies, mais pour cause d'aliments seulement, par les fournisseurs de denrées alimentaires, par exemple (3) ; — ou par un parent du titulaire de la pension, plus pauvre encore que lui (4) ; — ou par l'agent d'affaires qui s'est entremis pour l'obtention de la pension alimentaire (5), — mais en vertu de la permission du juge et pour la portion qu'il déterminera (art. 582, C. de proc. civ.). On ne peut donc saisir une pension alimentaire pour la totalité (6).

L'article 581, 2°, ne parle que des provisions *adjugées en justice* ; cependant, on doit décider que ce texte est applicable non seulement aux provisions et pensions alimentaires dont la quotité a été déterminée par le juge, mais encore à celles dont le règlement a été fixé par la convention des parties, si la base de l'obligation est la même.

Quant aux dons et legs d'aliments, ils sont également insaisissables, bien que le donateur ou le testateur ne les ait pas déclarés tels, pourvu qu'il soit constant que le donateur a eu l'intention d'assurer au gratifié des aliments (7).

Dès que ce caractère de la libéralité est constaté, toute saisie est impossible, à moins qu'elle ne soit faite dans les termes de l'article 582 du Code de procédure civile, c'est-à-dire pour cause d'aliments ou par un créancier antérieur à l'acte de donation ou à l'ouverture du legs (8).

33. — Incessibilité. — La déclaration d'insaisissabilité d'une rente donnée ou léguée à titre d'aliments n'a pas pour effet de rendre cette rente incessible (9) ; mais la clause d'incessibilité insérée par le donateur ou testateur est valable et doit produire effet (10).

Les arrérages d'une pension alimentaire due en vertu de la loi ne pourraient être cédés pour cause d'aliments (11).

34. — Variabilité. — Enfin, un dernier caractère de l'obligation alimentaire *légale* est sa variabilité. En effet, la pension peut être augmentée ou diminuée, suivant la situation respective de la partie qui la doit et celle de la partie qui la reçoit ; elle peut même cesser entièrement, si le créancier n'en a plus besoin, ou si le débiteur se trouve dans l'impossibilité d'acquitter sa dette (art. 209, C. civ.) (12).

Ce caractère distingue l'obligation alimentaire *légale* de la pension alimen-

(1) Cass., 27 janvier 1874.
(2) Cass., 31 mai 1826 et 1er avril 1844 ; Toulouse, 26 août 1874, sous Cass., 13 juillet 1875 (S. 1875-1-341).
(3) Seine, 28 février 1884.
(4) Rodière, t. II, p. 200 ; Chauveau sur Carré, t. IV ; Quest. 1986.
(5) Paris, 5 février 1870.
(6) Cass., 18 avril 1836.
(7) Paris, 8 janvier 1884.

(8) Cass., 18 janvier 1875.
(9) Cass., 31 mai 1826, 22 février 1831 et 1er avril 1844 (S. 1831-1-107; 1844-1-468); Demolombe, t. IV, n° 78.
(10) Rouen, 8 avril 1868 (S. 1869-2-87) ; Seine, 6 avril 1878 (V. *suprà*, v° PARTAGE ET LIQUIDATION, n° 716, et *infrà*, v° TESTAMENT).
(11) V. Demolombe, t. IV, n° 78.
(12) Cass., 28 juin 1841 ; Douai, 20 juin 1885.

taire *conventionnelle*, laquelle, au contraire, est immuable et reste telle qu'elle a été fixée par la convention des parties, ou par l'acte de libéralité qui l'a déterminée.

35. — Effets. — La loi n'a déterminé aucun ordre obligatoire entre les divers débiteurs d'aliments : tous sont également tenus, voilà la règle ; quant à l'application, les auteurs et les arrêts sont peu d'accord. On décide assez généralement que l'obligation pèse tout d'abord sur l'époux, ensuite sur les descendants, ensuite sur les ascendants, enfin sur les alliés (1).

36. — La dette alimentaire est-elle solidaire entre tous ceux qui en sont tenus, ou n'est-elle qu'indivisible, ou est-elle solidaire et indivisible tout ensemble ? La doctrine et la jurisprudence sont également divisées sur ce point.

Disons tout d'abord qu'il ne s'agit point ici de l'obligation alimentaire conventionnelle : en ce qui concerne cette dernière, l'acte seul, qui est intervenu, doit fixer la nature et les effets des engagements contractés.

Quant à la dette alimentaire légale, nous croyons, et les auteurs comme les arrêts tendent à se prononcer en ce sens, qu'elle n'est ni solidaire, ni indivisible. Elle ne peut être solidaire, puisque la dette n'est pas nécessairement la même ; elle n'est pas indivisible, puisqu'il peut y être satisfait par chacun des débiteurs séparément et qu'elle doit être proportionnée à la fortune de chacun d'eux (2). Pour nous, il y a autant d'obligations spéciales et distinctes qu'il y a de débiteurs tenus envers le créancier d'aliments. Telle paraît être la conséquence forcée du principe écrit dans l'article 208 du Code civil (3).

37. — Même en ce qui concerne les époux qui, aux termes de l'article 203 du Code civil, contractent ensemble, par le fait du mariage, l'obligation de nourrir, entretenir et élever (4) leurs enfants, on ne saurait soutenir que cette obligation est solidaire et indivisible. Il y a, en réalité, une obligation *sui generis*, qui incombe à chacun des époux à titre égal, et qui doit même être supportée pour le tout par l'un à défaut de l'autre (5).

Par suite, le tiers à qui un enfant a été confié soit par les deux époux, soit par l'un d'eux, pour être nourri, entretenu et élevé, a une action même pendant la communauté, tant contre la femme que contre le mari (6).

Les juges ne peuvent prononcer la solidarité en matière de dette alimentaire (7).

§ 5. RESPONSABILITÉ NOTARIALE.

38. — Le notaire chargé de dresser un acte de constitution de pension alimentaire ne peut, en règle générale, être responsable que des nullités de forme occasionnées par son impéritie ou par sa négligence.

§ 6. HONORAIRES.

39. — Les actes de constitution de *pension alimentaire* méritent une faveur particulière. Aussi est-il d'usage de les soumettre à une rémunération spéciale,

---

(1) Rouen, 2 mai 1857 ; Cass., 7 juillet 1868 ; Toulouse, 15 décembre 1884 ; Seine, 28 avril 1885 ; Demolombe, n° 35.
(2) Cass., 15 juillet 1861 ; Caen, 1er mai 1862 ; Bordeaux, 12 février 1867 ; Grenoble, 8 avril 1870 ; Orléans, 9 juin 1870 et 24 mars 1888.
(3) Aubry et Rau, t. VI, p. 104 ; Demolombe, n° 63 ; Laurent, n° 66 ; Larombière, t. II, art. 1221, n° 36.
(4) Mais l'enfant n'a pas d'action contre ses père et mère, pour son établissement par mariage ou autrement (art. 204, C. civ.).
(5) Demolombe, t. IV, n° 4 ; Laurent, n° 43.
(6) Cass., 13 juillet 1886 et 21 mai 1890 (*J. du not.*, 1890, p. 577 et 591).
(7) L'opinion contraire a, cependant, été soutenue par quelques auteurs et consacrée par quelques arrêts (Cass., 3 août 1837 ; Pau, 23 décembre 1865 et 24 novembre 1868 ; Paris, 7 avril 1887). Elle paraît aujourd'hui abandonnée.

à l'exemple des Cours d'Amiens, Bordeaux, Bourges, Grenoble, dans leurs projets
de tarif légal, et de plusieurs tarifs d'arrondissements, qui allouent pour cet acte
un honoraire plus modéré, 0 fr. 50 ou 0 fr. 60 %.

Néanmoins, tous les actes de cette espèce ne nous paraissent pas mériter au
même degré le bénéfice de cette modération.

Ainsi, nous serions d'avis de réduire à 0 fr. 25 %, c'est-à-dire au taux le
moins élevé, l'honoraire à percevoir sur les pensions alimentaires constituées en
exécution de l'article 205 du Code civil, qu'elles soient payables en argent ou en
denrées.

Tous les autres actes de pension alimentaire, qu'elle soit constituée à titre
gratuit ou à titre onéreux, seraient soumis à la perception d'un honoraire proportionnel de 0 fr. 50.

L'honoraire serait perçu sur le capital formé de dix fois la pension exprimée
en argent, ou de dix fois l'évaluation qui serait donnée à la redevance annuelle,
d'après les mercuriales tenues dans chaque bureau d'enregistrement (1).

Minimum de tout acte de constitution de rente : *4 francs.*

§ 7. Enregistrement.

40. — Quotité du droit. — C'est le droit *fixe* de 3 francs qui est actuellement applicable à l'acte par lequel des enfants déclarent se soumettre à remplir
l'obligation que la loi leur impose de fournir des aliments à leurs descendants dans
le besoin, si cet acte ne contient aucune détermination de sommes (2).

41. — Mais les actes volontaires par lesquels des enfants s'obligent à payer
annuellement *une somme convenue* pour les aliments de leurs père et mère ou
autres ascendants, sont assujettis à un droit proportionnel. Dans un esprit de bienveillance, le législateur a assimilé les constitutions de pensions alimentaires aux
baux à nourriture que leur durée limitée a fait soumettre à un tarif réduit, et le
droit à percevoir a été fixé à 0 fr. 20 % (3).

42. — Le bénéfice de la décision du 12 septembre 1809 s'applique à tous les
contrats qui fixent des aliments en exécution des dispositions de la loi, quelles que
soient les personnes à qui les aliments sont accordés ; il s'étend même aux pensions concédées aux enfants naturels (4).

43. — Il s'applique également à tous les actes de constitution de pension
alimentaire, que la pension soit fournie en nature ou en argent ; mais il ne saurait
être étendu à ceux dont la prestation emporte la transmission d'un droit quelconque
de propriété ; cette transmission reste régie par les dispositions des lois du 22 frimaire an VII et du 28 avril 1816 et est passible du droit ordinaire de donation (5).

44. — Toutefois, le tarif de 0 fr. 20 % est reconnu applicable à l'attribution
d'une jouissance de revenus au créancier d'aliments si, d'ailleurs, cette attribution ne constitue qu'une simple délégation temporaire, comme la dette elle-
même ; ainsi qu'à l'abandon, à titre alimentaire, d'un droit d'habitation dans un
immeuble, à charge de faire les réparations d'entretien (6) ; ou à l'acte par lequel
un père de famille, dans le but de rendre moins onéreux à ses enfants l'accomplissement des obligations légales que sa position leur impose, fait l'abandon de
quelques ressources et objets mobiliers dont il dispose, si, d'ailleurs, la valeur

(1) L. 15 mai 1818, art. 75.
(2) L. 28 février 1872, art. 4.
(3) Déc. min. fin., 12 septembre 1809 ; L. 16 juin
1824, art. 1).
(4) Délib., 27 juillet 1825.
(5) Seine, 22 janvier 1845 ; Nantua, 19 août 1852 ;

Rambouillet, 21 décembre 1855 ; Châlons-sur-
Saône, 18 décembre 1856 ; Boulogne, 30 juillet 1874.
(6) Déc. min., 26 décembre 1843 ; Instr. 19 mai 1824 ;
Seine, 7 février 1850 ; Sol. rég , 25 août et 10 décembre 1884. — *Contrà* : Rambouillet, 21 décembre 1865
(art. 15748, J. N.).

mimime des choses abandonnées est loin d'avoir l'importance de la pension alimentaire que les enfants auront à supporter (1).

Lorsque l'obligation de fournir des aliments ne résulte pas de la *loi*, mais de la convention des parties, le droit est celui déterminé pour les donations entrevifs ou les mutations par décès, suivant la nature de l'acte, donation ou testament.

45. — Si la constitution de pension alimentaire est faite à titre onéreux, l'acte a, dans ce cas, le caractère de bail à nourriture de personnes : en conséquence, il est passible du droit de 20 cent. par 100 francs sur le prix cumulé, lorsque la durée est limitée ; et du droit de 2 °/₀ sur le capital au denier dix de la pension alimentaire, si la durée est illimitée (2).

46. — Liquidation du droit. — Si l'obligation de payer la pension est contractée pour une durée déterminée, ce qui est rare, on multiplie le chiffre de la pension par le nombre d'années et le droit est calculé sur le total obtenu. Mais le plus souvent la durée n'est pas fixée ; alors on liquide le droit à raison d'un capital formé de dix fois la pension (3), si la pension est servie en argent.

Lorsque les aliments sont servis en *nature*, par exemple lorsque le débiteur de la pension prend l'engagement de recevoir le créancier chez lui, de le nourrir et le loger, les parties doivent évaluer dans l'acte les prestations à fournir chaque année, et le droit est perçu sur un capital formé de dix fois cette évaluation.

§ 8. Formules.

1. *Constitution de pension alimentaire à titre légal, au profit d'un ascendant.*
2. *Constitution de pension alimentaire à titre légal au profit de l'époux survivant.*
3. *Constitution de pension alimentaire conventionnelle.*
4. *Convention de loger, nourrir et entretenir.*

1. — Constitution de pension alimentaire à titre légal, au profit d'un ascendant.

Pardevant..., etc.

Ont comparu :

M. Henri Souchet, sans profession, demeurant à...

Et :   *D'une part.*

1° M. Paul Souchet, négociant, demeurant à....

2° Mᵐᵉ Noémie Souchet, épouse assistée et autorisée de M. Lucien Prémont, architecte, avec lequel elle demeure à...

Tous deux d'autre part.

Lesquels ont exposé ce qui suit :

Par exploit de Mᵉ..., huissier à..., du..., M. Henri Souchet, père de M. Paul Souchet et de Mᵐᵉ Prémont, a fait assigner ces derniers devant le tribunal de..., dans le but d'obtenir d'eux le service d'une pension alimentaire de 2,000 francs par an.

M. Paul Souchet et Mᵐᵉ Prémont n'ont jamais refusé de lui servir une pension; mais ils ont considéré que la somme qui leur était réclamée n'était en rapport ni avec les besoins de leur père, ni avec leurs ressources personnelles ; ayant fait offrir à M. Henri Souchet une rente de 1,200 francs, que ce dernier a acceptée, les parties sont convenues de ce qui suit :

M. Paul Souchet et Mᵐᵉ Prémont s'obligent, en exécution de l'article 205 du Code civil, à servir, par moitié entre eux, et durant toute sa vie, à M. Henri Souchet, leur père, qui accepte :

Une pension alimentaire, incessible et insaisissable, de 1,200 francs par an, qui sera

---

(1) Sol. rég., 14 septembre et 28 décembre 1871, mai et juillet 1872, 12 octobre 1873 ; Dict. enreg., vᵉ *Aliments*, nᵒ 79.

(2) L. 22 frimaire an VII, art. 69, § 5, nᵒ 2, et 16 juin 1824, art. 2.

(3) L. 22 frimaire an VII, art. 14, 9ᵉ.

payable à M. Souchet, en sa demeure, par trimestre, les 1er janvier, 1er avril, 1er juillet et 1er octobre de chaque année. Le premier trimestre sera payé le...

(Si les parties devaient contribuer au paiement dans des proportions inégales, on dirait) :

M. Paul Souchet contribuera au paiement de cette pension pour la somme de 300 francs (par exemple) et Mme Prémont pour 400 francs.

(Les parties peuvent donner à la garantie de la pension, soit une hypothèque, soit toute autre garantie).

Pour l'exécution des présentes, domicile est élu à ..

Dont acte...

2. — Constitution de pension alimentaire à titre légal au profit de l'époux survivant.

Pardevant..., etc. -

Ont comparu :

M. Lucien Millot, sans profession, demeurant à...

Agissant en qualité de conjoint survivant de Mme Louise Renaud, son épouse prédécédée.

D'une part.

Et Mme Ernestine Renaud, épouse assistée et autorisée de M. Marcel Leblanc, négociant, avec lequel elle demeure à...,

Agissant comme unique héritière de Mme Millot, sa sœur sus-nommée, ainsi qu'il résulte de l'intitulé de l'inventaire dressé après son décès par Me..., notaire à..., le...

D'autre part.

Lesquels ont fait entre eux les conventions suivantes :

Par acte de Martin, huissier à.., M. Millot a fait assigner Mme Leblanc devant le tribunal civil de..., dans le but d'obtenir d'elle la pension alimentaire que la loi lui accorde sur la succession de son épouse prédécédée.

(Pour le surplus, voir la formule précédente).

3. — Constitution de pension alimentaire conventionnelle.

Pardevant..., etc.

A comparu :

Mme Louise Brun, rentière, demeurant à..., veuve de M. Paul Liancourt.

Laquelle, voulant assurer des moyens d'existence à Mlle Vernes, ci-après nommée, son ancienne domestique, qui, par suite de ses infirmités et de son âge avancé, se trouve actuellement dans l'impossibilité de travailler,

A, par ces présentes, en récompense de ses bons services, fait donation entre-vifs, à Mlle Caroline Vernes, célibataire majeure, sans profession, demeurant à..., ici présente et qui accepte,

D'une rente ou pension alimentaire, incessible et insaisissable, de 600 francs par an, que Mme Liancourt s'oblige et oblige ses héritiers de payer à la crédi-rentière et en sa demeure, en quatre termes égaux, de trois mois en trois mois, à partir du... et jusqu'au jour du décès de ladite demoiselle Vernes.

De convention expresse, les arrérages courus et non payés au jour du décès de Mlle Vernes appartiendront à la donatrice ou à ses héritiers et ne pourront, en aucun cas, être réclamés par les héritiers naturels de la donataire.

Les frais des présentes et ceux de la grosse à délivrer à Mlle Vernes seront payés par Mme Liancourt.

Pour l'exécution des présentes...

Dont acte...

4. — Convention de loger, nourrir et entretenir.

Pardevant..., etc.

Ont comparu :

M. Paul Rivet, employé de commerce, demeurant à...

Et M. Pierre Rivet, père, veuf de Mme Pauline Raymond, demeurant à...

Lesquels ont arrêté entre eux les conventions suivantes :

M. Rivet, père, se trouvant, par ses infirmités et son âge avancé, dans l'impossibilité de pourvoir à l'avenir, par son travail, à son existence, a demandé à M. Paul Rivet, son fils, de lui servir une pension alimentaire. Mais, ce dernier a fait observer à son père que l'exiguïté de ses ressources lui permettait à peine de le faire vivre avec sa famille, qu'il ne pouvait, en conséquence, lui payer la pension réclamée, mais qu'il lui offrait de le recevoir dans son appartement, où il partagerait la vie commune.

M. Rivet ayant accepté, M. Paul Rivet s'est obligé, par ces présentes, à loger chez lui, nourrir, vêtir et entretenir, chauffer et éclairer son père durant le reste de sa vie, à lui donner, enfin, tous les soins qui lui seront nécessaires tant en santé qu'en maladie.

De son côté, M Rivet père, pour indemniser son fils des sacrifices qu'il va faire en le recevant chez lui, cède et abandonne à M. Paul Rivet, qui accepte :

Divers objets mobiliers et ustensiles de ménage à son usage personnel, décrits et estimés dans un état que les parties ont dressé sur timbre et qui demeurera annexé au présent acte.

Pour l'exécution des présentes, élection de domicile est faite à...

Dont acte...

PLAINTE CONTRE UN NOTAIRE

Nous croyons devoir rappeler ici les instructions adressées aux parquets par M. le Garde des sceaux dans la circulaire du 1er mars 1890, relativement aux plaintes déposées contre les notaires. Le notariat y a constaté, avec satisfaction, l'invitation faite aux parquets de recourir plus souvent aux Chambres et de leur confier, ce qui est, en effet, dans l'esprit de la loi, l'instruction de toutes les plaintes pour lesquelles l'action directe du parquet ne serait pas immédiatement nécessaire. « Lorsqu'une plainte, dit M. le Garde des sceaux, est portée contre un notaire, si les faits dénoncés n'ont pas une gravité qui appelle immédiatement l'intervention directe du procureur de la République, il serait souvent à désirer que celui-ci communiquât la plainte qui lui est adressée au président de la Chambre, en l'invitant à l'instruire, et en lui demandant, avec un rapport sur l'affaire, son avis motivé au sujet de la suite qu'elle comporte.

Le rôle de la Chambre, en cette circonstance, a été formellement prévu dans l'article 2, § 3, de l'ordonnance du 4 janvier 1843 qui dispose : « Les attributions de « la Chambre sont : ... § 3. De prévenir ou concilier également toute plainte et « réclamation de la part des tiers contre les notaires, à raison de leurs fonctions.»

« L'instruction officieuse faite par la Chambre, ou par son président seul, si la plainte n'est pas grave, est d'autant plus utile qu'elle amènera souvent un arrangement entre les parties et hâtera, par suite, la solution des difficultés pendantes. Ce mode de procéder offre cet autre avantage qu'il évite tout froissement et prépare éventuellement au parquet, auquel, dans tous les cas, les explications et les justifications les plus précises doivent être fournies, une source de renseignements particulièrement sûrs. Mais il est évident qu'il suppose une Chambre au plus haut point soucieuse de ses devoirs et méritant pleinement la confiance de l'autorité judiciaire. »

On ne saurait trop applaudir à ces paroles et il est à désirer qu'elles soient comprises par les parquets et les Chambres ; il est à désirer surtout que le nouveau mode de procéder soit sérieusement mis en pratique Mais nous aurions voulu davantage.

Les plaintes contre les notaires sont très fréquentes ; les parquets en sont inondés. Quand un plaignant ne reçoit pas du parquet de première instance la satisfaction qu'il demande, il s'adresse au parquet général, il va même porter ses doléances jusqu'au Ministre de la justice. La plupart de ces plaintes, on le sait, sont sans intérêt comme sans fondement ; les unes émanent de gens qui ne jouissent pas toujours de leurs facultés mentales ; d'autres sont l'œuvre d'esprits aigris par le malheur et qui, à bout de ressources, dénoncent les hommes d'affaires qu'ils ont employés comme la cause de leur ruine et les poursuivent de leurs réclamations ; quelques autres, enfin, ne sont que la manifestation d'animosités personnelles, et l'expression, anonyme parfois, de basses vengeances.

Nous aurions voulu, d'abord, que des ordres formels fussent donnés aux parquets pour que toute plainte anonyme fût impitoyablement rejetée, sans instruction. Toute réclamation sérieuse, en effet, doit être signée ; la signature est une garantie et le dénonciateur qui n'ose pas dire son nom, ni engager sa signature n'est pas digne d'être écouté ; il reconnaît, par ce fait même, le triste rôle qu'il joue et l'ignominie de sa conduite ; il met le magistrat instructeur dans l'impossibilité de le confronter avec l'officier public ; — tout dénonciateur anonyme devrait donc être, à priori, éconduit.

En second lieu, il serait désirable, que le procureur de la République, saisi régulièrement d'une plainte, s'il ne croit pas devoir en confier l'instruction au président de la Chambre, procédât lui-même à cette instruction et qu'il n'employât les officiers auxiliaires de la police judiciaire, maires, commissaires de police, juges de paix, même, que s'il a besoin de renseignements complémentaires et officieux. Il n'aurait pas le droit de leur ordonner des actes officiels en matière disciplinaire, un interrogatoire, par exemple, car aucune loi ne l'autorise à les déléguer à sa place. En pareil cas, il est donc juridique et plus convenable qu'il agisse par lui-même.

« Ajoutons, dit fort judicieusement un auteur, que cela ne lui est pas difficile. Si l'affaire est plus grave, et nécessite une enquête sur les lieux, c'est au procureur qu'il appartient de la faire lui-même ; il a pour cela des indemnités de déplacement et tout le temps nécessaire. Son intervention personnelle sera préférable à celle du juge de paix (1). Il y a trop souvent des rivalités entre ce magistrat d'ordre inférieur et les notaires du même canton pour que ces derniers acceptent aisément pour supérieur un fonctionnaire dont l'autorité, et parfois même la considération, ne sont pas pour lui une garantie suffisante. Ils ont à craindre, de cette juridiction trop voisine des indiscrétions, un parti-pris, des rancunes... »

— Enfin, nous aurions voulu que des ordres formels fussent adressés aux parquets de poursuivre en dénonciation calomnieuse, tout individu convaincu d'avoir porté, de mauvaise foi, contre un notaire des imputations fausses et de nature à lui nuire. De pareilles dénonciations portent, en effet, le plus grave préjudice à l'honneur et au crédit d'un officier public et doivent être sévèrement réprimées.

Aussi ne saurions-nous trop applaudir à l'initiative prise par l'assemblée générale des notaires de Vienne (Isère), qui, dans sa délibération du 6 mai 1890, a décidé que lorsqu'une plainte grave aura été portée au parquet contre un notaire de l'arrondissement, et aura été reconnue calomnieuse, la Chambre pourra, à ses frais, faire poursuivre le dénonciateur, en police correctionnelle, par le notaire dénoncé.

« L'assemblée, sur la proposition du président, considérant que, depuis quelque temps, des plaintes portées par les particuliers au procureur de la République sans motifs sérieux, se multiplient contre les notaires dans des proportions considérables, ce qui laisserait croire que le public pense que l'on peut impunément et sans raison déférer arbitrairement les notaires au parquet ;

« Considérant qu'il importe à la dignité de la corporation de faire cesser cet état de choses.

« Décide que lorsqu'une plainte au parquet contre un notaire aura été reconnue calomnieuse par la Chambre de discipline, cette dernière pourra, si elle le

_____

(1) A condition, toutefois, qu'il ne se départisse pas de la discrétion et de la mesure que tout magistrat doit apporter dans ces affaires délicates ; qu'il ne choisisse pas, par exemple, comme cela s'est vu récemment, un jour de foire ou de marché, pour aller interroger le notaire et envoyer chercher les témoins par des gendarmes.

juge convenable et par application de l'article 373 du Code pénal, faire poursuivre le dénonciateur, en police correctionnelle, par le notaire dénoncé, aux frais
de la compagnie. »

Pour ménager les deniers de la compagnie, la Chambre devra cependant,
autant que possible, ne faire poursuivre ainsi que les individus ayant une solvabilité suffisante pour payer les dommages intérêts et les frais, auxquels ils pourraient être condamnés; la Chambre aura donc à s'inquiéter d'abord de la solvabilité des dénonciateurs, sauf à passer outre et à poursuivre, si le cas le nécessite,
lors même que les frais devraient être supportés par la compagnie.

« Dans tous les cas, la Chambre ne devra engager aucune instance aux effets
ci-dessus, sans avoir obtenu l'avis favorable d'un avocat de Vienne qui devra
d'abord examiner si la nature de la plainte et ses conséquences ne permettent pas
d'obtenir que M. le procureur de la République prenne d'office l'initiative des
poursuites contre le dénonciateur. »

Toutes les compagnies, celle de Vienne l'a fort bien compris, sont intéressées à sauvegarder et défendre l'honneur de leurs membres, et nous conseillons à
tous les notaires de suivre cet exemple et de prendre des mesures analogues.

La chose est d'autant plus facile que la jurisprudence est unanime à reconnaître les droits de tout officier public ou ministériel de poursuivre et de faire
condamner les dénonciateurs de mauvaise foi. C'est ce qui a été jugé par la Cour
de Chambéry, le 6 juin 1883, par la Cour de Bordeaux, le 18 mars 1886, par le
tribunal de la Seine, le 7 juillet de la même année.

« Attendu, dit fort justement ce dernier jugement, qu'on ne saurait admettre,
qu'à toute occasion, sans l'ombre de raison, à propos du prétexte le plus futile,
pour un retard supposé et qui n'existe même pas, l'appel au ministère public puisse
être employé; que le parquet exerce sur tous les officiers ministériels une surveillance active; qu'il agit par action disciplinaire; que cette action est d'autant plus
efficace, d'autant plus redoutée, qu'elle n'est mise en jeu que dans des cas d'une
gravité réelle; qu'il n'y a pas lieu de l'affaiblir, de l'énerver, par des habitudes
de dénonciation sans caractère sérieux... (1). »

Et non seulement le plaignant peut, en pareil cas, être condamné envers
le notaire à des dommages-intérêts, mais il peut encore être frappé d'une peine
correctionnelle (2).

Toutefois, il ne faut pas oublier que pour que l'action en dénonciation calomnieuse soit recevable, il faut qu'il ait été préalablement jugé, par la juridiction
compétente, chambre de discipline, tribunal, ou ministre, que la plainte n'était pas
fondée (3). — Le refus par le parquet de donner suite à une plainte ne constituerait point une décision suffisante; il en serait de même d'une délibération de la
Chambre déclarant que le notaire n'a pas manqué à ses devoirs, si cette délibération n'a pas été prise dans les formes prescrites (4).

Mais la plainte adressée au procureur de la République, dans le but d'exercer
une action disciplinaire contre un notaire, constitue une dénonciation calomnieuse,
si elle repose sur des faits que la Chambre des notaires a déjà reconnus faux (5). Il
en serait ainsi du refus du Garde des sceaux de donner suite à une plainte portée
sans fondement contre un notaire et il a été jugé que c'est là une décision suffisante
pour autoriser la poursuite correctionnelle (6).

(1) *Rev. not.*, n° 7606. — Sic : Compiègne, 2 juin
1886 ; Nyons, 15 mai 1891; Grenoble, 19 juin 1891.
(2) Die, 10 juillet 1882 ; Chambéry. 6 juin 1883 ;
Bordeaux, 18 mars 1886; Amiens, 23 juin 1892 et
4 janvier 1893 ; Poitiers, 29 décembre 1893.
(3) Cass , 18 août 1846 (S. 1847-1-151) et 13 septembre 1860 (S. 1861-1-297), 29 décembre 1870
(S. 1871-1-38); Angers, 24 novembre 1873 (J. du

not., 1874, p. 78).—Sic : Morin, *Répert. de dr. crim.*,
v° *Dénonciation calomn.*, n° 22; *J. du not.*, 5 mars
1870; Encyclop. du not., v° *Dénonc. calomn*, n° 16.
(4) Cass., 29 décembre 1870.
(5) Paris, 10 décembre 1880 ; Cass., 17 février
1881.
(6) Cass., 12 mai et 22 décembre 1827; Mulhouse,
4 janvier 1870 (J. du not. 1870, p. 61).

PRESCRIPTION

La prescription est un moyen *d'acquérir* ou de *se libérer* par un certain laps de temps et sous des conditions déterminées par la loi (art. 2219, C. civ.).

Sommaire :

§ 1. DES DIVERSES ESPÈCES DE PRESCRIPTION.

1. — Il y a deux sortes de prescriptions :
La prescription *acquisitive* ou usucapion, qui est fondée sur le principe de l'acquisition de la propriété par une possession paisible et non interrompue durant un temps déterminé. Il est, en effet, nécessaire de garantir la propriété et, par suite, le repos des familles contre les perturbations auxquelles leur patrimoine pourrait être exposé par des réclamations trop longtemps différées.
La prescription *libératoire*, qui repose sur cette présomption que l'expiration d'un temps plus ou moins long, sans que le créancier réclame ses droits, fait présumer la libération du débiteur. Ce n'est, au fond, qu'une sorte d'exception accordée au débiteur pour repousser l'action tardive du créancier.
2. — Les diverses prescriptions admises par la loi sont justifiées par des motifs qui varient suivant leur objet ; c'est aussi la diversité de ces motifs qui a fait admettre des délais de prescription différents. Ainsi, la prescription par dix ans de l'action en nullité d'une obligation (art. 1304, C. civ.) a pour fondement une ratification présumée. Les prescriptions de six mois à deux ans (art. 2271 à 2273, C. civ.), reposent sur une présomption de paiement, tirée de la nature des dettes auxquelles elles s'appliquent. — La prescription de cinq ans établie par l'art. 2277 a pour but spécial d'empêcher la ruine des débiteurs par l'accumulation des intérêts ou arrérages (1).

§ 2. RÈGLES COMMUNES AUX DEUX PRESCRIPTIONS.

3. — Les deux prescriptions dont nous avons parlé ont des règles communes que nous allons énumérer.
   a) La prescription doit être invoquée par celui qui s'en prévaut. Le juge ne peut l'invoquer d'office.
      La prescription consacre parfois des résultats injustes ; il faut donc laisser à la conscience de chacun le soin d'y recourir.
   b) La prescription peut être invoquée par tout intéressé.
   c) La prescription peut être invoquée en tout état de cause, même en

---

(1) Aubry et Rau, t. VIII, p. 424.

appel pour la première fois, mais non devant la Cour de cassation, si elle n'a déjà été invoquée (1).

d) La prescription court contre toutes personnes physiques ou morales, à moins qu'elles puissent se prévaloir de quelque exception établie par une loi (art. 2251, C. civ.). (V. *infrà*, n° 27).

Ainsi on prescrit contre l'Etat, les communes ou les établissements publics, contre les personnes absentes ou présentes (V. toutefois, n° 24). Enfin la prescription peut même être invoquée contre les militaires en activité de service.

e) Quel que soit le délai imposé pour la prescription, ce temps se calcule toujours d'après les règles suivantes :

1° La prescription se compte par jours et non par heures ; par suite, le *dies a quo* doit rester en dehors de la supputation du délai.

2° Les mois se comptent de quantième à quantième, d'après le calendrier grégorien, sans avoir égard au nombre de jours dont les mois se composent.

3° La prescription peut s'accomplir un jour férié, comme un autre jour (2).

f) La renonciation à une prescription acquise est *valable*. Cette renonciation peut être *expresse* ou *tacite*.

La renonciation *tacite* résulte de tout fait supposant l'abandon du droit d'invoquer la prescription (art. 2221, C. civ.) ; mais l'intention de renoncer ne peut se présumer, si le fait en lui-même laisse un doute à cet égard. En tout cas, il appartient aux tribunaux d'apprécier les faits et circonstances de la renonciation tacite et cette appréciation échappe à la censure de la Cour de cassation (3).

La renonciation expresse est celle qui est formellement consentie dans un acte. Elle peut être faite par acte *notarié* ou sous seing privé.

La renonciation à la prescription étant une véritable aliénation, ne peut être consentie que par des personnes capables d'aliéner (art. 2222, C. civ.).

Le *mineur*, même émancipé, l'*interdit*, le *prodigue*, la *femme mariée* ne peuvent donc renoncer à la prescription acquise. Il en est de même des communes, hospices et autres établissements publics, et de tous ceux aussi qui ne sont qu'administrateurs du bien d'autrui.

Cette renonciation peut nuire aux ayants-cause du renonçant ; par exemple, si elle leur enlève un bien possédé par le débiteur, et qu'ils considéraient comme leur gage. Les ayants-cause peuvent, par suite, faire annuler la renonciation faite en fraude de leurs droits, sans même être obligés de prouver que cette renonciation a été dictée par une intention de fraude (4).

g) La renonciation à une prescription *future* est non avenue.

La prescription est d'un intérêt général si grand qu'elle a été appelée : *patrona generis humani;* on ne saurait donc y renoncer d'avance.

La renonciation à une prescription en train de s'accomplir est

(1) Cass., 8 août 1863 et 21 avril 1868.
(2) Aubry et Rau, p. 325-326.
(3) Cass., 8 août et 29 novembre 1865 ; Aubry et Rau, p. 453.

(4) Aubry et Rau, t. VIII, p. 449-450 ; Demolombe, t. XXV, n° 219 et suiv. ; Cass., 21 mars 1843 ; Orléans, 27 février 1855; Cass., 21 décembre 1859 (S. 1860-1-450).

valable pour le passé, nulle pour l'avenir ; elle équivaut à une interruption de prescription.

§ 3. PRESCRIPTION ACQUISITIVE.

4. — La *prescription acquisitive* est l'acquisition par la possession prolongée pendant le temps légal.

Elle a été admise par un triple motif ; on a voulu :

    a) Protéger les possesseurs de bonne foi contre les propriétaires négligents.

    b) Protéger les propriétaires qui auraient perdu leurs titres.

    c) Assurer la stabilité des propriétés. C'est pour ce motif que le possesseur de mauvaise foi, lui-même, peut l'invoquer.

5. — Peuvent s'acquérir par prescription :

    a) La propriété.

    b) L'usufruit, l'usage et l'habitation.

    c) Les servitudes continues et apparentes.

6. — Ne peuvent s'acquérir par prescription :

    a) Les servitudes continues non apparentes : car elles sont clandestines.

    b) Les servitudes discontinues apparentes, car elles sont de la part du voisin un simple acte de tolérance, qui ne peut onder la prescription (art. 2232, C. civ.).

    c) Les servitudes discontinues non apparentes : car elles sont clandestines.

    d) Les hypothèques.

    e) Les créances.

    f) Les choses hors du commerce, par exemple : les biens du domaine public ; les immeubles dotaux.

7. — **Conditions de la prescription acquisitive.** — Deux conditions sont exigées : La possession avec ses caractères légaux ; le laps de temps légal.

8. — *Possession légale.* — La *possession* d'une chose corporelle est la détention de cette chose.

La possession *naturelle* est la détention de fait ou le simple exercice du droit.

La possession *civile*, qu'on appelle simplement la possession, est la détention ou l'exercice de celui qui veut posséder pour lui, qui a l'*animus domini*.

9. — **Caractères légaux de la possession.** — La *possession civile* seule peut faire acquérir par prescription. Encore doit-elle réunir les six caractères suivants et être : *continue, non interrompue, paisible, publique, non équivoque, non à titre précaire* (art. 2229, C. civ.).

10. — **Possession continue.** — La possession est *continue*, lorsque le possesseur a fait assez d'actes pour constituer une jouissance régulière de la chose ou un exercice régulier du droit.

11. — **Possession non interrompue.** — La possession est *non interrompue*, lorsqu'il ne s'est produit aucun des faits qui anéantissent les effets de la prescription acquise ; elle peut être interrompue *naturellement* ou *civilement*.

12. — La prescription est interrompue *naturellement* :

De la part du possesseur, lorsqu'il abandonne la détention de la chose, avec l'intention de renoncer à la possession.

De la part d'un tiers, lorsqu'il a possédé la chose pendant plus d'un an.

13. — La prescription est interrompue *civilement*, par six causes, qui sont :

a) La *citation en conciliation* suivie, dans le mois, d'un ajournement (art. 57, C. proc. civ.).

b) L'*ajournement;* s'il n'a pas été précédé de citation en conciliation, c'est l'ajournement qui interrompt la prescription; s'il en a été précédé, il renouvelle l'effet interruptif de la citation.

L'ajournement devant un juge incompétent interrompt la prescription; car les parties se trompent facilement, en matière de compétence.

L'ajournement nul par défaut de forme n'interrompt pas la prescription; car les formes sont faciles à observer.

L'ajournement n'interrompt la prescription qu'autant que la demande est suivie d'une sentence favorable au demandeur. — En conséquence, pas d'interruption, en cas de désistement du demandeur, de péremption d'instance, de rejet de la demande.

c) Le *commandement*, signifié en vertu d'un titre exécutoire, à celui auquel on demande l'exécution (1).

d) La *saisie*, qui suit le commandement: de trente jours en saisie immobilière, d'un jour en saisie mobilière. La signification de la saisie renouvelle l'effet interruptif du commandement.

e) La *reconnaissance* du droit du propriétaire ou du créancier, par le détenteur ou par le débiteur (2), que cette reconnaissance ait lieu verbalement, ou par écrit, ou tacitement, par un paiement d'acompte ou d'arrérages.

f) La *renonciation* à la prescription acquise.

14. — Si la prescription est interrompue, le temps écoulé est non avenu, et ne compte plus pour la prescription.

La prescription recommence immédiatement à courir.

La reconnaissance du droit par le détenteur fait de celui-ci un détenteur précaire, incapable désormais de prescrire.

15. — Possession paisible. — La possession est *paisible*, lorsqu'elle n'a été ni établie ni maintenue par la violence, à l'égard du revendiquant seulement.

16. — Possession publique. — La possession est *publique*, lorsqu'elle n'a pas été clandestine à l'égard du revendiquant.

17. — Possession non équivoque. — Ce n'est point là un caractère spécial de la possession, mais plutôt la confirmation des caractères précédents, dont les preuves ne doivent rien avoir d'équivoque.

18. — Possession à titre non précaire. — Pour prescrire, avons-nous dit, il faut posséder *animo domini*. Or certains possesseurs ne peuvent avoir l'*animus domini*, à savoir ceux qui possèdent *pour autrui* et qu'on appelle détenteurs *précaires;* leur possession est affectée d'un vice que l'on appelle la *précarité* (art. 2236 à 2240, C. civ).

19. — Sont détenteurs *précaires:*

a) Ceux qui, en vertu du titre de leur possession, possèdent pour autrui. — Exemples : le fermier, le dépositaire, l'usufruitier.

b) Leurs ayants-cause à titre universel, héritiers, légataires universels, etc.

20. — La précarité met à la prescription un obstacle perpétuel, qu'aucun laps de temps ne peut faire disparaître.

---

(1) L'exécutoire de frais, signifié au débiteur, n'interrompt pas la prescription Il en est ainsi de l'inscription hypothécaire qui ne peut interrompre la prescription ni contre le débiteur, ni contre le tiers détenteur.

(2) La prescription peut être interrompue par une reconnaissance de dette émanée du tuteur du débiteur (Cass., 26 juin 1821; Orange, 6 novembre 1889; Dalloz, v° *Prescription*, n° 604).

Elle peut disparaître par deux moyens :

    a) *Interversion de titre.* Le titre du détenteur précaire est interverti (changé dans son essence), lorsque, par exemple, celui-ci achète le fonds à la personne qui le lui avait loué. Désormais le possesseur n'est plus détenteur précaire.

    b) *Contradiction* opposée par le détenteur précaire au droit du propriétaire, lorsque, par exemple, le fermier signifie au propriétaire qu'il entend désormais posséder pour lui, et que le propriétaire ne fait pas trancher la question.

21. — *Temps légal de possession.* — C'est la seconde condition de la prescription *acquisitive*. Cette hypothèse s'applique seulement aux possesseurs d'immeubles qui peuvent acquérir par prescription les biens dont ils sont détenteurs, quant à la possession viennent se joindre un juste titre et la bonne foi.

22. — **Juste titre.** — Le *juste titre* est ici : tout titre translatif de propriété, qui l'eût transférée, si l'aliénateur eût été lui-même propriétaire.

Le titre translatif de propriété est celui qui, par sa nature, a ce transfert pour but, comme un titre de vente, de donation ; à l'inverse, le jugement, la transaction, le partage ne sont pas des titres translatifs de propriété (1).

Un titre *putatif*, qui n'existe pas, mais à l'existence duquel croit le possesseur, ne pourrait fonder la prescription.

23. — **Bonne foi.** — La *bonne foi* est la croyance erronée du possesseur ; il croyait :

    a) Que l'aliénateur était propriétaire ;
    b) Que l'aliénateur était capable d'aliéner ;
    c) Que le titre était exempt de vices de forme (art. 2267, C. civ.).

La bonne foi du possesseur est toujours présumée (art. 2268, C. civ.). Elle doit avoir existé seulement à l'origine de la possession, c'est-à-dire au moment de l'acquisition (art. 2269).

La bonne foi du premier possesseur profite à ses ayants-cause à titre universel ; ceux-ci continuent toujours la possession commencée de bonne foi par leur auteur.

24. — Le laps de temps requis pour la prescription est de dix à vingt ans.

Dix ans entre *présents* ; vingt ans entre *absents*.

Entre *présents:* c'est-à-dire, lorsque le propriétaire habite le ressort de la Cour d'appel où est situé l'immeuble.

Entre *absents* : lorsque le propriétaire habite hors de ce ressort (art. 2265, C. civ.).

Si le propriétaire a habité tantôt dans le ressort de la Cour, tantôt en dehors, on comptera chaque année de présence pour *deux*, chaque année d'absence pour *une*, et il faudra compléter le nombre *vingt*. Le temps de la prescription varie donc ici *entre dix et vingt ans* (art. 2266, C. civ.).

25. — Si le possesseur manquait de juste titre ou de bonne foi, hypothèse qui s'appliquerait aux possesseurs d'immeubles et aux possesseurs de meubles, *trente ans* sont nécessaires pour la prescription, appelée par ce motif prescription trentenaire.

26. — **Suspension du temps légal.** — Le Code a donné une énumération

---

(1) Aubry et Rau, t. II, p. 376 ; Dict. du not., v° *Prescription*, n° 377. Il en serait ainsi des actes entachés d'une nullité de forme (art. 2267, C. civ.) et de tous ceux frappés de nullités intrinsèques absolues (Aubry et Rau, *loc. cit.*; Grenoble, 22 avril 1864 (S. 1864-2-247).

Faut-il que le titre soit *transcrit* ? La question est controversée. L'affirmative est enseignée par Aubry et Rau, p. 319, note 106. La négative nous paraît préférable (Cons., Troplong, *Transcription*, n° 177; Flandin, n° 905 et suiv.; Colmet de Santerre, t. V, n° 56 *bis*; Demolombe, *Contrats*, t. I, n° 462 ; — et il a été jugé que la vente *a non domino*, même non transcrite, constitue un *juste titre* (Caen. 17 mars 1891 (S. 1891-2-418) ; Montpellier, 8 mars 1881 ; Bastia, 5 février 1890).

limitative des causes de suspension ; il a ainsi abrogé la généralité de la règle : *Contra non valentem agere non currit præscriptio.*

Ces causes sont fondées :

Sur la *qualité des personnes*; — sur la *modalité de la créance.*

27. — Causes de suspension fondées sur la qualité des personnes. — La prescription ne court pas :

a) Contre les *mineurs.*

b) Contre les *interdits* (art. 2252, C. civ.).

Toutefois les courtes prescriptions extinctives (au-dessous de dix ans) ne sont suspendues ni par la minorité ni par l'interdiction.

c) Contre les femmes mariées dans quatre cas : — Lorsque l'action de la femme dépend de son option entre l'acceptation ou la répudiation de la communauté ; — Lorsque l'action de la femme peut réfléchir contre le mari ; — Lorsqu'il s'agit de l'action en rescision accordée à la femme qui a contracté sans autorisation ; — Lorsqu'il s'agit d'immeubles dotaux inaliénables (art. 2256, C. civ.).

d) Contre un époux, au profit de son conjoint. La formule est celle-ci : la prescription ne court pas entre époux (art. 2253, C. civ.). (1).

e) Contre une succession, au profit de l'héritier bénéficiaire, chargé de l'administrer. Les créances de la succession contre ces héritiers ne se prescrivent pas, tant que la liquidation n'est pas achevée (art. 2258).

La prescription court contre une succession vacante, pourvue ou privée de curateur, même pendant les délais pour faire inventaire et pour délibérer.

28. — Causes de suspension fondées sur la modalité de la créance. — Ces causes de suspension s'appliquent seulement à la prescription extinctive des obligations.

La prescription ne court pas à l'égard :

a) D'une créance conditionnelle. La prescription est suspendue jusqu'à l'évènement de la condition ;

b) D'une créance à terme. La prescription est suspendue jusqu'à l'arrivée du terme (2).

c) D'une action en garantie pour éviction. La prescription est suspendue jusqu'à l'éviction (art. 2257, C. civ.).

29. — Si la prescription a été suspendue, il en résulte que :

1° Le temps écoulé avant la suspension compte toujours.

2° Le temps écoulé pendant la suspension ne compte pas.

3° La prescription recommence à courir, dès que la cause de suspension a disparu. On additionne le temps nouveau avec le temps antérieur à la suspension.

30. — Continuation et jonction de possession. — Les ayants-cause à titre universel du possesseur originaire continuent sa possession. Ils ajoutent le temps qu'elle a duré à celui de leur propre possession. C'est ce qu'on appelle la continuation de possession (art. 2235, C. civ.).

Les ayant-cause à titre particulier du possesseur originaire commencent une possession nouvelle. Pourtant ils peuvent, si cela leur est utile, joindre le temps de

---

(1) Même entre époux séparés de biens ; le mari n'est donc pas recevable à opposer à sa femme la prescription de cinq ans des intérêts de ses reprises; Rouen, 15 avril 1869 ; Bordeaux, 3 février 1879 ; Caen, 22 janvier 1874 ; Riom, 22 juillet 1884.
(2) Presque tous les auteurs enseignent, cependant, que la prescription de l'hypothèque, dans ce cas, court au profit du tiers acquéreur, avant l'échéance du terme, et dès la transcription de son titre; Aubry et Rau, p. 333 ; Laurent, t. XXXI, n° 394 et t. XXXII, n°s 25 et suiv. ; Pont, *Hypothèques*, t. II, n° 1255 ; Larombière, t. II, sur l'art. 1181 ; Dalloz, v° *Prescription*, n° 755 ; et notre *Etude sur la prescription de l'hypothèque par le tiers détenteur*, p. 28 à 55 — Mais la jurisprudence a consacré l'opinion contraire : Paris, 18 juin 1866 ; Sedan, 29 août 1877 ; Dijon, 3 janvier 1878 ; Bordeaux. 21 mai 1879 ; Cass., 30 décembre 1879 (*Rev. not.*, n° 604, et *J. du not.*, n°s des 15 novembre 1879 et 17 janvier 1880) ; Paris, 25 avril 1891.

possession de leur auteur au temps de leur propre possession. C'est ce qu'on appelle
la *jonction de possession*.

§ 4. PRESCRIPTION EXTINCTIVE.

31. — La *prescription extinctive* est l'anéantissement d'un droit par l'inaction de l'ayant-droit pendant le temps légal. — Cette inaction fait présumer une cause légale d'extinction.

La prescription extinctive suit les règles générales que nous avons indiquées au titre de la prescription acquisitive. Nous donnerons seulement ici les règles spéciales de la prescription extinctive.

32. — La prescription extinctive s'applique :

  a) *A tous les droits de créance.*

  b) *A la plupart des droits réels.*

L'usufruit, l'usage, l'habitation et les servitudes s'éteignent par le non-usage de trente ans (1).

Les hypothèques s'éteignent aussi par prescription (art. 2180, C. civ.).

33. — La prescription extinctive ne s'applique pas :

  Au droit de propriété et aux actions qui naissent de ce droit. — Le propriétaire ne perd point son droit par le non-usage, si prolongé qu'il soit.

34. — **Temps légal de la prescription extinctive.** — Il y a lieu de distinguer les *longues prescriptions* et les *courtes prescriptions.*

35. — **Longues prescriptions.** — Les longues prescriptions extinctives sont celle de trente ans, celle de dix ans.

La *prescription extinctive de trente ans* est la prescription de droit commun. Elle s'applique à toutes les actions pour lesquelles un délai plus court n'a pas été fixé par la loi (art. 2262, C. civ.).

La *prescription extinctive de dix ans* s'applique :

  a) Aux actions en nullité ou en rescision (art. 1304, C. civ.) (2).

---

(1) Cass., 28 octobre 1889.

(2) Dans tous les cas où l'action en nullité ou en rescision d'une convention n'est pas limitée à un moindre temps par une loi particulière, cette action dure dix ans. — Ce temps ne court, dans le cas de violence, que du jour où elle a cessé ; dans le cas d'erreur ou de dol, du jour où ils ont été découverts ; et pour les actes passés par les femmes mariées non autorisées, du jour de la dissolution du mariage. — Le temps ne court, à l'égard des actes faits par les interdits, que du jour où l'interdiction est levée ; et à l'égard des actes faits par les mineurs, que du jour de la majorité (art. 1304, C. civ.). Cette prescription repose sur le motif qu'après un laps de dix ans, celui qui a contracté doit savoir si la convention qu'il a faite est valable ou nulle et, s'il garde le silence durant tout le temps, on doit croire qu'il approuve le contrat et renonce au droit qu'il pouvait avoir d'en demander la nullité (Aubry et Rau, t. IV, p. 290 ; Laurent, t. XIV, n° 19).

Elle ne s'applique qu'aux conventions entachées d'un vice qui les rend annulables, mais non à celles qui sont *inexistantes*, car elles ne sont pas susceptibles d'être confirmées. Il en serait ainsi des traités secrets relatifs aux transmissions d'offices, aux pactes sur succession future (Cass., 11 novembre 1845), des donations et de tous les actes *solennels nuls en la forme* (art. 1. 3., 9 civ.).

Elle s'applique d'après la doctrine et la jurisprudence, « à tous les actes de volonté d'où résulte un engagement, une renonciation ou une décharge et qui, opérant à l'instar d'un contrat, lorsque le béné-fice a été accepté par les intéressés, confèrent à ces derniers des droits irrévocables. » (Aubry et Rau, p. 254 ; Colmet de Santerre, t. V, p. 504 ; Laurent, n° 23). Par suite, elle ne s'applique pas à l'action en nullité d'un testament.

Elle ne s'applique pas à l'action en résolution (Aubry et Rau, p. 227 ; Laurent, n° 29 ; Bordeaux, 10 juin 1838) ; ni aux actions en répétition, ni aux actions en rectification de compte, ni à l'action en réduction qui appartient aux réservataires contre la libéralité qui excède le disponible (Aubry et Rau, p. 278 ; Laurent, n°s 20 à 32 ; Caen, 15 décembre 1849).

On admet, en principe, que la prescription commence à courir du jour où a été formée la convention dont on demande la nullité, à moins que l'action en nullité ne s'ouvre, comme pour les partages d'ascendants, qu'à la mort de l'ascendant donateur.

Pour les incapables, l'article 1304 fixe le point du départ de la prescription ; ce point de départ est l'époque de la cessation de l'incapacité ; c'est ainsi que la Cour de cassation a jugé le 8 avril 1891 (*J. du not.*, 1891, p. 269), que pour les actes passés par un individu pourvu d'un conseil judiciaire, sans l'assistance de ce conseil, le délai court non du jour où l'acte litigieux a été accompli, mais seulement du jour où cet acte a pu faire l'objet d'une confirmation régulière, par suite de la cessation de l'incapacité ou du décès de l'incapable (Aubry et Rau, t. IV, § 399, note 83 ; Demolombe, *Minorité*, t. II, n° 766, et *Obligations*, t. VI, n° 157 ; Laurent, t. XXIX, n° 49 ; Larombière, sur l'art. 1304, n° 25).

b) Aux actions qui compètent au mineur devenu majeur contre son tuteur en raison de sa gestion (art. 475, C. civ.)(V. Compte).

c) Aux actions contre les architectes et les entrepreneurs, garants des gros ouvrages qu'ils ont faits ou dirigés (art. 2270, C. civ.).

36. — Courtes prescriptions. — Les courtes prescriptions extinctives sont :

a) Celle de cinq ans ;
b) Celle de deux ans ;
c) Celle d'un an ;
d) Celle de six mois.

37. — *Prescription extinctive de cinq ans.* — Elle s'applique :

a) A l'action en garantie de partage, lorsqu'elle est fondée sur l'insolvabilité du débiteur d'une rente (art. 886, C. civ.).

b) Aux actions en réclamation : d'arrérages de rentes, d'intérêts de sommes prêtées ou de prix de vente (1), de loyers, de fermages, de pensions alimentaires ; et, en général, aux actions en réclamation de tout ce qui est payable par année ou à des termes périodiques de moins d'une année (2). — Les cinq années datent du jour de l'échéance de chaque dette (art. 2277, C. civ.).

Cette prescription, introduite avec le Code, a pour but de protéger les débiteurs contre l'inaction des créanciers, qui laisseraient accumuler des sommes plus faciles à payer au fur et à mesure qu'en bloc.

c) Aux actions en réclamation de dossiers de procédure, intentées contre les juges ou les avoués. — Les cinq années datent du jugement du procès (art. 2276, C. civ.).

d) Aux actions en réclamation de frais et salaires, intentées par les avoués contre leurs clients, au sujet d'affaires non terminées. — Il en serait ainsi des frais dus à un avoué pour assistance de son client aux opérations de liquidation postérieures au jugement de séparation de biens (3).

Les cinq années datent du jour où les frais ont été faits (art. 2273, C. civ.).

e) A l'action en paiement des appointements dus aux commis, clercs et employés (4).

f) A l'action en paiement des frais et honoraires dus aux notaires (5).

g) Aux actions relatives aux effets de commerce (art. 189, C. com.).

h) A l'action en répétition de dividendes perçus de mauvaise foi dans les sociétés en commandite par actions et les sociétés anonymes (6).

i) A l'action en responsabilité contre les membres des conseils de surveillance de ces sociétés (art. 44, C. com.).

j) A l'action en garantie contre un agent de change, à l'occasion d'un transfert de rente (7).

38. — *Prescription extinctive de deux ans.* — Elle s'applique :

a) Aux actions en réclamation de pièces de procédure, intentées

---

(1) Cass., 14 juillet 1830 et 16 août 1853 ; Namur, 15 juin 1886 ; Aubry et Rau, § 774, note 21 ; Laurent, n° 449.

(2) Mais elle ne s'applique pas aux intérêts capitalisés en vertu d'une convention (Bourges, 21 août 1872 ; Nancy, 10 avril 1878 et 12 août 1884).

(3) Cass., 14 juillet 1875 (S. 1875-1-408).

(4) Grenoble, 29 novembre 1861 ; Paris, 6 juillet 1887 ; Aubry et Rau, t. VIII, p. 444.

(5) L. 5 août 1881 (art. 1). — V. *suprà*, v° Honoraires, n° 96.

(6) L. 24 juillet 1867, art. 10.

(7) Arrêté du 27 prairial an X, art. 16.

contre les huissiers. — Les deux années datent de la signification des actes ou de l'exécution du mandat confié à l'huissier (art. 2276., C. civ).

b) Aux actions en réclamation de frais et salaires, intentées par avoués contre leurs clients, au sujet d'affaires terminées (1).—Les deux années datent du jugement de l'affaire, ou de la conciliation des parties, ou de la révocation du mandat donné à l'avoué (art. 2273, C. civ.).

c) A l'action en restitution de frais et honoraires par un client contre les notaires (2).

d) A l'action en révocation d'une donation ou d'un legs fait à une commune, antérieurement à la loi du 30 oct. 1886, à la charge d'établir des écoles ou salles d'asile dirigées par des congréganistes (3).

e) Aux actions des médecins, chirurgiens, pharmaciens, dentistes (4), sages-femmes, etc., pour leurs visites, opérations, médicaments (L. du 30 novembre 1892 (art. 11).

Elle ne commence à courir que du jour de la cessation des visites, de la guérison ou de la mort du malade (5).

39. — *Prescription extinctive d'un an.* — Elle s'applique :

a) Aux actions des huissiers, pour les salaires des actes qu'ils signifient et des commissions qu'ils exécutent (6).

b) Aux actions des marchands, pour prix de vente de marchandises à des non-commerçants.

c) Aux actions des maîtres de pension, pour la pension des élèves.

d) Aux actions des maîtres pour prix d'apprentissage.

e) Aux actions des domestiques loués à l'année, pour leurs gages (art. 2272, C. civ.).

L'année date : du jour où est née la dette, si l'opération a été faite au comptant; du jour du terme, s'il en a été stipulé un pour le paiement.

40. — *Prescription extinctive de six mois.* — Elle s'applique :

a) Aux actions des maîtres de lettres, sciences et arts, pour leurs leçons données au mois.

b) Aux actions des hôteliers et traiteurs, pour leurs frais de nourriture et de logement.

c) Aux actions des ouvriers (7), gens de travail et domestiques loués à la journée, pour leurs salaires (art. 2271, C. civ.).

Les six mois datent de l'échéance de la dette.

Les *courtes prescriptions* ne sont suspendues ni par la minorité ni par l'interdiction (art. 2278, C. civ.), sauf le recours des incapables contre leurs tuteurs.

41. — Force probante de la prescription extinctive. — Les *longues prescriptions* établissent en faveur du débiteur qui les invoque une présomption absolue de libération.

42. — Les *courtes prescriptions* établissent en faveur du débiteur une présomption qui peut être combattue par le créancier. Celui-ci a le droit de déférer le

---

(1) Elle ne s'appliquerait pas aux salaires dus à l'avoué comme mandataire ou *negotiorum gestor* (Cass., 22 juillet 1835; Douai, 21 mars 1868; Colmar, 9 juin 1870 (S. 1871-2-263).
(2) L. 5 août 1881 (art. 2).
(3) L. 30 octobre 1886, art. 19 (art. 24719, J. N.).
(4) Gand, 28 janvier 1891.
(5) Aubry et Rau, p. 442 ; Caen, 21 avril 1869; Chambéry, 28 février 1873 (S. 1873-2-298).
(6) L. du 30 novembre 1892 (art. 11). — La jurisprudence se prononçait en sens contraire, avant cette loi, pour les honoraires du mandat.

Cass., 18 février 1873 et 9 mars 1875; Rouen, 14 décembre 1878 ; Cass., 25 février 1884 ; Seine, 21 avril 1889 ; Aubry et Rau, p. 443 ; Laurent, n° 425.
(7) Cette prescription est applicable aux contremaîtres ou chefs d'atelier travaillant à la journée (Cass., 27 janvier 1851; Bourges, août 1865 (S. 1866-2-349),— mais non à l'entrepreneur qui se charge de faire exécuter par des ouvriers, sous sa responsabilité, un travail déterminé (Paris, 24 août et 16 novembre 1866) (S. 1866-2-349-350).

serment au débiteur qui lui oppose la prescription; si ce dernier refuse de prêter serment, la prescription ne fait pas présumer sa libération (1).

Le débiteur est tenu de jurer que la dette n'existe pas.

Les héritiers du débiteur, ou leurs tuteurs, s'ils sont mineurs, sont tenus de jurer seulement qu'ils ignorent l'existence de la dette (art. 2275, C. civ.).

43. — Les prescriptions de courte durée étant fondées sur une présomption de paiement sont, par suite, inapplicables au cas où celui qui l'invoque reconnaît expressément ou tacitement n'avoir pas payé la somme réclamée, en soutenant notamment ne l'avoir jamais due (2).

§ 5. POSSESSION DES MEUBLES.

44. — Le possesseur d'un meuble en devient immédiatement propriétaire, quoiqu'il l'acquière d'un non-propriétaire, lorsqu'il a *juste titre* et *bonne foi*. Tel est le sens de l'adage : *En fait de meubles, la possession vaut titre* (art. 2279, C. civ.)

45. — **Motifs de ce mode d'acquisition.** — L'acquéreur d'un meuble ne peut souvent s'assurer du titre de l'aliénateur, que par la déclaration de celui-ci corroborée par la possession; en effet :

a) La transmission des meubles ne se constate guère par écrit ;

b) La rapidité des transactions sur meubles ne laisse pas le temps de chercher d'autres preuves.

46. — Ce mode d'acquisition s'applique aux seuls meubles corporels considérés individuellement.

Il ne s'applique pas :

Aux universalités de meubles ;

Aux meubles incorporels, tels que les rentes et les créances (3).

47. — Par exception à ce mode d'acquisition, lorsqu'un meuble *perdu* ou *volé* (4) a été transmis par l'inventeur ou par le voleur à un acquéreur de bonne foi :

(1) Le serment seul est admis et les juges ne peuvent pas, dans le but d'arriver à la preuve de non paiement, ordonner, soit la comparution personnelle des parties, soit une enquête (Cass., 7 janvier 1861 et 26 janvier 1881) (S. 1881-1-112) ; Nancy, 4 juillet 1891.

(2) Toulouse, 17 juin 1862 ; Cass., 25 février 1863, 20 janvier 1869 et 31 janvier 1872 ; Loudun, 22 mars 1884 ; Seine, 18 mai 1886 ; Cass., 20 novembre 1889.

(3) Demolombe, t. XXIV, n° 486 ; Aubry et Rau, t. II, p. 113; — à moins qu'il ne s'agisse de titres au porteur (Paris, 2 août 1856 et 10 novembre 1858 ; Cass., 11 novembre 1856, 23 janvier 1860 et 15 avril 1863; Paris, 9 avril 1864 (S. 1865-2-172).

(4) Une loi du 15 juin 1872 (*J. du not.*, 1872, p. 174-176) permet aux propriétaires de titres au porteur, *perdus* ou *volés*, de se faire restituer contre cette perte sous certaines conditions qu'elle détermine. A raison de son importance, nous croyons devoir citer cette loi en entier :

ART. 1er. — Le propriétaire de titres au porteur qui en est dépossédé par quelque événement que ce soit, peut se faire restituer contre cette perte dans la mesure et sous les conditions déterminées dans la présente loi.

ART. 2. — Le propriétaire dépossédé fera notifier par huissier à l'établissement débiteur un acte indiquant : le nombre, la nature, la valeur nominale, le numéro, et, s'il y a lieu, la série des titres.

Il devra aussi, autant que possible, énoncer : 1° l'époque et le lieu où il est devenu propriétaire, ainsi que le mode de son acquisition; 2° l'époque et le lieu où il a reçu les derniers intérêts ou dividendes; 3° les circonstances qui ont accompagné sa dépossession. Le même acte contiendra une élection de domicile dans la commune du siège de l'établissement débiteur. Cette notification emportera opposition au paiement tant du capital que des intérêts ou dividendes échus ou à échoir.

ART. 3. — Lorsqu'il se sera écoulé une année depuis l'opposition sans qu'elle ait été contredite, et que, dans cet intervalle, deux termes au moins d'intérêts ou de dividendes auront été mis en distribution, l'opposant pourra se pourvoir auprès du président du tribunal civil du lieu de son domicile afin d'obtenir l'autorisation de toucher les intérêts ou dividendes échus ou à échoir au fur et à mesure de leur exigibilité, et même le capital des titres frappés d'opposition dans le cas où ledit capital serait ou deviendrait exigible.

ART. 4. — Si le président accorde l'autorisation, l'opposant devra, pour toucher les intérêts ou dividendes, fournir une caution solvable dont l'engagement s'étendra au montant des annuités exigibles, et, de plus, à une valeur double de la dernière annuité échue. Après deux ans écoulés depuis l'autorisation sans que l'opposition ait été contredite, la caution sera de plein droit déchargée. Si l'opposant ne veut ou ne peut fournir la caution requise, il pourra, sur

a) Le propriétaire a trois ans, depuis la perte ou le vol, pour revendiquer le meuble au tiers détenteur.

b) Le propriétaire doit rembourser le prix d'achat au tiers détenteur, dans chacun des cas suivants : lorsque le meuble a été acheté dans une foire, un marché, une vente publique ou d'un marchand vendant des choses pareilles.

le vu de l'autorisation, exiger de la compagnie le dépôt à la Caisse des dépôts et consignations des intérêts ou dividendes échus et de ceux à échoir, au fur et à mesure de leur exigibilité. Après deux ans écoulés depuis l'autorisation, sans que l'opposition ait été contredite, l'opposant pourra retirer de la Caisse des dépôts et consignations les sommes ainsi déposées, et percevoir librement les intérêts et dividendes à échoir, au fur et à mesure de leur exigibilité.

ART. 5. — Si le capital des titres frappés d'opposition est devenu exigible, l'opposant qui aura obtenu l'autorisation ci-dessus pourra en toucher le montant à charge d'en fournir caution. Il pourra, s'il le préfère, exiger de la compagnie que le montant dudit capital soit déposé à la Caisse des dépôts et consignations. Lorsqu'il se sera écoulé dix ans depuis l'époque de l'exigibilité et cinq ans au moins à partir de l'autorisation sans que l'opposition ait été contredite, la caution sera déchargée, et, s'il y a eu dépôt, l'opposant pourra retirer de la Caisse des dépôts et consignations les sommes en faisant l'objet.

ART. 6. — La solvabilité de la caution à fournir, en vertu des dispositions des articles précédents, sera appréciée comme en matière commerciale. S'il s'élève des difficultés, il sera statué en référé par le président du tribunal du domicile de l'établissement débiteur. Il sera loisible à l'opposant de fournir un nantissement aux lieu et place d'une caution. Ce nantissement pourra être constitué en titres de rentes sur l'Etat. Il sera restitué à l'expiration des délais fixés pour la libération de la caution.

ART. 7. — En cas de refus de l'autorisation dont il est parlé en l'article 3, l'opposant pourra saisir, par voie de requête, le tribunal civil de son domicile, lequel statuera après avoir entendu le ministère public. Le jugement obtenu dudit tribunal produira les effets attachés à l'ordonnance d'autorisation.

ART. 8. — Quand il s'agira de coupons au porteur détachés du titre, si l'opposition n'a pas été contredite, l'opposant pourra, après trois années à compter de l'échéance et de l'opposition, réclamer le montant desdits coupons de l'établissement débiteur, sans être tenu de se pourvoir d'autorisation.

ART. 9. — Les paiements faits à l'opposant, suivant les règles ci-dessus posées, libèrent l'établissement débiteur envers tout tiers porteur qui se présenterait ultérieurement. Le tiers porteur au préjudice duquel lesdits paiements auraient été faits conserve seulement une action personnelle contre l'opposant qui aurait formé son opposition sans cause.

ART. 10. — Si, avant que la libération de l'établissement débiteur ne soit accomplie, il se présente un tiers porteur des titres frappés d'opposition, ledit établissement doit provisoirement retenir ces titres contre un récépissé remis au tiers porteur ; il doit, de plus, avertir l'opposant, par lettre chargée, de la présentation du titre en lui faisant connaître le nom et l'adresse du tiers porteur. Les effets de l'opposition restent alors suspendus jusqu'à ce que la justice ait prononcé entre l'opposant et le tiers porteur.

ART. 11. — L'opposant qui voudra prévenir la négociation ou la transmission des titres dont il a été dépossédé devra notifier par exploit d'huissier au syndicat des agents de change de Paris une opposition renfermant les énonciations prescrites par l'article 2 de la présente loi ; l'exploit contiendra réquisition de faire publier les numéros des titres. Cette publication sera faite un jour franc au plus tard par les soins et sous la responsabilité du syndicat des agents de change de Paris, dans un bulletin quotidien, établi et publié dans les formes et sous les conditions déterminées par un règlement d'administration publique. Le même règlement fixera le coût de la rétribution annuelle due par l'opposant pour frais de publicité. Cette rétribution annuelle sera payée d'avance à la caisse du syndicat, faute de quoi la dénonciation de l'opposition ne sera pas reçue ou la publication ne sera pas continuée à l'expiration de l'année pour laquelle la rétribution aura été payée.

ART. 12. — Toute négociation ou transmission postérieure au jour où le Bulletin est parvenu ou aurait pu parvenir par la voie de la poste dans le lieu où elle a été faite sera sans effet vis-à-vis de l'opposant, sauf le recours du tiers porteur contre son vendeur et contre l'agent de change par l'intermédiaire duquel la négociation aura eu lieu. Le tiers porteur pourra également, au cas prévu par le présent article, contester l'opposition faite irrégulièrement ou sans droit. Sauf le cas où la mauvaise foi serait démontrée, les agents de change ne seront pas responsables des négociations faites par leur entremise qu'autant que les oppositions leur auront été signifiées personnellement ou qu'elles auront été publiées dans le bulletin par les soins du syndicat.

ART. 13. — Les agents de change doivent inscrire sur leurs livres les numéros des titres qu'ils achètent ou qu'ils vendent. Ils mentionneront sur les bordereaux d'achat les numéros livrés. Un règlement d'administration publique déterminera le taux de la rémunération qui sera allouée à l'agent de change pour cette inscription des numéros.

ART. 14. — A l'égard des négociations ou transmissions de titres antérieures à la publication de l'opposition, il n'est pas dérogé aux articles 2279 et 2280 du Code civil.

ART. 15. — Lorsqu'il se sera écoulé dix ans depuis l'autorisation obtenue par l'opposant, conformément à l'article 3, et que, pendant le même laps de temps, l'opposition aura été publiée sans que personne se soit présenté pour recevoir les intérêts ou dividendes l'opposant pourra exiger de l'établissement débiteur qu'il lui soit remis un titre semblable et subrogé au premier. Ce titre devra porter le même numéro que le titre originaire, avec la mention qu'il est délivré par duplicata. Le titre délivré en duplicata conférera les mêmes droits que le titre primitif et sera négociable dans les mêmes conditions. Le temps pendant lequel l'établissement n'aurait pas mis en distribution de dividendes ou d'intérêt ne sera pas compté dans le délai ci-dessus. Dans le cas du présent article, le titre primitif sera frappé de déchéance, et le tiers porteur qui le représenterait après la remise du nouveau titre à l'opposant n'aura qu'une action personnelle contre celui-ci au cas où l'opposition aurait été faite sans droit. L'opposant qui réclamera l'établissement d'un duplicata paiera les frais qu'il occasionnera. Il devra, de plus, garantir, par un dépôt ou par une caution, que le numéro du titre frappé de déchéance sera publié pendant trois ans avec une mention spéciale au Bulletin quotidien.

ART. 16. — Les dispositions de la présente loi sont applicables aux titres au porteur émis par les dépar

c) Le bailleur qui revendique, en vertu de l'article 2102, les meubles déplacés sans son consentement et qui ont été achetés dans les mêmes conditions, doit également rembourser à l'acheteur le prix qu'ils lui ont coûté (L. 11 juillet 1892).

d) Le tiers détenteur non indemnisé par le propriétaire a recours contre celui dont il tient le meuble ; ainsi de suite, en remontant jusqu'à l'inventeur ou jusqu'au voleur (art. 2279 et 2280, C. civ.).

§ 6. Formule.

Renonciation à une prescription acquise.

Par.levant..., etc.
A comparu :
M. Jules Dupont, négociant, demeurant à ..
Lequel a, par ces présentes, déclaré renoncer purement et simplement à la prescription qu'il est en droit d'invoquer contre M. Charles Muller, rentier, demeurant à..., au sujet d'une obligation de 5,000 francs, exigible depuis le..., et résultant d'un acte reçu par Me..., notaire à..., le...
En conséquence, le comparant renonce à se prévaloir de l'extinction, par la prescription, de l'obligation sus-énoncée.
Dont acte (1)...

BIBLIOGRAPHIE

Aubry et Rau, t. VIII, p. 423.
Dict. du not., v° Prescription.
Encyclopédie du notariat, v° Prescription.
Marcadé, De la Prescription.

Laurent, t. XXII.
Leroux de Bretagne, Traité de la prescription, 2 vol. in-8°.

PRÉSENCE RÉELLE

Nous avons dit, *suprà*, v° ACTE NOTARIÉ, que certains actes, expressément indiqués par la loi du 21 juin 1843, et dont nous allons donner l'énumération, sont assujettis, pour leur réception, à la présence réelle des deux notaires, ou du notaire et des deux témoins instrumentaires; mais ces actes sont ainsi reçus exceptionnellement. La grande majorité des actes notariés ne sont pas soumis à cette formalité extraordinaire.

§ 1. ACTES SOUMIS A LA PRÉSENCE RÉELLE.

1. — La présence réelle des notaires et des témoins est exigée, à peine de nullité, par la loi du 21 juin 1843 (art. 2) pour les actes suivants, à raison de leur nature spéciale et des dangers de clandestinité et de captation qu'elle entraine :

tements, les communes et les établissements publics, mais elles ne sont pas applicables aux billets de la Banque de France, ni aux billets de même nature émis par des établissements légalement autorisés, ni aux rentes et aux titres au porteur émis par l'État, lesquels continueront à être régis par les lois, décrets et règlements en vigueur. Toutefois, les cautionnements exigés par l'administration des finances pour la délivrance des duplicata de titres perdus, volés ou détruits, seront restitués si, dans les vingt ans qui auront suivi, il n'a été formé aucune demande de la part des tiers porteurs, soit pour les arrérages, soit pour le capital. Le Trésor sera définitivement libéré envers le porteur des titres primitifs, sauf l'action personnelle de celui-ci contre la personne qui aura obtenu le duplicata.

(1) Enregistrement : Droit fixe de 3 francs. — Honoraires fixes de 3 à 5 francs.

a) Les *donations entre-vifs*, y compris, sans aucun doute, les partages d'ascendants faits en forme de donation. Seules, les donations faites, par contrat de mariage, entre époux ou aux époux, sont exceptées de la prescription (V. *suprà*, v° CONTRAT DE MARIAGE).

b) Les *donations entre époux* pendant le mariage.

c) Les *révocations* de donations ou de testaments.

d) Les *reconnaissances d'enfant naturel.*

e) Les *procurations* pour consentir ces divers actes et les *substitutions* de ces procurations.

2. — Nous pensons, avec la doctrine et quelques arrêts, qu'il faut aussi considérer comme étant assujettis à la présence réelle, bien qu'ils ne soient pas nommément désignés dans l'article 2 de la loi de 1843 :

a) Les *acceptations* de donation entre-vifs (1).

b) Les *procurations* pour accepter une donation.

c) Les *autorisations* données par un mari à sa femme pour faire ou accepter une donation.

3. — Enfin, des textes formels exigent cette même solennité de la présence réelle pour :

a) Les *déclarations de préciput* (art. 919, C. civ.).

b) Les *testaments publics* (art. 971-972, C. civ.).

c) Les *actes de suscription* de testament mystique (art. 976 à 980, C. civ.).

4. — Les *procès-verbaux de notification* d'actes respectueux doivent aussi être faits en la présence réelle de deux notaires ou d'un notaire et de deux témoins (art. 154, C. civ.) (2). — (V. *suprà*, v° ACTE RESPECTUEUX, n° 31).

5. — En quoi consiste la *présence réelle?* Le législateur a entendu par là, ainsi que cela ressort des discussions de la loi de 1843, que le second notaire ou les témoins instrumentaires doivent être présents réellement, comme le notaire en premier, à la *réception* de l'acte, c'est-à-dire à la lecture *par le notaire* et à la signature par les parties ; « par les mots : *reçus conjointement*, a dit M. Dupin, on ne doit pas entendre que le second notaire et les témoins seront présents à toutes les discussions des parties, ni aux conférences préliminaires des actes; il suffit qu'ils soient présents au moment de la conclusion définitive du contrat, c'est-à-dire au moment où les conventions sont échangées et fixées irrévocablement, au moment où elles sont *lues*, *vérifiées*, *acceptées* et *certifiées* par les signatures de tous ceux qui y concourent » (3).

Et il doit être fait mention de cette présence, à peine de nullité.

Le notaire en premier doit donc :

a) Faire lui-même lecture de l'acte aux parties ;

b) Assister à la signature des parties ou à leur déclaration de ne pouvoir ou savoir signer, et à la signature du second notaire ou des témoins ;

c) Faire mention du tout dans l'acte.

Le notaire en second ou les témoins doivent assister effectivement à la lecture et à la signature de l'acte.

---

(1) Conf. : Ed. Clerc, p. 460; Génébrier, p. 284; Aubry et Rau, t. VII, p. 659; Demolombe, t. XX, n° 126 ; Rennes, 16 janvier 1874 (art. 20929, J. N.). — *Contrà* : Dict. du not., n° 162; Bordeaux, 14 novembre 1867 (art. 19270, J. N.).

(2) Aubry et Rau, t. V, p. 85, note 21 ; Dict. du not., n°° 72-74; Duvergier, Coll. des lois, 1843, p. 372 ; Paris, 11 octobre 1871 (art. 20150. J. N.) et

26 septembre 1878 (art. 22043, J. N.); Seine, 6 juillet 1878 ; Bourges, 4 mars 1886 (art. 23598, J. N.).

(3) Il y a lieu de rappeler, toutefois, que cette règle souffre exception pour le testament public et l'acte de suscription du testament mystique, lesquels doivent être faits et écrits en entier en la présence réelle des notaires et des témoins. — (V. *infrà*, v° TESTAMENT).

6. — La prescription relative à la mention n'a rien de sacramentel (1) ; il suffit que la mention de la présence du notaire et des témoins ne prête à aucune équivoque, et elle peut être placée aussi bien au commencement de l'acte qu'à la fin (2), mais il est préférable qu'elle soit à la fin de l'acte.

Toutefois, la simple mention : *Pardevant M... et son collègue,* etc., *ont comparu,* etc., ne certifie que le concours juridique et non la présence *effective* du notaire en second. Elle serait insuffisante (3).

§ 2. ACTES DISPENSÉS DE LA PRÉSENCE RÉELLE.

7. — Tous les actes, autres que ceux qui viennent d'être énumérés au paragraphe précédent sont affranchis des formalités de la présence réelle; par suite, pour ceux-ci, la présence du notaire en second ou des témoins n'est exigée, comme l'a fort nettement expliqué M. Sauzet, président de la Chambre des députés, en résumant la discussion, *à aucune des phases de la réception de l'acte,* ni à la discussion des conventions, ni à la rédaction, ni à lecture, ni même à la signature par les parties.

8. — Et, dans la pratique, en effet, le second notaire ou les témoins signent les actes ordinaires, de confiance, sans en prendre pour ainsi dire connaissance et le plus souvent hors la présence des parties ; ajoutons que si le législateur eût exigé la présence effective et l'assistance réelle du second notaire ou des témoins à tous les actes, cette mesure eût apporté dans les affaires une entrave considérable et aurait été même bien souvent impraticable, comme le faisaient observer, en 1843, le rapporteur, M. Franck-Carré et le Garde des sceaux, M. Persil. Dans les conditions où cette assistance est donnée, peut-être eût-il été préférable de supprimer des protocoles menteurs et une formalité presque illusoire. Le législateur n'a pas cru devoir le faire. Aussi quelques cours et tribunaux, ne voulant pas croire que la loi avait pu, logiquement, maintenir une formalité qui n'était au fond qu'une fiction, ont-ils jugé, que les notaires qui avaient employé ces formules, alors que le notaire en second ou les témoins n'assistaient pas à la passation des actes, avaient inséré dans leurs actes des mentions contraires à la vérité, — et des peines disciplinaires ont, en conséquence, été prononcées (4).

9. — Mais ces décisions n'ont pas fait jurisprudence; la Cour suprême, en cassant l'arrêt de la Cour d'Agen du 10 février 1863, et la majorité des arrêts qui ont été rendus depuis, ont reconnu que le notaire n'est passible d'aucune peine disciplinaire pour n'avoir pas appelé les témoins instrumentaires au moment de la réception de l'acte, tout en faisant mention de leur présence, s'il ne s'agit pas, d'ailleurs, d'un de ces actes pour lesquels la *présence réelle* est prescrite par la loi (5) — ou si même les témoins, comme le second notaire, n'ont été appelés et n'ont signé qu'après la réception de l'acte et en dehors des parties (6).

10. — Tout au plus pourrait-on dire, avec les juges de Chambéry, que « la prudence et le sentiment de leur responsabilité conseillent aux notaires d'exiger, lors de la lecture et de la signature de leurs actes, la présence effective des témoins requis par eux... »

Nous ne saurions que les approuver de le faire, mais la loi ne les y oblige pas.

(1) Lyon, 17 décembre 1862.
(2) Cass., 14 janvier 1844, 8 novembre 1848 et 28 novembre 1849 ; Toulouse, 25 juillet 1863 ; Montpellier, 5 décembre 1867 et 12 mars 1868 (art. 19413, J. N.).
(3) Toulouse, 1er avril 1868 ; Dict. du not., v° *Acte notarié,* n° 132.
(4) Amiens, 16 avril 1845 ; Agen, 10 février 1863

(art. 18308, J. N.) ; Lourdes, 28 février 1872 (*J. du not.,* 19 août 1874).
(5) Amiens, 10 juillet 1862 ; Cass., 31 mai 1865 (art. 17562, 18308, J. N.).
(6) Pau, 23 décembre 1872 ; Chambéry, 28 novembre 1877 (art. 20578 et 21919) ; J. du not., n° 3090 ; Rev. not., n°° 4724-5557; Cass., 3 janvier 1888 (*J. du not,* n° 8990).—Cons. aussi, J. du not., 1887, n°° 8935 et 8936, et notre Dissertation, 1890, p. 497-513.

11. — Mais si la présence effective du notaire en second' ou des témoins instrumentaires n'est pas nécessaire à la réception des actes ordinaires, celle du notaire en premier est indispensable et si la *lecture* ou la *signature des parties* avaient eu lieu par les soins d'un clerc, hors la présence du notaire, l'acte serait, sans aucun doute, dépourvu de toute authenticité (1).

Aussi a-t-il été jugé que pour que l'authenticité soit conférée à l'acte, il ne suffit pas qu'il soit signé par le notaire et qu'il ait la forme extrinsèque des actes publics ; il faut encore qu'il ait été réellement reçu par le notaire, c'est-à-dire que ce fonctionnaire ait présidé lui-même à sa conclusion ; — que si, dans la pratique, les clercs préparent les actes d'après les renseignements fournis par les parties, il faut au moins qu'avant les signatures, le notaire intervienne pour vérifier ce qui a été fait, pour s'assurer si les conventions écrites sont bien conformes à la volonté des parties et pour donner ou faire donner, en sa présence, lecture de l'acte ; il faut que les parties signent ou déclarent ne le savoir ou ne le pouvoir faire, devant lui ; il faut, enfin, qu'il signe lui-même ; il ne peut signer seul, et après coup, un acte reçu par son clerc seul et en son absence (2).

Si l'acte a été passé hors de l'étude du notaire, cet officier public doit se rendre en personne au lieu où il a été rédigé, afin de pouvoir reconnaître les contractants, faire mention du lieu où l'acte est passé, recevoir la signature des parties sachant signer et le consentement de celles qui ne le savent ou peuvent faire.

Ces devoirs sont rigoureux et il faut y insister, parce que la conviction contraire, nous le constatons encore tout récemment, existe chez beaucoup de notaires, parce que — dans la pratique très relâchée de certaines études, on ne se préoccupe pas assez des prescriptions légales, — *tout acte reçu par un clerc, hors de la présence du notaire, qui l'a signé après coup, est nul* et il ne vaut même, comme sous seing privé, qu'autant qu'il est revêtu de la signature de toutes les parties et ne rentre pas dans la catégorie des actes pour lesquels la forme notariée est nécessaire (3).

Le notaire est responsable de toutes les conséquences de la nullité de l'acte et peut, en outre, être poursuivi disciplinairement pour avoir manqué à ses devoirs professionnels (V. *suprà*, v° ACTE NOTARIÉ).

12. — Quant aux parties, leur présence à la rédaction de l'acte n'est exigée par la loi que pour les testaments publics ou actes de suscription de testament mystique. Les autres actes peuvent être faits en leur absence ; elles n'ont besoin que d'assister à la lecture et à la signature et, encore, peuvent-elles y assister *séparément*, leur présence *simultanée* n'est rigoureusement nécessaire que pour les actes prévus par l'article 2 de la loi du 21 juin 1843.

§ 3. FORMULES D'INTITULÉ ET DE CLÔTURE POUR LES ACTES SOLENNELS

1. — Lorsque toutes les parties savent signer.

Pardevant Me..., notaire à..., soussigné.
En la présence réelle de MM..., témoins instrumentaires, aussi soussignés.

. . . .

La lecture de cet acte par Me..., notaire, et la signature par les parties ont eu lieu en la présence réelle des témoins instrumentaires.

---

(1) Dict. du not., v° *Acte notarié*, n° 91 ; Génébrier, p. 231 ; Dalloz, v° *Obligat.*, n° 3230 ; Gagneraux, n° 12.

(2) Cass., 1er juin 1840 ; 16 avril 1845 et 27 janvier 1869 (art. 19516, J. N.) ; Caen, 4 janvier 1844,

18 janvier 1845 et 23 juillet 1861 ; Nancy, 5 décembre 1867.

(3) Caen, 23 juillet 1861 ; Cass., 27 janvier 1869 et 26 décembre 1883 ; Ribérac, 24 juillet 1883 ; Cass., 10 décembre 1884 ; Bayonne, 30 décembre 1885 ; Pau, 13 juillet 1886 (art. 23305 et 23787, J. N.).

2. — **Lorsque toutes les parties ne savent pas signer.**

Pardevant M⁺ A... et M⁺ B..., tous deux notaires à..., soussignés...

. . . .
La lecture de cet acte par M⁺ A..., notaire rédacteur, et la déclaration de ne savoir signer faite par les parties ont eu lieu en la présence réelle de M⁺ B..., notaire en second.

3. — **Lorsque l'une des parties sait signer et que l'autre partie ne peut le faire.**

Pardevant..., etc.

. . . .
La lecture de cet acte par M⁺..., notaire rédacteur, la signature par M. L... et la déclaration par Mᵐᵉ L... de ne pouvoir le faire à cause de la paralysie de sa main droite, ont eu lieu en la présence réelle des témoins instrumentaires.

PRIVILÈGE (V. *suprà*, vⁱˢ CONTRIBUTION, INSCRIPTION DE PRIVILÈGE et ORDRE).

PROCÈS-VERBAL

C'est l'acte par lequel un notaire constate, sur la réquisition d'une ou plusieurs personnes, des faits ou conventions passés en sa présence.

Sommaire :

§ 1. Des diverses espèces de procès-verbaux.
§ 2. Formes de l'acte. Ce qu'il doit contenir.
§ 3. Effets du procès-verbal.
§ 4. Responsabilité notariale.
§ 5. Honoraires.
§ 6. Enregistrement.
§ 7. Formule.

§ 1. DES DIVERSES ESPÈCES DE PROCÈS-VERBAUX.

1. — Les notaires sont appelés à rédiger, en forme de procès-verbal, les actes ayant pour objet de constater certaines opérations auxquelles ils procèdent, ou certains faits qui se passent devant eux. Tels sont :

    a) Les *inventaires*, ou lorsqu'il n'y a rien à inventorier, les procès-verbaux de carence ;
    b) Les *procès-verbaux d'ouverture* et de *clôture* de liquidation ;
    c) Les procès-verbaux d'adjudication volontaire ou judiciaire ;
    d) Les procès-verbaux de *délivrance de seconde grosse ;*
    e) Les *compulsoires ;*
    f) Les procès-verbaux de comparution, d'état de lieux, etc...

2. — La plupart de ces procès-verbaux faisant l'objet, dans ce traité, d'études spéciales, nous renvoyons le lecteur aux divers mots précités. Nous nous attacherons seulement ici aux procès-verbaux de comparution, dont nous n'avons pas parlé.

3. — Les notaires peuvent-ils dresser procès-verbal de tout fait que les parties les requerraient de constater? Oui, si ces faits sont d'ordre privé, s'ils intéressent l'état et la fortune des individus, et si la constatation n'est point contraire à la loi. Un arrêt de la Cour de Bruxelles, du 19 mars 1845, a reconnu qu'un procès-verbal d'expertise dressé par un notaire, en présence de deux témoins, la partie adverse appelée, peut servir de base pour établir les dégradations immobilières commises par suite d'un pillage.

Si j'institue V... pour mon héritier, sous condition que tel événement s'accomplira, l'héritier institué pourra faire constater cet événement par acte notarié.

Mais un notaire ne pourrait faire, par procès-verbal, une enquête par commune renommée (1).

Sortirait également de ses attributions légales, le notaire qui, alors qu'une instruction judiciaire est ouverte sur des faits jugés délictueux, recevrait comme contre-enquête, dans un procès-verbal, les dépositions de témoins qui viendraient s'expliquer sur ces faits (2).

4. — Lorsque les procès-verbaux participent du caractère des actes judiciaires ou de procédure, il est préférable de ne pas les faire les dimanches et jours de fête légale. Des auteurs enseignent même, par argumentation de l'article 63 du Code de procédure civile, que le notaire ne *doit* pas les recevoir (3). Nous avons soutenu dans notre *Commentaire de la loi de ventôse* (4) qu'aucune loi ne contient une pareille prohibition. Ce n'est, à notre avis, qu'une question de convenance.

§ 2. FORMES DE L'ACTE. CE QU'IL DOIT CONTENIR.

5. — Il est assez fréquent qu'une personne fasse sommation à une autre de se présenter tel jour, à une heure indiquée, dans l'étude d'un notaire, dans le but de réaliser une convention arrêtée antérieurement, soit verbalement, soit par acte sous seing privé, une vente, par exemple.

Le notaire dresse alors procès-verbal de la comparution des parties et de leurs observations respectives.

L'acte est reçu en *minute* et porté au *répertoire*.

6. — On doit observer, à peine de nullité, un délai d'au moins vingt-quatre heures entre la notification de la sommation à comparaître et l'heure de la comparution, quand la loi ne fixe pas un autre délai (art. 1033, C. proc.) (5).

7. — Il faut indiquer, dans le procès-verbal :

Le jour, l'heure à laquelle il est commencé et celle à laquelle il est clos, pour constater que la rédaction a eu lieu au moment même annoncé dans la sommation :

Les nom, prénoms, qualités et demeure du requérant ;

La date de la sommation qui a été donnée et le nom de l'huissier qui l'a signifiée ;

Les nom, qualités et demeure de la personne à qui la sommation a été faite ;

Le lieu, le jour et l'heure indiqués dans la sommation, l'objet de la demande (6).

---

(1) Douai, 1er juin 1847.
(2) Toulouse, 2 mai 1883 (art. 22960, J. N.).
(3) Dict. du not., v° *Procès-verbal*, n° 62.
T (4). I, p. 394.

(5) Cass., 4 avril 1838.
(6) Michaux, *Guide pratique pour la rédaction des actes*, p. 80.

8. — Enfin, on doit y constater avec soin les prétentions, dires et réponses des parties et toutes les circonstances particulières à connaître et mentionner.

En terminant l'exposé de sa demande, le demandeur requiert qu'il lui soit donné acte de sa comparution et qu'il soit donné *défaut* (1) contre le défendeur s'il ne comparaît pas.

Cette réquisition terminée, le notaire en donne lecture au demandeur, qu. appose de suite sa signature, ainsi que son avoué, s'il en est assisté.

Cela fait, le notaire suspend son procès-verbal.

9. — Si la partie soumise ne comparaît pas, le notaire constate le *défaut* et donne acte à la partie présente de sa comparution pour valoir ce que de droit.

Il est d'usage de ne donner défaut contre la partie qui ne se présente pas, qu'après une heure écoulée depuis celle fixée à la sommation, à moins que la sommation porte qu'il sera prononcé défaut *de suite*.

Si le défendeur comparaît, le notaire lui donne lecture de la réquisition du demandeur, et constate la réponse qui est faite ; il rend compte également des répliques respectives, s'il y en a, et fait signer chaque partie après son dire, de sorte que s'il y a plusieurs répliques, il doit y avoir autant de signatures.

Si les parties ne tombent pas d'accord, il y a lieu de mentionner leurs réserves et protestations.

Si l'opération n'est pas terminée dans une seule séance, on indique à la fin le jour et l'heure auxquels a été renvoyée la suite et pareille indication est faite dans les séances subséquentes.

10. — Lorsque les parties tombent d'accord de réaliser la convention, il est plus simple de rédiger l'acte et le notaire peut se dispenser de dresser procès-verbal.

§ 3. Effets du procès-verbal.

11. — Quand un notaire rédige un procès-verbal de dires ou de faits appartenant à la juridiction contentieuse, il n'agit comme officier accomplissant un acte de sa fonction que si la loi lui a donné une compétence spéciale pour l'acte qu'il est appelé à dresser ; alors son procès-verbal fait foi, même s'il n'est pas signé de toutes les parties.

Mais dans les cas où l'acte contentieux sort de sa compétence spéciale, cet acte n'est qu'un certificat sans aucun caractère d'authenticité, si toutes les parties ne l'ont pas signé (2). Quand toutes parties ont apposé leur signature, le procès-verbal devient un contrat ordinaire et fait foi comme ce dernier.

§ 4. Responsabilité notariale.

12. — Le notaire peut être responsable de la nullité occasionnée par un vice de forme de son procès-verbal, comme pour tout acte ordinaire.

§ 5. Honoraires.

13. — L'honoraire alloué aux notaires pour la rédaction des procès-verbaux de toute nature est l'honoraire de vacation. Aussi est-il dans l'usage de constater, à la fin de chaque procès-verbal, le nombre des vacations employées à l'opération (3).

---

(1) *Donner défaut*, c'est simplement constater la non présence de la personne sommée de se présenter. | (2) Aix, 2 mai 1883.
(3) *Tarif général*, t. II, p. 43.

§ 6. Enregistrement.

14. — Tous les procès-verbaux dressés par les notaires, lorsqu'ils ne constatent ni mutation, ni obligation, ni libération, sont, comme actes innommés, sujets au droit fixe de trois francs (1).

15. — Toutefois, certains procès-verbaux, comme les inventaires, sont enregistrés par vacations.

§ 7. Formule.

Procès-verbal de comparution.

L'an..., le..., à dix heures du matin
En l'étude de M*..., notaire à...
Et pardevant..., etc...
    A comparu :
M. Jules Martin, propriétaire, demeurant à...
Lequel a exposé ce qui suit :
Suivant exploit de..., huissier à..., en date du..., le comparant a fait sommation à M. Joseph Lucas, rentier, demeurant à..., de se trouver à ces jour, heure et lieu, à l'effet de..., etc...
En conséquence, M. Martin a requis M*... de lui donner acte de sa comparution et de prononcer défaut contre M. Lucas, dans le cas où il ne comparaîtrait pas.
Et il a signé après lecture.
                (Signature.)
A l'instant est intervenu M. Lucas, ci-dessus prénommé, qualifié et domicilié.
Lequel a déclaré qu'il comparait pour satisfaire à la sommation sus-énoncée, et que..., etc.
                (Signature.)
De tout ce qui précède, a été dressé le présent procès-verbal,
Et après lecture faite, MM. Martin et Lucas ont signé avec les notaires.
                (Signatures.)
Lorsque la partie sommée ne comparaît pas, on clôture ainsi le procès-verbal :
Attendu qu'il est... heure du..., et que M. Lucas n'a point comparu et ne s'est pas fait représenter, le notaire soussigné a prononcé défaut contre lui et a donné acte à M. Martin de ses dires et de sa comparution.
De tout ce qui précède, a été dressé le présent procès-verbal, etc...

PROCURATION

C'est l'acte qui constate l'existence du mandat conféré par une personne à une autre de faire quelque chose pour elle et en son nom.

La personne qui donne le mandat se nomme *mandant ou constituant*; celle qui le reçoit s'appelle *mandataire, fondé de pouvoirs*.

On confond souvent, dans la pratique des affaires, les mots *mandat* et *procuration*, et la définition que le Code civil donne du mandat dans l'article 1984 autorise jusqu'à un certain point cette confusion. Bien que nous traitions aussi, sous le mot *procuration*, tout ce qui se rapporte au *mandat*, nous devons faire

(1) LL. 22 frimaire an VII, art. 68, n° 51; 18 mai 1850, art. 8 ; 28 février 1872, art. 4.

remarquer que la première expression ne s'applique juridiquement qu'à l'acte (*instrumentum*) qui constate le mandat, et le dernier terme désigne principalement le contrat qui se forme entre le mandant et le mandataire.

Sommaire :

§ 1. NATURE ET CARACTÈRE DU MANDAT.

1. — Le Code a défini le mandat : Un acte par lequel une personne donne à une autre le pouvoir de faire quelque chose pour le mandant et en son nom (art. 1984, C. civ.).

Cette définition, comme nous l'avons remarqué, s'applique plutôt à l'acte ou instrument du mandat qu'au contrat qu'il engendre ; il est préférable de dire avec

Paul Pont (1) que c'est un contrat par lequel une des parties confère à l'autre, qui s'oblige à le remplir, le droit de la représenter en faisant un ou plusieurs actes juridiques pour son propre compte et en son nom (2).

2. — Personnellement, le mandataire ne s'oblige donc pas et n'oblige pas les autres envers lui; sa personne s'efface pour faire place à celle du mandant (3).

C'est ce caractère qui différencie surtout le mandat de la gestion d'affaires (art. 1372, C. civ.) de la garantie de porté-fort (art. 1120, C. civ.), du bail d'ouvrage (art. 1779, C. civ.) et du contrat de commission (art. 91, C. civ.), bien qu'on l'ait parfois appelé un mandat commercial. Dans ces contrats, l'intermédiaire agit en son privé nom et s'oblige personnellement. Il n'est dégagé vis-à-vis du co-contractant que par le fait soit de l'exécution, soit de la ratification par le tiers intéressé de l'obligation qu'il a contractée au nom de celui-ci et souvent à son insu.

3. — Le mandat tient, par sa nature, de l'acte et du contrat. C'est un contrat consensuel, puisqu'il dérive de la volonté seule des parties. C'est un acte synallagmatique imparfait, puisqu'il ne comporte pas d'obligation réciproque, immédiate entre le mandant et le mandataire. Il ne devient parfait que par l'acceptation du mandataire (art. 1984, C. civ.) (4).

Le lien de fait ne s'établit entre eux que par l'usage que le mandataire fait du mandat. Et il faut comprendre, dans cet ordre d'idées, même le non usage du mandat, lorsqu'il peut en résulter un préjudice imputable au mandataire (art. 1984, C. civ.).

4. — De l'usage du mandat naissent des obligations diverses : 1° entre le mandant et le mandataire ; 2° et entre le mandant et le tiers contractant.

Le lien de droit, résultant de la double volonté du mandant et du mandataire, est susceptible cependant d'être rompu par la volonté d'une seule des parties ; soit par la volonté du mandant (art. 2003, C. civ.), soit par celle du mandataire (art. 2007, C. civ.).

Le lien de droit, au contraire, qui s'établit entre le mandant et le contractant est régi par les principes du droit commun. Il ne peut être rompu que par le consentement mutuel ou pour les causes prévues par la loi.

5. — Le mandat peut être consenti :

    a) Dans l'intérêt du mandant.

    b) Dans l'intérêt du mandant et d'un tiers, ou dans celui du mandant et du mandataire (5). Par exemple, le mandat donné par un débiteur à son créancier de vendre certains biens, et d'en appliquer le prix à l'extinction de sa dette vis-à-vis du mandataire, constitue un mandat *in rem suam* et non une dation en paiement ou un gage (6).

    c) Ou, suivant certains auteurs, même dans l'intérêt d'un tiers (7).

Mais il ne peut jamais l'être dans l'intérêt exclusif du mandataire.

Le consentement des parties contractantes est de l'essence du mandat comme de tous les contrats. Il doit être exempt de tout vice de dol, de violence ou d'erreur ; c'est une condition nécessaire à sa validité (8).

6. — Le mandat est *général* ou *spécial*, — *exprès* ou *tacite*.

---

(1) P. Pont. *Petits contrats*, n° 798.
(2) Toutefois de ce que le mandataire doit agir au nom du mandant, il ne s'ensuit pas que l'article 1984 ait dérogé au droit qui appartient toujours au mandataire d'agir dans son propre nom, principe fondamental dans notre droit et dont l'article 94 du Code commercial offre un exemple en matière de commission. Par ces mots, le Code a voulu seulement préciser davantage le caractère essentiel du mandat civil (Laurent, t. XXVII, n°° 332 et 333 ; Garsonnet, *Tr. de proc.*, t. I, 119 *bis*).

(3) Baudry-Lacantinerie, *Précis de droit civil*, t. III, n° 907.
(4) Pont, *Petits contrats*, n°° 800-801.
(5) Pont, n° 818 ; Mourlon, n° 1088.
(6) Douai, 20 février 1847.
(7) Pothier, n° 17 ; Delvincourt, t. III, p. 239; Troplong, n° 36 ; Domenget et de Peyronny, n°75 et suiv. — *Contra* : Duranton, t. XVIII, n° 201 ; Aubry et Rau, t. IV, § 410, note 5 ; Pont, n° 819 ; Laurent, t. XXVII, n° 405.
(8) P. Pont, n°° 806-807.

7. — Mandat général. — Il est *général* lorsqu'il embrasse la gestion de l'universalité des affaires du mandant, ou encore lorsqu'il comporte la généralité de ses affaires d'une certaine espèce Ainsi le pouvoir donné à un intendant ou à un régisseur général d'administrer la fortune du mandant est un mandat universel ; le pouvoir consenti pour recueillir une succession n'est général que relativement à l'ensemble des actes à faire pour atteindre ce but.

Le mandataire général est investi du pouvoir de faire tous les actes utiles à sa gestion, et ceux qui sont les accesssoires et la conséquence nécessaire de ces actes.

Mais il est de principe que le mandat général est subordonné dans ses effets aux actes d'administration (art. 1988, C. civ.). (V. *infrà*, n° 75.)

8. — Mandat spécial. — Le mandat est *spécial* lorsqu'il a pour objet une ou plusieurs affaires déterminées du mandant. Ainsi, le pouvoir de vendre une propriété désignée, de contracter un emprunt, de passer un bail, de recevoir une créance, de céder un brevet d'invention, etc., sont spécialisés dans leur objet principal, et les actes accessoires ne rentrent dans l'étendue du mandat qu'autant qu'ils en découlent par une conséquence nécessaire. C'est ainsi que le pouvoir de vendre ne comporte pas celui de toucher le prix ; mais le pouvoir de toucher le prix comporte celui de donner quittance et mainlevée de l'inscription d'office.

Tous les mandats pour lesquels la forme solennelle de l'authenticité est requise rentrent dans la classe des mandats spéciaux (V. cependant, art. 933, C. civ.).

L'appréciation du caractère général ou spécial du mandat constitue non une simple question de fait, que les juges du fonds peuvent trancher, mais un point de droit soumis à l'examen de la Cour de cassation (1).

9. — Mandat exprès. — Le mandat est *exprès* lorsqu'il embrasse formellement un genre d'opérations de même nature, sans même les spécifier. Ainsi le mandat d'acquérir toutes les terres qui se vendront dans un certain rayon autour d'un domaine, de vendre toutes les coupes de bois bonnes à abattre sur une propriété, sont des mandats exprès. Ils indiquent l'espèce des opérations, non les opérations elles-mêmes.

S'il s'agit d'aliéner ou hypothéquer, ou de quelque autre acte de propriété, le mandat doit être exprès (art. 1988, C. civ.). Le plus habituellement même, dans ces cas, il est spécial.

10. — Mandat tacite. — La majorité des auteurs admet que le mandat peut même être *tacite*. Il rentre alors dans la modalité du mandat verbal et de la gestion d'affaires. Il a sa source dans l'intérêt du mandant plutôt que dans son autorisation spéciale.(2).

Un doute était né sur cette question des termes de l'article 1985 du Code civil, qui porte que l'acceptation du mandataire peut n'être que tacite, tandis que le mandat doit être donné par écrit ou verbalement. Mais on a reconnu que par *verbalement*, la loi a entendu dire *sans écrit* par antithèse ; d'où l'on conclut que le mandat est valablement donné sous toutes les formes qui ne comportent pas d'écrit, et par suite tacitement.

L'homme d'affaires, à qui un client s'adresse à raison de sa profession, reçoit un mandat tacite de gestion relativement à l'affaire qui lui est confiée.

La femme est habituellement le mandataire tacite du mari pour la gestion intérieure de la maison ; l'article 1419 du Code civil présente à ce sujet l'exemple d'un mandat tacite. Un autre cas est fourni par l'article 5 du Code de commerce (3).

11. — On distingue aussi le mandat *simple* et le mandat *collectif*.

(1) Cass., 18 juin 1844.
(2) Aubry et Rau, § 411; Cass., 24 avril 1882 et 26 octobre 1887.
(3) P. Pont, n°° 848, 849; Dict. du not., v° *Mandat*, n°° 28 et suiv.

12. — **Mandat simple.** — Le mandat est *simple* ou unipersonnel, quand il est consenti par un seul mandant à un seul mandataire.

13. — **Mandat collectif.** — Il est *collectif* ou multiple, s'il est consenti soit par plusieurs mandants à un mandataire, soit par un mandant à plusieurs mandataires, soit par plusieurs mandants à plusieurs mandataires.

La solidarité peut exister ou ne pas exister entre la collectivité des mandants ou des mandataires ; de même ces derniers peuvent agir séparément ou doivent agir conjointement, selon les termes du mandat (art. 1995, 2002, C. civ.) ; mais en principe, lorsqu'il y a plusieurs mandataires, chacun peut faire séparément les actes qui se rapportent à l'exécution du mandat (1).

14. — Au point de vue de son objet, le mandat est, de sa nature, *indivisible*. Il doit être exécuté pour le tout et non pour partie. « Une exécution qui ne serait que partielle, dit M. Pont, serait en réalité l'inexécution du mandat » (2). Ce principe comporte cependant certaines exceptions d'espèce que l'équité a reconnues (art. 975 à 977, C. civ.).

15. — Considéré quant à son origine, le mandat est *conventionnel*, *légal* ou *judiciaire*.

Conventionnel, lorsqu'il nait de la volonté du mandant et du mandataire ;

Légal, lorsqu'il résulte d'une disposition de la loi ; telles, les fonctions du père administrateur des biens de ses enfants mineurs ; du tuteur, du curateur, de l'exécuteur testamentaire, du tuteur à substitution, du mari administrateur des biens de la communauté et de la femme, etc... ;

Judiciaire, lorsque le mandataire tient ses pouvoirs d'une commission de justice ; tels, l'administrateur provisoire des biens de l'absent (art. 115, C. civ.) ; le conseil judiciaire ; le notaire commis pour représenter l'absent, pour procéder à des opérations judiciaires de vente ou de liquidation et partage, etc... (3).

Le mandat judiciaire est soumis à des règles particulières. Spécialement, il est toujours personnel ; il ne comporte ni substitution ni délégation. En cas d'empêchement, le mandataire ne peut être suppléé (4) ; il doit être remplacé en vertu d'une décision nouvelle, jugement ou ordonnance, suivant qu'il y a lieu.

C'est ainsi qu'il a été jugé que le juge commissaire d'une faillite, lorsqu'il se trouve momentanément empêché, ne peut être remplacé que par un autre juge commis par un nouveau jugement. Il ne peut être suppléé de droit ; la loi ne distingue pas entre le remplacement définitif et le remplacement temporaire (5).

16. — Le mandat emprunte encore à la nature des opérations elles-mêmes un caractère particulier dont les effets sont importants. Ainsi le mandat donné par un commerçant même à un mandataire non commerçant pour gérer une affaire, demeure un mandat commercial, dont l'effet peut être de soumettre le mandataire à la juridiction consulaire (6).

17. — Le mandat peut être *pur et simple*, à *terme* ou *sous condition*. Lorsqu'il est pur et simple, il dure, à moins de révocation, jusqu'au décès du mandant. Toutefois, dans la pratique et par mesure de prudence, lorsqu'un mandat est de date trop ancienne, on exige du mandataire qu'il produise un acte confirmatif émané du mandant (7).

18. — Le mandat peut être donné pour un laps de temps déterminé, pour une affaire ou pour plusieurs, et ces affaires peuvent être distinctes ou subordonnées les unes aux autres. Elles peuvent aussi être actuelles ou futures ; c'est ainsi qu'on reconnaît généralement la validité du mandat laissé pour recueillir les successions qui pourraient échoir au mandant, et que le Code permet aussi de

---

(1) Pont, n° 1085.
(2) Pont, n° 974.
(3) V° *infrà*, § 8, *Capacité du mandataire*.
(4) Nîmes, 28 janvier 1852.
(5) Angers, 18 février 1889.

(6) Poitiers, 20 décembre 1876. — V. *infrà*, § 6, *Effets du mandat*.
(7) Pothier, *Du mandat*, n° 85 et 100 ; Duranton, n° 230 ; Troplong, n° 96 ; Pont, n°° 1150 et 1151.

donner pouvoir pour accepter les donations qui pourraient lui être faites (art. 933, C. civ.).

19. — Le mandat est légalement *gratuit* (art. 1986, C. civ.). On l'a appelé un contrat de bienfaisance. Mais si la gratuité est de sa nature, elle n'est pas de son essence. Il peut être convenu qu'il sera rémunéré ; et la qualité seule du mandataire choisi peut constituer une présomption de la volonté du mandant à cet égard (V. *infrà*, n° 172).

§ 2. FORMES. FORMALITÉS.

20. — Au point de vue de la forme, le mandat peut être écrit, verbal ou tacite.

Le mandat *verbal* comporte l'instruction donnée de vive voix par le mandant au mandataire d'agir pour lui dans un cas déterminé.

Le mandat *tacite* fait supposer plutôt l'approbation donnée par le mandant au fait du mandataire qui lui paraît conforme à ses intérêts, qu'une mission directe (1).

Le mandat *écrit* peut être *authentique* ou *sous signature privée*.

Le mandat *écrit* peut être *authentique* ou *sous signature privée*.

Authentique, il doit être parfois reçu dans la forme solennelle prescrite par la loi du 21 juin 1843, ou seulement dans la forme ordinaire des actes notariés, et alors, suivant les cas, en minute ou en brevet.

Sous *signature privée*, il peut revêtir la forme précise d'un acte, — ou être contenu dans une lettre missive (art. 1985, C. civ.) (2), — ou même dans un télégramme (3).

21. — **Authenticité.** — La question de l'obligation de l'authenticité à donner aux procurations soulève, en dehors des cas tranchés par la loi, des difficultés d'appréciation assez complexes.

M. Baudry-Lacantinerie a résumé la doctrine admise par les auteurs sur cette question dans les termes suivants : « La procuration doit nécessairement être authentique, lorsqu'elle se réfère à un acte pour la perfection duquel la loi, dans un but de protection pour celui que l'acte intéresse, exige à peine de nullité qu'il soit passé dans la forme authentique » (4).

Il semble donc qu'il faille rechercher dans quelle intention la loi a prescrit la solennité de l'acte pour apprécier si l'authenticité est obligatoire pour la procuration elle-même.

C'est la procuration, en effet, qui contient l'expression première du consentement que le mandataire a reçu la mission de manifester au tiers avec lequel il traite.

22. — Cependant, sans considérer quel intérêt prédomine, et bien que la forme authentique ne soit pas toujours prescrite impérativement, les garanties que l'authenticité présente et la sécurité qu'elle procure, font qu'elle est réclamée administrativement dans des circonstances nombreuses où l'acte sous signature privée pourrait être légalement suffisant. De son côté, la jurisprudence paraît fixée dans ce sens qu'il faut s'attacher à la forme prescrite pour la validité de de l'acte, et que la procuration doit participer de cette forme, à peine de nullité (5).

---

(1) Il n'y a pas de paroles sacramentelles pour exprimer la volonté du mandant. Comme le mandat prend sa force dans le seul consentement, il suffit que ce consentement soit certain, pour que le mandat demeure ferme et assuré. Mais la preuve testimoniale n'en est reçue que selon les règles du droit commun. Art. 1985, C. civ. ; Troplong, n° 100; Seine, 26 février 1891.

(2) Troplong, n° 109 ; Pont, n° 868 ; Domenget et De Peyronny, n° 103.

(3) Alger, 7 avril 1884.

(4) T. III, n° 913 ; Demolombe, t. V, n° 407 et t. XV, n° 14; Laurent, t. XIX, n° 429; Aubry et Rau, t. IV, p. 689 ; Guillouard, *Contr. de mar.*, t. I, n° 281. — Cass., 5 août 1891 (art. 24740, J. N.), et 20 juillet 1892; Besançon, 26 avril 1893.—V. aussi notre Etude, *J. du not.*, 1893, p. 449.

(5) Lyon, 22 décembre 1888 (art. 24250, J. N.); Dijon, 18 mars 1891; Merlin, v° *Hyp.*, sect. 2, § 2, art. 10; Dict. du not., v° *Mandat*, n° 24.

23. — La forme solennelle de l'authenticité conférée en la *présence réelle* du second notaire ou des témoins instrumentaires est prescrite en matière de procurations et de substitution de ces procurations :

1° Pour faire une donation entre-vifs (1) ;

2° Pour faire des donations entre époux pendant le mariage (2) ;

3° Pour révoquer une donation ou un testament (3) ;

4° Pour reconnaître un enfant naturel (4) ;

5° Pour faire une déclaration de préciput en accroissement d'un don ou d'un legs par acte postérieur distinct (art. 919, C. civ.) ;

6° Pour accepter une donation, soit que la procuration ait pour objet une donation déjà faite, soit qu'elle contienne un pouvoir général d'accepter les donations qui auraient été ou qui pourraient être faites (art. 933, C. civ.) (5) ;

7° Pour reconnaître au nom du donateur que ce dernier a eu connaissance de l'acceptation faite par le donataire (6).

24. — Il y a eu controverse sur la nécessité de la présence réelle du second notaire ou des témoins à la réception de la procuration donnée :

    a) Pour faire, en qualité de tiers, une donation aux futurs époux dans leur contrat de mariage (7).

    b) Pour assister les futurs époux mineurs et les habiliter à passer un contrat de mariage dans lequel ils doivent se faire donation l'un à l'autre.

Il semble désormais acquis que la faveur attachée au contrat de mariage doit s'étendre à ces sortes de procurations qui ont pour but l'avantage des futurs époux (art. 1398, C. civ.).

La jurisprudence et la doctrine se prononcent en ce sens (8).

25. — L'authenticité du mandat conféré dans la forme ordinaire des actes est exigée par la loi :

1° Pour passer, comme partie, un acte de l'état-civil (art. 36, C. civ.) ;

2° Pour consentir par mandataire à un mariage (art. 36, C. civ.) ;

3° Pour y faire opposition (art. 66, C. civ.) ;

4° Pour demander un consentement à mariage par acte respectueux (art. 154, C. civ.) ;

5° Pour consentir à une émancipation (9) ;

6° Pour consentir à une adoption, soit comme adoptant, soit comme adopté (art. 353, C. civ.) ;

7° Pour consentir à une adoption par suite de tutelle officieuse (art. 366, C. civ.). Cet acte, en effet, est de nature à être transcrit sur les registres de l'état-civil (10) ;

8° Pour faire transcrire un jugement de divorce sur les registres de l'état-civil, en exécution de l'article 252 du Code civil. Ce mandat, qui emporte acquiescement, doit être spécial à peine de nullité et authentique (art. 36, C. civ.) (11) ;

9° Pour passer un contrat de mariage (art. 1394, C. civ). La procuration

---

(1) L. 21 juin 1843, art. 2.
(2) L. 21 juin 1843, art. 2.
(3) L. 21 juin 1843, art. 2.
(4) L. 21 juin 1843, art. 2.
(5) V. *suprà*, v° ACCEPTATION DE DONATION, n° 27.
(6) Gand, 27 février 1883 (D. P. 1885-2-53) ; Aubry et Rau, t. VII, p. 78 ; Laurent, t. XII, n° 269 ; Dalloz, art. 932, C. civ., n° 66 et suiv. — *Contrà :* Paris, 31 juillet 1849 (D. P. 1849-2-89) ; Troplong, *Don.*, n° 1103 ; Duranton, t. VIII, p. 222 ; Toullier, t. V, p. 189 ; Marcadé, art. 932 ; Coin-Delisle, p. 21.
(7) Dans le sens de la dispense : Dict. du not., v° *Donation par contr. de mar.*, n° 4 ; Bordeaux, 27 mai 1853 (art. 15044, J. N.).

(8) Bordeaux, *sup. cit.* ; Cass., 1er décembre 1846 (art. 12905. J. N.) ; Paris, 22 janvier 1855 ; Grenoble, 6 août 1861 ; Montbrison, 14 février 1882 et Lyon, 1er juin 1883 (art. 25255, J. N.) ; Dict. du not., v° *Acte notarié*, n°s 113 à 120 ; Marcadé, art. 1394 ; Troplong, t. I, n° 184 ; Rodière et Pont, t. I, n° 142 ; Larombière, art. 1317, n° 39 ; Aubry et Rau, t. VIII, p. 202 ; Colmet de Santerre, t. VI, n° 11 *bis*-3 ; Dalloz, *Jur. gén.*, v° CONT. DE MAR., n°s 257, 258.
(9) Dict. du not., v° *Emancipation*, n° 10.
(10) Grenier, *Adoption*, n° 39, Dict. du not., v° *Accept. d'adoption*, n° 3.
(11) Nancy, 14 janvier 1883.

pour habiliter un mineur à passer un contrat de mariage doit préciser le régime adopté et les clauses autorisées dans leur nature et dans leur étendue (art. 1398, C. civ.) (1) ;

10° Ou des contre-lettres à un contrat de mariage (art. 1396, C. civ.) ;

11° Pour accepter, au nom des futurs époux, les donations qui peuvent être faites par contrat de mariage (2) ;

12° Pour accepter un transport de créance au nom du débiteur cédé (art. 1690, C. civ.) (3) (V. *infrà*, n° 49) ;

13° Pour constituer une hypothèque conventionnelle (art. 2127, C. civ.) (4) ; spécialement en matière de société (V. *suprà*, v° AFFECTATION HYPOTHÉCAIRE, n°ˢ 24, 42 et 49) ;

14° Pour se désister d'un droit de privilège ou d'hypothèque de toute nature en totalité ou pour partie et en consentir la radiation totale ou partielle (art. 2157 et 2158, C. civ.) (5) ;

15° Pour consentir la subrogation dans l'hypothèque légale de la femme (6) ;

16° Pour renoncer à la même hypothèque au profit de l'acquéreur (7) ;

17° Pour consentir et requérir un acte de cession d'antériorité ou d'échange d'hypothèque (8) ;

18° Pour consentir le désistement et la mainlevée de l'hypothèque maritime (9) ;

19° Pour former une inscription de faux (art. 218, C. proc. civ.) ;

20° Pour autoriser un avoué à faire un désaveu (art. 353, C. proc. civ.) ;

21° Pour passer au greffe un acte de récusation de juge (art. 384, C. proc. civ.) ;

22° Pour présenter une requête de prise à partie contre un juge (art. 511, C. proc. civ.) ;

23° Pour suspendre l'action en déclaration d'absence et envoi en possession provisoire des héritiers présomptifs pendant dix ans (art. 121 et 122, C. civ.) ;

24° Pour déclarer command dans les bureaux d'enregistrement (10) ;

25° Pour représenter un agent de change en qualité de fondé de pouvoirs ou de commis principal (V. *infrà*, n° 35) (11) ;

26° Pour le transfert des rentes sur l'Etat (V. *infrà*, n° 31) ;

27° Pour retirer des titres et valeurs remis en dépôt à la Banque de France (12).

Il en est de même pour le retrait des titres déposés à l'administration centrale de certaines compagnies de chemin de fer, telle que la compagnie d'Orléans (13).

Pour toutes opérations entraînant changement de titres, d'après les règlements de certaines compagnies (14) ;

---

(1) La Cour de cassation, conformément à une jurisprudence constante, a déclaré nul, un contrat de mariage dans lequel le père du futur s'était porté fort pour celui-ci. Arg., art. 1394, C. civ. ; Cass., 6 avril 1858 et 10 avril 1866.

(2) Dict. du not., v° *Contr. de mar.*, n° 227 ; Merlin, v° *Hyp.*, sect. 2, § 2 ; J. N., art. 9202. — *Contrà* : Duranton, t. VIII, p. 433.

(3) Dijon, 18 mars 1891 (*J. du not.*, 1891, p. 302).

(4) Cass., 19 janvier 1854, 12 novembre 1855, 15 novembre 1880, 27 juin 1881 ; Pont, n° 470 ; Aubry et Rau, t. III, p. 274.

(5) Cass., 29 juillet 1880.

(6) *Arg.*, art. 2158, C. civ ; Lyon, 22 décembre 1888 (art. 24250, J. N.), art. J. N., art. 24336. — *Contrà* : Argentan, 25 février 1891. — Mais la loi n'exige pas que le mandataire qui représente le débiteur dans les actes nécessaires pour parvenir à la subrogation prévue par l'article 1250, § 2, soit muni d'un pou-

voir authentique, alors que la situation hypothécaire ne doit pas être modifiée (Cass., 5 avril 1891 (art. 24740, J. N.).

(7) L. du 13 février 1889 (art. 24218, J. N.).

(8) *Arg.*, art. 2158, C. civ. Mais le contrat de cession d'antériorité passé sous signature privée est obligatoire entre les parties, bien qu'il ne soit pas opposable aux tiers, ni susceptible de mention sur les registres hypothécaires (Dict. du not., v° *Cession d'antériorité*, n° 9).

(9) L. du 10 juillet 1885, art. 15.

(10) L. du 22 frimaire an VII, art. 68. — V. toutefois, Garnier, *Rép. gén.*, n° 3906.

(11) Décret du 7 octobre 1890, art. 34 et 35.

(12) Instructions du service des dépôts.

(13) Instructions au verso des récépissés.

(14) Paris à Orléans : Extr. du règl. général art. 12 ; — Ouest, *idem*

28° Pour retirer un testament olographe déposé à la chancellerie d'un Consulat (1);

29° Pour céder un brevet d'invention (2) ;

30° Pour autoriser un capitaine de navire à emprunter à la grosse, au lieu du domicile des propriétaires du navire (art. 321, C. comm.);

31° Pour s'inscrire en faux contre un procès-verbal :

    a) De l'administration des Douanes (3).

    b) De l'administration des Contributions indirectes (4).

    c) De l'administration forestière (art. 179, C. for.).

    d) En matière de délit de pêche (5).

32° Pour se faire représenter par un fondé de pouvoirs, comme comptable du Trésor public;

33° Pour représenter un comptable de l'administration militaire pendant une absence autorisée (6);

34° Pour commissionner un recruteur d'émigrants, afin de justifier, conformément à l'article 1er de la loi du 18 juillet 1860, de l'autorisation, en forme d'arrêté, accordée par le ministre du commerce (7);

35° Pour passer devant le juge de paix les déclarations nécessaires soit pour acquérir, soit pour répudier la qualité de Français (8) ;

36° Pour passer devant le juge de paix une demande de réintégration dans la qualité de Français, au nom de l'époux survivant, ou de naturalisation au nom des enfants d'un père et d'une mère naturalisés, ou pour répudier cette qualité (9) ;

37° Pour passer devant le maire la déclaration d'option pour la nationalité Suisse, à faire au cours de la vingt-deuxième année par les enfants de Français naturalisés en Suisse (10) ;

38° Pour consentir un engagement militaire (11);

39° Pour passer la déclaration authentique de l'acte de souscription et de versement du capital des sociétés constituées par actions (12).

Sur la question particulière de l'authenticité du mandat donné au gérant ou aux administrateurs d'une société pour constituer hypothèque sur les immeubles sociaux (V. *infrà*, n° 66).

26. — L'authenticité n'est pas prescrite par la loi, mais elle est habituellement employée dans un but de sécurité et pour mettre dans l'avenir les actes à l'abri des dénégations d'écriture :

1° Pour passer au greffe les actes d'acceptation sous bénéfice d'inventaire, et de renonciation aux communautés, aux successions et aux legs universels ou à titre universel (art. 794, C. civ. ; et art. 997, C. proc. civ.) (13);

2° Pour requérir l'apposition et la levée des scellés ou s'y opposer (art. 932 et 933, C. proc. civ.);

---

(1) Instr. min., Aff. étrang., du 30 novembre 1833; Dict. du not., suppl., v° *Chancelier de Consulat*, n° 28).

(2) L. du 5 juillet 1844, art. 20; tr. Rouen, 15 juin 1867 et Cass., 27 avril 1869.

(3) L. du 9 floréal an VII, art. 12.

(4) L. du 1er germinal an XIV, art. 40.

(5) L. du 15 avril 1819, art. 56.

(6) Règlement sur la comptabilité des matières appartenant au département de la guerre, des 19 novembre 1871 et 2 mars 1872, titre 1, art. 6 (*Réc. gén. des lois*, 1872, art. 804).

(7) Circ. min. int., 18 avril 1889 ; *Répert. adm. des maires*, 1889, p. 125.

(8) L. du 13 août 1889, art. 6.

(9) L. du 26 juin 1889 et décret réglementaire du 13 août 1889, art. 6.

(10) Convention franco-suisse du 23 juillet 1879.

(11) L. du 15 juillet 1889, art. 62, visant l'article 36 du Code civil.

(12) L. 14 juillet 1867, art. 1 et 24 ; Houpin, *J. des soc.*, 1884, p. 38 et *Traité des soc. par actions*, n° 116.

(13) Cette procuration doit être spéciale : Dict. du not., v° *Renonc. à succ.*, n° 46. Elle peut être sous-seing privé : Avis du Conseil d'Etat, 26 novembre 1809 ; Demolombe, t. III, n° 14 ; Aubry et Rau, t. VI, § 613, note 9 ; Laurent, t. IX, n° 429 ; mais elle doit être légalisée : Dalloz, *Succession*, n° 582. — *Contrà* elle doit être authentique : Dict. du not., *loc. cit.*, n° 47 ; Chabot, art. 784; Delaporte, *Pandectes franç.*, t. III, p. 164.

3° Pour requérir l'inventaire et y assister (art. 941 à 943, C. proc. civ.) ;

4° Pour transiger, compromettre, proroger un compromis (art. 1005, C. proc. civ.) (1) ;

5° Pour accepter une affectation hypothécaire (V. ce mot, n° 23) (2) ;

6° Pour consentir une subrogation dans le cas prévu par l'article 1250, § 2 du Code civil (3), alors que la situation hypothécaire ne doit pas être modifiée.

27. — Une procuration sous signature privée est suffisante :

1° Pour faire signifier au greffe de la justice de paix un acte de récusation du juge de paix (art. 45, C. proc. civ.) ;

2° Pour représenter un membre d'un conseil de famille à une réunion de parents (art. 412, C. civ.) ;

3° Pour transférer les valeurs cotées à la Bourse, et les actions des sociétés au siège social ;

4° Pour toucher des arrérages de rentes et pensions sur l'Etat dans les cas prévus par l'ordonnance du 1er mai 1816, et généralement pour toucher toutes sommes supérieures à 150 francs dues par le Trésor public, la Caisse des dépôts et consignations, les Caisses d'épargne, etc... Ces procurations sont valables pendant dix ans, sauf révocation ; et si, dans l'intervalle, le titulaire se présente pour recevoir un terme, sa quittance équivaut à la révocation du pouvoir (4) ;

5° Pour représenter le failli aux opérations de clôture de ses livres, lorsque, ne se présentant pas en personne, il justifie de causes d'empêchement reconnues valables par le juge commissaire (art. 475, C. comm.) ;

6° Pour représenter un créancier à un ordre (5) ;

7° Pour déposer au greffe des marques de fabrique. La procuration doit être sur timbre et enregistrée (6).

28. — **Clercs.** — Les clercs ne peuvent représenter les parties dans les actes reçus par le notaire dans l'étude duquel ils travaillent en cette qualité qu'autant qu'ils sont porteurs d'une procuration qui doit être, selon les circonstances, authentique ou sous signature privée. Le mandat verbal leur est interdit (7). (V. CLERC).

29. — Les procurations, pour lesquelles l'authenticité est requise, peuvent être reçues, selon les circonstances, en brevet ou en minute.

30. — **Brevet.** — Peuvent être reçues en brevet toutes celles qu'un texte spécial et formel n'oblige pas le notaire de retenir en minute, et dont nous donnerons ci-après l'énumération.

Il y a lieu de remarquer que, parmi les procurations qui peuvent être délivrées en brevet, figurent même celles qui concernent l'état-civil, les hypothèques, les contrats de mariage, etc. (8). Cette disposition a été rendue applicable à l'Algérie (9).

En principe, les brevets doivent être écrits d'un seul contexte sans blanc ni intervalle. Par une dérogation à cette règle, que la pratique a reconnue nécessaire, — car elle n'est pas écrite dans la loi, — l'usage est constant en France, quand l'acte est reçu en brevet, d'y laisser en blanc le nom du mandataire, lorsqu'il y a utilité à le faire (10). La jurisprudence a sanctionné implicitement cette pratique (11).

Les brevets peuvent être délivrés par duplicata, lorsqu'il y a des motifs de

(1) Cass., 18 août 1829.
(2) Amiens, 7 février 1889 (art. 24351, J. N.).
(3) Cass., 5 août 1891 (art. 24740, J. N. et observations). — Contrà : Lyon, 22 décembre 1888 (art. 24250, J. N.) ; Cass., 24 mai 1886 (art. 23621, J. N.).
(4) Ordonnance, 1er mai 1816, art. 2.
(5) Aix, 13 mai 1860.
(6) Décret du 26 juillet 1858, art. 2.

(7) Décret du 30 janvier 1890, art. 1er.
(8) L. 25 ventôse an XI, art. 20.
(9) Arr. min. guerre, 30 décembre 1842 (art. 11568, J. N.).
(10) Toullier, t. VIII, n° 108 : Rolland de Villargues, v° Mandat, 59 ; Dict. du not., v° Blanc, n° 4 ; Éd. Clerc, Formulaire, v° Procuration, n° 45.
(11) Aix, 28 avril 1842.

prévoir des chances de perte et pour prévenir des retards dans la réception de l'acte par le mandataire, par exemple, pour les procurations envoyées au delà des mers. Chacun des originaux de l'acte est alors adressé par une voie différente (1).

Lorsque le *blanc* a été rempli sur le brevet par la désignation d'un mandataire, cette mention qui complète l'acte, en devient partie intégrante et participe de l'authenticité qui lui appartient. Elle ne peut plus être modifiée. L'erreur de la désignation serait irréparable : aucune rature n'est susceptible d'y être approuvée, puisqu'elle aurait lieu en dehors de la présence du mandant, des témoins et du notaire et après que l'acte a reçu sa forme légale.

31. — Minute. — Il y a lieu de retenir en minute :

a) Les procurations pour consentir les donations entre-vifs, et entre époux pendant le mariage (art. 931, C. civ.).

b) Les procurations pour accepter les donations qui auraient été faites ou qui pourraient être faites (art. 932, 933, C. civ.) (2).

---

(1) Dict. du not., v° *Brevet*, n° 76).

(2) Les procurations pour faire ou pour accepter les donations doivent-elles être l'une comme l'autre nécessairement passées en minute?

Le doute est né des termes de l'article 931 pour la procuration du donateur et des articles 932 et 933 pour la procuration du donataire.

a) DONATEUR. — Avant la loi du 21 juin 1843, dont l'article 2 ne constitue qu'une disposition interprétative de la loi du 25 ventôse an XI, la question qui s'agitait était surtout de savoir si la procuration du donateur était valablement donnée sous la forme sous signature privée. La question de la minute paraissait déjà tranchée par la jurisprudence de la Cour de cassation.

Un arrêt de la Cour de Toulouse, du 21 mars 1826 avait validé une donation faite en vertu d'un pouvoir sous seing privé. A fortiori l'eût-il fait d'une procuration notariée délivrée en brevet.

Au contraire, par un arrêt du 15 janvier 1840, la Cour de Dijon avait annulé une donation faite dans ces conditions. Le principe de l'authenticité y est fortement établi ; puis l'arrêt s'est efforcé de démontrer aussi la nécessité de délivrer la procuration en minute par analogie avec les dispositions des articles 932 et 933.

La Cour de Bordeaux avait antérieurement repoussé l'obligation de la minute dans son arrêt du 3 juin 1836, portant que : « s'il paraît résulter de la contexture de l'article 933 qu'il doit rester minute de la procuration pour accepter une donation, on ne saurait en induire que la procuration pour donner ne puisse être délivrée en brevet. » Dans cette affaire, en outre, le brevet avait été rapporté pour minute (sans qu'il en fût dressé acte) et une expédition avait été délivrée.

Sur le pourvoi, arrêt de rejet : « Attendu que l'article 933 est relatif à l'acceptation qui doit être faite par le donataire majeur ou par son fondé de pouvoir, et que dans l'espèce, il s'agissait de la procuration du donateur ; — qu'au surplus l'arrêt constate qu'une expédition de cette procuration du donateur fut annexée à la minute de l'acte de donation ; qu'ainsi l'acte est parfaitement régulier. » (Cass., 21 juin 1837).

D'après la jurisprudence de cet arrêt, les dispositions de l'article 933 ne sont pas susceptibles d'être invoquées comme réglant la forme de la procuration du donateur.

La prescription de l'article 931 ne concernerait donc que l'acte de donation lui-même, quant à la nécessité de le recevoir en minute (Saintespès-Lescot, t. III, n° 575 ; Demolombe, t. III, n° 31 ; Aubry et Rau, t. VII, § 659, p. 79 (S. C., 931, n° 32) ; Fuzier-Hermann (art. 931-933, C. civ) ; Arg. de l'arrêt de cass.,

19 avril 1843 (art. 11615, J. N.). — Contrà : Rivière, Jur. C. de cass., n° 278 ; Dict. du not., v° *Brevet*, n° 81). Au point de vue pratique, il nous paraît préférable de passer la procuration en minute (V. suprà, v° DONATION ENTRE-VIFS, n° 34).

b) DONATAIRE. — La difficulté est beaucoup plus délicate en ce qui concerne le donataire. Si peu justifié qu'il puisse être pour le législateur de prescrire des formalités différentes pour le donateur ou pour le donataire, il faut reconnaître que l'article 933 a ordonné l'annexe d'une *expédition* de la procuration du donataire pour la validité de la donation, ce qui, dans le langage de la pratique, suppose l'existence d'une minute. L'arrêt de la Cour de cassation, du 21 juin 1837, qui écarte l'obligation de la minute pour la procuration du donateur, remarque seulement que le cas diffère de celui prévu par l'article 933. Mais un autre arrêt plus explicite, du 19 avril 1843, la Cour suprême a dit : « Attendu que l'article 933 exige même, pour la simple acceptation de la donation, une procuration notariée *dont il doit rester minute* » (Id., Douai, 10 août 1846). L'opinion contraire soutient bien que les mots *minute* et *expédition* sont pris non par antithèse, mais comme équivalents et que l'un et l'autre n'ont d'autre signification que celle d'original d'un acte authentique, comme l'article 11 de la loi du 25 ventôse en offre un exemple (art. 6856, J. N.) ; cependant la prudence commande de prendre ces mots avec leur acception spéciale, car tout est de rigueur en cette matière, observe Mourlon (t. II, n° 933). « Une procuration en brevet serait insuffisante, dit aussi M. Fuzier-Hermann, malgré l'anomalie qui provient de ce qu'une procuration semblable suffit, au contraire, entre les mains du donateur. » (Mourlon, loc. cit.: Fuzier-Hermann, C. civ., n° 933 ; Duranton, t. VIII, n° 481 ; Marcadé, art. 933, n° 640 ; Troplong, t. II, n° 1113 ; Laurent, t. XII, n° 242 ; Dict. du not., v° *Annexe*, n° 43, et *Accept. de donation*, n° 160. — Contrà : Delvincourt, t. II, p. 69, n° 1 ; Toullier, t. V, n° 191 ; Vazeille, 933, n° 3 ; Poujol, n° 2 ; Demolombe, t. XX, n° 161 ; Aubry et Rau, t. VII, p. 79 ; Demante, t. IV, n° 72 bis-3°; Dalloz, ch. 4, sect. 1).

Cependant, lorsque la procuration existe en minute dans l'étude du notaire qui dresse l'acte de donation, on s'accorde généralement à regarder comme superflu d'en annexer une expédition à cet acte. — Contrà : Dict. du not., v° *Annexe*, n° 100). — V. suprà, v° ACCEPTATION DE DONATION, n° 27.

c) Dans tous les cas, l'une et l'autre procuration seront reçues d'après les prescriptions de la loi du 21 juin 1843, c'est-à-dire avec la présence réelle des deux notaires ou des témoins.

c) La procuration pour faire une déclaration de préciput ou de dispense de rapport (art. 919, C. civ.) ;

d) Et généralement les procurations données pour faire les autres actes mentionnés dans l'article 2 de l'ordonnance du 21 juin 1843.

Cette pratique constante du notariat est basée sur l'importance de ces actes, sur la solennité particulière dont la loi les environne (1) et aussi sur une mesure de prudence ;

Toutefois l'obligation de recevoir l'acte en minute ne peut s'induire que du seul article 933 du Code civil, pour les procurations à l'effet d'accepter des donations.

Pour les autres procurations, c'est la solennité de l'authenticité qui est le but poursuivi par la loi ;

e) La procuration consentie par les futurs époux ou par leurs pères et mères, si ces derniers doivent les assister, lorsque le contrat doit contenir des donations (2) ;

f) La procuration pour transférer des rentes sur l'Etat, lorsque le titre dépasse 50 francs de rente (3). Cependant la procuration délivrée en brevet pour un chiffre de rente plus élevé, remplit le but de la loi, lorsqu'elle a été rapportée ou déposée par minute.

En ce qui concerne les procurations reçues dans les consulats français à l'étranger ou passées en Alsace-Lorraine, le dépôt n'est exigé que pour les rentes dont le montant dépasse 50 francs.

Les procurations passées en pays étranger ou dans les colonies doivent être déposées en France chez un notaire qui en délivre expédition lorsque la rente à aliéner excède 10 francs (4).

Pour les rentes de 50 francs et au-dessous, la procuration peut être dressée en brevet et même sous-seing privé. Il suffit alors qu'elle soit enregistrée et légalisée par le maire de la commune du domicile du mandant ; et la signature du maire est légalisée elle-même par le préfet ou par le sous-préfet (5).

Pour les rentes directes ou départementales, le transfert peut avoir lieu, tant à Paris que dans les départements, sur la production des procurations sous signature privée, timbrées et enregistrées, mais non soumises à la formalité du dépôt (6) ;

g) La procuration par laquelle un agent de change constitue des fondés de pouvoirs ou des commis principaux (7) ;

h) Les procurations générales à l'effet de gérer et administrer, et celles dont il doit être fait des dépôts ou extraits multiples ;

i) Les procurations données à plusieurs mandataires, qu'ils aient le

---

Lorsque l'acceptation d'une procuration est faite par acte distinct, elle doit encore, sous peine de nullité, être soumise à ces formes : Rennes, 16 juin 1874; Aubry et Rau, t. V, p. 475 ; Demolombe, t. III, n° 176 ; Demante, t. IV, p. 170. — *Contrà* : Bordeaux, 14 novembre 1867 (art. 19270, J. N.) ; Duvergier (S. 1843, p. 244, n° 1).

De même pour l'acte par lequel le donateur reconnaît avoir pris connaissance de l'acceptation de la donation, faite par le donataire.

La donation n'est complète que par l'ensemble de ces actes. On ne comprendrait pas que les diverses parties fussent, en dehors d'un texte précis, soumises à des formalités différentes pour constituer un contrat unique dont les formes ont été déterminées avec solennité comme substantielles.

Les procurations pour passer ces divers actes doi-

vent donc être à la fois spéciales et revêtues de mêmes formes (art. 931 et 932, C. civ.).

Mais le mandat a produit tout son effet par l'acceptation faite par le mandataire muni de pouvoirs suffisants, et il n'y a pas lieu d'exiger la ratification du mandant ; Cass., 4 juillet 1848 (D. P. 1848-1-223).

(1) Dict. du not., v° *Brevet*, n° 22.

(2) Dict. du not., v° *Contrat de mariage*, n°° 225 et 226).

(3) Ord. 5 mars 1823 ; Circ. Mouvement général des fonds, 24 décembre 1877.

(4) Duvert, *Traité du contentieux des transferts*, p. 274).

(5) Décr., 6 février 1862 : Inst. gén., 2212, § 1.

(6) Décret du 6 février 1862 ; Instr. Régie, 2212, § 1er; Garnier, n° 14094.

(7) Décr., 7 octobre 1890 (art. 34).

droit d'agir conjointement ou séparément, afin que chacun puisse
justifier de ses pouvoirs ;

j) Les procurations qui créent entre le mandant et le mandataire des
droits réciproques et de nature à constituer un mandat irrévocable ;

k) Enfin toutes celles pour lesquelles il y a un intérêt pour les parties
à donner cette forme à raison de l'importance de leur objet, des
conditions ou de la durée du mandat.

Quand une procuration est reçue en minute, les nom, prénoms, qualité et
domicile du mandataire doivent y être inscrits ; ils ne peuvent pas rester en blanc
comme dans la procuration en brevet (1).

Et lorsque le mandataire est présent à la réception de la minute, il est d'une
bonne pratique de lui faire accepter le mandat dans l'acte même.

32. — Rapport pour minute. — La procuration délivrée en brevet peut
être rapportée au notaire rédacteur ou déposée en l'étude d'un autre notaire pour
prendre rang parmi les minutes (2).

Le notaire doit dresser un acte particulier de ce dépôt, comme pour toute
autre pièce qui lui serait remise (3).

Lorsque le dépôt est fait en l'étude du notaire qui a dressé le brevet, il
prend le nom de rapport de minute. Si ce notaire avait omis de dresser un acte
de ce rapport, le brevet ne serait pas frappé de nullité, et l'infraction serait
seulement punie d'une amende (4).

Si le dépôt a lieu dans une autre étude, le notaire veillera à ce que la procuration soit légalisée, s'il y a lieu, à faire remplir le blanc destiné à recevoir le nom
du mandataire et à la faire reconnaître et accepter par ce dernier (5).

33. — Mandat spécial. — Une procuration spéciale, authentique ou non,
mais toujours écrite, est exigée dans les cas suivants, qu'il nous a paru utile
d'indiquer :

1° Pour représenter une partie dans une instance devant le juge de paix,
(art. 9, C. pr. civ.). Ce mandat doit être donné par écrit (6). Toutefois, en matière
de simple police, un mandat verbal est suffisant et régulier (7) ;

2° Pour même cause, en matière de conciliation (art. 53, C. pr. civ.). Ce
pouvoir doit être suffisant pour permettre de transiger (8) ;

3° A l'huissier, pour pratiquer une saisie immobilière (art. 556, C. proc. civ.) ;

4° A l'avoué :

a) Pour surenchérir à la barre du tribunal et pour déclarer l'adjudicataire, s'il ne se présente en personne (art. 707, C. proc. civ.) ;

b) Pour déposer un cahier de charges en l'étude d'un notaire ; à
défaut de ce pouvoir, le dépôt devrait être approuvé par un dire
(art. 957, C. pr. civ.) (9) ;

c) Pour se désister en toute matière, même lorsque le mandat a été
donné *ad litem* (10) ;

---

(1) L. 25 ventôse an XI, art. 18 ; Rutgeerts et
Amiaud, n° 470 ; Rolland de Villargues, v° *Proc.*,
n° 8 ; Dict. du not., v° *Blanc*, n° 13 ; Ed. Clerc, *Tr.
gén.*, n° 1703 ; Dalloz, v° *Oblig.*, n° 8422 ; Génébrier,
p. 294 ; Nancy, 20 janvier 1842 (art. 11220, J. N.) ;
Douai, 12 décembre 1842.

(2) Dict. du not., v° *Rapport pour minute*, n° 9.

(3) L. 25 ventôse an XI, art. 20 et 21, et L. 22 frimaire an VII, art. 48 ; Rutgeerts et Amiaud, n° 702 ;
Déc. min. fin., 6 janvier 1837 ; Quimper, 24 janvier 1848 ; Tr. Bordeaux, 21 août 1843 ; Aubusson,
13 juillet 1844 ; Toullier, t. VIII, n° 608 ; Génébrier, n° 714 ; Dict. du not., *loc. cit.*, n° 28.

(4) Cass., 21 juin 1837.

(5) Dict. du not., v° *Rapport pour minute*, n° 31 ;
Massé, liv. I, chap. 20, n° 7.

(6) Cass., 21 juillet 1886.

(7) Cass., 10 mai 1872 et 29 novembre 1878.

(8) L. 6 mars 1791, art. 6.

(9) Seine, 22 novembre 1825 ; Tours, 28 janvier
1850 (art. 18956, J. N.) ; Dict. du not., v° *Partage*,
n° 402 ; Dalloz, *Jur. gén.*, v° VENTE PUBLIQUE
D'IMMEUBLES, n° 2029.

(10) Décret du 1er germinal an XIII ; C. pr. civ.,
n° 402 ; C. instr. crim., n° 408 ; Cass., ch. cr., 4 novembre 1887.

d) Pour déposer à fins de purge la copie collationnée d'un contrat au greffe du tribunal ; cet acte ne rentre pas dans la postulation (1) ;

5° A l'agréé près le tribunal de commerce, pour chaque affaire distincte qui lui est confiée (art. 627, C. com.) (2) ;

6° Pour déclarer une cessation de paiement au greffe du tribunal de commerce ;

7° Pour représenter un failli à la clôture du dépouillement de ses livres, lorsqu'il ne comparaît pas en personne et en cas d'empêchement jugé légitime (art. 475, C. com.) (3) ;

8° Pour assister à une réunion de créanciers en matière de faillite (art. 505, C. comm.) ;

9° Au capitaine de navire :

a) Pour emprunter à l'effet de radouber ou de gréer le navire, lorsqu'il se trouve au lieu de la résidence du propriétaire du navire ou de son fondé de pouvoir (art. 232, C. civ.) ;

b) Pour consentir une hypothèque maritime sur le navire pour la sûreté de ces prêts (4).

10° Pour emprunter, dans les conditions prévues, au nom de l'armateur ou d'un propriétaire partiaire d'un navire, sur le navire ou sur une part du navire (5) ;

11° Pour emprunter sans hypothèque au nom d'un tiers (6) ;

12° Pour prendre communication, au nom d'un actionnaire, du bilan de la Société, au siège social, quinze jours au moins avant la réunion de l'assemblée générale (7) ;

13° Pour représenter des actionnaires aux assemblées générales des Sociétés ;

14° Pour retirer des sommes déposées à la Caisse d'épargne ;

15° Pour représenter une partie devant le Conseil de préfecture. Cette procuration, si elle est sous-seing privé, doit être légalisée administrativement et enregistrée (8) ;

16° Pour introduire une demande en dégrèvement d'impôt au nom d'un tiers. Cette procuration est exempte d'enregistrement et de légalisation (9) ;

17° Pour toucher les arrérages des pensions sur l'Etat, la Légion d'honneur et les administrations publiques, en vertu du pouvoir mis à la suite du certificat de vie ;

18° Pour affecter en nantissement au Trésor public, pendant vingt ans, un titre de rente sur l'Etat, en garantie de la délivrance des duplicatas remis en remplacement des titres perdus ou volés (10). Cette procuration doit contenir le pouvoir de conférer à l'agent judiciaire du Trésor le droit irrévocable de faire vendre le titre en totalité ou pour partie sur une simple décision du Ministre des finances et sans qu'il soit besoin d'acte judiciaire. Si l'acte est sous signature privée, il doit être légalisé par le maire et le sous-préfet ;

19° Pour faire dans les bureaux d'enregistrement :

a) Les déclarations de vente de meubles au nom de l'officier minis-tériel chargé d'y procéder ;

b) Les déclarations de successions. Lorsqu'il y a lieu, cette déclaration doit contenir le pouvoir exprès de souscrire une soumission à

---

(1) Saint-Yrieix, 13 février 1856. — V. Cass., 13 mars 1840 ; Limoges, 9 avril 1845 ; Dalmbert, *Traité de la purge des priv. et hyp.*, 2° édit., 1891, p. 288. — *Contra* : Nîmes, 9 mai 1857 ; Pont, *Priv. et hyp.*, n° 1408.

(2) Ordonnance du 10 mars 1825 ; Dict. du not., v° *Agréé*, n° 5 ; Jousse, *Sur l'ordonnance de 1667*, p. 340.

(3) Ruben de Couder, *Dr. comm.*, v° FAILLITE, n° 578.

(4) L. 10 juillet 1885, art. 3.

(5) L. 10 juillet 1885, art. 3.

(6) Cass., 6 décembre 1856 et 6 février 1861.

(7) L. 24 juillet 1867, art. 12.

(8) L. 22 juillet 1889, art. 8.

(9) Conseil d'Etat, 28 février 1856 ; L. 13 juillet 1889.

(10) L. 15 juin 1872, art. 16, § 2.

l'effet d'assurer le paiement des droits dus sur une créance dépendant d'une faillite au fur et à mesure du paiement des dividendes (1).

20° Pour faire au secrétariat des Chambres de discipline les déclarations de stage ;

21° Pour faire, au nom d'un tiers, une dénonciation au criminel (2).

34. — Actes respectueux. — La procuration à l'effet de présenter un acte respectueux peut contenir le pouvoir de le renouveler, le cas échéant, autant de fois que l'exige la loi, pour suppléer le consentement à mariage (3).

Cette procuration peut être donnée en brevet (4).

Mais la rédaction de la procuration doit présenter dans la formule du pouvoir de renouveler l'acte respectueux le caractère de respect qui doit présider à toutes les phases de cette procédure. Et dans l'usage qui sera fait du pouvoir, il convient d'observer, entre les demandes réitérées de consentement, un laps de temps suffisant pour permettre au mandant de prendre une connaissance personnelle de la réponse faite par les parents, alors même que ce délai, à raison de l'éloignement, devrait excéder un mois. Le but de la loi est la soumission de l'enfant aux observations qui lui sont faites ; une procédure hâtive équivaudrait à l'annulation du droit de conseil des parents (V. *suprà*, v° ACTE RESPECTUEUX, n° 49).

35. — Agent de change. — Les procurations par lesquelles les agents de change nomment des fondés de pouvoir ou des commis principaux, appelés à leur servir d'auxiliaires, dans certaines parties de leurs fonctions, doivent être reçues en minute. Une expédition en est déposée au greffe du tribunal de commerce, et une autre expédition doit être tenue affichée dans les bureaux de l'agent de change (5).

36. — Annexe. — Les procurations des héritiers doivent être annexées au procès-verbal de l'inventaire dressé par le notaire et non au procès-verbal de la levée des scellés dressé par le juge de paix (6).

Lorsqu'un acte a été passé par un mandataire, le notaire doit annexer à la minute le brevet original — ou une expédition — ou un extrait de la procuration en vertu de laquelle ce mandataire a agi, à moins que cette procuration n'existe déjà au rang des minutes de l'étude (7). Il résulte même de cette prescription d'annexe qu'un notaire doit se refuser à recevoir un acte de celui qui se dit mandataire d'un autre, sans rapporter la procuration (8).

    a) Doit-il en donner lecture à la suite de l'acte ? Cette formalité paraît sans objet pour la procuration authentique, puisque le notaire ne reçoit pas cet acte. Mais pour la procuration sous signature privée qui s'identifie à l'acte et qui n'acquiert l'authenticité que par l'effet de l'annexe, la prudence peut commander d'en faire et d'en mentionner la lecture (9) ;

    b) Doit-il en délivrer copie à la suite des expéditions de l'acte ? Le notaire en a incontestablement le droit. C'est même souvent pour lui un devoir (10). L'annexe fait partie intégrante de l'acte. La partie peut avoir intérêt à en avoir le texte en même temps que celui du contrat lui-même. Mais le notaire apprécie, d'après la

---

(1) Instr. Régie, 2 juin 1890, n° 2790 (art. 24508, J. N.).
(2) Art. 8, C. Inst. crim. ; Décr., 1er mars 1854, art. 244, sur le service de la gendarmerie.
(3) Paris, 20 novembre 1876 ; Bourges, 14 mai 1878; Demolombe, t. III, n° 79 ; Aubry et Rau, § 463, n° 26 ; Laurent, t. II, n° 337.
(4) Paris, 27 novembre 1876.
(5) Décret, 7 octobre 1890, art. 34.
(6) Déc. min. just., 2 avril 1817.

(7) L. 25 ventôse an XI, art. 18 ; Déc. min. just., 28 mars 1807 et min. fin. 17 décembre 1819.
(8) Dict. du not., v° *Notaire*, n° 548. — V. cependant, *suprà*, n° 20, et *infrà*, n° 44.
(9) V. en ce sens : Rutgeerts et Amiaud ; n° 510 ; Génébrier, n° 314. — *Contrà* : Rolland de Villargues, *Acte notarié*, n° 307 ; Augan, n° 312 ; Gagneraux, n° 101 ; Dict. du not., v° *Acte notarié*, n° 334.
(10) Rutgeerts et Amiaud, n° 501, note 2.

destination de l'expédition, quelle étendue comporte la copie de l'annexe à la suite, et même s'il y a lieu de la faire (1).

Spécialement, il peut se dispenser de reproduire la procuration des parties à la suite de l'expédition d'un acte de vente destiné à la transcription : la procuration n'étant pas sujette à cette formalité (2) ; alors même que la transcription de l'acte serait requise par le mandataire lui-même (3).

Il est cependant d'usage, et il convient, en pratique, de faire toujours suivre l'expédition de l'acte d'une copie entière ou d'un extrait littéral de la procuration, afin d'établir que le mandataire avait des pouvoirs suffisants pour passer cet acte (V. *suprà*, v° EXPÉDITION, n° 24);

c) Peut-il se borner à relater que la procuration lui a été représentée et qu'il l'a rendue ? Le notaire est tenu d'annexer la procuration à l'acte, pour établir l'étendue des droits des parties, justifier du contenu de son acte et délivrer les expéditions ou extraits (4).

Quand la procuration est elle-même donnée en vertu d'une autorisation préalable, par une femme autorisée de son mari, un mineur émancipé autorisé de son curateur, etc., le brevet original ou une expédition de l'acte d'autorisation doit demeurer annexé au brevet ou à la minute de la procuration (5).

37. — Approbation. — L'approbation expresse par la mention du *Bon* ou *Approuvé* n'est pas prescrite à la suite d'une procuration donnée pour emprunter une somme (6).

En toute occurrence, la mention : *Bon pour procuration*, satisferait d'une manière suffisante aux prescriptions de l'article 1326 du Code civil (7).

38. — Autorisation maritale. — Elle peut être donnée par l'intermédiaire d'un mandataire ; la procuration doit alors préciser les actes pour lesquels l'autorisation devra être donnée (8).

Elle est, en outre, soumise à la forme que doit revêtir toute procuration, dans les cas visés par la loi du 21 juin 1843.

39. — Consulats et résidences. — Les chanceliers des ambassades et des consulats de France à l'étranger sont investis pleinement des fonctions notariales vis-à-vis de leurs nationaux. Cette compétence résulte de l'Ordonnance de la marine du mois d'août 1681 (art. 24, titre 9, liv. Ier) et de l'édit de juin 1778, art. 8. Ils reçoivent les actes de la compétence des notaires en observant, sauf en cas de dérogation expresse, les règles tracées pour ces derniers par la loi de ventôse, les codes et les lois ultérieures. Ils sont donc soumis, spécialement en ce qui concerne les procurations, à l'obligation de les recevoir, selon les cas, en brevet ou en minute, et avec ou sans la présence réelle du consul ou de son délégué et des témoins instrumentaires (9).

Les résidents, vices-résidents et chanceliers des résidences sont investis des mêmes attributions (10).

Ils donnent également l'authenticité aux actes qui intéressent à la fois leurs

(1) Dict. du not., v° *Annexe*, n° 104.
(2) Merlin, *Questions, Transcription*, § 3, p. 432 ; Verdier, *Transcr.*, n°° 55 et 277 ; Rivière et François, *Explic. de la loi du 23 mars 1855*, n° 32 ; Troplong, *Transcr.*, n°° 126 et 127 ; Mourlon, *Transcription*, t. I, n°° 28 et 226.
(3) Mourlon, *id.*, n° 244.
(4) Rennes, 2 février 1883 (art. 958 et 8502, J. N.) ; Dict. du not., v° *Annexe*, n°° 18 à 20.
(5) Rutgeerts et Amiaud, n° 494 ; Dict. du not., v° *Annexe*, n° 26.

(6) Cass., 6 février 1861 ; Pont, n° 863 ; Laurent, t. XIX, n° 289 et t. XXVII, n° 447.
(7) Cass., 6 février 1861.
(8) Cass., 2 août 1876 (art. 21640, J. N.) ; Caen, 15 juin 1877.
(9) Cass., 20 mars 1888 ; Rennes, 8 juin 1890 et Cass., 3 juin 1891 (art. 22936, 24515 et 24682, J. N.).
(10) Madagascar, décret, 11 mars 1885.

nationaux et les étrangers ; et même, avec l'autorisation des ambassadeurs, ministres et consuls, aux actes qui peuvent n'intéresser que les étrangers seulement (1). Dans les vice-consulats, où il n'y a pas de chancelier, les attributions notariales appartiennent au vice-consul qui instrumente de même selon les lois et dans la limite des pouvoirs qui lui ont été conférés (2) (V. *infrà*, n° 47).

40. — Double écrit. — Le mandat donné sous signature privée, alors même qu'il engendre un véritable contrat, commutatif ou intéressé de part et d'autre, n'est pas soumis à la forme du double écrit. C'est ce qui a été jugé pour un acte qui contenait la réserve, faite par le mandataire, de se faire rembourser des avances qui seraient nécessitées par l'exécution du mandat (3).

41. — Etablissements publics. Hospices. — Les rentes appartenant à un hospice ne peuvent être transférées que sur la production : 1° d'une ampliation d'un arrêté préfectoral autorisant la vente ; 2° et d'une *procuration* donnée par tous les membres de la commission administrative ou par le maire seul comme président de la commission ; mais dans ce dernier cas, à la procuration est jointe une copie de la délibération de la commission administrative donnant mandat à son président à l'effet de signer seul la procuration nécessaire pour la vente du titre de rente (4).

42. — Forme régulière. — Il suffit qu'une procuration soit régulière dans sa forme apparente pour que la fausseté de son contenu ne puisse autoriser une action contre le Trésor public et l'agent de change qui a opéré le transfert au préjudice du véritable propriétaire du titre de rente. Le notaire qui a signé en second l'expédition fausse dans son contenu, n'est passible d'aucun recours en garantie (5).

43. — Hypothèque maritime. — La procuration pour consentir une hypothèque maritime, qui doit être expresse (6), peut être donnée sous signature privée, l'acte constitutif de cette hypothèque pouvant revêtir cette forme (7). Mais la mainlevée de cette hypothèque ne pouvant plus être donnée que dans la forme authentique, la procuration pour la consentir doit être notariée (8).

44. — Mandat verbal. — Un mandat sous cette forme suffit-il pour passer un acte? Nous avons vu, n° 27, qu'il est interdit aux clercs de représenter les parties dans les actes en vertu d'un tel mandat. Mais cette prohibition s'applique-t-elle aux tiers ? Non, en principe ; dès lors que la loi reconnaît la validité de cette forme du mandat, le mandataire doit être admis à l'exercice de ce droit. Si la partie contractante reconnaît la réalité du mandat déclaré et s'en contente, le notaire ne peut refuser son ministère (9). Il

(1) Art. 24596. J. N.
(2) Remarque pratique. — Nous ne saurions trop inviter les notaires, toutes les fois qu'ils ont une procuration à réclamer d'un Français résidant à l'étranger, à prendre la précaution : 1° d'envoyer un modèle de cet acte complet et sans abréviation dans les formules d'intitulé et de clôture, surtout lorsqu'il y a lieu d'exiger la présence réelle des témoins. A défaut de cette précaution, il arrive fréquemment que les formalités substantielles ne sont pas observées, particulièrement en ce qui se rapporte à la désignation des comparants, et dans la clôture à la désignation des témoins, aux mentions de la lecture et de l'apposition des signatures ; — 2° et de recommander à l'intéressé de faire recevoir l'acte au consulat de France le plus voisin, de préférence à l'autorité locale. Il en résulte une grande économie de frais, entre autres : la dispense de légalisation étrangère, de traduction et surtout de production de certificat de coutume s'il y a lieu d'apprécier la régularité de la forme et la portée juridique de l'acte. La première de ces observations s'applique de même aux procurations envoyées dans les protectorats et aux armées en campagne.
(3) Cass., 23 avril 1877; Duranton, t. XVIII, n° 217; Troplong, n° 105; Massé et Vergé, t. V, p. 37 ; Pont, n° 862 ; Dict. du not., v° *Mandat*, p. 21 ; Larombière, art. 1325, n° 11 ; Demolombe, *Obl.*, t. I, n° 22 ; Laurent, t. XIX, n°° 220, 221. — *Contrà*, pour la seconde hypothèse: Laurent, t. XXVII, n° 446 ; Baudry-Lacantinerie, t. III, n° 913.
(4) Note du Bureau des transferts, 26 juin 1876.
(5) Seine, 11 avril 1833 ; Paris, 18 janvier 1884.
(6) L. 10 juillet 1885, art. 3.
(7) *Id.*, art. 8.
(8) *Id.*, art. 15.
(9) Vannes, 24 juillet 1841 ; Morlaix, 20 avril 1845; Dict. du not., v° *Annexe*, n°° 21 et suiv.

devra toutefois prévenir les parties du danger que présentera le contrat en cas de désaveu du mandat ou seulement de dénégation sur l'étendue des pouvoirs qu'il comportait.

De plus, le notaire mentionnera le caractère verbal du mandat pour justifier du défaut d'annexe qui résulte de sa forme et ne pas encourir d'amende à ce sujet.

45. — Militaires. — *En temps de guerre* ou *pendant une expédition*, les actes de procuration, consentis ou passés par les militaires, les marins de l'Etat ou les personnes employées à la suite des armées ou embarquées à bord des bâtiments de l'Etat, pourront être dressés par les fonctionnaires de l'intendance ou les officiers du commissariat.

A défaut de fonctionnaires de l'intendance ou d'officiers de commissariat, les mêmes actes pourront être dressés : 1° dans les détachements isolés, par l'officier commandant pour toutes les personnes soumises à son commandement ; 2° dans les formations ou établissements sanitaires dépendant des armées, par 'es officiers d'administration gestionnaires, pour les personnes soignées ou employées dans ces formations ou établissements ; 3° à bord des bâtiments qui ne comportent pas d'officier d'administration, par le commandant ou celui qui en remplit les fonctions ; 4° dans les hôpitaux maritimes et coloniaux, sédentaires ou ambulants, par le médecin directeur ou son suppléant, pour les personnes soignées ou employées dans ces hôpitaux (L. du 8 juin 1893, art. 1er).

La procuration donnée dans cette forme est soumise aux prescriptions de la loi de ventôse, et est, par suite, un acte authentique (1).

45 bis. — Voyages maritimes. — Au cours d'un voyage maritime, soit en route, soit pendant un arrêt dans un port, les procurations concernant *les personnes présentes à bord* pourront être dressées sur les bâtiments de l'Etat, par l'officier d'administration, ou, à son défaut, par le commandant ou celui qui en remplit les fonctions, et sur les autres bâtiments, par le capitaine, maître ou patron assisté par le second du bord, ou à leur défaut, par ceux qui les remplacent.

Elles pourront de même être dressées, dans les hôpitaux maritimes ou coloniaux, sédentaires ou ambulants, par le médecin directeur ou son suppléant, pour les personnes employées ou soignées dans ces hôpitaux (*ib.*, art. 2).

Hors de France, la compétence des fonctionnaires et officiers désignés aux deux articles précédents sera absolue. En France, elle sera limitée au cas où les intéressés ne pourront s'adresser à un notaire. Mention de cette impossibilité sera consignée dans l'acte (art. 3).

Les actes reçus dans ces conditions seront rédigés en brevet ; ils ne pourront être valablement utilisés qu'à la condition d'être timbrés et après avoir été enregistrés (art. 4).

46. — Prisonnier. — La procuration consentie par un prisonnier, dans l'intérieur des prisons et maisons de détention, doit être reçue au greffe ou entre deux guichets, ou en un parloir, lieux dans lesquels le prisonnier est réputé libre.

Les notaires, dans l'exercice de leurs fonctions, ont le droit de communiquer avec les détenus. Ils n'ont pas à soumettre à la surveillance les actes et titres qu'ils peuvent avoir à leur remettre ou à leur communiquer (2).

Les actes passés dans les prisons ne doivent porter aucune mention susceptible de trahir la nature de la maison où ils sont reçus. Le notaire se borne, comme pour les autres actes, à indiquer qu'ils ont été passés *telle rue* et *tel numéro* (3).

47. — Procuration dressée à l'étranger. — Lorsqu'un Français résidant à l'étranger ne peut se présenter à l'agent diplomatique ou consulaire français, la procuration est régularisée suivant les formes admises dans le pays où elle est faite, alors même que l'authenticité serait exigée en

(1) Besançon, 12 mars 1847 (art. 13201, J. N.).
(2) Décret du 11 novembre 1885 (art. 36 et 48).
(3) Circ. min. justice. 8 août 1876 (art. 21501, J. N., J. du not., n° 2948).

France pour le contrat à dresser ; car la forme de l'acte est soumise à la règle : *Locus regit actum* et le mandat est régi par la loi du lieu où il est constitué (1).

Cette règle est applicable à tous les actes pour lesquels la forme authentique est exigée en France (2).

48. — Procuration sous signature privée. Légalisation. — L'usage des procurations sous signature privée légalisées administrativement a pris une grande extension. Loin que cette pratique assure à l'acte une véritable authenticité (3), elle peut, le cas échéant, priver les parties qui ont contracté avec le mandataire de toute garantie en responsabilité (4).

49. — Transport. — Les auteurs reconnaissent qu'une créance, même hypothécaire, peut être cédée par acte sous-seing privé (5), et l'article 1692 du Code civil dispose que la vente ou cession d'une créance comprend les accessoires de la créance, tels que caution, privilège et hypothèque.

La procuration pour consentir cette cession peut donc être donnée sous la même forme, tant que la situation hypothécaire ne se trouve pas modifiée (6).

Mais le mandataire du débiteur cédé ne peut accepter la cession que par acte authentique et en justifiant d'une procuration notariée (art. 1690, C. civ.) (V. *suprà*, n° 25, 12°) ; et il est préférable et d'usage de régulariser en la forme authentique l'acte de cession et la procuration du cédant.

§ 3. CAPACITÉ.

ART. 1er. — *Capacité du mandant.*

50. — Conditions. — La capacité du mandant doit répondre à une double condition :

a) Il doit être capable *en droit* de faire lui-même l'affaire qu'il charge le mandataire d'accomplir en son nom (V. *suprà*, v° CAPACITÉ).

Ainsi, on ne donnerait pas valablement mandat de vendre la succession d'une personne vivante, puisqu'une telle vente est prohibée par l'article 1660 du Code civil ; — on ne pourrait charger une autre personne qu'un avoué de la mission d'introduire une instance devant un tribunal civil ou d'enchérir à la barre du tribunal, nul ne pouvant aujourd'hui postuler, s'il n'est investi du titre d'avoué (7) ;

b) Il doit être capable de s'obliger. L'effet du mandat est précisément d'obliger le mandant, comme s'il avait agi en personne.

Par suite, le mandat donné par un incapable n'obligerait le mandant ni envers le mandataire, qui agirait sous sa propre responsabilité, ni envers le tiers qui aurait traité avec le mandataire. On admet, cependant, par application de la

(1) Laurent, t. VII, n° 458.
(2) *Contrat de mariage*, Cass., 18 avril 1865 ; Donation, Paris, 22 novembre 1828 ; Cass., 29 février 1832 ; *Constitution d'hypothèque*, Cass., 5 juillet 1827 ; Aubry et Rau, § 31-73 ; Demolombe, t. I, n° 107; Weiss, p. 765-766; Houpin, *Dissert.*, art. 21596, J. N. — V. aussi *suprà*, v° ACTE PASSÉ EN PAYS ÉTRANGER, n° 7 et 8 ; AFFECTATION HYPOTHÉCAIRE, n° 16.
(3) Dict. du not., v° *Légalisation*, n° 41.
(4) V. arrêt de Cass., du 11 juillet 1876, rejetant le pourvoi formé par le syndicat des agents de change contre un jugement du tribunal de Bordeaux du 14 juillet 1885, et déclarant que le maire

n'encourt aucune responsabilité pour avoir légalisé une fausse signature. Toutefois, le cas particulier constituait une décision d'espèce basée sur la responsabilité personnelle de l'agent de change qui doit certifier l'identité du propriétaire sur la vérité de sa signature et des pièces produites (D. P. 1877-1-25).
(5) Dalloz, *Jur. gén.*, v° VENTE, n° 1683 ; Troplong, *Vente*, n° 912; Duvergier, *Vente*, t. I, n° 18; Duranton, t. XVI, n° 492; Aubry et Rau, t. IV, p. 488 ; Laurent, t. XXIV, n°° 473 et 532; *J. du not.*, 4 février 1888. — *Contra* : Dict. du not., v° *Transport-cession*, n° 63.
(6) V., par analogie, Cass., 5 août 1891 (art. 24740, J. N.).
(7) L. 27 ventôse an VIII ; art. 705, C. proc. civ.

règle *de in rem verso*, que le mandant incapable pourrait être poursuivi jusqu'à concurrence du profit qu'il aurait retiré de l'exécution du mandat (1).

Par suite, encore, le mandat donné par l'héritier pour faire un acte qui ne peut être accompli que par le maître, entraîne l'acceptation de la succession, quand même, au moment de la renonciation, cette procuration n'aurait pas été acceptée ou suivie d'exécution (2).

51. — L'incapacité peut être *absolue* ou *relative :*

52. — **Incapacité relative.** — L'incapacité qui résulte de l'état de subordination dans lequel une personne se trouve placée à l'égard d'une autre, par exemple : la femme vis-à-vis du mari, le mineur émancipé vis-à-vis de son curateur, l'assisté vis-à-vis de son conseil judiciaire ; celle encore qui découle de la tutelle administrative et autres situations analogues sont des incapacités *relatives*, parce qu'elles peuvent être levées par le fait de l'autorisation ou de l'assistance des personnes ou des autorités auxquelles la loi a donné le pouvoir d'habiliter.

53. — **Incapacité absolue.** — L'incapacité *absolue* tient à la personne du mandant et à la forme de certains mandats. Elle atteint la validité du mandat dans sa substance et elle le vicie dans son principe même. Par exemple, le défaut de capacité du mandant ou le défaut de solennité de l'acte, dans les cas où elle est prescrite, engendrent une nullité qui ne peut plus être effacée, ni par la capacité ultérieurement acquise par le mandant, ni par une ratification expresse. La bonne foi même du mandataire ou des tiers ne parviendrait pas à rendre efficace un semblable mandat (3).

54. — **Interposition de personne.** — C'est un principe constant qu'on ne peut faire, par interposition de personne, ce que la loi interdit de faire par soi-même.

55. — **Etendue du mandat.** — Les règles pour apprécier la capacité du mandant sont les mêmes que celles qui président à la validité de tous les contrats.

On ne peut déléguer à un mandataire que les pouvoirs dont on a soi-même la pleine disposition, ni lui conférer des pouvoirs plus étendus que ceux dont la loi permet de disposer. La capacité en cette matière se détermine donc d'après l'état de la personne et d'après la nature de l'affaire qui fait l'objet du mandat. S'agit-il d'un acte d'administration, le mandant doit posséder le pouvoir d'administrer ; s'agit-il d'un acte de disposition, le mandant devra être investi du droit de disposer (4).

56. — **Choix du mandataire.** — Le choix que le mandant a fait du mandataire ne peut être contredit. C'est une conséquence de la responsabilité qui lui incombe des actes du mandataire. Il n'appartient ni aux autres parties ni aux tribunaux de limiter sa liberté à ce sujet (5).

57. — Nous allons passer en revue quelques cas particuliers où la question de capacité offre certaines difficultés d'appréciation.

58. — **Failli.** — Le failli est dessaisi de l'administration de ses biens et incapable de les aliéner. Toutefois, avant le concordat ou l'union, il est de jurisprudence qu'il peut disposer avec l'assistance du syndic et l'autorisation de justice. Il est donc apte à consentir le mandat nécessaire pour ces opérations.

Le dessaisissement du failli est d'ailleurs prononcé dans l'intérêt de ses créanciers. Tout mandat conféré par le failli seul relativement à des droits et actions relevant de la faillite serait atteint dans son principe d'une cause de nul-

(1) Pont, n° 672.
(2) Cass., 4 avril 1849 ; Garnier, *Rép. gén. enr.*, n° 4006.
(3) Pont, n° 672.
(4) Aubry et Rau, t. IV, p. 639.
(5) Chambéry, 4 mai 1891 (art. 24690, J. N.).

lité qui entraînerait celle de tous les actes qui auraient été consentis à la suite (1).

Mais le failli conserve l'exercice de certains droits, tels que ceux attachés à la personne, à l'habitation, à l'administration des biens propres de sa femme, lorsque la séparation de biens n'a pas été demandée ; en outre, quoiqu'il soit représenté vis-à-vis des tiers par le syndic, le failli n'est pas déchu du droit de veiller lui-même à la conservation de ses biens (2). On reconnaîtra donc la validité des mandats qu'il aura donnés dans les circonstances où il eût été admis à agir lui-même dans son propre intérêt.

59. — Mineur. — Le pouvoir donné par un mineur, et accepté par le mandataire, engage la responsabilité de celui-ci, s'il résulte de la non exécution du mandat un détriment pour le mineur.

Le mineur, habile à contracter mariage et dûment assisté, est habile à passer toutes les conventions dont le contrat de mariage est susceptible, y compris les donations entre époux, au même titre qu'il eût pu le faire, s'il eût été majeur (art. 1095 et 1398, C. civ.).

Il peut donc, sous la même assistance, passer procuration pour faire le contrat de mariage.

Par application du même principe, il a été décidé :

a) Que la femme mineure peut conférer à son mari, par son contrat de mariage, les pouvoirs suffisants pour aliéner ses biens propres, même sous le régime dotal, et que, dans ce cas, le mari peut poursuivre ces aliénations sans recourir aux formalités judiciaires, même pendant la minorité de la femme (3) ;

b) Que la femme mineure peut donner à son mari le pouvoir de procéder au partage amiable et définitif d'une succession recueillie par elle en indivision avec des cohéritiers (4) ;

c) Il y a même raison de décider que la femme mineure peut confier à son mari, par le contrat de mariage, le pouvoir de ratifier, même avant qu'elle ait atteint sa majorité, la vente d'un immeuble lui appartenant en propre, qui aurait été consentie par un tiers comme porté fort, recevoir le prix, se désister du privilège et faire mainlevée de l'inscription d'office ;

d) Que la femme mineure peut, comme la femme majeure, conférer au mari le pouvoir d'administrer ses biens paraphernaux, *avec charge de lui rendre compte des fruits* (art. 1577, C. civ.). Le mari est tenu dans cette circonstance envers elle comme un mandataire ordinaire ; tandis que si cette obligation de rendre compte n'était pas stipulée, le mari ferait les fruits siens (5).

60. — Mineur émancipé. — Il peut constituer seul un mandataire pour passer les actes de pure administration énoncés en l'article 481 du Code civil ; mais il doit être assisté de son curateur pour conférer le mandat de faire les actes mentionnés en l'article 482, et être dûment autorisé pour les autres actes (art. 483, 484, C. civ.).

61. — Mineur commerçant. — Le mineur régulièrement autorisé à faire le commerce a une capacité entière pour contracter, par mandataire ou par représentant de commerce, pour toutes choses se rapportant à ses affaires commerciales. Il peut même hypothéquer ses immeubles pour sûreté d'un emprunt destiné à son commerce.

---

(1) Cass., 2 nivôse an V et 14 février 1862.
(2) Ruben de Couder, Dict. dr. comm., v° *Failli,* n°° 231.
(3) Rodière et Pont, n° 41 ; Dict du not., v° *Con-* *trat de mariage,* n°° 139 et 142 ; Cass., 12 janvier 1847 (art. 12954, J. N.).
(4) Bordeaux, 25 janvier et 26 février 1826.
(5) Jouitou, *Régime dotal,* n° 540.

62. — Participation. — Aucune disposition légale n'interdit aux membres d'une société en participation de se choisir un mandataire non participant, ayant mission de traiter avec les tiers une ou plusieurs des affaires qui font l'objet spécial de la participation (1).

63. — Peine afflictive et infamante. — L'individu condamné à une peine afflictive et infamante est privé de la disposition de ses biens et de ses droits civils ; il est en état d'interdiction légale pendant la durée de sa peine. Il ne peut consentir de mandat à leur sujet : ce droit appartient au tuteur nommé pour administrer ses biens (art. 29 à 31, C. pr. civ.). Toutefois, cette prohibition ne l'atteint, lorsqu'il a été condamné par contumace, que cinq ans après l'exécution par effigie (2).

S'il meurt avant l'expiration de ce délai, il est réputé mort dans l'intégrité de ses droits (art. 31, C. civ.) ; par suite, le mandat donné au cours de la contumace serait valable.

64. — Prodigue. Conseil judiciaire. — La personne pourvue d'un conseil judiciaire doit être *assistée* de ce conseil lorsqu'elle donne procuration pour passer des actes qui, d'après la loi, nécessitent cette assistance. Les auteurs enseignent cependant que le conseil judiciaire peut exprimer son avis et prêter son assistance par un acte particulier et isolé, pourvu : 1° que cet acte détermine et précise exactement le caractère et les clauses et conditions de l'opération à faire ; 2° et qu'il soit annexé à l'acte principal (3). Nous croyons que l'on pourrait aussi, peut-être même plus régulièrement, faire donner une procuration par le conseil judiciaire, à un tiers, à l'effet d'assister le prodigue à l'acte qu'il s'agit de réaliser.

65. — Représentants *ad hoc.* — Lorsqu'il y a opposition d'intérêt entre les représentants légaux des incapables et les personnes qu'ils représentent ou assistent, ou encore s'il y a lieu de les remplacer pour un fait particulier, par exemple lorsque le conseil judiciaire refuse son assistance au prodigue, il y est pourvu par la nomination d'un administrateur, tuteur ou conseil judiciaire *ad hoc*. Bien que ce mandat spécial confère un pouvoir égal à celui du tuteur ou du conseil judiciaire, la délibération ou le jugement renferme toujours une limitation de mandat dont les tiers doivent se préoccuper.

66. — Société. — Les sociétés sont divisées en deux classes bien distinctes ; les sociétés de personnes et les sociétés de capitaux.

I. — *Sociétés de personnes.* — Dans les sociétés de personnes, les associés sont personnellement connus et l'acte de société définit avec précision les actes que chacun d'eux peut faire soit séparément, soit collectivement, mais toujours sous la raison sociale, et pour lesquels ils peuvent faire représenter la société par un mandataire.

C'est ainsi que le mandat donné, pour saisir immobilièrement, par un associé en son nom personnel et non sous la raison sociale, est frappé de nullité (4).

Il importe de noter, à propos de la société en nom collectif et en commandite, que la loi interdit aux commanditaires non seulement de s'immiscer dans la gestion de la société, mais même d'agir *en vertu de procuration* au nom des gérants (art. 27, C. com.).

Le mandat donné par les gérants aux commanditaires n'est pas frappé de

---

(1) Cass., 3 décembre 1890.
(2) Loi 31 mai 1854, art. 3. — *Relégation.* — La peine accessoire de la relégation, aux termes de l'article 1 de la loi du 27 mai 1885, consiste exclusivement dans l'internement perpétuel du condamné sur le territoire des colonies ou possessions françaises. Si les condamnations prononcées et qui ont entraîné

la relégation n'avaient pas pour conséquence de produire par elles-mêmes l'interdiction légale, la relégation ne saurait emporter cette peine ; la loi du 27 mai 1885 n'a pas modifié à cet égard les dispositions de l'article 29 du Code pénal (V. *suprà*, n° 57).
(3) V. Demolombe, t. VIII, n°ˢ 756 et 757.
(4) Orléans, 16 juin 1869.

nullité, il produit seulement la déchéance de la qualité de commanditaire pour celui qui l'a acceptée, et le mandataire devient solidairement responsable comme l'associé en nom collectif, soit pour tous les engagements de la société, soit pour quelques-uns seulement (art. 28, C. com.) (1).

Le mandat donné par le commanditaire à un tiers de faire un acte qui rentre dans la gestion sociale, suffit pour caractériser l'immixtion au même titre que si le commanditaire avait agi lui-même (2).

Mais ce n'est pas faire acte de gestion pour le commanditaire :

a) D'accepter des fonctions de commis dans les bureaux de la société sous la direction du gérant (3) ;

b) Ni de donner mandat à un tiers de contrôler les livres et les écritures de la société et de suivre la trace des opérations auxquelles elle s'est livrée (4) ;

c) Ni de la part des membres du conseil de surveillance, d'avoir délégué l'un d'entre eux pour remplir intérimairement les fonctions de gérant après la suspension ou la révocation de ce dernier (5) ;

d) Ni le mandat donné par l'assemblée des commanditaires à l'un d'entre eux de s'adjoindre au gérant pour suivre la négociation d'actions nouvelles dont l'émission a été autorisée par eux (6).

II. — *Sociétés de capitaux.* — Dans les sociétés de capitaux ou par actions, la personnalité des sociétaires disparaît pour faire place à une collectivité anonyme dont les intérêts sont dirigés par des administrateurs que les articles 31 et 32 du Code de commerce et l'article 22 de la loi du 24 juillet 1867 qualifient de mandataires (7), et qui sont autorisés à déléguer leurs pouvoirs à l'un ou à plusieurs d'entre eux. La société peut aussi être gérée par un directeur choisi en dehors des administrateurs, mais qui agit sous leur surveillance.

Dans toutes ces situations, l'étendue du mandat résulte à la fois de l'acte statutaire et du droit commun ; et lorsque les administrateurs ou le directeur agissent personnellement ou se substituent un mandataire délégué, il y a lieu de vérifier non seulement les pouvoirs du mandataire, mais ceux du mandant qui est toujours à la source, soit la société elle-même, soit le conseil d'administration. Les auteurs décident même sur ce point que la publication des statuts ne peut, en général, être invoquée comme l'équivalent de la communication directe du mandat (8).

III. — *Emprunts hypothécaires.* — Les autorisations données aux représentants d'une société pour consentir une hypothèque sont parfois assujetties à certaines formes particulières.

Pour que l'hypothèque consentie par les gérants d'une société par actions soit valable, il était nécessaire, avant la loi du 1er août 1893 :

a) Si les statuts confèrent aux administrateurs le droit d'hypothéquer les immeubles sociaux, que l'acte de société soit authentique (9) ;

b) Si l'acte de société qui renferme ces pouvoirs est sous signature privée, qu'il ait été régulièrement déposé aux minutes d'un notaire avec reconnaissance de signatures et qu'il ait été dressé acte de l'accomplissement de cette formalité (10) ;

---

(1) Pau, 9 janvier 1836 ; Douai, 21 février 1861.
(2) Douai, 21 février 1861.
(3) Cass., 15 mars 1847 ; Troplong, 475. — *Contrà* : Pardessus, n° 1030 ; Malpeyre, n° 251 ; Delangle, n° 398.
(4) Poitiers, 22 mars 1854 ; Troplong, t. I, n° 427 ; Alauzet, t. I, n° 161.
(5) Cass., 30 avril 1862.
(6) Cass., 11 mars 1885.
(7) Cass., 28 mars 1855 et 28 décembre 1885 (art. 23511, J. N.).

(8) Houpin, *Tr. des soc. par act.*, n° 459 ; Alauzet, n° 57 ; Pont, *Soc.*, n° 1712. — *Contrà* : Molinier, n° 168 ; Rivière, n° 1821.

(9) Cass., 28 décembre 1885. — *Contrà* : Seine, 7 décembre 1886.

(10) Paris, 15 mars 1878 ; Cass., 6 mai et 29 juin 1881, 3 décembre 1889 (art. 22096, 22511, 22538 et 24415, J. N.).

c) Si les statuts ne contiennent pas le pouvoir d'hypothéquer, que les gérants soient autorisés par une délibération de l'assemblée générale des actionnaires prise en la forme authentique (1). Si l'assemblée autorisait les gérants ou administrateurs à contracter tous emprunts hypothécaires, d'une manière générale et illimitée, il y aurait modification des statuts, et la délibération devrait être publiée. Il en serait autrement, s'il s'agissait d'un emprunt spécial (2);

d) Si les statuts authentiques ou déposés contiennent le pouvoir d'hypothéquer, et si les administrateurs délèguent ce pouvoir soit à l'un d'eux, soit au directeur, que la délibération prise par les administrateurs soit authentique (3) ;

e) Et si, soit pour déposer l'acte de société aux minutes d'un notaire, soit pour concourir aux délibérations de l'assemblée générale ou du conseil d'administration, certains d'entre les sociétaires ou les administrateurs se font représenter par mandat, que les mandataires soient porteurs de procurations authentiques (4).

Cette situation s'est trouvée modifiée par la loi du 1er août 1893, d'après laquelle il peut être consenti hypothèque au nom de *toute société commerciale*, en vertu des pouvoirs résultant de son acte de formation, même sous seing privé, ou des délibérations ou autorisations constatées dans la forme réglée par ledit acte (*V. infrà, v° Sociétés par actions, n°s 79 et suiv.*).

67. — Tribunaux. — Il appartient aux tribunaux de prendre les mesures nécessaires pour la conservation des intérêts dont la garde n'est confiée à personne (5).

Art. 2. — Capacité du mandataire.

68. — Dans les rapports entre le mandant et le mandataire, la capacité de ce dernier n'est pas chose indifférente et il est toujours préférable, pour le cas, par exemple, où le mandat viendrait à être mal exécuté, que le mandataire soit une personne *capable*, dans le sens juridique attaché à ce mot.

69. — Mineur. — Femme mariée. — Mais le lien de droit, qui naît de l'accomplissement du mandat, obligeant directement le mandant et le tiers qui a contracté avec le mandataire, sans avoir égard à la personne de ce dernier, le mandat peut valablement être conféré à une personne *incapable* de s'obliger (6).

Si le mandataire a agi dans les limites du mandat, le contrat a reçu sa perfection, et l'incapacité du mandataire ne saurait être opposée, ni par le mandant, ni par les tiers, qui sont réputés avoir traité directement.

Mais l'incapacité du mandataire ne saurait se retourner contre lui, et s'il était recherché à raison de l'exécution ou de l'inexécution du mandat, ou en reddition de compte à ce sujet, il serait fondé à opposer l'incapacité légale, sauf, avons-nous déjà dit, l'action *de in rem verso* que le mandant pourrait faire valoir jusqu'à concurrence du bénéfice résultant de l'exercice du mandat (art. 1990, C. civ.) (7).

Le mineur émancipé peut exécuter le mandat sans le concours de son curateur, la femme sans l'assistance de son mari (8).

---

(1) Cass., 23 décembre 1885 (art. 21750, J. N., et J. S., 1888, p. 661); Paris, 5 juillet 1877, 7 août 1880, 5 mai 1881 ; Cass., 26 et 29 juin 1881; Orléans, 11 mai 1882 ; Cass., 23 décembre 1885 (art. 21578, 22443, 22541, 22537, 22538, 22740, 23511, J. N.).
(2) Houpin, *Sociétés par actions*, n° 518.
(3) Mêmes arrêts.
(4) Dissertation (art. 21750, J. N.) ; Dict. not. et

suppl., v° *Hyp.*, n° 425; Houpin, *Sociétés par actions*, n° 87.
(5) Douai, 20 janvier 1891.
(6) Aubry et Rau, t. IV, p. 630.
(7) Aubry et Rau, t. IV, p. 639.
(8) Pothier, *Puiss. mar.*, n° 49; Ed Clerc, *Procuration*, n° 30.

L'article 1990, en citant le mineur émancipé et la femme mariée parmi les personnes qui peuvent être investies du mandat, a eu pour but de trancher une controverse qui existait sur cette question, et d'empêcher que l'acceptation du mandat ne fût considérée comme un simple acte d'administration qui les obligerait personnellement; il n'a pas pour effet d'interdire l'emploi, comme mandataire, du mineur non émancipé. Mais ce dernier est couvert contre toute responsabilité civile par les règles générales de la capacité en matière d'obligations (1).

Toutefois si le mineur commettait un délit dans l'accomplissement du mandat, comme s'il détournait frauduleusement les fonds ou objets qui lui auraient été confiés, il pourrait être recherché en dommages-intérêts et pénalement, à l'occasion du fait délictueux (art. 1310, C. civ. et 408, C. pénal) (2).

70. — Mandataires légaux. — La loi a institué des *mandataires légaux* de diverses sortes, dont elle a eu soin de déterminer les pouvoirs :

I. Aux uns elle a conféré des pouvoirs d'administration étendus :

  a) Le père est, pendant le mariage, l'administrateur des biens de ses enfants mineurs (art. 389, C. civ.) ;

  b) Les tuteurs, co-tuteurs, protuteurs et tuteurs *ad hoc*, des biens des mineurs ou des interdits (art. 450, C. civ.) ;

  c) Le tuteur officieux, des biens du pupille (art. 364, C. civ.) ;

  d) Le mari, des acquêts de la communauté et des biens propres de la femme (art. 1421 et 1428, C. civ.). Le mari, tuteur de la femme interdite, conserve tous les pouvoirs que lui avait conférés le contrat de mariage soit sur les biens de communauté, soit sur ceux de sa femme. C'est comme mari et non comme tuteur qu'il continue d'administrer les biens de la communauté (3) ;

  e) La commission administrative des hospices remplit les fonctions du tuteur à l'égard des enfants admis dans ces hospices (4) ;

  f) Enfin les administrateurs du domaine public, des départements et des communes ou des établissements de toute nature auxquels la personnalité civile a été accordée par la déclaration d'utilité publique (V. *suprà*, v° CAPACITÉ).

II. — Aux autres elle a confié des pouvoirs spéciaux, ou seulement des droits d'assistance et de conseil :

  a) Le conseil nommé par le père à une mère tutrice (art. 391, C. civ.) ;

  b) Le curateur au ventre (art. 393) ;

  c) Le subrogé-tuteur et le subrogé-tuteur *ad hoc* (art. 420, C. civ.) ;

  d) Le curateur à émancipation (art. 477-478, C. civ.) ;

  e) L'exécuteur testamentaire (art. 1025-1026, C. civ.) ;

  f) Le tuteur à substitution (art. 1055, C. civ.) ;

  g) L'avoué, pour les causes qui lui sont confiées (5) ;

  h) L'huissier, pour les actes qu'il reçoit commission de faire.

71. — Avoué. — a) Le mandat donné à l'avoué pour introduire une instance est valablement constitué par la remise du dossier, sauf dans certains cas particuliers (V. *infrà*, n° 84).

Mais l'avoué ne peut se désister ni donner mainlevée sans un mandat spécial.

---

(1) Domenget, *Du mandat*, t. I, n° 228 ; Dalloz, v° *Mandataire*, n° 63 ; Delvincourt, t. III, n° 239 ; Duranton, t. XVIII, n° 212 ; Troplong, n° 332 ; Delamarre et Lepoitvin, *Du cont. de commission*, t. I, n°s 54 et 55 ; Aubry et Rau, t. IV, p. 639, n° 10 ; Rennes, 27 août 1819 ; Rouen, 27 février 1855. — *Contrà* · de Fréminville, *De la minorité*, t. II, n° 941 *ter.*

(2) Aubry et Rau, t. IV, p. 640.
(3) Demolombe, n° 595.
(4) Loi, 15 pluviôse an XIII (5 février 1805), art. 1er. V. aussi la loi du 24 juillet 1889 sur la *déchéance de la puissance paternelle.*
(5) L. 27 ventôse an VII (art. 93).

Doit-il faire les actes conservatoires? Prendre ou renouveler les inscriptions? La question est controversée (1).

b) Le mandat *ad litem* ne comprend pas le pouvoir de recevoir paiement (2).

c) Les avoués ne peuvent assister les parties devant les notaires qu'à titre de conseil. Ils ne peuvent les représenter qu'en vertu d'un mandat (3).

72. — Huissier. — L'huissier chargé d'une exécution est censé avoir mandat de recevoir la somme pour laquelle il exerce des poursuites : il doit, en effet, faire préalablement commandement de payer au débiteur (art. 556, C. pr. civ.) (4).

Toutefois ce n'est pas un mandataire ordinaire, mais un officier ministériel qui remplit un acte de sa fonction (5).

S'il a qualité pour recevoir paiement, il n'a pas le pouvoir ni de subroger, ni de donner mainlevée ; c'est au créancier lui-même que le débiteur doit ensuite s'adresser pour dégrever l'immeuble (6).

73. — Mandataire judiciaire. — Le mandataire peut aussi tenir ses pouvoirs d'une commission de justice. C'est le mandat judiciaire. Tels sont :

a) L'administrateur des biens d'un absent (art. 112 et 113, C. civ.) ;

b) Le conseil judiciaire (art. 499 513, C. civ.) ;

c) Les jurisconsultes commis en vertu de l'article 467 du Code civil ;

d) Le notaire commis pour représenter un absent (art. 113, C. civ.), ou un incapable non encore interdit (7) ;

e) Le notaire commis pour procéder aux opérations de liquidations, de partage ou de licitation (art. 954, C. pr. civ.) ;

f) Les experts nommés pour l'estimation des biens (art. 824 et 828, C. civ.) ;

g) Le curateur à une succession vacante (art. 812, C. civ.) ;

h) L'administrateur provisoire nommé pour administrer les biens de l'incapable pendant la procédure en l'interdiction (art. 497, C. civ.) ;

i) Les sequestres de biens litigieux (art. 1963, C. civ.) ;

j) Les liquidateurs judiciaires (8) ;

k) Les syndics de faillites (art. 532-534-537, C. comm.).

La capacité de ces mandataires spéciaux prend sa source dans le jugement qui leur confère cette qualité et qui fixe souvent l'étendue de leurs pouvoirs.

74. — Mandat conventionnel. — Si le mandataire tient ses pouvoirs de la volonté du mandant, c'est-à-dire si le mandat est conventionnel, la capacité du mandataire est fixée par l'acte qui détermine l'étendue du mandat.

Le principe qui règle ces pouvoirs, mais qui est, d'ailleurs, commun à toute espèce de mandat, c'est que le mandataire ne peut rien faire au delà de ce qui est porté dans son mandat (art. 1989, C. civ.). (V. *infra*, §§ 5 et 6.)

Il faut donc, pour apprécier la capacité du mandataire contractuel, connaître avant tout la nature et l'étendue du mandat qui lui a été donné.

---

(1) *Pour :* Montpellier, 2 juillet 1862 ; Toulouse, 15 mai 1875. — *Contrà :* Cass., 6 août 1855 ; 23 novembre 1857 ; 9 décembre 1863 ; Bourges, 13 décembre 1851.
(2) Cass., 13 juillet 1828 (art. 6788, J. N.).
(3) Tours, 28 janvier 1850 (art. 13956, J. N.) ; Dict. du not., v° *Partage*, n° 402.
(4) Delvincourt, t. III, p. 238.

(5) Aix, 18 février 1833 ; Dalloz, v° *Huissier*, n°* 27-2.
(6) Boulanger, *Radiations*, n° 267 ; Cass., 2 août 1848 ; Dalloz, v° *Mandat*, n° 123. — V. cependant Cass., 7 avril 1858 ; Nancy, 8 mai 1856.
(7) L. 6 juillet 1888 (art. 86, art. 931-942, C. pr. civ.).
(8) L. 4 mars 1889.

Que le mandat soit *général,* ou *spécial,* ou *exprès,* l'excès que le mandataire apporte dans la gestion produit la même conséquence, il n'oblige pas le mandant en cette qualité.

75. — Si le mandat est *général* (1), tout ce que le mandataire a fait en dehors des actes d'une simple administration ne saurait, en principe, obliger l'auteur de la procuration (2).

Le mandat général ou d'administration comporte les cinq objets suivants:

a) Recouvrer les créances du mandant;

b) Payer les dettes qu'il peut devoir;

c) Passer les conventions nécessaires à la conservation et à l'exploitation de ses biens;

d) Aliéner même certains objets, quand le fait de cette aliénation rentre dans les actes d'administration;

e) Et, en général, veiller à la conservation des droits du mandant (3).

Ainsi, il est admis que le mandataire général peut consentir des baux de *neuf années,* même pour une terre échue au mandant depuis que la procuration a été donnée (4);

Faire toutes les dépenses qui ont pour objet l'entretien et l'amélioration des biens du mandant, acheter par exemple les fumiers pour l'ensemencement des terres, les échalas et les tonneaux pour les vignes; faire les marchés avec les ouvriers et domestiques, etc., et emprunter même, mais sans hypothèque, si l'emprunt est modique et doit être employé à couvrir un acte d'administration (5);

Prendre ou renouveler des inscriptions (6);

Faire une saisie mobilière, car c'est un acte conservatoire.

Mais il ne peut ni compromettre, ni transiger, ni renoncer à une prescription acquise au mandant, ni faire remise d'une dette, etc.

On reconnaît au mandataire général l'action en justice, pour intenter au nom du mandant les actions personnelles et mobilières, les actions possessoires et autres qui concernent les affaires courantes et ordinaires et pour défendre à ces mêmes actions (art. 1988, C. civ.) (7).

Mais le mandataire général, alors même qu'il aurait reçu les pouvoirs les plus étendus *cum libera administratione,* spécialement de faire tout ce que le mandant aurait le droit de faire lui-même, ne peut (8):

a) Ni accepter une donation, ni recueillir ou répudier une succession, ni provoquer un partage, ni en principe intenter des actions immobilières ou y défendre, et encore moins y acquiescer (9);

b) Ni déférer le serment ou le prêter (10);

c) Ni faire la remise d'une créance;

(1) Il ne faut pas confondre le mandat général avec celui que l'article 1988 appelle *un mandat conçu en termes généraux.* Un tel mandat peut ne concerner qu'une affaire déterminée, ou un ordre d'affaires spécifiées, ce sera un mandat spécial; par ailleurs, le mandat général, étant restreint par la loi aux seuls actes d'administration, n'est pas lui-même que spécial, s'il ne contient pas le pouvoir de faire les actes de disposition (Aubry et Rau, t. IV, p. 641, note 2).

(2) Bordeaux, 22 pluviôse an IX; Cass., 12 août 1839; 18 juin 1844; 15 février 1853.

(3) Pont, *Du mandat,* nᵒˢ 910, 928, 929; Mourlon, t. III, nᵒ 1095; Aubry et Rau, t. IV, p. 640; Laurent, t. XXVII, nᵒˢ 407 et suiv.

(4) Cass., 8 août 1821.

(5) Dalloz, vᵒ *Mandat,* nᵒ 86; Domenget, nᵒ 170.

(6) Bourges, 12 février 1845.

(7) Troplong, nᵒˢ 191, 293; Aubry et Rau, t. IV, p. 642; Pont, nᵒˢ 915, 918, 931.

(8) Pothier, nᵒ 145; Discussion au Conseil d'Etat, *Exposé des motifs*; Durauton, nᵒ 218; Aubry et Rau, t. IV, p. 640; Laurent, t. XXVII, nᵒˢ 407 et suiv.; Cass., 15 janvier 1812.

(9) Pothier, nᵒ 160 et suiv.; Delvincourt, t. III, p. 420; Duranton, nᵒˢ 229-240; Troplong, nᵒ 281; Aubry et Rau, t. IV, p. 642. Il a été jugé toutefois que le mandataire général peut faire une renonciation à communauté (Aix, 19 avril 1839; Dict. du not., vᵒ *Mandat,* p. 112).

(10) Cass., 15 janvier 1812.

d) Ni faire ou endosser des billets étrangers à l'administration (1) ;

e) Ni faire des échanges d'immeubles, ni renoncer au bénéfice d'une prescription acquise, ni cautionner les tiers pour le mandant (2) ;

f) Ni transiger ou compromettre (3), ni proroger un compromis (4) ;

g) Ni souscrire des lettres de change et des billets à ordre. Le mandat à cet effet doit être exprès. Il en est de même de l'endossement. Toutefois, si le transport avait pour objet l'acquit d'une dette du mandant, il rentrerait dans les bornes d'un acte d'administration ;

h) Ni passer des baux d'une durée qui excéderait neuf ans ;

i) Ni souscrire des actions de sociétés ou faire des versements sur les actions souscrites, si les fonds destinés à ces paiements ne sont pas disponibles ou s'ils ne peuvent être obtenus qu'à l'aide d'un emprunt ou d'une vente (5).

Mais un mandat général d'administration est suffisant pour autoriser le mandataire à passer bail d'une partie des biens d'une succession advenue au mandant postérieurement à la date de la procuration, et généralement de gérer les biens provenant d'une telle succession (6).

Le mandataire général a le pouvoir de consentir des baux à des tiers ; il ne peut prendre à bail par lui même (7).

76. — Le mandataire *spécial* ou *exprès* est encore plus étroitement lié par les termes de la procuration et il doit nécessairement se renfermer dans les limites qui lui ont été assignées ; il ne peut rien faire au delà, rien en deçà, ni surtout faire autre chose que ce que prescrit la procuration (V. *suprà*, n° 8).

C'est ainsi que ce mandataire ne peut, sans un pouvoir *spécial :*

a) Requérir un acte de l'état civil (art. 36, C. civ.) ;

b) Faire une opposition à mariage (art. 66, C. civ.) ;

c) Assister à un conseil de famille (art. 112, C. civ.) ;

d) Faire un aveu judiciaire (art. 1356, C. civ.) ;

e) Autoriser une femme mariée à aliéner, emprunter (8), hypothéquer (art. 1538, C. civ.).

Le mandataire doit être investi d'un pouvoir *exprès*, pour pouvoir faire les actes suivants :

a) Pour accepter une donation (art. 933, C. civ.) ;

b) Pour consentir une hypothèque, se désister du droit hypothécaire ou donner mainlevée de l'inscription, comme, en général, pour consentir tout acte d'aliénation, par acte à titre onéreux ou gratuit (art. 1988, C. civ.) ;

c) Pour consentir un nantissement (art. 1988, C. civ.) (9) ;

d) Pour affirmer une créance produite à une faillite. Mais un même mandataire peut représenter plusieurs mandants aux assemblées de créanciers et il a autant de voix qu'il a de mandats (10) ;

e) Pour faire transférer une rente sur l'État ;

f) Pour faire exécuter une saisie immobilière (art. 556, C. p. civ.) (11).

(1) Bordeaux, 22 pluviôse an IX ; Bruxelles, 13 février et 21 décembre 1809.
(2) Dict. du not., n° 112.
(3) Cass., 15 janvier 1812.
(4) Dict. du not., v° *Compromis*, n° 37.
(5) Bruxelles, 23 juillet 1884.
(6) Cass., 15 janvier 1812 et 8 août 1821 (art. 4057, J. N.).
(7) Ile de la Réunion, 31 août 1861 et Cass., 5 juillet 1863.
(8) Le mandat d'emprunter est spécial et non général, alors même que le nombre des emprunts, ni la quotité des sommes à emprunter, ni l'indication des prêteurs ne sont précisés. Par suite, un tel mandat est valable, et les obligations réalisées par le mandataire sont obligatoires pour le mandant (Cass., 6 décembre 1858, 6 février 1861).
(9) Dict. du not., v° *Nantissement*, n°s 12 et 17.
(10) Montpellier, 10 juillet 1858 ; Ruben de Couder, v° *Faillite*, n° 628.
(11) Colmar, 5 mars 1832.

Le tout sans préjudice des conditions d'authenticité exigées dans certains cas déterminés (V. *supra*, nᵒˢ 20 et suiv.).

77. — Administrateur provisoire. — Les pouvoirs de ce mandataire (nommé à l'aliéné non interdit, conformément à la loi du 30 juin 1838), en dehors des actes judiciaires et autres pour la validité desquels il est spécialement institué, sont limités aux mesures conservatoires et aux actes d'urgence. « Les actes de disposition ou d'administration définitive qu'il passerait, disent MM. Aubry et Rau, même avec l'autorisation de la justice, ne lieraient pas son administré. » Ces actes relèvent de la tutelle (1).

78. — Administrations. — Les représentants des administrations appelées à faire une déposition ne peuvent agir qu'à la suite d'un mandat spécial (art. 336, C. proc. civ.).

79. — Cession de biens. — Le jugement d'admission à la cession de biens vaut pouvoir aux créanciers de vendre les biens du débiteur (art. 904, C. proc. civ.).

80. — Congrégation religieuse. — Une congrégation autorisée et ayant la personnalité juridique, n'est légalement représentée en justice que par son supérieur général (art. 61, 1°, C. proc. civ.) (2).

Toutefois, aux termes d'un avis récent du Conseil d'Etat (3), les succursales auraient le droit d'agir directement pour tout ce qui concerne leurs intérêts particuliers.

81. — Liquidateur. — Le liquidateur d'une société n'est pas le mandataire des associés, mais le représentant de la société elle-même qui, bien que dissoute, continue à subsister pour les besoins de sa liquidation et à former une personne morale ayant des droits complètement distincts de ceux des associés. Par suite, le liquidateur a qualité pour agir contre les associés qui n'ont pas rempli envers la société toutes les obligations dont ils sont tenus (4).

82. — Société. — Nous avons exposé dans l'article qui précède, nᵒ 66, les conditions de validité du mandat, consenti par les administrateurs ou les gérants des sociétés, par rapport à la capacité du mandant ; il nous reste à exposer divers points qui concernent plus spécialement les mandataires.

Les sociétés par actions sont habituellement gérées par une ou plusieurs personnes que leur aptitude a désignées pour ces fonctions. Un membre du conseil d'administration peut être investi de ce mandat. Il prend le titre d'administrateur délégué (5).

Lorsque ces mandataires sont au nombre de plusieurs, ils forment un comité de direction, qui est chargé de l'exécution des décisions du conseil et de la surveillance des opérations de la société (6).

Mais dans les grandes sociétés le directeur est plutôt choisi en dehors des administrateurs. Il est alors un mandataire général, muni des pouvoirs déterminés par les statuts ou généralement conférés par le conseil d'administration (7).

L'étendue des pouvoirs de l'associé administrateur et la nature des actes qu'il a qualité pour faire, se déterminent, à défaut de précision dans le mandat, d'après l'objet de la société et le but de sa constitution (8).

C'est au contractant à vérifier l'étendue du mandat. Les engagements pris en dehors des pouvoirs du directeur ne lient pas la société, mais ils obligent personnellement le directeur vis-à-vis des contractants (9).

---

(1) Aubry et Rau, t. I, p. 531.
(2) Amiens, 13 février 1889.
(3) 4 juin 1891.
(4) Paris, 6 février 1891 ; Houpin, *Sociétés par actions*, p. 641 et suiv.
(5) L. 24 juillet 1867. art. 22 § 2.

(6) Houpin, *Sociétés par actions*, nᵒˢ 463 et suiv.
(7) Houpin, *id.*
(8) Aubry et Rau, t. IV, p. 562 ; Duranton, t. XVII, p. 435.
(9) Paris, 27 juillet 1888 et 28 janvier 1891.

Par exemple, le pouvoir d'hypothéquer doit être exprès. L'hypothèque consentie au nom d'une société anonyme par un directeur qui ne serait pas administrateur et qui n'aurait pas reçu un mandat régulier, serait frappée de nullité (1).

83. — Solidarité des créanciers. — Lorsque la solidarité entre les créanciers est légale et dérive d'un titre commun, chacun d'eux est investi du droit de poursuivre le paiement intégral de la créance : ils sont censés avoir reçu réciproquement les uns des autres le *mandat* de faire ce recouvrement. Il est donc au pouvoir de chacun de donner quittance pour le tout au débiteur et de lui consentir mainlevée à la suite du paiement (2).

84. — Pouvoirs accessoires. — Il est important de reconnaître dans le mandat quels sont les pouvoirs accessoires qui sont compris de plein droit dans le pouvoir principal et en sont comme la conséquence nécessaire. Car, ce qui excède le mandat est nul, mais ce qui en est la conséquence est légal.

Une remarque générale en ce qui concerne la spécialité est donc que le mandat de faire un acte comprend le pouvoir de stipuler toutes les clauses qui en découlent de droit ; mais que pour introduire dans un acte une convention qui n'est pas de l'essence du contrat même, il est nécessaire que le mandat précise quelles dérogations le mandataire est autorisé à consentir.

Par exemple, une procuration donnée pour passer un contrat de mariage sous un régime déterminé autorise le mandataire à stipuler dans les articles de ce contrat les clauses qui sont indiquées par le Code comme constitutives de ce régime; mais elle ne suffirait pas pour permettre d'y introduire une clause modificative ou dérogatoire, ou pour y ajouter une donation contractuelle entre époux, si ces conventions n'avaient pas été prévues (3).

Lorsque l'étendue d'un mandat, dont l'existence est d'ailleurs reconnue, n'est précisée par aucun écrit, les tribunaux ont un pouvoir souverain pour apprécier les limites qu'il comporte selon les circonstances pour lesquelles il a été donné (4).

Nous nous sommes expliqué sur ce point en ce qui concerne le mandat général; il nous reste à examiner quelques points spéciaux.

Avoué. — Le mandat donné à un avoué pour occuper dans une instance en compte, liquidation et partage n'autorise pas l'avoué à représenter la partie devant le notaire commis pour procéder aux opérations. Il lui faut un pouvoir spécial (V. *suprà*, n° 33).

Le mandat donné au même pour défendre à une action ne contient pas nécessairement le pouvoir d'introduire une demande en garantie dans l'intérêt de la partie ; par suite l'avoué n'a pas d'action contre elle pour obtenir le paiement des frais de cette instance particulière poursuivie sans mandat spécial (5).

L'avoué constitué par le défendeur ne puise pas dans son mandat le droit d'acquiescer à un jugement rendu contre la partie qu'il représente : un tel acquiescement n'est pas opposable à la partie.

Bail. — Le pouvoir de louer ne renferme pas celui de toucher les loyers et fermages (6); du moins faut-il voir dans cette appréciation un avertissement dont il est prudent de tenir compte (7).

Ce mandat ne comprend pas non plus le pouvoir de donner congé.

Le mandat spécial de louer un immeuble pour un laps de temps déterminé, ne comporte pas le droit de renouveler le bail pour une période semblable (8).

Le mandat de louer à tels prix, charges et conditions que le mandataire

(1) Paris, 31 juillet 1887 (art. 24049, J. N.) ; Cass., 6 janvier 1890 (art. 24414, J. N.).
(2) Boulanger, *Radiations*, n° 270 ; *Journ. des conserv.*, n° 2550.
(3) Dict. du not., v° *Cont. de mar.*, n° 165.
(4) Cass., 8 novembre 1881 et 11 juillet 1888.
(5) D. P. 1838-1-278.
(6) Dalloz, v° *Obligation*, p. 1715.
(7) Ed. Clerc, *Procur.*, n° 25.
(8) Paris, 22 avril 1826 (art. 5884, J. N.)

appréciera contient le pouvoir de passer un bail d'une durée excédant neuf années (1).

Compromis. — Le mandat de compromettre contient celui de proroger ; le mandat étant donné pour le temps nécessaire pour la solution du litige, le mandataire a le droit d'agir comme le ferait le mandant en personne. Il est donc autorisé soit à proroger le compromis parvenu à terme soit à en souscrire un nouveau (2).

Il en serait différemment si le mandat de compromettre avait été donné limitativement, soit quant à son mode, soit quant à l'affaire à débattre (3).

Les arbitres peuvent recevoir eux-mêmes le droit de proroger le compromis ; et si le terme n'a pas été fixé, il expire après le délai légal de trois mois. Cette autorisation dans tous les cas doit être expresse (4).

Conciliation. — Le pouvoir de conciliation emporte celui de reconnaître la demande en telle partie que de raison (5).

Contrat de mariage. — Le mandat d'intervenir à un contrat de mariage pour y faire une donation à l'un des futurs époux autorise le mandataire à faire cette donation par acte distinct même après la célébration du mariage (6).

Le mandat de constituer une dot contient celui d'affecter hypothécairement les biens du mandant au paiement de la dot (7).

Donation. — Le pouvoir d'approuver ou de contester toutes les dispositions entre vifs ou testamentaires comprend celui d'accepter une donation faite au mandant sans avoir besoin d'aucune ratification (8) pourvu que la procuration soit valable en la forme.

Échange. — Le pouvoir de vendre ne confère pas celui d'échanger, aussi bien en matière mobilière qu'en matière immobilière, ni par suite celui de revendre la chose ou l'immeuble reçus en contre-échange.

Emprunt. — Le mandat commercial de commission autorise le commettant à contracter l'emprunt nécessaire pour assurer l'exécution de la commission (9).

Le pouvoir de faire des avances pour l'exécution du mandat comprend celui de souscrire dans ce but des billets à ordre obligatoires pour le mandant (10).

Mais le pouvoir de régler et d'acquitter toutes les dettes du mandant n'autorise pas le mandataire à souscrire en son nom des effets de commerce ou lettres de change, alors surtout que ces effets comportaient la contrainte par corps (11).

Faillite. — Le mandat de représenter le constituant au règlement d'une faillite comprend le pouvoir de remettre une partie de la créance, puisque le concordat rentre dans l'opération de la faillite et a pour but de sauver tout ce qu'il est possible de la créance (12).

Le mandat du syndic d'une faillite ne comporte pas le pouvoir de compromettre (13).

La même règle est applicable au liquidateur judiciaire.

Mais le syndic peut transiger sous la double condition d'agir avec l'autorisation du juge-commissaire et en présence du failli, ou lui dûment appelé ; au-dessus d'une valeur de trois cents francs, la transaction doit être homologuée par le tribunal compétent (art. 487 et 534, C. civ.) (14).

---

(1) Paris, 27 novembre 1813 (dans l'espèce d'un bail de quinze ans.)
(2) Ruben de Couder, *Droit comm.*, v° COMPROMIS, p. 120.
(3) Cass. 13 août 1819.
(4) Rennes, 21 juin 1816 ; Cass., 25 février 1826, 25 juillet 1827 ; Lyon, 13 février 1874.
(5) Douai, 13 mai 1836.
(6) Cass., 11 décembre 1844.
(7) Paris, 17 mars 1827 ; Troplong, p. 319 ; Pont n° 953

(8) Cass., 4 juillet 1848.
(9) Bordeaux, 9 février 1829 ; Cass., 15 février 1830, 12 novembre 1831 et 28 juin 1836 ; Dict. du not., v° *Mandat*, n° 129.
(10) Cass., 12 novembre 1834.
(11) Aix, 10 juin 1885.
(12) Pothier, n° 165 ; Merlin, *Procuration*, § 1er.
(13) Cass., 15 février 1808, 6 avril 1816.
(14) L. Delacourtie, *Droits du syndic dans la faillite des sociétés par actions*, p. 223.

Hypothèque. — Le pouvoir de vendre ne confère pas celui d'hypothéquer (1).

Le pouvoir de donner quittance comporte celui de se désister du droit de privilège et de l'action résolutoire et de donner mainlevée de l'inscription d'office.

Mais le pouvoir de donner mainlevée de l'inscription n'autorise pas le mandataire à se désister du droit de privilège ou d'hypothèque, sans justification de paiement, à moins que la procuration ne contienne le pouvoir de se désister *avant ou après* paiement.

Le mandat d'emprunter sur hypothèque n'a pas besoin d'être spécial ; il suffit qu'il soit exprès. Mais le pouvoir illimité que le mandataire aurait reçu à cet égard ne l'autoriserait pas à hypothéquer à ses propres créanciers les biens de son mandant (2).

Celui qui a pouvoir d'emprunter sur hypothèque peut-il consentir une hypothèque pour le paiement d'une dette antérieure au mandant ? La question est controversée (3).

Instance. — Le pouvoir de plaider n'autorise pas le mandataire à appeler du jugement (4).

Et celui d'interjeter appel ne comporte pas le droit de se désister d'un appel en cours d'instance (5) ;

Ni celui de se pourvoir en cassation ou de se désister d'un pourvoi (6).

Le mandat de gérer un domaine et en cas de difficulté « d'exercer toutes poursuites, citer et comparaître devant les tribunaux, former toutes demandes, prendre toutes conclusions, signer tous procès-verbaux », comporte le pouvoir de se pourvoir en cassation contre tout jugement s'appliquant au domaine (7).

Le mandat de suivre une instance en rescision, de transiger ou de transporter les droits du mandant ne permet pas de consentir un désistement de l'instance (8).

La femme peut, en vertu de la procuration générale de son mari pour citer et compromettre en son nom devant les tribunaux, substituer un mandataire pour représenter son mari ou pour interjeter appel (9).

La procuration donnée par un héritier pour recueillir une succession, même si elle autorise le mandataire à se pourvoir devant les tribunaux compétents, ne constitue pas le mandat spécial et exprès qui est nécessaire pour recevoir valablement la signification d'un appel formé contre un jugement rendu à la suite d'une demande dirigée contre l'héritier sur une question soit de délivrance de legs soit d'acquit du passif (10).

Notaire. — L'indication du lieu de paiement dans l'étude d'un notaire ne donne pas mandat à l'officier public de recevoir les fonds pour le compte du créancier et d'en donner quittance (11) ; — à moins que les faits ne démontrent que, dans la pensée des parties, cette indication équivalait à un mandat consenti au notaire (12).

(1) Aubry et Rau, t. IV, p. 642.
(2) Turin, 10 décembre 1810 ; Pont, n° 901 ; Aubry et Rau, t. IV, § 415, n° 12.
(3) *Pour*: Riom, 22 novembre 1840 (art. 11124, J. N.); Cass., 25 janvier 1848. — *Contra* : Turin, 2 avril 1811 ; Cass., 19 mai 1840, 18 juin 1844 ; Troplong, n° 324 (voir sur ces deux espèces : Laurent, t. XXVII, n° 414 et 415).
(4) Bioche. v° *Appel*, p. 58.
(5) Cass., 16 avril 1834.
(6) Cass., 25 juillet 1867.
(7) Cass., 23 janvier 1850.
(8) Paris, 24 février 1806 ; Dict. du not., v° *Mandat*, n° 125.

(9) Aix, 9 juin 1866.
(10) Cass., 11 février 1890.
(11) Douai, 29 novembre 1849 ; Poitiers, 5 juin 1851 ; Lyon, 16 février 1860 ; Rennes, 11 avril 1867; Angers, 22 février 1872 (art. 20431, J. N.) ; Paris, 18 avril 1872; Rennes, 20 novembre 1872 (art. 21037, J. N.); Dijon, 18 juillet 1873 ; Cass., 29 décembre 1875 (art. 21681, J. N.) ; Riom, 31 janvier 1876; Orléans, 20 mai 1876 (art. 21440, J. N.); Bordeaux, 2 avril 1884 (art. 23235, J. N.) ; Douai, 2 décembre 1886 (art. 23788, J. N.).
(12) Douai, 29 novembre 1862; Cass., 23 novembre 1876 art. 21570, J. N.).

De même, le mandat donné à un notaire de placer des capitaux, et d'en recevoir les intérêts, ne contient pas le pouvoir de toucher ces fonds au terme du remboursement, même à titre de gérant d'affaires (1).

Jugé toutefois que l'indication du lieu de paiement peut constituer un commencement de preuve par écrit qui peut être complétée à l'aide de présomptions tirées des circonstances et spécialement d'un ensemble de faits établissant que le créancier s'en remettait entièrement à son notaire pour le placement et le remboursement de ses capitaux (2). Cette décision a été critiquée comme manquant de base légale (3).

Partage. — Un héritier donne mandat de procéder au partage des biens de la succession situés dans un département désigné. Il a été jugé que le mandataire n'aurait pas le droit de procéder au partage des biens situés dans un autre département. La solution est juste, car le mandat était restrictif (4).

Le mandat judiciaire de représenter un incapable dans un partage comporte le pouvoir d'accepter en son nom la succession sous bénéfice d'inventaire (5).

Recouvrement. — Le mandat de recevoir un capital comporte celui de toucher les revenus ; mais le mandat de toucher les revenus ne comprend pas celui de recevoir les capitaux (6).

Le mandat de poursuivre le recouvrement d'une créance par tous les moyens de droit, comprend l'autorisation d'accepter du chef du débiteur une succession à laquelle ce dernier aurait renoncé en fraude des droits du créancier (7).

Le mandat de recouvrer une créance ne contient pas le droit de consentir la remise partielle de cette créance ; mais il peut être considéré comme permettant au mandataire de recevoir des paiements partiels (8).

Saisie. — Le pouvoir de faire saisir réellement renferme celui de faire revendre par voie de surenchère (9).

Mais il n'autorise pas le mandataire à se porter adjudicataire des biens pour le compte du mandant (10).

Transaction. — Le mandat de transiger, même s'il a été donné de transiger par médiation d'arbitre (11), n'autorise pas à compromettre ni à proroger un compromis (art. 1989 C. civ.) ; mais il contient le pouvoir de reconnaître la demande. Toutefois, en matière de faillite, le syndic a le pouvoir de transiger sur toute espèce de droits appartenant au failli (12) (art. 535 C. civ.).

Vente. — Le pouvoir de vendre comporte-t-il celui de toucher le prix de la vente ? Les auteurs distinguent entre la vente au comptant et la vente à terme. Pour quelques-uns, le pouvoir de vendre au comptant contient le pouvoir de recevoir le prix et d'en donner quittance, comme mode nécessaire d'exécution du mandat (13). Duranton exige néanmoins que le mandat de donner quittance soit spécifié.

Mais tous s'accordent pour reconnaître que le mandat de vendre à terme n'autorise pas le mandataire à recevoir le prix (14).

Tel est aussi, en général, le cas du mandat conféré par une maison de commerce au commis voyageur (15).

---

(1) Colmar, 18 avril 1856 ; Douai, 2 décembre 1886 (art. 23738, J. N.).
(2) Dijon, 22 janvier 1877 (art. 21608, J. N.).
(3) Dict. du not., v° *Paiement*, n° 71, 3°.
(4) Bordeaux, 7 février 1839 ; Laurent, t. XXVII, n° 412.
(5) Paris, 11 août 1891 (art. 24729, J. N.).
(6) Merlin, t. IV, p. 902.
(7) Bourges, 19 décembre 1821. — *Contrà* ; Domenget. n° 184.
(8) Cass., 24 juin 1867.
(9) Troplong, n° 290 et suiv.
(10) Cass. 1er avril 1839 ; Pont, n° 940.

(11) Aix, 6 mai 1812 ; Aubry et Rau, t. IV, p. 642.
(12) Cass., 18 août 1819 ; Pont, n° 956.
(13) Toullier, t. VII, p. 23 ; Malleville, t. IV, p. 6.
(14) Dalloz, *Mandat*, p. 115 ; Aubry et Rau, t. IV, p. 642 et note ; Paris, 21 avril 1806 ; Turin, 2 février 1811 : Bourges, 19 décembre 1821 ; Cass., 19 novembre 1824 ; Bordeaux, 22 janvier 1857 ; Pau, 19 mars 1829 ; Bordeaux, 22 avril 1832 ; Cass., 19 février ; 26 mars, 22 avril 1834 ; Douai, 13 mai 1831 ; Cass., 1er avril 1839 ; Rouen 9 novembre 1839 et 26 janvier 1853. — V cependant : Paris, 17 mars 1825.
(15) Châteaubriant, 19 novembre 1868.

Le pouvoir de vendre ne comporte pas celui d'accorder un terme à l'acqué-reur. La vente pure et simple suppose le paiement à la délivrance; stipuler un terme c'est ajouter à la vente; il y a là un contrat particulier (1).

Il a été jugé que le mandat de vendre aux conditions que le mandataire jugera convenables, contient le pouvoir d'obliger le mandant *solidairement* avec ses co-vendeurs (2).

Le pouvoir de vendre et de recevoir le prix de la vente comporte *ipso facto* le pouvoir de régler les honoraires du notaire qui procède à la vente. Le mandant ne serait pas recevable à contester le règlement en se fondant seulement sur le reproche que le mandat aurait été excédé (3).

Le mandat donné à une masse de créanciers concordataires, ou par le débiteur personnellement à des commissaires directeurs de vendre tout ou partie des immeubles pour parvenir à l'acquit du passif, renferme le droit pour ces commissaires de procéder à la distribution entre les créanciers hypothécaires et chirographaires du prix réalisé par la vente (4).

Le pouvoir conféré au liquidateur d'une société l'autorise à vendre les objets mobiliers. Il y a controverse au sujet de la vente des immeubles. Selon Pardessus, il n'a pas le pouvoir de les aliéner; il le peut, suivant Troplong (V. *suprà*, v° PARTAGE (LIQUIDATION ET), n° 2100.

Le liquidateur ne pourrait exécuter une commande reçue et même acceptée par la société avant sa dissolution.

Le mandat donné pour hypothéquer un immeuble ne donne pas au mandataire le droit de régler avec le créancier du mandant le mode de vente du bien hypothéqué en cas de non remboursement de la somme empruntée (5).

85. — Mandat tacite. — Le mandat tacite doit être restreint aux agissements qui sont justifiés par la situation respective des parties ou qui ressortent de circonstances précises impliquant la délégation du pouvoir.

Époux. — C'est ainsi que la jurisprudence a reconnu que le pouvoir d'administration intérieure que le mari confie à la femme pour les besoins du ménage, comporte, en cas d'absence du mari, le droit de louer un logement pour elle et pour sa famille, et d'obliger par le bail le mari au paiement du loyer (6).

De même si le mari est commerçant, la jurisprudence décide que les engagements souscrits par la femme, sans autorisation spéciale, mais comme gérante notoire et dans l'intérêt du commerce, obligent le mari (7).

La solution inverse est applicable au mari de la femme qui est marchande publique.

Le mari est encore le mandataire tacite de la femme pour les actes conservatoires et d'administration de sa fortune même immobilière (art. 1428, C. civ.).

La jurisprudence a reconnu l'existence d'un mandat tacite dans l'application de l'article 1408 du Code civil. Elle décide que l'acquisition du surplus de l'immeuble dont une partie appartient en propre à la femme, faite par le mari qui a déclaré acquérir tant pour lui que pour sa femme, emporte la présomption, malgré l'absence d'une procuration expresse, que le mari a passé la vente dans l'intérêt de la femme et en vertu d'un *mandat tacite* auquel force doit être reconnue (8).

Cette règle est applicable, alors même que les époux seraient mariés sous le régime de la communauté contractuelle (9), ou sous le régime dotal (10).

(1) Toullier, t. VII, p. 27 (art. 2703, J. N.).
(2) Paris, 27 frimaire an XII (art. 748, J. N.).
(3) Paris, 21 avril 1806; Troplong, n° 319; Pont, n° 952.
(4) Dalloz, 1836-1-122.
(5) Bordeaux, 21 décembre 1852 (art. 8055, J. N.).
(6) Bordeaux, 28 mars 1838; Pont, n° 849.

(7) Douai, 21 novembre 1849; Nîmes, 11 août 1851; Aix, 10 décembre 1864; Paris, 4 juin 1869; Pont, n° 849.
(8) Cass., 2 décembre 1867; Pau, 27 juillet 1885; Cass., 17 février 1886.
(9) Cass., 30 janvier 1850; Pau, 6 juin 1860.
(10) Pau, 27 juillet 1885 (art. 28636, J. N.).

Clerc. — Cependant l'existence en droit du mandat tacite a été niée (1).

Il a été jugé dans l'un et l'autre sens :

a) Que le premier clerc d'un notaire est son mandataire tacite, et qu'il a capacité de l'obliger dans les actes où la présence de cet officier public n'est pas obligatoire comme l'une des conditions de leur validité (2).

b) Et que le clerc n'agit pas, en principe, comme mandataire du notaire (3).

Dans tous les cas, le notaire n'a pas d'action contre lui, lorsqu'il a quitté l'étude, et le clerc est libéré après le court délai que comporte le contrôle possible de ses actes, par application de la règle qui préside aux commissions naissant d'un mandat instantané, d'après laquelle ce mandat est présumé suivi d'un règlement réciproque amiable, après chaque agissement réalisé (4).

Domestique. — Le domestique peut aussi être considéré comme le mandataire tacite du maître pour l'achat des denrées journalières, faites au comptant (5).

Le mandat tacite comporte rarement l'autorisation d'acheter *à crédit*.

Spécialement, les fournisseurs ne sont pas admis, en général, à exiger le paiement par le mari des fournitures de toilette exagérées faites par eux à la femme à l'insu du mari, — ni des fournitures d'aliments faites à crédit aux domestiques à l'insu du maître, alors surtout que celui-ci, loin d'autoriser cet agissement, remet aux domestiques l'argent destiné au paiement. En principe, le mandat des domestiques est restreint à des fournitures courantes et à court terme (6).

Il en serait autrement si le domestique était dans l'habitude d'acheter à crédit et le maître de payer à des époques fixes (7).

86. — *Notaire.* — Un notaire ne peut recevoir une procuration dans laquelle il serait désigné comme mandataire. L'acceptation du mandat forme un contrat qui lui attribuerait la qualité de partie (8).

Il ne peut pas davantage remplir à son nom, même après la cessation de ses fonctions, le brevet d'une procuration passée devant lui. La procuration, que le nom du mandataire soit inscrit ou qu'il soit laissé en blanc, est toujours un acte dans lequel la même personne ne peut figurer à la fois comme mandataire et comme notaire (9).

Le notaire ne peut accepter un acte au nom d'une partie absente. Il se constituerait mandataire tacite ou porte-fort, circonstances qui le rendraient, l'une et l'autre, partie à l'acte (10).

Mais quel est le caractère du mandat conféré au clerc du notaire ? La jurisprudence est fort divisée sur ce point, et, par suite, sur ses conséquences.

1er SYSTÈME. — Le mandat est réel. Le clerc de notaire qui a accepté un mandat d'un client de son patron est tenu, comme tout autre mandataire, des obligations qui résultent du mandat; spécialement de rendre compte des sommes qu'il a reçues et dont il a donné quittance. Il ne saurait être admis à prouver, pour dégager sa responsabilité, qu'au moment où le mandant a apposé sa signature sur la procuration le mandat était en blanc, que le véritable mandataire était le

(1) Metz, 10 janvier 1867.
(2) Nancy, 5 août 1871.
(3) Douai, 17 août 1871.
(4) Même arrêt ; Cass., 11 juin 1839 ; Dict du not., v° *Clerc*, n°s 126 et suiv. et *Mandat*, n° 30.
(5) Domenget, t. I, n° 118 ; Troplong, n° 134; Dalloz, n° 171.
(6) Cass., 22 janvier 1813 ; Paris, 13 septembre 1828, 28 avril 1838 ; Mittre, *Des domestiques en France*, p. 88 ; Troplong, n° 603 ; Pont, n° 850 ; Aubry et Rau, t. IV, § 411, n° 1.
(7) Pont, n° 850 ; Duranton, t. XVIII, n° 220 ;

Seine, 11 août 1885, 8 octobre 1886 et 10 février 1891.
(8) Art. 1985, C. civ. ; L. 25 ventôse an XI, art. 8.
(9) Dict. du not., v° *Notaire*, n°s 636 et 688 et art. 21281, J. N., § 8, et *suprà*, v° NOTAIRE, t. II, p. 658 et 660.
(10) Amiens, 9 avril 1856 ; Cass., 11 juillet 1859 (art. 15805 et 17386, J. N.; Dict. du not. et suppl., v° *Acceptation*, n° 13, et *Acte notarié*, n°s 446 à 468), et *suprà*, v° ACCEPTATION, n° 6, et OBLIGATION, n° 10.

notaire, son patron, et qu'en réalité il n'avait été que le prête-nom de ce dernier (1).

2° SYSTÈME. — Le mandat est fictif. Les faits et les circonstances de la cause peuvent autoriser les tribunaux à déclarer que le mandat même authentique donné au clerc de l'étude était réellement donné au notaire, que le clerc n'était qu'un mandataire purement fictif, dont le nom a été emprunté pour laisser au notaire la faculté d'instrumenter. Un tel mandat en principe devrait être considéré comme contraire aux règles du notariat (2).

3° SYSTÈME. — Le mandat est double et distinct. Le mandant donne pouvoir au notaire de choisir un mandataire spécial qui aura pour attribution de signer les actes, mais il lui laisse la mission plus générale de gérer l'affaire, encaisser les fonds, en faire l'emploi désigné. Le clerc est responsable dans la limite de son mandat particulier, et le notaire selon l'étendue du mandat général qui lui a été confié (3). Les clercs doivent rendre compte de l'exécution de ces mandats aux délégués de la Chambre (4).

87. — Gestion d'affaires. — La gestion d'affaires s'applique à toute affaire quelconque qui intéresse autrui ; et soit que le propriétaire connaisse la gestion, soit qu'il l'ignore, le gérant contracte l'engagement tacite de continuer la gestion qu'il a commencée et de l'achever jusqu'à ce que le propriétaire soit en état d'y pourvoir lui-même.

Il doit se charger, en outre, de toutes les dépendances de cette même affaire (art. 1372, C. civ.).

L'erreur sur le fond de la propriété même ne résout pas le quasi contrat : et celui qui se trouve avoir géré l'affaire d'autrui, encore qu'il croyait gérer la sienne propre, demeure soumis à toutes les obligations de la gestion d'affaires (5).

L'action qu'il peut invoquer dans ces conditions contre le propriétaire n'est plus l'action *negotiorum gestorum contraria*, mais seulement l'action *de in rem verso* (6).

Par contre, celui qui aurait fait des travaux, d'endiguement ou de canalisation sur son propre fonds, croyant gérer le bien d'autrui, n'a pas d'action basée sur le quasi contrat pour la répétition des dépenses qu'il se trouve avoir faites dans son intérêt personnel (7).

§ 4. ACTES AUXQUELS LE MANDAT S'APPLIQUE.

88. — La faculté de constituer un mandataire pour l'accomplissement de tous les actes juridiques qu'une personne a la capacité de faire, est de droit commun.

89. — Légalité de l'acte. — En principe le mandat participe du caractère de l'acte qu'il a pour but de permettre de réaliser. L'acte est-il licite, le mandat est légal ; l'acte est-il illégal ou impossible, le mandat est nul.

90. — Objet. — L'objet du mandat doit donc être une chose licite et à faire.

---

(1) Trib. Angers, 5 mai 1891.
(2) Paris, 25 juin 1840, 15 juin 1846 (art. 10681, J. N.); et Paris, 13 décembre 1865 ; Lyon, 6 juillet 1850 et 21 décembre 1864 ; Mâcon, 18 décembre 1861 ; Caen, 5 mars 1870 (art. 19936, J. N.) ; Paris, 7 juillet 1881 ; Dax, 15 novembre 1886 ; Lyon, 21 décembre 1887 ; Douai, 2 février 1888 (*J. du not.*, 1888, p. 172) ; Eloy, *Respons. not.*, n° 848.
(3) Paris, 13 novembre 1855 (*Rev. not.*, n° 1499). — Comité des notaires des départements, Circ. n° 208, p. 317.

(4) Décret du 30 janvier 1890, art. 9.
(5) Toullier, t. XI, n° 28 ; Larombière, 1372, n° 18 ; Aubry et Rau, t. IV, p. 723.
(6) Larombière 1575, n° 16 ; Demolombe, t. VIII n° 81 ; Aubry et Rau, t. IV, p. 725 ; Laurent, t. XX, n° 324. — *Contrà* : Marcadé, 1375, n° 3.
(7) Grenoble, 12 août 1826 ; Cass., 6 novembre 1838 ; Larombière, 1372, 8° ; Aubry et Rau, t. I, p. 725 ; Laurent, t. XX, n° 335. — V. toutefois, Cass., 25 août 1835.

Le mandat donné pour un fait accompli ou pour une cause fausse, serait sans cause et par suite nul (art. 1126, 1131, C. civ.) (1).

Il en serait de même de la cause impossible ou contraire aux bonnes mœurs ou à l'ordre public (art. 1133, C. civ.). Par exemple, le mandat de livrer des papiers ou des secrets de l'État, de faire la contrebande, de faire une déclaration de grossesse avec indication du nom du père sans le consentement formel de celui-ci (art. 340, C. civ.); de renoncer, au nom de l'enfant, à l'action en réclamation d'état (art. 320, C. civ.); de soumettre le mandant à la contrainte par corps abolie par la loi du 22 juillet 1867; de renoncer à une succession future (art. 1130, C. civ.), ou de vendre la succession d'une personne vivante (art. 1600, C. civ.); de dissimuler des droits d'enregistrement, de passer des contre-lettres en matière de cession d'office, etc., etc.

Le mandat qui a pour objet un fait illicite est entièrement nul, même s'il comprend des clauses accessoires licites (2).

91. — L'objet du mandat doit encore ne pas être interdit au mandant ni au mandataire. Ainsi il est interdit à certains chefs militaires, aux préfets et sous-préfets, de faire soit par eux-mêmes, soit par interposition de personnes, le commerce des denrées alimentaires, dans le territoire soumis à leur autorité (art. 176, C. pén.); au saisi, de se rendre adjudicataire des biens expropriés sur lui-même (art. 711, C. proc. civ.); aux administrateurs des départements, communes et établissements publics, aux tuteurs et aux mandataires d'acquérir les biens soumis à leur gestion et qu'ils ont mission de vendre (art. 1596, C. civ.) (3); aux magistrats et aux officiers ministériels de devenir cessionnaires de procès, droits et actions litigieux qui ressortissent au tribunal près duquel ils exercent leurs fonctions (art. 1597, C. civ.), etc., etc.

92. — Toutefois la nullité qui s'attache à certains de ces actes, n'atteint pas le mandat d'une manière absolue. La règle ne s'applique qu'aux faits que la loi défend d'une manière précise et impérative, et non à ceux qui ne sont interdits que pour éviter des abus et dans une intention de protection des incapables. Ainsi la loi défend au tuteur d'acheter les biens du mineur (art. 420 et 1596, C. civ.); si le tuteur avait néanmoins donné procuration d'acquérir à son profit, deux situations seraient à considérer. Si le mandataire a exécuté le mandat, il n'en est pas moins tenu de rendre compte sans pouvoir arguer de la nullité dont la poursuite appartient au pupille devenu majeur; s'il ne l'a pas encore rempli, il peut y renoncer en tout état de cause sans engager sa responsabilité, puisque sa renonciation a pour mobile le respect dû à la loi (4).

93. — Prohibitions. — La loi a établi diverses prohibitions au droit de se faire représenter par mandataire :

Iº Pour les actes qui nécessitent la comparution personnelle :

a) Devant l'officier de l'état-civil pour contracter mariage (art. 75, C. civ.) (5).

Il est interdit aux notaires de prêter leur ministère pour recevoir une telle procuration (6).

b) Devant le notaire :

1º Pour dicter un testament (art. 972, C. civ.);

2º Pour prêter serment dans un inventaire (art. 943, C. proc. civ.).

---

(1) Pont, n° 809.

(2) Cass., 7 novembre 1882. — *Contrà* : Laurent, t. XXVII, n° 402.

(3) L'exécuteur testamentaire n'est pas au nombre des personnes auxquelles l'article 1596 interdit d'acheter. Nancy, 20 janvier 1891 (*J. du not.*, p. 190).

(4) Pont, n°° 816, 817; Aubry et Rau, t. IV,

p. 349; Guillouard, *Vente*, t. I, n° 131; Paris, 15 juillet 1886.

(5) Bastia, 2 avril 1849 ; Marcadé, sur l'article 36 ; Delvincourt, t. I, n° 137; Duranton, t. I, n° 87 ; Demolombe, t. IV, n° 110 ; Aubry et Rau, t. IV, p 640.

(6) Statuts des notaires de Paris, 14 novembre 1811.

3° Pour se faire représenter personnellement à titre d'opposant, aux vacations d'un inventaire, autres que la première. Les opposants doivent, pour les vacations suivantes, convenir d'un mandataire commun ; sinon il est nommé par le juge (art. 932, C. proc. civ.).

Toutefois, l'opposant qui a des intérêts différents de ceux des autres ou des intérêts contraires, peut se faire représenter par un mandataire particulier à ses frais (*Id.*).

(Voir aussi les dispositions prises dans l'article 932 à l'égard des avoués).

c) Devant le juge :

1° Pour répondre à un interrogatoire sur faits et articles (art. 333, C. proc. civ.).

2° Pour représenter en pareil cas, à titre d'administrateur ou d'agent muni d'un pouvoir spécial, les administrations d'établissements publics (art. 336, C. proc. civ.).

3° Pour comparaître devant le président du tribunal en tentative de conciliation, en matière de divorce ou de séparation de corps (art. 238 et 307, C. civ. ; art. 877, C. proc. civ.).

4° Dans le cas d'enquête (1).

5° Dans le cas où un serment doit être prêté :
Soit à titre de témoignage (art. 1357, 1415, C. civ.; art. 121, 262, 943, C. proc. civ.).
Soit à titre d'investiture professionnelle (2).

6° (V. INSTANCE JUDICIAIRE, *infrà*, n° 103).

d) En matière commerciale, lorsqu'un commerçant est admis au bénéfice de la cession de biens judiciaire, pour réitérer cette cession en présence des créanciers à l'audience du tribunal de commerce de son domicile ; ou, s'il n'y en a pas, à la maison commune pour réitérer cette déclaration par procès-verbal dressé par l'huissier et signé par le maire (art. 901 et 902, C. proc. civ.).

e) En matière universitaire :

1° L'étudiant ne peut en aucun cas être admis à prendre ses inscriptions par mandataire (3).

2° Les personnes citées devant les commissions scolaires doivent comparaître personnellement ; elles ne peuvent se faire assister ni représenter par des mandataires (4). Mais il en est autrement pour l'appel de la décision de la commission scolaire devant le Conseil départemental (5).

II° A raison de la qualité dont certaines personnes sont revêtues :

a) Les notaires ne peuvent figurer comme mandataires dans les actes qu'ils reçoivent, ni dans ceux qui sont dressés par d'autres notaires, leurs parents ou alliés jusqu'au troisième degré (6).

b) Les magistrats en activité de service ne peuvent accepter de présenter la défense des parties, soit verbalement, soit par écrit, ni à titre de consultation, même devant les tribunaux autres que ceux près desquels ils exercent leurs fonctions, sauf pour leurs causes

---

(1) *Arg.* art. 269, C. proc. civ.
(2) Poitiers, 21 prairial, an XI. Par exemple : L. 25 ventôse, an XI, article 17 et L. 21 nivôse an VIII, article 1ᵉʳ.

(3) Décret, 30 juillet 1883, art. 2.
(4) L. 19 janvier 1887, art. 157.
(5) L. 31 octobre 1886, art. 59.
(6) L. 25 ventôse an XI (art. 8).

personnelles et celles de leurs femmes, parents ou alliés en ligne directe et celles de leurs pupilles (art. 86, C. proc. civ.).

c, Les huissiers ne peuvent représenter les parties comme procureurs fondés devant la justice de paix, à peine d'une amende de 25 à 50 francs (1).

Mais cette défense n'atteint pas leurs clercs qui conservent leur capacité personnelle (2).

d) Les représentants légaux des incapables et les administrateurs des départements, des communes, des établissements publics et autres institutions auxquelles la personnalité civile a été reconnue, ne peuvent représenter ces incapables et ces personnes civiles dans les contrats où ils ont eux-mêmes des intérêts particuliers qui leur seraient opposés.

e) Les clercs employés par les notaires aux opérations nécessaires pour parvenir à la conclusion des contrats d'assurance maritime, pour lesquels la forme notariée n'est pas requise, ne peuvent signer les polices, en vertu de la procuration de leur patron (3).

L'usage ancien à cet égard est contraire à la loi (4).

III° A raison de la forme même du mandat :

a) Les clercs ne peuvent représenter les parties par mandat verbal dans les actes dressés par le notaire dans l'étude duquel ils travaillent. Ils ne peuvent agir qu'en vertu d'un mandat écrit (5).

b) La jurisprudence de la Cour de cassation décide que le mandat verbal est insuffisant en justice (6).

c) Les notaires doivent, en principe, se refuser à passer un acte pour celui qui se dit mandataire d'un tiers, sans en rapporter la procuration (7), ou qui rapporte une procuration dont la révocation est notoire (8).

IV° A raison des déchéances encourues :

a) Les personnes privées de l'exercice des droits civils.

b) L'individu privé de témoigner en justice, ne peut être admis comme mandataire d'une partie devant le Conseil de préfecture (9).

94. — Agent de change. — Tout agent de change peut constituer pour les actes autres que la négociation, la signature des bordereaux et les certifications prévues à l'article 76 du décret du 7 octobre 1890, des fondés de pouvoir, en vertu de procurations qui sont soumises, s'il y a une chambre syndicale, à l'approbation de cette chambre et dont une expédition est, dans tous les cas, déposée au tribunal de commerce et affichée dans les bureaux de l'agent de change.

Tous les écrits émanés de l'agent de change doivent être revêtus, à défaut de sa propre signature, de la signature de ses fondés de pouvoir, précédée de la mention qu'ils agissent en vertu de leur procuration.

Les agents de change près les Bourses pourvues d'un parquet peuvent avoir sous le nom de commis principaux, des mandataires spéciaux chargés de prendre part aux négociations dans la limite déterminée par leur mandat au nom et sous la responsabilité de leurs mandants (10).

---

(1) L. 25 mai 1838 (art. 18).
(2) Just. de paix, Paris, XVIIe arr., 11 juin 1890.
(3) Cass., 7 février 1833.
(4) Rapport de M. Tripier sur cet arrêt ; Dict. du not., vº Assurance (Contrat d'), nº 61.
(5) Décret, 30 janvier 1890, art. 1er, 5°. — En Algérie, il est interdit à tout notaire de faire ou laisser intervenir ses clercs en qualité de mandataires d'une ou de plusieurs parties qui contractent devant lui (Arr. min. guerre, 30 décembre 1842, art. 33, 5°).
(6) Cass., 22 avril 1890 (D. 1890-1-465).
(7) Arg., L. 25 ventôse an XI, art. 13.
(8) Alger, 17 avril 1833 ; Dict. du not., vº Notaire, nº 548.
(9) L. 22 juillet 1889, art. 8.
(10) Décret du 7 octobre 1890, art. 34 et 35.

95. — Associés et sociétaires. — Les associés ont-ils le droit de se faire représenter dans les réunions sociales?

Dans les sociétés de capitaux l'action étant transmissible, la personnalité de l'actionnaire n'affecte pas les conditions de la société; l'actionnaire peut sans inconvénient se faire représenter par un mandataire aux réunions et délibérations de la société, quand les statuts ne l'interdisent pas, ou bien dans les formes qu'ils ont prévues.

Les administrateurs eux-mêmes de ces sociétés sont autorisés, lorsque les statuts le permettent, à se substituer un mandataire étranger à la société et duquel ils répondent envers elle (V. *infrà*, v° SOCIÉTÉS PAR ACTIONS) (1).

Dans les sociétés de personnes, au contraire, telle que la société en nom collectif, par exemple, les associés, en se réunissant pour une œuvre commune, ont entendu tirer profit de leurs connaissances personnelles et des aptitudes propres à chacun d'eux. C'est le concours personnel qui est sollicité. L'ingérence d'un tiers à titre de mandataire dans les affaires sociales pourrait nuire, en outre, à la sécurité de la société en dévoilant les conditions techniques de son fonctionnement. Un associé ne peut donc conférer un mandat de cette nature qu'avec le consentement unanime de ses co-associés (2).

C'est par une application du même principe qu'on décide qu'un administrateur ne peut donner mandat à un tiers de le représenter dans un conseil de société (3).

Toutefois il a été jugé que l'interdiction de l'exercice du contrôle d'une société par un mandataire, qui n'est pas associé, ne peut résulter que des statuts de la société, la faculté de se faire représenter pour la surveillance de ses intérêts par un mandataire étant de droit commun (4).

96. — Autorité maritale. — L'ordre public est intéressé à ce que le mari conserve intact entre ses mains l'exercice de l'autorité maritale.

Il a été jugé, par suite, que le mandat général donné par le mari à un tiers, même conditionnellement, à l'effet d'autoriser sa femme à faire des actes indiqués seulement par leur nature au lieu d'être spécifiés, tels que vendre toutes ses propriétés aux conditions et aux prix qu'elle apprécierait, emprunter toutes sommes sur hypothèque, passer des baux de plus de neuf ans, etc., constitue une délégation réelle de la puissance maritale contraire à l'ordre public et inopérante. Cette nullité entraîne celle des contrats passés par la femme qui a été autorisée dans de semblables conditions par le mandataire du mari. Le pouvoir devrait être spécial (art. 223 et 1988, C. civ.) (5).

Mais doit être considéré comme régulier le mandat qui précise un *maximum* à ne pas dépasser et au-dessous duquel il est permis de se mouvoir librement; par exemple, vendre parmi des immeubles déterminés certains d'entre eux au choix et jusqu'à concurrence d'une certaine valeur; emprunter jusqu'à telle somme avec hypothèque sur tels immeubles (6).

De même, l'autorisation donnée par le mari à la femme pour vendre un immeuble déterminé, présente un caractère de spécialité suffisant, sans qu'il soit nécessaire de spécifier le prix ni de prévoir les autres modalités de la vente (7).

Autorisation générale. — Il a été décidé dans ce sens, qu'une femme mariée ne peut donner à son mari le pouvoir général de vendre tous les immeubles dont la propriété est commune avec lui et de subroger les acquéreurs dans ses droits et

(1) L. 24 juillet 1867, art. 22; Décr., 2 janvier 1868, art. 14; Houpin, *Traité des sociétés par actions*, n°° 470 et 708.
(2) Paris, 30 octobre 1888.
(3) Vavasseur, Soc., n° 814.
(4) Cass., 11 février 1889.

(5) Cass., 2 août 1876 (art. 21648, J. N.); Caen, 15 juin 1877; Montpellier, 20 novembre 1878; Cass., 19 juin 1888.
(6) Cass., 19 juin 1888.
(7) Toulouse, 25, 26 avril et 22 mai 1876.

actions. Un tel mandat suppose une autorisation préalable du mari également géné-rale et nulle pour cette cause (1). — Pareille solution a été donnée par la jurispru-dence quant au pouvoir général d'emprunter sans limitation, consenti par la femme au mari (2).

De même la procuration pour consentir des hypothèques sur tous ses immeu-bles propres, donnée par une femme à son mari, est nulle pour défaut de spé-cialité (3).

Mais le pouvoir général de subroger dans l'hypothèque légale de la femme qui aurait été donné dans une procuration viciée de cette cause de nullité, est sus-ceptible de confirmation, et la subrogation consentie par le mari peut être ratifiée par un acte ultérieur de la femme (4).

Un arrêt a pu décider valablement que le pouvoir général donné par la femme au mari, pour emprunter, hypothéquer, céder ses reprises, sans préciser aucune opération déterminée, est un mandat de gestion qui ne vaut que pour les actes d'administration (5).

Il appartient d'ailleurs aux tribunaux d'apprécier le caractère du mandat concédé par le mari à sa femme à l'effet d'emprunter de toutes personnes, et d'hypo-théquer les biens propres qu'elle possède et ceux qu'elle pourra acquérir, et d'interpréter d'après les clauses de l'acte et la volonté des parties, s'il constitue une autorisation générale, qui serait frappée de nullité en violation de l'ar-ticle 223 du Code civil ou bien un mandat d'emprunter demeuré spécial, bien que la quotité des obligations à souscrire n'ait pas été précisée ni les immeubles détermi-nés pour l'hypothèque (6).

Autorisation spéciale. — Le mandat donné par une femme séparée de biens, non autorisée par son mari, d'acheter un immeuble, est nul, alors surtout que le prix dépasse les sommes dont elle a la disposition, et qu'en stipulant un terme elle engage l'avenir. En outre, le mandataire n'a pas d'action à exercer contre la mandante qui se refuse à ratifier le contrat (7).

97. — Blanc seing. — Le mandat donné sous la forme de blanc seing pour contracter un prêt laisse le mandataire maître d'user de la signature du mandant comme il l'entendra, mais ce mandat est rempli par la réalisation du prêt ; il appar-tient au juge de décider d'après l'appréciation des circonstances, si un tel mandat comporte la faculté de substituer au besoin un créancier à un autre pourvu que le montant de l'emprunt n'en soit pas modifié (8).

98. — Bureau de tabac. — Le traité par lequel le titulaire d'un débit de tabac en délègue la gérance à un régisseur, moyennant une part dans les bénéfices, à la charge par le régisseur de faire les avances de fonds nécessaires pour la ges-tion du bureau, conserve le caractère d'un mandat et n'acquiert pas celui d'une société en participation (9). Ce mandat, irrévocable entre les parties tant que les conventions sont exécutées, est soumis d'ailleurs à l'autorisation administrative dont le retrait *ad nutum* opère l'annulation du traité.

99. — Clause de voie parée. — La convention portant qu'à défaut d'exé-cution des engagements pris envers lui le créancier aura le droit de vendre les immeubles du débiteur sans recourir aux formalités judiciaires, est nulle et non avenue (art. 742, C. proc. civ.). Mais il est permis au débiteur de donner mandat au créancier à l'effet de vendre ou de faire vendre à l'amiable les biens affectés au

(1) Cass., 10 mai 1853.
(2) Amiens, 1er mars 1839 ; Cass., 18 et 19 mars 1840 ; 1er février 1864 et 4 mai 1868 ; Toullier, t. II. p. 843 ; Demolombe, t. IV, p. 210 ; Aubry et Rau, § 472, n° 67 ; Laurent, t. XXVII, p. 413. — *Contrà* : Poitiers, 25 février 1823 ; Paris, 16 janvier 1838.
(3) Bordeaux, 9 décembre 1847.
(4) Angers, 26 janvier 1849.
(5) Cass., 15 février 1853.
(6) Cass, 6 février 1861; Pont, n° 907 (V. *suprà*, v° AUTORISATION MARITALE, n°s 1 et suiv.
(7) Seine, 18 avril 1891.
(8) Cass., 11 juillet 1888 (art. 22993, J. N.).
(9) Bordeaux, 7 juin 1836.

gage de la créance. C'est là une procuration toujours révocable et qui n'enchaîne pas la liberté du débiteur (1).

100. — Conseil de famille. — Tout membre d'un conseil de famille peut donner pouvoir de le représenter aux assemblées, et de participer aux délibérations et aux votes qui auront pour objet la solution d'une ou de plusieurs affaires déterminées. Mais le mandat doit être spécial et le mandataire ne peut représenter plus d'une personne (art. 412, C. civ.).

Dans ce cas, la spécialité doit s'entendre seulement du droit d'assister aux réunions prévues et non de la désignation des personnes à élire ou de l'indication des avis à émettre dans les délibérations (2). Le mandataire doit conserver pour la discussion la liberté de son appréciation et de son vote (3). Le mandat impératif ou simplement limitatif serait insuffisant et nul.

101. — Dispense de mandat. — Un pouvoir écrit ou même verbal n'est pas nécessaire :

a) A un tiers, pour requérir une inscription d'hypothèque au nom du créancier (4) ;

b) A un créancier pour prendre inscription dans le but de conserver les droits de son débiteur (art. 1166 C. civ. ; art. 778 C. proc civ.) (5) ;

c) Au même, pour faire transcrire une donation consentie au profit de son débiteur, que ce soit le mari ou la femme (art. 990, C. civ.); ou tout acte emportant un droit de privilège au profit du débiteur, tel qu'une vente dont le prix est payable à terme ;

d) Au même, pour inscrire le privilège de co-partageant assurant le paiement de la soulte revenant à son débiteur ;

e) A l'usufruitier, pour prendre une inscription au nom du propriétaire, puisque tout autre le pourrait également (6) ;

f) Aux parents soit du mari soit de la femme, et aux parents du mineur ou de l'interdit, et, à défaut de parents, à leurs amis, pour inscrire les hypothèques légales qui leur appartiennent, soit contre leurs maris, soit contre leurs tuteurs (art. 2139, C. civ.);

g) Aux femmes mariées et aux mineurs eux-mêmes pour inscrire ces hypothèques (art. 2139, C. civ.) ;

h) Aux mêmes, pour prendre toutes inscriptions susceptibles de conserver leurs droits et de rendre leur situation meilleure (7) ;

i) Aux parents des prétendants droit et des créanciers mineurs non émancipés et non pourvus de tuteurs présents, pour requérir l'apposition des scellés après décès (art. 910, C. proc. civ.) ;

j) Aux créanciers personnels du défunt pour la même cause ;

k) Aux personnes qui demeurent avec le défunt et à ses serviteurs et domestiques, pour la même cause, en cas d'absence des héritiers ou de l'un d'eux (art. 909, C. proc. civ.).

102. — Indication de paiement. — La clause d'indication de paiement contenue dans un acte de vente au profit des créanciers du vendeur constitue un

---

(1) Bordeaux, 29 novembre 1849 (art 14005, J. N.); Douai, 22 décembre 1849 (*Vente de mobilier*); Rodière, t. III, p. 203; Dict. du not., vᵉ *Mandat*, nᵒ 86.

(2) Metz, 24 brumaire, an XIII.

(3) Magnin, *De la minor.*, t. I, p. 284; Demolombe, t. VII, p. 296.

(4) Arg. art. 2148, C. civ. ; Cass., 11 juillet 1827 ; Troplong, nᵒ 678; Duranton, nᵒ 88 ; Persil,

nᵒ 2148 ; Dict. not., vᵉ *Insc. hypot.*, nᵒ 160. — Contrà : Tarrible, vᵉ INSC. HYPOT., § 5.

(5) Art. 1166, C. civ.; art. 778, C. pr. civ.; Paris, 16 février 1809; Tarrible, *ibid*; Troplong, nᵒ 674; Dict. du not., *cod* vᵒ, nᵒˢ 161 et 263.

(6) Cass., 15 mai 1809; Dict. du not., *cod. v*ᵒ, nᵒ 165.

(7) Paris, 31 août 1810 (art. 866, J. N.); Duranton, nᵒ 89 ; Troplong, nᵒ 865.

mandat révocable tant que la délégation n'a pas été acceptée par les créanciers, qui laisse l'acquéreur soumis à l'effet du privilège du vendeur jusqu'à ce que la condition ait été exécutée, et dont l'effet est aussi de conserver la créance du prix dans le patrimoine du vendeur aussi longtemps que l'acceptation n'a pas eu lieu (1).

103. — Instance judiciaire. — On doit encore figurer en personne et non par mandataire dans les actes d'une instance devant toutes les juridictions, aussi bien pour défendre que pour appeler (2). Toutefois la maxime « Nul en France ne plaide par procureur », doit être entendue dans ce sens que les actes de la procédure doivent être nécessairement faits au nom de la partie, et non en celui du mandataire, s'il y en a eu de constitué. Au surplus cette maxime exorbitante du droit commun et qui n'est inscrite dans aucune loi, n'est pas d'ordre public ; elle est établie dans l'intérêt privé des parties qui sont libres d'y renoncer (3), soit tacitement, soit expressément.

Cette règle a reçu d'ailleurs de nombreuses exceptions. Elle n'est applicable :

a) Ni aux mandataires légaux représentant des personnes publiques ou des incapables ;

b) Ni aux mandataires judiciaires, tels que le liquidateur d'une société ou le syndic d'une faillite ;

c) Ni aux personnes morales, par exemple : une association syndicale, une société à capital variable ou d'assurance, une régie des pompes funèbres, etc. ;

d) Ni aux corporations d'officiers publics ou ministériels, ni aux ordres d'avocats dont les Chambres et les Conseils plaident par l'intermédiaire des syndics ou des bâtonniers ;

e) Ni aux actionnaires des sociétés par actions, lorsqu'ils représentent le vingtième du capital social, pour plaider contre la société. L'article 17 de la loi du 24 juillet 1867 les autorise à élire un mandataire chargé de recevoir en leur nom toutes les significations. Toutefois ils n'en sont pas moins parties à l'instance et ils peuvent être condamnés personnellement en même temps que leur mandataire (4).

Les actionnaires peuvent exercer la faculté de constituer un mandataire *ad litem* même après la dissolution de la société et pendant la liquidation (5).

104. — Puissance paternelle. — Le père peut-il déléguer à un mandataire l'exercice de l'action répressive prévue par les articles 376 et 377 du Code civil? La question est controversée. Cette action inhérente à la puissance paternelle nous paraît devoir être exclusivement exercée par le père. La rigueur du père est tempérée par des sentiments et des considérations qu'un mandataire ne serait pas apte à ressentir ni à apprécier.

105. — Souscription d'actions. — Le mandat général ne permet pas au mandataire de souscrire des actions de sociétés et de faire des versements en acompte, alors que le fait ne rentre pas dans les actes d'administration et que les fonds nécessaires pour remplir la souscription ne peuvent être obtenus que par le moyen de vente ou d'emprunt (6).

106. — Tuteur et subrogé-tuteur. — Le tuteur et le subrogé-tuteur peuvent se faire représenter par un mandataire aux inventaires qui intéressent le mineur ou l'interdit (7).

---

(1) Bourges, 16 mai — *Contrà :* Caen, ⟨
12 mai 1845.
(2) Cass., 29 novembre 1879 et 25 mars 1887 ;
Nancy, 21 juillet 1888 ; Cass., 21 janvier 1890 ; Garsonnet, *Traité de procédure,* t. I, n° 119 *bis.*
(3) Cass., 19 février 1884.

(4) Amiens, 2 août 1887 ; Cass., 15 janvier 1889 ;
Garsonnet, *ibid.*, t. I, n° 119 *ter.*
(5) Paris, 6 février 1891.
(6) Décret du 7 octobre 1890, art. 34 et 35.
(7) Cass., 8 février 1888 (art. 2405, J. N.).

Ce mandat peut être donné, soit par acte distinct, soit par un dire sur le procès verbal à la clôture d'une vacation (1).

Ils peuvent déléguer également leurs pouvoirs pour tous les actes de l'administration tutélaire; mais la procuration doit être spéciale (art. 412, C. civ.). Une procuration générale équivaudrait, en fait, à un déplacement de la tutelle, ce qui serait contraire au caractère personnel de la protection due au mineur.

107. — Vente. — La convention par laquelle le propriétaire d'un immeuble charge un tiers du soin de vendre ce bien en détail, sous la réserve que le mandant recevra une somme fixe à prélever sur le prix des ventes partielles, l'excédant devant être retenu par le mandataire à titre de commission, ne saurait être considérée comme un mandat, et constitue une véritable vente (2).

§ 5. Obligations du mandataire.

108. — Le mandataire contracte des obligations vis-à-vis du mandant et vis-à-vis des tiers.

ART. 1er. — *Responsabilité à l'égard du mandant.*

109. — Les obligations du mandataire vis-à-vis du mandant sont résumées dans ces deux points : accomplir le mandat et en rendre compte.

1° Exécution du mandat.

110. — Durée. — Le mandataire est tenu d'accomplir le mandat, tant qu'il en demeure chargé (art. 1991, C. civ.). Il est encore tenu d'achever la chose commencée au décès du mandant, s'il y a péril en la demeure (art. 1991, 1371 et suiv., C. civ.).

La stipulation d'un délai pour la durée du mandat est réputée convenue dans l'intérêt du mandataire. Cette clause n'aurait donc pas pour effet d'entraîner la nullité des actes que le mandataire aurait accomplis passé ce délai, alors surtout que l'affaire gérée est commune entre lui et le mandant (3).

111. — Exécution. — Le mandat doit être exécuté en entier et de bonne foi, et la gestion du mandataire doit être celle d'un bon père de famille (art. 1989, C. civ.) (V. ci-après, n° 196).

Si, cependant, malgré le caractère indivisible du mandat, son exécution partielle n'a été la cause d'aucun préjudice pour l'affaire, on peut opérer une division entre ce qui a été fait et ce qui n'a pas été accompli (4).

112. — La spécialité est le mode habituel du mandat ; elle doit être l'objet d'un soin attentif : *qui de uno dicit negat de altero.* Le pouvoir principal ne comporte d'extension qu'autant que le pouvoir accessoire présente un caractère nécessaire d'exécution. Cette distinction est essentielle. Il en résulte que les pouvoirs principaux doivent être précisés, mais que les seconds peuvent être sous-entendus.

---

(1) Bruxelles, 23 juillet 1884 ; Pothier, Favard, v° *Inventaire*, § 1 ; De Belleyme, p. 233 ; Chauveau, n° 3145 ; Dict. du not., v° *Enr.*, n° 142 (art. 794 et 1693, J. N.). — *Contrà* : Pigeau, t. II, p. 597 ; Carré, sur l'article 942 ; Proudhon, *Usufruit*, n° 165.

(2) Cass., 11 décembre 1855.
(3) Bastia, 19 décembre 1865 et Cass., 21 mai 1867.
(4) Cass., 6 avril 1881 ; Troplong, n°° 30 et suiv. ; Delamarre et Lepoitvin, t. II, p. 232 ; Pont, n° 976.

Tous les actes de disposition rentrent dans la première espèce (art. 1988, C. civ.), et les actes d'exécution dans la seconde (1).

Le mandataire peut acheter moins cher et vendre plus cher que le prix stipulé au mandat, mais il ne peut faire une chose autre que celle dont il a été chargé, encore bien qu'il y ait avantage pour le mandant (2).

Lorsque la loi prescrit que le mandat soit spécial, le mandat doit indiquer l'affaire en vue de laquelle il est donné d'une manière suffisamment précise et déterminée. Il serait insuffisant, si tout en indiquant la nature de l'acte à passer, il laissait cependant au mandataire la faculté d'agir en vertu de la procuration toutes les fois que l'occasion s'en offrirait (3).

113. — Inexécution. — Le mandataire répond des dommages qui résulteraient de l'inexécution du mandat (art. 1991, C. civ.). Mais les règles de la responsabilité sont appliquées avec moins de rigueur au mandataire qui agit gratuitement qu'à celui qui reçoit un salaire (art. 1992, C. civ.) (4).

Il peut invoquer les causes légales d'excuse, telle que le cas de force majeure, à la décharge du reproche d'inexécution du mandat.

Il faut que le dommage soit constant et qu'il résulte directement de la faute commise (5).

Ainsi, lorsque le mandataire chargé de renouveler une inscription d'hypothèque a omis de le faire, il y a faute. Toutefois la faute peut n'être pas dommageable ; s'il résulte, par exemple, d'un ordre que la créance n'eût pas été colloquée en rang utile, il n'y a pas eu de préjudice causé et il ne sera pas dû d'indemnité (6).

Si elle ne l'a été que partiellement, la responsabilité ne sera encourue que pour la partie demeurée impayée, et pour laquelle la créance n'aurait pu être remboursée sur le prix (7).

De même, le banquier qui exécute tardivement un ordre de bourse encourt des dommages-intérêts si des variations importantes de cours se sont produites : et ces dommages doivent indemniser le mandant de la différence qui lui préjudicie (8).

De plus, la responsabilité du mandataire est incertaine jusqu'au moment où le préjudice est causé. Tant que le dommage n'est pas certain, le tribunal doit même s'abstenir d'accorder au créancier inscrit tardivement une hypothèque sur les biens du mandataire pour garantie de la perte éventuelle (9). Cependant le mandataire pourrait être astreint à payer une indemnité *actuelle*, s'il était constant que les immeubles du débiteur, bien que non vendus, seraient manifestement insuffisants pour couvrir la créance (10).

114. — Faute. — La faute s'entend non seulement de la négligence ou de l'omission dans l'exécution du mandat, mais de tout fait préjudiciable que le mandataire a pu commettre au cours de la gestion (art. 1992, C. civ.).

Ainsi le mandataire qui, en renouvelant une inscription hypothécaire, aurait eu le tort de changer l'élection de domicile à l'insu du mandant et qui, par ce fait, aurait été la cause que des sommations de produire à un ordre ne seraient pas parvenues, pourrait être déclaré responsable du préjudice éprouvé (11).

Mais le mandataire qui s'est conformé au mandat n'est pas responsable des

---

(1) Aubry et Rau, t. IV, p. 641 ; Ed. Clerc, *Traité form.*, v° *Proc.*, n° 20.
(2) Dict. du not., v° *Mandat*, n° 153.
(3) Aubry et Rau, t. IV, p. 641.
(4) Il n'y aurait pas faute si l'inexécution du mandat provenait d'un cas de force majeure insurmontable (Troplong, n° 367).
On peut stipuler que le mandataire ne sera pas responsable des fautes qu'il aura commises dans sa gestion, excepté le cas de dol. (Dict. du not., v° *Mandat*, p. 170 ; Pothier, n° 50).

(5) Cass., 8 décembre 1884 et 26 novembre 1890 (art. 2573, J. N.).
(6) Mourlon, t. III, n° 1096.
(7) Lyon, 22 décembre 1888 ; Cass., 2 mars 1891.
(8) Paris, 26 avril 1890.
(9) Paris, 29 mars 1811 ; Cass., 5 janvier 1852 ; Duranton, t. XVIII, p. 240 ; Massé et Vergé, t. V, § 753, n° 2 ; Pont, n° 986.
(10) Cass., 2 mars 1842.
(11) Cass., 13 décembre 1881.

suites de l'opération. Ainsi le risque du transport des valeurs mobilières, bien qu'étant en principe à la charge de l'expéditeur, est supporté par le destinataire lorsque le mandataire s'est conformé, pour les sûretés à prendre, aux instructions qu'il a reçues du mandant, et d'ailleurs à l'usage qui avait été précédemment accepté et pratiqué par ce dernier lui-même (1).

Le mandataire gratuit n'est responsable, en principe, que du dommage réellement causé au mandant et non de la perte du gain qu'il aurait pu faire (2).

Le mandataire n'est responsable de la faute commise par lui que vis-à-vis du mandant. Ainsi l'huissier, chargé par le porteur d'une lettre de change d'en opérer le recouvrement et qui n'a pas exercé la poursuite en temps utile, est responsable vis-à-vis de son commettant. Mais, si après l'avoir payé avec subrogation, l'huissier recourt contre le tireur, ce dernier ne peut opposer à l'huissier, qui n'était pas son mandataire, de n'avoir pas poursuivi le tiré (3).

Le fils auquel le père avait confié des valeurs au porteur avec mandat de les vendre et de lui en remettre le produit, et qui les a dissipées, en doit le rapport à la succession non à titre d'héritier, mais à titre de mandataire ; par suite, la valeur en sera fixée non d'après le cours du jour de leur remise ou du jour de l'ouverture de la succession, mais d'après le cours du jour du jugement (4).

La question est controversée de savoir si, en cas de naufrage ou d'incendie, le mandataire est en faute pour n'avoir pas sauvé la chose du mandant de préférence à la sienne propre. M. Troplong se prononce pour la responsabilité (5). M. Pont défend l'opinion contraire, surtout si la chose du mandataire est plus précieuse que celle du mandant (6).

115. — Dol. — Le mandataire répond des faits de dol de la gestion et des réparations qui peuvent en être la conséquence (art. 1992, C. civ.) ; par exemple, s'il s'était rendu acquéreur des biens qu'il était chargé de vendre soit par lui-même, soit par personne interposée (art. 1596, C. civ.), alors même que la procuration lui aurait été remise avec le nom du mandataire en blanc (7).

Mais rien ne s'oppose à ce qu'il devienne cessionnaire d'une créance sur celui dont il administre les biens (8).

En cas de faute ou de dol constaté dans le compte présenté par un mandataire général, les juges peuvent condamner le mandataire à des dommages-intérêts au profit du mandant, et en arrêter le chiffre *in globo*, sans être dans l'obligation de discuter séparément les articles litigieux, comme ils seraient tenus de le faire en présence d'une instance en restitution proprement dite (9).

116. — Recel. — Commet un divertissement ou un recel, l'héritier qui, constitué mandataire du *de cujus*, a disposé des valeurs dont il était dépositaire, et, dans l'inventaire, a déclaré ignorer l'emploi qui avait été fait de ces valeurs et a nié le mandat qui lui avait été donné (10).

117. — Intervention du mandant. — L'intervention passagère du mandant dans les affaires confiées au mandataire, n'affranchit pas ce dernier de ses obligations personnelles résultant du mandat. Les tribunaux apprécient souverainement si la responsabilité du mandataire a été modifiée par le fait du mandant (11).

118. — Double mandat. — La qualité de mandataire des deux parties n'est pas incompatible avec l'exercice du mandat.

---

(1) Cass., 7 février 1851.
(2) Delamarre et Lepoitvin, t. III, p. 19. — *Contrà* : Massé et Vergé, t. V, p. 42, n° 4.
(3) Cass., 27 juillet 1869.
(4) Cass., 8 avril 1879.
(5) Troplong, n° 408 ; Delamarre et Lepoitvin, t. II, p. 217.
(6) Pont, n° 998.
(7) Bordeaux, 5 mars 1857 (art. 16056, J. N.).
(8) Rouen, 27 avril 1814 ; Dict. du not., v° *Mandat*, n° 160.
(9) Cass., 25 novembre 1873.
(10) Cass., 4 juin 1890 (art. 24547, J. N.).
(11) Cass., 3 mai 1865.

C'est ainsi qu'il a été jugé que l'assurance faite par une personne qui est à la fois le mandataire de l'assureur et le commissionnaire de l'assuré est valable lorsqu'elle a été stipulée de bonne foi (1).

De même le mandataire chargé de vendre certains objets peut, bien qu'il ne puisse les acquérir pour lui-même, recevoir mandat de les acheter pour autrui (2).

Mais, en pratique, on doit éviter de faire représenter par le même mandataire des personnes ayant des intérêts opposés, comme le vendeur et l'acquéreur, le créancier et le débiteur.

Il ne suffirait pas pour dégager le mandataire, en cas de faute, qu'il se fût abstenu de figurer en sa double qualité dans le contrat. Ainsi le mandataire salarié, tel que le régisseur d'un domaine, qui serait en même temps gérant d'une banque et qui traiterait avec cette banque au nom de son mandant dans des conditions ruineuses pour celui-ci, commettrait une faute lourde qui le rendrait responsable (3).

119. — Salaire. — Le principe de la loi est la gratuité du mandat (art. 1986, C. civ.). Il en résulte que le mandataire qui ne reçoit aucun salaire ou seulement une rémunération très modique, ne peut pas pour ce motif être affranchi de toute responsabilité (4).

La stipulation d'un salaire a pour effet d'entraîner une application plus étroite des règles de la responsabilité (art. 1992, C. civ.). La jurisprudence a tiré de ce principe des conséquences parfois excessives à l'égard des notaires, en méconnaissant la loi de leur institution, à l'inverse de la Cour de cassation de Belgique qui, en respectant cette loi, a évité de verser dans ces erreurs.

2° Reddition de compte.

120. — Le mandataire est tenu de rendre compte au mandant de sa gestion entière (art. 1993, C. civ.).

Il doit faire état :

    a) De toutes sommes reçues ou payées ;

    b) Et de toutes choses reçues ou délivrées en nature pour le compte du mandant ;

    c) Il doit, en outre, remettre au mandant toutes les pièces justificatives du compte contre récépissé ; toutefois il peut être dispensé de cette obligation (V. *infrà*, n° 126).

121. — Il doit remettre au mandant, sauf le cas d'opposition, les sommes qu'il aurait indûment reçues, même sur la présentation de pièces depuis reconnues fausses. Son rôle est celui d'un intermédiaire, et c'est contre le mandant que le tiers doit exercer l'action en répétition (5).

Il doit faire compte au mandant même des gains illicites qu'il a réalisés à l'insu de celui-ci, mais à l'aide de l'exercice du mandat (6).

---

(1) Cass., 11 avril 1860 ; Pont, n° 814.

(2) Aubry et Rau, t. IV, p. 640, n° 14 ; Duranton, t. XVIII, p. 207.

(3) Dijon, 21 juillet 1869 et Cass., 25 novembre 1873.

(4) Cass., 2 janvier 1882 et 28 novembre 1876 ; Aubry et Rau, t. IV, p. 643, n° 2.

C'est ainsi que les trésoriers payeurs généraux, bien qu'obligés par leurs fonctions d'opérer gratuitement pour le compte des particuliers, les achats, ventes, transferts et mutations des rentes sur l'Etat, n'en sont pas moins soumis envers leurs commettants à la responsabilité des mandataires salariés (Bordeaux, 3 janvier 1850).

(5) Le juge peut ordonner dans l'intérêt de la vérification du compte, la production par le mandataire ou le gérant d'affaires de tous livres, notes ou papiers relatifs à l'exercice du mandat, ces documents étant réputés communs aux deux parties (Rennes, 26 février 1879).

Mais cette décision ne concerne pas les livres des notaires. Ces registres sont soumis aux règles du secret professionnel, et ils ne peuvent être compulsés que sur des points précisés et selon des formes et mesures déterminées (Cass., 3 décembre 1884, (art. 23295, J. N.).

(6) Cass., 3 janvier 1842, 26 février 1886 ; Troplong, n° 425 ; Pont, n° 1006.

122. — La femme qui a reçu, en vertu du mandat de son mari, des sommes revenant à celui-ci, doit lui en rendre compte comme tout autre mandataire (1). Toutefois elle n'est pas tenue aux formes ordinaires pour l'établissement du compte (2).

Ainsi, le mari qui aurait confié à sa femme le soin de gérer les biens de la communauté, ne serait pas recevable, sauf le cas d'abus de gestion, à exiger d'elle qu'elle rendît un compte de son mandat (3). La preuve de cet abus incomberait d'ailleurs au mari qui est présumé avoir reçu les valeurs au fur et à mesure de leur encaissement (4).

123. — Le mandataire doit compte en entier du prix réalisé par la vente de l'objet, quand même ce prix serait supérieur à celui qui aurait été convenu, sans pouvoir s'approprier l'excédant à titre de profit personnel, et alors surtout que le salaire du mandat consisterait en une remise proportionnelle (5).

124. — Le mandataire ne doit pas compte *in specie* des valeurs monétaires, à la différence des autres objets qu'il doit représenter en nature ; par suite il demeure responsable de leur perte même survenue par cas de force majeure. Il en serait autrement des valeurs qui auraient acquis le caractère de corps certain, telles que des sommes contenues dans des sacs plombés, et livrés à l'état de colis (6).

124 bis. — Un mandataire de justice doit compte de l'exercice de sa gestion au juge de qui il tient son mandat et non à la partie qui a proposé sa nomination ; alors même que les actes contestés auraient été accomplis après la clôture de son administration judiciaire qui conserve toujours le caractère de mandat de justice (7).

125. — Compensation. — Du principe de la spécialité il résulte que les actes accomplis en vertu du mandat doivent être appréciés indépendamment les uns des autres. Par suite le mandataire ne serait pas admis à établir de compensation entre le bénéfice réalisé dans certains cas déterminés et les pertes qui lui seraient imputables à faute dans d'autres affaires (8).

Ce principe ne serait pas applicable si le mandat, au lieu d'être envisagé dans ses parties distinctes et indépendantes, devait être apprécié pour son accomplissement dans son ensemble. Tel le mandat général d'administration d'une maison de commerce ou la régie d'un domaine. Le mandataire général, qui a géré en bon père de famille et selon les règles de la prudence usuelle, doit être admis à établir le compte de profits et pertes comme l'aurait fait le maître lui-même. Il appartiendrait au juge de prononcer sur les difficultés et d'apprécier la portée des fautes reprochées.

126. — Dispense. — La dispense de rendre compte peut, d'après plusieurs auteurs, être valablement stipulée. « Si les règles constitutives du mandat, dit M. Pont, accordent une action en reddition de compte contre le mandataire, elles ne défendent en aucune manière aux parties de convenir que ce dernier sera dispensé de rendre compte. Il se peut que dans telle ou telle situation la clause

---

(1) Rouen, 7 juin 1878 ; Troplong, n° 420 ; Delamarre et Lepoitvin, t. III, p. 299 ; Pont, n° 1008.
(2) Cass., 18 décembre 1884.
(3) V. *suprà*, v° CONTRAT ENTRE ÉPOUX, n° 19.
(4) Orléans, 20 juin 1859 ; Besançon, 18 novembre 1862.
(5) Seine, 22 mars 1889.
(6) Delamarre et Lepoitvin, t. III, p. 8 ; Troplong, n° 437-439 ; Pont, n° 1010. L'héritier qui avait été constitué mandataire du *de cujus* et qui, après avoir disposé des valeurs reçues en vertu de son pouvoir, a déclaré dans l'inventaire ignorer l'emploi qui avait été fait de ces valeurs et a nié le mandat qui lui avait été donné, commet un divertissement ou recel de biens de la succession. Les juges apprécient

souverainement le point de départ des intérêts qui peuvent être dus par cet héritier, sans s'arrêter à la règle d'après laquelle les intérêts de retard ne son, dus que du jour de la demande (Cass., 4 juin 1890 (art. 24547 J. N.). L'ecclésiastique, qui a reçu en vertu de sa fonction des dons et offrandes destinés à la fabrique d'une église, est réputé le mandataire de la fabrique et non celui des donateurs. C'est à la fabrique qu'il en doit compte selon la règle du droit commun (Paris, 16 décembre 1864).
(7) Paris, 24 janvier 1888.
(8) Aubry et Rau, t. IV, p. 648 ; Duranton, t. XVIII, p. 264 ; Argument de l'art. 1850, C. civ. ; Pothier, n° 50.

blesse l'ordre public ou les bonnes mœurs et dans ce cas elle serait nécessairement réputée non écrite ; mais en elle-même, elle n'est certainement ni illicite
ni immorale ; c'est pourquoi elle doit en principe être maintenue et validée (1). »
Il y aurait lieu dans tous les cas d'apprécier les qualités et la position des
contractants (2) ; de prendre en considération les rapports d'intimité qui exi-tent
entre eux et qui peuvent faire présumer l'intention du mandant de s'en remettre à
la bonne foi du mandataire sans l'astreindre à la production d'un compte légalement
établi (3).

A plus forte raison admettra-t-on la validité de la clause qui autorise le
mandataire à rendre compte *en bloc* de sa mission, sans être tenu de représenter les
pièces justificatives des articles du compte (4).

127. — Mais la dispense de rendre compte ne saurait être, en principe,
l'équivalent pour le mandataire d'une autorisation d'user librement de la chose
reçue en vertu du mandat, encore qu'une telle disposition imprimât à la convention
un caractère de libéralité (5).

128. — La dispense de rendre compte ne peut être convenue qu'entre
personnes capables de donner et de recevoir, et elle ne pourrait être opposée par
un mandataire qui en aurait retiré des bénéfices soumis aux règles du rapport, de
la réduction ou de la révocation (6).

129. — L'approbation générale anticipée des opérations équivaut à une
dispense de rendre compte ; mais elle ne peut être étendue aux faits ultérieurs à
ceux qui ont été prévus (7).

130. — **Rétention (Droit de).** — Le mandataire a le droit de retenir les
pièces et objets qu'il détient en vertu du mandat jusqu'à ce que le mandant lui
ait fait raison de ses avances et indemnités, ainsi que des salaires qui auraient été
convenus, en un mot de tout ce qui lui est dû à raison du mandat (8).

131. — **Opposition.** — L'opposition signifiée au mandataire suspend
le droit du mandant d'exiger la remise de la chose.

L'inscription du titre perdu ou volé au *Bulletin officiel* équivaut à une
notification dont l'effet est d'immobiliser ce titre entre les mains du tiers détenteur. Il a été jugé, en vertu de ce principe, qu'un mandataire ne doit pas
s'en dessaisir, même entre les mains de son mandant, avant la décision de justice (9).

132. — **Intérêt.** — Le mandataire doit l'intérêt :
    a) Des sommes qu'il a employées à son usage ;
    b) Du reliquat de son compte.

133. — **Sommes employées.** — Il doit l'intérêt des sommes qu'il a
employées à son usage à dater du jour de cet emploi (art. 1996, C. civ.) (10).
Ces intérêts, dus de plein droit, ne sont pas soumis à la prescription quin-

(1) Pont, n° 1003 ; Troplong, n° 415. — *Contrà* : Dalloz, v° *Mandat*, n° 237 ; Domenget, n° 285 ; Laurent, n° 496 ; Bruxelles, 15 juillet 1817.
(2) Cass., 24 août 1831.
(3) Cass., 9 janvier 1865.
(4) Cass., 24 août 1831, 18 janvier 1832 et 11 jan-vier 1818 ; Merlin, Rép., v° *Mandat*, § 4 ; Dela-marre et Lepoitvin, t. III, p. 30 ; Troplong, n° 45 ; Pont, n° 1003.
(5) Mêmes arrêts.
(6) Pont, n° 1003.
(7) Cass., 30 décembre 1862. Le mandataire qui rapporte la preuve d'avoir employé en l'acquit du mandant les sommes qui lui ont été remises en vertu du mandat, peut être dispensé de lui rendre un compte régulier (Cass., 11 janvier 1848).

(8) Cass., 17 janvier 1866 ; Bordeaux. 7 février 1866 ; Dijon, 27 janvier 1887 ; Aubry et Rau, t. III, p. 117, notes 8 et 9 ; Aubertin, *Honoraires et frais des notaires*, 131. — V. *suprà*, v° HONORAIRES, n° 82.
Toutefois il a été jugé que le droit de rétention ne visait que le remboursement des avances faites par le mandataire et ne s'appliquait pas au paiement des honoraires et salaires (Bordeaux, 7 février 1866). Dans tous les cas. le mandataire doit prendre soin de maintenir son droit par des réserves expresses.
(9) Cass , 5 mai 1874 et 13 février 1884 ; Buchère, *Val. mob.*, n° 1093.
(10) Cass., 1er décembre 1841, 19 décembre 1853 et 11 juillet 1883 (art. 22994. J. N.).

quennale édictée par l'article 2227 du Code civil (1). Ils participent, en effet, de la gestion d'affaires (2).

Mais la preuve de l'emploi des fonds doit être rapportée par le mandant, ainsi que celle du moment où cet emploi a eu lieu (3).

134. — Le mandataire doit de même les dommages-intérêts encourus par suite de détournement d'emploi de fonds, s'il en est résulté un préjudice pour le mandant.

135. — Doit l'intérêt au mandant à partir du jour du paiement et non pas seulement à partir du jour de la demande :

a) Le mandataire qui a perçu de mauvaise foi pour salaire une somme excessive (4) ; mais, si la somme avait été reçue de bonne foi et par erreur, l'intérêt ne serait dû que du jour de la demande ;

b) Celui qui a reçu les fonds destinés au paiement et qui a différé de le faire ; en vain objecterait-il qu'il n'a causé de tort qu'au débiteur (5) ;

c) Celui qui, dans les écritures du compte de gestion, a omis sciemment de faire figurer aux recettes des sommes reçues, et a porté fictivement aux dépenses des sommes non payées (6).

Le mandataire doit, au même titre que pour les capitaux, l'intérêt des intérêts qui lui ont été payés et qu'il a employés à son usage. Entre ses mains, toute recette a le caractère d'un capital (7).

136. — **Reliquat.** — Le mandataire ne doit l'intérêt des sommes dont il n'a pas disposé pour son usage, que du jour de la mise en demeure qui lui a été faite de payer le reliquat de son compte (8).

Le mandataire, mis en demeure par une sommation extrajudiciaire de payer les sommes qu'il reste devoir, est dès cet instant redevable de l'intérêt de ces sommes (9). Le défaut de paiement emporterait la présomption de l'emploi des fonds à son usage personnel (10).

137. — Mais cet effet n'appartient pas à la simple demande d'établissement du compte (11).

138. — L'intérêt est dû selon le taux légal. Il doit être alloué en matière civile au taux de 5 % et non à un taux inférieur (12). En matière commerciale, le taux légal fixé par la loi du 3 septembre 1807 continue d'être de 6 %, la loi du 14 janvier 1886 n'ayant établi la liberté du taux que pour l'intérêt conventionnel.

---

(1) Cass., 18 février 1836, 7 mai 1845 ; Amiens, 25 mars 1890 ; Aubry et Rau, t. IV, p. 644.

(2) Tr. Amiens, 8 novembre 1888. Il en serait différemment si le mandataire avait été autorisé à employer personnellement les fonds, l'intérêt conserverait alors le caractère conventionnel (Troplong, n° 501 ; Massé et Vergé, t. V, § 859, n° 14).

(3) Toullier t. II, p. 48 ; Rennes, 16 janvier 1818; Donai, 6 janvier 1849 ; Cass., 5 novembre 1873 ; 6 décembre 1880 ; Laurent, t. XXVII, n° 509 ; Tontrois, le point de départ des intérêts ne peut être fixé arbitrairement, et sous prétexte d'équité, à une date qui ne serait ni l'époque de l'emploi ni celle d'une mise en demeure, ni celle d'une demande en justice (Cass., 11 juillet 1883).

Le mandataire ne serait pas fondé à se plaindre de la disposition d'un jugement qui, en présence de l'impossibilité où le mandant se serait trouvé de préciser la date de l'emploi, déciderait que l'intérêt commencerait à courir du jour de la fin de la gestion, une telle décision ne pouvant préjudicier qu'au mandant (Cass., 8 mai 1865).

(4) Cass., 29 janvier 1867.

(5) Cass., 19 juillet 1875.

(6) Cass., 10 décembre 1853.

(7) Cass., 25 novembre 1873.

(8) Troplong, n° 499 ; Pont, n° 1052.

(9) Cass., 6 décembre 1880, 11 juillet 1883. Un avis du Conseil d'État des 9 20 juillet 1808 a rendu les dispositions de l'article 1996, applicables aux débets des préposés de l'Administration de l'Enregistrement et des Domaines. Ces agents doivent l'intérêt au taux légal.

La formalité de la mise en demeure n'est pas nécessaire à leur égard pour faire courir l'intérêt des débets (Le Nouveau parfait notaire, n° 836).

(10) Bourges, 13 avril 1840 ; Aubry et Rau, t. IV, § 413, n° 8 ; Pont, n° 1048 ; Laurent, n° 512.

(11) Douai, 6 janvier 1849 ; Cass., 20 avril 1863 ; Aubry et Rau, *loc. cit.* ; Pont, n° 1049 ; Laurent, n° 516.

(12) Cass., 11 juillet 1883.

L'intérêt serait taxé commercialement, bien que le mandant ne fût pas commerçant, si le mandat possédait néanmoins le caractère commercial (1).

139. — Prescription. — L'action civile en reddition de compte avec le mandataire se prescrit par trente ans et non par trois ans, alors même qu'une action correctionnelle aurait été préalablement intentée et suivie d'une ordonnance de non lieu (2).

Cette prescription est aussi la seule applicable à l'action en redressement de compte et en réparation du dommage résultant pour le mandant de la gestion du mandataire. L'erreur résultant de la fausse qualification d'abus de confiance donnée au fait de responsabilité par l'assignation ne modifierait pas la nature de la prescription encourue (3).

3° Substitution.

140. — C'est l'acte par lequel un mandataire transmet à une autre personne tout ou partie des pouvoirs qu'il tient du mandant.

En principe, le mandat est personnel et le mandataire doit agir par lui-même. Toutefois, en l'absence d'une stipulation qui le lui interdise, le mandataire est, en général, autorisé à charger un tiers de l'exécution du mandat. S'il délègue à un tiers inconnu du mandant le soin de la gestion qu'il tient de sa confiance, il reste garant des actes du substitué (art. 1994, C. civ.) (4).

La procuration peut aussi contenir le pouvoir de substituer telle personne que le mandataire croira devoir choisir. Cette disposition est même d'un usage à peu près général.

141. — Formalités. — Lorsque la procuration a dû être donnée dans la forme solennelle ou dans la forme authentique, la substitution est soumise aux mêmes formalités.

142. — Personne désignée. — Si la personne qui pourra être substituée a été désignée par le mandant ou mandataire, ce dernier, en substituant, exécute le mandat : il est légalement remplacé par le substitué qui est réputé tenir ses pouvoirs directement du mandant lui-même. Ce mandataire n'a eu d'autre rôle que de transmettre le mandat au substitué (5).

Aussi ne répond-il pas, en principe, de l'usage que le mandataire substitué aura fait du mandat (6).

143. — Du fait de la désignation de la personne du substitué, il résulte :

a) Que le mandant est tenu de ratifier les actes faits par le substitué, lorsqu'il s'est conformé au mandat originaire ;

b) Que le mandant seul peut le révoquer, et que le premier mandataire n'a pas ce droit ;

c) Que le substitué doit rendre compte au mandant et non au mandataire, lequel, au contraire, doit lui-même compte au substitué de sa gestion momentanée ;

d) Et que la mort du mandataire n'interrompt pas le mandat du substitué qui continue d'exister jusqu'au décès du mandant (7).

---

(1) Tel serait le cas pour des sommes reçues par un facteur aux halles, chargé de vendre des denrées qui lui auraient été adressées par un propriétaire (Cass., 7 mai 1845).

(2) Cass., 16 avril 1845 ; Pont, n° 1014.

(3) Cass., 27 août 1867.

(4) Malleville, 1994 ; Zachariæ, § 413, texte et note 13 ; Duranton, t. XVIII, 250 ; Aubry et Rau, t. IV, p. 615 ; Laurent, t. XXVII, n° 482. M. Troplong voit une faute dans cet agissement, et c'est de ce principe, fortement réfuté par MM. Aubry et Rau (note 14),

qu'il fait découler la responsabilité du substituant (Troplong, n° 446 ; Massé et Vergé, § 753, note 20 ; Delamarre et Lepoitvin, t. II, p. 195 ; Domenget, n° 312 et 313 ; Dict. du not., v° *Substitution de pouvoirs*, n° 1).

(5) Troplong, n° 451.

(6) Arg., art. 1994, 1° ; Troplong, n° 451 ; Pont, n° 1020 ; Laurent, t. XXVII, n° 488 ; Duranton, t. XX, p. 240.

(7) Troplong, n° 451 ; Pont, n° 1021 ; Laurent, t. XXVII, n° 487.

Il a été jugé, par applicat n de ces principes, que le mandataire principal qui a fait la substitution ne répond pas de la gestion du substitué, alors même que, depuis la substitution, le mandant l'aurait autorisé, pour la même sorte d'affaires, à choisir toute personne qui lui paraîtrait capable (1).

144. — Pouvoir de substi er. — Lorsque le mandat contient le pouvoir de substitution sans désignation de personne, le mandataire substitué n'en représente pas moins le mandant, mais le mandataire substituant demeure responsable du mandataire substitué, s'il a fait choix d'une personne incapable ou notoirement insolvable (art. 1994, C. civ.). Il y a de sa part une faute personnelle (2).

L'autorisation de substituer peut être donnée tacitement par le mandant au mandataire (3).

Le substituant doit la réparation de la faute commise par le substitué, alors même que ce dernier en revendique les conséquences; cette déclaration ne suffit pas pour déplacer la responsabilité personnelle du substituant. Seulement les juges peuvent apprécier dans quelle proportion chacun d'eux sera obligé de réparer le préjudice causé, et leur décision sur ce point n'est pas susceptible de recours en cassation (4).

145. — Le droit du mandant d'agir directement contre le mandataire substitué est un droit personnel. Il lui appartient d'en user nonobstant le changement d'état du mandataire primitif, par exemple, si celui-ci était tombé en faillite (5).

Une conséquence de ce principe, c'est que le mandataire substitué qui a agi en vertu de la procuration n'est pas admis à proposer au mandant la compensation des sommes qu'il a touchées en exécution du mandat avec celles que le substituant pourrait devoir personnellement au substitué lui-même (6).

146. — Mais le substitué, qui n'a pas connu l'existence du mandat originairement donné au substituant et qui a agi directement au nom et pour le compte de celui-ci, est fondé à revendiquer, à l'encontre du mandant, le bénéfice de la compensation opérée *ipso jure* entre le substituant et le substitué (7).

147. — Le mandataire qui s'est substitué un tiers, ne cesse pas, en général, de représenter le mandant. Mais il peut résulter des circonstances que le droit d'agir en vertu du mandat appartient exclusivement au substitué. Il a été jugé dans ce sens que le paiement fait entre les mains du mandataire primitif de sommes provenant de faits se rattachant à l'exercice du mandat, ne serait pas libératoire (8).

Lorsque la personne du substitué était notoirement capable ou solvable :

    a) Le mandant est tenu de ratifier tous les actes passés dans la limite du mandat ;

    b) Le décès du mandataire ne fait pas cesser la substitution, comme le ferait *de jure* le décès du mandant ;

(1) Cass., 10 juillet 1827. De même un receveur d'hospice qui a été autorisé d'une manière expresse à se substituer un tiers nominalement désigné dans la délibération administrative, ne répond pas de la gestion de cet agent, alors qu'aucune faute grave ne peut être imputée au receveur dans la surveillance qu'il lui appartenaitd'exercer. (Cass., 10 juillet 1827)

(2) Cass., 26 novembre 1860 ; Troplong, p. 462 ; Pont n° 1020. V. Laurent sur cet arrêt, t. XXVII, p. 489.

(3) Troplong, n° 461 ; Massé et Vergé, § 753, n° 22 ; Pont, n° 1022 ; Cass., 7 novembre 1866.

(4) Arrêt précité du 26 novembre 1860 ; Pont, n° 1023.

(5) Rouen, 13 avril 1870.

(6) Cass., 20 avril 1859 Pont n° 1026 ; Laurent,

t. XXVII, n°° 492 et 493 ; Aubry et Rau, t. IV, p. 647 ; Labbé, *J. du pal.*, 1860, p. 472. Obs. sur l'arrêt précité.

(7) Lyon, 7 décembre 1859 ; Rouen, 13 avril 1870 ; Cass., 23 février 1874. Mêmes auteurs, *loc. cit.* L'application de ces rè les offre un intérêt majeur dans les rapports des tiers avec les banquiers et les agents de change auxquels ceux-là ont transmis des valeurs cotées pour être vendues à la Bourse pour le compte de leurs commettants (Rennes, 29 juillet 1858 ; Paris, 14 décembre 1866 ; Orléans, 9 juin 1870 ; Rouen, 13 juillet 1870 ; Cass., 22 mars 1875, 4 août 1879, et les arrêts ci-dessus).

(8) Cass., 7 décembre 1857 ; Massé et Vergé, t. V, § 753, n° 20 ; Pont, n° 1029 ; Laurent, n° 494.

c) Le mandant peut révoquer le substitué sans être obligé de révoquer le substituant ;

d) Le substitué peut valablement rendre compte au substituant, et celui-ci peut même l'y contraindre sans que le substitué puisse lui opposer qu'il est devenu l'homme du mandant ;

e) Enfin le *quitus* du substituant décharge le substitué tant vis-à-vis du mandataire que du mandant (1).

Si le substitué était notoirement incapable et insolvable, les conséquences seraient les mêmes, sauf que le mandant ne serait pas tenu de ratifier les actes du substitué (art. 1994, C. civ.).

Dans l'un et l'autre cas, le substituant conserve le droit de révoquer le substitué et de désigner un autre mandataire (2).

148. — Absence de pouvoir écrit. — A défaut de pouvoir exprès de substituer inscrit dans la procuration, nous avons vu, n° 140, que le mandataire tient de l'article 1994, le droit de désigner un mandataire substitué auquel il peut déléguer la totalité ou seulement une partie des pouvoirs contenus dans le mandat.

Entre le mandataire et le substitué, dit M. Pont (3), la situation ou les rapports sont ceux qui existent entre un mandant et un mandataire ordinaire. Le mandataire primitif est le mandant du substitué : ce dernier est soumis aux obligations d'un mandataire envers le substituant qui, réciproquement, s'oblige envers le substitué de la même manière qu'un mandant s'oblige, en général, envers son mandataire.

Cet effet se produit alors même que la substitution est faite au nom et dans l'intérêt du mandant (4). Toutefois dans cette circonstance, il peut être convenu entre les parties que le substituant sera hors de cause et que le substitué n'aura d'action que contre le mandant personnellement ; mais cette clause ne saurait être opposable à ce dernier qui y est demeuré étranger (5).

149. — Le substituant qui n'a pas reçu le mandat spécial de substituer répond plus strictement de la gestion du mandataire de son choix. Son devoir de contrôle est plus étroit (6). C'est à lui, en principe, que le mandataire doit rendre compte ; il peut le révoquer, et le sous-mandat prend fin par le fait du décès, de la déconfiture, de la faillite ou de l'interdiction du substituant ; le tout sans préjudice du droit d'intervention directe qui appartient au mandant dans la gestion des substitués (art. 1994, C. civ.) (7).

Le défaut de surveillance de la gestion du substitué peut même engager la responsabilité du mandant en même temps que celle du substituant, et ils peuvent être déclarés responsables des condamnations prononcées contre le substitué au profit d'un tiers, s'il est reconnu qu'ils ont commis eux-mêmes une faute assez grave pour être appelés à en répondre (8).

150. — La règle en vertu de laquelle le mandataire substituant répond du mandataire substitué, lorsque le pouvoir de substituer n'a pas été compris dans la procuration ou encore lorsqu'il a été fait choix d'une personne incapable ou insolvable, ne s'applique qu'au mandat contractuel ou judiciaire, et non au mandat légal, spécialement à la tutelle (9).

Nous rappellerons, à propos du mandat légal, qu'il ne comporte que des substitutions spéciales ; une substitution générale équivaudrait au déplacement de la

---

(1) Troplong, n° 458, Dict. du not., v° *Subst. de pouvoirs*, n° 8.
(2) Dict du not., cod., v° n° 10.
(3) Pont. n° 1028.
(4) Paris, 10 novembre 1812.
(5) Pont, n° 1028.
(6) Cass , 26 novembre 1860 et 23 avril 1872.
(7) Cass., 22 mars 1875.
(8) Cass., 23 av il 1872.
(9) Caen, 11 février 1888.

fonction attribuée par la loi au mandataire légal, pour être transportée de sa personne à celle du substitué.

151. — Substitutions successives. — Le mandataire substitué a-t-il le droit de substituer lui-même un tiers pour l'exécution du mandat et d'autoriser ce tiers à transmettre encore le pouvoir de substitution ?

Si l'on admet que le droit de substitution appartient en tout état de cause au mandataire primitif, il faut admettre aussi que le mandataire substitué représente le mandant, lorsqu'il agit en vertu de la procuration avec les mêmes pouvoirs que ceux qui avaient été conférés au mandataire substituant ; d'ailleurs, en accordant au mandant le droit d'agir contre le mandataire substitué, l'article 1994 n'a pas limité le droit de substitution au premier substitué. Cette disposition est applicable à toutes les personnes qui auraient été appelées successivement à l'exercice du mandat (1).

152. — Pour les partisans de la doctrine qui voit une faute du mandataire dans le fait même de la substitution, les substitutions successives constituent une faute plus grande encore, et ils dénient au mandataire substitué le droit d'user d'un pouvoir que le mandant n'avait pas reconnu même au mandataire primitif (2). Cette dernière solution nous paraît plus prudente à suivre dans la pratique.

153. — Interdiction de substituer. — Le droit de substituer un tiers dans la gestion du mandat peut être interdit au mandataire. Et si, malgré cette défense, le mandataire a délégué ses pouvoirs, les actes faits par le mandataire substitué sont empreints de nullité et inopposables au mandant.

Mais il appartiendrait au mandant de relever le tiers contractant des conséquences de la nullité en ratifiant expressément le contrat.

L'interdiction de substituer peut être tacite et être liée au contrat lui-même. Par exemple je donne mandat à un peintre de me faire la copie d'un tableau ; c'est son talent personnel qui a dicté mon choix, il ne peut se faire substituer par un autre dans la mission que je lui ai confiée.

154. — Notaire. — Le notaire nommé mandataire dans une procuration contenant pouvoir de substituer peut-il, après avoir délégué ses pouvoirs à un tiers, recevoir comme notaire les actes passés par le mandataire substitué ? Nous ne saurions l'admettre. Par l'effet de la substitution, le mandataire substitué devient l'agent du substituant qui demeure responsable de sa gestion et à qui il doit rendre compte.

Il en serait autrement si le mandant avait désigné lui-même la personne que le notaire devrait se substituer dans le mandat. Le nouveau mandataire tenant alors directement son pouvoir du mandant, aucun intérêt personnel ne lierait plus le notaire au mandataire substitué (3).

Art. 2. — *Responsabilité à l'égard des tiers.*

155. — Déclaration du mandat. — Le mandataire qui a donné à la partie avec qui il contracte une suffisante connaissance de ses pouvoirs, n'est tenu d'aucune garantie pour ce qui a été fait au delà, s'il ne s'y est personnellement soumis (art. 1997, C. civ.).

(1) La loi commerciale offre un exemple de la validité de ces substitutions multiples et successives dans l'endos de la lettre de change. C'est ainsi qu'il a été jugé qu'au cas où une lettre de cette nature a été remise sans endos ni acquis à un mandataire pour être présentée à l'acceptation du tiré, et que si après avoir passé successivement à plusieurs porteurs, elle a été soldée de bonne foi et sans opposition par le tiré à l'échéance, les porteurs substitués au mandataire primitif et qui ont acquitté successivement à leurs mandants directs la valeur de la lettre de change, sont à l'abri de toute revendication de la part du tireur ou mandant originaire (Cass., 7 août 1872).

(2) Boulanger, *Radiations hypothécaires*, n° 278 ; J. des conserv., art. 306, 3468.

(3) Dict du not., v° *Notaires*, n° 643.

C'est au tiers à apprécier si les pouvoirs du mandataire sont suffisants pour la validité du contrat (1).

C'est par application de ce principe, qu'il a été décidé :

    a) Que l'huissier qui a pratiqué une saisie n'est pas responsable du salaire dû au gardien constitué par lui dans l'exercice de ses fonctions. Il a agi sur la réquisition de son constituant et comme son mandataire; c'est au mandant seulement que le gardien peut réclamer le paiement. Il serait sans importance d'ailleurs que l'huissier n'eût pas révélé le nom du saisissant, si le gardien n'a pu se méprendre sur la qualité de l'huissier et ignorer qu'il accomplissait un acte de sa fonction et non un acte personnel (2).

    b. Que le directeur d'une Société d'assurances mutuelles, qui n'est qu'un mandataire, ne peut être condamné en son nom personnel à payer des sommes qui constituent la dette de la Compagnie.

156. — Mais le mandataire répond vis-à-vis du tiers contractant de l'existence du mandat; il est garant de sa réalité.

Il pourra donc être condamné à des dommages-intérêts envers les tiers, s'il ressort des faits de la cause, dont les juges du fond ont l'appréciation souveraine, que les actes qui ont produit le préjudice avaient un caractère qui lui était personnel (3).

De même si le contrat qu'il a passé ne peut être exécuté pour cause d'inexistence du mandat, il encourra des dommages-intérêts au profit de la partie lésée, et alors surtout qu'il aurait pris la qualité de porte-fort pour laisser supposer son prétendu mandat (4).

157. — Porte-Fort. Prête-nom. Command. — Le mandat de porte-fort ou de prête-nom est celui qui est donné au mandataire pour agir au nom du mandant, sans que ce dernier soit connu du tiers contractant.

Ce mandat est licite; mais ses effets juridiques offrent un double aspect, d'où naissent des obligations différentes :

    a) Dans les rapports du mandataire et du mandant, ce sont les règles ordinaires du mandat qu'il y a lieu d'appliquer (5).

    b) Mais dans les rapports du prête-nom avec les tiers, ce sont les règles du droit commun en matière de contrat qui doivent être observées.

Le mandataire ne s'étant pas fait connaître en cette qualité et ayant traité en son nom, le principe de l'article 1997 du Code civil ne peut être invoqué par lui; il se trouve personnellement obligé envers les tiers contractant (6). Ce dernier n'a même d'action que contre lui et ne peut en aucune circonstance interpeller le mandant. C'est ce qui a fait juger que le tiers contractant n'a aucun intérêt à connaître la qualité du prête-nom ni l'étendue de son mandat (7).

Il a même été admis que cet effet du prête-nom continuait de se produire quand bien même le tiers contractant aurait connu l'interposition de personne (8). Mais la question est controversée, et il a été jugé, en sens contraire, que le prête-nom n'est plus obligé, lorsque le tiers contractant a traité directement avec le véritable maître de l'affaire et que le rôle du prête-nom n'a consisté qu'à fournir une apparence de régularité à un contrat illicite (9).

158. — Pour que la constitution d'un prête-nom ou d'un porte-fort soit

(1) Paris, 27 juillet 1888.
(2) Bordeaux, 2 juillet 1868.
(3) Cass., 5 novembre 1877.
(4) Grenoble, 1er mars 1845; Limoges, 25 mars 1846; Pont, n° 1058.
(5) Cass., 8 mai 1872.
(6) Caen, 24 mars 1862; Cass., 25 janvier 1864 et 8 mai 1872.
(7) Cass., 25 juin 1864.
(8) Aubry et Rau, t. IV, p. 636; Cass., 25 janvier 1869.
(9) Toulouse, 3 décembre 1889.

reconnue valable, il est nécessaire qu'elle n'ait pas pour objet de nuire à autrui ; par suite s'il était établi que la cession d'une créance ne serait qu'apparente et qu'elle n'a été pratiquée que dans le but d'éviter l'effet de compensation que le débiteur était en droit d'opposer au créancier, le tribunal pourrait écarter la cession frauduleuse et condamner le prête-nom à la restitution personnelle des sommes qui lui auraient été payées sans une juste cause (1).

Le mandat de command rentre dans celui de prête-nom.

159. — **Substitution.** — Entre le mandant et les tiers qui ont traité avec le mandataire substitué les rapports sont de tous points les mêmes que si les tiers avaient traité avec le mandataire primitif, lorsque le substitué a déclaré agir au nom du mandant.

Mais si le substitué avait agi au nom du substituant sans indiquer le mandant, ce serait le substituant qui jouerait le rôle de mandant vis-à-vis des tiers. Et le véritable mandant, qui serait demeuré inconnu, bien que l'opération eût été réalisée pour son compte, se trouverait dans la situation du commettant vis-à-vis des tiers, avec lequel le commissionnaire ou le prête-nom a traité, c'est-à-dire que le mandataire primitif serait partie contractante vis-à-vis des tiers, tout en demeurant mandataire vis-à-vis du mandant (2).

§ 6. Obligations du mandant.

160. — Les obligations du mandant se résument sous trois chefs principaux :

1° Rendre le mandataire indemne des effets du mandat ;
2° Payer le salaire convenu ;
3° Exécuter les engagements légalement contractés.

Art. 1er. — *Indemnités.*

161. — I° Le mandant doit indemniser le mandataire:
Des frais et avances faits dans l'intérêt de sa gestion ;
Des pertes qui ont pu en être la conséquence ;
Et des intérêts des sommes employées a la gestion.
Il doit enfin, après l'approbation du compte, dégager la responsabilité du mandataire en lui consentant une décharge du mandat.

162. — **Frais et avances.** — Le mandant doit rembourser au mandataire les avances des frais faits pour l'exécution du mandat (art. 1999, C. civ.) ; et il importe peu que ces avances aient été faites après le décès du mandant, s'il est constant qu'elles étaient nécessaires pour assurer l'exécution du mandat commencé (art. 2003, C. civ.) (3).

Ce remboursement est dû pourvu que le mandataire ait apporté les soins convenables à sa gestion et se soit renfermé dans les limites du mandat. S'il n'y a pas de faute imputable au mandataire, le mandant ne peut se soustraire au règlement du compte, lors même que l'affaire n'aurait pas réussi. Il ne pourrait pas davantage faire réduire le montant des frais et avances sous le prétexte qu'ils pouvaient être moindres (art. 1999, C. civ.).

« Il suffit, dit M. Troplong, que la dépense ait été faite de bonne foi pour qu'il ait droit à être indemnisé » (4). D'ailleurs s'il existait des moyens de traiter l'affaire à moins de frais, il est présumable que le mandataire ne les a pas connus.

(1) Cass., 5 avril 1880.
(2) Pont, n° 1027.
(3) Cass., 6 août 1889.
(4) Troplong, n° 628.

On ne pourrait donc écarter cette présomption qu'autant que l'élévation exorbitante des frais équivaudrait à la faute du mandataire (1).

En cela le mandat diffère de la gestion d'affaires. Le gérant est tenu d'administrer plus strictement : il n'a droit qu'au remboursement des dépenses reconnues utiles et nécessaires (art. 1375, C. civ.)

163. — La preuve de la dépense doit être rapportée au mandant d'après les principes du droit commun. Elle résulte soit des pièces justificatives du paiement soit des actes qui contiennent la reconnaissance de l'existence de la dépense, soit même de la preuve testimoniale au-dessous du chiffre de 150 francs (2).

Toutefois le mandant peut exonérer le mandataire de l'obligation de lui rapporter les pièces justificatives (3).

Principalement cette dispense peut être reconnue licite et valable dans le cas d'un mandat confié par un fils à son père, et surtout s'il ressort de la clause qu'elle avait pour but de procurer des aliments au père (4).

Il est, en effet, dans les pouvoirs du juge de prendre en considération l'intimité des rapports existant entre les parties pour apprécier si l'intention du mandant a été de se confier à la bonne foi du mandataire et de le dispenser d'établir un compte selon les formes rigoureuses de la loi pour justifier de sa libération (5).

164. — Mais la dépense doit rentrer dans les cas prévus par le mandat. Par suite, le mandataire qui aurait mission de répartir une somme entre certains créanciers du mandant et qui en aurait admis d'autres à concourir à la distribution, ne serait pas fondé à faire figurer dans son compte les paiements faits à ces derniers (6).

De même il ne pourrait prétendre au remboursement des sommes que, sans autorisation expresse, il aurait payées à des tiers prêteurs pour supplément d'intérêt ou frais de commission, en dehors des prescriptions de la loi ou des usages (7).

165. — Pertes. — Le mandant doit encore indemniser le mandataire des pertes que celui-ci a essuyées à l'occasion de sa gestion, sans qu'il y ait eu faute commise ni imprudence qui lui soit imputable (art. 2000, C. civ.). C'est une règle de bonne foi que le mandataire ne soit pas en perte : *nemini officium suum debet esse damnosum* (8).

Il a été jugé dans ce sens que le mandataire ou commissionnaire a une action en paiement des pertes éprouvées à l'occasion du mandat contre le syndic de la faillite de son mandant ou commettant (9).

Mais lorsque le mandant a chargé son mandataire de se faire payer des frais qu'il lui doit par un tiers avec lequel il devait traiter, le mandataire ne peut plus réclamer ces frais du mandant, si c'est par sa faute et par sa négligence qu'il n'en a pas été payé (10).

Le mandant est même tenu dans certaines circonstances, bien qu'avec recours contre le mandataire, du dommage résultant de la contravention commise par ce dernier. Tel est le cas, par exemple, pour l'amende encourue par le mandataire à

(1) Malleville, art. 1999, C. civ.; Delvincourt, t. III, n° 242.
(2) Ainsi la délibération d'un conseil municipal qui reconnaît que la commune doit à un tiers une certaine somme pour avance qu'il a pu faire en qualité de mandataire de la commune, et affecte certains produits au paiement de ces avances, constitue un titre définitif et irrévocable entre les mains du mandataire (Cass., 29 mai 1878).
(3) Merlin, v° *Mandat*, § 4 ; Troplong, n° 415 ; Massé et Vergé, t. V, § 753, n° 11 ; Delamarre et

Lepoitvin, t. III, n° 30 ; Domenget, n° 386; Pont, n° 1003.
(4) Cass., 24 août 1831.
(5) Cass., 9 janvier 1865 ; Domenget, n° 288 ; Boileux, t. VI, n° 1993.
(6) Cass., 19 décembre 1853 ; Pont, n° 1043.
(7) Paris 18 avril 1836 ; Pont, n° 1088.
(8) Troplong. n° 648.
(9) Amiens, 3 février 1888.
(10) Cass., 11 novembre 1834 ; Dict. du not., v° *Mandat*, n° 216.

raison d'une contravention à la loi du 23 août 1871, article 23, sur le timbre des quittances (1).

166. — Intérêt. — Par dérogation au principe contenu dans l'article 1139 du Code civil, le mandant doit l'intérêt des sommes dues au mandataire, de plein droit et sans qu'il soit besoin de mise en demeure, à compter du jour où l'avance en a été faite (art. 2001, C. civ.).

Toutefois le mandataire qui a conclu à ce que les intérêts de ses avances lui soient alloués du jour de sa demande, ne peut ensuite se faire un moyen de cassation de ce que les juges ne lui ont pas accordé ces intérêts du jour de ses avances (2).

167. — Il y a lieu, en ce qui concerne les officiers ministériels, de distinguer pour le droit aux intérêts entre les avances faites en raison de l'obligation professionnelle et celles qui résultent de l'accomplissement d'un mandat.

Il a été jugé dans ce sens :

a) Pour l'avoué : qu'il n'a droit à l'intérêt d'une créance pour frais et honoraires qu'à partir du jour de la demande, à la différence de la créance qu'il pourrait avoir pour réglement d'avances faites en qualité de mandataire ordinaire (3).

b) Pour le notaire : qu'il n'a droit de même à l'intérêt de ses avances pour frais d'actes qu'à partir du jour de la demande, d'après la jurisprudence qui décide que, dans l'accomplissement de son ministère, le notaire agit comme fonctionnaire et non comme mandataire des parties (4).

Toutefois, il peut être valablement convenu que la partie qui supportera les frais devra compte au notaire de l'intérêt de ses déboursés et même de tous frais et honoraires. Cette convention produit effet dans les limites où la créance du notaire est fixée par la taxe (5).

Mais le notaire a droit aux intérêts des sommes avancées en dehors de ses obligations professionnelles et à titre de mandat, à dater du jour des avances constatées (6).

Les intérêts du solde d'un compte courant ne peuvent être capitalisés à des termes périodiques moindres qu'une année au cas de comptes ouverts par des notaires à leurs clients (7).

168. — Le principe de l'article 1153 du Code civil relatif aux intérêts *moratoires* n'est pas applicable aux intérêts *compensatoires*, c'est-à-dire à ceux qui sont accordés en même temps qu'un capital, comme dommages-intérêts, pour réparation du préjudice causé par le retard ou le défaut d'exécution d'un mandat ou d'une obligation de faire. Le point de départ de ces intérêts peut être reporté

---

(1) Castres, 1er février 1876.
(2) Paris, 29 août 1886 (art. 9467, J. N.).
(3) Cass., 23 mars, 1819 ; Douai, 29 décembre 1852.
(4) Cass., 30 mars 1830, 11 novembre 1833, 24 juin 1840, 18 mars 1850 ; Orléans, 2 décembre 1858 ; Grenoble, 17 décembre 1858 ; Metz, 17 décembre 1858 ; Douai, 26 juin 1863 ; Paris, 25 février 1867, 4 novembre 1885 (art. 23479, J. N.). Larombière, *Obl.*, t. I, p. 592, n° 33 ; Aubry et Rau, t. IV, p. 648, n° 3. M. Troplong partage cette opinion, sous le n° 684 ; mais sous le n° 217, il revendique l'honneur d'avoir fait triompher l'opinion contraire : « Un arrêt « rendu à mon rapport par la Chambre des requêtes « de la Cour de cassation le 24 juin 1840, qualifie « expressément le notaire de *mandataire des parties* « *pour recevoir leurs dispositions.* » — *Contra :* Pont, *Mandat*, n°* 858 et 1096 et *Rev. crit.*, t.III, p 259 ; Fabvier-Coulomb. *Comm. loi de ventose*, art. 51 ; Bonnecœur, *Taxe*, p. 254 ; Chauveau, *Tarifs*, p. 323 ; Eloy, *Responsabilité des notaires*, t. II, p. 896 ;

Amiaud, *Tarif général*, t. I, n° 172 ; Dict. du not., v° *Déboursés*, n° 52 ; La Flèche, 10 juin 1823 ; Grenoble, 14 juillet 1838 ; Riom, 14 décembre 1838 ; Villefranche, 2 juin 1867 ; Epinal, 30 décembre 1875.
(5) Cass., 24 janvier 1853 ; Nimes, 4 juin 1879 ; Cass., 24 juin 1880 ; Riom, 20 juin 1880 ; Auxerre, 31 août 1880 ; Paris, 4 novembre 1885 (art. 22169, 22334, 22458, 23459. 23479, J. N.). Nous conseillons de rédiger cette convention par acte distinct et sous signature privée, bien que la Cour de cassation, dans son arrêt du 24 janvier 1853, ait admis qu'une telle clause insérée dans un cahier de charges, n'a rien d'illicite, et profite éventuellement aux vendeurs qu'elle affranchit du recours immédiat ouvert contre eux au notaire.
(6) Cass., 31 décembre 1846, 25 février 1884 ; tr. Amiens, 8 novembre 1888 ; Dalloz, v° *Prescription*, art. 1096-9°.
(7) Cass., 18 mars 1850.

au delà du jour de la demande (1) ; et à plus forte raison peuvent-ils être alloués à compter du jour de cette demande (2).

169. — Compensation. — La compensation ne peut avoir lieu entre le mandant et le mandataire que pour des sommes également liquides.

Ainsi le mandant ne sera pas admis à compenser des sommes qu'il doit actuellement au mandataire avec celles qu'il prévoit pouvoir lui être dues par celui-ci après le règlement du compte de gestion, si ce compte n'est pas encore en état d'être établi au moment de la demande (3).

170. — Le mandataire auquel une créance sur le mandant a été transportée et qui a commencé, avant l'apurement du compte de gestion, des poursuites pour être remboursé, compense le montant de cette créance avec le reliquat dont il pourra se trouver comptable, et cette compensation est opposable même au tiers à qui le mandant aurait cédé ce reliquat indéterminé (4).

171. — Le créancier qui est en même temps mandataire de son débiteur et qui, à ce titre, a reçu des sommes pour le mandant, mais dont le compte n'a pas encore été établi, ne peut être contraint de compenser ces sommes avec le montant de sa propre créance, alors même que le mandant lui aurait déclaré qu'il eût à faire cette imputation jusqu'à due concurrence. En conséquence la dette du mandant continue de produire distinctement des intérêts au profit du mandataire (5).

ART. 2. — Salaires.

172. — Principe. — Le mandant est tenu de payer au mandataire ses salaires, lorsqu'il en a été promis (art. 1999, C. civ.) (6), ou lorsqu'il en est dû à raison de la qualité même du mandataire qui a été choisi.

173. — Refus. — Il ne peut refuser le paiement du salaire convenu sous prétexte que l'affaire n'aurait pas réussi (art. 1999-2°, C. civ.), à moins que le succès de la négociation n'ait été réservé comme la condition *sine qua non* pour avoir droit à la rémunération. Ainsi, celui qui a stipulé une commission proportionnelle pour le cas où il parviendrait à vendre une propriété, ne peut réclamer aucun salaire, ni même le remboursement de ses frais, au cas où ses démarches n'auraient pas réussi (7).

174. — Forfait. — Le salaire peut être convenu à forfait d'une somme fixe moyennant laquelle le mandataire sera tenu de remplir intégralement le mandat sans pouvoir répéter du mandant aucun excédant pour cause de dépenses ni de salaires (8).

175. — Révocation. — Le mandataire dont le mandat est révoqué cesse d'avoir droit au salaire qui avait été promis, alors même qu'il continuerait à administrer les biens du mandant et que la gestion serait utile (9).

176. — Négligence. — De même pour celui qui, par négligence, n'a pas rempli le mandat ; c'est ce qui a été jugé à l'égard d'un gérant désigné par un concordat intervenu entre un failli et ses créanciers (10).

---

(1) Toulouse, 29 novembre 1834 ; Cass., 23 février 1858 et 4 avril 1866.
(2) Cass., 18 décembre 1866 et 21 janvier 1867. La question est controversée de savoir si la demande de paiement d'un capital est suffisante ou non pour faire courir les intérêts (*Pour* : Cass., 20 novembre 1848, 27 février 1877 ; Delvincourt, t. II, p. 947 ; Chauveau, p. 252 ; Laurent, t. XVI, n° 320. — *Contrà* : Limoges, 4 février 1847 ; Bordeaux, 6 mai 1847 ; Toullier, t. VI, p. 272 ; Thomine, t. I, p. 143 ; Larombière, 1153 ; Demolombe, t. I, p. 626 et 627 ; Aubry et Rau, t. IV, § 308, n° 13 ; Colmet de Santerre, t. V, 70 bis-8°). La prudence commande donc de demander à la fois le capital et tous les intérêts

même moratoires qui pourraient être dus par le mandant.
(3) Bruxelles, 19 thermidor an IX ; Laurent, t. XVIII, p. 408.
(4) Paris, 18 avril 1836.
(5) Bordeaux, 12 mars 1834.
(6) Bordeaux, 5 février 1827.
(7) Paris, 23 mars 1864.
(8) Massé et Vergé, t. V, § 754, n° 3 ; Troplong, n° 629.
(9) Bruxelles, 24 février 1810. — Comp. Cass., 11 mars 1824 ; Zachariæ, § 414, n° 9 ; Aubry et Rau, t. IV, p. 640, n° 7.
(10) Cass., 27 juillet 1858.

177. — Cause illicite. — Lorsque le mandat a pour cause une chose illicite, le mandataire qui l'a exécuté n'a d'action dans aucun cas contre le le mandant, pour se faire indemniser de ses avances ou rémunérer de ses soins (1).

Cependant, s'il était de bonne foi et dans l'ignorance du caractère illicite de l'objet du mandat, il conserverait son action en paiement (2).

Celui qui a vendu sa propre chose directement n'est pas en droit de réclamer à l'acheteur un salaire de commission ou de courtage, en sus du prix convenu ; et lors même que tel serait l'usage du commerce pour certaines marchandises, les tribunaux ont le devoir de réprimer ces abus (3).

178. — Profession du mandataire. — La présomption de gratuité cesse lorsque le mandat a été donné à des mandataires qui, par état ou profession, sont chargés d'affaires de la même nature ; tels sont les mandats confiés aux avoués, agréés, agents de change, courtiers de commerce, liquidateurs et syndics des faillites, consignataires de marchandises, facteurs aux halles, etc., etc. Le salaire est présumé dans ces circonstances tacitement stipulé et promis (4).

Il y a même raison de décider à l'égard du notaire pour les affaires dont il est chargé en dehors de ses fonctions professionnelles (5).

179. — Mandat judiciaire. — C'est encore par application de ce principe que le mandat judiciaire est toujours salarié. Cependant, lorsque ce mandat a pour but d'assurer une opération de détail se rattachant à une opération principale dont l'effet a été d'assurer un salaire important au mandataire, tel que le mandat de payer le passif arrêté dans un compte de liquidation avec les fonds affectés à l'extinction de ces dettes, les tribunaux ont parfois décidé que ce mandat particulier serait rempli sans salaire nouveau par le notaire (6).

Les juges du fond apprécient souverainement le montant des honoraires qui sont dus à un administrateur judiciaire pour l'exécution du mandat (7).

180. — Mandat commercial. — Le mandat commercial est aussi de sa nature un mandat salarié, et en l'absence de convention il appartient aux tribunaux de fixer la rémunération due au mandataire d'après les circonstances de fait (8). Le gain est le but de tout pacte commercial.

181. — Empêchement. — En cas d'empêchement de force majeure survenu au cours de l'exécution du mandat, le mandataire a le droit d'être indemnisé pour les actes qu'il a pu faire jusqu'à l'interruption de sa gestion (9). Et si s'agit d'un employé salarié au mois, l'interruption momentanée du travail n'autorise pas le mandant à réduire proportionnellement le traitement, lorsqu'il n'y a pas eu révocation du mandat (10).

182. — Intérêt. — L'intérêt ne court contre le mandant pour la créance des salaires que du jour où le mandataire lui a fait une demande en paiement. (Arg., art. 2000, C. civ.)

183. — Pouvoirs des tribunaux. — C'est un principe général que les tribunaux apprécient souverainement, à défaut de convention entre les parties, le montant des salaires qui peuvent être dus pour toute cause (11).

Ils sont autorisés à réduire le salaire stipulé lorsque, par suite des circonstances ultérieures, par exemple une transaction intervenue entre le mandant et le

(1) Turin, 12 décembre 1807.
(2) Troplong, n° 31 ; Massé et Vergé, t. V, § 751, Pont, n° 816.
(3) Aix, 30 juin 1866.
(4) Cass., 18 mars 1818, 24 juillet 1832, 14 janvier 1856, 28 novembre 1858, 5 janvier 1869 ; Bourges, 30 juillet 1859 ; Lyon, 8 novembre 1860 ; Bordeaux, 29 juin 1863, 18 août 1864 ; Pont, n° 885 ; Aubry et Rau, t. IV, p. 685, n° 8 ; Ruben de Couder,
v° Ag. d'aff., n° 21 ; Dict. du not., n° 10 ; Laurent, t. XXVII, n° 842.
(5) Dict. du not., v° Notaire, n° 802.
(6) Mollot, Liq. jud., n° 340.
(7) Cass., 9 janvier 1890 (J. du not., 1890, p. 68).
(8) Rouen, 9 mars 1889.
(9) Troplong, n°° 646 et suiv. ; Pont, n° 1106.
(10) Troplong, n° 649 ; Pont, n° 1106.
(11) Cass., 28 mars 1887 et 8 janvier 1890.

tiers sans le concours du mandataire, la gestion de celui-ci s'est trouvée facilitée et ses soins et démarches amoindris (1).

Mais il a été jugé que la commission promise au mandataire pour la négociation d'un emprunt, ne peut être réduite pour raison de ce fait que l'emprunt n'a été contracté que pour une somme inférieure à celle prévue par le mandat, si c'est à la demande même de l'emprunteur qu'il a été restreint (2).

La jurisprudence reconnaît encore aux tribunaux le pouvoir de réduire le salaire promis pour le seul motif qu'il serait excessif et hors de proportion avec le service rendu ; et, s'il a été payé, d'en ordonner la restitution sous la déduction d'une rémunération légitime, s'il n'est point établi que le mandant a connu le vice de son contrat, et qu'il a voulu le réparer (3).

Ce principe, d'ailleurs, cesse d'être applicable lorsqu'il existe une convention à forfait dont le mandant ni le mandataire ne pouvaient prévoir les résultats et qui pouvait laisser une perte à la charge du mandataire (4).

184. — Dol. — Le mandant ne doit aucune rémunération au mandataire pour l'exécution d'un mandat qui aurait été annulé comme entaché de dol et de fraude ; l'immixtion frauduleuse dans les affaires d'autrui ne pouvant devenir le principe d'un salaire (5).

De nombreuses applications de ces règles ont été faites dans des circonstances variées, parmi lesquelles nous noterons les suivantes :

185. — Agent d'affaires. — Le courtier matrimonial peut stipuler un salaire et le remboursement de ses déboursés pour l'indemniser des démarches qu'il aura faites en vue de la réalisation du mariage (6).

Mais si le paiement du salaire avait été subordonné à la réussite d'un mariage déterminé auquel le mandataire devrait employer ses soins, la cause étant illicite comme contraire aux bonnes mœurs, le mandat serait nul. En conséquence, le billet souscrit sous semblable condition devrait être annulé ; et le tiers porteur au profit de qui il aurait été endossé, doit être tenu pour averti de la nullité du billet par l'énoncé de la cause, et ne peut être reçu à invoquer sa bonne foi (7).

Le traité qui intervient librement entre le révélateur d'une succession et l'héritier peut valablement contenir une cession de droits successoraux à titre de rémunération de services. Un tel contrat ne peut être revisé ni réduit par justice (8).

Il est nécessaire, mais suffisant, pour sa validité que l'héritier ait été mis en possession d'un secret, c'est-à-dire que sans l'intervention du révélateur, il eût couru le risque d'ignorer perpétuellement le décès de son parent et par suite l'existence des droits héréditaires qui en étaient la conséquence (9).

---

(1) Cass., 9 mai 1866, 8 avril 1872, 28 février 1877, 13 mai 1884 ; Agen, 4 mars 1889.
(2) Paris, 24 novembre 1871.
(3) Cass., 11 mars 1824 (art. 4909, J. N.) ; Paris, 20 novembre 1854 ; Cass., 7 février 1855 ; Paris, 12 janvier 18 6 ; Cass., 1er juillet 1856 ; Bordeaux, 12 février 1857 ; Cass., 12 janvier 1863, 29 janvier 1867 ; Paris, 17 mai 1867 ; Seine, 11 février 1870 ; Paris, 21 juin 1871 ; Cass., 8 avril 1872 ; Paris, 3 avril 1873 ; Seine, 8 avril 1875 (*Rev. not.*, n° 4245, 4376 et 4879) ; Paris, 31 janvier 1876 ; Cass., 24 février 1891 ; Troplong, n° 632. — *Contrà* : Paris, 27 juin 1863 ; Cass., 7 mai 1866.
Les auteurs critiquent cette jurisprudence comme contraire au principe de la liberté des conventions et au texte des articles 1118 et 1134, C. civ. : Laurent, n° 349 et suiv. ; Demolombe, *Revue de lég.*, 1846, t. II, p. 448 ; Domenget, t. I, p. 152 ; Pont, n° 1109 ; Aubry et Rau, t IV, p. 649 ; Baud y-Lacantinerie, t. III. *Mandat*). Mais elle se trouverait justifiée si le consentement n'avait été donné que sous la pression d'une contrainte morale ou à la suite de réticences coupables ou de manœuvres dolosives. Dans ces cas, le réduction du salaire pourrait être prononcée, alors même que l'agent d'affaires aurait pris l'engagement de suivre la négociation à ses risques et périls. (Cass., 18 avril 1855, 12 janvier 1863, 29 janvier 1867 et arrêts, *sup. cit.* — Comp. Cass., 16 janvier 1882 (art. 22807, J. N.).
(4) Seine, 16 mai 1865 (art. 18296, J. N.). — Comp. Cass., 8 avril 1872.
(5) Cass., 2 août 1837 ; Massé et Vergé, t. V, § 754 n° 12 ; Pont n° 1103.
(6) Nîmes, 18 mars 1884.
(7) Paris, 11 janvier 1883 ; Nîmes, 18 mars 1884.
(8) Seine, 18 mai 1878 et 20 janvier 1883 ; Cass., 7 mai 1866 Paris, 2 août 1880 ; tr. comm. Seine, 9 mai 1883 et 3 mars 1891.
(9) Seine, 20 janvier 1883.—Conf. Dijon, 21 juillet 1880 ; Paris, 12 août 1880 ; Turin, 9 mai 1882.

Au contraire, s'il est établi par les faits que la révélation n'a été d'aucun secours pour l'héritier, qui aurait pu sans elle acquérir la certitude de ses droits et en assurer l'exercice, la convention est frappée de nullité pour défaut de cause.

Cependant si le révélateur a accepté le mandat de faire, bien qu'à ses propres risques, les recherches utiles pour permettre à l'héritier de recueillir la succession et si cet engagement a été exécuté, le mandataire a droit à une juste rénumération de la part du mandant (1).

La rémunération d'un mandat confié à un agent d'affaires, chargé de procurer des fonds au mandant, bien que fixée entre les parties, est susceptible d'être appréciée par les tribunaux et ramenée à un chiffre en rapport avec les soins et démarches du mandataire (2).

186. — Bénéfice d'inventaire. — L'héritier bénéficiaire qui administre une succession ne peut réclamer, à raison de ce mandat, ni salaire, ni indemnités pour peines et soins, alors même que les embarras de sa gestion seraient considérables (3) et qu'il ne lui resterait absolument rien (4).

Si l'héritier pour se décharger d'une administration trop lourde avait constitué un mandataire, ce serait à lui de l'indemniser personnellement.

Mais serait salarié le mandat donné à un administrateur judiciaire, soit en cas d'abandon des biens par l'héritier, soit pour cause des complications exceptionnelles de la liquidation et des connaissances spéciales qu'elle exige (5).

187. — Courtier. — Le courtier peut demander le paiement de ses frais et salaires à celui de qui il a reçu la commission, encore bien que celui-ci n'ait que la qualité d'un mandataire ou d'un commissionnaire. Le courtier n'a pas à s'enquérir du mandant ou du commettant de la personne qui s'adresse à lui (6). Il en serait différemment si le mandataire avait dénoncé sa qualité et décliné toute responsabilité personnelle (7).

188. — Curé. — Le curé ou desservant qui convoque des prêtres étrangers pour l'assister lors de la célébration d'un service et qui fait exécuter à cette occasion des travaux dans son église, n'accomplit pas un acte du ministère ecclésiastique susceptible d'être rémunéré par le tarif des oblations dues au clergé. Ces faits constituent soit le mandat salarié, soit le louage d'ouvrage, et, à défaut de convention, les tribunaux sont appelés à régler le montant des frais et émoluments qui peuvent être dûs pour ces services exceptionnels (8).

189. — Divorce. — Le mandat tacite ne saurait être invoqué contre le mari par le fournisseur qui a livré des costumes au domicile particulier de la femme non encore divorcée, mais dont les relations sont depuis plusieurs mois déjà notoirement rompues avec son mari. Le prix de ces costumes ne peut être réclamé au mari, alors que la femme possédait, au moment des commandes, des ressources personnelles suffisantes pour y faire face (9).

190. — Echange. — Le mandant qui est convenu de payer au mandataire une rémunération pour le cas où il réussirait à échanger une propriété pour un autre immeuble indiqué. ne peut se refuser après la réalisation de l'échange à payer le salaire promis, pour le motif que le mandataire avait contracté un semblable engagement avec son co-échangiste et en avait reçu un salaire. Ce moyen ne pourrait valoir qu'autant que le mandat aurait attribué au mandataire le pouvoir de conclure seul et sans l'assistance du mandant (10).

191. — Fonctions publiques. — Le fonctionnaire public qui a donné

---

(1) Cass., 12 janvier 1863; Paris, 28 juillet 1879.
(2) Paris, 21 juin 1871 ; Cass, 8 avril 1872 (*Rev. not.*, n° 4245) ; Paris, 3 avril 1873 ; Seine, 8 avril 1875 (*Rev. not.*, n°ˢ 4376 et 4879).
(3) Dict. du not., v⁰ *Compte de bén. d'inv.*, n° 27.
(4) Demolombe, *Succ.*, t. III, p. 233.

(5) Caen, 10 mars 1891.
(6) Paris, 10 novembre 1812.
(7) Ruben de Couder, v⁰ *Courtiers*, n° 325.
(8) Cass., 9 juill.·t 1877.
(9) Paris, 22 novembre 1889.
(10) Lyon, 9 août 1843 ; Pont, n° 1104.

un mandat dans la limite et à raison de sa fonction, ne contracte aucune obligation personnelle vis à vis du mandataire. Celui-ci n'a d'action que contre l'Administration que le fonctionnaire représente (1). Il en est ainsi :

a) De la commission donnée par le magistrat d'assigner une personne en témoignage ou à comparaître devant la justice, ou par le receveur de l'enregistrement de poursuivre un redevable pour le recouvrement de l'impôt.

b) De la commission donnée par le maire à un avoué d'occuper pour la commune ; l'avoué ne peut répéter ses frais et honoraires que contre la commune (2).

c) De la réquisition faite par le maire à un médecin au cours d'une épidémie, de donner des soins aux malades indigents de la commune ; la commune est redevable des honoraires dûs au médecin (3).

d) De la garde des scellés apposés par le juge de paix après un décès: les frais sont dûs par la succession.

e) Du sequestre préposé par l'huissier à la garde des objets saisis ; ses vacations sont à la charge du saisissant.

192. — Gestion. — Il en est de même du mandataire qui a agi en vertu et à l'occasion de ses pouvoirs et dont la qualité est connue du tiers. Ainsi:

a) C'est la faillite qui doit à un avoué les frais de la commission donnée par le syndic d'occuper dans une affaire intéressant cette faillite et le syndic ne les a faits que pour l'accomplissement légal de sa mission (4).

b) Les frais d'instance engagés à la demande du gérant d'une société anonyme dans l'exercice de son mandat, sont à la charge de la société sans pouvoir être mis à celle du gérant (5).

193. — Compagnies et sociétés. — Mais les compagnies et sociétés financières, bien que chargées par certaines lois de finances du recouvrement des droits de timbre, transmission, impôt sur le revenu et autres, ne sont pas fondées à prétendre qu'elles n'agissent qu'en qualité de mandataire de l'Etat ; elles sont à son égard des débiteurs directs (6).

194. — Forfait. — Le cessionnaire d'une affaire litigieuse, par exemple celui qui se charge à forfait du soin de liquider une société, connaissant l'existence d'un débat soumis aux tribunaux pour apprécier si certains associés éliminés supporteront les dettes sociales, ne peut, après le jugement qui déclare que ces associés ne sont pas tenus de participer au paiement du passif, recourir contre les autres cédants en garantie des sommes qu'il se trouve dans l'obligation de payer (7).

195. — Officiers ministériels. — De nombreuses décisions ont été rendues à l'occasion des officiers ministériels.

Avoué. — L'avoué, qui dans une même instance a été chargé par plusieurs parties de représenter leurs intérêts distincts, a droit à autant de salaires qu'il a représenté de parties (8).

Le décret réglementaire des frais et dépens s'oppose à ce que l'avoué réclame à la partie aucun supplément de taxe à titre de salaires ou indemnité *in globo*,

---

(1) Cass., 24 mars 1825 ; Aubry et Rau, t. IV, § 414, n° 1 ; Pont, n° 1082.
(2) Cass., 17 juillet 1838.
(3) Cass., 27 janvier 1858.
(4) Paris, 25 avril 1838 ; Cass., 24 août 1848 ; Pardessus, *Dr. comm.*, t. IV, n° 1181 ; Pont, n° 1082.

— *Contrà* : Paris, 25 septembre 1823, 2 août 1830 ; Bordeaux, 25 avril 1835.
(5) Cass., 6 mai 1835 ; Pont, n° 1082.
(6) Cass., 27 novembre et 31 décembre 1872.
(7) Cass., 5 juillet 1837.
(8) Grenoble, 5 mars 1861.

quel que soit l'usage abusif qui se soit introduit dans la compagnie sur ce point (1).

Mais la partie peut promettre à l'avoué une rémunération spéciale pour des travaux extraordinaires nécessités par la nature ou l'importance de l'affaire pour laquelle elle réclame tous les soins de l'avoué, et ce dernier à une action contre la partie pour réclamer la gratification promise (2).

Décidé même que, en l'absence d'une convention, l'avoué peut réclamer une juste indemnité pour les soins extraordinaires qu'il a donnés à une affaire dans l'intérêt de la partie (3).

Il est dans la mission de l'avoué d'accepter des mandats en dehors de ses attributions professionnelles. Par suite, on ne peut lui contester les salaires qui lui sont dus à l'occasion de l'accomplissement de ces mandats (4); mais le règlement tombe sous l'appréciation souveraine des tribunaux (5).

L'avoué est admis à compenser la créance de ses frais et honoraires avec les sommes qu'il a reçues pour le compte de son client, alors même que ce dernier eût affecté ces sommes à une autre destination (6).

L'avoué est réputé avoir reçu mandat de la partie de régler les honoraires dus à l'avocat. Il peut les régler et les répéter directement de son client (7).

Toutefois, en principe, l'avocat n'a pas d'action directe contre l'avoué à ce sujet ; à moins qu'il ne ressorte des faits particuliers que l'avoué avait accepté le mandat de les recevoir et autorisé l'avocat à les réclamer (8).

Huissier. — L'huissier qui a reçu mission de l'avoué de faire des significations et autres actes de procédure dans l'intérêt d'une affaire dirigée par l'avoué, est en droit de demander à ce dernier le paiement de ses frais et honoraires (9).

Dans tous les cas, les tribunaux apprécient, selon les circonstances de fait, si cette obligation existe en droit pour l'avoué ; mais le fait que l'acte dont le coût est dû à l'huissier se trouve entre les mains de l'avoué, ne constitue pas à lui seul une présomption suffisante pour rendre l'avoué débiteur de ces frais ; il doit en ressortir qu'il a été accompli sur l'ordre de l'avoué (10).

Notaire. — Il a été jugé que le notaire qui a négocié un acte de prêt réalisé par son ministère n'a droit à aucune commission en dehors des honoraires de l'acte (11).

Il a été jugé aussi qu'à moins de convention contraire et formelle, le notaire n'a droit à aucune rémunération, soit pour frais de gestion des fonds de ses clients (12), — soit pour les soins, démarches et négociations qui ont nécessité les actes reçus par lui (13) ; c'était dire que le mandat confié aux notaires, en raison même ou à l'occasion de ses fonctions, est, de sa nature, gratuit et non salarié. Mais la doctrine contraire est enseignée par tous les auteurs (14), et a été consacrée par la Cour de cassation (15).

C'est, en effet, la seule doctrine qui soit conforme au droit et à l'équité (16).

Les honoraires réclamés pour la préparation d'un acte demeuré imparfait,

(1) Cass., 25 janvier 1813; Circulaire min. just., 30 juin 1891.
(2) Paris, 9 juin 1831 ; Cass., 10 août 1831.
(3) Paris, 22 novembre 1838.
(4) Bordeaux, 18 août 1864 ; Cass., 5 janvier 1869; Bordeaux, 18 janvier 1872.
(5) Cass., 29 juin 1870.
(6) Bordeaux, 18 août 1864.
(7) Caen, 30 décembre 1840 ; Paris, 25 août 1849; Besançon, 15 février 1858 ; Chauveau et Godoffre, *Comm. du tarif*, t. I, n° 981.
(8) Cass., 2 mai 1853 ; tr. Nîmes, 2 décembre 1868.
(9) Bruxelles, 4 novembre 1815 ; Bourges, 11 juillet 1840 ; Devilleneuve et Carrette, *Coll. nouv.*, t. V, p. 2, n° 64.

(10) Cass., 27 août 1872.
(11) Toulouse, 25 janvier 1842.
(12) Bordeaux, 5 août 1890.
(13) Riom, 20 décembre 1889.
(14) Aubry et Rau, t. IV, p. 635, note 8 ; Pont, *Petits contrats*, t. I, n° 886 ; Rutgeerts et Amiaud, t. III, n° 1164.
(15) Cass., 24 juillet 1832 ; 14 janvier 1856, 23 novembre 1858, 13 mars 1866 (*Rev. not.*, n° 1381), 6 août 1873 (D. 1875-1-260). — *Sic* : Poitiers, 10 avril 1851 ; Paris, 20 novembre 1866 ; Langres, 18 décembre 1880 ; Lyon, 7 mai 1890 (*J. du not.*, 1890, p. 65 et 520).
(16) Bonnet, *J. du not.*, 1891, p. 433.

doivent être passés en taxe avant d'être réclamés à la partie (1) ; et le notaire n'a pas d'action contre celle des parties qui refuse de signer l'acte, si d'ailleurs il n'a pas reçu mandat de cette partie de préparer le contrat (2).

De même il ne peut réclamer aux parties ni le remboursement des droits d'enregistrement qu'il aurait payés pour un acte de vente demeuré imparfait sur le refus de signature de l'une d'elles, ni le paiement d'honoraires pour cet acte (3) (V. toutefois, en ce qui concerne les honoraires, *suprà*, v° ACTE IMPARFAIT, n° 11).

Le notaire serait sans droit à réclamer des honoraires pour des actes qui seraient reconnus entachés de collusion et frustatoires, et qui n'auraient eu d'autre but que de provoquer des honoraires dans un intérêt personnel (4).

Le notaire qui, par suite du mandat qui lui a été confié, a payé au conservateur des hypothèques un droit supérieur à celui qui était légalement dû, en matière de salaire d'hypothèque, ne peut réclamer à son mandant le remboursement du trop perçu (5).

Art. 3. — *Exécution des engagements.*

196. — Le mandant est tenu d'exécuter les engagements contractés par le mandataire conformément au pouvoir qui lui a été donné (art. 1998 C. civ.).

Les actes juridiques accomplis par le mandataire dans les conditions du mandat sont réputés faits par le mandant. Ce dernier est donc tenu de toutes les obligations nées du contrat et il profite de tous les droits qui en résultent, comme s'il avait agi personnellement, abstraction faite du mandataire. D'où la conséquence que le mandataire n'a pas d'action pour réclamer l'exécution des contrats, et qu'il ne peut être recherché personnellement pour leur exécution (6).

Ce principe reçoit son application même dans le cas où un jugement a été rendu contre le mandataire en cette qualité. C'est contre le mandant que la sentence est exécutoire (7).

197. — Un acte est réputé, vis-à-vis des tiers, fait conformément au mandat, lorsqu'il rentre dans les pouvoirs qui y sont énoncés ou qui en forment l'accessoire, alors même que le mandataire aurait outrepassé la limite du mandat, si, cette circonstance étant demeurée inconnue du tiers contractant, la procuration conservait sa valeur apparente (8).

Ainsi le mandataire après avoir usé du pouvoir d'emprunter 1,000 francs en vertu d'une procuration dont il est resté en possession, emprunte une seconde fois cette somme en vertu du même pouvoir ; le mandant sera tenu de rembourser les deux sommes (9).

Cette fraude n'est pas à craindre si l'emprunt est fait par acte authentique ; la loi du 25 ventôse an XI, article 13, prescrit en effet au notaire d'annexer à la minute de l'acte le brevet ou une expédition de la procuration dont il est fait usage.

Si la procuration a été donnée pour emprunter plusieurs sommes, le notaire détenteur de la minute ou du brevet annexé, indiquera sur les extraits qu'il en délivrera que ces expéditions sont les *première, seconde* ou *troisième*, afin que les tiers soient avertis de l'usage qui en a été fait précédemment (10).

(1) Cass., 24 juillet 1832 ; Alger, 20 octobre 1874; Cambrai, 11 mai 1877 (art. 21671, J. N.) ; Dict. du not. et suppl., *Honoraires*, n° 99; Amiaud, *Tarif gén.*, t. II, p. 298.
(2) Cass., 24 juillet 1832.
(3) Cass., 8 juillet 1866.
(4) Cass., 20 janvier 1869.
(5) Cass , 19 janvier 1881 ; Troplong, n° 629 ; Pont, n° 1088. — Si la jurisprudence de cet arrêt devait devenir la règle, elle contiendrait à elle seule une réponse au reproche que les Conservateurs adressent de nos jours aux notaires, de résister, sans intérêt personnel, à leurs efforts pour percevoir des droits et des salaires multiples ou plus élevés.
(6) Aubry et Rau, t. IV, p. 650.
(7) Bordeaux, 11 juillet 1866, *id.*, *id.*
(8) Aubry et Rau, t. IV, p. 650.
(9) *Id.*, *id.*, note 2: Pothier, n° 80 ; Cass., 16 août 1860 ; Troplong, n° 656.
(10) Ed. Clerc, *Procuration*, n° 47.

Si l'emprunt est fait par billet, le prêteur doit exiger la remise de la procuration énoncée, s'il s'agit d'un prêt unique, ou bien son dépôt dans l'étude d'un notaire, si la procuration a pour objet de contracter plusieurs emprunts, afin de pouvoir justifier au besoin du mandat qui lui avait été donné au mandataire.

Mais si l'erreur n'est pas imputable au mandant, si elle provient, par exemple, de la collation erronée d'une pièce qui ne serait pas conforme à la minute, le mandant ne sera plus responsable, ni obligé par l'effet de conventions qu'il n'avait pas donné pouvoir de contracter (1).

198. — Faute. — Le mandant est responsable vis-à-vis du contractant, non seulement du fait de gestion, mais aussi de la faute du mandataire, pourvu toutefois qu'il ne soit pas sorti des limites du mandat et que le tiers n'ait pas participé à la faute du mandataire (2).

Mais il répond, vis-à-vis du tiers de bonne foi, de la fraude mise en œuvre par le mandataire dans l'accomplissement des actes de sa gestion, encore bien que la fraude constitue en elle-même un abus du mandat et un excès du pouvoir conféré (3), et il suffirait, pour que la responsabilité du mandant fût encourue, que le fait dommageable se rattachât à l'objet du mandat et qu'il se fût produit à l'occasion de son exécution (4).

199. — Les actes accomplis par le mandataire obligent le mandant, alors même qu'il a agi en son nom personnel ; néanmoins, il incombe à celui qui oppose au mandant cette qualité, de faire la preuve de l'existence du mandat (5).

Lorsqu'il est établi en fait que le traité conclu par le mandataire a été provoqué par lui et contracté avec lui seul, qu'il en a reçu le prix et qu'il s'est obligé à son exécution, le mandataire peut être déclaré responsable personnellement envers le tiers contractant des engagements qu'il avait souscrits au nom du mandant (6).

Le mandataire qui a prêté sciemment son concours à des spéculations de jeu, n'a pas d'action pour contraindre le mandant au remboursement des sommes payées en son acquit bien qu'en exécution du mandat (7).

200. — Gestion d'affaires. — Le maître, dont l'affaire a été bien administrée, doit remplir les engagements que le gérant a contractés en son nom ; l'indemniser de tous les engagements personnels qu'il a pris et lui rembourser toutes les dépenses utiles ou nécessaires qu'il a faites (art. 1375, C. civ.) (8).

C'est en vertu de ce principe qu'il a été jugé, par exemple :

a) Que l'entrepreneur qui a fait des travaux commandés par le mari sur les biens propres de la femme, possède l'action de mandat contre le mari et l'action de gestion jusqu'à concurrence de la plus-value, contre la femme, pour avoir paiement des travaux accomplis (9) ;

b) Que l'habitant d'une commune, qui a été contraint de payer des réquisitions à l'ennemi, a un recours contre la commune pour être indemnisé de l'avance ainsi faite à la décharge et dans l'intérêt général des habitants (10) ;

(1) Aubry et Rau, t. IV, § 651 ; Zachariæ, § 415, note 3 ; Amiens, 11 mai 1854.
(2) Cass., 20 janvier 1880 ; Toulouse, 26 octobre 1886 ; Pont, n° 1064.
(3) Cass., 14 juin 1847.
(4) Nancy, 25 février 1890. — Dans le même sens : Orléans, 21 décembre 1854 ; Cass., 5 novembre 1855, 16 août 1860, 14 juin 1875, 26 novembre 1878 ; Seine, 26 février 1891 (*Mandat verbal*); Aubry et Rau, t. IV, p. 650, n° 2 ; Larombière, *Obl.*, n° 1384; Laurent, t. XX, n° 583.
(5) Cass., 17 novembre 1856.

(6) Cass., 10 août 1831.
(7) Cass., 16 février 1881.
(8) Toullier, t. XI, n° 48 ; Marcadé, n° 1 ; Aubry et Rau, n° 14 ; Demolombe, t. VIII, n° 187 ; Delamarre et Lepoitvin, *Dr. comm.*, t. II, n° 104.
(9) Cass., 14 juin 1820 ; Favard, *Quasi-contrat*, n° 9.
(10) Angers, 7 mars et 7 mai 1874 ; Cass., 13 mai 1873, 3 février 1874, 23 février 1875, 11 décembre 1878, 12 avril et 17 novembre 1880, 7 février et 15 mars 1882.

c) Que le tiers qui a payé pour le débiteur, en qualité de gérant ou de mandataire, est présumé avoir fait l'avance des fonds ; cette présomption *de jure* ne peut être écartée que si la quittance fait connaître que les deniers appartenaient au débiteur (1).

Le gérant d'affaires a droit, comme tout autre mandataire, à l'intérêt des dépenses nécessaires qu'il aurait payées en l'acquit du propriétaire, d'après les principes de l'article 2001 du Code civil.

Mais, s'il avait géré contre la défense du propriétaire, il n'aurait pas, en principe, d'action en répétition de ses déboursés (2).

201. — Décharge. — Le mandant, avons-nous dit, n° 161, doit tenir le mandataire indemne de toutes choses faites à l'occasion et dans la limite du mandat.

Lorsque le mandataire a présenté son compte de gestion, que ce compte a été vérifié avec pièces à l'appui et approuvé, et que le reliquat dû par l'une ou l'autre des parties a été réglé, le mandant doit donner au mandataire une décharge entière et définitive du mandat.

Si des règlements spéciaux sont intervenus entre le mandant et le mandataire à l'occasion de parties distinctes du mandat, des décharges particulières doivent être données à l'occasion de ces règlements (V. *suprà*, v° COMPTE).

Lorsque le mandant était, à l'époque des arrêtés de compte, dans l'indépendance de sa personne et la possession absolue et non contestée de ses droits, il n'y a pas lieu de faire réviser ces comptes par experts, pour en vérifier les éléments, sous prétexte que l'arrêté en aurait été consenti dans des conditions suspectes et de nature à vicier le consentement ; alors surtout que les décharges données sont formelles et non équivoques (3).

ART. 4. — *Ratification.*

202. — Le mandataire peut avoir excédé les pouvoirs du mandat ou avoir agi en dehors de ces pouvoirs. Les actes qu'il aura passés, bien que juridiques, n'obligeront pas le mandant ; ils seront réputés non avenus à son égard (art. 1998, C. civ.).

Mais le mandant peut les ratifier. L'effet de la ratification est de procurer aux actes confirmés la force légale qu'ils auraient eue dès le principe s'ils avaient été passés conformément aux pouvoirs conférés. Cet effet remonte au jour de la réalisation des contrats, comme si le pouvoir avait été contenu dans la procuration. *Ratihabitio mandato æquiparatur* (4).

Toutefois la rétroactivité toute puissante *inter partes* ne serait pas opposable aux tiers qui auraient acquis des droits dans l'intervalle (5).

203. — La ratification du mandat peut être *expresse* ou *tacite* (art. 1998, C. civ.) ; mais elle doit toujours avoir lieu en connaissance de cause.

Elle exige seulement la volonté de ratifier, et elle est affranchie des formalités prescrites par l'article 1338 du Code civil. Il n'est donc pas nécessaire qu'elle contienne la substance des conventions ratifiées ni la mention des causes de l'action en nullité ou en rescision (6).

---

(1) Bordeaux, 1er août 1855. — *Contrà* : Cass., 9 juillet 1844.
(2) Toullier, t. XI, n° 55 ; Aubry et Rau, t. IV, p. 726, n° 19 ; Laurent, t. XX, n° 336. — *Contrà* : Marcadé, n° 1375 ; Colmet de Santerre, t. V, n° 175 *bis* 11e et 349 *bis* 4e ; Larombière, t. V, art. 1875.
(3) Rouen, 13 mars 1889.
(4) Troplong, p. 617 ; Massé et Vergé, § 755, note 4 ;

Pont, n° 1075. — *Contrà* : Laurent, t. XXVIII, p. 74.
(5) Troplong, n° 617 ; Aubry et Rau, t. IV, p. 651 ; Mourlon, t. III, n° 1101 ; Pont, n° 1075.
(6) Cass., 26 décembre 1815, 5 mai 1853 ; Bordeaux, 8 août 1870 ; Cass., 1er juin 1880 ; Toullier, t. VIII, p. 491, 502 ; Delamarre et Lepoitvin, *Droit comm.*, t. II, p. 126 ; Troplong, p. 609 ; Larombière, note 3 ; Demolombe, n° 752 ; Pont, n° 1071 ; Aubry et Rau, t. IV, § 415, note 2.

L'appréciation souveraine des faits desquels elle peut résulter appartient aux tribunaux (1); et ils décident de même si elle a eu lieu en connaissance de cause (2). On n'est pas admis à proposer pour la première fois devant la Cour de cassation, le moyen tiré de ce fait que la partie aurait ratifié par l'exécution l'acte dont elle poursuit la nullité (3).

204. — Mais si la ratification du fait du mandataire est dispensée de l'observation des prescriptions de l'article 1338 du Code civil, il n'en est plus de même de la confirmation de l'acte qui n'aurait pas été dressé selon les formes légales. Cette question est étrangère au mandat, et l'acte ne peut être ratifié qu'en observant la règle qui prescrit que la cause de la nullité soit exprimée ainsi que l'intention expresse d'y remédier (4).

La femme, dont le mari s'est porté fort dans un acte légalement fait par lui, n'est pas obligée d'observer dans la ratification les dispositions de l'article 1338 (5).

Il en est ainsi encore de la ratification par le mineur devenu majeur, d'un acte de vente consenti par le mandataire du tuteur, alors même que la procuration mentionnerait faussement que le tuteur aurait été autorisé par le conseil de famille à faire cette vente (6).

Le mandataire ni le tiers n'ont besoin d'intervenir à l'acte de ratification dont l'effet immédiat est indépendant de leur volonté.

L'exécution du contrat peut résulter même d'actes passés avec des tiers. Il suffit pour que ces actes emportent ratification que leur auteur soit maître de ses droits et ait eu la volonté de réparer le vice dont le contrat primitif était entaché (7).

L'exécution partielle de l'engagement produit les mêmes effets que l'exécution totale (8).

205. — La ratification accordée au tiers contractant de bonne foi par le mandant n'opère pas nécessairement la décharge du mandataire, et il peut être recherché en dommages intérêts par le mandant s'il lui a porté préjudice en excédant le mandat (9).

Mais la ratification accordée sans réserve ne permettrait plus au mandant de réclamer des dommages-intérêts au mandataire à raison de l'usage qu'il aurait fait du mandat (10).

206. — La ratification peut s'appliquer à des actes passés par un mandataire apparent dont le pouvoir, par exemple, serait vicié de quelque cause de nullité, ou accomplis par une personne qui n'aurait reçu aucun mandat d'agir, et alors même que ces actes ne pourraient être rattachés à la classe des quasi-contrats de gestion d'affaires (11).

207. — Lorsqu'un compromis a été signé par un mandataire non pourvu de pouvoirs suffisants, ou bien encore par le curateur d'un absent, par une personne privée de ses droits civils ou par un failli, la nullité de l'acte peut être opposée par toutes les parties (12).

---

(1) Cass., 7 novembre 1877, 22 mars 1880, 16 janvier 1882.
(2) Cass., 14 janvier 1873.
(3) Cass., 8 novembre 1842.
(4) Duranton, p. 266; Larombière, note 3.
(5) Bordeaux, 8 août 1870.
(6) Cass., 1er juin 1880.
(7) Caen, 15 juin 1877; Cass., 25 novembre 1878 et 1er juin 1880.
(8) Solon, t. II, p. 437; Larombière, art. 1338, note 43; Aubry et Rau, t. IV, § 387, p. 268; Demolombe, t. VI, p. 776; Laurent, t. XVIII, n° 635.
(9) Cass., 28 mars 1855; Pont, n°s 987, 1078. — V. cependant Aubry et Rau, IV, § 415, p. 651.
(10) Cass., 9 mai 1853; Aubry et Rau, t. IV, p. 651. — Contrà : Cass., 28 mars 1855.

(11) Pont, n°s 1072 et 1073.
(12) Aix, 6 mars 1812; Cass., 5 octobre 1808, 18 août 1819; Toulouse, 29 avril 1820; Ruben de Couder, Droit comm., v° COMPROMIS, p. 39. — Il a même été jugé que la nullité d'un compromis intervenu entre le curateur d'un absent et la partie adverse n'est pas encourue seulement à leur égard, mais encore entre la partie et les consorts de l'absent qui auraient signé le compromis étant civilement capables (Cass., 5 octobre 1808).
Et la nullité du compromis signé par une personne sans qualité (dans l'espèce le régisseur d'un domaine), n'est pas susceptible d'être couverte par la ratification de la partie intéressée après que la sentence des arbitres a été rendue (Dijon, 6 mai 1858).

Mais la ratification serait valablement donnée par le mandant si le compromis avait été signé par un porté-fort en son nom (1).

208. — Quelque maître cependant que soit le mandant de donner ou de refuser la ratification, il ne peut à son gré diviser l'acte du mandataire dans ses dispositions, retenir les dispositions avantageuses et écarter celles qui lui paraîtraient préjudiciables. L'acte doit être accepté ou rejeté dans son ensemble (2).

209. — Le mandataire n'est admis à faire la preuve de la ratification qu'au moyen des actes qu'il peut légitimement produire; c'est ainsi qu'il ne pourrait invoquer l'approbation contenue dans une lettre confidentielle du mandant à un tiers, dont l'usage lui est interdit (3).

210. — Lorsque le mandat n'a pas été révélé au tiers, le mandant n'a pas d'action contre lui, ni ce dernier contre le mandant; la convention n'a d'effet qu'entre les tiers et le mandataire personnellement (4).

Mais le mandant peut se faire subroger dans les droits et actions du mandataire, (art. 1166, C. civ.); comme le tiers créancier pourrait le faire de son côté (5).

Néanmoins, la notoriété de la qualité du mandataire dont le mandat n'a pas été expressément rappelé, peut faire fléchir ce principe et suffire pour établir que les tiers ont entendu traiter avec le mandant (6).

211. — Lorsque le mandataire a agi en qualité de prête-nom ou de command, la désignation ultérieure du mandant écarte le mandataire du contrat, et en transporte les obligations au mandant (7).

212. — L'acte de ratification n'est pas soumis à la formalité du double écrit, à moins qu'il ne revête le caractère d'une transaction (8).

La ratification est d'ailleurs régie par la loi du lieu où elle est consentie (9).

213. — Défaut de ratification. — Le mandant qui refuse de ratifier les actes passés par le mandataire en dehors des pouvoirs de la procuration, n'est tenu à aucune garantie vis-à-vis du contractant. Ce sont pour lui des conventions qui lui sont étrangères (10).

Mais quelle sera la situation du mandataire? Deux cas sont à examiner.

Si, avant de traiter avec le tiers contractant, il lui a donné connaissance des pouvoirs dont il était nanti et l'a ainsi mis à même d'en apprécier la portée, il n'a encouru aucun reproche et l'imprudence du tiers contractant ne lui est pas imputable.

Par application de ce principe, il a été jugé que le tuteur, mandataire légal du mineur, ne peut être rendu responsable envers les tiers de la nullité d'actes passés par lui sans l'accomplissement des formalités légales, alors qu'aucun fait de dol, ni aucun fait constituant un délit ou un quasi délit n'est relevé contre lui, et que les tiers connaissant sa qualité de tuteur, ont traité avec lui en connaissance de cause (11).

Mais si le mandataire avait traité en déclarant avoir des pouvoirs qui ne lui auraient pas été donnés, s'il n'avait pas fait connaître la procuration dont il était

---

(1) Toulouse, 29 avril 1820, 25 juin 1831,
(2) Pont, n° 1076; Troplong, n° 615; Massé et Vergé, t V, p. 52, note 4.
(3) Cass., 4 avril 1821; Pont, n° 987.
(4) Troplong, n° 522; Aubry et Rau, t. IV, § 415, p. 652; Pont, n° 1060.
(5) Mêmes auteurs.
(6) Pothier, n° 88; Troplong, n° 536; Massé et Vergé, t. V, § 755, note 10. — *Contrà :* Delamarre et Lepoitvin, t. III, note 54.
(7) Troplong, n° 518; Delamarre et Lepoitvin, III, p. 128; Pont, n° 1081.

(8) Toullier, t. VIII, p. 501; Duranton, t. XIII, p. 275.
(9) Merlin, *Répertoire*, *Effet rétroactif*, sect. 3, § 3-7; Delamarre et Lepoitvin, p. 134; Fœlix, *Droit international*, p. 89.
(10) Duranton, t. XVIII, p. 260; Aubry et Rau, t. IV, p. 651, note 5; Cass., 14 mai 1829
(11) Nancy, 9 mai 1885 (art. 23697, J. N); Demolombe, *Minorité*, t. II, p. 125, 126; Aubry et Rau, t. I, p. 471; Laurent, t. V, n° 102.

porteur, ou encore s'il s'était porté-fort du mandant, le tiers contractant aurait une action en garantie ou en dommages intérêts contre le mandataire (1).

Mais à qui incomberait la preuve de ce fait? Serait-ce au mandataire ou au tiers contractant? La question est controversée. Il semble que la solution soit susceptible de varier selon les circonstances particulières de chaque affaire (2).

214. — Désaveu. — Si le mandant peut se borner à ne pas ratifier les actes dans lesquels le mandataire a excédé les pouvoirs qu'il lui avait conférés, il est des circonstances où le désaveu doit être exprès, et accompli sous certaines formes. Tel est le cas où une partie fait au greffe du tribunal civil la déclaration qu'elle n'accepte pas l'acte qu'un avoué ou un huissier auraient fait en son nom et sans un pouvoir spécial (art. 253, C. proc. civ.).

Mais tant que la partie n'a pas recouru à la voie du désaveu, elle est liée par l'acte que l'officier ministériel a accompli dans l'exercice de ses fonctions, bien que l'article 352 du Code de procédure civile exige qu'il soit muni d'un pouvoir spécial (3).

§ 7. Preuve et effet du mandat.

215. — Preuve. — Aucune difficulté ne peut s'élever sur la preuve du mandat écrit, puisque l'acte même qui le contient en prouve l'existence et l'étendue; et à cet égard, la Cour de cassation a décidé, le 6 février 1837, qu'une lettre missive même contenant pouvoir de vendre un immeuble peut être considérée non seulement comme prouvant l'existence de ce mandat, mais encore comme établissant suffisamment la modification apportée par cette lettre à un mandat antérieur donné par acte authentique (4).

216. — Mais le législateur a cru utile de s'expliquer, et non sans raison, sur le mode de preuve applicable au mandat *non écrit.*

« Le mandat, dit l'article 1985 du Code civil, peut aussi être donné verbalement; mais la preuve testimoniale n'y est reçue que conformément au titre des *Contrats* ou *obligations conventionnelles.*

« L'acceptation du mandat peut n'être pas tacite et résulter de l'exécution qui lui a été donnée par le mandataire. »

Disons d'abord que, d'après l'avis de tous les auteurs, le mandat *tacite*, bien qu'il ne soit pas spécialement dénommé, est compris dans la disposition de l'article 1985, aussi bien que le mandat *verbal* ; tous les deux sont également soumis aux *règles du droit commun* en matière de preuve (5) (V. *suprà*, n° 10).

217. — Mais quelles sont ces règles et à qui peuvent-elles être opposées?

Quand il n'y a pas de convention écrite, l'aveu ou le serment peut suppléer au défaut d'écrit et, alors, la preuve est faite de l'existence de la convention, verbale ou tacite, sur laquelle repose le mandat. Si la convention n'est ni reconnue, ni avouée, de deux choses l'une : ou la valeur du litige n'excède pas la somme de 150 francs et, dans ce cas, la preuve testimoniale est toujours admissible ; — ou le litige est d'une valeur supérieure à 150 francs et, dans ce second cas, l'existence n'en peut-être établie par témoins qu'autant qu'il existe un commencement de

---

(1) Cass., 10 août 1831.
(2) M. Delvincourt met la preuve à la charge du tiers contractant (n° 1997); MM Aubry et Rau, t. IV, p. 651, note 11, apprécient qu'il est difficile de poser une règle générale.
(3) Cass., 29 décembre 1886.
(4) L'acte sous seing privé souscrit par un mandataire fait foi de sa date contre le mandant quoiqu'il n'ait acquis date certaine que depuis la révocation du mandat. Dijon, 6 juillet 1883, (art. 23120, J. N.). — Une quittance donnée par une partie et se rapportant directement à un compte de gestion approuvé par un prétendu mandataire constitue un commencement de preuve par écrit du mandat dont la preuve peut être complétée par des présomptions tirées des faits de la cause. Cass., 13 mai 1884, (art. 23195, J. N.).
(5) Cass., 17 novembre 1856, 21 mai 1861, 29 décembre 1875 (J. du not., n° 2890 et art. 21380 J. N.); Anvers, 31 mars 1881 ; Rennes, 21 juillet 1887; Dict. du not., n° 317 et suiv. ; Pont, n° 875 et suiv. ; Bonnet, Respons. notar., p. 83 ; Laurent, t. XXVII, n° 372 et 454 ; Rutgeerts et Amiaud, t. III, n° 1358.

preuve par écrit. C'est l'application littérale des articles 1341, 1343 et 1347 du Code civil (1).

Cependant il a été jugé que la preuve testimoniale doit être admise quelle que soit la valeur du litige, lorsque le créancier se trouve dans le cas d'une difficulté insurmontable de se procurer une preuve de l'obligation (2). Il suffit même que l'impossibilité soit relative, et résulte d'une grande difficulté locale et momentanée qui forme obstacle à la possession de l'écrit (3).

L'existence du mandat peut être prouvée, en dehors des règles de droit commun, par le témoignage sur des faits qui ont trait à son exécution; par exemple l'emploi à son usage personnel par le mandataire des fonds qu'ils a reçus en vertu du mandat. Il serait, en effet, impossible au mandant de se procurer la preuve écrite d'un fait de cette espèce (4).

On peut quelquefois rencontrer un commencement de preuve par écrit :
  a) Dans un procès-verbal de comparution des parties (5) ;
  b) Dans l'aveu constaté par ce procès-verbal (6).

Mais ce commencement de preuve par écrit doit être admis avec d'autant plus de réserve et de prudence, qu'il doit servir de base à une dérogation aux règles du droit commun et que les parties n'ont que trop de tendance à voir, dans les moindres actes, un commencement de preuve par écrit qui permettrait d'admettre le témoignage ou la présomption (7).

On ne saurait, par exemple, l'induire contre le notaire, des clauses de l'acte (8).

Et si l'existence du mandat ne peut pas être établie au moyen de la preuve testimoniale, elle ne saurait l'être non plus, et par cela même, dit M. Pont, par la preuve indirecte résultant des présomptions. Car c'est une règle du droit consacrée par la loi positive (art. 1353, C. civ.), que la présomption de l'homme, les conséquences que le juge tire de faits reconnus pour arriver à la connaissance de faits contestés, marchent de pair avec la preuve testimoniale, et que si elles sont admissibles dans tous les cas où cette dernière preuve peut être autorisée, elles ne doivent, du moins, être admises que dans les mêmes cas.

En conséquence, la jurisprudence décide que l'on ne peut inférer d'une élection de domicile faite dans l'étude d'un notaire, que le notaire a reçu mandat des parties de recevoir les sommes stipulées payables en son étude et d'en donner quittance (9).

Et il est absolument contraire aux principes de la matière, d'induire en l'absence de tout commencement de preuve par écrit, comme l'ont fait certaines décisions, le mandat donné au notaire de remplir sur un acte les formalités d'inscription ou de transcription des rapports du notaire avec ses clients, de la pratique constante du notariat dans le pays et d'autres circonstances aussi insignifiantes (10).

218. — Ces règles sont-elles applicables aux tiers comme aux parties contractantes entre elles ? D'après une opinion assez suivie, il y aurait lieu de faire une distinction et, tandis que les principes du droit commun seraient rigoureu-

---

(1) Cass., 22 janvier 1889.
(2) Rennes, 26 février 1879; Toullier, t. IX, nᵒˢ 179, 200 et 203 ; Marcadé, 1348 ; Demolombe, *Contr.*, t. VII, p. 145; Aubry et Rau, t. VIII, p. 345.
(3) Rennes, 26 février 1879; Cass., 18 mai 1841 et 29 janvier 1867 ; Bordeaux, 2 mars 1871.
(4) Cass., 18 mai 1841 ; Rennes, 26 février 1879 ; Toullier, t. IX, nᵒ 141; Laurent, t. XIX, nᵒˢ 555 et 556.
(5) Rennes, 26 février 1879 ; Cass., 2 janvier 1872; Pau, 12 janvier 1874; Toullier, t. IX, p. 116 ; Larombière, t. V, p. 1347, nᵒ 31 ; Demolombe, t. VII, nᵒ 123 ; Aubry et Rau, t. VIII, p. 331 ; Laurent, t. XII, nᵒ 525.

(6) Cass., 22 août 1864 ; Paris, 13 juin 1872 ; Aubry et Rau, t. VIII, p. 178 ; Laurent, t. XX, nᵒ 227.
(7) Poitiers, 22 juillet 1851 (D. 1852-2-91).
(8) Dijon, 2 décembre 1874.
(9) Cass., 22 novembre 1876 (art. 21608, J. N.) ; Lyon, 8 mars 1883; Bordeaux, 2 avril 1884 (art. 23235, J. N.) ; Douai, 2 décembre 1886 ; Cass., 11 décembre 1889 (V. *infrà*, vᵒ QUITTANCE, nᵒ 34).
(10) Cass., 18 août 1873 et 15 décembre 1874 (art. 20840, J. N.) ; Bordeaux, 27 janvier 1886 (*J. du not.*, nᵒ 3872) ; Aix, 10 décembre 1881 (art. 22723, J. N.). — V. toutefois Cass., 15 mars 1886 (art. 23529, J. N.).

sement appliqués pour les parties entre elles, on devrait, au contraire, laisser aux tiers la faculté d'établir l'existence du mandat à l'aide de la preuve testimoniale ou des présomptions (1). On dit à l'appui de cette solution, que les affaires seraient souvent entravées, si les tiers étaient dans la nécessité d'exiger la représentation d'un mandat écrit concédant le pouvoir d'agir à celui avec qui ils traitent. Quelque intéressante que soit cette considération, nous ne croyons cependant pas qu'elle soit suffisante pour autoriser une dérogation au texte absolu de l'article 1985 qui ne fait point d'exception en faveur des tiers. C'est la doctrine qu'a consacrée la Cour de cassation par son arrêt du 7 mars 1860 (2).

219. — *Acceptation du mandat.* — Quant à l'acceptation du mandat, la preuve en est soumise à des conditions moins rigoureuses. Ainsi, tandis qu'il faut rapporter la preuve directe du mandat écrit, et que ni la preuve testimoniale, ni la présomption de l'homme ne suffisent à en établir l'existence, — lorsque le mandat est verbal ou tacite, au contraire, la voie des conjectures est largement ouverte en ce qui concerne l'acceptation, qui peut être tenue pour constante, bien qu'elle n'ait été formulée ni verbalement, ni par écrit. Les tribunaux ont donc, en cette matière, un pouvoir fort étendu d'appréciation, dont ils ont quelquefois abusé (3); car ce pouvoir n'est pas illimité, comme on pourrait le croire en prenant à la lettre la disposition de la loi. Il y a, en effet, dit M. Pont (4), une règle que la raison suggère, que la nature même des choses indique et qui supplée à la loi, dont la disposition, d'ailleurs, ne devait ni ne pouvait être plus précise : *il faut,* après avoir reconnu et déterminé l'objet même du mandat, *n'admettre comme faisant preuve de l'acceptation du mandataire, que les faits absolument corrélatifs, si bien qu'on ne les puisse comprendre et qu'ils n'aient de raison d'être que comme exécution du mandat.*

220. — C'est ainsi qu'on peut dire que le notaire qui, en vertu d'un acte de prêt reçu par lui, rédige des bordereaux d'inscription et les dépose au bureau des hypothèques, ou qui prend inscription en renouvellement d'une inscription antérieure, a accepté le mandat de remplir ces formalités pour le compte du créancier.

Mais l'acceptation ne saurait s'induire, à notre avis, malgré l'opinion contraire de quelques auteurs, de la réception de la procuration, sans protestation ni réserve ; car le silence de celui auquel on s'est adressé ne saurait suffire pour l'obliger (5).

221. — La jurisprudence nous paraît aussi avoir méconnu les vrais principes juridiques en décidant que le seul fait d'une élection de domicile stipulée dans un acte oblige le notaire qui a reçu cet acte et dont l'étude a été désignée, et même son successeur (6), à transmettre aux clients toutes les significations de pièces qui pourront être faites à ce domicile (7). L'acceptation du mandat par le notaire ne saurait, en effet, résulter ni de la présence dans l'acte d'une clause dont il ne pouvait empêcher les parties de requérir l'insertion, ni du fait d'avoir reçu sans protestation les significations remises au domicile élu, car ce fait n'est pas un acte d'exécution (8).

Mais il en serait autrement dans le cas où le notaire ou l'avoué aurait rédigé

(1) Troplong, nᵒˢ 142 et 145 ; Boileux, t. VI, 571 ; Massé et Vergé, t. V, p. 39.

(2) (S. V. 1860-1-542). — *Sic* : Pont, nᵒ 876 ; Laurent, nᵒˢ 453 et 454.

(3) Ainsi, l'élection de domicile faite dans les actes reçus par les notaires, l'existence, aux mains d'un notaire, de pièces, de titres, de documents se rapportant à une affaire ont été fréquemment présentés omme établissant, par cela même, la preuve que le otaire détenteur avait accepté le mandat ou d'accomplir les formalités subséquentes des actes, ou de suivre l'affaire et de la mener à bonne fin. Il

est évident, cependant, que ces faits isolés peuvent n'avoir aucune corrélation avec l'objet même du mandat, auquel cas ils ne sauraient avoir la portée d'une acceptation.

(4) Pont, nᵒ 877.

(5) Ruben de Couder, vᵒ MANDAT, nᵒ 16.

(6) Compiègne, 12 août 1874 (art. 21061, J. N.) ; Montpellier, 4 juillet 1888 (*J. du* ᵑᵒᵗ., 1889, p. 104.

(7) Angers, 28 avril 1885 et 1ᵉʳ mars 1886 ; Cass., 24 janvier 1887.

(8) V. *suprà,* t. II, p. 688 et notre *Etude, J. du* *not.*, 1891, p. 113.

lui-même des bordereaux d'inscription contenant l'élection de domicile (1). Il y a bien là, en effet, acceptation du mandat par l'exécution.

222. — **Effets du mandat.** — Nous avons, à l'occasion des obligations du mandant et du mandataire (§§ 5 et 6), exposé les principaux effets du mandat ; il ne nous reste maintenant qu'à passer en revue quelques cas particuliers et accessoires.

223. — **Absence.** — Le mandat laissé par l'absent a pour effet d'interdire à ses héritiers présomptifs de poursuivre la déclaration d'absence et l'envoi en possession provisoire avant dix années révolues depuis sa disparition ou depuis ses dernières nouvelles (art. 121, C. civ.).

Et cet effet se produit encore si la procuration vient à cesser ; dans ce cas il est pourvu à l'administration des biens de l'absent par commission de justice (art. 122 et 112, C. civ.).

224. — **Ambiguité.** — Comme pour tous les contrats, l'interprétation des clauses d'un mandat conçu en termes ambigus appartient aux tribunaux ; ils en apprécient la portée et en déterminent les effets. Ainsi ils décident souverainement si une convention constitue un simple mandat révocable à la volonté d'une des parties ou bien un contrat synallagmatique reposant sur leur volonté mutuelle (2).

225. — **Contrat.** — Le mandat peut prendre le caractère d'un contrat et devenir irrévocable en dehors de la volonté des deux parties.

Tel est le mandat donné par un vendeur d'immeubles, qui en demeure propriétaire apparent, à l'acquéreur qui doit en faire la revente en son nom personnel et à ses propres risques.

Le mandat peut encore contenir des clauses conditionnelles bilatérales sans perdre le caractère qui lui est propre ; ainsi, il peut être stipulé qu'il ne sera révocable, sauf le cas de mauvaise gestion, qu'à la condition de payer une indemnité au mandataire (3). Cette condition peut même être réputée sous-entendue et ressortir des circonstances de l'exercice du mandat (4).

Mais le pouvoir consenti par une personne à une autre, avec convention qu'il sera irrévocable pendant les cinq premières années, n'est pas un simple mandat ; il possède, pour la durée de cette période, le caractère et doit produire les effets d'un contrat synallagmatique (5).

226. — **Mandat collectif.** — Lorsque le mandat a été donné collectivement à plusieurs mandataires, ils doivent agir conjointement, et l'acte, une vente, par exemple, qui aurait été passé par un seul d'entre eux serait entaché de nullité (6).

227. — **Mandat multiple.** — Lorsque plusieurs mandataires ont été constitués pour la même affaire par des actes distincts avec déclaration que les mandats primitivement donnés ne sont pas révoqué· (art. 2006), il existe une série de mandats successifs dont l'effet est d'obliger chacun des mandataires pour le tout. Ce n'est pas en vertu de la solidarité proprement dite que chacun des mandataires est tenu *in solidum*, mais en vertu de son obligation personnelle qui a la même étendue et la même cause que celle des autres mandataires. Aucun lien n'existe entre eux : mais le même lien les rattache tous au mandant (7).

228. — **Mandat commercial.** — Le mandataire même non commerçant qui a accepté un mandat de nature commerciale accomplit un acte de commerce,

---

(1) Paris, 15 juin 1850 ; Versailles, 3 août 1864 ; Le Havre, tr. comm., 4 juillet 1888 ; Rouen,
Chambéry, 8 mai 1883.   9 mars 1889.
(2) Cass., 26 novembre 1888.   (5) Cass., 28 février 1872.
(3) Cass., 8 avril 1857.   (6) Cass., 14 avril 1886 (D. P., 1887-1-430).
(4) Paris, 2 février 1868 ; Rouen, 21 décembre 1869 ; (7) Mourlon, t. III, n° 1099.

et il demeure soumis pour les effets de ce mandat, notamment quant à la reddition du compte de gestion, à la juridiction consulaire. En cas d'insolvabilité, il serait mis en faillite (1) (V. *suprà*, n° 16).

Le caractère commercial du mandat est plus délicat à déterminer, lorsqu'il s'agit du mandat judiciaire. Ainsi, dans certains tribunaux, les fonctions de syndics des faillites sont confiées aux avoués du ressort. Le tribunal a statué commercialement, et les fonctions du syndic comportent une série d'actes de commerce. Le mandat ainsi donné à l'avoué par un tribunal de commerce pour des affaires commerciales, est un mandat commercial susceptible par sa nature de soumettre le mandataire, quant à ses effets, à la juridiction consulaire et de le faire mettre lui-même en état de faillite.

Cette mission, qui n'est pas inconciliable avec les devoirs professionnels des avoués, serait de tout point incompatible avec les fonctions des notaires (2).

Des délibérations des Conseils de l'ordre interdisent aux avocats d'accepter les fonctions de syndics des faillites (3).

229. — **Mandat illicite.** — Le mandat qui a pour objet principal un fait illicite, est entièrement nul, même s'il comprend des clauses accessoires licites (4). Les actes passés en exécution d'un mandat illicite, ou dont les clauses sont contraires aux bonnes mœurs, sont frappés d'une nullité d'ordre public, et toute action tendant à faire reconnaître leur validité, est refusée en justice aux parties contractantes.

Ainsi le rachat par une société de ses propres actions dans un but de spéculation, est un acte illicite qui ne saurait recevoir d'action en justice. Le mandat d'exécuter un acte de cette nature est contraire à la loi des sociétés, et toute action doit être refusée au mandataire (5).

Est nul le mandat qui a pour objet de transmettre une chose à une personne incapable de la recevoir. Tel serait le mandat qui aurait pour but de faire parvenir à des congrégations religieuses des biens qu'elles ne pourraient recevoir ni acquérir directement (6).

230. — **Solidarité.** — *a) Mandants.* — Lorsque plusieurs personnes ont constitué un mandataire qu'elles ont chargé d'une affaire commune, chacun des mandants est obligé solidairement envers lui de tous les effets engendrés par l'accomplissement du mandat (art. 2002, C. civ.). Tel est le cas, par exemple, d'un avoué chargé par des héritiers de soutenir un procès qui intéresse la succession (7).

Cette disposition ne s'applique pas au mandat légal. Ainsi, dit M. Baudry-Lacantinerie, le tuteur qui gérerait les biens de plusieurs mineurs ayant des intérêts communs, ne les aurait pas pour obligés solidaires à raison de sa gestion (8).

Les notaires ont une action solidaire pour le paiement des frais et honoraires dus à l'occasion de leurs actes contre tous ceux qui y ont été parties. Ce principe est désormais fixé par la jurisprudence (9). Mais l'action ne peut être exercée que contre les parties qui ont un intérêt identique et qui peuvent être considérées comme ayant donné au notaire mandat de recevoir l'acte (10).

---

(1) Poitiers, 20 décembre 1876. Dans l'espèce il s'agissait d'un avoué et d'une action en paiement de frais exposés devant le tribunal de commerce (Amiens, 8 janvier 1886; Toulouse, 9 février 1886; Paris, 22 décembre 1888). — Il a été jugé dans une autre espèce que l'action en reddition de compte d'un mandat conféré par un commerçant tombé depuis en faillite, relève de la juridiction civile et que le tribunal du domicile du mandataire doit en connaître (Lyon, 28 avril 1874).
(2) Ord. 4 janvier 1843 et décret 30 janvier 1890.
(3) Paris, Vannes, etc.
(4) Cass., 7 novembre 1832; Dict. du not., v° *Mandat*, n° 83, 1°. — *Contrà*: Laurent, t. XXVII, n° 402.

(5) Seine, trib. com., 24 mai 1890; Houpin, *Sociétés par actions*, n° 814.
(6) Troplong, n° 427; Dict. du not., *rod* , v° n° 83.
(7) Orléans, 26 juillet 1827; Grenoble, 23 mars 1829; Toulouse, 15 novembre 1831 ; Paris, 1er avril 1889.
(8) *Précis de droit civil.*, t. III, p. 929.
(9) Cass., 30 janvier, 28 et 29 octobre 1889; Alger, 3 juin 1889; Cass., 17 juin 1890 (art. 24200 24367, 24884 et 24507, J. N.); Pont, *Rev. crit.*, 1853, t. III, p. 259; Zachariæ, § 414, n° 11 ; Guillouard, *Vente*, t. IV. p. 197; Amiaud, *l ar. gén. et vais. des not.*, t. II, p. 818. — *Contrà*: Troplong, n° 684 ; Larombière, *Obl.*, t. I, p. 592; Aubry et Rau, t. IV, p. 648, note 3 et 649, note 12.
(10) Amiaud, *loc. cit.*

b) Mandataires. — Lorsque plusieurs mandataires ont été constitués, même avec la mission d'agir collectivement, ils ne sont responsables solidairement qu'autant que la solidarité a été exprimée (art. 1995, C. civ.). C'est l'application du principe déjà posé par l'article 1202 du Code civil; mais le législateur a cru utile de le répéter à l'occasion du mandat, parce que le contraire était admis en droit romain.

Et si cette dernière solution est celle qui a prévalu en ce qui concerne les exécuteurs testamentaires (art. 1033, C. civ.), c'est que ces mandataires n'ayant pas été choisis par celui qu'ils représentent (l'héritier), il importait de procurer à celui-ci la plus grande garantie possible (1).

A défaut de solidarité stipulée, chacun des mandataires désignés ne sera responsable que pour sa part en cas d'action collective; mais il pourra l'être pour le tout à raison des faits qui lui seront personnels. En conséquence, l'action intentée contre un seul des mandataires ne produit aucun effet à l'égard des autres.

Mais lorsque la solidarité a été stipulée entre les mandataires, chacun d'eux est responsable pour le tout, *in solidum*, de toute chose se rapportant à l'exécution du mandat; sauf le recours qu'ils peuvent exercer entre eux pour la responsabilité des fautes ou délits personnels. Ainsi tous seront responsables vis-à-vis du mandant des sommes touchées en son nom; mais le mandataire qui aurait employé des fonds à son usage personnel devrait faire raison à ses comandataires, en principal et intérêt, des avances que ces derniers auraient été contraints de faire au mandant à sa décharge.

Cependant il a été jugé que si la solidarité n'a pas été expressément formulée, elle peut ressortir des circonstances de la cause; et il appartient au juge de rechercher quelle a été l'intention des parties (2).

Le principe écrit dans l'article 1995 n'est plus applicable lorsque le dommage dont les comandataires doivent la réparation résulte d'un concert frauduleux (3).

Mais la solidarité même stipulée ne produirait aucun effet à l'occasion des actes que le comandataire aurait accomplis en dehors des limites du mandat commun (4).

231. — Responsabilité civile. — La responsabilité civile du mandant pour le fait du commettant se règle d'après les principes du droit commun inscrit dans l'article 1384 du Code civil. Un mandataire, d'ailleurs, n'est tenu d'apporter à la gestion dont il est chargé que les soins d'un bon père de famille, encore que l'appréciation doive en être faite avec plus de rigueur lorsque le mandat est salarié (5).

Les tribunaux apprécient souverainement si le mandat a été régulièrement rempli et s'il n'a pas été outrepassé (6).

En l'absence de titres, ils puisent le même pouvoir dans l'appréciation des faits de la cause; mais il est nécessaire dans cette circonstance que le mandat soit avoué (7).

Il a été jugé, par exemple, que le tiers qui s'est borné à négocier un emprunt réalisé par son entremise, n'est pas responsable des erreurs que le notaire a commises dans la forme de l'acte (8).

Le prête-nom qui a participé à un acte illicite, sérieusement dommageable pour les tiers, ne peut se dégager du contrat ni s'exonérer des conséquences de sa faute, en démasquant sa fausse qualité (9).

C'est de la qualité de mandataire que découle la responsabilité du notaire

(1) Mourlon, t. III, p. 1099.
(2) Paris, 14 décembre 1889.
(3) Cass., 3 mai 1865.
(4) Cass., 6 avril 1841.
(5) Cass., 21 janvier 1890.

(6) Cass., 19 juillet 1854, 5 janvier 1863, 25 janvier 1876, 22 mars 1880; Nancy, 25 février 1890.
(7) Cass., 25 novembre 1878; 8 novembre 1881.
(8) Paris, 24 novembre 1871.
(9) Toulouse, 3 décembre 1889.

pour tous les faits qui ne rentrent pas dans l'accomplissement de ses fonctions professionnelles (1).

Il a, toutefois, été jugé qu'en cas d'abus de blanc-seing, c'est sur la partie (le mandant) dont on a frauduleusement rempli le blanc-seing et à qui on peut reprocher, comme une faute, de l'avoir remis à une personne qui ne méritait pas sa confiance, et non sur les tiers qui ont traité de bonne foi, que doivent retomber la responsabilité et les conséquences du préjudice causé (2).

C'est en vertu de la même règle que l'Administration des postes est responsable des détournements de valeurs déclarées commis par ses employés dans l'exercice de leurs fonctions. La responsabilité de l'Administration, limitée par la loi du 5 nivôse an V, et par celle du 25 janvier 1873, pour le cas de perte des valeurs recommandées, demeure entière, au contraire, en dehors des cas expressément prévus pour la limiter.

Toutefois, ce principe reçoit exception dans les cas déterminés par certaines lois spéciales; par exemple, en matière de délits de douanes et de contributions indirectes (3).

— En ce qui regarde les *consuls*, les fonctions et les pouvoirs de ces agents étant limitativement déterminés par les lois et décrets, et particulièrement par l'ordonnance du 29 octobre 1833, la responsabilité du Gouvernement n'est pas engagée à raison d'un acte officieux accompli en dehors des fonctions légales et obligatoires de ces agents.

Le consul agit alors à la demande et en qualité de mandataire de la partie (4).

232. — **Responsabilité pénale.** — *Quasi-délit.* — La règle d'après laquelle le fait du mandataire oblige directement le mandant *omisso medio*, ne reçoit pas son application en matière de quasi-délit. Par suite :

a) Le quasi-délit du mandataire n'obligeant pas le mandant, le mandataire est tenu personnellement de réparer le dommage qu'il a causé par sa faute, sans pouvoir rattacher le fait délictueux à l'exécution du mandat (5).

b) Toutefois, le mandant peut, suivant les circonstances, être déclaré responsable du quasi-délit commis par le mandataire ; par exemple, si le fait délictueux a été accompli sur son ordre ou avec son approbation (6).

c) Mais sa responsabilité ne dégage pas celle du mandataire. Il y a double faute : pour le mandant, d'avoir prescrit le fait délictueux, et pour le mandataire de s'être prêté à son accomplissement (7).

Les administrateurs d'une société anonyme sont soumis à cette règle comme tous autres mandataires. Ils ne sauraient échapper à la responsabilité découlant d'une mesure illicite qu'ils ont prise en se retranchant derrière une résolution de l'assemblée générale des actionnaires qui a ordonné ou approuvé cette mesure (8).

Délit. — Lorsque les éléments constitutifs du délit d'abus de confiance se trouvent réunis dans les agissements du mandataire, la répression tombe sous l'application des dispositions des articles 406 et 408 du Code pénal. Tel est le cas d'une personne qui, après avoir reçu de son créancier le montant de sa dette envers lui, avec mission d'en opérer le versement à un établissement de crédit pour retirer un effet mis en circulation, au lieu d'exécuter le mandat, a retenu la

---

(1) Cass., 14 décembre 1841.

(2) Nancy, 20 janvier 1870; Bordeaux, 20 août 1872; Paris, 25 novembre 1886 ; Lyon, 11 juin 1889; Cass., 29 décembre 1890 (*J. du not.*, 1891, p. 199).

(3) Cass., 6 juin 1811, 30 mai 1828, 5 septembre 1828 ; 11 octobre 1834. — V. toutefois, Cass., 9 décembre 1813.

(4) Conseil d'État, 1er juin 1854, 6 décembre 1855 et 2 novembre 1888.

(5) Cass., 25 juin 1889.

(6) Cass., 14 juin 1847, 14 novembre 1888.

(7) Cass., 9 janvier 1833, 5 novembre 1877; 25 juin 1889; 19 février 1890.

(8) Dalloz, 1890-1-241. Note sous l'arrêt du 19 février 1890.

somme qui lui avait été confiée, quoique mise en demeure de s'en dessaisir, et l'a ainsi détournée ou dissipée au préjudice du mandant (1).

§ 8. EXTINCTION DU MANDAT.

233. — Le mandat prend fin, aux termes de l'article 2003 du Code civil :

1° Par la révocation du mandataire ;
2° Par la renonciation du mandataire ;
3° Par le décès du mandant ;
4° Par le décès du mandataire ;
5° Par le changement d'état du mandant ;
6° Par le changement d'état du mandataire ;
7° Par la déconfiture, à laquelle on assimile la faillite, soit du mandant soit du mandataire.

A ces causes d'extinction il convient d'ajouter :

8° L'arrivée du terme ou l'événement de la condition lorsque le mandat a été limité dans sa durée ou dans ses conditions ;

9° La consommation de l'affaire qui faisait l'objet du mandat ;

10° Et la cessation des pouvoirs en vertu desquels le mandat a été conféré.

ART. 1ᵉʳ. — *Révocation du mandataire.*

234. — Le mandat est, en général, donné dans l'intérêt exclusif du mandant, le mandant peut le révoquer à son gré et quand bon lui semble (art. 2004, C. civ.). La révocation est de la nature, mais non pas de l'essence du mandat, puisque certains mandats sont révocables et que d'autres ne le sont qu'à charge d'indemnité (2).

Le droit de révocation est d'ordre public : y renoncer, serait abdiquer la liberté de gestion de ses propres affaires et se mettre en opposition avec le principe établi dans l'article 544 du Code civil (3). Ce droit existe toujours :

a) Soit que le mandat ait été donné *in perpetuum* (4) ;
b) Soit qu'il ait été limité à un temps déterminé (5) ;
c) Soit qu'il contienne une rémunération même proportionnelle et si élevé qu'en puisse être le taux (6).

235. — Le fait qu'un salaire a été stipulé ou soit dû à raison de la qualité du mandataire n'enlève rien au droit de révocation *ad nutum*. Le règlement du salaire qui peut être dû à raison de la révocation est une question de fait (7).

Cependant, si le mandat était l'objet d'une révocation intempestive et arbitraire il pourrait y avoir lieu à des dommages-intérêts au profit du mandataire (8).

C'est ce qui se présente lorsque, à raison d'engagements particuliers, le mandat a reçu le caractère de contrat (9).

236. — La femme peut, sans l'autorisation de son mari, révoquer la procu-

---

(1) Ile de la Réunion, 21 mars 1889 et Cass., 18 avril 1890.

(2) Dalloz, vᵒ *Mandat*, p. 425 et suiv., Cass., 22 janvier 1868. — *Contrà* : La Martinique, 14 décembre 1870.

(3) Cependant la Cour de cassation belge a jugé, le 26 février 1883, que rien n'empêche les parties de stipuler l'irrévocabilité du mandat et d'appuyer cette convention d'une clause pénale.

(4) Pont, nᵒ 1158.

(5) Pont, nᵒ 1158.

(6) Cass., 8 avril 1857 ; Grenoble, 13 juin 1864 ; Seine, 13 avril 1889 ; Aubry et Rau, § 416.

(7) Aubry et Rau, t. IV, p. 652 ; Pont, nᵒˢ 1159 et 1160 ; Cass., 22 janvier 1868.

(8) Aubry et Rau, § 416 ; Cass., 8 août 1856 ; Nancy, 23 juin 1860 ; Cass., 10 juillet 1865.

(9) Cass., 11 février 1891. — Il a été jugé dans ce sens que l'acte passé entre une compagnie d'assurance et l'agent qui la représente peut constituer, malgré la cause de révocation *ad nutum* et sans préavis, non pas un mandat ordinaire, mais à raison de certaines obligations, une entreprise déterminée pour

ration qu'elle lui avait précédemment conférée (1), mais le mandat contenu dans le contrat de mariage est irrévocable (2).

237. — Lorsque le mandat a été donné conjointement par plusieurs mandants pour une affaire commune, mais non indivisible, il y a autant de mandats distincts que de mandants, et chacun de ces derniers conserve le droit de révocation en ce qui le concerne ; mais le mandat subsiste vis-à-vis de ceux qui ont maintenu leurs pouvoirs au mandataire (3).

De même, si le mandat a été consenti à plusieurs mandataires, pour agir soit ensemble soit séparément, chacun des mandataires peut être révoqué isolément, et le mandat continue d'exister avec les autres mandataires (4).

Le principe de la révocabilité *ad nutum* des administrateurs des sociétés anonymes inscrit dans la loi du 24 juillet 1867, article 22, est absolu et d'ordre public. Ses effets s'appliquent à tout mandataire de la société quelle que soit sa dénomination. Il ne peut y être dérogé dans l'acte de société ; et la clause qui stipulerait une indemnité sous une forme quelconque à payer au mandataire révoqué est contraire à la loi et de nul effet (5).

Il en est ainsi du mandat d'administration donné même à un associé, postérieurement à l'acte de société, à moins cependant que le mandat ne fût compris dans un ensemble d'opérations où des tiers seraient intéressés (6).

Le mandat *ad litem* donné à un avoué par un demandeur ou par un défendeur ne peut être stipulé irrévocable ; mais il ne peut être révoqué par le mandant que sous l'obligation de constituer un autre avoué (art. 75, C. proc. civ.).

238. — **Irrévocabilité.** — Toutefois, si absolu qu'il soit, le principe de la révocabilité comporte des exceptions, et le mandat peut devenir irrévocable quand il est lié à des intérêts opposés ou contractuels.

Lorsque le mandat a été donné comme condition nécessaire d'un autre contrat conclu soit avec le mandataire soit avec un tiers, il constitue une convention bilatérale qui ne peut plus être révoquée du seul consentement de l'une des parties. (art. 1856, C. civ.) (7).

Les juges du fonds ont un pouvoir souverain pour apprécier le caractère d'un semblable mandat et dans l'intérêt de qui il a été donné (8).

Ainsi, observe M. Pont, l'interdiction de la clause de voie parée n'est applicable qu'aux immeubles (art. 742, C. proc. civ.) ; elle n'atteint pas la vente des meubles à l'occasion de laquelle la clause peut être stipulée. Si elle a été convenue, elle est devenue irrévocable et le mandat survit même au décès du mandant (9).

Le mandat de vendre ses immeubles, conféré par un débiteur dans son intérêt et celui de ses créanciers, n'est pas révocable à la seule volonté du mandant (10).

Le mandat donné en commun, dans un pacte de famille, ne peut être

---

laquelle l'agent a engagé ses services dans le sens de l'article 1780 du Code civil. Paris, 2 février 1868 ; Rouen, 31 décembre 1869 ; Le Havre, 11 juillet 1888 ; Rouen, 9 mars 1889.

Il en est ainsi encore lorsque la révocation du mandat salarié n'est motivée ni par un défaut d'exécution, ni par une faute ou même une négligence du mandataire ; et à plus forte raison si la convention a plutôt le caractère du louage d'ouvrage que du mandat, comme au cas d'un représentant de commerce sur les affaires qu'il pourra traiter. Metz, 2 mai 1867.

(1) Caen, 15 juillet 1824.

(2) Rolland de Villargues, v° *Paraphernalité*, n° 58 ; Rodière et Pont, t. III, n° 1978 ; Bellot, *Régime dotal et communauté d'acq.*, n° 2708 ; Jouitou, *Rég. dot.*, p. 539.

(3) Troplong, n° 719 ; Dalloz, n° 429 ; Boileux, t. VI, p. 611 ; Pont, n° 1153. Ainsi le mandat donné à un agent d'affaires par plusieurs créanciers pour introduire une instance commune contre le syndic de la faillite de leur débiteur ne possède pas le caractère d'un mandat collectif irrévocable. Chacun des mandants agit dans l'intérêt de sa créance distincte et peut révoquer le mandataire personnellement. Trib. comm. Seine, 29 décembre 1890.

Il a été jugé cependant qu'un arrêt avait pu décider, sans violer aucune loi, que le mandat conféré par deux associés n'avait pas été valablement révoqué par un seul en dehors du concours de son co-associé (Cass., 12 juillet 1810).

(4) Pont, n° 1138.

(5) Paris, 13 décembre 1883 ; Pardessus, n° 1041.

(6) Cass., 6 janvier 1873.

(7) Aubry et Rau, § 416 ; Pont, n°° 1141 et 1159; Laurent, t. XXVIII, n° 104; Pau, 26 novembre 1873; Cass., 11 février 1891.

(8) Cass., 6 janvier 1873 et 11 février 1891.

(9) Pont, n° 1141.

(10) Cass., 6 janvier 1868 et 6 janvier 1873; Pau, 26 nov. 1873 (S. 1874-2-71); Orléans, 31 juillet 1883.

révoqué que du consentement de tous ceux qui l'ont conféré. Il participe de l'irré-vocabilité du contrat dont il forme l'une des clauses (1).

Tel est le mandat donné à un notaire par tous les héritiers pour procéder au partage des biens provenant d'une succession (2), ou le mandat donné à l'un d'eux d'employer une somme réservée à l'acquit des dettes ou à des services communs (3).

Tel est encore le mandat constitué dans un acte de prêt hypothécaire passé entre une société et des obligataires porteurs de titres représentant des portions du prêt, au nom d'un ou de plusieurs de ces prêteurs comme mandataires de la masse des souscripteurs, à l'effet de leur conférer les pouvoirs d'exercer même en présence d'incapables et des futurs cessionnaires des titres, tous les droits attachés aux obligations, accepter l'hypothèque, prendre l'inscription, la renouveler, rece-voir toutes notifications, poursuivre en délaissement tous tiers détenteurs, exercer les poursuites et actions judiciaires. (4).

De même le liquidateur qui tient ses pouvoirs de tous les créanciers d'une société, ne peut être révoqué à la requête de quelques-uns d'entre eux seulement. L'article 467 du Code de commerce, spécial à la faillite, ne saurait être invoqué par analogie. Il en est ainsi particulièrement s'il ressort des constatations d'un arrêt que les créanciers ont virtuellement entendu renoncer au droit de révoca-tion (5). Est également irrévocable le mandat donné par un débiteur à ses créan ciers de vendre ses immeubles, dans le double but d'obtenir un délai et d'éviter les frais de saisie (6).

Mais la convention que le mandataire n'aura droit à un salaire déterminé qu'en cas de réussite dans un délai convenu, ne fait pas obstacle au droit de révo-cation du mandant, et ne modifie pas sur ce point le caractère du mandat, sauf à régler la question des dommages s'il y a lieu (7).

239. — Formes de la révocation. — Il n'y a pas de forme prescrite pour la révocation. Le mandat peut être révoqué :

> a) *Expressément.* Par acte de consentement mutuel, par acte extraju-diciaire, par pli recommandé, par simple lettre missive ou par télégramme, et même verbalement ;
> b) Et *tacitement.* La révocation, en effet, consiste dans le changement de la volonté du mandant parvenu à la connaissance du manda-taire.

La révocation tacite s'opère virtuellement par la constitution d'un nouveau mandataire chargé par le mandant de la même affaire que celle qu'il avait confiée au premier mandataire (art. 2006, C. civ.). Le fait du défaut d'acceptation du nouveau mandataire ne ferait pas revivre la procuration dont la révocation est définitive, dès que la connaissance en est parvenue au premier mandataire (8).

240. — Toutefois il n'y a là qu'une présomption de la loi qui peut être sans effet s'il résulte des termes de la deuxième procuration que loin de révoquer le pre-mier mandataire, le mandant a eu pour but soit de lui adjoindre un co-manda-taire, soit de s'assurer le concours des deux mandataires chargés d'agir isolément. Il faut pour que la constitution d'un second mandataire vaille, selon l'expression

(1) Cass., 12 juillet 1810 ; Rouen, 4 février et 2 mai 1888.
(2) Dijon, 18 février 1890 (art. 24531, J. N.). V. aussi : Rouen, 4 février 1884 (art. 23254, J. N.).
(3) Pau, 26 novembre 1873.
(4) Dict. du not., v° *Mandat*, n°ˢ 268 et 282 ; Houpin, *Sociétés par actions*, n° 83.
(5) Rennes, 7 juin 1865 ; Cass., 7 janvier 1868.
(6) Bordeaux, 27 avril 1885. — L'article 17 de la loi du 24 juillet 1887 autorise les actionnaires

quand ils représentent au moins le vingtième du capital social, à déléguer l'un d'entre eux pour suivre une instance contre la société. Il y a là aussi un mandat qui ne saurait être révoqué que du con-sentement de tous.
(7) Cass., 6 mars 1827 ; Aubry et Rau, t. IV, p. 652 ; Pont, n° 1159.
(8) Cass., 14 mai 1829 ; Aubry et Rau, § 416; Pont, n° 1161

de l'article 2006, révocation du premier, qu'il y ait incompatibilité dans l'exercice des deux mandats (1).

De même le mandat plus étendu conféré à un second mandataire n'a pas nécessairement pour effet de révoquer le mandat spécial primitivement donné à un premier mandataire. Ainsi le mandat donné à Pierre de vendre la coupe d'un bois qui m'appartient ne sera pas révoqué par la procuration générale de gestion de mes biens que j'aurai confié à Paul ultérieurement.

Mais l'effet révocatoire qui peut résulter de la constitution d'un second mandat est indépendant de la validité ou de la nullité du nouvel acte. La volonté de révoquer a été manifestée, et comme elle n'est soumise à aucune forme, elle sera valablement notifiée au premier mandataire (2).

241. — Notification. — Pour produire son effet légal, la révocation doit être parvenue à la connaissance du mandataire. Aussi doit-elle être *acceptée* ou *notifiée*, et l'article 2006 fait cesser l'effet du mandat à compter du jour de la notification.

La notification est un moyen certain de faire connaître la révocation au mandataire : mais, dès qu'il est établi que le mandataire a connu la révocation d'une manière et par une voie quelconque, le mandat exprès ou tacite a aussitôt pris fin entre le mandant et le mandataire (3). Toutefois il peut encore produire certain effet vis-à-vis des tiers.

La notoriété de la révocation peut être opposée au mandataire.

Ainsi un notaire doit se refuser à recevoir un acte pour celui qui rapporte une procuration dont la révocation est notoire (4).

La conséquence de la révocation doit être de mettre le mandataire dans l'impossibilité d'user frauduleusement du mandat qui lui a été retiré. Aussi l'article 2004 confère-t-il au mandant le droit de contraindre, s'il y a lieu, le mandataire à lui remettre, soit l'écrit sous-seing privé qui le contient, soit l'original de la procuration, si elle a été délivrée en brevet, soit l'expédition, s'il en a été gardé minute.

Dans ce dernier cas, il sera prudent, en outre, de notifier la révocation au notaire détenteur de la minute de la procuration pour faire obstacle au droit du mandataire de retirer une nouvelle expédition.

Le mandataire a bien un intérêt à la conservation de l'acte du mandat pour la justification de sa propre gestion. Mais en retirant cette pièce, le mandant se met dans la nécessité de la représenter, s'il conteste l'usage qui en a été fait, ou de ratifier le fait du mandataire à défaut de fournir la preuve qu'il aurait excédé ses pouvoirs (5).

Les *blancs-seings* n'étant que des pouvoirs illimités peuvent être révoqués comme tous les autres mandats (6).

242. — Restriction du mandat. — La restriction du mandat doit être assimilée à une révocation partielle. Elle doit être notifiée au mandataire, et pour être opposable aux tiers, il est nécessaire que le mandat qui leur est représenté soit accompagné de l'acte qui en a limité les effets. Si la clause était demeurée

---

(1) Pont, n° 1161. C'est ainsi qu'il a été jugé que le mandat de liquider une société ne révoque pas un précédent mandat donné à l'effet de vendre les immeubles de cette même société (Cass., 3 août 1819) ; et que le mandat pour gérer est seulement suspendu et non pas révoqué si le mandant a repris momentanément l'administration de ses biens. Paris, 25 novembre 1811.

(2) Pont, n° 1161.

(3) Cass., 14 mai 1829 ; Lyon, 6 janvier 1888 ; Pont, n° 1162 ; Delamarre et Lepoitvin, t. II, n° 432 ; Aubry et Rau, t. IV, p. 633, n° 7.

(4) Alger, 17 avril 1833 ; Dict. du not., v° *Notaire*, n° 548.

(5) Toutefois lorsque le mandat résulte de lettres, une distinction a été faite par la jurisprudence. Il a été décidé qu'un commerçant peut exiger de son représentant la remise des lettres qui constituent le mandat ; mais non de celles qui peuvent contenir la décharge du mandataire. Bordeaux, 12 mars 1842 ; Pont, n° 1163.

(6) Toullier, t. VII, p. 271.

secrète entre le mandant et le mandataire, elle resterait pour les tiers *res inter alios acta*, et le mandat apparent conserverait son plein effet (1).

243. — Suite du mandat. — La révocation a principalement pour but d'interdire au mandataire l'usage du mandat pour des opérations nouvelles. Ses pouvoirs peuvent subsister pour les actes qui sont la conséquence nécessaire et la suite des affaires qu'il a engagées. Il a été décidé, dans ce sens, que le propriétaire indivis à qui son copropriétaire a donné mandat de vendre l'immeuble commun, et qui a fait signer à l'acquéreur un billet représentatif du prix, passé en son nom seul, et par suite payable seulement entre ses mains, peut recevoir le paiement intégral, nonobstant la révocation de la procuration (2).

Il y a là une question d'appréciation très délicate et subordonnée à des circonstances de fait. Il sera prudent d'apprécier les termes de l'acte de révocation qui interdit, en général, d'une manière absolue tout acte quelconque de gestion ultérieure.

244. — Substitution. — Lorsque le pouvoir de substituer a été inscrit dans le mandat avec désignation de personne, la personne du substitué est réputée tenir ses pouvoirs directement du mandant lui-même. Soit que la substitution ait été générale ou soit qu'elle ait été partielle, le mandant seul a le droit de révocation *ad nutum* du mandataire substitué, dans les mêmes conditions qu'il pourrait l'exercer contre le mandataire primitif.

Dans les autres cas, le substituant possède, comme le mandant, le droit de révoquer le substitué.

245. — Déchéance. — Mentionnons enfin, dans l'ordre politique, que la déchéance du mandat de député ou de sénateur est prononcée par la loi du 24 novembre 1883 contre tout membre du Parlement qui aura fait ou laissé figurer son nom, *avec sa qualité de membre de l'une ou l'autre Chambre*, dans les annonces, affiches, réclames, faisant appel au public pour l'émission de valeurs mobilières (3).

ART. 2. — *Renonciation du mandataire.*

246. — Le mandataire peut renoncer au mandat en notifiant au mandant sa renonciation (art. 2007, C. civ.).

Le maintien du mandat repose sur la volonté réciproque du mandant et du mandataire, l'un de confier la gestion, l'autre de se charger de l'accomplir. Mais l'un et l'autre peut mettre fin à la convention ainsi formée, quand cette volonté s'est modifiée.

Le mandataire est seulement tenu de veiller à ce que sa renonciation ne préjudicie pas au mandant, et il devrait même l'indemniser en cas de perte, à moins qu'il ne prouvât qu'il se trouvait dans l'impossibilité de continuer le mandat sans en éprouver personnellement un préjudice considérable (art. 2007, C. civ.).

L'appréciation de l'importance du préjudice argué comparée au tort dont le mandant peut se plaindre est une question de fait, et il appartient aux tribunaux de prononcer si le mandataire peut être déchargé de ses obligations ou jusqu'à quelle concurrence il peut, au contraire, être déclaré responsable (4).

247. — Le mandataire devra notifier sa renonciation au mandant assez à temps pour que celui-ci prenne les mesures utiles que ses intérêts comportent ; et, s'il y a urgence, il exercera le mandat jusqu'à son remplacement, de manière à sauvegarder la situation du mandant. Son abstention équivaudrait à l'inexécution du mandat et il devrait indemniser le mandant (5).

(1) Cass., 27 novembre 1861 ; Bordeaux, 2 juin 1869 ; Cass., 11 avril 1876.
(2) Caen, 13 mai 1865 ; Cass., 5 mai 1873.
(3) Houpin, *Soc. par act.*, n° 420.
(4) Pont, n° 1166.
(5) Pont, n° 1165.

Cependant, s'il a été mis par force majeure dans l'impossibilité de prévenir
à temps le mandant, ou si celui-ci n'a pu être averti par la notification qu'il aurait
été impossible de lui faire parvenir, par exemple, par suite d'un voyage ou autres
circonstances analogues, le mandataire ne serait pas responsable des pertes qui
pourraient suivre (1).

248. — Nous avons vu *suprà*, nᵒˢ 237 et suiv., que certains mandats pouvaient
devenir irrévocables. Certains d'entre eux sont néanmoins susceptibles d'être
dénoncés ; les autres ne peuvent finir de cette sorte. Si l'intérêt du mandataire est
seul engagé, il lui appartiendra de renoncer au mandat selon les règles du droit
commun. Si le mandat est devenu l'objet d'un contrat bilatéral, le mandataire ne
pourra plus y renoncer, sa volonté unique ne pouvant rompre une convention
synallagmatique (2).

ART. 3. — *Décès du mandant.*

249. — Le mandataire représentant le mandant et les actes qu'il fait étant
réputés faits par le mandant lui-même, il est naturel de décider que le mandat
cesse par la mort du mandant, puisqu'on ne peut plus alors agir en son nom.

L'article 2003 ne distingue pas entre la mort civile et la mort naturelle. Les
effets de la mort civile étaient, en effet, identiques à ceux de la mort naturelle au
point de vue des droits civils avant l'abolition portée par la loi du 31 mai 1854.
Les peines qui emportaient la mort civile entraînent maintenant l'interdiction
légale, et, par suite, comme nous le verrons bientôt, extinction du mandat.

250. — La mort naturelle fait cesser le mandat par le fait même et de plein
droit. Mais trois circonstances pourraient créer des exceptions.

    a) Si le mandataire a ignoré le décès (art. 2008, C. civ.). Mais cette
    circonstance ne saurait affaiblir le principe ; et de quelque
    manière que la mort du mandant soit parvenue à la connaissance
    du mandataire, immédiatement, le mandat qu'il tenait de lui est
    éteint (3).

    b) Si l'affaire commencée ne peut être abandonnée au point où elle
    en est ; car le mandataire est tenu d'achever la chose commencée
    au décès du mandant, s'il y a péril en la demeure (art. 1991,
    C. civ.). C'est, selon les circonstances, au mandataire à rapporter
    la preuve de cette urgence pour justifier de son droit d'agir, ou
    bien aux héritiers du mandant, s'ils reprochent au mandataire une
    inaction qui leur a porté préjudice ;

    c) Enfin si le mandataire a continué l'exercice du mandat au vu et
    su de l'héritier du mandant (V. *infrà*, nᵒ 252).

251. — La notification du décès du mandant est le plus sûr moyen de mettre
fin au mandat. La prudence commande de la faire aussi bien au mandataire qu'aux
parties qui ont traité avec lui, et, en outre, au notaire qui est dépositaire de la
minute ou d'un brevet de la procuration.

Le mandat donné par l'administrateur d'un département, d'une commune,
d'un établissement d'utilité publique ou d'une société ou corporation possédant la

(1) Pont, nᵒ 1168 ; Pothier, nᵒ 43.

(2) Lorsque le mandat est commercial les règles
de la responsabilité en cas de renonciation sont
appliquées avec une plus grande sévérité à raison de
la nature des opérations confiées au mandataire
(Pont, nᵒ 1170 ; Troplong, p. 806 ; Vincens, *Leg.
comm.*, t. II et VIII, nᵒ 1). Une opinion plus rigoureuse soutient même que le cessionnaire n'a pas le
droit de renoncer au mandat, quelque considérable

que doive être pour lui la perte causée par son exécution (Delamarre et Lepoitvin, t. II, p. 185).

(8) Paris, 17 mars 1826 ; Angers, 27 mars 1846 ;
Pont, nᵒ 1185 ; Dict. du not.. vᵒ *Mandat*, p. 272.
Et le fait qu'une rémunération, même proportionnelle et quel qu'en soit le taux a été stipulée au profit
du mandataire, ne modifie pas le caractère de la
convention, et ne peut influer sur les conséquences
des règles du Code relatives à l'extinction du mandat
(Seine 13 avril 1889).

personnalité civile, cesserait par la suppression de cet établissement ou de cette corporation, et par la liquidation ou la fusion de la société. Mais la mort de la personne de l'administrateur ne mettrait pas fin au mandat, la personne morale continuant de subsister.

Le mandat donné par plusieurs mandants, collectivement, n'est révoqué par la mort de l'un d'eux que relativement aux pouvoirs qui le concernaient personnellement, il subsiste dans l'intérêt des autres mandants (V. *suprà*, n° 237) (1).

252. — Contrat. — Nous avons vu, *suprà*, n° 238, que lorsque le mandat avait pris un caractère synallagmatique, il n'était pas révocable unilatéralement. Dans cette condition, la mort du mandant n'est pas une cause d'extinction du mandat (2).

Une application de ce principe, utile à signaler, se réfère au mandat qui découle de l'élection de domicile, soit au point de vue de l'exécution des contrats, soit à celui de l'attribution de juridiction (3).

253. — Continuation de gestion. — Un mandat tacite pourrait toutefois succéder au mandat terminé par la mort du mandant, dans le cas où les héritiers de celui-ci, connaissant la continuation de gestion du mandataire, auraient ratifié les actes, autres que ceux d'urgence, qu'il aurait accompli depuis le décès du mandant (4), ou y auraient concouru.

254. — Dépôt. — Le contrat de dépôt engendre un mandat d'une nature particulière. Le dépositaire s'oblige à conserver en substance la chose déposée, et à la restituer, soit au déposant, soit à celui au nom duquel le dépôt a été fait, soit enfin à celui qui a été désigné pour le recevoir (art. 1937, C. civ.). Cette dernière disposition reçoit exception en cas de mort du déposant avant la remise du dépôt, et le mandat est alors révoqué en vertu de la règle de droit commun dont le principe a été expressément réservé dans l'article 1939 du Code civil. Le dépositaire ne peut plus remettre l'objet du dépôt qu'aux mains des héritiers du déposant (5).

255. — Garde particulier. — Bien que le mandat d'un garde assermenté soit un mandat ordinaire, cependant il ne finit pas *de jure*, au décès du maître qui l'a commissionné (6).

256. — Prolongation. — Enfin, outre le cas prévu par l'article 1991, le mandat survit légalement au décès du mandant, lorsque les actes du mandataire ont été accomplis dans les termes de l'article 2008, c'est-à-dire lorsqu'il n'a pas connu ce décès. Dans un pareil cas, les engagements pris par le mandataire sont exécutés à l'égard des tiers qui sont de bonne foi. La bonne foi est d'ailleurs de présomption légale et le fardeau de la preuve contraire incomberait à la partie qui soulèverait l'exception de mauvaise foi (art. 2268, C. civ.).

257. — Mandat posthume. — Le mandat survit encore à la personne du *de cujus*, lorsqu'il a pour but d'assurer l'exécution de certaines volontés dont la réalisation ne peut avoir lieu qu'après le décès (7). Tels sont, par exemple :

> *a)* Le mandat déféré au conseil spécial adjoint à la mère survivante et tutrice de ses enfants mineurs (art. 391, C. civ.) ;
> *b)* Le mandat constitué par la tutelle dative (art. 396, C. civ.) ;
> *c)* Le mandat donné à l'exécuteur testamentaire (art. 1025, C. civ.) ;
> *d)* Le mandat confié au tuteur à substitution (art. 1055, C. civ.).

---

(1) Pont, n° 1138.

(2) Pont, n° 1140. Tel serait le cas pour le décès d'un failli après qu'il aurait fait cession de ses biens à ses créanciers (Delamarre et Lepoitvin, t. III, n° 285; Troplong, n° 787).

(3) Bourges, 6 mai 1840.

(4) Cass., 21 mai 1867; Laurent, t. XXVIII, n° 84.

(5) Cass., 16 août 1842; Paris, 14 mai 1853,

26 décembre 1863 et 22 mai 1867 ; Marcadé, art. 931, n° 630.

(6) Cass., 14 mars 1862; Orléans, 6 août 1867 ; Giraudeau et Lelièvre, *La chasse*, n° 1128 ; Martin, *C. de la pêche*, n° 479. — *Contrà*: Orléans, 1er décembre 1873 ; Niort, 2 décembre 1854 ; Rousset, *Pol. de la ch.*, p. 109.

(7) Cass., 22 mai 1860, 30 avril 1867 et 6 août 1889 ; Massé et Vergé, t. V, § 756, n° 11 ; Aubry et Rau, t. IV, p. 654.

— Sur la question très controversée de savoir quelles sont l'étendue et la validité du mandat posthume, c'est-à-dire de celui dont l'exécution ne doit commencer qu'à partir du décès du mandant, nous renvoyons à l'étude qui en a été faite par M. Laurent dans son *Cours de droit civil* (1). Nous noterons seulement que pour que l'effet du mandat se produise après la mort du mandant, il faut que sa volonté ressorte clairement sur ce point ou puisse s'induire d'une manière nécessaire des opérations qu'il a conférées au mandataire (2).

Ainsi on décide dans ce sens que le testateur peut :

a) Charger un ami du soin de lui ériger un monument funéraire (3).

b) Donner mandat à un tiers de faire le dépouillement de ses papiers et spécialement de sa correspondance, s'en remettant à son arbitre, pour détruire les uns et conserver les autres. Cette clause emporte la saisine quant à ces papiers (4).

c) Désigner un tiers pour surveiller l'exécution d'œuvres pieuses (Rennes, 14 décembre 1886), ou la publication d'œuvres posthumes ou de mémoires politiques (5). Il a été jugé toutefois, en semblable circonstance, qu'il appartient au fils, unique héritier du testateur, de protéger la mémoire de son père contre l'inopportunité de la publication, et de prendre des mesures pour que l'usage du mandat posthume soit conforme aux dernières volontés du mandant (6).

d) Donner à un tiers le mandat de vendre des immeubles pour en faire servir le prix à acquitter le passif de la succession (7).

e) Ou même vendre tous ses biens pour en distribuer le prix à titre de partage entre ses héritiers collatéraux et majeurs (8). Mais il y a controverse sur la question de savoir si le mandataire, alors qu'il existe des mineurs parmi les héritiers, est obligé ou dispensé de remplir les formalités de la procédure judiciaire (9).

f) Ou pour en employer le prix au remboursement d'avances que le mandataire lui aurait faites, et dont les paiements successifs doivent se prolonger jusqu'à l'extinction de la dette, même après le décès du débiteur (10).

Il y a controverse sur le point de savoir si le mandat constitué pour durer après le décès du mandant subsiste ou non lorsque l'héritier est mineur (11).

Mais le mandat dont l'objet serait d'assurer l'exécution d'une clause testamentaire qui ne serait pas valable, serait lui-même dénué de valeur et ne pourrait être invoqué (12).

Le décès du mandant n'opère pas la résiliation du mandat du *procurator in rem suam*. Ainsi en serait-il du pouvoir conféré au créancier par le débiteur, pour le cas où il ne serait pas libéré à l'échéance, de vendre les récoltes d'un immeuble dans les formes ordinaires, et de prélever sur le produit de la vente une somme suffisante pour remplir cette obligation (13).

258. — Société. — Les pouvoirs du gérant d'une société ne sont pas révo-

(1) T. XXVIII, n° 88.
(2) Dalloz, v° *Mandat*, n° 455.
(3) Pont, n° 1145.
(4) Orléans, 10 juillet 1885 ; Cass., 26 janvier 1886 (art. 23638, J. N.).
(5) Paris, 10 décembre 1850.
(6) Paris, 1ᵉʳ décembre 1876.
(7) Cass., 17 avril 1855 ; Douai, 27 janvier 1864 ; Dijon, 3 mars 1880 ; Cass., 30 mai 1881 ; Seine, 25 mars 1885 (art. 22312, 22621, 23362, J. N. et observations). — *Contrà* : Laurent, t. XIV, note 332.
(8) Metz, 13 mai 1869 (art. 19636, J. N.) ; Demolombe, *Don. et test.*, t. V, notes 84 à 92 ; Aubry et Rau, t. VII, p. 450.

(9) *Pour* : Seine, 25 mars 1885 (art. 23362, J. N.). V. Demolombe, t. I, n° 315 et t. V, n° 93 ; Aubry et Rau, t. VII, p. 550 et art. 17379, J. N. — *Contrà* : Paris, 13 août 1849 ; trib. Amiens, 4 décembre 1886 ; Laurent, t. XI, n° 451. — V. aussi Seine, 17 novembre 1886, art. 23777, J. N. et les observations.
(10) Cass., 22 mai 1860.
(11) Pour l'affirmative : Troplong, p. 734. — *Contrà* : Pont, n° 1145.
(12) Cass., 10 février 1873.
(13) Douai, 22 décembre 1848 ; Delamarre et Lepoitvin, t. III, p. 285 ; Pont, n° 1141 ; Aubry et Rau, t. IV, p. 654.

qués par la mort de l'un des associés. La société a une existence légale qui lui est propre pendant sa durée, et la gérance continue de fonctionner jusqu'au terme assigné selon les prévisions de l'acte social dans l'intérêt de la société (1).

Il en est de même encore lorsque l'acte de société a prescrit en cas de décès d'un associé, non la continuation de la société, mais sa liquidation dans un délai déterminé, même en laissant l'établissement poursuivre ses opérations sous la gérance d'un seul qui profitera des bénéfices et supportera les pertes pendant le sursis (2). La prorogation de la société est, en effet, de droit jusqu'à la liquidation (3).

259. — Substitution. — Lorsque la substitution de pouvoirs a eu lieu en vertu de l'autorisation du mandant, le décès de celui-ci met fin au mandat du substitué qui est réputé être son représentant direct et *omisso medio*.

Si la procuration ne contenait pas le pouvoir de substituer, la mort du mandant produirait encore cet effet, car, mettant fin de droit au mandat du substituant, elle interrompt du même coup les délégations qu'il a pu consentir, et toutes celles qui ont pu suivre.

Il en serait de même dans le cas où la procuration n'aurait pas prévu le pouvoir de substitution. Le mandataire substitué est bien alors l'agent direct du mandataire substituant; mais la loi ne le soustrait pas à l'action du mandant, et elle autorise, au contraire, celui-ci à agir directement contre la personne que le mandataire s'est substituée (art. 1994, C. civ.).

ART. 4. — *Décès du mandataire.*

260. — La mort du mandataire met nécessairement fin au mandat, puisque le mandant n'a plus de représentant vis-à-vis des tiers.

Lorsque le mandat a été donné collectivement à plusieurs mandataires, le décès de l'un d'eux ne met fin qu'aux obligations de ce mandataire, et les autres restent tenus de l'accomplissement du mandat dans les termes de la procuration.

Si le mandat a divisé les attributions et spécifié la nature des pouvoirs conférés à chacun des mandataires, les co-mandataires survivants étant cantonnés dans leurs attributions, ne pourront suppléer le *de cujus* dans l'exécution de son mandat spécial; mais si le mandat était collectif et solidaire, les co-mandataires survivants seront tenus d'assurer l'entier effet du mandat (4).

261. — La règle applicable à l'irrévocabilité du mandat synallagmatique, concerne aussi bien le mandataire que le mandant, et de même que le décès de celui-ci ne rompt pas l'engagement, le décès du mandataire ne saurait non plus y mettre fin (5).

262. — Un mandat tacite pourrait succéder au mandat qui a pris fin par la mort du mandataire, dans le cas où les héritiers de celui-ci, continuant le mandat de leur auteur, le mandant aurait ratifié les actes de leur gestion (6).

L'intérêt du mandant exige, en cas de décès du mandataire, que les héritiers de ce dernier en donnent immédiatement avis au mandant pour qu'il puisse agir par lui-même ou remplacer le mandataire. C'est ce qui a été prescrit par l'article 2010 du Code civil.

Si les héritiers négligeaient de faire diligence à cet égard, ils pourraient devenir responsables du préjudice causé au mandant. Mais ils ne sauraient encourir de responsabilité s'ils ignoraient l'existence du mandat (7).

Ils doivent d'ailleurs pourvoir aux mesures d'urgence que les circonstances

---

(1) Rouen, 21 juillet 1843 (art. 11817, J. N.); Pont, n° 720.
(2) Cass., 17 août 1868.
(3) Cass., 16 août 1880.
(4) Pont, n° 1138. — V. Pothier, n° 102.

(5) Pont, n°° 1140 à 1142; Cass., 21 mai 1867.
(6) Dict. du not., v° *Mandat*, 272-2; Laurent, n° 84; Cass., 21 mai 1867.
(7) Troplong, n° 837.

nécessiteraient dans l'intérêt du mandant (art. 2010, C. civ.). Toutefois, s'ils étaient mineurs, ils ne sauraient être astreints à cette obligation (1).

Les femmes sont de même dispensées de ce soin (2).

263. — La loi ne pouvait se borner à cette seule prescription et laisser à l'abandon, après le décès du mandataire, une gestion dont le principe repose sur la confiance et les bons offices. De même qu'elle a prescrit aux héritiers du tuteur de gérer la tutelle jusqu'au remplacement du tuteur décédé (art. 419, C. civ.), au gérant de la chose d'autrui de continuer sa gestion après le décès du propriétaire jusqu'à ce que l'héritier ait pu prendre la direction de l'affaire, elle a prescrit à l'héritier du mandataire de pourvoir au nécessaire dans l'intérêt du mandant, jusqu'à ce que celui-ci ait été à même d'agir (art. 2010, C. civ.).

Ce n'est pas un mandat tacite qui se forme entre eux et le mandant, comme au cas de la continuation de gestion, c'est une sorte de mandat légal qu'ils remplissent, mais auquel ils pourraient d'ailleurs renoncer, si le mandant n'y mettait fin après un temps suffisant pour lui permettre de constituer un nouveau mandataire.

Toutes les règles qui concernent le mandat sont d'ailleurs applicables à l'héritier du mandataire pour l'accomplissement de sa gestion temporaire.

264. — Substitution. — Lorsque le mandat a été donné avec pouvoir de substituer, la mort du substituant n'opère pas la révocation du mandat passé au substitué. Nous avons vu, en effet, que ce dernier est réputé, dans ces conditions, tenir ses pouvoirs directement du mandant (n°ˢ 143 et 147).

Art. 5. — *Changement d'état du mandant.*

265. — L'article 2003 mentionne seulement l'interdiction parmi les causes qui font cesser le mandat. Mais les principes du droit commun sur la capacité sont applicables en cette matière comme à tous les actes, et il est admis que tout changement survenu dans la personne du mandant ou du mandataire a pour effet de modifier la portée du mandat dans la même mesure que la capacité du mandant ou du mandataire a été changée elle-même (3).

Ce principe doit s'entendre d'ailleurs en ce sens que le mandat se trouve restreint dans la limite seulement où la capacité du mandant a été modifiée. Ainsi :

a) Le mandat confié par une femme qui vient à se marier, est réduit aux actes qu'elle a conservé la capacité de faire sans autorisation, d'après le régime adopté par son contrat de mariage (4) ;

b) Le mandat donné par une personne qui est ensuite pourvue d'un conseil judiciaire, se trouve restreint aux actes que cette personne peut faire seule et sans l'assistance de ce conseil (5) ;

c) Le mandat émané d'une personne qui a été interdite depuis, cesse de produire aucun effet. Il y a lieu, pour le tuteur à l'interdiction, de conférer un nouveau mandat (art. 2003).

266. — Si, au contraire, la capacité du mandant vient à s'accroître par la cessation de la cause qui produisait la restriction légale, deux situations sont à considérer :

a) Le mandat a-t-il été conféré avant la cause de la restriction de la capacité, alors que le mandant jouissait de la plénitude de ses

---

(1) Troplong, n° 835 ; Pont, n° 1185.

(2) Troplong, n° 836.

(3) Pont, n° 1147

(4) Pont. n° 1148 ; Duranton, t. XVIII, n° 286. V. Troplong, n° 749.

(5) *Ibid., id.* — Troplong, n° 748 ; Aubry et Rau, t. IV, § 416, n° 15.

droits, le mandat recouvre l'étendue qu'il avait au moment où il a été donné (1);

b) Mais s'il a été conféré alors que le mandant n'avait qu'une capacité restreinte, comme le mandataire ne peut être investi d'une capacité plus grande que celle qui appartiént au mandant au jour de l'acte, le mandat ne pourra être étendu dans sa portée, au delà de la mesure des droits du mandant à cette date.

Dans tous les cas, les actes passés de bonne foi par le mandataire, dans l'ignorance du changement d'état du mandant, doivent être maintenus (art. 2009, C. civ.). Tel, par exemple, le mandat donné par une femme qui se serait mariée depuis (2).

Art. 6. — *Changement d'état du mandataire.*

267. — De même que pour le mandant, le changement d'état, en général, et l'interdiction particulièrement visée dans l'article 2003, ont pour effet de modifier la capacité du mandataire. Mais cette modification se règle sur d'autres principes.

268. — Femme. — Ainsi le mandat a été conféré à une femme qui vient ensuite à se marier. Le mandat prend fin, dit M. Pont, par le mariage de la mandataire, quel que soit l'objet du mandat (3). Ce système absolu semble ne pas s'accorder avec le principe écrit dans l'article 1990, qui porte que la femme mariée peut accepter un mandat; mais que l'action du mandant contre elle sera limitée, si elle n'a pas obtenu l'autorisation de son mari, d'après les règles rappelées en cet article.

269. — Interdit. — L'interdiction du mandataire, lui enlevant toute capacité personnelle, met fin au mandat qu'il a reçu (art. 2003, C. civ.).

Nous estimons, par analogie avec l'article 2010, que le tuteur à l'interdiction doit en donner avis au mandant, et même pourvoir, en attendant, aux mesures d'urgence qu'il y aurait à prendre dans l'intérêt de celui-ci.

270. — Mineur. — Lorsqu'un mineur a été choisi comme mandataire, le mandant n'a d'action contre lui pour les faits accomplis durant sa minorité que selon les règles relatives aux obligations des mineurs (art. 1990 C. civ.); mais à partir de la majorité du mandataire, la capacité de ce dernier étant devenue entière, l'effet du mandat accroîtra la responsabilité du mandataire dans la mesure de sa capacité légale.

271. — Prodigue. — Le mandat a été confié à une personne qui est ensuite pourvue d'un conseil judiciaire, quel sera le sort du mandat? On se prononce généralement dans le sens de la cessation du mandat, dit M. Pont. Mais il émet aussitôt l'avis que cette solution ne lui paraît justifiée par aucun texte de loi (4).

Art. 7. — *Déconfiture ou faillite du mandant ou du mandataire.*

272. — Il y a une différence notable entre les circonstances qui créent l'état de déconfiture pour le non-commerçant et celles qui déterminent la faillite du commerçant.

L'état de déconfiture est celui d'une personne dont l'actif ne suffit plus pour faire face au passif de sa fortune, tandis que l'état de faillite est celui d'un commerçant qui interrompt ses paiements. Le crédit du premier se maintient jusqu'à l'absorption de son patrimoine et au delà; le crédit du second tombe dès la cessation des paiements, encore bien que les valeurs de son actif lui permettraient de faire face à ses obligations.

---

(1) Cass., 12 janvier 1866.
(2) Cass., 26 avril 1832 ; Troplong, n° 819.
(3) n° 1147.

(4) Pont, n° 1148. — Dans le même sens, Dict. du not., v° *Mandat*, n° 74.

273. — L'article 2003 énumère la déconfiture parmi les causes de l'extinction du mandat. Cette disposition s'applique sans conteste au mandat existant au moment où l'état de déconfiture est reconnu (1). Mais à l'inverse du mandat donné par le commerçant failli, le mandat consenti par le non commerçant en état de déconfiture n'est pas un mandat nul (2).

274. — Il faut appliquer à l'état de faillite les dispositions de l'article 2003 sur la déconfiture. La faillite opère *de jure* le dessaisissement du failli de tous ses droits d'administration, le mandat ne peut survivre à la capacité ni du mandant ni du mandataire (3).

Le mandat synallagmatique, c'est-à-dire celui qui a été conféré dans l'intérêt commun du mandant et du mandataire, et qui forme la condition d'un contrat, n'est pas révoqué par la faillite du mandant (4).

275. — Au mandant seul ou à ses créanciers qui ont l'exercice de ses droits, appartient l'action en nullité tendant à faire prononcer l'annulation d'un engagement contracté par le mandataire après la cessation du mandat et particulièrement pour cause de déclaration de la faillite du mandataire. Dans ce cas, et alors que les biens affectés à la garantie de cet engagement sont entrés par voie de succession dans le patrimoine de ce mandataire, ni celui-ci ni ses créanciers personnels ne peuvent exciper de la cause de nullité provenant de la nullité du mandat (5).

Cependant la faillite du mandataire n'opère pas la cessation du mandat d'une manière nécessaire et absolue, si le mandant ne lui a pas retiré sa confiance. Ainsi le mandataire failli qui, réintégré dans la direction de ses affaires par un concordat, a continué la gestion du mandat, ne pourrait opposer sa faute et le dessaisissement momentané de ses droits pour se refuser de rendre compte au mandant (6).

276. — Si l'état de faillite résout le mandat précédemment donné, il ne fait pas obstacle à ce que le failli accepte un mandat postérieur que l'on viendrait lui confier (7).

---

(1) Pont, n° 1148.
(2) Pont, n° 1149.
(3) Cass., 24 août 1847 ; Troplong, n° 746 ; Delamarre et Lepoitvin, p. 450 ; Massé, *Droit commercial*, n° 1195 ; Mourlon, t. III, n° 1114 ; Pont, n° 1149 ; Ruben de Couder, v° *Faillite*, p. 172 ; Aubry et Rau, t. IV, p. 654. Plusieurs conséquences ont été tirées de ce principe.
Ainsi le tiers porteur d'une lettre de change qui lui aurait été transmise par le failli avec un endossement *en blanc*, ne peut la négocier après la faillite déclarée. L'endos serait déclaré nul comme émanant d'un mandataire dont le mandat aurait cessé (Ruben de Couder, *ibid.*, p. 172 ; Alauzet, t. VI, n° 2457 ; Paris, 7 novembre 1840 ; Cass., 17 décembre 1856 et 14 janvier 1862.
Ainsi encore, le mandataire qui aurait accepté un mandat du failli, après la déclaration de la faillite, serait responsable du préjudice causé à la masse par l'aliénation d'une part de l'actif, dont le prix aurait été touché par le mandataire ; il ne serait pas reçu à exciper de sa bonne foi et de l'ignorance où il était de l'état de faillite du mandant, l'article 2008 du Code civil n'étant pas applicable à un tel cas (Cass., 14 janvier 1862).
Cet effet atteint de même les actes suspects accomplis avant la déclaration de la faillite. Par suite, le créancier qui, mettant à profit les renseignements recueillis par lui dans l'exercice du mandat à lui confié de surveiller les opérations d'une société par actions, et prévoyant le dépôt du bilan, se fait payer par le gérant l'intégralité de sa créance pour s'assurer une condition meilleure, devra rapporter à la faillite la somme qu'il avait reçue malgré l'antério-

rité de la date de son remboursement (Cass., 28 août 1864).
(4) Bordeaux, 12 et 13 août 1831 ; Pont, n° 1141 ; Laurent, t. XXVIII, n° 95. Toutefois, il a été décidé, en sens contraire, que le mandat donné dans l'intérêt du mandataire prend fin par la faillite du mandant (Douai, 20 février 1847).
(5) Cass., 24 août 1847 ; Pont, n° 1119 ; Laurent, t. XXVIII, n° 94 ; Domenget, n° 610).
(6) Cass., 12 janvier 1866.
(7) Mais l'état de faillite ne permet pas au mandant de donner au mandataire une décharge qui soit opposable aux tiers. Les créanciers ne sont pas les ayants cause du failli, ils ne sont pas tenus de ses engagements : ce sont des tiers qui exercent un droit distinct et personnel, lorsqu'ils poursuivent l'annulation d'un paiement fait par leur débiteur. C'est encore en cette qualité qu'ils agissent lorsqu'ils demandent aux créanciers du failli, compte des sommes payées entre ses mains en cette qualité pendant la période suspecte. Par suite, le mandataire n'est pas admis à opposer à la demande du syndic de la faillite une décharge sous seing privé qui aurait été consentie par le failli, bien qu'il pût toujours l'opposer au mandant lui-même (Cass., 27 juin 1866). — Arch. du not., n° 2819. — V. aussi L. Delacourtie, *Des droits du syndic dans la faillite des sociétés par actions*, p. 110 et suiv. ; Houpin, *Sociétés par actions*, n° 648.
Sur la question de savoir si la faillite de la société met fin au mandat des administrateurs, ce que nous ne saurions admettre V. *infrà*, v° Sociétés par actions.

ART. 8. — *Arrivée du terme ou réalisation de la condition.*

277. — L'arrivée du terme pour la durée duquel le mandat a été donné ou l'événement de la condition à laquelle il était soumis mettent également fin au pouvoir du mandataire. Cette conséquence n'est que l'application d'un principe général en matière de contrat (1).

Toutefois, la stipulation du terme est réputée écrite dans l'intérêt du mandataire, et on ne doit pas considérer nécessairement comme frappés de nullité les actes passés par le mandataire après le délai imparti, alors surtout que le mandat a été donné dans l'intérêt commun des parties et affecte le caractère contractuel (2).

Mais, lorsque le mandant n'a pas fixé de terme au mandat qu'il a donné, on ne peut pas dire que sa confiance dans le mandataire est présumée avoir cessé après un nombre plus ou moins considérable d'années. Aussi Pothier a-t-il dit : « Lorsque je n'ai limité aucun temps ni apporté à la durée de ma procuration aucune condition, elle vaut *in perpetuum*, c'est-à-dire tant que je vis et que je ne la révoque pas. Quelques praticiens ignorants disent qu'il faut en ce cas renouveler la procuration tous les ans ; mais c'est une erreur qui ne mérite pas d'être réfutée (3). »

Malgré cette appréciation, on s'est demandé si, sous l'empire de notre droit moderne, la durée de trente ans, limite de la prescription la plus longue, ne s'appliquait pas à la durée du mandat ? Il faut reconnaître que l'exercice du mandat ne constituant pas une action, n'est soumis à aucune prescription légale, et que le mandat est valable jusqu'à sa révocation. Cependant, l'importance des transactions, jointe à l'aggravation des causes de la responsabilité professionnelle, a fait restreindre cette longue durée dans la pratique des affaires.

La loi elle-même justifie cette mesure ; et l'ordonnance du 1er mai 1816, dans son article 4, contient une disposition, la seule d'ailleurs de notre droit qui soit limitative, d'après laquelle les procurations pour toucher les arrérages de rente et pensions de l'État ne sont valables que pour un délai de 10 ans.

Nous avons vu aussi, n° 223, que la procuration laissée par l'absent avait pour effet de retarder pendant dix ans l'exercice du droit de l'héritier présomptif à introduire une demande d'envoi en possession provisoire (art. 121, C. civ.). Mais la simple présomption d'absence ne saurait être assimilée à l'envoi en possession provisoire et elle n'aurait pas pour effet d'interrompre l'exercice du mandat et d'y mettre fin (4).

On refuse, en conséquence, dans les affaires, par un motif de prudence, d'opérer en vertu d'un acte trop ancien. On peut, au moins, demander la production de documents récents confirmant l'entretien du mandat (5).

La réalisation de la condition, lorsque le mandat a été donné conditionnellement, met nécessairement fin aux pouvoirs du mandataire qui sont devenus sans objet ; cette conséquence n'est que l'application au mandat des principes du droit commun (6).

ART. 9. — *Consommation de l'affaire qui faisait l'objet du mandat.*

278. — La consommation de l'affaire qui faisait l'objet du mandat en produit l'extinction par le fait même. Le mandat est rempli, et le mandataire a épuisé ses pouvoirs si l'affaire a été réalisée par ses soins : si elle l'a été par le mandant

---

(1) Aubry et Rau, t. IV, p. 655 ; Pont, n° 1150.
(2) Cass., 21 mai 1867.
(3) Pothier, n° 85 ; Dict. du not. v° *Mandat*, n° 289.
(4) Pont, n° 1151 ; Paris, 25 novembre 1811.
(5) Duvert, *Conversions, transferts et mutations de valeurs mobilières*, n° 816.
(6) Pont, n° 1152.

directement, le mandat lui-même est devenu sans objet et le mandataire est déchargé à son égard (1).

Le mandataire qui a contracté en vertu du mandat, par exemple qui a passé un échange devenu définitif, ne peut donc plus résilier ce contrat d'accord avec les tiers, pour substituer un nouvel immeuble à celui qui avait été primitivement abandonné au nom du mandant (2).

Mais si le mandataire, tout en abusant de son pouvoir, avait traité avec un tiers de bonne foi, le mandant demeurerait obligé du fait du mandataire bien que l'objet du mandat eût été précédemment réalisé (art. 2009, C. civ.).

Les tribunaux apprécient souverainement si le mandat conféré en vue d'une affaire déterminée a réellement pris fin avec la consommation de cette affaire, et fixent, d'après les circonstances de fait et au vu des conventions à quel chiffre il convient d'arrêter le compte des frais dont le remboursement est dû au mandataire, malgré l'insuccès de ses soins et de ses démarches (3).

ART. 10. — *Cessation des pouvoirs en vertu desquels le mandat a été conféré*

279. — Les pouvoirs du mandataire prennent fin, de droit, avec ceux du mandant. Le représentant ne peut, en effet, avoir plus de droits que la personne qu'il représente. *Resoluto jure dantis, resolvitur jus accipientis.*

Ainsi le mandat conféré par un tuteur cesse à la majorité du pupille ou à la levée de l'interdiction ; celui donné par le mari pour l'administration des biens de la femme finit par la mort du mari et par le divorce ou la liquidation des biens (4).

280. — Vis-à-vis du mandataire substitué, il y a lieu de distinguer suivant que la substitution était désignée ou seulement autorisée par le mandant, et suivant qu'elle était de droit commun pour le premier mandataire. Dans le premier cas, le substitué étant réputé le représentant direct du mandant, la mort du premier mandataire, ou sa révocation, n'interrompt pas le mandat. Dans le second cas, au contraire, le substitué ne tenant ses pouvoirs que du premier mandataire, le décès de ce dernier ou la révocation résout le sous-mandat du substitué (5).

281. — Si l'affaire avait été commencée au moment de la cessation des pouvoirs du mandant, le mandataire n'en devrait pas moins lui continuer ses soins, du moins dans la limite de ce qu'il y aurait d'urgent ; la disposition de l'article 1991, 2°, est de celles qui doivent être généralisées (6).

282. — Si les actes du mandataire étaient argués d'antidate, la preuve du fait incomberait à la partie qui les contredirait. Mais cette preuve pourrait être faite par témoins ou à l'aide de simples présomptions (7).

Disposition générale. — L'article 2009 du Code civil contient une disposition générale qui s'applique à tous les cas où le mandat a pris fin ou s'est trouvé modifié à l'insu du mandataire et des tiers. Il porte que dans ces conditions, les engagements du mandataire sont exécutés à l'égard des tiers qui sont de bonne foi. La bonne foi n'existerait pas pour les tiers s'ils avaient connu le changement survenu dans les pouvoirs du mandataire ou leur révocation (8).

Mais le mandat continuerait de produire ses effets vis-à-vis des tiers qui n'auraient pas connu le décès ou le changement d'état du mandant (9).

(1) Pont, n° 1153 ; Aubry et Rau, t. IV, p. 655.
(2) Bourges, 19 juillet 1831.
(3) Cass., 5 août 1880.
(4) Pothier, n° 104 et 112 ; Pont, n° 1154.
(5) Pothier, n° 105 ; Pont, n° 1154.
(6) Pont, n° 1156.
(7) Aubry et Rau, t. IV, p. 655, n° 17.
(8) Troplong, n° 828 ; Pont, n° 1180.
(9) Conseil d'État, 3 décembre 1880.

§ 9. Responsabilité notariale.

283. — Nous n'avons pas à nous occuper ici de la question de savoir dans quels cas et dans quelles limites le notaire est responsable vis-à-vis des clients dont il a accepté expressément ou tacitement un mandat, en vue soit de traiter une affaire déterminée, soit d'accomplir telle ou telle formalité. Ces questions ont été examinées, v° Notaire, n°ˢ 162 et suiv.

284. — La responsabilité qu'il nous faut indiquer est celle encourue par le notaire à l'occasion des procurations qu'il est chargé de rédiger, ou des actes qu'il dresse en vertu de procurations irrégulières ou insuffisantes. Le notaire serait certainement responsable des vices de forme qui occasionneraient la nullité d'une procuration reçue par lui ; par exemple, s'il négligeait de recevoir en minute ou en la présence réelle des témoins une procuration assujettie à ces formalités.

En outre, il a été jugé spécialement, qu'un notaire est responsable de la nullité d'une affectation hypothécaire par un mandataire porteur d'un pouvoir sous seing privé (1) ou d'une cession d'hypothèque légale, pour laquelle la cédante était représentée par un mandataire muni d'une procuration sous seing privé (2).

Un notaire commet une faute lourde, équivalente au dol, lorsque connaissant l'âge avancé et la faiblesse d'esprit d'une personne, ainsi que les manœuvres de tiers pour l'amener à leur donner une procuration préjudiciable à ses intérêts, il consent à recevoir cette procuration (3).

Un notaire a aussi été déclaré responsable lorsque, rédigeant une procuration à un agent de change, pour vendre un titre de rente appartenant à une femme mariée sous le régime dotal, il a omis de mentionner l'obligation du remploi prescrit par le contrat de mariage (4). Cette décision nous paraît rigoureuse.

285. — Mais le notaire n'encourt aucune responsabilité en rédigeant une procuration passée par une personne interdite plusieurs années après, si rien, d'ailleurs, n'indiquait alors qu'elle n'était pas *mentis compos*.

— Ou une procuration générale pour une personne atteinte de crises de *delirium tremens*, et internée depuis dans une maison d'aliénés, lorsqu'avant de rédiger l'acte, il s'est assuré de la lucidité d'esprit du mandant et s'est fait assister d'un médecin qui a constaté cette lucidité au moment de l'acte (5).

L'ancien notaire, au nom duquel a été mis une procuration en blanc, n'encourt aucune responsabilité, s'il est établi, en fait, qu'il n'était que le prête-nom du notaire instrumentant (6).

§ 10. Frais et honoraires.

286. — **Frais.** — Sauf convention contraire, les frais d'une procuration sont toujours supportés par le mandant ; et comme ces actes sont le plus souvent délivrés en brevet, le notaire qui les reçoit doit avoir le soin d'en exiger le paiement avant toute délivrance.

287. — **Honoraires.** — De tout temps, la procuration a été classée parmi les actes soumis à l'honoraire fixe (7), et ce mode de taxe est suivi non seulement en France, par toutes les compagnies notariales, mais aussi à l'étranger, ainsi qu'on le peut voir dans les tarifs belges de Mons, Louvain, Ypres, Bruxelles,

---

(1) Aix, 13 février 1884 (art. 28645, J. N.).
(2) Cass., 24 mai 1886 (*Rev. not.*, n° 7368).
(3) Lyon, 23 août 1866 ; Orléans, 14 mai 1886.— V. aussi Seine, 15 juin 1893 (*J. du not.*, 1893, p. 700).
(4) Dijon, 2 août 1878 et 11 juin 1880 ; Cass., juillet 1881 (*J. du not.*, 1881, p. 468).

(5) Chambéry, 31 août 1880 (art. 22395, J. N.).
(6) Domfront, 13 mars 1891.
(7) Renaud, p. 104, n° 22 ; Vernet, p. 28, n° 42 , Rolland de Villargues, v° *Honoraires*, n° 56 ; Dict. du not., v° *Honoraires*, n° 54 ; Mourlon et Jeannest-Saint-Hilaire, *Tableau des usages de taxes.*

Liège, Audenarde, Bruges, Anvers, etc... (1) ; dans les tarifs légaux des cantons suisses de Genève, Fribourg, Neuchâtel, du Valais, etc... ; dans le tarif légal espagnol du 11 juin 1870, dans le tarif italien, etc...

Il a été unanimement adopté par les Cours d'appel et les tribunaux, dans leurs rapports adressés en 1862 à M. le ministre de la justice.

288. — Mais cet honoraire fixe ne peut être invariable, comme le décident, à tort, croyons-nous, les usages des compagnies de Poitiers, Riom, Châteauroux, Sens, Troyes, Epinal, Chartres ; car, bien que la procuration soit un acte d'ordinaire assez uniforme et dont on puisse aisément calculer d'avance l'étendue et les difficultés, il n'en est pas moins vrai, cependant, qu'il y a des procurations simples qui ne demandent qu'un travail pour ainsi dire insignifiant ; d'autres, dont la rédaction exige plus de temps et de soins ; d'autres, enfin, qui, par les formalités auxquelles la loi les a soumises, nécessitent une attention toute particulière et pourraient même entraîner la responsabilité du notaire. De là des distinctions utiles, inévitables, dont presque tous les tarifs d'arrondissements ont tenu compte, et qui ont été signalées dans plusieurs projets de tarif des Cours d'appel.

Il est, en effet, souverainement équitable de ne pas accorder la même rémunération pour la procuration *spéciale*, qui ne contient qu'un mandat précis, en vue d'une ou plusieurs affaires déterminées, qui se rédige en un rôle de minute, et pour la procuration *générale*, qui donne mandat de gérer et administrer toutes les affaires du mandant, et dont la rédaction est beaucoup plus étendue.

289. — Sous un autre rapport, les procurations qui doivent être faites en la présence réelle d'un second notaire ou de deux témoins, en vertu de la loi du 21 juin 1843 (art. 2), méritent un honoraire particulier dont personne ne peut contester la légitimité.

Beaucoup de tarifs d'arrondissements établissent encore une différence entre la procuration en minute et les procurations en brevet, sans doute à cause de la responsabilité que fait encourir au notaire la garde de la minute (2).

Sans méconnaître absolument la raison d'être de cette différence, d'autres tarifs cependant l'ont négligée ; d'abord, parce qu'il est assez difficile, lorsqu'il s'agit d'honoraires fixes, de faire la part de la responsabilité encourue ; puis, parce que, entraînant pour beaucoup d'autres actes la même distinction, elle compliquerait à l'excès les applications du tarif (3). Malgré ces raisons, nous croyons préférable et plus conforme aux principes de tenir compte de cette différence, ne dût-elle se traduire que par une inégalité tout à fait minime.

290. — Mais nous écarterons l'usage établi dans quelques arrondissements (4) d'augmenter l'honoraire, en cas de concours au même acte de plusieurs personnes ayant ou non le même intérêt. Si les personnes ont le même intérêt, cette perception, quelque légère qu'elle puisse être, ne paraît pas suffisamment justifiée et serait d'ailleurs peu équitable ; car une procuration consentie dans un but commun, par deux ou trois personnes, n'est pas sensiblement plus longue et plus compliquée qu'un mandat donné par une seule personne.

Il n'y aurait vraiment lieu de percevoir un honoraire complémentaire que dans le cas où plusieurs personnes, ayant chacune un intérêt distinct, c'est-à-dire n'étant ni copropriétaires, ni cohéritiers, ni débiteurs solidaires, se réuniraient pour donner par le même acte, à une ou plusieurs personnes, le pouvoir de régler pour elles des affaires diverses et déterminées. En ce cas, il y aurait

(1) Maton, *Traité des honoraires*, p. 97.
(2) Falaise, Brest, Saint-Brieuc, Boulogne, Cherbourg, Rouen, Soissons, Lorient, Evreux, Pont-Audemer, Auch, Toulon, Largentière, Bordeaux, Tarbes, Avignon, Carcassonne, Valence, Reims, Tournon, etc.
(3) V. cep. *Tableau des usages pour la perception*
des *honoraires des notaires*, de MM. Mourlon et Jeannest-Saint-Hilaire, où les procurations en brevet et en minute sont également tarifées à 4 francs.
(4) Grenoble, Château-Gontier, Rennes, Angers, Marennes, Guéret, Orléans, Rouen, Rodez, Lyon, etc.

en réalité des procurations différentes et le droit entier serait dû sur chaque procuration.

291. — Enfin, nous repoussons absolument l'espèce de forfait adopté par les notaires des compagnies de Paris, Versailles, Orléans, Aix, Toulon, qui fixent à une somme de 8 fr. 50, 15 ou 20 francs, tous déboursés compris, les frais de chaque procuration. Il faut que pour chaque acte, simple ou complexe, les honoraires, comme les déboursés du notaire, puissent être connus et séparément déterminés.

292. — Ces principes posés, nous fixerons de la manière suivante l'honoraire des diverses procurations :

1° Procuration générale, 10 francs.

Procuration faite en présence d'un second notaire ou de deux témoins (1), 8 francs.

La Cour de Grenoble propose 10 francs, les autres Cours 5 ou 6 francs, et la Cour de Nîmes permet d'élever l'honoraire jusqu'à 20 francs.

Les chiffres de 8 et 10 francs adoptés par nous paraissent mieux en rapport avec la majorité des usages que nous avons pu consulter. Dans le tarif légal italien de 1875, les procurations générales sont taxées à 10 francs, et à 20 francs dans le décret sur les chancelleries du 17 novembre 1865 (art. 3).

2° Procuration spéciale. Honoraire fixe de : en minute ; 5 francs ; en brevet, 4 francs.

Les tarifs particuliers, les projets de tarif des Cours d'appel indiquent un honoraire qui varie entre un minimum de 3 francs et un maximum de 6 francs. Le tarif légal espagnol alloue 5 francs, le tarif légal italien 5 francs, le tarif de Genève 5 francs, le décret sur les chancelleries de consulats 10 francs. Le taux moyen que nous avons adopté ne pourra donc être taxé d'exagération ; nous pensons, cependant, qu'il sera suffisant.

3° Procuration *spéciale* pour toucher des fonds aux Caisses d'épargne ou les rentes sur l'Etat qui en proviennent, 3 francs ;

Pour ester en justice de paix, 3 francs ;

Pour les militaires sans grade, 3 francs.

L'objet de ces procurations et la qualité des personnes qui les réclament justifient la modération d'honoraires qui leur est accordée.

— Si la procuration est donnée par plusieurs personnes ayant un intérêt différent, il serait dû, pour chaque mandat distinct, le droit entier, comme s'il était donné par acte séparé.

293. — Pour tout ce qui concerne la rétribution des mandats spéciaux donnés aux notaires par leurs clients (V. *suprà*, v° HONORAIRES).

§ 11. TIMBRE ET ENREGISTREMENT.

ART. 1er. — *Formalités.*

294. — **Annexe.** — Les procurations annexées à la minute d'un acte notarié peuvent n'être soumises à la formalité du timbre et de l'enregistrement que lors de l'enregistrement de cet acte. Le texte de la loi prescrit un enregistrement préalable ; mais il a été reconnu, pour les actes notariés, qu'il suffisait d'un enregistrement concomitant avec celui de ces actes eux-mêmes (2). Cette disposition spéciale aux notaires n'est pas applicable aux officiers ministériels (3).

295. — **Délai.** — L'acte contenant procuration passé par plusieurs man-

---

(1) L. 21 juin 1843, art. 2.
(2) L. 16 juin 1824, art. 13 ; Discussion de la loi.

Moniteur, 15 juin 1824 (art. 4652, J. N.).
(3) Grenoble, 7 novembre 1862.

dants à des dates différentes, doit être enregistré dans le délai courant à partir de la première date et non de la dernière (1); à moins que l'acte ne doive acquérir sa perfection que par le concours de toutes les personnes appelées à y figurer (2).

296. — Lettre missive. — La lettre missive ou le télégramme contenant un mandat doivent être enregistrés lorsqu'on en veut faire usage en justice ou dans un acte public. La pièce est timbrée à l'extraordinaire sans amende (3).

297. — Instance judiciaire. — Le pouvoir donné pour plaider devant un tribunal de commerce ou devant un juge de paix doit être préalablement enregistré. Il peut être écrit au bas de la copie d'assignation (4).

Pareillement le pouvoir pour plaider devant le conseil de préfecture doit être préalablement timbré et enregistré (5).

298. — Colonies. — La procuration passée et enregistrée dans les colonies où l'enregistrement est établi, et notamment en Algérie, doit être soumise au complément du droit exigible en France avant tout usage dans un acte notarié. Mais il suffit, pour les notaires, de la présenter à la formalité en même temps que l'acte auquel elle est annexée (6).

Le notaire qui reçoit une procuration par deux époux à l'effet de recueillir une succession échue à la femme, en énonçant leur contrat de mariage passé en Algérie, est passible d'amende s'il n'a pas préalablement soumis ce contrat à la formalité de l'enregistrement (7).

299. — Étranger. — La procuration passée devant un notaire français à l'effet de poursuivre le paiement d'une obligation souscrite devant un notaire étranger et payable à l'étranger, n'a pas le caractère d'un acte fait en conséquence. Le notaire ne contrevient pas à l'article 22 de la loi du 22 frimaire an VII en relatant l'acte d'obligation qu'il n'y a pas lieu de faire enregistrer préalablement. Cette dernière solution résulte d'une décision de la Régie du 23 octobre 1869 (8).

D'après le même principe, le notaire peut recevoir, sans contravention, la procuration ayant pour objet de ratifier une adjudication ou de céder un billet non enregistré (9).

300. — Le pouvoir donné par un déposant à l'effet de retirer des titres étrangers déposés, en garde et par mesure de sûreté, à la Banque de France ou dans des maisons spéciales, peut comprendre l'énonciation de ces titres, sans que cette rédaction de la procuration autorise la perception du droit de timbre sur ces valeurs.

Ces sortes de retraits ont été assimilées aux dépôts eux-mêmes dont ils sont la conséquence, et la décharge qui en est donnée est affranchie de ce droit (10).

ART. 2. — *Quotité des droits.*

301. — Droit fixe. — Les procurations et pouvoirs pour agir ne contenant aucune stipulation ni clause donnant lieu au droit proportionnel sont soumis au droit fixe de 3 francs (11), et les décimes en sus, qui sont actuellement de deux et demi ou du quart du principal.

302. — La procuration donnée par le mari à sa femme n'est pas soumise à

---

(1) Saint-Malo, 29 novembre 1856 (art. 15953, J. N.).
(2) Dict. du not., v° *Procuration*, n° 14.
(3) L. 16 juin 1824, art. 14; Déc. min. fin., 25 octobre 1808 (art. 130, J. N.).
(4) L. 22 frimaire an VII, art. 23; Déc. min. fin., 13 juin 1809 et Instr. Rég., 4 juillet 1809, n° 436, § 4.
(5) L. 22 juillet 1889, art. 8.
(6) Seine, 26 avril 1843; Le Mans, 4 avril 1851; Provins, 31 décembre 1863.

(7) J. du not., 1874, n° 2722.
(8) Dict. d'enreg., v° *Acte en conséquence*, n° 42, et *Étranger*, n° 221.
(9) Id, v° *Étranger*, n° 221.
(10) Déc. min. fin., 8 septembre 1882; Garnier, *Rép. pér.*, n° 6029 et *Rép. gen.*, 6° édit., n° 8272, § 2.
(11) L. 22 frimaire an VII, art. 68, § 1, n° 51; 28 avril 1816, art. 43, n° 17 et L. 28 février 1872, art. 4.

un droit particulier à raison de l'autorisation maritale qui s'y trouve comprise et qui est une condition de sa validité.

303. — La procuration collective donnée par des mandants ayant un intérêt commun indivis, tels que par des copropriétaires, des cohéritiers, des coïntéressés, des associés, des créanciers ou des débiteurs solidaires et leurs cautions solidairement obligées, ne sont passibles que d'un droit simple et unique (1).

304. — En vertu de ce principe, la procuration donnée conjointement par le mari et la femme pour vendre des biens propres à chacun d'eux, ou en vue d'affaires personnelles, a été reconnue passible d'un seul droit (2).

C'est une conséquence de la situation particulière dans laquelle ils se trouvent l'un vis-à-vis de l'autre, et de l'état de société et de connexité dans lequel sont confondus leurs intérêts (3).

Mais lorsque les mandants n'ont pas d'intérêt commun, la règle qui prescrit de percevoir autant de droits distincts qu'il y a de dispositions indépendantes doit recevoir son application (4).

305. — La procuration donnée à plusieurs mandataires pour agir conjointement ne constitue qu'un mandat unique et ne supporte qu'un seul droit (5); alors même que la solidarité n'a pas été expressément stipulée entre eux (6).

Mais si les mandataires sont constitués pour agir séparément ou pour remplir chacune une partie distincte du mandat, il est dû autant de droits qu'il y a de mandataires nommés (7).

306. — La procuration donnée par plusieurs enfants pour accepter une donation à titre de partage anticipé que leur père se propose de leur faire de ses biens, n'est soumise qu'à un seul droit (8).

307. — La procuration donnée par des légataires conjoints pour accepter un legs commun n'est passible que d'un droit unique; mais la procuration donnée par plusieurs légataires distincts à l'effet d'accepter les legs qui leur sont destinés, est soumise à la pluralité des droits (9).

308. — Lorsqu'une procuration contient le pouvoir donné par plusieurs héritiers d'accepter une succession purement et simplement ou sous bénéfice d'inventaire, il n'est dû qu'un seul droit, puisqu'il y a intérêt commun (10).

309. — Mais si la procuration contient le pouvoir de renoncer à la succession, il est perçu autant de droits qu'il y a de mandants (11). Il en est de même si la procuration a été donnée pour renoncer à plusieurs successions échues con-

---

(1) Délib., 5 octobre 1822 (art. 4278, J. N.); 1er mars 1823 (art. 4846, J. N.); 16 janvier 1829 (art. 6803, J. N.); 18 mai 1837; Instr. Rég., 30 mars 1844).

(2) Sol., 16 mai 1864 (D. P. 1865-3-85).

(3) Dict. d'enreg., v° *Mandat*, n° 122.

(4) L. 22 frimaire an VII, art. 11; Délib., 16 janvier et 26 mai 1829; Garnier, *Rép. gén.*, n° 11103.

(5) Arg. Garnier, 11103, 1°; Dict. d'enreg., v° *Mandat*, n° 64; Cass. Belgique, 19 février 1833 (art. 8220, J. N.).

(6) Pont, n°* 1035 et 1036; Dict. d'enreg., eod., v° 65.

(7) Délib., 28 octobre 1817; Lectoure, 22 février 1889 (art. 23294, J. E.).

(8) Sol., 24 mai 1832, 11 octobre 1842. — La procuration par laquelle vingt personnes se syndiquent pour soutenir leur droit à la propriété de la pêche dans une rivière et des terrains qui la bordent, et nomment deux d'entre eux pour les représenter devant toute autorité administrative ou judiciaire, n'est passible que de deux droits fixes (Sol.,18 mai 1837 (art. 9748, J. N.).

Il en est de même pour les habitants d'une com-

mune qui s'unissent pour soutenir un droit qu'ils prétendent appartenir à la commune. Il est dû autant de droits fixes qu'il existe de mandataires distincts et non de mandants (Savenay, 27 août 1840 (art. 10919, J. N.; art. 9015, J. N.); et pour des propriétaires qui s'unissent pour intenter une action en bornage de leurs propriétés ou y défendre dans un intérêt commun (Laon, 11 décembre 1834, suivi d'adhésion de la Régie, 27 février 1835 (art. 8782, J. N.).

La procuration donnée par plusieurs créanciers du Trésor à un agent de change à l'effet de toucher l'arriéré de leurs comptes, est passible d'autant de droits que de mandants (Déc. min. fin., 12 septembre 1817, art. 2276, J. N.).

(9) Délib., 26 mai 1829.

(10) Délib., 20 octobre 1882, 27 juillet 1836, 9 avril 1850 et 31 octobre 1851 (art. 11482, J. N.).

(11) Délib., 5 juin 1822, 6 janvier 1826, 26 mai 1829, 22 février et 8 mars 1833 et 31 octobre 1851; Tarbes, 9 juillet 1873 (art. 208.5, J. N.); Sol., 30 septembre 1881. — *Contrà*: Dict. du not., v° *Procuration*, n° 74.

jointement à plusieurs héritiers. Il est dû autant de droits qu'il y a d'héritiers, mais ces droits ne sont pas dus autant de fois qu'il y a de successions (1).

310. — La procuration donnée par un tuteur agissant en cette qualité au nom de ses pupilles, pour renoncer à une succession, n'est passible que d'un droit unique; le tuteur stipule seul en vertu des pouvoirs de la tutelle (2).

311. — Lorsque la procuration passée en brevet et enregistrée à un droit unique a été remplie au nom de plusieurs mandataires, il est dû un supplément de droit, si les mandataires doivent agir distinctement; mais ce supplément doit être perçu dans les deux années qui suivent la date de l'enregistrement de l'acte (3).

312. — La déclaration de *porte fort* faite dans un acte par une ou plusieurs des parties n'est pas sujette au droit de mandat (4).

313. — Les mandats consentis par la femme à son mari dans leur contrat de mariage ne donnent ouverture à aucun droit (5).

314. — Le pouvoir de vendre les biens hypothéqués conféré par le débiteur au créancier dans l'acte d'obligation, en cas de non remboursement à l'échéance convenue, n'est passible d'aucun droit (6).

315. — Droits proportionnels. — Les droits fixes sont applicables aux procurations et pouvoirs donnés pour agir ; mais s'il ressort de l'acte l'existence de conventions intervenues entre le mandant et le mandataire ou la reconnaissance de contrats préexistants et parfaits devenus définitifs entre le mandant et des tiers, le droit de titre sera perçu selon la nature de ces contrats. Mais entre le mandant et le mandataire la convention n'offre le caractère d'un contrat que s'ils sont intervenus l'un et l'autre à la procuration.

316. — La procuration pour régir et administrer acceptée par le mandataire et dans laquelle le mandant stipule des honoraires déterminés pour salaire annuel de la gestion, est passible d'un droit proportionnel qui sera celui du louage d'ouvrage à 0 fr. 20 c. par 100 francs, et non celui de marché, le mandataire n'entreprenant aucun travail et ne fournissant que ses services (7).

317. — La condition insérée dans un cahier de charges de vente de meubles portant que le notaire sera chargé du recouvrement des prix d'adjudication moyennant un prélèvement de 5 % pour le bénéfice du terme, a paru à la Régie, dans une solution du 29 septembre 1842, avoir le caractère d'un marché imposable au droit de 1 %. Nous estimons avec le Dictionnaire du notariat que les notaires n'étant pas parties dans les actes qu'ils dressent, la disposition ci-dessus ne peut constituer qu'un honoraire et non un marché (8).

De même la clause d'un cahier des charges d'une adjudication d'immeubles par laquelle le vendeur charge le notaire de recevoir les prix moyennant une remise, constitue un mandat et non un marché qui ne peut résulter que d'un contrat synallagmatique (9).

318. — L'acte donnant pouvoir de souscrire une obligation au profit d'un tiers et de reconnaître que la somme a été remise au mandant, contient une reconnaissance de la créance soumise au droit de 1 % (10). Toutefois si la créance était

(1) Hazebrouck, 30 mars 1878 ; Dict. du not., v° *Procuration*, n° 74.
(2) Sol. Rég., 8 février 1826 (art. 2891, J. N.); Hazebrouck, 30 mars 1878 (art. 21922, J. N.); Sol. Rég., 11 juillet 1885 (art. 22492, J. E.).
(3) Délib., 23 octobre 1816 (art. 2203, J. N.).
(4) Délib., Régie, 5 janvier 1846.
(5) Délib., Régie, 24 mars 1819, 17 novembre 1826, 12 octobre 1850 (art. 2998, 6077, et 14883, J. N.).
(6) Délib., Régie, 27 mars 1829 et 27 mars 1830 (art. 7043 et 7206, J. N.).
(7) Dict. du not., v° *Bail d'ouvrage*, n° 65, et article 8947, J.-N.-Le mandat donné à une capitaine de navire d'acheter des marchandises et de faire diverses opérations de commerce, en lui remettant une provision qu'il reconnaît avoir reçue, n'est passible, comme simple pouvoir, que du droit fixe de 3 francs. Dict. du not., v° *Procuration*, p. 92.
(8) Dict. du not., v° *Procuration*, n° 94.
(9) Id. ibid., n° 95. — Contra : Dél., Régie, 8 décembre 1831.
(10) Lorient, 25 janvier 1843; Orléans, 9 décembre 1845 ; Beauvais, 11 avril 1866 (art. 18950, J. N.) ; Château-Thierry, 23 novembre 1878. — Contra: Seine, 22 janvier 1859 (art. 16548, J. N.).

la propriété divise et non solidaire de plusieurs personnes, le mandat donné par l'un des créanciers à l'effet de reconnaître l'encaissement de la créance ne permettrait de percevoir le droit de quittance que sur sa part distincte et non sur la part des autres (1).

319. — La convention d'un partage portant qu'une créance attribuée à l'un des co-partageants sera reçue à l'échéance par un tiers intervenant à l'acte et qui sera dispensé de rendre compte, constitue non un mandat révocable, mais une cession de créance passible du droit de 1 °/₀ (2).

320. — Le droit de quittance est dû sur la procuration donnée pour reconnaître qu'un débiteur a antérieurement payé au mandant une somme déterminée pour le prix d'une vente authentique d'immeubles (3).

La clause d'un contrat de vente portant que le prix sera versé entre les mains de l'un des vendeurs ne constitue qu'un mode de paiement et non un mandat indépendant passible d'un droit particulier (4).

La clause de délégation de paiement contenue dans un acte de vente n'est soumise à aucun droit distinct, si le créancier n'intervient pas pour accepter le mandat donné à l'acquéreur. Cette intervention opérerait une cession de créance soumise au droit proportionnel.

321. — De très nombreuses combinaisons ont été imaginées pour voiler sous l'aspect d'un mandat des acquisitions d'immeubles destinés à être revendus. Toutes les fois que le caractère ou la présomption de la vente préalable a pu ressortir des circonstances et du rapprochement des faits, les actes qualifiés de procuration ont été imposés au droit de 5,50 °/₀ (5).

Mais lorsque l'acte ne permet pas d'établir que le mandataire s'est obligé à vendre et à garantir le prix de la vente, le consentement réciproque qui est de l'essence du contrat de vente n'existe pas, et l'acte n'est qu'un mandat soumis au droit fixe (6).

322. — La procuration donnée pour acquérir un objet déterminé moyennant un prix énoncé dans l'acte doit être enregistrée au droit fixe. Le droit proportionnel ne peut être exigé que sur le contrat de vente (7).

Le mandat pour donner quittance d'un prix de vente mobilière déclaré préalablement reçu n'autorise pas la perception d'un droit de vente ou d'obligation (8).

323. — Substitution. — L'acte de substitution de pouvoirs est soumis au droit fixe de 3 francs (9), les décimes en sus.

On applique à la substitution les mêmes règles qu'au mandat pour l'appréciation de l'intérêt commun et la perception des droits multiples ou proportionnels.

324. — Lorsqu'une personne a donné mandat à une autre pour agir dans l'intérêt commun du mandant et du mandataire, la substitution faite par ce dernier n'est soumise qu'à un droit unique ; attendu que le mandataire substitué représente deux mandants ayant un intérêt solidaire (10).

325. — Un seul droit est dû, de même, lorsque le substituant a reçu plusieurs mandats de la même personne et qu'il délègue l'ensemble de ses pouvoirs au

---

(1) Seine, 21 janvier 1865 ; Garnier, R. P., art. 2101.
(2) Toulouse, 26 juillet 1850.
(3) Rennes, 10 décembre 1844.
(4) Dict. du not., v° *Procuration*, n° 49.
(5) Sol., 4 septembre 1829 ; Instr. Régie, 29 septembre 1829, n° 1303, § 13 (art. 7068, J. N.) ; Délib., 20 octobre 1829 (art. 7134, J. N.) ; Cass., 20 janvier 1808, 8 novembre 1841, 22 août 1842 et 11 décembre 1855 (art. 11135 11453 et 16077, J. N.).
(6) Cass., 27 août 1817 ; Nevers, 19 août 1841

(art. 11192, J. N.) ; Bellac, 12 juillet 1878 (art. 21971, J. N.).
(7) Délib. Régie, 21 novembre 1813.
(8) Marseille, 17 mars 1827 (art. 9799, J. N.) ; Garnier, 11137-2°.
(9) L. 22 frimaire an VII, art. 68, § 1, n° 36; 28 avril 1816, art. 43, n° 57 ; 28 février 1872, art. 4.
(10) Sol Régie, 1er juin 1835.

substitué. Il n'y a en effet qu'un seul mandant dans l'intérêt unique de qui le substitué peut agir (1).

326. — Lorsque le mandataire substituant en désigne plusieurs autres pour agir séparément ou pour remplir des mandats distincts, il est dû autant de droits fixes qu'il y a de sous-mandataires (2).

327. — Il est perçu autant de droits fixes qu'il y a de mandants, lorsque le mandataire constitué par plusieurs personnes dans des intérêts distincts et par des mandats différents, se substitue par un seul acte un mandataire unique. Ce nouveau mandataire représente chacun des mandants dans ses intérêts particuliers et sans solidarité entre eux (3).

328. — **Révocation.** — Droit fixe de 3 francs.

Les révocations faites par plusieurs mandants ayant un intérêt unique, celles portant révocation de plusieurs mandataires qui ne pourraient agir que conjointement, sont soumises à un seul droit.

329. — Au contraire les règles de la pluralité des droits sont appliquées au cas où les mandants avaient des intérêts distincts et à celui où les mandataires avaient reçu des pouvoirs personnels.

330. — Le droit de révocation n'est pas dû quand la révocation est contenue dans la procuration passée à un nouveau mandataire. Elle est une disposition dépendante de l'acte (4). Tel est le cas pour la révocation d'avoué contenue dans la constitution d'un nouvel avoué (5).

331. — **Rapport pour minute et dépôt.** — Droit fixe de 3 francs (6).

L'acte qui constate le dépôt de plusieurs procurations données par des personnes ayant un intérêt solidaire n'est passible que d'un seul droit fixe.

Mais il en serait différemment de l'acte de dépôt de plusieurs procurations émanant de personnes ayant des intérêts distincts. Il serait dû autant de droits qu'il y aurait de mandants (7).

332. — Il a même été décidé que le dépôt d'une seule procuration consentie par des mandants ayant des intérêts distincts, était soumis à la pluralité des droits (8).

333. — Le dépôt d'une procuration sous signature privée contenant reconnaissance d'écriture n'est pas sujet à un droit particulier à raison de cette reconnaissance.

334. — Le dépôt ou l'annexe de procurations passées en langue étrangère ne peuvent être reçus par les notaires qu'autant que ces pièces sont revêtues des légalisations officielles et accompagnées de leurs traductions par un interprète juré français. Elles sont soumises au timbre de dimension et au droit d'enregistrement. Cette dernière formalité est inscrite sur la traduction, sauf à être reportée par duplicata sur l'original (9).

ART. 3. — *Exemption des droits d'enregistrement et de timbre.*

335. — **Assistance judiciaire.** — La procuration donnée par l'assisté pour se faire représenter en justice est comprise parmi les actes dispensés provisoirement du paiement des droits; elle est timbrée et enregistrée *en débet*, quelle que soit la juridiction (civile ou commerciale) devant laquelle il doit en être fait usage (10).

---

(1) Délib. Régie, 21 octobre 1835.
(2) Délib. Régie, 21 octobre 1835.
(3) Délib. Régie, 21 octobre 1835.
(4) Lois 22 frimaire an VII, art. 68, § 1, n° 41 ; 28 avril 1816, art. 43, n° 21 ; 28 février 1872, art. 4.
(5) Circ. Régie, 16 vendémiaire an X, n° 2050.
(6) L. 28 avril 1816, art. 43, n° 10; 28 février 1872, n° 4.

(7) Déc. min. fin., 3 octobre 1817 ; Seine, 21 avril 1830; Cass., 20 février 1839 et 30 mars 1852
(8) Déc. min. fin., 19 janvier 1831 ; Dél. Rég. 22 octobre 1830 et 8 mars 1833.
(9) Déc. min. fin., 7 mars 1833 ; Instr. gén., n° 1425, § 1er; Garnier, v° *Étranger*, n° 40.
(10) Déc. min. fin., 29 avril 1853 ; Instr. gén., n° 1971.

336. — Bureaux d'enregistrement. — Les procurations produites dans les bureaux d'enregistrement pour faire les déclarations de succession, de ventes de meubles, de locations verbales, sont exemptes du droit d'enregistrement, mais soumises aux droits du timbre (1). Il en est de même des procurations données pour toucher le montant d'une restitution de droits d'enregistrement (2).

Les procurations pour passer une déclaration de succession ne peuvent être écrites à la suite des états de mobilier et former avec eux des actes distincts. Pour pouvoir être écrite sur la même feuille de papier timbré, il faut que la procuration forme avec l'état un seul et même contexte, ayant une seule date et une seule signature (3).

337. — Caisses d'épargne. — Les procurations notariées ayant pour objet le service des Caisses d'épargne postales ou privées, n'étant pas des actes nécessaires à leur fonctionnement, sont soumises aux droits de timbre et d'enregistrement (4).

Les procurations sous signature privée données pour le retrait des fonds déposés aux mêmes caisses doivent être écrites sur timbre de dimension; elles sont exemptes du droit d'enregistrement parce que les administrateurs à qui elles sont produites n'ont pas la qualité d'autorités constituées dans le sens de l'article 23 de la loi du 22 frimaire an VII. L'article 7 du décret du 21 novembre 1848 a exempté du droit de timbre les procurations données par les porteurs de livrets consolidés en rente sur l'État, qui veulent vendre leurs inscriptions (5), sauf celles données par des créanciers illettrés (5 bis).

338. — Conseil de préfecture. — Le pouvoir produit devant le conseil de préfecture ou le Conseil d'État, en matière de réclamation de contributions directes, peut être donné sous signature privée. Mais il doit être sur timbre, légalisé et enregistré (6).

339. — Elections. — La procuration donnée par un électeur pour le représenter dans les instances engagées devant les diverses juridictions compétentes, au sujet de son inscription sur la liste électorale, doit être rédigée sur papier timbré et enregistrée avant tout usage par acte public ou en justice. C'est un *acte civil* qui ne participe pas à l'exemption édictée par le décret du 2 février 1852, article 24, en faveur des *actes judiciaires* nécessités par les réclamations en matière électorale (7).

340. — Expropriation. — La procuration donnée par un propriétaire exproprié, en exécution de la loi du 3 mai 1841 pour passer les actes relatifs à l'expropriation est sujette aux droits de timbre et d'enregistrement. L'exemption prévue par l'article 58 de cette loi ne saurait s'appliquer à un acte qui n'a pour objet que la convenance du mandant (8).

341. — Indigent. — La procuration donnée pour consentir au mariage d'un indigent bénéficie des dispositions de la loi du 18 décembre 1850. Elle est visée pour timbre et enregistrée *gratis*.

342. — Militaires. — Les procurations des sous officiers et soldats retraités pour toucher les arrérages de leurs pensions, sont dispensés du timbre et de l'enregistrement (9). Cette exemption ne s'applique pas aux officiers (10).

Les procurations pour toucher des arrérages de traitement de la Légion

(1) Instr. gén., n° 443 ; Déc. min. fin., 28 juin 1827 (art. 7193, J. N.); Instr. gén., 18 septembre 1871.
(2) Dict. du not., v° *Procuration*, n° 30.
(3) Sol. Rég., 17 mars 1881.
(4) Dict. d'enreg., v° *Mandat*, n° 110.
(5) Décr. 21 nov. 1848; Instr. gén., 31 juillet 1835, n° 1480, §§ 11 et 15, et 29 déc. 1848, n° 1826; § 2.
(5 bis) Sol. du 29 janvier 1892 (*J. du not.*, 1893, p. 295)

(6) L. 22 juillet 1889, art. 8; Déc. min. fin., 30 août 1892 (art. 24171, J. E.).
(7) Lectoure, 22 février 1889 (art. 23294, J. E.); Sol. Rég., 13 janvier 1875.
(8) Foix, 2 juin 1862; Cass., 18 août 1863; Instr. gén., n° 2274, § 3.
(9) Déc., 21 décembre 1808.
(10) Instr., n° 419, § 1er.

d'honneur sont exemptes d'enregistrement (1). Cette décision est applicable au traitement de la Médaille militaire.

Les procurations des militaires en campagne reçues par le conseil d'administration du corps ou par le service de l'intendance ne sont timbrées et enregistrées qu'au moment où il en est fait usage en France.

343. — Ordre. — La procuration consentie par un créancier pour le représenter à un ordre doit être timbrée et enregistrée. Elle ne bénéficie pas de l'exemption, accordée aux lettres adressées par les créanciers au juge-commissaire pour lui donner les motifs de leur non comparution (2).

344. — Sociétés. — Les procurations données par les actionnaires d'une société pour se faire représenter aux assemblées générales doivent être écrites sur papier timbré.

345. — Certification. — La mention : *Certifié,* apposée sur une procuration par le mandataire, ne donne pas lieu à un droit particulier d'enregistrement(3).

346. — Titre. — Lorsque la condamnation d'un mandataire est prononcée dans un jugement qui précède la présentation et l'arrêté du compte, il n'est dû aucun droit de titre, parce que le titre est dans le mandat même ou dans la loi qui en tient lieu (4).

347. — Droits de chancellerie. — Les droits de chancellerie perçus dans les consulats pour la réception des procurations, de même que pour les autres actes, ne peuvent venir en déduction des droits d'enregistrement et de timbre auxquels elles sont soumises lorsqu'il en est fait usage en France (5).

ART. 4. — *Acte en conséquence ou à la suite.*

348. — Rapport pour minute. — L'acte de rapport pour minute ne peut être dressé à la suite de la procuration rapportée (6).

349. — Révocation. — La révocation du mandat peut être écrite et expédiée à la suite de la procuration elle-même et sur les mêmes feuilles de timbre (7).

350. — Substitution. — On ne peut écrire une substitution de pouvoir à la suite de la minute de la procuration et sur la même feuille de papier timbré(8).

351. — Expédition. — Les procurations existant dans les minutes des notaires peuvent être expédiées à la suite des actes passés en conséquence et sur les mêmes feuilles de timbre (9).

352. — Double minute. — Il en est de même, lorsque l'acte a été passé en double minute. Le notaire qui ne détient pas la procuration annexée, peut en délivrer copie à la suite de l'expédition qu'il collationne, sur la minute étant en la possession du notaire détenteur (10).

ART. 5. — *Contraventions.*

353. — Annexe. — Aux termes de l'article 13 de la loi du 24 ventôse an XI, les procurations des contractants doivent demeurer annexées aux minutes des actes sous peine d'une amende actuellement réduite à 20 francs (11).

(1) Déc. min. fin., 11 août 1819 (art. 2400, J. N.).
(2) Sol. Rég., 7 juillet 1864 ; Dict. d'enreg., v° *Mandat*, n° 111.
(3) Sol , 24 janvier 1876 ; Garnier, R. P., art. 4191.
(4) Narbonne, 15 septembre 1879.
(5) Seine, 6 mai 1887; Garnier, v° *Etranger*, n° 39.
(6) L. 13 brumaire an VII, art. 23.
(7) Décr., 15 juin 1812; Instr. Rég., 23 juillet 1811, n° 591.

(8) Dict. du not., v° *Substitution*, n° 19.
(9) Déc. min. fin., 21 octobre 1808 ; Instr. Rég., 27 octobre 1808, n° 403, § 1 ; Déc. min. just., 6 mai 1826 (art. 170, J. N.) ; Dict. enreg., v° *Acte écrit à la suite*, n° 52 ; *Mainlevée*, Déc. min. fin, 17 novembre 1819 (art. 3225, J. N.).
(10) Blois, 19 août 1846 (art. 12867, J. N.).
(11) L. 25 ventôse, an XI, art. 13, et 16 juin 1824.

Il suffit, pour remplir le but de la loi, que la procuration soit annexée à un acte déjà reçu en l'étude (1);

Ou que la procuration existe elle-même en minute dans l'étude : il suffit de de s'y référer (2). Mais la mention de référence doit être précise (3).

Le notaire ne peut opposer que la procuration ne lui a pas été représentée ; il doit en exiger la production (4).

354. — Le fait par un notaire d'annexer à un acte l'extrait d'une procuration dont le brevet ou la minute est joint à un acte retenu par un autre notaire et qui n'est pas encore enregistré, n'entraîne pas une contravention. L'acte reçu par le second notaire est bien fait en conséquence de la procuration, mais il ne l'est pas en vertu de l'acte auquel cette procuration est annexé. Il suffit donc que la procuration soit enregistrée (5).

355. — **Blanc.** — Dans la procuration délivrée en brevet le nom du mandataire peut être laissé en blanc, sans qu'il y ait contravention (6).

Mais il y aurait contravention à laisser le nom du mandataire en blanc, si la procuration était reçue en minute (7).

356. — La circonstance que la procuration relatée dans un acte, a été reçue par le notaire qui signe cet acte comme notaire en second, ne dispense pas le notaire en premier de l'obligation d'annexer le brevet ou une expédition de la procuration à la minute de cet acte (8).

357. — **Pluralité.** — La contravention résultant du défaut d'annexe des procurations est unique, quel que soit les nombre des pièces qui n'ont pas été annexées ou mentionnées ; par suite, il n'est dû qu'une seule amende (9).

§ 12. Formules.

I. INTITULÉS DE PROCURATION.

1. *Procuration à un mandataire non présent.*
2. *Procuration à un mandataire présent et acceptant.*
3. *Procuration à deux mandataires.*
4. *Procuration en blanc.*
5. *Procuration par un mari à sa femme.*
6. *Procuration par une femme à son mari.*
7. *Procuration par un mandant agissant avec une qualité déterminée.*

II. CLOTURE DE PROCURATION.

III. PROCURATION GÉNÉRALE.

IV. PROCURATIONS SPÉCIALES.

1. *Procuration pour vendre, transférer, convertir au porteur ou toucher le remboursement de rentes françaises.*

2. *Procuration pour vendre, convertir, transférer, opérer la mutation ou toucher le remboursement d'actions ou d'obligations.*
3. *Procuration pour transférer, immobiliser ou remobiliser des actions de la Banque de France et en toucher les dividendes.*
4. *Procuration pour emprunter à la Banque de France.*
5. *Procuration pour toucher un Bon sur le Trésor.*
6. *Procuration pour toucher des fonds à la Caisse d'épargne.*
7. *Procuration pour recevoir ou retirer les lettres chargées ou recommandées et toucher les mandats-poste et télégraphiques.*
8. *Procuration pour concourir à la nomination d'un tuteur ou d'un subrogé-tuteur.*
9. *Procuration pour assister au conseil de*

---

(1) Déc. min. fin., 28 mars 1807 et 17 novembre 1809 (art. 440, J. N.).
(2) Déc. min. fin., 28 mars 1817; Dict. du not., v° *Annexe*, n° 42.
(3) Metz, 18 avril 1824 ; Vesoul, 26 février 1844; (art. 13618, J. E.) ; Roy, *Des contrav.*, n° 952.
(4) Metz, 10 décembre 1817 (art. 1823, J. N.) ; Rennes, 2 février 1833 (art. 8502, J. N.).
(5) Dict. enreg., v° *Acte passé en conséq.*, n° 77.
(6) Douai, 12 décembre 1842 (art. 11585, J. N.).

(7) Nancy, 20 août 1841, et 20 janvier 1842 (art. 11220, J. N.) ; Lons-le-Saunier, 21 juin 1845 ; Douai, 12 décembre 1842 (art. 11585, J. N.) ; Provins, 25 juillet 1839 ; Dinan, 14 janvier 1852. — Contrà : Aix, 29 août 1842 (art. 11654, J. N.).
(8) *J. du not.*, 1869, n° 2329.
(9) Dél. Rég., 7 février 1818 ; Déc. min., 4 mai 1821 (art. 2448, J. N.) ; Roy, *Des contrav.*, n° 399 ; Rappr., Cass., 24 avril 1809 ; Garnier, 7° éd., v° *Acte notarié*, n° 122.

famille réuni en vue d'une interdiction.

10. Procuration pour faire un bail et toucher les loyers.

11. Procuration pour toucher une créance.

12. Procuration pour recevoir une créance à l'étranger.

13. Procuration pour transporter une créance.

14. Procuration pour suivre toutes liquidations de créances sur le Gouvernement.

15. Procuration pour se faire représenter dans une faillite.

16. Procuration pour toucher tous traitements et pensions.

17. Procuration pour la réalisation d'un cautionnement en rentes.

18. Procuration pour retirer un cautionnement d'officier public.

19. Procuration pour gérer les affaires d'une maison de commerce.

20. Procuration pour accepter sous bénéfice d'inventaire ou répudier une succession.

21. Procuration pour faire rendre compte à un mandataire.

22. Procuration par un mari et une femme pour emprunter.

23. Procuration pour se rendre caution.

24. Procuration pour acquérir.

25. Procuration pour vendre.

26. Procuration pour recueillir une succession.

27. Procuration pour faire une donation.

28. Procuration pour accepter une donation.

29. Procuration pour faire des actes respectueux.

30. Procuration pour adopter.

31. Procuration pour faire une déclaration de succession.

32. Pouvoirs judiciaires.

V. SUBSTITUTIONS.

1. Substitution générale.

2. Substitution partielle.

3. Substitution par un mandataire n'ayant pas le pouvoir de substituer.

VI. RATIFICATION.

VII. RÉVOCATION.

VIII. DÉCHARGE DE MANDAT.

I. INTITULÉS DE PROCURATION

1. — Procuration à un mandataire non présent.

Pardevant..., etc.
    A comparu :
M. Paul Martin, propriétaire, demeurant à...,
Lequel a par ces présentes, constitué pour son mandataire spécial,
M. Léon Renard, avocat, demeurant à...,
A qui il donne les pouvoirs suivants :...

2. — Procuration à un mandataire présent et acceptant.

Pardevant..., etc.
    A comparu :
M. Jules Lenoir, négociant, demeurant à...,
Lequel a, par ces présentes, constitué pour son mandataire spécial,
M. Charles Vallet, employé de commerce, demeurant à..., ici présent et qui accepte,
A qui il donne les pouvoirs suivants :...

3. — Procuration à deux mandataires.

Pardevant..., etc.
    A comparu :
M. Albert Millot, rentier, demeurant à...,
Lequel a, par ces présentes, constitué comme mandataires spéciaux, pour agir conjoin-

tement ou séparément (ou pour agir l'un à l'exclusion de l'autre, un seul pouvant faire usage du présent mandat),

M. Emile Roussel et M. Ernest Lamy, tous deux.. (*profession*), demeurant à...

Auxquels il donne les pouvoirs suivants :...

4. — Procuration en blanc.

Pardevant..., etc.

A comparu :

M. Michel Lanternier, propriétaire demeurant à...,

Lequel a, par ces présentes, constitué pour son mandataire spécial,

M. . . . .

A qui il donne les pouvoirs suivants :...

5. — Procuration par un mari à sa femme.

Pardevant..., etc.

A comparu ;

M. René Macquart, propriétaire, demeurant à...,

Lequel a, par ces présentes, constitué pour sa mandataire générale (*ou* spéciale),

Mme Ernestine Legrand, son épouse, demeurant avec lui, qu'il autorise à l'effet de tout ce qu'elle fera en vertu et dans la limite de ce mandat.

A laquelle il donne les pouvoirs suivants :...

6. — Procuration par une femme à son mari.

Pardevant..., etc.

A comparu :

Mme Lucie Renault, sans profession, épouse assistée et autorisée de M. Théodore Muller, rentier avec lequel elle demeure à...,

Laquelle a, par ces présentes, constitué pour son mandataire spécial,

M. Muller, son mari, ci-dessus nommé, ici présent et acceptant.

A qui elle donne les pouvoirs suivants :...

7. — Procuration par un mandant agissant avec une qualité déterminée.

(*Voir à cet effet, au mot* ACTE NOTARIÉ, *les formules de style des qualités des parties*).

II. CLOTURE DE PROCURATION

A cet effet, passer et signer tous actes, élire domicile, substituer dans la totalité ou dans partie des présents pouvoirs, et, en général, faire tout ce que le mandataire jugera nécessaire dans l'intérêt du constituant.

Dont acte...

III. PROCURATION GÉNÉRALE

(*Cette formule est celle d'une procuration par un mari à sa femme*).

Administrer tous leurs biens et affaires présents et à venir, communs ou particuliers.

En conséquence :

Baux et locations à consentir. — Louer et affermer, à telles personnes, pour le temps, et aux prix, charges et conditions que le mandataire jugera convenables, tout ou partie des biens meubles et immeubles qui appartiennent et appartiendront par la suite au constituant et à son épouse ou à chacun d'eux séparément, passer, proroger, renouveler et accepter tous baux ; les résilier, même ceux existants, avec ou sans indemnité; faire lesdits baux verbalement, par actes sous signatures privées, ou devant notaires ;

Baux et locations à souscrire. — Prendre à loyer, par écrit ou verbalement tous appartements ou maisons que le mandataire jugera nécessaires, pour le temps et aux prix, charges et conditions qu'il croira devoir fixer.

Congés. — Donner et accepter tous congés ; dresser tous états de lieux et récolements ; faire procéder à tous arpentages ; fixer et marquer toutes limites ; s'opposer à toutes usurpations.

Impositions. — Payer et acquitter toutes impositions et contributions de toute nature ; faire toutes réclamations en dégrèvement et diminution ; signer et présenter à cet effet tous mémoires et pétitions.

Réparations immobilières. — Faire toutes réparations, constructions et embellissements utiles ou nécessaires ; passer à cet effet tous devis et marchés avec tous entrepreneurs et ouvriers ; exiger des locataires et fermiers les réparations à leur charge.

Vente de bois et récoltes. — Faire toutes coupes de bois, ou les vendre sur pied ou coupés, ainsi que toutes récoltes pendantes par branches ou par racines.

Règlements de compte. — Entendre, débattre, clore et arrêter tous comptes, en fixer les reliquats actifs ou passifs, les recevoir ou payer.

Perception des revenus. — Toucher et recevoir tous loyers, fermages, intérêts de capitaux, arrérages de rentes, et autres revenus, échus ou à échoir, même tous remboursements offerts ou exigibles, et généralement toutes les sommes qui sont ou pourront être dues, soit à M..., soit à son épouse, soit à eux deux conjointement, par telle personne, à quelque titre et pour quelque cause que ce soit.

Acquit des dettes. — Payer et acquitter les sommes dont M. et Mᵐᵉ... sont et pourront être débiteurs conjointement ou séparément, envers qui que ce soit, tant en principal qu'intérêts, arrérages, frais et accessoires.

Emprunts. — Faire tous emprunts d'une ou de plusieurs personnes, jusqu'à concurrence d'une somme de... ; fixer le taux des intérêts ; obliger M... solidairement avec son épouse au remboursement des sommes empruntées, et au paiement de leurs intérêts aux époques et de la manière qui seront déterminées ; conférer tous gages ; donner tous immeubles en antichrèse ; affecter et hypothéquer à la garantie des emprunts tout ou partie des immeubles appartenant à M. et Mᵐᵉ..., ou à chacun d'eux séparément, et notamment ceux dont ils sont actuellement propriétaires et qui consistent en... (*les désigner*) ; établir la propriété des biens hypothéqués ; faire toutes déclarations hypothécaires d'état-civil, d'emplois de deniers et autres; s'obliger à effectuer lesdits emplois, et à requérir toutes subrogations au profit des prêteurs ; et, pour plus de sûreté des obligations, céder et transporter, déléguer avec toute garantie, priorité et préférence, même promesse de payer à défaut de paiement après un simple commandement infructueux, toutes créances, loyers et fermages ; céder également aux prêteurs, au nom de Mᵐᵉ..., les reprises et créances qu'elle peut et pourra avoir à exercer contre son mari, et les subroger dans l'effet de son hypothèque légale contre lui ; le tout jusqu'à due concurrence et par préférence à ladite dame; faire toutes déclarations et stipulations relatives à l'assurance des immeubles hypothéqués ; stipuler toutes concurrences ou antériorités entre les prêteurs ; passer et accepter tous titres nouvels.

Acceptation de transports. — Intervenir dans tous actes de transports et délégations qui pourraient être faits sur M. et Mᵐᵉ... ; les accepter et les tenir pour signifiés ; faire toutes déclarations nécessaires.

Transports. — Faire, avec ou sans garantie, tous transports de créances, prix de vente ou droits quelconques présents et à venir, aux prix et conditions qu'il plaira à la mandataire de déterminer ; toucher le prix de ces transports.

Prorogations de délai. — Faire et accepter toutes prorogations, stipuler toutes conventions ; obliger M... à leur exécution solidairement avec son épouse.

Dépôt de fonds et valeurs. — Faire le dépôt à toutes banques ou caisses publiques ou particulières, de tous fonds et valeurs ; toucher toutes avances sur dépôts de valeurs ; consentir à cet effet tous engagements ; retirer toutes valeurs déposées en garantie des avances ; les transférer et aliéner si la mandataire le juge convenable ; recevoir tous dividendes et arrérages échus et à échoir.

Transferts et conversions. —Vendre, céder et transférer la totalité ou partie des rentes sur l'Etat, actions de la Banque de France, bons du Trésor, et généralement toutes actions, obligations et valeurs industrielles quelconques, de quelque nature que ce soit, qui peuvent appartenir au constituant et à son épouse, et qui pourront leur appartenir par la suite à quelque titre que ce soit; faire lesdits transferts au cours de la bourse ou moyennant les prix et conditions que la mandataire déterminera; commettre tous agents de change, courtiers et autres; signer tous transferts, titres, bordereaux; demander et opérer la conversion ou transformation de tous titres du porteur au nominatif, ou du nominatif au porteur; toucher le prix des transferts et le remboursement de toutes actions et obligations.

Acquisitions et échanges. — Acquérir tous biens meubles et immeubles, droits successifs, rentes, créances et valeurs industrielles sur l'Etat, sur particuliers, sociétés, établissements publics, rentes perpétuelles ou viagères, servitudes, usufruits et jouissances; faire tous échanges; le tout dans les formes et moyennant les prix et conditions que la mandataire jugera convenables; enchérir ou surenchérir tous immeubles; fournir toutes cautions; rendre la communauté de M. et Mme..., adjudicataire; prendre possession; exiger toutes traditions; obliger le constituant solidairement avec son épouse au paiement du prix des acquisitions ou de la soulte des échanges; consentir tous privilèges sur les immeubles acquis et même en hypothéquer tous autres; retirer des mains de qui il appartiendra tous titres de propriété; remplir toutes les formalités de transcription, de purge légale et autres; requérir tous états hypothécaires; faire toutes dénonciations, notifications, offres et consignations; provoquer tous ordres; payer le prix des acquisitions et les soultes; poursuivre toutes demandes en mainlevée et radiation.

Ventes. — Vendre, en bloc ou en détail, à l'amiable ou par adjudication, aux prix, charges et conditions que la mandataire jugera convenable, la totolité ou partie des biens meubles et immeubles qui leur appartiennent et appartiendront par la suite ou à chacun d'eux séparément, et notamment *tel immeuble (désigner les immeubles de la femme)*; obliger le constituant et son épouse, solidairement entre eux à toutes garanties et au rapport de toutes justifications, mainlevées et certificats de radiation; remettre tous titres et pièces ou s'obliger à leur remise; convenir du mode et des époques de paiement des prix, les recevoir en principal et intérêts, soit comptant, soit aux termes convenus ou par anticipation, faire toutes délégations et indications de paiement aux créanciers inscrits; faire toutes déclarations d'état-civil et autres, déclarer notamment, comme le font ici les comparants: qu'ils sont mariés..., etc.

Opérations commerciales. — Continuer et faire toutes les opérations du commerce du constituant; acheter et vendre toutes marchandises; se charger de toutes commissions, les exécuter; faire tous chargements; fréter tous navires; contracter toutes assurances: souscrire tous billets à ordre, effets de commerce et autres engagements; tirer et accepter toutes traites et lettres de change; signer tous endossements et avals; passer tous marchés; recevoir, payer, arrêter tous comptes courants et autres de commerce; faire tous protêts, dénonciations, comptes de retour; exercer tous recours en garantie; signer la correspondance.

S'intéresser dans toutes entreprises et établissements; constituer et dissoudre toutes sociétés; souscrire ou acheter toutes actions industrielles.

Suivre toutes liquidations, tant de sociétés de commerce que de créances et autres intérêts, soit sur particuliers, soit sur le Gouvernement; se présenter à tous bureaux, ministères, directions, commissions de liquidation, au Trésor, et partout où besoin sera; faire toutes demandes, pétitions et réclamations; se faire délivrer tous bons, mandats, lettres d'avis, ordonnances de paiement; en toucher le montant en numéraire ou toutes autres valeurs qui pourront être données en paiement.

Assister à toutes assemblées et réunions d'actionnaires ou de membres de sociétés dans lesquelles M. et Mme... seraient intéressés; prendre part à toutes délibérations; faire tous échanges de titres; concourir à la formation de toutes sociétés nouvelles et à la nomination de tous administrateurs, gérants et liquidateurs.

Administrations publiques. — Représenter le constituant auprès de toutes Administrations publiques, et notamment:

1° Vis-à-vis de l'Administration des postes: Retirer de tous bureaux de poste tous colis et lettres, plis recommandés ou contenant des valeurs déclarées, papiers d'affaires et autres à l'adresse du constituant; toucher le montant de tous mandats et bons de poste;

2° Vis-à-vis de l'Administration des contributions directes: Acquitter toutes contributions directes ou assimilées ; retirer tous extraits des rôles, demander tous dégrèvements et remises ; à cet effet, adresser tous mémoires et pétitions, soit au préfet, soit au conseil de préfecture; recourir de leurs décisions, soit devant le ministre compétent, soit devant le conseil d'Etat ; toucher le montant de toutes remises.

3° Vis-à-vis de l'Administration de l'enregistrement, des domaines et du timbre : Approuver ou contester tous règlements de droits; demander toutes restitutions, en principal et décimes, ainsi que des doubles droits et amendes encourus ; à cet effet, adresser tous mémoires et pétitions, introduire toute instance judiciaire ou y défendre ; toucher toutes sommes induement payées ;

4° Vis-à-vis de l'Administration des douanes : Faire toutes opérations relatives à l'entrée ou à la sortie des marchandises, à leur admission en entrepôt ou en transit et autres ; à cet effet, faire toutes déclarations, payer les droits, souscrire tous engagements et soumissions ; faire toutes consignations, toucher toutes primes ; demander tous redressements de comptes et de perception, même judiciairement ; consentir toutes décharges;

5° Vis-à-vis de la Caisse des dépôts et consignations : Faire tous dépôts et consignations volontaires ou contentieux ; opérer le retrait des sommes et valeurs déposées, soit au nom de M. et Mme..., soit à la destination de leur personne; faire à ce sujet les justifications nécessaires ; produire toutes pièces à l'appui;

Enfin, auprès de toutes autres Administrations publiques : Faire, tant en demandant qu'en défendant, tout ce que les circonstances commanderont dans l'intérêt du constituant ou de son épouse, ou de tous deux conjointement.

Assemblées de famille. — Représenter le constituant à toutes assemblées et délibérations de parents et amis ayant notamment pour but de nommer des tuteurs, subrogés tuteurs et curateurs à des mineurs ou interdits, et d'autoriser des actes relatifs à la tutelle ou curatelle ; émettre tous avis; faire valoir ou rejeter toutes excuses et dispenses.

Successions. — Recueillir les successions échues ou qui pourront échoir à chacun d'eux recueillir également tous legs universels, à titre universel ou particuliers, faits à chacun d'eux ou conjointement.

Requérir toutes appositions de scellés ou s'y opposer, en demander la levée avec ou sans description ; faire procéder à tous inventaires ; faire pendant le cours des opérations tous dires, réquisitions, déclarations, protestations et réserves.

Prendre connaissance des forces et charges de ces successions et legs ; les accepter purement et simplement ou sous bénéfice d'inventaire, ou même y renoncer; faire à tous greffes qu'il appartiendra toutes déclarations et affirmations nécessaires.

Faire procéder, s'il y a lieu, à la vente du mobilier, avec ou sans attribution de qualité introduire tous référés pour la vente du mobilier et l'administration desdites successions, obtenir toutes ordonnances ; entendre les comptes relatifs aux ventes du mobilier et à l'administration de ces successions ; en fixer les reliquats, les toucher ou payer.

Prendre aussi connaissance de tous testaments, codicilles et autres actes de libéralité, soit entre vifs, soit testamentaires ; en consentir ou contester l'exécution; accepter ou consentir la délivrance des legs y portés ;

Faire toutes déclarations; acquitter tous droits de mutation auxquels ces successions et legs pourront donner ouverture ;

Procéder, à l'amiable ou en justice, à toutes liquidations et à tous partages de biens et droits indivis de communautés et successions; composer les masses; faire et exiger tous rapports; faire et consentir tous prélèvements; former les lots, les tirer au sort ou les distribuer à l'amiable; fixer toutes soultes, les recevoir ou payer, faire et accepter tous abandons, attributions, cessions et transports; laisser tous objets en commun ; donner ou accepter tous pouvoirs pour les administrer ou pour en suivre le recouvrement ; faire procéder à toutes licitations d'immeubles, acquérir la portion indivise de ces biens que Mme... jugera utile ; défendre à toutes demandes qui pourraient être intentées ; user à l'égard des biens et valeurs provenant de ces successions et legs de tous les pouvoirs d'aliénation et autres, sans exception ni réserve, qui sont contenues aux présentes;

Faillites. — Agir dans les faillites, liquidations judiciaires ou déconfitures dans lesquelles M. et Mme... auraient des intérêts à discuter ; requérir toutes appositions de scellés ; faire procéder à leur reconnaissance et levée, et à tous inventaires et récolements; prendre communication de tous livres, registres, journaux et autres titres et pièces propres à constater la situation active et passive des débiteurs ; en cas de refus ou retard, requérir cette communication en justice, obtenir toutes autorisations et compulsoires;

Assister à toutes assemblées de créanciers; prendre part à toutes délibérations; donner son avis sur la nomination des liquidateurs judiciaires définitifs et des contrôleurs; nommer tous syndics provisoires et définitifs, commissaires, directeurs, séquestres, gardiens et dépositaires; produire tous titres et pièces; assister à la vérification des créances; faire admettre celles de M. et M°°... au passif desdites faillites; affirmer la sincérité de ces dernières; signer tous contrats d'union ou d'atermoiement et tous concordats; consentir toutes remises, poursuivre l'homologation contre les créanciers refusants; prendre part à toutes distributions de deniers; accepter toutes cessions, transports, délégations et abandon de biens, meubles et immeubles.

Pouvoirs judiciaires. — En cas de difficultés de la part de qui que ce soit, et à défaut de paiement par tous débiteurs, exercer toutes les poursuites nécessaires; faire tous commandements, sommations, assignations et citations; paraître, tant en demandant qu'en défendant, devant tous tribunaux de paix; se concilier, s'il est possible; prendre tous arrangements, faire toutes remises, accorder termes et délais; transiger en tout état de cause; nommer tous experts et arbitres, leur donner tous pouvoirs et autorisations, s'en rapporter à leurs décisions ou les contester; renoncer à tous appels et recours en cassation; à défaut de conciliation, se pourvoir devant les tribunaux compétents, y former toutes demandes, défendre à celles intentées; constituer tous avoués et avocats, les révoquer, en constituer d'autres; intervenir dans toutes les instances; se pourvoir en garantie; interjeter tous appels ou défendre sur tous les appels intentés; se pourvoir en cassation, ou s'y défendre; faire toutes consignations; obtenir tous jugements et arrêts; les faire signifier et exécuter par toutes les voies de droit; faire tous actes conservatoires; interrompre toutes prescriptions ou les opposer; former toutes oppositions; prendre toutes inscriptions hypothécaires; procéder à toutes saisies mobilières et immobilières, arriver à leur conversion en vente sur publications volontaires; provoquer tous ordres et contributions, y produire, prendre part à toutes assemblées de créanciers, affirmer toutes créances, adhérer à tous règlements amiables, obtenir tous bordereaux de collocation, en toucher le montant.

Quittances et mainlevées. — De toutes sommes reçues ou payées, donner ou retirer quittances; consentir toutes subrogations avec ou sans garantie; se désister avec ou sans paiement de tous droits, actions, privilèges et hypothèques; donner, également avec ou sans constatation de paiement, mainlevée de toutes inscriptions, saisies, oppositions et autres empêchements quelconques; consentir à toutes antériorités; faire et accepter toutes offres; opérer le retrait de toutes sommes consignées; remettre ou se faire remettre tous titres et pièces, en donner ou retirer décharge.

A cet effet, passer et signer tous actes, élire domicile, substituer une ou plusieurs personnes dans la totalité ou dans partie des présents pouvoirs, avec faculté pour lesdits mandataires substitués, de faire eux-mêmes toutes substitutions, révoquer tous mandats et substitutions, et généralement faire tout ce que la mandataire jugera nécessaire.

Dont acte...

IV. PROCURATIONS SPÉCIALES

1. — Procuration pour vendre, transférer, convertir au porteur ou toucher le remboursement de rentes françaises (1).

Vendre et transférer au cours que le mandataire jugera convenable une inscription de cent francs (2) de rente française... °/₀, inscrite au nom de..., sous le n°..., de la...° série, ou du...° volume (ou: vendre et transférer..., etc., toutes inscriptions de rentes sur l'Etat français appartenant au constituant); opérer toutes conversions en titres au porteur et requérir le remboursement de toutes rentes amorties; faire et accepter tous emplois et remplois.

---

(1) Cette procuration peut être faite en brevet, lorsqu'il ne s'agit pas d'aliéner plus de 50 francs de rente.

(2) Les sommes ou quantités doivent être indiquées en toutes lettres; les numéros peuvent être mis en chiffres.

A cet effet, signer tous certificats, déclarations ou bordereaux de transfert ou de remboursement; recevoir toutes sommes provenant d'aliénation ou d'amortissement; donner toutes quittances et décharges.

Commettre tous agents de change, substituer et faire tout ce qui sera nécessaire pour effectuer lesdites opérations, à la suite desquelles le mandataire devra verser tous fonds et titres en provenant au compte de M.... (1), chez M...., agent de change, ce qui vaudra pleine et entière décharge audit mandataire (2).

2. — Procuration pour vendre, convertir, transférer, opérer la mutation ou toucher le remboursement d'actions ou d'obligations (3).

Requérir et opérer la conversion, le transfert, la mutation ou le remboursement de ... actions ou... obligations nominatives de la Compagnie de..., inscrites suivant certificat, n°..., aux noms de..., sur les registres de ladite Compagnie, et portant les n°s. .; lesquelles sont timbrées conformément à la loi ;

Vendre tout ou partie desdits titres et en recevoir le prix ; vendre également toutes actions de jouissance ou de dividende provenant du remboursement et de l'échange des titres ci-dessus mentionnés ; faire et accepter tous emplois ou remplois ;

A cet effet, signer toutes demandes de conversion, transfert, mutation ou remboursement donner toutes quittances de sommes reçues et toutes décharges de titres nominatifs ou au porteur : dispenser la Compagnie de surveiller et de constater l'existence de tous usufruitiers; opérer la remise de tous certificats d'inscriptions de titres nominatifs; signer tous actes, registres, certificats, bordereaux, et acquitter tous impôts ;

Commettre tous agents de change, substituer et faire tout ce qui sera nécessaire pour effectuer lesdites opérations, à la suite desquelles le mandataire devra verser tous fonds et titres en provenant au compte de M... (4), chez M...., agent de change à Paris, ce qui vaudra pleine et entière décharge audit mandataire (5).

3. — Procuration pour transférer, immobiliser, remobiliser des actions de la Banque de France et en toucher les dividendes.

Vendre au cours que le mandataire jugera convenable et tranférer ... actions de la Banque de France, inscrites en date du..., registre coté..., folio..., et en recevoir le prix ;

A cet effet, signer tous registres, certificats, bordereaux, faire toutes réquisitions et déclarations, toucher tous capitaux et dividendes ;

Commettre tous agents de change, substituer, et faire tout ce qui sera nécessaire pour effectuer lesdites opérations à la suite desquelles le mandataire est autorisé à remettre le produit de la vente chez M...., agent de change à Paris, à la disposition de M.... (6), laquelle remise vaudra pleine et entière décharge audit mandataire.

NOTA. — Pour faire immobiliser ou remobiliser des actions, il suffit de mettre dans la procuration le pouvoir d'en signer la demande sur les registres ou bordereaux de la Banque de France.

Pour donner le pouvoir de toucher les dividendes et n'avoir pas besoin de fournir une nouvelle procuration lors de chaque échéance de paiement, on doit donner pouvoir de : toucher les dividendes échus et à échoir des actions de la Banque de France, appartenant au constituant, et celles qui pourront lui appartenir par la suite, en donner quittance, etc.

(1) Le vendeur lui-même, s'il est le correspondant de l'agent de change chargé de l'opération, sinon l'intermédiaire qui a adressé l'ordre et transmis les pièces.
(2) Cette clause a pour but d'éviter les frais d'une décharge notariée, lorsque l'opération est faite par l'intermédiaire d'un trésorier payeur général des finances.
(3) Cette procuration peut être faite en brevet.
(4) V. suprà, note 1.
(5) V. suprà, note 2.
(6) V. suprà, note 1.

4. — Procuration pour emprunter à la Banque de France (1).

Toucher toutes avances sur dépôts d'effets publics et valeurs admises par la Banque, en garantie d'avances, consentir à cet effet tous engagements avec la Banque de France, conformément au vœu de la loi du 17 mai 1834 et de l'ordonnance du 15 juin suivant ; retirer toutes les valeurs déposées en garantie d'avances ; recevoir tous arrérages ou dividendes échus ou à échoir sur lesdites valeurs ; les transférer au besoin et les aliéner.

Retirer également les valeurs qui sont déposées au Bureau des dépôts et dans les Compagnies de chemins de fer, ainsi que celles qui pourront y être déposées par la suite ; en donner quittance.

5. — Procuration pour toucher un Bon sur le Trésor.

Toucher et recevoir de la Caisse du Trésor public un Bon du Trésor de la somme de... francs, échéant au... prochain, portant le n°... et délivré au nom de M..., comparant ;

Signer tous acquits et endos ;

En cas de perte dudit Bon, former toutes oppositions entre les mains de M. le caissier payeur central du Trésor public, conformément à l'article 149 du Code de commerce ;

Adresser à M. le Ministre des Finances (Direction du mouvement des fonds), toutes demandes à l'effet d'obtenir à l'échéance, le remboursement dudit Bon, produire à cet effet toutes les pièces qui seraient nécessaires ;

E   as de paiement, donner toutes quittances et décharges, etc...

6. — Procuration pour retirer des fonds de la Caisse d'épargne.

Retirer de la Caisse d'épargne de... la totalité ou partie des sommes qui ont été ou qui seront inscrites par la suite sur un livret au nom du constituant, portant le n°..., etc..., ainsi que les intérêts échus ou à échoir ; signer toutes quittances et décharges valables ; demander l'emploi en rentes sur l'État de tout ou partie desdites sommes ; retirer toute inscription de rente, en donner récépissé ; et faire tout ce qui sera nécessaire.

7. — Procuration pour recevoir ou retirer des lettres chargées ou recommandées et toucher les mandats-poste et les mandats télégraphiques (2).

Recevoir au domicile du constituant, ou retirer au bureau de la poste restante les lettres chargées ou recommandées, ainsi que les mandats-poste et les mandats-télégraphiques qui lui arriveront en son absence ; donner à cet effet toutes décharges, signer tous registres et émargements et généralement faire tout ce qui sera nécessaire.

---

(1) Cette procuration (faite suivant la formule de la Banque) doit être notariée et en brevet ; mais si, pour la même opération, il s'agit de rentes nominatives à transférer au nom de la Banque, il devient indispensable que la procuration soit en minute et qu'il en soit fait deux extraits : l'un donnant pouvoir de transférer à la Banque ou de convertir en titres au porteur lesdites valeurs nominatives, l'autre contenant les pouvoirs énoncés ci-dessus.

Si les valeurs appartiennent à la femme, le mari, quel que soit le régime du contrat de mariage, doit intervenir pour signer l'engagement, et dans ce cas, la procuration doit également stipuler que ledit engagement est solidaire. — Il en est de même de toutes valeurs dont la propriété est indivise.

Les procurations ou extraits sont déposés au Bureau des avances de la Banque.

(2) Cette formule est celle de l'Administration des postes. La procuration est sous seing privé ; elle est visée par le receveur. La signature du mandant est légalisée par le maire ou le commissaire de police. Un des originaux est conservé par l'Administration, l'autre par le mandataire.

8. — Procuration pour concourir à la nomination d'un tuteur ou d'un subrogé-tuteur.

Représenter le constituant au conseil de famille qui sera convoqué devant M. le juge de paix du canton de..., à l'effet de nommer un subrogé-tuteur (*ou* un tuteur et un subrogé-tuteur) à..., enfant mineur de M... et de Mme..., son épouse; conférer ces qualités à ceux des parents du mineur qu'il plaira au mandataire de désigner; délibérer sur les motifs d'excuse qui pourraient être invoqués; conférer au tuteur toutes autorisations qui seront jugées nécessaires, accepter celles desdites fonctions qui pourraient être conférées au constituant, ou présenter ses motifs légitimes d'excuse; signer tous procès-verbaux, et généralement faire tout ce qui sera nécessaire.

9. — Procuration pour assister au conseil de famille réuni en vue d'une interdiction.

Comparaître au nom du constituant devant M. le juge de paix du canton de..., à l'effet de le représenter au conseil de famille de M. Jules Leconte, son cousin, propriétaire, domicilié à..., actuellement interné à l'asile des aliénés de... ;

Prendre part à toute réunion du conseil de famille ayant pour objet de délibérer sur l'état de sa personne et l'opportunité de son interdiction ; et, après l'interdiction, si elle est prononcée, à toutes autres délibérations ayant pour objet la nomination du tuteur et du subrogé-tuteur à son interdiction, et à l'administration de sa personne et de ses biens; émettre tous avis et votes ; signer tous procès-verbaux; substituer, et faire le nécessaire.

10. — Procuration pour faire un bail et toucher les loyers.

Louer et affermer par écrit ou verbalement, aux personnes, pour le temps, et aux prix, charges et conditions que le mandataire constitué jugera convenable, la totalité ou partie des biens immeubles qui appartiennent et pourront appartenir par la suite au constituant; renouveler et résilier tous baux, même ceux déjà existants ; faire dresser tous états de lieux, arpentages, mesurages et bornages; adhérer à toutes cessions de baux, et sous-locations; exiger ou accorder toutes indemnités, en recevoir ou payer le montant ; faire procéder à tous récolements; faire faire toutes réparations, arrêter tous devis et marchés, en payer le montant; s'opposer à toutes usurpations et envahissements; donner ou accepter tous congés;

Toucher tous loyers et fermages échus et à échoir;

Payer toutes impositions; faire toutes réclamations en dégrèvement ou réduction; présenter à cet effet tous mémoires et pétitions, toucher toutes sommes restituées ;

De toutes sommes reçues ou payées donner ou retirer quittances ;

A défaut de paiement ou en cas de difficultés, etc. (V. *infrà, la formule n*° 32).

11. — Procuration pour toucher une créance.

Toucher et recevoir de M..., ou de tous autres qu'il appartiendra, la somme de..., montant d'une obligation souscrite au profit du constituant par ledit sieur..., suivant acte passé devant M°..., etc. ;

Recevoir également tous intérêts échus et à échoir de ladite somme;

De toutes sommes reçues donner quitances et décharges valables; consentir toutes subrogations, sans garantie; donner mainlevée avec désistement de tous droits d'hypothèque et consentir la radiation de toutes inscriptions prises pour sûreté de ladite créance; remettre tous titres et pièces.

A défaut de paiement, etc. (V. *infrà, la formule n*° 32).

12. — Procuration pour recouvrer une créance à l'étranger.

Se présenter devant tous Tribunaux et Cours d'appel de l'empire (ou royaume) de..., pour obtenir l'exécution d'un jugement rendu contradictoirement (ou par défaut) au profit du comparant contre M..., demeurant à..., par le tribunal civil de..., le..., dûment enregistré et signifié; aux termes duquel M..., a été condamné à payer au constituant la somme principale de..., avec intérêts et dépens ;

Signer tous placets, requêtes mémoires et autres documents judiciaires nécessités par la demande à introduire ;

Constituer tous avoués, procureurs et avocats devant toutes juridictions compétentes;

Et après que le jugement précité aura été déclaré exécutoire dans l'empire (ou le royaume de...) requérir, procéder ou faire procéder à toutes exécutions contre le débiteur sur tous ses droits et biens mobiliers ou immobiliers, jusqu'à réalisation complète de la créance dont il s'agit en capital, intérêts et frais ;

Toucher ladite créance en principal et accessoires, en donner quittance avec tous désistements nécessaires;

A cet effet, passer et signer tous actes, élire domicile, substituer et généralement faire tout ce qui sera nécessaire, quoique non prévu aux présentes; le tout suivant les lois et usages du pays où les présentes recevront leur exécution.

13. — Procuration pour transporter une créance.

Céder, sous la simple garantie des faits et promesse du constituant (ou : avec toute garantie), à telles personnes et moyennant le prix que le mandataire jugera convenable, en totalité ou en plusieurs parties, la somme de..., due au constituant par M..., suivant obligation, etc... ;

Transporter également tous intérêts échus et à échoir de cette créance ;

Toucher le prix des transports, en donner quittance; consentir toutes subrogations dans les droits, action, hypothèque et inscription du constituant, sous la simple garantie sus exprimée ; remettre tous titres et pièces ; en retirer décharge.

14. — Procuration pour suivre toutes liquidations de créances sur le Gouvernement.

Poursuivre toutes liquidations des créances dues au constituant par le Gouvernement pour (énoncer à quel titre le constituant est créancier de l'Etat) ; se présenter à tous bureaux, faire toutes demandes, pétitions et réclamations ; produire tous titres et pièces, les certifier véritables ; faire toutes déclarations et affirmations ; retirer tous bons, mandats, lettres d'avis, ordonnances de paiement, au nom du constituant ; en recevoir le montant en numéraire ou en valeurs qui pourront être données en paiement; vendre, céder et transférer lesdites valeurs et inscriptions, et même lesdites créances, telles qu'elles existent actuellement, et sans attendre leur liquidation, à telle personne, au cours et pour le prix que le mandataire jugera convenables ;

Toucher le prix des transferts ou cessions;

De toutes sommes ou valeurs reçues donner quittances et décharges; remettre tous titres et pièces ; signer tous transferts, actes, acquits, registres, émargements et feuilles de paiement; élire domicile, etc.

15. — Procuration pour se faire représenter dans une faillite ou à une liquidation judiciaire.

Le représenter à la faillite ou à la liquidation judiciaire du sieur..., débiteur du constituant d'une somme de... (énoncer la créance, s'il est possible);

En conséquence, requérir toutes appositions, reconnaissances et levées de scellés ; procéder à tous inventaires et récolements; faire, en procédant, tous dires, réquisitions, protestations et réserves ;

Donner son avis sur la nomination des liquidateurs judiciaires définitifs et des contrôleurs ; nommer tous syndics provisoires ou définitifs, commissaires, directeurs, séquestres, gardiens et dépositaires ;

Prendre communication de tous livres, registres, journaux et autres titres et pièces propres à constater la situation active et passive du débiteur ;

Assister à toutes assemblées de créanciers, prendre part à toutes délibérations ; vérifier, admettre ou rejeter tous titres qui seraient produits ; faire vérifier la créance du constituant, affirmer qu'elle est sincère et véritable, ainsi qu'il l'a présentement affirmé entre les mains des notaires soussignés ;

Traiter, transiger, faire toutes remises, signer tous contrats d'union, d'atermoiement et tous concordats, ou s'y opposer ; nommer tous syndics, caissiers-gérants et séquestres, les révoquer, s'il y a lieu, et en nommer d'autres ;

Accepter toutes cessions, transports, délégations et abandon des biens meubles et immeubles ; s'il y a lieu, introduire tous référés ; former toutes plaintes ; s'inscrire en faux; poursuivre devant tous les tribunaux ; constituer avoués, les révoquer, en constituer d'autres; s'opposer; appeler ; obtenir tous jugements et arrêts, les faire mettre à exécution ; exercer toutes poursuites; poursuivre toutes ventes de biens meubles et immeubles appartenant aux faillis ; former toutes oppositions et saisies-arrêts ; produire à tous ordres et contributions ;

Toucher toutes les sommes qui reviendront au constituant, d'après les répartitions à faire entre les créanciers, et par suite des ordres et contributions; de toutes sommes reçues donner quittances ;

Faire mainlevée et consentir la radiation de toutes oppositions, saisies, et inscriptions; consentir tous désistements, le tout avec ou sans paiement; remettre tous titres et pièces ; élire domicile ; substituer une ou plusieurs personnes dans tout ou partie des présents pouvoirs ; passer et signer tous actes, etc.

16. — Procuration pour toucher tous traitements et pensions.

Recevoir de tous payeurs, caissiers, trésoriers ou autres, les arrérages échus ainsi que ceux à échoir de tous traitements et pensions qui peuvent et pourront être accordés au constituant pour telle cause et sur telle caisse que ce soit, et notamment (*désigner ici le traitement, et la pension ou la caisse*) ;

Produire tous titres, pièces et certificats de vie;

Faire toutes déclarations et affirmations ;

Donner toutes quittances et décharges ;

Signer et émarger tous registres et feuilles de paiement, et faire tout ce qui sera nécessaire.

17. — Procuration pour la réalisation d'un cautionnement en rentes.

Opérer le dépôt au Trésor public de toutes les inscriptions de rentes sur le Grand-Livre de la dette publique de France, qui appartiennent au constituant (*ou* telle inscription déterminée), en nantissement et garantie de la délivrance qui sera faite au constituant (*ou* à telle personne désignée) de coupons d'arrérages de rentes sur l'État au porteur, en remplacement de tous les coupons de même nature qu'il a déclarés adirés ; consentir que les inscriptions affectées en nantissement répondent du paiement de ces coupons pendant cinq années, à partir de l'échéance de chacun d'eux ;

A cet effet, signer et passer avec l'agent judiciaire du Trésor l'acte d'affectation dans les termes formulés par le Trésor public ;

Donnant expressément au mandataire le pouvoir de conférer à l'agent judiciaire du Trésor public le droit spécial et irrévocable, pendant toute la durée du cautionnement, de faire vendre en totalité ou en partie, en vertu d'une simple décision du Ministre des finances, et sans qu'il soit besoin d'acte judiciaire, les rentes données en nantissement, pour le cas où le possesseur des coupons en réclamerait le paiement, s'ils étaient retrouvés ;

A cet effet, passer tous actes, élire domicile et généralement faire et dire tout ce que les circonstances exigeront, promettant l'agréer ;

Retirer du Trésor public les bordereaux représentatifs des inscriptions et servant à toucher les arrérages, en donner décharge.

Ajouter, si telle est l'intention du constituant :
Lors de la restitution dudit cautionnement, retirer du Trésor public les inscriptions y affectées, en donner tous reçus et décharges.

18. — Procuration pour retirer un cautionnement d'officier public.

Recevoir de tous payeurs et caissiers la somme de..., montant du cautionnement versé par le constituant en qualité de *(énoncer la qualité pour laquelle le cautionnement a été versé et le lieu où les fonctions ont été exercées)*, et inscrit, au nom du constituant, sous le n°... *(ou bien, si le cautionnement a été fourni par un bailleur de fonds :* montant du cautionnement versé par le constituant au Trésor pour le compte de M..., etc. *(énoncer la qualité,* etc.), et inscrit au nom du constituant, comme bailleur de fonds, sous le n°...) ; toucher également tous intérêts échus et à échoir de ce cautionnement, produire et remettre tous titres et pièces ; faire toutes déclarations et affirmations ; donner toutes quittances et décharges ; signer et émarger tous registres et feuilles de paiement, etc.

19. — Procuration pour gérer les affaires d'une maison de commerce.

Gérer et administrer, tant activement que passivement, toutes ses affaires commerciales et notamment sa maison de commerce..., établie à... ;
Continuer et faire toutes les opérations de commerce du constituant : acheter et vendre toutes marchandises ; se charger de toutes commissions, passer tous marchés et les exécuter ; souscrire tous billets à ordre, effets de commerce et autres engagements : tirer et accepter toutes traites et lettres de change ; signer tous endossements et avals, arrêter tous comptes courants ; faire tous protêts, dénonciations, comptes de retour ; signer tous mandats sur tous correspondants, négociants, particuliers et sur toutes caisses, et notamment sur la Banque de France ;
Traiter avec tous créanciers, débiteurs ou simples comptables, entendre, débattre, clôre et arrêter tous comptes actifs et passifs, en fixer les reliquats, les payer ou recevoir, en donner ou retirer quittance ;
Retirer de toutes Administrations, des postes, des chemins de fer, messageries, roulages et autres, tous paquets et lettres, à l'adresse du constituant ;
Agir dans les liquidations judiciaires, faillites ou déconfitures dans lesquelles le constituant aurait des intérêts à discuter ; requérir toutes appositions, etc. (V. *supra*, *la formule de* PROCURATION GÉNÉRALE, *et la formule n°* 15) ;
Recevoir toutes les sommes qui peuvent et pourront être dues au constituant, à tel titre et pour quelque cause que ce soit ; payer et acquitter celles dont il est et pourra être débiteur.
De toutes sommes reçues et payées donner ou retirer quittance ; consentir toutes mentions et subrogations sans garantie ; remettre ou se faire remettre tous titres et pièces ; faire main-levée, avec désistement de tous droits, et consentir la radiation de toutes inscriptions, saisies, oppositions et autres empêchements ; le tout avant ou après paiement.
En cas de difficultés, etc. (V. *infrà*, *la formule n°* 32).

20. — Procuration pour accepter sous bénéfice d'inventaire ou répudier une succession.

Se présenter au greffe du tribunal de première instance de..., pour y déclarer que le constituant n'entend accepter que sous bénéfice d'inventaire la succession de M..., dont il est habile à se porter héritier pour... (ou : que le constituant renonce purement et simplement à la succession de M..., dont il était habile à se porter héritier pour...) ; affirmer, ainsi que le constituant l'a présentement fait aux notaires soussignés, qu'il n'a fait aucun acte d'héritier pur et simple ; faire toutes autres déclarations et affirmations ; passer et signer tous actes, et généralement faire le nécessaire.

21. — Procuration pour faire rendre compte à un mandataire.

Faire rendre compte à M..., demeurant à..., du mandat que le constituant lui a conféré, suivant acte reçu en brevet par M•.... etc. ;

Entendre, débattre, clôre et arrêter tous comptes de recettes et de dépenses ; se faire représenter tous titres et pièces à l'appui ; les admettre ou rejeter ; fixer le reliquat desdits comptes, en payer ou recevoir le montant, selon qu'ils seront actifs ou passifs ; donner et retirer toutes quittances et décharges ;

En cas de difficultés, etc. (V. infrà, la formule n° 32).

22. — Procuration par un mari et une femme pour emprunter.

Emprunter, jusqu'à concurrence de... fr., en une ou plusieurs parties, d'une ou de diffé-rentes personnes, pour le temps, aux taux d'intérêts et conditions que le mandataire jugera convenables ;

Obliger les constituants, solidairement entre eux, au remboursement du capital et au paiement des intérêts qui seront stipulés, le tout aux époques et de la manière qui seront convenues ;

Affecter et hypothéquer à la sûreté des obligations... (désigner sommairement les immeubles que les constituants entendent hypothéquer) ;

Et, pour plus de sûreté, transporter aux prêteurs, avec toute garantie de la part de la constituante, pareilles sommes à celles par eux prêtées, à prendre avec toute priorité et préférence à Mme... dans le montant des créances, reprises et avantages matrimoniaux qu'elle peut et pourra avoir à exercer contre son mari, en vertu de leur contrat de mariage passé devant M•..., etc ;

Par suite de ce transport, subroger les prêteurs jusqu'à due concurrence, dans les droits et actions de ladite dame... contre son mari, notamment dans l'effet de son hypothèque légale contre lui (inscrite le..., vol..., n•...), mais seulement en ce qu'elle grève les immeubles ci-dessus désignés ; tenir ce transport pour signifié au constituant ;

Faire toutes déclarations relatives à l'assurance contre l'incendie des bâtiments hypo-théqués, et assurer aux prêteurs, jusqu'à due concurrence, l'indemnité qui serait due par les Compagnies d'assurances en cas de sinistre ; consentir toutes significations des actes de prêts ;

Stipuler toute concurrence entre les prêteurs ;

Déclarer, pour les constituants, comme ils le déclarent et affirment par ces présentes : 1° qu'ils sont communs en biens, aux termes de leur contrat de mariage ci-dessus énoncé ; 2° que les immeubles ci-dessus désignés sont d'une valeur de... francs, et ne sont grevés d'aucun privilège ni d'aucune hypothèque judiciaire ou conventionnelle (s'il y a des inscrip-tions, on les énonce) ; 3° et que les constituants ne sont et n'ont jamais été chargés d'aucune fonction donnant lieu à une hypothèque légale autre que celle de Mme... contre son mari. (Quelquefois on ajoute) : Déclarer que la somme empruntée est destinée à être employée en entier (ou : jusqu'à concurrence de...) au paiement de partie du prix principal de l'acquisition que les constituants ont faite de tel immeuble, suivant contrat passé devant M•..., etc. ; obliger les constituants à effectuer cet emploi dans le délai qui conviendra auxdits prêteurs, le réaliser ; faire la déclaration de l'origine des deniers ; requérir toutes subrogations au profit des prêteurs.

23. — Procuration pour se rendre caution.

Rendre le constituant caution et répondant solidaire de M..., envers M.., pour raison du paiement de la somme de..., due à ce dernier par ledit sieur..., aux termes d'un acte passé devant M•..., etc. (ou bien : répondant solidaire de M..., envers telle personne que ce soit jusqu'à concurrence de la somme de... fr. qui pourra lui être prêtée, pour le temps et aux taux d'intérêt qu'il jugera convenable) ; affecter et hypothéquer à la sûreté de ce caution-nement, etc. ; Déclarer au nom du constituant... (V. la formule qui précède).

24. — Procuration pour acquérir.

Acquérir de M..., aux prix, charges et conditions que le mandataire jugera convenables, une maison située à...;

Obliger le constituant au paiement du prix et des intérêts qui seront stipulés, et à l'exécution de toutes les charges qui seront imposées ;

Se faire remettre tous titres et pièces, en donner décharge ; signer tous contrats de vente ou procès-verbaux d'adjudication ; faire faire toutes transcriptions, dénonciations, notifications et offres de paiement; provoquer tous ordres ; payer le prix de ladite acquisition entre les mains des vendeurs ou des créanciers inscrits ; faire toutes consignations ; former toutes demandes en mainlevée; constituer tous avoués.

25. — Procuration pour vendre.

Vendre, soit à l'amiable, soit aux enchères, en totalité ou en partie, aux personnes et aux prix, charges et conditions que le mandataire jugera convenables, une maison située à..., dont les constituants sont propriétaires ; obliger ces derniers, solidairement entre eux, à tou'es garanties et au rapport de toutes mainlevées et radiations ; fixer l'époque d'entrée en jouissance et de paiement du prix, le recevoir en principal et intérêts, en donner quit-tance ; faire toutes déclarations d'état-civil et autres ; déclarer notamment comme les cons-tituants le font ici..., etc...; consentir toutes subrogations, sans garantie; remettre tous titres et pièces ou obliger les constituants à les remettre ; donner mainlevée avec désistement de tous droits de privilège, hypothèque et action résolutoire et consentir à la radiation de toutes inscriptions d'office ou autres, avant ou après paiement.

A défaut de paiement, etc. (V. *infrà, la formule n° 32*).

26. — Procuration pour recueillir une succession.

Recueillir la succession de Mᵐᵉ..., dont le constituant est habile à se porter héritier pour...;

En conséquence :

Requérir toutes appositions de scellés ou s'y opposer ; demander la levée avec ou sans description de ceux qui pourraient être apposés ;

Faire procéder à l'inventaire des biens dépendant, tant de la communauté de biens qui a existé entre M..., et Mᵐᵉ... son épouse, que de la succession de cette dernière ; faire lors de ces opérations, tous dires, réquisitions, déclarations, protestations et réserves ; choisir les officiers, gardiens et dépositaires;

Introduire tous référés ; demander toutes autorisations pour agir sans attribution de qualité ;

Prendre connaissance des forces et charges desdites communauté et succession, ainsi que des titres et papiers qui seront inventoriés, et de toutes dispositions entre vifs ou tes-tamentaires ; demander ou consentir la délivrance de tous legs ; accepter ladite succession purement et simplement ou sous bénéfice d'inventaire, ou même y renoncer ; faire à cet effet les déclarations et affirmations nécessaires au greffe du tribunal compétent ;

Faire procéder à la vente du mobilier, avec ou sans attribution de qualité ; choisir l'offi-cier public qui devra procéder à cette vente ; régler et arrêter son compte, en toucher le reliquat ;

Recevoir et payer les sommes qui peuvent et pourront être dues, tant en principal qu'in-térêts, frais et accessoires, à tel titre et pour telle cause que ce soit ; transporter toutes créances avec ou sans garantie, toucher le prix des transports ; payer les sommes que la succession pourrait devoir ;

Entendre, débattre, clore et arrêter tous comptes, en fixer les reliquats, les recevoir ou solder ;

Faire toutes déclarations de succession; certifier tous états; faire toutes affirmations requises ; payer tous droits de mutation ;

Vendre et transférer, avant ou après partage, les rentes sur l'Etat, actions et obligations et les valeurs de toute nature dépendant ou provenant desdites communauté et succession ; demander la conversion de tous titres nominatifs en titres au porteur, et de tous titres au porteur en titres nominatifs ; toucher le remboursement de toutes valeurs sorties aux tirages ; commettre tous agents de change, signer tous transferts, en recevoir le prix ;

Vendre également, avant ou après partage, soit à l'amiable, par telle forme et moyennant les prix que le mandataire jugera convenables, soit par licitation, et de toute autre manière, les biens immeubles dépendant des mêmes communauté et succession ; acquérir pour le constituant tout ou partie de ces biens ; toucher ou payer les prix desdites ventes ou adjudications ;

Recevoir de tous payeurs, caissiers, trésoriers ou autres, les arrérages échus de tous traitements et pensions dont jouissait M...; produire tous titres et pièces ; faire toutes déclarations et affirmations; donner toutes quittances et décharges; signer et émarger tous registres et feuilles de paiement.

Faire toutes déclarations d'état-civil et autres ; déclarer notamment, comme le font ici les comparants, qu'ils sont mariés, etc...

Céder, à forfait, les droits appartenant au constituant dans ladite succession, aux personnes, et aux prix, charges et conditions que le mandataire avisera ; toucher le prix de cette cession.

Procéder, à l'amiable ou en justice, aux opérations de compte, liquidation et partage des biens dépendant desdites communauté et succession; nommer ou faire nommer tous experts pour les évaluations ; composer les masses, faire et exiger tous rapports ; opérer et consentir tous prélèvements ; former les lots, les tirer au sort ou les distribuer à l'amiable ; fixer toutes soultes, les recevoir ou payer ; consentir et accepter tous abandonnements ; laisser tous objets en commun, donner ou accepter tous pouvoirs pour les administrer ou pour en suivre le recouvrement ;

Toucher toutes les sommes qui pourraient être dues au constituant; payer celles qu'il pourrait devoir ;

De toutes sommes reçues ou payées donner ou retirer quittances ; consentir toutes mentions et subrogations, avec ou sans garantie ; faire mainlevée avec désistement de tous droits de privilège, d'hypothèque et autres, et consentir la radiation de toutes inscriptions, saisies, oppositions et autres empêchements ; le tout avec ou sans constatation de paiement; remettre ou se faire remettre tous titres et pièces, en donner ou retirer décharge ;

En cas de difficulté, etc. (V. *infrà*, la formule n° 32).

27. — Procuration pour faire une donation.

Faire donation, entre vifs, actuelle et irrévocable, à M..., demeurant à... des immeubles ci-après désignés :

1°... (*Faire ici une désignation très exacte des immeubles qui devront être compris dans la donation*) ;

Lesquels immeubles appartiennent au constituant, savoir :... (*origine sommaire*);

Fixer l'époque d'entrée en jouissance desdits biens ;

Faire cette donation sous les charges et conditions que le mandataire jugera convenables, notamment à la charge par le donataire de payer les sommes dues par le constituant, savoir : à M..., demeurant à..., etc. (*énoncer toutes les sommes dont le constituant est débiteur, et qui grèvent les immeubles compris dans la donation ; indiquer également les autres conditions particulières de la donation : réserve d'usufruit, rente viagère, hypothèque par le donataire pour sûreté des charges*) ;

Promettre la mainlevée de toutes inscriptions autres que celles garantissant les créances ci-dessus énoncées;

Déclarer que le constituant est célibataire; qu'il n'a jamais été tuteur ni comptable de deniers publics, et que, par suite, lesdits immeubles ne sont grevés de son chef d'aucune hypothèque légale ;

L'obliger à la remise de tous baux et titres de propriété.

28. — Procuration pour accepter une donation.

Accepter la donation entre vifs qui lui a été faite par M.., demeurant à..., son..., aux termes d'un acte passé devant Me..., etc., (dont le constituant reconnait avoir une parfaite connaissance), de la pleine propriété de (*désigner l'immeuble*) ; obliger le constituant à l'exécution de toutes les charges et conditions qui lui ont été imposées par le donateur ; requérir la transcription de ladite donation, et remplir, si le mandataire le juge convenable, les formalités nécessaires pour purger les hypothèques légales.

S'il s'agit d'une procuration pour accepter une donation future, il faut dire : accepter la donation entre-vifs que M..., demeurant à..., son..., se propose de lui faire de... (*désigner les biens*) ; obliger le constituant à l'exécution de toutes les charges et conditions qui lui seront imposées, etc...

29. — Procuration pour faire des actes respectueux.

Demander respectueusement à M. Louis Geoffroy, rentier, et à Mme Louise Richad, son épouse, demeurant à..., ses père et mère, leur conseil sur le mariage qu'il se propose de contracter avec Mlle Emilie Viriot, sans profession, demeurant à..., âgée de... ans, fille de M. Nicolas Viriot et de Mme Charlotte Marchal, son épouse, tous deux décédés.

A cet effet, faire dresser tous actes respectueux et en requérir la notification ; les réitérer au besoin, dans les délais exigés par la loi.

30. — Procuration pour adopter.

Conférer l'adoption à M..., fils majeur de... ;

A cet effet, se présenter devant tout juge de paix ; donner tous consentements ; signer tous actes d'adoption, en poursuivre l'homologation devant le tribunal, puis la confirmation devant la Cour d'appel ; faire toutes inscriptions d'adoption sur les registres de l'état-civil ; constituer tous avoués et avocats ; signer tous actes et registres ; substituer dans la totalité ou dans partie des présents pouvoirs ; et, enfin, faire tout ce qui sera nécessaire pour arriver à l'adoption de M... par le constituant.

31. — Procuration pour faire une déclaration de succession.

V. *suprà*, v° MUTATION PAR DÉCÈS.

32. — Pouvoirs judiciaires.

Formule complète. — V. *suprà*, la formule de la PROCURATION GÉNÉRALE.

Formule simplifiée. — En cas de difficultés et à défaut de paiement, exercer toutes poursuites nécessaires : en conséquence, citer et paraitre devant tous juges de paix ; traiter, transiger ; se concilier, sinon assigner et défendre devant tous tribunaux compétents, obtenir tous jugements et arrêts, les faire exécuter ou s'en désister ; produire à tous ordres et distribution, toucher le montant des collocations faites au profit du constituant.

V. SUBSTITUTION.

1. — Substitution générale.

Pardevant..., etc.

A comparu :

M. Pierre Lemaitre, avocat, demeurant à... ;

Agissant en vertu du pouvoir de substituer contenu dans la procuration qui lui a été donnée par M. Jules Martin, propriétaire, demeurant à..., suivant acte passé devant M•..., notaire à..., le..., dont le brevet original a été annexé aux présentes après avoir été certifié véritable et signé par le comparant en présence des notaires soussignés.

Lequel a, par ces présentes, transmis à M. Edmond Muller, rentier, demeurant à..., tous les pouvoirs contenus dans la procuration ci-dessus énoncée.

Dont acte...

2. — Substitution partielle.

Pardevant..., etc.

A comparu :

M. Emile Didier, négociant, demeurant à...

Agissant en vertu du pouvoir de substituer contenu dans la procuration qui lui a été donnée par M. Léon Langlois, propriétaire, demeurant à..., suivant acte passé en minute devant M•..., notaire à..., le..., et dont un extrait a été annexé aux présentes après avoir été certifié véritable et signé par le comparant en présence des notaires soussignés.

Lequel a, par ces présentes, transmis à M. Charles Vincent, avocat, demeurant à..., les pouvoirs suivants : (*Reproduire littéralement.*)

Dont acte...

3. — Substitution par un mandataire n'ayant pas le pouvoir de substituer.

Pardevant..., etc.

A comparu :

M. Léopold Beck, rentier, demeurant à...

Agissant en qualité de mandataire de M. Alfred Legendre, propriétaire demeurant à..., en vertu de la procuration que ce dernier lui a donnée... (*V. les deux formules qui précèdent*).

Lequel s'est, par ces présentes, substitué,

M. Paul Meunier, avocat, demeurant à...

A qui il transmet tous les pouvoirs (*ou* : les pouvoirs suivants) qui lui ont été conférés par la procuration sus-énoncée.

(*Rapporter ici les pouvoirs, si la substitution est partielle.*)

Dont acte...

VI. RATIFICATION

V. *infrà*, les formules du mot RATIFICATION.

VII. RÉVOCATION

V. *infrà*, les formules du mot RÉVOCATION.

VIII. DÉCHARGE DE MANDAT

V. *suprà*, les formules du mot DÉCHARGE.

PROMESSE DE BAIL (V. *suprà*, v° BAIL).

PROMESSE D'ÉGALITÉ (V. *suprà*, v° Donation par contrat de mariage).

PROMESSE D'EMPLOI (V. *infrà*, v° Remploi).

PROMESSE DE VENTE (V. *infrà*, v° Vente).

PROPRIÉTÉ

La propriété est le droit le plus absolu dont une personne puisse jouir sur une chose, à l'exclusion de toute autre personne. Elle se constitue par la réunion de tous les droits dont les choses sont susceptibles. De même que la liberté est le droit de faire de notre personne ce que nous voulons, sauf ce qui est défendu par la loi, de même la propriété est le droit de faire d'une chose ce que nous voulons, pourvu que nous n'en fassions pas un usage prohibé par les lois ou les règlements (art. 144, C. civ.).

Sommaire :

§ 1. Nature et caractère du droit de propriété.
§ 2. Distinction des biens.
    Art. 1. — Immeubles.
    Art. 2. — Meubles.
§ 3. Biens dans leurs rapports avec ceux qui les possèdent.
§ 4. Des divers modes d'acquisition des biens.
§ 5. Formules.

§ 1. Nature et caractère du droit de propriété.

1. — La plupart des actes de la vie civile n'étant que la conséquence et l'application des droits de propriété, nous avons cru nécessaire de donner ici quelques notions générales sur la nature du droit de propriété, sur ses démembrements et les diverses espèces de biens auxquels elle s'applique.

2. — Légitimité de la propriété. — La propriété a été reconnue inviolable et sacrée par la déclaration des droits de l'homme du 26 août 1789 (art. 17), et son inviolabilité a été consacrée non seulement par notre Code civil (art. 545), mais encore par les diverses Constitutions qui ont successivement régi la France depuis cette époque.

C'est qu'en effet, aucun droit n'est plus légitime ; c'est la conséquence forcée de la nature et de la destinée de l'homme ; il lui est indispensable, et la suppression de la propriété serait la ruine de la civilisation, puisque ce serait la négation même du travail et de l'intelligence humaine.

3. — Nature de ce droit. — Nous avons dit que la propriété est le *droit le plus absolu* dont une personne puisse jouir sur une chose et qu'elle se constitue par la réunion de tous les droits dont les choses sont susceptibles; c'est ainsi que tout propriétaire d'une chose a le droit :

a) De se servir de cette chose (*uti*);

b) D'en percevoir les fruits (*frui*);

c) Et d'en disposer (*abuti*), par exemple de l'aliéner.

De ce que la propriété est un droit absolu, il en résulte qu'elle doit être *exclusive* et *perpétuelle*; c'est pourquoi nul ne peut avoir sur la chose dont nous sommes propriétaires les mêmes droits de jouissance ou de disposition; c'est pourquoi aussi, à la mort d'une personne, la propriété se transmet aux légataires institués par testament, ou, si le défunt n'a pas manifesté sa volonté, aux parents désignés par la loi, d'après l'ordre présumé de ses affections (1).

4. — Démembrement du droit. — La propriété peut se trouver réunie dans ses trois attributs, sur la tête de la même personne; dans ce cas, elle est absolue. Mais elle peut aussi être démembrée, en ce sens qu'une personne peut, par exemple, avoir l'*usufruit* ou l'*usage* de la chose, et une autre, seulement la nue-propriété (V. *infrà*, v° Usufruit).

Les droits d'usufruit, d'usage sont des démembrements du droit de propriété.

De même, aussi, la liberté absolue du droit de propriété peut être *restreinte* par certains droits réels ou certaines charges imposées, soit par la loi, soit par le consentement même du propriétaire. Ces restrictions au droit de propriété sont ce qu'on est convenu d'appeler des *servitudes*. (V. *infrà*, v° Servitude).

5. — Propriété indivise. — La propriété est, en principe, exclusive; c'est-à-dire que plusieurs personnes ne sauraient être à la fois, chacune pour le tout, propriétaires d'une même chose. Mais plusieurs personnes peuvent être co-pro-*priétaires* par indivis, et alors la propriété cesse d'être exclusive. Ainsi, un père laisse, en mourant, dans sa succession, une maison à ses trois enfants; ceux-ci sont co-propriétaires par indivis de la maison. En pareil cas, les droits des différents copropriétaires se limitent respectivement et aucun d'eux ne peut, à lui seul, modifier la chose, en disposer, la grever de charges nouvelles, d'hypothèque, par exemple, ou de servitude (Cass., 28 octobre 1891 (*J. du not.*, 1892, p. 59).

Aussi, comme cet état d'indivision est une cause continuelle de conflits, chaque co-propriétaire a le droit d'en sortir en demandant le partage ou la licitation (V. *suprà*, v° Partage).

§ 2. Distinction des biens.

6. — Les auteurs donnent de nombreuses divisions des biens. Ils distinguent: les choses *corporelles*, celles qui tombent sous les sens; et les choses *incorporelles*, c'est-à-dire les *droits*.

Ils subdivisent les *droits* en droits *réels*, qui établissent un rapport direct et immédiat entre la personne et la chose, objet du droit, comme les droits de propriété, d'usufruit, d'usage, d'hypothèque, — et les droits de *créance* ou droits *personnels*, qui établissent un rapport indirect et médiat entre la personne et la chose, l'intermédiaire étant une autre personne obligée de procurer la chose à la première.

---

(1) Il existe, cependant, une exception à cette règle, en ce qui concerne la *Propriété littéraire et artistique*. L'auteur conserve bien la propriété absolue de ses ouvrages ou de ses productions durant toute sa vie; mais, après sa mort, ses héritiers ou légataires n'en sont saisis que pour une durée de cinquante ans et, sous la réserve de la jouissance qui appartient de droit, pendant sa vie, au conjoint survivant (L. 14 et 19 juillet 1866). C'est là une anomalie étrange et, à notre avis, injustifiable. La propriété littéraire est la propriété par excellence, car elle est le fruit le plus direct et le plus incontestable du travail et de la liberté de l'homme et on ne s'explique pas pour quel motif ce droit cesse d'appartenir aux héritiers de l'auteur, à ses enfants, au moins, au bout de cinquante ans, alors que tous ses autres biens, souvent moins précieux, restent leur propriété.

Le Code n'est pas entré dans toutes ces distinctions; il divise tous les biens en deux grandes catégories :

1. Les biens qui sont *immeubles*.
2. Les biens qui sont *meubles*.

Art. 1er. — *Immeubles*.

7. — Le législateur n'a point défini ce qu'on doit entendre par *immeubles* : il s'est contenté d'en donner l'énumération. D'après l'article 517 du Code civil, les biens sont immeubles :

 a) Par leur nature ;
 b) Par leur destination ;
 c) Par les objets auxquels ils s'appliquent ;
 d) Par la déclaration du propriétaire.

8. — **Immeubles par nature.** — Ce sont toutes les choses qui font partie du sol ou y adhèrent d'une façon si intime qu'elles ne peuvent se transporter d'un lieu dans un autre.

Tels sont :

 I. Les fonds de terre, champs, près, bois, vignes, etc.

 II. Les bâtiments; tous les matériaux qui en font partie, sont immeubles tant qu'ils ne sont pas démolis ; c'est, en effet, sur cette présomption que les bâtiments sont définitivement incorporés au sol, que repose la disposition de l'article 518 (1).

Il ne paraît pas nécessaire, toutefois, que la construction, pour être considérée comme immeuble, soit fixée au sol à perpétuelle demeure ; il suffit d'une incorporation même *temporaire*, pourvu qu'elle ne soit pas purement passagère et accidentelle, comme les constructions faites en vue d'une Exposition nationale ou internationale (2).

C'est ainsi que la jurisprudence reconnaît, avec raison d'ailleurs, le caractère d'immeubles, susceptibles d'hypothèques, aux constructions élevées sur le terrain d'autrui, spécialement par un locataire sur le terrain qui lui a été donné à bail, alors, du moins, que le propriétaire du sol a renoncé à son droit d'accession (3).

 III. *Les tuyaux* servant à la conduite des eaux d'un fonds de terre ou d'un bâtiment (art. 523, C. civ.) (4). Quelques auteurs, cependant, les considèrent comme immeubles par destination (5).

 IV. *Les moulins à vent ou à eau*, à l'une des deux conditions suivantes : *ou* qu'ils soient fixés sur piliers (6), *ou* qu'ils fassent partie du bâtiment.

 V. *Les récoltes*, encore sur pied, ou encore attachées à l'arbre. On a adopté, dans la pratique, l'expression: fruits pendants par branches ou par racines (art. 520, C. civ.).

Dès que les fruits sont détachés, ils deviennent meubles. Le texte l'a dit, pour abroger certaines coutumes, où les récoltes devenaient meubles, lorsqu'elles approchaient de leur maturité, quoiqu'elles n'eussent pas encore été coupées ou cueillies (7).

Par exception, les créanciers peuvent saisir comme meubles et indépendam-

---

(1) Lyon, 14 janvier 1882.
(2) Demolombe, t. IX, n° 107 ; Laurent, t. V, n° 411.
(3) Cass., 7 avril 1862 et 13 février 1872 (art. 20359, J. N.) ; Cass., 15 novembre 1875 ; Paris, 30 mai 1864 et 27 août 1864. — Sic: Aubry et Rau, t. II, p. 6 ; Pont, *Priv. et hypoth.*, n°s 359 et 634; Dict. du not., v° *Hypothèque*, n° 85.
(4) Aubry et Rau, t. II, p. 6 ; Demolombe, t. IX, n°s 149 et 150; Laurent, t. V, n° 409 ; Baudry-Lacantinerie, t. I, n° 1022.

(5) Demante, t. I, n° 521 ; Toullier, t. II, n° 15 ; Marcadé, sur l'article 523.
(6) C'est-à-dire adhérent par des attaches définitives. Douai, 12 février 1862 ; Cass., 19 avril 1864 (S. 1864-1-286) ; Laurent, n° 409 ; Demolombe, n° 124.
(7) Ils deviennent également meubles, par cela seul qu'ils sont mis en vente pour être détachés du sol. Cass., 2 juin 1820 ; Aubry et Rau, p. 11 ; Demolombe, n° 154 et 155 ; Laurent, t. V, n° 428.

ment du fonds, les fruits encore pendants par racines dans les six semaines qui précèdent l'époque ordinaire de leur maturité. Cette saisie des récoltes s'appelle *saisie-brandon* (art. 626, C. proc. civ.).

VI. Les bois taillis et futaies mises ou non en coupe réglées, tant que les arbres ne sont pas abattus (art. 521, C. civ.).

VII. *Les mines*, tourbières et carrières (1).

9. — Immeubles par destination. — Ce sont les meubles que le *propriétaire a destinés* au service du fonds; ils sont immobilisés pour tout le temps qu'ils demeurent attachés à ce service.

Le propriétaire immobilise les meubles, soit en les destinant à *l'exploitation du fonds*, soit en les y attachant à *perpétuelle demeure*.

10. — *Meubles que le propriétaire attache à l'exploitation du fonds.* — Sont rangés dans cette catégorie (2) :

I. Les animaux attachés à la culture par le propriétaire exploitant lui-même (art. 524, C. civ.).

II. Les animaux que le propriétaire livre au fermier ou au métayer, pour la culture (art. 522, C. civ.); car le bailleur en a toujours la propriété, et le fermier doit rendre les mêmes animaux. Peu importe qu'ils aient été estimés, ou non; l'estimation n'équivaut pas ici à une vente; elle fixe seulement l'indemnité à payer en cas de perte.

Mais sont meubles les animaux que le propriétaire livre à *cheptel*, à un autre que le fermier, c'est-à-dire à charge de rendre des bestiaux de même valeur.

III. Les ustensiles aratoires.

IV. Les semences données au fermier et non encore employées par lui. Une fois en terre, elles sont immeubles par nature.

V. Les pigeons des colombiers, les lapins des garennes, les ruches à miel (3), les poissons des étangs.

Mais les pigeons de *volière*, les lapins de *clapier*, les poissons de *vivier* conservent leur caractère mobilier (4).

VI. Les pressoirs, chaudières, alambics, cuves et tonnes; l'outillage des usines.

VII. Les pailles et engrais (art. 524, C. civ.) (5).

11. — *Meubles que le propriétaire attache au fonds à perpétuelle demeure.* — Il y a deux marques d'immobilisation :

1° Le scellement à plâtre, à chaux, à ciment;

2° L'attache telle qu'on ne peut détacher les objets sans les détériorer eux-mêmes, ou sans détériorer le fonds.

Par exception, trois espèces d'objets mobiliers sont immobilisés, lors même qu'ils ne présentent aucune des deux marques précédentes; à savoir :

---

(1) L., 21 avril 1810.

(2) Les meubles, dont l'immobilisation n'est fondée que sur la volonté légalement présumée du propriétaire, reprennent leur nature dès que le propriétaire manifeste une volonté contraire, les aliène, par exemple, séparément du fonds (Metz, 10 mars 1868 (art. 19498, J. N.). Mais la vente doit avoir date certaine pour être opposable aux tiers (Cass., 20 décembre 1875 (*J. du not.*, n° 2878).

(3) Le propriétaire d'un essaim d'abeilles a le droit de le suivre et de le réclamer partout où il se transporte, même dans un terrain clos, sans la permission du juge, sauf la réparation du dommage qu'il a pu causer. Cass., 24 janvier 1877; L. 4 avril 1889, art. 9.

(4) Demolombe, n° 276 ; Aubry et Rau, p. 15.

(5) L'énumération de cet article est purement énonciative et on doit considérer comme immeubles par destination non seulement les objets visés par le texte, mais encore tous ceux non rappelés qui, placés sur le fonds par le propriétaire lui-même, y sont pour le service, l'utilité ou l'exploitation de ce fonds (Aubry et Rau, p. 13 ; Laurent, n° 484, 442). Ainsi : les oignons et racines de légumes et de fleurs, les plantes, citronniers et orangers en caisse, les échalas des vignes, les perches des houblonnières ; — les agrès, outils et ustensiles servant à l'exploitation des mines ; — les chaudières, baignoires, tuyaux, robinets et autres objets servant à l'exploitation d'un établissement de bains (Rennes, 19 mars 1821) ; — dans un hôtel ou casino de bains de mer, l'installation du gaz, le mobilier des salons, cafés, salles de billard, les accessoires de la salle de théâtre, etc. (Caen, 1er avril 1879 ; Cass., 2 août 1886) ; — les décors, machines et autres accessoires d'un théâtre, etc..

a) Les glaces, lorsque le parquet, c'est-à-dire le fond sur lequel elles sont attachées, fait corps avec la boiserie.

b) Les tableaux et tapisseries, dans le même cas.

c) Les statues, — quand elles sont placées dans une niche pratiquée exprès, — ou quand le piédestal qui les supporte est lui-même attaché à perpétuelle demeure (art. 525, C. civ.).

12. — **Immeubles par les objets auquels ils s'appliquent.** — Ce sont les *droits immobiliers*. Ces droits sont rangés parmi les immeubles, parce que les objëts auxquels ils s'appliquent sont des immeubles.

Sont droits immobiliers (art. 526, C. civ.):

L'usufruit et l'usage des immeubles;

L'habitation;

Les servitudes;

Les droits de superficie et d'emphythéose (1);

L'hypothèque (2);

Les actions en revendication d'immeubles (3);

Les créances et les actions ayant pour objet un immeuble.

13. — **Immeubles par la déclaration du propriétaire.** — Des textes postérieurs au Code ont autorisé l'immobilisation de certaines valeurs mobilières, comme les actions de la Banque de France (4); et assimilé les autres à des immeubles, comme les rentes sur l'État (5).

L'immobilisation des rentes sur l'État ou des autres valeurs assimilées ne cesse pas par le seul fait de l'aliénation que le propriétaire en aurait consentie au profit d'un tiers (6).

Art. 2. — Meubles.

14. — Sont *meubles,* toutes les choses corporelles ou incorporelles ne rentrant pas dans l'une des catégories d'immeubles précédemment définies (7).

La loi divise les meubles en deux classes:

a) Les meubles par *nature*;

b) Les meubles par *détermination de la loi.*

Les premiers sont les meubles *corporels.*

Les seconds sont les meubles *incorporels.*

15. — **Meubles par nature.** — Cette classe comprend:

I. Les choses corporelles *mobiles*, qui se transportent elles-mêmes, comme les animaux, ou qu'on transporte d'un lieu à un autre, comme les choses inanimées (art. 528, C. civ.).

II. Les bateaux, bacs, navires, moulins, bains sur bateaux et toutes usines non fixées sur piliers, et ne faisant point partie d'une maison.

III. Les matériaux provenant de la démolition d'une maison, et ceux qu'on destine à un nouveau bâtiment.

IV. Les coupes de bois taillis ou de futaies mises ou non en coupes réglées, au fur et à mesure que les arbres sont abattus.

16. — **Meubles par la détermination de la loi.** — Cette classe comprend:

I. Les *créances* et les *actions* qui ont pour objet des *meubles*, et en particulier des *sommes exigibles* (art. 529, C. civ.).

---

(1) Laurent, t. V, n° 485.
(2) Aubry et Rau, t. II, p. 24; Pont, t. I, n° 327; Laurent, t. V, n° 486. — *Contrà* : Demolombe, t. IX, n° 471-472 ; Marcadé, sur l'article 526, t. IV.
(3) Aubry et Rau, t. II, p. 25 ; Demolombe, t. IX, 12 366 ; Laurent, t. V, n° 389.

(4) Décret, 16 janvier 1808, art. 7.
(5) L. 2 juillet 1862, art. 45.
(6) Demolombe, t. IX, n° 384.
(7) Cass., 8 novembre 1836, 9 mai 1864 et 23 février 1891 ; Aubry et Rau, t. II, p. 21.

La créance est le droit d'exiger une chose d'un débiteur (le texte, suivant un usage fréquent, appelle les créances, des *obligations*).

L'action est ici la poursuite en justice, ayant pour but la condamnation du débiteur à exécuter.

Les mots « sommes *exigibles* » ne se rapportent pas à une créance dont l'*échéance* est arrivée ; ils veulent dire simplement des sommes dont le remboursement pourra être tôt ou tard exigé, — par opposition aux *rentes* qui sont inexigibles.

II. Les *actions, intérêts* ou *obligations* dans les compagnies de finance, de commerce ou d'industrie (1).

III. Les *rentes* (art. 530, C. civ.).

Une rente est le droit que se réserve une personne, en *aliénant* un immeuble ou un meuble, de toucher des prestations périodiques, appelées *arrérages*.

L'aliénateur s'appelle *crédi-rentier* ou *créancier d'arrérages*. L'acquéreur s'appelle *débi-rentier* ou *débiteur* d'arrérages.

Actuellement, toutes les rentes, même perpétuelles, sont *meubles*.

17. — Le mot *meuble*, employé seul dans la loi ou les écrits, ne comprend pas l'argent, les créances, les pierreries, les livres, les médailles, les instruments de sciences, des arts et métiers, le linge de corps, les chevaux, équipages, armes, grains, vins, foins et autres denrées, etc..., les choses qui font l'objet d'un commerce, etc. (art. 533, C. civ.).

Les mots *meubles meublants* ne comprennent que les meubles destinés à l'usage et à l'ornement des appartements, comme les tapisseries, lits, sièges, glaces, pendules, tables, porcelaines et autres objets de cette nature. — Les tableaux et les statues qui font partie du meuble d'un appartement y sont aussi compris, mais non les collections de tableaux qui peuvent être dans les galeries ou pièces particulières. — Il en est de même des porcelaines : celles seulement qui font partie de la décoration d'un appartement, sont comprises sous la dénomination de *meubles meublants* (art. 534, C. civ.).

L'expression *biens meubles*, celle de *mobilier* ou d'*effets mobiliers*, comprennent généralement tout ce qui est censé meuble d'après les règles ci-dessus établies (art. 535, C. civ.).

La vente ou le don d'une maison meublée ne comprend que les meubles meublants (art. 535, C. civ.).

La vente ou le don d'une maison, avec tout ce qui s'y trouve, ne comprend pas l'argent comptant, ni les dettes actives et autres droits dont les titres peuvent être déposés dans la maison ; tous les autres effets mobiliers y sont compris (art. 536, C. civ.).

18. — **Conséquences de la division des biens en immeubles et**

(1) Les sociétés sont *commerciales* ou *civiles*.

Les *sociétés commerciales* sont celles qui se livrent à des opérations commerciales. L'*intérêt* est une *part d'associé*, donnant droit, pendant la société, aux dividendes ; — à la dissolution de la société, au partage du fonds social.

L'*action* est aussi une *part d'associé*, donnant également droit aux dividendes et au partage du fonds social.

L'*obligation* (le mot est encore ici employé pour le mot créance) est le droit d'un *non-associé* qui a prêté des fonds à la société. L'obligataire ou bailleur de fonds a droit : d'abord à l'intérêt des sommes prêtées ; ensuite au remboursement de ces sommes, mais jamais aux dividendes.

L'intéressé et l'actionnaire jouent donc le rôle de débiteurs, à l'égard de l'obligataire, qui, par conséquent, les prime sur le fonds social.

Tant que dure la société, le droit des intéressés, des actionnaires et des obligataires a pour objet de l'argent, il est donc *mobilier* ; si la société a des immeubles, c'est elle, personne morale, qui en a la propriété, elle qui a le droit immobilier.

Après la dissolution de la société, le droit de l'intéressé et de l'actionnaire reste mobilier, s'il leur est attribué des objets mobiliers dans le partage ; il devient immobilier, s'il leur est attribué des immeubles. Le droit de l'obligataire, simple créancier, demeure toujours *mobilier*.

Les *sociétés civiles* sont celles qui se livrent à des opérations civiles.

La jurisprudence décide que les sociétés civiles constituent des êtres moraux comme les sociétés commerciales. Les règles des sociétés commerciales, quant à la nature des droits des associés, leur sont donc applicables.

meubles. — Cette division est capitale dans notre droit moderne. Signalons-en seulement les principales conséquences :

19. — *Immeubles.* — Les aliénations d'immeubles sont des actes de *disposition*.
Les aliénations d'immeubles doivent être *transcrites*.
Les immeubles sont susceptibles d'*hypothèque*.

20. — *Meubles.* — Les aliénations de meubles sont ordinairement des actes d'*administration*.
Pas de transcription pour les meubles.
Les meubles ne peuvent être *hypothéqués* (sauf certains navires).

§ 3. Biens dans leurs rapports avec ceux qui les possèdent.

21. — A côté des particuliers, qui composent la majorité des propriétaires, il existe certaines *agrégations* d'individus constituant ce qu'on appelle des personnes *civiles* ou *morales*, capables d'avoir un patrimoine.

Parmi ces personnes morales, les unes sont *privées*, comme les sociétés civiles ou commerciales ; leurs biens suivent les mêmes règles que ceux des particuliers ;

Les autres sont *publiques*, comme l'Etat, le département, la commune, les établissements publics.

22. — **Biens des particuliers.** — Leur propriétaire en a la libre disposition, sauf restriction légale (art. 537, C. civ.).

23. — **Biens des personnes publiques.** — L'aliénation et la gestion en sont réglées par des lois particulières qui font partie du droit administratif.

Nous parlerons seulement ici des biens de l'Etat et de la commune, dont le Code civil donne l'indication dans les articles 538 et suivants.

24. — **Domaine de l'Etat.** — Il comprend le domaine *public* et le domaine *privé*.

25. — *Domaine public de l'Etat.* — Les biens qui composent ce domaine sont affectés à *un service public ;* ils sont *inaliénables* et *imprescriptibles*.
Ce sont :

I. Les chemins, routes et rues à la charge de l'Etat.

II. Les rivières navigables ou flottables ; mais non pas les rivières flottables seulement à *bûches perdues,* c'est-à-dire sur lesquelles on laisse flotter le bois au gré du courant.

III. Les rivages de la mer. On appelle ainsi la partie du bord de l'eau que la mer vient recouvrir à marée haute. Elle a comme limite le point atteint par la plus haute marée de mars pour l'Océan, et par la plus haute marée d'hiver dans la Méditerranée.

IV. Les ports, les havres, les rades.

V. Les places de guerre et forteresses.
Ajoutons à cette énumération du Code :

VI. Les canaux à la charge de l'Etat ;

VII. Les chemins de fer exploités ou concédés par l'Etat ;

VIII. Les collections, manuscrits, imprimés appartenant à l'Etat (1).

26. — *Domaine privé de l'Etat.* — Les biens qui composent le domaine privé de l'Etat sont aliénables, suivant des conditions spéciales ; ils sont *prescriptibles.*

Ces biens sont les suivants :

I. Les lais et relais de la mer. Ce sont les terrains autrefois recouverts, et

---

(1) Seine, 22 décembre 1875.

aujourd'hui abandonnés par la mer : *lais*, terres d'alluvions formées des débris que le flot accumule ; *relais*, terrains desquels la mer s'est retirée.

C'est par erreur que l'article 538 range les lais et relais de la mer dans le domaine public. Ils sont du domaine privé (1).

II. Tous les biens vacants et sans maître, par exemple les successions en déshérence.

III. Les places de guerre et forteresses déclassées, c'est-à-dire ayant cesssé d'être affectées à la défense du pays.

IV. Enfin, les édifices, forêts, salines, établissements thermaux, musées, bibliothèques et autres biens meubles et immeubles dont la propriété lui a été transmise, soit qu'ils fissent partie du domaine de l'Etat, ou des nombreuses dotations et fondations qui sont devenues la propriété de la nation.

27. — **Domaine de la commune.** — Il comprend aussi un domaine *public* et un domaine *privé*.

Le domaine public est *inaliénable* et *imprescriptible*.

Il comprend :

I. Les chemins vicinaux, c'est-à-dire ceux qui ont été classés comme tels ;

II. Les rues, places et accessoires de la voie publique;

III. Les chemins de fer communaux.

28. — *Domaine privé.* — Le domaine privé comprend deux classes de biens, les biens *patrimoniaux* et les biens *communaux*.

29. — *Biens patrimoniaux.* — Ce sont ceux dont la commune tire parti, comme tout propriétaire, les édifices communaux, leur mobilier, les maisons affermées, les bois, etc.

30. — *Biens communaux.* — Ce sont ceux dont les habitants jouissent en commun et en nature, grâce aux droits de pacage, d'affouage (V. *suprà*, v° PAR-TAGE, n°ˢ 281 et suiv.).

§ 4. DES DIVERS MODES D'ACQUISITION DES BIENS.

31. — Nous avons vu que la loi prend, comme base des principes du régime des biens, leur division en meubles et en immeubles. Au point de vue de leur acquisition, les biens se divisent en biens qui sont *dans le commerce* et en biens *hors du commerce*. Les premiers peuvent être aliénés et transmis ; les autres, comme les *biens du domaine public*, ne sont pas susceptibles de faire l'objet de conventions privées.

32. — En ce qui concerne les biens qui sont dans le commerce, les principaux modes d'acquérir (2) sont :

a) L'*occupation*, qui consiste dans le fait de s'approprier une chose n'appartenant à personne et susceptible de propriété privée.

En dehors de l'invention des épaves terrestres ou objets abandonnés et dont le maître n'a pu être retrouvé (3), la chasse (4) et la pêche (5), sont les deux principales espèces d'occupation.

Nous devons cependant mentionner, comme cas particulier, l'invention du *trésor*. La loi partage, en effet, le trésor entre l'inventeur et le propriétaire du sol dans lequel il a été trouvé (art. 716, C. civ.) (6).

---

(1) L. 16 septembre 1807.
(2) V. *suprà*, v° ORIGINE DE PROPRIÉTÉ.
(3) Cass., 8 janvier 1862.
(4) L. 3 mai 1844.

(5) L. 15 avril 1829, 6 juin 1840 et 31 mai 1865.
(6) Tel est le principe général posé par l'article 716 du Code civil. Mais que faut-il décider si le trésor

b) La *prescription*, qui est le droit concédé par la loi de conserver un immeuble, dont on a eu la possession durant un certain temps, pendant dix ou vingt ans, si l'on a un titre et si l'on est de bonne foi; pendant trente ans, si le juste titre ou la bonne foi font défaut (V. *suprà*, v° PRESCRIPTION).

c) La possession, lorsqu'il s'agit d'objets mobiliers (1).

d) Par la *convention*, c'est-à-dire par tout contrat dans lequel deux personnes consentent l'une à transmettre la propriété d'une chose qui lui appartient, l'autre à recevoir cette propriété, gratuitement ou moyennant un prix déterminé.

Ainsi la propriété se transmet par *donation*, par *échange*, par *vente*, etc... (V. ces divers mots et v° ORIGINE DE PROPRIÉTÉ).

e) Par l'*accession*; c'est le droit du propriétaire, non seulement sur les fruits ou produits de la chose (2), mais encore sur ce qui s'unit ou s'incorpore à cette chose.

L'accession résulte du fait de la nature ou du fait de l'homme; tantôt ce sont des meubles qui accèdent à un immeuble; tantôt c'est un immeuble qui accède à un autre immeuble, tantôt, enfin, c'est un meuble qui accède à un autre meuble.

Un principe fondamental domine les deux premières sortes d'accession; la propriété du sol emporte celle du dessous et du dessus (3).

Le propriétaire peut faire au-dessus toutes les plantations et constructions qu'il juge à propos, sauf les exceptions établies au titre *des Servitudes ou Services fonciers*.

Il peut faire au-dessous toutes les constructions et fouilles qu'il jugera à propos, et tirer de ces fouilles tous les produits qu'elles

---

a été découvert par un préposé du propriétaire? Il a été jugé que la moitié du trésor découvert dans le fonds d'autrui appartient à l'inventeur, encore que celui-ci l'ait découvert en travaillant pour le propriétaire moyennant un salaire. Bruxelles, 15 mars 1810; Seine, 15 janvier 1825; Dalloz, v° *Propriété*, n° 205. — Sic : Aubry et Rau, t. II, § 201, p. 241; Demolombe, t. XIII, n° 50; Laurent, t. VIII, n° 450.

Cependant, lorsque le propriétaire, soupçonnant l'existence d'un trésor dans son fonds, y fait pratiquer, pour le trouver, des travaux par un ouvrier qu'il surveille et dirige, il a droit à la totalité du trésor découvert, à l'exclusion de l'ouvrier, alors même que les travaux qui ont amené la découverte paraissaient avoir pour but la réparation du fonds où se trouvait le trésor. Orléans, 10 février 1842 (S. 1842-2-455).

Mais si le trésor appartient exclusivement au propriétaire du fonds, lorsqu'il est trouvé par suite de travaux qui avaient pour objet de le découvrir, il en est autrement, et l'inventeur a droit au partage, si le trésor a été trouvé par suite de travaux étrangers à sa recherche, alors même que le propriétaire du fonds aurait appelé l'attention des ouvriers sur les choses précieuses qu'ils pourraient rencontrer. Rouen, 3 janvier 1853 (S.1853 2-385; Civray, 19 février 1891. — Comp. Grenoble, 2 avril 1888.

(1) En fait de meubles, la possession vaut titre.— Néanmoins celui qui a perdu ou auquel il a été volé une chose, peut la revendiquer pendant trois ans, à compter du jour de la perte ou du vol, contre celui dans les mains duquel il la trouve; sauf à celui-ci son recours contre celui duquel il la tient (art. 2279, C. civ.).

Si le possesseur actuel de la chose volée ou *perdue*

l'a achetée dans une foire ou dans un marché, ou dans une vente publique, ou d'un marchand vendant des choses pareilles, le propriétaire originaire ne peut se la faire rendre qu'en remboursant au possesseur *le prix qu'elle lui a coûté* (art. 2280, C. civ.).

(2) Les revenus d'une chose se divisent en *fruits* et *produits*.

Les *fruits* sont les revenus périodiques, qui naissent et renaissent de la chose (*quod ex re nasci et renasci solet*), et qui ne l'épuisent pas.

Ils se subdivisent en :

Fruits naturels, naissant spontanément, comme les fruits des arbres, le croît des animaux;

Fruits industriels, résultant de l'industrie de l'homme, comme le blé, les légumes;

Les fruits comprennent en outre les *fruits civils*, qui sont produits à l'occasion de la chose, et non plus par la chose même, comme le loyer des maisons, le fermage des domaines, l'intérêt des créances.

Les *produits* sont les revenus dont les époques de perception sont fixées par la volonté de l'homme, et qui épuisent le fonds; comme les produits des mines, des carrières, les coupes de futaies.

Fruits et produits appartiennent au propriétaire, à charge de rembourser les frais de culture et de perception que d'autres auraient faits (art. 547 et 548, C. civ.).

(3) S'il n'y a preuve du contraire. Paris, 16 février 1869; Cass., 24 novembre 1869 (S. 1870-1-32). — V. Toutefois les lois des 21 septembre 1807 et 21 avril 1810.

peuvent fournir, sauf les modifications résultant des lois et règlements de police (art. 552, C. civ.).

C'est aussi en vertu du même principe que le propriétaire d'un immeuble devient propriétaire des constructions qu'il fait sur son sol avec des matériaux appartenant à autrui (1), ou de celles qu'un tiers fait sur le terrain de ce propriétaire avec ses propres matériaux (2).

L'accession s'accomplit quelquefois d'un immeuble à un autre immeuble ; c'est ce qui a lieu d'abord en cas d'alluvion (3).

L'accession d'un meuble à un autre meuble peut aussi être une cause d'acquisition (V. art. 565 à 577, C. civ.), mais ces cas étant assez rares dans notre droit, nous n'y insisterons pas.

f) Par *testament*, quand une personne institue une autre personne son héritière de toute sa fortune, ou lui lègue une portion déterminée de sa succession.

g) Enfin par *la loi*, lorsqu'on acquiert les biens d'une autre personne

---

(1) Toutes constructions, plantations et ouvrages sur un terrain ou dans l'intérieur, sont présumés faits par le propriétaire à ses frais et lui appartenir, si le contraire n'est prouvé ; sans préjudice de la propriété qu'un tiers pourrait avoir acquise ou pourrait acquérir par prescription, soit d'un souterrain sous le bâtiment d'autrui, soit de toute autre partie du bâtiment (art. 553).

Le propriétaire du sol qui a fait des constructions, plantations et ouvrages avec des matériaux qui ne lui appartenaient pas, doit en payer la valeur ; il peut aussi être condamné à des dommages et intérêts, s'il y a lieu : mais le propriétaire des matériaux n'a pas le droit de les enlever (art. 554).

(2) Lorsque les plantations, constructions et ouvrages ont été faits par un tiers et avec ses matériaux, le propriétaire du fonds a droit ou de les retenir, ou d'obliger ce tiers à les enlever. — Si le propriétaire du fonds demande la suppression des plantations et constructions, elle est aux frais de celui qui les a faites, sans aucune indemnité pour lui ; il peut même être condamné à des dommages et intérêts, s'il y a lieu, pour le préjudice que peut avoir éprouvé le propriétaire du fonds. — Si le propriétaire préfère conserver ces plantations et constructions, il doit le remboursement de la valeur des matériaux et du prix de la main-d'œuvre, sans égard à la plus ou moins grande augmentation de la valeur que le fonds a pu recevoir. Néanmoins, si les plantations, constructions et ouvrages ont été faits par un tiers évincé, qui n'aurait pas été condamné à la restitution des fruits, attendu sa bonne foi, le propriétaire ne pourra demander la suppression desdits ouvrages, plantations et constructions ; mais il aura le choix, ou de rembourser la valeur des matériaux et du prix de la main-d'œuvre, ou de rembourser une somme égale à celle dont le fonds a augmenté de valeur (art. 555).

(3) Les atterrissements et accroissements qui se forment successivement et imperceptiblement aux fonds riverains d'un fleuve ou d'une rivière, s'appellent *alluvion*. — L'alluvion profite au propriétaire riverain, soit qu'il s'agisse d'un fleuve ou d'une rivière navigable, flottable ou non ; à la charge dans le premier cas, de laisser le marchepied ou chemin de halage, conformément aux règlements (art. 556).

Il en est de même des relais que forme l'eau courante qui se retire insensiblement de l'une de ses rives en se portant sur l'autre ; le propriétaire de la rive découverte profite de l'alluvion, sans que le riverain du côté opposé y puisse venir réclamer le terrain qu'il a perdu. — Ce droit n'a pas lieu à l'égard des relais de la mer (art. 557).

L'alluvion n'a pas lieu à l'égard des lacs et étangs, dont le propriétaire conserve toujours le terrain que l'eau couvre quand elle est à la hauteur de la décharge de l'étang, encore que le volume de l'eau vienne à diminuer. — Réciproquement le propriétaire de l'étang n'acquiert aucun droit sur les terres riveraines que son eau vient à couvrir dans des crues extraordinaires (art. 558).

Si un fleuve ou une rivière, navigable ou non, enlève par une force subite une partie considérable et reconnaissable d'un champ riverain, et la porte vers un champ inférieur ou sur la rive opposée, le propriétaire de la partie enlevée peut réclamer sa propriété ; mais il est tenu de former sa demande dans l'année ; après ce délai, il n'y sera plus recevable, à moins que le propriétaire du champ auquel la partie enlevée a été unie, n'eût pas encore pris possession de celle-ci (art. 559).

Les îles, îlots, atterrissements, qui se forment dans le lit des fleuves ou des rivières navigables ou flottables, appartiennent à l'Etat, s'il n'y a titre ou prescription contraire (art. 560).

Les îles et atterrissements qui se forment dans les rivières non navigables et non flottables, appartiennent aux propriétaires riverains du côté où l'île s'est formée : si l'île n'est pas formée d'un seul côté, elle appartient aux propriétaires riverains des deux côtés, à partir de la ligne qu'on suppose tracée au milieu de la rivière (art. 561).

Si une rivière ou un fleuve, en se formant un bras nouveau, coupe et embrasse le champ d'un propriétaire riverain, et en fait une île, ce propriétaire conserve la propriété de son champ, encore que l'île se soit formée dans un fleuve ou dans une rivière navigable ou flottable (art. 562).

Si un fleuve ou une rivière navigable, flottable ou non, se forme un nouveau cours en abandonnant son ancien lit, les propriétaires des fonds nouvellement occupés prennent, à titre d'indemnité, l'ancien lit abandonné, chacun dans la proportion du terrain qui lui a été enlevé (art. 563).

Les pigeons, lapins, poissons, qui passent dans un autre colombier, garenne ou étang, appartiennent au propriétaire de ces objets, pourvu qu'ils n'y aient point été attirés par fraude et artifice (art. 564).

qui n'a pas fait de dispositions testamentaires, en vertu de l'ordre successoral établi par les articles 745 et suivants du Code civil.

§ 5. FORMULES.

I. DÉSIGNATION DES IMMEUBLES.

1. *Fonds de terre séparé.*
2. *Bâtiments séparés.*
3. *Ferme.*
4. *Domaine divisé en plusieurs fermes.*

II. DÉSIGNATION DES MEUBLES ET OBJETS MOBILIERS.

III. DÉSIGNATION DE MEUBLES INCORPORELS.

1. *Créance.*
2. *Rente perpétuelle.*
3. *Rente viagère.*
4. *Rente sur l'État.*
5. *Action de société anonyme.*

IV. TRANSMISSION DES BIENS.

I. DÉSIGNATION DES IMMEUBLES

1. — Fonds de terre séparé.

Une pièce de bois (ou de vigne, ou de pré, ou de terre en labour), située au lieudit *Les Brousses*, commune de..., contenant 1 hectare, 25 ares, portée au plan cadastral (1) sous le n°... de la section..., limitée au nord par..., au sud par..., à l'est par..., et à l'ouest par... (2).

2. — Bâtiments séparés.

1° Une maison avec ses dépendances, située à..., commune de..., (*ou* : rue..., n°...).
Cette maison est composée : au rez-de-chaussée de...; au premier étage de..., etc.,
Les dépendances consistent en une écurie, avec grenier au-dessus, une remise pour voitures, etc..., et un terrain contenant...,
Le tout porté au cadastre sous le n°... de la section A..., et borné...

2° Et un moulin à eau, dit le *Moulin-Vert*, avec ses roues, vannes, déversoir, meules, bluterie et autres accessoires, situé à..., sur la rivière de..., commune de..., composé de..., etc.
Ses dépendances consistent en..
Le tout porté au cadastre, etc...

3. — Ferme.

La ferme (ou métairie) de..., située sur le territoire de la commune de..., arrondissement de... (3), composée de maison de maître, à deux étages, remise, écurie, bâtiments de culture et d'exploitation, cour, jardins et terres de différentes natures.

---

(1) L'indication du cadastre n'est pas obligatoire, mais elle devrait l'être ; dans beaucoup de cas, elle suffit pour lever les doutes sur l'identité de tel ou tel immeuble. Les notaires doivent la mentionner chaque fois que cela est possible.
(2) La loi n'exige l'énonciation des tenants et aboutissants que dans les ventes judiciaires (art. 975, C. proc. civ,; L. 2 juin 1841). Mais il y a lieu de ne pas oublier ces indications dans les ventes amiables ; car on ne saurait apporter trop de soin à la désignation des immeubles, lorsque surtout ils font l'objet d'un acte qui doit être envoyé au bureau des hypothèques. Il faut, en effet, donner tous les renseignements suffisants pour que le conservateur puisse reconnaître l'immeuble, s'il s'agit d'une transcription, — pour que l'inscription soit valable, s'il s'agit d'une affectation hypothécaire.
C'est par suite de désignations insuffisantes, que des inscriptions sont souvent annulées, — ou que les conservateurs délivrent dans les états, des inscriptions qui ne grèvent pas.
(3) Quand la situation des immeubles se trouve sur plusieurs arrondissements, il est nécessaire de l'indiquer, à cause du bureau des hypothèques.

Le tout, sans exception ni réserve (1), et tel qu'il est désigné dans le tableau suivant :

| CADASTRE | | DÉSIGNATION PAR NATURE | SUPERFICIE | | |
SECTIONS	NUMÉROS		HECTARES	ARES	CENTIARES
B	10	Bâtiments	»	»	»
B	11	Cour et jardins.	»	»	»
C	4	Terres labourables : 1°.	»	»	»
C	7	2°.	»	»	»
D	19	Prés : 1°.	»	»	»
D	27	2°.	»	»	»
C	86	Bois : 1°.	»	»	»
C	153	2°.	»	»	»
		Total de la superficie.	»	»	»

4. — Domaine divisé en plusieurs fermes.

Le domaine de Sainte-Croix avec ses dépendances, situé sur les communes de..., arrondissement de...

Le centre du domaine, sis à..., est composé du château, d'une maison de jardinier, d'une maison de concierge, de cours, serres, jardins, parcs, pièces d'eau, bâtiments servant d'écuries et de remises, etc... Cette partie a une superficie de..., et figure au cadastre de la commune de..., sous les nᵒˢ... de la section...

Les dépendances sont composées de :
1° La métairie de..., sise à..., consistant en une maison de colon, bâtiments d'exploitation, terres labourables, etc..., le tout désigné dans le tableau suivant :

(*Dresser ici un tableau semblable à celui de la formule qui précède.*)

2° La ferme de..., située à..., consistant en une maison de fermier, bâtiments d'exploitation, terres labourables, etc..., le tout désigné dans le tableau suivant :
(*Tableau.*)
La superficie totale du domaine de Sainte-Croix est donc de...

---

(1) La vente d'un domaine donne lieu quelquefois à des difficultés, si quelques numéros du cadastre ont été omis dans l'acte, ou si le cadastre contient l'omission de quelque parcelle, dont la mutation n'a pas été faite ; le vendeur peut prétendre que les objets omis ne sont pas compris dans la vente, l'acquéreur soutient le contraire. Pour éviter ces conflits de prétentions, il faut que l'acte s'explique expressément sur ce point. On ajoute alors la clause suivante : *Alors même que tous les numéros du cadastre ne seraient pas rappelés ou que le cadastre ne comprendrait pas toutes les parcelles dépendant de la ferme ou du domaine de...*

II. DÉSIGNATION DE MEUBLES ET OBJETS MOBILIERS (1)

1° Un lit, style Renaissance, en noyer, avec sommier, matelas, lit de plume, traversin, deux oreillers, couverture de laine, couvre-pieds, édredon, baldaquin et rideaux en cretonne à fleurs...

2° Un lit Pompadour, à deux faces, en palissandre et tuya, garni de sommier élastique, matelas, couvertures de coton, couvre-pieds en soie bleue, baldaquin garni en peluche bleue, rideaux en peluche bleue ;

3° Une armoire à glace, palissandre et tuya, avec tiroirs fermant à clef ;

4° Une commode, style Louis XVI, en bois de..., avec dessus de marbre blanc et coins en cuivre jaune, à quatre tiroirs fermant à clef ;

5° Un prie-Dieu en bois de... recouvert de tapisseries d'Aubusson ;

6° Une bibliothèque en vieux chêne, à six étagères, et à portes vitrées fermant à clef, renfermant :

Les œuvres complètes de Voltaire, édition..., en... vol. in-8° ;

L'*Histoire du Consulat et de l'Empire*, de Thiers, édition..., en... vol. in-4° ;

Le *Cours de Code civil*, par Demolombe, en... vol. in-8° ;

Le *Cours de droit civil français*, d'après la méthode de Zachariæ, par MM. Aubry et Rau, 4° édition, 8 vol. in-8° ;

Le *Journal des notaires et des avocats*, collection complète de 1808 à 18..., ... vol. in-8°.

Le *Journal du notariat*, collection complète de 1837 à 189.,. vol. in-folio, in-4° et in-8°.

Le *Dictionnaire du notariat*, avec son supplément, 5° édition, ... vol. in-8°.

7° Un tableau à l'huile de Gleyre (*Les illusions perdues*) ;

8° Un bronze ancien, représentant..., attribué à...

9° Un service en porcelaine de Limoges, composé de... pièces, savoir : 48 assiettes plates, 12 assiettes à potage, etc... ;

10° Un plat long, en argent, posant... grammes.

11° Douze couverts à filets, en argent, portant les initiales..., et pesant...

12° Une montre en or, à remontoir, portant sur le boîtier les initiales... avec chaîne en or, et cachet monté en or ;

13° Un sabre d'honneur, garde en argent ciselé, et lame d'acier avec incrustations, offert par... ;

14° Un manuscrit sur papier rayé, in-8°, avec couverture cartonnée, contenant 345 pages de texte, interfolié de feuilles blanches, portant le titre... ;

15° Un coupé à huit ressorts, sortant de la maison..., de Paris, avec deux harnais pour atteler à un ou à deux chevaux, etc.

III. DÉSIGNATION DE MEUBLES INCORPORELS

1. — Créance.

Une créance de 1,000 francs due par M. Paul Lelong, cultivateur, demeurant à..., à M. Louis Vivien, propriétaire, demeurant à..., exigible le..., et produisant des intérêts à 5 °/₀, payables le 25 décembre de chaque année, à...

Cette créance est due en vertu d'une obligation reçue par M° X..., notaire à..., le..., et garantie par une inscription prise contre le débiteur au bureau des hypothèques de..., le..., vol..., n°...

2. — Rente perpétuelle.

Une rente perpétuelle et foncière (*ou* constituée) de 600 francs par an, payable le..., au domicile du créancier, et au capital de... (V. *infrà*, v° RENTE), due par...

---

(1) La désignation et l'estimation doivent, dans les actes où elles sont exigées, être faites, autant que possible, article par article, surtout s'il s'agit d'objets ayant chacun une certaine importance ; d'abord, parce que l'article 9 de la loi du 22 frimaire an VII l'exige ; puis, parce que, dans le cas où les meubles décrits seraient grevés de privilèges généraux ou spéciaux, la réunion des objets donnerait lieu à des difficultés qui seront évitées par une désignation distincte.

3. — Rente viagère.

Une rente viagère de 1,200 francs, payable les 1er janvier et 1er juillet de chaque année, constituée par M... au profit et sur la tête de M..., suivant acte..., etc.

4. — Rente sur l'Etat.

Une rente de 300 francs, 3 %, sur l'Etat français portant le n°..., série..., et immatriculée au nom de...

5. — Action de société anonyme.

Une action de..., au nom de... (ou au porteur), série..., n°..., dans la société anonyme établie à Paris, ... ayant pour objet..., constituée par acte passé devant Me X..., notaire à..., le..., et régulièrement publiée.

IV. TRANSMISSION DES BIENS

La transmission des biens se faisant par succession, donation, legs, acquisition, échange, prescription, etc., on trouvera sous ces divers mots les formules des actes qu'elle nécessite dans chacun des différents cas.

(Voir en outre les formules du mot ORIGINE DE PROPRIÉTÉ).

PROROGATION DE DÉLAI

C'est l'acte par lequel un créancier consent à reporter à une époque plus éloignée le terme du paiement de ce qui lui est dû.

Sommaire :

§ 1. Formes. Formalités.
§ 2. Capacité.
§ 3. Effets de la prorogation.
§ 4. Responsabilité notariale.
§ 5. Frais et honoraires.
§ 6. Enregistrement.
§ 7. Formule.

§ 1. FORMES. FORMALITÉS.

1. — Cet acte n'est pas toujours fait sous forme de convention séparée ; il trouve souvent sa place, soit dans un acte par lequel le débiteur accorde un supplément de garantie, une affectation hypothécaire par exemple, à son créancier, qui, de son côté, consent à prolonger le terme d'exigibilité de la dette expiré ou près d'expirer ; — soit dans les transports de créance où le débiteur intervient pour accepter, conformément à l'article 1690 du Code civil; si l'échéance est prochaine, le cessionnaire accorde alors un nouveau délai.

2. — Lorsque la prorogation fait l'objet d'un acte spécial, elle peut être consentie par acte *privé* ou par acte authentique.

3. — S'il s'agit d'une créance purement *chirographaire*, la forme sous seing privé n'offre pas de grands inconvénients ; l'acte, à moins qu'il n'ait été enregistré ou que l'une des deux parties contractantes soit décédée, n'aurait point seulement de date certaine et ne pourrait être opposé aux tiers qui auraient acquis des droits antérieurs.

4. — Mais il n'en serait point de même, s'il s'agissait d'une créance *hypothécaire*. Dans ce cas, fait remarquer M. Paultre (1), une prorogation par acte privé pourrait offrir des dangers. Assurément elle est valable, mais on ne saurait oublier qu'en matière hypothécaire tout doit être public; or, quand une créance hypothécaire a été dans l'acte primitif et, par suite, dans l'inscription, déclarée remboursable à une certaine époque, que plus tard, l'échéance a été prorogée, la mention *substantielle* de l'exigibilité n'est plus conforme à la vérité.

5. — Les auteurs du Dictionnaire du notariat, v° *Prorogation*, n° 2, se sont préoccupés de cette situation anormale et se sont demandé s'il n'y aurait pas lieu, dans ce cas, de prendre une inscription nouvelle, ou, tout au moins, de faire opérer une mention en marge de l'inscription préexistante. Cette dernière formalité est ordinairement remplie à Paris, et nous ne pouvons que la conseiller.

6. — Nous n'oserions soutenir que le défaut de concordance entre la date d'exigibilité indiquée dans l'inscription primitive et l'époque nouvelle fixée dans l'acte de prorogation, puisse être de nature à annuler l'inscription hypothécaire; mais l'absence de prorogation notariée peut exposer à des difficultés sérieuses, par exemple, dans le cas où la prorogation porte le délai d'exigibilité de la créance au delà de la durée de l'inscription. Quand il y aura lieu de faire le renouvellement de cette inscription, si la prorogation a eu lieu sous signature privée, comment fera le créancier pour mentionner la date, la vraie date de l'exigibilité, puisqu'on ne peut s'appuyer, en matière hypothécaire, que sur un acte authentique?

La forme authentique est donc, le plus souvent, sinon indispensable, au moins fort utile et il est du devoir des notaires de signaler ces inconvénients à leurs clients.

7. — Faite par acte notarié, la prorogation ne peut être reçue qu'en *minute* et doit être portée au *Répertoire*.

C'est, en cas de concours, le notaire du créancier qui a droit, dans l'usage, à la minute de l'acte (2).

8. — **Acceptation.** — La prorogation doit être, autant que possible, acceptée par le débiteur, afin qu'il s'engage à ne pas rembourser avant la nouvelle époque; faute de cet engagement, le débiteur pourrait rembourser à toute époque, sans être tenu de prévenir le créancier d'avance, car le terme est toujours stipulé en faveur du débiteur.

§ 2. Capacité.

9. — Pour consentir un acte de prorogation, il faut avoir la capacité exigée pour l'acte auquel la prorogation se réfère.

10. — **Usufruitier.** — Un usufruitier pourrait-il consentir une prorogation de délai au débiteur d'une créance dont il a la jouissance? Nous le pensons, s'il s'agit d'un court délai accordé au débiteur pour se libérer ; c'est là, en effet, un acte d'administration qui n'aliène en rien les droits du nu-propriétaire.

---

(1) *Rev. not.*, n° 2480. | (2) Régl., Ch. des not. de Paris, art. 86.

Mais si l'usufruitier avait prorogé de plusieurs années l'exigibilité de la créance, nous pensons que cette prorogation ne pourrait être opposée au nu-propriétaire ; il est reconnu par les auteurs que lorsque l'usufruit est établi sur une créance, l'usufruitier n'en peut consentir ni le transport, ni la novation, ni la remise (1) ; il nous semble qu'il faut appliquer la même solution à une prorogation à long terme (2).

De même s'il était constant que la prorogation a été cause de la perte de la créance, l'usufruitier pourrait être responsable.

Il est donc préférable de faire consentir la prorogation par l'usufruitier et le nu-propriétaire.

11. — Bail. — On peut proroger le délai fixé pour l'échéance d'un bail ; ce n'est alors qu'un nouveau bail qui est soumis à toutes les règles des baux ordinaires.

12. — Indivision. — L'exercice de toute action en partage peut, aux termes de l'article 815 du Code civil, être de convention expresse entre les communistes, suspendue pendant un temps limité, qui ne peut dépasser cinq ans. Mais les parties peuvent, soit avant l'expiration du délai, soit après, convenir que e délai sera prorogé et que l'indivision durera encore pendant un nouveau délai e cinq ans. (V. *suprà*, v° PARTAGE).

13. — Réméré. — Le délai dans lequel le *réméré* doit être exercé et qui ne peut, d'après la loi, dépasser cinq ans (art. 1660, C. civ.), peut-il être conventionnellement prorogé ? Si le délai fixé par le contrat est expiré, sans que le réméré ait été exercé, nul doute que les parties ne puissent le proroger, mais c'est alors une nouvelle convention, équivalant à une rétrocession faite au vendeur primitif par l'acquéreur devenu propriétaire incommutable (3).

Si la convention de prorogation est intervenue avant l'expiration du délai dans lequel le réméré devait être exercé, la convention est valable, mais ne peut excéder le délai de cinq ans à partir de la vente, et, en tous cas, elle est sans effet vis-à-vis des tiers qui pourraient avoir acquis des droits réels sur l'immeuble (4).

14. — Société. — Toute société, civile ou commerciale, peut être prorogée au delà du terme primitivement fixé. (V. *infrà*, v° SOCIÉTÉ).

§ 3. EFFETS DE LA PROROGATION.

15. — La prorogation, en règle générale, n'opère pas novation de la dette ; elle ne fait qu'en prolonger l'existence et les mêmes garanties et conditions continuent à subsister jusqu'à l'expiration du nouveau délai accordé par le créancier.

16. — La caution n'est donc point déchargée par le fait seul d'une prorogation de délai ; elle a seulement le droit de poursuivre le débiteur pour le forcer au paiement (art. 2039, C. civ.).

17. — Lorsque, dans un transport de créances, le cédant a garanti au cessionnaire la solvabilité actuelle et future du débiteur, cette garantie cesse-t-elle, si le cessionnaire accorde une prorogation de délai au débiteur? Il faut distinguer : s'il résulte des termes de l'acte de transport que le cédant a pris l'engagement de payer lui-même à *défaut par le débiteur cédé de le faire,* clause qui se rencontre assez fréquemment dans les actes de cession, alors la garantie du cédant

---

(1) Demolombe, t. X, n° 321.
(2) *J. du not.*, n° 1291.
(3) Dalloz, *Code civil annoté*, sur l'art. 1661.

(4) Bordeaux, 13 juin 1849 ; Dict. du not., v° Réméré, n°° 50 à 52.

n'est autre chose qu'un cautionnement et le cessionnaire conserve son recours contre le cédant, même en cas de prorogation de délai (1).

Si, au contraire, le cédant n'a garanti que la solvabilité actuelle et future du débiteur, même *avec promesse de fournir et faire valoir*, qui, d'après les auteurs, implique une garantie de même nature (2), il faudrait décider que le recours en garantie du cessionnaire contre le cédant serait perdu, si le cessionnaire avait de lui-même et sans le concours du cédant, accordé une prorogation de délai au débiteur, à la condition, bien entendu, que le débiteur soit devenu insolvable depuis la prorogation (3).

18. — Lorsqu'une prorogation est consentie envers un acquéreur du débiteur, comme on pourrait y voir une novation, il est toujours prudent de réserver, au profit du créancier, ses droits contre le débiteur primitif, ainsi que tous les autres droits attachés à la créance (4).

§ 4. Responsabilité notariale.

19. — L'acte de prorogation de délai consenti directement par le créancier, en dehors du notaire qui avait négocié le placement, décharge-t-il le notaire de la responsabilité qu'il pouvait avoir encourue à raison du prêt? Nous le croyons, du moins en principe, surtout quand l'insolvabilité est postérieure au terme prorogé; car, en prolongeant le terme, le créancier a formellement prouvé qu'il acceptait le placement et n'avait aucun doute sur la solvabilité du débiteur (5). Il peut cependant se présenter des circonstances où il y aurait lieu de faire exception à cette règle, non seulement dans le cas où la prorogation aurait été consentie sur les conseils du notaire, mais encore dans le cas où il serait constant qu'elle n'a été donnée que pour essayer de sauvegarder une situation notoirement mauvaise.

20. — En tous cas, la prorogation reçue par un notaire étranger au placement ne peut avoir pour effet de rendre ce dernier responsable du prêt (6), fût-il le successeur de l'officier public qui avait négocié le placement.

§ 5. Frais et honoraires.

21. — Sauf convention contraire, les frais d'un acte de prorogation sont à *la* charge du débiteur.

22. — L'honoraire perçu, d'ordinaire, est un droit proportionnel de 0 fr. 25 °/₀, à moins que la prorogation ne soit contenue dans un autre acte donnant ouverture déjà à un honoraire proportionnel, auquel cas le notaire ne perçoit qu'un droit fixe de 3 ou 4 francs.

L'honoraire proportionnel a été proposé, dans leur projet de tarif légal, en 1862, par les Cours de Caen, Amiens, Douai, Bordeaux, Dijon, Grenoble, etc. (7).

---

(1) Chartres, 6 août 1875 (art. 21259 et 23013, J. N.); Cass., 32 janvier 1870 ; Aubry et Rau, p. 445.
(2) Aubry et Rau, t. IV, p. 444.
(3) Dict. du not., v° *Garantie*, n° 145; Aubry et Rau, p. 445 ; Guillouard, n° 846 ; Aubry et Rau, *loc. cit.* ; Agen, 6 décembre 1871.

(4) Ed. Clerc., p. 220.
(5) Bordeaux, 12 février 1890 (*J. du not.*, 1890, p. 441).

(6) Versailles, 28 décembre 1877 (art. 21980 J. N.).

(7) Amiaud, *Tarif général*, t. II, p. 49 à 52.

§ 6. Enregistrement.

23. — La prorogation de délai était soumise, par la loi du 28 février 1872 (art. 1, § 8), à un droit fixe gradué sur le montant de la créance dont le terme d'exigibilité est prorogé. Ce droit gradué a été converti en un droit proportionnel de 0 fr. 20 % dont la liquidation a lieu suivant les règles relatives à la péremption du droit proportionnel (L. du 28 avril 1893, art. 19 (*J. du not.*, p. 285, 385 et 444).

24. — Le droit est perçu, alors même que la prorogation est contenue dans un autre acte, dans un partage, par exemple (1).

La Régie soutient également, contre l'avis du Dictionnaire du notariat (V. Prorogation de délai, n° 12), que le droit est dû sur l'acte qui contient à la fois cession de la créance à un tiers et prorogation de l'échéance par ce dernier (2).

§ 7. Formule.

Pardevant..., etc.

Ont comparu :

M. Louis Marchal, rentier, demeurant à...

D'une part,

Et M. Emile Richard, cultivateur, demeurant à...

D'autre part,

Lesquels, préalablement à la prorogation de délai, qui va faire l'objet des présentes, ont exposé ce qui suit :

Exposé.

Aux termes d'un acte reçu par Mᵉ..., notaire à..., le..., M. Richard s'est reconnu débiteur envers M. Marchal, de la somme de 20,000 francs pour prêt.

Il a été stipulé que cette somme serait remboursable, en une seule fois, le...; et qu'elle produirait des intérêts au taux de 5 % par an payables par trimestre, les... de chaque année.

Et pour garantir le montant de ladite obligation en principal et accessoires, M. Richard a hypothéqué... sur lesquels inscription a été prise..., etc.

M. Richard, prévoyant qu'il ne pourrait pas se libérer de sa dette à l'époque fixée dans l'obligation sus-énoncée, a demandé à M. Marchal d'en proroger l'exigibilité.

Prorogation.

Ces faits exposés, M. Marchal déclare, par ces présentes, proroger au..., le terme d'exigibilité de ladite somme de 20,000 francs.

Cette prorogation est consentie par M. Marchal sous la réserve expresse de tous les droits, actions, hypothèque et inscription résultant de l'obligation ci-dessus énoncée, sans novation ni dérogation, et sous les conditions suivantes :

1° La créance continuera de produire des intérêts à cinq pour cent par an, payables par trimestre, les... de chaque année ;

2° Le remboursement du principal et le paiement des intérêts auront lieu à..., en l'étude de Mᵉ..., notaire, et ne pourront être effectués qu'en espèces de monnaie ayant cours ;

---

(1) Gaillac, 9 mai 1877.
(2) Rambouillet, 17 février 1850 ; Lyon, 29 août 1862; Bordeaux, 27 août 1879. — *Contrà :* Lyon, | 25 mars 1858 et 2 mars 1860 ; Grenoble, 14 février 1877.

3° La nouvelle époque ci-dessus fixée pour le remboursement ne pourra être anticipée sans le consentement écrit de M. Marchal ;

4° A défaut de paiement, à son échéance, d'un seul terme d'intérêts, le capital de la créance deviendra exigible de plein droit, si bon semble au créancier, un mois après un simple commandement resté sans effet, sans qu'il soit besoin de remplir aucune autre formalité ;

5° Dans le cas où la créance viendrait à être frappée d'un impôt de quelque nature qu'il fût, hypothécaire ou autre, le capital de cette créance deviendrait de plein droit exigible, si bon semblait au créancier, à moins que le débiteur ne prenne à sa charge ledit impôt et ne l'acquitte personnellement.

M. Richard déclare accepter ces conditions et s'obliger au remboursement du capital et au paiement des intérêts aux époques et de la manière ci-dessus déterminées.

Pour l'exécution des présentes les parties élisent domicile...

Les frais et honoraires des présentes seront supportés par M. Richard.

Dont acte...

PROTÊT

C'est l'acte par lequel on constate le refus par une personne d'accepter ou de payer une valeur qui lui est présentée.

Sommaire :

§ 1. DES DIVERSES ESPÈCES DE PROTÊT.

1. — Il y a deux sortes de protêt :
  a) Le protêt *faute d'acceptation* ;
  b) Le protêt *faute de paiement* (art. 119-162-173, C. com.).

Le premier ne s'applique qu'aux lettres de change ; le second, au contraire, concerne aussi bien les lettres de change que les billets à ordre (art. 162-173-187, C. com.)

2. — **Protêt faute d'acceptation.** — Le porteur d'une lettre de change a le droit d'en requérir l'acceptation par le tiré. Ce droit, en principe facultatif, devient, cependant, *obligatoire* dans deux cas :
  a) Lorsqu'il s'agit d'une lettre de change payable *à un temps de vue*, parce que c'est la date de l'acceptation qui en fixe l'échéance (art. 131, C. com.) ;
  b) Lorsque le cédant a imposé la condition de demander l'acceptation, pour être assuré que le tiré ne refusera pas le paiement.

3. — L'acceptation devant être pure et simple (art. 124, C. com.), le porteur serait en droit de la refuser, si elle était donnée conditionnellement, et, par suite, de faire protester la lettre de change.

Si elle n'est donnée que pour une partie de la somme, le protêt doit être fait pour le surplus (art. 124, C. com.).

4. — Protêt faute de paiement. — Le protêt, faute de paiement d'une lettre de change ou d'un billet à ordre, doit être fait dès qu'il y a refus de payer à l'échéance (art. 162-187, C. com.).

Le protêt d'un billet à ordre doit être fait lors même que le billet a été souscrit pour une cause non commerciale et par des non commerçants, même par une femme qui n'est pas marchande publique (1).

S'il a été payé un acompte sur la lettre de change ou le billet à ordre, le porteur est tenu de faire protester pour le surplus (art. 156-187, C. com.).

5. — Le porteur n'est dispensé de faire protester ni par le protêt faute d'acceptation, ni par la mort ou la faillite du tiré (art, 163, C. com.); à moins toutefois que le porteur n'en ait été dispensé, ce qui est licite; car l'obligation de protester n'est pas une disposition d'ordre public (2).

6. — La dispense de protêt peut être donnée soit, en termes généraux, à une maison de banque pour tous les effets qui lui sont confiés à l'encaissement, (on trouve cette clause dans les statuts du Comptoir d'escompte) (3), — soit, à l'occasion d'une valeur particulière, en termes exprès ou équivalents (4), soit par lettre missive (5), — soit même verbalement, et la preuve peut alors en être faite par tous les moyens admis en matière commerciale (6).

7. — Ordinairement, cette dispense résulte de l'insertion dans le corps ou au bas de la lettre de change ou du billet à ordre, des mots : *valeur sans protêt ou sans frais*, ou *retour sans protêt*, ou *retour sans frais*.

Dans ce cas, le porteur est tenu de faire connaître amiablement et sans frais le défaut de paiement par un avis à tous les signataires qui peuvent avoir un recours à exercer (7).

Le protêt qui serait fait, par le porteur, malgré la clause *retour sans frais*, resterait à son compte (8).

8. — Toute mention ou convention de retour sans frais, soit sur le titre, soit en dehors du titre, serait nulle, si elle était relative à des effets non timbrés ou non visés pour timbre (9).

§ 2. FORMES DU PROTÊT. PAR QUI LE PROTÊT DOIT ÊTRE FAIT. FORMALITÉS.

9. — Les protêts peuvent indifféremment être dressés par les notaires et les huissiers. La loi n'a pas voulu restreindre à un trop petit nombre d'officiers publics le pouvoir de faire des actes qui requièrent une célérité exceptionnelle; c'est le motif de la concurrence accordée aux notaires, bien que la réception de ces actes ne rentre pas dans la sphère ordinaire de leurs attributions. Elle est toutefois

---

(1) Bourges, 6 mars 1860; Cass., 29 décembre 1868 (S. 1869-1-167).

(2) Cass., 4 juillet 1854; Orléans, 21 novembre 1866; Cass., 7 novembre 1866, 6 février 1872, 10 avril 1876 et 22 janvier 1879 (S. 1879-1-177); Ruben de Couder, *Dict. de droit com.*, v° PROTÊT, n° 78.

(3) Cass., 12 juillet 1864 et 7 novembre 1866; Agen, 10 août 1872.

(4) Cass., 9 novembre 1870 et 10 avril 1876 (S. 1877-1-29).

(5) Paris, 27 décembre 1873.

(6) Cass., 11 janvier 1859 et 6 février 1872 (S.1872-1-110); Paris, 24 août 1877.

(7) Paris, 20 novembre 1852; Lyon, 22 août 1867; Ruben de Couder, n° 91.

(8) Seine, 23 mai 1861; Ruben de Couder, n° 100.

(9) L. 5 juin 1850, (art. 8).

consacrée expressément par l'article 173 du Code de commerce, par le décret du 23 mars 1848 et par le décret récent du 15 février 1881 (1).

(1) *Décret du 15 février 1881 qui détermine les règles à suivre pour le recouvrement des effets de commerce confiés à la poste, en cas de protêt.*

TITRE Ier

DE LA REMISE A UN TIERS DES EFFETS NON RECOUVRÉS.

Art. 1er. — L'expéditeur d'un effet dont le recouvrement est confié à la poste peut demander que cet effet, en cas de non-paiement, soit remis à la personne qu'il désigne dans une déclaration qui est jointe à l'envoi et dont la forme est arrêtée par le ministre des postes et des télégraphes.

TITRE II

DU PROTÊT DES EFFETS NON RECOUVRÉS.

Art. 2. — Toute personne qui, conformément à la loi du 17 juillet 1880, confie à la poste le recouvrement d'un effet et désire qu'il soit protesté en cas de non-paiement, doit l'indiquer dans une déclaration jointe à l'envoi.

Elle peut indiquer dans la déclaration les formalités dont elle demande l'accomplissement, telles que protêt à deux domiciles, protêt de perquisition, etc.

Elle peut également désigner, à ses risques et périls, dans ladite déclaration, le notaire ou l'huissier auquel la valeur sera remise en cas de non-payement.

Art. 3. — Le mode d'expédition et la forme de la déclaration prévus à l'article 2 sont arrêtés par le ministre des postes et des télégraphes.

La déclaration doit être signée par l'expéditeur.

Art. 4. — Le déposant peut, conformément au dernier paragraphe de la loi du 17 juillet 1880, consigner au bureau expéditeur le coût probable des actes à dresser et de l'enregistrement du titre. Cette consignation est constatée par un récépissé conforme au modèle arrêté par décision ministérielle.

La consignation est, s'il y a lieu, remboursée en tout ou en partie à l'expéditeur, aux conditions déterminées par un arrêté du ministre des postes et des télégraphes.

Art. 5. — Tout notaire ou huissier peut déclarer qu'il consent à dresser, sans consignation préalable, les protêts des effets présentés dans la circonscription des bureaux qu'il désigne.

L'administration peut ne pas agréer cette offre, au cas où elle entraînerait des conséquences qui ne pourraient se concilier avec les nécessités du service des postes, ou à raison des allocations pour transports qu'elle comporterait.

Le notaire ou l'huissier qui a fait la déclaration dont il s'agit, et son successeur en cas de changement de titulaire de l'office, doivent, pour échapper aux effets de cette déclaration, prévenir deux mois à l'avance l'administration des postes et des télégraphes.

Il est mis à la disposition du public, dans tous les bureaux de poste, une liste des bureaux pour lesquels il a été fait une pareille déclaration et auxquels l'expéditeur peut confier, à ses risques et périls, sans consignation préalable, des recouvrements susceptibles de protêt.

Art. 6. — Lorsque dans la circonscription d'un bureau de poste, un ou plusieurs notaires ou huissiers y résidant ont pris l'engagement prévu par l'article précédent, ils sont chargés, à l'exclusion de tous autres, sauf le cas prévu au dernier paragraphe de l'article 2, des protêts des effets dont le recouvrement est confié à ce bureau, qu'il y ait ou non consignation.

Ce droit de préférence ne peut s'étendre à toutes les circonscriptions de bureaux désignés dans l'engagement que si aucun notaire ou huissier n'y réside.

Art. 7. — La répartition des effets à protester entre les notaires et huissiers qui, pour une même circonscription de bureau de poste, ont pris l'engagement prévu par l'article 5, est réglée par le ministre des postes et des télégraphes. Ces officiers publics et ministériels sont appelés, s'ils le demandent, à présenter leurs observations.

Cette répartition est faite d'après les convenances du service des postes, soit par voie de roulement, soit par division de la circonscription du bureau en territoires assignés à chacun des notaires et huissiers dont il s'agit.

Malgré cette répartition, ces officiers sont tenus de déférer à toutes les demandes de protêt que peut leur adresser l'administration des postes.

Art. 8. — Les notaires et huissiers sont tenus de faire les protêts pour lesquels ils sont requis par l'administration des postes, dès qu'il y a consignation du coût des actes à intervenir et de l'enregistrement du titre.

L'officier public ou ministériel est informé de l'existence et du montant de la consignation par la remise d'un bulletin dont la forme est arrêtée par le ministre des postes et des télégraphes et qui est joint à l'effet à protester.

Art. 9. — Lorsque, pour la circonscription d'un bureau, l'engagement prévu à l'article 5 n'existe pas, les protêts des effets dont le recouvrement est confié à ce bureau et pour lesquels il y a consignation préalable sont répartis entre les huissiers résidant dans la circonscription et, à défaut, entre les huissiers pouvant instrumenter dans la circonscription.

Les notaires peuvent demander à être compris dans cette répartition. Lorsque les nécessités du service l'exigent, ils y sont compris d'office.

La répartition des protêts par roulement ou par quartiers et localités est arrêtée par le ministre des postes et des télégraphes, en tenant compte des allocations pour transports des officiers publics et ministériels et de manière à répondre aux convenances du service postal. Les chambres de commerce et les chambres de discipline sont appelées, sur leur demande, à donner leur avis sur la répartition.

Cette répartition, à laquelle il peut être dérogé en cas de nécessité, ne préjudicie pas au droit absolu de réquisition prévu à l'article précédent.

Art. 10. — Les notaires et huissiers sont admis à contracter l'engagement de faire prendre à la poste, sous leur responsabilité, les effets dont le protêt leur est attribué en suite de la répartition prévue aux articles 7 et 9.

Les receveurs des postes rendent compte immédiatement à l'administration centrale des manquements à cet engagement.

Art. 11. — Les villes où il existe plusieurs bureaux de poste peuvent être considérées comme ne formant qu'une seule circonscription postale pour l'exécution des articles 5 et 10 du présent décret.

Art. 12. — La forme de la réquisition prévue aux articles 7, 8 et 9 du présent décret est arrêtée par le ministre des postes et des télégraphes, d'accord avec le garde des sceaux, ministre de la justice.

Tout notaire ou huissier qui défère à une pareille réquisition est tenu de remettre à l'agent qui la lui

10. — Les protêts ne peuvent donc résulter d'un acte sous signature privée.

présente un reçu dont la forme est arrêtée par le ministre des postes et des télégraphes.

Au cas contraire, il remet une déclaration écrite et signée constatant son refus et ses motifs. Cette déclaration et l'effet qu'elle concerne sont renvoyés au bureau expéditeur. Le déposant est avisé sans frais d'avoir à retirer ces pièces contre un reçu en due forme.

Ces règles sont applicables au cas où l'officier public ou ministériel a été désigné par l'expéditeur.

Art. 13. — Dans le cas de consignation, le coût des actes est payé par le bureau destinataire moyennant la production : 1° d'un état sommaire dûment quittancé, dont la forme est arrêtée par le ministre des postes et des télégraphes, des frais et débours du notaire ou de l'huissier rédacteur ; 2° de l'effet non payé et des originaux des actes intervenus. Le nombre de ces documents est mentionné sur l'état sommaire.

Ces pièces sont envoyées à l'expéditeur par le notaire ou l'huissier, en présence du receveur des postes ou de son délégué, sous la forme de lettre recommandée, dont l'affranchissement au droit de 25 c. fixé par l'article 4 de la loi du 7 avril 1879, est compris dans ses débours par l'officier public ou ministériel.

Art. 14. — Dans le cas de non-consignation, le notaire ou huissier qui a fait le protêt recouvre en la forme suivante, laquelle est obligatoire, le coût des actes intervenus, augmenté des frais de recouvrement.

Un état sommaire, établi comme il est dit à l'article précédent est dressé par l'officier public ou ministériel.

Cet état est mis en recouvrement par la poste dans les conditions fixées par la loi du 5 avril 1879 et l'article 4 de la loi du 17 juillet 1880. Toutefois, le notaire ou l'huissier expéditeur est tenu de remettre au bureau de poste une déclaration dont la forme est arrêtée par le ministre des postes et des télégraphes, dans laquelle il spécifie l'effet qui a été protesté.

L'effet protesté et les originaux des actes intervenus sont joints à l'état et placés sous pli recommandé, adressé au receveur des postes chargé d'effectuer le recouvrement.

Ces pièces ne sont remises à l'intéressé que lorsqu'il a versé les sommes à recouvrer pour le compte de l'officier public ou ministériel.

En cas de non-paiement, l'état et les pièces annexées sont retournés sans frais au notaire ou à l'huissier expéditeur, à moins qu'il n'ait usé de la faculté prévue à l'article 1er.

Ces règles sont applicables en cas de consignation insuffisante.

Art. 15. — Lorsque l'effet est payé entre les mains du notaire ou de l'huissier avant la clôture du protêt, il ne peut être fait par ces officiers, à leur profit, de prélèvement sur les sommes versées entre leurs mains ou sur la consignation.

Le montant intégral de l'effet est versé au bureau de poste, pour être remis à l'expéditeur dans les conditions fixées par la loi du 5 avril 1879 et de l'article 4 de la loi du 17 juillet 1880, déduction faite des prélèvements au profit de la poste et de ses agents ordonnés par l'article 2 de cette dernière loi.

Art. 16. — Les remises de fonds et de documents prévues aux articles 13, 14 et 15 doivent être effectuées entre les mains du receveur des postes au plus tard le huitième jour après l'échéance. Passé ce délai, le reçu de l'officier public ou ministériel spécifié à l'article 12 est envoyé sans frais à l'expéditeur, dans les conditions fixées au troisième paragraphe de cet article.

Art. 17. — Les officiers publics ou ministériels appelés, en vertu du présent règlement, à protester des effets confiés à la poste, sont tenus de produire tous les mois au bureau de poste un état dûment certifié, mentionnant les valeurs qui leur ont été remises par ce bureau, les actes intervenus, le renvoi des pièces à l'intéressé, les recouvrements, etc. La forme de cet état est arrêtée par le ministre des postes et des télégraphes.

Art. 18. — Les notaires et huissiers sont soumis aux obligations professionnelles spécialement prévues au présent décret, dans les conditions fixées par la loi du 25 ventôse an XI, l'ordonnance du 4 janvier 1843, les articles 102, 103 et 104 du décret du 30 mars 1808, l'article 85 du décret du 18 juin 1811 et les articles 42, 70, 71, 72, du décret du 14 juin 1813.

Art. 19. — Il sera statué par un règlement d'administration publique spécial sur les modifications qu'il pourra être nécessaire d'apporter au présent règlement pour le recouvrement, par la poste, des effets protestables venant de l'étranger.

Art. 20. — Le présent décret est exécutoire dans les circonscriptions de bureaux de l'Algérie désignées par le ministre des postes et des télégraphes.

Il sera statué ultérieurement, par un règlement d'administration publique spécial, sur les modifications qu'il pourra être nécessaire d'y apporter pour les recouvrements des effets protestables payables dans les autres parties du territoire algérien.

Art. 21. — Les dispositions du présent décret portant règlement d'administration publique, entreront en vigueur à partir de la date qui sera fixée par un décret ultérieur pour l'application partielle ou totale de la loi du 17 juillet 1880 en ce qui concerne le recouvrement des effets protestables.

Art. 22. — Le ministre des postes et des télégraphes et le garde des sceaux, ministre de la justice, sont chargés, etc.

CIRCULAIRE ET INSTRUCTION MINISTÉRIELLE.

MINISTÈRE DES POSTES ET DES TÉLÉGRAPHES.

AVIS.

Aux termes du décret du 15 février 1881, portant règlement d'administration publique pour le recouvrement par la poste des effets protestables « tout notaire ou huissier peut déclarer qu'il consent à dresser sans consignation préalable les protêts des effets payables dans la circonscription des bureaux qu'il désigne (art. 5, 1er alinéa). »

Cet engagement doit être formulé de la manière suivante :

Je soussigné (nom et prénoms), (huissier ou notaire) *demeurant à…. commune de…, arrondissement de…, département de…, déclare m'engager à effectuer dans le délai légal, sans consignation préalable et à la première réquisition qui m'en sera faite par le receveur des postes de…, tous les protêts des effets non recouvrés payables dans les communes de… et de…, desservies par ce bureau, qui me seront confiés.*

Je m'engage, en outre, à me conformer exactement à toutes les obligations que m'impose le décret du 15 février 1880 relatif au protêt des effets de commerce non recouvrés par le service des postes.

Cette déclaration doit être déposée entre les mains du receveur du bureau auquel elle s'applique.

L'administration peut ne pas agréer l'offre qui lui

Si l'acte est dressé par un notaire, il est d'ordinaire reçu en *brevet*, mais il peut en être conservé minute (1).

11. — L'article 173 du Code de commerce disposait que les protêts, faute d'acceptation ou de paiement, seraient faits par *deux notaires*, ou par un notaire et *deux témoins*... Mais cette prescription a été modifiée par l'article 2 du décret du 23 mars 1848 qui dispose que « *les actes de protêts seront désormais dressés sans assistance de témoins.* »

Les notaires peuvent donc aujourd'hui procéder sans assistance ni d'un collègue, ni de témoins (2).

12. — Tout protêt doit contenir :

　　a) La transcription littérale de l'effet protesté, des endossements et des recommandations qui y sont indiqués ;
　　b) La sommation d'accepter ou de payer.

Il énonce, en outre :

　　a) La présence ou l'absence de celui qui doit accepter ou payer ;
　　b) Les motifs du refus d'accepter ou de payer ;
　　c) L'impuissance ou le refus de signer (art. 174-187, C. comm.).

Les tribunaux apprécient si l'acte de protêt contient ou non les énonciations essentielles à sa validité (3).

Outre ces prescriptions spéciales imposées par la loi commerciale, le notaire doit observer les formes prescrites par la loi de ventôse pour les actes notariés, et le protêt serait annulé dans tous les cas où les autres actes notariés seraient annulables pour vice de forme (4).

13. — Un protêt, même fait par un notaire, doit être signifié dans l'intervalle des heures fixées par l'article 1033 du Code de procédure civile, c'est-à-dire depuis le 1er octobre jusqu'au 31 mars, pas avant six heures du matin et pas après six heures du soir ; — et depuis le 1er avril jusqu'au 30 septembre, pas avant quatre heures du matin et pas après neuf heures du soir (5).

14. — Copie. — Aux termes de l'article 176 du Code de commerce, les notaires, comme les huissiers, sont tenus, à peine de destitution, dépens et dommages-intérêts envers les parties, de laisser copie exacte des protêts qu'ils dressent

est faite au cas où elle entraînerait des conséquences qui ne pourraient se concilier avec les nécessités du service des postes ou à raison des allocations pour transports qu'elle comporterait (art. 5).

Le notaire ou l'huissier qui a fait la déclaration dont il s'agit, et son successeur en cas de changement du titulaire de l'office, doivent, pour échapper aux effets de cette déclaration, prévenir deux mois à l'avance l'administration des postes et des télégraphes (art. 5).

Lorsque dans la circonscription d'un bureau de poste un ou plusieurs notaires ou huissiers y résidant ont pris l'engagement précité, ils sont chargés, à l'exclusion de tous autres, sauf le cas prévu au dernier alinéa de l'article 2 (c'est-à-dire dans le cas où l'expéditeur désigne lui-même le notaire ou l'huissier auquel la valeur sera remise en cas de non-paiement), des protêts des effets dont le recouvrement est confié à ce bureau, qu'il y ait ou non consignation (art. 6).

Conformément à l'article 11 du règlement, dans les villes où il existe plusieurs bureaux de poste, les circonscriptions pour lesquelles l'engagement sera pris devront coïncider avec les circonscriptions de distribution.

Les imprimés, tels que bordereaux, formules de réquisition, etc., seront fournis par l'administration.

Les diverses dispositions qui règleront les rapports entre les officiers ministériels et l'administration sont du reste fixées par le décret du 15 février 1881, inséré au *Journal officiel* du 16 février 1881, auquel les intéressés peuvent se reporter.

Les huissiers ou notaires des départements de la France continentale qui auraient l'intention de prendre les engagements prévus plus haut, devront déposer leur déclaration à bref délai.

(1) Dict. du not., n° 67.
(2) Art. 15913, J. N. ; Dict. du not., n° 38 ; Rutgeerts et Amiaud, n° 41 ; Ed. Clerc, n° 28.
(3) Cass., 14 décembre 1840.
(4) Un notaire ne peut dresser lui-même l'acte de protêt d'un effet dont il est signataire. Cass., 19 juillet 1875 (S. 1875-1-424). — Il ne peut non plus instrumenter pour un de ses parents au degré prohibé, ni contre lui.
(5) Ruben de Couder, n° 278.

au tiré. Ces copies doivent être rédigées sur le papier spécial créé pour les copies d'exploits par la loi du 29 décembre 1873.

15. — Répertoire. — Les actes de protêt doivent être portés par le notaire sur son répertoire (1).

16. — Registre. — En outre, les notaires sont tenus d'inscrire en entier les protêts, jour par jour et par ordre de date, sur un registre particulier, coté et paraphé et tenu dans la forme prescrite pour les répertoires, le tout à peine de destitution, dépens et dommages-intérêts (art. 176, C. com.).

Ce registre n'est pas soumis au visa du receveur de l'enregistrement, et l'omission d'y porter un protêt ne donne lieu à aucune amende (2) ; mais les agents de la Régie ont le droit de se le faire représenter quand bon leur semble (3).

Le notaire qui n'a jamais reçu aucun protêt n'est pas tenu d'avoir le registre prescrit par l'article 176.

17. — Protêt des effets recouvrables par la poste. — Une loi du 17 juillet 1880 ayant autorisé le Gouvernement à faire effectuer, par le service des postes, le recouvrement des valeurs soumises au protêt, un décret du 15 février 1881 a réglé les rapports de l'Administration des postes avec les notaires et les huissiers qui peuvent être chargés du protêt de ces effets. Ce décret, qui a été analysé dans l'art. 22632 du *Journal des notaires* et qui a été publié dans le n° du 6 avril 1881 du *Journal du notariat*, autorise l'Administration des postes à s'entendre avec les notaires et huissiers qui voudront, dans la circonscription des divers bureaux, dresser les protêts des effets à recouvrer, et à répartir entre ces officiers publics les valeurs à protester.

Aux termes de l'article 7, ces officiers publics et ministériels sont tenus, malgré cette répartition, de déférer à toutes les demandes de protêt que peut leur adresser l'Administration.

D'après l'article 8, les notaires et huissiers sont tenus de faire les protêts pour lesquels ils sont requis par l'Administration des postes, dès qu'il y a consignation du coût des actes à intervenir et de l'enregistrement des titres. Ils sont informés de l'existence et du montant de la consignation par la remise d'un bulletin joint à l'effet à protester.

Les officiers publics ou ministériels, appelés à protester des effets confiés à la poste, sont tenus de produire *tous les mois*, au bureau de poste, un état dûment certifié, mentionnant les valeurs qui leur ont été remises par ce bureau, les actes intervenus, le renvoi des pièces à l'intéressé, les recouvrements, etc... La forme de cet état est arrêtée par le Ministre des postes et télégraphes (art. 17), et des imprimés spéciaux sont mis à la disposition des notaires par l'Administration.

18. — L'officier public chargé de faire un protêt, en cas de non paiement, ne doit dresser cet acte qu'autant que le débiteur ne s'acquitte pas entre ses mains ; car le protêt a précisément pour but de constater le non paiement, et le débiteur doit acquitter, outre le principal de l'effet, les frais qui sont à sa charge, c'est-à-dire les émoluments et déboursés de la préparation du protêt rendu nécessaire par suite du défaut de paiement à l'échéance, si la valeur a été présentée ce jour-là (4).

19. — Le notaire doit se présenter en personne pour recevoir le paiement ou constater le refus. Il doit, par suite, être porteur de l'effet.

(1) Instr. Rég., 9 mars 1809.
(2) Sol., 25 juin 1847.
(3) Cass., 8 juillet 1839.
(4) Cass., 21 août 1860.

§ 3. A LA REQUÊTE DE QUI LE PROTÊT DOIT ÊTRE FAIT.
EN QUEL LIEU. DANS QUEL DÉLAI.

20. — Le protêt d'une lettre de change ou d'un billet à ordre se fait à la requête du propriétaire ou de celui qui détient la valeur, en vertu d'un endossement régulier, — ou à la requête de son fondé de pouvoirs (1).

21. — Celui à la requête duquel est fait le protêt, étant, en quelque sorte, partie à l'acte, doit avoir la *capacité* générale de contracter.

22. — **Lieu.** — Le protêt doit être fait, d'après l'article 173 du Code de commerce, au domicile de celui sur qui la lettre de change était payable, — ou à son dernier domicile connu.

Par *domicile*, il faut entendre ici le lieu où le tiré a le siège de son commerce et où il paie habituellement, — et non le lieu où il demeure réellement (2). Si le lieu de paiement est autre que le domicile du tiré, le protêt doit être fait au lieu où l'acceptation doit être requise, ou le paiement indiqué.

23. — Le protêt, faute de paiement, d'un billet à ordre, doit être fait au domicile du souscripteur ou au domicile élu pour le paiement.

Un protêt fait en parlant au portier de la maison, — ou au domestique du tiré, — ou à son commis, est valable (3).

24. — Si la personne au domicile de laquelle la valeur était payable a changé de domicile, le protêt peut être fait au nouveau domicile, s'il est connu ; s'il ne l'est pas, il y a lieu de remplir les formalités prescrites par l'article 68 du Code de procédure civile, c'est-à-dire que l'officier public fera le protêt à l'ancien domicile, qu'il remettra la copie à un voisin qui signera l'original, et si ce voisin ne peut ou ne veut signer, il remettra la copie au maire ou à l'adjoint de la commune (4).

25. — Aux termes de l'article 173 du Code de commerce, le protêt doit être fait, en outre, « au domicile des personnes indiquées par la lettre de change pour la payer au besoin ». La jurisprudence décide que cette prescription ne peut s'appliquer qu'*au besoin* énoncé dans le titre, c'est-à-dire indiqué par le tireur d'une lettre de change ou le souscripteur d'un billet à ordre (5). Et si la lettre de change a été acceptée par un tiers intervenant, le protêt doit être fait tant au domicile du tiré qu'au domicile de l'intervenant (art. 173).

Il résulte du même article que l'officier public chargé du protêt doit constater par un seul et même acte qu'il s'est présenté aux différents domiciles indiqués ; s'il lui était impossible de terminer l'acte le même jour, il pourrait, en le mentionnant dans le protêt, remettre la suite de l'opération au lendemain.

26. — En cas de fausse indication du domicile, le protêt est précédé d'un acte de perquisition (art. 173, C. com.). Le notaire déclare dans cet acte qu'il s'est adressé à toutes les personnes pouvant lui donner des renseignements sur le tiré, le souscripteur ou les besoins, et le protêt est dressé à la suite (6). Après quoi, l'officier public affiche du tout une copie à la principale porte du tribunal de commerce et en remet une autre au procureur de la République, qui vise l'original (art. 69, C. proc. civ.).

27. — **Délai.** — Les lettres de change et les billets à ordre doivent être présentés le jour de l'échéance et protestés le *lendemain* de l'échéance ; en conséquence, le protêt serait nul s'il était fait le jour même de cette échéance (7).

---

(1) Dict. du not., n° 30.
(2) Ruben de Couder, p. 239.
(3) Rouen, 5 janvier 1844 ; Cass., 28 novembre 1829 ; Lyon, 25 mai 1846.
(4) Seine, 31 mars 1829.
(5) Cass., 29 juillet 1850 ; Seine, 7 septembre 1860 ; Paris, 24 mars 1866 ; Seine, 26 avril 1867 ; Cass., 17 avril 1872 (S. 1372-1-165).
(6) Cass., 6 décembre 1831.
(7) Bordeaux, 10 décembre 1832 ; Seine, 6 juillet 1885.

Pour les valeurs tirées à un ou plusieurs mois de date, le délai se compte de *quantième* à *quantième*, sans avoir égard au nombre de jours dont chaque mois se compose, de sorte que la traite tirée le 30 novembre, à quatre mois de date, échoit le 30 mars, et que le protêt doit être fait au plus tard le 31 mars (1).

28. — Lorsque la lettre de change est *à vue* ou *à un temps de vue*, le porteur doit en exiger le paiement ou l'acceptation dans les *six mois* de sa date, sous peine de perdre son recours contre les endosseurs et même sur le tireur, si celui-ci a fait la provision (art. 160, C. com.).

29. — Si le lendemain de l'échéance est un jour férié, le protêt doit être fait le jour suivant (art. 162, C. com.).

Les jours fériés légaux sont : les *dimanches*, les fêtes de l'*Ascension*, de l'*Assomption*, de la *Toussaint*, de *Noël*, le *1er Janvier*, le *Lundi de Pâques*, le *Lundi de la Pentecôte*, et le *14 Juillet*, jour de fête nationale.

Le protêt fait un jour férié ne serait cependant pas nul ; ni l'article 162 du Code de commerce, ni les articles 63 et 1037 du Code de procédure civile ne prononcent la nullité en pareil cas.

30. — Des délais plus longs sont fixés par la loi pour les lettres de change tirées des pays éloignés ou étrangers, ou sur eux, par la loi du 3 mai 1862 (2) (art. 160, C. com.).

§ 4. Effets du protêt.

31. — Le protêt donne au porteur le droit d'actionner les signataires de l'effet obligés au paiement, à défaut du tiré ou des souscripteurs.

En outre, les intérêts du principal courent du jour du protêt faute de paiement (art. 184-187, C. com.). Il n'y a, à cet égard, aucune distinction à faire entre la lettre de change et le billet à ordre, même dans le cas où ce dernier a une cause purement civile (3).

Mais les intérêts ne courent du jour du protêt que s'il a été fait en temps utile ; s'il a été fait tardivement, les intérêts ne courent que du jour de la demande en justice.

S'il y a eu dispense de protêt, les intérêts courent du jour de l'échéance, alors du moins qu'il est constant que la lettre de change a été présentée le jour de cette échéance au tiré pour être payée (4).

---

(1) Paris, 15 mars 1849.

(2) 160. « Le porteur d'une lettre de change tirée du continent et des îles de l'Europe ou de l'Algérie, et payable dans les possessions européennes de la France ou dans l'Algérie, soit à vue, soit à un ou plusieurs jours, mois ou usances de vue, doit en exiger le paiement ou l'acceptation dans les trois mois de sa date, sous peine de perdre son recours sur les endosseurs et même sur le tireur, si celui-ci a fait provision. Le délai est de quatre mois pour les lettres de change tirées des États du littoral de la Méditerranée et du littoral de la mer Noire sur les possessions européennes de la France, et réciproquement du continent et des îles de l'Europe sur les établissements français de la Méditerranée et de la mer Noire. — Le délai est de six mois pour les lettres de change tirées des États d'Afrique en deçà du cap de Bonne-Espérance, et des États d'Amérique en deçà du cap Horn, sur les possessions européennes de la France, et réciproquement du continent et des îles de l'Europe sur les possessions françaises ou établissements français dans les États d'Afrique en deçà du cap de Bonne-Espérance, et dans les États d'Amérique en deçà du cap Horn. — Le délai est d'un an pour les lettres de change tirées de toute autre partie du monde sur les possessions européennes de la France, et réciproquement du continent et des îles de l'Europe sur les possessions françaises et les établissements français dans toute autre partie du monde. — La même déchéance aura lieu contre le porteur d'une lettre de change à vue, à un ou plusieurs jours, mois ou usances de vue, tirée de la France, des possessions ou établissements français et payable dans les pays étrangers, qui n'en exigera pas le paiement ou l'acceptation dans les délais ci-dessus prescrits pour chacune des distances respectives. — Les délais ci-dessus seront doublés en temps de guerre maritime pour les pays d'outre-mer. — Les dispositions ci-dessus ne préjudicieront néanmoins pas aux stipulations contraires qui pourraient intervenir entre le preneur, le tireur et même les endosseurs. » (L. 3 mai 3 juin 1862).

(3) Cass., 13 juin 1853 et 5 juillet 1858 ; Bourges, 6 mars 1860 ; Ruben de Couder, n° 109.

(4) Cass., 2 juillet 1856 et 5 janvier 1864 (S. 1864-1-84).

§ 5. Responsabilité notariale.

32. — L'officier instrumentaire, notaire ou huissier, est responsable de la nullité de l'acte de protêt, lorsque cette nullité lui est imputable (art. 1382-1383, C. civ. ; art. 71 et 1031, C. proc. civ.) (1).

Toutefois, il n'est responsable qu'envers la partie qui l'a chargé d'instrumenter et non envers tous les endosseurs (2).

Lorsqu'une responsabilité est encourue par l'officier instrumentaire, les dommages-intérêts sont limités à la réparation du préjudice réel et le préjudice est nul, si le débiteur est insolvable ; on ne saurait, dans ce cas, prétendre que le notaire ou l'huissier puisse être contraint au paiement de l'effet protesté (3).

§ 6. Frais et honoraires.

33. — Rutgeerts estime que l'on ne saurait étendre aux notaires, sans une disposition expresse, le tarif des huissiers et que, par suite, pour les honoraires des protêts, ils ont droit à l'honoraire de vacation qui leur est alloué pour leurs procès-verbaux par l'art. 168 du tarif de 1867 et peuvent, dans tous les cas, recourir à la taxe, conformément à l'art. 173 du même tarif (4).

Nous pensons, au contraire, que les notaires qui font des protêts ne peuvent exiger que les honoraires alloués aux huissiers par l'article 65 du décret du 16 février 1807, modifié par le décret du Gouvernement provisoire du 23 mars 1848 (5). Ce décret est précisément le texte exprès et formel réclamé par Rutgeerts ; car, la loi en accordant exceptionnellement aux notaires, pour cet acte extra-judiciaire, la concurrence avec les huissiers, n'a pu vouloir tarifer le même acte d'une façon différente, suivant qu'il serait fait par tel ou tel officier instrumentaire, alors surtout que, par le tarif de 1848, le législateur a « voulu venir en aide aux embarras du « commerce, en diminuant les frais des protêts... » C'est en ce sens que nous nous sommes prononcé dans notre *Tarif général* (6) et que se prononcent presque tous les auteurs (7).

---

(1) Paris, 11 mai 1861 (*Rev. not.*, n° 17).

(2) Cass. 29 août 1882, 17 juillet 1887 (art. 9757 et 11388, J. N.) ; Cass., 27 juillet 1869 (S. 1869-1-460) ; Ruben de Couder, n° 293.

(3) Nancy, 28 janvier 1881.

(4) *Comment.*, t. I, n° 49.

(5) *Décret du 23 mars 1848 relatif aux protêts.* — Le Gouvernement provisoire, voulant venir en aide aux embarras momentanés du commerce en diminuant les frais de protêt, les droits d'enregistrement et les émoluments attachés à chacun de ces actes. — Décrète :

Art. 1. — Provisoirement, et jusqu'à ce qu'il en soit autrement ordonné, le tarif actuel est modifié comme suit :

Protêt simple. — Original et copie, 1 fr. 60 ; — Droit de copie de l'effet sur l'original et la copie ; transcription sur le répertoire, 0 fr 75 ; — Timbre du protêt, 0 fr. 80 ; — Timbre du registre, 0 fr. 25 ; — Enregistrement, 1 fr. 10. — *Total*, 4 fr. 40.

Protêt à deux domiciles ou avec besoin. — Protêt simple, 4 fr. 40 ; — Pour le second domicile ou le besoin, 1 fr. ; — Timbre, 0 fr. 35. — *Total*, 5 fr. 75.

Protêt de deux effets. — Le protêt simple, 4 fr. 40 ; — Émoluments pour le second effet, 0 fr. 50 ; — Timbre, 0 fr. 15. — *Total*, 5 fr. 25.

Protêt de perquisition. — Original et copie, 5 fr. ;

Droit de copies, 1 fr. 25 ; — Les copies du titre, 0 fr. 79 ; — Visa, 1 fr. ; — Timbre des copies, 1 fr. 75 ; — Enregistrement, 1 fr. 10 ; — Transcription du titre au registre, transcription du procès-verbal de perquisition et du protêt, 0 fr. 75 ; — Papier du registre pour la transcription, 0 fr. 40 ; — *Total*, 11 fr. 75.

Protêt au parquet. — Le protêt simple, 4 fr. 40 ; — Deuxième copie au parquet, 0 fr. 60 ; — Troisième au tribunal et droit de la copie de titre, 1 fr. 50 ; — Visa, 1 fr. ; — Timbre, 0 fr. 70 ; — *Total*, 7 fr. 10.

Intervention. — Original et copie, 2 fr. ; — Transcription au registre, 0 fr. 25 ; — Papier du registre, 0 fr. 15 ; — Enregistrement, 1 fr. 10 ; — *Total*, 3 fr. 50.

Dénonciation de protêt. — Original, 2 fr. ; — Copie de l'exploit, 0 fr. 50 ; — Copie de billet, Copie de protêt, 0 fr. 25 ; — Copie d'intervention, 0 fr. 25 ; — Copie de compte de retour, 0 fr. 25 ; — Timbre, 1 fr. 65 ; — Enregistrement, 1 fr. 10. — *Total*, 5 fr. 90.

Art. 2. — Les actes de protêt seront désormais dressés sans assistance de témoin.

(6) T. II, n° 228.

(7) Bonnescœur, p. 46 et 187 ; Boucher-d'Argis et Sorel, *Dict. de la taxe*, v° PROTÊT ; Chauveau et Godoffre, *Tarif*, art. 2348 ; Gagneraux, t. II, p. 100.

§ 7. Timbre et enregistrement.

34. — Timbre. — Un écrit négociable, écrit sur papier libre, ne peut être protesté avant d'avoir été soumis au timbre, sous peine de 20 francs d'amende pour chaque contravention (1).

35. — Enregistrement. — Le droit d'enregistrement des actes de protêt, fixé par l'article 1er du décret du 23 mars 1848, a été modifié par l'article 4 de la loi du 19 février 1874 et élevé à 1 fr. 50 en principal.

36. — Les lettres de change sont actuellement traitées, au point de vue de l'enregistrement, comme les billets à ordre et elles doivent être enregistrées avec les protêts qui constatent le défaut de paiement ou d'acceptation (2).

37. — Les protêts faits par les notaires doivent être enregistrés dans les quatre jours, comme ceux qui sont faits par les huissiers (3).

38. — Le registre des copies de protêts, tenu en exécution de l'article 176 du Code commercial, ne doit contenir que le nombre de lignes par pages et le nombre de syllabes par lignes fixés par l'article 20 de la loi du 21 juillet 1862 et l'article 1er du décret du 30 juillet 1862 (4).

§ 8. Formules.

1. *Protêt de lettre de change faute d'acceptation.*
2. *Protêt de lettre de change faute d'acceptation de la part du tiré, avec acceptation du besoin.*
3. *Protêt de lettre de change faute de paiement.*
4. *Protêt d'un billet à ordre.*
5. *Protêt d'un billet à ordre avec perquisition, par suite de fausse indication de domicile.*

1. — Protêt de lettre de change faute d'acceptation.

(Copier en tête la lettre de change, les endossements, et généralement tout ce qu'elle contient).

L'an..., le...

M*..., notaire à...,

Sur la réquisition de M. Paul Adam, négociant, demeurant à..., lequel a fait élection de domicile en sa demeure,

S'est transporté en la demeure de M. Emile Blaise, négociant, demeurant à..., et en parlant à sa personne, il l'a sommé d'accepter, pour en faire le paiement à son échéance, la lettre de change transcrite littéralement en tête des présentes, tirée sur lui par M... et dont l'original a été représenté à M. Blaise.

A cette réquisition, M. Blaise a répondu qu'il ne doit rien au tireur, ce qui le met dans l'impossibilité d'accepter la lettre de change qui lui est présentée. Sommé de signer sa réponse, il s'est refusé à le faire.

En conséquence de ce refus, le notaire a protesté de tous frais, dépens, dommages et intérêts, change, rechange, intérêts et tous autres accessoires.

Fait et passé à ..

Et, après lecture faite, le notaire a signé et a *laissé copie* à M. Blaise, tant de la lettre de change que du présent protêt, dont le coût est de...

---

(1) L. 24 mai 1834, art. 23.
(2) L. 28 février 1872, art. 10.
(3) L. 24 mai 1834, art 23.

(4) Vervins, 3 mai 1872 et Bourges, 13 mai 1873 (art. 20386 et 20771, J. N.); Déc. min. just. et fin., 11 février 1867.

2. — Protêt de lettre de change faute d'acceptation de la part du tiré avec acceptation du besoin.

(Copier en tête la lettre de change, les besoins, les endossements, et généralement tout ce qu'elle contient).

L'an..., le...

M•. ., notaire à...

Sur la réquisition de M. Paul Adam, négociant, demeurant à...

S'est transporté :

1° En la demeure de M. Emile Blaise, négociant, demeurant à..., et, en parlant à sa personne, ledit M•..., notaire, l'a sommé d'accepter, pour en faire le paiement à son échéance, la lettre de change transcrite littéralement en tête des présentes, tirée sur lui par M .. et dont l'original a été représenté à M. Blaise.

A cette réquisition, celui-ci a répondu qu'il n'est plus en compte courant avec le tireur et qu'il ne lui doit plus rien, ce qui le met dans l'impossibilité d'accepter la lettre de change qui lui est présentée.

En conséquence de ce refus, ledit M•..., notaire, a protesté de tous frais, dépens, dommages-intérêts, change, rechange, intérêts et tous autres accessoires.

2° En la demeure de M. Louis Leblanc, négociant, demeurant à..., chez qui est indiqué un *besoin* par ladite lettre de change, et en parlant à sa personne, M•..., notaire soussigné, lui a présenté la lettre de change ci-dessus transcrite et lui a fait sommation de l'accepter, par suite du défaut d'acceptation par M. Blaise.

M. Leblanc a répondu qu'il accepte, par suite du refus de M. Blaise, ladite lettre de change, pour en payer, au besoin seulement, le montant à l'échéance, et de suite il a mis son acceptation au besoin au bas de la lettre de change et l'a signée.

Fait et passé à...

3. — Protêt de lettre de change faute de paiement.

(Copier littéralement la lettre de change, les besoins et les endossements).

L'an..., le ..

M•..., notaire à...

Sur la réquisition de M. Paul Adam, négociant, demeurant à...

S'est transporté au domicile indiqué par la lettre de change transcrite en tête des présentes, chez M. Emile Blaise, négociant, demeurant à.., et en parlant à la personne de M .., lui a présenté la lettre de change dont copie littérale est en tête des présentes et l'a sommé et interpellé de lui payer la somme de..., qui en forme l'importance.

M... a répondu que M. Blaise ne lui ayant pas laissé de fonds, il ne pouvait payer la lettre de change représentée.

Sommé de signer sa réponse, il s'y est refusé.

En conséquence de ce refus de paiement, M•..., notaire, a protesté de tous frais, dépens, dommages et intérêts, change, rechange, intérêts et accessoires.

Fait et passé à...

4. — Protêt d'un billet à ordre.

(Copier littéralement le billet et les endossements).

L'an,..., le...

Sur la réquisition de M Paul Adam, négociant, demeurant à..

M•..., notaire à...

S'est transporté au domicile de M. Emile Blaise, négociant, demeurant à..., et a requis ce dernier en parlant à une personne qui a déclaré être..., de payer le billet à ordre souscrit par M. Blaise, copié en tête des présentes, et dont l'original est représenté par ledit M•..., notaire.

Le sieur... a déclaré que M. Blaise ne lui a remis aucuns fonds, ni aucun ordre au sujet dudit billet, ce qui le met dans l'impossibilité de payer, et sur la sommation qui lui a été faite de signer sa réponse il a déclaré s'y refuser.

En conséquence de ce refus de paiement M•..., notaire, a protesté de tous dépens, intérêts et frais, et notamment de ceux du présent protèt.

Fait et passé...

5. — Protèt d'un billet à ordre, avec perquisition, par suite de fausse indication de domicile.

(Copier littéralement le billet et les endossements).

L'an..., le...

M•..., notaire à.. , etc.

Sur la réquisition de M. Paul Adam, négociant, demeurant à...

S'est transporté au domicile pris et indiqué dans le billet à ordre ci-dessus transcrit, chez M. Emile Blaise, négociant, demeurant à..., et il a présenté à la personne qui a déclaré être la concierge de la maison, le billet transcrit en tête des présentes, et a fait sommation à M. Blaise en parlant à ladite concierge, de payer à l'instant même la somme de ... fr., montant dudit billet.

Sur cette sommation, la concierge a répondu que M. Blaise lui est complétement inconnu, qu'il n'existe dans la maison aucun locataire de ce nom, et que personne ne s'est présenté et n'a laissé de fonds pour acquitter ledit effet. Et elle a refusé de signer sa réponse.

De la réponse ci-dessus il résulte qu'il y a eu fausse indication de domicile ; en conséquence, M•..., notaire, assisté desdits témoins, a, conformément à la loi, procédé à la perquisition de la personne et du domicile de M. Blaise de la manière et ainsi qu'il suit, savoir :

(Indiquer les démarches faites).

La perquisition ayant été infructueuse, M•... l'a prise pour refus de paiement, et, en conséquence, a protesté du renvoi dudit effet à ordre aux garants et de tout ce qui est à protester en pareil cas.

Et, attendu que M. Blaise n'a ni domicile ni résidence connus, ledit M•... a, conformément à la loi, affiché copie du présent, signé de lui, à la principale porte de l'auditoire du tribunal de commerce séant à..., rue..., n•..., où la demande est susceptible d'être portée, et remis semblable copie à M. le procureur de la République près le tribunal de première instance séant aussi à..., qui a visé les présentes.

Fait et passé à...

PURGE

C'est l'ensemble des formalités imposées par la loi à celui qui veut dégrever un immeuble acquis par lui des charges hypothécaires auxquelles il est assujetti.

Sommaire :

§ 1. Des diverses espèces de purge.
§ 2. Purge des hypothèques inscrites.
§ 3. Purge des hypothèques non inscrites.
§ 4. Frais de la purge.
§ 5. Purge des priviléges.
§ 6. Purge des hypothèques maritimes.
§ 7. Responsabilité notariale.
§ 8. Honoraires.
§ 9. Formules.

§ 1. Des diverses espèces de purge.

1. — Il y a deux espèces de purge :
 a) Celle des *hypothèques inscrites*, hypothèques conventionnelles ou judiciaires ;
 b) Et celle des hypothèques *occultes* ou *non inscrites*, qu'on appelle la purge des hypothèques légales.

2. — Les formalités à accomplir n'étant pas les mêmes dans les deux cas, nous traiterons séparément des deux espèces de purge.

§ 2. Purge des hypothèques inscrites (1).

3. — La première formalité que doit remplir l'acquéreur qui veut procéder à la purge de son immeuble est de faire transcrire une expédition de son contrat au bureau des hypothèques de l'arrondissement où l'immeuble est situé. C'est ce que dit l'article 2181 du Code civil :

Les contrats translatifs de la propriété d'immeubles ou de droits réels immobiliers, que les tiers détenteurs voudront purger de privilèges et hypothèques, seront transcrits en entier par le conservateur des hypothèques dans l'arrondissement duquel les biens sont situés.

Cette transcription se fera sur un registre à ce destiné, et le conservateur sera tenu d'en donner reconnaissance au requérant.

4. — La simple transcription des titres translatifs de propriété sur le registre du conservateur, ne purge pas les hypothèques et privilèges établis sur l'immeuble.

Le vendeur ne transmet à l'acquéreur que la propriété et les droits qu'il avait lui-même sur la chose vendue : il les transmet sous l'affectation des mêmes privilèges et hypothèques dont il était chargé (art. 2182, C. civ.).

5. — Si le nouveau propriétaire veut se garantir de l'effet des poursuites autorisées par les articles 2169 et suivants du Code civil, il est tenu, soit avant les poursuites, soit dans le mois au plus tard (2), à compter de la première sommation qui lui est faite de payer ou délaisser, — de notifier aux créanciers, aux domiciles par eux élus dans leurs inscriptions, ou au domicile réel des créanciers (3) :
 a) Extrait de son titre, contenant seulement la date et la qualité de l'acte, le nom et la désignation précise du vendeur ou du donateur, la nature et la situation de la chose vendue ou donnée ; et, s'il s'agit d'un corps de biens, la dénomination générale seulement du domaine et des arrondissements dans lesquels il est situé, le prix et les charges faisant partie du prix de la vente, ou l'évaluation de la chose, si elle a été donnée (4) ;

---

(1) Les hypothèques conventionnelles ou judiciaires qui n'ont pas encore été inscrites se purgent, de plein droit, par la transcription de l'acte d'aliénation qui a fait sortir du patrimoine du débiteur l'immeuble qui en devait être la garantie (L. 23 mars 1855, art. 6).
(2) Le délai d'un mois est fatal ; il y a déchéance du droit de purger, quand le délai est expiré. Aubry et et Rau, t. III, p. 512 ; Dict. du not., n° 21 ; Paris, 23 juin 1882 ; Nancy, 16 juin 1883 (art. 23041, J. N.).
(3) Grenoble, 27 février 1884 ; Cass., 26 novembre 1884 (art. 23290, J. N.).
(4) Par *prix*, il faut entendre tout ce que l'ache-

teur doit payer directement au vendeur, et par *charges faisant partie du prix*, toutes les sommes en prestations que l'acquéreur s'est obligé de fournir ou de payer en sus du prix. Ces charges doivent être évaluées en capital dans la notification. Aubry et Rau, p. 515-516.
Si le prix consistait en valeurs variables, des actions de société, par exemple, l'acquéreur satisfait aux prescriptions de la loi en offrant cette valeur suivant l'évaluation faite au jour du paiement. Douai, 14 mars 1882 (Rev. not., n° 6446); Cass., 26 février 1883 (art. 22719 et 22918, J. N.).
Si l'acquéreur a commis une omission, elle doit

b) Extrait de la transcription de l'acte de vente ;

c) Un tableau sur trois colonnes, dont la première contiendra la date des hypothèques et celle des inscriptions ; la seconde, le nom des créanciers ; la troisième, le montant des créances inscrites (art. 2183, C. civ.). Lorsque plusieurs acquéreurs ont acquis par le même acte, ils peuvent se réunir pour faire les notifications par un seul et même exploit (1).

L'acquéreur ou le donataire déclarera, par le même acte, qu'il est prêt à acquitter, sur le champ, les dettes et charges hypothécaires, jusqu'à concurrence seulement du prix, sans distinction des dettes exigibles ou non exigibles.

6. — Lorsque le nouveau propriétaire a fait cette notification dans le délai fixé, tout créancier dont le titre est inscrit, peut, même dans le cas où le prix est suffisant pour le payer, requérir la mise de l'immeuble aux enchères et adjudications publiques, à la charge :

a) Que cette réquisition sera signifiée au nouveau propriétaire dans quarante jours, au plus tard, de la notification faite à la requête de ce dernier, en y ajoutant deux jours par cinq myriamètres de distance entre le domicile élu et le domicile réel de chaque créancier requérant (2) ;

b) Qu'elle contiendra soumission du requérant, de porter ou faire porter le prix à un dixième en sus de celui qui aura été stipulé dans le contrat, ou déclaré par le nouveau propriétaire ;

c) Que la même signification sera faite dans le même délai au précédent propriétaire, débiteur principal ;

d) Que l'original et les copies de ces exploits seront signés par le créancier requérant, ou par son fondé de procuration expresse, lequel, en ce cas, est tenu de donner copie de sa procuration ;

e) Qu'il offrira de donner caution jusqu'à concurrence du prix et des charges (art. 2185, C. civ.) ; le tout à peine de nullité (3).

7. — A défaut, par les créanciers, d'avoir requis la mise aux enchères dans le délai et les formes prescrits, la valeur de l'immeuble demeure définitivement fixée au prix stipulé dans le contrat, ou déclaré par le nouveau propriétaire, lequel est, en conséquence, libéré de tous privilèges et hypothèques, en payant ledit prix aux créanciers qui *seront en ordre de recevoir*, ou en le consignant (art. 2186, C. civ.) (4).

8. — En cas de revente sur surenchère, elle aura lieu suivant les formes établies pour les expropriations forcées, à la diligence *soit du créancier qui l'aura requise, soit du nouveau propriétaire.*

Le poursuivant énoncera dans les affiches le prix stipulé dans le contrat, ou

---

rester à sa charge. Paris, 8 décembre 1874 et 1er février 1876 (art. 21151, J. N.) ; Cass., 9 avril 1878 (art. 21899, J. N.).

On ne doit pas comprendre dans la notification les intérêts du prix. Pont, n° 1365 ; Paris, 20 décembre 1848; Besançon, 28 décembre 1848. — L'acquéreur ne doit les intérêts du prix aux créanciers hypothécaires qu'à partir de la notification à fin de purge, s'il a agi sans attendre leurs poursuites, et, au cas contraire, à partir de la sommation de payer ou délaisser. Cass., 28 juin 1862, 25 février 1863 et 1er mars 1870 ; Aubry et Rau, t. III, p. 520, 521. — Comp. : Dalmbert, n°s 125 et suiv.

En cas de dissimulation de partie du prix, les notifications ne sont pas nulles. Paris, 25 mars 1850. — Mais les créanciers peuvent ou attaquer la vente comme frauduleuse, ou exiger la partie du prix

retenue (Cass., 27 novembre 1855 et 21 juillet 1857).

(1) Cass., 14 mars 1853.

(2) Si le quarantième jour est un jour férié, le délai est prolongé jusqu'au lendemain. Rouen, 19 mars 1870 (art. 20350, J. N.).

(3) La caution exigée peut être fournie en rentes sur l'Etat appartenant à un tiers. Seine, 28 mars 1874.

A défaut de caution, le surenchérisseur peut donner un nantissement, soit en espèces, soit en rentes sur l'Etat, nominatives ou au porteur. Cass., 4 janvier 1865 et 15 mai 1877 ; Paris, 12 juin 1877.

(4) L'acquéreur peut être contraint, sur la demande des créanciers inscrits, à consigner son prix, après l'expiration des délais de surenchère. Aubry et Rau, p. 522 ; Caen, 29 avril 1864.

déclaré, et la somme en sus à laquelle le créancier s'est obligé de le porter ou faire porter (art. 2187, C. civ.).

9. — L'adjudicataire est tenu, au delà du prix de son adjudication, de restituer à l'acquéreur ou au donataire dépossédé les frais et loyaux coûts de son contrat, ceux de la transcription sur les registres du conservateur, *ceux de notification*, et ceux faits par lui pour parvenir à la revente (art. 2188, C. civ.) ; — et aussi, par application de l'article 2175 du Code civil, la plus-value résultant des travaux faits par l'acquéreur dépossédé postérieurement à son acquisition, alors même que le cahier des charges n'en imposerait pas l'obligation (1).

L'acquéreur ou le donataire qui concerne l'immeuble mis aux enchères, en se rendant dernier enchérisseur, n'est pas tenu de faire transcrire le jugement d'adjudication (art. 2189, C. civ.).

10. — Le désistement du créancier requérant la mise aux enchères, ne peut, *même quand le créancier paierait le montant de la soumission, empêcher l'adjudication publique, si ce n'est du consentement exprès de tous les autres créanciers hypothécaires* (art. 2190, C. civ.).

11. — L'acquéreur qui se sera rendu adjudicataire aura son recours tel que de droit contre le vendeur, pour le *remboursement de ce qui excède le prix stipulé par son titre, et pour l'intérêt de cet excédant, à compter du jour de chaque paiement* (art. 2191, C. civ.).

12. — Dans le cas où le titre du nouveau propriétaire comprendrait des immeubles et des meubles, ou plusieurs immeubles, les uns hypothéqués, les autres non hypothéqués, situés dans le même ou dans divers arrondissements des bureaux, aliénés pour un seul et même prix, ou pour des prix distincts et séparés, soumis ou non à la même exploitation, le *prix de chaque immeuble frappé d'inscriptions particulières et séparées, sera déclaré dans la notification du nouveau propriétaire, par ventilation, s'il y a lieu,* du prix total exprimé dans le titre (2). Le créancier surenchérisseur ne pourra, en aucun cas, être contraint d'étendre sa soumission ni sur le mobilier, ni sur d'autres immeubles que ceux qui sont hypothéqués à sa créance et situés dans le même arrondissement ; sauf le recours du nouveau propriétaire contre ses auteurs, pour l'indemnité du dommage qu'il éprouverait, soit de la division des objets de son acquisition, soit de celle des exploitations (art. 2192, C. civ.).

13. — L'obligation imposée par l'article 2192 du Code civil, à l'acquéreur de plusieurs immeubles de déclarer, dans la notification qu'il fait de son contrat pour parvenir à la purge des hypothèques inscrites, le prix de chaque immeuble frappé d'inscriptions particulières et séparées en faisant la ventilation du prix total exprimé dans son titre, doit être observée à l'égard des créanciers ayant des hypothèques générales grevant l'universalité des immeubles vendus, aussi bien qu'à l'égard de ceux qui ont des hypothèques spéciales grevant seulement un ou quelques-uns d'entre eux (3).

14. — **Qui peut purger ?** — La faculté de purger appartient à tout détenteur d'un immeuble grevé de privilèges ou d'hypothèques, pourvu qu'il ne soit pas obligé personnellement au paiement du prix, — sans qu'il y ait lieu de distinguer si l'immeuble lui a été transmis à titre gratuit ou onéreux.

15. — *Acquéreur.* — L'acquéreur de la *nue propriété* et l'acquéreur de l'*usufruit* jouissent, chacun en ce qui le concerne, de la faculté de purger (4).

---

(1) Limoges, 24 février 1869 ; Seine, 6 mars 1879.
(2) Cette ventilation est requise à peine de nullité (Paris, 17 août 1859), et la nullité peut être proposée par tous les créanciers hypothécaires (Chambéry, 28 novembre 1870).
Elle peut être critiquée par les créanciers hypothé-

caires, même par le vendeur (Agen, 10 juin 1885, Aubry et Rau, p. 540 ; Pont, n°° 1808-1361).
(3) Paris, 17 août 1859 et 15 novembre 1888 ; Grenoble, 27 mai 1868 ; Chambéry, 28 novembre 1870; Aubry et Rau, t. III, p. 548.
(4) Aubry et Rau, p. 504 ; Pont, n° 1283.

L'acquéreur, sous condition résolutoire, peut purger (1).

Mais l'acquéreur, sous condition suspensive, ne peut purger, tant que la condition n'est pas accomplie (2).

Il faut aussi refuser le droit de purger à l'acquéreur d'une part indivise dans un ou plusieurs immeubles hypothéqués, avant qu'il soit devenu définitivement propriétaire par un partage (3).

L'obligation contractée dans le contrat par l'acquéreur de payer son prix entre les mains de certains créanciers hypothécaires implique renonciation à la faculté de purger, si ces créanciers ont accepté la délégation faite à leur profit ; mais la simple obligation contractée par l'acquéreur de verser son prix entre les mains des créanciers hypothécaires qui seront en ordre de le recevoir, n'emporte aucun engagement personnel de la part de l'acquéreur et ne lui enlève point le droit de purger (4).

16. — *Caution.* — La caution ne peut pas purger, puisqu'elle est tenue de la dette (5).

17. — *Cessionnaire de droits successifs.* — Il ne peut purger, — s'il existe, du chef du cédant, des hypothèques, — qu'après la cessation de l'indivision, et pour les immeubles qui lui sont définitivement échus dans le partage ou la licitation (6).

18. — *Héritier.* — Il ne peut purger, puisqu'il est tenu des dettes, comme continuant la personne du défunt. La même règle est applicable à *l'héritier bénéficiaire*, détenteur par suite de partage en nature d'un immeuble héréditaire (7). Mais l'héritier bénéficiaire qui s'est rendu adjudicataire d'un immeuble de la succession est admis, en offrant l'intégralité de son prix, à purger les hypothèques existantes du chef du défunt (8).

19. — *Légataire.* — Le légataire universel, ou à titre universel, le donataire aux mêmes titres, ne peuvent purger ; mais le légataire ou le donataire particulier, n'étant point tenus des dettes, peuvent purger (9).

20. — **Aliénations qui emportent la purge de droit.** — Certaines aliénations sont soumises à des formalités tellement protectrices de l'intérêt des créanciers inscrits, que le législateur a cru devoir attacher à ce mode d'acquisition l'effet de substituer au droit de suite sur l'immeuble, un droit sur le prix ; il n'y a donc pas lieu à purge :

Telles sont :

   a) Les aliénations en cas d'expropriation pour cause d'utilité publique (10).

   b) Les adjudications après saisie immobilière ; aux termes de l'article 717 du Code de procédure civile, le jugement, dûment transcrit, purge toutes les hypothèques.

   c) Les adjudications prononcées sur surenchère, soit du dixième après aliénation volontaire suivie de purge, soit du sixième après vente judiciaire (11).

   d) Les adjudications prononcées sur les poursuites des syndics d'une faillite (12), et suivies de la surenchère du dixième (13).

---

(1) Cass , 14 avril 1847 ; Grenoble, 17 février 1849 ; Cass., 23 août 1871 (*Rev. not.*, n° 4939) ; Aubry et Rau, p. 505 ; Pont, n° 1225.
(2) Labbé, *Rev. crit.*, 1856, p. 220.
(3) Cass., 29 mai 1866.
(4) Aubry et Rau, p. 509 ; Cass , 13 février 1867 (art. 18805, J. N.).
(5) Aubry et Rau, t. III, p. 504 ; Pont, n° 1272.
(6) Orléans, 31 mai 1859 ; Aubry et Rau, p. 506. — *Contrà :* Pont, n° 1270.
(7) Pont, n° 1274 ; Aubry et Rau, p. 506.
(8) Cass., 26 février et 28 juillet 1862 (*Rev.* *not.*, n° 169-380) ; Demolombe, *Success.*, t. X, n° 291 *bis.*
(9) Pont, n° 1276 ; Aubry et Rau, p. 506.
(10) L. 3 mai 1841, art. 17 et 19.
(11) Aubry et Rau, p. 499 et suiv.; Dalmbert, n° 45.
(12) Rodière, *Proc. civ.*, t. III, p. 453 ; Lainé, *Des faillites*, p. 488 ; Orléans, 20 mars 1850 ; Cass., 19 mars 1851 ; Nîmes, 28 janvier 1856 ; Caen, 1er juillet 1863 ; Cass., 3 août 1864 (S. 1864-1-381). — *Contrà :* Aubry et Rau, t. III, p. 502 ; Paris, 21 août 1862 ; Douai, 16 août 1865.
(13) Dalmbert, n° 49 et suiv.

e) Les adjudications prononcées sur surenchères du dixième après une aliénation volontaire suivie de purge (1).

21. — Mais n'opèrent point de plein droit la purge des hypothèques, bien que faites en justice.

   a) L'adjudication sur vente de biens de mineurs (2).

   b) Les adjudications sur licitation ;

   c) Les ventes d'immeubles dépendant d'une succession bénéficiaire ou vacante (3).

   d) Les ventes sur conversion de saisie immobilière en vente volontaire, lorsque la conversion a été opérée avant la sommation faite aux créanciers inscrits, conformément à l'article 692 du Code de procédure civile (4).

22. — Les *communes* sont dispensées de recourir aux formalités de la purge des hypothèques pour toutes les acquisitions d'immeubles faites de gré à gré et dont le prix n'excède pas 500 francs (5).

Il en est de même des *hospices* et autres établissements de bienfaisance (6).

23. — Officiers compétents. — Les formalités nécessitées par la purge des hypothèques inscrites sont de la compétence exclusive des *avoués*, puisque, d'après l'article 832 du Code de procédure civile, leur ministère est indispensable pour les notifications (7).

24. — Frais. — Les frais de purge des hypothèques inscrites, sauf les frais de transcription, sont, à moins de convention contraire, à la charge du vendeur et viennent, par conséquent, en déduction du prix (8).

En cas d'ordre ou de règlement judiciaire, l'acquéreur est colloqué par privilège pour le montant de ces frais (9).

§ 3. Purge des hypothèques non inscrites.

25. — Aux termes des articles 2121 et 2135 du Code civil, l'hypothèque des femmes mariées sur les biens de leur maris, des mineurs et interdits sur les biens de leurs tuteurs existe indépendamment de toute inscription. Elle est occulte ; il fallait donc que la loi mît à la disposition des acquéreurs qui voudraient dégrever leurs propriétés de ces charges spéciales, des moyens autres que la procédure dont nous venons de parler, laquelle s'applique uniquement aux hypothèques inscrites. Ce moyen est la purge dit purge des hypothèques légales ou *purge légale*, établie par les articles 2193 et suivants du Code civil. Elle a pour objet de mettre les créanciers intéressés ou leurs représentants en demeure de prendre inscription, sous peine de déchéance, dans un délai de *deux mois*, à partir de l'accomplissement des formalités prescrites et que nous expliquerons ci-après.

26. — Il résulte de ce que nous venons de dire que les formalités de la *purge légale* sont sans utilité, lorsque les hypothèques légales, bien que dispensées d'inscription, ont cependant été inscrites. Dans ce cas, il n'y a qu'à recourir, pour en opérer la purge, aux formalités établies par les articles 2181 et suivants, comme s'il s'agissait d'hypothèques conventionnelles ou judiciaires (10).

---

(1) L. 21 mai 1858, art. 838 ; Dalmbert, n° 50.
(2) Bourges, 12 janvier 1876.
(3) Aubry et Rau, p. 501-502.
(4) Amiens, 17 mai 1851 ; Orléans, 15 février 1859 ; Cass., 11 novembre 1862 ; Caen, 17 juin 1874 ; Dalmbert, n° 44.
(5) Décret du 14 juillet 1866.
(6) Décret du 7 juin 1875 (*Rev. not.*, n° 4997).
(7) Cass., 20 août 1845 ; Dict. du not., n° 58 ; Boucher d'Argis et Sorel, v° *urge des hypoth. ord.*, n° 2.
(8) Boucher d'Argis, p. 456.
(9) Aubry et Rau, p. 508 ; Cass., 22 août 1856 et 8 avril 1874 (*Rev. not.*, n° 5013).
(10) Aubry et Rau, p. 509-510 ; Cass., 21 août 1833.

27. — *A fortiori*, les formalités de purge légale sont inapplicables au cas où, par suite de l'expiration de l'année qui a suivi la dissolution du mariage ou la cessation de la tutelle, les hypothèques légales se sont trouvées déchues du bénéfice de l'article 2135 et soumises à la nécessité de l'inscription, conformément aux articles 6 et 8 de la loi du 23 mars 1855.

28. — La purge légale est facultative, pour l'acquéreur, comme celle des hypothèques inscrites, mais il ne faut pas oublier que le tiers détenteur ne jouira d'une sécurité complète qu'après l'accomplissement de cette formalité.

29. — Elle s'applique, aussi, aux aliénations volontaires et aux aliénations qui, bien que faites en justice, n'ont d'autres effets que ceux des ventes volontaires.

30. — Dans le cas de saisie immobilière, l'adjudication de l'immeuble saisi purge par elle-même l'hypothèque légale des femmes, mineurs et interdits : le prix du gage est définitivement fixé, sauf leur droit de faire une surenchère du sixième — et ils n'ont rien à réclamer de l'adjudicataire, s'il offre le paiement ou la consignation. — Mais leur droit de préférence subsiste (1).

31. — Il en est de même au cas d'adjudication sur délaissement de l'immeuble par l'acquéreur — ou sur conversion de saisie en vente volontaire, après les sommations prescrites par les articles 692 et 696 du Code de procédure civile, — enfin au cas d'expropriation pour cause d'utilité publique.

32. — Mais il y a lieu à purge légale, après aliénation de biens dépendant d'une succession indivise (art. 966, C. de proc. civ.), — d'une succession bénéficiaire ou vacante (art. 987 et 1001, C. de proc. civ.), d'une faillite, — ou appartenant à des mineurs (art. 953 et suiv., C. de proc. civ.), — à une femme dotale (art. 1558, C. civ.).

33. — **Formalités à remplir.** — Les formalités à remplir, pour arriver à la purge légale, sont énumérées dans les articles 2193 et suivants du Code civil, ainsi conçus :

« Pourront les acquéreurs d'immeubles appartenant à des maris ou à des tuteurs, lorsqu'il n'existera pas d'inscription sur lesdits immeubles à raison de la gestion du tuteur, ou des dot, reprises et conventions matrimoniales de la femme, purger les hypothèques qui existeraient sur les biens par eux acquis (art. 2193, C. civ.).

« A cet effet, ils déposeront copie dûment collationnée du contrat translatif de propriété au greffe du tribunal civil et du lieu de la situation des biens, et ils certifieront par acte signifié, tant à la femme ou au subrogé-tuteur, qu'au procureur de la République près le tribunal, le dépôt qu'ils auront fait. Extrait de ce contrat, contenant sa date, les noms, prénoms, professions et domiciles des contractants, la désignation de la nature et de la situation des biens, le prix et les autres charges de la vente, sera et restera affiché pendant deux mois dans l'auditoire du tribunal; pendant lequel temps, les femmes, maris, tuteurs, subrogés-tuteurs, mineurs, interdits, parents ou amis, et le procureur de la République, seront reçus à requérir, s'il y a lieu, et à faire faire au bureau du conservateur des hypothèques, des inscriptions sur l'immeuble aliéné, qui auront le même effet que si elles avaient été prises le jour du contrat de mariage, ou le jour de l'entrée en gestion du tuteur; sans préjudice des poursuites qui pourraient avoir lieu contre les maris et les tuteurs, ainsi qu'il a été dit ci-dessus, pour hypothèques par eux consenties au profit des tierces personnes sans leur avoir déclaré que les immeubles étaient déjà grevés d'hypothèques, en raison du mariage ou de la tutelle (art. 2194, C. civ.).

« Si, dans le cours des deux mois de l'exposition du contrat, il n'a pas été

---

fait d'inscription du chef des femmes, mineurs ou interdits, sur les immeubles vendus, ils passent à l'acquéreur sans aucune charge, à raison des dot reprises et conventions matrimoniales de la femme, ou de la gestion du tuteur, et sauf le recours, s'il y a lieu, contre le mari et le tuteur. — S'il a été pris des inscriptions du chef desdites femmes, mineurs ou interdits, et s'il existe des créanciers antérieurs qui absorbent le prix en totalité ou en partie, l'acquéreur est libéré du prix ou de la portion du prix par lui payée aux créanciers placés en ordre utile ; et les inscriptions du chef des femmes, mineurs ou interdits, seront rayées, ou en totalité, ou jusqu'à due concurrence. — Si les inscriptions du chef des femmes, mineurs ou interdits, sont les plus anciennes, l'acquéreur ne pourra faire aucun paiement du prix au préjudice desdites inscriptions, qui auront toujours, ainsi qu'il a été dit ci-dessus, la date du contrat de mariage, ou de l'entrée en gestion du tuteur ; et, dans ce cas, les inscriptions des autres créanciers qui ne viennent pas en ordre utile seront rayées (art. 2195, C. civ.).

34. — Trois formalités sont donc prescrites par la loi :
   a) Dépôt du titre translatif de propriété ;
   b) Signification de l'acte de dépôt ;
   c) Affiche de l'extrait du contrat dans l'auditoire du tribunal.

L'article 2194 du Code civil veut qu'il soit déposé au greffe une copie *dûment collationnée* du contrat. Que doit-on entendre par copie collationnée ? La réponse à cette question se trouve dans l'article 1335 du Code civil (1). En effet, ces mots *copie dûment collationnée* ne peuvent s'entendre que d'une copie revêtue de la forme prescrite par la loi pour constater la conformité de cette copie avec la minute du contrat qu'il s'agit de livrer à la publicité. Or, d'après l'article précité, ce caractère ne se trouve que dans une copie tirée sur la minute par l'autorité du magistrat ou délivrée par le notaire possesseur de cette minute. — C'est donc à tort que les avoués qualifient de copie collationnée la copie qu'ils font faire sur l'expédition du contrat de vente et qu'ils déposent au greffe. — Une pareille copie qui n'est qu'une *copie de copie* et qui, suivant le § 4 du même article 1335 ne peut valoir que comme simple renseignement, n'est pas la copie collationnée exigée par l'article 2194 et ne devrait pas dès lors être admise par le greffier (2).

35. — Le dépôt d'une copie de la transcription du contrat ne remplacerait pas la copie collationnée du contrat, le greffier aurait le droit de refuser de la recevoir, et les tribunaux pourraient annuler la purge faite sur cette copie (3). L'officier public qui a reçu l'acte ou qui en est dépositaire, a seul qualité pour certifier la copie collationnée dont parle l'article 2194 (4).

36. — En cas de plusieurs ventes d'immeubles distinctes consenties par un seul vendeur à plusieurs acquéreurs, ceux-ci peuvent se réunir pour ne faire qu'un seul dépôt des copies de leurs contrats (5), alors même que les actes sont intervenus à des dates différentes (6).

---

(1) Cet article est ainsi conçu : ... 2° Les copies tirées sur la minute de l'acte par le notaire qui l'a reçu ou par l'un de ses successeurs, ou par officiers publics qui, en cette qualité, sont dépositaires des minutes, *peuvent, au cas de perte de l'original, faire foi quand elles sont anciennes.* — Elles sont considérées comme anciennes quand elles ont plus de trente ans ; — *Si elles ont moins de trente ans, elles ne peuvent servir que de commencement de preuve par écrit.* — 3° Lorsque les copies tirées sur la minute d'un acte ne l'auront pas été par le notaire, qui l'a reçu, ou par l'un de ses successeurs, ou par officiers publics qui, en cette qualité, sont dépositaires des minutes, elles ne pourront servir, quelle que soit leur ancienneté, que de commencement de preuve par écrit. — 4° *Les copies de copies pourront, suivant les* circonstances, être considérées comme simples renseignements.

(2) Aubry et Rau, t. III, p. 540 ; Pont, *Privil. et hyp.*, n° 408 ; Colmet de Santerre, t. IX, n° 184 *bis* ; Boucher d'Argis et Sorel, p. 451. — *Contrà :* Chauveau et Godoffre, n° 4562.

(3) Cass., 24 juin et 14 juillet 1868 (art. 19358, J. N., et J. du not., n° 2290) ; Cass., 19 janvier 1891.

(4) Amiens, 13 mai 1839 ; Saint-Yrieix, 13 février 1856. — *Contrà :* Nîmes, 9 mai 1837 (V. *suprà*, n° 34).

(5) Saint-Yrieix, 13 avril 1856 ; Nîmes, 9 mai 1857 ; Riom, 23 juillet 1860 (art. 16943, J. N.) ; Dict. du not., n° 38 ; Boucher d'Argis et Sorel, p. 452.

(6) Riom, précité. — *Contrà :* Agen, 1er juin 1859.

37. — Le dépôt au greffe de la copie du contrat d'aliénation est constaté par un acte que dresse le greffier et dont il délivre expédition au déposant. Ce dépôt peut être fait par la partie elle-même ou par son mandataire (1).

38. — C'est ce dépôt qui est ensuite *signifié* par huissier, tant à la femme ou au subrogé-tuteur du mineur, qu'au procureur de la République.

39. — La notification de la copie de l'exploit doit être faite à la femme, non au mari, qui ayant un intérêt contraire à celui de son épouse, ne peut être son représentant (2). Si la femme est mineure, la notification doit, en outre, être faite à un curateur *ad hoc*, dont le tiers détenteur doit provoquer la nomination (3).

40. — La notification ne doit pas seulement être faite à la femme du vendeur immédiat, elle doit encore être faite à tous ceux qui peuvent avoir des hypothèques légales non purgées du chef des vendeurs précédents. Dans ce but, il y a lieu d'examiner avec soin les titres d'acquisition et de propriété, ainsi que l'état civil des vendeurs et des anciens propriétaires.

41. — Si la femme ou ceux qui la représentent, ou le subrogé-tuteur ne sont pas connus de l'acquéreur, un avis du Conseil d'Etat du 1er juin 1807 dispose qu'il sera nécessaire et suffira, pour remplacer la signification qui doit leur être faite aux termes de l'article 2194: — en premier lieu, que dans la signification à faire au procureur de la République, l'acquéreur déclare que ceux du chef desquels il pourrait être formé des inscriptions pour raison d'hypothèques légales existant indépendamment de l'inscription, n'étant pas connus, il fera publier la susdite signification dans les formes prescrites par l'article 696 du Code de procédure civile ; — en second lieu, que le susdit acquéreur fasse cette publication dans lesdites formes de l'article 683 du Code de procédure civile, ou que, s'il n'y avait pas de journal dans le département, l'acquéreur se fasse délivrer par le procureur de la République, un certificat portant qu'il n'en existe pas.

Il a pourtant été jugé que la notification faite au parquet ne saurait suppléer à la notification qui doit être faite à la personne de la femme (4).

42. — Il n'est point nécessaire que la notification de l'acte de dépôt contienne l'indication du prix, et l'erreur commise sur cette indication surabondante ne vicierait point la procédure (5).

43. — Enfin, la troisième et dernière formalité imposée est l'*affiche*, durant deux mois, dans l'auditoire du tribunal, d'un extrait du contrat d'acquisition contenant la date, les noms, prénoms, professions et domiciles des parties, la désignation de la nature et de la situation des biens, le prix et les autres charges de la vente.

Le délai de deux mois, fixé par l'article 2194 du Code civil, court du jour de l'affiche du contrat, ou de la publication ordonnée par l'avis du conseil d'Etat de 1807 ; il n'est pas augmenté en raison des distances, spécialement quand la femme habite hors du continent (6).

Y a-t-il lieu de requérir du greffier du tribunal un second certificat deux mois après le dépôt de l'expédition du contrat de vente ?

Bien que la loi ne fasse pas mention, ni dans l'article 2194 ni dans les articles

---

(1) Cass., 31 mars 1840 ; Aubry et Rau, t. III, p. 542 ; Pont, n° 1410.

(2) Aubry et Rau, p. 542 ; Paris, 25 février 1819 ; Toulouse, 22 décembre 1830 ; Cass., 29 février 1820 ; Lyon, 6 juillet 1887. — V. toutefois, en sens contraire : Cass., 14 juillet 1830 ; alors même que la femme est séparée de biens, Rouen, 14 février 1828. Cons., *J. du not.*, n°° des 21 août 1869 et 28 mai 1879.

(3) Bioche, v° *Purge légale*, n° 33 ; Paris, 7 juillet 1874 (*J. du not.*, n° 2745) ; Dict du not., n° 14 ; Lyon-Caen, note sous l'arrêt ci-après (S. 1876-1-313). Le contraire résulte d'un arrêt de cassation du 7 février 1876 (art. 21373, J. N. ; S. 1876-1-313) ; mais il s'agissait d'une purge par le Crédit foncier, et l'arrêt s'appuie sur la législation spéciale de cette société.

(4) Tr. Grenoble, 2 février 1882.

(5) Grenoble, 17 avril 1883 (art. 23152, J. N.).

(6) Grenoble, 8 mars 1855 ; Seine, 21 mars 1860 (art. 16838, J. N.) ; Pont, n° 1417. — *Contra :* Bergerac, 23 février 1854 ; Seine, 24 juin 1854. — Si le dernier jour est férié, le délai n'est pas prolongé (Valence, 17 juin 1876).

suivants, du certificat appelé certificat d'*exposition*, l'officier ministériel qui a mandat d'opérer une purge d'hypothèques légales doit toujours, à notre avis, s'en munir pour mettre à couvert sa responsabilité. En effet, dans l'économie de la loi, la publication dans les journaux de l'acte de dépôt au greffe de la copie du contrat ne tient pas lieu de l'exposition du contrat dans l'auditoire du tribunal. Elle tient simplement lieu de la notification à la femme ou au subrogé-tuteur. Ces deux formalités : l'affichage et la publication dans les journaux, sont donc absolument distinctes l'une de l'autre et répondent à deux buts différents. Or, comment l'officier ministériel pourrait-il, vis-à-vis de son client, faire la preuve que l'extrait contenant tous les détails exigés par l'article 2194 du Code civil est resté affiché pendant deux mois dans l'auditoire du tribunal, s'il ne produisait pas le certificat d'exposition émané du greffier? Aussi, est-ce avec juste raison que, dans la pratique, on ne néglige pas cette formalité (1).

44. — Nous avons dit que les formalités prescrites par les articles 2194 et suivants avaient pour but d'obliger les personnes, bénéficiaires d'hypothèques occultes, à les faire inscrire dans le délai de deux mois. La situation de ces créanciers varie suivant qu'ils ont pris ou n'ont pas pris inscription.

45. — *S'il a été pris inscription*, le créancier (la femme ou le mineur) conserve son droit de suite, c'est-à-dire qu'il a, comme tout créancier inscrit, le droit de *surenchère*, dans les deux mois de l'exposition du contrat (2). S'il n'use pas de ce droit, il peut toujours exercer son droit de préférence sur le prix; mais alors deux hypothèses peuvent se présenter :

> *a)* Ou la femme, le mineur, ne viennent pas dans l'ordre en rang utile, c'est-à-dire sont primés par des inscriptions antérieures ; l'acquéreur se libère alors en payant aux créanciers colloqués en première ligne et doit, par suite, obtenir la radiation des hypothèques légales non colloquées (art. 2195, C. civ.).
>
> *b)* Ou les créanciers à hypothèque légale viennent au premier rang et, en ce cas, si leurs créances peuvent être déterminées, ils sont colloqués actuellement sur le prix, sinon l'acquéreur est autorisé à consigner ; — et la radiation des inscriptions des autres créanciers est ordonnée par le juge (art. 2195, 3°, C. civ.).

46. — *S'il n'a pas été pris inscription*, la femme (le mineur ou l'interdit) ont perdu leur droit de surenchère, mais le droit de préférence subsiste encore et il peut être exercé, si un ordre ayant été ouvert dans les trois mois qui suivent l'expiration du délai d'inscription, soit à la requête du créancier à hypothèque légale, soit de tout autre, la femme ou le mineur ont produit en temps utile, c'est-à-dire dans le délai prescrit par l'article 754 du Code de procédure civile, au cas d'ordre judiciaire, — et avant la clôture, au cas d'ordre amiable (art. 717, 772, C. proc. civ.).

Toutefois, la déchéance du droit de préférence ne saurait être encourue, si le créancier à hypothèque légale n'avait pu produire, aucun ordre n'ayant été ouvert dans les trois mois, par suite du non accomplissement de la purge des hypothèques inscrites (3).

Si, en l'absence de créanciers, il n'y a lieu ni à ordre amiable, ni à réglement judiciaire, le droit de préférence des créanciers à hypothèque légale continue de subsister, tant que, le prix restant dû au vendeur de l'immeuble, les choses se trouvent entières (4).

---

(1) Dict. du not., v° *Purge des hypoth. légales.* n° 31.
(2) Grenoble, 15 mars 1876 et 17 avril 1883 ; Seine, 17 juin 1884.
(3) Cass., 24 juin 1891 (art. 24702, J. N.) ; *J. du not.*, 1891, p. 775.
(4) Aubry et Rau, p. 407 ; Seine, 4 avril 1872 (art. 20779, J. N.).

47. — La *Renonciation* par la femme du vendeur à son hypothèque légale sur l'immeuble aliéné, renonciation qui produit, à l'égard de la femme venderesse, *les mêmes effets que la purge* (1), ne fait pas perdre davantage à cette dernière son droit de préférence; elle ne la prive que du droit de suite et de surenchère (2). La femme peut donc se prévaloir de son droit de préférence sur le prix à l'encontre du mari, de ses cessionnaires ou des autres créanciers hypothécaires, tant que le prix se trouve entre les mains de l'acquéreur (3), et l'acquéreur qui, à défaut de purge, paie au mépris des droits de la femme, peut être déclaré responsable envers cette dernière de la somme ainsi payée (4), à moins qu'en effectuant ce paiement, il ne se soit conformé aux stipulations mêmes du contrat d'acquisition auquel la femme a concouru (5).

La survie du droit de préférence au droit de suite a été, du reste, consacrée par la loi du 13 février 1889 qui, après avoir déclaré que la renonciation par la femme à son hypothèque légale, au profit de l'acquéreur d'immeubles grevés de cette hypothèque, en emporte l'extinction et *vaut purge* (sous certaines conditions déterminées), ajoute que toutefois, la femme conserve son droit de préférence sur le prix, mais sans pouvoir répéter contre l'acquéreur le prix ou la partie du prix par lui payé de son consentement. — Il est donc nécessaire que l'acquéreur qui ne fait pas remplir les formalités spéciales de purge légale, s'assure le consentement de la femme à la quittance du prix, pour être à l'abri de toute réclamation de la part de celle-ci, à moins que le mari n'ait déjà transporté le prix avec le consentement de sa femme (6).

48. — **Officiers compétents.** — On n'a pas besoin de recourir nécessairement au ministère des avoués pour les formalités de purge des hypothèques légales (7); et dans beaucoup de villes, cette procédure est suivie par les notaires, qui peuvent, mieux que les avoués et à moins de frais, s'acquitter de cette mission (8).

49. — Pour la purge des hypothèques légales par le *Crédit foncier* (V. *suprà*, v° OBLIGATION HYPOTHÉCAIRE AU PROFIT DU CRÉDIT FONCIER).

(1) M. Defrénois, qui, dans son Répertoire, avait critiqué comme inexacts les termes de la loi du 13 février 1889, en ce qu'ils assimilent à la purge la renonciation de la femme, s'étonne, dans la préface (p. 6) du *Commentaire* qu'il a publié depuis, que nous ayons osé contester son appréciation sur ce point. Cet auteur ne saurait même reconnaître qu'il a pu se tromper ! Il est si vrai, ajoute-t-il encore, que la renonciation à son hypothèque légale par la femme *ne vaut pas purge*, que, malgré cette renonciation, la procédure de l'hypothèque légale peut être jugée nécessaire; et il cite le cas où la femme ayant concouru à une vente d'un propre du mari dont le prix est payable à terme, refuse ensuite ou est dans l'impossibilité de concourir à la quittance. M Defrénois ne s'est pas aperçu qu'il faisait toujours la même erreur, confondant la purge, qui, d'après les auteurs (Aubry et Rau, t. III, p. 497; Pont, *Priv. et hyp.*, t. II, n° 1240; Rev. du not., *loi du 13 février 1889*, n° 8329, p. 616; Dalmbert, n° 34 et suiv.), n'éteint, comme la renonciation, que le droit de suite, et la procédure d'ordre qui fixe le droit des divers créanciers sur le prix. Non, l'acquéreur, dans l'espèce, n'aura pas besoin de purger, parce que la purge n'a jamais eu pour but, ni pour effet, d'éteindre le droit de préférence. Son unique effet, il n'est point permis de l'ignorer, *quand on a la prétention d'enseigner les vrais principes*, son unique effet de convertir le droit de suite sur l'immeuble en un droit qui ne porte plus que sur le prix. Si donc la femme ne peut ou ne veut recevoir le prix, l'acquéreur le consignera, s'il n'existe pas

d'autres créanciers, ou, s'il en existe d'autres, provoquera un ordre. Il sera, de cette façon, dans l'un ou l'autre cas, à l'abri de toute recherche.

(2) La renonciation de la femme du vendeur, nous n'avons pas besoin de le faire remarquer, ne dispense l'acquéreur de la purge qu'à l'égard de la femme renonçante; l'acquéreur devrait toujours purger l'hypothèque légale des femmes des précédents propriétaires ou des mineurs et interdits, s'il en existait.

Si la femme du vendeur a, seule, une hypothèque légale sur l'immeuble vendu et si cette hypothèque a été inscrite, il suffira, pour la purger, d'une simple mainlevée de cette inscription, donnée par la femme ayant capacité à cet effet.

(3) Aubry et Rau, p. 464; Pont, n° 484-485; Cass., 6 novembre 1855; Tr. Lyon, 3 mars 1858; Paris, 16 novembre 1866 et 9 février 1883; Douai, 15 mai 1888 (art 15707-16299-18655-22939 et 24112, J. N.).

(4) Agen, 21 mars 1866; Dijon, 17 novembre 1876.

(5) Paris, 9 février 1883 (art. 22939, J. N.; Cons. Dissert., art. 22955, J. N.).

(6) V. art. 24238, J. N.

(7) Dict. du not. V° *Purge légale*, n° 12; Boucher d'Argis et Sorel, p. 451; Berthaut, *Repert. not.*, 1891, p. 449. — Codes annotés de Sirey, sur l'article 2194; Mailland, p. 329; Cass., 22 mai 1838, 31 mars 1840; Versailles, 24 novembre 1848; Marseille, 18 septembre 1857.

(8) Audier, *Code des ordres*, p. 261.

§ 4. Frais de la purge.

50. — Les frais de purge des hypothèques légales sont, dans l'usage, à la charge de l'acquéreur, et sont payés par lui en sus de son prix (1). Toutefois, s'il survient des inscriptions, l'acquéreur a le droit de répéter ces frais contre son vendeur (2).

MM. Ollivier et Mourlon sont, toutefois, d'avis qu'ils devraient être privilégiés comme les frais de purge ordinaire, à moins qu'à raison des circonstances dans lesquelles elle a été faite, cette formalité constitue un acte déraisonnable et inutile (3).

§ 5. Purge des privilèges.

51. — Les privilèges inscrits se purgent, comme les hypothèques inscrites (art. 2180 à 2192, C. civ.) (4).

Les privilèges qui n'ont pas été inscrits dans le délai légal (V. *supra*, v° Inscription de privilège, n° 18) se purgent, de plein droit, par l'effet de la transcription de l'acte d'aliénation qui a fait sortir du patrimoine du second acquéreur l'immeuble sur lequel ils reposaient (V. *infra*, v° Transcription).

§ 6. Purge des hypothèques maritimes.

52. — La loi du 10 juillet 1885, sur l'hypothèque maritime, a organisé en faveur des acquéreurs de navire une purge spéciale que nous devons aussi faire connaître.

Les articles 18 et suivants de cette loi sont ainsi conçus :

53. — L'acquéreur d'un navire ou d'une portion de navire hypothéqué, qui veut se garantir des poursuites autorisées par l'article précédent, est tenu, avant la poursuite, ou dans le délai de quinzaine, de notifier à tous les créanciers inscrits sur le registre du port d'immatricule, au domicile élu dans leurs inscriptions :

    a) Un extrait de son titre, indiquant seulement la date et la nature de l'acte, le nom du vendeur, le nom, l'espèce et le tonnage du navire et les charges faisant partie du prix.

    b) Un tableau sur trois colonnes, dont la première contiendra la date des inscriptions; la seconde, le nom des créanciers; la troisième, le montant des créances inscrites.

Cette notification contiendra constitution d'avoué (art. 18).

54. — L'acquéreur déclarera par le même acte qu'il est prêt à acquitter sur le champ les dettes hypothécaires jusqu'à concurrence de son prix, sans distinction des dettes exigibles ou non exigibles (art. 19).

55. — Tout créancier peut requérir la mise aux enchères du navire ou portion de navire en offrant de porter le prix à un dixième en sus et de donner caution pour le paiement du prix et des charges (art. 20).

(1) Aubry et Rau, p. 509 ; Dict. du not., n° 57 ; Landouzy, n° 845 ; Bioche, V° *Ordre*, n° 247 ; Dramard, *Rev. not.*, n° 5013 ; Audier, p. 173 ; Chauveau, p. 345 ; Grenoble, 7 janvier 1857.

(2) Mêmes auteurs : Foubert, *Des frais de purge*, 12 et 14.

(3) N° 549. — Sic : Dalmbert, n° 189 ; Houpin J. du not., 1890, p. 753.

(4) Le tiers acquéreur qui, par la purge, a affranchi du privilège du vendeur les immeubles qu'il a acquis, n'est plus exposé à l'action résolutoire de ce vendeur. Bordeaux, 19 mai 1879 (*Rev. not.*, n° 5988).

§ 7. Responsabilité notariale.

56. — Le notaire n'étant pas, par ses fonctions mêmes, chargé des formalités de purge soit des hypothèques inscrites, soit des hypothèques légales, ne saurait être rendu responsable des erreurs ou des fautes commises dans l'accomplissement de ces formalités qu'autant qu'il a reçu un mandat certain à cet effet, mandat qui ne saurait résulter de simples présomptions et qui doit être prouvé (1).

Mais s'il est constant que le notaire a reçu mandat de l'acquéreur, il n'est pas douteux qu'il serait responsable, soit du défaut de purge (2), soit de toute faute ou de toute négligence ayant occasionné un préjudice. Par application de ces principes, un notaire a été déclaré responsable du préjudice pouvant résulter au profit des acquéreurs, du refus du conservateur de rayer l'inscription d'office subsistant du chef des vendeurs, lorsqu'ayant reçu et accepté le mandat de faire la distribution du prix aux créanciers, il a omis d'exiger, au moment du paiement, les mainlevées nécessaires pour libérer complètement les acquéreurs (3).

En tous cas, lorsqu'il est établi que pour une formalité de purge, deux manières de procéder sont en usage, aucune faute ne saurait être imputée au notaire qui n'a pas choisi, dans l'intérêt de ses clients, la manière de procéder la plus économique (4).

§ 8. Honoraires.

57. — Lorsque la purge légale est faite par les notaires, quel sera l'honoraire alloué?

Faudra-t-il prendre pour base, comme le demande M. Boucher d'Argis, les dispositions du premier tarif qui, par leur analogie, se rapprochent de la procédure de purge et allouent:

a) Une vacation à déposer au greffe la copie collationnée du contrat (1er tarif, art. 91, § 13);

b) Un droit de 1 fr. 50 c., 1 fr. 80 c. ou 2 francs, pour rédaction de l'extrait à insérer au journal et vacation à l'insertion (1er tarif, art. 105, § 1er);

c) Une vacation pour faire légaliser la signature de l'imprimeur (1er tarif, art. 105, § 3);

d) Une vacation à requérir du greffier le certificat d'affiches (1er tarif, art. 90, § 14);

e) Et une vacation à requérir du conservateur le certificat négatif ou affirmatif d'inscription (1er tarif, art. 107).

Nous ne pensons pas qu'une pareille rémunération, que la loi ne consacre point, et qui ne tient aucun compte de la responsabilité encourue par l'officier ministériel chargé de la purge, puisse être acceptée.

Dans leur *Formulaire général* (5), MM. Mourlon et Jeannest-Saint-Hilaire constatent qu'en pareille matière, les usages généralement suivis accordent aux avoués:

a) Un droit fixe de 25 francs pour le dépouillement des titres de propriété;

b) 1 °/₀ sur le prix, comme honoraire proportionnel.

---

(1) Besançon, 2 décembre 1879 (*Rev. not.*, n° 6495).
(2) Belley, 17 mars 1882; Vouziers, 30 avril 1884; Seine, 10 juillet 1891
(3) Paris, 20 février et 28 juillet 1890 (art. 24748, J. N.). — *Sic*: Caen, 3 mars 1880 (art. 22430, J. N.).
(4) Lyon, 11 décembre 1886.
(5) P. 792.

Ces bases de rémunération sont en usage dans le ressort d'un grand nombre de tribunaux ; mais ils nous paraissent excessifs et nous ne les acceptons qu'en partie.

Il nous paraît difficile, en effet, et peu conforme aux principes admis en matière de tarification, d'allouer un honoraire proportionnel pour des travaux qui ne rentrent pas directement dans les fonctions notariales ; et nous avons toujours pensé que cet honoraire devait être réservé aux actes du ministère du notaire qui peuvent, à ce titre, engager, dans des limites plus ou moins étendues, la responsabilité de l'officier public.

D'autre part, un honoraire fixe invariable serait une rétribution toujours injuste, parce qu'il serait, neuf fois sur dix, ou insuffisant, ou trop élevé, suivant le chiffre auquel il serait fixé.

L'honoraire gradué nous paraîtrait bien plus naturel et plus équitable ; c'est celui que nous proposerons. Il pourrait être fixé ainsi qu'il suit, d'après l'importance du prix des immeubles soumis à la purge :

Jusqu'à 10,000 francs . . . . 25 fr.
De 10,000 à 15,000 francs. . . . . 30 »

Et ensuite, à raison de *10 francs* par chaque somme ou valeur de *5,000 francs* ou fraction de 5,000 francs, sans que le droit puisse, en aucun cas, être supérieur à *100 francs* (1).

.§ 9. FORMULES.

I. PURGE DES HYTOTHÈQUES INSCRITES.

1. *Dispense de notification à fin de purge par les créanciers inscrits au profit d'un acquéreur.*

II. PURGE DES HYPOTHÈQUES NON INSCRITES.

2. *Acte de dépôt au greffe, de la copie collationnée du titre d'acquisition.*

3. *Extrait prescrit par l'article 2194 du Code civil.*
4. *Notification de l'acte de dépôt.*
5. *Insertion des notifications au journal d'annonces judiciaires.*
6. *Acte de greffe constatant que l'affiche a été faite conformément à la loi.*
7. *Certificat délivré par le conservateur des hypothèques.*

I. PURGE DES HYPOTHEQUES INSCRITES

1. — Dispense de notification à fin de purge par les créanciers inscrits au profit d'un acquéreur.

Pardevant..., etc...
      Ont comparu :
MM...

Tous créanciers hypothécaires de M. Louis Lemaire, négociant, demeurant à..., inscrits sur les immeubles ci-après désignés.

Lesquels, après avoir pris connaissance par la lecture que leur en a donnée Mᵉ..., notaire à..., d'un contrat reçu par lui, le..., enregistré et transcrit, contenant vente par M. Lemaire à M. Alfred Bertin, propriétaire, demeurant à..., de..., moyennant un prix de..., payable...

Ont déclaré accepter le prix de ladite vente, dispenser l'acquéreur de la notification prescrite par les articles 2183 et 2184 du Code civil, et renoncer expressément à former toute surenchère.

En conséquence, le prix de cette vente sera regulièrement distribué et payé par M. Bertin, suivant l'ordre de leurs inscriptions, entre les créanciers comparants, qui font réserve expresse de leurs droits et hypothèques.

      Dont acte...

(1) Tarif général, t. II, p. 8. — A Paris, l'honoraire perçu par les avoués est de 1 °/

II. PURGE DES HYPOTHÈQUES NON INSCRITES

2. — Acte de dépôt au greffe, de la copie collationnée du titre d'acquisition.

L'an..., le..., au greffe du tribunal de première instance de..., et devant nous, greffier soussigné.

A comparu :

M⁀ Louis Vincent, notaire à...

Lequel nous a déposé, au nom de M. Alfred Martin, propriétaire, demeurant à..., la copie collationnée d'un acte passé devant lui, le..., enregistré, contenant vente par M. Charles Picard, propriétaire, demeurant à..., audit sieur Martin, d'une maison située à..., moyennant 50,000 francs de prix principal en sus des charges.

Il a déclaré que cette copie était déposée, pour qu'un extrait en demeurât affiché pendant deux mois dans l'auditoire du tribunal, afin de parvenir à la purge des hypothèques légales, non inscrites, conformément aux dispositions de l'article 2194 du Code civil.

Et de ces comparution, dépôt et déclaration, il a demandé acte que nous lui avons donné.

De suite nous avons dressé un extrait dudit contrat que nous avons inséré au tableau à ce destiné, placé dans l'auditoire du tribunal, pour y demeurer exposé pendant deux mois.

Dont acte, que ledit M⁀ Vincent a signé avec nous, greffier, après lecture.

(Signatures.)

3. — Extrait prescrit par l'article 2194 du Code civil.

D'un acte passé devant M⁀ Vincent, notaire à..., le..., enregistré, il résulte que M. Charles Picard, propriétaire, demeurant à..., a vendu à M. Alfred Martin, propriétaire, demeurant à..., une maison située à..., moyennant, outre les charges, la somme principale de 50,000 francs.

Pour extrait conforme.

(Signature du greffier.)

4. — Notification de l'acte de dépôt.

L'an..., le..., à la requête de M. Alfred Martin, propriétaire, demeurant à..., pour lequel domicile est élu à..., rue..., n°..., dans l'étude de M⁀ Vincent, notaire à..., j'ai, huissier à..., soussigné, fait la notification, et, en tête (de celle) des présentes, laissé copie :

1° à M. le procureur de la République, près le tribunal de première instance de..., au parquet dudit tribunal, en parlant à..., qui a visé le présent original (ou l'original du présent);

2° A la dame Emilie Legrand, épouse de M. Charles Picard, propriétaire, avec lequel elle demeure à..., audit domicile, en parlant à... ;

3° Au sieur Picard, comme exerçant les droits et actions de la dame Emilie Legrand, son épouse, audit domicile, en parlant à...;

4° Au sieur A..., comme subrogé-tuteur du mineur B..., audit domicile, en parlant à...;

5° au sieur C..., comme ayant été sous la tutelle du sieur D..., audit domicile, en parlant à...

De l'expédition d'un acte dressé au greffe du tribunal de première instance de..., le..., enregistré, constatant le dépôt fait au greffe, ledit jour, de la copie collationnée d'un acte passé devant M⁀ Vincent, notaire à..., le..., enregistré, contenant vente, par le sieur Charles Picard, au requérant, d'une maison située à..., moyennant le prix principal de 50,000 francs, en sus des charges ;

Leur déclarant que la présente notification leur est faite, conformément à l'article 2194 du Code civil, pour qu'ils aient à prendre telle inscription d'hypothèque légale qu'ils aviseront, dans le délai de deux mois, et que, faute par eux de se mettre en règle dans ce délai, l'immeuble dont il s'agit demeurera définitivement purgé, entre les mains du requérant, de toute hypothèque de cette nature ; déclarant, en outre, à M. le procureur de la République, que les anciens propriétaires sont, indépendamment du vendeur : 1°...; 2°...; 3°..., etc. (*énoncer avec la plus grande exactitude les noms, prénoms des anciens propriétaires, tels que ces noms se trouvent dans le contrat, en commençant par ceux de qui le vendeur avait acquis, et en remontant ainsi jusqu'au propriétaire originaire*), et que tous ceux du chef desquels il pourrait être pris des inscriptions d'hypothèque légale n'étant pas connus du requérant, il fera publier la présente notification dans l'un des journaux désignés pour les annonces judiciaires, conformément à l'avis du conseil d'Etat du 9 mai 1807.

Et j'ai, auxdits domiciles, parlant comme ci-dessus, laissé à M. le procureur de la République et à chacun des susnommés, séparément, copie du présent, dont le coût est de...

(Signature de l'huissier.)

Vu et reçu copie par nous, procureur de la République.

Au parquet du tribunal, le...

(Signature.)

5. — Insertion des notifications au journal d'annonces judiciaires.

PURGE D'HYPOTHÈQUE LÉGALE.

Etude de Me...

Suivant contrat passé devant Me Vincent, notaire à..., le..., enregistré,

M. Alfred Martin, propriétaire, demeurant à..., a acquis de M. Charles Picard, propriétaire, demeurant à..., une maison située à..., moyennant 50,000 francs de prix principal, en sus des charges.

Copie collationnée de ce contrat de vente a été déposée au greffe du tribunal de..., le..., et l'acte de dépôt dressé par le greffier a été signifié : 1° à M. le procureur de la République ; 2° à (*rappeler les noms de toutes les personnes auxquelles les notifications ont été faites*).

Cette insertion a pour but de purger les immeubles vendus de toute hypothèque légale non inscrite.

(Signature.)

6. — Acte de greffe constatant que l'affiche a été faite conformément à la loi.

L'an..., le..., au greffe du tribunal de première instance de..., et devant nous, greffier, soussigné,

A comparu :

Me Louis Vincent, notaire à...

Lequel, au nom de M. Alfred Martin, propriétaire, demeurant à..., nous a requis de lui délivrer un certificat constatant qu'un extrait d'un contrat reçu par lui le..., contenant vente par M. Charles Picard, propriétaire, demeurant à..., au profit dudit sieur Martin, d'une maison située à..., moyennant 50,000 francs de prix principal, en sus des charges, a été exposé deux mois au tableau placé dans l'auditoire du tribunal.

Déférant à cette réquisition, nous certifions que l'extrait dont il s'agit a été placé par nous, dans le tableau à ce destiné, le..., et qu'il y est demeuré exposé depuis cette époque jusqu'à ce jour.

La copie déposée par le comparant lui a été immédiatement rendue, et il a signé avec nous, après lecture.

(Signatures.)

7. — Certificat délivré par le conservateur des hypothèques.

Le conservateur des hypothèques au bureau de..., soussigné, certifie qu'il n'existe sur ses registres, depuis le... jusqu'à ce jour, aucune inscription d'hypothèque légale contre... (*le vendeur et les précédents propriétaires*).

Le présent certificat délivré par moi, conservateur des hypothèques, soussigné, sur la demande de M•..., notaire à...

A..., le...

(*Signature du conservateur.*)

BIBLIOGRAPHIE

Dalmbert, *Traité de la purge des privilèges et hypo-thèques*, 2ᵉ édition, in-8°, Paris, 1891.
Dictionnaire du notariat, v• *Purge des hypothèques*.

Encyclopédie du notariat, eod., v•
Et les ouvrages généraux sur les privilèges et hypo-thèques.

QUITTANCE

C'est l'acte par lequel un créancier reconnaît avoir reçu de son débiteur la totalité ou une partie de ce qui lui est dû.

Sommaire :

§ 1. Formes. Formalités.
§ 2. Capacité nécessaire pour donner quittance.
§ 3. De la manière dont le paiement doit avoir lieu.
§ 4. Effets de la quittance.
§ 5. Quittance par suite d'ordre judiciaire.
§ 6. Responsabilité notariale.
§ 7. Frais et honoraires.
§ 8. Timbre et enregistrement
§ 9. Formules.

§ 1. FORMES. FORMALITÉS.

1. — La quittance peut être, en règle générale, donnée par acte notarié ou par acte sous signatures privées.

Mais, le plus souvent, la forme authentique doit être employée, au moins par prudence (1), quand certaines conventions ne la rendent pas nécessaire.

2. — Il est *nécessaire* d'employer la forme authentique :

a) Chaque fois que, comme conséquence du paiement, le créancier donne mainlevée d'une inscription de privilège ou d'hypothèque.

---

(1) La quittance, même sous seing privé, constitue bien, entre les parties et à l'égard du signataire et de leurs héritiers, une preuve certaine de la libération, encore faut-il que la signature ne soit pas méconnue ; mais, à l'égard des tiers, la quittance n'est opposable qu'autant qu'elle a date certaine, et elle n'a date certaine que du jour où elle a été enregistrée, ou du jour de la mort de celui ou de l'un de ceux qui l'ont souscrite, ou enfin du jour où sa substance est constatée dans un acte authentique (art. 1328, C. civ.). Tel est, du moins, le principe dans sa rigueur (Conf., Aubry et Rau, t. VIII, p. 254; Demolombe, t. XXIX, n° 538 à 540 ; Laurent, t. XIX, n° 332 et suiv.). Il y a donc toujours intérêt à faire une quittance notariée.

b) Lorsque la quittance est faite en vue d'obtenir à celui qui paie la subrogation de l'article 1250, § 2, du Code civil.

c) Et toutes les fois qu'il y a lieu de faire subroger la partie payante dans les droits hypothécaires du recevant.

3. — S'il s'agit de la quittance d'un prix de vente d'immeubles, un acte sous seing privé serait sans aucun doute valable ; mais il y a toujours de grands inconvénients à s'en contenter : d'abord, selon la remarque d'Ed. Clerc, elle peut être facilement perdue et l'acquéreur n'a quelquefois plus la possibilité d'en obtenir une autre. Puis, si l'acquéreur veut revendre l'immeuble acquis, ou l'hypothéquer, la quittance sous seing privé n'est pas admise comme preuve suffisante de la libération, à moins que les signatures n'aient été reconnues en justice ou par acte authentique.

4. — Ajoutons que l'inscription d'office ne peut être radiée qu'en vertu d'une quittance authentique ; on y supplée bien quelquefois par une simple mainlevée, avec désistement du privilège du vendeur. Mais ce moyen détourné ne peut pas toujours être employé, par exemple lorsque le paiement est fait à une personne qui n'a que des pouvoirs d'administration, comme un tuteur, un mineur émancipé, un mari agissant pour sa femme, etc... De même, lorsque l'immeuble a été acquis judiciairement, il faut justifier de l'extinction de l'action en folle-enchère (qui dure trente ans) par une quittance notariée du prix ou par un désistement spécial ; un désistement de privilège, avec mainlevée de l'inscription, serait insuffisant.

5. — La quittance notariée doit toujours être reçue en *minute*, à moins que l'acte ne rentre dans la catégorie de ceux que l'article 20 de la loi du 25 ventôse an XI permet de recevoir en brevet ; telles sont les quittances de fermages, de loyers, de salaires, d'arrérages de pensions et rentes.

6. — Qualités. Pièces justificatives. — Si ce n'est pas le créancier primitif qui reçoit et donne quittance, mais un héritier, un légataire, un donataire, un délégataire, les qualités du recevant doivent être énoncées et justifiées ; et il convient d'annexer à la quittance les pièces justificatives de ces qualités, pour établir la régularité du paiement, ce qui permet aussi d'en délivrer un extrait à la suite de l'expédition qui devra être déposée aux hypothèques en vue de la radiation de l'inscription. L'annexe du transport n'est pas, toutefois, nécessaire, lorsque le cessionnaire a fait mentionner sa subrogation dans l'effet de l'inscription du cédant.

7. — Acceptation. — Les quittances simples sont des actes unilatéraux pour lesquels l'acceptation du débiteur n'est pas nécessaire.

8. — Transcription. — Toute quittance d'une somme équivalente à trois années ou plus de loyer ou fermage payé par anticipation, doit être transcrite au bureau des hypothèques, sous peine de n'être pas opposable aux tiers (1).

9. — Numération des espèces. — En règle générale, il n'est pas nécessaire de mentionner dans les actes la numération des espèces ; mais cette mention peut être utile toutes les fois qu'il résulte de la nature de l'acte que le paiement ou la remise des espèces et toutes les circonstances qui en dérivent ont dû se passer simultanément (V. *infrà*, v° QUITTANCE SUBROGATIVE).

Les notaires ne doivent pas attester, dans leurs actes, la numération de deniers comme ayant eu lieu en leur présence, lorsqu'ils n'ont pas été réellement comptés devant eux, ou lorsqu'au lieu d'espèces, le débiteur a souscrit des billets au créancier (2). Ces attestations mensongères les exposeraient à des poursuites disciplinaires et même criminelles (3).

---

(1) L. 28 mars 1855, art. 2 et 8.
(2) Arlon, 4 mars 1869 (*J. du not.*, n° 2348).
(3) Circ. min. just. du 11 septembre 1823. En tout | cas, ces déclarations peuvent être contestées sans recourir à l'inscription de faux (Cass., 4 décembre 1876 ; Paris, 4 janvier 1877 (art. 21599, J. N.).

10. — Garde de la minute. — Le débiteur devant, comme nous le verrons, supporter les frais de la quittance, il s'ensuit que c'est à lui qu'appartient le droit de choisir le notaire dépositaire de l'acte. Il a, en effet, un intérêt prédominant à ce que les éléments de cet acte soient préparés et l'acte même rédigé par le notaire qui a sa confiance. C'est ce qui a été jugé à plusieurs reprises (1).

Peu importe que l'acte d'obligation contienne élection de domicile pour le remboursement dans l'étude d'un notaire désigné ; car le débiteur peut déposer ses fonds dans l'étude indiquée et inviter le créancier à venir signer dans l'étude de son notaire ; ce dernier pourrait même, s'il est dans le même ressort, aller recevoir la signature du créancier dans l'étude du notaire dépositaire (2).

Il en serait ainsi au cas de vente d'immeubles grevés d'hypothèque. C'est au notaire du vendeur qui paie ses créanciers que revient la garde de la minute de la quittance et non au notaire de l'acquéreur ; qu'il s'agisse de quittance séparée, ou d'une quittance collective, par voie d'ordre amiable.

Et aucune disposition de loi n'autorise le créancier à exiger du débiteur que l'acte de quittance soit dressé en *double minute*, ni qu'il le soit en présence et avec le concours d'un notaire de son choix, alors même qu'il offre de supporter seul les frais auxquels pourrait donner lieu l'intervention de cet officier public (3).

Ajoutons même que s'il était dit dans l'acte primitif de la créance dressé par le notaire du créancier que la quittance serait rédigée et retenue par ce notaire, cette clause ne saurait lier les parties et pourrait même être déclarée nulle comme profitant directement ou indirectement au notaire (4).

§ 2. Capacité nécessaire pour donner quittance.

11. — Pour qu'une quittance soit valable, elle doit être donnée par le créancier capable de recevoir, son fondé de procuration, ou son représentant légal.

12. — Administrateur légal. — Le père, administrateur légal des biens de son fils mineur, pouvant faire tout acte d'administration, peut toucher et donner quittance de tous capitaux et intérêts.

13. — Administrateur provisoire. — L'administrateur provisoire des biens d'un aliéné a incontestablement qualité pour recevoir seul, sans autorisation du conseil de famille, le montant des créances de l'aliéné (5). Mais il lui faut cette autorisation pour employer les capitaux dont il fait recouvrement (6).

14. — Cessionnaire. — Lorsque la créance qu'il s'agit de rembourser a fait l'objet d'un transport, le cessionnaire seul est capable de donner quittance, si l'acte de transport a été notifié au débiteur (art. 1690, C. civ.) (7). Si le transport n'a été que partiel, le concours du cédant est nécessaire.

15. — Commune. — Le receveur municipal est seul chargé de recevoir toutes les sommes dues à la commune (8) ; par suite, il a seul qualité pour donner quittance au nom de la commune, et il a été jugé que le paiement effectué entre les mains du receveur particulier n'est pas libératoire (9).

16. — Conseil judiciaire. — (Pourvu de). — Il ne peut donner quittance

---

(1) Saint-Amand, 14 mars 1827 (art. 6168, J. N.) ; Caen, 9 juillet 1872 ; Cass.. 30 avril 1873 (*Rev. not.*, n°° 4230 et 4521, et *J. du not.*, n° 2697) ; Le Puy, 21 novembre 1874 (*Rev. not.*, n° 4864).
(2) Gannat, 8 mai 1866 (art. 18604, J. N. ; *Rev. not.*, n° 1654) ; Bordeaux, 1er juin 1875 (art. 21302, J. N.) ; Vienne, 11 décembre 1885 (art. 23541, J.N.).
(3) Le Puy, 21 novembre 1874 ; Cass., 30 avril 1873.
4) Art. 21302, J. N. — Cons., Rouen, 24 juin 1869

(art. 19976, J. N. ; *Rev. not.*, n° 2897); Dinan, 28 novembre 1889.
(5) Lorient, 23 mars 1881.
(6) L. 28 février 1880, art. 6 et 8 ; Grenoble, 27 février 1884 (*Rev. not.*, n° 6987).
(7) Dict. du not., v° *Quittance*, n° 3 ; Laurent t. XXVII, n° 514.
(8) L. 18 juillet 1837, art. 62.
(9) Cass., 30 novembre 1875 (S. 1876-1-259).

d'un capital même mobilier, sans l'assistance de son conseil (art. 513, C. civ.); mais il peut, sans cette assistance, recevoir des intérêts ou arrérages quelconques (1).

17. — Créancier saisi. — Les paiements faits au créancier saisi, au préjudice du créancier saisissant, ne sont pas valables. La quittance ainsi donnée serait donc nulle (art. 1242, C. civ.) vis-à-vis des créanciers saisissants, et ceux-ci pourraient, selon leur droit, contraindre le débiteur à payer de nouveau.

18. — Créancier solidaire. — Un créancier solidaire a capacité pour donner seul quittance de la totalité de la créance commune (art. 1197, C. civ.), et le débiteur peut payer, à son choix, à l'un ou à l'autre des créanciers solidaires, tant qu'il n'a pas été prévenu par les poursuites de l'un d'eux. Mais le créancier solidaire ne peut faire aucune remise, sauf en ce qui le concerne, sans le concours des autres créanciers (art. 1198, C. civ.).

19. — Curateur à succession vacante. — Le curateur d'une succession vacante n'administre que sous la charge de faire verser le numéraire qui se trouve dans la succession, ainsi que les deniers provenant du prix des meubles ou immeubles vendus au receveur de l'enregistrement, pour le compte de la Caisse des dépôts et consignations (2). Il n'a donc pas qualité pour recevoir les créances de la succession, à moins qu'il n'ait reçu du tribunal l'autorisation de toucher (3). Mais c'est au curateur qu'il appartient de donner quittance, soit par suite du paiement effectué au receveur présent à l'acte, soit sur la représentation d'un récépissé constatant le versement aux mains de ce dernier (4).

20. — Délégataire. — Il a capacité pour recevoir et donner quittance (5).

21. — Envoyé en possession. — L'envoyé en possession (provisoire ou définitive) des biens d'un absent peut recevoir toutes les sommes dues à la succession (6) et en donner quittance (art. 134, C. civ.) (7).

22. — Exécuteur testamentaire. — L'exécuteur testamentaire, qui a la saisine, a le droit de toucher les capitaux dus à la succession, ainsi que les revenus échus au décès du testateur, et d'en donner quittance (8).

23. — Failli. — Etant dessaisi de l'administration de ses biens, il ne peut ni toucher, ni donner quittance, et ses débiteurs ne peuvent se libérer qu'entre les mains du syndic (art. 443, 446, C. com.) (9).

Mais le commerçant en état de *liquidation judiciaire* peut, avec l'assistance des liquidateurs, recevoir tous capitaux exigibles et en donner quittance.

24. — Femme mariée. — Elle ne peut donner quittance qu'*avec l'autorisation de son mari* ou de la justice, sous quelque régime qu'elle soit mariée. Toutefois, le principe reçoit exceptions :

    a) Quand elle est marchande publique ;
    b) Quand elle est divorcée ou séparée de corps ;
    c) Quand il a été convenu, par contrat de mariage, qu'elle toucherait annuellement, sur ses seules quittances, une partie de ses revenus (art. 1549, C. civ.) (10);
    d) Quand il s'agit de retirer des fonds versés par la femme à la Caisse d'épargne (L. 10 avril 1881).

La femme dotale, séparée de biens, peut recevoir seule ses capitaux, sans être tenue de faire emploi, alors que la condition d'emploi n'a pas été stipulée dans le

---

(1) Dict. du not., n° 8.
(2) Nancy, 29 avril 1843, Rouen, 21 janvier 1858; Cass., 13 février 1865 (S. 1865-1-117) ; Dict. du not., n° 5 ; Aubry et Rau, p. 734; Demolombe, t. XV, n° 446.
(3) Bordeaux, 24 mai 1854.
(4) Inst. gén. de l'enreg. du 15 mars 1878 (art. 22009 et 22057, J. N.).

(5) Boulanger, *Rad. hyp.*, n°s 76 et 516.
(6) Dict. du not., n° 5.
(7) Aubry et Rau, t. I, p. 606 ; Demolombe, t. II, n° 113.
(8) Aubry et Rau, t. VII, p. 455; Demolombe, t. XXII, n° 57.
(9) Dict. du not., n° 11.
(10) Dict. du not., n° 9.

contrat de mariage (1). les tribunaux ne sauraient prescrire ce remploi, lorsque le contrat de mariage est muet à cet égard (2).

25. — Grevé de substitution. — Il ne peut toucher et donner quittance qu'avec l'assistance du tuteur à la substitution (art. 1073, C. civ.) (3).

26. — Héritier. — Les héritiers d'un créancier, pour recevoir le remboursement de la créance et faire mainlevée de l'inscription prise au nom de leur auteur doivent justifier de leurs qualités héréditaires, mais ne sont pas tenus de produire un certificat constatant que la subrogation à leur profit a été mentionnée en marge de l'inscription hypothécaire (4).

Avant le partage de la succession, s'il y a plusieurs héritiers, chacun d'eux est fondé à demander sa part et portion virile au débiteur de la créance qui était due au défunt (art. 1220, C. civ.), à la seule charge de justifier de sa qualité et de la quotité de son droit. L'héritier est obligé de recevoir la part virile qui lui est offerte, de même que le débiteur est tenu de la lui payer (5). Mais s'il s'agit du prix indivis d'un immeuble vendu par les héritiers, nous estimons que jusqu'au partage le paiement doit être fait à tous les héritiers conjointement (6).

27. — Héritier apparent. — Les paiements faits entre ses mains par un débiteur de bonne foi sont valables, et il peut donner quittance (7).

28. — Héritier bénéficiaire. — L'héritier bénéficiaire, étant l'administrateur légal de la succession, a le droit de toucher toutes les sommes dues à cette succession et d'en donner quittance, sauf à en rendre compte (art. 803, C. civ.).

29. — Huissier saisissant. — L'huissier, porteur d'un acte exécutoire, dont il est chargé de poursuivre le remboursement, ou d'un effet à ordre qu'il a mission de protester, a qualité pour recevoir le paiement au nom du créancier et pour donner quittance (8). Mais c'est au créancier qu'il appartient, même dans ce cas, de donner mainlevée de l'inscription (9).

30. — Mandataire. — Le mandataire, fût-il mineur, s'il justifie d'un pouvoir régulier, spécial ou général, a capacité pour toucher et donner quittance valable (10). La procuration, dans ce cas, doit toujours être annexée à la minute de la quittance.

Le pouvoir de vendre un immeuble, sans celui de recevoir le prix, n'emporte pas virtuellement ce dernier pouvoir (11).

31. — Mari. — Le mari a qualité pour recevoir et quittancer toutes les sommes dues à sa femme ou à la communauté; il n'y a d'exception que pour celles dont la femme a la jouissance et l'administration (12).

32. — Mère. — La mère d'un enfant naturel reconnu par elle et mariée à un autre que le père de l'enfant, a-t-elle qualité pour recevoir une somme due à cet enfant encore mineur et donner mainlevée de l'inscription hypothécaire qui garantit la créance?

En admettant que la mère puisse être considérée comme tutrice légale de cet

(1) Aubry et Rau, p. 620; Rodière et Pont, t. III, n° 2198; Laurent, t. XXIII, n° 558 ; Paris, 14 janvier 1856 ; Caen, 7 juillet 1853; Nîmes, 5 décembre 1879 ; Agen, 7 mars 1870.

(2) Cass., 21 mai 1867 et 26 juillet 1869 (art. 18910 et 19724, J. N.).

(3) Aubry et Rau, t. VII, p. 348.

(4) Evreux, 30 juillet 1884.

(5) Limoges, 19 juin 1863; Cass., 23 février 1864; Paris, 22 juin 1866 ; Cass., 4 décembre 1866 (art. 18567, 18761 et 23391, J. N.).

(6) V. Poitiers, 21 prairial an X ; Aubry et Rau, t. VI, p. 564 ; Houpin, art. 23391, J. N.; Cass., 14 décembre 1887 (art. 23961, J. N.).

(7) Aubry et Rau, t. IV, p. 155; Demolombe, t. XXVII, n° 184 ; Dict. du not., v° *Héritier*, n° 40 ; Colmar, 18 janvier 1850 ; Cass., 27 janvier 1862 ; Rouen, 8 août 1869 (art. 20521, J. N.).

(8) Cass., 3 avril 1840 ; Aubry et Rau, t. IV, p. 153; Demolombe, t. XXVII, n°s 145-146 ; Laurent, t. XVII, n° 529.

(9) Boulanger, *Rad. hyp.*, n° 267.

(10) Aubry et Rau, p. 153.

(11) Cass., 21 novembre 1836; Demolombe, t. XXVII, n° 150 ; Larombière, t. III, p. 89 ; Laurent, t. XVII, n° 536 ; Aubry et Rau, § 412-10 ; Pont, n° 951.

(12) Dict. du not., n° 10.

enfant, ce qui est contesté (1), cette tutelle cesserait par le fait de son mariage, si elle ne s'était pas fait préalablement maintenir dans la tutelle par le conseil de famille (2). Elle n'aurait donc pas capacité pour toucher et donner main-levée (3).

33. — Mineur émancipé. — Peut donner seul quittance des intérêts et arrérages qui lui sont dus. Mais il ne peut donner quittance de capitaux qu'avec l'assistance de son curateur (art. 481, C. civ.) (4).

34. — Notaire. — La simple stipulation dans un acte reçu par lui que tous paiements du capital et des intérêts seront faits en son étude ne saurait constituer le notaire mandataire du créancier à l'effet de recevoir et de donner quittance ; par suite le paiement fait en l'étude de ce notaire, sans l'intervention du créancier, n'est pas libératoire pour le débiteur (5).

Quel sera l'effet du paiement fait au notaire? Le notaire tombe en faillite, le prix périt-il pour le vendeur ou l'acquéreur? Il faut distinguer : Si le notaire a le pouvoir de recevoir, soit par un mandat exprès, soit par un mandat tacite, le débiteur s'est libéré valablement en payant entre les mains du notaire (6) ; si surtout le vendeur ne rapporte pas la preuve que les fonds déposés ne l'ont pas été au profit et dans l'intérêt de l'acquéreur (7). — Si le notaire n'a aucun mandat, ou si le mandat avait été donné à son clerc, et si le débiteur paie entre ses mains, il fait un paiement irrégulier et il peut être tenu de payer une seconde fois au créancier (8).

35. — Nu propriétaire. — Il ne peut recevoir une créance grevée d'usufruit, sans le concours de l'usufruitier, et la quittance donnée par le nu propriétaire seul ne libérerait pas le débiteur vis-à-vis de l'usufruitier (9).

36. — Porteur. Possesseur. — Le paiement fait de bonne foi à celui qui est en possession de la créance, est valable, encore que le possesseur en soit par la suite évincé (art. 1240, C. civ.). Mais on ne saurait considérer comme étant en possession de la créance, celui qui en détient simplement le *titre*, à moins qu'il ne s'agisse de titres ou d'effets au *porteur* (10) ; et, dans ce dernier cas, il a été jugé que le paiement fait entre les mains du créancier originaire ne libère pas le débiteur, bien qu'il résulte d'une quittance authentique. Le porteur du titre, régulièrement nanti, a seul qualité pour recevoir (11).

37. — Séquestre judiciaire. — Comme mandataire, il reçoit et donne quittance valablement (12).

38. — Sourd-muet. — Bien qu'une personne soit sourde-muette, il ne résulte de cette infirmité aucune incapacité légale, et elle peut recevoir tous paie-

---

(1) Demolombe, t. VIII, n° 385 ; Aubry et Rau, t. VI, § 571, p. 213.

(2) Cass., 31 août 1815.

(3) Lyon, 8 mars 1859 ; Demolombe, t. VIII, n° 387.

(4) Dict. du not., n° 7.

(5) Aubry et Rau, p. 153 ; Demolombe, n°° 155 et suiv.; Larombière, t. III, art. 1239 ; Rutgeerts et Amiaud, t. I, n° 305 ; Laurent, n° 531 ; Poitiers, 5 juin 1851 (*J. du not.*, n° 705) ; Bordeaux, 11 juillet 1859 ; Lyon, 16 février 1860 ; Douai, 29 novembre 1862 ; Metz, 23 février 1864 ; Paris, 18 avril 1872 ; Dijon, 18 juillet 1873 (*Rev. not.*, n° 4604), et 22 janvier 1877 ; Orléans, 20 mai 1876 (*Rev. not.*, n° 5184) ; Cass., 22 novembre 1876 (art.21570 et 21608, J. N. ; Seine, 16 février 1878 ; Lyon, 8 mars 1883 ; Paimbœuf, 27 avril 1883 ; Bordeaux, 2 avril 1884 (art.23235, J. N.) ; Lille, 21 janvier 1886 ; Douai, 19 avril et 2 décembre 1886 (*J. du not.*, n° 3878) ; Versailles, 28 février 1889 ; Dijon, 17 janvier 1889 ; Cass., 11 décembre 1889 (*J. du not.*, 1890, p. 168) ; Bordeaux, 13 juin 1890 ; Lyon, 1er août 1891 (*J. du not.*, 1891, p. 30 et 39) ; Angers, 17 mai 1891 (*J. du not.*, 1891, p. 492), et 18 avril 1893 — Tou-

tefois, les juges pourraient induire le mandat des circonstances de l'affaire rapprochées de la clause indiquée (Riom, 31 janvier 1876 ; Charolles, 22 décembre 1888 (*J. du not.*, 1889, p. 647), et spécialement de ce fait que le notaire aurait replacé les fonds touchés, avec l'autorisation du créancier (Cass., 12 novembre 1872 ; Lyon, 1er août 1890, précité.

(6) Cass., 26 mars 1867.

(7) Bordeaux, 28 mars 1862 ; Nîmes, 18 janvier 1876 (*J. du not.*, n° 2948) ; Montpellier, 5 mai 1880 ; Cass., 10 mai 1887 (*J. du not.*, n° 3386) ; Le Puy, 11 juillet 1889 (*J. du not.*, 1889, p. 604). — V. aussi Cass., 29 janvier 1890 (art. 24429, J. N.).

(8) Laurent, t. XVII, n° 534 ; Angers, 22 décembre 1872 (art. 20431, J. N.).

(9) Demolombe, n° 326.

(10) Aubry et Rau, p. 155 ; Demolombe, n° 182 ; Laurent, n°° 543 et suiv. ; Cass., 23 décembre 1867.

(11) Muret, 6 mars 1891 (*Rev. not.*, n° 3547). — Sic : Agen, 6 mars 1877 ; Cass., 3 mai 1878 (art. 21896, J. N.).

(12) Dict du not., n° 5.

ments, en donner quittance valablement pourvu qu'il soit constaté qu'elle s'est rendu un compte exact des sommes qui lui ont été remises (1).

39. — Syndic. — Il a capacité pour recevoir les sommes dues au failli et en donner quittance (2).

40. — Tuteur. — Il peut recevoir et donner quittance des sommes dues au mineur ou à l'interdit (art. 450, 509, 1239, C. civ.) (3). Il n'a pas besoin de l'autorisation du conseil de famille. Il en est ainsi du père administrateur légal des biens de ses enfants mineurs.

Et comme les tiers ne sont en aucun cas garants de l'emploi que le tuteur doit faire des fonds versés, il suit de là, que même depuis la loi du 27 février 1880, les tiers débiteurs doivent payer entre les mains du tuteur, sans pouvoir exiger la justification de l'emploi ou l'intervention du subrogé-tuteur à la quittance (4).

Le tuteur peut même donner valablement quittance, lorsqu'il se paie à lui-même une créance qu'il devait au mineur. Il n'y a pas dans ce fait seul l'opposition d'intérêt prévue par l'article 420 du Code civil (5). Pour qu'il y ait opposition d'intérêt et nécessité de faire donner la quittance par le subrogé-tuteur, il faudrait qu'il y eût contestation soit sur le principe même de la créance ou sur sa quotité, ou que le paiement eût lieu à la suite de poursuites exercées contre le tuteur.

Mais si la quittance contient aussi mainlevée, il est prudent, en cas de doute sur la question d'opposition d'intérêts qui est toujours une question de fait, de faire intervenir le subrogé-tuteur pour éviter des difficultés de radiation (6).

41. — Usufruitier. — Il a le droit de recevoir le remboursement des créances exigibles soumises à son usufruit et d'en donner quittance, sans l'intervention du nu propriétaire, à moins qu'il n'y ait clause contraire dans le titre constitutif de l'usufruit (7).

Il peut recevoir de même les créances non exigibles, si le terme n'a pas été stipulé dans l'intérêt du créancier (8) ;

Et le nu propriétaire ne peut point faire opposition au remboursement, si l'usufruitier a fourni caution. Mais si aucune caution n'avait été donnée, par suite de la dispense établie dans l'acte constitutif de l'usufruit, et si l'usufruitier, en raison de son insolvabilité ou de sa mauvaise administration, n'offrait aucune garantie, le nu propriétaire pourrait demander à la justice des mesures conservatoires, le remploi, par exemple (9).

§ 3. DE LA MANIÈRE DONT LE PAIEMENT DOIT AVOIR LIEU.

42. — Terme. — Le paiement doit être fait à l'époque indiquée par le titre qui constate l'obligation.

Cependant le juge a la faculté de reculer cette époque, en accordant au débiteur un délai pour se libérer (10) (art. 1244; C. civ.).

---

(1) Riom, 18 juin 1879 (*Rev. not.*, n° 5856).
(2) Cass., 19 mars 1861 (D. 1861-1-276).
(3) Dict. du not., n° 6 ; art. 18057, J. N.
(4) Art. 28297, J. N.; Buchère, *Comment. de la loi de 1880*, n°s 96 et suiv.; Lorient, 23 mars 1881 (art. 22477, J. N.) ; Seine, 18 avril 1881 (art. 22589, J. N.) ; Tr. Toulouse, 14 janvier 1882, et Saint-Dié, 22 juin 1882 (art. 22683 et 22853, J. N.; *J. du not.*, n° 3542) ; Amiens, 5 août 1886 (art. 22297, J. N.).
(5) Cass., 20 avril 1885 (art.23392, J. N.).
(6) Art. 23455, J. N.
(7) Demolombe, t. X, n° 328 ; Aubry et Rau, t. II, p. 479; Boulanger, *Radiat. hypoth.*, t. II, n° 466 ; Cass., 17 mai 1843; Limoges, 8 août 1843 ; Bordeaux, 8 avril 1847; Nancy, 17 février 1844 ;

Grenoble, 17 juillet 1868 (S. 1869-2-9) ; Dijon, 4 décembre 1873 (art. 20982, J. N.) ; Besançon, 8 février 1875 (S. 1877-2-36) ; Aix, 12 juin 1879 ; Cass., 7 novembre 1881.
(8) Boulanger, n° 466 ; Charolles, 29 avril 1874.
(9) Douai, 20 décembre 1872 (art. 20814, J. N.) ; Dijon, 4 décembre 1873 et Besançon, 8 février 1875, précités ; Rouen, 12 janvier 1881 (art. 22608, J. N.); Nancy, 21 mai 1886 ; Dijon, 6 décembre 1886 ; Poitiers, 9 mai 1887(*Rev. not.*, n° 7767) ; Cass., 26 mars et 11 juillet 1888 (*J. du not.*, n° 4046) et 22 octobre 1889. — V. *infra*, v° USUFRUIT.
(10) C'est ce qu'on appelle les *délais de grâce* ; le juge, d'après la loi, ne peut les accorder qu'en raison de la position du débiteur, et *avec une grande*

Le créancier ne saurait être tenu de recevoir son paiement avant l'époque du *terme fixé* (1), quand ce terme a été ,stipulé en sa faveur (V. *suprà*, v° Obligation, n° 63), par exemple, si le débiteur s'est obligé à prévenir le créancier trois mois ou six mois à l'avance.

Dans les autres cas, le terme étant toujours présumé stipulé en faveur du débiteur (art. 1187), le débiteur ne pourra pas être tenu de payer avant l'expiration du terme stipulé, mais il aura la faculté, s'il le préfère, d'anticiper et de payer avant le terme indiqué.

Si l'époque d'exigibilité n'a pas été fixée par le titre, le créancier peut immédiatement exiger le remboursement, à moins que, d'après sa nature, l'obligation ne doive être acquittée qu'après l'écoulement d'un certain laps de temps ; mais le juge peut toujours accorder un délai au débiteur, suivant les circonstances (art. 1900, C. civ.) (2).

— Quel est l'effet de la clause, insérée assez fréquemment dans les contrats de mariage et aux termes de laquelle il est dit que la célébration du mariage vaudra *quittance* au donateur? Cette clause ne constitue qu'une simple présomption de paiement qui peut être combattue par la preuve contraire ; et la preuve ne doit être administrée que suivant les règles établies par les articles 1341 et suivants du Code civil. (3).

43. — Lieu du paiement. — Aux termes de l'article 1247 du Code civil, le paiement doit être exécuté dans le lieu désigné par la convention ; si le lieu n'y est pas désigné, le paiement, s'il s'agit d'une somme d'argent, doit être fait au domicile du débiteur.

Si, depuis l'obligation, le débiteur a changé de domicile, c'est à ce nouveau domicile, et non à l'ancien, que le paiement doit être effectué (4).

Lorsqu'il a été stipulé que le paiement se ferait au domicile du créancier, si, postérieurement le créancier change de domicile, le débiteur doit-il payer à ce nouveau domicile, quand même le paiement serait plus onéreux pour lui ? La négative est généralement admise et cette décision paraît fondée en droit et en équité (5).

Lorsque, dans le contrat, il a été convenu que la somme due serait payée en l'étude du notaire rédacteur de l'acte, cette clause fait la loi des parties, en ce qui concerne le lieu du paiement (6); mais elle ne rend pas le notaire mandataire du créancier à l'effet de recevoir (V. *suprà*, n° 34).

Le débiteur qui, sur la demande du créancier, lui a expédié la somme due à son domicile, soit par la poste, soit par le chemin de fer, n'est pas libéré et doit payer une seconde fois, si la somme a été perdue ou volée et n'est pas arrivée à destination et si le débiteur n'a pas pris les précautions nécessaires pour l'expédier sûrement (7).

44. — Espèces. — Aux termes de l'article 1895 du Code civil, lorsque la dette est une somme d'argent, le paiement doit en être fait en espèces métal-

---

réserve. Il le peut même quand le titre est exécutoire (Cass., 1er février 1830 ; Paris, 2 août 1849; Colmar, 29 juillet 1850 ; Alger, 17 février 1864 (*Rev. not.*, n° 968) ; Demolombe, t. XXV, n° 593 et suiv.; Aubry et Rau, § 319-29).

(1) Même si le débiteur offre de payer l'intérêt de l'année entière. Toullier, t. III, n° 677 ; Massé et Vergé, t. III, p. 386 ; Laurent, t. XVII, n° 182. — *Contrà :* Dict. du not. V° *Terme*, n° 32.

(2) Le débiteur ne peut plus réclamer le bénéfice du terme, lorsqu'il est en état de faillite, ou de déconfiture. Art. 1188, C. civ. ; Paris, 25 juin 1867 ; Rouen, 29 juin 1871 (S. 1868-2-212 ; 1871-2-200) ; Demolombe, t. XXV, n° 664; Aubry et Rau, t. IV, p. 88, note 12 ; Laurent, t. XVII, n° 196.

Le débiteur est encore déchu du bénéfice du terme, quand il a, *par son fait*, diminué les sûretés qu'il avait dans le contrat données au créancier. Art. 1188, C. civ. ; Demolombe, n°° 677-678 ; Aix, 16 août 1811, — ou s'il n'a pas fourni les garanties promises : Bourges, 31 mars 1873 ; V. aussi Bordeaux, 14 février 1871.

(3) Cass., 22 août 1882 et 7 mai 1884 (*J. du not.*, n° 3659) ; Fontainebleau, 27 mars 1889 (*J. du not.*, 1889, p. 473) ; Paris, 11 janvier 1890 (*J. du not.*, 1890, p. 148 ; Reims, 1er août 1893.

(4) Aubry et Rau, p. 162.

(5) Larombière (art. 1247, n° 7; Demolombe, n° 273; Laurent, n° 589.

(6) Rouen, 24 juin 1869 (*Rev. not.*, n° 2897 et art. 19976, J. N.).

(7) Cass., 8 août 1870 ; Laurent, n° 594.

liques (1), d'or ou d'argent (2), ayant cours en France, à l'époque où il est effectué. Il en est ainsi, alors même que la valeur des monnaies a subi des variations depuis la date de l'obligation ; le débiteur doit toujours, malgré la baisse des monnaies, la somme numérique portée dans le contrat, de même qu'il serait, malgré la hausse des monnaies, libéré par le paiement de cette même somme (3).

45. — Divisibilité de la dette. — Le débiteur ne peut point forcer le créancier à recevoir en partie le paiement d'une dette, même divisible (art. 1244, C. civ.).

Toutefois, cette règle, qui ne concerne que le cas où il n'y a qu'un seul débiteur, n'est plus applicable, lorsque le débiteur a laissé plusieurs héritiers, chacun d'eux pouvant se libérer séparément de sa part ; elle ne concerne pas non plus l'hypothèse où l'obligation a pour objet plusieurs paiements successifs, quand il s'agit, par exemple, d'annuités, d'arrérages, de loyers ou d'intérêts.

Enfin, la règle reçoit encore exception :

a) Lorsque le titre constitutif de l'obligation, ou un titre postérieur accorde au débiteur le droit de se libérer par fractions.

b) Lorsque le juge a concédé au débiteur plusieurs termes pour se libérer (4).

§ 4. Effets du paiement.

46. — L'effet propre du paiement est d'opérer la libération du débiteur, puisque la loi le compte au nombre des modes d'extinction des obligations. Quand l'obligation est exécutée, il n'y a plus de dette ; la dette disparaît, avec toutes les garanties accessoires qui avaient été données, cautionnement, hypothèque, etc...

Mais pour que le paiement produise ces effets, il faut qu'il soit intégral, c'est-à-dire de tout ce qui est dû et qu'il ait été reçu sans réserve par le créancier.

Il faut aussi que le paiement soit fait par le débiteur même ; s'il est fait par un tiers, il peut ne pas éteindre l'obligation, et n'opérer qu'un changement dans la personne du créancier dont les droits passent alors à celui qui a payé aux lieu et place du débiteur. C'est ce qui a lieu dans le paiement par *subrogation* (V. *infrà*, v° QUITTANCE SUBROGATIVE).

47. — Nous avons vu que le paiement, pour être valable, ne devait être fait qu'à la personne, créancier ou ayant droit, capable de recevoir la somme due. Mais que faut-il décider si le paiement est fait à une personne qui n'a pas qualité pour recevoir ? Faut-il dire, avec le vieux dicton populaire, recueilli par Loysel :

> Qui doit à Luc et paie François
> Paye une autre fois.

---

(1) Le débiteur d'une somme d'argent ne peut donc forcer le créancier à recevoir en paiement des valeurs en papier, par exemple des billets de banque (Cass., avril 1856), ces valeurs ne peuvent être considérées comme monnaie que sous l'empire d'une législation qui a décrété le *cours forcé*, par exemple la loi du 12 août 1870 ; et il n'est même pas permis aux parties de déroger à de pareilles lois en stipulant que, en pareil cas, le paiement se ferait en numéraire. Cass., 11 février 1873 (art. 20575, J. N.) ; Aix, 23 novembre 1871 ; De Folleville, *Rev. prat.*, t. XXXII ; Laurent, t. XVII, n° 560.

Il a été jugé que la loi du 3 août 1875 n'ayant point abrogé l'article 1er de la loi du 12 août 1870 par lequel il était ordonné que les billets de la Banque de France seraient reçus comme *monnaie légale* par les caisses publiques et les particuliers, des offres réelles ne sauraient être annulées par le motif qu'elles ont été en partie réalisées avec des billets de la

Banque. Verdun, 18 janvier 1887 ; Cass., 28 décembre 1887 (art. 24085, J. N.) ; Reims, 16 mai 1888 (*Rev. not.*, n° 7974).

(2) Le débiteur peut effectuer le paiement en telles monnaies d'or ou d'argent qu'il juge convenable.

Toutefois, les pièces de 1 et 2 francs, celles de 20 et 50 cent. n'ont cours légal entre les particuliers que comme monnaie d'appoint et jusqu'à concurrence seulement de 50 francs (Loi des 25 mai 1864 et 14 juillet 1866, art. 5).

Quant aux monnaies de cuivre et de billon, elles ne peuvent être employées dans les paiements que pour l'appoint de la pièce de 5 francs, c'est-à-dire jusqu'à concurrence de 5 fr. 95. Décr., 18 août 1810 ; Cass., 13 juillet 1860.

(3) Aubry et Rau, p. 159 ; Laurent, n° 561.

(4) Toullier, t. VI, n° 658 ; Aubry et Rau, p. 161 ; Cass., 20 décembre 1842.

Sans aucun doute, ce paiement est nul et le débiteur n'est pas libéré (art. 1241, C. civ.) ; mais cette nullité peut être couverte par sa *confirmation*, c'est-à-dire par la renonciation du créancier au droit de demander la nullité. Cette renonciation ne peut avoir lieu que lorsque l'incapacité a cessé, par le mineur, lorsqu'il est devenu majeur, — par la femme mariée, après la dissolution du mariage, — par l'interdit, lorsque l'interdiction est levée (V. *infrà*, v° Ratification).

Le paiement fait à celui qui est incapable de recevoir est encore validé, si le débiteur prouve que ce paiement a tourné au profit du créancier, c'est-à-dire que ce dernier a fait un emploi avantageux des deniers reçus (art. 1239, C. civ.).

48. — Si le paiement a été fait, non plus à un créancier *incapable*, mais à une personne qui n'avait pas pouvoir de recevoir pour le créancier, la situation n'est plus la même ; dans ce cas, on ne peut pas dire que le paiement soit nul ; il est inexistant, car tout paiement suppose le concours du créancier.

Pour que le paiement soit validé, il faut la ratification du créancier, c'est-à-dire son consentement à reconnaître que le paiement a eu lieu, et cette ratification peut être expresse ou tacite (1).

Si le créancier a profité du paiement, ce fait est considéré comme une ratification tacite, et il valide le paiement (art. 1235, C. civ.) (2).

49. — Imputation des paiements. — Lorsqu'un débiteur a plusieurs dettes et fait un paiement partiel, il a le droit de déclarer, lors du paiement, et de faire indiquer, dans la quittance, quelle est celle de ses dettes qu'il entend acquitter (art. 1253, C. civ.) (3).

Toutefois, il ne peut faire cette imputation de manière à léser les droits du créancier ; par exemple lorsque la dette porte intérêt, le débiteur ne peut imputer le paiement qu'il fait, sur le capital, par préférence aux intérêts échus (4) ; et s'il existe plusieurs dettes également productives d'intérêt, l'imputation doit se faire d'abord sur les intérêts de toutes ces dettes, sans distinction (art. 1254, C. civ.) (5).

Ainsi encore, le débiteur ne peut imputer le paiement sur une dette non échue, lorsque le terme a été stipulé en faveur du créancier (art 1258) ; — ou sur le principal d'une dette, de préférence aux frais exposés par le créancier à l'occasion de cette dette (6).

50. — Si le débiteur n'a pas indiqué l'imputation qu'il entendait faire en payant, le créancier, à qui il est dû pour différentes causes, peut le faire par la quittance qu'il donne, et cette imputation lie le créancier et le débiteur ; à moins qu'il n'y ait eu *dol* ou *surprise* de la part du créancier (art. 1255).

51. — Quand la quittance n'indique pas quelle est la dette en extinction de laquelle le paiement a été fait, la loi supplée à ce silence, en réglant elle-même l'imputation (art. 1256, C. civ.) (7). Ainsi :

    a) Le paiement doit être imputé, en premier lieu, sur la dette *échue*, de préférence à celle qui ne l'est pas.

    b) Si les dettes sont toutes, également, échues ou non échues, l'imputation a lieu sur la dette que le débiteur avait le plus d'intérêt à acquitter ; par exemple, sur la dette qui porte intérêt, plutôt que

---

(1) Lyon, 16 février 1860 ; Bruxelles, 13 février 1872, Cass., 12 novembre 1872.

(2) Tout paiement suppose nécessairement une dette ; il en résulte que ce qui a été payé sans être dû est sujet à répétition ; mais pour que l'action en répétition soit admissible, deux conditions sont nécessaires : il faut, d'abord, que le paiement ait été fait par erreur ; il faut, en second lieu, qu'il ait été fait indûment, c'est-à-dire sans une cause juridiquement suffisante pour le motiver de la part de celui qui l'a effectué. Aubry et Rau, t. IV, p. 728.

(3) Cass., 17 avril 1869. Sauf le droit, bien entendu pour le créancier, de refuser le paiement partiel qu, lui est offert (art. 1244, C. civ.).

(4) La quittance du capital, donnée sans réserve des intérêts, en fait présumer le paiement et nie opère la libération. Art. 1908, C. civ. ; Cass., 13 janvier 1875 (*J. du not.*, n° 2792).

(5) Cass., 25 novembre 1862 (S. 1863-1-91).

(6) Aubry et Rau, p. 167 ; Larombière, art. 1254, n° 3 ; Laurent, n°° 605 et suiv.

(7) Cass., 8 décembre 1874.

sur celle qui n'en produit pas ou qui en produit de plus élevés (1) ;
— sur la dette cautionnée ou garantie hypothécairement, plutôt
que sur la dette personnelle ou chirographaire (2), — sur celle
soumise à la prescription de trente ans, plutôt que sur celle soumise
à une courte prescription, etc. (3).

c) Si les dettes sont toutes échues, et si le débiteur a autant d'intérêt
à acquitter les unes que les autres, l'imputation se fait sur la plus
ancienne.

d) Enfin, toutes choses égales d'ailleurs, l'imputation doit se faire
proportionnellement sur les différentes dettes.

Les tribunaux jouissent, sur ces divers points, d'un pouvoir d'appréciation (4).

52. — Remise du titre. — Lorsqu'une dette a été payée, le créancier est
tenu de restituer, au débiteur, l'original sous seing privé ou la grosse de l'acte
qui en constate l'existence (5) ; — à moins, cependant, qu'il ne justifie d'un intérêt
légitime et sérieux à conserver le titre, comme établissant à son profit un droit ou
une libération (6).

En cas de paiement par subrogation, le titre est remis au nouveau créancier.

§ 5. QUITTANCE PAR SUITE D'ORDRE JUDICIAIRE.

53. — Assez fréquemment, les notaires sont appelés à dresser des quittances
à la suite d'ordre judiciaire, soit que l'acquéreur ou adjudicataire ait conservé
son prix par devers lui, soit qu'il l'ait déposé à la Caisse des dépôts et consignations.

Nous devons donner quelques explications sur cette espèce de quittance, non
que les règles en soient différentes de la quittance ordinaire, mais parce qu'elle
est en général plus compliquée et qu'il est utile pour le notaire de savoir dans
quelles conditions il doit opérer.

54. — Lorsque l'ordre judiciaire est terminé, que le juge-commissaire a
rendu son ordonnance de clôture, et que le délai pour l'attaquer est expiré, le
greffier délivre, dit l'article 769 du Code de procédure civile, un extrait de l'ordonnance du juge pour être déposé par l'avoué poursuivant au bureau des hypothèques ;
et le conservateur, sur la présentation de cet extrait, doit faire la radiation des
inscriptions des créanciers non colloqués.

Puis, le greffier délivre à chaque créancier colloqué un bordereau de collocation exécutoire contre l'adjudicataire ou contre la Caisse des consignations, et à
l'avoué poursuivant le bordereau des frais à prélever.

55. — Les bordereaux doivent contenir l'extrait textuel de l'ordonnance de
clôture, en ce qui concerne chaque créancier colloqué et être revêtus de la formule
exécutoire ; ils sont signés par le greffier.

S'il y a plusieurs chefs de collocation, au profit d'un même créancier, il n'est
pas nécessaire de lui délivrer autant de bordereaux de collocation qu'il y a de
chefs distincts de collocation. Un seul suffit.

56. — Lorsque les bordereaux sont exécutoires contre l'adjudicataire, il
n'est pas non plus nécessaire que la signification lui en soit faite ; il doit être prêt

---

(1) Cass., 25 novembre 1867; Rouen, 26 juillet 1873.
(2) Colmar, 9 juin 1870. — V. cependant Cass.,
12 novembre 1890 (J. du not., 1891, p. 102).
(3) Cass., 13 juin 1834 ; Paris, 1ᵉʳ février 1859 ;
Bordeaux, 21 février 1861 ; Cass., 12 février et
29 juillet 1868 (art. 19192, J. N.) ; Lyon, 8 mai 1868;
Paris, 8 décembre 1871; Cass., 18 décembre 1871.

(4) Cass., 25 novembre 1867.
(5) Cass., 7 mars 1859 ; Aubry et Rau, p. 166; Laurent, nº 597. — Les personnes civiles, sociétés, communes, etc., ne sont point dispensées de cette remise.
(6) Angers, 12 avril 1866 (S. 1866-2-308).

à payer aussitôt après la clôture de l'ordre, s'il n'a pas obtenu de délai du créancier. Il doit se libérer entre les mains des créanciers titulaires des bordereaux de collocation, sans pouvoir contester ni leur qualité, ni leurs droits, ni leur imposer des conditions dont l'ordonnance de clôture ne ferait pas mention. Le bordereau constituant un titre exécutoire, les créanciers seraient en droit, si l'adjudicataire refusait de payer, de commencer des poursuites contre lui, notamment par la voie de la folle enchère, et ces poursuites ne pourraient être suspendues soit par une demande de sursis pour règlement de compte (1), — ni sous le prétexte que le créancier n'a pas renouvelé son inscription et qu'il a conséquemment perdu son droit de suite (2).

57. — L'adjudicataire peut, ou payer séparément chaque créancier, au fur et à mesure qu'il se présente muni de son bordereau de collocation, — ou ce qui est préférable, et ce qui évite la multiplicité des quittances et des frais, convoquer tous les créanciers colloqués chez son notaire et faire dresser une quittance collective (3).

58. — Il est d'usage, en pareil cas, et il est utile, dans l'intérêt de l'adjudicataire, de rendre compte, dans cette quittance, et par un exposé préalable, de l'accomplissement des formalités de transcription, de purge et de notification ; on y rappelle le nombre et l'importance des inscriptions que ces formalités ont fait connaître ; on analyse brièvement l'ordre, les collocations ; on mentionne la radiation des inscriptions qui militaient au profit des créanciers non colloqués ; en un mot, on fait connaître la situation de l'immeuble au jour de la quittance, et le décompte du prix à distribuer, afin d'établir la régularité du paiement. Puis, on procède, d'après l'ordre des collocations, en commençant par l'avoué poursuivant, au paiement de chaque créancier, en capital, intérêts et frais. Le capital seul de la collocation produit des intérêts depuis le jour de la clôture de l'ordre ; ces intérêts sont ajoutés au montant de la collocation.

59. — Chaque créancier, en recevant le paiement de ce qui lui est dû, donne mainlevée non seulement de l'inscription ou des inscriptions prises en garantie de sa créance, mais encore de l'inscription d'office grevant des biens adjugés, en tant qu'elle lui profite.

L'intervention du vendeur à la quittance n'est utile qu'en matière d'ordre consensuel. Mais après un ordre judiciaire, elle n'est même pas nécessaire pour donner mainlevée de l'inscription d'office prise par le conservateur en vertu de l'article 2108 du Code civil, lors de la transcription du jugement d'adjudication ou du contrat de vente ; cette inscription militant au profit des créanciers, qui sont devenus, par la purge, propriétaires du prix, le vendeur n'y a plus aucun droit. « Au fur et à mesure du paiement des collocations, dit l'article 771 du Code de procédure civile, le conservateur des hypothèques, sur la représentation du bordereau et de la quittance du créancier, décharge d'office l'inscription jusqu'à concurrence de la somme acquittée ; et l'inscription d'office est rayée définitivement, sur la justification faite par l'adjudicataire du paiement de la totalité de son prix, soit aux créanciers colloqués, soit à la partie saisie. »

60. — Si le dernier créancier colloqué ne reçoit pas l'intégralité de sa créance, le notaire doit avoir soin de ne pas le faire désister entièrement de son droit d'hypothèque et de ne lui faire donner qu'une mainlevée définitive sur l'immeuble vendu, et, sur les autres immeubles, jusqu'à concurrence de ce qu'il reçoit. De

---

(1) Toulouse, 4 mars 1864.
(2) Chambéry, 12 mai 1869 (*Rev. not.*, n° 2616, et art. 19814, J. N.).
(3) On peut encore, si l'on craint de ne pouvoir réunir à la fois tous les créanciers, procéder d'une troisième façon : faire signer par l'adjudicataire un acte préliminaire contenant l'exposé de toutes les formalités, la situation hypothécaire de l'immeuble, l'analyse des collocations, le décompte du prix et l'indication des paiements à faire ; puis, on dresse, pour chaque créancier, une quittance très courte, se référant au premier acte et contenant seulement le paiement et la mainlevée.

même, il ne doit remettre à l'adjudicataire que son bordereau de collocation et conserver le titre constitutif de sa créance, sur lequel l'acompte reçu est mentionné.

Les autres créanciers colloqués font remise, en touchant leurs créances, de leur bordereau de collocation et de leurs titres de créances.

§ 6. RESPONSABILITÉ NOTARIALE.

61. — Le notaire dont le rôle se borne à recevoir une quittance comme officier public, ne peut être déclaré responsable que des nullités de formes qui peuvent occasionner l'inefficacité de l'acte, en tant qu'acte authentique.

Toutefois, il a été jugé qu'un notaire qui, après avoir reçu une quittance, n'en a pas donné *lecture* au créancier, avant la signature, peut être déclaré non responsable de l'abus qu'un tiers a fait de cette quittance en touchant directement du débiteur, pour le compte du créancier, une somme que ce dernier ne supposait pas être l'objet de l'acte par lui signé, parce qu'il fut établi que c'est la confiance excessive du créancier envers ce tiers et non la faute commise par le notaire rédacteur de la quittance qui avait occasionné le préjudice (1).

Si le notaire a accepté la mission de veiller à la régularité du paiement constaté, il est responsable, en outre, comme mandataire, et sa responsabilité peut être beaucoup plus étendue, par exemple, lorsque, dépositaire des fonds d'une vente ou d'une obligation, il s'est chargé d'en distribuer le montant aux créanciers inscrits du vendeur ou de l'emprunteur. C'est ainsi qu'il a été jugé que le notaire, à qui des deniers ont été déposés par des acquéreurs pour les libérer envers le vendeur ou les créanciers inscrits, est responsable de l'inaccomplissement de ce mandat, soit qu'il n'ait pas employé les fonds, soit qu'il les ait mal employés, s'il n'a pas effectué valablement la libération (2).

Le notaire qui a reçu la quittance d'une indemnité d'expropriation versée entre les mains du propriétaire actuel de l'immeuble exproprié, doit être déclaré responsable vis-à-vis de l'expropriant, dans le cas où des créanciers hypothécaires viendraient ultérieurement à se révéler. Toutefois, la responsabilité peut être atténuée, par ce fait que ce n'est pas le notaire, mais le débiteur (une Compagnie de chemins de fer) qui a fait transcrire et accompli les formalités hypothécaires (3).

Le notaire ne saurait être déclaré responsable des suites du paiement constaté par lui, lorsqu'il est constant que le client, en dehors de ses conseils, a voulu payer le vendeur en qui il avait confiance, sans se préoccuper de la situation hypothécaire de l'immeuble (Cass., 7 mars 1894).

§ 7. FRAIS ET HONORAIRES.

62. — **Frais.** — Les frais de la quittance sont à la charge du débiteur (4). C'est ce que dit expressément l'article 1248 du Code civil, et c'est tout naturel, puisque l'acte est fait dans son intérêt, que c'est son titre, preuve de sa libération ; on doit comprendre dans ces frais, tous ceux de l'acte dressé, c'est-à-dire, si la quittance est passée devant notaire, ceux de timbre, d'enregistrement, les honoraires et les frais d'hypothèques, s'il y a une inscription à faire rayer.

Mais que faut-il décider si, alors que le débiteur se serait contenté d'une quittance sous signatures privées, le créancier ne sait pas signer ? La quittance notariée est-elle également, en ce cas, à la charge du débiteur ? Les auteurs se

---

(1) Cass., 25 juin 1867 (S. 1867-1-325).
(2) Nancy, 26 février 1864 ; Paris, 13 janvier 1865 ; Agen, 14 mars 1866 ; Lyon, 10 juin 1867 ; Orléans, 21 août 1874 ; Sedan, 29 août 1877 (*Rev. not.*, n°s 963, 1895, 2031 et 5531) ; Cass., 10 février 1875 (*J. du* not., n° 2982) ; Loudun, 20 juin 1885 (*J. du not.*, 1886, p. 101) ; Paris, 28 juillet 1890 ; Seine, 10 juillet 1891.
(3) Seine, 6 juin 1882 (*Rev. not.*, n° 6548).
(4) Il doit avoir par suite le choix de la forme de la quittance et du notaire (V. *supra*, n° 10).

prononcent généralement pour l'affirmative ; l'article 1248 ne fait pas d'exception (1).

62 bis. — C'est aussi parce que la disposition de l'article 1248 du Code civil est absolue, qu'il faut reconnaître qu'elle est applicable toutes les fois qu'il y a un paiement donnant lieu à une quittance, que ce soit après obligation, ou après vente volontaire ou judiciaire. C'est donc avec raison, à notre avis, qu'il a été jugé que le coût des quittances consenties par des créanciers colloqués, après ordre, en recevant le montant de leur collocation, est à la charge de l'adjudicataire, tout aussi bien que le coût de la quittance que doit donner la partie saisie, en touchant la portion du prix restée libre, après paiement des créances inscrites (2).

63. — Cette règle s'applique également aux paiements faits par l'Etat, les communes ou établissements publics et les frais de quittance, même notariée, lorsque le créancier ne sait pas signer, doivent être payés par eux (3).

La Caisse des consignations n'est pas dans une situation différente, et il a été jugé que l'article 1248 du Code civil lui est applicable, comme à tout autre débiteur (4).

Et, alors même que l'acquéreur, débiteur des frais de la quittance qui doit être donnée à la Caisse, se contenterait d'une quittance sous seing privé, la Caisse ne peut exiger une quittance authentique. Si le vendeur consent à en payer les frais, il ne peut les répéter contre l'acquéreur (5).

Mais la Caisse a le droit d'imposer la forme authentique, lorsque cette forme est nécessitée par la situation, et que, par exemple, la quittance doit contenir mainlevée d'hypothèque ; et, dans ce cas, les frais doivent être acquittés par les créanciers colloqués, sauf recours contre leur débiteur ou contre l'acquéreur (6).

63 bis. — Mais, il va sans le dire, que les parties peuvent déroger à la règle établie par l'article 1248 du Code civil et stipuler que ces frais seront, par exemple, à la charge du créancier ou du vendeur (7).

64. — **Honoraires.** — L'honoraire des notaires, en matière de quittance pure et simple, est un droit proportionnel perçu sur le montant de la somme payée et qui varie, selon les usages des compagnies, entre 25 et 50 cent. °/₀. Le tarif le plus généralement suivi est 50 cent. °/₀. C'est celui proposé, en 1862, par la majorité des Cours d'appel, dans le projet de tarif légal et consacré, dans le tarif des actes notariés, pour les chancelleries de consulats (8).

Un certain nombre de tarifs élèvent à 75 cent. °/₀, le taux de l'honoraire sur les quittances données à la suite d'ordre amiable ou judiciaire, par les créanciers colloqués. Cette quittance, par sa complication, sa longueur, les difficultés que peut présenter sa rédaction, notamment en ce qui concerne les nombreuses mainlevées d'inscription qu'elle contient, justifie, en effet, une rémunération particulière et plus élevée.

§ 8. Timbre et enregistrement.

65. — **Timbre.** — Les quittances de prix de vente, de bail, d'obligation, etc., peuvent être écrites à la suite du contrat de vente, de bail, etc..., et sur le même timbre (9), lors même que ces quittances renferment d'autres dispositions.

---

(1) Larombière, t. III, sur l'article 1248, n° 1 ; Demolombe, t. XXVII, n° 296 ; Dict. du not., n° 15 ; Riom, 18 juin 1879 (art. 22403, J. N.).
(2) Besançon, 17 décembre 1852 (S. 1854-2-110). Larombière, loc. cit., n° 5 ; Demolombe, n° 297.
(3) Art. 18766, J. N. ; Dict. du not., n° 15.
(4) Metz, 23 janvier 1868 ; et le droit de timbre des quittances qui lui sont délivrées par les particuliers est à sa charge. Cass., 22 févr. 1893 (art. 25115. J. N.).

(5) Metz, précité; Provins, 1ᵉʳ avril 1885.—V. toutefois, Vouziers, 29 novembre 1849 (art. 14014, J. N.), J. du n t., 1874, n° 2746.
(6) Paris, 30 novembre 1863 (art. 17920, J. N.).
(7) Demolombe, n° 298.
(8) V. notre Tarif génér. et rais., t. II, p. 57 à 60. —Sic: Amiens, 7 décembre 1892).
(9) L. 13 brumaire an VII, art. 23.

66. — **Enregistrement.** — Les actes de quittance et tous autres actes et écrits portant libération de sommes et valeurs mobilières sont assujettis au droit proportionnel de 50 cent. °/₀ sur le montant des sommes dont le débiteur se libère (1).

67. — Le droit de quittance se perçoit *sur le total des sommes ou capitaux dont le débiteur se trouve libéré* (2). Le droit de quittance devrait donc être perçu sur 10,000 francs, si, dans la quittance, il était dit que le créancier a reçu 1,000 francs ou toute autre somme, pour *final paiement* de 10,000 francs à lui dus; — à moins qu'on ne représentât, pour le surplus, des quittances *enregistrées*.

68. — Si, dans la quittance de remboursement d'une créance ou d'une rente, on énonce que *tous les intérêts et arrérages échus ont été payés*, le droit de 50 cent °/₀ doit être perçu sur cinq années d'arrérages, à moins que la date du titre ne soit plus récente ou que le paiement des arrérages ait eu lieu par quittance enregistrée.

Il en serait de même s'il était dit que le créancier décharge le débiteur de *toutes choses quelconques* relatives au capital remboursé.

69. — Mais si l'acte ne fait mention que du paiement du capital, sans *réserve des intérêts ou arrérages*, le droit de quittance ne doit être perçu que sur le capital. — De même, si l'acte contient quittance du capital de la dette, et d'une somme déterminée pour intérêts échus, le droit n'est dû que sur cette somme, alors même qu'elle ne comprendrait que la dernière année ou le dernier terme expiré; et il n'est point permis à la Régie d'exiger le droit sur cinq ans d'intérêts ; bien que la quittance donnée fasse légalement supposer la libération des termes précédents (3).

70. — En cas de vente, la quittance donnée *par le même acte* pour tout ou partie du prix, entre les contractants, n'est point sujette à un droit particulier d'enregistrement (4).

Il en est de même de la quittance du loyer ou fermage d'un bail, dans l'acte même de bail, — de la quittance de la dot, dans un contrat de mariage.

71. — Mais la disposition d'un contrat de vente qui constate le paiement fait par l'acquéreur aux créanciers du vendeur est passible du droit de 50 cent. °/₀, pour libération du vendeur envers ses créanciers (5).

Il est dû également, lorsque le vendeur délègue le prix de la vente à un tiers intervenant qui le reçoit et en donne quittance, indépendamment du droit de cession.

72. — Lorsque, dans un acte de vente d'immeuble, le prix a été payé en billets à ordre souscrits par l'acquéreur, et causés pour quittance du prix de l'immeuble, l'acte ultérieur qui constate le paiement des billets est passible du droit de quittance (6).

73. — L'acte postérieur à la vente, par lequel l'acquéreur d'un immeuble paie, en présence et du consentement du vendeur, aux créanciers inscrits, le prix non délégué dans le contrat, n'est sujet qu'à un seul droit de quittance (7). — Mais il est dû le droit fixe de 3 francs pour le consentement donné par le vendeur au paiement.

74. — L'acte qui constate le paiement fait par un mari à sa femme, après

(1) L. 22 frimaire an VII, art. 69, § 2, et 2 mai 1855, art. 15.
(2) L. 22 frim. an VII, art. 14, n° 3.
(3) Sol. Rég., 10 mars 1819, 20 juillet 1821, 12 septembre 1829 et 14 août 1843.
(4) L. 22 frim. an VII, art. 10.

(5) Cass., 4 juillet 1815 ; Laon, 15 janvier 1833; Seine, 10 décembre 1834 ; Lyon, 10 août 1841.
(6) Cass., 5 novembre 1834.
(7) Limoges, 30 juin 1835 et 2 mars 1837 ; Saumur, 21 juillet 1836 ; Délib. Régie, 4 août 1837 ; Inst. Rég., 18 juin 1838.

séparation, du montant de ses reprises et apports, n'est pas assujetti au droit proportionnel de quittance (V. *supra*, v° CONTRAT ENTRE ÉPOUX, n° 21).

75. — On ne peut percevoir que le droit de 50 cent. °/₀ sur la quittance d'une somme prêtée *verbalement* ; la Régie ne serait pas fondée à exiger le droit d'obligation pour le prêt éteint par la libération du débiteur.

76. — Tout acte constatant l'extinction d'une dette par compensation *conventionnelle* est passible du droit de quittance (1).

Mais l'acte qui constate la *compensation* opérée par le seul fait de la loi, entre deux créances liquides, exigibles et co existantes, n'est point passible du droit proportionnel de libération (2).

Il en est de même pour l'acte constatant l'extinction de créances par suite de *confusion*.

77. — L'acte qui constate le paiement par les héritiers d'un usufruitier des capitaux dont celui-ci avait la jouissance, n'est sujet qu'à un droit fixe de 3 francs ; car il n'y a pas à proprement parler de libération (3).

Il en est ainsi du remboursement de partie d'un prix de vente par le vendeur pour cause d'insuffisance de la contenance constatée au contrat. Il n'est dû qu'un droit fixe de 3 francs, comme acte de complément (4).

78. — Lorsque, dans un contrat de vente, il est dit que le prix payé au vendeur a été déposé, même aux risques et périls de l'acquéreur, entre les mains du notaire rédacteur de l'acte, qui ne devra en faire la remise qu'après l'accomplissement des formalités hypothécaires, l'acte ultérieur par lequel le notaire fait cette remise n'est point passible du droit proportionnel de quittance, mais d'un simple droit fixe de dépôt de 3 francs sur le contrat de vente (5).

79. — Les quittances de répartition par les créanciers au syndic de la faillite, quel que soit le nombre d'émargements sur chaque répartition, sont soumises au droit fixe de 3 francs (6).

80. — Quittances exemptes de droits. — Quittances de fournisseurs, ouvriers, maîtres, produites comme pièces justificatives d'un compte (art. 537, C. proc. civ.): Exemptes d'enregistrement. Cette exception s'applique aux comptes amiables et devant notaires, comme aux comptes judiciaires (7).

Quittances des contributions, droits, créances et revenus payées à l'Etat : Exemptes d'enregistrement (8).

Quittances notariées par un particulier ne sachant pas signer, à l'Etat, pour prix de fournitures : Gratis (9).

Quittances ou acquits de lettres de change, billets à ordre ou autres effets négociables : Exempts d'enregistrement (10).

§ 9. FORMULES.

1. *Quittance de prix de vente d'immeubles, lorsqu'il n'existe pas d'inscriptions.*
2. *Quittance de prix de vente d'immeubles, lorsqu'il existe des inscriptions.*
3. *Quittance de prix de vente d'immeubles par un précédent vendeur.*
4. *Quittance d'un fonds de rente viagère après le décès du rentier.*
5. *Quittance d'une soulte d'échange.*
6. *Quittance du montant d'une obligation.*
7. *Quittance par suite d'ordre amiable.*
8. *Quittance par suite d'ordre judiciaire.*
9. *Quittance d'une somme due par un tuteur à son pupille.*

---

(1) Cass., 11 mars 1854 (art. 15228, J. N.).
(2) Saint-Omer, 25 mars 1854 (art. 15281, J. N.).
(3) Délib. Rég., 21 avril 1837.
(4) Délib. Rég., 17 mars 1826.
(5) Délib. Rég., 25 mai 1825.

(6) LL. 24 mai 1834, art. 15 ; 28 février 1872, art. 4.
(7) Déc. 22 septembre 1807 ; Inst. gén., 346 et 436.
(8) L. 22 frim. an VII, art. 70, § 3.
(9) Instr., 11 juin 1858.
(10) L. 22 frim. an VII, art, 70, § 3.

1. — Quittance de **prix** de vente d'immeubles, lorsqu'il n'existe
pas d'inscriptions.

Et le...
Pardevant..., etc.
    Ont comparu :
    M. Georges Aubry, propriétaire, demeurant à...

D'une part.

    Et M. Adolphe Lucas, propriétaire, et Mme Laure Martin, son épouse, qu'il autorise,
demeurant ensemble à...

D'autre part.

    Lesquels, préalaL   ient à la quittance qui va faire l'objet des présentes, ont exposé ce
qui suit :

Exposé.

    Suivant contrat passé devant M•..., l'un des notaires soussignés, le..., dont la minute
précède, M. et Mme Lucas ont vendu à M. Aubry une maison située à...
    Cette vente a eu lieu moyennant le prix principal de 50,000 francs, stipulés payables
le..., et productifs d'intérêts à 5 °/₀ depuis le..., jour de l'entrée en jouissance.
    Une expédition de ce contrat a été transcrite au bureau des hypothèques de..., le...,
volume..., numéro...; et, le même jour, inscription a été prise d'office, au profit de M. et
Mme Lucas, contre M. Aubry, volume..., numéro...
    Trois certificats, délivrés par le conservateur, audit bureau, le lendemain de cette
transcription, n'ont révélé l'existence d'aucune inscription, transcription ni mention.
    M. Aubry n'a pas jugé utile de faire remplir les formalités de purge légale, Mme Lucas
ayant déclaré au contrat de vente renoncer à son hypothèque légale sur la maison vendue,
et M. Lucas n'ayant jamais rempli aucune fonction donnant lieu à hypothèque légale.

Quittance.

    Ces faits exposés, et rien ne s'opposant à la libération de M. Aubry, ce dernier a versé
à l'instant, en bonnes espèces de monnaie comptées et délivrées à la vue des notaires soussignés, à M. et Mme Lucas, qui le reconnaissent et lui en donnent quittance :

1° La somme de 50,000 francs, montant en principal du prix de la vente ci-dessus relatée.	50 000 »
2° Et celle de 2,857 francs pour intérêts de ces 50,000 francs, courus du... à ce jour.	2 857 »
Ensemble, 52,857 francs.	52 857 »

Mainlevée.

    Comme conséquence du paiement qui précède, M. et Mme Lucas déclarent donner main-
levée définitive, avec désistement de tous droits de privilège et action résolutoire, et consentir
à la radiation de l'inscription d'office sus-énoncée, prise à leur profit au bureau des hypothèques de..., le..., volume..., numéro...
    Consentant la décharge du conservateur qui opérera cette radiation.

Remise des titres.

    M. et Mme Lucas ont à l'instant remis à M. Aubry, qui le reconnaît, tous les titres de
propriété promis dans le contrat de vente.

Frais.

    Les frais et honoraires des présentes seront supportés par M Aubry.
        Dont acte...

2. — Quittance de prix de vente d'immeubles, lorsqu'il existe des inscriptions.

Et le...

Pardevant..., etc.

    Ont comparu :

    M. Alfred Boulland, propriétaire, demeurant à...

D'une part.

Et M. Louis Martin, propriétaire, et Mᵐᵉ Joséphine Leclerc, son épouse, qu'il autorise demeurant ensemble à...

D'autre part.

Lesquels, préalablement à la quittance qui va faire l'objet des présentes, ont exposé ce qui suit :

Exposé.

Aux termes d'un contrat passé devant Mᵉ..., l'un des notaires soussignés, le..., dont la minute précède, M. et Mᵐᵉ Martin ont vendu à M. Boulland une propriété située à..., comprenant..., etc.

Cette vente a eu lieu moyennant le prix principal de 300,000 francs.

Mais il a été stipulé que, sur cette somme, l'acquéreur conserverait entre ses mains, jusqu'au décès de M. Jules Legros, rentier, demeurant à..., une somme de 50,000 francs pour le service d'une rente viagère de 2,500 francs due à ce dernier, en vertu d'un acte reçu par Mᵉ..., notaire à..., le..., et qu'il continuerait à servir cette rente, qui est payable par semestre, le..., de chaque année.

En outre, M. et Mᵐᵉ Martin ont délégué sur ce prix, à M. Arthur Vincent, propriétaire, demeurant à..., leur vendeur, une somme de 50,000 francs, que M. Boulland a été chargé de payer en leur acquit, avec intérêts à 5 °/₀, depuis le...

Quant aux 200,000 francs de surplus, ils ont été stipulés payables en une seule fois le..., et productifs d'intérêts à 5 °/₀ par an, payables...

Une expédition dudit contrat de vente a été transcrite au bureau des hypothèques de..., le..., volume..., numéro... ; et le même jour, inscription a été prise d'office, volume..., numéro..., au profit de M. et Mᵐᵉ Martin contre M. Boulland.

Un état délivré le lendemain par le conservateur audit bureau a révélé l'existence des quatre inscriptions suivantes :

La première est celle d'office sus-énoncée ;

La deuxième, du..., volume..., numéro..., prise d'office au profit de M. Vincent, précédent propriétaire, contre M. et Mᵐᵉ Martin, pour sûreté de 50,000 francs lui restant dus ;

La troisième, du..., volume..., numéro..., prise au profit de M. Legros, pour sûreté de la somme de 50,000 francs, qui assure le revenu de la rente viagère de 2,500 francs ;

Et la quatrième, du..., volume..., numéro..., prise au profit de M. Charles Vallet, rentier, demeurant à..., contre M. et Mᵐᵉ Martin, pour sûreté d'une somme de 30,000 francs, montant d'une obligation souscrite par acte passé devant Mᵉ..., notaire à..., le...

Deux certificats délivrés ledit jour... par le conservateur, constatent qu'il n'existait, au sujet de l'immeuble dont il s'agit, aucune transcription ni mention résultant de la loi du 23 mars 1855.

M. Boulland a fait remplir les formalités prescrites par la loi pour la purge des hypothèques légales qui pouvaient grever ladite propriété.

A cet effet, une copie collationnée de son contrat d'acquisition a été déposée au greffe du tribunal de première instance de..., le..., et, de suite, un extrait en a été affiché dans l'auditoire de ce tribunal, où il est resté jusqu'au..., ainsi que le constatent deux certificats délivrés par le greffier du même tribunal, l'un pour le dépôt, en date du..., et l'autre pour le retrait, en date du...

Ce dépôt a été notifié tant à Mᵐᵉ Martin qu'à M. le procureur de la République près ledit tribunal, par exploit de..., huissier à..., en date, etc..., et cette notification a été rendue publique par l'insertion qui en a été faite au journal (*indiquer le journal*), feuille du..., dont un exemplaire, revêtu de la signature de l'imprimeur, légalisée par le maire de..., porte cette mention : « Enregistré, etc... »

Pendant l'accomplissement de ces formalités, il n'est survenu, sur la propriété dont il s'agit, aucune inscription pour cause d'hypothèque légale, ainsi que le constate un certificat délivré par le même conservateur le...

Il résulte de ce qui précède que M. Boulland devra, pour se garantir des inscriptions qui grèvent la propriété dont il s'agit, retenir sur son prix d'acquisition :

1° Les 50,000 francs restant dus à M. Vincent et qui lui ont été délégués, ci. . . . . 50 000 »

2° Les 50,000 francs qui représentent le capital nécessaire pour assurer le service de la rente viagère due à M. Legros, ci. . . . . 50 000 »

3° Et les 30,000 francs montant de l'obligation souscrite au profit de M. Vallet, ci. . . . . 30 000 »

Ensemble, 130,000 francs, ci. . . . . 130 000 »

De sorte qu'il ne reste libre, sur le montant du prix de la vente, qu'une somme de 170,000 francs, ci. . . . . 170 000 »

Total égal, 300,000 francs, ci. . . . . 300 000 »

Quittance.

Ces faits exposés, et rien ne s'opposant à la libération de M. Boulland, ce dernier a versé à l'instant, en bonnes espèces de monnaie comptées et délivrées à la vue des notaires soussignés, à M. et Mᵐᵉ Martin, qui le reconnaissent et lui en donnent quittance :

1° La somme principale de 170,000 francs restant libre sur le prix de la vente ci-dessus relatée, ci. . . . . 170 000 »

2° Et celle de 6,421 francs pour intérêts de cette somme courus du... à ce jour, ci. . . . . 6 421 »

Ensemble, 176,421 francs, ci . . . . 176 421 »

Mainlevée.

Comme conséquence du paiement qui précède, M. et Mᵐᵉ Martin déclarent donner main-levée avec désistement de tous droits de privilège et action résolutoire, et consentir la radiation de l'inscription d'office sus-énoncée prise à leur profit, contre M. Boulland, au bureau des hypothèques de..., le..., volume .., numéro...; mais jusqu'à concurrence seulement de la somme de 170,000 francs qui vient d'être versée et de ses intérêts, l'effet desdits droits et inscription étant expressément réservé pour tout le surplus.

Consentant la décharge du conservateur qui opérera cette radiation.

Remise des titres.

M. et Mᵐᵉ Martin ont, à l'instant, remis à M. Boulland tous les titres de propriété qui lui avaient été promis dans le contrat de vente.

Dont acte...

3. — Quittance de prix de vente d'immeubles par un précédent vendeur.

Et le...

Pardevant, etc...

Ont comparu :

M. Alfred Boulland, propriétaire, demeurant à...

D'une part.

Et M. Arthur Vincent, propriétaire, demeurant à...

D'autre part.

Lesquels, préalablement à la quittance qui va faire l'objet des présentes, ont exposé ce qui suit :

Exposé.

I. — Aux termes d'un contrat passé devant Mᵉ..., notaire à..., le..., M. Vincent a vendu à M. Louis Martin, propriétaire, et Mᵐᵉ Joséphine Leclerc, son épouse, demeurant ensemble à..., une propriété située à..., le..., moyennant le prix principal de 300,000 francs, sur lesquels 250,000 francs ont été payés suivant quittance reçue par ledit Mᵉ..., le..., dans laquelle il a été rendu compte des formalités de transcription et de purge.

II. — Suivant contrat passé devant M⁰..., l'un des notaires soussignés, le..., dont la minute est la première de celles qui précèdent, M. et Mᵐᵉ Martin ont revendu ladite propriété à M. Boulland, comparant, moyennant aussi le prix de 300,000 francs, sur lesquels ils ont délégué, au profit de M. Vincent, une somme de 50,000 francs, pour se libérer de pareille somme qu'ils restaient lui devoir·

Quittance.

Ces faits exposés, M. Boulland a versé à l'instant, en bonnes espèces de monnaie comptées et délivrées à la vue des notaires soussignés, à M. Vincent qui le reconnaît et lui en donne quittance :

1° La somme principale de 50,000 francs qui forme le solde de son prix de vente, ci	50 000 »
2° Et celle de 1,258 francs pour intérêts du... au..., ci	1 258 »
Ensemble, 51,258 francs, ci.	51 258 »

Mainlevée.

Comme conséquence du paiement qui précède, M. Vincent, en se désistant de tous droits de privilège et action résolutoire, déclare donner mainlevée et consentir à la radiation :

1° D'une manière définitive de l'inscription prise, à son profit contre M. et Mᵐᵉ Martin, au bureau des hypothèques de..., le . , volume..., numéro .. ;

2° Et en ce qu'elle peut lui profiter jusqu'à concurrence de la somme ci-dessus payée, de l'inscription d'office prise au même bureau au profit de M. et Mᵐᵉ Martin contre M. Boulland, le..., volume..., numéro...

Consentait la décharge du conservateur qui opérera ces radiations.

Intervention.

Aux présentes sont intervenus M. et Mᵐᵉ Martin, ci-dessus prénommés, qualifiés et domiciliés.

Lesquels ont déclaré approuver le paiement qui vient d'être fait en leur acquit par M. Boulland à M. Vincent.

En conséquence, ils libèrent d'autant M. Boulland sur son prix d'acquisition ; et ils donnent mainlevée avec désistement de tous droits de privilège et action résolutoire, et consentent à la radiation de l'inscription sus-énoncée du..., volume..., numéro..., mais seulement en ce qu'ils conservent ladite somme de 50,000 francs et ses intérêts et accessoires, leur effet étant expressément réservé pour le surplus.

Consentant la décharge du conservateur qui opérera cette radiation.

Dont acte...

4. — Quittance d'un fonds de rente viagère après le décès du rentier.

Et le...

Ont comparu :

M. Louis Martin, propriétaire, et Mᵐᵉ Joséphine Leclerc, son épouse qu'il autorise, demeurant ensemble à...

Lesquels ont, par ces présentes, reconnu avoir reçu en bonnes espèces de monnaie, comptées et réellement délivrées à la vue des notaires soussignés,

De M. Alfred Boulland, propriétaire, demeurant à ..

La somme de 50,600 francs, composée de :

1° Celle de 50,000 francs qu'il restait devoir, sur le prix de la maison située à..., que M. et Mᵐᵉ Martin lui ont vendue par contrat passé devant M⁰..., etc., et qu'il avait consenti à conserver pour servir une rente annuelle et viagère de 2,500 francs qui était due à M. Jules Legros, rentier, décédé à..., le..., ci	50 000 »
2° Et celle de 600 francs, pour intérêts à 5 °/₀, depuis l'échéance du dernier trimestre de la rente de M. Legros jusqu'à ce jour, ci	600 »
Somme égale, 50,600 francs, ci.	50 600 »

De laquelle somme totale de 50,600 francs, M. et Mme Martin ont donné quittance définitive à M. Boulland, ainsi que de toutes choses relatives au prix de ladite maison ; et ils
ont donné mainlevée pure et simple avec désistement de tous droits de privilège et d'action
résolutoire et consenti à la radiation entière et définitive de l'inscription prise d'office à luer
profit contre M. Boulland au bureau des hypothèques de..., etc., lors de la transcription
dudit contrat de vente.

Consentant la décharge du conservateur qui opérera cette radiation.

M. Boulland a fait à M. et Mme Martin le paiement de la somme ci-dessus, attendu :
1° le décès de M. Legros qui l'avait rendue exigible ; 2° et la radiation définitive de l'inscription prise au profit de ce dernier pour sûreté de la rente de... francs, au bureau des
hypothèques de..., le..., etc., ainsi que le constate la mention, mise par le conservateur des
hypothèques de..., le..., en marge de l'état délivré sur la transcription du contrat de
vente du...

Mention des présentes est consentie partout où sera nécessaire.

Dont acte...

5. — Quittance d'une soulte d'échange.

Et le...

Pardevant, etc...

Ont comparu :

M. Emile Martin, propriétaire, demeurant à...

D'une part.

Et M. Louis Richard, propriétaire, demeurant à..

D'autre part.

Lesquels, préalablement à la quittance que les présentes ont pour objet, ont exposé ce
qui suit :

Exposé préliminaire.

Aux termes d'un contrat passé devant M^e .., l'un des notaires soussignés, le..., et dont
la minute précède, M. Martin, a cédé à titre d'échange à M. Richard ... ; et en contre échange
M. Richard a cédé à M. Martin ...

Cet échange a eu lieu notamment sous la condition que M. Martin paierait à M. Richard
une soulte de 5,000 francs, le..., avec intérêts à 5 °/. par an à compter du jour du
contrat.

Une expédition dudit échange a été transcrite au bureau des hypothèques de..., le...,
volume..., numéro .. ; et le même jour inscription a été prise d'office au profit de M. Richard
pour sûreté de ladite soulte de 5,000 francs.

Un état délivré sur chacun des échangistes et des précédents propriétaires, par M. le
conservateur audit bureau d'hypothèques, le..., n'a révélé l'existence d'aucune inscription
grevant les immeubles échangés.

Et aucun des échangistes n'a jugé utile de faire remplir les formalités de purge
légale.

Quittance.

Ces faits exposés, M. Richard a, par ces présentes, reconnu avoir à l'instant reçu de
M. Martin en bonnes espèces de monnaie comptées et délivrées à la vue des notaires
soussignés :

1° La somme de 5,000 francs, montant de la soulte stipulée au contrat
d'échange sus-énoncé, ci . . . .   5 000 »

2° Et celle de 200 francs pour intérêts de ces 5,000 francs, courus du..., à
ce jour, ci. . . . .   200 »

Total, 5,200 francs, ci. . . . .   5 200 »

De laquelle somme de 5,200 francs M. Richard donne bonne et valable quittance à
M. Martin.

Mainlevée.

Par suite de ce paiement, M. Richard déclare faire mainlevée pure et simple avec désistement de tous droits de privilège et d'hypothèque, et consentir à la radiation de l'inscription sus-énoncée prise au bureau des hypothèques de..., le..., vol., n°...

Consentant la décharge du conservateur qui en opérera la radiation définitive.

Désistement de l'action en répétition.

Par ces mêmes présentes, MM. Martin et Richard déclarent se désister réciproquement de l'action en répétition pouvant résulter à leur profit de l'article 1705 du Code civil.

Dont acte...

6. — Quittance du montant d'une obligation.

Et le...

Pardevant, etc...

A comparu :

M. Léon Marchal, propriétaire, demeurant à...

Lequel a, par ces présentes, reconnu avoir reçu en bonnes espèces de monnaie, comptées et délivrées à la vue des notaires soussignés (ou bien... comptées et délivrées, dès avant ce jour, hors la vue des notaires soussignés, et sur des reçus particuliers qui ne feront qu'une seule chose avec les présentes),

De M. Charles Renard, charpentier, demeurant à...

La somme de 2,050 francs, composée de :

1° Celle de 2,000 francs, montant du prêt qu'il a fait à M. Renard, par acte passé devant M°..., etc., ci.	2 000 »
2° Et celle de 50 francs pour six mois échus aujourd'hui des intérêts (ou bien pour intérêts courus jusqu'à ce jour) de ladite somme de 2,000 francs, ci. . .	50 »
Somme égale, 2,050 francs, ci.	2050 »

De laquelle somme totale de 2,050 francs, M. Marchal donne quittance définitive à M. Renard.

Comme conséquence de ce paiement M. Marchal, en se désistant de tous droits d'hypothèque, donne mainlevée pure et simple et consent à la radiation entière et définitive de l'inscription prise à son profit, pour sûreté de la créance sus-énoncée, au bureau des hypothèques de..., le..., volume..., n°...

Consentant la décharge du conservateur qui opérera la radiation de ladite inscription.

En outre, M. Marchal déclare se désister de l'effet du transport d'indemnité de sinistre contenu dans ladite obligation et de la signification qui en a été faite à la Compagnie..., par exploit de..., huissier à..., en date du...

M. Renard reconnaît que M. Marchal lui a remis la grosse de l'obligation sus-énoncée et toutes les pièces y relatives.

Mention des présentes a été consentie partout où il sera besoin.

Dont acte...

7. — Quittance par suite d'ordre amiable.

Et le...

Pardevant, etc...

Ont comparu :

M. Emile Adam, propriétaire, demeurant à...

D'une part.

Et :

1° M. Victor Colin, rentier, demeurant à...

2°... ; 3°... ; 4°... ; 5°.., ; etc.

Tous d'autre part.

Lesquels, préalablement à la quittance qui va faire l'objet des présentes, ont exposé ce qui suit :

Exposé.

Aux termes d'un acte reçu par M°..., l'un des notaires soussignés, le..., dont la minute précède, il a été procédé à la distribution du prix moyennant lequel M. Adam, comparant, a acquis de M. Joseph Blaise, sans profession, demeurant à..., une maison située à..., suivant contrat passé devant ledit M•..., le...

Par cet acte, ont été colloqués, savoir :

1° M. Colin ;

2° M..., etc.

Quittance.

Ces faits exposés, M. Adam a payé à l'instant, en bonnes espèces de monnaie comptées et délivrées à la vue des notaires soussignés à MM. Colin, etc..., qui le reconnaissent et lui en donnent quittance, savoir :

1° A M. Colin...;

2°..., etc.

Mainlevée.

Par suite de ces paiements, MM. Colin, etc., déclarent donner mainlevée pure et simple avec désistement de tous droits d'hypothèque et consentir à la radiation, savoir :

1° M. Colin, de l'inscription prise à son profit au bureau des hypothèques de..., le..., volume..., n°..., en vertu..., etc.

2° M..., etc.

En outre, MM. Colin, etc..., agissant en vertu de l'autorisation qui leur a été donnée par M. Blaise, en fin de l'ordre amiable sus-énoncé, déclarent donner mainlevée pure et simple avec désistement de leurs droits de privilège et action résolutoire, et consentir à la radiation de l'inscription d'office prise au profit de M. Blaise contre M. Adam, au bureau des hypothèques de..., le..., volume..., n°...

Consentant la décharge du conservateur qui opérera la radiation desdites inscriptions.

Dont acte...

8. — Quittance par suite d'ordre judiciaire.

Pardevant, etc...

Ont comparu :

M. Alfred Aron, propriétaire, demeurant à...

D'une part.

Et MM... (*Énoncer les noms, prénoms, qualités et domiciles de tous les créanciers.*)

D'autre part.

Lesquels, préalablement à la quittance qui va faire l'objet des présentes, ont exposé les faits suivants :

EXPOSÉ.

I. — Suivant contrat reçu par M•..., notaire à..., le..., M. Emile Blaise a vendu à M. Aron, comparant, une maison sise à..., rue..., moyennant le prix principal de.., stipulé payable dans un délai de quatre mois, au vendeur ou aux créanciers inscrits au profit desquels toute délégation a été faite, avec intérêts à 5 °/₀ l'an, à compter du...

M. Blaise a déclaré audit contrat sur son état civil : qu'il était veuf, etc...

II. — Une expédition de ce contrat de vente a été transcrite (*rapporter ce qui concerne la transcription, la délivrance des états, les inscriptions qu'ils ont révélées et les formalités de purge légale.* — V. formule 2 ci-dessus).

III. — Après sommation infructueuse faite au vendeur de rapporter mainlevée des inscriptions sus-énoncées, et suivant exploit de..., huissier à.,., du..., M. Aron a fait notifier son contrat d'acquisition aux créanciers inscrits, sans qu'il soit survenu aucune surenchère pendant le délai de droit.

IV. — En conséquence, un ordre a été ouvert le..., au greffe du tribunal civil de la Seine, pour la distribution dudit prix. Cet ordre a été réglé par M..., juge-commissaire, provisoirement le..., et définitivement le...

Aux termes de ce procès-verbal d'ordre, le prix de l'adjudication dont il s'agit a été attribué aux créanciers sus-nommés, les seuls venant utilement, et le juge-commissaire a ordonné la radiation des inscriptions des autres créanciers.

Cette radiation ayant été opérée, ainsi que le constate le certificat délivré par le conservateur des hypothèques, le..., il en résulte que la propriété acquise par **M. Aron** n'est plus grevée que des seules inscriptions prises au profit des créanciers colloqués.

Dans cette situation, et afin de connaître la somme à payer actuellement par M. Aron à ces divers créanciers, il a été dressé de la manière suivante, et d'après les dispositions du procès-verbal d'ordre, le décompte en principal et intérêts du prix de vente et des collocations.

DÉCOMPTE DU PRIX.

Le prix moyennant lequel la vente a eu lieu s'est élevé à la somme principale de . . . .

A quoi il faut ajouter les intérêts de cette somme courus depuis le..., jour de l'entrée en jouissance, jusqu'au..., montant à la somme de... francs, ci. . .

Total de ce qui est dû par M. Aron. . . . .

Mais il convient de déduire sur cette somme celle de... francs, pour laquelle l'acquéreur a été colloqué par privilège pour frais extraordinaires de transcription et de notification, et qu'il retient entre ses mains. ci. . . . .

En sorte qu'il ne reste réellement à payer que . . . .

DÉCOMPTE DES COLLOCATIONS.

Première collocation.

M•... a été colloqué en premier lieu (art. 768, C. pr. civ.), et au premier rang, pour une somme de..., montant des frais de poursuite de l'ordre, ci . . . . .

A quoi il y a lieu d'ajouter les sommes suivantes, d'après la taxe qui en a été faite par M..., juge-commissaire, aux termes d'un état qui est demeuré ci-annexé après mention :

1°... Montant de l'enregistrement du procès-verbal d'ordre de clôture, ci.

2°... Montant de l'extrait dudit procès-verbal, pour faire radier les inscriptions, ci . . . .

3°... Pour le coût des radiations, ci. . . . .

4° Et..., pour le coût du bordereau de collocation à lui délivré par le greffier du tribunal civil de..., ci . . . .

Total . . . .

Deuxième collocation.

M. Z..., ancien propriétaire de la maison, a été colloqué par privilège pour la somme de..., composée :

1° De celle de..., qui lui restait due par M. B..., sur le prix de la vente qu'il lui avait faite de ladite maison, par contrat passé devant M•..., etc..., ci . . . .

2° De celle de... francs, pour intérêts de cette somme courus depuis le... jusqu'au..., ci. . . . .

3° De celle de..., montant des frais de production à l'ordre, et dont distraction au profit de M•..., son avoué, ci. . . . .

4° De celle de..., pour le coût, enregistrement et signification du bordereau de collocation à lui délivré par le greffier du tribunal, ci. . . . .

Somme égale. . . . .

Troisième collocation.

M... (*Continuer ainsi les diverses collocations, en énonçant pour chaque créancier les intérêts et les frais de production, le coût du bordereau, etc.*)

Total . . . .

Ainsi qu'il a été établi ci-dessus, le capital à distribuer s'élève à la somme de... francs, ci. . . . . »   »

Les collocations qui précèdent forment un total de... francs, ci. . . . . »   »

Les collocations excèdent donc de... francs la somme à distribuer. . . . . »   »

Cette différence de .. francs, ci. . . . . »   »
doit être supportée par M..., dernier créancier colloqué, pour une somme de...
francs, ci. . . . . »   »
et sa collocation doit être réduite à... francs, ci. . . . . »   »

PAIEMENT.

En conséquence, M. Aron a payé en bonnes espèces de monnaie comptées et réellement délivrées à la vue des notaires soussignés, la somme de..., savoir :

1° A M⁰..., avoué, ..., ci. . . . . »   »

2° A M. Z..., ..., ci. . . . . »   »

. . . .

10° Et à M..., francs, ci. . . . . »   »

Somme égale. . . . . »   »

De laquelle somme totale de... francs, MM..., chacun en ce qui le concerne, donnent quittance à M. Aron.

M. U... fait réserve expresse de tous ses droits contre M. Blaise pour tout ce qui lui reste dû.

Par suite de ce paiement, tous les créanciers sus-nommés, chacun en ce qui le concerne, ont donné mainlevée, avec désistement de tous droits de privilège, d'hypothèque et autres droits réels, savoir : M..., entièrement, de l'inscription prise à son profit contre M..., le..., volume..., numéro...; M..., etc.; et tous conjointement, de l'inscription prise d'office contre M. Aron au profit de M. Blaise, au bureau des hypothèques de..., etc.

Consentent à la décharge du conservateur des hypothèques qui opérera ces radiations.

REMISE DE TITRES.

M. Aron a reconnu avoir reçu de MM... la grosse des obligations de.. , etc., et les bordereaux de collocation des créanciers remboursés.

Mention des présentes est consentie, etc.

Dont acte...

9. — Quittance d'une somme due par un tuteur à son pupille.

Pardevant..., etc.

Ont comparu :

M. Jules Boyer, propriétaire, demeurant à...

Agissant :

1° En son nom personnel,

2° Et en qualité de tuteur datif de M. Louis Boyer, son neveu, mineur, né à..., le..., du mariage de M. Charles Boyer et de M¹¹ᵉ Marguerite Lefort, tous deux décédés; fonction à laquelle il a été nommé par délibération du conseil de famille dudit mineur prise sous la présidence de M. le juge de paix du canton de..., le...

D'une part.

Et M. Victor Lefort, négociant, demeurant à...

Agissant comme subrogé-tuteur du mineur Boyer, qualité qui lui a été conférée par la délibération sus-énoncée.

D'autre part.

Lesquels, préalablement à la quittance qui va faire l'objet des présentes, ont exposé ce qui suit :

Tome IV.

Exposé.

I. — Suivant acte passé devant M•..., notaire à..., le..., M. Charles Boyer sus-nommé a prêté à M. Jules Boyer, son frère, comparant une somme de 10,000 francs.

Il a été stipulé que cette somme serait remboursable en une seule fois le..., et qu'elle produirait des intérêts à 5 °/₀ par an, payables par semestre les... et... de chaque année.

A la garantie du remboursement de cette somme et du paiement de ses intérêts, M. Jules Boyer a hypothéqué une maison située à..., sur laquelle, inscription a été prise au bureau des hypothèques de..., le..., volume..., numéro...

II. — M. et Mᵐᵉ Charles Boyer sont tous deux décédés, savoir : Mᵐᵉ Boyer à..., le..., et M. Boyer à..., le...; laissant tous deux pour seul héritier, M. Louis Boyer, leur fils ainsi qu'il résulte de l'intitulé des inventaires dressés après les décès de chacun d'eux, par M•..., notaire à..., le..., et de deux déclarations d'acceptation bénéficiaire au greffe du tribunal civil de..., le...

III. — Enfin la créance dont il s'agit est arrivée à échéance depuis le...; et M. Jules Boyer a fait connaitre à M. Lefort, subrogé-tuteur, le désir de s'en libérer et d'affranchir sa maison de l'hypothèque qui la grève.

Quittance et mainlevée.

Ces faits exposés, M. Jules Boyer, agissant comme tuteur du mineur Louis Boyer, son neveu, reconnaît avoir reçu aujourd'hui même, en bonnes espèces de monnaie comptées et réellement délivrées à la vue des notaires soussignés, de lui personnellement, pour le compte dudit mineur :

1° La somme de 10,000 francs, montant de l'obligation ci-desus relatée, ci . | 10 000 | »
2° Et celle de 357 francs pour intérêts de ces 10,000 francs, courus du... à ce jour, ci . . . . | 357 | »

Soit au total, la somme de 10,357 francs, ci. . . . . | 10 357 | »

De laquelle somme le tuteur du mineur Boyer donne quittance définitive à M. Jules Boyer, et déclare s'en charger pour en faire emploi conformément à la loi.

Comme conséquence de ce paiement, M. Jules Boyer, en sa qualité de tuteur, fait main-levée totale avec désistement de tous droits d'hypothèque, et consent à la radiation définitive de l'inscription sus-énoncée prise au bureau des hypothèques de..., le..., volume..., numéro..., et consent la décharge du conservateur qui opéra cette radiation.

Ces paiement, quittance et mainlevée sont également consentis par M. Lefort, en sa qualité de subrogé-tuteur du mineur Louis Boyer.

Dont acte...

QUITTANCE SUBROGATIVE

La quittance subrogative est l'acte par lequel un créancier reçoit totalité ou partie de ce qui lui est dû par son débiteur d'une tierce personne qui, par suite, est mise en son lieu et place, jusqu'à due concurrence dans ses droits, actions, priviléges ou hypothèques contre le débiteur (art. 1250, C. civ.).

Il y a, aux termes de l'article 1250, deux espèces de subrogations conventionnelles : celle qui est consentie expressément par le créancier et qui ne peut avoir lieu sans son concours ; c'est celle qui est prévue par le paragraphe 1ᵉʳ ; et celle que vise le paragraphe 2, lorsque le débiteur emprunte une somme à l'effet de payer sa dette et de subroger le prêteur dans les droits du créancier.

Nous allons étudier ces deux espèces de subrogation.

Nous parlerons ensuite des divers cas de *subrogation légale* dont il est question en l'article 1251.

CHAPITRE PREMIER

SUBROGATION PAR LE CRÉANCIER

Sommaire :

§ 1. FORME. FORMALITÉS.

1. — Forme. — Cette quittance subrogative n'est soumise à aucune forme spéciale.

Elle peut être faite par acte authentique ou par acte sous seing privé (1).

Toutefois, comme l'acte sous seing privé qui n'a pas acquis date certaine antérieurement à sa production, elle ne serait opposable qu'au débiteur, à ses successeurs universels et à tous ceux qui se trouvent personnellement ou hypothécairement obligés à la dette, et non à un créancier tiers saisissant ni au cessionnaire du créancier originaire, ni à un autre tiers subrogé par un acte ayant acquis date certaine (2); nous conseillons donc d'employer invariablement la forme authentique ; car ce n'est que dans ces conditions que le subrogé pourra être assuré d'une garantie efficace.

2. — Cette forme est, d'ailleurs, toujours nécessaire, lorsqu'il y a lieu de consentir une subrogation **dans des** droits hypothécaires et de la faire mentionner en marge de l'inscription.

3. — Garde de la minute. — En cas de concours de deux notaires pour la rédaction de la quittance subrogative, la garde de la minute appartient d'après le règlement des notaires de Paris du 27 avril 1847, au notaire de la partie subrogée.

4. — Formalités. — Aucune formalité spéciale n'est prescrite relativement à la quittance subrogative.

5. — Concours du bailleur de fonds. — Il a été jugé que le concours du bailleur de fonds à la quittance subrogative est inutile et alors même qu'il a concouru à l'acte, cet acte n'est pas inefficace, s'il a omis de le signer ; attendu que l'article 14 de la loi de ventôse n'exige que la signature des *parties contractantes*, c'est-à-dire qui s'obligent, et que la quittance subrogative est un acte unilatéral, où la signature du créancier est seule nécessaire (3) ; nous ne saurions accepter cette solution d'une façon absolue ; et il est toujours plus prudent, même dans les actes unilatéraux, de faire signer toutes les parties qui figurent à l'acte soit pour s'obliger ou stipuler, soit pour accepter. (V. *suprà*, v° ACTE NOTARIÉ, n°⁵ 29 et suiv.).

6. — Signification. — La disposition de l'article 1690 est étrangère à la

---

(1) Demolombe, *Contrats*, t. IV, n° 376 ; Aubry et Rau, t. IV, p. 170 ; Laurent, t. XVIII, n° 30 ; Toulouse, 11 juin 1864 ; Cass., 8 août 1877 (art. 21804, J. N.).

(2) Cass., 20 janvier 1857 ; Saint-Dié, 7 novem-

bre 1885 (*Rev. not.*, n° 7426) ; Aubry et Rau, p. 170 et 171, texte et note 8 ; Laurent, n° 32. — *Contrà :* Larombière, art. 1250 ; Demolombe, n° 381.

(3) Mont-de-Marsan, 5 août 1886 (art. 23711, J. N.; J. du not., n° 3867).

subrogation et l'efficacité de celle-ci à l'égard des tiers est indépendante de sa signification au débiteur ou de son acceptation par ce dernier (1). Toutefois, la prudence exige que le subrogé fasse signifier la quittance subrogative au débiteur pour empêcher que celui-ci ou ses co-obligés ne se libèrent entre les mains du créancier originaire (2). Cette doctrine est du reste consacrée par l'usage.

7. — Subrogation. — Si la quittance subrogative a pour objet une créance hypothécaire, il y aura lieu de faire mentionner la subrogation en marge de l'inscription (V. *infrà*, v° TRANSPORT DE CRÉANCES).

§ 2. CAPACITÉ.

8. — Capacité du créancier. — Tout créancier capable de recevoir peut consentir la subrogation. (V. *suprà*, v° QUITTANCE) (3).

9. — Par suite, tous ceux qui ont pouvoir de recevoir pour le créancier ont le droit de subroger, si toutefois le pouvoir dérive de celui d'administration ; ainsi le tuteur, le mari, le mandataire *général* ont droit de recevoir parce qu'ils sont administrateurs ; et, en cette qualité, ils peuvent aussi consentir la subrogation.

10. — Spécialement le tuteur peut recevoir le paiement avec subrogation, sans être astreint à remplir les conditions prescrites par la loi du 27 février 1880 pour l'aliénation des valeurs mobilières appartenant aux mineurs. Il n'en serait autrement que si la forme du paiement avec subrogation déguisait une cession, et si ce moyen avait été employé par le tuteur pour se soustraire aux dispositions de la loi, ce qui pourrait surtout se présenter si la créance ainsi payée n'était point exigible (4).

11. — Mais le mandataire *spécial*, qui ne peut rien faire au delà de ce qui est porté dans son mandat, ne pourrait pas consentir la subrogation, s'il n'a que le pouvoir de recevoir le paiement. Toute subrogation consentie par lui serait nulle, si elle n'était ratifiée expressément ou tacitement par le mandant (5).

Notamment, l'huissier chargé du recouvrement d'une créance ne peut, sans pouvoir spécial, subroger valablement celui qui paie pour le débiteur (6).

12. — Capacité du subrogé. — Toute personne qui rembourse le créancier peut se faire subroger dans les droits de celui-ci par la voie de la quittance subrogative, peu importe que cette personne agisse personnellement ou par mandataire (7).

13. — Le tuteur, qui ne peut accepter la cession d'aucun droit contre son pupille (art. 450, C. civ.), peut rembourser de ses deniers personnels une créance contre ce dernier (8).

§ 3. OBJET DE LA QUITTANCE SUBROGATIVE. CONDITIONS. GARANTIE. FRAIS.

14. — Objet. — Une créance quelconque peut faire l'objet d'une quittance subrogative, s'il y a consentement du subrogeant et du subrogé.

En effet, d'après l'article 1236 du Code civil, toute personne, intéressée ou non, peut offrir au créancier son paiement et même le forcer à le recevoir.

(1) Paris, 12 mars 1888 (*Rev. not.*, n° 8002) ; Aubry et Rau, p. 174, texte et notes 21 et 22 ; Laurent, n° 13 ; Larombière, art. 1250, n° 43 ; Demolombe, t. XXVII, n° 329.
(2) Mêmes auteurs. — Cass., 10 décembre 1888 ; Dijon, 11 juillet 1889 (*J. du not.*, 1890, p. 278).
(3) Aubry et Rau. p. 170 ; Laurent, n° 21.
(4) Art. 22297, J. N. ; Demolombe, *Minorité*, t. I, n° 775 ; Aubry et Rau, t. I, p. 472, note 6.
(5) Demolombe, t. XXVII, p. 303, n° 350 ; Aubry et Rau, t. IV, n° 170 ; Laurent, n°° 12 et 21.
(6) Cass., 2 août 1848 ; Larombière (art. 1250, n°° 8 et 30) ; Laurent, t. XVIII, n° 22. — *Contra :* Colmar, 21 décembre 1832. — V. Nancy, 8 mai 1856 ; Cass., 7 avril 1858 ; Aubry et Rau, Demolombe, *loc. cit.*
(7) Laurent, n° 23.
(8) Laurent, n° 12.

15. — Mais lorsqu'un étranger paie une dette dont il n'était pas tenu et sans qu'il eût aucun intérêt de l'acquitter, le créancier n'est pas obligé, si bon lui semble, de lui céder ses droits et actions.

Et même le créancier peut s'y refuser, ne fût-ce que dans l'intérêt du débiteur (1). Dans ce cas, celui qui veut acquitter la dette n'a d'autre moyen pour vaincre ce refus que de s'adresser au débiteur pour qu'il fasse lui-même le paiement et la subrogation (art. 1250, § 2, du Code civil) (2).

16. — Si le créancier consent au paiement et opère la subrogation, celle-ci sera valable, quoique le tiers payant soit sans intérêt et agisse en son nom propre; car l'article 1236 du Code civil qui porte que le tiers peut payer en son nom *pourvu qu'il ne soit pas subrogé aux droits du créancier*, doit s'entendre en ce sens qu'il ne peut le forcer à le subroger malgré lui, et non en ce sens que la subrogation ne pourrait avoir lieu même d'un commun accord (3). — Suivant une autre interprétation, les expressions employées dans l'article 1236 signifient encore que le tiers qui a le droit de payer le créancier et de le forcer par conséquent à recevoir, n'a pas en même temps le droit de forcer le créancier à le subroger à ses droits (4).

17. — **Conditions.** — La subrogation qui a lieu par quittance subrogative doit, d'après le paragraphe premier de l'article 1250 du Code civil, être *expresse* et *faite en même temps* que le paiement.

18. — La subrogation est expresse, quand les termes employés pour l'exprimer manifestent clairement l'intention du créancier de subroger dans ses droits et actions le tiers qui le paye. La loi ne prescrit aucune expression sacramentelle, et la subrogation sera expresse si, par exemple, le créancier *subroge dans tous les droits et actions attachés à la créance* la personne qui effectue le paiement (5).

On peut, selon le cas, ajouter aux *droits et actions*, les *privilèges* ou *hypothèques*.

19. — La subrogation doit être consentie au moment du paiement, et les deux opérations doivent être constatées par le même acte (6).

La subrogation et le payement sont *simultanés* dans le sens de la loi, encore bien que la quittance qui les constate énonce que les espèces ont été versées *hors la vue du notaire* (7). Mais le contraire a été jugé (8); il est donc toujours préférable de constater que les fonds ont été payés à la vue du notaire, ce qui établit la simultanéité du paiement et de la subrogation.

Lorsqu'un acte de subrogation déclare que le paiement a été fait *tant*

---

(1) Pothier, titre 20, section 5, § 8.

(2) La subrogation dans les droits du créancier au profit d'une tierce personne qui le paie, est ou conventionnelle ou légale (art. 1249, C. civ.).

Cette subrogation est conventionnelle.

1° Lorsque le créancier recevant son paiement d'une tierce personne la subroge dans ses droits, actions, privilèges ou hypothèques contre le débiteur : cette subrogation doit être expresse et faite en même temps que le paiement ;

2° Lorsque le débiteur emprunte une somme à l'effet de payer sa dette, et de subroger le prêteur dans les droits du créancier. Il faut, pour que cette subrogation soit valable, que l'acte d'emprunt et la quittance soient passés devant notaires : que dans l'acte d'emprunt il soit déclaré que la somme a été empruntée pour faire le paiement, et que dans la quittance il soit déclaré que le paiement a été fait des deniers fournis à cet effet par le nouveau créancier. Cette subrogation s'opère sans le concours de volonté du créancier (art. 1250, C. civ.).

(3) Duranton, *Des contrats*, n° 783 ; Marcadé, sur l'article 1236, n° 2 ; Larombière, art. 1236, n° 8.

(4) Demolombe, n° 65 ; Aubry et Rau, p. 170, texte et note 6 ; Laurent, t. XVII, n° 487. En tous cas, la subrogation conventionnelle ne peut avoir lieu qu'en faveur de celui qui paie la dette d'un tiers ou celle dont il est tenu envers d'autres ou pour d'autres ; elle ne peut donc exister et produire d'effet lorsque celui qui paie le créancier acquitte une dette qui lui est exclusivement personnelle (Cass., 5 mai 1890 (*J. du not.*, 1890, p. 360).

(5) Toullier, t. VII, n°° 120 et 121 ; Demolombe, n°° 365 à 367 ; Colmet de Santerre, t. V, n° 190 *bis*-2; Aubry et Rau, p. 171 ; Laurent, n° 24.

(6) Toullier, t. VI, n° 126 ; Marcadé, sur l'art. 1250, n° 1 ; Demolombe, n° 368 ; Aubry et Rau, p. 171, 172 et 173 ; Laurent, n°° 25 et 26 ; Cass., 6 novembre 1854, 14 décembre 1858 et 5 novembre 1865.

(7) Cass., 31 mai 1848 et 6 novembre 1854 ; Lyon, 30 mai 1891.

(8) Cass., 28 janvier 1845.

ci-devant que présentement, il ne constate pas la simultanéité du paiement, et par conséquent la subrogation est nulle (1).

20. — Lorsque des paiements partiels successifs ont été faits, on ne peut, en général, stipuler la subrogation pour toute la créance, mais seulement pour le dernier acompte payé. Il en serait, toutefois, autrement si les versements n'avaient été opérés que sous la condition de subrogation ou dans des circonstances telles que ces versements dussent être considérés plutôt comme des dépôts provisoires que comme de véritables paiements (2).

21. — Il a été jugé que la subrogation consentie par un créancier à un tiers a pu être déclarée valable, bien qu'il y ait eu un intervalle de plus de deux mois entre le versement des fonds et la quittance subrogative, s'il est établi que les deniers avaient été versés sur la foi de l'acte public à intervenir (3).

22. — Garantie. — L'article 1693 du Code civil, qui oblige celui qui vend une créance à en garantir l'existence au moment du transport, n'est pas applicable à la quittance subrogative, qui n'est pas une vente, mais un paiement.

Si le créancier reçoit par erreur ou sciemment ce qui ne lui est pas dû, il s'oblige à le restituer à celui de qui il l'a indûment reçu, mais les règles relatives à la garantie ne lui sont pas applicables (4).

23. — Frais. — Les frais de la quittance subrogative doivent être supportés, sauf convention contraire, par le créancier subrogé, surtout lorsque la créance est exigible, car c'est lui qui profite de la subrogation. Si la créance n'était pas exigible, on devrait plutôt considérer que le paiement est fait dans l'intérêt et à la demande du subrogeant, et, par suite, mettre à sa charge les frais de la quittance subrogative. En tout cas, les frais peuvent être réclamés par le notaire au créancier subrogeant et au tiers subrogé, en vertu de l'action solidaire.—Ils ne pourraient être réclamés au débiteur cédé, intervenu à la quittance subrogative, dans le seul but d'éviter une signification, que s'il avait pris l'engagement de les payer (5). Il convient donc de toujours stipuler par qui les frais seront supportés, pour éviter toute difficulté.

§ 4. EFFETS DE LA QUITTANCE SUBROGATIVE.

24. — La subrogation est une fiction juridique établie par la loi, en vertu de laquelle une obligation éteinte au regard du créancier originaire, par suite du paiement qu'il a reçu d'un tiers, est regardée comme continuant de subsister au profit de ce tiers qui est autorisé à faire valoir, dans la mesure de ce qu'il a déboursé, les droits et actions de l'ancien créancier (6).

Si donc la tierce personne désintéresse totalement le créancier, elle est subrogée dans tous ses droits et actions.

Si, au contraire, elle ne lui paie qu'une partie de sa créance, elle n'est subrogée que jusqu'à concurrence de la somme payée, et la préférence appartient de droit au créancier pour ce qui lui reste dû (art. 1252, C. civ.) (7).

Par l'effet de la subrogation, le subrogé entre donc dans tous les droits et actions du créancier payé et dans les limites de ce paiement; et il a le droit de les

---

(1) Nîmes, 8 août 1854; Cass., 13 août 1855 (art. 15627, J. N.).

(2) Aubry et Rau, p. 172; Demolombe, n° 372; Laurent, n° 26; Cass., 6 novembre 1854, 14 décembre 1858, 15 juillet et 5 novembre 1865.

(3) Cass., 25 juillet 1865 (art. 18369, J. N.).

(4) Demolombe, n° 380; Aubry et Rau, p. 174-175; Laurent, n°° 14 et 88; Cass. belge, 12 janvier 1872. — *Contrà* : Cass., 4 février 1846.

(5) Seine, 5 juin 1886 (art. 23786, J. N. ; *J. du*

not., n° 8867); Cass., 5 novembre 1888 (*J. du not.*, 1889, p. 660) ; à moins, à notre avis, que la créance ne soit exigible.

(6) Larombière, art. 1249, n° 2; art. 1250, n° 25; Colmet de Santerre, t. V, n° 189 *bis*; Demolombe, *Contrats*, t. IV, n°° 325-326 ; Aubry et Rau, t. IV, p. 168-169, texte et note 2; Laurent, t. XVIII, n° 6.

(7) Cass., 12 mars 1889 (*Rev. not.*, n° 8077).

exercer non seulement contre le débiteur, mais aussi contre les tiers personnellement ou hypothécairement obligés à la dette, cautions ou tiers-détenteurs, ainsi
que contre ceux qui se trouvaient soumis envers le créancier à un recours en
garantie ou en indemnité en raison de la créance (1).

25. — Le subrogé succède à tous les droits du créancier subrogeant, mais il
doit naturellement prendre les choses dans l'état où elles avaient été mises par
celui-ci et l'effet de la subrogation, notamment aux privilèges et hypothèques,
est subordonné à la condition que le subrogeant n'y aura pas antérieurement
renoncé (2); car il ne peut donner des garanties qu'il n'a plus ou qu'il a abandonnées en partie.

La subrogation conventionnelle dans les droits d'un créancier comprendrait
également le recours en garantie ouvert à ce créancier contre le notaire rédacteur de l'acte d'obligation, à raison de l'irrégularité de cet acte (3).

Au cas de subrogation consentie par le créancier, ce dernier n'a pas le droit,
comme au cas de cession, de réclamer le montant de l'ancienne créance, mais seulement la somme qu'il a payée (4).

26. — Nous rappelons que la subrogation résultant de la quittance subrogative est valable vis-à-vis des tiers, sans qu'elle ait besoin d'être acceptée par le
débiteur, ou de lui être signifiée ; mais que ce dernier doit être avisé de la subrogation, pour qu'il ne puisse plus se libérer entre les mains du créancier; car, en
l'absence de cette notification, le subrogé n'aurait de recours que contre le subrogeant qui aurait indûment reçu du débiteur le paiement de la créance.

§ 5. Responsabilité notariale.

27. — Le notaire rédacteur peut être attaqué en responsabilité.
1° Si la subrogation est déclarée nulle :
Par suite de l'emploi d'expressions impropres ou insuffisantes, car l'une des
conditions essentielles de la subrogation est que celle-ci soit *expresse* ;
Ou à cause du défaut de simultanéité du paiement et de la subrogation,
deuxième condition essentielle imposée par la loi; à moins que les parties n'aient
reconnu qu'elles ont été prévenues par le notaire de l'action qui pourrait être intentée à ce sujet, et qu'elles ne l'aient requis de passer outre.
2° Et si, ayant reçu et accepté mandat à cet effet, il n'a pas fait remplir les
formalités de signification et de subrogation (V. *infrà*, v° Transport de créances).
3° Si, par suite d'une erreur commise dans la désignation des biens, le
subrogé n'a pu faire opérer la subrogation dans le privilège cédé (Cass., 24 octobre 1893).

§ 6. Honoraires.

28. — Les quittances subrogatives faites en vertu de l'article 1250, § 1er,
sont assujetties à l'honoraire proportionnel d'obligation qui est de 1 fr. °/₀,
conformément aux usages notariaux et aux propositions de la presque totalité des
Cours d'appel, en 1862.

---

(1) Cass., 3 août 1861; 9 décembre 1863 ; Douai,
9 février 1893; Aubry et Rau, p. 186; Laurent,
n°ˢ 109 et suiv. La subrogation transmet, notamment,
au subrogé l'action résolutoire appartenant au vendeur, en cas de non paiement du prix. Cass., 28 février 1894 (*J. du not.*, 1894, p. 299).

(2) Cass., 29 janvier 1855.
(3) Cass., 9 décembre 1863; Demolombe, n° 640.
V. aussi Cass., 5 août 1879.
(4) Aubry et Rau, t. IV, p. 174; Demolombe,
n° 328; Cass., 21 mars 1810. — *Contrà*: Paris,
3 prairial an X.

§ 7. Timbre. Enregistrement. Hypothèques.

29. — **Timbre.** — Les actes contenant quittance subrogative doivent être écrits sur timbre de dimension.

30. — **Enregistrement.** — Ils sont passibles du droit d'enregistrement de 1 fr. % (1).

31. — **Hypothèques.** — La subrogation à mentionner en marge de l'inscription hypothécaire donne lieu à la perception d'un droit fixe de 1 fr. pour l'accomplissement de la formalité et le salaire du conservateur (2).

§ 8. Formules.

1. *Quittance subrogative par un créancier majeur.*
2. *Quittance subrogative par le tuteur d'un créancier mineur.*

1. — Quittance subrogative par un créancier majeur.

Pardevant..., etc.

A comparu :

M. Charles Musard, propriétaire, demeurant à...

Lequel a, par ces présentes, reconnu avoir à l'instant reçu, en bonnes espèces de monnaie comptées et délivrées à la vue des notaires, soussignés,

De M. Louis Dubois, rentier, demeurant à..., ici présent, payant de ses deniers personnels, en l'acquit de M. Alfred Legros, ébéniste, demeurant à..., en vue de la subrogation ci-après,

La somme de 5,000 fr., montant d'une obligation pour prêt, souscrite par M. Legros, au profit de M. Musard, aux termes d'un acte reçu par Me..., notaire à..., le...; ladite somme stipulée exigible le..., et productive d'intérêts au taux de 5 % par an, payables le... de chaque année.

De laquelle somme de 5,000 fr., M. Musard donne quittance à M. Dubois.

Par suite de ce paiement, M. Musard subroge expressément M. Dubois dans tous ses droits, actions et hypothèque contre M. Legros, et notamment dans l'entier effet : 1° de l'inscription prise pour garantie de sa créance au bureau des hypothèques de... le..., vol..., n°...; 2° et de la signification faite à la Compagnie d'assurance..., suivant exploit de..., huissier à..., du...,

Il est bien entendu que cette subrogation ne pourra donner lieu à aucun recours contre M. Musard.

M. Musard a remis à l'instant à M. Dubois, qui le reconnaît, le titre de sa créance et les pièces qui y sont relatives.

Mention des présentes est consentie partout où besoin sera, notamment en marge de l'inscription ci-dessus énoncée, et élection de domicile est faite pour M. Dubois, à..., en l'étude de Me...

(Si le débiteur intervient, il y a lieu d'ajouter) :

Aux présentes est intervenu M. Legros, ci-dessus prénommé, qualifié et domicilié.

Lequel a déclaré se tenir pour signifiés le paiement et la subrogation qui précèdent, et n'avoir entre les mains aucune opposition qui puisse y mettre obstacle.

Sur la demande de M. Legros, M. Dubois a consenti à proroger jusqu'au..., l'exigibilité de la créance.

Cette prorogation est consentie et acceptée, sous les conditions suivantes: 1°... (V. *suprà*, v° Prorogation de délai).

Dont acte...

---

(1) Délib. Rég., 18 juin 1828 et 7 janvier 1833; Cass., 19 janvier 1858.
(2) Instr. du 10 août 1888 (*J. du not.*, n° 4048).

Conf. circ. du Comité des not. du 30 novembre 1887 n° 202, § 4.

2. — Quittance subrogative par le tuteur d'un créancier mineur.

Pardevant..., etc.

A comparu :

M. Albert Meunier, propriétaire, demeurant à...

Agissant au nom et comme tuteur datif du mineur Louis Marchal, son neveu, né à..., le..., du mariage de M. Léon Marchal avec Mme Louise Meunier, tous deux décédés à..., savoir : M. Meunier le... et Mme Meunier le...

Laquelle qualité lui a été conférée par délibération du conseil de famille dudit mineur, prise sous la présidence de M. le juge de paix du canton de..., le...

Ledit mineur seul héritier de M. et Mme Marchal, père et mère susnommés, ainsi que le constatent les intitulés des inventaires dressés après le décès de M. et Mme Meunier, par M^e..., notaire à..., l'un le... et l'autre le... ; lesquelles qualités héréditaires ont été acceptées sous bénéfice d'inventaire suivant déclaration, etc...

quel a, par ces présentes, reconnu avoir reçu en bonnes espèces de monnaie comptées et délivrées à la vue des notaires soussignés,

De M. Georges Aubry, propriétaire, demeurant à..., ici présent, payant de ses deniers personnels en l'acquit de M. Charles Rémond, propriétaire, demeurant à..., pour acquérir la subrogation résultant de l'article 1250, n° 1 du Code civil,

La somme de dix mille cinq cents francs, composée de :

1° Dix mille francs pour le remboursement de l'obligation hypothécaire souscrite par M. Rémond, au profit de feu M. Marchal par acte passé devant M^e..., notaire à..., le..., ladite créance actuellement exigible, ci. . . . . | 10 000 »

2° Et cinq cents francs pour intérêts de ce capital courus depuis le... dernier, jusqu'à ce jour, ci. . . . . | 500 »

Somme égale, 10,500 francs, ci. . . . . . . | 10 500 »

De laquelle somme de 10,500 francs, M. Meunier donne quittance à M. Aubry.

Et, attendu que le paiement qui précède a eu lieu des deniers de celui-ci, M. Meunier le met et subroge, conformément à la disposition précitée du Code civil, mais sans aucune garantie, dans tous les droits, actions et hypothèques de son pupille contre M. Rémond, notamment dans l'effet d'une inscription prise au profit de M. Marchal, au bureau des hypothèques de..., le..., volume..., numéro...

M. Aubry reconnaît que le comparant lui a remis la grosse de l'obligation susénoncée et toutes les pièces qui y sont relatives, et il lui en donne décharge.

Pour faire signifier ces présentes, tous pouvoirs sont donnés au porteur d'un extrait.

Dont acte...

CHAPITRE DEUXIEME

SUBROGATION PAR LE DÉBITEUR

Sommaire :

§ 1. FORME. FORMALITÉS.

1. — La quittance subrogative, dont nous avons à étudier maintenant les conditions de validité, est celle qui intervient dans le cas prévu par l'article 1250, § 2, c'est-à-dire lorsque le débiteur emprunte une somme à l'effet de payer sa dette et d'obtenir la subrogation du prêteur dans les droits du créancier remboursé.

Le législateur, nous l'avons vu, n'a soumis à aucune forme spéciale la subrogation résultant du § 1er de l'article 1250 du Code civil. Il en est autrement du second cas, parce que celui-ci pouvait donner lieu, au préjudice des tiers, à des fraudes de diverses sortes.

2. — Cette subrogation, pour s'effectuer utilement, doit résulter de deux actes *authentiques* : Il faut, dit l'article 1250, pour que la subrogation soit valable, que l'acte d'emprunt et la quittance soient passés devant notaires.

Cette double formalité a été empruntée par notre Code à l'arrêté des subrogations du 6 juillet 1690 qui l'avait établie :

> *a)* Soit afin d'empêcher les *antidates* et les *post-dates*, au moyen desquelles on pourrait frauduleusement faire revivre des créances éteintes.

> *b)* Soit afin de garantir d'autant mieux la loyauté et la sincérité des déclarations que ces deux actes doivent contenir.

3. — L'acte d'emprunt et la quittance, en effet, sont soumis l'un et l'autre à des conditions particulières de validité et chacun d'eux doit contenir des déclarations qui ne sauraient être suppléées par les déclarations faites dans l'autre (1).

4. — **Acte d'emprunt.** — Dans l'acte d'emprunt, il doit être déclaré que la somme a été empruntée pour faire le paiement (art. 1250, § 2).

Des termes de l'article 1250 du Code civil, nous croyons qu'il faut conclure que l'acte d'emprunt doit indiquer *spécialement* la dette au paiement de laquelle le débiteur destine les deniers empruntés. C'est, en effet, *à l'effet de payer sa dette* et de subroger le prêteur *dans les droits du créancier*, que le Code autorise la subrogation, ce qui implique bien l'indication d'une dette déterminée (2).

5. — **Quittance.** — Dans la quittance, on doit énoncer l'origine et l'emploi des deniers empruntés ; la condition ne serait donc pas remplie, si une quittance pure et simple ayant été donnée lors du paiement, la convention de subrogation était ensuite constatée par un acte distinct (3).

6. — Ces deux déclarations sont suffisantes et le texte de la loi n'exige, ni dans l'un ni dans l'autre des deux actes, une déclaration expresse de subrogation. Cette subrogation résulte, de plein droit, de la situation constatée conformément à l'article 1250 (4). Il n'est même pas nécessaire que le débiteur soit présent à la quittance (5).

7. — Est-il nécessaire que les deux actes notariés soient dressés au moment même de l'emprunt et du paiement ? En d'autres termes, faut-il que le notaire atteste qu'il a vu les deniers passer des mains du prêteur dans celles du débiteur, et des mains de celui-ci dans celles du créancier ? Ou bien ces deux actes peuvent-ils être dressés postérieurement aux faits qu'ils constatent ? MM. Aubry et Rau enseignent que pour que la subrogation soit valable, il est indispensable que les actes notariés soient dressés au moment même de l'emprunt et du paiement (6).

---

(1) Demolombe, t. XXVII, n° 408.
(2) Aubry et Rau, t. IV, p. 177 ; Larombière, t. III, sur l'art. 1250.
(3) Orléans, 10 janvier 1850 et 3 avril 1851.
(4) Laurent, n° 52 ; Demolombe, n° 410 ; Cass., 9 novembre 1869.

(5) Argentan, 25 février 1891.
(6) P. 178 ; Cass., 28 janvier 1845 ; Orléans, 10 janvier 1850 et 3 avril 1851 ; Douai, 10 février 1853 — Sic : Grenoble, 4 août 1884 (*J. du not.*, 1885, p. 685).

Mais la majorité des auteurs estime que la loi ne l'exige pas (1). En présence de cette controverse, il est plus sûr de suivre la première solution.

8. — Il n'est pas nécessaire que la quittance et l'emploi des fonds suivent immédiatement l'acte d'emprunt ; il peut s'écouler un certain temps entre les deux opérations, sans que la subrogation soit pour cela moins efficace, car la loi ne fixe aucun délai pour l'emploi (2).

Il y aurait cependant un grave inconvénient à laisser un trop long intervalle entre l'emprunt et le paiement, car les tribunaux pourraient y trouver la preuve que l'emprunteur a employé les deniers à un autre usage et annuler la subrogation (3).

9. — Faut-il nécessairement faire deux actes authentiques pour que la subrogation soit valable, le premier pour constater l'emprunt et la destination des deniers prêtés ; — le second pour constater le paiement ? D'après le texte de la loi, il semble que deux actes soient exigés ; mais de tout temps, on a considéré qu'il suffit de dresser un seul acte constatant tout ensemble le prêt et le paiement, avec la double mention prescrite par l'article 1250. Ne serait-il pas, en effet, presque puéril et frustatoire même d'exiger que le notaire rédigeât deux actes pour constater des faits qui se passent souvent simultanément en sa présence et qu'il peut constater par un seul et même contrat (4) ? Ce dernier mode, disent MM. Aubry et Rau, est même préférable, en ce qu'il remplit mieux le vœu de la loi et offre plus de sécurité au prêteur.

10. — Par qui les déclarations doivent-elles être faites ? par le prêteur ou l'emprunteur ? La loi ne dispose rien à ce sujet, d'où il suit qu'elles peuvent être faites par l'un ou par l'autre, indifféremment, ou par les deux parties à la fois (5).

Il paraît inutile de dire que les actes ou l'acte, s'il n'en est fait qu'un, doivent être dressés en *minute* et portés sur le *Répertoire*.

11. — En cas de *concours* entre les notaires des diverses parties, la minute doit être retenue par le notaire du prêteur.

12. — **Procuration.** — Le mandat donné par le débiteur à l'effet de consentir, en son nom, la subrogation de l'article 1250, § 2 du Code civil, n'est pas assujetti à la forme authentique (6) ; il peut même être verbal (7).

13. — **Signification.** — La subrogation résultant de l'emploi de deniers empruntés n'a pas besoin d'être signifiée ; le prêteur subrogé ne tient pas ses droits du créancier, mais de la loi, et le débiteur a nécessairement connaissance du changement de créancier.

14. — **Subrogation.** — Le prêteur doit faire mentionner sa subrogation dans l'effet des inscriptions hypothécaires ou privilégiées qui garantissent la créance payée, en déposant au bureau des hypothèques un extrait des actes ou de l'acte qui constate la subrogation. Cet extrait doit être *littéral*.

§ 2. Capacité.

15. — La subrogation, dont il s'agit, s'effectuant de plein droit, sans l'intervention ou la volonté du créancier, et par le seul accomplissement des formalités

(1) Demolombe, n° 415 ; Larombière, n° 78 ; Colmet de Santerre, t. V, n° 191 *bis* ; Gauthier, n° 169 ; Laurent, n° 53 ; Orléans, 10 janvier 1850, 19 décembre 1863. — V. aussi Cass., 14 février 1865.

(2) Rolland de Villargues, n°° 84-85 ; Laurent, n° 56 ; Aubry et Rau, p. 179-180 ; Demolombe, n°° 422-423.

(3) Orléans, 8 avril 1851 ; Cass., 16 mars 1852. Il est donc prudent (et c'est surtout l'intérêt du bailleur de fonds) que quand une opération de ce genre est projetée, les fonds provenant de l'emprunt ne soient pas confiés au débiteur, qui pourrait les dissiper, mais qu'ils restent déposés chez le notaire et que l'emploi en soit fait le plus promptement possible, pour éviter toute discussion sur la validité de la subrogation (Demolombe, n°° 426-428).

(4) Demolombe, n° 428 ; Aubry et Rau, p. 179 ; Laurent, n° 46 ; Orléans, 19 décembre 1863 et Cass., 14 février 1865.

(5) Demolombe, n° 410 ; Laurent, n° 49 ; Orléans, 14 août 1845.

(6) Cass., 5 août 1891 (art. 24740, J. N.) ; Nantua, 1er décembre 1887. — *Contrà* : Lyon, 22 décembre 1888.

(7) Argentan, 25 février 1891.

que nous venons de rappeler, il suffit que le débiteur soit capable d'emprunter valablement et que le créancier soit capable de recevoir.

16. — Par suite, elle pourrait valablement résulter du remboursement fait à une femme séparée de corps ou de biens, ou à un tuteur.

17. — Comment doit on procéder, si le créancier refuse de recevoir son remboursement? En ce cas, le débiteur fera des offres réelles et consignera la somme due. La reconnaissance de consignation fera mention expresse de la déclaration d'origine de deniers et d'emploi faite par le déposant, conformément à l'article 1250 et produira le même effet de subrogation que si elle était passée devant notaire. Ainsi le décide l'article 12 de l'ordonnance du 3 juillet 1816, relative aux attributions de la Caisse des dépôts et consignations (1).

§ 3. Conditions et effets de la subrogation.

18. — Nous avons exposé les deux conditions que la loi exige pour la validité de la subrogation prévue par l'article 1250, § 2, à savoir : un acte d'emprunt notarié et une quittance notariée, avec déclaration, dans l'un, de la destination des fonds, et dans l'autre, de leur emploi.

Ces deux conditions sont indispensables à la validité de la subrogation, à ce point qu'on ne pourrait réparer, par aucun acte postérieur, la nullité de la subrogation consentie en dehors de ces éléments essentiels (2).

19. — Mais ces conditions suffisent, et on ne pourrait en exiger d'autres sans ajouter arbitrairement au texte de la loi ; on ne doit donc pas dire, avec Toullier, qu'il faut encore que les titres soient remis au prêteur subrogé (3) ; — ni, avec Massé (4) et Ed. Clerc (5), qu'il doit y avoir lors du prêt et de l'emploi, une identité et réalité des mêmes espèces précise et marquée.

La remise des titres n'est nulle part écrite dans la loi (6).

Quant à l'identité des deniers, *in specie*, le législateur ne l'a pas davantage imposée; peu importe que le prêteur ait fourni des billets de banque et que le créancier ait reçu de l'argent monnayé ou de l'or; tout ce que la loi exige et ce que le notaire doit avoir soin de faire résulter des deux déclarations prescrites par l'article 1250, c'est que la *valeur* qui est donnée en paiement est bien véritablement la même valeur qui a été donnée en prêt et ne provient pas d'une autre source (7).

20. — La subrogation ne peut-elle avoir lieu au profit de celui qui remet des deniers au débiteur à un autre titre qu'à titre de prêt, à titre de constitution de dot, par exemple? L'affirmative a été jugée par un arrêt de la Cour de Metz du 16 mai 1811 ; mais cette opinion n'est pas suivie, et l'on décide plus généralement que le texte de l'article 1250 n'est pas limitatif (8).

21. — On décide aussi qu'il faut entendre par le mot *débiteur* qu'emploie l'article 1250, toute personne qui, étant tenue du paiement de la dette, ou ayant intérêt à la payer, se trouve dans un des cas de subrogation légale : le co-débiteur solidaire, la caution, le tiers détenteur, etc... (9).

22. — Il n'est pas non plus indispensable que le débiteur fasse le remboursement intégral de la créance, pour que la subrogation s'accomplisse; il peut y avoir subrogation partielle, si le créancier consent à recevoir le paiement d'une

---

(1) Demolombe, n° 429 ; Laurent, n° 59 ; Aubry et Rau, p. 180.
(2) Cass., 12 août 1855 ; Nîmes, 21 mai 1860 ; Demolombe, n° 434.
(3) T. IV, n°° 126 à 138.
(4) T. I, p. 676.
(5) P. 204.

(6) Demolombe, n° 82.
(7) Demolombe, n°° 421-422 ; Larombière, *loc. cit.*, n° 81; Colmet de Santerre, t. V, n° 191 *bis* ; Laurent, n° 57; Montpellier, 1er juin 1891 (art. 24731, J. N.).
(8) Demolombe, n° 396 ; Laurent, n° 39.
(9) Aubry et Rau, p. 176; Demolombe, n° 397-399 ; Laurent, n° 42.

portion de sa créance. Mais, en ce cas, le créancier pourra exercer ses droits pour ce qui lui restera dû, par préférence au subrogé dont il n'aura reçu qu'un paiement partiel (art. 1252, C. civ.).

23. — Le prêt peut avoir lieu sous la forme d'une ouverture de crédit ; et dans ce cas, il suffit que celle-ci soit constatée par acte authentique ; il n'est pas nécessaire que les versements successifs de fonds soient établis de la même manière (1).

24. — L'acquéreur d'un immeuble hypothéqué, qui paie les créanciers inscrits sur cet immeuble avec des deniers à lui prêtés par un tiers, peut subroger le prêteur dans les droits et actions de ces créanciers, et par suite le subrogé peut exiger le remboursement de la somme prêtée sur le prix de revente des biens, par préférence au vendeur originaire, pour ce qui lui reste dû, ou à ses autres créanciers non payés (2).

§ 4. RESPONSABILITÉ NOTARIALE.

25. — Il est hors de doute que le notaire rédacteur d'une quittance subrogative dans le cas prévu par l'article 1250, § 2, pourrait être déclaré responsable non seulement à l'occasion des nullités de forme de l'acte reçu par lui, — mais aussi pour inexécution des conditions essentielles exigées pour la validité de la subrogation ; par exemple, pour avoir omis, soit dans l'emprunt, soit dans la quittance, l'une des déclarations prescrites par la loi. Ainsi l'a décidé la Cour d'Orléans, le 10 janvier 1850 (3).

Et il a été jugé que le subrogé peut même exercer l'action en responsabilité que pouvait avoir le créancier subrogeant contre le notaire coupable d'avoir occasionné la nullité de l'acte d'emprunt, en acceptant pour le créancier absent (4).

§ 5. FRAIS ET HONORAIRES.

26. — Les frais et honoraires, dans le cas de la subrogation prévue par l'article 1250, § 2, sont les mêmes que ceux auxquels donne droit la quittance subrogative consentie par le créancier, c'est-à-dire 1 °/₀ sur le principal de la créance remboursée.

Si l'acte d'emprunt est réalisé par le même acte que la quittance, il y a lieu de percevoir l'honoraire proportionnel d'obligation sur le prêt et l'honoraire de quittance à 50 cent. °/₀ sur la somme quittancée. C'est l'usage généralement suivi (5).

Les frais de l'acte sont, sauf convention contraire, à la charge de l'emprunteur.

§ 6. ENREGISTREMENT.

27. — Dans le cas de l'article 1250, § 2 du Code civil, si l'emprunt et la quittance sont contenus dans le même acte, il est dû un seul droit de 1 °/₀ (6). Quand la quittance a lieu par acte séparé, elle est tarifée à 50 cent. °/₀ (7).

---

(1) Aubry et Rau, p. 179 ; Nîmes, 29 janvier 1861 ; Cass., 28 avril 1863.

(2) Nîmes, 29 janvier 1861; Cass., 28 avril 1863; Aubry et Rau, p. 321-32 ; Demolombe, n° 408 ; Laurent, n° 42. — *Contrà* : Pont, *Hyp.*, n° 225.

(3) S. 1851-2-4. — Cons. aussi Paris, 16 novembre 1826; Lyon, 1ᵉʳ décembre 1853 ; Cass., 19 juillet 1854; Eloy, *Respons. not.*, t. II, nᵒˢ 673 et 726.

(4) Cass., 9 décembre 1863 ; Laurent, n° 113.

(5) V. notre *Tarif gén. et rais.*, t. II, p. 57 à 60.

(6) Cass., 19 janvier 1858.

(7) Délib. rég., 24 septembre 1833 ; Cass., 12 mars 1844.

La prorogation de délai contenue dans la quittance avec subrogation doit acquitter le droit gradué (1).

L'acceptation de la subrogation, lorsqu'elle fait l'objet d'un acte séparé, es' soumise au droit fixe de 3 francs, et il est dû autant de droits qu'il y a d'acceptant*

§ 7. FORMULES.

1. *Quittance subrogative totale par acte séparé.*
2. *Quittance subrogative partielle par acte séparé.*
3. *Quittance subrogative dans l'acte d'emprunt.*

1. — Quittance subrogative totale par acte séparé.

Pardevant..., etc.
    A comparu :
    M. Jules Mengin, propriétaire, demeurant à...
    Lequel a, par ces présentes, reconnu avoir reçu de M. Arthur Blanchard, négociant, demeurant à..., ici présent, en bonnes espèces de monnaie comptées et délivrées à la vue des notaires soussignés,
    La somme de 15,000 fr. formant le solde du prix de la vente d'une maison située à..., faite par M. Mengin à M. Blanchard, suivant contrat passé devant Mᵉ..., notaire à..., le..., transcrit au bureau des hypothèques de..., le..., volume..., numéro..., avec inscription d'office du même jour, volume..., numéro..., etc..
    De laquelle somme M. Mengin donne quittance à M. Blanchard, sauf l'effet de la subrogation ci-après.

Subrogation.

    M. Blanchard déclare que la somme de 15,000 fr. qu'il vient de payer à M. Mengin provient de l'emprunt de pareille somme qu'il a fait de M. Louis Lerond, rentier, demeurant à..., suivant acte reçu par Mᵉ..., notaire à..., le...
    Il fait cette déclaration en exécution de l'engagement qu'il a pris dans ledit acte d'obligation afin de faire acquérir à M. Lerond la subrogation résultant de l'article 1250, 2° du Code civil.
    Par suite de cette déclaration et de l'origine des deniers, M. Lerond sus-nommé est subrogé de plein droit, conformément à l'article 1250, 2° du Code civil, dans tous les droits, actions et privilège de M. Mengin contre M. Blanchard, et notamment dans l'effet entier de l'inscription d'office ci-dessus relatée du..., volume..., numéro...
    Cette subrogation est, au besoin, consentie par M. Mengin sans aucune garantie de sa part.
    Aux présentes est intervenu :
    M. Lerond ci-dessus prénommé, qualifié et domicilié.
    Lequel a déclaré accepter la subrogation qui précède et a reconnu que M. Mengin lui a remis à l'instant la grosse dudit contrat de vente et toutes les pièces qui y sont relatives.
    Pour faire mentionner au bureau des hypothèques de... la subrogation qui précède, tout pouvoir est donné au porteur d'un extrait des présentes.
    Élection de domicile est faite..., etc.
    Dont acte...

2. — Quittance subrogative partielle, par acte séparé.

Pardevant. ., etc.
    A comparu :
    M. Jules Mengin, propriétaire, demeurant à...
    Lequel a, par ces présentes, reconnu avoir reçu de M. Arthur Blanchard, négociant,

_____
(1) Bordeaux, 27 août 1879.

demeurant à..., ici présent, en bonnes espèces de monnaie comptées et délivrées à la vue des notaires soussignés.

La somme de 25,000 francs, formant..., etc. (V. *pour le surplus la formule qui précède*).

M. Blanchard déclare que la somme de 25,000 fr. qu'il vient de payer provient, jusqu'à concurrence de 15,000 francs (le surplus ayant été payé de ses deniers personnels), de M. Louis Lerond, rentier, demeurant à..., par suite de l'emprunt qu'il a fait de ladite somme de 15,000 francs, aux termes d'un acte reçu en minute par Mᵉ..., etc.

Cette déclaration est faite par M. Blanchard pour satisfaire à la promesse contenue dans l'acte de prêt ci-dessus énoncé, et afin que M. Lerond acquière la subrogation résultant de l'article 1250, 2° du Code civil.

Par suite de cette déclaration et de l'origine des deniers, M. Lerond susnommé est subrogé de plein droit, conformément à l'article 1250, 2° du Code civil, dans les droits, actions et privilège de M. Mengin contre M. Blanchard et notamment dans l'effet de l'inscription d'office sus-énoncée du..., volume..., numéro..., mais seulement jusqu'à concurrence de la somme principale de 15,000 francs.

Cette subrogation est, au besoin, consentie par M. Mengin, mais sans garantie de sa part, suite, recours ni restitution de deniers.

Au moyen du paiement ci-dessus effectué, M. Mengin déclare donner mainlevée avec désistement de ses droits de privilège et consentir à la radiation de l'inscription prise d'office à son profit contre M. Blanchard lors de la transcription dudit contrat de vente, le..., etc., mais seulement jusqu'à concurrence des 10,000 francs payés de ses deniers, l'effet de cette inscription étant réservé au profit de M. Lerond pour les 15,000 francs qui ont été payés des deniers de celui-ci avec subrogation à son profit.

Aux présentes est intervenu :

M. Lerond ci-dessus prénommé, qualifié et domicilié.

Lequel a déclaré accepter la subrogation qui précède et a reconnu que M. Mengin lui a remis à l'instant la grosse dudit contrat de vente et toutes les pièces qui y sont relatives.

Pour faire mentionner au bureau des hypothèques de..., les subrogation et radiation qui précèdent, tout pouvoir est donné au porteur d'un extrait des présentes.

Election de domicile est faite..., etc.

Dont acte...

3. — Quittance subrogative dans l'acte d'emprunt.

Pardevant..., etc.

A comparu :

M. Arthur Blanchard, négociant, demeurant à...

Lequel a par ces présentes reconnu devoir, à M. Louis Lerond, rentier, demeurant à..., la somme de 15,000 francs pour prêt, etc. (V. pour tout le surplus, *suprà*, vᵒ OBLIGATION).

État civil et situation hypothécaire.

M. Blanchard déclare qu'il est célibataire et qu'il n'a jamais été chargé de fonctions donnant lieu à hypothèque légale.

Et que les immeubles qu'il vient de donner en garantie à M. Lerond ne sont grevés que d'une somme principale de 15,000 francs, restant due sur le prix moyennant lequel il a acquis ledit immeuble de M. Jules Mengin, propriétaire, demeurant à..., et conservée par une inscription d'office prise au bureau des hypothèques de..., le..., vol..., numéro...

Promesse d'emploi.

M. Blanchard déclare que la somme de 15,000 francs qu'il vient d'emprunter est destinée à payer la somme principale qu'il reste devoir sur le prix de la vente sus-énoncée que lui a faite M. Mengin suivant contrat passé devant Mᵉ... etc., transcrit au bureau des hypothèques de..., etc.

Il s'oblige à effectuer cet emploi par ces présentes et à déclarer l'origine des deniers qui auront servi au paiement, afin de faire acquérir à M. Lerond la subrogation dans tous les droits, privilège et inscription du créancier remboursé.

Quittance et subrogation.

A l'instant est intervenu :

M. Louis Mengin, propriétaire, demeurant à...

Lequel a reconnu avoir à l'instant reçu de M. Blanchard la somme de 15,000 francs, formant le solde du prix de la vente sus-énoncée.

De laquelle somme M. Mengin donne à M. Blanchard quittance définitive, sauf l'effet de la subrogation qui va être constatée.

M. Blanchard déclare que la somme de 15,000 francs qu'il vient de payer provient de l'emprunt de pareille somme qu'il a fait ci-dessus de M. Lerond.

Par suite de cette déclaration et de l'origine des deniers, M. Lerond est subrogé de plein droit, conformément à l'article 1250, 2° du Code civil, dans tous les droits, actions et privilège de M. Mengin contre M. Blanchard et notamment dans l'entier effet de l'inscription prise au bureau des hypothèques de..., le..., volume..., numéro...

Cette subrogation qui s'opère par la seule force de la loi est, au besoin, consentie par M. Mengin, mais sans garantie de sa part.

M. Lerond reconnaît que M. Mengin lui a présentement remis la grosse du contrat de vente ci-dessus relaté.

Pour faire mentionner au bureau des hypothèques la subrogation ci-dessus constatée, tout pouvoir est donné au porteur d'un extrait des présentes.

Élection de domicile est faite, etc.

Dont acte...

CHAPITRE TROISIÈME

SUBROGATION LÉGALE

1. — Nous avons étudié les cas de subrogation conventionnelle, c'est-à-dire ceux où la subrogation s'opère par le consentement des parties. Mais il y a aussi des cas où, sans qu'aucune convention soit nécessaire ni avec le créancier, ni avec le débiteur, la subrogation a lieu *de plein droit*, par la seule force de la loi, au profit de celui qui paie. C'est ce qu'on appelle la *subrogation légale*.

2. — Cette subrogation est accordée à ceux qui peuvent être forcés de payer la dette d'autrui ou, tout au moins, qui ont un légitime intérêt à la payer. C'est donc l'équité qui est la base, la raison d'être, de cette subrogation.

3. — Cas de subrogation légale. — L'article 1251 du Code civil accorde de plein droit la subrogation dans les cas suivants :

a) Au profit de celui qui, étant lui-même créancier, paie un autre créancier qui lui est préférable à raison de ses privilèges et hypothèques (1).

b) Au profit de l'acquéreur d'un immeuble qui emploie le prix de son acquisition au paiement des créanciers auxquels cet héritage était hypothéqué (2).

---

(1) Le bénéfice de cette subrogation peut être réclamé par le créancier *chirographaire* qui est primé par un créancier hypothécaire, ou nanti d'un gage (Caen, 26 novembre 1870), — par un créancier hypothécaire primé par un autre créancier privilégié ou ayant une hypothèque inscrite avant la sienne (Aubry et Rau, p. 181 ; Larombière, sur l'article 1251), — ou même par un créancier à hypothèque spéciale qui se présente pour payer un créancier à hypothèque générale (Demolombe, n°° 487 et suiv.; Cass., 3 mars 1856 et 2 août 1870).

Mais, pour obtenir la subrogation, le créancier doit payer la totalité de la créance qui le prime (Douai, 14 avril 1892).

(2) La subrogation ne serait pas accordée à celui qui, en vue d'une acquisition future, aurait désintéressé par anticipation les créanciers hypothécaires, ou qui aurait payé le donateur d'un immeuble à cause de son action révocatoire.

Mais elle serait acquise à l'acquéreur même pour les sommes qu'il a payées en sus de son prix d'acquisition aux créanciers hypothécaires, ainsi que pour celles qu'il leur aurait versées. après avoir déjà payé son prix au vendeur (Cass., 19 et 20 décembre 1836 et 15 avril 1844 ; Alger, 18 janvier 1868 ; Chambéry, 19 mai 1875 ; Cass., 24 janvier 1876 ; Cass., 28 décembre 1877 (S. 1888-1-205) ; Demolombe, n° 524 ; Aubry et Rau, p. 183. — V. cep. Versailles, 23 novembre 1887 ; — au donataire qui aurait payé de ses deniers les créanciers hypothécaires inscrits sur l'immeuble donné.

c) Au profit de celui qui paie une dette dont il était tenu avec d'autres ou pour d'autres (1).

d) Enfin au profit de l'héritier bénéficiaire qui a payé de ses deniers des dettes de la succession (2).

4. — Il semble inutile de dire que l'article 1251 (3) est limitatif et que cette subrogation ayant sa source dans la loi seule, ne peut être invoquée qu'en vertu d'un texte ; elle doit donc être renfermée strictement dans les limites que le législateur lui a assignées (4).

5. — **Formes. Formalités.** — La subrogation ne s'opère, dans les hypothèses qui viennent d'être indiquées, que par suite d'un paiement effectif et au profit de celui qui a opéré le paiement (5).

Mais ce paiement, seul, suffit pour faire naître le droit à la subrogation et le constituer ; et, tandis que la subrogation prévue par l'article 1250, § 2, est soumise à des formes rigoureuses, la subrogation légale, au contraire, n'est assujettie à aucune forme :

Pas d'acte authentique, pas même d'acte sous seing privé ayant date certaine (6). Le fait du paiement suffit, s'il est prouvé et s'il n'est pas contesté.

6. — Mais il va, sans le dire, qu'il est de la plus élémentaire prudence, précisément pour mettre cette preuve à l'abri de toute contestation, de faire constater le paiement par un acte, et l'acte authentique sera toujours la meilleure des preuves à opposer. La forme notariée sera surtout utile, s'il y a lieu de mentionner la subrogation en marge d'une inscription hypothécaire.

7. — **Effets.** — La subrogation légale produit au profit de ceux qui en sont investis tous les effets que produit la subrogation conventionnelle ; le subrogé est investi de tous les droits, actions, privilèges et hypothèques militant au profit du créancier remboursé ; et il peut les exercer contre ce dernier ; mais il est aussi soumis aux mêmes obligations, spécialement pour le renouvellement des inscriptions hypothécaires auxquelles il a été subrogé (7). La subrogation porte non seulement sur l'immeuble hypothéqué au profit du créancier payant ou acquis par l'acquéreur payant ; elle s'étend sur les autres biens hypothéqués à la dette du créancier payé (8).

8. — **Enregistrement.** — L'acte qui constate le paiement — par effet de la subrogation légale — n'est, comme quittance, passible que du droit de 0,50 °/₀.

---

(1) La subrogation s'opère donc en faveur du co-débiteur solidaire, du co-débiteur d'une obligation indivisible, et du co-fidéjusseur qui acquitte la dette qu'il a cautionnée conjointement avec d'autres. Elle s'opère également en faveur de la caution, du tiers détenteur d'un immeuble hypothéqué et de celui qui, sans s'obliger personnellement, a fourni un gage ou une hypothèque. Aubry et Rau, p. 184 ; Demolombe, n° 561 et suiv.

La subrogation s'étend à tous les droits du créancier et comprend le capital, les intérêts échus et à échoir de la créance. Bordeaux, 14 mars 1865 ; Cass., 30 mars 1869.

(2) Lyon, 6 février 1890 (*J. du not.*, 1890, p. 662).

(3) La subrogation a lieu de plein droit : 1° Au profit de celui qui, étant lui-même créancier, paie un autre créancier qui lui est préférable à raison de ses privilèges ou hypothèques ; 2° au profit de l'acquéreur d'un immeuble, qui emploie le prix de son acquisition au paiement des créanciers auxquels cet héritage était hypothéqué ; 3° au profit de celui qui, étant tenu avec d'autres ou pour d'autres au paiement de la dette, avait intérêt de l'acquitter ; 4° au profit de l'héritier bénéficiaire qui a payé de ses

deniers les dettes de la succession (art. 1251, C. civ.).

La subrogation établie par les articles précédents a lieu tant contre les cautions que contre les débiteurs : elle ne peut nuire au créancier lorsqu'il n'a été payé qu'en partie ; en ce cas, il peut exercer ses droits, pour ce qui lui reste dû, par préférence à celui dont il n'a reçu qu'un paiement partiel (art. 1252).

(4) Demolombe, n° 447 ; Laurent, n° 63.

(5) Cass., 13 février 1866.

(6) Demolombe, n° 540 à 542 ; Aubry et Rau, p. 185 ; Laurent, p. 85 ; Cass., 11 août 1852. Et la subrogation a lieu indépendamment de toute remise de titres, signification ou acceptation.

Cependant, comme elle ne peut avoir d'effet vis-à-vis du débiteur qu'autant que le paiement a tourné à son profit, le subrogé doit avertir par quelque moyen le débiteur du paiement qu'il a fait. Si le débiteur n'était pas averti, et si, dans cette ignorance, il payait lui-même le créancier, il ne serait exposé à aucun recours de la part du subrogé (Amiens, 9 décembre 1872 ; S. 1872-2-262).

(7) Demolombe, n° 556.

(8) Cass., 20 décembre 1834, 15 avril 1844, 22 décembre 1846 et 7 novembre 1854.

§ 9. Formules.

1. — Quittance subrogative au profit d'un créancier.

Pardevant..., etc.
   A comparu :
   M. Jules Mengin, propriétaire, demeurant à...
   Lequel a, par ces présentes, reconnu avoir reçu de M. Arthur Blanchard, négociant, demeurant à...
   La somme de 10,500 francs, composée de :
   1° 10,000 francs montant en principal d'une obligation souscrite par M. Louis Lerond, propriétaire, demeurant à..., au profit de M. Mengin, suivant acte reçu par Mᵉ..., notaire à..., le..., et garantie par une inscription prise au bureau des hypothèques
de..., le..., vol..., numéro..., sur une maison située à . . . . | 10 000   »
   2° Et 500 francs pour intérêts de ces 10,000 francs courus du..., à ce jour. | 500   »

                    Total égal, 10,500 francs, ci. . . . . | 10 500   »

   De laquelle somme M. Mengin donne quittance à M. Blanchard, sauf l'effet de la subrogation ci-après.
   M. Blanchard fait ce paiement de ses deniers, en l'acquit de M. Lerond, en qualité de créancier de ce dernier sur le même immeuble, en vertu d'un acte reçu par Mᵉ..., notaire à..., le..., et de l'inscription prise à son profit au même bureau d'hypothèques, le..., vol..., numéro..., c'est-à-dire postérieurement à M. Mengin.
   En conséquence, M. Blanchard est subrogé légalement, conformément à l'article 1251-1°, du Code civil, dans tous les droits, actions et hypothèque de M. Mengin contre M. Lerond et notamment dans l'entier effet de l'inscription prise au bureau des hypothèques de..., le..., volume..., numéro...
   M. Blanchard reconnaît que M. Mengin lui a remis à l'instant le titre de sa créance sur M. Lerond.
   Cette subrogation sera mentionnée en marge de l'inscription, sur la simple présentation d'une expédition ou d'un extrait des présentes.
   Election de domile est faite..., etc.
   Dont acte...

2. — Quittance subrogative au profit d'un acquéreur.

Pardevant..., etc.
   Ont comparu :
   M. Paul Lemaire, rentier, demeurant à...
                                                 D'une part.
   Et M. Charles Remy, propriétaire, demeurant à...
                                                 D'autre part.
   Lesquels, préalablement à la quittance qui fera l'objet des présentes, ont exposé ce qui suit :

                              Exposé.

   I. — Aux termes d'un acte reçu par Mᵉ..., notaire à..., le..., M. Alfred Muller, propriétaire, demeurant à..., a reconnu devoir à M. Lemaire, comparant, une somme principale de 5,000 francs pour prêt, stipulée remboursable le..., et productive d'intérêts..., etc.
   Pour garantir cette somme et tous intérêts et accessoires, M. Muller a hypothéqué une

maison située à...; et inscription a été prise au profit de M. Lemaire contre M. Muller au bureau des hypothèques de..., le..., volume..., numéro...

II. — Suivant contrat passé devant M•..., notaire à..., le..., M. Muller susnommé a vendu à M. Remy, comparant, la maison ci-dessus désignée, moyennant le prix principal de 100,000 francs.

Une expédition de ce contrat a été transcrite au bureau des hypothèques de..., le..., volume..., numéro..., et le même jour inscription a été prise d'office, volume..., numéro...

Un état délivré par le conservateur audit bureau lors de cette transcription a révélé l'existence de cinq inscriptions prises, savoir:

La première énoncée plus haut, le..., volume..., numéro..., au profit de M. Lemaire pour sûreté de la somme principale de 5,000 francs, montant de l'obligation ci-dessus analysée.

La deuxième, etc...

M. Remy n'a pas jugé utile de faire remplir les formalités prescrites par la loi pour la purge des hypothèques légales, M. Muller ayant déclaré audit contrat de vente qu'il était célibataire majeur et qu'il n'avait jamais rempli aucune fonction donnant lieu à une hypothèque de cette nature.

Quittance.

Ces faits exposés, M. Remy a payé à l'instant à M. Lemaire, en bonnes espèces de monnaie comptées et délivrées à la vue des notaires soussignés.

1• La somme de 5,000 francs, montant en principal de l'obligation sus-énoncée souscrite à son profit par M. Muller, ci.	5 000 »
2• Et celle de 150 francs pour intérêts courus du..., à ce jour, ci.	150 »
Soit au total, la somme de 5,150 francs, ci.	5 150 »

De laquelle somme M. Lemaire donne quittance à M. Remy.

En conséquence de ce paiement, M. Remy est subrogé de plein droit, conformément à l'article 1251, 2° du Code civil, dans tous les droits, actions et hypothèque de M. Lemaire et notamment dans l'entier effet de l'inscription susénoncée prise au bureau des hypothèques de..., le..., volume..., numéro...

Cette subrogation sera mentionnée en marge de l'inscription sur la présentation d'une expédition ou d'un extrait des présentes.

Election de domicile est faite.... etc.

Dont acte...

3. — Quittance subrogative au profit d'une caution.

Pardevant..., etc.

Ont comparu :

M. Paul Lemaire, rentier, demeurant à...

Et M. Charles Remy, propriétaire, demeurant à...,

Lesquels ont d'abord exposé ce qui suit :

Aux termes d'un acte reçu par M•..., notaire à..., le..., M. Louis Muller, négociant, demeurant à..., s'est reconnu débiteur, pour prêt, envers M. Lemaire, comparant, de la somme de 5,000 francs stipulée remboursable le..., et productive d'intérêts à 5 °/₀ payables annuellement le... ; et il a hypothéqué une maison sise à.., sur laquelle inscription a été prise contre lui au profit de M. Lemaire, au bureau des hypothèques de..., le...; volume..., numéro...

M. Remy, comparant, intervenu audit acte, s'est rendu caution solidaire de M. Muller, envers M. Lemaire, pour le remboursement de ladite créance en principal et accessoires ; et il a hypothéqué un terrain sis à..., sur lequel inscription a été prise au profit de M. Lemaire, au bureau des hypothèques de..., le..., volume..., numéro...

Ces faits exposés, M. Lemaire a, par ces présentes, reconnu avoir à l'instant reçu, en bonnes espèces de monnaie, comptées et délivrées à la vue des notaires soussignés,

De M. Remy, propriétaire, payant de ses deniers.

La somme de 5,250 francs composée de :

1° Celle de 5,000 francs, montant en principal de l'obligation sus-énoncée, ci . . . .   5 000 »

2° Et celle de 250 francs pour intérêts de cette somme courus du... à ce jour, ci . . . .   250 »

Total égal, 5,250 francs, ci . . . .   5 250 »

De laquelle somme M. Lemaire donne quittance à M. Remy.

En conséquence de ce paiement, M. Remy est subrogé conformément à l'article 1251, 3° du Code civil, dans tous les droits, actions et hypothèque de M. Lemaire et notamment dans l'entier effet de l'inscription sus-énoncée prise au profit de celui-ci contre M. Muller, au bureau des hypothèques de..., le..., volume..., numéro..., en vertu de l'obligation ci-dessus énoncée.

En outre, M. Lemaire, sur la réquisition expresse de M. Remy, fait mainlevée défini-tive avec désistement de tous droits d'hypothèque et consent à la radiation entière de l'inscription sus-énoncée prise à son profit contre M. Remy au bureau des hypothèques de..., le..., volume..., numéro...

Ces subrogation et radiation seront mentionnées en marge desdites inscriptions sur la présentation d'une expédition ou d'un extrait des présentes.

M. Remy reconnaît que M. Lemaire lui a remis à l'instant le titre de sa créance et toutes les pièces qui y sont relatives.

Election de domicile est faite..., etc.

Dont acte...

4. — Quittance subrogative au profit d'un héritier bénéficiaire.

Pardevant Me..., etc.

A comparu :

M. Paul Lemaire, rentier, demeurant à...

Lequel a, par ces présentes, reconnu avoir reçu en bonnes espèces de monnaie comptées et délivrées à la vue des notaires soussignés,

De M. Charles Remy, propriétaire, demeurant à..., payant en qualité d'héritier, sous bénéfice d'inventaire, de M. Georges Remy, son frère, propriétaire, décédé en son domicile à..., le..., etc...

La somme de 10,500 francs, composée de :

1° 10,000 francs montant d'une obligation pour prêt, souscrite par M. Geor-ges Remy au profit de M. Lemaire, suivant acte reçu par Me..., notaire à..., le...   10 000 »

2° Et 500 fr. pour intérêts au taux de 5 °/₀ par an, courus du... à ce jour.   500 »

Total égal, 10,500 francs, ci. . . . . . .   0 500 »

De laquelle somme M. Lemaire donne quittance à M. Charles Remy.

En conséquence de ce paiement, M Charles Remy est subrogé légalement, conformé-ment à l'article 1251, 4° du Code civil, dans tous les droits de M. Lemaire et notamment dans l'entier effet de l'inscription prise au bureau des hypothèques de... le..., volume..., n°..., en vertu de l'obligation sus-énoncée.

Cette subrogation sera mentionnée en marge de ladite inscription sur la présentation d'une expédition ou d'un extrait des présentes.

M. Charles Remy reconnaît que M. Lemaire lui a remis le titre de sa créance et toutes les pièces qui y sont relatives.

Election de domicile est faite..., etc.

Dont acte...

QUOTITÉ DISPONIBLE (V. *suprà*, vⁱˢ Donation par préciput et Donation entre époux).

RADIATION D'INSCRIPTION (V. *suprà*, v° Mainlevée d'inscription).

RAPPORT (V. *suprà*, v° Partage).

RAPPORT POUR MINUTE (V. *suprà*, vⁱˢ Dépot pour minute et Grosse).

RATIFICATION

On distingue deux sortes de ratifications :

    a) Celle que nous appellerons *ratification simple*, par laquelle une personne approuve ce qui a été fait, en son nom, par une autre sans pouvoir, ou avec un pouvoir insuffisant (art. 1998, C. civ.).

    b) Et la ratification, plus juridiquement appelée *confirmation*, par laquelle on approuve un contrat auquel on a concouru, mais qui se trouve susceptible d'être attaqué ou annulé, par suite de l'absence d'une condition nécessaire à sa validité, ou pour d'autres irrégularités ou vices de forme (art. 1338, C. civ.).

Le Code, comme la pratique, donne le nom de *ratification* à l'acte par lequel on confirme une obligation nulle (art. 1338 et 1340, C. civ.) (1). Mais c'est là une confusion de mots que nous ne saurions admettre et que la doctrine et la jurisprudence ont réprouvée (2). La *confirmation* implique une nullité et une renonciation à se prévaloir de ce vice, tandis que la *ratification* ne suppose ni nullité ni renonciation et ne doit point être faite dans les formes prescrites par l'article 1338 du Code civil.

Il y a donc lieu de les distinguer et nous étudierons séparément chacune d'elles.

---

(1) L'acte de confirmation ou *ratification* d'une obligation contre laquelle la loi admet l'action en nullité ou en rescision, n'est valable que lorsqu'on y trouve la substance de cette obligation, la mention du motif de l'action en rescision, et l'intention de réparer le vice sur lequel cette action est fondée. — A défaut d'acte de confirmation ou *ratification*, il suffit que l'obligation soit exécutée volontairement après l'époque à laquelle l'obligation pouvait être valablement confirmée ou ratifiée. La confirmation, *ratification*, ou exécution volontaire dans les formes et à l'époque déterminée par la loi, emporte la renonciation aux moyens et exceptions que l'on pouvait opposer contre cet acte, sans préjudice néanmoins du droit des tiers (art. 1338, C. civ.).

(2) Larombière, t. IV, p. 589; Aubry et Rau, t. IV, p. 261; Laurent, t. XVIII, n° 560; Cass., 26 décembre 1815; Cass., 8 mai 1852.

CHAPITRE PREMIER

RATIFICATION (OU CONFIRMATION)

C'est l'acte par lequel une personne renonce au droit qu'elle aurait de former une action en nullité ou en rescision contre une convention consentie par elle ou son auteur.

Sommaire :

§ 1. CARACTÈRES DE LA CONFIRMATION. QUELLES CONVENTIONS PEUVENT ÊTRE CONFIRMÉES.

1. — Confirmer une obligation, c'est renoncer au droit que l'on a d'en demander la nullité, à raison du vice dont elle est atteinte. La *confirmation* a pour but et pour effet d'effacer ce vice, de sorte que l'obligation, quoique nulle dans son principe, soit considérée comme n'ayant jamais été viciée. Ce qui fait l'essence de la confirmation, c'est donc la renonciation au droit d'agir en nullité. Mais si toute confirmation implique une renonciation, il va sans dire que toute renonciation n'est pas une confirmation : on peut renoncer à un droit, sans que ce droit concerne un vice dont une obligation serait entachée (1).

2. — Il y a aussi une différence notable entre la *reconnaissance* d'une obligation et la confirmation ; car celui qui reconnaît une obligation avoue seulement qu'elle existe : il ne dit pas que l'obligation est valable et ne renonce pas au droit qu'il peut avoir d'en demander la nullité (2).

3. — Quelles obligations peuvent être confirmées? L'article 1378 du Code civil pose le principe : on peut confirmer les obligations « contre lesquelles la loi admet l'action en nullité ou en rescision ». Il faut donc que l'obligation soit annulable ; ce qui suppose une obligation viciée, mais aussi une obligation qui a une existence légale. De là suit que les obligations *inexistantes* ne sont pas susceptibles d'être confirmées, parce qu'on ne demande pas la nullité du néant, pas plus qu'on ne le fait revivre.

4. — Mais toutes les obligations sujettes à nullité ou à rescision sont, en principe, susceptibles de confirmation. Peu importe que la nullité à couvrir soit de *fond* ou de *forme*, relative ou absolue; c'est ce qui ressort de la généralité des termes de l'article 1338 (3).

5. — **Acte inexistant.** — Nous avons dit qu'on ne peut confirmer une obligation inexistante, car toute confirmation suppose l'existence légale d'un enga-

---

(1) Laurent, t. XVIII, n° 560 ; Demolombe, t. XXIV, n° 722.

(2) Aubry et Rau, t. IV, p. 261; Riom, 10 janvier 1857.

(3) Aubry et Rau, p. 263 ; Cass., 6 juillet 1869

gement; on ne pourrait donc confirmer les conventions viciées de nullités absolues et substantielles, qui sont à considérer comme non avenues, les obligations sans cause, ou reposant sur une cause illicite, telles que :

a) Les pactes sur succession future (1) ;

b) Les substitutions prohibées (2) ;

c) Les stipulations d'intérêts usuraires (3) ;

d) Les engagements résultant d'une contre-lettre (cession d'office) ;

e) Les actes auxquels manque la signature et par suite le consentement de l'une des parties, parce que le contrat n'existe pas (4).

Mais, malgré l'absence de signature, la confirmation pourrait avoir lieu, si le défaut de forme ne provenait que d'un oubli ou d'une négligence et non d'un refus de consentement (5).

6. — Contrat de mariage. — Le contrat de mariage, nul en la forme, par exemple, rédigé sous seing privé, ou rédigé sans les formalités prescrites par la loi, ne peut être validé par la confirmation, durant le mariage, tout au moins ; parce que le contrat de mariage étant un contrat solennel, le défaut de ces formes solennelles entraîne l'inexistence de l'acte, et, par suite, l'impossibilité de le confirmer (6). Mais il est susceptible de confirmation par les héritiers (7).

7. — Donation. — Aux termes de l'article 1339, le donateur ne peut réparer, par aucun acte confirmatif, les vices d'une donation entre-vifs ; nulle en la forme, il faut qu'elle soit refaite en la forme légale ; et cette prescription est applicable aussi bien lorsque la nullité résulte de la violation des formes requises par la loi du 25 ventôse an XI, que dans le cas où elle résulte de la violation des formes imposées par le C. civ. (8), par exemple pour défaut d'acceptation expresse.

Mais cette interdiction ne s'applique qu'au donateur lui-même et non à ses héritiers qui peuvent, après son décès, confirmer soit expressément, soit tacitement, la donation nulle en la forme faite par leur auteur (art. 1340, C. civ.).

Cette interdiction n'est aussi relative qu'aux *vices de forme* ; le donateur pourrait donc confirmer une donation entachée de toute autre cause de nullité, vice de consentement, dol, erreur ou violence (Demolombe, t. XXIX, n°s 736-737).

8. — Donation entre époux. — L'acte frappé de nullité, même d'une nullité d'ordre public comme contenant une société commerciale entre époux ou une donation mutuelle entre époux par le même acte, ne peut plus être attaqué, lorsqu'il a été ratifié par l'exécution volontaire, après le décès de l'un des époux (9), — à fortiori, s'il avait été confirmé expressément par les héritiers.

9. — Hypothèque. — La nullité dont se trouve entaché l'acte d'affectation hypothécaire consentie par une personne incapable de s'obliger, par un mineur ou une femme mariée non autorisée, est susceptible d'être confirmée aussi longtemps que le constituant reste propriétaire de l'immeuble hypothéqué (10).

---

(1) Demolombe, n°s 729, 730 ; Aubry et Rau, p. 282 ; Laurent, n°s 572, 575.
(2) Amiens, 7 décembre 1868 ; Cass., 24 avril 1869.
(3) Limoges, 22 juillet 1873 (art. 20802, J. N.) ; Aubry et Rau, p. 262.
(4) Besançon, 13 mars 1827 ; Toulouse, 18 janvier 1828 ; Grenoble, 15 novembre 1834 ; Cass., 6 juillet 1836.
(5) Aubry et Rau, p. 262, note 8 ; Laurent, n°s 578, 579. — V. aussi Cass., 23 novembre 1841 (art. 11191, J. N.).
(6) Cass., 9 mai 1844 ; Nîmes, 6 août 1851 ; Aubry et Rau, t. V, p. 249 ; Laurent, t. XXI, n° 46. Mais la nullité d'un contrat de mariage résultant de ce qu'il a été passé hors la présence de l'un des futurs époux peut être couverte par une ratification intervenue avant le mariage, dans les formes prescrites par les articles 1396 et 1397 du Code civil

Toulouse, 11 juin 1850 ; Grenoble, 7 juin 1851 ; Nîmes, 6 août 1851 ; Toulouse, 5 mars 1852 ; Pau, 1er mars 1853 ; Montpellier, 9 décembre 1853 ; Cass., 29 mai 1854 et 9 janvier 1855 (S. 1854-1-437 et 1855-1-125) ; Toulouse, 2 juin 1857. — Contrà : Carcassonne, 13 janvier 1891.
(7) Cass., 26 avril 1869 (art. 19658, J. N.).
(8) Cass., 7 janvier et 23 mai 1876 ; Pau, 5 février 1866 ; Riom, 12 décembre 1883 ; Seine, 20 mars 1890 (J. du not., 1890, p. 359) ; Aubry et Rau, p. 264 ; Larombière, sur l'article 1339 ; Demolombe, n° 736 ; Laurent, n° 587.
(9) Cass., 6 février 1888.
(10) Aubry et Rau, t. III, p. 269 ; Cass., 25 novembre 1856 et 13 décembre 1875 (art. 21339, J. N.) ; Liège, 31 juillet 1890. — Contrà : Laurent, t. XXX, n° 447.

10. — Obligation naturelle. — On ne peut confirmer une obligation naturelle, car cette obligation est civilement inexistante ; mais elle peut faire l'objet d'une obligation civile formelle (1).

11. — Partage. — Le partage, concernant un mineur, fait en dehors des formalités exigées, peut être confirmé après la majorité (2).

12. — Partage anticipé. — Tout acte contre lequel la loi admet l'action en nullité ou en rescision pouvant, en principe, être l'objet d'une confirmation, il faut décider que le partage d'ascendant atteint d'un vice de ce genre peut être confirmé (3).

Toutefois, la femme mariée sous le régime dotal ne peut confirmer un partage d'ascendant qui renfermerait à son préjudice une lésion de plus du quart, lorsque sa portion, dans ce partage, est frappée de dotalité (4).

En tout cas, pour que la confirmation soit valable, il faut que l'action en nullité ou en rescision soit ouverte. Elle ne pourra donc avoir lieu qu'après le décès, soit de l'un, soit des deux donateurs, selon les cas. (V. PARTAGE D'ASCENDANTS, nos 76 et suiv.) (5).

13. — Reconnaissance d'enfant naturel. — Celui qui a reconnu un enfant naturel, soit en état de minorité, soit sous l'influence du dol ou de la violence, peut confirmer cette reconnaissance (6).

14. — Testament. — Le testateur ne saurait réparer, par aucun acte confirmatif, les vices d'un testament nul en la forme ; il ne peut que le refaire (7). Mais il faut décider aussi que l'article 1340 du Code civil est applicable aux héritiers et ayants cause du testateur (8).

§ 2. FORMES. FORMALITÉS.

15. — La confirmation peut être *expresse* ou *tacite*.

La confirmation *expresse* résulte d'une manifestation formelle de la volonté de la part de celui qui confirme, formulée dans un acte écrit.

La confirmation *tacite* (9) est celle qui résulte de l'exécution volontaire de la convention sujette à une action en nullité ou en rescision.

Nous n'avons à étudier ici que la confirmation expresse.

16. — Forme. — La confirmation *expresse* peut être faite, soit par un acte authentique, soit par un acte sous signatures privées, soit même verbalement, sauf, dans ce dernier cas, la difficulté de la preuve.

---

(1) Aubry et Rau, p. 262 ; Laurent, t. XVII, n° 31, et t. XVIII, n° 569.

(2) Cass., 4 avril 1876. Mais il n'y a pas lieu à confirmation d'un partage *provisionnel*, qui est valable comme partage de jouissance. Pour le rendre définitif, il faut faire un partage de la propriété. Laurent, t. X, nos 282 et suiv.

(3) Laurent, t. XV, nos 132 et suiv.

(4) Cass., 2 juillet 1886 ; Limoges, 14 janvier 1887.

(5) Cass., 5 janvier 1846, 6 février 1860, 11 juin 1872.

(6) Aubry et Rau, t. VI, p. 182 ; Laurent, t. IV, nº 71.

(7) Cass., 3 février 1873.

(8) Demolombe, t. XXIV, n° 750 ; Larombière, t. IV, sur l'article 1339, n° 17 ; Aubry et Rau, t. VII, p. 95 et 508 ; Cass., 9 juillet 1873 et 9 janvier 1884 (art. 23116, J. N.).

(9) Pour que la confirmation tacite soit efficace, il faut que l'exécution ait lieu : 1° avec la connaissance du motif du vice de l'acte ; 2° avec l'intention de réparer ce vice. Il y a donc là toujours une question d'appréciation qui ne laisse pas d'être délicate et pour la solution de laquelle il importe de ne pas confondre les actes réels d'exécution avec ceux qui semblent seulement annoncer, de la part du débiteur, l'intention d'exécuter l'obligation. V. Aubry et Rau, p. 268 ; Demolombe, t. XXIX, nos 771 et suiv. ; Laurent, nos 620 et suiv. ; Cass., 31 janvier 1838, 19 décembre 1865, 13 avril 1866 et 9 janvier 1884. — Il appartient, d'ailleurs, à la Cour de cassation de contrôler l'appréciation faite par les juges du fond. Cass., 16 janvier 1882 (art. 22807, J. N.). — La ratification d'une hypothèque peut résulter d'une exécution volontaire, telle que le paiement du coût de l'inscription, alors surtout que cette ratification a été indiquée dans un acte notarié (Langres, 9 juin 1887 ; Dijon, 28 avril 1888, confirmant le jugement de Langres ; Dalloz, Rép., vº *Oblig.*, n° 4502).

Toutefois, dans le cas où l'obligation, qu'il s'agit de confirmer, est soumise par la loi à la condition qu'elle sera constatée par un acte authentique, il est évident que l'acte de confirmation doit être lui-même constaté par un acte authentique. C'est ainsi, disent MM. Aubry et Rau (1), qu'une reconnaissance d'enfant naturel contenue dans un acte notarié, nul en la forme, ne peut être confirmée que dans un acte authentique (2).

17. — Il en serait de même pour un acte d'affectation hypothécaire. La rectification devrait être formelle, spéciale et authentique (3).

C'est ainsi qu'il a été jugé que la ratification par une femme mariée, devenue veuve, d'une hypothèque conventionnelle qu'elle avait consentie du vivant de son mari sans le consentement de celui-ci, est nulle et dépourvue de tout effet, quand elle n'a pas eu lieu par acte passé en forme authentique devant un notaire (4).

18. — Mais que l'acte de confirmation soit dressé en la forme authentique ou sous seing privé, l'article 1338 du Code civil dispose que la confirmation n'est valable qu'autant qu'on y trouve d'abord la substance de l'obligation qui est infectée de nullité.

Qu'entend-on par *substance*? C'est ce qui constitue l'essence du contrat, ce sans quoi il n'existerait pas ; par exemple, en matière de vente, la désignation de la chose vendue et le prix, mais il est inutile de résumer ou de transcrire toutes les stipulations du contrat (5).

L'article 1338 exige, en second lieu, que l'acte confirmatif contienne la mention du motif de l'action en nullité, c'est-à-dire que l'acte déclare quel est le vice que l'on veut effacer (6). Celui qui confirme doit savoir à quoi il renonce, et il doit l'exprimer clairement, sans équivoque.

Il doit surtout, et c'est la troisième condition requise pour la validité de l'acte confirmatif, il doit exprimer l'*intention* de réparer le vice sur lequel l'action en nullité serait fondée. Il n'y a point pour cela de *termes sacramentels*, il faut seulement que la volonté soit explicitement indiquée.

Ces trois conditions sont prescrites à peine de nullité (7).

19. — L'acte de confirmation doit toujours être reçu en *minute*, il doit être porté au *Répertoire*.

20. — **Acceptation.** — L'acte de confirmation étant un acte unilatéral, le consentement de la partie au profit de laquelle elle est faite, n'y est pas nécessaire ; et elle ne peut donc être révoquée sous le prétexte que celle-ci ne l'aurait point encore acceptée (8).

21. — **Transcription.** — **Inscription.** — L'acte de confirmation produit son effet au regard des tiers (V. *infrà*, nᵒˢ 33 à 37) sans qu'il soit besoin de le faire transcrire, s'il s'agit d'une translation de propriété immobilière, — ni de prendre une inscription, s'il s'agit d'une constitution d'hypothèque (9).

Néanmoins, au point de vue pratique, il nous paraît utile de faire mentionner la confirmation en marge de la transcription pour renseigner les tiers (V. *infrà*, chapitre II, n° 10) (10).

---

(1) T. VI, p. 267-268.
(2) Demolombe, n° 767 ; Dict. du not., vᵛ *Ratification*, n° 45.
(3) Orléans, 11 mai 1882 (art. 22740, J. N.).
(4) Dijon, 28 avril 1888 (*Rev. not.*, n° 7871 et art. 24090, J. N.). — Sic : Langres. 9 juin 1887 (*J. du not.*, n° 4046) ; Dict. du not., vᵛ *Ratification*, n° 45 ; Demolombe, *Contrats*, t. VI, n° 767.
(5) Aubry et Rau, p. 268 ; Laurent, n° 614.
(6) Cass., 20 avril 1859.

(7) Cass., 19 août 1857 ; Besançon, 19 juillet 1860 ; Angers, 25 janvier 1862 ; Cass., 5 mars 1889 ; Laurent, n° 618.
(8) Aubry et Rau, p. 269 ; Demolombe, n° 768.
(9) Cass., 25 novembre 1856 (art. 15960, J. N. ; S. 1857-1-117).
(10) Dalloz, vᵛ *Transcription*, nᵒˢ 100 et suiv. ; J. du not., n° 2122 ; Flandin, n° 116 ; Troplong, n° 13.

§ 3. Capacité.

22. — Pour confirmer valablement un acte, il faut avoir la capacité requise pour faire l'acte même ; l'incapable doit donc avoir recouvré sa capacité, il faut qu'il puisse disposer de ses droits.

23. — **Conseil judiciaire** (Pourvu de). — L'obligation souscrite par un mineur et sujette à rescision n'est pas valablement ratifiée par le mineur devenu majeur, mais pourvu d'un conseil judiciaire (1).

24. — **Femme mariée.** — La femme mariée ne peut, seule, durant le mariage, confirmer efficacement les actes qu'elle a consentis sans être autorisée, puisque la même incapacité, pour défaut d'autorisation, rendrait la confirmation nulle, comme l'acte lui-même (2).

25. — **Mari.** — La confirmation par le mari, seul, d'un acte passé par sa femme sans autorisation ne validerait pas non plus l'acte vicié ; il faut le concours de la femme. Du moins, il est prudent de l'exiger (art. 225, C. civ.).

26. — **Mineur.** — Le mineur, après avoir atteint sa majorité, peut, sans aucun doute, confirmer, par exemple, un partage fait sans observer les formalités légales, les actes par lui souscrits ou consentis par lui durant sa minorité, et pour ce motif annulables ou rescindables (art. 1311, C. civ.) (3) ; mais il ne peut confirmer d'aucune façon, avant l'apurement du compte de tutelle, les actes passés entre lui et son tuteur (4).

27. — **Tuteur.** — Le tuteur a-t-il capacité pour confirmer un acte passé par le mineur, seul, durant la minorité ? Certains auteurs enseignent l'affirmative (5) ; mais nous croyons cette opinion susceptible d'être discutée et il est plus prudent de s'abstenir.

§ 4. Conditions de validité de la confirmation. Époque. Effets.

28. — Nous avons vu quelles sont, au point de vue de la forme de l'acte et de son contenu, les conditions imposées par la loi pour la validité de la confirmation ; il nous reste à parler de l'époque à laquelle la confirmation peut être faite.

Le Code ne détermine aucune époque précise ; rien ne s'oppose donc, en principe, à ce qu'elle ait lieu immédiatement après la convention qu'il y a lieu de confirmer (6).

29. — Cependant, lorsque le vice dont une obligation se trouve entachée tient à un empêchement de nature à se perpétuer pendant un temps plus ou moins long, la confirmation de cette obligation ne peut avoir lieu avec efficacité qu'après la cessation de la cause qui en opérerait la nullité ; autrement, la confirmation se trouverait infectée du même vice que l'obligation elle-même.

30. — D'ailleurs, il va sans dire que toute confirmation, emportant renonciation à une action en nullité, ne peut avoir lieu qu'après l'ouverture de cette action (7). C'est ainsi qu'un partage anticipé susceptible d'être annulé pour violation des prescriptions des articles 1077 et suivants du Code civil, ne peut être confirmé qu'après le décès des ascendants donateurs.

---

(1) Paris, 15 janvier 1869 (art. 19719, J. N.).
(2) Bruxelles, 15 février 1875 ; Toullier, t. II, n° 648; Dalloz, n° 4485 ; Aubry et Rau, t. III, p. 269 ; Laurent, t. III, n° 165 ; Baudry-Lacantinerie, t. I, n° 689.
(3) Laurent, n° 615 ; Colmet de Santerre, t. V, p. 585 ; Limoges, 18 décembre 1847.
(4) Cass., 5 juin 1850 ; Aubry et Rau, p. 265 ; Demolombe, n° 758 ; Laurent, n° 611.
(5) Dalloz, n° 4484.
(6) Aubry et Rau, p. 265 ; Demolombe, n° 754.
(7) Caen, 15 juin 1885 ; Aubry et Rau, p. 266.

31. — La nullité d'une contre-lettre par laquelle deux époux ont modifié après le mariage, leurs conventions matrimoniales, ne peut être couverte, tant que dure leur mariage, par aucun acte confirmatif (1).

De même encore, la convention intervenue entre un tuteur et son pupille contrairement aux dispositions de l'article 472 du Code civil ne peut être confirmée qu'après l'accomplissement des conditions exigées par cet article (2).

32. — En résumé, on peut dire que l'époque où pourra avoir lieu la confirmation est celle où l'obligé a connu les vices de l'obligation et où il a acquis ou recouvré le pouvoir et la capacité de les réparer et de confirmer l'obligation, puisque c'est de cette époque que commence à courir la prescription de l'action en nullité ou en rescision ; — c'est-à-dire le jour où la violence a cessé et que l'erreur ou le dol ont été découverts, — le jour de la majorité pour les mineurs, — le jour de la dissolution du mariage pour les femmes non autorisées — et le jour de la levée de l'interdiction pour les interdits (3).

33. — **Effets.** — La confirmation, légalement consentie, a pour effet d'enlever au débiteur le droit d'invoquer les moyens de nullité ou de rescision qu'il eût pu faire valoir et de rendre le premier engagement aussi efficace et aussi inattaquable que s'il n'avait jamais été entaché d'aucun vice.

34. — Un autre effet de la confirmation, expresse ou tacite, est de rétroagir au jour où l'obligation a été contractée ; elle purge l'acte du vice qui l'entachait ; par suite, l'engagement primitif produit naturellement ses effets du jour où il a été formé (4).

35. — Toutefois, malgré cet effet rétroactif, la confirmation ne peut jamais porter atteinte aux *droits des tiers* ; par ces mots, il faut entendre les personnes qui ont pu devenir, postérieurement à l'acte confirmé, bénéficiaires d'un droit réel de propriété ou de démembrement de propriété (5).

36. — Ainsi, la confirmation, par un individu majeur, d'une vente d'immeubles qu'il avait consentie, durant sa minorité, sans l'observation des formalités prescrites, est sans effet à l'égard des tiers auxquels le vendeur aurait précédemment, et depuis sa majorité, consenti une seconde vente des mêmes biens (6).

37. — De même, la confirmation par le mineur devenu majeur, ou par la femme, devenue veuve, d'une hypothèque consentie en minorité ou sans l'autorisation maritale, n'a pas d'effet rétroactif au préjudice d'une hypothèque postérieure, valablement consentie avant la confirmation (7).

Mais l'hypothèque ainsi ratifiée prime tous créanciers inscrits postérieurement à la ratification, sans qu'il soit besoin d'une inscription nouvelle, ni même de la mention de la confirmation en marge de l'inscription déjà existante (8).

§ 5. RESPONSABILITÉ NOTARIALE.

38. — Le notaire, appelé à dresser un acte de confirmation, peut être responsable non seulement de la nullité de l'acte pour vice de forme, mais aussi de son inefficacité, à défaut par lui d'avoir observé les prescriptions rigoureusement imposées par l'article 1338 du Code civil. Nous ne saurions donc trop recomman-

(1) Aubry et Rau, p. 265 ; Demolombe, n° 760 ; Laurent, n° 611.
(2) Cass., 5 juin 1850 et 21 juin 1889 ; Aubry et Rau, *loc. cit.*; Demolombe, n° 758 ; Laurent, n° 611.
(3) Cass., 25 novembre 1857 et 28 novembre 1866.
(4) Aubry et Rau, p. 269 ; Laurent, n° 658 ; Dict. du not., n° 71.
(5) Cass., 8 mars 1854 ; Demolombe, n° 722 ; Laurent, n° 659.

(6) Cass., 16 janvier 1837 ; Aubry et Rau, p. 270 ; Demolombe, n° 793 ; Laurent, n° 657.
(7) Cass., 3 août 1859 ; Montpellier, 16 janvier 1866 ; Cass., 13 décembre 1875 (art. 16714 et 21389, J. N.); Pont, *Priv. et hypoth.*, n° 616 ; Demolombe, t. XXIX, n°⁸ 800 et 801 ; Laurent, n°⁸ 664-666 ; Dict. du not., n° 85. — *Contra* : Aubry et Rau, t. III, p. 269-270.
(8) Cass., 25 novembre 1856.

der aux notaires d'apporter le plus grand soin dans la rédaction de ces actes importants ; ils doivent s'efforcer d'analyser exactement la substance de l'acte à confirmer, énoncer clairement l'objet et le motif de la confirmation et, autant que possible, les conséquences que les parties en attendent.

§ 6. Frais et honoraires.

39. — Les actes de confirmation ou de ratification sont classés, par la majorité des tarifs particuliers, dans la catégorie des actes à honoraires fixes et, par suite, rétribués soit par un droit invariable de 4 fr., de 6 fr. ou de 10 fr., soit par un droit variant de 4 à 25 fr. selon la longueur et l'importance de l'acte.

Les *frais* de la ratification, sauf convention contraire, sont à la charge de celui qui doit la ratification. — Nous croyons, toutefois, que les frais de ratification d'un partage où auraient figuré des mineurs, devraient être supportés par tous les copartageants, comme ayant profité à toutes les parties.

§ 7. Timbre et enregistrement.

40. — **Timbre.** — L'acte de confirmation peut être écrit et expédié à la suite de l'acte confirmé (1).

41. — **Enregistrement.** — Les ratifications ou confirmations pures et simples d'actes en forme avaient été tarifées par la loi du 22 frimaire an VII (art. 68) au droit fixe de 1 fr. — Ce droit a été successivement élevé à 2 fr. par la loi du 18 mai 1850 et à 3 *francs* par la loi du 28 février 1872.

La ratification est pure et simple toutes les fois qu'elle se borne à confirmer l'acte dont on veut faire disparaître le vice ou l'irrégularité. Mais si la confirmation ou ratification contenait des dispositions indépendantes de la confirmation elle-même, ces dispositions pourraient donner lieu à des droits distincts, selon leur nature.

De même si le droit proportionnel n'avait pas été perçu sur le premier acte, parce qu'il n'était qu'une convention imparfaite, il pourrait être exigé sur l'acte de confirmation, dans le cas où celle-ci complétera la convention.

Un notaire ne peut, sans contravention, dresser la ratification ou confirmation d'un acte reçu par un autre notaire, avant que cet acte ait été enregistré.

42. — **Plusieurs ratifiants.** — Lorsque plusieurs personnes se réunissent pour ratifier chacun un acte différent, il y a autant de ratifications distinctes et il est dû autant de droits de 3 fr. qu'il y a de ratifiants, à moins que ceux-ci ne soient coïntéressés, copropriétaires, cohéritiers ou solidaires.

43. — **Plusieurs actes ratifiés.** — L'acte par lequel une personne ratifie ou confirme plusieurs actes, donne ouverture à autant de droits fixes qu'il y a d'actes ratifiés différents (2) ; et la Régie étend l'application de la pluralité des droits même au cas où la ratification est faite par une seule personne et par un seul acte, d'un contrat unique contenant adjudication à plusieurs acquéreurs non solidaires, parce qu'alors elle considère chaque adjudication comme un contrat séparé (3).

---

(1) Dict. du not., n° 112.
(2) Cass., 20 février 1839 ; Sol. rég., 26 novembre 1869 — *Contrà* : Doullens, 21 octobre 1870 (art. 20897, J. N.).

(3) Metz, 17 mars 1842 ; Arcis-sur-Aube, 15 juillet 1842 ; Clermont, 10 février 1843 ; Marseille, 12 mai 1859 (art. 16674, J. N.). — *Contrà* : Dreux, 21 juillet 1841.

Mais la pluralité des droits ne serait pas applicable à un acte par lequel une personne déclarerait ratifier et confirmer tous les actes faits en son nom durant sa minorité, sans spécifier aucun de ces actes.

§ 8. FORMULES.

1. *Confirmation par une femme, d'un acte passé sans l'autorisation de son mari.*
2. *Confirmation d'un contrat de vente, par une femme, avec renonciation à son hypothèque légale.*
3. *Confirmation d'une vente consentie par une femme dotale devenue veuve.*
4. *Confirmation d'une affectation hypothécaire par un mineur devenu majeur.*
5. *Confirmation d'un contrat annulable pour cause de dol, d'erreur ou de violence.*

1. — Confirmation par une femme, d'un acte passé sans l'autorisation de son mari.

Pardevant..., etc.

A comparu :

Mme Irma Vincent, épouse assistée et autorisée de M. Paul Adam, propriétaire, avec lequel elle demeure, à...

Mme Adam, séparée de biens d'avec son mari, aux termes de leur contrat de mariage reçu par M^e..., notaire à..., le...

Laquelle, après avoir entendu la lecture qui lui a été à l'instant faite par M^e...., l'un des notaires soussignés, d'un acte passé devant lui, le..., contenant obligation par Mme Adam comparante, au profit de M. Emile Richard, rentier, demeurant à..., de la somme de 5,000 fr. pour prêt, stipulée remboursable le..., et productive d'intérêts..., avec hypothèque sur... ; et désirant réparer le vice dont ledit acte est entaché en raison de ce qu'elle l'a consenti hors la présence et sans l'autorisation de son mari ;

A, par ces présentes, déclaré qu'elle confirme ladite obligation, pour qu'elle soit exécutée selon sa forme et teneur, comme si elle l'avait souscrite avec l'autorisation de son mari : renouvelant ici, en tant que de besoin, avec l'autorisation de ce dernier, les engagements contenus dans cette obligation, et notamment l'hypothèque qu'elle y a consentie.

Mention des présentes est consentie...

Dont acte...

2. — Confirmation d'un contrat de vente, par une femme, avec renonciation à son hypothèque légale.

Pardevant..., etc.

A comparu :

Mme Marie Didier, épouse assistée et autorisée de M. Louis Blaise, propriétaire, avec lequel elle demeure à...

Laquelle, après avoir pris communication par la lecture qui lui a été faite par M^e..., l'un des notaires soussignés, d'un acte reçu par lui le..., transcrit au bureau des hypothèques de..., le..., volume..., numéro..., et aux termes duquel M. Blaise, son mari, a vendu, à M. Jules Aron, négociant, demeurant à..., une maison située à..., moyennant le prix principal de 10,000 francs stipulés payables..., etc.

Et usant du droit qui lui appartient, en vertu du régime de la communauté réduite aux acquêts sous lequel elle est mariée, suivant contrat passé devant M^e..., notaire à..., le... (*ou bien*: en vertu du régime de la communauté légale sous lequel elle se trouve mariée, à défaut de contrat de mariage qui ait précédé son union célébrée à la mairie de..., le...) ;

A, par ces présentes, déclaré qu'elle confirme expressément le contrat de vente ci-dessus énoncé, voulant qu'il soit exécuté comme si elle y eût comparu et l'eût signé.

Par suite, Mme Blaise s'oblige, solidairement avec son mari à toutes garanties envers M. Aron, et, comme conséquence, elle se désiste expressément de tous les droits que son hypothèque légale lui confère contre son mari, mais seulement en ce que cette hypothèque frappe ladite maison.

Consentant que cette renonciation vaille purge de son hypothèque légale sur ledit immeuble; mais faisant toute réserve des droits que cette hypothèque lui confère sur tous autres immeubles qui appartiennent ou pourront appartenir à son mari — (*ou bien :* mais faisant toute réserve tant du droit de préférence qui lui appartient sur le prix de ladite vente, que des droits que cette hypothèque lui confère sur tous autres immeubles qui appartiennent ou pourront appartenir à son mari).

En conséquence tout droit de suite sur ledit immeuble, du chef de Mme Blaise, se trouvera éteint au bénéfice de M. Aron à partir de ce jour, en ce qui concerne ladite dame, et, vis-à-vis des tiers, à partir de la mention qui sera faite des présentes en marge de la transcription dudit contrat de vente; Mme Blaise ne se réservant que le droit de faire valoir son droit de préférence sur le prix non encore payé par M. Aron.

Mention des présentes sera faite...

Les frais des présentes seront supportés par M. Aron.

    Dont acte...

3. — Confirmation d'une vente consentie par une femme dotale devenue veuve.

Pardevant..., etc.

    A comparu :

Mme Louise Thomas, rentière, demeurant à..., veuve de M. Alphonse Grandidier.

Laquelle, préalablement à la confirmation qui va faire l'objet des présentes, a exposé ce qui suit :

Exposé.

Aux termes d'un contrat passé devant M^e..., notaire à..., le..., Mme Grandidier, comparante, a vendu, avec l'assistance et l'autorisation de son mari, à M. Charles Vincent, propriétaire, demeurant à..., moyennant 20,000 francs, payés comptant, une maison située à..., qui appartenait en propre à la comparante, et faisait partie de ses biens dotaux, en vertu de son contrat de son mariage passé devant M^e..., notaire à..., le... ;

Mme Grandidier avait bien la faculté de vendre ses biens dotaux, sous condition de fournir un remploi, mais ce remploi n'a pas été effectué pour le prix de la maison vendue à M. Vincent.

Elle pourrait donc faire révoquer la vente de son immeuble dotal; mais ayant recouvré son entière capacité, par suite du décès de son mari, elle entend renoncer à l'action en révocation.

Confirmation.

Ces faits exposés, Mme veuve Grandidier déclare confirmer expressément la vente sus-énoncée du..., voulant qu'elle reçoive son exécution, comme si elle l'avait consentie avec pleine capacité d'aliéner, et que M. Vincent soit propriétaire incommutable de l'immeuble qu'il a acquis et régulièrement libéré de son prix.

En outre, elle s'oblige à garantir M. Vincent de tous troubles et évictions.

Mention des présentes est consentie...

    Dont acte...

4. — Confirmation d'une affectation hypothécaire par un mineur devenu majeur.

Pardevant..., etc.

    A comparu :

M. Léon Lucas, étudiant en droit, demeurant à..., majeur, comme étant né à..., le..., ainsi que le constate son acte de naissance inscrit aux registres des actes de l'état civil de la mairie de..., à la date du..., et dont il a représenté aux notaires soussignés une copie en bonne forme qui lui a été immédiatement rendue.

Lequel a exposé ce qui suit :

Suivant acte passé devant M•..., notaire à..., le..., M. Lucas comparant, a consenti, quoique encore mineur, au profit de M. Léopold Kauffmann, négociant, demeurant à..., pour garantie d'un prêt de 5,000 francs que ce dernier lui avait fait, une affectation hypothécaire sur une maison située à..., etc.

Cette hypothèque a été inscrite au bureau des hypothèques de..., le..., volume..., numéro... ; néanmoins, comme elle a été consentie par le comparant en état de minorité, elle est annulable.

Mais le comparant, voulant réparer ce vice, déclare, par ces présentes, confirmer expressément le contrat sus-énoncé, et l'affectation hypothécaire conférée à M. Kauffmann ; voulant que cet acte reçoive à son égard son entière exécution, comme s'il l'avait signé en état de majorité, et que l'affectation hypothécaire, par l'effet rétroactif de la présente confirmation, ait son effet complet à partir du jour où elle a été inscrite.

Mention des présentes est consentie...

Dont acte...

5. — **Confirmation d'un contrat annulable pour cause de dol, d'erreur ou de violence.**

Pardevant..., etc.

A comparu :

M. Lucien Colard boulanger, demeurant à...

Lequel a exposé ce qui suit :

Aux termes d'un acte reçu par M•..., notaire à..., le..., transcrit au bureau des hypothèques de..., le..., vol..., numéro..., M. Colard, comparant, a acquis de M. Adolphe Mairant, négociant, demeurant à..., une maison située à..., moyennant le prix de 50,000 francs, payé après l'accomplissement des formalités hypothécaires ainsi qu'il résulte d'une quittance reçue par M•..., notaire à..., le... ;

L'entrée en jouissance de cet immeuble n'avait été fixée qu'au..., ainsi qu'il résulte de l'acte de vente précité ;

Après cette entrée en jouissance le comparant a cru s'apercevoir que M. Mairant, son vendeur, lui avait dissimulé différents vices de l'immeuble vendu, savoir... (*indiquer les vices*) ;

Le comparant était sur le point de demander la résolution dudit contrat de vente pour cause de dol, par le motif que ces vices lui avaient été dissimulés à l'aide de manœuvres frauduleuses mises en œuvre par les agents que M. Mairant avait chargés de négocier cette vente ;

Néanmoins, à la suite d'explications échangées entre M. Mairant et le comparant, ce dernier a résolu, pour éviter un procès, de renoncer à demander la résolution de la vente ;

Dans cette situation, M. Colard déclare confirmer purement et simplement ledit contrat de vente, voulant que ce contrat reçoive sa pleine et entière exécution ;

Mention des présentes est consentie...

Dont acte...

CHAPITRE DEUXIÈME

RATIFICATION PROPREMENT DITE

1. — La ratification *proprement dite* est l'acte par lequel une personne approuve ce qui a été fait en son nom, sans ordre et sans pouvoir, — ou avec un pouvoir insuffisant.

2. — L'article 1120 du Code civil dispose, en effet, qu'on peut se *porter fort* pour un tiers, en promettant le fait de celui-ci, quoique sans aucun mandat. Si le tiers ratifie, le contrat conserve toute sa force. Si le tiers ne ratifie pas, le contrat est nul et ne produit aucun effet, sauf l'indemnité contre celui qui s'est porté fort ou qui a promis de faire ratifier (art. 1119, 1120, C. civ.).

3. — Et d'après l'article 1998, le mandant n'est tenu de ce qui a pu être fait par le mandataire au delà du mandat donné, qu'autant qu'il l'a ratifié expressément ou tacitement.

4. — **Capacité.** — La ratification ne peut être faite que par celui qui peut disposer de ses droits ; elle est nulle, si elle émane d'un incapable.

5. — Lorsqu'on s'est porté fort pour un mineur, en promettant qu'il ratifiera à sa majorité, si le mineur décède avant cette majorité, la ratification peut-elle être exigée immédiatement ou bien n'y a-t-il lieu qu'à des dommages-intérêts ? Si les héritiers sont majeurs, l'obligation pour le porte fort de rapporter la ratification est arrivée à son terme. S'ils sont mineurs, il y a lieu d'attendre leur majorité (1).

6. — **Formes.** — L'acte de ratification n'est soumis à aucune forme extrinsèque particulière ; il peut être fait sous signatures privées ou devant notaire, à moins qu'il ne s'agisse d'un acte pour lequel l'authenticité est nécessaire, comme la constitution d'hypothèque, auquel cas la ratification doit être reçue dans la même forme.

7. — La ratification n'est point assujettie aux conditions déterminées par l'article 1338 du Code civil, qui exige l'indication de la substance de l'acte ratifié, la mention du motif de l'action en nullité et l'intention de réparer le vice (2). Néanmoins, il est toujours prudent de rappeler les clauses principales du contrat, sans quoi la ratification, conçue en termes généraux, pourrait être déclarée ne pas s'appliquer à certaines de ces clauses (3).

8. — La ratification, pour être valable, n'a pas besoin d'être *acceptée* par celui auquel la promesse de ratification a été faite.

9. — Tout acte de ratification doit être reçu en *minute* et porté au *Répertoire.*

10. — **Formalités.** — Pour produire ses effets vis-à-vis des tiers, l'acte de ratification doit-il être *transcrit*, s'il s'agit d'une translation de propriété immobilière ou être suivi d'une nouvelle inscription, s'il s'agit d'une constitution d'hypothèque ? L'affirmative est généralement enseignée en doctrine (4). Mais la négative a été consacrée par la Cour de cassation (5), qui a décidé que l'hypothèque constituée par un porte-fort produit son effet, du jour de son de son inscription, vis-à-vis des créanciers qui n'avaient pas pris d'inscription valable avant la ratification (V. *infrà*, n° 17). En présence de cette controverse, il est prudent de faire transcrire l'acte de ratification ou de prendre une nouvelle inscription.

11. — La ratification peut être *expresse* ou *tacite.*

Il y a ratification tacite, de la part de celui qui fait ou prend livraison de la chose, opère ou reçoit paiement, fait novation, signifie un commandement, accomplit, en un mot, un acte quelconque d'exécution volontaire, qui suppose nécessairement en lui l'intention de maintenir l'engagement pris.

12. — Toutefois, la ratification tacite d'un engagement contracté par un tiers, sans mandat, ne peut résulter que de faits ou d'actes accusant une volonté certaine et non équivoque d'approuver l'obligation (6).

---

(1) Dict. du not., n° 5 ; *J. du not.*, n° 2442.

(2) Bordeaux, 8 août 1870 (*Rev. not.*, n° 2922) ; Bordeaux, 27 mai 1872 ; Cass., 1er juin 1880 (*Rev. not.*, n°° 6161 ; Demolombe, *Contrats*, t. VI, n° 752 ; Larombière, sur l'article 1338.

(3) Cass., 29 juin 1857.

(4) Demolombe, *Oblig.*, t. I, n° 230 ; Larombière, art. 1338, n° 60 ; Aubry et Rau, § 209-6, § 266-6 ;

Mourlon, *Transcr.*, n° 28 ; Flandin, *id.*, n°° 128 et. suiv.

(5) Cass., 25 novembre 1856, 3 août 1859 et 13 décembre 1875 (art. 21339, J. N.) ; *J. du not.*, 1876, p. 242. — Conf. Labbé, *Ratificat. des actes d'un gérant d'affaires*, n°° 47 et suiv., 75 ; Verdier, *Transcr.*, n°° 54 et suiv.).

(6) Cass., 12 février 1873 et 14 novembre 1879 (S. 1881-1-165).

13. — Elle pourrait résulter, dans certains cas, du silence du mandant, mais à la condition qu'il soit établi que le mandant avait connaissance du fait du mandataire (1).

14. — La vente qu'une mère tutrice a faite, sans l'observation des formalités légales, de la part revenant à son enfant mineur dans un fonds de commerce dépendant de la succession du père, peut, par une appréciation souveraine des faits, être déclarée ratifiée par l'enfant, lorsque à sa majorité, et après avoir pris connaissance des titres et papiers relatifs à la succession paternelle, il a approuvé le compte à lui rendu par sa mère et reçu le reliquat de ce compte (2).

15. — Mais le mineur qui se constitue en dot, avec l'assistance de ceux dont le consentement est nécessaire à la validité du mariage, le prix de l'aliénation de ses biens consentie par son tuteur sans l'accomplissement des formalités légales, ne ratifie point par là cette aliénation (3).

16. — En tous cas, est souveraine la décision des juges du fond qui, apprécient les documents et circonstances de la cause, déclarent qu'il n'est justifié d'aucun fait indiquant la connaissance de l'obligation à ratifier et la volonté de le faire (4). Mais la Cour de cassation a le droit de contrôler et de reviser, au point de vue juridique, l'appréciation des faits d'où les juges ont induit la ratification (5).

17. — **Effets.** — Entre les parties contractantes, la ratification a un effet rétroactif au jour où le porte-fort a fait la promesse ratifiée ; de sorte que le *negotiorum gestor* est censé avoir agi en vertu d'un mandat : *Ratihabitio mandato æquiparatur* (6).

Mais à l'égard des tiers, la ratification n'a d'effet qu'à partir du jour où elle est intervenue. Elle ne peut nuire aux droits conférés par le ratifiant avant la ratification ; mais elle rétroagit à l'égard des droits conférés postérieurement à la ratification (7). (V. sur les effets de la constitution d'hypothèque consentie par un porte-fort, *supra*, v° AFFECTATION HYPOTHÉCAIRE, n° 47.)

18. — **Responsabilité notariale.** — (V. *supra*, chap. Ier, n° 38).

19. — **Frais et honoraires.** — (V. *supra*, chap. Ier, n° 39).

20. — **Enregistrement.** — (V. *supra*, chap. Ier, n°s 41 et suiv.).

§ 8. FORMULES.

1. *Ratification par une personne dont on s'est porté fort.* 2. *Ratification d'un partage par un mineur, à sa majorité.*

1. — Ratification par une personne dont on s'est porté fort.

Pardevant..., etc.

A comparu :

M. Emile Roussel, propriétaire, demeurant à...

Lequel, après avoir pris communication par la lecture que lui en a faite M^e..., notaire soussigné, d'un acte passé devant M^e..., notaire à..., le..., contenant quittance par

(1) Cass., 27 juillet 1863 et 4 juin 1872 (S. 1872-1-295) ; Besançon, 11 février 1882 (*Rev. not.*, n° 6528).

(2) Cass., 9 novembre 1869 (S. 1879-1-71). V. aussi Cass., 4 avril 1876 (S. 1876-1-214).

(3) Grenoble, 5 août 1859 ; Limoges, 29 janvier 1862 (S. 1862-2-382). — Sic : Laurent, t. XVIII, n° 642.

(4) Cass., 12 février 1873 et 5 avril 1875 (S. 1875-1-152).

(5) Cass., 28 novembre 1866 et 18 janvier 1870 (S. 1870-1-145).

(6) Aubry et Rau, t. IV, p. 269 et 308 ; Demolombe, t. XXIX, n° 785.

(7) Cass., 6 avril 1842, 4 août 1847 et 13 décembre 1875 ; Pont, t. I, n° 1075 ; Laurent, t. XXVIII, n°s 74 et suiv.

M. Léon Roussel, son frère, négociant, demeurant à..., au nom et comme se portant fort du comparant dont il a promis la ratification,

A M. Joseph Marchal, propriétaire, demeurant à..., de la somme de 30,500 francs, composée :

1° De celle principale de 30,000 francs, formant le prix moyennant lequel M. Emile Roussel, comparant, avait vendu à M. Marchal une maison située à..., suivant contrat passé devant ledit M°..., notaire à..., le...;

2° Et de 500 francs pour les intérêts échus de ce prix ;

Par suite duquel payement ledit sieur Léon Roussel, audit nom, a donné mainlevée et consenti à la radiation définitive de l'inscription prise d'office, au bureau des hypothèques de..., le..., volume..., numéro..., au profit du comparant, contre M. Marchal ;

A déclaré ratifier en tout son contenu la quittance susénoncée, voulant qu'elle reçoive son entière exécution, comme s'il y avait été présent et l'avait signée, et qu'en conséquence M. Marchal soit libéré définitivement envers lui, en principal et intérêts, du prix de son acquisition susénoncée, et que tout conservateur, en faisant la radiation définitive de l'inscription d'office ci-dessus relatée, soit valablement déchargé.

Consentant que mention des présentes soit faite..., etc.

Dont acte...

2. — Ratification d'un partage par un mineur, à sa majorité.

Pardevant..., etc.

A comparu :

M. Désiré Muller, étudiant en médecine, demeurant à..

Majeur, étant né à..., le..., ainsi que le constate son acte de naissance inscrit au registre de l'état civil de ladite commune, à la date du..., et dont il a représenté aux notaires soussignés une expédition qui lui a été à l'instant rendue,

Lequel a exposé ce qui suit :

Suivant acte reçu par M°..., notaire à..., le..., Mlle Léontine Richard, majeure, sans profession, demeurant à..., et M. Charles Muller, propriétaire, demeurant à..., ce dernier ayant agi comme se portant fort pour le comparant, son fils, ont procédé au partage, en deux lots égaux, des biens dépendant de la succession de M. Louis Muller, décédé à..., le..., qui laissait pour héritiers chacun pour moitié Mme Richard et le comparant, ses nièce et neveu.

Par ce partage, le second lot échu à M. Désiré Muller a été composé de: 1°... (*désigner les biens; rappeler les servitudes, ou les soultes à la charge des lots*).

Ceci expliqué, le comparant, après avoir pris connaissance de l'acte du..., ainsi que de toutes les clauses et conditions qu'il renferme, déclare ratifier expressément ce partage, vouloir qu'il devienne définitif, et qu'il reçoive son entière exécution ; s'obligeant d'ailleurs à la garantie de droit envers ses co-héritiers et à l'exécution de toutes les conditions stipulées audit acte.

Mention des présentes est consentie..., etc.

Dont acte...

RATURE (V. *suprà*, v° ACTE NOTARIÉ).

RÉCOMPENSE (V. *suprà*, v° PARTAGE).

RECONNAISSANCE D'ENFANT NATUREL

C'est la constatation, par acte authentique, de la filiation d'un enfant qui, dans son acte de naissance, a été déclaré né de père ou de mère inconnus.

Sommaire :

§ 1. Formes. Formalités.
§ 2. Capacité. Personnes qui peuvent reconnaître. Enfants qui peuvent être reconnus.
§ 3. Effets de la reconnaissance.
§ 4. Responsabilité notariale.
§ 5. Frais et honoraires.
§ 6. Enregistrement.
§ 7. Formules.

§ 1. FORMES. FORMALITÉS.

1. — L'enfant naturel ne peut être reconnu que de deux façons, soit dans son *acte de naissance* même, soit, postérieurement, par *acte authentique* (1).

2. — La reconnaissance a lieu dans l'acte de naissance, lorsque les père et mère, présents à l'acte, déclarent que l'enfant leur appartient, signent l'acte ou déclarent ne savoir signer. Il ne suffirait point que les père et mère soient nominativement désignés par les témoins (2).

3. — La reconnaissance du père, sans l'indication ou l'aveu de la mère, n'a d'effet qu'à l'égard du père et réciproquement (art. 336, C. civ.).

4. — Cette forme de reconnaissance étant de la compétence des officiers de l'état civil, nous ne nous en occuperons pas autrement ici et nous étudierons spécialement les reconnaissances constatées par *acte notarié*.

5. — Toute reconnaissance d'enfant naturel ne pouvant avoir lieu que par *acte authentique*, il en résulte et il a été jugé que la reconnaissance faite sous seing

---

(1) La reconnaissance d'un enfant naturel sera faite par un *acte authentique*, lorsqu'elle ne l'aura pas été dans son acte de naissance (art. 334, C. civ.).

Cette reconnaissance ne pourra avoir lieu au profit des enfants nés d'un commerce incestueux ou adultérin (art. 335).

La reconnaissance du père, sans l'indication et l'aveu de la mère, n'a d'effet qu'à l'égard du père (art. 336).

La reconnaissance faite pendant le mariage par l'un des époux, au profit d'un enfant naturel qu'il aurait eu avant son mariage, d'un autre que de son époux ne pourra nuire ni à celui-ci, ni aux enfants nés de ce mariage. — Néanmoins, elle produira son effet après la dissolution de ce mariage, s'il n'en reste pas d'enfants (art. 337).

L'enfant naturel reconnu ne pourra réclamer les droits d'enfants légitimes. Les droits des enfants naturels seront réglés au titre *des Successions* (art. 338).

Toute reconnaissance de la part du père ou de la mère, de même que toute réclamation de la part de l'enfant, pourra être contestée par tous ceux qui y auront intérêt (art. 339).

La recherche de la paternité est interdite. Dans le cas d'enlèvement, lorsque l'époque de cet enlèvement se rapportera à celle de la conception, le ravisseur pourra être, sur la demande des parties intéressées, déclaré père de l'enfant (art. 340).

La recherche de la maternité est admise. — L'enfant qui réclamera sa mère, sera tenu de prouver qu'il est identiquement le même que l'enfant dont elle est accouchée. — Il ne sera reçu à faire cette preuve par témoins, que lorsqu'il aura déjà un commencement de preuve par écrit. (art. 341).

Un enfant ne sera jamais admis à la recherche soit de la paternité, soit de la maternité, dans les cas où, suivant l'article 335, la reconnaissance n'est pas admise (art. 342).

(2) La reconnaissance d'un enfant naturel peut résulter de l'indication de la mère dans l'acte de naissance, alors que cette indication est confirmée par l'aveu de la mère. Cass., 7 janvier 1852, 26 mars 1866, 30 novembre 1868; Douai, 28 février 1873; Bordeaux, 27 août 1877; Nîmes, 15 février 1887; Aubry et Rau, § 568 *bis*, note 27. — *Contrà*: Demolombe, t. V, n° 383 ; Laurent, t. IV, n° 27.

privé, spécialement dans des lettres missives, dans un acte de baptême reçu, par un ministre du culte, ne serait pas valable (1), — pas plus que celle contenue dans un testament olographe (2), — ou même dans un testament mystique (3).

6. — Mais la reconnaissance consignée dans un acte sous seing privé deviendrait suffisamment authentique par le dépôt que l'auteur de la reconnaissance ferait de cet acte en l'étude d'un notaire, si l'acte de dépôt contenait en lui-même la preuve de la reconnaissance (4).

7. — L'acte de reconnaissance doit être reçu en *minute*; elle ne serait pas valablement constatée dans un acte délivré en *brevet* (5).

8. — Il doit être dressé conformément aux prescriptions de la loi du 21 juin 1843, c'est-à-dire en la *présence réelle* du notaire en second ou des témoins.

9. — L'acte doit être porté au *Répertoire*.

10. — Il n'est pas nécessaire que l'enfant soit présent à l'acte; toutefois si le père ou la mère qui fait la reconnaissance ne la fait pas en personne, mais par mandataire, la procuration doit être *spéciale*, *authentique*, reçue aussi en *minute* et avec la solennité de la *présence réelle* (6).

11. — Il n'est pas non plus exigé que l'acte authentique dans lequel la reconnaissance se trouve consignée ait été rédigé dans le but unique de la constater (7); ainsi la reconnaissance faite dans un *testament public* est valable (8), alors même que le testament viendrait à être annulé pour défaut de formes.

12. — La reconnaissance dans un *contrat de mariage* est valable, malgré la caducité de ce contrat résultant du défaut de célébration du mariage projeté (9).

13. — Elle peut encore résulter du consentement au mariage de son fils donné par la mère devant l'officier de l'état-civil (10), pourvu que le consentement soit constaté par acte authentique; — ou de l'acte de mariage, si le père y est intervenu pour consentir au mariage de son fils naturel (11).

14. — Il n'est pas indispensable que la clause dont on prétend faire résulter la reconnaissance soit conçue en termes dispositifs; des termes simplement énonciatifs constatent suffisamment la reconnaissance, lorsqu'elle en ressort d'une façon non douteuse : ainsi, lorsque dans un testament ou une donation, il est dit : « Je donne ou je lègue à un tel, *mon enfant naturel* », ou si la qualification est donnée dans tout autre acte authentique, il y a là reconnaissance valable (12).

La reconnaissance peut encore valablement résulter d'une *procuration* authentique dans laquelle le père qualifie l'enfant naturel de son nom de fils, bien que cet acte n'ait pas eu pour objet direct la reconnaissance de cet enfant (13); — ou d'une donation dans laquelle la mère, en donnant un immeuble à la fille légitime de son

---

(1) Lyon, 31 décembre 1835 ; Montpellier, 7 décembre 1843 ; Paris, 22 avril 1833 ; Aubry et Rau, t. VI, p. 165 ; Demolombe, t. V, n° 403. — Il existe cependant une différence entre la reconnaissance sous seing privé faite par le père et celle faite par la mère. Tandis que la première ne produit aucun effet juridique, celle de la mère, au contraire, peut être invoquée comme un commencement de preuve par écrit qui autorise la recherche de la maternité. Aubry et Rau, p. 175 et 177 ; Demolombe, n° 423 ; Paris, 17 juillet 1858.

(2) Aix, 7 juin 1860 ; Bordeaux, 30 avril 1861 ; Cass., 18 mars 1862 (art. 17514, J. N.) ; Paris, 11 août 1866 ; Agen, 27 novembre 1866 ; Caen, 11 décembre 1876 (art. 18813 et 21571, J. N.) ; Aubry et Rau, t. VI, p. 169 ; Demolombe, t. V, n° 404 ; Laurent, t. IV, n° 52 ; Dict. du not., n° 68.

(3) Aubry et Rau, p. 170 ; Demolombe, n° 405 ; Laurent, n° 52.

(4) Aubry et Rau, p. 170 ; Demolombe, n° 406 ; Dict. du not., n° 52, 60 ; Paris, 2 janvier 1817.

(5) Demolombe, n° 396 ; Aubry et Rau, p. 167 ; Bourges, 6 juin 1860.

(6) Cass., 12 février 1868 ; Grenoble, 24 juin 1869 ; Laurent, t. IV, n° 51.

(7) Pau, 2 juillet 1885 ; Toulouse, 24 décembre 1885; Cass., 18 juillet 1886 ; Angers, 5 juillet 1887 ; Cass., 24 janvier 1888 (art. 24045, J. N.) ; Cass., 20 juin 1890 ; Vervins, 19 mars 1891.

(8) Aubry et Rau, p. 170 ; Demolombe, n°° 404, 409 ; Laurent, n° 52.

(9) Grenoble, 6 août 1861.

(10) Montpellier, 13 juillet 1870 ; Paris, 23 mai 1873 (art. 20666, J. N.).

(11) Vervins, 19 mai 1891.

(12) Paris, 22 juin 1872 ; Cass., 24 janvier 1888 (art. 24045, J. N.).

(13) Seine, 14 février 1888.

enfant naturel, l'a qualifiée de sa *petite-fille* (1) ; — ou d'un acte d'option pour la nationalité faite devant l'officier de l'état-civil compétent par une mère Lorraine au nom de sa fille mineure (2).

15. — Formalités. — Le notaire qui reçoit un acte de reconnaissance d'enfant naturel, en délivre une expédition authentique pour qu'elle soit transcrite à sa date sur les registres de l'état-civil (art. 49, C. civ.), et qu'il en soit fait mention en marge de l'acte de naissance (art. 62).

16. — Conditions intrinsèques. — La loi ne prescrit pas de termes sacramentels pour la constatation d'une reconnaissance ; mais il faut qu'elle soit formelle et non équivoque, qu'elle désigne l'enfant par tous les caractères propres à établir son individualité. Il est donc utile d'indiquer ses prénoms, le lieu et la date de sa naissance, le nom de sa mère, s'il est connu.

§ 2. Capacité. Personnes qui peuvent reconnaître. Enfants qui peuvent être reconnus.

17. — La reconnaissance d'un enfant naturel étant l'aveu d'un fait personnel, on comprend que la loi n'exige aucune capacité spéciale juridique. Toutefois, il faut nécessairement que celui qui reconnaît ait eu la capacité *physique*, c'est-à-dire l'âge de puberté, à l'époque de la conception de l'enfant (18 ans accomplis pour l'homme, 15 ans pour la femme).

18. — Conseil judiciaire (*Pourvu de*). — Par suite, la personne pourvue d'un conseil judiciaire n'a pas besoin de l'assistance de son conseil (3). La reconnaissance faite par un interdit serait même valable, si elle était l'expression de sa libre volonté dans un intervalle lucide.

19. — Epoux. — Une reconnaissance peut être faite par deux époux dans un même acte, ou individuellement par actes séparés. En tous cas, le père ou la mère ne peut faire la reconnaissance qu'en ce qui le concerne personnellement.

20. — Femme mariée. — Elle peut reconnaître un enfant naturel sans l'autorisation de son mari (4).

21. — Mandataire. — Il ne peut agir qu'en vertu d'un mandat spécial, authentique et reçu dans la forme prescrite par l'article 2 de la loi du 26 juin 1843. On considère généralement que cette procuration peut être reçue en brevet (5) ; mais, suivant nous, toutes les procurations dressées en la forme solennelle doivent être reçues en *minute* (6).

22. — Mineur. — Le mineur, de l'un ou de l'autre sexe, émancipé ou non, peut faire une reconnaissance, sans l'assistance de son tuteur ou de son curateur (7).

Dans ce cas, comme le fait fort à propos remarquer Edouard Clerc (p. 111), le notaire qui reçoit l'acte doit se montrer fort circonspect, s'assurer que le mineur agit bien librement, en dehors de toute influence étrangère et que le fait reconnu est au moins vraisemblable.

23. — Enfant adultérin ou incestueux. — Les enfants adultérins ou

---

(1) Cass., 24 janvier 1888. — Mais on ne saurait faire résulter une reconnaissance valable du consentement *sous seing privé* donné par la mère à l'engagement militaire de l'enfant qu'elle a qualifié de son fils. Nancy, 17 novembre 1877 ; Cass., 23 juillet 1878 (art. 21775 et 21950, J. N.).
(2) Seine, 20 juin 1890 (*J. du not.*, p. 454).
(3) Caen, 26 avril 1887 ; Dict. du not., n° 18 ; Demolombe, t. V, n° 388 ; Laurent, t. IV, n° 37.
(4) Dict. du not., n° 18 ; Demolombe, n° 388 ; Aubry et Rau, p 159.

(5) Rolland de Villargues, n° 216 ; Demolombe, t. V, n° 408 ; Aubry et Rau, § 568 *bis*, 17 ; Toullier, *Rev. prat.*, 1860, p. 352 ; Laurent, t. IV, n° 51. — V. Nevers, 17 décembre 1859.
(6) Girerd, *Rev. prat.*, 1860-133. — V. Bourges, 6 juin 1868 (S. 1861-2-81). — V. *suprà* : v° Brevet (Acte en), n° 3.
(7) Dict. du not., n° 9 ; Aubry et Rau, p. 159 ; Demolombe, n° 388 ; Douai, 17 mars 1840.

incestueux ne peuvent, en aucun cas, être l'objet d'une reconnaissance (art 335, C. civ.). Mais tout enfant naturel proprement dit peut être reconnu, qu'il soit né de relations que les époux ont eues avant le mariage, entre eux ou avec des personnes étrangères.

24. — Enfant conçu. — L'enfant naturel peut être reconnu à toute époque de sa vie (art. 331 à 342, C. civ.), et même avant sa naissance, par conséquent dès le moment de sa conception (1).

25. — Enfant décédé. — La reconnaissance d'un enfant naturel peut aussi être valablement faite après son décès (2).

§ 3. EFFETS DE LA RECONNAISSANCE.

26. — La reconnaissance, valablement faite, est par elle-même irrévocable ; elle ne peut être rétractée par la personne de qui elle émane, lors même qu'elle n'aurait pas été acceptée par celui au profit duquel elle aurait été faite. — Et le principe s'applique même à la reconnaissance consignée dans un testament par acte public, qui ne se trouverait point anéantie par la révocation du testament (3).

27. — La reconnaissance a pour effets de constater la filiation de l'enfant reconnu, — de le rendre apte à être légitimé par mariage subséquent, de lui donner un nom, une famille, de lui assigner des droits dans la succession de son auteur (4) (V. *suprà*, v° PATERNITÉ ET FILIATION).

28. — La reconnaissance, quoique faite dans les formes et les termes de la loi, ne produit pas tous ses effets, lorsqu'elle a été faite, pendant le mariage, par l'un des époux au profit d'un enfant naturel qu'il aurait eu, avant son mariage, d'un autre que de son époux. Dans ce cas, elle ne peut nuire ni à ce conjoint, ni aux

(1) Aubry et Rau, p. 163 ; Demolombe, n° 414 ; Laurent, n° 42 ; Grenoble, 13 janvier 1840 ; Orléans, 16 janvier 1847 ; Colmar, 25 janvier 1859.

(2) Douai, 20 juillet 1852 ; Caen, 24 mai 1858 ; Lyon, 26 février 1875 ; Paris, 10 mai 1876 (S. 1877-2-19) ; Aubry et Rau, p. 163 ; Demolombe, n° 416 ; Laurent, n° 43 ; Dict. du not., n° 23.

(3) Dict. du not., n° 23 ; Aubry et Rau, p. 182.

(4) Les enfants naturels ne sont point héritiers ; la loi ne leur accorde de droit sur les biens de leur père ou mère décédés, que lorsqu'ils ont été légalement reconnus. Elle ne leur accorde aucun droit sur les biens des parents de leur père ou mère (art. 756, C. civ.).

Le droit de l'enfant naturel sur les biens de ses père ou mère décédés, est réglé ainsi qu'il suit : Si le père ou la mère a laissé des descendants légitimes, ce droit est d'un tiers de la portion héréditaire que l'enfant naturel aurait eue s'il eût été légitime ; il est de moitié lorsque les père ou mère ne laissent pas de descendants, mais bien des ascendants ou des frères ou sœurs ; il est des trois quarts lorsque les père ou mère ne laissent ni descendants ni ascendants, ni frères ni sœurs (art. 757).

L'enfant naturel a droit à la totalité des biens, lorsque ses père ou mère ne laissent pas de parents au degré successible (art. 758).

En cas de prédécès de l'enfant naturel, ses enfants ou descendants peuvent réclamer les droits fixés par les articles précédents (art. 759).

L'enfant naturel ou ses descendants sont tenus d'imputer sur ce qu'ils ont droit de prétendre, tout ce qu'ils ont reçu du père ou de la mère dont la succession est ouverte, et qui serait sujet à rapport, d'après les règles établies à la section 2 du chapitre VI du présent titre (art. 760).

Toute réclamation leur est interdite, lorsqu'ils ont reçu, du vivant de leur père ou de leur mère, la moitié de ce qui leur est attribué par les articles précédents, avec déclaration expresse, de la part de leur père ou mère, que leur intention est de réduire l'enfant naturel à la portion qu'ils lui ont assignée. — Dans le cas où cette portion serait inférieure à la moitié de ce qui devrait revenir à l'enfant naturel, il ne pourra réclamer que le supplément nécessaire pour parfaire cette moitié (art. 761).

Les dispositions des articles 757 et 758 ne sont pas applicables aux enfants adultérins ou incestueux. — La loi ne leur accorde que des aliments (art. 762).

Ces aliments sont réglés, eu égard aux facultés du père ou de la mère, au nombre et à la qualité des héritiers légitimes (art. 763).

Lorsque le père ou la mère de l'enfant adultérin ou incestueux lui auront fait apprendre un art mécanique, ou lorsque l'un d'eux lui aura assuré des aliments de son vivant, l'enfant ne pourra élever aucune réclamation contre leur succession (art. 764).

La succession de l'enfant naturel décédé sans postérité est dévolue au père ou à la mère qui l'a reconnu ; ou par moitié à tous les deux, s'il a été reconnu par l'un et par l'autre (art. 765).

En cas de prédécès des père et mère de l'enfant naturel, les biens qu'il en avait reçus, passent aux frères ou sœurs légitimes, s'ils se retrouvent en nature dans la succession ; les actions en reprise, s'il en existe, ou le prix de ces biens aliénés, s'il est encore dû, retournent également aux frères et sœurs légitimes. Tous les autres biens passent aux frères et sœurs naturels, ou à leurs descendants (art. 766).

enfants nés du mariage. — Il ne doit pas dépendre de l'un des époux de changer, après son mariage, le sort de sa famille légitime, en appelant des enfants naturels pour prendre une part dans ses biens. Mais, après la dissolution du mariage, s'il n'en reste pas d'enfants, cette reconnaissance produira tous ses effets (art. 337, C. civ.).

29. — Vis-à-vis du conjoint survivant, la situation de l'enfant naturel reconnu pendant le mariage doit se régler de la manière suivante : Si l'époux survivant vient à la succession à défaut de parents au degré successible, il exclut l'enfant naturel. De même, l'enfant naturel est tenu de subir, quand même elles porteraient atteinte à sa réserve, les libéralités faites par contrat de mariage à l'époux survivant, — mais l'article 337 du Code civil n'est plus opposable à l'enfant, lorsque le conjoint survivant invoque contre lui, soit un testament, soit une donation faite pendant le mariage ; dans ce cas, en effet, le conjoint survivant n'agit pas en qualité d'époux, mais en qualité de donataire ou de légataire (1).

30. — Et il a été jugé, en conséquence, que l'enfant naturel de l'un des époux, reconnu par celui-ci pendant le mariage, n'est privé vis-à-vis de l'autre époux, en vertu de l'article 337 du Code civil, que des droits résultant de la reconnaissance même, non de ceux que lui conférerait une libéralité testamentaire faite par son auteur (2).

31. — En tout cas, l'article 337 du Code civil ne porte aucun obstacle aux obligations résultant à son profit de l'article 203 du Code civil, qui impose aux père et mère de nourrir, entretenir et élever leurs enfants (3).

L'enfant naturel peut donc former une demande alimentaire contre le père ou la mère qui l'ont reconnu, durant leur mariage, et cette demande peut être poursuivie, contre le mari, sur ses biens et ceux de la communauté, — contre la femme, sur ceux dont elle a l'administration ou la jouissance, notamment sur ses paraphernaux, lorsqu'elle est mariée sous le régime dotal (4).

32. — La reconnaissance d'un enfant naturel peut être contestée par tous ceux qui y ont intérêt (art. 339, C. civ.) :

    a) Par l'enfant lui même ;
    b) Par le père ou la mère ;
    c) Par les héritiers légitimes de celui qui reconnaît.

33. — La sincérité de la reconnaissance peut être contestée par tous les genres de preuves ; la nullité fondée sur cette cause est imprescriptible (5).

34. — La nullité fondée sur l'incapacité de l'auteur de la reconnaissance ou sur un vice de consentement est purement relative, ne peut être invoquée que par l'auteur lui-même ou ses successeurs universels et se prescrit par trente ans (6).

§ 4. Responsabilité notariale.

35. — La responsabilité notariale pourrait surtout être engagée, à l'occasion des reconnaissances d'enfants naturels, pour nullités occasionnées par un vice de forme, par exemple, si l'acte avait été reçu en brevet, ou sans la présence réelle du second notaire ou des témoins instrumentaires.

---

(1) Aubry et Rau, p. 184 ; Demolombe, n°° 474 à 476 ; Dict. du not., n° 90.

(2) Cass., 28 mai 1878 (art. 21999, J. N.).

(3) Aubry et Rau, p 215 ; Laurent, n° 125.

(4) Aubry et Rau, p. 185 ; Demolombe, n° 472.
(5) Aubry et Rau, p. 181 ; Demolombe, n°° 441-452 ; Laurent, n° 83 ; Avignon, 23 juin 1891.
(6) Aubry et Rau, p. 182 ; Demolombe, n° 451 ; Laurent, n° 70.

§ 5. FRAIS ET HONORAIRES.

36. — Les frais de l'acte de reconnaissance sont, sans aucun doute, à la charge de celui qui fait la reconnaissance et qui, du reste, comparaît seul presque toujours.

L'honoraire le plus en usage est un droit fixe, plus élevé que les droits fixes ordinaires, en raison des soins particuliers de forme que l'acte exige. Il est fixé par les tarifs à 10, 20 ou même 30 francs. C'est aussi l'honoraire proposé, dans le projet de tarif légal de 1862, par plusieurs Cours d'appel. Dans quelques arrondissements, les Chambres ont cru devoir autoriser un honoraire proportionnel à la fortune présumée du reconnaissant (Gex, Melle, Tours, Rouen, etc.). Ce mode de tarification n'offre aucune garantie de justice et doit être repoussé d'une façon absolue (1).

§ 6. ENREGISTREMENT.

37. — Les reconnaissances d'enfant naturel constatées dans un acte notarié sont actuellement soumises au droit fixe de 7 fr. 50 (2).

38. — Conformément à l'opinion exprimée au n° 19162 du *Journal des notaires*, la Régie a décidé que le droit fixe établi pour les actes de cette nature n'est exigible que lorsque la reconnaissance est positive et fait l'objet direct d'un acte ou d'une disposition spéciale d'un acte. En conséquence, il ne peut être perçu sur le contrat de mariage d'un individu qualifié *fils naturel* d'une femme présente et comparaissant pour assister cet enfant (3).

39. — La reconnaissance faite par le père et la mère dans le même acte ne donne ouverture qu'à un seul droit fixe.

40. — Si la reconnaissance a eu lieu par l'acte de mariage, cette reconnaissance constitue une légitimation et la première expédition qui en est délivrée est passible d'un droit fixe d'enregistrement (4), élevé à trois francs par les dernières ois fiscales. Un notaire ne pourrait, sans amende, mentionner dans un contrat de mariage cette légitimation, s'il n'y a pas eu enregistrement préalable.

41. — Les reconnaissances d'enfants naturels appartenant à des individus notoirement indigents sont enregistrées *gratis* (5). L'indigence est constatée par un certificat du maire, visé par le préfet ou le sous-préfet. Ce certificat peut encore être délivré par le commissaire de police, puis visé et approuvé par le juge de paix du canton (6).

§ 7. FORMULES.

1. *Reconnaissance par le père seul.*
2. *Reconnaissance par la mère seule.*
3. *Reconnaissance par les père et mère.*
4. *Reconnaissance avant la naissance de l'enfant par le père en présence de la mère.*

1. — Reconnaissance par le père seul.

Pardevant.. , etc.

    A comparu :

M. Alfred Richard, propriétaire, demeurant à... ;

Lequel a, par ces présentes, volontairement reconnu pour son fils naturel Charles, né

---

(1) Cons. notre *Tarif général*, t. II, p. 72.
(2) L. 28 février 1872, art. 4.
(3) Sol. Reg. 22 juillet 1868 (art. 19878. J. N.).
(4) L. 28 avril 1816, art. 43, n° 22.
(5) L. 15 mai 1818, art. 77.
(6) L. 18 novembre 1850, art. 6.

à..., le .., inscrit aux registres de l'état-civil de la commune de. ., comme étant issu de père et mère inconnus.

En conséquence, il consent que ledit Charles porte à l'avenir le nom de Richard son père, et soit appelé Charles Richard.

Mention des présentes sera faite sur toutes pièces où elle sera nécessaire, et notamment en marge de son acte de naissance.

Dont acte...

2. — Reconnaissance par la mère seule.

Pardevant..., etc.

A comparu :

Mlle Léontine Fabre, célibataire, majeure, sans profession, demeurant à...

Laquelle a, par ces présentes, reconnu volontairement pour sa fille naturelle Léa, né à..., le..., et inscrite aux registres de l'état-civil de la commune de..., comme étant née de la comparante et de père inconnu.

En conséquence, elle consent que ladite Léa, sa fille, porte le nom de Fabre, et que mention soit faite de cette reconnaissance en marge de son acte de naissance.

Dont acte...

3. — Reconnaissance par les père et mère.

Pardevant..., etc.

Ont comparu :

M. Louis Muller, propriétaire, demeurant à...

Et Mlle Louise Legrand, célibataire, majeure, sans profession, demeurant à...

Lesquels ont, par ces présentes, reconnu volontairement pour leur fils naturel Paul, né à..., le..., inscrit aux registres de l'état-civil de la commune de..., à la date du..., comme étant né de Mlle Legrand, comparante et de père inconnu.

En conséquence, ils consentent que ledit enfant porte à l'avenir le nom de Muller, qui est celui de son père, et que mention des présentes soit faite en marge de son acte de naissance.

Dont acte...

4. — Reconnaissance avant la naissance de l'enfant par le père en présence de la mère.

Pardevant..., etc.

A comparu :

M. Louis Marchal, rentier, demeurant à...

Lequel, avec l'assentiment de Mlle Marthe Vincent, célibataire, majeure, sans profession demeurant à..., ici présente.

A reconnu que l'enfant dont Mlle Vincent est enceinte depuis environ ... mois, est le fruit de leurs relations intimes.

En conséquence, il consent que cet enfant, lors de sa naissance, soit inscrit sur les registres de l'état-civil comme étant le fruit de ses œuvres, qu'il jouisse de tous les droits attachés à la qualité d'enfant du comparant et porte son nom.

Dont acte...

BIBLIOGRAPHIE

Allard, Des enfants naturels, in-8°, Paris, 1878.
Aubry et Rau, t. VI, p. 150 et suiv.
Coulon, De la condition des enfants naturels reconnus dans la succession de leurs père et mère, in-18, Paris, 1887.
Demolombe, t. V.

Dictionnaire du notariat, v° Reconnaissance d'enfant naturel.
Encyclopédie du notariat, eod. v°.
Laurent, t. IV, p. 26 et suiv.
Morelot, De la reconnaissance des enfants illégitimes, in-8°, Paris, 1869.

RECONNAISSANCE DE DETTE

C'est l'acte par lequel une personne reconnaît qu'elle doit, à une autre personne, une somme que cette dernière lui a antérieurement prêtée. C'est, en d'autres termes, un acte de prêt ou d'obligation, ordinairement sans garantie hypothécaire.

Nous avons expliqué tous les principes qui régissent la matière au mot *obligation* ; nous n'y reviendrons pas.

Rappelons seulement ici, avec un arrêt de la Cour de cassation du 29 mai 1889 (1), que l'acte contenant reconnaissance de dette et affectation hypothécaire, qui satisfait à toutes les prescriptions de la loi pour ces sortes de contrats, est valable, alors même qu'il déguiserait une libéralité (2) ; il ne saurait non plus être annulé sous prétexte que la bénéficiaire, femme mariée, n'aurait pas accepté avec l'autorisation de son mari, la reconnaissance de dette n'étant point soumise à la formalité de l'acceptation par le créancier, et le mari n'ayant pas, par conséquent, à donner pour cette acceptation une autorisation dont la femme seule pourrait opposer l'absence (3).

Pour les formules, V. *suprà*, v° OBLIGATION.

RECONNAISSANCE DE DOT

1. — C'est l'acte par lequel est constaté le paiement effectif de la dot promise à l'un des époux par ses parents ou l'un d'eux.

2. — Ce paiement peut être constaté, soit par un acte sous seing privé, soit par acte authentique. Toutefois, la prudence commande, dans bien des cas, de ne point se contenter d'un acte sous seing privé.

3. — L'acte, s'il est notarié, doit être reçu en *minute* et porté au Répertoire.

En cas de concours entre deux notaires, la minute appartient au notaire de la partie qui effectue le paiement.

4. — Le paiement de la dot peut avoir lieu, soit dans le contrat de mariage, soit par acte postérieur au mariage.

Lorsque le contrat de mariage contient quittance de la dot, il fait preuve pleine et entière du paiement qu'il énonce avoir été fait.

Il en est de même de la quittance donnée postérieurement à la célébration du mariage, par acte authentique.

5. — Mais quelle est la valeur de la clause qu'on trouve dans un certain nombre de contrats de mariage et aux termes de laquelle la *célébration vaudra quittance* aux donateurs de la somme constituée en dot ?

Il a été jugé que la clause précitée n'implique pas la preuve d'un paiement effectif et ne fait qu'attribuer à l'évènement du mariage, la force d'une pré-

(1) J. du not., 1890, p. 261.
(2) Sic : Cass., 11 juillet 1883 et 2 avril 1884 ; Aubry et Rau, t. VII, p. 89.
(3) Sic : Paris, 18 février 1873 ; Cass., 3 décembre 1878. V. aussi Cass., 15 juillet 1889 (J. du not., 1889, p. 628).

somption qui peut être détruite par la preuve contraire (1), et comme le paiement ne résulte point du contrat de mariage, mais seulement du fait de la célébration, il s'ensuit que la preuve du non versement de la dot peut résulter d'une déclaration ultérieure du constituant qui s'obligerait à en payer le montant (2). Cette déclaration ne constituerait point une dérogation à la règle de l'immutabilité des conventions matrimoniales (3).

6. — Une reconnaissance de dot, constatée par contrat de mariage ou par acte ultérieur, peut être *fictive*; c'est parfois un moyen employé pour dissimuler une libéralité qui ne pourrait être faite ostensiblement. Quel est le sort d'une pareille reconnaissance?

La question est très vivement controversée:

D'après les uns, la libéralité déguisée serait seulement réductible à la quotité disponible (4).

Selon d'autres, elle serait nulle toutes les fois qu'elle dépasserait cette quotité (5).

Mais, d'après la jurisprudence la plus généralement suivie, la libéralité serait nulle en tous cas (6).

La nullité d'une pareille libéralité n'est établie qu'en faveur des héritiers à réserve et ne peut être invoquée que par ceux dont elle lèse les droits ; par suite, les créanciers et les héritiers non réservataires sont sans droit pour s'en prévaloir (7).

Et la simulation peut être établie par tous les genres de preuve établis par la loi, par témoins et par présomption, sans qu'il soit besoin d'un commencement de preuve par écrit.

7. — **Honoraires.** — Le droit de quittance à 0 fr. 50 °/₀ est généralement perçu.

8. — **Enregistrement.** — La reconnaissance de dot contenue dans un contrat de mariage ne donne pas ouverture au droit proportionnel de quittance.

Mais, il en est autrement, et le droit de 50 cent. °/₀ est dû sur tout acte postérieur au mariage constatant le paiement fait par les donateurs des constitutions dotales faites au profit de l'un des époux (8).

9. — L'acte qui constate le paiement par l'héritier du donateur d'une somme constituée en dot par celui-ci, qui s'en était réservé la jouissance jusqu'à son décès, est une quittance soumise au droit proportionnel, et non une simple décharge passible seulement du droit fixe (9).

10. — Nous avons dit que la stipulation contenue dans un contrat de mariage, « que la célébration vaudra quittance de la somme constituée en dot », est généralement considérée comme formant le titre d'une libération formelle. Il faut en conclure que l'acte ultérieur, constatant le paiement de la dot, n'ajoute rien à l'effet libératoire résultant du contrat de mariage, et ne saurait, dès lors, donner ouverture au droit de quittance (10).

Il est vrai qu'une délibération de la Régie, du 27 septembre 1836 (11), a

(1) Cass., 22 août 1882 et 7 mai 1884 (*Rev. not.*, n⁰ˢ 6778 et 7003 ; *J. du not.*, n⁰ˢ 8659) ; art. 22434 et 23308, J. N.; Paris, 11 janvier 1890 (*J. du not.*, 1890, p. 147).

(2) Cass., 22 août 1865 et 22 août 1882 ; Grenoble, 12 mars 1875 ; Dijon, 9 décembre 1881 (art. 18418, 21416 et 22784, J. N.).

(3) Bordeaux, 29 mars 1851.

(4) Toul, 17 août 1882 (*Rev. not.*, n° 6689).

(5) Bordeaux, 16 février 1874 (*Rev. not.*, n° 4664).

(6) Orléans, 21 juillet 1865 ; Dijon, 10 avril 1867 ; Paris, 24 avril 1869 ; Caen, 1ᵉʳ décembre 1870 ; Pau,

24 juillet 1872 ; Seine, 2 janvier 1883 (*Rev. not.*, n⁰ˢ 4138 et 6653 ; art. 18361, 19607, 20347, 20429, J. N.).

(7) Aubry et Rau, t. VII, p. 259-260 ; Cass., 2 mai 1855 et 25 juillet 1881 (S. 1882-1-49); Dijon, 10 avril 1867 ; Paris, 28 février 1880 ; Nîmes, 21 novembre 1882 (art. 15529, 19366, 22579, 28056, J. N.). — *Contrà* : Demolombe, t. XXIII, n° 615.

(8) Cass., 2 mai 1837 et 10 mars 1851.

(9) Cass., 10 mars 1851 (*Journ. enreg.*, n° 15152).

(10) Délib., 12 avril 1828 (art. 4390, J. N.).

(11) Art. 9415, J. N.

décidé que, lorsque, dans un contrat de mariage, il a été stipulé qu'une partie de la dot constituée à la future par ses père et mère serait payée le jour même de la célébration du mariage, qui vaudra quittance, l'acte ultérieur par lequel le mari déclare avoir reçu la somme formant le solde de la dot, est passible du droit proportionnel de quittance sur la totalité de la dot. Mais la Régie n'a pas persisté dans cette doctrine, et par une délibération du 23 février 1852 (1), elle a reconnu que le droit est dû seulement sur le complément de la dot dont cet acte constate le paiement.

11. — Lorsqu'une donation par contrat de mariage a pour objet alternativement une somme d'argent et des créances, l'acte par lequel le donateur délivre des créances ne donne ouverture qu'au droit de quittance à 50 cent. °/₀, et non au droit de délégation. Il n'est même dû qu'un simple droit fixe, lorsque la créance que le donateur se réservait de donner en paiement a été spécialement désignée dans le contrat de mariage.

Si dans le contrat de mariage, la dot a été promise en argent, l'acte ultérieur par lequel il est abandonné des créances, des meubles ou des immeubles est régi, quant à la perception des droits d'enregistrement, par les règles qui gouvernent la dation en paiement.

12. — La Cour de cassation a plusieurs fois décidé que le droit d'obligation n'est pas dû sur la reconnaissance que le mari consent à sa femme des sommes dotales ou paraphernales qu'il a perçues, même depuis le contrat de mariage, parce qu'il n'est réputé les avoir touchées qu'en qualité de mandataire ou d'administrateur légal (2). Il en serait autrement, si le mari déclarait les avoir reçues de sa femme à *titre de prêt* (3).

13. — De même, l'acte par lequel, après le décès de sa femme, le mari se reconnaît débiteur envers ses enfants, du chef de celle-ci, d'une certaine somme que sa femme s'était constituée en dot dans leur contrat de mariage contenant adoption du régime dotal, ne renferme pas une nouvelle obligation donnant ouverture au droit proportionnel, mais une simple reconnaissance d'une obligation préexistante, alors même que, dans cet acte, le mari se serait réservé un délai pour se libérer (4).

14. — Le droit de quittance n'est pas dû davantage sur l'acte qui constate la restitution du montant des reprises. Le même principe régit la restitution et la reconnaissance. En effet, si le mari a reçu en qualité de mandataire légal, c'est en la même qualité qu'il restitue ; le droit de décharge est seul exigible. Sous tous les régimes matrimoniaux, l'acte constatant la restitution par le mari des reprises et apports de la femme, après la dissolution du mariage ou la séparation de biens, ne renferme qu'une décharge de mandat à mandataire, passible seulement du droit fixe de 3 francs (5).

Il a été jugé, dans le même sens, que lorsqu'après le décès du mari, donataire ou légataire en usufruit de la succession de sa femme, ses héritiers restituent aux héritiers de cette dernière, le montant des reprises en deniers dont le mari avait conservé la jouissance en sa qualité d'usufruitier, l'acte constatant ce paiement n'est point sujet au droit proportionnel de quittance, et n'est passible, comme décharge, que du droit fixe de 3 francs (6).

15. — A plus forte raison, l'acte constatant le remboursement par un gendre aux père et mère de sa femme décédée, des sommes qu'ils lui avaient données

---

(1) Art. 14684, J. N.

(2) Cass., 21 février 1833 (*Journ. enreg.*, n° 10601); 16 juillet 1855 (*Journ. enreg.*, n° 16101) ; et 30 janvier 1866 (art. 18493, J. N.).

(3) Arrêt précité du 16 juillet 1855.

(4) Strasbourg, 27 juillet 1868 (*Rev. not.*, n° 2331).

(5) Cass., arrêts précités des 21 février 1833 et 30 janvier 1866.

(6) Bourg, 9 mai 1865 (art. 18441, J. N.).

sous clause de retour dans son contrat de mariage n'est-il passible que du droit fixe de décharge (1).

16. — Le droit d'obligation à 1 °/₀ est dû sur l'acte par lequel, en vertu d'une clause du contrat de mariage, le père du futur reçoit la dot de la future (2).

17. — Lorsque, dans l'acte de résiliation d'un contrat de mariage, il est énoncé que le futur a restitué au père de la future la dot que celui-ci lui avait remise, il n'est dû qu'un droit fixe de décharge, le futur n'en étant pas débiteur. Il en est de même si la dot a été remise à un tiers, mandataire du futur.

18. — *Quid*, si la dot a été remise à un tiers non mandataire? L'Administration, après avoir d'abord reconnu que le remboursement effectué par ce tiers ne donnait pas lieu au droit proportionnel de libération (3), a décidé que ce droit était exigible (4).

Mais cette dernière solution n'est pas fondée. La restitution de la dot est la conséquence nécessaire de l'acte de résiliement, et l'article 11 de la loi du 22 frimaire an VII, s'oppose, en pareil cas, à la perception d'un droit proportionnel particulier (5).

FORMULE.

Reconnaissance de dot constituée par contrat de mariage.

Pardevant..., etc.
  Ont comparu :
 M. Paul Lambert, avoué, et Mᵐᵉ Marguerite Parent, son épouse, qu'il autorise, demeurant ensemble à...
 Lesquels ont, par ces présentes, reconnu avoir à l'instant reçu en bonnes espèces de monnaie comptées et délivrées à la vue des notaires soussignés,
 De M. Charles Parent, négociant, et de Mᵐᵉ Charlotte Yvert, son épouse, demeurant ensemble à...
 La somme principale de 40,000 francs qu'ils ont constituée en dot à Mᵐᵉ Lambert, leur fille, aux termes de son contrat de mariage, passé devant Mᵉ..., l'un des notaires soussignés, le..., dont la minute précède.
 De laquelle somme, M. et Mᵐᵉ Lambert donnent quittance à M. et Mᵐᵉ Parent.
 Il est fait observer que la somme de 40,000 francs présentement payée, est indépendante du trousseau de 5,000 francs également constitué par M. et Mᵐᵉ Parent, à ladite dame leur fille, et qui a été remis et livré, comme il était stipulé, aux futurs époux, la veille de la célébration du mariage.
 Dont acte...

RECONNAISSANCE D'ÉCRITURE ET DE SIGNATURE

1. — C'est l'acte par lequel une personne reconnaît qu'un écrit sous signatures privées est bien réellement son œuvre ou qu'il a été signé par lui ou ses auteurs (6).

---

(1) Délib. Rég., 8 novembre 1839 (art. 10549, J. N.)
(2) Sol. Régie, 21 septembre 1832.
(3) Sol., 7 octobre 1817.
(4) Sol., 11 avril 1835.
(5) Dict. du not., n° 48.
(6) D'après l'article 1323, C. civ., celui auquel on oppose un acte sous seing privé est obligé d'avouer ou de désavouer formellement son écriture. Ses héritiers ou ayants cause peuvent se contenter de déclarer « qu'ils ne connaissent pas l'écriture ou la signature de leur auteur ». En cas de désaveu ou de non reconnaissance, l'exécution de l'engagement sous seing privé ne peut plus être poursuivie qu'après la reconnaissance de l'exactitude de la signature (art. 1324, C. civ.)

2. — Cette reconnaissance ayant pour but de conferer le caractère d'authenticité à l'acte sous seing privé doit avoir lieu par *acte notarié*, quand elle ne se fait pas en justice, par la voie de la procédure en vérification d'écriture (art. 193 et suiv., C. proc. civ.).

3. — En ce qui concerne la reconnaissance par acte notarié, c'est d'ordinaire par l'acte qui constate le dépôt du sous-seing privé que les parties en reconnaissent la vérité, et notamment l'écriture et les signatures, ou au moins les signatures, si l'écriture est de la main d'un tiers (V. *suprà* v° DÉPOT POUR MINUTE).

L'acte est toujours reçu en *minute* et porté au *répertoire*.

4. — D'après l'article 1322 du Code civil, l'acte sous seing privé reconnu par celui auquel on l'oppose, ou légalement tenu pour reconnu, fait, entre ceux qui l'ont souscrit et entre leurs héritiers et ayants cause, la même foi que l'acte authentique.

5. — S'il s'agit d'un billet ou d'une promesse de payer soit une somme d'argent, soit une chose appréciable, la reconnaissance doit porter non seulement sur la signature, mais aussi sur l'écriture ou sur le *bon pour* (art. 1326, C. civ.).

6. — Honoraires. — Lorsque cette reconnaissance a lieu dans l'acte de dépôt du sous-seing privé, si le sous-seing privé est translatif de propriété ou d'usufruit, ou s'il emporte obligation, libération, etc..., il serait dû un honoraire proportionnel, suivant la nature de la convention établie dans le *sous seing privé*.

Si elle a lieu par acte séparé, et devant un notaire autre que celui qui a reçu le dépôt, il ne pourrait être perçu qu'un honoraire fixe qui varie de 3 francs à 6 francs.

Si le même notaire a reçu le dépôt du sous-seing privé et la reconnaissance, il faut encore distinguer si le sous seing privé renferme des conventions soumises d'ordinaire à un honoraire fixe ou à un honoraire proportionnel.

Dans le premier cas, il est dû pour la reconnaissance un simple droit fixe.

Dans le second cas, pour tous honoraires des deux actes, le notaire percevrait l'honoraire proportionnel.

Ces distinctions, que nous croyons équitables, sont admises dans beaucoup de tarifs particuliers, et elles résultent aussi des propositions combinées faites par les cours d'Aix, Amiens, Angers, Bordeaux, Besançon, Dijon, Grenoble, Limoges, Nîmes, Toulouse, pour la taxe des dépôts d'actes sous-seing privé et des reconnaissances d'écriture.

7. — Enregistrement. — La reconnaissance d'écriture, lorsque l'écrit reconnu a été enregistré, n'est passible que du droit fixe de 3 francs.

La reconnaissance d'écriture ou de signature contenue dans l'acte notarié du dépôt de la pièce reconnue ne forme pas une disposition indépendante donnant ouverture à un droit particulier (1).

FORMULE.

Pardevant..., etc.
    Ont comparu :
M. Louis Lorin, propriétaire, demeurant à...
Et M. Jacques Magne, rentier, demeurant à...
Lesquels ont, par ces présentes, déposé à M°..., l'un des notaires soussignés, pour être mis au rang de ses minutes à la date de ce jour, l'un des originaux d'un acte sous signatures

---

(1) Sol. Rég., 28 janvier 1869.

privées, fait double à..., le..., enregistré à..., etc..., contenant vente par M. Lorin à M. Magne de..., etc..., moyennant la somme de..., que M. Magne s'est obligé de payer le...
Ledit acte, écrit sur... feuilles de papier au timbre de..., contenant... renvois et... mots rayés nuls, est demeuré ci-annexé après avoir été certifié véritable par les comparants et revêtu d'une mention d'annexe par les notaires soussignés.

Les comparants font le dépôt de cet acte pour que celui-ci acquière, au moyen des présentes, tous les effets d'un acte authentique, et qu'il en soit délivré une grosse à M. Lorin et toutes expéditions nécessaires.

Ils déclarent que ledit acte a été écrit de la main de M. Lorin, l'un d'eux, et que les signatures et paraphes qui y sont apposés ainsi que ces mots « approuvé l'écriture ci-dessus » qui précèdent leurs signatures respectives, émanent bien d'eux.

Dont acte...

RÉGIME DOTAL (V. *suprà*, v^{is} CONTRAT DE MARIAGE et PARTAGE).

RÈGLEMENT D'INDEMNITÉ (V. *suprà*, v° PROPRIÉTÉ).

RÈGLEMENTS INTÉRIEURS DES NOTAIRES

1. — Le législateur a autorisé les assemblées générales des notaires et les Chambres à se concerter sur tout ce qui intéresse les fonctions notariales et à consigner le résultat de leurs décisions dans des *règlements*, qui sont les statuts intérieurs de chaque Compagnie (1).

2. — Ces règlements, quand ils ont été délibérés, sont transmis par le procureur de la République au Garde des sceaux qui a reçu mission de les rendre obligatoires, en y donnant son approbation.

Les règlements des Chambres de notaires, qui ne sont pas approuvés par arrêté ministériel, n'ont aucune force légale et ne peuvent être pris pour base d'une condamnation disciplinaire (2);

Qu'il s'agisse de mesures d'ordre intérieur ou des tarifs des honoraires (3).

3. — Comme ils doivent lier tous les notaires de chaque Compagnie, il est naturel de décider qu'ils ne peuvent être formulés et votés, en définitive, que par l'assemblée générale, après avoir été préparés, d'ordinaire, par la Chambre.

4. — Quels sont les questions qui peuvent être décidées dans les règlements notariaux? La circulaire ministérielle transmise le 12 janvier 1843 pour l'exécution de l'Ordonnance, a été souvent citée comme limitant l'exercice du pouvoir régle-

(1) Ordonnance du 4 janvier 1843, art. 22-23.
(2) Cass., 27 août 1851, 29 janvier 1855, 12 novembre 1856; 7 avril et 10 décembre 1862 (art. 17375 et 17592, J. N.), 25 avril 1870 (art. 19933, J. N.), 5 juillet 1875 (art. 25283, J. N.), 20 mars 1877, 17 juillet 1878 (S. 1879-1-177), 10 janvier, 14 décembre 1887; Rutgeerts et Amiaud, n° 1018.
(3) Nancy, 21 janvier 1884; Lyon, 12 janvier 1884; Paris, 16 mars 1887.

mentaire des assemblées générales. Nous croyons que c'est une erreur. D'après ses termes même, cette Circulaire n'est qu'énonciative : « Certains détails, y est-il dit, ne pouvaient être prévus par l'Ordonnance ; aux termes de l'article 53, ils seront l'objet de règlements qui ne devront, *en général*, s'occuper que des rapports des notaires entre eux, de la police intérieure et de la bourse commune... »

5. — Telles sont bien, en effet, les matières qui seront le plus souvent l'objet d'une réglementation. Mais d'autres points appelleront parfois l'attention des Chambres ; le droit de concours, la garde des minutes des actes, en cas de conflit entre notaires, par exemple ; les rapports des notaires avec le public sont trop importants et trop délicats pour qu'il soit interdit aux assemblées générales de s'en occuper aussi dans leurs statuts. Cette faculté, d'ailleurs, résulte pour les Chambres, de l'article 2 de l'Ordonnance de 1843 qui les charge de prévenir les différends des notaires avec les tiers ; — et, pour l'assemblée générale, de l'article 22 qui l'autorise à délibérer sur tout ce qui intéresse l'exercice des fonctions notariales.

6. — La position des clercs, qui font partie de l'organisation notariale de l'arrondissement et sont soumis à la surveillance de la Chambre, doit également être prévue et réglementée.

7. — En définitive, tout ce qui intéresse le bon fonctionnement des Compagnies notariales peut, à notre avis, trouver sa place dans les règlements intérieurs, pourvu que les prescriptions établies ne soient contraires à aucun texte de loi, ne portent point atteinte aux prérogatives des pouvoirs publics ou des tribunaux, ou, enfin, n'attribuent pas aux assemblées générales et aux Chambres des droits autres que ceux qui leur ont été octroyés par le législateur.

8. — Toutefois, ces principes ne paraissent pas avoir toujours servi de base à la jurisprudence de la Chancellerie et le ministre a refusé plusieurs fois son approbation à des dispositions réglementaires, — soit parce qu'elles reproduisaient *inutilement* le texte des lois et ordonnances (ce qui ne nuit à personne), — soit parce qu'elles étaient censées porter atteinte à la liberté des notaires et aux droits qu'ils tiennent de la loi. Il nous semble, au contraire, qu'il y aurait un intérêt indiscutable pour tous les notaires à trouver réunies, dans un Code ou recueil facile à consulter, placé dans les mains de tous, toutes les obligations qui leur sont imposées et toutes les règles de la profession, afin d'enlever tout prétexte aux réclamations fondées sur l'ignorance des devoirs professionnels. Nous croyons aussi qu'il est permis aux notaires, réunis en assemblée générale, de renoncer, dans un intérêt commun, à des libertés ou droits individuels et ce droit nous paraît résulter de la faculté que la loi leur accorde de se concerter sur les intérêts généraux de leur profession. Toute mesure de ce genre implique l'abandon et le sacrifice, au bien général, de droits particuliers.

9. — Cette divergence de vues entre les corporations et la Chancellerie a été cause que d'assez nombreuses Compagnies n'ont pas soumis leur règlement à l'approbation ministérielle ; d'autres n'ont obtenu que des approbations partielles. Enfin, ce fait bizarre s'est produit que dans certains règlements, des dispositions ont été approuvées, qui avaient été rejetées dans d'autres (1). De là, un manque d'uniformité regrettable et une confusion fâcheuse, préjudiciables au bon fonctionnement de la justice disciplinaire ; car, les règlements n'étant obligatoires qu'autant qu'ils sont revêtus de l'approbation du Garde des sceaux, si cette approbation n'a pas été obtenue, les Chambres ne peuvent baser sur les prescriptions qui y sont contenues la moindre décision disciplinaire (2).

---

(1) Cons. Règl., Bordeaux, Autun. | 25 avril 1870 et 4 janvier 1892 (art. 15449, 15940,
(2) Cass., 29 janvier 1855, 12 novembre 1856, | 19933, J. N. et *J. du not.*, n° 2447).

10. — Le *Comité des notaires*, comprenant les inconvénients de cette situation, a essayé à plusieurs reprises d'amener le notariat à accepter un projet uniforme de règlement (1). Sanctionné par un décret du Gouvernement, le règlement général aurait eu des avantages considérables pour l'institution. Mais les sages conseils du Comité n'ont pas été suivis et les Chambres ont continué à lutter sans succès contre l'inertie ou l'indifférence des notaires, assurés de l'impunité — ou contre la résistance de la Chancellerie, qui se retranchait derrière sa compétence restreinte.

Cependant, dans des Instructions récemment adressées aux procureurs généraux et aux Chambres de discipline, le Ministre de la justice, en rappelant qu'aux termes de l'ordonnance de 1843, chaque compagnie doit soumettre son règlement intérieur à l'approbation du Garde des sceaux, vient d'entrer, en cette matière, dans une voie plus large et plus conforme aux intérêts du notariat.

« Le législateur, dit la Circulaire du 1er mars 1890, a autorisé les assemblées générales des notaires de chaque arrondissement à se concerter sur tout ce qui intéresse les fonctions notariales et à consigner le résultat de leurs délibérations dans des règlements qui sont les statuts intérieurs de chaque compagnie (2).

« L'arrêté du 2 nivôse an XII prévoyait un règlement général pour le notariat tout entier, mais on a pensé, jusqu'à présent, que la diversité des usages, dans quelques contrées, justifiait la diversité de la réglementation et on a préféré conférer le caractère obligatoire à tous les statuts particuliers qui pourraient être établis par chaque compagnie, pourvu que ces statuts aient reçu l'approbation de mon Département. Les assemblées générales se trouvent donc, ainsi, en quelque sorte, associées au pouvoir législatif.

« Il semble, cependant, que le notariat n'ait pas partout compris l'importance ni l'avantage de cette attribution. Malgré le caractère impératif des prescriptions de l'article 23 de l'ordonnance de 1843, beaucoup de Chambres n'ont jamais présenté de règlement à l'approbation du Garde des sceaux ; quelques autres, dont les projets de statuts contenaient des dispositions qui ne pouvaient être autorisées, ont préféré retirer leur projet et se trouvent également sans règlement obligatoire.

« Cet état de choses est préjudiciable à la bonne discipline et à l'autorité des Chambres qui, ne pouvant imposer une sanction à leurs délibérations, restent désarmées en face des contraventions commises ou s'exposent à voir casser par la Cour suprême des décisions prises irrégulièrement. Je désire que les dispositions de l'article 23 de l'ordonnance de 1843 reçoivent leur entière exécution ; par suite, que chaque compagnie ait son règlement intérieur obligatoire. Vous voudrez bien porter cette invitation à la connaissance de vos substituts et des Chambres de notaires. Toutes les Chambres qui n'auraient pas encore soumis à ma Chancellerie un projet de statuts, ou dont le projet n'aurait pas encore été approuvé, devront, dans la réunion de la prochaine assemblée générale, prendre les mesures nécessaires pour que les statuts de la compagnie soient définitivement formulés et me soient adressés sans retard. Vous voudrez bien également me faire parvenir un exemplaire de tous les règlements qui auront été déjà approuvés par mes prédécesseurs ou par moi.

« Indépendamment des questions relatives aux rapports des notaires entre eux, à la police intérieure et à la bourse commune, d'autres points peuvent légiti-

---

(1) T. I, p. 163 et t. VII des circulaires. | (2) Ordonnance du 4 janvier 1843, art. 22 et 23.

mement appeler l'attention des Chambres ; par exemple : la tenue des assemblées générales et des réunions de la Chambre, la garde des archives, les épreuves que devront subir les candidats pour obtenir le certificat de capacité, la garde de la minute des actes, en cas de conflits entre notaires, les rapports des notaires avec le public, en matière de plaintes. J'estime que le droit de proposer sur ces matières des mesures d'ordre intérieur résulte, pour les Chambres, de l'article 2 de l'ordonnance de 1843, qui les charge de prévenir les différends des notaires avec les clients, et, pour l'assemblée générale, de l'article 22, qui l'autorise à délibérer sur tout ce qui intéresse l'exercice des fonctions notariales. La position des clercs inscrits, qui font partie de l'organisation notariale et sont soumis à la surveillance des Chambres, peut aussi être prévue et réglementée. En réalité, presque tout ce qui intéresse le bon fonctionnement des compagnies peut trouver sa place dans les règlements intérieurs, pourvu que les prescriptions établies ne soient contraires à aucun texte de loi, ne portent nulle atteinte aux prérogatives des pouvoirs publics ou des tribunaux, ou n'attribuent pas aux assemblées générales et aux Chambres des droits autres que ceux que le législateur leur a octroyés.

« C'est ainsi que mon Département a toujours rejeté, et j'estime qu'on ne peut approuver les dispositions qui décident qu'un notaire remplacé ne pourra être admis, sans le consentement de son successeur, à traiter d'une autre étude du même canton, d'un des cantons limitrophes ou du chef-lieu d'arrondissement ; — que le tarif dressé par la Chambre sera obligatoire pour tous les notaires de l'arrondissement ; — que, lorsqu'on procède, en assemblée générale, à la nomination de membres de la Chambre, si le dépouillement du premier scrutin ne donne pas de résultat, il est procédé à un second scrutin, et, lorsque la majorité absolue n'est pas encore obtenue, il est passé à un ballotage à la majorité *relative* entre les deux membres qui ont obtenu le plus de voix ; — que tout clerc ne pourra obtenir l'inscription de premier clerc sans avoir passé un examen de capacité devant la Chambre ; — que tout notaire contrevenant aux dispositions du règlement devrait verser à la bourse commune une somme fixée à titre d'amende ; — que les notaires seront tenus de soumettre à la Chambre toutes les difficultés qui pourront s'élever entre eux à l'occasion de leurs fonctions et de se conformer à sa décision.

« Toutefois, je n'entends point interdire aux Chambres la faculté de consigner, dans des notes officieuses, en dehors des prescriptions que j'aurai approuvées, certains usages en vigueur dans la compagnie, s'ils ne sont, d'ailleurs, contraires ni à la loi ni aux règlements soumis à mon approbation ; mais je désire, et vous aurez à exiger que les dispositions officieuses ne figurent point à côté de celles qui ont reçu l'homologation ministérielle, et, si elles sont imprimées à part, qu'il soit mentionné expressément, en tête, qu'à la différence des prescriptions homologuées, ces usages ne sont pas obligatoires pour les notaires. »

Il semble résulter de ces instructions que les nouveaux règlements qui seront soumis à la sanction ministérielle pourront comprendre les règles relatives aux rapports des notaires avec le public, en matière de plainte, à la garde des minutes, en cas de conflits entre notaires, au contrôle des Chambres sur la comptabilité notariale, toutes matières sur lesquelles les compagnies n'avaient pu encore légiférer ; et pour faciliter le travail des Chambres, la Chancellerie a, du reste, réuni, dans une note transmise aux Chambres de discipline, toutes les dispositions qui lui ont paru susceptibles de recevoir l'approbation ministérielle. La nomenclature de ces diverses clauses comprend cent trois articles ; c'est dire qu'elle a été établie dans un esprit aussi libéral que possible et qu'on y a maintenu toutes les prescriptions déjà contenues dans les divers statuts des compagnies et qui n'étaient pas contraires à un texte quelconque des lois, décrets et ordonnances. Nous publions en entier cette note, persuadé qu'elle servira de base désormais aux règlements des Chambres et qu'elle contribuera à uniformiser sur ce point les usages de toutes les Compagnies.

Dispositions réglementaires susceptibles d'être approuvées.

CHAPITRE PREMIER

DEVOIRS GÉNÉRAUX

Art. 1. — Les notaires doivent se consacrer entièrement à l'exercice de leurs fonctions. En toutes circonstances, même en dehors de leur ministère, ils doivent observer la dignité et la délicatesse scrupuleuse que leur impose leur profession, ainsi que les égards et la courtoisie auxquels ils sont tenus dans leurs relations avec leurs confrères, comme dans leurs rapports avec le public.

Art. 2. — Il leur est défendu de faire aucune démarche ou sollicitation, directe ou indirecte, qui tendrait, soit à leur procurer des affaires, soit à détourner celles dont un confrère serait ou devrait être chargé.

Art. 3. — Il est interdit aux notaires de prendre, dans leurs actes, d'autre titre que celui de notaire et d'ajouter aucun nom, surnoms ou prénoms à ceux sous lesquels ils auront obtenu leur nomination et prêté serment, à moins qu'ils n'y soient légalement autorisés.

Art. 4. — Les notaires ne peuvent contracter entre eux, ni avec leurs clercs ou des tiers, aucune association pour l'exercice de leurs fonctions. Ils doivent s'abstenir de tout pacte ayant pour objet d'accorder des remises ou des commissions à des tiers, notamment à des agents et solliciteurs d'affaires, et ne consentir aucun rabais sur leurs honoraires, en vue de se procurer une affaire ou une clientèle étrangère à leur étude.

Art. 5. — Les études de notaire ne doivent être indiquées que par des panonceaux aux armes nationales, sans aucune légende, au nombre de quatre au plus. Ces panonceaux sont obligatoires.

Art. 6. — Il est interdit aux notaires de faire, par la voie des journaux ou par affiches, des annonces générales de biens à vendre ou de capitaux à placer.

Art. 7. — Il est interdit aux notaires d'établir, à raison de leurs fonctions, un cabinet autre que celui de leur étude et aussi de se transporter, à des époques périodiques, hors de la résidence qui leur est assignée.

Ils doivent s'abstenir de passer ou rédiger des actes dans les auberges, cafés, cabarets, à moins que ceux qui les habitent ne soient parties intéressées, et, dans ce cas, les notaires devront instrumenter hors des salles où se débitent les boissons.

Il leur est aussi défendu de procéder, hors de leur ressort, à une vente publique d'immeubles, de bois ou de récoltes, par acte sous seings privés, ou même sur de simples notes, pour la réaliser ensuite, soit dans leurs études, soit dans un lieu quelconque du ressort de leur résidence.

Art. 8. — Les adjudications qui ne seraient pas reçues, soit dans l'étude du notaire, soit au domicile des parties, seront, autant que possible passées dans les salles de mairie, de justice de paix ou d'école communale ; quand, à défaut de ces salles, les adjudications auront lieu dans les auberges, cafés, cabarets, une salle spéciale séparée du débit des consommations devra y être consacrée.

Dans tous les cas, les notaires doivent dresser immédiatement les procès-verbaux des adjudications prononcées, sans pouvoir les réaliser sous forme de vente amiable.

Art. 9. — Les minutes et brevets des actes notariés ne peuvent être ni imprimés, ni lithographiés, ni rédigés au moyen de machines à écrire.

Ils doivent être écrits par le notaire ou par ses clercs.

Art. 10. — Les expéditions, grosses ou extraits, ne doivent être faits que sur la demande des parties et aucun honoraire de rôle ne doit être compris dans un état de frais, si la copie n'a été effectivement dressée.

Art. 11. — Les notaires ne peuvent délivrer isolément ni expédition, ni extrait des pièces annexées à leurs minutes, conformément à l'article 13 de la loi du 25 ventôse an XI, quand il existera minute de ces copies dans l'étude d'un notaire du même arrondissement.

Art. 12. — La délivrance des grosses exécutoires est constatée sur la marge de la minute par une mention sommaire indiquant la date. Cette mention est parafée par le notaire.

Art. 13. — Les notaires ne doivent constater, dans leurs actes, comme faite, en leur présence, la numération et la délivrance des espèces, qu'autant qu'elles ont lieu réellement au moment même de la signature des parties.

Art. 14. — Ils doivent veiller strictement à ce qu'aucun acte ne soit lu aux parties, ni signé par eux hors de leur présence.

Art. 15. — Les notaires, même appelés en témoignage, doivent garder un secret inviolable sur tout ce qui a pu leur être confié à raison de leurs fonctions.

Art. 16. — Comme conséquence de ce devoir professionnel, ils ne doivent employer dans leurs études et associer à leurs travaux que des clercs inscrits sur le registre du stage.

Art. 17. — Ils doivent s'abstenir de prendre pour clerc le principal clerc d'un confrère du même canton ou de la même ville, sans l'assentiment du notaire qu'il quitte ou de la Chambre de discipline, au cas du décès du patron.

Ils ne peuvent également admettre, comme clerc, soit un ancien notaire du canton ou de la même ville (à l'exception de leur prédécesseur), soit un titulaire de fonctions incompatibles avec le notariat.

Art. 18. — Lorsqu'un notaire sera absent, malade ou momentanément empêché, il peut être remplacé par un de ses confrères qui agira comme le substituant, sans pouvoir rien prétendre dans les vacations et honoraires; la minute restera dans l'étude du notaire substitué et sera portée sur les deux répertoires.

Toutefois, la substitution n'est pas obligatoire pour les testaments.

Art. 19. — Les honoraires des actes reçus par le notaire commis en conformité de l'article 61 de la loi du 25 ventôse an XI appartiennent par moitié aux ayants droit du notaire décédé et, pour l'autre moitié, au notaire commis. Les minutes des actes reçus durant la gérance resteront dans l'étude vacante.

Art. 20. — Tous les ans, au moins, les notaires doivent réclamer le paiement des frais qui leur sont dus.

Art. 21. — Tout notaire sur le point d'intenter ou menacé de subir une action en justice, à raison de ses fonctions, doit, avant toute poursuite, faire connaître au président de la Chambre l'affaire qui donne lieu au litige, à moins que, dans le second cas, il n'ait pu prévoir la poursuite dirigée contre lui.

Si une contestation avec des tiers était de nature à intéresser la Compagnie, la Chambre pourrait se rendre partie au procès ou autoriser le notaire à plaider aux frais de la Compagnie.

Art. 22. — Indépendamment de la liste des interdits et pourvus d'un conseil judiciaire, les notaires tiennent, ostensiblement affiché dans leurs études, un tableau rappelant les dispositions de l'article 15 de l'ordonnance du 4 janvier 1843 et de l'article 1er du décret du 30 janvier 1890.

Art. 23. — Les notaires doivent recevoir, dans leurs études, les délégués chargés du contrôle de leur comptabilité, avec la déférence due à tout officier public qui accomplit un devoir légal ; ils ne peuvent se refuser à leur donner communication de leurs registres de comptabilité, de leurs répertoires et de leurs minutes, ni s'opposer à la vérification de leur caisse de dépôts.

Art. 24. — Les délégués doivent, dans leur travail de vérification, user de toute la discrétion compatible avec l'accomplissement de leur mission.

Ils sont, pour tout ce qui a trait à cette mission, soumis au secret professionnel.

CHAPITRE II

DU CONCOURS ET DE L'ATTRIBUTION DES MINUTES

Art. 25. — Le concours, la garde des minutes et le partage des honoraires sont réglés par les dispositions suivantes, qui ne sont obligatoires que pour les notaires entre eux.

Art. 26. — Le concours à un acte d'un second notaire ne saurait augmenter les frais de cet acte.

Il ne peut être accordé qu'à un notaire ayant le droit d'instrumenter dans le lieu où l'acte est dressé.

Un acte ne peut être reçu par plus de deux notaires; s'il en est appelé un plus grand nombre, d'eux d'entre eux concourent seuls à la réception ; les deux plus anciens excluent les autres, sauf les exceptions prévues dans le tableau ci-après.

Les notaires appelés par les parties ayant un même intérêt ne peuvent exclure le notaire plus jeune choisi par d'autres parties ayant un intérêt différent; en ce cas, l'acte est reçu par les deux plus anciens notaires pris dans les intérêts opposés.

Art. 27. — Le droit de concours n'existe pas en faveur du notaire de l'adjudicataire.

Art. 28. — Toutes les fois qu'un notaire, à la réquisition des parties, aura fait annoncer soit par affiche, soit par annonces ou publications quelconques, une opération à faire devant lui, cette opération et la minute des actes à réaliser lui appartiendront exclusivement, si l'affaire se traite dans les deux mois à dater du jour de l'adjudication.

Art. 29. — En cas de concours pour procéder à un inventaire, à un récolement ou à tout autre acte préalable à une liquidation ou à un partage de communauté ou de succession, la préférence appartient aux notaires dans l'ordre suivant :

Inventaire après décès.

1° Au notaire de l'époux survivant, commun en biens, ou marié sous le régime dotal, avec société d'acquêts ;
2° Au notaire de l'exécuteur testamentaire ayant la saisine ;
3° Au notaire des successibles qui réunira la plus grande somme de portions viriles ;
4° Au plus ancien des notaires appelés par les héritiers à réserve ;
5° Au plus ancien des notaires des légataires universels ;
6° Au plus ancien des notaires des héritiers non réservataires ;
7° Au plus ancien des notaires des légataires à titre universel ;
8° Au notaire de l'enfant naturel reconnu ;
9° Au notaire des légataires particuliers.

Inventaire après absence.

1° Au notaire du conjoint survivant ;
2° Au notaire des envoyés en possession.

Inventaire après séparation de biens.

Au notaire de la femme.

Inventaire après séparation de corps ou divorce.

Au notaire de l'époux qui a obtenu la séparation ou le divorce.

Art. 30. — Le droit de concours aux licitations, liquidations et partages est réglé dans le même ordre que pour les inventaires.

Art. 31. — Le droit de retenir la minute de l'inventaire ou récolement appartient au notaire auquel la préférence est attribuée en cas de concours.

Art. 32. — La rédaction et la garde de la minute des licitations, liquidations, partages et autres opérations tendant à faire cesser l'indivision appartient au notaire possesseur de la minute de l'inventaire ou récolement.

Art. 33. — Dans tous les autres actes, le droit de garder la minute appartient au notaire de la partie qui a le plus grand intérêt à sa conservation et, en cas d'égalité d'intérêts, au notaire le plus ancien.

Toutefois, le notaire qui réside dans le canton de l'ouverture de la succession à inventorier ou à liquider est préféré à tout notaire qui ne l'exclurait que par l'ancienneté.

Art. 34. — Par application de ces principes, la rédaction et la garde de la minute appartiennent, savoir :

NATURE DES ACTES	ATTRIBUTION DE LA MINUTE AU NOTAIRE
Abandonnement ou cession volontaire des biens...	Du cédant.
Acceptation de donation.....................	Notaire qui a reçu la donation.
Affectation hypothécaire.....................	Du créancier.
Antichrèse....	Idem.
Bail à rente.............................	De l'acquéreur.
Bail à ferme, à loyer, à vie....................	Du bailleur.
Brevet d'apprentissage	De l'apprenti.
Cautionnement............................	Du créancier.
Cession de bail avec le concours du bailleur.......	Du bailleur.
Cession de bail sans le concours du bailleur.....:..	Du cédant.
Cession de biens...........................	Idem.
Comptes de tutelle et autres..................	Du rendant compte.
Concordat................................	Du failli.
Constitution de rente perpétuelle ou viagère......	Du crédi-rentier.
Contrat de mariage..........................	De la future épouse.
Contribution...............................	Du débiteur.
Délégation	Du cessionnaire.
Délivrance de legs...........................	Du débiteur du legs.
Devis et marché............................	De celui qui a fait l'entreprise
Distribution par contribution..................	Du débiteur.
Donation entre-vifs..........................	Du donateur.
Echange avec soulte.........................	De l'échangiste qui paye ou doit la soulte.
Inventaire après décès.......................	Voir art. 29.
Licitation des biens de succession..............	Voir art. 30 et 32.
Liquidation des biens de succession	Idem.
Mainlevée partielle..........................	Du créancier.
Mainlevée définitive......	Du débiteur.
Nantissement.......	Du créancier.
Obligation en toute propriété..................	Idem.
Obligation en usufruit.......................	Idem.
Obligation en nue-propriété	De l'usufruitier.
Ordre amiable	Le notaire qui a reçu la vente ou adjudication.
Ouverture de crédit.........................	Du bailleur de fonds.
Partage...................................	Voir art. 30 et 32.
Partage anticipé...........................	Du père de famille donateur.
Procès-verbaux de comparution (sauf ceux d'inventaire, partage, récolement, licitation et liquidation).	Du requérant.
Quittance avec ou sans subrogation.............	De celui qui paye.
Ratification	De celui qui la donne.
Récolement...............................	Voir inventaire après décès.
Réméré	De celui qui l'exerce.
Résiliation	De celui à qui la chose retourne.
Retrait successoral	De l'héritier.
Titre nouvel..............................	Du créancier.
Transport.................................	Du cessionnaire.
Vente amiable sans publicité	De l'acquéreur.
Vente par adjudication sur publicité............	Du vendeur (Voir art. 28 ci-dessus.).

Art. 35. — En cas de difficulté sur le lieu des réunions, lorsque deux notaires opéreront ensemble, elles devront avo lieu dans l'étude du notaire qui conservera la minute.

Du rang d'ancienneté.

Art. 36. — Le rang d'ancienneté entre notaires est fixé :
1° Par l'antériorité de la prestation de serment ;
2° Par l'antériorité de l'investiture, en cas de prestation de serment le même jour.
S'il y avait parité de dates, le rang d'ancienneté appartiendrait au plus âgé.

Art. 37. — Si un notaire démissionnaire vient à exercer dans un autre ressort, son rang d'ancienneté ne date que du jour de sa nouvelle prestation de serment.

Art. 38. — Il sera dressé, chaque année, un tableau des notaires de l'arrondissement par rang d'ancienneté ; il contiendra leurs noms, prénoms et résidences et les noms de leurs prédécesseurs immédiats.

Un exemplaire de ce tableau sera affiché das la salle des séances de la Chambre et sera adressé, par les soins du secrétaire et aux frais de la Compagnie :
1° A chaque notaire ;
2° Au président du tribunal civil ;
3° Au procureur de la République.

Partage des honoraires.

Art. 39. — Les honoraires des actes auxquels deux notaires auront concouru sont partagés par moitié entre eux, sauf convention contraire.

Les droits de grosse ou d'expédition appartiennent toutefois entièrement au notaire détenteur de la minute.

Dans les inventaires et procès-verbaux qui sont payés par vacations, chaque notaire perçoit les vacations selon son droit.

Art. 40. — Il n'est dû aucun partage d'honoraires aux notaires qui, bien qu'appelés par les parties, n'ont pas concouru à l'acte en cette qualité, parce que l'acte se passait en dehors de leur ressort.

Art. 41. — En cas de difficultés sur le règlement ou le partage de leurs honoraires, les notaires doivent toujours prendre l'avis de la Chambre de discipline ; conformément au paragraphe 4 de l'ordonnance du 4 janvier 1843.

CHAPITRE III

DISPOSITIONS GÉNÉRALES SUR LA TENUE DES ASSEMBLÉES ET DE LA CHAMBRE

Art. 42. — La police des assemblées générales appartient au président qui accorde la parole et maintient l'ordre dans les discussions.

Art. 43. — A l'ouverture de chaque séance, il est donné lecture du procès-verbal de la séance précédente. S'il s'élève des réclamations sur sa rédaction, l'assemblée statue et il est fait mention de sa résolution au procès-verbal. Il est ensuite passé aux travaux qui ont motivé la convocation.

Art. 44. — Pendant les séances, les notaires ne peuvent prendre la parole qu'après y avoir été autorisés par le président.

Les demandes, propositions et amendements doivent être déposés par écrit sur le bureau et ne peuvent être mis en délibération que lorsqu'ils sont appelés par deux membres au moins.

Sauf le cas d'urgence, aucune proposition ne peut être faite, discutée ni adoptée si elle n'a été communiquée huit jours a l'avance à chacun des membres de la réunion projetée.

Art. 45. — Lorsqu'une discussion paraît se prolonger au delà du temps nécessaire, la clôture peut être demandée. Si la demande n'est pas appuyée par deux membres au moins, la discussion continue. Daas le cas contraire, le président consulte l'assemblée qui décide si la discussion doit être continuée ou fermée. Toutefois, il est permis, avant que l'assemblée se prononce, de demander la parole contre la clôture, mais sans pouvoir rentrer dans la discussion.

Art. 46. — Le membre qui, dans le cours d'une discussion, s'écarte de la question ou de l'ordre, y est rappelé par le président ; si, après y avoir été une seconde fois rappelé, il s'en écarte encore, l'assemblée décide si la parole doit lui être interdite pendant la séance ou seulement jusqu'à la fin de la discussion, et s'il doit être fait mention au procès-verbal des causes qui ont donné lieu à cette mesure.

Art. 47. — Toute personnalité est formellement interdite ; si, dans le cours de la dission, un membre s'écartait de cette règle, il y serait ramené par le président. Dans le cas de récidive, la parole lui serait retirée et mention en serait faite au procès-verbal.

Art. 48. — La majorité des votes des membres prenant part à la délibération forme la décision. S'il y a égalité de voix, celle du président est prépondérante.

En conséquence, lorsque, dans un vote au scrutin secret, il y aura un second tour, le président déposera deux bulletins.

Art. 49. — Avant que la séance soit levée, le secrétaire donne lecture des notes par lui tenues pour la rédaction du procès-verbal. Il est fait sur ces notes les observations jugées nécessaires ; elles sont signées dans les assemblées générales par les membres du bureau et, dans les réunions de la Chambre, par le président. Ces notes restent jointes au procès-verbal jusqu'à son adoption à la prochaine séance.

Toutefois, dans les affaires de discipline, les procès-verbaux doivent être rédigés, adoptés et signés séance tenante.

Le procès-verbal contient l'analyse exacte des discussions et opérations. Il est signé par le président et le secrétaire.

Art. 50. — Les notaires ne peuvent se dispenser de se rendre aux assemblées générales et aux séances de la Chambre que pour des motifs graves, dont ils doivent donner connaissance au président avant chaque réunion.

Aucun membre ne peut quitter la séance sans l'autorisation du président, sous peine de poursuites disciplinaires, s'il y a lieu.

§ 1. — DES ASSEMBLÉES GÉNÉRALES.

Art. 51. — Les deux assemblées générales des notaires de l'arrondissement, prescrites par l'article 22 de l'ordonnance du 4 janvier 1843, auront lieu chaque année, l'une dans les dix premiers jours de mai, et l'autre du 1er au 15 novembre.

Art. 52. — Toute assemblée générale ordinaire ou extraordinaire sera composée des notaires en exercice et des notaires honoraires. Elle sera convoquée par le président de la Chambre et, à défaut, par le syndic, quinze jours avant l'époque de la réunion, à moins que des circonstances imprévues n'exigent plus de célérité. La lettre de convocation indiquera les matières à l'ordre du jour, autant que possible, pour les assemblées ordinaires, et nécessairement pour les assemblées extraordinaires.

Art. 53. — Les séances des assemblées générales sont présidées par le président de la Chambre ; en cas d'empêchement ou d'absence, par le syndic et, à défaut du syndic, par le rapporteur.

Il y a deux ou quatre scrutateurs qui sont les plus anciens dans l'ordre du tableau des notaires en exercice présents à l'assemblée.

Le secrétaire de la Chambre remplit cette fonction dans les assemblées générales ; à défaut du secrétaire en titre, le plus jeune des membres de la Chambre, dans l'ordre du tableau, tient la plume.

Art. 54. — Sont résolues par le bureau, ainsi composé, toutes les difficultés qui peuvent s'élever sur le dépouillement et le résultat du scrutin, ainsi que sur les votes par assis et levé. Aucune réclamation ne peut être faite contre ces décisions. En cas de partage d'opinion, la voix du président est prépondérante.

Art. 55. — Après la lecture du procès-verbal de la séance de la précédente assemblée générale, le président donne communication de la correspondance et des autres documents relatifs à la réunion.

Ensuite le président ou un membre de la Chambre, délégué par lui, présente un rapport écrit dans lequel il fait connaître : 1° si les délibérations antérieures ont été exécutées ou quelles sont les causes qui en ont empêché ou retardé l'exécution ; 2° les mutations d'études qui se sont opérées depuis la dernière assemblée ; 3° l'état de la bourse commune ; 4° et généralement les délibérations de la Chambre et les questions qui peuvent intéresser la Compagnie.

Le rapport entendu, la discussion s'ouvre sur toutes les propositions et les matières mises en délibération.

Art. 56. — La nomination des membres de la Chambre est faite dans l'assemblée générale du mois de mai, conformément aux articles 25 et suivants de l'ordonnance du 4 janvier 1843.

Art. 57. — Lorsqu'on procède en assemblée générale à la nomination des membres de la Chambre et dans les réunions de la Chambre à l'élection des officiers, cette élection doit toujours avoir lieu, à peine de nullité, à la majorité absolue des voix.

Art. 58. — Les nominations ont lieu par bulletins de listes et par deux scrutins : le premier pour les membres à prendre dans les deux premiers tiers du tableau et le second pour ceux à prendre dans l'ensemble du même tableau.

Le président reçoit les bulletins, les dépose dans l'urne, clôt le scrutin, vérifie si le nombre des bulletins est égal à celui des votants et, en cas d'affirmative, procède à leur dépouillement, avec l'assistance des scrutateurs. Le nombre des votants est constaté par l'un des scrutateurs et par le secrétaire.

Le bureau ordonne la radiation des derniers noms qui sont portés sur les bulletins au delà du nombre des membres à élire.

Le résultat du scrutin est proclamé par le président.

Art. 59. — Il est procédé par scrutin particulier à l'élection de chacun des membres de la Chambre à nommer, en remplacement de ceux qui se retirent avant l'expiration de la période pour laquelle ils avaient été élus. Les membres ainsi nommés ne restent en fonctions que jusqu'à l'expiration de cette période.

Un membre de la Chambre, quoique élu pour moins de trois ans, n'est rééligible qu'un an après sa sortie.

Art. 60. — L'assemblée générale a pour attributions spéciales :

1° La nomination des membres de la Chambre ;

2° L'établissement de la bourse commune ;

3° Le recueil des usages en vigueur, en dehors des matières traitées dans le présent règlement ;

4° Et généralement toutes les résolutions relatives à l'exercice des fonctions notariales dans la Compagnie.

Art. 61. — Les assemblées générales ne peuvent délibérer valablement qu'autant qu'elles se composent au moins du tiers des notaires de l'arrondissement, non compris les membres de la Chambre.

§ 2. — CONSTITUTION ET RÉUNION DE LA CHAMBRE DE DISCIPLINE.

Art. 62. — Immédiatement après la séance de l'assemblée générale du mois de mai, les membres composant la nouvelle Chambre se réunissent pour la constituer.

Le plus ancien dans l'ordre du tableau occupe le fauteuil, le plus jeune remplit les fonctions de secrétaire. Les officiers de la Chambre sont ensuite nommés conformément aux prescriptions des articles 25 et 26 de l'ordonnance du 4 janvier 1843. Le président proclame le résultat du scrutin et immédiatement après les officiers entrent en fonctions.

La Chambre ainsi constituée reçoit des mains du trésorier sortant la balance de son compte arrêté par la précédente Chambre, les pièces justificatives et le reliquat, et des mains de l'ancien secrétaire, les titres, pièces, archives et sceau de la Chambre. Elle en saisit immédiatement, chacun en ce qui le concerne, le nouveau trésorier et le nouveau secrétaire. Elle se livre ensuite aux travaux qui sont à l'ordre du jour.

Art. 63. — La Chambre est convoquée par le président ou le syndic, lorsqu'ils le jugent convenable.

Art. 64. — Tout membre de la Chambre qui aura manqué à deux séances consécutives, sans excuse agréée par la Chambre, en est exclu de plein droit et n'est plus éligible pendant les trois années suivantes, sans préjudice des peines disciplinaires qui peuvent être appliquées à tout notaire qui ne se serait pas rendu exactement aux séances de la Chambre, comme aux séances de l'assemblée générale.

Art. 65. — En cas d'absence de l'un ou plusieurs des membres officiers de la Chambre, ils sont suppléés conformément à l'article 11 de l'ordonnance du 4 janvier 1843.

Art. 66. — Lorsque, par suite de vacance, il y a lieu de nommer un officier de la Chambre, il est procédé à cette nomination dans la plus prochaine réunion.

Art. 67. — La Chambre est chargée de représenter tous les notaires du ressort, conformément au n° 7 de l'article 2 de l'ordonnance du 4 janvier 1843 ; en conséquence, elle intervient en leur nom collectif dans toutes les affaires judiciaires ou autres, lorsqu'elle juge qu'il y a lieu de soutenir les droits et intérêts de la Compagnie entière; mais elle ne peut se pourvoir en appel ni en cassation sans avoir obtenu l'autorisation spéciale de la Compagnie réunie en assemblée générale. Les frais qu'occasionne l'intervention sont payés par la bourse commune et alloués dans les comptes du trésorier.

Art. 68. — Outre les attributions qui lui sont conférées par l'ordonnance de 1843, la Chambre, conformément à l'article 8 du décret du 30 janvier 1890, doit, chaque année, dans sa réunion du mois de mai, procéder à la désignation des délégués qui devront procéder, dans l'arrondissement, à la vérification de la comptabilité des études.

Les mêmes membres peuvent être réélus.

Dès que les délégués sont nommés, la Chambre, par les soins de son secrétaire, fait connaître au procureur de la République le nom de ces délégués avec la répartition entre eux des études à vérifier.

Art. 69. — La Chambre est juge, sauf recours au Ministre de la justice, des protestations qui peuvent être faites par les notaires contre l'élection de ces membres ou contre le mode de répartition des études, spécialement dans le cas où un délégué serait récusé, parce qu'il aurait été désigné en violation du dernier paragraphe de l'article 8 du décret du 30 janvier 1890.

Art. 70. — En exécution des dispositions des articles 1 et 14 du décret du 2 février 1890, la Chambre autorise, s'il y a lieu, les notaires qui lui en font la demande à verser leurs dépôts dans un arrondissement autre que celui de leur ressort.

Elle prend communication, si besoin est, du compte courant des notaires à la Caisse des dépôts et consignations.

§ 3. — OBLIGATIONS PARTICULIÈRES DU SECRÉTAIRE ET DU TRÉSORIER.

Art. 71. — Le secrétaire est tenu de donner avis à tous les notaires de l'arrondissement des additions au tableau des interdits et des personnes assistées d'un conseil judiciaire, au fur et à mesure qu'elles lui parviennent dans le courant de l'année.

Art. 72. — Le secrétaire est chargé de la conservation des archives, de la bibliothèque et du matériel appartenant à la Compagnie.

Il perçoit les droits dus pour le dépôt à la Chambre des extraits de jugements et de contrats et fait les dépenses à ce relatives. Il rend son compte à la Chambre, comme il sera dit ci-après pour les comptes du trésorier.

Art. 73. — Il reçoit, conformément aux articles 2, 8 et 11 du décret du 2 février 1890, les bulletins de dépôt et de retrait des dépôts faits par les notaires à la Caisse des consignations et remet à chaque notaire intéressé le carnet des autorisations de payement et fait connaître à la Caisse des consignations la date de cette remise.

Art. 74. — A chaque mutation de secrétaire et dans le mois qui suit cette mutation, l'état des archives, de la bibliothèque et du matériel est vérifié par la Chambre, contradictoirement avec l'ancien secrétaire.

Il est dressé procès-verbal de cette vérification.

Art. 75. — Le trésorier est chargé de faire le recouvrement :

1° De la contribution de chaque notaire à la bourse commune ;

2° Et de toutes autres sommes qui seraient votées par l'assemblée générale ou dues à la compagnie.

Il acquitte les dépenses arrêtées par la Chambre ou l'assemblée générale.

Il inscrit toutes les recettes et toutes les dépenses sur un registre particulier, coté et paraphé par le président de la Chambre.

Le trésorier rend son compte à la Chambre dans la dernière réunion qui précède les assemblées générales annuelles.

§ 4. — DU MODE DE PROCÉDER SUR LES POINTS DE DISCIPLINE.

Art. 76. — La plainte dirigée contre un notaire est d'abord remise au président, qui emploie, s'il le juge convenable, tous les moyens de conciliation que la prudence pourra lui suggérer. Si l'affaire est conciliée, le président n'en doit pas moins donner connaissance à la Chambre. A défaut de conciliation, la plainte est adressée par le président au syndic, qui y donne suite conformément au troisième alinéa de l'article 2 de l'ordonnance du 4 janvier 1843, en invitant en même temps le notaire inculpé à faire connaître au rapporteur ses moyens de défense.

Art. 77. — En cas de poursuites dirigées d'office par le syndic, celui-ci dresse un procès-verbal des faits qui ont motivé la plainte et le dépose au secrétariat.

Une copie certifiée en est adressée par lui au notaire inculpé, avec invitation à ce dernier de fournir ses moyens de défense dans un délai déterminé.

A l'expiration du délai fixé, le syndic adresse au rapporteur une autre copie du procès-verbal contenant l'objet de la poursuite, avec la réponse du notaire inculpé, s'il en a fait une, et toutes les pièces relatives à l'affaire; le rapporteur procède de suite à une enquête sur les faits reprochés.

L'enquête terminée, le syndic, après s'être concerté avec le président et le rapporteur, convoque la Chambre et y appelle le notaire inculpé, le plaignant, s'il y a lieu, et les témoins, s'il en est produit.

Art. 78. — Dans tous les cas qui précèdent, le syndic, à l'ouverture de la séance, expose d'abord l'affaire et donne lecture des pièces.

La Chambre entend ensuite successivement :
Le rapporteur,
La partie plaignante,
Les témoins, qui se retirent après avoir déposé,
Le notaire intéressé,
Et le syndic en ses conclusions.
Le notaire inculpé est alors admis à compléter sa défense, s'il en manifeste la volonté. Les parties peuvent se faire assister d'un notaire en exercice, d'un notaire honoraire, d'un avoué ou d'un avocat.

Art. 79. — Après que le syndic a pris des conclusions et que le notaire inculpé a produit ses dernières observations, le président prononce la clôture des débats, et le notaire inculpé, le syndic, la partie plaignante et les défenseurs se retirent.

Art. 80. — La délibération est prise à la majorité des voix ; l'avis favorable à l'inculpé prévaudra. Le syndic s'abstient de délibérer et de voter. Il peut même se retirer.

Art. 81. — Si la culpabilité est reconnue, la Chambre, en visant la réquisition du syndic, le rapport, les incidents et l'accomplissement de toutes les formalités substantielles pour la validité de la procédure, applique textuellement, suivant la gravité du cas, l'une des peines disciplinaires de sa compétence.

Art. 82. — Les délibérations de la Chambre en matière de discipline sont notifiées, s'il y a lieu, et exécutées à la diligence du syndic.

CHAPITRE IV

BOURSE COMMUNE

Art. 83. — La bourse commune destinée à subvenir aux dépenses de la compagnie est alimentée, savoir :

1° Par une cotisation annuelle à la charge de chaque notaire, qui sera fixée par l'assemblée générale ;

2° Par le versement que chaque notaire nouvellement nommé sera tenu de faire aussitôt sa prestation de serment, également d'après la fixation de l'assemblée générale ;

3° Par le produit des dépôts de pièces ordonnés par la loi ;

4° Par toutes les sommes dues à la compagnie à un titre quelconque ;

5° Et par des appels de fonds qui seront faits extraordinairement et lorsque les circonstances l'exigeront, en vertu d'une délibération spéciale de l'assemblée générale, conformément à l'article 39 de l'ordonnance du 4 janvier 1843.

Art. 84. — Les dépenses de la compagnie consistent dans :

1° L'acquisition, le loyer et l'entretien des locaux servant à la tenue des séances et à la conservation des archives et de la bibliothèque ;

2° L'achat et l'entretien du mobilier garnissant les locaux ;

3° Les frais de bureau, d'impressions, d'abonnements, chauffage, éclairage, etc. ;

4° Les frais et faux frais de justice, de conseil et autres à faire dans tous les cas où la Chambre aurait à faire valoir et à défendre les droits communs de la compagnie ;

5° La création, l'augmentation de la bibliothèque de la compagnie ;

6° Et, généralement, toutes les dépenses votées par l'assemblée générale.

CHAPITRE V

EXAMEN DES ASPIRANTS. — CERTIFICAT DE MORALITÉ ET DE CAPACITÉ. DEVOIRS A REMPLIR APRÈS L'INVESTITURE

Art. 85. — L'aspirant qui se présente pour succéder à un notaire, adresse au président de la Chambre une demande énonçant ses nom, prénoms, âge, domicile, le lieu où il se propose d'exercer et le nom du notaire auquel il doit succéder.

Il joint à sa demande : 1° la démission du notaire titulaire ou, en cas de décès, une pièce constatant l'agrément des héritiers ou ayants-droit ; 2° le traité de l'étude ; 3° le certificat établissant le stage ; 4° l'état des produits de l'étude et l'état des débets du prédécesseur ; 5° les autres pièces constatant les conditions énumérées par l'article 35 de la loi du 25 ventôse an XI.

Art. 86. — Aussitôt la remise de la demande, le président en adresse la copie au syndic, qui doit immédiatement en donner avis aux notaires de l'arrondissement et, en outre, aux notaires chez lesquels l'aspirant a travaillé, avec invitation de lui transmettre les renseignements à leur connaissance sur la moralité de l'aspirant.

Art. 87. — Dans les quinze jours de la réception de la demande, le président réunit la Chambre. Dans cette séance, à laquelle l'aspirant devra être présenté par le notaire avec lequel il aura traité et, à défaut, par un notaire du ressort à son choix, la Chambre examine les pièces du dossier ; elle apprécie les conditions de la transmission et les garanties qu'offre l'aspirant pour faire honneur à ses engagements et pour exercer dignement ses fonctions, enfin elle délibère sur la demande.

Si elle décide qu'il n'y a pas lieu de procéder de suite à l'examen, elle remet les pièces au rapporteur et s'ajourne à quinzaine, au plus, pour entendre le rapporteur et délibérer. .

Art. 88. — Si la Chambre estime qu'il n'y a pas lieu d'agréer les conditions du traité ou d'accorder un certificat de moralité, le candidat en est prévenu. Il est alors libre de retirer sa demande. S'il y persiste, l'examen ne peut lui être refusé.

Art. 89. — Tout aspirant est soumis à deux examens, l'un écrit, l'autre oral.

Le premier comprend le programme d'un ou plusieurs actes à rédiger, ou la solution, par écrit, des questions posées au candidat, avec indication des principes dont il a fait l'application. La rédaction de l'acte ou de la solution des questions posées est faite sans désemparer.

Le second examen porte sur les dispositions des Codes civil, de procédure et de commerce, la loi organique du notariat et les autres lois, ordonnances et décrets qui le concernent, ainsi que sur la jurisprudence ayant rapport aux fonctions et aux devoirs des notaires et sur les actes les plus fréquents de leur ministère. Les questions sont proposées successivement par le président et les membres de la Chambre.

Art. 90. — Il est statué par la Chambre sur l'admission du candidat, à huit clos, par scrutin secret, à la majorité des voix, et en deux votes distincts, l'un sur la moralité e l'autre sur la capacité.

Il en est dressé procès-verbal.

Art. 91. — La délibération est transmise, accompagnée des compositions écrites du candidat, à M. le Procureur de la République, qui donne son avis sur la délivrance du certificat de moralité.

Le certificat de moralité et de capacité est délivré, s'il y a lieu, par le président et le secrétaire, au nom de la Chambre. Il est fait mention de cette délivrance sur le registre en marge de la délibération qui l'a autorisée, et cette mention est signée par le président et le secrétaire.

Art. 92. — Aussitôt que l'aspirant a obtenu sa nomination aux fonctions de notaire, il en donne communication au président de la Chambre.

Au jour fixé par M. le Procureur de la République pour la prestation de serment, il se présente accompagné d'un membre de la compagnie à son choix.

Art. 93. — Chaque notaire nouvellement reçu donne avis de sa prestation de serment au secrétaire de la Chambre.

Art. 94. — Chaque notaire démissionnaire est tenu de remettre à la Chambre le sceau qu'il a employé pendant son exercice. Cette remise doit être faite dans le mois du jour de la prestation de serment du successeur, entre les mains et sur le récépissé du secrétaire.

Le sceau notarial d'un notaire mort en exercice est retiré au moment de la levée des scellés, soit par le syndic ou tout autre membre de la Chambre délégué à cet effet.

Les sceaux remis ou retirés sont détruits; il en est tenu note par le secrétaire de la Chambre.

CHAPITRE VI

NOTAIRES HONORAIRES

Art. 95. — La présentation à l'honorariat ne pourra avoir lieu que six mois après la cessation des fonctions.

Si la Chambre est favorable à la proposition, le syndic en donne avis aux notaires en exercice et aux notaires honoraires du ressort, avec invitation à lui signaler dans la quinzaine, les faits à leur connaissance qui pourraient motiver le rejet de cette proposition.

Après l'expiration de la quinzaine, la Chambre délibérera ; si la proposition d'honorariat est admise, elle sera adressée par l'intermédiaire de M. le Procureur de la République à M. le Garde des Sceaux, conformément à l'article 28 de l'ordonnance du 4 janvier 1843.

La délibération sera prise au scrutin secret. Le nombre des votes ne sera pas compté au procès-verbal.

Art. 96. — La Chambre de discipline connaîtra de toutes les plaintes qui pourraient être formées contre un notaire honoraire et suivra à son égard la forme ordonnée pour les notaires en exercice.

Si l'inculpation portée à la Chambre contre un notaire honoraire paraît assez grave pour entraîner sa radiation, la Chambre pourra s'adjoindre, par la voie du sort, un ou plusieurs notaires qui auront voix délibérative. Quand l'avis émis par la majorité sera pour la radiation, l'expédition de la délibération qui contiendra cet avis sera adressée à M. le Garde des Sceaux par l'intermédiaire de M. le Procureur de la République.

CHAPITRE VII

STAGE ET DISCIPLINE DES CLERCS

Art. 97. — Le stage des aspirants au notariat est constaté de la manière prescrite par les articles 31 à 38 de l'ordonnance du 4 janvier 1843.

Aucun stage ne sera compté aux aspirants, s'il n'est ainsi régulièrement établi.

Art. 98. — Il est défendu aux notaires de délivrer des certificats dans le but de faciliter l'inscription au registre du stage de jeunes gens qui ne travailleraient pas habituellement dans leurs études.

Le certificat délivré par le père à son fils travaillant ou ayant travaillé en son étude devra porter le visa du syndic de la Chambre.

Tout certificat portera l'empreinte du sceau du notaire qui l'aura délivré.

Art. 99. — Les opérations interdites aux notaires le sont également aux clercs.

Art. 100. — Les notaires devront, autant que possible, ne conférer le grade et l'inscription de premier clerc qu'aux aspirants qui justifieront avoir subi un examen théorique et pratique les rendant aptes à remplir ces fonctions.

La Chambre qui aura fait subir cet examen en consignera le résultat sur le registre de ses délibérations.

Art. 101. — Quand un clerc inscrit quitte une étude, le notaire doit en prévenir le secrétaire de la Chambre, qui en fait mention sur le registre du stage.

Art. 102. — Lorsqu'un notaire décède sans avoir donné de certificats aux clercs travaillant dans son étude, ces certificats peuvent être délivrés par son successeur et doivent être visés par le secrétaire de la Chambre.

Art. 103. — Dans le cas où il y aura lieu à l'application de peines disciplinaires contre un clerc, conformément à l'article 37 de l'ordonnance de 1843, la décision qui les prononcera sera notifiée par le syndic au notaire chez lequel ce clerc sera inscrit.

Ce notaire devra compte à la Chambre des mesures qu'il aura dû prendre à la suite de cette notification.

REMBOURSEMENT DE RENTE (V. *infrà*, v° RENTE).

RÉHABILITATION DE NOTAIRE (V. *infrà*, v° DISCIPLINE).

RÉMÉRÉ (V. *infrà*, v° VENTE A RÉMÉRÉ).

REMISE D'ADJUDICATION (V. *infrà*, v° VENTE D'IMMEUBLES PAR ADJUDICATION).

REMISE DE DETTE

C'est l'acte par lequel un créancier renonce à ses droits de créance contre son débiteur. C'est un des modes d'extinction des obligations (art. 1282, C. civ.).

Sommaire :

§ 1. Caractère de la remise de dette. Formes. Formalités.
§ 2. Capacité.
§ 3. De quelle manière se prouve la remise de dette.
§ 4. Effets de la remise de dette.
§ 5. Responsabilité notariale.
§ 6. Honoraires.
§ 7. Enregistrement.
§ 8. Formules.

§ 1. Caractère de la remise de dette. Formes. Formalités.

1. — La remise de dette est *volontaire* ou *forcée*. Cette dernière, dont nous n'avons pas à nous occuper ici, est celle qui a lieu d'ordinaire en matière commerciale, après concordat (art. 504 et suiv., C. com.).

Nous n'étudierons ici que la remise volontaire prévue et régie par les articles 1282 et suivants du Code civil.

2. — La remise de dette constitue, en principe, une libéralité, puisqu'elle consiste, soit dans l'abandon que fait le créancier de sa créance, soit dans la renonciation au droit qu'il avait d'exiger son paiement (1).

D'où il suit que la remise de dette est soumise à toutes les règles qui régissent les donations, rapport, réduction, révocation, etc... C'est ainsi qu'on reconnaît qu'elle est soumise à la révocation pour cause d'ingratitude (2) et pour cause de survenance d'enfant (3).

3. — Mais sa validité, quant à la forme, est indépendante de l'accomplissement des formalités requises pour les donations entre vifs et les testaments.

C'est ainsi qu'elle peut avoir lieu, soit *expressément*, soit *tacitement*, soit par *acte notarié*, soit par *acte sous seing privé* (4).

4. — Même dans le cas où la remise est faite par acte notarié et se révèle expressément par une manifestation du créancier de renoncer à sa créance, l'acte n'est pas néanmoins soumis aux formes solennelles que l'article 931 du Code civil exige pour la donation entre vifs (5).

« Il n'est pas, toutefois, sans intérêt de faire observer, avec Demolombe (6), qu'il est prudent, de la part du notaire et des parties, de ne pas trop imprimer le caractère de donation à l'acte par lequel est constatée la remise.

« L'emploi des mots: *donateur, donataire,* pourrait n'y être pas sans danger, dans le cas où l'acte contiendrait des clauses qui modifieraient les effets légaux de la remise, en imposant, par exemple, certaines charges au débiteur, déclaré donataire. » Il convient donc d'apporter une grande attention à la rédaction de ces sortes d'actes.

5. — Si l'acte est passé devant notaire, il est toujours retenu en *minute* et porté au *Répertoire.*

6. — Acceptation. — La remise de dette étant une convention, ne peut se former que par le concours de deux volontés : celle du créancier qui renonce et celle du débiteur qui accepte la renonciation. D'où la conséquence que la remise doit être *acceptée,* et qu'elle peut être rétractée, tant qu'elle n'a pas été acceptée par celui au profit duquel elle a été faite (7).

Elle serait donc considérée comme non avenue, si le débiteur était mort avant qu'elle fût acceptée, ou si l'acceptation était postérieure à la mort du créancier (8).

---

(1) Demolombe, n° 377. — V. cependant Larombière, n° 10 ; Cass., 2 avril 1823.
(2) Aubry et Rau, t. IV, p. 204 ; Demolombe, t. XXVIII, n° 370.
(3) Aubry et Rau, t. VII, p. 418 ; Larombière, sur l'art. 1285, n° 4 ; Laurent, t. XVIII, n° 336.
(4) Aubry et Rau, p. 428 ; Larombière, *loc. cit.*

(5) Cass., 2 août 1823 (art. 4421, J. N.).
(6) Cass., 2 août 1862 (art. 17469, J. N.).
(7) T. XXVIII, n° 395.
(8) Aubry et Rau, p. 204 ; Larombière, sur l'art. 1282, n° 2 ; Colmet de Santerre, t. V, n° 280 *bis* ; Demolombe, t. XXVIII, n° 376 ; Laurent, t. XVIII, n° 337.

§ 2. Capacité.

7. — En général, tout créancier peut faire remise de ce qui lui est dû par son débiteur, pourvu que cette remise ne soit pas faite en fraude des droits de ses créanciers (art. 1123 et 1167, C. civ.) (1).

Mais, la remise contenant aliénation de la créance, il faut, pour la consentir, avoir la capacité de disposer; — de disposer à titre gratuit, si la remise a été faite à titre de libéralité, — et d'aliéner à titre onéreux, si la remise a lieu moyennant un prix ou une prestation quelconque (2).

8. — **Conseil judiciaire** (Pourvu de). — Ces principes s'appliquent à tout incapable; par exemple, à tout individu pourvu d'un conseil judiciaire, aux mineurs émancipés, qui ne pourraient faire remise même de leurs revenus, bien qu'ils en aient la libre disposition.

9. — **Femme mariée.** — La femme séparée de biens a la libre disposition de son mobilier, et elle peut l'aliéner : néanmoins, elle ne peut, sans l'autorisation de son mari ou de la justice, faire remise d'une dette même mobilière, attendu que les articles 217 et 905 du Code civil lui défendent indistinctement de faire une donation.

10. — **Tuteur.** — Le tuteur ne peut consentir la remise, puisqu'il ne peut faire que des actes d'administration.

11. — **Mandataire.** — Il est incontestable que la remise peut être faite par le mandataire spécial du créancier ; mais il faut bien se garder d'attribuer ce pouvoir au mandataire général (3).

12. — **Créancier solidaire.** — La remise faite par un des créanciers solidaires n'est valable que pour sa part (art. 1198, C. civ.).

L'un des créanciers d'une obligation *indivisible* ne peut pas seul faire remise de la totalité de la dette, puisqu'il n'a pas le droit de recevoir seul le prix au lieu de la chose (art. 1124, C. civ.).

13. — La remise peut être valablement *acceptée* non seulement par le débiteur lui-même, fût-il mineur (art. 1125, C. civ.), mais par tous ceux qui ont le pouvoir de gérer ses biens et intérêts, comme le tuteur, le mari, l'envoyé en possession, le mandataire, etc...

Elle peut être acceptée même par un fondé de pouvoirs général ; en effet, ce fondé de pouvoirs a qualité pour faire, dans l'intérêt de son mandant, tous les actes qui peuvent lui être utiles (4)

Et il n'est pas besoin que la procuration donnée au mandataire pour accepter la remise de dette soit authentique, comme cela est indispensable pour les donations, puisque la remise de dette est affranchie de ces formes spéciales et solennelles.

---

(1) Aux termes de l'article 1167 du Code civil, tout créancier, *chirographaire* ou *hypothécaire*, peut, au moyen d'une action qu'on appelle action *Paulienne*, demander en son nom personnel la révocation des actes faits par son débiteur au préjudice ou en fraude de ses droits.

Cette action, qui suppose avant tout un préjudice causé aux créanciers qui l'intentent, ne peut s'exercer qu'aux trois conditions suivantes ; *a)* que les biens du débiteur soient insuffisants pour le paiement de ses dettes ; *b)* que l'insolvabilité du débiteur soit la conséquence de l'acte attaqué ; — *c)* enfin, que la créance en vertu de laquelle l'action est intentée soit antérieure à l'acte attaqué.

Par cette action, le créancier peut attaquer tout acte fait en fraude de ses droits, que ce soit un acte à titre gratuit ou à titre onéreux. Mais lorsque l'action est dirigée contre un acte à titre onéreux, on exige la preuve d'un concert frauduleux entre le débiteur et le tiers avec lequel il a traité. Cons., Aubry et Rau, t. IV, n° 130 et suiv. ; Demolombe, t. XXV, n°° 144 et suiv. ; Laurent, t. XVI, n°° 431 et suiv.

(2) Aubry et Rau, p. 201 ; Demolombe, n°° 387, 388 ; Dict. du not., v° *Remise de dette*, n°° 3 et suiv.

(3) Aubry et Rau, p. 201 ; Demolombe, n° 387.

(4) Demolombe, n° 390.

§ 3. De quelle manière se prouve la remise de dette.

14. — Nous avons dit que la remise de dette peut avoir lieu *expressément* ou *tacitement* (1).

Quand elle a eu lieu d'une façon *expresse*, c'est-à-dire qu'elle est constatée par une déclaration formelle du créancier dans un acte sous seing privé ou authentique, cet acte suffit à prouver la volonté du créancier et la renonciation qu'il fait à ses droits.

Mais lorsqu'elle est *tacite*, c'est-à-dire résulte de faits qui impliquent de la part du créancier la renonciation à ces mêmes droits, il y a lieu d'examiner quels sont les faits qui établissent la remise et comment ils peuvent être prouvés.

15. — La loi distingue, à cet égard, si la dette est constatée par un acte sous signatures privées, — ou si elle résulte d'un acte authentique.

16. — Acte sous seing privé. — S'il s'agit d'un acte sous seing privé, la remise *volontaire* du titre original par le créancier au débiteur fait preuve de la libération, dit l'article 1282 du Code civil.

Dans ce cas, pour que la remise puisse être considérée comme une preuve de la libération, il faut donc :

    a) Que l'original même du titre ait été remis ;

    b) Que cette remise ait été faite volontairement ;

    c) Et qu'elle ait été faite par le créancier au débiteur.

17. — La remise du titre qui doit être faite au débiteur est celle du *titre original*, parce que c'est le seul titre qui prouve la créance. Il n'y aurait donc pas remise *utile*, si le créancier ne s'était dessaisi que d'un *duplicata* (2). Il en est de même lorsque le créancier a remis au débiteur un titre récognitif ou confirmatif, à moins que ce titre ne fût un *titre nouvel*, destiné à remplacer le titre original (3).

Mais on doit considérer comme titre original d'une créance :

Une facture ou mémoire qui porterait *l'acquit* du créancier ou toute autre mention libératoire (4) ;

Une traite revêtue de l'acceptation du créancier (5) ;

Un billet ou une obligation dressée en brevet, alors même que le titre est authentique (6).

18. — Mais la possession matérielle du titre par le débiteur serait insuffisante, on le comprend, pour prouver la libération ; car il est possible que le titre ne soit tombé dans les mains du débiteur qu'à l'insu ou contre le gré du créancier. Il faut que la restitution du titre par le créancier ait été *volontaire*.

Le débiteur ne pourrait donc pas se prévaloir de la détention du titre, si cette détention était le résultat d'une simple communication, ou si le titre était en sa possession par suite de perte ou de vol, ou d'une délivrance entachée de violence, d'erreur ou de dol, soit enfin d'un abus de confiance (7) ; et il appartient aux juges de vérifier, par les circonstances de la cause, si la remise alléguée émane réellement de la volonté du créancier (8).

Mais c'est au créancier qui prétend ne s'être pas volontairement dessaisi du

(1) Cass., 2 août 1881 (S. 1882-1-213).
(2) Douai, 24 juin 1874 (art. 21063, J. N.).
(3) Demolombe, n° 405.
(4) Demolombe, n° 406.
(5) Colmar, 5 juillet 1870.
(6) Demolombe, n° 407.
(7) Aubry et Rau, p. 207 ; Laurent, n° 343 ; Cass.,

5 mars 1835, 17 avril 1860, 11 février 1873 (S. 1875-1-350).

    (8) Cass., 11 février et 6 août 1873 (S. 1873-1-160 et 1875-1-350) ; Cass., 26 mai 1886 ; Amiens, 9 février 1887 ; Bordeaux, 21 juin 1888 ; Besançon, 9 juillet 1889 et Cass., 20 octobre 1890 (*J. du not.*, 1890, p. 797). — Sic : Lyon, 16 décembre 1881.

titre qu'il appartient de prouver son allégation ; la présomption est, en effet, pour la remise volontaire (1).

19. — Enfin, la dernière condition exigée par la loi pour établir la preuve de la libération, c'est que la restitution du titre ait été faite *au débiteur par le créancier ;* — par le créancier lui-même, ou, bien entendu, par une personne ayant pouvoir pour le lui rendre en son nom (2).

Et la remise faite par un des créanciers solidaires ferait preuve de la libération contre les autres créanciers (art. 1284, C. civ.) (3).

20. — Si la restitution du titre a eu lieu dans les conditions que nous venons d'indiquer, la présomption établie par l'article 1282 du Code civil est une présomption absolue, une présomption *juris de jure*, comme on dit à l'Ecole, c'est-à-dire contre laquelle la preuve contraire ne saurait être admise et la libération du débiteur est péremptoirement établie.

21. — Titre authentique. — Toute autre est la présomption dont parle l'article 1283 du Code civil : « La remise volontaire de la *grosse* du titre, y est-il dit, *fait présumer* la remise de la dette ou le paiement, *sans préjudice de la preuve contraire.* »

Le créancier était muni d'une *grosse*, c'est-à-dire d'une première expédition revêtue de la formule exécutoire, ce qui l'autorisait à employer, *de plano*, les voies de contrainte contre son débiteur. En rendant volontairement cette grosse, il s'enlève donc le droit d'exercer une contrainte contre le débiteur et d'obtenir l'exécution forcée de l'obligation. C'est de ce fait *connu*, que le législateur induit le fait *inconnu* qu'il s'agit d'établir, à savoir l'intention dans laquelle le créancier a rendu la grosse ; — et il l'interprète dans le sens d'une renonciation par le créancier à son droit.

Mais, en même temps, comme le créancier n'est pas, dans ce cas, tout à fait désarmé, puisqu'il lui est possible de se procurer une *seconde grosse* sur la minute non quittancée qui est chez l'officier public, le législateur n'en déduit alors qu'une présomption simple, dite présomption *juris tantum*, susceptible d'être combattue par la preuve contraire (4).

22. — Il n'y a pas à distinguer entre les grosses des actes notariés et les grosses des jugements ; la remise des unes comme des autres fait présumer la libération.

Seulement, la preuve contraire devrait être plus facilement admise au cas de remise de la grosse d'un jugement rendu sur le fondement d'un titre préexistant dont le créancier serait resté en possession (5).

23. — Le créancier est admis à détruire la présomption de libération, en prouvant qu'il n'a délivré la grosse du titre, ni dans la vue d'une remise de dette, ni par suite d'un paiement ; c'est dire que, même en reconnaissant que la remise de la grosse a eu lieu volontairement, le créancier peut contester la présomption de libération qui en résulte (6).

24. — Au surplus, les trois conditions auxquelles est subordonnée la présomption légale de l'article 1282 du Code civil, s'appliquent également à la présomption de l'article 1283 (7). Aussi a-t-il été jugé que la remise de la grosse du titre faite au débiteur par le notaire du créancier, alors qu'il n'avait reçu de ce dernier aucun mandat à cet effet, ne fait pas présumer la libération du débiteur (8).

---

(1) Aubry et Rau, note 32 ; Demolombe, n° 421 ; Larombière, n° 11.
(2) Douai, 29 novembre 1849 ; Cass., 24 novembre 1858.
(3) Demolombe, n°s 409 à 412 ; Laurent, n°s 344 et suiv.
(4) Demolombe, n° 426.
(5) Demolombe, n° 427 ; Aubry et Rau, p. 406 ; Larombière, sur l'article 1283.
(6) Aubry et Rau, p. 209 ; Demolombe, n° 430.
(7) Cass., 28 avril 1884.
(8) Douai, 29 novembre 1849 ; Bordeaux, 11 juillet 1859 ; Orléans, 20 mai 1875 (S. 1876-2-202).

25. — La présomption légale de paiement, qui résulte de la remise volontaire de la grosse du titre, est-elle applicable au *notaire* qui a délivré aux parties intéressées les grosses ou expéditions des actes, sans réserve des frais et honoraires à lui dus ? Nous avons soutenu la négative (v° *Grosse*, n° 20) et nous avons donné à l'appui de notre opinion des raisons qui n'ont pas été réfutées par les dernières décisions judiciaires (1). Rappelons ici que notre doctrine est celle de Aubry et Rau (2) ; Demolombe (3) ; Laurent (4) ; Aubertin (5).

26. — La restitution du titre original ou de la grosse du titre n'est pas le seul fait d'où l'on puisse induire une remise de la dette ; mais dans ces deux cas seulement, il y a *présomption légale* de remise. En face des autres faits et circonstances, les juges apprécieront et resteront libres de déclarer si la remise tacite, alléguée par le débiteur, est ou n'est pas fondée (6).

Ainsi, il peut arriver que le créancier détruise le titre de sa créance (7), ou restitue au débiteur le meuble donné en gage, ou fasse mainlevée de l'hypothèque donnée en garantie de la créance ; cela ne prouvera point qu'il renonce à la créance. C'est ce que dispose l'article 1286 du Code civil : « La remise de la chose donnée en nantissement ne suffit point pour faire présumer la remise de la dette. »

§ 4. Effets de la remise de dette.

27. — La remise que le créancier fait de la dette est une des manières dont s'éteignent les obligations, car elle libère de plein droit le débiteur, à l'instar du paiement ; et cet effet extinctif et libératoire, dit Demolombe, résulte, bien entendu, de la remise tacite, comme de la remise expresse. C'est en ce sens que l'on dit que la restitution volontaire du titre par le créancier au débiteur *vaut quittance*.

28. — L'extinction de la dette par la remise entraîne, sans aucun doute, l'extinction des garanties réelles qui pouvaient être attachées à la créance, telles que les privilèges ou les hypothèques (art. 1278, C. civ.).

29. — Mais quel est l'effet de la remise de la dette relativement aux codébiteurs de celui à qui elle a été faite, ou aux débiteurs accessoires ? Le Code l'indique dans les articles 1284 et suivants.

Au cas de remise *tacite*, la restitution du titre original sous signature privée ou de la grosse du titre à l'un des débiteurs solidaires a le même effet au profit de ses codébiteurs (art. 1284, C. civ.). Il n'y a, en effet, qu'une seule dette, et chacun des débiteurs l'étant pour le tout, peut payer pour le tout (art. 1200, C. civ.).

30. — Au cas de remise *expresse*, la remise ou décharge *conventionnelle* au profit de l'un des codébiteurs solidaires libère tous les autres, à moins que le créancier n'ait expressément réservé ses droits contre ces derniers. Dans ce dernier cas, il ne peut plus répéter la dette que déduction faite de la part de celui auquel a fait la remise (art. 1285, C. civ.).

31. — La remise ou décharge conventionnelle accordée au débiteur principal libère les *cautions ;* — mais celle accordée à la caution ne libère pas le débiteur principal. Celle accordée à l'une des cautions ne libère pas les autres (art. 1287).

Le premier alinéa de l'article 1287 est l'évidence même ; car la caution ne s'est obligée à payer le créancier qu'à défaut par le débiteur principal de le faire (8).

---

(1) Bordeaux, 8 mars 1889 (*J. du not.*, 1889, p. 472). Il faut reconnaître, du reste, que presque toutes les décisions rendues l'ont été dans des circonstances absolument favorables à l'opinion que nous combattons et où le fait dominait la question de droit.

(2) P. 210.

(3) N° 444.

(4) N° 347.

(5) *Des honoraires et frais d'actes des notaires*, p. 160.

(6) Cass., 30 mars 1836 ; Aubry et Rau, p. 210 ; Larombière, sur l'art. 1282, n° 9.

(7) Lyon, 14 février 1848.

(8) Aubry et Rau, p. 205 ; Demolombe, n° 462.

Mais il faut en conclure que les réserves qui auraient été faites par le créancier contre la caution ne pourraient avoir d'effet qu'autant que celle-ci y aurait expressément consenti (1).

La remise accordée à la caution, dit le second paragraphe de l'article 1287, ne libère pas le débiteur principal. Cette solution n'est pas moins certaine. Dans ce cas, la dette cesse d'être cautionnée.

Enfin, d'après le dernier alinéa de l'article 1287, la décharge accordée à l'une des cautions ne libère pas les autres. Rien ne s'oppose, en effet, à ce que le créancier renonce à ses droits envers l'une des cautions et les conserve contre les autres.

§ 5. Responsabilité notariale.

32. — Le notaire chargé de rédiger un acte de remise de dette peut être déclaré responsable, si par suite d'un vice de forme, l'acte vient à être annulé ; dans le cas, par exemple, où l'acte constituant une véritable libéralité, le notaire aurait omis de recevoir l'acte avec les formes solennelles prescrites pour les dona-tions entre-vifs.

§ 6. Honoraires.

33. — L'acte de remise de dette est, en général, considéré comme un acte libératoire. Aussi a-t-il été tarifé, en 1862, par les Cours de Limoges et d'Amiens, dans leur projet de tarif légal, au droit proportionnel de 0,50 cent. °/o.

C'est aussi l'honoraire de *quittance* qui est perçu dans presque tous les tarifs particuliers des compagnies (2).

§ 7. Enregistrement.

34. — Au point de vue fiscal, il y a lieu de distinguer si la remise de dette est faite *animo donandi*, ou par forme de composition, soit parce que le créancier se trouve dans l'impossibilité d'en obtenir la prestation, soit pour tout autre motif.

En général, la remise de dette est un acte de libération, passible, comme tout acte de quittance, du droit proportionnel de 50 centimes par 100 francs. Pour que le droit de donation puisse être exigé, il faut ou que l'acte exprime que la remise est faite à titre de libéralité, ou, tout au moins, que le caractère résulte de stipulations spéciales (3).

Tout ici sera dans les circonstances qui, seules, sont susceptibles de donner à l'intention du créancier sa signification véritable. La parenté, l'alliance, les autres rapports civils qui unissent le débiteur et le créancier, la nature du contrat dans lequel la remise de la dette est consentie, doivent donc être pris en considération. Ainsi, la donation sera plus facilement présumée entre parents qu'entre étrangers, ou si la remise de la dette est contenue dans un contrat de mariage. Si elle est renfermée dans une transaction, la présomption contraire sera très forte. En résumé, la remise de dette qui procède d'un pur sentiment de bienveillance du créancier envers son débiteur, est une véritable donation entre-vifs. Elle n'est

---

(1) Caen, 10 juin 1868 ; Cass., 30 mars 1869 ; De-molombe, n° 462 ; Laurent, n° 391.
(2) V. notre *Tarif général*, t. II, p. 93.
(3) Délib. Rég., 25 novembre 1824 ; Clermont (Oise), 2 avril 1847 ; Marseille, 11 avril 1851 ; Cass., 28 février 1870 (art. 19683, J. N. ; *Rev. not.*, n° 2716) ; Seine, 8 juillet 1871 ; Grasse, 25 juillet 1874 (art. 21274, J. N.).

qu'une simple libération, si elle procède de motifs tirés de l'intérêt du créancier lui-même ou d'un intérêt moral par lui reconnu (1).

35. — D'après une solution de la Régie du 3 décembre 1861 (2), l'acte par lequel un créancier déclarerait faire remise, sans le concours du débiteur, de la somme due par ce dernier, serait seul sujet au droit de quittance, et la remise acceptée expressément par le débiteur présent serait passible du droit de donation. Mais cette distinction n'est point fondée et tout ce qu'il convient d'en retenir, c'est que la remise de dette *non acceptée* n'est qu'une simple renonciation assujettie au droit fixe de 3 francs (3).

36. — Lorsque, dans un contrat de mariage, il est fait remise, en considération du mariage du débiteur, d'une rente annuelle et viagère constituée moyennant l'aliénation d'un capital déterminé, il est dû sur cette disposition le droit de donation et non celui de quittance (4).

37. — Il a été jugé dans le même sens que la renonciation par le crédi-rentier ou donataire d'une rente viagère de sa mère, constitue, lorsqu'elle a été acceptée par la donatrice originaire, une donation passible du droit de 2 fr. 50 °/₀ sur le capital formé de dix fois la rente (5).

38. — Au contraire, le droit de quittance a été reconnu exigible dans les cas suivants :

a) La réduction du prix d'un bail en cours d'exécution, consentie par le bailleur à son locataire, est passible du droit de libération sur le montant cumulé de la réduction (6).

b) Même décision relativement à la réduction du prix d'un marché (7).

c) L'acte par lequel le donataire d'une somme de 20,000 francs, payable au décès du donateur, libère celui-ci moyennant le payement immédiat de 8,500 francs, ne donne ouverture qu'au droit de quittance sur 20,000 francs (8).

d) Lorsqu'un donateur réduit, comme trop onéreuse, la charge de la rente viagère due par le donataire, le droit de 50 cent. °/₀ est exigible sur le capital de la rente.

e) De même, l'acte par lequel deux crédi-rentiers réduisent à 750 francs une rente viagère de 1,000 francs, constituée moyennant le payement d'une somme de 10,000 francs, remboursable au gré du débi-rentier, à une époque déterminée, et qui ne devait être réduite à 750 francs qu'au décès de l'un des crédi-rentiers, est passible du droit de 50 cent. °/₀, et non du droit de donation (9).

f) Si le créancier reçoit la majeure partie de sa créance et fait remise du surplus, il y a simple libération pour la totalité de la créance (10).

g) Lorsque l'acquéreur d'un immeuble le rétrocède au vendeur moyennant un prix inférieur au prix encore dû de la vente, et que le vendeur fait remise du surplus de ce dernier prix, le droit de quittance est seul dû sur la somme abandonnée.

Le *Dictionnaire des rédacteurs* (11) cite encore les espèces suivantes, où les motifs de décider que le droit de quittance était seul

(1) Dict. réd., v° *Acceptation*, n° 10.
(2) Art. 17626, J. N.
(3) Dict. du not., n° 85-2.
(4) Louviers, 24 mai 1866 (art. 18591, J. N.).
(5) Seine, 2 juin 1866.
(6) Sol., 3 juin 1828 ; Seine, 25 juin 1845.—Comp. Cass., 5 février 1873 (*Rev. not.*, n° 2982).

(7) Lille, 22 juin 1850 (*J. enreg.*, n° 14994-3).
(8) Sol. Rég., 13 avril 1830.
(9) Sol. Rég., 21 décembre 1871 ; Dict. réd., v° *Acceptilation*, n° 27.
(10) Oléron, 20 mai 1843.
(11) V° *Acceptilation*, n° 82.

exigible ont été puisés sans doute dans les circonstances multiples
de chaque affaire :

h) Remise pure et simple, par un frère à son frère, d'une somme de
3,000 francs due par acte en forme (1).

i) Remise par le tuteur à son pupille, ou par le pupille à son tuteur,
de tout ou partie du reliquat de son compte de tutelle (2).

j) Abandon pur et simple en faveur d'héritiers, à raison de leur peu
de fortune, d'une créance, dont le titre est perdu, contre une
personne décédée (3).

k) Déclaration de remise pure et simple faite par le créancier, en
l'absence du débiteur, sans expression de motifs (4).

l) Renonciation, par la caution qui a acquitté la dette, à exercer
aucun recours contre le débiteur principal (5).

§ 8. Formules.

1. — Remise à titre libératoire.

Pardevant..., etc.

A comparu :

M. Paul Millet, propriétaire, demeurant à...

Lequel a, par ces présentes, déclaré faire remise expresse, en considération de la position malheureuse du débiteur et des services personnels que ce dernier lui a rendus,

A M. Jacques Boistel, jardinier, demeurant à..., ici présent, et qui accepte :

1° De la somme de 500 francs, montant en capital de l'obligation que ledit M. Boistel lui a souscrite suivant acte passé devant le notaire soussigné, le... ;

2° Et de tous intérêts échus.

Par suite, M. Millet, en se désistant de tous droits d'hypothèque, donne mainlevée entière et consent à la radiation définitive de l'inscription prise à son profit contre M. Boistel, au bureau des hypothèques de..., le..., vol..., n°... ; consentant la décharge du conservateur qui opérera la radiation de cette inscription.

M. Boistel reconnaît que M. Millet lui a restitué la grosse du titre.

Dont acte...

2. — Remise à titre de libéralité.

Pardevant..., etc.

A comparu :

M. Pierre Lamy, propriétaire, demeurant à...

Lequel, pour donner une preuve d'affection à son neveu, M. André Rivet, étudiant en droit, demeurant à...

A déclaré lui faire remise gratuite, ce que le donataire accepte avec reconnaissance :

1° De la somme de..., montant en capital de la créance que M. Lamy avait contre le père de M. André Rivet, en vertu d'une obligation passée..., etc. (*Le reste comme dans la formule précédente.*)

---

(1) Chalon-sur-Saône, 1er août 1850 (art. 14175, J. N.).
(2) Bourges, 18 avril 1848 (art. 18586, J. N.).
(3) Délib. Régie. 10 mars 1835.
(4) Sol. Rég , 22 novembre 1865.
(5) Embrun, 18 janvier 1855.

REMPLOI

On désigne sous ce nom : soit l'acte par lequel un mari, dans le cas spécialement prévu par l'article 1595, § 2, cède à sa femme des immeubles en remplacement de ses propres aliénés ou de deniers qui lui appartiennent personnellement ;

Soit la convention par laquelle l'un ou l'autre des époux, dans le contrat d'acquisition qui leur est consenti par un tiers, stipule que les biens acquis le sont par lui personnellement, à titre de remploi, c'est-à-dire en remplacement de tels ou tels biens propres qu'il a aliénés (art. 1434 et suiv., C. civ.).

Nous avons étudié la première de ces conventions sous le mot Contrat entre époux. C'est donc de la seconde que nous allons nous occuper ici, de celle qui a pour but, par une fiction de subrogation, de faire qu'un bien acquis durant la communauté, soit substitué au bien personnel aliéné de l'un des époux et lui demeure propre, comme l'était le premier.

Le remploi revêtant des caractères différents et présentant des effets spéciaux, suivant qu'il est effectué sous le régime de la communauté, ou sous le régime dotal, nous en traiterons séparément.

Les contrats de mariage prescrivent souvent non seulement le remploi des biens aliénés, mais aussi l'*emploi* des capitaux. Nous nous occuperons également des emplois.

Sommaire :

§ 1. Du remploi sous le régime de la communauté.
§ 2. Du remploi sous le régime dotal.
§ 3. Responsabilité notariale.
§ 4. Enregistrement.
§ 5. Formules.

§ 1. Du remploi sous le régime de la communauté.

1. — Le remploi constitue une exception à cette règle posée par l'article 1401 du Code civil, que toutes les acquisitions à titre onéreux faites pendant le mariage sont des conquêts de communauté ; d'où il faut conclure que cette convention ne se suppose pas et que l'accomplissement des formalités requises pour sa validité doit être rigoureusement exigé.

2. — Cette exception se justifie par les avantages que l'opération peut procurer aux époux et surtout à la femme, qui peut ainsi éviter les difficultés que pourrait soulever son action en reprises à la dissolution de la communauté.

3. — **Causes du remploi.** — L'article 1433 du Code civil prévoit deux causes de remploi : « S'il est vendu un immeuble appartenant à l'un des époux, — de même que si l'on s'est rédimé en argent de services fonciers dus à des héritages propres à l'un d'eux et que le prix en ait été versé dans la communauté, *le tout sans remploi*, il y a lieu au prélèvement de ce prix sur la communauté au profit de l'époux qui était propriétaire, soit de l'immeuble vendu, soit des services rachetés. »

4. — La *première hypothèse* vise la vente amiable d'un immeuble propre ; ce mode d'aliénation produit toujours, en effet, un prix avec lequel on pourra remplacer l'immeuble vendu. Les circonstances qui ont amené la vente importent peu : ainsi, on peut remplacer, par voie de remploi :

a) La part indivise que l'un des époux avait dans un immeuble, que le bien ait été adjugé sur licitation à un étranger ou à l'un des cohéritiers de l'époux ;

b) En cas de vente forcée, poursuivie par un créancier de l'un des époux, la portion du prix qui excède le montant des créances ;

c) L'immeuble dont l'un des époux avait la possession légale antérieurement au mariage (art. 1404, C. civ.).

5. — La *deuxième cause* du remploi visée par l'article 1433 est relative au rachat de services fonciers dus à un héritage propre à l'un des époux. Cet article se place dans l'hypothèse où le droit de servitude établi en faveur de l'héritage de l'un des époux a été vendu au propriétaire de l'héritage grevé et il assimile ce cas à la vente d'un propre. On conçoit très bien qu'il en soit ainsi : les services fonciers sont inhérents à l'immeuble lui-même, ils doivent donc suivre son sort et être, comme lui, propres ou communs.

6. — Telles sont les causes de remploi que signale la loi ; elle suppose, dans les deux cas prévus, que le remploi est effectué avec les deniers provenant de l'aliénation de propres immobiliers. Est-il indispensable qu'il en soit toujours ainsi, et n'y a-t-il que ces deniers qui puissent être remployés ? Des auteurs et des arrêts se sont prononcés pour l'affirmative (1). Mais nous ne pensons pas qu'il faille donner ce sens restrictif à l'art. 1433 du Code civil. Un époux peut posséder des deniers mobiliers propres d'après le contrat de mariage, ou en vertu de l'exception de l'article 1401, provenant, par exemple, d'une donation, d'un legs, de créances existant avant le mariage et ne tombant pas dans la communauté ; ces valeurs peuvent aussi faire l'objet d'un emploi ou d'un remploi, comme tout propre, quelle que soit sa nature. Telle est l'opinion adoptée par la généralité des auteurs et consacrée par la jurisprudence (2).

7. — Est-il indispensable que l'aliénation de l'immeuble ait précédé l'acquisition en remploi ? ou bien pourrait-on acquérir un immeuble par avance pour remplacer des immeubles que l'un ou l'autre des époux se proposerait d'aliéner ? Cette question du *remploi par anticipation* a été longtemps controversée ; elle ne l'est plus aujourd'hui. La jurisprudence, comme la doctrine, ont consacré la validité de cette espèce de remploi (3), aussi bien pour le mari que pour la femme (4).

Quand l'achat est fait d'abord, le remploi est subordonné à la condition qu'un immeuble propre sera aliéné et que le prix se trouve à la disposition du mari avant la dissolution de la communauté (5). Mais une fois cette aliénation opérée, le vœu de la loi est rempli ; un immeuble propre est aliéné et un autre est acheté pour le remplacer.

8. — Sous le régime de la communauté, le remploi est *légal* ou *conventionnel*.

Il est *légal* lorsque les époux l'ont effectué en exécution des articles 1434 et 1435, et en dehors de toute convention préalable. Ce remploi est aussi facultatif.

---

(1) Duranton, t. XIV, p. 389 ; Laurent, t. XXI, p. 363 ; Douai, 2 avril 1846 (S. 1847-2-413).

(2) Bourges, 27 août 1853 ; Cass., 16 novembre 1859 ; Douai, 15 juin 1861 ; Dijon, 1ᵉʳ août 1882 ; Dalloz, v° *Contrat de mariage*, n° 1478 ; Dict. du not., v° *Remploi*, n° 14 ; Rodière et Pont, t. I, n° 68 ; Aubry et Rau, t. V, p. 309.

(3) Cass., 5 décembre 1854 ; Paris, 20 novembre 1858 ; Limoges, 18 août 1865 ; Cass., 14 mai 1879 (art. 22300, J. N.) ; Aubry et Rau, p. 302 ; Colmet

de Santerre, t. VI, n° 79 *bis* ; Rodière et Pont, n° 677 ; Laurent, n° 361 ; Guillouard, n° 473.

(4) Aubry et Rau, *loc. cit.* ; Guillouard, n° 474 ; Laurent, n° 361 ; Bourges, 22 février 1876 ; Cass., 14 mai 1879 (S. 1880-1-17) ; Caen, 10 mars 1876 et 7 mai 1879 (art. 22301, J. N. et J. *du not.*, n° 3306) ; Cass., 8 novembre 1886 (art. 23921, J. N.).

(5) Paris, 27 janvier 1820, 6 mars 1847 ; Douai, 9 mars 1847 ; Cass., 6 janvier 1858 (S. 1858-1-273) ; Aubry et Rau, § 507-65).

Il est *conventionnel*, lorsqu'il s'accomplit en vertu d'une clause expresse et obligatoire du contrat de mariage.

9. — Formes du remploi légal. — Comme nous le verrons, la déclaration de remploi ne pouvant être faite que dans l'acte même d'acquisition, participe nécessairement aux formes du contrat de vente dont elle est inséparable, et, par suite, peut être contenue dans un acte authentique ou sous seing privé.

Il y a cependant un cas où la constatation par acte authentique de l'origine des deniers serait nécessaire pour assurer à la femme la propriété de l'immeuble acquis en remploi ; c'est l'hypothèse prévue par l'article 558 du Code de commerce, aux termes duquel la femme ne reprend les immeubles acquis en remploi que si « la déclaration d'emploi est expressément stipulée au contrat d'acquisition, et que l'origine des deniers est constatée par inventaire ou par tout autre acte authentique » (1).

10. — Formalités du remploi. — Mais que le remploi soit *légal* ou *conventionnel*, il est soumis, pour sa validité, à certaines conditions et à certaines formalités prescrites par la loi et qui doivent être, dans l'intérêt des époux et des tiers, rigoureusement observées.

Ces formalités varient légèrement suivant que le remploi est fait *au profit du mari* ou *au profit de la femme*.

11. — *a*) **Remploi au profit du mari.** — Aux termes de l'article 1434 du Code civil, « le remploi est censé fait, à l'égard du mari, toutes les fois que lors d'une acquisition, il a déclaré qu'elle était faite des deniers provenus de l'aliénation d'un immeuble qui lui était personnel et pour lui tenir lieu de remploi. »

12. — Le Code exige donc une *double* déclaration portant sur l'origine des deniers et sur l'intention d'opérer le remploi ; et il n'y a pas lieu de suivre la doctrine des auteurs qui enseignent que l'une ou l'autre des déclarations est suffisante pour la validité du remploi (2). Le texte est formel et la validité du remploi est subordonnée à l'accomplissement de cette double prescription (3).

13. — Il est aussi *nécessaire* que la déclaration constitutive du remploi soit faite *lors de l'acquisition* même de l'immeuble, c'est-à-dire dans le contrat même d'acquisition (4). « La raison en est, disait Lebrun, qu'il n'est pas juste que le mari voie venir la suite du temps pour prendre l'immeuble, s'il est augmenté, — ou pour le refuser, s'il est diminué par la vicissitude des choses. Il doit donc déclarer *sur le champ*, s'il entend que l'immeuble lui serve de remploi... »

14. — En ce qui touche les termes dans lesquels la déclaration doit être faite, la loi n'a rien prescrit de spécial. Elle n'exige pas de termes sacramentels. Le notaire a donc la latitude d'employer, dans son acte, les expressions dont la loi s'est servie, ce qui est toujours préférable, ou des expressions équivalentes. Il est seulement indispensable que les énonciations exigées se retrouvent dans la formule employée. Aussi la Cour de cassation a-t-elle décidé qu'il n'est pas nécessaire qu'une déclaration de remploi soit faite en termes formels ; il suffit que le mari indique clairement l'origine des deniers et l'intention d'opérer un remploi (5).

15. — Quant à l'identité des deniers à remployer, elle n'est pas exigée et il n'y a pas, en effet, plus de raison pour se montrer plus rigoureux ici que dans l'hypothèse de l'article 1250, 2° du Code civil (6).

16. — *b*) **Remploi au profit de la femme.** — « La déclaration du mari,

---

(1) Cass., 8 novembre 1886 (art. 23921, J. N.). — *Sic*: Poitiers, 11 mai 1885.
(2) Toullier, t. V, n° 109 ; Odier, n° 325 ; Duranton, n° 428 ; Dict. du not., n° 72.
(3) Aubry et Rau, p. 303 ; Rodière et Pont, n°° 656 et suiv. ; Colmet de Santerre, p. 199; Laurent, n° 364; Cass. 20 août 1872 (S. 1873-1-5 et art. 20492, J. N.).

(4) Bourges, 26 avril 1837 ; Aubry et Rau, p. 304 ; Rodière et Pont, n° 662 ; Laurent, n° 366.
(5) Cass., 23 mai 1888 et 20 août 1872.
(6) Caen, 7 mai 1879 (art. 22301, J. N.) ; Aubry et Rau, p. 302-303 ; Laurent, n° 362.

dit l'article 1435, que l'acquisition est faite des deniers provenus de l'immeuble vendu par la femme et pour lui servir de remploi, ne suffit point, si ce remploi n'a été *formellement accepté* par la femme... »

17. — Cet article se place dans l'hypothèse où le mari, agissant au nom de la femme, intervient pour remployer les deniers provenant de l'aliénation de l'un de ses propres (1). Il exige, en ce cas, comme l'article 1434, une double déclaration, énonçant l'origine des deniers et l'intention d'effectuer le remploi.

18. — Bien que le texte ne s'explique pas sur le moment où doit être faite cette déclaration, il n'est pas douteux qu'elle doit également être faite dans le contrat même d'acquisition.

19. — Mais la double déclaration ne suffit pas; il faut, en outre, l'acceptation de la femme. C'est une condition *essentielle* et une application du principe général que personne ne peut devenir propriétaire sans le vouloir. Cette formalité se justifie aussi par la prépondérance des droits du mari; il ne faut pas que la femme soit tenue de subir une acquisition qu'il plairait au mari de lui imposer (2).

20. — Cette acceptation doit être pure et simple et *expresse*, c'est-à-dire formulée en termes précis. Elle ne pourrait être induite de telles ou telles circonstances, de tels ou tels faits, pas même de la présence et de la signature au contrat de la femme, qui peuvent s'expliquer par d'autres motifs.

21. — Mais la loi n'impose pas des termes sacramentels et les juges peuvent décider que l'acceptation résulte avec certitude et sans doute possible des termes et clauses de l'acte (3).

22. — La loi n'impose pas davantage que l'acceptation ait lieu par acte authentique. Assurément, cette forme sera toujours préférable, parce qu'elle pourra ainsi être aussitôt opposable aux tiers, mais rien n'empêche que la femme accepte par acte sous seing privé.

23. — L'acceptation, une fois faite, est irrévocable.

24. — Si elle a lieu par acte séparé, car la loi, d'après la doctrine, n'oblige pas la femme à accepter dans le contrat même d'acquisition, elle peut être faite par la femme sans autorisation spéciale de son mari, l'autorisation résultant de l'acquisition faite par le mari à titre de remploi pour sa femme (art. 217, C. civ.) (4). Il est cependant préférable, au point de vue pratique, de faire accepter la femme avec l'autorisation de son mari, lequel ne peut plus, dès lors, retirer l'offre de remploi ou aliéner l'immeuble.

25. — Jusqu'à quel moment cette acceptation peut-elle avoir lieu? Malgré la divergence de quelques auteurs, on décide généralement que la femme peut accepter jusqu'à la dissolution de la communauté. C'est ce qui résulte des termes même de l'article 1435, qui dispose que la femme qui n'a pas accepté le remploi a simplement droit, lors de la dissolution de la communauté, à la récompense du prix de son immeuble (5).

26. — En supposant l'acceptation de la femme survenue *ex-intervallo*, c'est-à-dire postérieurement à l'acte d'acquisition, quels en seront les effets? Rétroagit-elle au jour de l'acquisition, ou bien le remploi n'existe-t-il que du moment où la femme a accepté? Il y a, à cet égard, une vive controverse dans la doctrine. Certains auteurs prétendent que, par la déclaration de remploi qu'il fait au contrat, le

---

(1) Mais rien n'empêche la femme d'acheter en son propre nom, avec l'autorisation de son mari, un immeuble pour remplacer son propre; c'est même le mode le plus simple de faire le remploi. Dans ce cas, il suffit, pour faire entrer l'immeuble dans son patrimoine personnel, de faire les déclarations exigées par la loi. La femme n'aura pas besoin d'accepter cette acquisition, car elle a suffisamment manifesté son intention en prenant elle-même l'initiative de l'opération. Mais l'autorisation du mari est nécessaire même pour la femme *séparée de biens* (Cass., 2 décembre 1885, *Rev. not.*, n° 7261).

(2) Cass., 25 juin 1888 (*Rev. not.*, 1884, p. 758).
(3) Cass., 26 juillet 1868.
(4) Marcadé, art. 1435. § 3 ; Rodière et Pont, n° 672 ; Troplong, n° 1183. — *Contra* : Guillouard, *Contrat de mar.*, t. II, n° 499.
(5) Cass., 2 mai 1859 (art. 16585, J. N.) ; Aubry et Rau, p. 306 ; Laurent, n° 375.

mari fait une offre à sa femme, offre que cette dernière peut accepter ou répudier à son gré. Dans ce système, l'acceptation n'a point d'effet rétroactif et le remploi ne se trouve effectué qu'à l'instant où se produit l'adhésion de la femme (1). D'autres enseignent que le mari, en déclarant acquérir l'immeuble en remploi sans sa femme, agit en qualité de gérant d'affaires ; que par suite, l'acceptation de la femme est la *ratification* de ce que le mari a fait pour elle et en son nom ; et qu'elle rétroagit au jour du contrat. C'est l'opinion que nous préférons (2).

27. — D'où la conséquence que les aliénations ou hypothèques que le mari aurait pu consentir sur l'immeuble acquis en remploi seront subordonnées au parti que prendra la femme ultérieurement. Si elle n'accepte pas, elles seront valables. Si la femme accepte, tous les droits réels qui auraient pu être consentis s'évanouiront.

28. — Dans un troisième système, on admet que l'acceptation de la femme rétroagit, mais que cette rétroactivité n'est pas opposable aux tiers ; que si le mari a hypothéqué l'immeuble, la femme doit respecter les droits acquis ; que s'il a aliéné, cette aliénation doit être considérée comme une révocation de l'offre de remploi (3).

Partant de ce dernier système, qui est le plus généralement suivi dans la pratique, on décide :

a) Que l'acceptation de la femme, n'opérant pas une transmission nouvelle de propriété, ne donne point ouverture à un second droit de mutation (4).

b) Mais que cette acceptation ne faisant pas évanouir les hypothèques que le mari a pu consentir, l'acte est de nature à être transcrit pour arriver à la purge des hypothèques et est passible, lors de l'enregistrement, conformément à l'article 54 de la loi de 1816, du droit de transcription à 1 fr. 50 % (5).

29. — Remploi conventionnel. — Souvent on stipule, dans les contrats de mariage, même sous le régime de la communauté, que si les immeubles des époux ou de l'un d'eux, plus spécialement de la femme, viennent à être vendus, le prix à provenir de l'aliénation sera employé en achat d'autres immeubles. Nul doute que cette stipulation soit valable sous une législation qui pose en principe, d'une manière presque absolue, la règle de la liberté des conventions matrimoniales (6).

30. — Mais quelle interprétation convient-il de donner à la stipulation de remploi ? Faut-il n'y voir qu'une clause de style, souvenir d'anciennes pratiques, une simple répétition des dispositions du Code, « ayant cet avantage de montrer leurs droits et leurs obligations aux parties qui sont plus disposées à lire un contrat de mariage que les articles de la loi réputés par elles plus difficiles à trouver et à comprendre » ? — Aura-t-elle, au contraire, pour effet, d'aller au delà des dispositions légales et de rendre le remploi obligatoire (7) ? Il est difficile d'établir à cet égard une règle absolue. On peut seulement observer que la clause, en tant qu'elle s'appliquerait aux propres du mari, ne saurait jamais avoir pour effet de rendre le remploi obligatoire.

---

(1) Mourlon, t. III, n° 157 ; Aubry et Rau, t. V, p. 305.

(2) Colmet de Santerre, t. VI, p. 204 ; Laurent, n° 376 ; Amiaud, *Rev. prat.*, Du remploi, t. IV, p. 62 ; De Folleville, t. I, n° 237, 242.

(3) Pont, n° 1135 ; Aubry et Rau, p. 306 ; Rodière et Pont, t. I, n° 665 et 674 ; Guillouard, n° 509.

(4) Cass., 14 janvier 1868.

(5) Seine, 8 janvier 1876 (*Rev. not.*, n° 5135) ; Albi, 7 février 1890 (*Rép. Garnier*, art. 7427). — *Contrà* : Angoulême, 24 mai 1865. — *Sic* : Rodière et

Pont, t. I, n° 665, 674 ; Aubry et Rau, t. V, p. 306 307 ; Guillouard, t. II, p. 509.

(6) Laurent, n° 384 ; Guillouard, n° 500 et suiv. ; Aubry et Rau, p. 262.

(7) Sous le régime de la communauté, le mari n'est jamais obligé, de par la loi, de faire remploi du prix des immeubles aliénés par sa femme ; il jouit, à cet égard, d'une entière liberté. Liège, 22 novembre 1855 ; Laurent, n° 383 ; Aubry et Rau, p. 262 ; Dalloz, n° 1543.

31. — Quant aux biens de la femme, tout dépendra des termes de l'acte. Le remploi resterait donc *facultatif*, malgré la stipulation de remploi, si dans le contrat les parties s'étaient bornées à déclarer simplement « qu'il sera fait remploi des immeubles de la femme qui seraient aliénés au cours du mariage »; car il est probable et, dans tous les cas, on doit présumer, en l'absence de termes formels, que les parties, en insérant cette clause, n'ont eu d'autre but que de rappeler les dispositions des articles 1434 et 1435 du Code civil.

32. — Le remploi deviendrait, au contraire, *obligatoire* pour le mari, si la clause établie ne laissait aucun doute sur l'intention des contractants; ce qui arrivera lorsque le contrat de mariage aura fixé le délai dans lequel le remploi devrait être effectué, par exemple, dans l'année qui suivra l'aliénation de l'immeuble propre. Il y a, en effet, dans une pareille clause, autre chose que le rappel des dispositions légales.

Il en serait de même, si le contrat de mariage portait que les premières acquisitions immobilières faites par le mari serviront de remploi aux propres de la femme; là encore, on trouve l'expression d'une volonté précise qu'il soit fait remploi, puisque l'on désigne les immeubles qui devront en tenir lieu.

Ou si encore, bien qu'il n'y ait pas de délai imparti, la clause indiquait très nettement et sans doute possible, la volonté des futurs époux de rendre le remploi obligatoire (1).

33. — Pour la validité du remploi obligatoire, comme pour celle du remploi facultatif, les parties doivent remplir les formalités prescrites par les articles 1434 et 1435, c'est-à-dire que la double déclaration est toujours nécessaire, et aussi l'acceptation de la femme; car, malgré la clause du contrat, la femme n'a point abdiqué le droit qui lui appartient d'examiner la valeur des immeubles acquis en remploi et de les refuser, si bon lui semble (2).

34. — Lorsque le remploi a été déclaré obligatoire et qu'un délai a été stipulé par le contrat, on reconnaît généralement que la femme a une action contre son mari pour le contraindre à l'effectuer (3); mais si aucun délai n'a été fixé, il paraît juste de décider que le mari peut, jusqu'à la dissolution de la communauté, faire le remploi prescrit (4).

35. — La clause de remploi obligatoire n'a, en principe, d'effet qu'entre les parties, à l'égard du mari ou de *ses héritiers*; mais elle n'a point d'effet contre les tiers (5), à moins que le contrat de mariage ne contienne une *disposition formelle* imposant à tout acquéreur l'obligation de surveiller le remploi (6).

36. — Les parties peuvent aussi insérer, dans le contrat de mariage, une clause d'*emploi* des valeurs mobilières propres à la femme; cette clause est valable au même titre que la clause de remploi.

37. — En quelles valeurs a lieu le remploi. — En principe, lorsqu'un immeuble appartenant à l'un des époux est aliéné, le remploi doit en être effectué en *immeubles*. C'est ce qui résulte des articles 1434 et 1435 du Code civil qui ne prévoient que le remploi en immeubles et c'est aussi ce qui ressort de la notion même du remploi; cette institution a, en effet, pour but de conserver le patrimoine

---

(1) Aubry et Rau, p. 307; Laurent, n° 385; Rodière et Pont, n° 695; Guillouard, n° 501.

(2) Aubry et Rau, p. 308-309; Guillouard, n° 502.

(3) Colmet de Santerre, t. VI, n° 79 *bis*; Laurent, n° 386; Guillouard, n° 503.

(4) Caen, 27 mai 1840 et 26 février 1845; Guillouard, n° 504. — *Contrà* : Laurent, n° 386.

(5) Cass., 1er mars 1859 (S. 1859-1-402); Rodière et Pont, n° 696; Laurent, n° 387; Guillouard, n° 506.

(6) Cass., 8 juin 1858; Limoges, 11 décembre 1863; Cass., 19 juillet 1865 (art. 18352, J. N.); Toulouse, 10 décembre 1888; Paris, 8 janvier 1890 (*Rev. not.*, n° 8190 et 8239); Aubry et Rau, p. 344; Rodière et Pont, n° 700; Laurent, n° 389; Guillouard, n° 506. — Rappelons, d'ailleurs, que la clause de remploi, même obligatoire pour les tiers, n'imprime pas à l'immeuble le caractère de dotalité et que, notamment, l'immeuble pourrait être saisi par les créanciers de la femme. Cass., 19 juillet 1865; Paris, 19 juin 1884 (art. 23233, J. N.); Aubry et Rau, p. 523-524; Laurent, n° 389; Rodière et Pont, n° 696.

des époux et il faut, pour cela, que les biens aliénés soient remplacés par des biens de même nature.

38. — Toutefois, l'article 7 du décret du 16 janvier 1808, en autorisant les propriétaires d'*actions de la Banque de France* à donner à leurs actions la qualité d'immeubles, a élargi le cercle dans lequel peut être fait le remploi des immeubles appartenant aux époux (1).

39. — L'article 86 de la loi budgétaire du 2 juillet 1862 autorise aussi le remploi des immeubles en *rentes sur l'État* 3 %, dans les termes suivants : « Les sommes dont le placement ou remploi en immeubles est prescrit ou autorisé *par la loi*, par un jugement, *par un contrat* ou par une disposition à titre gratuit, entre-vifs ou testamentaire, peuvent être employées en rentes 3 % de la dette française, *à moins de clause contraire.* Dans ce cas, et sur la réquisition des parties, l'immatricule de ces rentes au Grand-livre de la dette publique en indique l'affectation spéciale (2). »

40. — Cette disposition législative doit être complétée par l'article 29 de la loi de finances des 16 septembre et 2 octobre 1871 qui permet, dans les mêmes termes, le remploi, non plus seulement en rentes 3 %, mais en *rentes françaises de toute nature.*

41. — On reconnaît unanimement que ces textes, qui ont plutôt un caractère interprétatif de la législation antérieure que le caractère de dispositions nouvelles, s'appliquent aussi bien aux contrats de mariage antérieurs à la loi du 2 juillet 1862 qu'aux contrats postérieurs (3).

42. — Dans quels cas y aura-t-il *clause contraire*, dans le sens de la loi de 1862, mettant obstacle au remploi en rentes sur l'État? La question est d'une appréciation délicate ; il paraît certain, cependant, que si le contrat de mariage porte que le remploi aura lieu « en immeubles ruraux, » ou « en immeubles réels, » — ou s'il est dit qu'il « n'*aura lieu qu'en immeubles,* » il y a clause indiquant suffisamment la volonté des époux d'exiger un remploi en immeubles réels (4). De même, si le contrat impose une autre garantie, telle qu'une hypothèque ou une caution, le remploi ne peut être fait en rentes sur l'État (5).

43. — Il a, toutefois, été jugé, mais à tort, pensons-nous, que si le remploi est exigé « en *immeubles de même nature,* » ou en immeubles situés dans tel arrondissement, il n'y a pas clause contraire et que le remploi peut avoir lieu en rentes sur l'Etat (6).

44. — Lorsque le remploi sera effectué en immeubles, il n'arrivera pas toujours que l'immeuble acquis soit d'une valeur exactement égale à celle de l'immeuble aliéné. S'il est d'une valeur inférieure, pas de difficulté ; la communauté reste débitrice envers l'époux de la différence. Mais que devra-t-on décider si l'acquisition est d'une valeur supérieure? Si la différence est peu importante, l'immeuble sera propre pour le tout, sauf récompense (7).

45. — Quand la valeur à employer est notablement inférieure au prix de l'immeuble acquis en remploi, on décide généralement que l'immeuble acquis ne devient propre que proportionnellement à ce prix et se trouve conquêt pour le surplus (8).

---

(1) Caen, 8 mai 1838.
(2) Art. 17471-17560 et 17561, J. N.
(3) Seine, 31 janvier 1863 ; Aix, 28 mai 1866 (*Rev. not.*, n° 657) ; Bourges, 26 mars 1870 ; Caen, 26 janvier 1872 (*Rev. not.*, n°ˢ 2912 et 4124 ; *J. du not.*, n° 2552) ; Rouen, 30 mai 1877 (S. 1878-2-135).
(4) Rouen, 18 janvier 1870 (art. 20124, J. N.) ; Caen, 26 janvier 1872 (*J. du not.*, n° 2552 et 2555).
(5) Cass., 8 janvier 1877 (S 1879-1-104).
(6) Aix, 28 mai 1866 (S. 1866-2-324); Caen, 8 janvier 1872 (S. 1872-2-49); Rouen, 30 mai 1877 (S. 1878-2-135).

(7) Aubry et Rau, p. 309 ; Rodière et Pont, n° 684 ; Troplong, t. II, n° 51 ; Guillouard, n° 512 ; Cass., 20 juin 1821.
(8) Cass., 20 juin 1821 ; Pothier, n° 198 ; Troplong, n° 1151 ; Rodière et Pont, n° 684 ; Aubry et Rau, § 507-86 ; Laurent, t. XXI, n° 381. — *Contra* : Colmet de Santerre, t. VI, n° 79 *bis*, suivant lequel l'immeuble sera propre pour le tout, sauf récompense. — Guillouard, n° 512, d'après lequel le remploi se trouverait non avenu et l'immeuble serait pour le tout conquêt de communauté.

46. — La femme peut être admise à établir par tous moyens de preuve, même par témoins, que le prix réel de l'immeuble à elle propre vendu par son mari, est supérieur au prix porté dans le contrat (1).

Le mari, au contraire, ne peut être admis à prouver qu'en sus du prix porté dans les actes de vente de ses propres, il a reçu des acquéreurs un supplément de prix (2).

47. — **Frais de remploi.** — Les frais de l'acte sont à la charge de l'époux au profit duquel a été fait le remploi ; c'est l'application de l'article 1593 du Code civil qui met les frais de l'acquisition à la charge de l'acquéreur (3).

§ 2. Du remploi sous le régime dotal.

48. — Sous le régime dotal, si la faculté d'aliéner les biens de la femme a été stipulée dans le contrat de mariage, elle peut l'être avec ou sans remploi. Dans le premier cas, le remploi reste *facultatif*, dans le second, il est *obligatoire*.

49. — Si la condition de remploi n'a pas été stipulée, il est certain que l'acquéreur n'est fondé ni à refuser le paiement de son prix jusqu'à ce que le remploi ait été opéré, ni à exiger une caution pour sûreté de ce remploi (4). D'une manière générale, le débiteur de deniers dotaux ne peut exiger un remploi qu'autant qu'il est formellement prescrit par le contrat de mariage.

Mais suffit-il que l'aliénabilité des biens dotaux ait été autorisée sous charge ou condition de remploi, pour que celui-ci soit *obligatoire*? Sans aucun doute, si la restriction ressort nettement des termes du contrat (5). Dès lors, s'il est seulement dit que le mari est autorisé à aliéner les biens dotaux *à charge de les reconnaître et assurer*, ou *à charge d'hypothèque sur ses biens*, on ne saurait voir là une clause de remploi obligatoire et opposable aux tiers (6).

La clause de remploi est irrévocable, comme toutes les conventions matrimoniales et la femme ne saurait valablement y renoncer.

50. — Les conditions de validité de remploi, en ce qui concerne les déclarations exigées par l'article 1434 et l'acceptation imposée par l'article 1435, sont applicables au régime dotal comme au régime de la communauté (7). Toutefois, les époux peuvent déroger à ces règles, en stipulant par exemple, que le mari aura le droit d'acquérir seul, et sans le concours de sa femme, en remploi de la dot, des immeubles qui deviendront dotaux (8). Mais cette dérogation doit être formellement stipulée et ne peut s'induire du seul pouvoir donné par la femme à son mari de vendre, sans son concours, le fonds dotal, à charge de remploi (9).

51. — Nous en dirons autant des règles indiquées en ce qui concerne la nature des biens qui peuvent servir à effectuer le remploi (V. *suprà*, nᵒˢ 37 et suiv.).

Nous ajouterons que le remploi supposant une acquisition nouvelle qui vient prendre la place de l'immeuble aliéné, ce ne serait pas satisfaire à la disposition

---

(1) Cass., 14 février 1843 et 30 décembre 1857 (art. 11593-16257, J. N.) ; Aubry et Rau, p. 355.

(2) Cass., 14 mai 1879 (art. 22300, J. N.) ; Bourges, 1ᵉʳ juillet 1886 ; Amiaud, *J. du not.*, 1896, p. 737.

(3) Rouen, 12 mai 1859 ; Cass., 2 février 1853 et 10 novembre 1859 (art. 16614-16754, J. N.) ; Aubry et Rau, p. 309 ; Rodière et Pont, n° 685 ; Laurent, n° 382 ; Dict. du not, n° 63 et suiv.

(4) Rouen, 21 mars 1829 ; Aubry et Rau, p. 577.

(5) Limoges, 7 mai 1862 ; Aubry et Rau, p. 577 ; Guillouard, n° 1956 ; la clause de remploi étant dérogatoire au droit commun ne serait donc pas opposable aux tiers qu'une rédaction équivoque aurait pu tromper. Cass., 1ᵉʳ août 1844 et 26 mai 1873

(art. 20778, J. N.) ; Agen, 2 février 1891. — V. Houpin, *J. du not.*, 1891, p. 177.

(6) Cass., 7 novembre 1854, 25 février 1856 et 5 février 1859 ; Nîmes, 26 mai 1851 ; Cass., 12 juin 1865 (*Rev. not.*, n° 1283 ; art. 18349, J. N.).

(7) Agen, 20 juillet 1858 ; Cass., 2 mai 1859 (art. 16585, J. N.); Pau, 29 février 1860 ; Cass., 12 juin 1865 ; Montpellier, 16 juillet 1867 (*Rev. not.*, nᵒˢ 1409 et 2024) ; Toulouse, 4 mai 1882; Aubry et Rau, p. 581 ; Guillouard, t. IV, n° 1965 ; Jouitou, n° 319.

(8) Mêmes arrêts.

(9) Cass., 2 mai 1859 ; Grenoble, 25 avril 1861 ; Rodière et Pont, n° 1812 ; Guillouard, n° 1967.

du contrat de mariage qui le prescrit, que de constituer une hypothèque au profit de la femme (1), ou d'employer le prix de l'aliénation à l'acquittement de dettes grevant les immeubles dotaux, même en vertu d'un jugement autorisant ce mode d'emploi (2) ;

— Ou de constituer une rente viagère sur la tête des deux époux, ou de la femme seule (3) ;

— Ou de faire déclarer par les époux qu'ils donnent le caractère de bien dotal à des immeubles paraphernaux de la femme (4).

52. — Le remploi doit être fait conformément aux stipulations du contrat de mariage, lorsque le contrat détermine expressément le mode de remploi (5) ; — et les époux ne pourraient être autorisés, par justice, à remployer le prix de biens dotaux en immeubles *urbains*, si une clause formelle du contrat porte que le remploi devra être fait en immeubles *ruraux* (6).

Le remploi stipulé en immeubles ne pourrait être effectué en immeubles du mari ou de la société d'acquêts cédés à la femme par le mari, à raison principalement de l'hypothèque légale de la femme qui grève ces immeubles (7).

Il a été décidé que si le remploi est autorisé en placements sur hypothèque, il peut être fait en obligations nominatives du Crédit foncier de France (8).

53. — Dans le silence du contrat, le remploi ne peut avoir lieu qu'en immeubles ou en valeurs immobilisées, telles que les rentes sur l'Etat et les actions de la Banque de France (V. *suprà*, nᵒˢ 37 et suiv.) (9).

54. — Sous le régime dotal, comme sous le régime de la communauté, le remploi peut avoir lieu *par anticipation* (10).

Toutefois, les juges du fait peuvent, sans tenir compte des actes authentiques qui leur sont soumis, et par une appréciation souveraine, déclarer qu'une femme dotale a, de concert avec son mari, simulé frauduleusement un remploi anticipé, au préjudice des créanciers personnels de son mari (11).

55. — Lorsque l'autorisation d'aliéner les immeubles dotaux a été subordonnée à la condition de remploi, la vente n'en est valable qu'autant que cette condition a été remplie, et l'acquéreur est en droit de refuser le paiement de son prix d'acquisition jusqu'à ce qu'il lui ait été justifié d'un remploi régulier et suffisant (12).

Le tiers acquéreur d'un bien dotal doit donc veiller au remploi dont il est responsable ; s'il paie sans s'assurer que le remploi a été valablement opéré, il s'expose à l'action en délaissement de la part de la femme (13).

56. — Le remploi, pour être régulièrement opéré, doit se faire en immeu-

(1) Toulouse, 7 août 1838 ; Caen, 30 août 1848 et 30 avril 1849, 2 août 1851 ; Rodière et Pont, n° 1840 ; Troplong, n° 3416.
(2) Montpellier, 3 janvier 1852 ; Pau, 5 mars 1859 ; Limoges, 14 novembre 1876 ; Pau, 27 janvier 1891 ; Rodière et Pont, n° 1841 ; Aubry et Rau, p. 579 ; Guillouard, n° 1962 ; Jouiton, n° 302 ; Houpin, J. du not., 1891, p. 355, et 1893, p. 177. — Contrà : Caen, 2 février 1851 et 19 juin 1852 ; Rouen, 19 août 1852.
(3) Riom, 12 août 1844 ; Cass., 23 juin 1846 ; Aubry et Rau, loc. cit. ; Guillouard, n° 1964.
(4) Caen, 6 mars 1848 (S. 1848-2-385) ; Aubry et Rau, § 587-81 ; Guillouard, n° 1963.
(5) Paris, 23 mars 1844 ; Rouen, 2 juin 1849 et 7 mai 1858 ; Cass., 22 février 1859 ; Aubry et Rau, p. 578.
(6) Seine, 10 janvier 1883 (Rev. not., n° 6627).
(7) Houpin, J. du not., 1891, p. 355 ; J. du not., art. 2384 ; Bulletin du not. prat., art. 1934 et 2068 ; Conf., Rouen, 8 mars 1841 (art. 1193, J. N.).
(8) Dijon, 16 août 1861 (S. 1861-2-543) ; Limoges, 17 et 22 mai 1865 (S. 1865-2-169). — Contrà : Deloison, Val. mob., n° 188.

(9) Cass., 22 février 1859 ; Aix, 17 novembre 1860, mais non en obligations du Crédit foncier ; Buchère, n° 290 ; Seine, 20 avril 1852.
(10) Cass., 5 décembre 1854 ; Paris, 20 novembre 1858 ; Bordeaux, 7 janvier 1879 ; Cass., 14 mai 1879 ; Jouiton, Rég. dot., n° 300 ; Guillouard, n° 1974.
Le remploi n'est consommé que par la vente des immeubles et l'emploi du prix au paiement des biens acquis (Rouen, 28 mars 1882 ; Caen, 8 juillet 1889). L'immeuble acheté par anticipation ne devient donc dotal que jusqu'à concurrence du prix des immeubles dotaux que la femme aliénera ensuite ; et si ce prix est inférieur, cet immeuble sera dotal pour partie, et, pour le surplus, il sera paraphernal ou de société d'acquêts (Cass., 24 novembre 1852 (S. 1852-1-798).
(11) Cass., 19 janvier 1886 (Rev. not., n° 7283).
(12) Agen, 5 janvier 1841 ; Cass., 25 avril 1842 ; Bordeaux, 1ᵉʳ décembre 1847 ; Cass., 2 août 1853 ; Bordeaux, 29 juin 1874 ; Aubry et Rau, p. 583.
(13) Aubry et Rau, p. 582 ; Guillouard, n° 1980 ; Laurent, t. XXIII, n° 520.

bles à l'abri de tout péril d'éviction (1). Ainsi le remploi n'est pas valablement fait, lorsque le prix excédant de beaucoup la somme employée, l'immeuble reste soumis à l'action résolutoire et au privilège du vendeur ; — ou bien lorsque l'acquisition a eu lieu à titre d'échange, sous l'obligation par la femme de payer une soulte qui, affectant par privilège la totalité des immeubles reçus en contre-échange, constitue pour la femme un péril d'éviction (2) ; — ou lorsque l'immeuble provient d'un partage d'ascendants (3).

57. — Le mari, le tiers débiteur des deniers à employer ou le tiers acquéreur de l'immeuble dotal, le vendeur de l'immeuble acquis en remploi, la femme dotale sont donc tous, à des titres divers, intéressés dans l'opération du remploi.

a) Le mari est obligé de procurer le remploi, il engage sa responsabilité en n'accomplissant pas ses obligations, et il peut être tenu à des dommages-intérêts, notamment envers sa femme (4).

b) Tout débiteur de deniers soumis à emploi est tenu de veiller à cet emploi dont l'accomplissement est nécessaire comme condition de validité du paiement. Donc, pas d'emploi, pas de paiement libératoire. Il est donc d'un intérêt essentiel pour le tiers débiteur de deniers dotaux à employer, de ne payer qu'à bon escient et seulement sur la justification d'un emploi régulier (5).

c) Il en est de même pour le tiers acquéreur du fonds dotal aliénable sous condition de remploi ; il est tenu de surveiller le remploi et ne doit payer qu'autant que la condition de remploi est remplie conformément aux prescriptions du contrat de mariage, puisqu'il est responsable du défaut ou de l'irrégularité du remploi (6). L'acquéreur du bien dotal peut donc être évincé si le remploi n'a été fait qu'en partie, ou s'il a été mal fait ; par exemple, si le prix du remploi a été porté à un chiffre plus élevé que le prix réel, dans le but de soustraire une portion des deniers dotaux à l'obligation du remploi, — si le bien acquis est d'une valeur insuffisante, — si la femme est évincée ou a sujet de craindre de l'être (7).

Si le contrat de mariage ne fixe pas de délai, le remploi peut être fait tant que dure le mariage. Si la femme obtenait sa séparation de biens, l'acquéreur pourrait l'obliger à effectuer le remploi et éviter l'action en révocation de la vente, en offrant son prix (8). Mais, après la dissolution du mariage, le remploi n'est plus possible ; et l'acquéreur ne pourrait plus, en offrant de payer son prix, résister à la demande en nullité, par la femme ou ses héritiers, de la vente de l'immeuble dotal pour défaut de remploi (9).

58. — Quand le remploi se fait en province, en acquisition d'immeubles dont

(1) Aubry et Rau, p. 582 ; Rodière et Pont, n° 1845 ; Limoges, 14 janvier 1862 (art. 17568, J. N.).
(2) Aix, 3 décembre 1879 ; Cass., 3 avril 1883 (art. 22346 et 23119, J. N. ; J. du not., n° 8386 ; Rev. not., n° 6863).
(3) Rouen, 20 décembre 1873.
(4) Toul, 5 février 1870.
(5) Caen, 23 novembre 1842 ; Paris, 23 mars 1844 ; Toulouse, 22 avril 1884. — V. Houpin, J. du not, 1891, p. 837.
(6) Il n'est pas déchargé de cette responsabilité par la consignation du prix (Cass., 12 mai 1857 et 15 mars 1886 (S. 1887-1-327) ; Caen, 26 janvier 1872 ; Aubry et Rau, p. 583 ; Guillouard, n° 1981. A fortiori, si les fonds formant le prix de l'immeuble dotal ont été versés, contre quittance des vendeurs, entre les mains du notaire rédacteur de l'acte, qui les a ensuite détournés (Cass., 29 janvier 1890,

art. 24490, J. N.) ; car, alors même que le contrat de mariage dispense l'acquéreur d'un bien dotal, de vérifier l'utilité et la valeur du remploi, ce dernier n'en reste pas moins soumis à l'obligation de vérifier la réalisation de ce remploi (Cass., 12 décembre 1888).
(7) Cass., 28 juillet 1862 ; Limoges, 14 janvier 1862 (art. 17568, J. N.).
(8) Bordeaux, 21 août 1848 ; Caen, 30 avril 1849 ; Cass., 20 juin 1853 (S. 1854-1-5) ; Caen, 31 mai 1870 (S. 1871-2-31) ; Rodière et Pont, n° 1844 ; Aubry et Rau, § 537-35 ; Guillouard, n° 1970. — Contrà : Toulouse, 22 décembre 1834 ; Rouen, 19 mars 1840 ; Limoges, 21 août 1840 ; Lyon, 25 novembre 1842 et 24 mars 1847 ; Toulouse, 14 juillet 1842 ; Jouitou, n°s 308 et 321.
(9) Riom, 26 juin 1839 ; Grenoble, 7 août 1840 ; Rouen, 5 décembre 1840 ; Cass., 27 avril 1842 ; Rouen, 26 août 1851.

le prix doit être payé avec le produit de la vente de valeurs effectuée par un agent de change de Paris, plusieurs moyens doivent être employés pour la réalisation du remploi.

    a) Paiement à la caisse de l'agent de change sur la production de pièces justificatives constatant que le remploi est consommé et accepté. Le remploi anticipé est le plus souvent d'une réalisation impossible, car il nécessite l'avance des fonds à remployer ;

    b) Dation, en paiement du prix de l'immeuble, de valeurs dont le vendeur devient propriétaire et qu'il peut ensuite vendre librement. Mais la plupart des sociétés, notamment les grandes compagnies de chemins de fer, n'acceptent pas ce mode de remploi ;

    c) Nomination par la justice (jugement sur requête rendu en la Chambre du conseil du tribunal du domicile des époux, ou ordonnance de référé rendue par le président du tribunal de la résidence de l'agent de change, contradictoirement entre les époux, l'agent de change et l'établissement débiteur) d'un séquestre chargé de recevoir les fonds de l'agent de change, et de surveiller le remploi de ces fonds, conformément au contrat de mariage. Cette nomination de séquestre est demandée généralement par les sociétés, compagnies et agents de change, quand le remploi doit être réalisé en province.

    59. — Pour un remploi en acquisition d'immeuble, il faut justifier des pièces suivantes :

    a) L'expédition de l'acte de vente ;

    b) Un certificat négatif d'inscriptions et de transcriptions du chef du vendeur ;

    c) Les pièces constatant que les formalités de purge d'hypothèques légales ont été remplies s'il y a lieu ; et qu'il n'est pas survenu d'inscription.

    Si le prix du transfert des rentes ne couvre pas la totalité du prix de la vente de l'immeuble, il faudra justifier du paiement du solde, car le vendeur non payé pourrait faire revendre l'immeuble, et la femme serait ainsi exposée à perdre tout ou partie de la somme qu'elle aurait payée à compte. (V. *suprà*, nº 56).

    d) Le vendeur de l'immeuble acquis en remploi n'est pas responsable de ce remploi et n'est point garant envers la femme dotale de l'à-compte payé par elle sur son acquisition ; et la femme ne peut demander la révocation de l'acquisition par elle faite à titre de remploi des deniers dotaux, par le seul motif que le remploi aurait été effectué dans de mauvaises conditions (1).

    e) Quant à la femme, elle a fait tout ce qu'elle est tenue de faire, quand elle a accepté le remploi. Mais il peut arriver ou qu'elle refuse, — ou qu'elle ne se prononce pas. Si elle ne se prononce pas, le mari ou le tiers débiteur des deniers à remployer peuvent, par voie de sommation, la mettre en demeure d'accepter. Si elle refuse, le mari et le tiers débiteur ou acquéreur ont action contre elle, et les tribunaux apprécient si la femme est ou non fondée dans sa résistance (2).

    60. — L'emploi ou le remploi doit comprendre tout le prix de la vente ou toute la somme dotale (3).

---

(1) Bordeaux, 24 février 1862 ; Cass., 14 juin 1881 (*J. du not.*, nº 8431) ; Nîmes, 11 janvier 1882 ; Cass., 21 juillet 1884 (art. 17408-22520, 22684 et 23228, J. N.) ; Guillouard, nº 1985.

(2) Jouitou, nº 321.

(3) Cass., 16 novembre 1859 ; Seine, 13 juin 1861 ; Paris, 23 mai 1863.

61. — Le mari ne peut, à défaut de remploi, demander lui-même l'annulation de la vente. Ce droit n'appartient qu'à la femme et à ses héritiers, soit que le remploi n'ait point été effectué, soit qu'il ait eu lieu d'une manière irrégulière ou incomplète ; mais jusqu'à la dissolution du mariage, le tiers acquéreur peut arrêter l'action en nullité, en offrant de payer son prix, s'il ne l'a pas acquitté, ou de payer une seconde fois, si le paiement a déjà eu lieu (1).

62. — La clause d'un contrat de mariage sous le régime dotal permettant à la femme d'aliéner ses biens dotaux, moyennant remploi et à la condition que son seul consentement dans la quittance libèrera les acquéreurs, qui n'auront pas à s'y immiscer, dispense les acquéreurs de surveiller le remploi (2). Toutefois il a été jugé qu'en pareil cas, les tiers acquéreurs demeurent néanmoins responsables du remploi, si les biens acquis étaient grevés de charges qui créeraient une cause d'éviction pour la femme (3).

63. — Les tiers ne sauraient davantage être responsables du défaut de remploi, alors même que la femme resterait sans recours utile contre le mari, si le contrat de mariage porte, après adoption du régime dotal, autorisation d'aliéner des biens dotaux, à charge seulement d'hypothèque sur les biens du mari ; cette clause ne confère à la femme aucune autre garantie que celle qui résulte de son hypothèque légale (V. *suprà*, n° 49) (4).

Toutefois, si le mari s'était obligé à fournir une bonne hypothèque, l'acquéreur de biens dotaux ne devrait pas payer le mari, sans que celui-ci justifie de la suffisance de ses biens immeubles à garantir les sommes touchées (5).

64. — **Frais.** — Les *frais* du remploi doivent être supportés par la femme, qui les prélève sur ses paraphernaux et, à défaut de biens paraphernaux, sur la somme à remployer (6).

§ 3. Responsabilité notariale.

65. — Le notaire, rédacteur de l'acte de vente d'un immeuble acquis en remploi, serait responsable, sous tous les régimes, du préjudice que causerait à l'époux la nullité du remploi pour inexécution des prescriptions des articles 1434 et 1435 du Code civil.

Mais, spécialement, sous le régime dotal, il a été jugé que le notaire, rédacteur d'un acte de vente d'un immeuble dotal, est responsable de la nullité résultant du défaut de remploi du prix, lorsque, chargé de vérifier si le contrat de mariage autorisait l'aliénation, il n'a pas fait connaître à l'acquéreur ni mentionné dans son acte, la nécessité du remploi (7) ; — ou lorsqu'il n'a pas surveillé l'efficacité des garanties promises à l'utilité du remploi (8) ; — ou lorsqu'il a conseillé l'acquisition d'un immeuble en remploi, sans prévenir les époux de la nullité pouvant résulter du défaut de ratification d'un précédent vendeur (9) ; — ou lorsque, par sa négligence ou son imprudence, il s'est rendu complice de remplois fictifs ou frauduleux, qui ont été réalisés (10).

---

(1) Pau, 26 février 1868 ; Limoges, 14 novembre 1876 (art. 19343 et 21641, J. N.) : Aubry et Rau, p. 580-582.
(2) Limoges, 7 mai 1862 (art. 17631, J. N.) ; Guillouard, n° 1982 ; Aix, 3 décembre 1879 ; Bordeaux, 29 juin 1874 (S. 1876-2-243).
(3) Cass., 2 février 1853 ; Limoges, 14 janvier 1862.
(4) Cass., 26 mai 1873 (art. 10773, J. N.).
(5) Montpellier, 29 avril 1874 (art. 20986, J. N.).
(6) Aubry et Rau p. 582 ; Rodière et Pont, n°° 1846, 1703, 2054 ; Guillouard, n° 1975 ; Caen, 19 juin 1852 ; Cass., 16 nov. 1859, 8 avril 1862 et 5 fév. 1868 ; Paris, 23 mai 1863 ; Nîmes, 13 nov. 1872.
(7) Cass., 31 mars 1862 (art. 17397, J. N.).
(8) Grenoble, 28 décembre 1880 (J. du not., n° 3381). V. aussi Paris, 17 novembre 1847 (art. 13215, J. N.).
(9) Rouen, 14 mai 1884 (art. 21552, J. N.).
(10) Toulouse, 18 janvier 1893 (J. du not., 1893, p. 361). V. aussi Seine, 20 novembre 1891 ; Paris, 7 janvier 1892, et Cass., 23 mai 1892.

§ 4. Enregistrement.

66. — Il n'est pas dû de droit fixe particulier d'enregistrement, indépendamment du droit proportionnel de vente, sur le contrat d'acquisition par lequel le mari et la femme acquièrent conjointement, et contenant déclaration de remploi au profit de la femme, avec acceptation par celle-ci (1).

Il doit en être ainsi pour le cas où la déclaration de remploi est faite par le mari à son profit (2).

67. — Mais l'acceptation de la femme, donnée par acte séparé, est passible du droit fixe de 3 francs (3).

68. — Il a été reconnu formellement que lorsque, sous le régime dotal, le mari ayant pouvoir, aux termes du contrat de mariage, d'aliéner les biens dotaux de la femme à charge de remploi, a acquis un immeuble pour servir de remploi des propriétés de cette dernière qu'il a pu ou pourra aliéner, l'acceptation ultérieure du remploi par la femme rétroagit, entre les époux, au jour du contrat d'acquisition et rend la femme propriétaire de l'immeuble à compter de cette époque; qu'en conséquence l'acte d'acceptation n'opère pas plus mutation de propriété du mari à la femme que si celle-ci avait accepté le remploi par le contrat même, et ne peut être asssujetti au droit d'enregistrement de vente d'immeubles à **5 fr. 50 °/₀** (4).

69. — **Transcription.** — L'acte d'acceptation du remploi par la femme n'est pas davantage passible, lors de l'enregistrement, du droit de transcription à 1 fr. 50 °/₀. Le tribunal de Tarascon a décidé le contraire le 27 novembre 1862 (5). Mais sa décision sur ce point nous paraît inadmissible.

70. — S'il a été jugé, par le tribunal de Guéret le 4 novembre 1861, et par celui de la Seine le 8 janvier 1876, que l'acte par lequel la femme accepte, en remploi de ses deniers dotaux, des immeubles qui avaient été acquis par le mari, avec déclaration que cette acquisition était faite pour servir de remploi à la femme, est passible, lors de l'enregistrement, du droit de transcription hypothécaire à 1 fr. 50 °/₀ (6) ; il a été décidé, d'autre part, que, lorsque sous le régime de la communauté un immeuble a été acquis par le mari « pour le compte et le profit, tant de sa femme dont il se porte fort, afin de lui servir de remploi de ses propres, que pour le compte de la communauté », l'acte ultérieur par lequel la femme, après avoir accepté le remploi, en paie le prix avec celui de l'aliénation de ses biens propres, n'est pas passible, lors de l'enregistrement, du droit de transcription hypothécaire à 1 fr. 50 c. °/₀ (7).

71. — Il a été aussi décidé que, lorsque, sous le régime dotal, un immeuble a été acquis par le mari, pour le compte de sa femme et en se portant fort pour elle, afin de servir à celle-ci de remploi de biens dotaux qu'elle se propose d'aliéner, l'acte ultérieur par lequel la femme ratifie et accepte cette acquisition à titre de remploi n'est point sujet, lors de l'enregistrement, au droit de transcription hypothécaire à 1 fr. 50 °/₀ (8).

72. — On peut encore citer, dans ce sens, une solution de la Régie elle-même du 22 juillet 1865, portant que, lorsqu'un immeuble a été acquis par le mari pour le compte de sa femme, et en se portant fort pour elle, afin de servir à celle-ci de remploi de biens propres qu'elle se propose d'aliéner, l'acte ultérieur par lequel la femme accepte cette acquisition à titre de remploi n'est

(1) Sol. Rég., 10 septembre 1873 (art. 21032, J. N.).
(2) Vitré, 13 juillet 1836 ; Dreux, 30 novembre 1842.
(3) L. 28 juin 1872 (art. 4).
(4) Cass., 14 janvier 1868 (art. 19155, J. N.).
(5) Art. 19155, J. N.
(6) Art. 17597 et 21518, J. N.
(7) Neufchâtel, 27 novembre 1862 (art. 17819, J. N.).
(8) Neufchâtel, 16 février 1865 (art 18337, J. N.).

point sujet, lors de l'enregistrement, au droit de transcription hypothécaire à 1 fr. 50 °/₀ (1).

73. — Lorsque le droit de transcription hypothécaire, en admettant qu'il fût dû, n'a pas été perçu sur l'acte d'acceptation de remploi, il ne peut être exigé ultérieurement du notaire, lors de l'enregistrement de l'acte de quittance qui constate le paiement du prix d'acquisition avec des deniers dotaux (2).

§ 5. FORMULES.

I. REMPLOI SOUS LE RÉGIME DE LA COMMUNAUTÉ.	II. REMPLOI SOUS LE RÉGIME DOTAL.
1. *Acquisition d'immeuble à titre de remploi.* 2. *Acceptation de remploi.*	3. *Vente d'immeuble avec obligation de remploi.* 4. *Acceptation de remploi en rentes sur l'État.* 5. *Acceptation de remploi en actions de la Banque de France.* 6. *Justification de remploi.*

I. REMPLOI SOUS LE RÉGIME DE LA COMMUNAUTÉ

1. — Acquisition d'immeuble à titre de remploi.

Pardevant..., etc.

A comparu :

M. Charles Morand, négociant, demeurant à...

Lequel a, par ces présentes, vendu avec toutes garanties de droit,

A M. Jules Boyer, propriétaire, demeurant à..., ici présent et qui accepte l'immeuble ci-après désigné, en remploi de ses biens propres, ainsi qu'il sera expliqué plus loin.

(*Ou* : A Mᵐᵉ Eugénie Lefort, épouse de M. Jules Boyer, propriétaire, avec lequel elle demeure à...; ladite dame ici présente et qui accepte avec l'assistance et l'autorisation de son mari, l'immeuble ci-après désigné en remploi de ses biens propres, ainsi qu'il va être expliqué.

DÉSIGNATION DE L'IMMEUBLE VENDU. ORIGINE DE PROPRIÉTÉ. ENTRÉE EN JOUISSANCE. CHARGES ET CONDITIONS. PRIX.

. . . .

DÉCLARATION DE REMPLOI.

(Employer, selon le cas, l'une des formules suivantes) :

a) *Remploi par le mari.*

M. Boyer déclare que les 50,000 francs qu'il vient de verser pour le prix de la présente acquisition, lui proviennent de la vente qu'il a faite à M. Louis Martin, propriétaire, demeurant à..., suivant contrat passé devant Mᵉ..., notaire à..., le..., moyennant pareille somme payée comptant, d'une maison située à.... qui lui appartenait en propre.

Et il fait cette déclaration pour que l'immeuble qu'il vient d'acquérir lui soit propre en remploi de celui qu'il a vendu à M. Martin.

---

(1) Art. 18865, J. N.

(2) Neufchâtel, 16 février 1865, précité ; Angoulême, 24 mai 1865.

b) *Remploi par la femme.*

M. et Mme Boyer déclarent que les 50,000 francs qu'ils viennent de verser pour le prix de la présente acquisition, proviennent à Mme Boyer, de..., etc.

Cette déclaration est ainsi faite pour que l'immeuble ci-dessus acquis soit propre à Mme Boyer, en remploi de..., etc.

Mme Boyer déclare expressément accepter ce remploi.

En conséquence l'immeuble acquis lui sera propre.

c) *Remploi partiel.*

M. et Me Boyer déclarent que dans les 50,000 francs qu'ils viennent de verser pour le prix de la présente acquisition, figure une somme de 40,000 francs, provenant de la vente d'une maison appartenant en propre à Mme Boyer et vendue... etc... ; et que les 10,000 de surplus dépendent de leur communauté.

Ils font cette déclaration pour que l'immeuble ci-dessus acquis soit propre à Mme Boyer en remploi de celui vendu à M. Martin jusqu'à concurrence des 4/5e et dépende de leur communauté pour le surplus.

En conséquence, il est convenu que l'immeuble présentement acquis appartiendra en propre à Mme Boyer pour... ares... centiares, à prendre du côté Est, dans la longueur ; et que le surplus appartiendra à la communauté.

Mme Boyer déclare expressément accepter ce remploi.

d) *Remploi par anticipation.*

M. et Mme Boyer déclarent qu'ils paieront les 50,000 francs qui forment le prix de la présente acquisition, avec pareille somme qu'ils ont à recevoir de M. Louis Martin, propriétaire, demeurant à .., pour prix de la vente qu'ils lui ont faite suivant contrat passé devant M^{e}..., notaire à..., le..., d'une maison située à..., qui appartenait en propre à Mme Boyer ; et qu'ils font la présente acquisition pour servir de propre à cette dernière en remploi du prix de ladite vente.

Mme Boyer déclare expressément accepter ce remploi.

Ou bien : M. et Mme Boyer déclarent qu'ils paieront les 50,000 francs qui forment le prix de la présente acquisition avec le prix de la vente qu'ils se proposent de faire d'une maison située à..., appartenant en propre à Mme Boyer, ainsi du reste qu'ils l'établiront lors du paiement du prix ; et qu'ils font cette acquisition à titre de remploi anticipé au profit de Mme Boyer, du prix de ladite vente à réaliser.

Mme Boyer déclare accepter expressément ce remploi.

TRANSCRIPTION ET PURGE. ÉTAT-CIVIL. REMISE DE TITRES. ÉLECTION DE DOMICILE.

Dont acte...

2. — Acceptation de remploi.

Pardevant..., etc.

A comparu :

Mme Eugénie Lefort, épouse assistée et autorisée de M. Jules Boyer, propriétaire, avec lequel elle demeure à...

Laquelle, après avoir pris connaissance d'un contrat passé devant M^{e}..., notaire à..., le..., transcrit au bureau des hypothèques de..., le..., volume..., numéro..., par lequel M. Boyer a acquis au nom et pour le compte de son épouse, une maison située à..., moyennant le prix de 50,000 francs stipulés payables le..., et ce à titre de remploi au profit de la comparante du prix d'immeubles à elle propres vendus, suivant procès-verbal d'adjudication dressé par M^{e}..., notaire à..., le..., etc.

A déclaré expressément accepter l'acquisition et le remploi effectués en son nom, par le contrat sus-énoncé.

En conséquence, la maison acquise sera propre à Mme Boyer, en remploi de ses biens aliénés.

(*Si le mari n'était pas présent à l'acte d'acceptation, on ajouterait*) :
Cette acceptation de remploi sera notifiée à M. Boyer sus-nommé.
Dont acte...

II. REMPLOI SOUS LE RÉGIME DOTAL

3. — Vente d'immeuble avec obligation de remploi.

Pardevant..., etc.
Ont comparu :
M. Jules Boyer, propriétaire, et Mme Eugénie Lefort, son épouse, qu'il autorise, demeurant ensemble à...
Lesquels ont, par ces présentes, vendu solidairement et avec toute garantie de droit.
A M. Charles Martin, propriétaire, demeurant à...
(*Désignation. — Origine de propriété. — Entrée en jouissance. — Charges et conditions. — Prix. — Transcription et purge. — Etat-civil*).

Promesse de remploi.

M. et Mme Boyer déclarent qu'ils sont mariés sous le régime dotal avec obligation d'emploi des biens propres aliénés de Mme Boyer, aux termes de leur contrat de mariage reçu par M^e..., notaire à..., le..., dont l'article..., est conçu dans les termes suivants :... (*Copier littéralement l'article relatif à l'aliénation de la dot et au remploi*).
Et ils s'obligent solidairement à faire emploi de la somme de 50,000 francs qu'ils viennent de recevoir pour prix de la présente vente (*ou* : à faire emploi, lors de son paiement, de la somme de 50 000 francs, formant le prix de la présente vente), en acquisition d'un autre immeuble au nom de Mme Boyer, à titre de remploi dotal conformément à son contrat de mariage, et à justifier à M. Martin, de ce remploi et de son acceptation par Mme Boyer sous deux mois de ce jour (*ou en cas de non paiement immédiat* : sous deux mois du jour du paiement).
Si le remploi doit être effectué en valeurs de Bourse, il faut dire :
... en acquisition de rentes sur l'Etat français (ou d'obligations de la compagnie du chemin de fer de...), dont les titres seront immatriculés au nom de Mme Boyer avec mention de la dotalité et de l'obligation de remploi.
Ils s'obligent, en outre, à justifier à M. Martin, sous deux mois de ce jour, de ce remploi dotal et de son acceptation par Mme Boyer au moyen de la remise d'une expédition de l'acte qui le constatera.
Remise des titres. — Election de domicile.
Dont acte...

4. — Acceptation de remploi en rentes sur l'Etat.

Pardevant..., etc.
Ont comparu :
M. Jules Boyer, propriétaire et Mme Eugénie Lefort, son épouse, qu'il autorise, demeurant ensemble à...
Lesquels, préalablement aux déclaration et acceptation d'emploi qui vont faire l'objet des présentes, ont exposé ce qui suit :
Exposé.

I. — Aux termes de leur contrat de mariage passé devant M^e..., notaire à..., le...,
M. et Mme Boyer comparants ont adopté le régime dotal avec faculté d'aliéner les biens propres

de la femme et de recevoir les capitaux, mais à la condition de faire emploi à son profit des sommes en provenant, notamment en rentes sur l'Etat français.

II. — Suivant contrat passé devant M°..., notaire à..., le..., M. et Mme Boyer ont vendu à M. Charles Martin, propriétaire, demeurant à..., une maison, située à..., faisant partie des biens dotaux de Mme Boyer, moyennant le prix principal de 50,000 francs, payé en vertu d'une quittance reçue par le même notaire, le...

Et il a été stipulé qu'il serait fait remploi de ces 50,000 francs en acquisition de rentes sur l'Etat français.

Remploi.

Conformément à l'obligation résultant de leur contrat de mariage et à l'engagement pris par eux dans le contrat de vente ci-dessus rappelé, M. et Mme Boyer ont effectué de la manière suivante l'emploi des 50,000 francs qui forment le prix de cette vente :

Ils ont fait acheter le..., par le ministère de M·..., agent de change près de la Bourse de Paris... de rente 3 °/° sur l'Etat français qui, au cours de..., ont coûté 49,917 francs, ainsi que le constate un bordereau délivré par ledit agent de change, lequel, dûment timbré, sera enregistré avec les présentes auxquelles il est demeuré annexé après mention par le notaire soussigné, ci . . . .

49 917	»

A quoi il y a lieu d'ajouter pour frais de timbre et de courtage..., ci. . . .

»	»

Ce qui donne un total de. . . . .

»	»

Mais il faut déduire de cette somme celle de..., pour le prorata d'arrérages de ladite rente, couru du..., audit jour, compris dans le cours et représentant des fruits revenant à la société d'acquêts, ci. . . . .

De sorte qu'il a été employé en capital . . . .

»	»

Et comme la somme à employer était de 50,000 francs . . . .

50 000	»

Il reste sans emploi pour être imputés à titre de remploi sur les frais et honoraires des présentes . . . .

»	»

Les... de rente ainsi acquis ont été immatriculés en un titre portant le n°... de la... série au nom de : (*copier l'immatricule*).

Mme Boyer déclare accepter expressément ces... francs de rente 3 °/° sur l'Etat français en remploi dotal de la maison vendue à M. Martin.

M. et Mme Boyer se reconnaissent en possession de ce titre.

Et mention des présentes est consentie partout où besoin sera.

Dont acte...

5. — Acceptation de remploi en actions de la Banque de France.

(Formule de la Banque.)

Pardevant..., etc.

Ont comparu ;

M. Jules Boyer, propriétaire, et Mme Eugénie Lefort, son épouse, qu'il autorise, demeurant à...,

Lesquels, pour arriver à la déclaration de remploi et à la procuration faisant l'objet des présentes, ont exposé ce qui suit :

Le contrat de mariage de M. et Mme Boyer a été passé devant M°..., notaire à..., le...; il contient adoption du régime dotal, avec société d'acquêts et faculté de vendre les immeubles de la femme sous condition de remploi en...

Suivant contrat passé devant M°.., notaire à..., le..., M. et Mme Boyer ont vendu à M. Charles Martin, propriétaire, demeurant a..., une maison située à..., moyennant un prix principal de..., payé comptant, et se sont obligés à faire l'emploi de cette somme, au nom de Mme Boyer, en acquisition d'actions de la Banque de France qu'ils feraient immobiliser.

A cet effet, M. et Mme Boyer ont acquis, à la Bourse de Paris du..., par l'entremise de M. ..., agent de change, ... actions de la Banque de France, au nom de Mme Boyer, pour une somme totale de..., ainsi que le constate un bordereau d'achat sur timbre à..., lequel, non encore enregistré, mais devant l'être avec ces présentes, est demeuré ci-annexé, après que dessus les notaires soussignés ont fait mention de l'annexe.

Déclaration d'emploi. Procuration.

Ces faits exposés, M. et Mme Boyer déclarent, par ces présentes, que la somme de... qui a été employée pour achat de... actions de la Banque de France, dont il vient d'être question, provient de celle de..., payée par M. Martin, pour le prix de la vente du... ci-dessus énoncée.

Ils font cette déclaration pour, attendu l'origine des deniers, que les... actions soient propres et dotales à Mme Boyer en remploi de l'immeuble vendu à M. Martin.

Mme Boyer accepte expressément ce remploi.

Et, par ces présentes, M et Mme Boyer constituent pour leur mandataire, M. ..., agent de change, demeurant à... ;

Auquel ils donnent pouvoir de, pour eux et en leur nom :

Faire immobiliser les actions susrelatées de la Banque de France, acquises en remploi au nom de Mme Boyer ; fournir toutes justifications, faire toutes réquisitions, signer sur les registres de la Banque de France la déclaration de l'immobilisation exigée par la loi du 16 juin 1808, pour rendre immeubles les actions ; réitérer au nom de Mme Boyer toute acceptation de remploi ; substituer et généralement faire le nécessaire.

Dont acte...

6. — Justification de remploi.

Pardevant..., etc.

Ont comparu :

M. Jules Boyer, propriétaire, et Mme Eugénie Lefort, son épouse, qu'il autorise, demeurant ensemble à...

Lesquels ont déclaré ce qui suit :

I. — Aux termes de leur contrat de mariage passé devant M^e .., notaire à..., le...,M. et Mme Boyer, comparants, ont adopté le régime dotal avec faculté d'aliéner les biens propres de Mme Boyer, mais sous la condition d'en employer le prix en immeubles à son nom.

II. — En vertu d'un contrat reçu par M^e ..., notaire à..., le..., ils ont vendu à M. Charles Martin, propriétaire, demeurant à..., une maison située à... et appartenant en propre à Mme Boyer.

Cette vente a eu lieu moyennant le prix principal de 50,000 francs, payé comptant, dont ils se sont obligés à faire emploi conformément aux stipulations de leur contrat de mariage.

III. — Enfin, suivant contrat passé devant M^e ..., notaire à..., le..., Mme Boyer, autorisée de son mari, a acquis de M. Georges Remy, propriétaire, demeurant à .., un bois situé à..., moyennant le prix principal de 50,000 francs, payé comptant.

M. et Mme Boyer ont déclaré audit acte que cette somme de 50,000 francs représentait le prix de la vente qu'ils avaient faite à M. Martin de l'immeuble propre à Mme Boyer, et que l'acquisition dont il s'agit était faite en remploi ; par suite de quoi le bois acquis de M. Remy s'est trouvé appartenir en propre à Mme Boyer à titre de remploi qu'elle a accepté.

Une expédition dudit contrat d'acquisition a été transcrite (<i>relater les formalités hypothécaires</i>).

Ces faits exposés, Mme Boyer déclare réitérer l'acceptation du remploi dont il s'agit, et reconnaître qu'il est régulier et conforme aux prescriptions de son contrat de mariage.

Mention des présentes est consentie...

Dont acte...

BIBLIOGRAPHIE

Astoul, <i>Thèse de doctorat</i>, Paris, 1890.
Aubry et Rau, t. V, p. 302, 540 et suiv.
Dict. du not., v° <i>Remploi</i>.
Dubois, <i>Le remploi, Transcription et purge</i>, in-8°, 1880.
Encyclop. du not., v° <i>Remploi</i>.
Guillouard, <i>Du contrat de mariage</i>.
Houpin, <i>J. du not.</i>, 1891, p. 129, 177, 337, 353, 417, 465, 561, 609 et 641.

Jonitou, <i>Du régime dotal</i>, 2 vol. in-8°, 1882-1888.
Labbé, <i>Du remploi</i>, in-8°, Paris, 1857.
Laurent, t. XXI et XXIII.
Lefebvre, <i>De l'emploi et du remploi en rentes sur l'État</i>, in-8°, 1864.
Rodière et Pont, <i>Contrat de mariage</i>, t. II et III.

RENONCIATION

C'est, pris dans le sens général du mot, l'acte par lequel une personne abandonne un droit qui lui appartient, soit gratuitement, soit moyennant un prix déterminé.

Sommaire :

§ 1. Principes généraux.

1. — En principe, chacun peut renoncer aux droits qui lui sont conférés dans son intérêt privé et personnel. (V. *suprà*, v° Ratification, chapitre 1er), mais on ne peut renoncer aux droits et privilèges qui ont été accordés par la loi, moins dans l'intérêt particulier des parties, que dans des vues d'ordre public. C'est ainsi qu'on ne peut renoncer aux droits résultant de la puissance paternelle ou de la puissance maritale ; un candidat à un office ministériel ne saurait non plus renoncer au droit de présentation qui est accordé par l'article 91 de la loi de 1816. On ne peut pas davantage renoncer à la capacité que la loi confère à chaque personne de contracter.

2. — Dans cet ordre d'idées, il faut même décider que les futurs époux ne sauraient, par contrat de mariage, renoncer au droit qu'ils ont de disposer l'un au profit de l'autre (1).

3. — Il a aussi été jugé, par voie de cassation de deux arrêts de la Cour de Paris des 17 novembre 1875 et 6 décembre 1877 (2), que la femme ne peut valablement stipuler dans son contrat de mariage, qu'elle s'interdit le droit de contracter aucun engagement et de payer, directement ou indirectement, aucune dette pour le compte de son mari (3).

4. — Seraient encore nulles :

    a) La renonciation par un copropriétaire ou un cohéritier au droit de demander un partage (art. 815, C. civ.).

---

(1) Aubry et Rau, t. V, p. 270; Cass., 31 juillet 1809.
(2) *Rev. not.*, n°ˢ 5139 et 5566.

(3) Cass., 22 décembre 1879 (*Rev. not.*, n° 6063 et art. 22206, J. N.).

b) La renonciation par un propriétaire au droit d'aliéner ses immeubles.

c) La renonciation à une succession non ouverte (1), etc...

5. — Les droits privés, éventuels ou conditionnels, peuvent, aussi bien que les droits actuellement ouverts, faire l'objet d'une renonciation ; mais il en est autrement des simples expectatives qui ne saisissent d'aucun droit quelconque celui au profit duquel elles pourront se réaliser (2).

§ 2. Formes. Formalités.

6. — La renonciation n'est, en principe, assujettie, dans sa validité entre les parties, à aucune forme particulière. Elle peut même avoir lieu *tacitement*, c'est-à-dire résulter de faits contraires au droit dont il s'agit, sauf dans des cas exceptionnels où la loi exige qu'elle se manifeste d'une manière expresse et dans des formes spéciales (3).

7. — Ainsi, la renonciation à une succession, à un legs universel, à une communauté doit, pour être efficace, avoir lieu au greffe du tribunal et ne peut résulter d'un acte reçu même devant notaire (4).

La renonciation à une hypothèque conventionnelle, celle faite par la femme mariée au bénéfice de son hypothèque légale, doivent être faites en la forme authentique (art. 2158-2180, C. civ.) (5).

8. — Mais la renonciation faite par un époux aux avantages et gains de survie établis dans son contrat de mariage, alors même que cette renonciation est faite *in favorem*, n'est point soumise aux formalités des donations ordinaires, surtout lorsqu'elle est unilatérale (6). On peut dire qu'il en doit être ainsi de l'acte par lequel un donataire renoncerait à la clause de préciput établie en sa faveur dans un testament ou dans une donation.

9. — Quand la donation entre vifs a été acceptée par le donataire, ce dernier ne peut se soustraire, par une renonciation et contre le gré du donateur, à l'exécution des charges et conditions auxquelles il s'est engagé. Il faudrait un nouvel acte fait avec le concours du donateur pour rétablir les choses dans leur état primitif.

10. — La renonciation à se prévaloir d'une prescription acquise, à user de la faculté de rachat, à exercer un droit de retour, à une servitude, à un usufruit, à un legs particulier, etc..., peut avoir lieu soit par acte notarié, soit par acte sous seing privé.

11. — Faite par acte notarié, la renonciation doit être reçue en *minute* et portée au *répertoire*.

§ 3. Capacité.

12. — Pour que la renonciation soit valable, il faut que celui qui renonce ait non seulement la *capacité* de contracter, mais aussi celle de disposer des droits auxquels il renonce.

---

(1) Cass., 18 mai 1884 (*J. du not.*, 1884, p. 299).
(2) Aubry et Rau, t. IV, p. 201).
(3) Paris, 25 mars 1887; Cass., 28 mai 1888.
(4) Paris. 22 mai 1862; Riom, 26 juillet 1862; Besançon, 25 mars 1891; Dict. du not., v° *Re onciation*, n° 12.—V. cependant Seine, 11 mars 1892, qui reconnaît que la renonciation à communauté faite sous seing privé et enregistrée serait valable vis-à-vis du mari ou de ses héritiers.
(5) L. 23 mars 1855, art. 9.
(6) Cass, 24 mars 1857, 15 novembre 1858 et 24 février 1880. — *Contrà*: Seine, 28 février 1874; Dict. du not., v° *Renonciation à donation*, n° 4; Demolombe, *Donat. et test.*, t. II, n° 82 et sui .

§ 4. RENONCIATION A COMMUNAUTÉ.

13. — Après la dissolution de la communauté, la femme ou ses héritiers et ayants cause ont la faculté de l'accepter ou d'y renoncer ; toute convention contraire est nulle (art. 1453, C. civ.).

14. — La femme qui s'est immiscée dans les biens de la communauté ne peut y renoncer. Les actes purement administratifs ou conservatoires n'emportent point immixtion (art. 1454, C. civ.).

15. — La femme majeure qui a pris dans un acte la qualité de commune, ne peut plus y renoncer ni se faire restituer contre cette qualité, quand même elle l'aurait prise avant d'avoir fait inventaire, s'il n'y a eu dol de la part des héritiers du mari (art. 1455, C. civ.).

16. — La femme survivante qui veut conserver le droit de renoncer à la communauté doit, dans les trois mois du jour du décès du mari, faire faire un inventaire fidèle et exact de tous les biens de la communauté, contradictoirement avec les héritiers du mari, ou eux dûment appelés. Cet inventaire doit être par elle affirmé sincère et véritable, lors de sa clôture, devant l'officier public qui l'a reçu (art. 1456, C. civ.).

17. — Dans les trois mois et quarante jours après le décès du mari, elle doit faire sa renonciation au greffe du tribunal de première instance dans l'arrondissement duquel le mari avait son domicile ; cet acte doit être inscrit sur le registre établi pour recevoir les renonciations à succession.

Cette renonciation ne saurait, par extension des dispositions de l'article 790 du Code civil, être annulée soit par une convention, soit par une déclaration contraire. Une fois faite, elle est définitive et irrévocable (art. 1457, C. civ.) (1).

18. — La veuve peut, suivant les circonstances, demander au tribunal de première instance une prorogation du délai prescrit par l'article 1457 du Code civil pour sa renonciation ; cette prorogation est, s'il y a lieu, prononcée contradictoirement avec les héritiers du mari, ou eux dûment appelés (art. 1458, C. civ.).

19. — La veuve qui n'a point fait sa renonciation dans le délai ci-dessus prescrit n'est pas déchue de la faculté de renoncer, si elle ne s'est point immiscée et qu'elle ait fait inventaire ; elle peut seulement être poursuivie comme commune jusqu'à ce qu'elle ait renoncé, et elle doit les frais faits contre elle jusqu'à sa renonciation. Elle peut également être poursuivie après l'expiration des quarante jours depuis la clôture de l'inventaire, s'il a été clos avant les trois mois (art. 1459, C. civ.).

20. — La veuve qui a diverti ou recélé quelques effets de la communauté est déclarée commune, nonobstant sa renonciation ; il en est de même à l'égard de ses héritiers (art. 1460, C. civ.).

21. — Si la veuve meurt avant l'expiration des trois mois sans avoir fait ou terminé l'inventaire, les héritiers auront, pour faire ou pour terminer l'inventaire, un nouveau délai de trois mois, à compter du décès de la veuve, et de quarante jours pour délibérer, après la clôture de l'inventaire. Si la veuve meurt ayant terminé l'inventaire, ses héritiers auront pour délibérer un nouveau délai de quarante jours à compter de son décès. Ils peuvent, au surplus, renoncer à la communauté dans les formes établies ci-dessus ; et les articles 1458 et 1459 sont applicables (art. 1461, C. civ.).

22. — La femme divorcée ou séparée de corps qui n'a point, dans les trois mois

---

(1) Rennes, 15 avril 1888 ; La Flèche, 19 juillet 1887 ; Cass., 17 décembre 1888 (*Rev. not.*. n° 7996).

et quarante jours après le divorce ou la séparation définitivement prononcés, accepté la communauté, est censée y avoir renoncé, à moins qu'étant encore dans le délai, elle n'en ait obtenu la prorogation en justice, contradictoirement avec le mari, ou lui dûment appelé (art. 1463, C. civ.).

23. — Les créanciers de la femme peuvent attaquer la renonciation qui aurait été faite par elle ou par ses héritiers en fraude de leurs créances, et accepter la communauté de leur chef (art. 1464, C. civ.).

24. — La veuve, soit qu'elle accepte, soit qu'elle renonce, a droit, pendant les trois mois et quarante jours qui lui sont accordés pour faire inventaire et délibérer, de prendre sa nourriture et celle de ses domestiques sur les provisions existantes, et, à défaut, par emprunt au compte de la masse commune, à la charge d'en user modérément. Elle ne doit aucun loyer à raison de l'habitation qu'elle a pu faire, pendant ces délais, dans une maison dépendante de la communauté, ou appartenant aux héritiers du mari ; et si la maison qu'habitaient les époux à l'époque de la dissolution de la communauté était tenue par eux à titre de loyer, la femme ne contribuera point, pendant les mêmes délais, au paiement dudit loyer, lequel sera pris sur la masse (art. 1465, C. civ.).

25. — Dans le cas de dissolution de la communauté par la mort de la femme, ses héritiers peuvent renoncer à la communauté dans les délais et dans les formes que la loi prescrit à la femme survivante (art. 1466, C. civ.) ; mais ils ne sont pas, pour cela, tenus de faire inventaire dans le délai prescrit par l'article 1456 (1).

§ 5. RENONCIATION A UN LEGS (2).

26. — La doctrine enseigne généralement, et il a été jugé à plusieurs reprises, que l'article 784 du Code civil régit les legs universels et à titre universel et que, pour que la répudiation soit opposable aux créanciers de la succession, il faut qu'elle ait été consignée, comme la renonciation à succession, sur un registre du greffe du tribunal (3). C'est ce qui est pratiqué ordinairement.

Toutefois, d'après de nombreuses décisions judiciaires et des auteurs autorisés, la renonciation à un legs universel *ne donnant pas la saisine*, à un legs à titre universel, ou à une institution contractuelle, n'aurait pas besoin d'être faite au greffe, dans les termes de l'article 784 du Code civil ; elle peut s'opérer dans les formes du droit commun, par acte notarié ou sous seing privé (4).

Il a même été jugé que la renonciation à une institution contractuelle, si elle ne doit pas être présumée, peut résulter d'une manière non équivoque, mais *tacite*, de faits et de circonstances qui révèlent clairement la volonté persistante du bénéficiaire de s'abstenir de l'avantage à lui fait (5). Le pourvoi contre cet arrêt a été rejeté par la Cour de cassation, le 28 mai 1888 (6).

---

(1) Bordeaux, 17 mai 1859 et 23 mars 1865 ; Poitiers, 6 mai 1863 ; Cass., 19 mars 1878 (art. 21839, J. N.) ; Marcadé, sur l'article 1466 ; Colmet de Santerre, t. VI, n° 123 bis. — *Contrà* : Nancy, 4 août 1875 ; Lyon, 9 août 1876 ; Aubry et Rau, t. V, p. 420 ; Laurent, t. XXII, n° 428.

(2) Nous avons vu (*suprà*, n° 7) que toute renonciation à succession ou à communauté, pour être valable, doit avoir lieu au greffe du tribunal du lieu où la succession s'est ouverte, et conformément aux formes prescrites par l'article 784 du Code civil ; toutefois cette règle peut fléchir lorsque la renonciation forme un élément ou l'accessoire d'une convention entre cohéritiers ; en ce cas, qu'elle soit faite par acte authentique ou sous seing privé, elle est opposable aux cohéritiers. (Cass., 17 juin 1846 ; Orange, 5 décembre 1889 ; Aubry et Rau, t. VI, p. 411 ; Dalloz, v° *Succession*, n° 57 et suiv.).

(3) Bordeaux, 4 avril 1855 ; Riom, 26 juillet 1862 (art. 17698, J. N.) ; Narbonne, 17 juin 1890 (*J. du not.*, 1890, p. 599) ; Besançon, 25 mars 1891 ; Aubry et Rau, t. V, p. 531 ; Demolombe, t. XXII, n° 327 ; Dict. du not., n° 12. Mais pour produire son effet entre les parties, elle peut être faite dans toute espèce d'actes authentiques ou sous-seing privé. Cass., 24 novembre 1880 et 15 février 1882 (art. 22287 et 22861, J. N.).

(4) Cass., 24 novembre 1857, 13 mars 1860, 19 mai 1862, 17 mai 1870 et 11 août 1874 (S. 1874-1-473) ; Toulouse, 20 janvier 1881 (S. 1881-2-77) ; Bruxelles, 27 avril 1882 ; Poitiers, 17 avril 1890 ; Toulouse, 27 février 1893 ; Laurent, t. XIII, n° 554 ; Labbé, *J. du pal.*, 1863, p. 115 ; Fabreguettes, sur l'arrêt de 1881, *loc. cit.*

(5) Paris, 25 mars 1887.

(6) *Contrà* : J. du not., n° 4028. Sic : Bourges, 27 mai 1892.

27. — Mais les légataires particuliers n'étant pas des successeurs et ne représentant pas le défunt, peuvent manifester leur intention de répudier la libéralité à eux faite par acte sous seing privé ou notarié (1).

28. — Pour répudier un legs, il faut être *majeur* et *maître de ses droits.*

Le *mineur*, même émancipé, ne peut renoncer sans l'accomplissement des formalités prescrites par l'article 461 du Code civil.

Quant à la *femme mariée*, elle doit toujours être autorisée par son mari et le tribunal ne peut suppléer à cette autorisation (2).

§ 6. Renonciation a la faculté de rachat.

29. — Le vendeur qui s'est réservé la faculté de rachat (art. 1659, C. civ.), peut, soit gratuitement, soit moyennant un prix, renoncer à l'exercice de ce droit.

30. — La renonciation peut être *expresse* ou *tacite.* Elle est tacite, lorsque le vendeur laisse expirer le délai légal sans exercer son action ; elle est expresse, lorsqu'elle est stipulée dans un acte authentique ou sous seing privé.

31. — Le plus souvent elle a lieu moyennant un prix payé par l'acquéreur. Dans ce cas, la somme payée au vendeur pour l'extinction du droit de reméré que le vendeur s'était réservé, doit-elle être attribuée aux créanciers hypothécaires du vendeur? La solution de cette question, d'ailleurs controversée, se lie à cette autre : La purge faite par l'acquéreur sur son contrat a-t-elle complètement éteint les hypothèques du chef du vendeur? L'affirmative a été jugée; d'où il suit que si après que cette purge a été opérée, le vendeur renonce à l'exercice de son droit de rachat, le prix de cette renonciation ne peut qu'être distribué entre les créanciers du vendeur, précédemment inscrits sur l'immeuble, sans préférence entre eux pour quelque cause que ce soit (3).

§ 7. Renonciation a donation.

32. — Nous avons dit que quand une *donation entre-vifs* a été acceptée régulièrement, il y a dessaisissement et le donataire ne peut y renoncer sans le concours du donateur ; c'est-à-dire qu'il faut faire, dans les mêmes formes, un nouveau contrat qui rétrocède la propriété des biens donnés au donateur.

Il en est autrement de toutes les donations qui n'entraînent pas une transmission actuelle de propriété et ne confèrent qu'un droit éventuel, comme celles de biens à venir par contrat de mariage (art. 1084 1085, C. civ.), — ou celles faites entre époux pendant le mariage. On peut y renoncer, mais seulement quand le droit est ouvert, c'est-à-dire après le décès de l'époux donateur (4). Faite avant le décès, la renonciation serait nulle (5).

La renonciation n'est, dans ce second cas, assujettie à aucune forme particulière. Elle n'a point besoin d'être faite au greffe, comme la renonciation de succession ; elle peut même être *tacite* et résulter d'un ensemble de faits établissant que l'époux survivant après le décès de son conjoint, a clairement manifesté l'intention de s'abstenir de l'avantage à lui fait (6), et même lorsque la

---

(1) Riom, 26 juillet 1862; Agen, 19 décembre 1866 (*Rev. not.*, n° 1937); Pau, 30 novembre 1869 (S. 1870-2-116); 22 avril 1884; Aubry et Rau, p. 531; Demolombe, t. V, n° 327 : Laurent, t. XIII, n° 554.

(2) Seine, 12 février 1884 (*Rev. not.*, n° 6857).

(3) Caen, 29 juin 1870; Cass., 23 août 1871 (*Rev. not.*, n°° 3010 et 4039). — *Contrà* : Labbé, *Rev. crit.*, 1856, p. 220 et suiv.

(4) Agen, 22 avril 1844; Cass., 20 février 1855.

(5) Cass., 11 janvier 1853 (art. 14894. J. N.); Agen, 17 décembre 1856 ; Chambéry, 23 juillet 1873 (art. 20864, J. N); Aubry et Rau, t. V, p. 256 ; Dissert., art. 19363, J. N.).

(6) Cass, 24 mars 1857 et 24 février 1880 (art. 22287, J. N.).

renonciation est faite *in favorem*, dans l'intérêt d'un tiers que le renonçant veut gratifier, elle ne doit pas être soumise aux formalités des donations (1).

§ 8. Renonciation a dispense de rapport.

33. — L'héritier, donataire ou légataire *par préciput*, peut renoncer à la dispense de rapport dont il a été gratifié ; cela ne fait aucun doute, puisque la dispense n'a été faite qu'en sa faveur.

Cette renonciation n'est assujettie à aucune forme spéciale ; toutefois, nous croyons qu'il est toujours prudent de la faire par acte notarié. Mais elle ne pourrait être réalisée utilement qu'après le décès du donateur ou du testateur ; faite de son vivant, elle pourrait être annulée, comme constituant un pacte sur succession future (art. 1130, C. civ.).

Pour la consentir valablement, il faut être majeur et capable d'aliéner.

L'effet de la renonciation sera d'obliger le successible à rapporter les biens objets de la donation ou des legs, lesquels seront, par suite, compris dans la masse à partager (2).

§ 9. Renonciation a succession.

33 bis. — Tout ce qui concerne les renonciations sera traité sous le mot Succession.

§ 10. Renonciation par l'époux survivant a son usufruit légal.

34. — L'époux survivant peut, sans aucun doute, après le décès de son conjoint, renoncer en totalité ou en partie à l'usufruit qui lui est accordé par la loi du 9 mars 1891.

Mais dans quelle forme peut être faite cette renonciation ? Devra-t-elle être faite au greffe du tribunal, conformément aux prescriptions de l'article 784 du Code civil ? Nous le pensons, malgré quelques opinions divergentes (3).

L'époux n'est pas un héritier, il est vrai ; il ne succède ni à la personne du défunt, ni même à son patrimoine considéré comme universalité. C'est une succession irrégulière, mais c'est à *titre successoral* qu'il recueille son droit d'usufruit, et, dans ces conditions, l'article 784 du Code civil lui est applicable (4).

Toute autre renonciation *ne serait pas opposable aux tiers ;* mais une solution de la Régie, du 1er avril 1892, reconnaît qu'une renonciation par acte notarié serait opposable à l'Administration de l'enregistrement (5). Ajoutons, toutefois, que pour avoir effet entre les parties, c'est-à-dire vis-à-vis des autres héritiers, la formalité de la transcription sur les registres du greffe n'est pas utile. La renonciation peut être faite, soit par acte notarié, soit même par acte sous seing privé.

§ 11. Renonciation a un droit de retour.

35. — Nous avons expliqué (V. *suprà*, v° Donation entre-vifs, n°s 85 et suiv.) ce que c'est que le droit de *retour conventionnel ;* tout donateur qui a stipulé cette condition a la faculté d'y renoncer, même avant l'ouverture de ce droit (6).

36. — Cette renonciation peut être *expresse* ou *tacite.* Elle est tacite, lorsque

(1) Cass., 15 novembre 1858 (art. 16172, J. N.); Demolombe, *Donat. et test.*, t. III, n°° 82 et suiv.; Dict. du not., v° *Renonciation à succession*, n°° 52 et suiv. — *Contra* : Seine, 28 février 1874 (art. 20909, J. N.).
(2) Cass., 11 décembre 1855; Laurent, n° 309.

(3) *Rev. not.*, n° 8573.
(4) Bonnet, *Comment.*, p. 41.
(5) *J. du not.*, 1892, p. 532.
(6) Aubry et Rau, p. 373 ; Demolombe, t. XX, n° 318.

le donateur a accompli des actes incompatibles avec l'exercice de ce droit, si, par exemple, il a concouru avec le donataire, à la vente des biens donnés.

37. — La renonciation *expresse* doit être faite, à notre avis, par acte notarié. Si elle est pure et simple, elle constitue une extension de la libéralité primitive et peut être révoquée par le donateur, tant qu'elle n'a pas été acceptée par le donataire. Elle peut aussi avoir lieu en retour d'engagements nouveaux contractés par le donataire, c'est alors une donation nouvelle qui intervient. Mais, dans les deux cas, comme il s'agit d'une libéralité, nous conseillons d'employer les formes solennelles prescrites pour la donation entre-vifs.

§ 12. Renonciation a prescription.

38. — La prescription étant fondée sur des raisons d'ordre public, on ne peut renoncer d'avance à la faculté de l'opposer; mais on peut renoncer à la prescription qui est acquise (art. 2220, C. civ.) (V. *suprà*, v° Prescription).

39. — Cette renonciation peut être *expresse* ou *tacite;* elle est tacite, lorsqu'elle résulte de faits qui supposent l'abandon du droit acquis (art. 2221, C. civ.), et il appartient aux tribunaux d'apprécier souverainement les faits d'où on prétend induire cette renonciation (1).

40. — La renonciation est expresse lorsqu'elle est formellement consentie dans un acte.

41. — Cet acte peut être notarié ou sous-seing privé. Toute renonciation à prescription faite par acte notarié doit être reçue en *minute.*

42. — Celui qui ne peut aliéner ne peut renoncer à la prescription (art. 2222, C. civ.); par suite, sont incapables de consentir un acte de cette nature les *mineurs*, même émancipés, les *interdits*, les personnes pourvues de *conseil judiciaire*, les *femmes mariées*, etc.

43. — Le tuteur pourrait, d'après certains auteurs, faire un acte de renonciation à prescription, au nom de son pupille, en vertu d'une autorisation donnée par le conseil de famille et homologuée par le tribunal (2). Mais il y a des avis contraires.

44. — La caution et le débiteur solidaire peuvent opposer la prescription, alors même que le codébiteur solidaire ou le débiteur principal y aurait renoncé (3).

§ 13. Renonciation a une servitude.

45. — Celui qui peut disposer de la propriété de son fonds peut également disposer de la servitude qui lui est due, en faire la remise ou y renoncer. En effet, la servitude étant une obligation imposée à un fonds envers un autre, cette obligation peut s'éteindre par la renonciation volontaire, suivant le principe commun à tous les engagements (art. 1234, C. civ.) (4).

46. — Cette remise étant une véritable aliénation ne peut être faite que par ceux qui ont la capacité d'aliéner (5).

47. — D'où il suit que le copropriétaire d'un fonds commun ne peut faire remise d'une servitude qui est due à l'héritage entier; — et que la remise faite à l'un des copropriétaires du fonds assujetti ne profite point aux autres, parce que la renonciation ne se présume pas et qu'on ne peut stipuler pour autrui (6).

48. — Cette renonciation peut être *expresse* ou *tacite.* La renonciation est tacite, lorsque le propriétaire du fond dominant a autorisé le maître du fond ser-

---

(1) Aubry et Rau, t. VIII, p. 453; Cass., 8 août et 28 novembre 1865; Orléans, 27 juillet 1892.
(2) Aubry et Rau, p. 452; Besançon, 13 décembre 1864.

(3) Aubry et Rau, p. 449.
(4) Laurent, t. VIII, n° 336.
(5) Demolombe, n° 1038.
(6) Demolombe, n° 1038.

vant à faire quelque chose qui est un obstacle perpétuel à l'exercice de la servitude ; si, par exemple ayant le droit de faire écouler mes eaux sur le terrain de Pierre ou d'y exercer un droit de passage, je l'autorise à bâtir sur l'endroit même où s'exerce ma servitude (1).

49. — Elle est expresse, lorsqu'elle a été consentie formellement dans un acte notarié ou sous-seing privé (2).

50. — Pour produire effet, la renonciation n'a pas besoin d'être acceptée.

51. — Mais, pour être opposable aux tiers, elle doit être *transcrite* au bureau des hypothèques (3).

§ 14. RENONCIATION A USUFRUIT.

52. — Le Code civil suppose que l'usufruitier a le droit de renoncer à l'usufruit ; s'il ne le dit pas d'une manière formelle, en plaçant la renonciation parmi les causes d'extinction prévues par l'article 617 du Code civil (4), c'est que la faculté de renoncer est de droit commun ; elle appartient à toute personne capable de disposer de ses biens.

53. — La renonciation n'est un mode spécial d'extinction de l'usufruit que lorsqu'elle est le résultat d'un acte unilatéral de la part de l'usufruitier ; si elle avait eu lieu par une convention, à titre onéreux ou gratuit, conclue avec le nu-propriétaire, elle constituerait plutôt une cession de l'usufruit, opérant consolidation dans la personne de ce dernier, qu'une véritable cause d'extinction de ce droit et les effets en seraient régis par les principes applicables à cette matière (5).

54. — La renonciation unilatérale de l'usufruitier n'est soumise, pour sa validité, à aucune forme spéciale (6). Elle peut même avoir lieu tacitement, pourvu que la volonté de l'opérer ressorte, d'une manière non douteuse, des faits dont on prétend l'induire ; mais le seul concours de l'usufruitier à la vente de la chose grevée d'usufruit, ne devrait pas, en règle générale, être considéré comme emportant, de sa part, renonciation à son droit (art. 621, C. civ.). Toutefois, la renonciation peut résulter de circonstances particulières à l'espèce et il y a lieu de rechercher, dans ce cas, si la renonciation a eu lieu dans l'intérêt du nu-propriétaire et du tiers acquéreur, de telle sorte que l'usufruit soit éteint d'une façon absolue, — ou si elle a eu lieu seulement dans l'intérêt des tiers acquéreurs, de sorte que l'usufruit se trouve converti en un droit sur le prix (7).

55. — La renonciation peut donc être faite soit par acte sous seing privé, soit par acte notarié ; et alors même qu'elle a lieu à titre gratuit, elle n'est point assujettie aux formes solennelles prescrites pour les donations entre-vifs. Du moins, c'est l'opinion la plus généralement admise et consacrée par la jurisprudence (8).

---

(1) Aubry et Rau, p. 110 ; Demolombe, n° 1041 ; Laurent, n° 338.
(2) Laurent, n° 337.
(3) L. 23 mars 1855, art. 2.
(4) L'usufruit s'éteint : par la mort naturelle et par la mort civile de l'usufruitier ; par l'expiration du temps pour lequel il a été accordé ; par la consolidation de la réunion, sur la même tête, des deux qualités d'usufruitier et de propriétaire ; par le non-usage du droit pendant trente ans ; par la perte totale de la chose sur laquelle l'usufruit est établi (art. 617, C. civ.).
L'usufruit peut aussi cesser par l'abus que l'usufruitier fait de sa jouissance, soit en commettant des dégradations sur le fonds, soit en le laissant dépérir faute d'entretien (art. 618, C. civ.).
(5) Aubry et Rau, p. 517 ; Demolombe, t. X, n°s 728-729.
(6) Aubry et Rau, *loc. cit.* ; Demolombe, n° 733 ; Laurent, t. VII, n° 75 ; Rouen, 19 mai 1862 ; Cass., 16 mars 1870, 19 mai 1872 et 23 janvier 1877 (S. 1879-1-144) ; Pau, 22 avril 1884.
(7) Aubry et Rau, p. 517-518 ; Riom, 26 juillet 1852 ; Agen, 19 décembre 1866. — *Rapp.*, Cass., 19 août 1872 et 28 mai 1877.
(8) Aubry et Rau, p. 517 ; Demolombe, n°s 732-733 ; Proudhon, n° 2206 ; Dict. du not., V° *Usufruit*, n° 665 ; Cass., 16 mars 1870 (art. 19921, J. N.) ; Cass.,

56. — Acceptation. — La renonciation unilatérale est efficace par elle-même, en ce sens qu'elle éteint immédiatement l'usufruit et qu'elle ne peut être rétractée, sous prétexte que le nu-propriétaire ne l'aurait point *acceptée* (1).

57. — Capacité. — Renoncer à un droit, c'est l'abdiquer et, par suite, en disposer. Par conséquent, il faut être capable d'aliéner, pour que la renonciation soit valable. Ne pourraient donc pas faire une renonciation tous ceux qui n'ont pas la libre disposition de leurs droits ou qui n'ont que des pouvoirs d'administration.

58. — L'usufruitier, qui renonce à son usufruit, n'est plus tenu des charges qu'il avait à supporter en cette qualité (2), mais cette renonciation ne saurait avoir d'effet quant au passé (3).

Elle ne saurait non plus décharger l'usufruitier des obligations personnelles qui auraient pu lui être imposées par le contrat de constitution, par exemple de payer le prix convenu (4).

59. — Aux termes de l'article 622, les créanciers de l'usufruitier peuvent faire annuler la renonciation qu'il aurait faite à leur préjudice. C'est l'application du principe établi par l'article 1167 du Code civil et connu sous le nom d'*action paulienne*.

60. — Transcription. — Lorsqu'il s'agit d'un usufruit établi sur des immeubles, la renonciation ne devient efficace, à l'égard des tiers, que par l'accomplissement de la formalité de la transcription (5).

§ 15. RESPONSABILITÉ NOTARIALE.

61. — Le notaire peut être déclaré responsable de la nullité de l'acte occasionnée par un vice de forme, ou même, s'il a agi comme conseil et *negotiorum gestor* des parties, s'il les a incitées à faire une renonciation contraire a leurs intérêts, par exemple une renonciation par une donatrice à son action révocatoire, en lui persuadant qu'elle conservait un privilège sur les biens donnés (6).

---

23 janvier 1877. Des auteurs enseignent, cependant, — et Laurent est du nombre (t. VII, n° 75) — que lorsque la renonciation se fait par concours de volontés, elle forme un contrat, partant une donation, si l'usufruitier renonce sans compensation, et que, par suite, il faut observer les formes prescrites pour les donations. — V. aussi Rouen, 22 janvier 1846.

(1) Aubry et Rau, p. 518; Demolombe, n° 783 *bis*; Laurent, n° 73; Cass., 16 mars 1870, précité; Pau, 22 avril 1884.

(2) L'usufruitier est tenu, pendant sa jouissance, de toutes les charges annuelles de l'héritage, telles que les contributions et autres qui dans l'usage sont censées charges des fruits (art. 608).

A l'égard des charges qui peuvent être imposées sur la propriété pendant la durée de l'usufruit, l'usufruitier et le propriétaire y contribuent ainsi qu'il suit : — Le propriétaire est obligé de les payer, et l'usufruitier doit lui tenir compte des intérêts. — Si elles sont avancées par l'usufruitier, il a la répétition du capital à la fin de l'usufruit (art. 609).

Le legs fait par un testateur, d'une rente viagère ou pension alimentaire, doit être acquitté par le légataire universel de l'usufruit dans son intégrité, et par le légataire à titre universel de l'usufruit dans la proportion de sa jouissance, sans aucune répétition de leur part (art. 610).

L'usufruitier à titre particulier n'est pas tenu des dettes auxquelles le fonds est hypothéqué : s'il est forcé de les payer, il a son recours contre le propriétaire, sauf ce qui est dit à l'article 1020, au titre *des Donations entre-vifs et des Testaments* (art. 611).

L'usufruitier, ou universel, ou à titre universel, doit contribuer avec le propriétaire au paiement des dettes, ainsi qu'il suit : — On estime la valeur du fonds sujet à usufruit; on fixe ensuite la contribution aux dettes à raison de cette valeur. — Si l'usufruitier veut avancer la somme pour laquelle le fonds doit contribuer, le capital lui en est restitué à la fin de l'usufruit, sans aucun intérêt. — Si l'usufruitier ne veut pas faire cette avance, le propriétaire a le choix, ou de payer cette somme, et, dans ce cas, l'usufruitier lui tient compte des intérêts pendant la durée de l'usufruit, ou de faire vendre jusqu'à due concurrence une portion des biens soumis à l'usufruit (art. 612).

L'usufruitier n'est tenu que des frais des procès qui concernent la jouissance, et des autres condamnations auxquelles ces procès pourraient donner lieu (art. 613).

(3) Demolombe, t. VI, p. 475; Lyon, 15 février 1835.

(4) Dict. du not., n° 670.

(5) L. 23 mars 1835, art. 1 et 3.

(6) Paris, 11 mai 1886 (*Rev. not.*, n° 7374).

§ 16. Honoraires.

62. — L'acte de renonciation est rétribué par un droit fixe qui varie de 4 à 6 francs, s'il s'agit d'une renonciation unilatérale.

Si, au contraire, la renonciation produit un contrat, si elle a pour but évident de transmettre à une autre personne, soit gratuitement, soit moyennant un prix, une propriété ou un usufruit, l'honoraire proportionnel devient applicable, suivant la nature de la convention (1).

§ 17. Enregistrement.

63. — La loi de frimaire an VII et la loi de 1816 n'ont tarifé que les renonciations à communauté, à succession ou à legs, lesquelles, après avoir été assujetties au droit fixe de 1 franc, sont aujourd'hui taxées à 3 francs par la loi du 28 février 1872 (art. 4).

Cette même loi a tarifé au droit fixe de 3 francs la renonciation *pure et simple* à un droit ou à une faculté quelconque, faite par acte notarié ou sous seing privé.

Il n'est perçu qu'un seul droit fixe pour chaque acte distinct d'acceptation ou de renonciation à succession passé au greffe, quel que soit le nombre des acceptants ou des renonçants et celui des successions acceptées ou répudiées Il en est de même pour les renonciations à communauté par acte au greffe. L. 28 avril 1893, art. 25 (*J. du not.*, 1893, p. 285, 385 et 444).

64. — Sont, en général, assujetties à ce droit : — *a)* La renonciation au bénéfice d'inventaire ; — *b)* La renonciation à une donation éventuelle ou à une institution contractuelle ; — *c)* La renonciation à un jugement ; — *d)* La renonciation à la faculté de rachat, à un droit de retour ; — *e)* La renonciation à un legs particulier ; — *f)* La renonciation à prescription.

65. — Si la renonciation n est pas pure et simple, si elle est faite moyennant un prix fixé, ou si elle est faite gratuitement au profit d'une ou plusieurs personnes, il y a lieu au droit proportionnel de vente ou de donation, suivant les cas.

66. — La renonciation à une servitude rend exigible le droit de vente immobilière (2).

67. — La renonciation à usufruit, sans prix, ou à titre de donation, donne ouverture au droit de 4 fr. 50 (3).

Si l'usufruit porte sur un droit immobilier, il est dû, en outre, le droit de transcription à 1 fr. 50 %. Le droit fixe n'est exigible que si, lors de la création de l'usufruit, le droit de transmission a été perçu sur la valeur intégrale de la propriété. Dans le cas contraire, le droit complémentaire est exigible sur l'acte de réunion d'usufruit.

68. — La renonciation pure et simple à une hypothèque est spécialement tarifée comme mainlevée et assujettie au droit proportionnel de 0 fr. 20 %, quand elle s'applique au montant total ou partiel de la créance inscrite, — ou au droit fixe invariable de 5 francs, quand elle a pour objet de réduire l'inscription hypothécaire, en ce qui concerne les biens affectés à la garantie des créanciers (4). Toutefois, ce droit ne peut excéder le droit proportionnel qui serait exigible pour la mainlevée totale.

69. — Lorsqu'une femme, covenderesse d'un immeuble propre de son mari, renonce, par une clause spéciale du contrat de vente, à son hypothèque légale sur l'immeuble vendu, il n'est dû aucun droit particulier pour cette renonciation (5).

---

(1) Amiaud, *Tarif général*, t. II, p. 94-95.
(2) Sol. 27 septembre et 4 octobre 1826.
(3) L. 28 février 1872, art. 4.

(4) L. 28 avril 1893, art. 20 (*J. du not.*, 1893 p. 285).
(5) Sol. Rég., 2 mai 1868 (art. 19323, J. N.).

70. — Si la femme n'a pas concouru à la vente et renonce plus tard à son hypothèque légale non inscrite, c'est le droit fixe de 3 francs qui doit être perçu ; car il ne saurait y avoir réduction d'inscription, lorsque l'hypothèque n'a pas été inscrite (1).

71. — La renonciation au droit de surenchère donne ouverture au droit fixe de 3 francs.

Si l'acte émane de plusieurs créanciers, il est perçu autant de droits fixes qu'il y a de créanciers. Mais il n'y a pas pluralité par le nombre des acquéreurs distincts (2).

72. — La renonciation au bénéfice d'une donation entre époux, pour n'être assujettie qu'au droit fixe, ne doit pas seulement être pure et simple, elle doit aussi être *sincère* ; et le droit de mutation peut être justement réclamé si la Régie parvient à établir que la renonciation n'est qu'apparente, c'est-à-dire que le renonçant, loin d'avoir effectivement répudié la libéralité, l'a au contraire effectivement conservée et en profite (3).

§ 18. FORMULES.

1. Renonciation au bénéfice d'inventaire.
2. Renonciation à une donation.
3. Renonciation à un préciput ou à la dispense de rapport.
4. Renonciation à une action révocatoire.
5. Renonciation pure et simple à la faculté de rachat.
6. Renonciation à l'exercice du droit de réméré moyennant un prix.
7. Renonciation à un legs particulier.
8. Renonciation à un droit de retour éventuel.
9. Renonciation à une prescription.
10. Renonciation à une servitude.
11. Renonciation à usufruit.
12. Renonciation à surenchère.
13. Renonciation à l'usufruit légal de l'époux survivant.

1. — Renonciation au bénéfice d'inventaire.

Pardevant..., etc.
  A comparu :
M. Edmond Blanchard, négociant, demeurant à...
  Lequel a, par ces présentes, déclaré renoncer expressément au bénéfice d'inventaire qui lui était acquis dans la succession de M. Paul Courtois, son oncle, décédé à..., le..., par suite de l'acceptation bénéficiaire qu'il avait faite de cette succession au greffe du tribunal de..., le...
  En conséquence, il se reconnaît héritier pur et simple dudit M. Courtois et consent à en supporter à l'avenir toutes les obligations.
  Dont acte...

2. — Renonciation à une donation.

Pardevant..., etc.
  A comparu :
Mme Emma Lerond, sans profession, demeurant à..., veuve de M. Charles Martin.
  Laquelle a, par ces présentes, déclaré renoncer purement et simplement à l'effet entier de la donation universelle en usufruit qui lui avait été faite par son mari, aux termes de leur contrat de mariage passé devant M^e..., notaire à..., le..., ainsi qu'à tous autres avantages

(1) Art. 2097³, J. N.
(2) Sol. 9 août 1870, 8 avril 1873.
(3) Cass., 17 août 1863 et 17 janvier 1866 (*Rev. not.*, n°ˢ 707 et 1554) ; Montauban, 13 mai 1874 ; Laon, 16 juin 1887 ; Rouen, 1ᵉʳ mai 1888 ; Sol. rég., 15 septembre 1873, 10 septembre 1877, 15 avril 1878 ; Dict. enregistrement, v° *Renonciation*, n° 210.

qui peuvent résulter à son profit de ce contrat, et notamment au préciput de 10,000 francs, auquel elle aurait droit en sa qualité d'épouse survivante.

Voulant que ces donation, préciput et autres avantages, soient considérés comme nuls.

Dont acte...

3. — Renonciation à un préciput ou à la dispense de rapport.

Pardevant..., etc.

     A comparu :

M. Paul Ravaud, propriétaire, demeurant à...

Lequel a, par ces présentes, déclaré renoncer purement et simplement à la disposition préciputaire faite à son profit par M. Pierre Ravaud, son père, aux termes d'un acte de..., passé devant M⁰..., etc.

Voulant que l'égalité soit rétablie entre lui et ses frères et sœurs, et que les biens, objet du préciput, soient soumis au rapport légal et partagés comme tous les autres biens héréditaires.

     Dont acte...

4. — Renonciation à une action révocatoire (1).

Pardevant..., etc.

     A comparu :

M. Louis Didier, rentier, demeurant à...

Lequel a, par ces présentes déclaré renoncer purement et simplement au profit de M. Jules Lemaire, propriétaire, demeurant à..., ici présent et qui accepte,

A l'action révocatoire que le comparant aurait le droit d'exercer, le cas échéant, pour inexécution des conditions, en vertu des articles 953 et suivants du Code civil, à raison de la donation entre-vifs qu'il a faite audit M. Lemaire, suivant acte passé devant M⁰..., notaire à..., le...

     Dont acte...

5. — Renonciation pure et simple à la faculté de rachat.

Pardevant..., etc.

     A comparu :

M. Jules Blin, négociant, demeurant à...

Lequel a, par ces présentes déclaré renoncer purement et simplement au profit de M. Georges Duval, propriétaire, demeurant à..., ici présent et qui accepte, à la faculté de rachat qu'il s'est réservée dans un contrat reçu par M⁰..., notaire à..., le..., contenant vente par M. Blin à M. Duval, d'une maison située à... (*désignation de l'immeuble*), moyennant le prix de..., payé comptant.

Par l'effet de cette renonciation, M. Duval sera désormais propriétaire irrévocable de l'immeuble vendu.

     Dont acte...

6. — Renonciation à l'exercice du droit de réméré,
moyennant un prix.

Pardevant..., etc.

     Ont comparu :

M. Alfred Adam, propriétaire, demeurant à...

---

(1) On ne saurait renoncer à l'action en révocation pour cause de survenance d'enfants, cette action n'ayant pas été établie dans l'intérêt privé du renonçant.

Et M. Louis Blaise, cultivateur, demeurant à...

Lesquels ont dit et fait ce qui suit :

Suivant contrat passé devant M°..., notaire à..., le..., M. Adam a vendu à M. Blaise, une propriété..., etc..., moyennant le prix principal de..., etc...

Mais, par ce même contrat il s'est réservé pendant cinq ans la faculté de racheter cette propriété en remboursant à M. Blaise le prix de cette vente et les frais de contrat.

Ce délai de cinq années étant sur le point d'expirer et M. Blaise, désirant conserver la propriété qu'il a acquise, a proposé à M. Adam de renoncer, moyennant un prix à déterminer, à l'exercice du droit de réméré. Les parties s'étant mises d'accord, M. Adam a, par ces présentes, déclaré renoncer expressément à exercer la faculté de réméré dont il vient d'être parlé.

Cette renonciation a lieu moyennant..., que M. Blaise a payés à l'instant à M. Adam, qui le reconnaît et lui en donne quittance.

Au moyen de ce paiement, M. Adam a déclaré formellement se dessaisir de toute espèce de droits sur ladite propriété en faveur de M. Blaise qui en sera désormais propriétaire incommutable.

Mention des présentes est consentie...

Dont acte...

7. — Renonciation à un legs particulier.

Pardevant..., etc.

A comparu :

M. Emile Roussel, propriétaire, demeurant à...,

Lequel a, par ces présentes, déclaré renoncer purement et simplement au legs particulier de... (*désigner*), qui lui a été fait par M. Léon Bertin, propriétaire, décédé à..., le..., aux termes de son testament reçu par M°..., notaire à..., le..., en présence de quatre témoins ;

Entendant que ce legs soit considéré comme nul.

Dont acte...

8. — Renonciation à un droit de retour conventionnel.

Pardevant..., etc.

A comparu :

M. Louis Levert, propriétaire, demeurant à...

Lequel a, par ces présentes, renoncé purement et simplement, au profit de M. Henri Levert, son neveu, négociant, demeurant à..., ici présent et qui accepte,

Au droit de retour que le comparant s'est réservé, pour le cas où M. Henri Levert décéderait avant lui sans postérité, dans un acte reçu par M°..., notaire à..., le..., transcrit..., etc., contenant donation par le comparant, à M. Henri Levert, de... (*indiquer l'immeuble*).

Par l'effet de cette renonciation, le donataire restera propriétaire des biens donnés, alors même qu'il décéderait sans postérité avant M. Louis Levert.

Dont acte (*présence réelle du second notaire ou des témoins*)...

9. — Renonciation à une prescription.

Pardevant..., etc.

A comparu :

M. Jules Dupont, négociant, demeurant à...

Lequel a, par ces présentes, déclaré renoncer purement et simplement à la prescription qu'il est en droit d'invoquer contre M. Paul Boutmez, rentier, demeurant à..., au sujet d'une

obligation de 2,000 francs, exigible depuis le..., et résultant d'un acte reçu par M°... notaire-
à..., le...

En conséquence, le comparant renonce à se prévaloir de l'extinction, par la prescription,
acquise, de l'obligation sus-énoncée.

Dont acte...

10. — Renonciation à une servitude.

Pardevant..., etc.

A comparu :

M. Joseph Latour, cultivateur, demeurant à...

Lequel a, par ces présentes, déclaré renoncer purement et simplement en faveur de
l'immeuble ci-après désigné, à la servitude de passage à pied et avec chevaux et charrettes
créée à son profit aux termes d'un acte de partage reçu par M°..., notaire à .., le..., sur une
pièce de terre située à..., commune de... (*Désigner l'immeuble*) et appartenant à M...

En conséquence, cette pièce de terre sera désormais affranchie de la servitude de passage à laquelle elle était assujettie.

Dont acte...

11. — Renonciation à usufruit.

Pardevant..., etc.

A comparu :

M. André Février, propriétaire, demeurant à...

Lequel a, par ces présentes, déclaré renoncer purement et simplement en faveur de
M. Paul Lemaire, cultivateur, demeurant à...

A l'usufruit qui lui appartenait en vertu d'un acte reçu par M°..., notaire à..., le..., sur
une maison située à,.. et dont la nue-propriété appartient à M. Lemaire.

Par l'effet des présentes, l'usufruit se trouvera réuni à la nue-propriété sur la tête de
M. Lemaire, à partir de ce jour.

Dont acte...

12. — Renonciation à surenchère.

Pardevant..., etc.

A comparu :

M. Léon Lucas, rentier, demeurant à...

Créancier inscrit au bureau des hypothèques de..., le..., vol..., n°..., sur l'immeuble
ci-après indiqué.

Lequel, après avoir pris communication d'un contrat passé devant M°..., notaire à...,
le..., enregistré et transcrit, contenant vente par M. Jules Petit, propriétaire, demeurant
à..., à M. Charles Martin, propriétaire, demeurant à..., moyennant 50,000 francs, payables
le..., et productifs d'intérêts au taux de 5 °/₀ à compter du..., d'une maison située à..., sur
laquelle inscription a été prise au bureau des hypothèques de..., le..., volume..., numéro...
au profit du comparant, contre M. Petit. pour sûreté d'une somme de 10,000 francs, montant
d'une obligation reçue par M°..., notaire à..., le...

A déclaré, par ces présentes, dispenser M. Martin de lui faire la notification du contrat
sus-énoncé, et renoncer expressément à former une surenchère.

Voulant, en conséquence que le prix de M. Martin reste définitivement fixé à 50,000 francs.
Mention des présentes est consentie...

Dont acte...

13. — Renonciation à l'usufruit légal de l'époux survivant.

Pardevant..., etc.

A comparu :

M. Léon Lucas, rentier, demeurant à...

Lequel a, par ces présentes, déclaré renoncer purement et simplement à l'usufruit de... (*Indiquer la quotité*) que la loi lui confère sur les biens meubles et immeubles qui dépendent de la succession de Mme Léontine Marchal, son épouse, décédée à..., le...

En conséquence, la propriété entière de la succession appartiendra à..., etc.

Dont acte...

RENOUVELLEMENT D'INSCRIPTION (V. *suprà*, v° INSCRIPTION HYPOTHÉCAIRE).

RENTE (CONSTITUTION DE)

C'est la convention par laquelle une personne s'engage à servir à une autre, à titre gratuit ou à titre onéreux, soit une somme d'argent, soit la prestation périodique de denrées.

On distingue les rentes *perpétuelles* et les rentes *viagères*. Au cas de rente *perpétuelle*, le *débi-rentier* (1) ou ses héritiers doivent servir les arrérages au *crédi-rentier* ou à ses héritiers jusqu'au jour du remboursement.

Au cas de rente *temporaire* ou *viagère*, les arrérages ne sont dus que pendant une période indéterminée, limitée d'ordinaire par la vie du crédi-rentier.

Les rentes perpétuelles se divisent elles-mêmes en *rentes constituées*, qui sont établies comme condition du prêt d'un capital dont le prêteur renonce à exiger le remboursement ;

Et en *rentes foncières* par lesquelles le crédi-rentier stipule, en échange d'un immeuble qu'il aliène, la prestation périodique d'une somme déterminée de denrées ou d'argent, payable jusqu'à ce que le débiteur effectue le rachat de son obligation.

Sommaire :

§ 1. Notions générales. Forme. Formalités.
§ 2. Capacité.
§ 3. Rente perpétuelle.
    ART. 1er. — Rente constituée.
    ART. 2. — Rente foncière.
§ 4. Rente viagère.
§ 5. Responsabilité notariale.
§ 6. Honoraires.
§ 7. Enregistrement.
§ 8. Formules.

§ 1. Notions générales. Forme. Formalités.

1. — Il est de l'essence du contrat de rente, que le crédi-rentier ne soit jamais en droit, lorsque le débi-rentier exécute ses engagements, d'exiger le rem-

---

(1) On appelle *débi-rentier* celui qui doit et sert la rente, — *Crédi-rentier*, celui qui la touche. Les produits de la rente s'appellent *arrérages*.

boursement du capital ou du fonds qui a été la cause de la constitution, — et que le débi-rentier, au contraire, soit toujours en droit d'anéantir sa dette en effectuant le remboursement ; sauf pour le cas de rente viagère, où, par exception à ce dernier principe, la rente n'est pas rachetable par le débi-rentier

En dehors de ce cas particulier, la loi admet la stipulation de non remboursement pendant un délai de trente ans, ou de dix ans, suivant les cas (art. 530 et 1911, C. civ.).

2. - La rente est toujours divisible entre les héritiers du débi-rentier, à moins qu'une stipulation expresse ne manifeste l'intention des parties que la rente ne puisse s'acquitter partiellement (art. 1221, C. civ.).

3. — Aux termes de l'article 529 du Code civil les rentes sont des *meubles* ; qu'elles soient établies sur l'Etat ou sur des particuliers ; qu'elles soient viagères ou perpétuelles et *foncières* ; ces dernières n'ont, en effet, rien de commun que le nom avec le *bail à rente* de l'ancien droit.

Aussi tombent-elles dans la communauté (art. 1401, C. civ.) (1).

4. — A moins de stipulations contraires, la rente, en principe, est *quérable*, c'est-à-dire que le créancier doit aller la toucher au domicile du débiteur (art. 1162 et 1247, C. civ.).

Il a même été jugé que les rentes constituées antérieurement au Code civil sont présumées quérables, lors même qu'en fait, elles auraient été habituellement portées par le débiteur, cet agissement ne pouvant être considéré que comme de pure complaisance (2).

5. — Les arrérages de rentes produisent des intérêts du jour de la demande ou de la convention (art. 1155, C. civ.), alors même qu'ils seraient dus pour moins d'une année. C'est là une exception à la règle écrite dans l'article 1154 du Code civil, d'après laquelle les intérêts d'un capital ne peuvent produire eux-mêmes d'intérêt qu'autant qu'ils sont dus pour une année entière (3).

Mais l'intérêt ainsi produit ne peut à son tour porter intérêt, les sommes à raison desquelles ils sont dus n'étant point des capitaux dans le sens de l'article 1154 (4).

6. — Prescription. — L'article 2277 du Code civil dispose que les arrérages de rentes constituées ou viagères se prescrivent par *cinq ans*.

Cette prescription n'est point fondée sur une présomption de paiement, mais sur un motif d'ordre public, parce qu'il y a faute de la part du crédi-rentier qui néglige de réclamer après l'échéance un nombre de termes aussi considérables.

Aussi a-t-il jugé que, même dans le cas où le débiteur aurait reconnu que, depuis plus de cinq années, il n'a point effectué le paiement des arrérages dus par lui, il n'en serait pas moins en droit d'opposer la prescription de ceux remontant au delà de cinq ans (5) ;

Que l'aveu même du débiteur qu'il n'a pas payé les annuités remontant à plus de cinq ans, ne le mettrait pas dans l'impossibilité d'invoquer la prescription, si, d'ailleurs, cet aveu n'impliquait pas renonciation au bénéfice de la prescription acquise (6).

Et le créancier auquel est opposée la prescription ne saurait déférer le serment au débiteur sur la question de savoir s'il a payé.

7. — Forme. — Lorsque la rente est constituée à titre onéreux, l'acte sui-

---

(1) Cass., 26 mars 1862.
(2) Rennes, 23 août 1879 (S. 1880-2-198).
(3) Demolombe, t. XXIV, n° 661.
(4) Aubry et Rau, t. IV, p. 111 ; Larombière, t. I,

sur l'article 1154-1155, n° 6 ; Cass., 15 janvier 1839 (S. 1839-1-97).
(5) Toulouse, 26 juillet 1832 ; Cass., 10 mars 1834 (S. 1834-1-800).
(6) Cass., 5 août 1878 (S. 1879-1-301).

vant la chose qui en est l'objet, présente le caractère d'un vente ou d'un prêt; et il est, quant à sa forme, soumis aux règles de l'un ou de l'autre de ces contrats. Il peut donc être fait par acte authentique ou privé.

Lorsque la rente est constituée à titre gratuit, l'acte doit être revêtu des formes de la donation ou du testament.

Aussi a-t-il été jugé que lorsqu'une rente viagère a été constituée par un acte sous-seing privé qui ne mentionne d'autre cause que le désir de donner un témoignage de reconnaissance, il y a violation des formes établies par la loi pour les actes de donation (1).

Toutefois l'article 1973 du Code civil consacre une exception à cette règle ; il dispose : la rente peut être constituée au profit d'un tiers, quoique le prix en soit fourni par une autre personne. Dans ce dernier cas, bien quelle ait les caractères d'une libéralité, elle n'est point assujettie aux formes requises pour les donations. La raison en est que, dans cette hypothèse, le contrat est à titre onéreux entre les parties principales et que la libéralité faite au profit du tiers qui doit bénéficier de la rente, n'est qu'une stipulation accessoire (2).

8. — Acceptation. — L'acte de constitution de rente étant presque toujours un acte synallagmatique, l'acceptation nous paraît être une formalité nécessaire.

Il a, cependant, été jugé que lorsque la rente est le prix d'une somme d'argent, cette constitution peut être régulièrement faite par un acte *unilatéral*, signé seulement de celui qui s'oblige à la servir (3).

8 bis. — Inscription. — Si, à la garantie du service de la rente, une affectation hypothécaire a été constituée, il y a lieu de prendre inscription au profit du crédi-rentier (V. *suprà*, v° INSCRIPTION HYPOTHÉCAIRE).

§ 2. CAPACITÉ.

9. — Pour constituer une rente, il faut être capable de vendre ou d'emprunter, selon la nature du contrat.

Si la rente est constituée à titre gratuit, le crédi-rentier et le débi-rentier doivent avoir la capacité requise pour les *donations* ou les *testaments*, selon que la rente est créée par l'un ou l'autre do ces actes.

Enfin, en ce qui concerne la personne sur la tête de laquelle la rente viagère peut être établie, aucune capacité n'en est exigée (4).

10. — La *femme séparée de biens* pourrait-elle, sans l'autorisation de son mari, placer ses capitaux en rente viagère? La question est très vivement controversée en doctrine. Si la femme séparée de biens, dit Laurent (5), n'avait que des pouvoirs de simple administration, la question ne serait pas douteuse; car le placement, avantageux pour elle, peut être ruineux pour ses enfants ; mais la femme séparée a une capacité qui dépasse celle de l'administrateur, la loi lui permet d'aliéner son mobilier et d'en disposer ; or, placer ses capitaux en rente viagère, c'est faire un acte d'aliénation, donc la femme en a le droit. C'est l'avis de la plupart des auteurs (6).

---

(1) Cass., 28 mars 1920 (S. 1870-1-214; *J. du not.*, n° 2450).—V aussi Cass., 26 avril 1898.
(2) Aubry et Rau, p. 582-588.
(3) Angers, 18 février 1837 (S. 1839-2-426). — Sic : Troplong, n° 227.
(4) Dict. du not, n° 86.

(5) T. XXII, n° 298.
(6) Troplong, n° 1422; Aubry et Rau, t. VI, p. 404 ; Massé et Vergé, t. IV, p. 149. — La jurisprudence est dans le même sens : Paris, 17 mai 1884; Caen, 17 juil. 1845; Seine, 3 févr. 1869. V. aussi Seine, 21 déc. 1891. — *Contrà* : Demolombe, t. IV, n° 158.

§ 3. RENTE PERPÉTUELLE.

ART. 1er. — *Rente constituée.*

11. — Nous avons déjà dit que la rente *constituée* est celle qui a été établie comme condition de prêt d'un capital dont le prêteur renonce à exiger le remboursement (art. 1909, C. civ.).

Cette convention a pour caractère essentiel et pour résultat d'immobiliser les capitaux ; et, lorsque la rente est destinée à un service déterminé dont la durée semble devoir être indéfinie, il résulte de cette combinaison une mise complète hors du commerce des capitaux ainsi immobilisés ; aussi s'est-on demandé si un tel contrat ne devait pas être considéré comme contraire à l'ordre public ; mais il a été jugé, à propos des constitutions de rente consacrées à l'entretien des institutions charitables, qu'un testateur peut, sans contrevenir aux lois d'ordre public, ordonner la conversion de ses biens en rentes pour subvenir aux frais d'une fondation charitable (1).

La rente doit être le prix d'un capital, mais il n'est pas de l'essence du contrat que ce capital soit une somme d'argent ; il peut se composer de toutes choses mobilières fongibles, ou même de titres au porteur.

12. — **Taux.** — Avant la loi du 3 septembre 1807, le taux de la rente pouvait être déterminé librement ; depuis cette loi, il ne saurait dépasser 5 °/₀, et toute stipulation qui aurait pour résultat, direct ou indirect, de fixer un taux supérieur serait radicalement nulle et le débiteur aurait le choix ou de faire annuler le contrat ou de faire réduire la rente.

La limitation du taux de la rente s'applique aux rentes constituées en denrées, comme aux rentes constituées en argent (2). L'évaluation se fait, en ce cas, d'après les mercuriales et si, en raison de cette évaluation, le taux se trouve supérieur au taux légal, le débiteur peut répéter ce qu'il a payé en sus et, pour l'avenir, faire réduire la rente à une quotité suffisante.

13. — **Remboursement.** — La faculté de remboursement est de l'essence même du contrat de constitution des rentes constituées ; toute rente perpétuelle est donc rachetable, c'est-à-dire que le débiteur peut s'en libérer, en remboursant le capital.

Toutefois, il peut être convenu que la rente ne sera rachetable qu'après un délai de dix ans (art. 1911, C. civ.). En ce cas, la convention doit être exécutée.

14. — Le droit de rembourser n'appartient pas seulement au *débiteur originaire* de la rente ; il appartient aussi :

a) A ses héritiers et ayants cause ;

b) A tous ceux qui peuvent être tenus du service de la rente, à quelque titre que ce soit, caution, tiers détenteur, etc. ;

c) Et même, d'après certains auteurs, à tous ceux qui ont un intérêt juridique au remboursement, par exemple le créancier hypothécaire sur l'immeuble grevé de la rente et dont l'hypothèque est postérieure à celle du crédi-rentier (3).

15. — Le remboursement ne peut être valablement effectué qu'entre les mains du crédi-rentier lui-même ou de son mandataire, soit de ses ayants cause ou représentants légaux. A cet égard, il y a lieu d'appliquer les principes que nous avons indiqués concernant le paiement des capitaux.

---

(1) Cass., 4 juin 1875 (S. 1875-1-467).
(2) Cass., 28 août 1846 ; Aubry et Rau, t. IV, p. 614-615.

(3) Troplong, *Du prêt*, n° 462 ; Pothier, n° 176.

Pour rembourser les rentes dues aux communes, aux hospices ou aux fabri-
ques, il faut en avertir les administrateurs un mois à l'avance (1).

16. — Le remboursement d'une rente constituée est, comme celui de toute
autre dette, divisible entre les héritiers du débi-rentier, à moins qu'il ne résulte des
termes du contrat qu'il a été dans l'intention des parties de rendre le rachat indivisible au profit des créanciers contre les héritiers du débiteur (2).

17. — Celui qui effectue le remboursement d'une rente doit en payer tous
les arrérages échus, sinon le crédi-rentier peut refuser le remboursement. Le
paiement du capital fait donc toujours présumer celui des arrérages échus.

18. — Le remboursement d'une rente en denrées doit être fait de la manière
indiquée au contrat (art. 530, C. civ.). A défaut de convention, la valeur en est
fixée au denier vingt d'après les mercuriales.

19. — S'il s'agit d'une rente constituée à titre onéreux en argent, le remboursement doit être du capital aliéné par le contrat ; et toute clause portant que
la rente sera rachetable pour une somme plus forte que celle reçue par le constituant ne serait pas valable (3).

A défaut de convention expresse, les rentes créées postérieurement à la loi
du 29 décembre 1790 sont rachetables au denier vingt, qu'elles aient été stipulées
payables en argent ou en nature (4).

20. — Si la rente a été constituée à titre gratuit, pour l'entretien d'une fondation (un musée, par exemple), le taux du rachat ne doit pas nécessairement
être calculé au denier vingt. Il appartient aux juges, *au moment du rachat*, de
décider quel est le capital nécessaire pour assurer intégralement le service de la
rente (5).

21. — **Du rachat forcé.** — De son côté, le crédi-rentier peut exiger le
remboursement, mais seulement dans certains cas prévus par la loi :

    a) Si le débiteur cesse de remplir ses obligations pendant deux années
      (art. 1912, § 1).
    b) S'il manque à fournir au prêteur les garanties promises par le
      contrat (art. 1912, § 2).
    c) S'il tombe en faillite ou en déconfiture (art. 1913, C. civ.).

22. — *a)* L'art. 1912, § 1 ne s'applique aux rentes constituées à titre gratuit qu'autant que le donateur a, dans l'acte constitutif, prévu et accepté l'éventualité d'un rachat forcé (6).

La disposition du § 1 de l'article 1912 peut être modifiée par les stipulations
du contrat ; en ce cas, ces stipulations font la loi des parties ; mais à défaut de
clause expresse, la déchéance édictée est-elle encourue de plein droit ou le crédi-
rentier doit-il la faire prononcer en justice ? Il y a lieu de distinguer si la rente
est *portable* ou *quérable*.

Si la rente est *portable*, c'est-à-dire payable au domicile du créancier, le
droit au remboursement est irrévocablement acquis au créancier par le seul fait
du défaut de paiement des arrérages pendant deux ans ; et des offres réelles faites
après l'expiration du terme ne pourraient empêcher la déchéance (7), à moins
que ce ne fût par la faute du créancier que les arrérages n'auraient pu être
payés (8).

Si, au contraire, comme cela est de droit commun, la rente était *quérable*, le

(1) Avis Conseil d'Etat, 21 décembre 1808.
(2) Aubry et Rau, t. IV, p. 615 ; Pont, *Petits contrats*, t. I, n° 345 ; Laurent, t. XXVII, n° 13. —
Contrà : Larombière, t. II, sur l'art. 1221, n° 37.
(3) Troplong, n° 459.
(4) Paris, 5 août 1851 (S. 1851-2-775) ; Montpellier, 29 décembre 1855 ; Cass., 8 mars 1858 (*Rev.
not.*, n° 1188) ; Aubry et Rau, t. II, p. 460.

(5) Paris, 19 février 1884 ; Poitiers, 16 juin 1890.
(6) Rennes, 23 août 1879 ; Laurent, t. XXVII,
n° 31.
(7) Cass., 25 novembre 1839 et 9 août 1841
(S. 1841-1-746) ; Aubry et Rau, t. IV, p. 616 ; Demolombe, t. I, n° 55 ; Laurent, n° 20.
(8) Cass., 19 août 1831 et 5 décembre 1833.

créancier doit mettre le débi-rentier en demeure et faire constater que le débiteur, mis en demeure, a refusé de payer les arrérages échus (1).

23. — *b*) Le débiteur peut aussi être contraint au remboursement lorsqu'il manque à fournir les sûretés promises par le contrat de constitution ; et l'article 1912 est applicable, soit que les garanties n'aient pas été données, soit qu'elles viennent ultérieurement à disparaître ou à être diminuées.

C'est là, du reste, une question de fait laissée à l'appréciation des tribunaux (2).

On doit voir une diminution des sûretés promises dans le fait par le débiteur de la rente d'avoir vendu l'immeuble hypothéqué à la garantie de cette rente, le prix fût-il supérieur au capital de la rente (3), à moins que le contrat ne stipule l'obligation pour l'acquéreur de servir la rente, ou ne lui interdise formellement de payer.

24. — *c*) Enfin l'article 913 indique un troisième cas de remboursement forcé, c'est celui où le débi-rentier tombe en faillite ou en déconfiture.

La prescription trentenaire peut être invoquée par le débi-rentier et cette prescription court du jour du titre constitutif ou de l'acte récognitif ; mais lorsque le créancier peut prouver régulièrement (4) le service des arrérages, le débiteur ne peut lui opposer la déchéance tirée de l'absence d'un titre nouvel.

La déclaration dans un contrat de vente que l'immeuble aliéné est grevé d'une rente constitue une reconnaissance des droits du crédi-rentier, interruption de la prescription, bien que le créancier n'ait pas été partie à l'acte (5).

ART. 2. — *Rente foncière.*

25. — C'est celle qui a été constituée en échange d'un immeuble aliéné par le crédi-rentier et qui est payable jusqu'à ce que le débiteur en effectue le rachat, sinon, à perpétuité. En un mot, c'est une vente d'immeubles dans laquelle le prix est représenté par des arrérages.

Le chiffre de ces arrérages peut représenter le taux légal de l'intérêt du capital représentant la valeur de l'immeuble ; ainsi une maison de 20,000 francs, par exemple, peut être aliénée moyennant une rente annuelle de 1,000 francs.

26. — Il existe des différences essentielles entre l'ancienne rente foncière, actuellement prohibée, et la rente qui peut être stipulée comme condition de la vente d'un immeuble. La *rente foncière* était ainsi appelée avant le Code, parce qu'elle était due par l'héritage même. C'est en ce sens que Pothier disait, en la définissant, qu'en cédant l'héritage, le bailleur se réservait la rente sur le fonds. Cette réponse démontrait la propriété de l'héritage ; le bailleur en conservait une partie sous le titre de rente. Voilà pourquoi, dit Laurent (6), le droit du bailleur était immobilier, comme l'est tout démembrement de la propriété d'un immeuble. Quant au preneur, il était tenu de la rente, non comme débiteur personnel, mais comme détenteur de l'objet grevé de la rente.

27. — La rente foncière a donc cessé d'exister depuis la loi du 11 brumaire an VII, du moins avec les caractères particuliers qui la distinguaient ; car, aujourd'hui :

a) Elle est *meuble*, c'est-à-dire que le crédi-rentier ne conserve aucun

---

(1) Poitiers, 19 août 1825 ; Cass., 28 juin 1836 ; Caen, 20 mars 1839 ; Rennes, 28 août 1879.
(2) Cass., 23 mars 1825 et 4 décembre 1832.
(3) Cass., 16 avril 1839.
(4) Les paiements d'arrérages d'une rente ne peuvent être prouvés par témoins à l'effet d'établir l'interruption de la prescription du titre, bien que cha-

que paiement soit inférieur à 150 francs, si le capital de la rente est supérieur à cette somme (Cass., 28 juin 1854 et 17 novembre 1858 ; Nîmes, 8 avril 1876 (S. 1877-2-913 .
(5) Cass., 20 août 1849 et 27 janvier 1868 (S. 1868-1-105).
(6) T. XXVII, n° 38.

droit sur l'immeuble par lui vendu et que le débiteur en devient propriétaire sans réserve.

b) Elle est *inexigible* de la part du créancier, qui ne peut jamais réclamer ni l'immeuble, ni sa valeur.

c) Elle est *rachetable* de la part du débi-rentier.

d) Elle n'oblige le débi-rentier ou ses héritiers qu'à titre personnel (1).

28. — Toutefois, la convention par laquelle le propriétaire d'un immeuble le vend à charge de rente ne constitue pas, sous le droit actuel, un contrat d'une nature spéciale et les effets en sont déterminés d'après les principes qui régissent la convention, suivant qu'il s'agit d'un acte d'aliénation à titre onéreux, ou à titre gratuit (2).

Ainsi, lorsque la vente a été stipulée comme prix de l'aliénation, à titre onéreux, d'un immeuble, il y a lieu d'appliquer les règles qui régissent la vente. Le vendeur jouit donc, pour le paiement des arrérages, du privilège établi par l'article 2103 du Code civil ; il peut, également, poursuivre la résolution de la vente en cas de non paiement de la rente (3).

29. — Mais le vendeur ne pourrait exiger le remboursement du capital représentant la rente, pour une des causes énumérées dans les articles 1912 et 1913 du Code civil : défaut de paiement des arrérages pendant deux années ; — absence des sûretés promises ; déconfiture de l'acquéreur. C'est ce qui distingue la rente foncière de la rente constituée (4).

30. — Les dispositions de la loi du 29 décembre 1790, qui a fixé le taux du rachat au denier 20 pour les rentes en argent et 25 pour les rentes en denrées sont toujours applicables au rachat de rentes constituées antérieurement à la publication de cette loi.

Pour celles créées postérieurement, le rachat a lieu d'après les taux déterminés par les stipulations du contrat, si les parties ont usé de la faculté que la loi leur laisse de le régler (art. 530, C. civ.) ; sinon, à défaut de réglement conventionnel, la rente est, en principe, rachetable au denier 20, qu'elle ait été stipulée payable en argent ou en nature (5).

31. — Les tribunaux pourraient cependant décider que le rachat doit avoir lieu au denier 25, si, d'après les usages locaux, on pouvait considérer que telle a dû être l'intention des parties contractantes (6).

32. — Le débi-rentier a le droit de racheter la rente à toute époque, à moins que le crédi-rentier n'ait stipulé que la rente ne serait pas rachetable avant un certain délai. Toutefois, aux termes de l'article 530 du Code civil, ce délai ne peut dépasser trente ans. Toute stipulation contraire serait nulle et devrait être réduite à cette limite, s'il avait été convenu qu'elle dépasserait le terme fixé par la loi (7).

§ 4. Rente viagère.

33. — La rente viagère est celle qui est établie pour durer jusqu'à la mort d'une ou de plusieurs personnes désignées.

On dit qu'elle est établie *au profit* de celui qui touche les arrérages et *sur la tête* de celui dont la mort éteindra la rente.

La rente viagère peut être établie à *titre gratuit* ou *à titre onéreux.*

---

(1) Demolombe, t. IX, n° 424.
(2) Aubry et Rau, t. II, p. 459.
(3) Aubry et Rau, *loc. cit.*; Laurent, n° 45.
(4) Cass., 28 juillet 1824 et 9 janvier 1865 (S. 1865-1-136) ; *Rev. not.*, n° 1324 ; Nîmes, 25 mai 1852 ; Caen, 5 août 1874.

(5) Poitiers, 27 avril 1831 ; Paris, 5 août 1851 ; Montpellier, 29 décembre 1855 ; Cass., 3 mars 1858 ; Aubry et Rau, p. 460 ; Demolombe, t. IX, n° 428.
(6) Colmar, 19 juillet 1864 ; Cass., 12 février 1866 (S. 1866-1-236) ; Aubry et Rau, p. 461.
(7) Aubry et Rau, *loc. cit*; Laurent, n° 53.

Dans le premier cas, elle peut résulter d'un acte de donation entre-vifs, ou d'un testament.

34. — Quand elle est établie par donation entre-vifs, elle est soumise pour la forme et pour le fond, aux règles des donations; cependant, si elle est la condition d'un contrat que deux personnes font entre elles, elle est dispensée des formes solennelles, si le contrat en est lui-même dispensé (art. 1121-1973, C. civ.); — ou si la rente est constituée pour assurer le service d'une pension alimentaire (1). V. *suprà*, n° 7.

Quand elle est établie par testament, elle est soumise, pour les formes et pour le fond, aux règles des testaments.

35. — Lorsque la rente viagère est constituée à *titre gratuit* (2), le constituant a le droit de stipuler que la rente sera *insaisissable* (art. 1981, C. civ.), jusqu'à concurrence de la quotité disponible, et *incessible*. Mais la stipulation d'insaisissabilité ne fait pas présumer l'incessibilité et si rien, dans l'acte, n'exprime l'intention du donateur, il appartient aux juges du fait d'apprécier souverainement, d'après les termes et l'esprit de l'acte constitutif, si la rente est frappée d'incessibilité (3).

36. — La rente viagère constituée à *titre onéreux* est un contrat *aléatoire*. C'est là son caractère essentiel, puisqu'elle est subordonnée à la durée de la vie humaine, évènement incertain (art. 1664, C. civ.).

C'est un contrat *synallagmatique*, ou bi-latéral, lorsque la rente est établie moyennant l'abandon d'un objet mobilier ou d'un immeuble (4), car il y a, pour ainsi dire, vente et ce sont les règles de ce contrat, qui, sauf une exception relative à la résolution, sont applicables.

L'acte peut être unilatéral, lorsque la rente est constituée moyennant une somme d'argent. C'est un prêt à intérêt (art. 1909, 1910, C. civ.) (5), avec cette différence toutefois, que le créancier ne peut exiger le capital.

Il est de l'*essence* du contrat de rente viagère que le capital, la chose mobilière ou l'immeuble qui sont abandonnés au débi-rentier, soient aliénés définitivement et que le crédi-rentier ne puisse les répéter (art. 1909, 1912, C. civ.). Pour la forme, V. *suprà*, n° 7).

37. — La rente viagère peut être constituée, soit sur la tête de celui qui en fournit le prix, et c'est là l'usage le plus commun, soit sur la tête d'un tiers qui n'a aucun droit d'en jouir (6). Elle peut être constituée sur une ou plusieurs têtes (art. 1971, 1972, C. civ.).

La rente peut même être constituée sur la tête du débi-rentier (7).

On décide généralement qu'en principe, la rente constituée au profit et sur la tête de deux personnes ne s'éteint pas pour partie par la mort de l'une d'elles, mais qu'elle passe toute entière sur la tête du survivant (8).

Du principe qu'il est de l'essence du contrat de rente viagère qu'il y ait une personne sur la tête de laquelle la rente soit constituée, il résulte :

Que l'acte doit indiquer d'une façon précise la personne ou les personnes sur les têtes desquelles la rente est constituée; on ne pourrait donc stipuler une charge de réversibilité sur la tête d'un tiers que le crédi-rentier se réserverait de désigner ultérieurement (9).

---

(1) Rennes, 10 novembre 1891 (*Rev. not.*, n° 8604).
(2) Lorsque la rente viagère est constituée à titre onéreux, l'insaisissabilité ni la cessibilité ne sauraient être stipulés (art. 1981, C. civ.); une telle clause serait nulle et de nul effet. Paris, 12 décembre 1874; Amiens, 29 novembre 1876). (S. 1877-2-199); Pont, n° 780. Et malgré toute convention de ce genre, elle demeure susceptible de saisie et d'expropriation. Cass., 1er mars 1843; Brignoles, 12 juillet 1843.
(3) Cass., 13 juillet 1875 (S. 1875-1-346).
(4) Si la rente est constituée moyennant un im-

meuble, l'acte prend le nom d'*abandon de biens à fonds perdu*. V. ce mot.
(5) Laurent, n° 260.
(6) Le consentement du tiers est inutile pour la validité du contrat.
(7) Bordeaux, 15 février 1872.
(8) Caen, 16 mars 1852 (art. 14734, J. N.).
(9) Troplong, *Contrats aléatoires*, n°s 245 et suiv.; Pont, *Petits contrats*, t. I, n° 692; Aubry et Rau, t. IV, p. 589; Cass., 18 juin 1830 (S. 1830-1-142). — *Contrà* : Dijon, 22 janvier 1845.

38. — Nous avons dit que la rente peut être constituée sur plusieurs têtes ; en ce cas ou elle s'éteint, par partie, à chaque décès, ou elle est reversible en entier sur la tête des survivants, jusqu'à ce qu'ils soient tous morts.

Si la rente a été constituée sur plusieurs têtes, sans aucune explication, est-elle ou non reversible sur la tête et au profit des survivants? C'est là une question d'intention et, par suite, une question de fait bien plus qu'une question de droit.

Lorsque deux époux ont acquis une rente viagère, comme condition ou prix de la vente d'un immeuble de communauté, ou avec des deniers de celle-ci, et que cette rente a été stipulée reversible au profit du survivant, à qui appartient la rente en cas de mort?

Quatre systèmes différents sont soutenus :

D'après le premier, la charge de réversibilité est nulle et de nul effet, parce qu'elle constitue une violation de l'article 1097 du Code civil (1).

Dans un second système, la rente appartiendrait exclusivement à l'époux survivant, qui n'aurait même pas de récompense à payer. La reversion serait la conséquence d'un contrat à titre onéreux, par lequel chacune des parties concéderait à l'autre un droit éventuel à la totalité de la rente et recevrait, en retour de cet avantage, un droit éventuel, absolument semblable (2).

Selon d'autres auteurs, malgré la clause de réversibilité, la rente constitue un bien de communauté dont l'émolument sera, toujours, partageable entre l'époux survivant et les héritiers du prédécédé (3).

Enfin, d'après la Cour de cassation et la jurisprudence dominante, la stipulation de reversibilité a bien pour effet d'attribuer la rente viagère à l'époux survivant, mais c'est à la charge par lui de payer une récompense à la communauté (4). Pour éviter toute difficulté d'interprétation, le contrat doit s'expliquer clairement à cet égard.

39. — Si la personne désignée était morte au jour du contrat, il ne produirait aucun effet (art. 1974, C. civ.), car il est sans cause.

Il en serait de même, ajoute l'article 1975, du contrat par lequel une rente aurait été créée sur la tête d'une personne atteinte de la maladie dont elle est décédée dans les vingt jours de la date du contrat.

Cette règle nous semblerait devoir être appliquée même quand la rente est constituée sur la tête de plusieurs personnes, dont l'une serait morte au moment ou dans les vingt jours du contrat, si le décès devait, dans les conventions des parties, entraîner en partie la réduction de la rente (5) et même, dans le cas où la rente, malgré le décès d'une des personnes, devait continuer à être servie dans son intégralité (6).

40. — Pour que l'article 1975 soit applicable, trois conditions sont nécessaires :

a) Que la personne soit frappée de la maladie au moment du contrat ;

(1) Mourlon (D., 1865-2-73); Laurent, t. XV, n° 328; Aubry et Rau, § 507-9, 747-14 ; Rennes, 15 février 1840. — *Contrà* : Metz, 18 juin 1863.

(2) Troplong. n° 254 ; Paris, 25 mars 1844 (art. 1198I. J. N); Cass., 15 mai 1844; Rennes, 3 janvier 1801 ; Besançon, 13 mai 1871.

(3) Aubry et Rau, t. V, § 507, note 9 ; Laurent, t. XXI, n° 219. — V. Paris, 19 février 1884 et 12 décembre 1885 (art. 28589, J. N.).

(4) Cass., 15 mai 1866 (art. 18526, J. N.), 16 décembre 1867 (*Rev. not.*, n° 2096), 20 mai, 30 décembre 1873, 22 décembre 1888 (art. 20677, 20905 et 24172, J. N.). — *Sic* : Paris, 17 février 1864; Seine, 16 mai 1868; Melun, 27 août 1868; Rouen, 18 mars

1869 (*Rev. not.*, n° 2491); Le Mans, 19 mai 1870 ; Mamers, 27 février 1872 ; Lisieux, 30 juillet 1873 (*Rev. not.*, n° 4483) ; Caen, 11 mars 1874 (*Rev. not.*, n° 4712).

(5) Paris, 23 mars 1865 et Cass., 6 février 1866 (*Rev. not.*, n° 1399 et 1507) ; Bordeaux, 16 août 1872 (S. 1873-2-15). — *Contrà* : Bordeaux, 10 février 1857 (art. 16268, J. N.); Lyon, 1er juillet 1858 ; Paris, 23 mai 1865 ; Douai, 30 novembre 1866 ; Pont, n° 721 ; Aubry et Rau, t. IV, p. 585.

(6) Bordeaux, 2 janvier 1874 (art. 21287, J. N.); Laurent, n° 287 ; Labbé (S. 1865-2-321). — *Contrà* : Cass., 22 février 1820 ; Montélimar, 11 février 1870 (art. 20194, J. N.); Aubry et Rau, p. 584.

b) Qu'elle soit morte de cette même maladie ;

c) Que le décès ait eu lieu dans les vingt jours de la date du contrat.

Le contrat serait donc valable, si la personne, atteinte d'une maladie mortelle au jour de la constitution, n'était morte que le vingt et unième jour, ou plus tard.

C'est à celui qui demande la nullité du contrat à prouver que l'article 1975 est applicable (1).

41. — Si la mort était le résultat, non d'une maladie naturelle, ou d'un accident, mais d'un suicide, l'article 1975 devrait-il recevoir son application? La négative a été décidée dans une espèce où la personne avait déjà prémédité son suicide au moment du contrat (2).

42. — Les vingt jours doivent être complets ; le *dies a quo* ne doit donc pas être compté ; il ne commence à courir que le lendemain du jour où le contrat a été fait. Ainsi un contrat de rente viagère établi le 1ᵉʳ janvier produirait son effet, si celui sur la tête duquel la rente avait été constituée n'était mort que le 22 janvier (3) ; il serait nul si le décès avait lieu le 21 janvier.

43. — Mais la nullité prononcée par les articles 1974 et 1975 ne s'applique qu'à la rente constituée *à titre onéreux* (4). Elle ne saurait, en effet, être appliquée à une donation, c'est-à-dire à un acte qui n'a rien d'aléatoire.

Les parties ne sauraient renoncer à se prévaloir de la nullité prononcée par l'article 1975 du Code civil, cet article étant conçu en termes absolus et impératifs (5).

44. — **Taux de la rente.** — Aux termes de l'article 1976 du Code civil, la rente viagère peut être constituée au taux qu'il plaît aux parties contractantes de fixer.

Toutefois, l'article 1976 doit être entendu en ce sens que ce taux peut être supérieur à l'intérêt légal, mais qu'il ne peut lui être inférieur ; parce que la rente viagère qui n'excéderait pas le revenu des biens vendus ou l'intérêt du capital aliéné perdrait alors son caractère aléatoire (6). Dès lors, serait nulle la constitution de rente viagère dont le taux serait inférieur à l'intérêt légal du capital aliéné, alors surtout que rien n'indiquerait, de la part du créancier, l'intention de faire une donation déguisée (7).

Ainsi, quel que soit le taux d'une rente viagère, et à moins qu'il ne s'agisse d'un prêt usuraire déguisé (8), le contrat de constitution ne saurait être réputé usuraire, d'autant que le taux peut et doit varier suivant l'âge des personnes, leur état de santé, et d'autres circonstances.

Et le contrat de rente viagère ne peut être annulé pour cause de vilité du prix ; à moins que l'aliénation ne fût consentie sur des bases telles, que les arrérages de la rente soient inférieurs ou seulement égaux aux revenus de l'immeuble aliéné (9), et que le contrat n'offre, par suite, aucun caractère aléatoire (10).

Nous donnons ci-dessous le taux ordinaire des rentes viagères, tel qu'il est admis par les compagnies d'assurance sur la vie, d'après l'âge du crédi-rentier, par chaque somme de cent francs.

(1) Pont, n° 715 ; Aubry et Rau, p. 586 ; Laurent, n° 283 ; Dict. du not., v° *Rente viagère*, n° 48.

(2) Orléans, 28 avril 1860; Caen, 22 novembre 1871 (S. 1872-2-39) ; Laurent, n° 281.

(3) Rouen, 13 décembre 1821; Pont, n° 714 ; Aubry et Rau, p. 586 ; Laurent, n° 282.

(4) Cass., 18 juillet 1836 ; Pont, n° 717 ; Aubry et Rau, p. 585 ; Laurent, n° 284 ; Dict. du not., n° 51.

(5) Cass., 15 juillet 1824.

(6) Orléans, 24 mai 1831 ; Cass., 28 décembre 1831; Poitiers, 17 juillet 1840.

(7) Bordeaux, 9 août 1870 (art. 20386, J. N.).

(8) Cass., 31 décembre 1833 et 26 juin 1845 (S. 1845-1-834).

(9) Cass., 22 février 1836, 23 juin 1841 et 13 novembre 1867 ; Rennes, 26 juin 1841 ; Caen, 18 janvier 1876 (art. 21519, J. N.).

(10) Rouen, 13 juin 1883 (art. 23110, J. N.).

Rentes viagères immédiates sur une tête.

AGE	RENTE VIAGÈRE PAYABLE				AGE	RENTE VIAGÈRE PAYABLE			
	PAR SEMESTRE		PAR TRIMESTRE			PAR SEMESTRE		PAR TRIMESTRE	
	Rente pour 100 fr.	Prix de 1 fr. de rente	Rente pour 100 fr.	Prix de 1 fr. de rente		Rente pour 100 fr.	Prix de 1 fr. de rente	Rente pour 100 fr.	Prix de 1 fr. de rente
	fr. c.	fr. c.	fr. c.	fr. c.		fr. c.	fr. c.	fr. c.	fr. c.
45 ans	6 38	15 674	6 33	15 799	68 ans	11 36	8 803	11 29	8 928
46 »	6 49	15 408	6 44	15 533	69 »	11 81	8 467	11 64	8 592
47 »	6 62	15 106	6 57	15 231	70 »	12 32	8 116	12 13	8 241
48 »	6 75	14 815	6 69	14 940	71 »	12 57	7 957	12 37	8 082
49 »	6 89	14 514	6 83	14 639	72 »	12 82	7 798	12 62	7 923
50 »	7 04	14 205	6 98	14 330	73 »	13 08	7 644	12 87	7 769
51 »	7 19	13 908	7 12	14 033	74 »	13 33	7 503	13 11	7 628
52 »	7 35	13 605	7 28	13 730	75 »	13 59	7 356	13 37	7 481
53 »	7 51	13 316	7 44	13 441	76 »	13 85	7 219	13 62	7 344
54 »	7 66	13 055	7 59	13 180	77 »	14 11	7 086	13 87	7 211
55 »	7 88	12 690	7 80	12 815	78 »	14 40	6 943	14 15	7 068
56 »	8 06	12 407	7 98	12 532	79 »	14 72	6 792	14 46	6 917
57 »	8 29	12 063	8 20	12 188	80 »	15 16	6 595	14 88	6 720
58 »	8 49	11 779	8 40	11 904	81 »	15 53	6 439	15 23	6 564
59 »	8 68	11 521	8 58	11 646	82 »	15 90	6 289	15 59	6 414
60 »	8 87	11 274	8 77	11 399	83 »	16 20	6 173	15 88	6 298
61 »	9 09	11 001	8 99	11 126	84 »	16 49	6 063	16 16	6 188
62 »	9 28	10 776	9 17	10 901	85 »	16 75	5 970	16 41	6 095
63 »	9 46	10 571	9 35	10 696	86 »	17 02	5 876	16 66	6 001
64 »	9 68	10 331	9 56	10 456	87 »	17 20	5 814	16 84	5 939
65 »	9 91	10 091	9 78	10 216	88 »	17 38	5 755	17 01	5 880
66 »	10 38	9 634	10 25	9 759	89 »	17 54	5 699	17 17	5 824
67 »	10 85	9 217	10 70	9 342	90 »	17 70	5 650	17 32	5 775

Rentes viagères immédiates sur deux têtes.

AGE de L'UN	AGE de L'AUTRE	RENTE VIAGÈRE PAYABLE		AGE de L'UN	AGE de L'AUTRE	RENTE VIAGÈRE PAYABLE	
		par semestre	par trimestre			par semestre	par trimestre
		fr. c.	fr. c.			fr. c.	fr. c.
45 ans	45 ans	5 28	5 24	55 ans	70 ans	7 29	7 22
	50 »	5 48	5 45		75 »	7 51	7 44
	55 »	5 66	5 62		80 »	7 67	7 60
	60 »	5 84	5 80	60 ans	60 ans	7 11	7 05
	65 »	6 »	5 96		65 »	7 60	7 53
	70 »	6 12	6 07		70 »	8 03	7 95
	75 »	6 21	6 16		75 »	8 34	8 26
	80 »	6 28	6 23		80 »	8 60	8 51
50 ans	50 ans	5 74	5 70	65 ans	65 ans	7 92	7 84
	55 »	6 »	5 96		70 »	8 42	8 33
	60 »	6 23	6 18		75 »	8 90	8 80
	65 »	6 45	6 40		80 »	9 25	9 14
	70 »	6 66	6 60	70 ans	70 ans	8 97	8 87
	75 »	6 81	6 75		75 »	9 61	9 50
	80 »	6 91	6 85		80 »	10 09	9 96
55 ans	55 ans	6 33	6 28	75 ans	75 ans	10 38	10 25
	60 »	6 65	6 60		80 »	11 13	10 98
	65 »	6 98	6 92	80 ans	80 ans	12 28	12 09

45. — **Obligations du débi-rentier.** — Le débiteur d'une rente viagère est tenu :

a) De fournir les sûretés qu'il a promises (art. 1977, C. civ.).

b) De payer régulièrement les arrérages aux époques fixées par le contrat et tant que durera la rente (art. 1978, C. civ.).

46. — *Fournir toutes les sûretés promises.* — Si le débiteur n'accomplit pas cette obligation, par exemple, s'il ne donne pas la caution ou l'hypothèque qu'il a promise pour la garantie du créancier, celui-ci peut demander la résolution du contrat et, par suite, la restitution du capital. Le créancier conserve les arrérages payés jusqu'au moment de la résolution, quoiqu'ils soient de beaucoup supérieurs à l'intérêt légal que le débiteur a pu retirer du capital pendant le temps qu'il en a joui. En effet, l'excédant des arrérages sur l'intérêt légal du capital n'a pas été payé *sine causâ*, car le créancier, jusqu'au moment de la résolution, a couru le risque de perdre le prix de la rente : l'excédant des arrérages payés sur l'intérêt que le débiteur a retiré du capital est l'équivalent de ce risque.

La résolution n'a pas lieu de plein droit par le seul fait du défaut de fournir les sûretés promises ; les juges peuvent accorder un délai au débiteur pour les réaliser.

La rente tient donc toujours tant qu'aucun jugement n'en a pas prononcé la résolution. De là il suit : 1° que le débiteur conserve le capital si la rente pour le service de laquelle les sûretés promises n'ont pas été données, vient à s'éteindre par la mort de la personne sur laquelle elle a été constituée depuis la demande, mais avant que les juges aient prononcé : alors, en effet, la résolution n'aurait plus de cause ; — 2° que la résolution n'est pas prononcée si les sûretés promises sont offertes depuis la demande, mais avant le jugement. Toutefois, le débiteur doit payer les frais occasionnés par son retard à remplir ses obligations ; 3° que si le jugement de résolution est susceptible d'appel, le débiteur peut encore fournir utilement les sûretés promises, car le tribunal d'appel doit, pour prononcer, considérer l'état des choses et l'intérêt des parties au moment où il prononce.

Tout ce que nous avons dit de celui qui ne fournit pas les sûretés promises est également applicable à celui qui détruit ou diminue celles qu'il avait données, car il n'y a pas de différence entre le fait de ne pas réaliser les sûretés promises et celui de retirer les sûretés réalisées (art. 1188, C. civ.).

Ainsi, il a été jugé qu'il y aurait lieu de prononcer la résolution, lorsque le débiteur aliène, comme libres et sans interdire la faculté de purger à l'acquéreur, les immeubles affectés au service de la rente, et convertit ainsi en un droit sur le prix la créance du rentier (1), — ou lorsque les biens sont aliénés pour une somme insuffisante au service de la rente (2).

Mais l'établissement de nouvelles hypothèques par le débiteur sur les biens affectés au service de la rente ne constitue pas une diminution des sûretés promises (3).

47. — *Payer les arrérages tant que dure la rente, quelles que soient l'importunité et la charge toujours renaissante des arrérages.* — Le défaut de paiement des arrérages n'autorise pas le créancier à demander la résolution du contrat (4) ; il n'a que le droit de faire saisir les biens du débiteur, et de faire ensuite consentir ou ordonner, sur le prix provenant de la vente des biens saisis, le placement d'une somme productive d'intérêts égaux aux arrérages (art. 1298, C. civ.) (5).

---

(1) Cass., 16 avril 1889.
(2) Bordeaux, 6 juin 1840.
(3) Paris, 23 avril 1853 ; Aubry et Rau, p. 590 ; Pont, n° 740.
(4) Cette disposition est inapplicable lorsque la rente viagère forme la condition d'une donation. En pareil cas, le donateur, à défaut du service des arré-

rages, peut demander la révocation de la donation (Pau, 6 août 1861 ; Nancy, 22 février 1867 ; Aubry et Rau, t. IV, p. 592 ; Demolombe, t. XX, n° 582).
(5) En permettant aux tribunaux d'ordonner un placement destiné à assurer le service de la rente viagère, l'article 1978 du Code civil leur permet, à plus forte raison, d'autoriser une inscription hypothé-

Les arrérages, étant des fruits civils, s'acquièrent jour par jour ; le créancier n'y a droit, par conséquent, qu'à proportion du nombre de jours qu'a vécu la personne sur la tête de laquelle la rente était constituée ; — à moins qu'il n'ait été convenu qu'ils seraient payés d'*avance*, auquel cas le terme dans lequel on est entré quand la rente s'éteint est complètement acquis (art. 1980, C. civ.) (1), — ou à moins qu'il n'ait été stipulé que les arrérages échus et courus au jour du décès du crédi-rentier profiteront au débiteur, qui en sera libéré par le fait du décès (2).

48. — Malgré les termes de l'article 1978, on peut stipuler que le contrat sera résolu, à défaut de paiement d'un seul terme d'arrérages, et le capital remboursable, un mois après un commandement, sans demande de justice (3).

On peut aussi stipuler qu'en cas de résolution du contrat par suite du défaut de paiement des arrérages, les arrérages payés ou échus jusqu'au jour du remboursement du capital seront acquis au crédi-rentier à titre d'indemnité. Une telle clause est la compensation, évaluée par avance, du dommage que le créancier souffre de l'inexécution de l'obligation (4).

Les parties pourraient même convenir qu'en cas de résolution, le débiteur serait tenu de verser, à titre de clause pénale, un capital fixé à forfait et supérieur à celui qu'il avait reçu lors de la constitution de la rente (5).

49. — Le créancier qui, par suite de non paiement des arrérages, a fait saisir les immeubles hypothéqués, a le droit, après la transcription de la saisie, d'exiger l'emploi d'une somme suffisante pour assurer le service de la rente (6). Des offres réelles faites ultérieurement par le débiteur seraient insuffisantes.

En cas de distribution du prix par voie d'ordre, il a le droit de demander qu'un capital productif d'une somme d'intérêts égale à la rente soit employé de manière à assurer le paiement des arrérages, placé en rentes sur l'Etat, au nom du débiteur pour la nue-propriété et au nom du créancier pour l'usufruit (7).

Si les intérêts produits par le prix de vente ne sont pas suffisants pour assurer le service de la rente, le crédi-rentier a le droit de prélever annuellement sur le capital la somme nécessaire pour parfaire le montant des arrérages (8).

Quand la résolution a lieu, le créancier de la rente n'est pas tenu de restituer la portion des arrérages reçus qui excèdent le taux légal de l'intérêt (9) ; et, du jour où le créancier a droit au capital de la constitution, les arrérages de la rente cessent de courir, mais le capital produit des intérêts au taux légal (10).

50. — Le constituant ne peut se libérer du paiement de la rente en offrant de rembourser le capital et en renonçant à la répétition des arrérages payés ; il est tenu de servir la rente pendant la vie de la personne ou des personnes sur la tête desquelles la rente a été constituée, quelle que soit la durée de la vie de ces personnes et quelque onéreux qu'ait pu devenir le service de la rente (art. 1979, C. civ.).

Il peut, toutefois, être convenu expressément que le constituant aura la faculté de rembourser le prix et d'éteindre la rente (11).

Le legs d'une rente viagère incessible et insaisissable garantie par un titre

caire au profit du crédi-rentier pour assurer le service de la rente. Lyon, 28 avril 1875 (art. 21359, J. N.).

(1) Marmande, 2 décembre 1857 ; Nancy, 12 mai 1873 ; Laurent, n° 295.

(2) Lyon, 5 juin 1880 (*J. du not.*, 1880, p. 674).

(3) Cass., 2 décembre 1856 et 9 juin 1869 (*Rev. not.*, n° 2735) ; Paris, 7 mars 1868 (art 19188, J. N.) ; Nancy, 2 août 1880 (S. 1881-3-86) ; Saint-Pol, 25 août 1883 ; Langres, 26 juin 1890. — *Sic* : Aubry et Rau, t. IV, p. 592 ; Pont, *Petits contrats*, t. I, n° 763 ; Laurent, t. XXVII, n° 328.

(4) Cass., 26 mai 1868 et 24 décembre 1884 (art. 23306, J. N.); Paris, 2 juin 1876.

(5) Rouen, 6 février 1874.

(6) Caen, 12 mars 1864 (*Rev. not.*, n° 1104)

(7) Cass., 5 novembre 1862 (S. 1863-1-261).

(8) Agen, 8 février 1844 ; Grenoble, 4 décembre 1855 ; Riom, 24 août 1863 (S. 1864-2-65); Aubry et Rau, p. 592.

(9) Paris, 22 février 1837; Cass., 16 décembre 1843; Dijon, 22 janvier 1847.

(10) Ed. Clerc, n° 67 ; Aubry et Rau, p. 596.

(11) Aubry et Rau, p. 593; Pont, n° 770; Laurent n° 278.

de rente sur l'Etat, suppose chez le testateur l'intention formelle d'attribuer au légataire un revenu invariable, sa vie durant.

En conséquence, si l'héritier ayant acquis, en exécution de ce legs, un titre de rente 5 °/₀ au nom du légataire pour l'usufruit, une conversion réduit le chiffre des revenus, le légataire est fondé à réclamer l'acquisition d'un nouveau titre d'un revenu égal à celui dont il a été privé par la conversion (1).

51. — Le propriétaire d'une rente viagère n'en peut demander les arrérages qu'en justifiant de son existence ou de celle de la personne sur la tête de laquelle elle a été constituée (art. 1983, C. civ.).

La preuve de l'existence n'est soumise à aucune forme particulière ; d'ordinaire, c'est par un certificat de vie que cette preuve est établie ; ces certificats de vie peuvent être délivrés, aux termes de la loi du 27 mars 1791 (art. 11), par les présidents des tribunaux de première instance ou par le maire du chef-lieu de l'arrondissement pour les personnes qui y sont domiciliées. Il peut être aussi délivré par un notaire, dans la forme ordinaire des actes notariés (2).

52. — Lorsqu'il a été stipulé qu'un contrat de rente viagère sera résolu de plein droit à défaut de paiement des arrérages et à l'expiration d'un certain délai, après une sommation demeurée infructueuse, il n'est pas nécessaire pour la validité de cette sommation que le crédi-rentier y ait joint la justification de son existence, alors du moins que la rente est payable à son domicile (3) et que l'existence du crédi rentier était parfaitement connue du débiteur (4). Mais un commandement tendant à saisie immobilière doit, pour être valable, contenir la preuve de l'existence du crédi-rentier et doit, par suite, être accompagné d'un certificat en forme (5).

53. — Extinction de la rente. — L'obligation de servir une rente viagère s'éteint par la *mort* de la personne ou des personnes sur la tête desquelles elle a été constituée (art. 1980, C. civ.) ; mais, comme nous l'avons déjà dit, la rente constituée au profit de plusieurs personnes ne s'éteint pas pour partie par la mort de l'une d'elles, à moins de stipulation contraire. Elle passe tout entière sur la tête des survivants (6).

La rente s'éteint aussi par la *prescription* trentenaire, comme toute créance en général (art. 2262, C. civ.). Le délai court soit du jour de la constitution du contrat, s'il n'a été fait aucun paiement d'arrérages, soit du jour du dernier paiement, au cas contraire. Mais, après vingt-huit ans de date du dernier titre, le débiteur d'une rente peut être contraint à fournir, à ses frais, un titre nouvel à son créancier ou à ses ayants cause (art. 2263, C. civ.). (V. *infrà*, v° TITRE NOUVEL).

Quant aux arrérages, ils se prescrivent par cinq ans (art. 2277, C. civ.).

Enfin, la rente s'éteint par la *résolution* du contrat (V. *supra*, n° 46)

§ 5. RESPONSABILITÉ NOTARIALE.

54. — Pour les actes de constitution de rente perpétuelle ou viagère, la responsabilité du notaire pourrait être engagée, comme pour tous les autres actes, si le contrat venait à être annulé pour un vice de forme, spécialement si le notaire avait dressé, sans les solennités prescrites par la loi, un acte de constitution de rente à titre gratuit.

Un notaire est responsable de la perte qui est résultée de sa négligence à

---

(1) Orléans, 4 juillet 1885 (*Rev. not.*, n° 7709) ; Seine, 8 juin 1887 ; Paris, 27 janvier 1888 et 11 février 1889 (*Rev. not.*, n°ˢ 7793 et 8172).
(2) Cass., 10 novembre 1817.
(3) Cass., 26 mai 1868 (S. 1869-1-76).
(4) Cass., 9 juin 1869 (*Rev. not.*, n° 2735).
(5) Cass., 10 novembre 1817 ; Aubry et Rau, p. 688 ; Pont, n° 789.
(6) Aubry et Rau, p. 588 ; Pont, n° 692 ; Cass., 18 janvier 1830.

placer des fonds qu'il avait encaissés, à titre de mandataire, pour la garantie du service d'une rente viagère dont il était chargé de payer les arrérages (1).

§ 6. FRAIS ET HONORAIRES.

55. — Frais. — Quand le contrat de constitution de rente est constaté par acte authentique, les frais qu'il entraîne sont, à moins de convention contraire, à la charge du débiteur de la rente, car c'est lui qui fournit au crédi-rentier le titre en vertu duquel celui-ci doit exercer son droit.

56. — Honoraires. — En raison de son caractère, ce contrat, comme les autres actes translatifs de propriété à titre gratuit et à titre onéreux, doit être assujetti au droit proportionnel, et tel est l'usage admis dans tous les tarifs particuliers d'arrondissements en France; dans les tarifs belges d'Anvers, Ypres, Mons, Louvain, Liège, Audenarde, etc...; dans le projet de tarif légal italien (§ 2, art. 51); dans le tarif légal autrichien (25 juillet 1871 § 2, 1re classe); dans les tarifs légaux des cantons de Genève (12 novembre 1869, art. 22), de Neuchâtel (23 mai 1867, art. 30), de Fribourg (15 mai 1851, n° 23), du Valais (8 janvier 1852, art. 1er et 18), etc., etc...; et toutes les Cours d'appel de France, tous les tribunaux ont, en 1862, proposé de maintenir la rémunération proportionnelle.

Mais on n'est pas tout à fait d'accord pour fixer le chiffre de cette rémunération. Tandis que les Cours d'Amiens, Besançon, Bourges, Caen, Toulouse fixent l'honoraire à 0 fr. 75 °/₀, les Cours d'Aix, Angers, Bordeaux, Dijon, Douai, Grenoble, Nîmes, Limoges, les tribunaux de Chartres, Caen, Lavaur, Marseille, Nancy, Tours, etc., demandent que le chiffre de 1 °/₀, adopté dans la presque totalité des tarifs particuliers, soit maintenu.

Tel est aussi notre avis, car nous ne voyons aucune différence à faire, au point de vue de la nature de l'acte, des difficultés de préparation et de rédaction et de la responsabilité qu'il peut entraîner, entre la constitution de rente et les autres contrats translatifs de propriété, ou constitutifs d'obligations.

Toutefois, cette règle ne pourrait être absolue et l'honoraire ne devrait pas, toujours et en tous cas, être établi d'après les mêmes bases. Sans distinguer avec les tarifs d'Arras, Boulogne, Cambrai, Evreux, Vendôme, Bourges, Bourg, Gex, avec la Cour de Douai et le tribunal de Caen, si la convention s'est faite par l'entremise du notaire, ou si elle a été arrêtée directement avec les parties, parce que le tarif n'a point à rémunérer les notaires des démarches ou des négociations extra-fonctionnelles dont ils ont pu se charger, nous croyons cependant qu'il serait juste de distinguer le cas où la constitution de rente aurait lieu à titre onéreux, de celui où elle serait faite à titre gratuit.

Dans la première hypothèse, il y aurait lieu de percevoir l'honoraire applicable aux ventes volontaires d'*immeubles*, de *meubles* ou de *transport de créances*, selon que l'objet aliéné consisterait en immeubles, objets mobiliers, argent et créances.

Dans la seconde, il faudrait percevoir l'honoraire de donation, avec les proportions de décroissance qui sont indiquées pour cet acte.

Cette distinction, au premier abord, peut sembler anormale; mais, soumise à un examen attentif, elle paraît suffisamment justifiée; car les donations mobilières et immobilières exigent des formalités spéciales qui les rendent plus difficiles et plus périlleuses pour le notaire que les autres actes.

L'honoraire pour la rente viagère serait le même, que la rente soit constituée sur une ou plusieurs têtes ou sur une seule, avec convention de réversion sur une autre tête.

---

(1) Cass., 3 février 1868.

L'honoraire serait perçu sur le capital exprimé dans l'acte ou formant le prix de la constitution, et à défaut d'expression de capital, sur le capital formé de dix fois le montant de la rente viagère et de vingt fois la rente perpétuelle.

Si la rente était payable en nature, elle devrait être évaluée dans l'acte par les parties ; cette évaluation est, d'ailleurs, toujours nécessaire pour l'enregistrement et pour requérir l'inscription en garantie contre le débiteur de la rente.

Ces bases sont adoptées par tous les tarifs particuliers, et nous les avons retrouvées dans toutes les propositions émanées de la magistrature.

Pour les actes de constitution de rente, comme pour tous les autres actes, les notaires ont une action solidaire en paiement des frais et honoraires ; on ne saurait induire une renonciation du notaire à cette action, ni de la clause qui a mis les frais entiers à la charge du débi-rentier, ni de la circonstance que les fonds reçus par celui-ci de l'autre partie ont été comptés devant le notaire, sans que celui-ci ait prélevé les frais (1).

§ 7. Enregistrement.

57. — Les dispositions fiscales, spécialement relatives aux rentes, sont formulées par la loi du 22 frimaire an VII, dans les articles 14 et 69, ainsi conçus :

Article 14. — La valeur de la propriété, de l'usufruit et de la jouissance des biens meubles est déterminée, pour la liquidation et le payement du droit proportionnel, ainsi qu'il suit, savoir :

6° Pour les créations de rentes, soit perpétuelles, soit viagères, ou de pensions à titre onéreux, par le capital constitué et aliéné ;

7° Pour les cessions ou transports desdites rentes ou pensions, et pour leur amortissement ou rachat, par le capital constitué, quel que soit le prix stipulé pour le transport ou l'amortissement..... ;

9° Pour les rentes et pensions créées sans expression de capital, leurs transports et amortissements, à raison d'un capital formé de vingt fois la rente perpétuelle et de dix fois la rente viagère ou la pension, et quel que soit le prix stipulé pour le transport ou l'amortissement. — Il ne sera fait aucune distinction entre les rentes viagères et pensions créées sur une tête, et celles créées sur plusieurs têtes, quant à l'évaluation. — Les rentes et pensions stipulées payables en nature seront évaluées aux mêmes capitaux, estimation préalablement faite des objets, d'après les dernières mercuriales du canton de la situation des biens, à la date de l'acte, s'il s'agit d'une rente créée pour l'aliénation d'immeubles, ou, dans tout autre cas, d'après les dernières mercuriales du canton où l'acte aura été passé. — Il sera rapporté à l'appui de l'acte un extrait certifié des mercuriales. — S'il est question d'objets dont le prix ne puissent être réglés par les mercuriales, les parties en feront une déclaration estimative.

Article 69. — Les actes et mutations compris sous cet article seront enregistrés, et les droits payés suivant les quotités ci-après, savoir :

§ 2. — 50 centimes par cent francs. — 1° Les quittances, remboursements ou rachats de rentes et redevances de toute nature ;

§ 3. — 2 francs par cent francs. — 2° Les constitutions de rentes, soit perpétuelles, soit viagères, et de pensions à titre onéreux ; les cessions, transports et délégations qui en sont faits au même titre.

58. — **Constitutions de rentes à titre onéreux.** — Le droit dû pour les créations de rentes, soit perpétuelles ou viagères (2) à titre onéreux, se perçoit au taux de 2 °/₀ sur le *capital constitué et aliéné* (3).

---

(1) Nimes, 17 décembre 1877 (art. 21866, J. N.).
(2) Il n'est fait aucune distinction entre les rentes viagères créées sur une tête et celles créées sur plusieurs têtes.

(3) L. 22 frimaire an VII, art. 14, § 6, et art. 69 § 5, n° 2.

Il s'agit bien entendu des rentes constituées moyennant un capital formé en
argent; si la rente était constituée pour prix d'un *immeuble*, le droit applicable
serait celui dû pour les ventes immobilières.

Dans le cas où le capital consiste en *objets mobiliers corporels* fongibles ou
non, il est sans intérêt d'examiner si c'est le droit de vente ou celui de constitution de rente qui est exigible, puisque le tarif est le même dans les deux cas.

Si le capital est formé en *créances*, est-ce le droit de cession de créances ou
celui de constitution de rente qui doit être perçu ? Il a été jugé que c'est le droit
de constitution de rente à 2 °/₀ (1).

Même décision en ce qui concerne la cession d'une inscription de rente sur
l'Etat, moyennant une rente perpétuelle ou viagère (2).

59. — Il a été décidé que lorsqu'une rente viagère immédiate est constituée
moyennant une somme payable au décès du crédi-rentier, et une autre somme
fixée irrévocablement pour tenir lieu des intérêts de la première, le droit de 1 °/₀
est exigible sur le total de ces deux sommes (3).

60. — D'après un arrêt de la Cour de cassation du 29 décembre 1868 (4),
si un immeuble et une créance sont simultanément cédés pour des prix distincts,
aussitôt convertis en une rente viagère unique, on ne saurait percevoir le droit de
vente à l'égard de l'immeuble, et celui de constitution de rente à l'égard de la
créance. C'est le droit de 1 °/₀ qui est dû pour cette dernière valeur.

61. — Les constitutions de rente faites, soit en rémunération de services qui
donneraient lieu à une action civile, soit même simplement en reconnaissance
d'une obligation naturelle, sont passibles du droit de 2 °/₀ et non du droit de donation.

62. — Il en est de même des constitutions faites à titre de dommages-
intérêts (5).

Quand les dommages-intérêts sont motivés par un accident, l'Administration
n'examine même pas si l'accident était réellement de nature à justifier une
action en justice; il lui suffit, avec raison, que la compagnie ou l'industriel
considère sa responsabilité comme engagée pour que l'idée d'une libéralité doive
être exclue (6).

Dans les cas de ce genre, si l'importance des services, des dommages-intérêts,
de l'obligation, en un mot, dont un débi-rentier se libère n'est pas indiquée dans
l'acte, il faut en demander l'évaluation aux parties; on ne serait pas fondé à
percevoir le droit sur le capital au denier 10 ou au denier 20 de la rente, puisqu'il
s'agit d'une constitution à titre onéreux.

63. — Lorsqu'une constitution de rente viagère est déclarée nulle par le
décès de la personnne sur la tête de laquelle la rente était assise, dans les
vingt jours du contrat, les droits perçus sur l'acte constitutif ne sont pas restitua-
bles (7).

64. — Quand la rente est payable en denrées, il va de soi qu'il est inutile de
se préoccuper de la valeur de ces denrées, le droit étant toujours dû sur le capital
constitué et aliéné, et au taux de 2 °/₀. La situation est donc exactement la même
que si la rente était payable en numéraire.

65. — **Délégations et transmissions de rentes.** — Il y a délégation,
en matière de rente, soit lorsque le débi-rentier charge la personne qui lui doit
une somme d'argent, à un titre quelconque, de servir la rente à sa place, soit

(1) Loudun,27 décembre 1848; Laon, 26 septembre
1850 ; Dict. enreg., v° *Rente*, n° 60. — V. cependant en sens contraire: Bordeaux, 19 août 1874
(art. 19853, J E.).
(2) Cass., 7 novembre 1826.

(3) Grenoble, 25 juillet 1874.
(4) Journ. enreg., n° 18617.
(5) Sol., 3 mars 1862, (*Rev. not.*, 250).
(6) Dict. des rédacteurs, v° *Rente*, n° 67.
(7) Cass., 31 décembre 1823.

lorsque le crédi-rentier charge le débiteur de la rente de la servir à une autre personne dont il est lui-même débiteur.

Il a été jugé que le droit exigible sur la délégation d'une créance pour servir une rente est celui de 2 %, attendu que l'article 69, § 5, n° 2 de la loi de frimaire frappe de ce droit toutes les délégations de rente (1).

La délégation par le crédi-rentier tombe incontestablement sous l'application de l'article 69, § 5, n° 2, de la loi du 22 frimaire an VII, et donne, dès lors, ouverture au droit de 2 %. Il importe peu qu'elle soit parfaite ou imparfaite, qu'elle opère ou non novation.

Le droit se liquide sur le capital constitué et aliéné, s'il s'agit d'une rente constituée à titre onéreux, et sur le capital au denier 10 ou au denier 20, s'il s'agit d'une rente créée à titre gratuit. La disposition de l'article 14, n°s 7 et 9, de la loi de frimaire, le veut ainsi, bien qu'elle ne mentionne pas expressément les délégations, car elle les comprend implicitement sous ces expressions « cessions et transports. »

66. — Les cessions de rentes sont tarifées à 2 %, et quel que soit le prix de la cession, le droit est exigible sur le capital constitué et aliéné, en cas de rente constituée à titre onéreux, ou sur le capital au denier 10 ou au denier 20, en cas de rente créée à titre gratuit (2).

Ainsi, le tribunal de la Seine a décidé, le 6 décembre 1849, que la cession d'une rente créée moyennant un capital de 20,000 francs, consentie pour éteindre une dette de 8,000 francs, est passible du droit de 2 % sur 20,000 francs.

67. — **Remboursement de rentes.** — Les quittances, remboursements et rachats de rentes et redevances de toute nature sont tarifés à 50 centimes %. Le droit est dû, *quel que soit le prix stipulé par l'amortissement*, sur le capital constitué ou aliéné, si la rente avait été constituée à titre onéreux, ou sur le capital au denier 10 ou au denier 20, si elle avait été créée à titre gratuit (3).

Lorsque la rente est amortie par une personne qui est subrogée dans les droits du crédi-rentier, il y a lieu de percevoir le droit de 1 %, si la subrogation est conventionnelle, et celui de 50 centimes %, si elle est légale.

68. — **Constitutions de rentes à titre gratuit.** — Les constitutions de rentes entre-vifs, à titre gratuit, opèrent de véritables donations (4). Le législateur ne les ayant pas spécialement tarifées, elles sont passibles du droit édicté pour les donations ordinaires, lequel varie selon le degré de parenté des parties et suivant que la libéralité a lieu par le contrat de mariage ou hors contrat de mariage (V. *suprà*, v° DONATION ENTRE-VIFS).

69. — Lorsque la rente est créée sans expression de capital, l'article 14, n° 9, précité, de la loi du 22 frimaire an VII, reçoit son application littérale. Le droit est dû sur un capital *fictif*, formé de vingt fois la rente perpétuelle ou de dix fois la rente viagère ou la pension, quelle que soit, d'ailleurs, la somme prévue pour l'amortissement. Il n'y a pas de difficulté à cet égard.

Mais il peut arriver qu'une rente soit créée, à titre gratuit, avec expression d'un capital qui diffère du capital au denier 10 ou au denier 20. Par exemple, dans un contrat de mariage, les père et mère du futur constituent en dot à celui-ci une rente viagère de 1,000 francs, au capital de 15,000 francs : doit-on liquider l'impôt sur 10,000 francs, capital au denier 10, ou sur 15,000 francs, capital exprimé ? Nous pensons que le droit n'est exigible que sur 10,000 francs seulement.

---

(1) Dict. enreg., 27 septembre 1837 ; Argentan, 22 mai 1849 ; Forcalquier, 19 août 1843. — *Contrà* : Seine, 13 janvier 1866 (*Rev. not.*, n° 1687); Nontron, 2 juin 1880.

(2) L. 22 frimaire an VII, art. 14, n° 7 et 9, et art. 69, § 5, n° 2.

(3) L. 22 frimaire an VII, art. 14, n°s 7 et 9, et art. 69, § 2, n° 11 ; Cass., 20 juin 1870 (*Rev. not.*, n° 2907).

(4) P. Pont, *Du prêt*, n° 329.
(5) V° *Rente*, n° 38.

Et notre manière de voir est conforme à la doctrine enseignée par le *Dictionnaire de l'enregistrement* (5), et à la jurisprudence de l'Administration.

Les mots : « *Sans expression de capital* » dont le législateur s'est servi dans le § 9 de l'article 14, porte une solution du 4 mars 1876, ont été employés par opposition aux mots : « *Capital constitué et aliéné* » dont se sert le § 6 ; de telle sorte que pour entendre sainement l'article 14, § 9, il faut remplacer les mots : *créées sans expression de capital* par ceux-ci : *créées sans aliénation de capital* (1).

70. — Les actes de constitution de rente à titre gratuit contiennent fréquemment une clause par laquelle le donateur se réserve d'éteindre la rente créée, au moyen de l'abandon, au profit du donataire, d'un capital déterminé.

Une délibération du 28 juillet 1829 et une solution du 4 juin 1839 avaient décidé que le droit exigible doit être liquidé, en pareil cas, sur le capital fixé pour l'amortissement, ce capital constituant *la véritable et seule valeur donnée*.

Mais cette doctrine erronée a été condamnée par la jurisprudence, et la Régie a dû se ranger à l'autorité de la Cour de cassation (2). C'est ainsi qu'elle a ordonné de liquider le droit de donation sur le capital au denier 10, dans une espèce où il s'agissait d'une rente de 1,000 francs amortissable à la volonté du donateur par un capital de 20,000 francs (3).

71. — La rente dont la durée est incertaine ou indéterminée, mais qui peut se prolonger à perpétuité, selon les événements, doit être considérée, pour la perception, comme perpétuelle.

Si la rente constituée, tout en ne devant, dans aucun cas, se prolonger à perpétuité, peut durer pendant toute la vie du donataire ou celle du donateur, elle doit être regardée comme viagère pour la liquidation de l'impôt.

Lorsque la rente, tout en étant constituée pour un temps incertain, ne peut être considérée, ni comme perpétuelle ni comme viagère, il y a lieu de recourir à la déclaration estimative des parties (4).

72. — *Quid*, du mode de capitalisation si la rente est simplement dite annuelle, sans que rien n'indique si elle sera viagère ou perpétuelle ?

Il faut alors rechercher, dans les diverses clauses de l'acte, quelle a été l'intention des parties. Ont-elles donné le nom de *pension* à la libéralité, on devra présumer, sauf preuve contraire, que l'engagement du donateur a pour objet une prestation viagère. « Le caractère essentiel de toute pension, porte en ce sens une solution du 13 août 1869, est d'être viagère et non perpétuelle. Il s'ensuit que la pension ne doit être capitalisée qu'au denier 10, alors même qu'elle serait constituée sans autre qualification (5).

73. — La constitution de rente viagère dont le prix est fourni par un tiers donne ouverture à deux droits, l'un de constitution de rente à titre onéreux, et l'autre, de donation (6). Dans ce cas, comme il y a un capital constitué et aliéné, il a semblé que le droit de donation doit être liquidé sur ce capital et non pas sur le capital au denier 10 de la rente, quoique à l'égard du crédi-rentier la rente soit constituée à titre gratuit. Il est bien entendu que le droit de donation ne peut être perçu que s'il y a acceptation expresse ou tacite de la part du crédi-rentier.

74. — Par un arrêt du 11 mars 1863 (7), la Cour de cassation a décidé que le droit de donation est exigible, indépendamment du droit de vente, sur l'acte par lequel une personne vend des immeubles moyennant une rente viagère constituée au profit et sur la tête de tiers qui interviennent et acceptent.

---

(1) Sic : Sol. 29 mai, 1865.
(2) Cass., 22 février 1832 ; Bernay, 22 février 1836 ; Lure, 2° décembre 1843 ; Seine, 19 février 1864.
(3) Sol. 6 août 1872, 4 mars 1876, 31 octobre 1877.
(4) Dict. réd., v° *Rente*, n° 49.

(5) Sic : Sol. 31 octobre 1877. Cons., *J. du not.*, 1890, p. 5.
(6) Cass., ch. réun., 22 décembre 1862.
(7) *Rev. not.*, p. 514 ; 17708, J. N.

Le droit de vente devant être perçu sur une évaluation faite par les parties du capital de la rente, le droit de donation a paru devoir être perçu sur la même somme.

75. — Si la constitution de rente, au lieu d'être, comme dans les cas précédents, accessoire à un contrat onéreux, est faite comme condition d'une donation, c'est-à-dire, en d'autres termes, si une donation est faite à la charge par le donataire de servir une rente constituée à titre gratuit, par le même contrat, au profit d'un tiers intervenant et acceptant, le droit de donation est dû sur le capital au denier 10 ou au denier 20 de la rente, selon qu'elle est viagère ou perpétuelle ; mais ce capital s'impute sur la valeur des biens donnés, et le donataire principal ne paye le droit, en ce qui le concerne, que sur le surplus de cette valeur.

76. — L'article 14, n° 9 de la loi du 22 frimaire an VII, dispose formellement que pour les rentes créées sur plusieurs têtes, le droit se perçoit seulement sur le capital au denier 10, comme pour celles constituées sur une seule tête. Mais lorsque la rente est créée sur la tête de plusieurs personnes appelées à en jouir successivement, il s'opère, au décès du premier crédi-rentier, une nouvelle transmission qui donne ouverture à un nouveau droit. — Sur la reversibilité et les droits qui en résultent (V. *supra*, v° MUTATION PAR DÉCÈS).

77. — Il arrive assez souvent que, dans un contrat de mariage, on stipule que les nouveaux époux habiteront en commun avec les père et mère de l'un d'eux, et qu'en cas de séparation, ces derniers leur serviront une rente. Dans ce cas, le droit dû pour la donation de la rente est évidemment subordonné à la réalisation de l'événement prévu, c'est-à-dire de la séparation (1).

78. — L'article 14, n° 9, de la loi du 22 frimaire an VII, disposait que les rentes et pensions stipulées payables en nature seraient évaluées aux mêmes taux que celles payables en argent, c'est à-dire au denier 10 ou au denier 20, estimation préalablement faite des denrées, d'après les dernières mercuriales du canton où l'acte avait été passé.

Cette disposition a été modifiée par l'article 74 de la loi du 15 mai 1818, en ce sens que l'estimation se fait d'après une année commune de la valeur des denrées, selon les mercuriales du marché le plus voisin. Cette année commune s'obtient en formant le total des quatorze dernières années antérieures à l'ouverture du droit ; on retranche de ce total les deux plus fortes et les deux plus faibles années, et l'on prend le dixième du reste.

79. — **Conversion d'usufruit en rente viagère.** — L'acte qui contient conversion en rente viagère de l'usufruit attribué à l'époux survivant par la loi du 9 mars 1891, — s'il intervient avant partage ou avant tout autre acte fixant sur l'usufruit le droit successoral de l'époux survivant, — nous paraît devoir n'être soumis qu'au droit fixe de trois francs au principal (2).

§ 8. FORMULES.

I. RENTES PERPÉTUELLES.

1. *Constitution de rente à prix d'argent.*
2. *Constitution de rente pour prix d'un immeuble.*
3. *Quittance de remboursement de rente.*

II. RENTES VIAGÈRES.

4. *Constitution de rente viagère sur une seule tête.*

5. *Constitution de rente viagère sur une tête avec reversion sur une autre tête.*
6. *Constitution de rente viagère sur deux têtes avec ou sans décroissance au décès du prémourant.*
7. *Constitution de rente viagère sur la tête d'un tiers.*
8. *Conversion de l'usufruit légal de l'époux survivant en une rente viagère.*

---

(1) Dict. réd., v° *Rente*, n° 52.

(2) *J. du not.*, 1891, p. 529 ; J. E., art. 23526, n° 25

I. RENTES PERPÉTUELLES

1. — Constitution de rente à prix d'argent.

Pardevant..., etc.

Ont comparu :

M. Edmond Richard, propriétaire, et Mme Elise Martin, son épouse, qu'il autorise, demeurant ensemble à...

Lesquels ont, par ces présentes, créé et constitué au profit de M. Charles Bertrand, rentier, demeurant à..., ici présent et qui accepte,

Une rente annuelle et perpétuelle de 2,000 francs, exempte de toute retenue, que M. et Mme Richard s'obligent solidairement de servir et payer à M. Bertrand, en son domicile, à..., ou pour lui au porteur de la grosse des présentes et de ses pouvoirs, en quatre termes égaux de trois mois en trois mois à partir du... prochain, jusqu'a l'époque où elle s'éteindra par le remboursement opéré dans les cas déterminés par la loi ou par les présentes.

Cette constitution est faite moyennant la somme principale de 40,000 francs, que M. et Mme Richard reconnaissent avoir à l'instant reçue de M. Bertrand en bonnes espèces de monnaie comptées et délivrées à la vue des notaires soussignés.

Il est expressément convenu ce qui suit :

1° Le remboursement de la rente présentement constituée ne pourra se faire qu'après... (1) années de ce jour, en rendant pareille somme de 40,000 francs avec les arrérages qui pourront être dûs à l'époque du remboursement ;

2° Si les débiteurs n'effectuent pas ce remboursement à l'échéance desdites années, ils ne pourront plus se libérer qu'en avertissant le créancier de leur intention, au moins six mois à l'avance ;

3° Il y aura indivisibilité entre les héritiers et représentants de M. et Mme Richard, ou de l'un d'eux pour le remboursement du capital de la rente et le paiement des arrérages ; en conséquence le capital et les arrérages ne pourront être payés par fractions.

4° A défaut de paiement à son échéance d'un seul terme des arrérages de la rente et un mois après un simple commandement de payer resté infructueux et faisant connaître l'intention d'user du bénéfice de la présente clause, le capital de ladite rente perpétuelle deviendra immédiatement et de plein droit exigible, si bon semble à M. Bertrand, sans qu'il soit besoin de remplir aucune autre formalité.

A la sûreté du service de cette rente, du remboursement de son capital et du paiement de tous frais et accessoires, M. et Mme Richard affectent et hypothèquent spécialement au profit de M. Bertrand, qui accepte, les immeubles ci-après désignés : (*Désigner les immeubles et établir la propriété.*)

Sur lesquels immeubles M. et Mme Richard consentent qu'il soit pris à leurs frais inscription au profit de M. Bertrand.

Pour plus de sûreté, Mme Richard, toujours autorisée de son mari, cède et transporte à M. Richard, qui accepte, tous les droits et reprises qu'elle peut et pourra avoir à exercer contre son mari, à quelque titre que ce soit ; et elle le subroge, avec toute préférence et antériorité à elle-même et jusqu'à due concurrence dans l'effet de son hypothèque légale contre son mari, en ce qu'elle grève les immeubles ci-dessus hypothéqués.

M. et Mme Richard déclarent qu'ils sont mariés..., etc...

Pour l'exécution des présentes, etc...

Dont acte...

2. — Constitution de rente pour prix d'un immeuble.

Pardevant, etc...

A comparu :

M. Léopold Lemaire, propriétaire, demeurant à... ;

Lequel a, par ces présentes, vendu, avec toutes garanties de droit,

A M. Charles Berquin, rentier, demeurant à..., ici présent et qui accepte.

(*Désignation. — Propriété. — Jouissance. — Charges et conditions.*)

---

(1) Dix années au plus (art. 1911, C. civ.).

PRIX.

Cette vente est faite moyennant la somme de 80,000 francs, pour laquelle l'acquéreur a, par ces présentes, créé et constitué 4,000 francs de rente annuelle et perpétuelle, qu'il s'est obligé de servir au vendeur en sa demeure à..., en deux termes égaux, de six mois en six mois, à compter de ce jour, en sorte que le premier semestre arrivera à échéance et sera payé le... ; le second, le..., et ainsi de suite jusqu'au remboursement de la rente.

Il est expressément convenu ce qui suit :

1° Le débiteur de la rente ne pourra en rembourser le capital avant un délai de trente ans, à partir d'aujourd'hui, et ce remboursement aura lieu en un seul terme ;

2° Le défaut de paiement, etc. (V. la formule précédente.)

(Purge des hypothèques. — Etat-civil du vendeur. — Remise de titres. Election de domicile).

Les frais des présentes et ceux de la grosse qui sera délivrée au vendeur, seront supportés par M. Berquin.

Dont acte...

3. — Quittance de remboursement de rente.

Pardevant..., etc...

Ont comparu :

M. Jean-Baptiste Gombert, propriétaire, et Mme Charlotte de Bauve, son épouse, qu'il autorise, demeurant à...

Lesquels ont, par ces présentes, payé en bonnes espèces de monnaie, comptées et délivrées à la vue des notaires soussignés,

A M. Joseph Leclerc, ancien négociant, demeurant à..., ici présent, qui le reconnaît :

1° La somme principale de 12,500 francs pour le rachat et l'extinction d'une rente annuelle et perpétuelle de 500 francs, créé et constituée par M. et Mme Gombert, au profit de M. Leclerc, suivant contrat passé devant Me..., notaire à..., le..., ci. | 12 500 »

2° Et la somme de 86 fr. 65 c., pour arrérages de cette rente, courus jusqu'à ce jour, depuis le..., ci. . . . . | 86 65

Ensemble, 12,586 fr. 65 c., ci. . . . . | 12 586 65

De laquelle somme ainsi payée, M. Leclerc libère M. et Mme Gombert ; et il donne mainlevée..., etc.

Dont acte...

II. RENTES VIAGÈRES

4. — Constitution de rente viagère sur une seule tête.

Pardevant..., etc.

Ont comparu :

M. Léon Dupuis, propriétaire, et Mme Lucie Michaut, son épouse, qu'il autorise, demeurant ensemble à...

Lesquels ont, par ces présentes, créé et constitué au profit et sur la tête de M. Charles Lambert, rentier, demeurant à..., né à..., le..., ici présent et qui accepte,

Une rente annuelle et viagère de 3,000 francs que M. et Mme Dupuis s'obligent conjointement et solidairement de servir et payer en numéraire à M. Lambert, en sa demeure, en deux termes égaux, de six mois en six mois, à partir du..., pendant la vie et jusqu'au décès de M. Lambert, mais sans que M. et Mme Dupuis soient tenus de payer aux héritiers de M. Lambert le terme de ladite rente courant lors du décès, ni même les arrérages qui pourraient n'avoir pas été acquittés, et pour lesquels le crédi-rentier n'aurait exercé aucune poursuite.

M. Lambert ne sera pas tenu de justifier de certificats de vie pour recevoir les arrérages de la rente, tant qu'il les touchera par lui-même ou les fera toucher sur ses simples quittances.

Il est convenu :

1° Que le service des arrérages de ladite rente et le remboursement de son capital, s'il y a lieu, ne pourront être valablement effectués qu'en bonnes espèces de monnaie et non autrement.

2° Et qu'à défaut de paiement de deux termes d'arrérages à leur échéance et un mois après un simple commandement de payer resté sans effet, la somme principale de 30,000 fr. formant le prix de la présente constitution de rente, deviendra de plein droit exigible, si bon semble à M. Lambert, sans qu'il ait à remplir aucune formalité judiciaire ; et tous les arrérages payés et échus jusqu'au jour du remboursement seront acquis, à titre d'indemnité au créancier, lequel ne pourra, dans tous les cas, être tenu à aucune restitution pour quelque cause que ce soit.

La présente constitution de rente est faite moyennant 30,000 francs de prix principal que M. Lambert a payés à l'instant en bonnes espèces de monnaie comptées et délivrées à la vue des notaires soussignés à M. et Mᵐᵉ Dupuis qui le reconnaissent et lui en donnent quittance.

A la sûreté du service exact de cette rente viagère, du remboursement du capital, s'il y a lieu, ainsi que de tous frais et accessoires, M. et Mᵐᵉ Dupuis affectent et hypothèquent spécialement les immeubles ci-après désignés : (*Désigner les immeubles et établir la propriété*).

Sur lesquels immeubles, M. et Mᵐᵉ Dupuis consentent qu'il soit pris à leurs frais inscription au profit de M. Lambert, pour un capital de 100,000 francs, nécessaire pour le service de ladite rente de 3,000 francs, et pour tous arrérages et accessoires.

Pour plus de sûreté, Mᵐᵉ Dupuis, autorisée de son mari, cède et transporte... (*V. la formule 1*).

Il est expressément convenu que les inscriptions qui pourront être prises pour sûreté de ladite rente viagère deviendront nulles et sans effet, par le seul fait du décès de M. Lambert, et que, par suite de cette convention, les conservateurs des hypothèques devront radier ces inscriptions sur la seule représentation de l'acte de décès de M. Lambert ; et en opérant ces radiations, ils seront déchargés de ces inscriptions.

Pour l'exécution des présentes, les parties, etc...

Dont acte...

5. — Constitution de rente viagère sur une tête avec reversion sur une autre tête.

Pardevant..., etc.

Ont comparu :

M. Lucien Camus, propriétaire, demeurant à...

Lequel a, par ces présentes, constitué sur la tête et au profit de M. Marcel Didier, rentier, demeurant à..., ici présent et qui accepte,

Une rente annuelle et viagère de 1,000 francs, que M. Camus s'oblige à payer..., etc.

Lors du décès de M. Didier, cette rente sera reversée pour 500 francs sur la tête et au profit de Mᵐᵉ Marie Perret, son épouse, demeurant avec lui, ici présente et qui accepte avec l'autorisation de son mari. Les 500 francs de rente ainsi reversés seront payés à Mᵐᵉ Didier à compter du jour du décès de son mari et dans les mêmes termes que ceux ci-dessus indiqués.

Il est bien entendu que si Mᵐᵉ Didier vient à décéder avant son mari, la rente présentement constituée s'éteindra entièrement au jour du décès de celui-ci.

(*Pour le surplus, voir la formule précédente*).

Dont acte...

6. — Constitution de rente sur deux têtes, avec ou sans décroissance au décès du premier mourant.

Pardevant..., etc.

Ont comparu :

M. Louis Leblond, propriétaire, et Mᵐᵉ Eugénie Muller, son épouse, qu'il autorise, demeurant ensemble à...

Lesquels ont, par ces présentes, créé et constitué au profit et sur la tête :

1° De M. Emile Martin, rentier, demeurant à..., né à..., le...

2° Et de Mᵐᵉ Louise Vincent, son épouse, demeurant avec lui, né à..., le...

Tous deux ici présents et acceptant, Mme Martin, avec l'autorisation de son mari,

Une rente annuelle et viagère de 1,500 francs que M. et Mme Leblond s'obligent solidairement entre eux de servir et payer exactement à M. et Mme Martin en leur demeure ci-dessus indiquée, en deux termes égaux, de six mois en six mois, à partir du..., pendant la vie et jusqu'au décès du survivant des sieur et dame Martin et sans aucune réduction au décès du premier mourant, mais au contraire avec accroissement au profit dudit survivant de la portion d'arrérages qui pourra se trouver due au décès du premier décédé.

Au moyen de quoi, les héritiers de ce dernier n'auront aucune prétention à faire valoir sur les arrérages de la rente présentement constituée qui appartiendront au survivant, et les héritiers de celui-ci ne pourront également faire aucune réclamation pour les arrérages du semestre de la rente dans lequel il décèdera.

Ou bien : Une rente annuelle et viagère de 1,500 francs que M. et Mme Leblond s'obligent solidairement entre eux, de servir et payer exactement à M. et Mme Martin, en leur demeure ci-dessus indiquée, en deux termes égaux, de six mois en six mois, à partir du..., pendant la vie et jusqu'au décès du premier mourant.

A cette époque, elle sera réduite à 750 francs au profit du survivant, jusqu'au jour de son décès, mais à la condition qu'il aura droit à tous les arrérages qui seraient dus au jour du décès de son conjoint, et que les héritiers du survivant n'auront aucune prétention à faire valoir sur les arrérages des 750 francs restant de ladite rente; ces arrérages appartiendront à M. et Mme Leblond, ainsi que tous ceux antérieurs qui n'auraient pas été acquittés et pour lesquels le crédi-rentier n'aurait pas exercé de poursuites.

M. et Mme Martin ne seront pas tenus de justifier, etc...

(V. *pour le surplus de l'acte, les formules précédentes.*)

Dont acte...

7. — Constitution de rente viagère sur la tête d'un tiers.

Pardevant..., etc.

Ont comparu :

M. Henri Sadron, propriétaire, et Mme Léonie Renault, son épouse, qu'il autorise, demeurant ensemble à...

Lesquels ont, par ces présentes, créé et constitué au profit de M. Charles Blaise, rentier, demeurant à..., ici présent et qui accepte.

Une rente annuelle et viagère de 500 francs, sur la tête et pendant la vie de Jules Blaise, son fils, né à..., le...

En conséquence M. et Mme Sadron s'obligent solidairement entre eux, de servir et payer exactement ladite rente à M. Blaise, ou à ses héritiers, en sa demeure ci-dessus indiquée, en deux termes égaux, de six mois en six mois, à partir du..., pendant la vie et jusqu'au décès du sieur Jules Blaise et sur la justification du certificat de vie de celui-ci délivré en bonne forme.

Il est expressément convenu que M. et Mme Sadron ne seront point tenus de payer aux héritiers de M. Blaise le terme de ladite rente, dans lequel aura lieu le décès de M. Jules Blaise, ni même les arrérages qui pourraient n'avoir pas été acquittés, et pour lesquels il n'aurait pas exercé de poursuites contre le crédi-rentier.

A la sûreté du service exact de ladite rente M. et Mme Sadron affectent et hypothèquent, etc.

Dont acte...

8. — Conversion de l'usufruit légal de l'époux survivant en une rente viagère.

Pardevant..., etc.

Ont comparu :

Mme Louise Muller, sans profession, demeurant à..., veuve de M. Charles Vincent,

D'une part.

Et M. Léon Vincent, propriétaire, demeurant à...

D'autre part.

Lesquels ont fait entre eux les conventions suivantes :

Exposé.

I. — M. Charles Vincent, sus-nommé, est décédé en son domicile, à..., le..., laissant :

1° Comme ayant droit à l'usufruit du quart des biens de sa succession, en vertu de l'article 767 du Code civil, Mme Louise Muller, sa veuve, comparante, avec laquelle il était marié sous le régime de la séparation de biens, aux termes de leur contrat de mariage, passé devant M^e..., notaire à..., le... ;

2° Et, pour seul héritier, M. Léon Vincent, son fils, comparant.

Ainsi que cela est constaté par un acte de notoriété dressé, à défaut d'inventaire, après le décès de M. Charles Vincent, par M^e.. , l'un des notaires soussignés, le...

II. — M. Léon Vincent, usant de la faculté qui lui est réservée par la loi de convertir en une rente viagère équivalente l'usufruit de sa mère, a offert à cette dernière une rente annuelle de 8,000 francs.

Mme veuve Vincent ayant accepté ce chiffre, il va être procédé à la constitution de cette rente.

Constitution de la rente.

Ces faits exposés, M. Léon Vincent constitue, par ces présentes, au profit et sur la tête de Mme veuve Vincent, sa mère, qui accepte (en représentation et comme conversion de l'usufruit auquel elle a droit dans la succession de son fils), une rente annuelle et viagère de 8,000 fr., qu'il s'oblige à servir en numéraire, en la demeure de ladite dame, en quatre termes égaux, de trois mois en trois mois, à partir du..., jour du décès de M. Charles Vincent.

(*Conditions.* — *Affectation hypothécaire, s'il y a lieu, etc.*).

Dont acte...

RÉPERTOIRE

C'est le registre que les notaires sont obligés de tenir et sur lequel ils doivent inscrire sommairement et par ordre de dates tous les actes qu'ils reçoivent.

Sommaire :

§ 1. Forme. Inscription. Formalités.
§ 2. Actes qui doivent être répertoriés.
§ 3. Pénalités.
§ 4. Honoraires.
§ 5. Timbre.
§ 6. Formules.

§ 1. Forme. Inscription. Formalités.

1. — L'obligation de tenir un répertoire a été imposée aux notaires, par la loi du 22 frimaire an VII (art. 49 et suiv.), qui réglemente tout ce qui a rapport aux énonciations que doit contenir ce registre ; puis elle a été confirmée par la loi du 25 ventôse (art. 29).

2. — En leur imposant cette formalité, le législateur a eu principalement pour but d'empêcher les antidates et de prévenir la soustraction des actes, d'en faciliter la recherche et d'assurer la perception des droits d'enregistrement.

3. — Le Répertoire est un registre à colonnes, sur lequel doivent être inscrits les actes, *jour par jour*, sans blanc ni interligne et par ordre de numéro (1).

4. — Chaque article du Répertoire doit contenir : 1° son numéro ; 2° la date de l'acte ; 3° sa nature (vente, donation, échange, obligation, etc...) ; 4° les noms

---

(1) Loi 22 frimaire, art. 49.

et prénoms des parties et leur domicile ; 5° l'indication des biens, leur situation et
le prix, lorsqu'il s'agira d'actes qui auront pour objet la propriété ou l'usufruit de
biens fonds ; 6° la relation de l'enregistrement (art. 50).

5. — En enjoignant aux notaires d'inscrire leurs actes *jour par jour*, le
législateur a-t-il entendu les obliger à les inscrire le *jour même* où l'acte a été
reçu ? Nous le croyons, malgré l'opinion divergente de quelques auteurs, et cette
solution nous semble mieux d'accord avec l'esprit d'ordre et de régularité qui a
inspiré l'article 49 et, aussi, parce qu'elle est conforme à l'avis presque unanime
des jurisconsultes, de la Régie et des tribunaux (1).

6. — Le retard dans l'inscription des actes ne peut trouver d'excuses que
dans deux cas particuliers :

    a) Lorsqu'un notaire reçoit un acte hors de son étude et que son
    absence se prolonge jusqu'au lendemain, car alors il y a impossi-
    bilité matérielle d'exécuter la loi ;

    b) Lorsque le Répertoire est entre les mains du receveur de l'enre-
    gistrement pour le *visa trimestriel* (V. *infrà*, n° 14).

7. — Pour concilier l'obligation d'inscrire les actes *jour par jour*, avec la
défense de laisser des *blancs*, la Cour de cassation, par son arrêt du 5 février 1811,
a décidé que le notaire peut laisser en blanc la colonne de l'enregistrement,
jusqu'à ce que cette formalité ait été donnée à l'acte.

8. — Toutes les énonciations de sommes, dates, numéros, etc..., peuvent être
faites en *chiffres* ; il n'est pas nécessaire qu'elles soient faites en *toutes lettres*,
comme dans les actes notariés ; et la mention d'enregistrement est simplement
relatée par l'indication, en chiffres, de la date de la formalité et des droits perçus (2).

9. — Les actes doivent être portés au Répertoire le jour où ils ont été reçus,
c'est à-dire le jour même où, par l'accomplissement de toutes les formalités prescrites par la loi, ils ont acquis l'authenticité.

10. — **Double date.** — Lorsqu'un acte porte plusieurs dates, il est inutile
de le porter à chaque date au Répertoire, mais seulement à celle où, par la signature du notaire et des témoins, il a acquis sa perfection (3).

11. — Les inventaires, procès-verbaux de vente de meubles et autres actes
qui se font en plusieurs séances, sont répertoriés à la date de la première vacation.
Dans la pratique, on ajoute quelquefois à la suite de cette date, celles des vacations subséquentes (4). Lorsque l'inventaire est dressé hors du bureau où réside le
notaire, on doit indiquer combien de jours il a duré, la date et le lieu de l'enregistrement dans chaque bureau (5).

12. — Les actes soumis à l'approbation préfectorale doivent, comme les
autres, être répertoriés à leur date ; mais il y a lieu de mentionner la condition de
l'approbation et d'en indiquer ensuite la date (6).

13. — **Cote et paraphe.** — Les répertoires doivent être visés, cotés et
paraphés sur chaque feuille de timbre par le président du tribunal du lieu de la
résidence du notaire, ou à son défaut, par un autre juge du tribunal (7).

Le but de ce visa est d'assurer le nombre de feuillets et d'empêcher des sup-
pressions de feuilles ou des intercalations frauduleuses.

Cette formalité doit être remplie avant l'inscription d'aucun acte. Toutefois,
l'infraction à cette règle n'est punie d'aucune amende, ni par la loi de frimaire, ni
par la loi de ventôse ; le notaire serait seulement passible d'une peine disciplinaire (8).

---

(1) Championnière et Rigaud, t. IV, n° 3939 ;
Ed. Clerc, n° 851 ; Dict. du not., v° *Répertoire*,
n° 79 ; Dict. enreg., n° 35 ; Dalloz, v° *Enregist.*,
n° 5296 ; Génébrier, p. 529 ; Cass., 5 février 1811,
5 décembre 1816, 28 mars 1827 ; Seine, 11 août 1841.
(2) Déc. min. fin., 10 mai 1808 ; Dict. du not.,
n° 85 ; Rutgeerts et Amiaud, n° 849.
(3) Sol. Rég., 10 août 1861, 7 juin 1872, 12 no-

vembre 1874 et 7 août 1875; Dict. du not., n°° 93
et suiv.
(4) Déc. min., 18 août 1812.
(5) Déc. min. fin., 12 thermidor an XII.
(6) Instr. Rég., 7 février 1812.
(7) L 25 ventôse, art. 80.
(8) Dict. du not., *loc. cit* ; Génébrier, p. 551 ; Dict.
enreg., n° 26 ; Rutgeerts et Amiaud, p. 1189.

14. — Visa trimestriel. — Tous les trois mois, chaque notaire est tenu de présenter son Répertoire au receveur de l'enregistrement de sa résidence, qui le vise, en mentionnant le nombre des actes reçus dans le trimestre précédent. Cette présentation doit avoir lieu, dans les *dix premiers jours* des mois de *janvier, avril, juillet* et *octobre* (1). Si le dixième jour est un jour férié, la présentation pourrait, sans contravention, n'avoir lieu que le lendemain.

Ce visa a pour but de constater le nombre des actes reçus depuis le dernier visa et les omissions, les renvois, les intercalations, les interlignes, les additions et toutes les autres irrégularités dans la tenue du Répertoire.

15. — Les actes reçus dans les dix jours durant lesquels la présentation doit avoir lieu peuvent n'être pas portés au Répertoire soumis au visa (2) ; il suffit d'inscrire les actes passés jusqu'au jour du dépôt du Répertoire.

16. — Le notaire qui n'a reçu aucun acte, dans le courant du trimestre, n'est pas pour cela dispensé de présenter son Répertoire au visa (3).

17. — Le notaire qui, dans le courant d'un trimestre, change de résidence ou passe dans le ressort d'un autre bureau d'enregistrement, est tenu de faire viser son Répertoire, pour ce trimestre, aux receveurs des deux bureaux.

18. — De même, si un notaire cède son office, son successeur, à la fin du trimestre, doit faire viser le Répertoire, non seulement pour les actes reçus par lui, mais pour ceux reçus par son prédécesseur.

19. — Le receveur ne peut retenir les répertoires plus de vingt-quatre heures, il doit apposer son visa le jour même de la présentatation, et ce visa ne peut pas influer sur les actes qui auraient été reçus ce jour-là (4).

20. — Dépôt annuel. — Dans les *deux premiers mois* de chaque année, les notaires sont tenus de déposer, au greffe du tribunal de première instance de leur arrondissement, le double par eux certifié, du répertoire des actes reçus, soit par eux-mêmes, soit par leur prédécesseur, dans le cours de l'année précédente (5).

Ce double n'a pas besoin d'être coté et paraphé, par le président, comme le Répertoire, mais il doit être sur timbre.

Le dépôt fait le 1er mars serait tardif, quand même le dernier jour du mois de février serait un dimanche ou un jour férié (6).

Mais le notaire ne serait point naturellement tenu à faire ce dépôt si, pour cause de maladie ou d'absence, il n'avait reçu aucun acte dans l'année (7).

Lorsqu'un notaire est démissionnaire pour quelque cause que ce soit, avant l'expiration du délai prescrit pour le dépôt du double le dépôt incombe au successeur ou au gérant de l'office, si l'office est vacant, car le notaire démissionnaire n'a plus qualité pour certifier véritable la copie à déposer (8) ; sans toutefois que le successeur qui, dans une pareille circonstance, aurait omis de faire le dépôt, puisse être condamné à l'amende (9).

21. — Communication aux agents de la Régie. — Indépendamment de la présentation au receveur de l'enregistrement ordonnée par l'article 51 de la loi de frimaire, les notaires sont tenus de communiquer leurs Répertoires, à toute réquisition, aux préposés de l'enregistrement qui se présenteront chez eux pour

---

(1) L. 22 frimaire, art. 51.

(2) Thionville, 15 août 1827 ; Championnière et Rigaud t. IV, n° 3940 ; Rutgeerts et Amiaud, n° 878.

(3) Cass., 31 janvier 1814.

(4) Dict. du not., n° 154.

(5) L. 16 floréal an IV, art. 1 ; L. 6 octobre 1791, art. 16. — On s'est demandé si les tiers peuvent obtenir communication de cette copie du Répertoire ? Nous ne le pensons pas ; ce n'est pas, en effet, dans

ce but, que le dépôt en est ordonné, et elle doit être protégée par le secret professionnel, aussi bien que l'original même du Répertoire.

(6) Orléans, 28 juin 1858.

(7) Dict. du not., n° 184 ; Rutgeerts et Amiaud, n° 882.

(8) Déc. min. fin., 12 novembre 1817 ; Dict. du not., v° *Répertoire*, n° 187 ; Rutgeerts et Amiaud, n° 888.

(9) Cass., 7 décembre 1820.

les vérifier. En cas de refus, le préposé requerra l'assistance d'un officier municipal ou de l'adjoint de la commune du lieu, pour dresser, en sa présence, procès-
verbal du refus qui lui a été fait (1).

22. — Le refus par le clerc d'un officier public, en l'absence de celui-ci, de
communiquer le répertoire à un employé de l'enregistrement, constitue une infraction à l'article 52 (2).

§ 2. ACTES QUI DOIVENT ÊTRE RÉPERTORIÉS.

23. — Tout acte notarié doit être porté au répertoire (3), soit que l'acte ait
été reçu en minute ou passé en brevet, et à l'exception seulement de ceux spécifiés
par la loi (4).

L'obligation du notaire d'inscrire sur son répertoire les actes dressés par lui,
soumis ou non à l'enregistrement, est absolue; et les parties ne sauraient en
affranchir le notaire jusqu'à l'exécution possible des conventions renfermées dans
l'acte (5).

Toutefois, il a été jugé que cette formalité ne s'applique qu'aux actes complets, passés devant deux notaires ou un notaire assisté de deux témoins et qui
portent la signature des parties, ou la constatation du motif pour lequel elles n'ont
pu signer (6).

24. — **Certificat de propriété.** — On a décidé qu'il n'y a pas lieu de
porter au répertoire les certificats de propriété relatifs soit au transfert de la dette
publique, soit à des sommes dues par l'Etat, à titre de pension ou de secours, soit
au retrait de fonds versés dans les caisses d'épargne (7).

Tous certificats à produire ailleurs, ceux notamment délivrés en vertu du
décret du 18 septembre 1806 pour le retrait des cautionnements versés au Trésor,
ou ceux délivrés à des héritiers pour établir leurs droits au paiement de créances
ou valeurs ayant appartenu à leur auteur, doivent être portés au répertoire (8).

Dans la pratique, il est d'usage de porter tous les certificats de propriété au
répertoire.

25. — **Certificat de vie.** — On décide généralement que les certificats de
vie ne doivent être répertoriés qu'autant qu'ils sont soumis à l'enregistrement;
par suite, il n'y a pas lieu de répertorier les certificats de vie que les notaires
délivrent aux pensionnaires de l'Etat (9) ; mais on doit répertorier ceux qui sont
délivrés pour les particuliers, les communes ou les établissements publics (10).

26. — **Certificats divers.** — Ne sont pas soumis à l'inscription au répertoire :

Les *certificats de contrat de mariage*, délivrés par les notaires, en exécution
de l'article 1394, § 2, du Code civil (11);

Les *certificats* de dépôt délivrés par le secrétaire des chambres de discipline
pour les contrats de mariage des commerçants;

Les *certificats d'identité* délivrés par les notaires à défaut d'agents de change
pour l'expédition des dépêches télégraphiques (12).

---

(1) L. 22 frimaire, art. 52.
(2) Dieppe, 23 juillet 1844.
(3) L. 22 frimaire an VII, (art. 49) ; L. 25 ventôse
an XI, (art. 29).
(4) Cass., 4 avril 1854.
(5) Agen, 16 août 1854.
(6) Cass., 9 mars 1859 (art. 17804, J. N.).
(7) Strasbourg, 1er décembre 1857 (art. 16324, J. N.);

Cass., 9 mars 1859, précité; Déc. min. fin., 11 juin 1888;
Garnier, n° 3604.
(8) Epernay, 8 juin 1855 ; Vesoul, 26 décembre 1864.
(9) Strasbourg, 1er décembre 1857 ; Dict. du not.,
n° 124.
(10) Nantes, 11 novembre 1889.
(11) Dict. du not., n° 60 ; Génébrier, p. 547 ; Rutgeerts et Amiaud, n° 870 bis.
(12) L. 29 novembre 1850 (art. 5).

27. — Acte imparfait. — Les notaires ne sont pas tenus, à notre avis, de porter au répertoire les actes qui, par suite de l'absence de la signature d'une des parties, ou des témoins, ou du notaire en second, ne sont que des actes imparfaits, dépourvus de l'authenticité (1).

28. — Cahier des charges. — Le cahier des charges dressé séparément pour arriver à une adjudication doit être inscrit au répertoire, bien que le notaire en ait dressé acte de dépôt (2).

Mais il ne doit pas être inscrit, lorsqu'il forme un tout indivisible, un seul contexte avec le procès-verbal d'adjudication du même jour, ou lorsque, bien que rédigé et signé séparément du procès-verbal, il ne constitue pas, dans l'intention du notaire et des parties, un acte distinct (3).

29. — Copie collationnée ou figurée. — Les notaires doivent porter au répertoire les copies collationnées ou figurées qu'ils dressent conformément à la loi (4).

30. — Double minute. — Les actes reçus en double minute doivent être portés au répertoire de chacun des deux notaires détenteurs d'une minute (5).

31. — Actes substitués. — Les actes reçus par un notaire, comme substituant un de ses confrères, doivent être portés à la fois sur le répertoire du notaire substitué et sur celui du notaire substituant (6) ; ce dernier indique la substitution à la suite de l'indication de la nature de l'acte.

32. — Actes reçus par un gérant provisoire. — Les actes reçus par un notaire commis pour gérer une étude vacante, par suite du décès d'un notaire, ou par suite de sa destitution, doivent être, dans les deux cas, à notre avis, portés sur le répertoire du notaire remplacé ; car le notaire commis n'est qu'un mandataire légal qui gère non pour lui personnellement, mais pour l'office vacant ; porter ces actes sur le répertoire du notaire commis serait, dans bien des cas, fournir l'occasion d'un détournement de clientèle (7).

33. — Notaire en second. — Lorsqu'un acte est reçu par deux notaires en nom, le notaire en premier a la garde de la minute et *doit* porter l'acte au répertoire ; néanmoins le notaire en second *peut* aussi faire figurer l'acte dans son répertoire (8).

34. — Successeur. — Le nouveau titulaire peut inscrire ses actes à la suite de ceux reçus par son prédécesseur et sur le même répertoire, en mentionnant simplement le commencement de son exercice (9).

35. — Ordonnance. — Le notaire doit porter sur son répertoire, comme étant un acte de son ministère, l'ordonnance qu'il a apposée sur une requête tendant à faire fixer le jour et l'heure de l'ouverture des opérations de la liquidation pour laquelle il a été commis (10).

36. — Protêts. — Les protêts dressés par les notaires doivent être portés au répertoire, comme les autres actes (11).

37. — Testaments. — Les notaires doivent inscrire sur leur répertoire les

---

(1) Espalion, 19 août 1847 ; Rutgeerts et Amiaud, n° 866.

(2) Bourg, 21 janvier 1843 ; Altkirch, 18 décembre 1843 ; Reims, 8 décembre 1845 ; Dict. du not., v° *Répertoire*, n° 285.— *Contrà* : Laval, 6 mars 1845 ; Sol. Rég., 11 mai 1859.

(3) Avranches, 10 avril 1889 (*J. du not.*, 1889, p. 718, et Rev. not., n° 8154).

(4) Castelsarrazin, 29 août 1842 ; Champion et Rigaud, n° 3936 ; Dict. du not., n° 85 ; Génébrier, p. 544 ; Ed. Clerc, t. II, p. 440.

(5) Pithiviers, 26 novembre 1857 ; Rutgeerts et Amiaud, n° 855 ; Arm. Dalloz, p. 446.

(6) Instr. gén., 11 novembre 1819 ; Délib., 16 décembre 1843 ; Dict. du not., n° 16 ; Dalloz, v° *Notaire*, n° 305.

(7) Sol. Rég., 9 juillet 1857 et 13 août 1872 ; Rutgeerts et Amiaud, p. 1172. — *Contrà* : Garnier, v° *Répertoire*, n° 113.

(8) Lunéville, 28 février 1890.

(9) Rutgeerts et Amiaud, n° 845 ; Génébrier, p. 676-680.

(10) Cass., 14 août 1854.

(11) Dict. du not., n° 46 ; Génébrier, p. 545 ; Rutgeerts et Amiaud, n° 863.

testaments qu'ils reçoivent par acte public, les actes de suscription de testaments mystiques, l'acte de dépôt des testaments olographes (1).

En ce qui concerne ces derniers actes, il a été décidé que si l'ordonnance du président constate la remise immédiate de l'acte au notaire, l'inscription doit en être faite au répertoire, sous peine d'amende, à la date même de l'ordonnance du président (2).

Si l'ordonnance, au lieu de constater la remise immédiate du testament au notaire, a simplement prescrit que ce testament lui serait remis ultérieurement par le greffier, l'inscription au répertoire ne peut être faite qu'à la date de l'acte dressé par le notaire pour constater le dépôt (3).

Si les testateurs sont vivants, le notaire doit se borner à indiquer la date du testament, les nom, qualité et demeure du testateur, sans faire mention des dispositions du testament.

§ 3. PÉNALITÉS.

38. — Les notaires sont tenus d'inscrire sur leur répertoire tous les actes qu'ils reçoivent, sous peine de 5 francs d'amende (4).

L'article 49 prononce une amende pour chaque omission, de sorte que l'omission de plusieurs actes donnerait lieu à plusieurs amendes.

Il y aurait aussi lieu à autant d'amendes qu'il y aurait d'inscriptions tardives (5).

Les blancs ou interlignes donnent également ouverture à une amende de 5 francs (6).

39. — Mais les surcharges et ratures qui ne sont point des altérations, les doubles emplois, les erreurs de texte ne tombent pas sous l'application de l'article 49 ; car les pénalités étant de droit étroit, ne sauraient être étendues par analogie.

De même, nous pensons qu'un notaire n'encourrait point d'amende, s'il omettait par erreur de remplir une ou deux colonnes du répertoire, à moins que cette lacune ne fût assez importante pour être considérée comme l'équivalent d'une omission.

Le fait de raturer un acte sur le répertoire pour le porter ensuite à une date postérieure ne saurait faire considérer comme omis les actes d'une date antérieure figurant à la suite de l'inscription raturée.

Mais si l'indication du mois, en haut de la page, sous forme de rubrique, est raturée pour être remplacée par des inscriptions d'actes, il y a présomption que ces actes avaient été omis et l'amende est due (7).

40. — Le notaire qui n'a pas fait coter et parapher son répertoire, avant de s'en servir, par le président du tribunal, n'est point passible d'amende, mais seulement de poursuites disciplinaires (8).

41. — Le notaire qui omet de présenter son répertoire au visa trimestriel du receveur de l'enregistrement, encourt une amende de 5 francs, par chaque retard de dix jours (9).

42. — Le défaut de dépôt au greffe du *double* du répertoire, dans les deux premiers mois de chaque année, expose le notaire à une amende de 10 francs,

(1) Sol. Rég., 29 décembre 1877.
(2) Sol., 19 décembre 1867 (art. 19583, J. N.); Lectoure, 28 mars 1877 (art. 21704, J. N.).
(3) Sol. Rég., 14 janvier 1875 (art. 21704, J. N.). C'est en ce dernier sens qu'il faut aussi interpréter un jugement de Gourdon, du 4 avril 1889 (Rev. not., n° 8155).
(4) L. 23 frimaire an VII (art. 39); L. 16 juillet 1824 (art. 10).

(5) Soissons, 31 juillet 1850; Rouen, 20 mars 1862; Lyon, 16 juillet 1862.
(6) Loi précitées.
(7) Nantes, 7 février 1888.
(8) Dict. enreg., n° 26; Dict. du not., n° 108; Rutgeerts et Amiaud, p. 1189.
(9) L. 22 frim. (art. 61); L. 16 juin 1824 (art. 101).

quelle qu'ait été la durée du retard (1). Le jugement qui prononce cette amende est susceptible d'appel (2).

43. — Le refus de communication, par un notaire, de son répertoire aux préposés de l'enregistrement, conformément à l'article 52 de la loi de frimaire an VII, rend cet officier public passible d'une amende de 10 francs (3).

44. — Les amendes encourues pour contraventions relatives à la tenue du répertoire se prescrivent par deux ans à partir du jour du visa du receveur.

Sauf pour l'amende en cas de non dépôt du double du répertoire, laquelle est prononcée par jugement, le recouvrement des autres amendes est poursuivi par voie de contrainte, sans condamnation préalable et le notaire peut en demander la remise auprès du Ministre des finances.

§ 4. Honoraires.

45. — Nous avons traité cette question, *suprà*, v° Honoraires, n° 61; nous devons, toutefois, ajouter que la Cour de Paris, par deux arrêts des 16 mars 1887 et 25 janvier 1894, et la Cour de cassation, par arrêt du 10 avril 1894 (*J. du not.*, 1894, p. 311), refusent aux notaires toute espèce de rémunération pour inscription de leurs actes au répertoire.

§ 5. Timbre.

46. — Les répertoires des notaires sont formés avec des timbres de dimension, à peine de 20 francs d'amende (4), mais on peut employer le timbre de dimension que l'on veut (5). Le timbre ordinairement employé est celui de 2 fr. 40. La copie qui doit être déposée au greffe est soumise aux mêmes règles.

47. — Le répertoire d'un notaire peut servir au successeur.

48 et 49. — Le même répertoire peut servir pour plusieurs années, et d'ailleurs pour autant de temps que son volume le permet (6). Si le timbre vient à changer, on fait supplémenter les feuilles qui restent.

50. — L'empreinte du timbre noir et du timbre sec du répertoire, comme de tout acte notarié, ne peut être ni altérée, ni couverte d'écriture, sous peine de 5 francs d'amende (7). Toutefois, les numéros et les dates peuvent être écrits sur le timbre, sans contravention (8).

§ 6. Formules.

1. *Mention de cote et paraphe.*
2. *Répertoire.*
3. *Copie du répertoire.*

1. — Mention de cote et paraphe (9).

Nous, président du tribunal civil de première instance de..., département de..., agissant en exécution de l'article 30 de la loi du 25 ventôse an XI, avons coté et paraphé par premier et dernier feuillet, le présent cahier contenant... feuillets, et devant servir de répertoire des actes qui seront reçus, en minute et en brevet, par M°..., notaire à la résidence de...

Au palais de justice de..., en notre cabinet, le...

---

(1) L. 6 octobre 1791 (art. 16); L. 16 juin 1824 (art. 10).
(2) Cass., 20 juillet 1868.
(3) L. 10 juin 1824 (art. 10).
(4) L. 13 brumaire an VII (art. 12, 26); L. 10 juin 1824 (art. 10).
(5) Dict. du not., n° 219.
(6) Dict. du not., n° 11.
(7) L. 13 brumaire an VII, art. 21 et 26; L. 16 juin 1824, art. 10; Déc. min. fin., 26 mai 1820.
(8) Sol. rég., 10 juin 1859, 31 juillet et 18 novembre 1865.
(9) Il n'est pas nécessaire que cette formule soit écrite de la main du président du tribunal. Dans la pratique, on la prépare d'avance et on cote chaque feuillet, de façon que le président n'ait qu'à signer et parapher.

2. — Répertoire.

NUMÉROS DU RÉPERTOIRE	DATE DES ACTES	NATURE ET ESPÈCES DES ACTES		NOM, PRÉNOMS ET DOMICILE DES PARTIES — INDICATION, SITUATION ET PRIX DES BIENS	RELATION DE L'ENREGISTREMENT	
		BREVETS	MINUTES		DATE	DROITS
				AN..., MOIS DE JANVIER.		
1	2		Vente.	DURAND (par Emile), demeurant à..., à Jules MERCIER, demeurant à..., d'une maison à..., moyennant 50,000 francs.	4	3437 50
2	2	Procuration.		PICHARD (par Alfred), demeurant à... (en blanc), pour recueillir la succession de sa mère.	4	3 75
3	3		Obligation.	LENOIR (par Joseph), demeurant à..., au profit de Charles VINCENT, demeurant à..., de 10,000 francs pour prêt	5	125 »
4	3		Contrat de mariage.	MARTIN (de Ernest), demeurant à..., et Eugénie MULLER, demeurant à... (Communauté).	5	260 »
5	4		Inventaire.	GIRARDIN (après le décès de Lucien), décédé à..., le.	5	22 50
6	4		Bail. (Substitution de M*...)	DUBOIS (par Léon), demeurant à..., à Félix LEGROS, demeurant à..., d'une maison à..., pour... ans, moyennant un loyer annuel de.		
7	5	Certificat de propté		RENAULT (concernant 325 francs de rente 3 °/₀ dépendant de la succession de Louis).	6	3 75
8	5		Dépôt judiciaire	LANGLOIS (du testament olographe de Paul), décédé à..., le.	6	9 38
9	5		Notoriété	BLAISE (après le décès de Maurice), décédé à..., le.	6	3 75
10	6		Donation	MANGIN (par Louis), demeurant à..., au profit de Léontine PIERRON, son épouse, demeurant avec lui.	»	» »
11	6		Donation	MANGIN (par Léontine PIERRON au profit de Louis), son mari, demeurant ensemble à.	»	» »
12	6		Échange	LEMAIRE (entre Paul), demeurant à..., et Louis THIÉBAUT, demeurant à..., de deux parcelles de terre à..., sans soulte. . .	7	45 »
13	7	Cahier de charges.		SIMON (pour arriver à la vente des immeubles dépendant de la succession de Pierre), décédé à..., le.	8	3 75
14	7		Dépôt.	SIMON (par Emile ROUSSEL, demeurant à...), dudit cahier de charges.	8	3 75
15	8		Partage.	RICHARD (des biens dépendant de la succession de Ernest), décédé à..., le..., entre Louis RICHARD, demeurant à... et autres.	9	275 »
16	9		Mainlevée d'inscription.	BONNET (par Alphonse), demeurant à..., au profit de Pierre MARTIN, demeurant à...	9	25 »

3 — Copie du répertoire.

1° Mention à placer en tête.

Copie du répertoire des actes reçus par M°..., notaire à la résidence de..., pendant l'année..

(Copier littéralement le répertoire.)

2° Mention finale.

La présente copie, constatant que M°... a, pendant l'année..., reçu... actes et versé pour droits d'enregistrement..., est certifiée véritable par ledit M°..., avec approbation de... mots rayés.

A..., le...

(Signature.)

REPRISES MATRIMONIALES (V. *suprà*, v° PARTAGE).

RÉQUISITION DE CERTIFICAT DE PROPRIÉTÉ
(V. *suprà*, v° CERTIFICAT DE PROPRIÉTÉ).

RÉQUISITIONS HYPOTHÉCAIRES

On appelle ainsi toute demande présentée par écrit au conservateur des hypothèques pour obtenir l'accomplissement d'une formalité hypothécaire, par exemple, la *transcription* d'un acte translatif de propriété immobilière, l'*inscription* d'une hypothèque, la *radiation* d'une inscription, la *subrogation* dans l'effet d'une inscription, la délivrance d'*états* d'inscriptions ou de transcriptions.

Sommaire

§ 1. Réquisition de transcription.
§ 2. Réquisition d'inscription.
§ 3. Réquisition de radiation.
§ 4. Réquisition de subrogation.
§ 5. Réquisition d'états d'inscriptions ou de transcriptions.
§ 6. Responsabilité des conservateurs.
§ 7. Responsabilité notariale.
§ 8. Honoraires.
§ 9. Timbre. Hypothèques.
§ 10. Formules.

1. — Toute réquisition doit faire connaître clairement l'objet de la demande du requérant ; si elle est conçue en termes équivoques ou qui ne soient pas suffisamment précis, le conservateur a le droit d'exiger qu'elle soit modifiée ou qu'il lui en soit déposé une autre plus claire (1).

Il est toutefois recommandé aux conservateurs de ne point s'immiscer dans la rédaction des réquisitions, qui doit rester l'œuvre spontanée des parties, et sauf le cas où le requérant ne sait pas signer, de ne pas laisser écrire de demande dans leurs bureaux (2).

En toute circonstance, ils doivent se conformer exactement aux intentions des requérants (3).

Le notaire est, souvent, chargé par les parties de remplir sur les actes reçus par lui, les formalités hypothécaires et, par suite, de requérir du conservateur l'accomplissement de ces formalités. Il n'y est pas tenu, comme nous l'avons dit, lorsqu'il n'a pas reçu mandat à cet effet.

Mais qu'il ait reçu ou non mandat, il doit éviter, autant que possible, pour amoindrir sa responsabilité, de signer lui-même la réquisition, et il doit avoir soin de faire signer surtout les réquisitions d'état par les parties, le créancier ou l'acquéreur intéressé.

Enfin, il convient que cette réquisition soit faite au nom de l'intéressé lui-même et non en celui du notaire, afin que le conservateur ne mette pas à la fin de l'état : « *Délivré à M* X..., *notaire.* » Car si une omission se trouvait dans l'état ainsi délivré, le conservateur ne pourrait être actionné par le client, à qui il n'a rien délivré, ni par le notaire à qui il n'a causé aucun préjudice (4).

Nous allons étudier successivement ces diverses espèces de réquisitions et en donner les formules.

§ 1. RÉQUISITION DE TRANSCRIPTION.

2. — Cette réquisition est la demande faite au conservateur d'opérer la *transcription* sur ses registres d'un acte soumis à cette formalité par la loi (art. 939 et 1069, C. civ.) (5).

3. — Dans l'usage, les conservateurs n'exigent pas, pour cette formalité, de réquisition écrite ; ils se contentent du dépôt du titre à transcrire et considèrent ce dépôt comme une demande suffisante.

---

(1) Sol. 17 octobre 1868.
(2) Sol. 11 juillet 1862 et 8 juin 1873.
(3) J. N., art. 21838 ; Sol. rég., 25 novembre 1861; Cass., 6 janvier 1891 et 5 avril 1894.
(4) Comp. Pithiviers, 10 août 1888 ; Orléans, 12 décembre 1884 (*Rev. not.*, n°* 7045-7046 ; art. 23225 et 23401, J. N.).
(5) L. 23 mars 1855, art. 1 et 2 ; L. 21 juin 1875, art. 1.
Les articles 939 et 1069 du Code civil, et les articles 1 et 2 de la loi du 23 mars 1855 sont ainsi conçus :
Art. 939. — Lorsqu'il y aura donation de biens susceptibles d'hypothèques, la transcription des actes contenant la donation et l'acceptation, ainsi que la notification de l'acceptation qui aurait eu lieu par acte séparé, devra être faite aux bureaux des hypothèques dans l'arrondissement desquels les biens sont situées.
Art. 1069. — Les dispositions par actes entre-vifs ou testamentaires, à charge de restitution, seront, à la diligence, soit du grevé, soit du tuteur nommé pour l'exécution, rendues publiques : savoir, quant aux immeubles, par la transcription des actes sur les gistres du bureau des hypothèques du lieu de la

situation ; et quant aux sommes colloquées avec privilège sur des immeubles, par l'inscription sur les biens affectés au privilège.
Loi du 23 mars 1855 sur la transcription en matière hypothécaire :
Art. 1er. — Sont transcrits au bureau des hypothèques de la situation des biens : 1° Tout acte entre-vifs, translatif de propriété immobilière ou de droits réels susceptibles d'hypothèque ; 2° Tout acte portant renonciation à ces mêmes droits ; 3° Tout jugement qui déclare l'existence d'une convention verbale de la nature ci-dessus exprimée ; 4° Tout jugement d'adjudication, autre que celui rendu sur licitation au profit d'un cohéritier ou d'un copartageant.
Art. 2. — Sont également transcrits : 1° Tout acte constitutif d'antichrèse, de servitude, d'usage et d'habitation ; 2° Tout acte portant renonciation à ces mêmes droits ; 3° Tout jugement qui en déclare l'existence en vertu d'une convention verbale ; 4° Les baux d'une durée de plus de dix-huit années ; 5° Tout acte ou jugement constatant, même pour bail de moindre durée, quittance ou cession d'une somme équivalente à trois années de loyers ou fermages non échus.

Quelquefois, cependant, il est nécessaire de formuler la réquisition par écrit, lorsque, par exemple, la transcription de l'acte est limitative et ne doit être opérée que pour une partie de l'acte (V. *infrà*, v° TRANSCRIPTION).

4. — Peuvent requérir la transcription d'un acte :

a) Toutes les parties intéressées à l'accomplissement de la formalité, le vendeur comme l'acquéreur, le donateur et le donataire, l'un ou l'autre des échangistes ;

b) Le mari, pour les donations faites à sa femme, ou la femme elle-même ;

c) Tout mandataire contractuel ou légal, tuteur, curateur ou administrateur, même un *negotiorum gestor;*

d) Les créanciers (art. 1166, C. civ.). (V. *infrà*, v° TRANSCRIPTION);

e) Le notaire, s'il en a été chargé.

Le conservateur des hypothèques est fondé à refuser la transcription de l'expédition d'un contrat de vente, lorsque cette expédition contient un extrait analytique et non littéral de la procuration en vertu de laquelle l'une des parties a agi (1).

§ 2. RÉQUISITION D'INSCRIPTION.

5. — C'est la demande faite au conservateur d'opérer l'inscription d'une hypothèque conventionnelle, légale ou judiciaire (art. 2146 et suiv., C. civ.).

6. — Cette demande peut être formulée par écrit, mais elle est le plus souvent verbale et consiste dans la remise, au bureau des hypothèques, du titre constitutif de l'hypothèque et des deux bordereaux exigés par la loi. Un des bordereaux est quelquefois signé par le requérant, et cette signature même constitue la réquisition.

7. — Ont droit de requérir l'inscription :

a) Le titulaire de la créance hypothécaire, alors même qu'il ne jouit pas du libre exercice de ses droits; ainsi la femme mariée, le mineur, l'interdit, ont le droit de requérir l'inscription de leur hypothèque légale (2);

b) Ceux qui, en vertu d'un mandat légal ou contractuel, ont mission de faire cette réquisition, les mari, tuteur, administrateur, etc..., le procureur de la République (art. 2138 et 2194, C. civ.);

c) Les parents ou amis du mineur, les parents du mari ou de la femme (art. 2139, C. civ.), mais non les amis de cette dernière (3);

d) Tout tiers porteur du titre constitutif d'une créance hypothécaire, ne fût-il pas investi d'un mandat exprès ;

e) Les créanciers du titulaire de la créance hypothécaire (art. 1166, C. civ., 775, C. proc. civ.) (4);

---

(1) Jourdaa, *Transcript. hypot.*, p. 177.

(2) Orange, 24 novembre 1874 (*Rev. not.*, n° 4844).

(3) Aubry et Rau, t. III, p. 320. Un créancier du mari et de la femme pourrait-il, en vertu de l'article 1166 du Code civil, requérir l'inscription de l'hypothèque légale de cette dernière ? Nous le pensons, mais cette inscription, fût-elle libellée au profit du créancier, ne saurait valoir subrogation à scn profit, la subrogation dans l'hypothèque légale de la femme devant, depuis la loi de 1855 (art. 9), être consentie par acte authentique.

(4) Caen, 8 mai 1839. C'est ainsi que le notaire, à qui sont dus les frais et honoraires d'un contrat de vente, peut faire inscrire à son profit le privilège du vendeur (art. 21025, J. N.). (V. *suprà*, v° HONO-RAIRES).

Il est de principe, en effet, que les créanciers peuvent exercer *de plano*, tous les actes conservatoires, relativement au patrimoine de leur débiteur, sans même se prévaloir du droit que leur confère l'article 1166 du Code civil. Ils peuvent faire, par exemple, les actes interruptifs de prescription, — les réquisitions d'inscription ou de transcription ; — la signification d'un transport, — une réquisition d'apposition ou de levée de scellés, — une demande de séparation de patrimoines, de passation de titre nouvel, de reconnaissance d'écriture, — une opposition à partage, etc...

Mais, en outre, on décide, qu'en vertu de l'arti-

f) Le notaire, lorsqu'il a été chargé par le créancier de faire remplir cette formalité. (V. *suprà*, v° INSCRIPTION HYPOTHÉCAIRE).

§ 3. RÉQUISITION DE RADIATION.

8. — C'est la demande faite au conservateur d'opérer la radiation d'une inscription hypothécaire dont mainlevée a été donnée par le créancier, — ou d'une transcription de saisie.

9. — Cette demande, comme les précédentes, est le plus souvent faite verbalement, en même temps que le dépôt de l'expédition de la mainlevée qui autorise la radiation ; et les conservateurs n'exigent pas, dans la pratique, que le déposant, notaire ou tiers porteur, justifie de pouvoirs réguliers. On a soutenu, cependant, qu'aux termes de l'article 2158 du Code civil, les mots *ceux qui requièrent* désignent seulement les parties intéressées, et que si celles-ci ne requièrent pas en personne, le mandataire doit justifier de son mandat authentique ou sous-seing privé (1). L'usage est contraire. On évite, d'ailleurs, la réclamation d'un pouvoir, en terminant la mainlevée par la formule suivante :

En conséquence, le comparant autorise le conservateur des hypothèques à opérer la radiation ci-dessus consentie sur la réquisition verbale du porteur d'une expédition des présentes.

10. — Les parties peuvent aussi demander et demandent ordinairement que le conservateur, une fois la radiation opérée, leur délivre un certificat constatant l'accomplissement de la formalité ; ce certificat s'appelle *certificat de radiation* ; il ne donne lieu à aucune perception de salaire, en sus du droit fixe de 1 fr. perçu pour la radiation de chaque inscription, à moins que le certificat ne soit réclamé qu'un certain temps après la radiation.

Il est délivré sur papier timbré de 0 fr. 60 ou de 1 fr. 20, suivant la longueur du certificat.

11. — La réquisition de ce certificat est facultative pour les parties, mais la délivrance est obligatoire pour le conservateur ; et, lorsqu'il a été donné mainlevée de plusieurs inscriptions concernant le même débiteur, si une partie demande un certificat collectif de radiation, le conservateur ne peut lui imposer l'obligation de prendre autant de certificats qu'il y a eu d'inscriptions radiées (2).

12. — Les conservateurs peuvent, sans aucun doute, être déclarés responsables des erreurs commises par eux dans la délivrance des certificats de radiation, mais à la condition toutefois qu'un dommage ait été causé ; par suite, l'erreur ne donnera lieu à aucun dédommagement, si, par exemple, elle a consisté seulement dans l'indication erronée du numéro du volume sous lequel l'inscription était portée et si l'identité de l'inscription a pu facilement être reconnue au

---

cle 1166 du Code civil, qui autorise les créanciers à exercer tous les droits et actions de leur débiteur, à l'exception de ceux qui sont exclusivement attachés à sa personne, les créanciers peuvent, aux lieu et place de leur débiteur :

a) Faire reconnaître leurs droits de propriété, d'usufruit ou de servitude ;

b) Poursuivre le paiement d'une créance et produire dans tous ordre ou contributions ;

c) Exercer une faculté de rachat (Grenoble, 9 janvier 1858) ;

d) Arrêter une demande en résolution, en payant eux-mêmes le prix dû ;

e) Demander le partage d'une propriété ou d'une succession indivise ;

f) Demander la révocation d'une donation entre-vifs pour cause d'inexécution des conditions ; — la nullité d'une donation, d'un testament ou de tout contrat pour vice de forme, pour cause de substitution prohibée, pour lésion, etc., — la réduction, pour atteinte à la réserve, des dispositions à titre gratuit, entre-vifs ou testamentaires ;

g) Exercer contre une décision judiciaire, toutes les voies de recours, ordinaires et extraordinaires. Cass., 13 août 1855, 1er juin 1858.

(1) Laurent, t. XXXI, n° 203.

(2) Sol. rég., 4 novembre 1864 ; Boulanger, n° 879.

moyen du rapprochement des énonciations du certificat et de celles de la main-levée (1).

§ 4. RÉQUISITION DE SUBROGATION.

13. — C'est la demande faite au conservateur de faire sur les registres, mention, en marge d'une inscription préexistante, de la subrogation consentie au profit d'un tiers, dans les effets de cette inscription.

La subrogation opérée est certifiée, au choix du requérant, par un simple certificat de subrogation, délivré sans autres frais que le timbre (2), ou par une copie de l'inscription avec la mention de subrogation faite en marge.

Plusieurs auteurs, assimilant la formalité de subrogation à la radiation, enseignent que le conservateur a le droit et le devoir d'exiger la justification de la capacité du subrogeant ou du cédant et que s'il ne le faisait pas, il exposerait sa responsabilité (3), mais cette théorie a été fort justement réfutée et mise de côté par un arrêt de la Cour d'Aix, du 29 avril 1890, rendu conformément à de remarquables conclusions de M. le procureur général Naquet. D'après cet arrêt, la mention de subrogation rentre dans la catégorie des actes dont le conservateur ne peut ni refuser, ni même retarder l'inscription aux termes de l'article 2199 du Code civil (4).

§ 5. RÉQUISITION D'ÉTATS D'INSCRIPTIONS ET DE TRANSCRIPTIONS.

14. — C'est la demande adressée au conservateur des hypothèques de délivrer le relevé de toutes les inscriptions ou d'une partie des inscriptions hypothécaires qui ont été prises à son bureau contre une personne désignée ou sur des immeubles déterminés, — ou encore le relevé des transcriptions faites sur ses registres concernant telle ou telle personne.

15. — Cette espèce de réquisition est toujours faite par écrit et demande à être rédigée avec soin, d'une façon claire et précise; le notaire, qui est le plus souvent appelé à la formuler, doit veiller à ce que les énonciations relatives aux nom, prénoms, qualité et demeure des personnes contre lesquelles l'état est requis soient exactes; il doit veiller surtout à l'orthographe des noms et prénoms; indiquer les variations qui ont pu se produire dans la demeure et la qualification des parties; l'état de célibataire, marié ou veuf, des personnes; car la moindre erreur peut amener des omissions ou des additions superflues dans les états.

16. — Toute personne peut requérir un état d'inscriptions ou de transcriptions, car les registres hypothécaires sont publics.

17. — Les réquisitions écrites sont dispensées du timbre et de l'enregistrement.

18. — Le conservateur est obligé de délivrer, sans retard, à tous ceux qui le requièrent, sans qu'ils aient à justifier d'aucun intérêt légal, les états des inscriptions ou transcriptions portées sur leurs registres, ou des certificats constatant leur non-existence (art. 2196, C. civ.).

19. — Il est loisible au requérant de restreindre sa demande dans les limites qu'il juge convenables, par exemple de borner sa réquisition aux inscriptions existant sur un immeuble déterminé, — ou depuis une époque fixe, — ou contre une personne spécialement dénommée, — ou d'excepter certaines inscriptions

---

(1) Lisieux, 17 décembre 1873 ; Caen, 26 mai 1874 (*Rev. not.*, n°ˢ 4559 et 4740) ; Boulanger, n° 878.
(2) Sol. rég. 11 août 1804 et 28 octobre 1874.
(3) Boulanger, n° 67 ; Baudot, p. 340 et suiv.

(4) Conf. Rouen, 15 juin 1839 et Lyon, 12 juillet 1848. — *Contrà* : Amiens, 14 mai 1890 (*J. du not.*, 1890, p. 558 et 601).

connues de lui, — ou encore de demander un certificat de renouvellement ou de non renouvellement d'une inscription indiquée (1).

20. — L'intention formellement exprimée des parties doit servir de règle aux conservateurs et ils ne sauraient engager leur responsabilité en s'y conformant. De même que les états qu'ils délivrent ne peuvent comprendre rien de moins que ce qui est demandé, ils ne sauraient non plus comprendre davantage ; s'ils croient devoir suppléer aux lacunes ou aux erreurs de la réquisition, c'est-à leurs risques et périls (2). Ainsi, le conservateur n'est pas autorisé à comprendre dans un état qu'il délivre les inscriptions que le requérant a formellement exclues, en les désignant par leurs dates, volume et numéros, — et les salaires qu'il a perçus de ce chef devraient être restitués (3).

21. — Il n'est pas fondé, non plus, à insérer des réserves qui auraient pour résultat de rendre incertaine, au regard des tiers, la situation hypothécaire d'une personne ou d'un immeuble (4). Et le notaire qui a requis l'état est fondé à actionner le conservateur à fin de suppression de ces réserves (5).

22. — En règle générale, le conservateur n'a pas à se faire juge du mérite des inscriptions portées sur ses registres, lorsqu'elles s'appliquent aux personnes ou aux biens sur lesquels l'état est demandé ; que ces inscriptions soient régulières ou irrégulières, susceptibles ou non de produire effet, peu importe ; le conservateur doit les délivrer. Si les inscriptions sont inopérantes, il appartient aux intéressés d'en demander la radiation (6).

D'autre part, le conservateur ne doit pas délivrer, à moins de réquisition spéciale, les inscriptions rayées en totalité,— ou périmées, faute de renouvellement en temps utile (7).

23. — Enfin, toute copie d'inscription ou de transcription doit comprendre nécessairement les diverses mentions qui ont pu être faites postérieurement en marge, sans aucune augmentation de salaire.

24. — Les états qui sont demandés aux conservateurs peuvent être de différentes natures; ce sont :

Des états individuels;

Des états sur immeubles spécialement désignés ;

Des états sur transcriptions ;

Des états partiels;

Des états de transcriptions ;

Des états après purge légale.

Nous allons étudier successivement ces diverses sortes d'états.

25. — **Etat individuel.** — L'état *individuel* ou *nominatif* est celui qu'on demande sur une personne déterminée, lorsqu'on désire connaître toutes les ins-

---

(1) Cass., 26 juillet 1859 ; Bourges, 30 novembre 1868 ; Vitré, 9 décembre 1885 ; Cass., 6 janvier 1891 (art. 24634, J. N.).

(2) Alger, 11 mars 1889; Sol. rég., 25 novembre 1871.

(3) Cass., 26 juillet 1859 ; Paris, 14 janvier 1881 ; (*J. du not.*, n° 3354); Langres, 14 février 1883 (art. 23087, J. N.); Caen, 16 mai 1884 (S. 1885-2-113) ; Vitré, 9 décembre 1885 (*Rev. not.*, n° 7403). — V. Dissert., art. 21838, J. N., et Cass., 6 janvier 1891. — V. *infrà*, n°° 46 et 47.

(4) Cass., 16 juillet 1859 ; Largentière, 30 décembre 1879. — *Contrà :* Orléans, 12 décembre 1884 (art. 23401, J. N.).

(5) Orléans, 12 décembre 1884.

(6) L'article 2196 du Code civil dit que les conservateurs doivent délivrer toutes les inscriptions *subsistantes*. Des auteurs enseignent et il a été jugé que, par cette expression, il faut entendre toutes les inscriptions existant *matériellement* sur les registres.

Angers, 9 février 1827 ; Metz, 25 mars 1858 ; Paris, 22 février 1859.—V. aussi *infrà*, n° 41.

Nous avons soutenu, avec la majorité des auteurs et de nombreuses décisions judiciaires, que par inscriptions subsistantes, le législateur a compris au contraire les inscriptions existant *légalement* et, par suite, que le conservateur ne doit pas délivrer les inscriptions qui ont manifestement cessé d'exister ou dont l'immeuble est affranchi par suite d'une disposition formelle et précise de la loi. Auxerre, 29 décembre 1847 ; Paris, 6 juin 1810 ; Paris, 23 novembre 1849 ; Rouen, 16 mars 1848 ; Cass., 7 mars 1849; Melun, 6 décembre 1849 ; Troyes, 26 novembre 1856 ; Fontainebleau, 18 juin 1857 (*J. du not.*, 1859, p. 78); Paris, 16 février 1858 ; Lille, 19 décembre 1862; Montpellier, 19 avril 1866 (*Rev. not.*, n° 1655) ; Pont, l'Evêque, 18 mai 1878 (art. 22097, J. N.) ; Lefebvre (*J. du not.*, 1866, p. 26 ; 1868, p. 221-295).

(7) Cass., 4 avril 1849 ; Dict. du not., v° *Etat d'inscriptions*, n°° 11 et 12.

criptions qui ont été prises contre elle. Il n'y a point, d'ailleurs, de cas spéciaux où ces états doivent être obtenus, mais on les requiert, d'ordinaire, avant tout prêt hypothécaire, pour connaître la situation de l'emprunteur.

26. — Il importe, lorsqu'on demande l'état des inscriptions sur un ou plusieurs individus, de désigner exactement et complètement, dans la réquisition, les noms, prénoms, professions et demeures de ces personnes et même les variations que le domicile ou la qualification ont pu éprouver depuis dix ans ; car, ainsi que nous l'avons déjà dit, des indications inexactes ou incomplètes peuvent, ou faire comprendre dans l'état, des inscriptions qui ne grèveraient pas les individus dont on veut connaître la situation hypothécaire, — ou, ce qui serait plus grave, être la cause de l'omission, dans l'état, d'inscriptions qui seraient réellement à leur charge (1).

27. — Ainsi, il a été jugé qu'un conservateur peut comprendre, dans un état, toutes les inscriptions qui ont été prises sur des individus portant les noms, prénoms et demeures indiqués dans la réquisition, quoique la *qualification* qui leur a été donnée dans les inscriptions diffère de celle exprimée dans la réquisition (2) ;

Et qu'il n'est pas responsable de n'avoir pas mentionné, dans un état requis contre le sieur *Jules Grosse*, une inscription prise contre *François-Jules-Hilaire Gross* (3) ; toutes les fois, d'ailleurs, que l'omission provient d'une désignation insuffisante du débiteur et d'erreurs commises dans l'indication de ses prénoms (4) — ou du nom patronymique et du domicile (5).

Le conservateur, requis de délivrer un état d'inscription, sur une personne désignée, n'est pas fondé à y comprendre une inscription prise contre un individu du même nom, s'il n'y a similitude ni de prénoms, ni de profession, ni de domicile — ou contre une personne dénommée par deux noms réunis, alors que l'état est requis contre une personne ne portant qu'un seul nom.

Et s'il l'a délivrée, il doit tout au moins la retrancher de l'état, lorsqu'on lui justifie, par un acte de notoriété, que le débiteur qu'elle désigne est une personne différente (6).

28. — Les juges du fait ont, d'ailleurs, à cet égard, un pouvoir souverain d'appréciation (7).

29. — Lorsque l'état individuel est demandé sur plusieurs individus, le conservateur n'est point fondé à fournir autant d'états séparés qu'il y a d'individus désignés dans la réquisition ; il doit comprendre, dans un seul état et un même contexte, toutes les inscriptions qui grèvent ces individus.

30. — États sur immeubles désignés. — Les états sur immeubles sont demandés lorsqu'on veut connaître la situation hypothécaire d'un immeuble déterminé, par exemple, dans les cas suivants :

 a) Lors de la transcription d'un contrat de vente (V. *infrà*, nᵒˢ 36 et suiv.) ;
 b) Lorsqu'un acquéreur veut purger les biens qui lui ont été vendus des hypothèques légales qui peuvent les grever (art. 2195, C. civ.);
 c) En matière de saisie immobilière, pour que le poursuivant fasse aux créanciers inscrits sommation de prendre connaissance du cahier des charges ;
 d) En matière d'ordre, pour arriver à la distribution régulière entre tous les créanciers inscrits.

31. — Lorsqu'on demande l'état des inscriptions qui grèvent un immeuble désigné, les inscriptions n'ayant pu être requises que contre le propriétaire de cet

---

(1) Liège, 17 juin 1875 ; Beauvais, 8 février 1887 ; Mostaganem, 16 mars 1887.
(2) Limoux, 11 mars 1857 art. 16242, J. N.).
(3) Bes ncon, 13 août 1872 (art 20914, J. N.).
(4) Rennes, 18 décembre 1866 (art. 19412, J. N.); Verviers, 20 décembre 1875 (art. 21516, J. N.); Toulouse, 24 janvier 1893 (J. du not., 1893, p. 363).

(5) Segré, 23 août 1876 (art. 21664, J. N.).
(6) Louviers, 23 mai 1863 (Rev. not., nᵒ 566); Montluçon, 29 juillet 1886.
(7) Cass., 30 janvier 1867 (Rev. not., nᵒ 1876).

immeuble, ou contre ceux qui le possédaient avant lui, il est nécessaire d'indiquer le nom du propriétaire et ceux des précédents possesseurs; sans cela, il serait impossible au conservateur d'obtempérer à la réquisition; car l'immeuble ne peut, dans notre système hypothécaire, être considéré abstraction faite de la personne qui le possède (1).

32. — Toute réquisition doit établir d'une manière claire et précise les propriétés qui en sont l'objet, leur nature, consistance, situation, les noms et demeure du propriétaire actuel, ceux des précédents propriétaires, s'ils sont connus.

Il faut aussi avoir soin de signaler les modifications ou transformations subies par les immeubles, sinon le conservateur pourrait omettre des charges existantes, sans encourir aucune responsabilité (2).

33. — Le conservateur ne doit pas, lorsqu'on lui demande un état des inscriptions sur un immeuble désigné, fournir, sous prétexte de mettre sa responsabilité à couvert, l'état de toutes les inscriptions à la charge du propriétaire, non seulement sur cet immeuble, mais encore sur ses autres biens; toutefois les inscriptions d'hypothèques générales doivent nécessairement y être comprises, puisqu'affectant tous les biens du débiteur, elles portent conséquemment sur l'immeuble désigné (3).

34. — Toutefois, l'inscription d'hypothèque légale de la femme mariée sur les biens de son mari ne doit pas être comprise dans l'état requis sur un immeuble désigné, si l'inscription de cette hypothèque a été spécialisée sur un autre immeuble (4), ou si la femme y a renoncé conformément à la loi du 13 février 1889.

35. — Lorsque les inscriptions prises contre la personne sur laquelle un état est demandé, présentent des différences dans la désignation des immeubles ou dans celle de la situation dans la ville ou dans la commune, il est du devoir du conservateur de comprendre ces inscriptions dans l'état (5).

36. — Etats sur transcription. — C'est celui qui est requis, au moment de la transcription d'un contrat translatif de propriété, pour connaître les inscriptions existant sur l'immeuble aliéné du chef du propriétaire et des anciens possesseurs dénommés au contrat.

37. — Lorsqu'une personne présente un contrat à la transcription, sans demander d'état, le conservateur ne doit point en délivrer; il faut une réquisition expresse.

38. — Si une adjudication a eu lieu en détail par un seul procès-verbal, les divers adjudicataires peuvent se réunir pour ne faire transcrire qu'une seule expédition et requérir pour eux tous un état unique sur la transcription du titre commun; mais il en serait autrement s'il s'agissait de plusieurs acquéreurs par contrats distincts, bien qu'il n'y ait qu'un seul vendeur; quoique la transcription des divers contrats ait eu lieu le même jour, le conservateur ne peut être tenu de délivrer un seul état (6).

A plus forte raison, quand les contrats ont été faits et transcrits à des époques différentes, ou que la réquisition ne désigne pas d'une manière précise les individus ou les immeubles sur lesquels l'état est requis (7).

39. — En demandant un état sur la transcription d'un contrat de vente dont le prix n'est pas payé, le requérant doit avoir soin de dire s'il veut, ou non, la copie de l'inscription prise d'office contre l'acquéreur; car les conservateurs ont la prétention de joindre cette inscription sur l'état, quand elle n'est pas exceptée

---

(1) Dict. du not., n° 26; Baudot, n° 1710; Rennes, 23 juillet 1868 (art. 19691, J. N.).
(2) Bordeaux, 17 août 1874.
(3) Paris, 8 avril 1851; Dijon, 22 juillet 1868 et 24 février 1869
(4) Paris, 15 février 1858; Limoges, 6 août 1861 (art. 16628 et 17818, J. N.); Marseille, 9 août 1873. — V. infrà, n° 45.

(5) Montluçon, 29 décembre 1864 et 24 février 1865; Riom, 30 août 1865.
(6) Montluçon, 10 août 1865; Riom, 18 avril 1866 (art. 18387 et 18706, J. N.); Sol., 6 juin 1874. — Contrà : Bône, 22 mai 1883.
(7) La Flèche, 22 mars 1888 (Bullet. de la taxe, 1888, p. 50).

dans la réquisition, prétention que nous ne pouvons admettre ; en effet, lorsqu'on requiert un état contre les vendeurs ou précédents propriétaires, on ne demande pas les inscriptions prises contre l'acquéreur. La jurisprudence se prononce, du reste, généralement dans ce dernier sens (1).

En tout cas, si l'inscription d'office est exceptée, le conservateur doit s'y conformer (2).

40. — De même, si l'acquéreur qui requiert l'état a limité sa réquisition aux inscriptions prises contre les vendeurs, ou à celles prises sur un ou plusieurs des précédents propriétaires, il n'appartient point au conservateur d'aller au delà, il doit se conformer strictement à la réquisition qui lui est faite (3).

41. — Il a été décidé que le conservateur, requis de délivrer l'état de toutes les inscriptions *subsistantes*, au jour de la transcription, du chef des vendeurs ou des précédents propriétaires, *autres que celles rayées ou périmées*, est fondé à comprendre, dans cet état, une inscription prise spécialement sur l'immeuble contre un précédent propriétaire, postérieurement à la transcription du contrat de la vente qui en a été faite, quoique cette inscription soit dépourvue d'effet (4) ;

— Ou contre le fol enchérisseur, en cas de revente sur folle enchère (5) ;

— Ou contre un cohéritier renonçant, au cas d'adjudication des biens d'une succession, le conservateur n'ayant pas à se constituer juge de la validité de cette renonciation et de ses effets légaux (6) ;

— Ou contre un précédent propriétaire, bien qu'évincé par un jugement portant résolution du contrat pour défaut de paiement du prix (7) ;

— Ou contre un cohéritier, bien que l'immeuble grevé ne soit pas tombé dans son lot (8).

42. — La purge légale, opérée par un premier acquéreur, profitant au second acquéreur qui survient, toute inscription d'hypothèque légale prise au nom de la femme du premier vendeur sur l'immeuble, après l'expiration des délais de purge et la délivrance d'un certificat négatif, est sans effet et, par suite, ne saurait être comprise dans les états postérieurs de transcription requis sur ce même immeuble (9).

43. — Mais il a été jugé (avant la loi du 13 février 1889, il est vrai),

(1) Mortagne, 13 août 1842 ; Louhans, 23 mars 1854 ; Sol., 24 août 1868. — V. cep., Gray, 20 décembre 1871 (*Rev. not.*, n° 4008).

(2) Paris, 14 janvier 1881 (*Rev. not.*, n° 6215 et n° 6280)

(3) Cass., 26 juillet 1859 ; Caen, 26 décembre 1848 ; Poitiers, 2 juillet 1860 ; Cass., 6 janvier 1891 ; Limoges, 14 janvier 1893.

(4) Seine, 11 juin 1868 (art. 19287, J. N.) ; Seine, 5 décembre 1879 (art. 22293. J. N.) ; Charolles, 25 juin 1880 (art. 22460, J. N.).

(5) Le Mans, 5 mars 1879 (art 22251, J. N.).

(6) Paris, 30 mai et 10 juin 1873 (art. 20588, J. N.).

(7) Vienne, 20 mars 1857 (art. 16550, J. N.) ; Cass., 6 décembre 1859 (*Bull. not. prat.*, 1873, p. 50).

(8) Domfront, 23 février et 10 mars 1876.

Dans ces divers cas, nous ne saurions suivre et approuver la jurisprudence. Comme nous l'avons écrit ailleurs, « lorsqu'une inscription a été prise, sans doute possible, contre un individu, sur un immeuble dont il est toujours et paraît être réellement propriétaire; dont aucune transcription de mutation ne l'a dessaisi, que cette inscription soit nulle pour vice de forme, ou prise en vertu d'un titre irrégulier, ou sans cause, par suite d'un paiement resté secret, peu importe au conservateur ; il n'a pas à s'inquiéter des motifs qui peuvent vicier cette inscription et la rendre inutile ; aucun acte, aucun texte de loi n'en a détruit pour lui l'existence légale ;

il doit la comprendre dans l'état qui lui sera demandé et c'est bien ici qu'on peut dire avec la Cour de Limoges : « Le conservateur n'a pas à distinguer entre les inscriptions régulières et celles qui ne le sont pas, la loi ne lui a point conféré le droit de s'ériger en juge du mérite des inscriptions. »

Mais la situation est bien différente quand, par exemple, il s'agit d'une inscription prise sur un immeuble après la transcription du contrat de vente ou du jugement d'adjudication ; car le conservateur ne peut et ne doit ignorer qu'en vertu des articles 3 et 6 de la loi du 23 mars 1855, la transcription arrête le cours des inscriptions.

« Il faut en dire autant quand il s'agit d'inscriptions rendues sans effet, soit par suite d'un partage et en vertu de l'article 883 du Code civil, soit par suite d'une résolution judiciaire (art. 1654, C. civ.) ; ou par suite de la réalisation d'un pacte de rachat (art. 1673, C. civ.) ; ou enfin d'une cause quelconque de résolution ou de rescision, conformément à l'article 2125, du Code civil. » (*Rev. not.*, n° 4201).

De nombreux auteurs et un assez grand nombre de décisions judiciaires se sont prononcés en ce sens. Cass., 7 mars 1849 ; Paris, 23 novembre 1849 ; Fontainebleau, 18 juin 1857 ; Troyes, 26 novembre 1856 ; Paris, 16 février 1858 ; Lille, 19 décembre 1862 ; Montpellier, 19 avril 1866. — V. aussi *supra*, n° 22, note 6.

(9) Paris, 30 décembre 1836 ; Rouen, 16 mars 1848 ; Cass., 7 mars 1849 (art. 18689, J. N.).

que si, postérieurement à la transcription d'un contrat de vente, contenant renonciation expresse ou implicite par la femme du vendeur à son hypothèque légale, un tiers cessionnaire des droits de la femme a fait inscrire cette hypothèque, le conservateur est fondé à comprendre cette inscription dans l'état requis ensuite, et que le tiers acquéreur qui veut en obtenir la radiation doit s'adresser à cet effet aux parties intéressées, sans pouvoir mettre en cause le conservateur (1); que si les héritiers d'une femme mariée ont inscrit son hypothèque légale, dans le délai de la loi, sur *tous les biens présents et à venir* du mari, ces termes ne sont pas exclusifs des biens aliénés par le mari avant la date de l'inscription, et que, dès lors, le conservateur ne peut être contraint à retrancher l'inscription de l'état qu'il vient à délivrer sur la transcription de l'aliénation (2).

44. — De même, lorsque l'hypothèque légale d'une femme mariée a été inscrite sur tous les immeubles *présents, passés et à venir* de son mari, situés dans l'arrondissement du bureau des hypothèques, en excluant un immeuble vendu par les deux époux conjointement à une personne désignée et suivant contrat énoncé, il n'appartient pas au conservateur de décider si cette déclaration d'exclusion doit produire, à l'égard de l'immeuble indiqué, les mêmes conséquences qu'un défaut d'inscription, ou si, en dehors des conditions prescrites par les articles 2140 et 2144 du Code civil, ladite déclaration suffit pour soustraire cet immeuble aux effets de l'hypothèque légale inscrite dans des termes généraux. En conséquence, le devoir et la prudence commandent au conservateur de comprendre l'inscription dans l'état requis, sur la purge des hypothèques, par l'acquéreur de l'immeuble exclu (3).

45. — Mais il a aussi été jugé, et avec raison, que lorsque l'hypothèque légale d'une femme mariée a été inscrite spécialement et limitativement sur un immeuble déterminé du mari, le conservateur ne doit point comprendre cette inscription dans l'état requis à la suite de la transcription d'un acte de vente d'un autre immeuble (4).

46. — Etats partiels. — Qu'il s'agisse d'états individuels ou d'états sur transcription, sur immeubles déterminés, la règle à suivre, aujourd'hui incontestable, est que le conservateur doit se conformer strictement à la volonté clairement manifestée par les parties requérantes. C'est ce qui résulte des arrêts de la Cour de cassation des 26 juillet 1859 et 6 janvier 1891, et de la solution de la Régie du 25 novembre 1871 (5), que nous avons déjà cités. C'est aussi ce qui a été jugé par le tribunal de Saint-Omer le 18 janvier 1851 et par le tribunal de Vitré, le 9 décembre 1885 (6).

47. — Le conservateur n'est donc pas autorisé à comprendre dans un état qu'il délivre, soit les inscriptions prises d'office, si elles ont été exclues (7), soit toutes autres inscriptions que le requérant a formellement exceptées, en les désignant par leurs dates, volumes et numéros (8).

Le requérant peut même se borner à demander un certificat de renouvellement ou de non renouvellement d'une inscription désignée (V. *supra*, nᵒˢ 19 et 20).

48. — Etats de transcriptions. — Le prêteur hypothécaire et l'acquéreur d'un immeuble, qui se borneraient à demander un état d'inscriptions n'auraient qu'une sécurité trompeuse, parce qu'il peut arriver qu'au moment de la convention, l'emprunteur ou le vendeur ne soit plus propriétaire des immeubles

---

(1) Beaune, 28 août 1879 (art. 22215, J N.).
(2) Sens, 27 décembre 1872 (art. 20558, J. N.).
(3) Ca——. 6 décembre 1865 ; Limoges, 1ᵉʳ février 1869 (art. 18424 et 19692, J. N.).
(4) Pont-l'Evêque, 28 mai 1878 (art. 22097, J. N.).
— V. *supra*, nᵒ 84.

(5) Art. 22016, J. N.
(6) Rev. not., nᵒ 7403.
(7) Metz, 4 février 1860 (art. 16837, J. N.).
(8) Paris, 14 janvier 1881 ; Vitré, 9 décembre 1885.

qu'il aliène ou donne en garantie; — il est donc indispensable de réquérir, avec un état d'inscriptions, un état des transcriptions de mutations ou de saisies et des mentions de résolution, nullité, rescision opérées sur les registres hypothécaires.

Et tous ces renseignements, inscriptions comme transcriptions, doivent être demandés non seulement contre le propriétaire actuel de l'immeuble, mais aussi contre chacun des précédents propriétaires, à moins que cette formalité ait déjà été remplie ou qu'un certificat négatif existe, de ce chef, dans les titres de propriété.

49. — **Etat sur purge légale.** — C'est l'état qui doit être requis pour connaître si, dans les deux mois de l'exposition du contrat d'aliénation, conformément à l'article 2195 du Code civil, il a été pris des inscriptions d'hypothèque légale du chef des femmes, des mineurs ou des interdits intéressés.

Il a été jugé que l'état doit comprendre l'hypothèque légale de la femme, alors même que l'immeuble sur lequel il est requis en a été affranchi par le contrat de mariage, s'il paraît résulter du contrat que la réduction ne s'applique qu'à la dot et non aux reprises ultérieures (1).

§ 6. Responsabilité des conservateurs.

50. — Bien que l'article 2197 du Code civil ne déclare expressément le conservateur responsable que des omissions, sur leurs registres, des transcriptions d'actes de mutation et des inscriptions requises en leurs bureaux ; — ou du défaut de mention dans leurs certificats d'une ou de plusieurs inscriptions existantes, il faut cependant décider que la responsabilité des conservateurs est engagée toutes les fois que, par une faute ou une négligence commise, ils ont fait éprouver une perte à un créancier ou à un acquéreur.

51. — L'étendue de cette responsabilité est toujours limitée à la quotité de la perte éprouvée par la partie qui doit en fournir la preuve.

52. — Les tribunaux ont un pouvoir souverain d'appréciation pour accueillir ou rejeter l'action en responsabilité (2) ; et les juges de paix sont compétents pour statuer sur les actions en restitution de salaires dirigées contre un conservateur si l'action ne porte que sur une somme inférieure au taux fixé par la loi (3).

53. — Dans la matière spéciale qui nous occupe, le conservateur peut être déclaré responsable, s'il a omis, dans un état, une ou plusieurs des inscriptions ou transcriptions subsistantes (4), — ou s'il délivre des inscriptions ne grevant pas les biens ou les personnes sur lesquels l'état est requis (5).

54. — Si les erreurs ou omissions provenaient d'indications erronées ou insuffisantes fournies par les parties, le conservateur ne serait pas responsable (6) ; — à moins que l'acte transcrit par lui ou les autres documents de son bureau ne lui aient permis de reconnaître l'identité du grevé (7).

---

(1) Cass., 18 août 1856 ; Gray, 6 mars 1860.
(2) Cass., 22 août 1853 et 13 avril 1868 ; Cass., 30 janvier 1867 (*Rev. not.*, n° 1876).
(3) Angers, 27 mars 1878; Montreuil, 12 juillet 1882; Cass., 6 janvier et 11 mars 1891 (art. 24705, J. N.).
(4) Cass., 5 novembre 1889 et 11 mars 1891 (art. 24588, J. N.) ; Pau, 30 décembre 1890 ; Cass., 27 octobre 1890 (*J. du not.*, 1891, p. 716).
(5) Cass., 30 janvier 1867 (*Rev. not.*, n° 1876) ; Le Havre, 8 janvier 1875 ; Montpellier, 24 novembre 1875 ; Chambéry, 27 avril 1875 ; Montluçon,

29 juillet 1886; Beauvais, 3 février 1887 (*Rev. not.*, n° 7623); Conf.: Grenier, *Hypoth.*, t. II, n° 441; Persil, sur l'article 2197 ; Pont, *Priv. et hypoth.*, t. II, n° 1146 ; Dalloz, v° *Priv. et hypoth.*, n° 2966 ; Amiaud, *Rev. not.*, Dissert., n°° 2758-2888-4147-4201 et 4243.
(6) Besançon, 13 août 1872 (art. 20914, J. N.); Cass., 26 avril 1882 (art. 22733, J. N.) ; Les Andelys, 29 novembre 1887 ; Brioude, 4 juin 1884 (*Rev. not.*, n° 6984).
(7) Douai, 12 mars 1881 (art. 22786, J. N.).

§ 7. Responsabilité notariale.

55. — Il n'est pas douteux que le notaire qui aurait accepté le mandat de faire transcrire un acte ou de requérir un état d'inscriptions, pourrait être rendu responsable de la faute commise par lui dans l'accomplissement de ce mandat ; si, par exemple, il commettait dans l'expédition envoyée à la transcription une erreur dans les prénoms du vendeur, — ou indiquait d'une façon insuffisante les nom, prénoms, profession et demeure des débiteurs dans une réquisition d'état (1) ; — Ou, encore, si, chargé de requérir un état d'inscriptions sur transcription, au lieu de demander un état du chef de l'acquéreur et des précédents propriétaires, il s'est contenté de réclamer seulement l'état des charges grevant l'immeuble du chef de l'acquéreur (2).

§ 8. Honoraires.

56. — On ne saurait refuser aux notaires, avons nous dit dans notre *Tarif général* (3), ce que la loi a trouvé juste d'accorder aux avoués, qui, d'après le tarif de 1807 (art. 102-107-131-137), et l'ordonnance du 10 octobre 1841 (art. 7 et suiv.), ont droit à *une vacation*, soit pour faire transcrire un titre au bureau des hypothèques, soit pour requérir les états d'inscriptions ou faire opérer les radiations.

57. — Cette vacation est due non parce que l'obligation de remplir les formalités hypothécaires rentre dans les fonctions notariales, mais parce que le notaire qui remplit ces formalités est censé le faire par suite d'un mandat qu'il a reçu. Or, il résulte de la jurisprudence que le mandat accompli par un notaire n'est pas gratuit ; il n'en saurait être de cela comme de l'enregistrement qui est imposé au notaire en sa qualité de fonctionnaire public (4).

58. — Bien que certains présidents se refusent encore à allouer une rémunération pour l'accomplissement des formalités hypothécaires, on peut dire que cette rémunération est rigoureusement équitable, avec d'autant plus de raison que les notaires sont rendus responsables des fautes et des erreurs commises par eux à cette occasion. L'usage existe et est suivi aujourd'hui dans tous les tarifs qui allouent, pour chaque réquisition d'état, une vacation de 4 fr. ou 6 fr. suivant la classe du notaire ; et cette pratique a été sanctionnée, dans leurs projets de tarif légal, par les cours d'Amiens, Bordeaux, Dijon, Grenoble, Nîmes, etc (5).

§ 9. Timbre. Hypothèques.

59. — Toutes les réquisitions sont dispensées du timbre ; — on peut même les porter en marge des pièces à déposer au bureau des hypothèques.

60. — Les états d'inscription ou certificats négatifs sont délivrés sur timbre. En sus du droit de timbre, qui varie suivant la longueur de l'état et le nombre des inscriptions, il n'est dû aucun droit spécial d'hypothèque.

61. — Mais le conservateur a droit, à titre de salaire, à 1 franc pour chaque extrait d'inscription, y compris les actes qui la modifient, ou pour chaque certificat qu'il n'en existe aucune (6).

62. — Toute inscription doit être copiée en entier, avec les mentions de

(1) Lyon, 29 janvier 1845 ; Rouen. 20 mai 1885 (art. 23458, J. N.).
(2) Seine, 2 mai 1890.
(3) T. I, p. 489.
(4) Rutgeerts, n° 1106.
(5) Amiaud, *Tarif général*, t. II, p. 489 à 446.
(6) Instr. du 10 août 1888 (*J. du not.*, n° 4045).

subrogation, changement de domicile ou de radiation partielle, sans salaire supplémentaire.

63. — Lorsqu'un état est demandé cumulativement sur plusieurs personnes, lors de la transcription, par exemple, d'un contrat, sur les vendeurs et les précédents propriétaires, il doit comprendre toutes les inscriptions qui les concernent. S'il n'en existe pas, le certificat est négatif pour chacun d'eux, et il est dû autant de salaires de 1 franc qu'il y a d'individus. Si quelques-uns seulement sont grevés, le conservateur délivre les inscriptions à leur charge et certifie, pour les autres, qu'il n'en existe pas. Il est dû, en pareil cas, 1 franc pour chaque inscription délivrée et 1 franc par chaque individu sur lequel le certificat est négatif (1).

64. — Le certificat de non transcription de saisie, requis avec l'état des inscriptions, ne donne ouverture à aucun salaire (2).

65. — Il est alloué au conservateur 1 franc par chaque certificat négatif de transcription d'acte de mutation, ou de transcription de saisie et de mention de résolution, nullité ou rescision, requis isolément.

Si le certificat est requis sur plusieurs individus, le salaire de 1 franc est dû autant de fois qu'il y a de personnes.

66. — Mais, moyennant le salaire de 1 franc, le conservateur est tenu de délivrer le certificat de transcription, y compris les saisies et les mentions de résolution, nullité ou rescision (3).

67. — Les juges de paix ne sont pas compétents pour statuer sur les demandes en restitution de salaires exigés par les conservateurs et s'élevant à moins de 100 francs, lorsqu'elles engagent des questions de principe au sujet des actes et formalités dont ces agents sont responsables envers les tiers (4).

§ 10. Formules.

<table>
<tr><td>

I. RÉQUISITIONS DE FORMALITÉS HYPOTHÉCAIRES.

1. *Réquisition de transcription.*
2. *Réquisition d'inscription.*
3. *Réquisition de radiation.*
4. *Réquisition de subrogation.*

II. RÉQUISITIONS D'ÉTATS.

1. *État individuel d'inscriptions.*
2. *État sur immeuble désigné.*
3. *État partiel.*

</td><td>

4. *État individuel d'inscriptions et de transcriptions.*
5. *État de transcriptions.*
6. *État sur transcription.*
7. *État après purge légale.*

III. RÉQUISITION DE CERTIFICAT DE RENOUVELLEMENT.

IV. RÉQUISITION DE COPIE D'INSCRIPTION OU DE TRANSCRIPTION.

</td></tr>
</table>

I. RÉQUISITIONS DE FORMALITÉS HYPOTHÉCAIRES

1. — Réquisition de transcription.

Le soussigné requiert M. le conservateur des hypothèques à..., de transcrire sur ses registres l'expédition ci-jointe d'un contrat passé devant M•..., notaire à..., le..., contenant vente par M... à M..., de...

A..., le...

(Signature.)

---

(1) Sol. 29 août 1860 ; Dutruc, *Bull. de la taxe,* 1887, p. 150.
(2) Sol., 9 juin 1870 et 28 octobre 1875 (*J. du not.,* 1890, p. 609).
(3) Caen, 16 mai 1884 ; Fontainebleau, 4 décembre 1884 ; Nancy, 22 novembre 1886 ; Sol. 25 mars 1875 et 22 février 1876 ; Circul., *Comité des not.,*

30 novembre 1887, p. 127 et suiv. — La question est soumise à la Cour de cassation.
(4) Déc. just. de paix de Nancy, 13 avril 1886 (art. 23760, J. N.) ; Cass., 6 janvier 1891 (S. 1892-1-1). — *Contrà :* Just. de paix de Sens, 22 décembre 1883 (art. 23069, J. N.).

2. — Réquisition d'inscription.

Le soussigné requiert M. le conservateur des hypothèques à..., d'inscrire sur ses registres l'inscription résultant du bordereau ci-joint.

A..., le...

(Signature.)

3. — Réquisition de radiation.

Le soussigné requiert M le conservateur des hypothèques à..., de radier les inscriptions dont la mainlevée a été donnée par l'acte ci-contre, et de délivrer un seul certificat de radiation (*ou* et de délivrer deux certificats de radiation : l'un, de l'inscription, vol..., n°..., et l'autre, des inscriptions, vol..., n°.., et vol..., n°...).

A..., le...

(Signature.)

4. — Réquisition de subrogation.

Le soussigné requiert M. le conservateur des hypothèques à..., de mentionner la subrogation résultant de l'acte ci-contre, au profit de M. Charles Martin, propriétaire, demeurant à..., dans l'effet de l'inscription, vol. ., n°..., et de délivrer une copie de cette inscription avec la mention de subrogation (*ou* de délivrer un simple certificat de subrogation).

A..., le...

(Signature.)

II. RÉQUISITIONS D'ÉTATS

1. — État individuel d'inscriptions.

Le soussigné requiert M. le conservateur des hypothèques à..., de lui délivrer l'état des inscriptions non radiées, ni périmées (*ou seulement* : non radiées) prises contre M. Rivet (Pierre-Eugène), propriétaire, demeurant à..., sur tous les immeubles qu'il possède dans l'étendue de l'arrondissement de...

A..., le...

(Signature.)

2. — État sur immeuble désigné.

Le soussigné requiert M. le conservateur des hypothèques à..., de lui délivrer l'état des inscriptions encore subsistantes (*ou* prises depuis et y compris le...) contre M. Rivet (Pierre-Eugène), propriétaire, demeurant à..., sur une maison située à., rue..., n°...

A... le...

(Signature.)

3. — État partiel.

Le soussigné requiert M. le conservateur des hypothèques à..., de lui délivrer l'état des inscriptions existant légalement contre M. Rivet (Pierre-Eugène), propriétaire, demeurant à..., sur une maison située à... rue..., n°..., mais à l'exception des inscriptions suivantes qui sont formellement exclues :

1° Du..., vol..., n°..., au profit de M. Paul Maire ;
2° Du..., vol..., n°..., au profit de M. Georges Raimond.

A..., le...

(Signature.)

4. — État individuel d'inscriptions et de transcriptions.

Le soussigné requiert de M. le conservateur des hypothèques à..., la délivrance sur : 1° M. Duval (Georges), négociant, demeurant à..., et précédemment à... ; 2° M. Naudet (Lucien-Charles), cultivateur, demeurant à...,

En ce qui concerne les immeubles désignés au bordereau déposé ce jour pour être inscrit,

De deux états contenant :

Le premier, les inscriptions encore subsistantes, et particulièrement celles prises au profit du Crédit foncier à toutes dates (celles rayées ou périmées étant exceptées), ainsi que les extraits de saisies et dénonciations de saisies ;

Le second, par extraits succincts :

1° Les transcriptions et mentions de tous les actes et jugements spécifiés dans les articles 1, 2, 4 et troisième alinéa de l'article 11 de la loi du 23 mars 1855, qui auraient été opérées à partir du... (1) inclusivement, autres toutefois que celle opérée le... (2) vol..., n°...

2° Les transcriptions des donations et substitutions à toutes dates, autres toutefois que celle opérée le... (2), vol..., n°...

A..., le...

(Signature.)

5. — État de transcriptions.

Le soussigné requiert M. le conservateur des hypothèques à.., de lui délivrer l'état des transcriptions, opérées depuis et y compris le..., d'actes ou jugements translatifs ou modificatifs de la propriété des immeubles désignés dans une inscription prise en son bureau, le.. , vol..., n°... (*ou* des immeubles ci-après désignés...), du chef de M. Martin (Georges), négociant, demeurant à. .

A..., le...

(Signature.)

6. — État sur transcription.

Le..., déposé au bureau des hypothèques à..., pour être transcrite :

Expédition d'un contrat passé devant M°..., notaire à..., le...

Contenant vente par M..., à M..., de...

Sur laquelle formalité le soussigné, au nom de M..., requiert la délivrance, en ce qui concerne l'immeuble vendu et du chef... (3).

I. — D'un état contenant :

1° Les inscriptions de toute nature encore subsistantes et particulièrement celles prises au profit du Crédit foncier à toutes dates, en ce compris (ou non compris) l'inscription d'office, mais non compris les inscriptions radiées ou périmées ;

2° Les extraits de saisie et de dénonciation de saisie.

II. — D'une copie séparée de l'inscription d'office (4).

III. — D'un état contenant :

1° Les transcriptions et mentions opérées postérieurement au 1er janvier 1856. des actes et jugements spécifiés dans les articles 1, 2, 4, et troisième alinéa de l'article 11 de la loi du 23 mars 1855, autres toutefois que les transcriptions énoncées en l'établissement de la propriété et celle présentement requise ;

2° Les transcriptions opérées à toutes dates des donations et substitutions, autres toutefois que celles énoncées en l'établissement de la propriété.

(Signature.)

---

(1) Remplir la date du titre en vertu duquel l'emprunteur est propriétaire, ou du plus ancien titre de propriété, si la réquisition est faite sur plusieurs en remontant même, s'il est utile, au delà du 1er janvier 1856.

(2) Remplir les dates, volumes et numéros des transcriptions déjà connues.

(3) Remplir : *Des vendeurs seulement,* ou bien : *Des vendeurs et de M...,* ou bien : *Des vendeurs et des anciens propriétaires dénommés en l'établissement de la propriété.*

(4) A supprimer, s'il y a lieu.

7. — État après purge légale.

Le soussigné requiert M. le conservateur des hypothèques à..., de lui délivrer l'état des inscriptions d'hypothèques légales prises en son bureau, depuis le..., date de la transcription opérée au vol..., sous le n°.., d'un contrat de vente par M. Charles Martin à M. Jules Adam, en ce qui concerne l'immeuble vendu, et du chef tant du vendeur que des précédents propriétaires (*ou*, mais seulement du chef de MM...).

A..., le...

(*Signature.*)

III. RÉQUISITION DE CERTIFICAT DE RENOUVELLEMENT

Le soussigné requiert M. le conservateur des hypothèques à..., de lui délivrer un certificat constatant le renouvellement ou le non renouvellement d'une inscription prise en son bureau, le..., vol.., n°..., au profit de M. Paul Maire, propriétaire, demeurant à..., contre M. Martin (Emmanuel), négociant, demeurant à...

A..., le...

(*Signature.*)

IV. RÉQUISITION DE COPIE D'INSCRIPTION OU DE TRANSCRIPTION

Le soussigné requiert M. le conservateur des hypothèques à..., de lui délivrer la copie d'une inscription prise en son bureau, le..., vol..., n°..., au profit de M. Georges Maire contre M. Charles Raimond (*ou* d'une transcription opérée en son bureau le..., vol..., n°..., d'un contrat de vente, par M. Charles Raimond à M. Georges Maire).

A..., le...

(*Signature.*)

RÉSILIATION

1. — C'est l'acte par lequel les parties qui avaient fait une convention, *consentent* à la détruire pour qu'elle ne produise aucun effet ; on l'appelle aussi *rétrocession*. Lorsque la résiliation est *forcée*, on la désigne plus généralement sous le nom de *résolution*.

2. — Une résiliation peut être consentie pour quelque cause que ce soit; il suffit qu'il ne convienne plus aux parties d'exécuter la convention qu'elles ont faite.

3. — Tout acte, en principe, peut être résilié, si toutes les parties y consentent (art. 1134, C. civ.).

Nous avons indiqué au mot BAIL, *suprà*, t. I, n°s 82 et suiv., les causes qui donnent lieu à la résiliation forcée ou à la résolution des baux. Cette résiliation peut aussi être ou la conséquence d'une stipulation du contrat, ou l'effet d'un changement de volonté postérieur des parties. Quand la résiliation est volontaire, et faite dans l'intérêt d'une seule partie, l'usage est qu'une indemnité soit payée par celui qui est intéressé à la résiliation. Cette indemnité est d'ordinaire fixée au tiers du prix du bail, s'il s'agit des biens ruraux.

4. Formes. Formalités. — La résiliation participe de la nature du contrat que les parties veulent résilier. Aussi doit-elle s'opérer dans les mêmes formes que celles qui ont donné naissance au contrat primitif. Les contrats qui se forment par le simple consentement, peuvent être résiliés par le simple consentement.

Ceux à qui la forme authentique seule donne l'existence et la force, comme les donations entre-vifs, les affectations hypothécaires, doivent être résiliées dans cette même forme (1).

En ce qui concerne le contrat de mariage, il ne peut être résilié qu'avant le mariage et dans les formes prescrites par l'article 1396 du Code civil. Après le mariage, les conventions matrimoniales ne peuvent être ni détruites ni modifiées (V. *suprà*, v° CONTRAT DE MARIAGE, n°ˢ 214 et suiv.).

5. — Transcription. — L'acte de résiliation d'un contrat portant transmission de propriété immobilière ou de droits réels, doit toujours être transcrit, lorsque la résiliation n'a pas d'autre cause que la volonté des parties.

6. — Capacité. — La résiliation constitue une nouvelle convention ; et c'est la différence qui existe entre elle et la résolution prononcée en justice, laquelle anéantit le premier contrat, comme s'il n'avait jamais existé. Aussi ceux-là seuls peuvent consentir la résiliation, qui seraient capables de concourir au contrat primitif (2).

La résiliation ne peut avoir lieu qu'avec le consentement de toutes les personnes qui ont été parties à l'acte résilié (art. 1134, C. civ.).

7. — Effets. — La résiliation a pour effet d'anéantir la convention primitive ; mais cet effet ne se produit d'une façon absolue qu'entre les parties, et la résiliation ne pourrait en aucune façon nuire aux tiers et entraîner, par exemple, l'extinction d'hypothèques, servitudes ou autres droits concédés sur les biens, objet de la résiliation.

Ainsi, en ce qui concerne la vente, la résiliation n'a point pour effet de remettre les choses absolument dans l'état où elles se trouvaient avant la vente ; elle ne peut porter préjudice aux droits acquis à des tiers, par la raison qu'elle opère une véritable mutation. Ainsi, elle ne fait pas rentrer l'immeuble propre au vendeur, cet immeuble devient acquêt ; peu importe que la résiliation ait lieu dans les vingt-quatre heures. Cette dernière circonstance n'est à considérer que par rapport au droit d'enregistrement. Il est donc indispensable de remplir les formalités nécessaires pour purger les hypothèques de toute nature qui auraient pu grever l'immeuble dans l'intervalle de la vente à la résiliation.

8. — Honoraires. — Les actes de résiliation faits dans les vingt-quatre heures de la convention primitive sont tarifés, dans la majorité des usages, au droit fixe de 6 à 10 francs.

Les résiliations d'actes translatifs de propriété, après vingt-quatre heures, sont rétribuées par un droit proportionnel fixé d'ordinaire à la moitié du droit perçu sur l'acte résilié (3).

9. — Enregistrement. — Les résiliements purs et simples de tous actes faits par actes authentiques, dans les vingt-quatre heures des actes résiliés, sont actuellement assujettis au droit fixe de 3 francs (4).

Après vingt-quatre heures, le droit proportionnel est perçu comme sur la convention primitive (5).

Toutefois, en ce qui concerne les contrats de mariage, la résiliation pure et simple, qu'elle ait été passée dans les vingt-quatre heures du contrat, ou postérieurement à ce délai, n'est passible que du droit fixe de 3 francs (6), et la resti-

(1) Dict. du not., v° *Résiliation*, n°ˢ 2 et suiv.
(2) Dict. du not., v° *Résiliation*, n° 1.
(3) V. Amiaud, *Tarif général*, t. II, p. 101 à 108.
(4) L. 28 février 1872 (art. 4).
(5) Cass., 7 février 1854 ; Riom, 11 décembre 1865 ;

Bergerac, 19 février 1868 (*Rev. not.*, n° 2315 ; Dict. du not., v° *Résiliation*, n°ˢ 13 et suiv. ; Ed. Clerc, n°ˢ 1925 et suiv. ; Garnier, v° *Résolution*, n°ˢ 1147 et suiv.
(6) L. 18 mai 1850, art. 8 ; 22 février 1872, art. 4.

tution de la dot n'étant que la conséquence du résiliement, n'entraîne pas la perception du droit de quittance.

En ce qui concerne les baux, d'après l'économie de la loi nouvelle sur l'enregistrement des baux écrits et des locations verbales, la résiliation a pour effet de faire cesser l'obligation de payer les droits applicables à ces baux ; et cette résiliation doit être déclarée uniquement pour prévenir toute poursuite de la Régie à fin de paiement des droits d'enregistrement applicables aux termes des baux qui continuent de recevoir leur exécution (art. 11, 2° et 9° alinéas, de la loi du 23 août 1871). — La résiliation ne donne pas elle-même ouverture au droit proportionnel de 20 cent. par 100 francs. On doit en conclure que lorsque l'acte qui contient cette résiliation est présenté à l'enregistrement, il ne peut être assujetti à un droit supérieur au droit fixe de 3 francs. Mais, si le montant de ce droit fixe était supérieur au droit proportionnel de 20 cent. °/₀ calculé sur le prix de la location qui restait à courir, c'est ce droit proportionnel qui devrait être seul perçu. C'est ce que la Régie a décidé par une solution du 21 avril 1876 (1).

Si une indemnité de résiliation est fixée dans l'acte, le droit proportionnel est perçu, soit à 50 cent. °/₀, en cas de paiement immédiat, soit à 1 °/₀, si la somme est stipulée payable en argent à une époque déterminée (2).

La rétrocession de bail, c'est-à-dire la convention par laquelle le cessionnaire d'un bail le cède lui-même au preneur qui le lui avait cédé, est sujette au droit de 20 cent. °/₀.

FORMULES.

1. *Résiliation de bail.*	4. *Résiliation de vente pour cause d'éviction partielle.*
2. *Résiliation de contrat de mariage.*	
3. *Résiliation de vente dans les 24 heures.*	

1. — Résiliation de bail.

(V. cette formule, *suprà*, v° BAIL.)

2. — Résiliation de contrat de mariage.

(V. cette formule, *suprà*, v° CONTRAT DE MARIAGE.)

3. — Résiliation de vente dans les vingt-quatre heures.

Et le...
Pardevant.., etc.
     Ont comparu :
     M. Arthur Legros, propriétaire, demeurant à...,
     Et M. Pierre Berthaut, propriétaire, demeurant à...
     Lesquels ont, par ces présentes, consenti la résiliation pure et simple d'un contrat passé *aujourd'hui*, devant M°..., notaire à..., le..., contenant vente par M. Berthaut à M. Legros, de..., moyennant, outre les charges indiquées au contrat, la somme de... francs de prix principal, sur lesquels... ont été payés comptant aux termes dudit contrat qui en contient quittance; quant aux... de surplus, M. Berthaut s'était obligé de les payer à M. Legros aussitôt après l'accomplissement des formalités de transcription et de purge des hypothèques légales.
     Au moyen de cette résiliation, M. Legros rentre dans la propriété qu'il avait vendue, et

---

(1) Cass., 27 mai 1889 (*J. du not.*, 1889, p. 487). | (2) Seine, 16 juillet 1886 ; Sol. Rég., 29 octobre 1890

M. Berthaut se démet, en sa faveur, de tous les droits que lui conférait le contrat présentement résilié.

Et par suite de ce qui précède, M. Legros a restitué à l'instant à M. Berthaut, qui le reconnaît, la somme de ... francs que ce dernier lui avait payée à valoir sur le prix de la vente dont il s'agit.

Quant à la somme de ... qui forme le complément du prix et qui aurait été exigible le ..., M. Berthaut s'en trouve complètement déchargé.

M. Legros reconnaît que M. Berthaut lui a rendu tous les titres de propriété qu'il lui avait remis au moment de la vente.

Dont acte...

4. — Résiliation de vente pour cause d'éviction partielle.

Et le...
Pardevant..., etc.

Ont comparu :
M. Louis Adam, propriétaire, demeurant à ...;
Et M. Emile Blaise, propriétaire, demeurant à ...;

Lesquels, pour parvenir à la résiliation qui forme l'objet des présentes, ont exposé ce qui suit :

Par acte passé devant Me ..., notaire à ..., le ..., transcrit au bureau des hypothèques de ..., le ..., volume .... nº ..., M. Adam a vendu à M. Blaise une maison située à ..., qu'il a déclaré consister dans : 1º..., etc.

L'entrée en jouissance a été fixée au ...

La vente a eu lieu, moyennant, outre les charges, la somme de ..., que l'acquéreur s'est obligé de payer au vendeur le..., après l'accomplissement des formalités de transcription et de purge des hypothèques légales.

Avant le terme fixé pour le paiement du prix, M. Alfred Vincent, propriétaire de la maison même rue..., a formé une demande contre M. Blaise, tendant à obtenir le délaissement par lui de ... mètres de terrain à prendre dans celui qui forme la cour de la maison vendue.

M. Blaise, en vertu des titres énoncés dans l'établissement de la propriété de l'immeuble par lui acquis, a résisté aux prétentions de M. Vincent, et a appelé M. Adam en garantie pour raison de l'éviction dont il était menacé.

Mais, aux termes d'un jugement rendu contradictoirement entre toutes les parties en cause, par le tribunal de première instance de .... en date du ..., etc., M. Vincent a été déclaré propriétaire de la portion de terrain par lui réclamée.

Dans cette situation, M. Blaise, acquéreur, pour éviter les chances d'un nouveau procès, et attendu que l'éviction qu'il a soufferte est telle qu'il n'eût point acheté la maison de M. Adam sans la partie dont il a été évincé, a proposé à ce dernier, qui a déclaré y consentir, de résilier purement et simplement la vente du ..., et de lui restituer ledit immeuble tel qu'il se trouve aujourd'hui par suite de l'éviction partielle qu'il a été obligé de supporter.

En conséquence, les comparants ont consenti la résiliation pleine et entière de la vente faite par M. Adam à M. Blaise, de la maison située à ..., etc. ; et au moyen de cette résiliation M. Adam rentre dans la pleine propriété de ce qui reste de l'immeuble par lui vendu, M. Blaise se démettant en sa faveur de tous les droits que lui conférait le contrat présentement résilié.

Et par suite de ce qui précède, M. Adam a restitué à M. Blaise qui le reconnaît, en bonnes espèces de monnaie, comptées et délivrées à la vue des notaires soussignés, la somme de ... francs, composée :

1º de celle de ... francs, payée par M. Blaise pour les droits d'enregistrement, de timbre, et les honoraires de Me ..., notaire, qui a reçu le contrat de vente, ci.

2º De celle de ..., francs payée à Me ..., avoué à ..., pour les frais de la purge des hypothèques légales, ci. . . . .

	» fr. »
	» »
Somme égale. . . .	» fr. »

Au moyen de cette résiliation, M. Adam décharge M. Blaise de la somme de ..., qui avait été fixée pour le prix de l'immeuble vendu, et il donne mainlevée pure et simple avec désistement de tous droits de privilège et consent à la radiation entière et définitive de l'inscription qui avait été prise d'office à son profit contre M. Blaise, le..., vol., n°...

M. Adam reconnaît que M. Blaise lui a restitué les titres, etc.

Dont acte...

RÉSOLUTION DE BAIL (V. *suprà*, v° BAIL).

RÉSOLUTION DE VENTE (V. *infrà*, v° VENTE).

RÉTABLISSEMENT DE COMMUNAUTÉ (V. *suprà*, v° CONTRAT DE MARIAGE).

RETOUR CONVENTIONNEL (V. *suprà*, v^{ts} DONATION ENTRE-VIFS et DONATION PAR CONTRAT DE MARIAGE).

RETOUR LÉGAL (V. *suprà*, v° PARTAGE (LIQUIDATION ET).

RETRAIT D'INDIVISION (V. *suprà*, v° PARTAGE (LIQUIDATION ET).

RETRAIT DE DROITS LITIGIEUX (V. *infrà*, v° TRANSPORT DE DROITS LITIGIEUX).

RETRAIT SUCCESSORAL (V. *infrà*, v^{is} TRANSPORT DE DROITS SUCCESSIFS et PARTAGE (LIQUIDATION ET).

RÉTROCESSION

C'est l'acte par lequel on cède volontairement une chose à celui de qui on la tient ; le preneur à titre de bail, locataire ou fermier, fait une rétrocession, lorsqu'il remet les biens au bailleur pour être déchargé du prix du loyer ou de la ferme. Un acquéreur fait une rétrocession lorsqu'il rend les biens acquis au vendeur qui les accepte.

La rétrocession n'est, à proprement parler qu'une transmission nouvelle des droits et biens qui avaient fait l'objet du contrat primitif. Aussi existe-t-il la plus grande analogie entre ce contrat et la résiliation avec laquelle elle se confond le plus souvent, au point de vue du droit civil.

RÉVOCATION

1. — C'est l'acte par lequel on détruit juridiquement, en tout ou en partie, les pouvoirs ou avantages résultant d'un autre acte.

2. — C'est le synonyme de la *résiliation ;* toutefois ce dernier terme est employé de préférence en matière de contrats onéreux, tandis que la révocation s'applique aux actes à titre gratuit. C'est ainsi qu'on dit : une *révocation* de mandat, de testament et une *résiliation* de bail, de marché, de vente, etc.

3. — Nous avons, dans le cours de cet ouvrage, indiqué les différents actes qui peuvent être l'objet d'une révocation et les époques auxquelles elle peut intervenir. Nous n'avons à nous en occuper ici qu'au point de vue de la forme spéciale à chacun de ces actes (V. *supra*, v^ls DONATION et PROCURATION).

4. — **Formes.** — Posons d'abord cette règle générale que l'acte révocatoire, s'il est notarié, doit être reçu avec les mêmes formalités que l'acte révoqué, quant à la présence du second notaire ou des témoins.

Cette règle ne souffre exception qu'à l'égard : 1° des donations déguisées sous la forme d'un contrat à titre onéreux (1) ; 2° du *testament public* et du *testament mystique*. Ainsi ces testaments qui se reçoivent :

> *a)* Le testament public en la présence réelle et continue de quatre témoins ou de deux notaires et de deux témoins ;
>
> *b)* Et l'acte de suscription de testament mystique en la présence réelle et continue de six ou sept témoins ;
>
> Peuvent être révoqués, l'un et l'autre, par un acte reçu en la présence réelle d'un notaire en second ou de deux témoins (2).

Si un époux voulait priver son conjoint du droit que lui confère l'article 767 du Code civil, il ne pourrait le faire, à notre avis, que dans la forme du testament. Il est, en effet, de jurisprudence que la clause d'exhérédation constitue, en réalité, une disposition de dernière volonté au profit des autres héritiers qui sont rétablis dans l'exercice de leurs droits successifs (Dict. du not., v° *Legs*, n° 18).

5. — **Notification.** — Toute révocation de mandat doit être notifiée à la personne au préjudice de laquelle elle est faite, si elle n'y a pas concouru.

Si même la procuration a été reçue en minute, comme le mandataire pourrait se faire délivrer une nouvelle expédition, il est également prudent, si la révocation n'a pas été reçue par le même notaire qui a fait la procuration, de la faire notifier au notaire. Celui-ci doit en faire mention sur la minute.

---

(1) Art. 21579, J. N·).
(2) L. 21 juin 1843, art. 2. — Un testament est valablement révoqué par un acte fait dans la forme | d'un testament olographe, bien que cet acte ne contienne aucune disposition (Nancy, 27 juillet 1889; Audenarde, 20 mars 1891).

6. — Capacité. — La personne qui fait une révocation doit avoir la même capacité que pour l'acte révoqué.

7. — La femme mariée n'a pas besoin de l'autorisation de son mari pour révoquer une procuration donnée à ce dernier, ou pour faire une révocation de donation entre époux ou de testament.

La personne pourvue d'un conseil judiciaire conservant la capacité de tester, a aussi celle de faire un acte de révocation de testament (1).

8. — Honoraires. — Honoraire fixe de 6 à 12 francs, pour les révocations de donations entre époux ou de testament, et 4 à 6 francs pour les autres révocations.

9. — Enregistrement. — Les actes de révocation sont actuellement soumis au droit fixe de 3 francs, aux termes de la loi du 28 février 1872 (art. 4).

Si l'acte contient révocation de plusieurs procurations données ou de plusieurs donations entre époux ou testaments spécialement désignés, il est dû autant de droits fixes que d'actes révoqués.

Les actes notariés portant révocation pure et simple de testaments (ou de donations entre époux) ne sont sujets à l'enregistrement, comme les testaments, que dans les trois mois après le décès du testateur. Ils ne sont néanmoins passibles que du droit fixe de 3 francs (2).

FORMULES.

I. RÉVOCATIONS DE DONATION.

1. *Révocation de donation par un mari.*
2. *Révocation de donation par une femme.*
3. *Révocation d'une donation non acceptée.*

II. RÉVOCATIONS DE PROCURATION.

1. *Révocation de procuration spéciale.*
2. *Révocation de procuration générale.*
3. *Révocation avec constitution d'un nouveau mandataire.*

III. RÉVOCATION DE TESTAMENT.

RÉVOCATIONS DE DONATION

1. — Révocation de donation par un mari.

Pardevant..., etc.

A comparu :

M. Charles Millot, rentier, demeurant à...

Lequel a, par ces présentes, déclaré révoquer purement et simplement la donation (3) qu'il a faite à Mme Léonie Murot, son épouse, demeurant avec lui, suivant acte passé devant M•..., notaire à... le...

Voulant que cette donation demeure sans effet et soit considérée comme nulle et non écrite.

Dont acte... (*présence réelle*).

---

(1) Paris, 24 avril 1869 (*Rev. not.*, n° 2455).
(2) Sol. Régie, 29 décembre 1879 (art. 22362, J. N.).
(3) Toute donation faite entre époux pendant le mariage, est toujours révocable même après le décès de l'époux donataire. Toulouse, 20 mai 1886 ; Aubry et Rau, § 944-26; Laurent, t. XV, n° 330; Demolombe, t. XXIII, p. 470.
La loi n'a pas indiqué de formes particulières pour cette espèce de révocation, qui peut avoir lieu soit par testament, soit par tout autre acte. — Les révocations de donations et de testaments sont rangées par la loi du 21 juin 1843 dans la classe des actes pour lesquels la présence d'un notaire en second ou des témoins est exigée lors de la lecture de l'acte et de la signature par les parties.

2. — Révocation de donation par une femme.

Pardevant..., etc.

A comparu :

Mme Léonie Murot, épouse de M. Charles Millot, avec lequel elle demeure à...

Laquelle a, par ces présentes, révoqué la donation qu'elle a faite à M. Millot, son mari, suivant acte passé, etc. — (V. *la formule précédente.*)

3. — Révocation d'une donation non acceptée.

Pardevant. ., etc.

A comparu :

M. Charles Millot, rentier, demeurant à...,

Lequel a, par ces présentes, déclaré révoquer expressément la donation, non encore acceptée, qu'il avait faite à M. Paul Miot, son neveu, négociant, demeurant à..., suivant acte reçu par M^•..., notaire à..., le...

En conséquence, cette donation ne produira aucun effet : et mention de la présente révocation sera faite en marge de la donation révoquée.

Dont acte... (*présence réelle*).

II. RÉVOCATIONS DE PROCURATION

1. — Révocation de procuration spéciale.

Pardevant..., etc.

A comparu :

M. Alfred Pichart, propriétaire, demeurant à...

Lequel a, par ces présentes, révoqué la procuration qu'il a donnée à M. Léon Véry, agent d'affaires, demeurant à..., suivant acte reçu en brevet (*ou* en minute) par M^•..., etc., à l'effet de... etc.

Entendant que le sieur Véry ne puisse plus faire aucun acte ni aucune démarche pour le comparant, et que tous les actes qu'il pourrait faire, à dater du jour de la signification de la présente révocation, soient nuls et ne puissent produire aucun effet.

Pour faire signifier ces présentes à qui besoin sera, tout pouvoir est donné au porteur d'une expédition.

Dont acte...

2. — Révocation de procuration générale.

Pardevant..., etc.

A comparu :

M. Emile Lelong, rentier, demeurant à...

Lequel a, par ces présentes, révoqué tous les pouvoirs qu'il peut avoir donnés à M. Jules Grandjean, négociant, demeurant à..., dans telle forme et de quelque manière que ce soit, sans aucune exception.

Entendant que M. Grandjean ne puisse toucher aucune somme pour lui ni s'immiscer en aucune manière à l'avenir dans ses affaires pour quelque cause que ce soit, et que tous les actes qu'il pourrait faire en vertu des pouvoirs qu'il lui a conférés, à compter du jour de la signification des présentes, soient considérés comme nuls et ne puissent produire aucun effet.

Pour faire signifier ces présentes à qui besoin sera, tout pouvoir est donné au porteur d'une expédition.

Dont acte...

3. — Révocation avec constitution d'un nouveau mandataire.

Pardevant..., etc.
    A comparu :
    M. Louis Dunand, propriétaire, demeurant à...
    Lequel, en révoquant la procuration qu'il a précédemment donnée à M. Charles Lambert, rentier, demeurant à..., par acte passé devant M⁰..., etc., et dont ce dernier ne pourra plus faire usage à compter du jour de la signification de la présente révocation, à peine de nullité des actes qui seraient faits postérieurement et de tous dommages-intérêts, s'il y a lieu.
    A, par ces présentes, constitué pour son mandataire M..., etc.

III. RÉVOCATION DE TESTAMENT

Pardevant..., etc.
    A comparu :
    M. Léon Vincent, rentier, demeurant à..
    Lequel a, par ces présentes, révoqué le testament qu'il a fait devant M⁰... et M⁰...,
notaires à..., en présence de deux témoins, le...
    Entendant que ce testament soit nul et de nul effet, et considéré comme non écrit.
        Dont acte... *(présence réelle.)*

SECONDE GROSSE (V. *suprà,* v⁰ GROSSE).

SÉPARATION DE CORPS (DIVORCE ET)

Sommaire :

§ 1. Du divorce.
        Art. 1ᵉʳ.— Généralités. Notions historiques.
        Art. 2. — Causes du divorce.
        Art. 3. — Des personnes qui peuvent former une demande en divorce
                    et des fins de non-recevoir qui peuvent y être opposées.
        Art. 4. — Procédure du divorce.
        Art. 5. — Effets du divorce.
§ 2. De la séparation de corps.
        Art. 1ᵉʳ.— Causes de la séparation. Qui peut la demander. Procédure.
        Art. 2. — Effets de la séparation de corps.
        Art. 3. — Séparation de biens.
§ 3. Formules.

§ 1ᵉʳ. Du DIVORCE.

Art. 1ᵉʳ. — *Généralités. Notions historiques.*

1. — Le mariage est, en principe, indissoluble ; il est contracté dans un esprit de *perpétuité.* Le vœu de la perpétuité, disait Portalis, est le vœu même de la nature (1). Mais est-ce à dire que l'indissolubilité du mariage soit une règle

---

(1) Locré, t. 1, p. 168.

absolue qui ne puisse jamais être modifiée ? Ce système, disait le Premier Consul lors de la discussion du Code civil (1) est démenti par les exemples de tous les siècles. L'identité de l'homme et de la femme unis par le mariage est un idéal ; mais que de fois cet idéal est une fiction, pour mieux dire, une déception amère ! La loi doit-elle maintenir l'indissolubilité, alors que le principe sur lequel elle repose est en opposition avec la triste réalité ? Aucun législateur, aucune religion ne l'a fait. Le catholicisme maintient, en apparence, avec une rigueur de fer, l'indissolubilité qui, pour lui, est un dogme, mais ce n'est qu'en apparence. Il prononce, pour des causes diverses, la nullité du mariage, et a introduit la séparation de corps. Or, cette institution modifie le mariage, puisqu'elle en fait cesser l'effet principal, la vie commune. Ne faut-il pas aller plus loin et permettre aux époux de rompre une union qui n'est qu'un semblant de mariage ?

C'est ce que le législateur a fait par les articles 229 et suivants du Code civil, modifiés par les lois récentes des 27 juillet 1884 et 18 avril 1886. Il a institué le *Divorce*, qui est, avec la mort naturelle, la seule cause de dissolution du mariage ; et (pour ceux qui ne croient pas que leur religion les autorise à demander le divorce), la *séparation de corps*, qui relâche seulement le lien matrimonial, en faisant cesser la vie commune devenue insupportable.

2. — Notions historiques. — Le divorce fut introduit en France par la loi du 20 septembre 1792 qui, dans son œuvre de réaction contre les principes de l'ancien régime, accorda aux époux des facilités excessives, ne se contenta pas de permettre le divorce pour causes déterminées et même par consentement mutuel, mais autorisa encore la rupture du lien conjugal par la volonté d'un seul des conjoints sur le simple motif d'une incompatibilité de caractère.

Les abus qui devaient résulter fatalement d'une pareille législation furent encore aggravés par les décrets des 8 nivôse et 4 floréal an II, qui permirent le divorce à tout époux justifiant, par un acte de notoriété, d'une séparation effective de six mois.

Les scandales devinrent tels que la Convention abrogea elle-même son œuvre, et, le 15 thermidor an III, rétablissait les prescriptions de la loi du 20 septembre 1792.

Les rédacteurs du Code civil n'hésitèrent pas à maintenir l'institution du divorce, mais rétablirent en même temps la séparation de corps; et pensant, au contraire, que le divorce n'est jamais un bien ni pour les époux, ni pour les enfants, et ne doit être que toléré dans une société, le législateur de 1804 l'entoura de garanties sérieuses et de minutieuses prescriptions.

3. — Malgré ces restrictions, le divorce fut aboli par la Restauration, le 8 mai 1814. Sous la monarchie de 1830, la Chambre des députés tenta vainement de le faire rétablir. Quatre fois reprise et adoptée, de 1831 à 1834, la proposition échoua toujours devant la Chambre des pairs.

M. Crémieux, ministre de la justice, essaya aussi, inutilement, en 1848, de faire adopter un projet en ce sens.

La question fut reprise en 1876, en 1878 et en 1881 par M. Naquet, député, et c'est à ses convictions persistantes qu'est due l'adoption de la loi du 27 juillet 1884.

4. — Nous n'avons pas à discuter ici le principe du divorce au point de vue philosophique et social; nous nous bornerons à constater qu'il existe chez presque tous les peuples, en Belgique comme en Russie, en Angleterre comme en Autriche et en Allemagne, en Suisse comme en Hollande, en Danemark, en Suède et en Norvège, et que le législateur allemand l'a rétabli, dès 1873, en Alsace-Lorraine.

(1) Séance du Conseil d'Etat du 16 vendémiaire an X ; Locré, t. II, p. 482.

Nous ajouterons avec un judicieux magistrat (1) : Quand les promesses réciproques de fidélité, de secours, d'assistance, qui formaient l'essence du mariage ont été méconnues par l'un des époux ; quand la femme, au lieu de la protection promise, n'a rencontré que l'outrage et l'abandon ; que le mari qui avait droit à l'obéissance, s'est trouvé en face de la révolte ; quand l'affection et le respect qui donnent au mariage sa dignité, son charme et sa force, se sont éteints dans le cœur des époux et ont fait place au mépris et à la haine ; quand les choses en sont arrivées à ce point que la morale, la justice, la sécurité dues aux personnes, exigent la cessation de la vie commune, il ne subsiste plus rien de l'union conjugale, la séparation de corps n'est plus qu'une pure fiction légale, et le divorce est nécessaire !

ART. 2. — *Causes du divorce.*

5. — La loi du 27 juillet 1884 n'a pas admis que le divorce pût avoir lieu par la volonté d'un seul des conjoints, ni même par leur consentement mutuel, comme le permettait le Code civil (art. 233 ancien).

Ni la démence, ni la fureur, ni les infirmités ou la maladie, ni l'absence et l'abandon ne peuvent plus motiver une demande en divorce.

Actuellement, les causes du divorce sont au nombre de quatre seulement :

    a) L'adultère de la femme ou du mari ;

    b) Les excès, sévices ou injures graves ;

    c) La condamnation de l'un des époux à une peine afflictive et infamante ;

    d) La séparation de corps antérieurement prononcée.

Nous allons passer en revue ces diverses causes :

6. — Adultère. — La loi ne fait aucune distinction entre le mari et la femme : Le mari, dit l'article 229, pourra demander le divorce pour cause d'adultère de sa femme. — La femme, dit l'article 230, pourra demander le divorce pour cause d'adultère de son mari.

Cette égalité entre les époux, qui est une innovation de la loi de 1884, est fort juste, puisqu'aux termes de l'article 212, les époux se doivent mutuellement fidélité.

Et les tribunaux n'ont ni à rechercher ni à apprécier les circonstances dans lesquelles cet adultère a eu lieu ; dès qu'il est prouvé, le divorce doit être prononcé (2).

L'adultère doit avoir été consommé, ce qu'il y a lieu d'établir au moyen de l'un des modes de preuves établis par la loi (3), et les preuves restent soumises à l'appréciation souveraine des tribunaux.

Cette preuve peut être faite à l'aide des lettres adressées par l'un des époux à son complice, soit qu'elles soient tombées par hasard entre les mains du mari (4), soit que le mari les ait achetées à prix d'argent (5).

Elle peut résulter de la communication du mal vénérien (6).

En tout cas, il n'est pas nécessaire que l'adultère ait été constaté *de visu* ; il suffit que, par témoins, par écrit, ou même par de simples présomptions, les juges aient acquis la conviction que la foi conjugale a été violée (7).

En ce qui concerne le mari, il n'est plus nécessaire qu'il ait tenu sa concubine dans la maison conjugale, comme l'exigeait l'ancien texte de l'article 220 du Code civil.

---

(1) Curet, *Code du divorce*, p. 9.
(2) Nancy, 12 novembre 1884 ; Carpentier, n° 9.
(3) Riom, 9 novembre 1810 ; Colmar, 20 juin 1812 ; Cass., 18 janvier 1881.
(4) Besançon, 20 février 1860.
(5) Cass., 9 juin 1883. — Comp. Cass., 11 juin 1888.

(6) Aubry et Rau, p. 176.
(7) Cass. belge, 29 décembre 1881 ; Aix, 21 mai 1885 ; Cass., 13 novembre 1889 ; Orthez, 11 juin 1890 (*J. du not.*, 1891, p. 316) ; Aubry et Rau, t. V, § 491 ; Laurent, t. III, n° 285 ; Baudry-Lacantinerie, n° 20 ; Carpentier, n° 14.

7. — Excès, sévices, injures graves. — D'après l'article 231, les époux peuvent réciproquement demander le divorce pour excès, sévices ou injures graves de l'un d'eux envers l'autre.

Il faut entendre par *excès* les actes violents par lesquels l'un des époux aurait compromis la santé ou la vie de l'autre (1).

Il y aurait excès dans le fait, par le mari, d'exercer des violences sur sa femme enceinte (2).

Les *sévices* (*sœvitia*) sont des actes de cruauté qui, sans aller jusqu'à mettre la vie en danger, rendent l'existence insupportable : les mauvais traitements, les coups et blessures (3). Ils doivent être habituels et de nature à rendre la vie commune insupportable.

Il ne suffirait point d'un seul fait constaté pour autoriser la demande en divorce (4).

L'*injure grave*, c'est l'outrage par paroles ou par écrit. Il appartient aux juges d'apprécier, dans chaque cas, si l'injure a le caractère de gravité exigé par la loi. Pour cela, ils auront à tenir compte des circonstances de chaque affaire, de la publicité de l'injure ; ils prendront aussi, dans une certaine mesure (5), en considération la condition sociale des époux (6).

L'injure peut résulter non seulement de paroles, d'écrits et lettres missives, mais encore de faits mêmes dénotant de la part de l'époux un mépris certain pour son conjoint, par exemple : le refus du rapprochement sexuel (7) ; mais non l'impuissance du mari (8).

Les imprudences de conduite de la part de la femme, lorsqu'elles sont notoires et assez caractérisées pour compromettre l'honneur de la femme et du mari (9).

L'abandon du domicile conjugal et le refus de cohabitation (10).

Le fait, par le mari, d'avoir communiqué à sa femme une maladie vénérienne (11).

Une condamnation correctionnelle pour outrage public à la pudeur ou excitation de mineurs à la débauche (12) ; ou pour vol ou escroquerie (13) ; ou pour abus de confiance (14).

Le refus du mari de recevoir sa femme (15).

Les habitudes notoires d'ivrognerie de l'un des époux (16).

La vie scandaleuse du mari, l'annonce publiée dans un journal par le mari prévenant qu'il ne paiera pas les dettes de sa femme (17).

— Mais ne devrait pas être considéré comme injure grave :

Le refus par l'un des époux de procéder au mariage religieux (18).

Ou de faire baptiser un enfant (19).

---

(1) Aubry et Rau, t. V, § 491-8 ; Demolombe, t. IV, n° 383 ; Laurent, t. III, n°ˢ 186-187 ; Curet, n° 12.

(2) Rouen, 30 messidor an III.

(3) Seine, 16 janvier 1888.

(4) Besançon, 1ᵉʳ juin 1811 ; Paris, 27 mars 1813 ; Gand, 19 février 1873. — *Sic* : Carpentier, n° 36. — *Contrà* : Besançon, 9 avril 1808.

(5) Nous disons « dans une certaine mesure », car, comme dit Laurent, d'après Vauvenargues, *il y a de la canaille en gants jaunes*, et il y a aussi, dans le peuple, des cœurs haut placés, qui ont l'épiderme sensible. Ce n'est pas la position sociale que le juge doit prendre en considération, mais l'éducation, les habitudes et les sentiments des parties en cause.

(6) Aubry et Rau, n° 177 ; Demolombe, n° 385 ; Laurent, n°ˢ 193-194.

(7) Paris, 19 mai 1879 ; Douai, 29 avrⁱˡ 1884 ; Dunkerque, 27 novembre 1884 (S. 1884-2-92 ; 1885-2-23) ; Tours, 8 février 1885 ; Seine, 27 juillet 1888.

(8) Seine, 27 décembre 1886. Ou la dissimulation, jusqu'au jour du mariage, de crises d'épilepsie (Seine, 27 juillet 1888).

(9) Auxerre, 8 mai 1881. La naissance d'un enfant conçu avant le mariage (Dijon, 28 juillet 1891).

(10) Dijon, 30 juillet 1868 ; Cass., 8 janvier 1872 ; Paris, 21 mars 1877 ; Orléans, 4 mars 1885 ; Seine, 11 mars 1886 ; Paris, 8 juillet 1886 (S. 1886-2-164), 7 avril 1887, 17 avril 1888 ; Laurent, n° 194.

(11) Bordeaux, 6 juin 1839 ; Rouen, 30 décembre 1840 ; Rennes, 14 juillet 1866 ; Toulouse, 10 mars 1891 ; Demolombe, n° 389.

(12) Caen, 23 février 1857.

(13) Toulouse, 5 juillet 1886 ; Cambrai, 16 juin 1887.

(14) Toulouse, 31 décembre 1888. — *Contrà :* Villefranche, 2 août 1888.

(15) Cass., 27 janvier 1874.

(16) Paris, 29 avril 1881 ; Meaux, 13 décembre 1882 ; Cass., 22 juin 1882. — *Sic* : Gand, 26 décembre 1872 ; Verviers, 14 juin 1880.

(17) Lyon, 30 juillet 1891 ; Toulouse, 10 mars 1891.

(18) Laurent, n° 196 ; Curet, n° 26. — *Contra :* Angers, 29 janvier 1859 ; Bruxelles, 17 juillet 1889 ; Demolombe, n° 390.

(19) Mêmes auteurs.

Ou le fait de changer de religion (1).

8. — Condamnation à une peine afflictive ou infamante. — Le mariage crée, en effet, entre les époux, une solidarité morale qui impose à chacun d'eux l'obligation de s'abstenir d'actes coupables ou honteux.

Les peines qui sont une cause de divorce sont, d'après l'article 7 du Code pénal : la mort, — les travaux forcés à perpétuité ou à temps, — la déportation, — la détention, — la réclusion..

Mais pour qu'il y ait lieu à divorce, il est nécessaire :

Que la condamnation ait été prononcée et qu'elle soit devenue définitive. Une simple poursuite criminelle serait donc insuffisante (2).

9. — Séparation de corps antérieurement prononcée. — Lorsque la séparation de corps aura duré trois ans, dit l'article 310 du Code civil, le jugement *pourra* être converti en jugement de divorce, sur la demande formée par l'un des époux, même par celui contre lequel la séparation a été prononcée (3).

Pour qu'il puisse y avoir lieu à conversion, il faut :

a) Que le jugement de séparation soit devenu définitif, c'est-à-dire ne puisse plus être réformé soit par suite d'appel, soit par la voie de l'opposition ;

b) Qu'il soit devenu définitif depuis trois ans (4).

Et les tribunaux conservent encore un droit d'appréciation qui leur permet d'admettre ou de rejeter la demande (5), suivant qu'il existera ou non un espoir de réconciliation, par exemple (6) ;

Ou suivant que le but poursuivi sera plus ou moins admissible (7).

ART. 3. — *Des personnes qui peuvent former une demande en divorce. Fins de non-recevoir qui peuvent y être opposées.*

10. — Le droit de demander le divorce appartient aux deux époux ; il en est ainsi de la demande en conversion du jugement de séparation de corps, qui peut être introduite aussi bien par l'époux qui a obtenu la séparation que par celui contre lequel elle a été prononcée (art. 310).

11. — Créanciers. — Mais le droit de demander le divorce n'appartient qu'aux époux ; cette action est essentiellement personnelle.

Il en résulte que les créanciers des époux ne pourraient ni l'intenter ni y intervenir (8).

12. — Tuteur. — Le tuteur pourrait-il demander le divorce au nom de l'époux interdit ? Oui, s'il s'agit d'un *interdit légal*, puisque la loi a pris soin de l'y autoriser elle-même (art. 234, § 3), pourvu qu'il ait le consentement de l'interdit (9).

Non, s'il s'agit d'un interdit judiciairement. La loi du 18 avril 1886 ne permet, en ce cas, qu'une demande en séparation de corps (art. 307, § 2).

13. — Héritiers. — La mort dissolvant l'union conjugale, il est évident que l'action en divorce ne saurait être intentée ni contre les héritiers ni par les héritiers de l'époux décédé.

Mais, si c'est pendant l'instance que l'un des époux vient à décéder ? La

(1) Montpellier, 4 mai 1847 ; Mont-de-Marsan, 23 janvier 1891.
(2) Limoges, 7 novembre 1884 ; Rouen, 2 février 1885.
(3) Lyon, 13 mai 1887.
(4) L. 18 avril 1886, art. 6.
(5) Besançon, 17 décembre 1884 ; Orléans, 5 mars 1885 ; Cass., 12 août 1885.

(6) Troyes, 27 août 1884 ; Macon, 27 novembre 1884 ; Seine, 8 mars 1885 ; Paris, 14 et 28 janvier 1886 ; Nantes, 22 février 1888.
(7) Seine, 13 mars 1885. — *Contrà :* Blois, 20 août 1884 ; Boulogne, 17 avril 1885.
(8) Demolombe, n° 427 ; Laurent, n° 216
(9) Paris, 7 avril 1887.

même solution doit être admise : L'action en divorce, dispose l'article 244, § 3, s'éteint par le décès de l'un des époux survenu avant que le jugement soit devenu irrévocable par la transcription sur les registres de l'état-civil.

14. — Réconciliation. — Toute demande en divorce peut être repoussée par une fin de non-recevoir tirée de la réconciliation des époux (art. 244, § 1 et 2), survenue soit depuis les faits allégués dans la demande, soit depuis cette demande.

15. — Elle peut être *expresse* ou *tacite*, c'est-à-dire résulter de faits qui impliquent de la part du demandeur l'intention de renoncer au droit d'obtenir le divorce.

La preuve de ces faits, qui est à la charge du défendeur, peut se faire par titre comme par témoins. Mais le fait seul de la cohabitation postérieure à l'offense ne serait pas une preuve complète de la réconciliation (1).

La réconciliation éteint l'action en divorce; mais le demandeur pourra intenter une nouvelle demande si de nouveaux faits découverts depuis la réconciliation l'autorisent à reprendre l'action. Dans ce cas, il peut se prévaloir des anciennes causes à l'appui de la nouvelle demande.

Mais l'époux défendeur ne saurait repousser la demande en divorce par le motif que son conjoint serait lui-même coupable de faits qui formeraient contre lui une cause de divorce. La réciprocité des torts n'a d'autre effet que d'autoriser deux actions respectives (2).

ART. 4. — Procédure du divorce.

16. — Cette procédure a pour trait distinctif la *comparution personnelle* exigée du demandeur.

17. — Tribunal compétent. — Le tribunal compétent est le tribunal civil du domicile des époux. — Si les faits allégués donnent lieu à une poursuite pénale, l'action en divorce sera suspendue jusqu'après la décision de la juridiction répressive. Cette décision ne pourra être invoquée ensuite devant le tribunal civil.

18. — Mesures provisoires. — Elles sont de trois sortes :

Quant aux époux, le demandeur obtient du tribunal l'autorisation de prendre un domicile séparé. L'époux qui n'a pas de revenus propres demande une pension provisoire, tant pour vivre que pour subvenir aux frais de procédure. Si la femme ne justifie pas de sa résidence au lieu désigné, le mari peut refuser le paiement de la pension.

Quant aux biens, la femme citée à comparaître en conciliation a droit de faire apposer les scellés sur les meubles de la communauté. — Le mari ne peut disposer des biens communs en fraude des droits de la femme.

Quant aux enfants, ils sont confiés au mari, si le tribunal n'en ordonne autrement.

19. — Procédure spéciale. — Et d'abord la requête en divorce doit être remise au président du tribunal, par le demandeur lui-même, avec le détail des faits et les pièces à l'appui (art. 234, § 11).

Si l'époux demandeur est empêché, le président, accompagné du greffier, se transporte à son domicile pour y recevoir la demande.

Sur la présentation de la requête, le président fait à l'époux demandeur les observations qu'il juge convenable; s'il ne réussit pas à le détourner de sa demande, il ordonne, au bas de la requête, que les parties comparaîtront devant

---

(1) Aubry et Rau, p. 184; Demolombe, n° 410; Laurent, n° 24.

(2) Aubry et Rau, p. 187; Demolombe, n° 416; Laurent, n° 213.

lui, au jour et à l'heure qu'il indique, et commet un huissier pour notifier la citation (art. 235).

La copie de la citation doit être remise sous *pli fermé* (art. 237).

Vient alors la *tentative de conciliation* par le juge, les parties comparaissant en personne. Si le président ne parvient pas à concilier les parties, il autorise le défendeur à assigner devant le tribunal, ou il peut suspendre la permission, pendant vingt jours au plus.

Les parties comparaissent devant le tribunal, qui peut ordonner le huis clos.

20. — Jugement sur la demande. — Devant le tribunal a lieu l'examen préalable des fins de non-recevoir que le défendeur a pu invoquer. Trois hypothèses sont possibles :

a) Le tribunal admet les fins de non-recevoir. — La demande est rejetée ;

b) Le tribunal rejette les fins de non-recevoir (ou il n'en a pas été proposé) ; les faits allégués par le demandeur sont justifiés. — Le tribunal admet le divorce ;

c) Le tribunal rejette les fins de non-recevoir ; les faits ne sont pas justifiés, mais sont admissibles. — Le tribunal ordonne une enquête, qui est soumise aux règles spéciales suivantes :

L'enquête est faite par le tribunal, conformément aux dispositions des articles 252 et suivants du Code de procédure civile.

Ni les parents ni les domestiques ne peuvent être reprochés comme témoins ; leur témoignage est souvent la seule preuve possible. On n'écarte que les enfants des parties (1).

Les enquêtes terminées, et sur les conclusions du ministère public, le tribunal admet ou rejette le divorce.

Dans les deux mois à partir du jour où la décision est devenue définitive, signification en est faite à l'officier de l'état-civil, qui la transcrit sur les registres de l'état-civil du lieu où le mariage a été célébré (art. 251-252).

A défaut par les parties de requérir dans le délai de deux mois la transcription du jugement, et sauf le cas de force majeure, il y a présomption de réconciliation ; par suite, le jugement est nul de plein droit, et une nouvelle instance serait irrecevable pour les mêmes faits (2).

Le divorce demandé pour *condamnation à une peine afflictive et infamante*, à la différence des autres demandes, est admis sur le seul vu d'une expédition de la décision portant condamnation, et d'un certificat du greffier constatant que les voies ordinaires de recours sont fermées.

La transcription doit être requise par la partie qui a obtenu le divorce ; la nullité serait encourue si la transcription était requise, avant le premier mois écoulé, par l'époux contre lequel le divorce a été prononcé.

C'est une formalité essentielle qui marque le moment précis où s'accomplit définitivement la dissolution du mariage (3).

L'avoué, pour requérir la transcription, doit, à peine de nullité, être muni d'un mandat spécial de la partie qui a le droit de faire accomplir cette formalité (4).

Si l'époux, au profit duquel le divorce a été prononcé, vient à mourir avant la transcription du jugement, le divorce est considéré comme non avenu, et l'on ne peut qualifier l'époux de divorcé (5).

21. — Mesures conservatoires. — La femme, commune en biens, demanderesse ou défenderesse en divorce, peut, en tout état de cause, à partir

---

(1) Riom, 11 juillet 1887 ; Poitiers, 18 juin 1890.
(2) Saint-Etienne, 24 mars 1887 ; Paris, 80 mai 1888.

(3) Seine, 15 avril 1891 ; Brioude, 18 mars 1891 (*J. du not.*, 1891, p. 408); Cass., 18 avril 1893.
(4) Nancy, 14 janvier 1888.
(5) Grenoble, 10 septembre 1887.

de la date de l'ordonnance, requérir pour la conservation de ses droits, l'apposition des scellés sur le mobilier de la communauté. Ces scellés ne seront levés qu'en faisant inventaire avec prisée. L'inventaire peut être requis par l'un ou l'autre des époux ; et, en cas de désaccord, le notaire est choisi par le président du tribunal, selon l'intérêt des parties (1).

En outre de l'apposition des scellés et de l'inventaire, le tribunal peut ordonner, dans l'intérêt de la femme, telles mesures conservatoires qu'il juge utiles, par exemple : nommer un séquestre des biens propres de la femme (2), décider que le mari ne touchera pas ses capitaux (3) ; mais la femme commune en biens n'est pas recevable à demander la nomination d'un administrateur judiciaire des biens de la communauté (4).

Il a été toutefois jugé que le mari conserve l'administration de la communauté pendant le cours des instances en séparation de biens, en séparation de corps et de biens, et en divorce. Il ne peut être dépouillé de ce droit, et il n'appartient pas aux tribunaux de lui substituer un tiers comme administrateur séquestre (5).

Cependant, les tribunaux peuvent autoriser, en cours d'instance en divorce, les saisies conservatoires et la nomination d'un gardien judiciaire, si le mari ne présente pas de garantie pour la sauvegarde des intérêts de la femme (6).

ART. 5. — *Effets du divorce.*

22. — Le divorce, avons-nous dit, dissout le mariage, qui cesse dès lors d'exister, avec tous les effets qui dérivaient, soit de la loi, soit des conventions matrimoniales. Droits et devoirs d'assistance, de protection, de fidélité, droit de succession, communauté de biens, tout disparaît ; il n'y a plus ni puissance maritale, ni époux, qui deviennent des étrangers vis-à-vis l'un de l'autre. Tels sont les effets généraux du divorce, que nous allons étudier :

a) Relativement à la personne des époux ;
b) Relativement à leurs biens ;
c) Relativement aux enfants.

23. — Effets sur la personne des époux. — Par suite du divorce, les devoirs de fidélité, de protection, d'assistance, et, à plus forte raison, l'obligation de la vie commune, disparaissent.

La femme n'a plus besoin de l'autorisation maritale.

Peut-elle porter le nom de son mari ? Non, sans que le jugement qui prononce le divorce ait à statuer sur ce chef (7), la loi du 6 février 1893 (art. 2) disposant que, par l'effet du divorce, chacun des époux reprend l'usage de son nom.

Toutefois, elle peut y être autorisée par le tribunal, sur sa demande, s'il s'agit de continuer des relations commerciales, par exemple, — ou de porter un pseudonyme sous lequel elle est déjà connue (8).

— Chacun des époux peut contracter une nouvelle union. Toutefois, la femme ne peut se remarier que dix mois après que le divorce est devenu définitif ; et, au cas de divorce pour adultère, l'époux coupable ne peut se marier avec son complice (9).

Mais le mariage contracté au mépris de cette disposition est valable, et la nullité ne peut en être demandée (10).

— Les époux divorcés peuvent-ils se remarier entre eux ? Oui, en célébrant un nouveau mariage et en adoptant leur régime matrimonial primitif.

---

(1) Agen, 10 mai 1886 ; Rambouillet, 22 février 1892. — *Contrà* : Versailles, 10 mars 1875; Redon, 3 avril 1885.
(2) Bordeaux, 8 janvier 1884 ; Dijon, 2 février 1890.
(3) Dijon, 11 juin 1887.
(4) Paris, 17 janvier 1889; Cass., 26 mars 1889.
(5) Riom, 21 décembre 1891; Lyon, 25 mai 1892.
(6) Paris, 13 août 1889; *Le Droit*, 12 octobre 1889.

(7) Lyon, 4 mars 1886 ; Seine, 14 juin 1887 ; Die, 12 août 1886 ; Dijon, 27 juillet 1887 ; Nîmes, 8 août 1887 (*Rev. not.* n° 7765); Poitiers, 11 juillet 1892. — V. Dissert. (*Rev. not.*, n°° 7115-7116).
(8) Toulouse, 18 mars 1886. — Comp. Nantua, 18 février 1891 (*J. du not.*, 1891, p. 712).
(9) Paris, 2 août 1887.
(10) Lyon, 27 décembre 1888.

Mais ils ne le pourraient plus, si l'un d'eux avait contracté un nouveau mariage, suivi d'un second divorce (art. 295, C. civ.).

24. — Effets sur les biens des époux. — Le divorce, comme la mort, dissout les conventions matrimoniales ; il y a lieu de liquider la communauté ; chaque époux reprend l'administration de sa fortune.

L'effet du divorce remontant au jour de la demande (art. 252, § 5), si, durant l'instance, une succession mobilière est advenue à l'un des époux, elle ne tombe pas dans la communauté.

Le droit réciproque de succession, conféré par l'article 767 du Code civil, est éteint pour l'un et l'autre époux ; il en est de même du droit d'usufruit établi par la loi du 9 mars 1891.

L'époux contre lequel le divorce aura été prononcé perd tous les avantages que l'autre époux lui avait faits, soit par contrat de mariage, soit depuis le mariage (art. 299), par donation ou testament (1).

25. — Mais l'article 299 ne s'applique qu'aux *avantages* faits à l'époux en cette qualité ; d'où cette double conséquence :

Que l'époux coupable conserve les droits qu'il tient de sa qualité de propriétaire ou d'associé, et, par suite, a droit à la restitution de sa dot et à sa part dans la communauté ;

Qu'il conserve aussi les libéralités qu'il aurait reçues d'un tiers, même des père et mère de son conjoint.

L'époux qui aura obtenu le divorce conserve les avantages à lui faits par l'autre époux, encore qu'ils aient été stipulés réciproques, et que la réciprocité n'ait pas lieu (art. 300) (Seine, 5 mai 1893, et Bonnet, dissert., *J. du not.*, p. 481).

Si le divorce était prononcé contre les deux époux, la revocation des avantages aurait lieu à la fois contre tous deux.

26. — L'époux qui a obtenu le divorce peut exiger de l'autre la pension alimentaire dont il a besoin, sans qu'elle puisse excéder le tiers des revenus de l'époux débiteur (art. 301).

Mais l'époux contre lequel le divorce a été prononcé n'a le droit de réclamer aucune pension de l'autre époux ; car ce n'est qu'à titre de pénalité que l'article 301 en accorde une au conjoint demandeur (2).

Lorsque le divorce a été prononcé contre les deux époux, aucun d'eux n'a le droit de réclamer de pension (3).

La pension servie par le mari à sa femme divorcée s'éteint par le second mariage de cette dernière (4).

Et il a été jugé de même que l'époux divorcé ne doit point d'aliments aux père et mère de son ex-conjoint (5).

27. — Effets sur la personne des enfants. — Les enfants, dit l'article 302, seront confiés à l'époux qui a obtenu le divorce, à moins que le tribunal, sur la demande de la famille (6), ou du ministère public, n'ordonne pour le plus grand avantage des enfants (7), que tous ou quelques-uns d'entre eux seront confiés aux soins, soit de l'autre époux, soit d'une tierce personne (art. 302).

Quelle que soit la personne à laquelle les enfants seront confiés, les père et mère conserveront respectivement le droit de surveiller l'entretien et l'éducation

---

(1) Demolombe, n° 527 *bis* ; Laurent, n° 304. Mais les *cadeaux de noce* offerts avant la célébration du mariage et qui ne sont pas mentionnés dans le contrat, ne sont pas atteints par la révocation édictée dans l'article 299. Orange, 25 novembre 1890 (*J. du not.*, 1891, p. 56).

(2) Nîmes, 19 mai 1886.

(3) Paris, 20 octobre 1886 ; Cass., 24 novembre 1886 ; Orléans, 30 mars 1887.

(4) Seine, 10 mars 1888.

(5) Cass., 13 juillet 1891 (*J. du not.*, 1891, p. 545 et 552).

(6) Par famille, il faut entendre non pas seulement le conseil de famille, mais les parents plus ou moins proches, et notamment les aïeuls ; Paris, 17 juillet 1886.

(7) Cass., 24 novembre 1886. — Les époux peuvent aussi s'entendre sur la garde des enfants.

de leurs enfants, et seront tenus d'y contribuer à proportion de leurs facultés (art. 303).

28. — Mais les mesures prescrites par le jugement de divorce, à cet égard, ont un caractère essentiellement provisoire, et si des faits nouveaux se produisent, elles peuvent être rapportées ou modifiées (1).

Le droit de demander ces modifications appartient :

Aux époux, en vertu du pouvoir de surveillance qui découle pour eux de la puissance paternelle que la loi leur a conservée (2) ;

Au conseil de famille, par application de l'article 302.

Et la demande doit être portée devant le tribunal qui a pris les mesures à modifier (3).

29. — La jouissance légale des biens des enfants n'est pas accordée à celui des père et mère contre lequel le divorce a été prononcé (art. 386).

Comme conséquence, il faut décider que l'administration de ces biens passerait à l'époux qui aurait la jouissance légale.

30. — Quant aux droits des enfants, la dissolution du mariage par le divorce ne les prive d'aucun des avantages qui leur étaient assurés par les lois ou les conventions matrimoniales de leurs père et mère; mais il n'y aura d'ouverture aux droits des enfants que de la même manière dans les mêmes circonstances où ils se seraient ouverts s'il n'y avait pas eu de divorce (art. 304).

Ainsi, les droits de succession des enfants sur les biens de leurs parents ne s'ouvriront qu'à la mort de leurs père et mère ; et si une institution contractuelle a été faite aux époux par leur contrat de mariage, les enfants, qui y sont appelés à défaut des institués (art. 1082, C. civ.) ne pourront en bénéficier qu'à la mort de l'instituant et sous la condition que leurs père et mère décèdent avant le donateur.

§ 2. DE LA SÉPARATION DE CORPS.

31. — C'est l'état des deux époux que la justice a dégagés de l'obligation de vivre en commun. A la différence du divorce, qui dissout le mariage, la séparation en relâche seulement le lien, et de tous les effets juridiques qu'il produit n'en fait cesser qu'un seul, l'habitation commune.

Nous allons étudier les causes de la séparation de corps, la procédure de la séparation et ses effets.

ART. 1ᵉʳ. — *Causes de la séparation. Qui peut la demander. Procédure.*

32. — Les causes qui motivent une demande en divorce peuvent également servir de base à une demande en séparation de corps : Dans le cas où il y a lieu à divorce, dit l'article 306 du Code civil, il sera libre aux époux de former une demande en séparation de corps.

L'adultère, les excès, sévices ou injures graves, la condamnation à une peine afflictive et infamante peuvent donc entraîner la séparation de corps. Nous ne pouvons que renvoyer au paragraphe 1ᵉʳ ci-dessus, nᵒˢ 5 et suivants.

Il a été jugé que les condamnations correctionnelles encourues durant le mariage peuvent constituer des injures graves et entraîner la séparation de corps, alors surtout qu'il s'y ajoute un abandon du domicile conjugal (4).

---

(1) Cass., 19 février 1861 ; 22 janvier 1867 ; 18 mars 1868; 24 août 1884 ; Orléans, 8 janvier 1885.

(2) Paris, 7 juillet 1883 et 15 août 1886

(3) Cass., 25 août 1884 ; Orléans, 8 janvier 1885.

(4) Toulouse, 5 juillet 1886 ; Nancy, 4 juin 1887.

Il en serait de même du refus par le mari de recevoir sa femme au domicile conjugal (1).

33. — Comme l'action en divorce, l'action en séparation de corps est essentiellement personnelle et ne peut être intentée que par les époux.

Toutefois, d'après l'article 307, le tuteur d'une personne *judiciairement* interdite peut, avec l'autorisation du conseil de famille, présenter la requête et suivre l'instance à fin de séparation. Si le tuteur de l'interdit était son conjoint lui-même, c'est au subrogé-tuteur qu'il appartiendrait d'agir (art. 420 C. civ.).

34. — Aux termes de l'article 307, la demande en séparation de corps sera *intentée, instruite et jugée* de la même manière que toute autre action civile ; néanmoins les articles 236 et 244 lui sont applicables (V. *suprà*, n°⁸ 16 et suivants).

Toutefois, la loi n'exige pas, comme en matière de divorce, que le jugement *soit transcrit* sur les registres de l'état-civil ; mais le jugement doit être rendu public ; à cet effet, un extrait de ce jugement doit être affiché sur un tableau à ce destiné et exposé pendant un an dans l'auditoire des tribunaux de première instance et de commerce du domicile du mari, et, s'il n'y a pas de tribunal de commerce dans la principale salle de la maison commune du domicile du mari ; pareil extrait doit être affiché en la Chambre des notaires et des avoués (art. 872, 880, C. pr. civ.).

35. — En aucun cas il ne peut y avoir de séparation *volontaire ;* quelquefois les époux conviennent de vivre séparés et règlent entre eux les conditions de cette séparation ; mais une pareille convention ne peut avoir légalement aucune sanction, et si l'un des époux refuse de l'exécuter, il ne saurait y être contraint (2).

Il a été jugé cependant que si la femme, ainsi séparée, n'est pas tenue de fournir à son mari une pension, elle est obligée de subvenir à ses besoins (3). De même le mari est tenu de donner des aliments à sa femme (4), et si elle est malade, de lui fournir les soins nécessaires (5).

ART. 2. — *Effets de la séparation de corps.*

36. — La séparation de corps faisant cesser la vie commune, le mari n'est plus tenu de recevoir sa femme et n'a plus le droit d'exiger qu'elle habite avec lui ; la femme cesse d'avoir pour domicile légal le domicile de son mari ; elle peut se choisir une nouvelle résidence, où bon lui semble, sauf dans le cas où la garde des enfants lui a été confiée, auquel cas, à cause du droit de surveillance du mari, elle ne pourrait s'éloigner de façon à rendre cette surveillance impossible (6).

Mais les époux continuent à se devoir fidélité et des aliments, en cas de besoin. La femme n'a plus besoin de l'autorité maritale (L. du 6 février 1893).

Le jugement qui prononce la séparation de corps ou un jugement postérieur peut interdire à la femme de porter le nom de son mari, ou l'autoriser à ne pas le porter. Dans le cas où le mari aurait joint à son nom celui de sa femme, celle-ci pourra également demander qu'il soit interdit au mari de le porter (Seine, 13 juillet 1893).

Les enfants doivent être confiés à l'époux qui a obtenu la séparation, à moins que le tribunal n'en décide autrement, dans l'intérêt des enfants (7).

---

(1) Cass., 6 novembre 1888 ; Demolombe, t. IV, n° 888 ; Laurent, n° 195. — Mais il a été jugé que le changement de religion ne saurait être considéré comme une injure grave, pouvant motiver une demande en séparation de corps. Mont-de-Marsan, 23 janvier 1891 (*J. du not.*, 1891, p. 253).

(2) Aubry et Rau, § 489, note 3 ; Laurent, t. XVII, n° 44 ; Nîmes, 9 mai 1860 ; Nancy, 22 janvier 1870 ; Cass., 27 février 1874 (S. 1874-1-214) ; Seine, 31 mars 1880 ; Cass., 14 juin 1882.

(3) Bordeaux, 11 février 1887.

(4) Seine, 13 janvier 1882.

(5) Besançon, 15 juillet 1874.

(6) Demolombe, t. II, n° 498 ; Aubry et Rau, t. V, p. 198 ; Laurent, t. III, n° 345.

(7) Aubry et Rau, § 494, note 18 ; Demolombe, n° 511 ; Laurent, n° 350 ; Cass., 22 janvier 1887, 2 décembre 1878, 24 juillet 1878 et 23 février 1881

Le père, alors même que la séparation a été prononcée contre lui, ne perd pas l'usufruit légal des biens de ses enfants (1).

37. — En ce qui concerne les intérêts pécuniaires des époux, on décide que l'époux contre lequel la séparation de corps a été prononcée, est déchu du droit de successibilité conféré par l'article 767; et que, par application de l'article 299 du Code civil, ce même époux perd les droits au préciput conventionnel (art. 1518), et tous les avantages que sont conjoint lui avait faits, soit par contrat de mariage, soit depuis le mariage (2). — Mais l'obligation alimentaire subsiste même au profit de l'époux contre lequel la séparation a été prononcée.

38. — Enfin, un des effets les plus importants de la séparation de corps, c'est de dissoudre la communauté de biens, si les époux étaient mariés sous ce régime (art. 1449), et s'ils étaient mariés sous communauté ou sous le régime dotal, de rendre la dot exigible (art. 1531 et 1563. C. civ.).

38 bis. — S'il y a cessation de la séparation de corps par la réconciliation des époux, la capacité de la femme est modifiée pour l'avenir, et réglée par les dispositions de l'article 1449. Cette modification n'est opposable aux tiers que si la reprise de la vie commune a été constatée par acte passé devant notaire avec minute, dont un extrait devra être affiché en la forme indiquée par l'article 1445, et de plus par la mention en marge : 1° de l'acte de mariage; 2° du jugement ou de l'arrêt qui a prononcé la séparation; 3° et enfin par la publication en extrait dans l'un des journaux du département recevant les publications légales (L. 6 février 1893, art. 3; Bonnet, *J. du not.*, p. 97 et 241).

Art. 3. — *Séparation de biens.*

39. — La séparation de corps emporte toujours la séparation de biens.

Il y a deux espèces de séparation de biens : celle qui est la conséquence de la séparation de corps; et celle qui est demandée par la femme, par voie d'action principale, lorsque sa dot est mise en péril par le désordre des affaires du mari. Nous allons examiner ces deux espèces de séparations dont nous avons déjà parlé, *supra*, v° PARTAGE, n°s 1544 et suivants, 2197 et suivants.

40. — **Motifs de la séparation de biens principale.** — Le péril de la dot de la femme, mise en danger par le désordre des affaires du mari, est la seule cause de séparation de biens. Par dot, il faut entendre ici les biens dont la femme a conservé la nue propriété et qu'elle doit reprendre à la dissolution de la communauté. Cette dot comprend : l'apport présent, fait par la femme au moment du mariage et l'apport futur, échu à la femme au cours du mariage. L'article 1443 n'applique le mot qu'à l'apport présent : c'est une inadvertance (3).

41. — **Qui peut demander la séparation principale ?** — La *femme* seule peut la demander.

Les créanciers de la femme ne peuvent la demander. — Ils ont seulement le droit, en cas de faillite ou de déconfiture du mari, d'exercer les droits de la femme, jusqu'à concurrence du montant de leurs créances (art. 1446, C. civ.).

42. — **Qui peut s'opposer à la séparation principale ?** — Le *mari*. Il *doit* même s'y opposer. L'aveu qu'il ferait du désordre de ses affaires serait non avenu; car les époux arriveraient par cet aveu à une séparation volontaire, que la loi interdit, de peur qu'elle ne soit convenue pour frustrer les créanciers du mari.

Les créanciers du mari. — Ils ont intérêt à l'empêcher; car elle leur enlève

(1) Aubry et Rau, p. 201; Demolombe, n° 510; Laur t, n° 352.

2 Cass., 23 mai 1845, 25 avril et 18 juin 1849; Lyon 26 janvier 1861; Paris, 20 août 1862; Chambéry. 4 mai 1872; Caen, 27 janvier 1872 et 11 février 1880 (S. 1880-2-317); Douai, 24 février 1887;

Demolombe, n° 521 et suiv. — La réconciliation survenue entre les époux ne saurait faire revivre les donations et avantages matrimoniaux stipulés (Cass., 27 décembre 1893).

(3) Orléans, 5 février 1890 (*Rev. not.*, n° 8296).

tout droit et sur les successions mobilières futures de la femme, et sur les revenus de ses propres. — Ils peuvent donc : soit intervenir dans l'instance ; soit former tierce opposition, pendant un an, contre le jugement qui aurait prononcé la séparation (art 1447, C. civ. ; art. 873, C. pr.).

43. — Procédure de la séparation principale. — Il faut distinguer les formalités *antérieures* et les formalités *postérieures* du jugement.

Formalités antérieures. — Autorisation préalable d'introduire la demande, donnée à la femme par le président du tribunal.

Publicité de la demande. — Extrait de la demande est affiché : aux greffes des tribunaux civil et de commerce du domicile du mari ; aux chambres d'avoués et de notaires de l'arrondissement. — Le même extrait est inséré dans un journal d'annonces judiciaires. — Cette publicité est destinée à prévenir les personnes intéressées à intervenir.

Il doit s'écouler un *délai d'un mois* entre la publicité et le jugement.

Formalités postérieures au jugement. Publicité du jugement. — Lecture publique de la sentence à l'audience du tribunal de commerce (lors même que le mari ne serait pas commerçant). — Extrait du jugement, affiché pendant un an, aux mêmes lieux que l'extrait de la demande. — Cette publicité est destinée : à prévenir les personnes intéressées à former tierce opposition au jugement ; à faire connaitre la modification apportée par le jugement à la capacité de la femme.

Exécution du jugement dans la quinzaine, pour prouver que la demande était sérieuse (V. *suprà*, v° PARTAGE ET LIQUIDATION, n°s 2329 et suiv.).

Constatation par acte authentique du paiement des reprises de la femme, pour prouver que la demande n'était pas faite dans le seul but de frustrer les créanciers du mari (art. 1444, C. civ.).

43. — Effets du jugement de séparation principale. — L'effet du jugement remonte au jour de la demande (art. 1445, C. civ.).

Le motif de la rétroactivité, c'est que si le jugement n'avait produit effet que du jour de la sentence, le mari aurait pu achever la ruine de la femme pendant l'instance.

Les *revenus* de la femme sont désormais à elle.

Elle contribue néanmoins aux charges communes, proportionnellement à ses facultés et à celles du mari. Le tribunal détermine la proportion (art. 1448, C. civ.).

L'*administration* de sa fortune est désormais confiée à la femme (art. 1449, C. civ.). — Quelle est l'étendue de ses pouvoirs ?

S'agit-il d'*actes conservatoires* : interruptions de prescription, inscriptions d'hypothèques ? — La femme les fait seule.

S'agit-il d'*aliénations de meubles* ? — L'article 1449 permet à la femme de les aliéner sans restriction. — La jurisprudence tend à limiter cette faculté aux aliénations qui n'ont pas assez d'importance pour dépasser les bornes d'un acte d'administration (V. les développements que nous avons donnés à la question, *suprà*, v° PARTAGE, n°s 2197 et suivants).

S'agit-il d'*aliénations d'immeubles* ? — La femme doit être autorisée du mari ou de justice.

S'agit-il d'*hypothèques* à consentir ? — La femme doit être autorisée.

S'agit-il d'*ester en justice*, même relativement à un acte d'administration ? — La femme doit aussi être autorisée.

S'agit-il de faire *emploi* ou *remploi* des capitaux de la femme ? — Celle-ci les fait seule.

Le mari est toutefois responsable du *défaut d'emploi*, dans les trois cas suivants :

a) Lorsqu'il a *autorisé* l'acte duquel proviennent les capitaux à utiliser; par exemple, s'il a autorisé l'aliénation d'un immeuble de la femme ;

b) Lorsqu'il a *concouru* à l'acte, bien qu'il eût d'abord refusé de l'autoriser (c'était inutile à dire, puisque le concours vaut autorisation) ;

c) Lorsqu'il a lui-même *touché* les capitaux.

En résumé, le mari est responsable de l'emploi toutes les fois qu'il est présumé avoir pu profiter des fonds (V. *suprà*, v° PARTAGE, n°ˢ 2215 et suiv.).

Le mari n'est jamais responsable de *l'utilité de l'emploi*. C'est à la femme de bien utiliser ses capitaux.

45. — Séparation de biens accessoire. — La séparation de biens est la conséquence forcée de la séparation de corps : l'éloignement du mari ne lui permet plus de conserver l'administration des biens de la femme ; et il ne peut plus être question de biens communs (art. 311, C. civ.).

La séparation de biens accessoire présente les caractères suivants, qui la distinguent de la séparation principale :

a) Chaque époux peut l'obtenir indirectement, puisque chacun d'eux a droit de demander la séparation de corps ;

b) Les motifs de cette séparation ne sont autres que les motifs de la séparation de corps : peu importe le péril de la dot ;

c) Les effets du jugement qui la prononce remontent au jour de la demande dans les rapports des époux entre eux ; mais vis-à-vis des tiers, les effets de la séparation ne remontent qu'au jour du jugement (V. *suprà*, v° PARTAGE, n° 1549).

§ 3. FORMULES.

V. *suprà*, v°ˢ ACTE NOTARIÉ, style des qualités des parties, formules 7 et 9 ; ACTE DE NOTORIÉTÉ, formule 1 ; CERTIFICAT DE PROPRIÉTÉ, formules 42, 43, 44 et 45 ; INVENTAIRE, formule 32 ; PARTAGE (LIQUIDATION ET), formules 37 et 38 ; et DONATION ENTRE ÉPOUX, formule de RÉVOCATION.

SÉPARATION DES PATRIMOINES (V. *suprà*, v° INSCRIPTION DE PRIVILÈGE).

SÉQUESTRE

1. — C'est le dépôt ou la remise faite d'une chose contentieuse, entre les mains d'un tiers choisi ou désigné judiciairement (art. 1955, 1956, C. civ.).

Cette expression s'emploie aussi quelquefois pour désigner la personne à laquelle la remise est faite.

2. — Il y a deux sortes de séquestres :

a) Le séquestre judiciaire ;

b) Le séquestre conventionnel.

3. — **Séquestre judiciaire.** — Le séquestre judiciaire *peut* (1) être ordonné d'office ou à la requête des parties.

---

(1) La nomination est, en effet, facultative. Cass., 28 avril 1813 ; Aubry et Rau. t. IV, § 409 ; Pont, n° 559.

La justice peut ordonner le séquestre :

    a) Des meubles saisis sur un débiteur ;

    b) D'un immeuble ou d'une chose mobilière dont la propriété ou la possession est litigieuse entre deux ou plusieurs personnes ;

    c) Des choses qu'un débiteur offre pour sa libération (art. 1961, C. civ.) ;

    d) Des biens soumis à usufruit, lorsque l'usufruitier ne trouve pas de caution (art. 602, C. civ.).

4. — L'article 1961 est-il limitatif et le séquestre ne peut-il être ordonné que dans les cas expressément prévus par la loi ? On l'a soutenu (1). Mais cette opinion n'a pas prévalu, et il a été jugé que c'est aux tribunaux qu'il appartient d'apprécier s'il y a lieu ou non d'ordonner cette mesure conservatoire, dans les divers cas où la propriété est litigieuse (2).

5. — Toutefois, au cours d'une instance en séparation ou en divorce, les juges n'auraient pas le droit de nommer un séquestre chargé d'administrer, aux lieu et place du mari, qui en est l'administrateur *légal*, les biens dépendant de la communauté. Du moins, c'est en ce sens que se prononcent la majorité des auteurs et des arrêts (3).

De même, il a été jugé que l'article 1961 n'autorise pas les tribunaux à placer sous séquestre, sur la demande d'un créancier, le patrimoine entier d'une personne tombée en état de déconfiture (4).

6. — Le président du tribunal ne peut, par ordonnance rendue sur simple requête, ordonner le séquestre d'objets litigieux (5).

Mais la nomination d'un séquestre rentre dans la compétence du juge des référés (6).

7. — L'établissement d'un gardien judiciaire produit, entre le saisissant et le gardien, des obligations réciproques ; le gardien doit apporter, pour la conservation des effets saisis, les soins d'un bon père de famille (art. 1962).

Il doit les représenter, soit à la décharge du saisissant, pour la vente, soit à la partie contre laquelle les exécutions ont été faites, en cas de mainlevée de la saisie.

8. — Mais le séquestre ayant pour but unique la conservation de la chose litigieuse, ne comporte, pour le tiers qui en est chargé, que des pouvoirs d'administration (7). A-t-il le droit de donner mainlevée de l'inscription hypothécaire garantissant une créance dont il a opéré le recouvrement ? Nous le pensons, d'accord en cela avec plusieurs auteurs (8).

Il a cependant été jugé que le séquestre d'une succession bénéficiaire n'a pas ce pouvoir, si l'ordonnance qui l'a nommé ne le lui a pas expressément conféré (9).

9. — L'obligation du saisissant consiste à payer au gardien ou séquestre le salaire fixé par la loi (10), et ce dernier a, du reste, un privilège sur la chose pour raison de ses avances.

---

(1) Troplong, n° 295.

(2) Cass., 28 avril 1813 ; Bourges, 8 mars 1822 ; Toulouse, 29 avril 1827 ; Paris, 6 et 23 janvier 1866 et 4 mai 1867 ; Nancy, 31 octobre 1885 (S. 1886-2-239) ; Dict. du not., v° *Séquestre*, n° 13 ; Aubry et Rau, p. 639 ; Pont, n° 560.

(3) Augers, 27 août 1817 ; Paris, 2 mars 1886 (S. 1886-2-161) : Aubry et Rau, t. V, p. 197 ; Laurent, t. III, n° 268 ; Carpentier, *Du divorce*, n° 261 ; Pont, *Petits contrats*, t. I, n° 560. — *Contrà* : Douai, 6 avril 1853 ; Demolombe, t. II, n° 465 ; Goirand, *Divorce*, p. 166.

(4) Cass., 17 janvier 1855 et 10 juillet 1876.

(5) Paris, 6 et 23 janvier 1866, 4 mai 1867 (S. 1867-2-189) ; Riom, 6 décembre 1878.

(6) Bordeaux, 4 avril 1855 ; Paris, 23 janvier 1866 ; Nancy, 26 février 1876 (S. 1876-1-313) ; Caen, 23 juillet 1878 ; Riom, 6 décembre 1878 ; Cass., 14 mars 1882 (S. 1882-1-349) ; Paris, 21 juin 1888 (*Rev. not.*, n° 7962).

(7) Cass., 14 novembre 1883 (S. 1885-1-423).

(8) Hervieu, *Dict. des hypoth.*, p. 614 ; Boulanger, *Rad. hypoth.*, t. I, n° 265.

(9) Lyon, 16 janvier 1879 (S. 1881-2-69

(10) *Tarif*, art. 4 5.

10. — Les frais et honoraires d'un séquestre doivent être taxés par le juge qui a statué sur le litige et non par celui qui a nommé le séquestre (1).

La quotité de la rénumération est souverainement appréciée par le juge, et il n'y a pas lieu d'appliquer, par analogie, les articles 34 et suivants du décret du 16 février 1807 (2).

11. — Le séquestre judiciaire est donné soit à une personne dont les parties intéressées sont convenues entre elles, soit à une personne nommée *d'office* par le juge. Dans l'un et l'autre cas, celui auquel cette mission a été confiée, est soumis à toutes les obligations qu'emporte le séquestre conventionnel (art. 1963).

12. — Les *notaires* sont souvent nommés séquestres des biens de communauté ou de succession ; si, en cette qualité, ils ont à effectuer le recouvrement de créances, ils ne peuvent garder entre leurs mains les sommes recouvrées, et doivent en faire le dépôt à la Caisse des dépôts et consignations (3).

13. — Séquestre conventionnel. — C'est le dépôt fait, *d'un commun accord*, par plusieurs personnes, de la chose contentieuse entre les mains d'un tiers qui s'oblige à la rendre, après la contestation terminée, à la personne qui sera jugée devoir l'obtenir (art. 1956, C. civ.) (4).

Le séquestre conventionnel est régi par les mêmes principes que le dépôt volontaire, sauf les différences suivantes :

  a) Le séquestre peut avoir pour objet un immeuble, comme une chose mobilière (art. 1959).

  b) La personne chargée du séquestre d'une chose litigieuse ne peut, si ce n'est avec le consentement de tous les intéressés au procès, se dessaisir de la chose qui en fait l'objet qu'après la décision du litige et sur jugement définitif (art. 1960). S'il payait sur un jugement exécutoire par provision et nonobstant appel, et si le jugement venait à être réformé, il serait tenu de payer une seconde fois (5).

14. — Forme. — L'acte par lequel les parties intéressées désignent un séquestre et lui confèrent ses pouvoirs, peut être fait sous signatures privées ou dans la forme authentique. S'il est dressé devant notaire, il doit être reçu en *minute* et porté au répertoire.

Il n'est soumis à aucune forme particulière ; mais on doit avoir soin, dans la rédaction de l'acte de bien indiquer la mission du séquestre, de désigner exactement les biens dont il aura l'administration, et de préciser aussi exactement que possible tous les pouvoirs qui lui sont conférés.

Il est prudent, aussi, pour éviter toute difficulté sur ce point, de stipuler le chiffre des honoraires qui lui seront dus, ou, tout au moins, d'indiquer sur quelles bases ils seront calculés.

15. — Capacité. — Le séquestre donnant naissance à des obligations réciproques, entre les parties, ne peut régulièrement intervenir qu'entre personnes capables de contracter.

16. — Honoraires. — Le séquestre conventionnel peut être gratuit ou salarié (art. 1957).

S'il est salarié, la personne chargée du séquestre a une action solidaire contre toutes les parties pour le remboursement de ses dépenses et le paiement de son salaire (6).

17. — Enregistrement. — Le droit fixe de 3 francs est seul dû au cas

(1) Angers, 12 février 1868 (S. 1871-1-228).
(2) Annecy, 20 février 1889 ; Chambéry, 15 juillet 1893 ; Lyon, 7 mai 1890 (*Bull. de la taxe*, t. X, p 112 et XI, p. 156) ; *J. du not.*, 1890, p. 520.
(3) Ordonnance du 8 juillet 1816, art. 2, n° 13 ; Montpellier, 19 juin 1827.

(4) Pont, *Petits contrats*, n° 547 ; Aubry et Rau, p. 631.
(5) Pont, n° 557 ; Troplong, n° 260 ; Cass., 25 mai 1841.
(6) Pont, n° 557 ; Aubry et Rau, § 408, note 8.

de séquestre conventionnel d'immeubles, d'objets mobiliers, ou même d'une somme d'argent entre les mains d'un officier public ou d'un particulier (1).

La décharge donnée au séquestre est également passible du droit fixe de 3 francs.

FORMULE.

Nomination de séquestre.

Pardevant..., etc.

Ont comparu :

M. Charles Lemaire, négociant, demeurant à...

Et M. Emile Martin, docteur en médecine, demeurant à...

Lesquels ont exposé ce qui suit :

(Exposer la situation qui nécessite la nomination d'un séquestre).

Ces faits exposés, les comparants déclarent choisir et nommer, d'un commun accord, M. Léon Langlois *(profession)*, demeurant à..., ici présent et qui accepte, pour administrer... *(l'objet du litige).*

A cet effet ils lui donnent les pouvoirs suivants :... (V. *suprà*, v° PROCURATION).

M. Langlois usera de ses pouvoirs jusqu'au jour où le différend qui existe en ce moment entre MM. Lemaire et Martin aura disparu.

Il devra alors rendre compte de son administration et en remettre le reliquat à qui de droit.

Il aura la faculté de prélever sur ses encaissements, non seulement le montant de ses déboursés, mais encore... *(à déterminer exactement)* pour honoraires d'administration.

Les frais et honoraires des présentes seront acquittés par MM. Lemaire et Martin, chacun par moitié, mais celui de ces derniers qui sera débouté de sa prétention devra rembourser à l'autre la fraction qu'il aura payée.

Dont acte...

SERVITUDE

On appelle *servitude* une charge imposée sur un héritage pour l'usage et l'utilité d'un héritage appartenant à un autre propriétaire (art. 637, C. civ.).

Sommaire :

(1) Dict. enreg., v° *Séquestre*, n° 6.

§ 1ᵉʳ. CARACTÈRES DES SERVITUDES.

1. — Caractères généraux. — Sous l'ancien droit français, on appelait *servitude* toute redevance due par un fonds à un autre fonds, par une personne à une autre personne, ou par un fonds à une personne ; il y avait ainsi des servitudes *foncières, personnelles* ou *mixtes* ; mais elles ont toutes disparu avec les droits féodaux et seigneuriaux, et les rédacteurs du Code civil n'ont rétabli que les servitudes foncières.

Le caractère principal d'une servitude est donc d'être une *charge foncière ;* cela résulte, du reste, non seulement de la définition qui en est donnée par l'article 637 du Code civil, que nous venons de rappeler, mais encore du titre même de la partie de ce Code qui traite de cette matière : « Des servitudes ou services fonciers ».

C'est, en effet, dans l'intérêt des propriétés en général que les servitudes ont été admises dans nos lois civiles, et non pour établir une prééminence d'un héritage sur l'autre (art. 638, C. civ.). Cette disposition est, du reste, par elle-même évidente, et les rédacteurs du Code ne l'ont énoncée que pour consacrer de plus en plus l'abolition des supériorités féodales et de toute hiérarchie foncière (1).

2. — De ce que les servitudes sont des charges qui pèsent sur les héritages et non sur les personnes, découlent plusieurs conséquences (2) :

a) Les servitudes consistent à souffrir et à laisser faire, jamais à faire ;
b) Elles suivent l'héritage en quelques mains qu'il passe ;
c) Elles diffèrent essentiellement des obligations.

I. — Les servitudes ne consistant jamais à faire, on ne saurait reconnaître le caractère de servitudes aux corvées, prestations et redevances, quoique stipulées profitables à un fonds (3). Pour le même motif, celui à qui la servitude est due, doit faire les ouvrages nécessaires pour en jouir (4).

II. — La servitude passe à l'acquéreur ou continue avec lui, à moins de stipulation contraire, et participe à la perpétuité du fonds lui-même, dont elle est une dépendance et une qualité (5). Elle diffère donc de l'usufruit, de l'usage et de l'habitation qui sont imposés à un fonds en faveur d'une personne et qui s'éteignent par le décès de celui qui en jouit (art. 617 et 625, C. civ.).

En conséquence, il y aurait lieu à résiliation ou à indemnité de la part du vendeur, si l'héritage affecté de servitude avait été vendu libre de toutes charges, ou si celles qui n'auraient pas été déclarées étaient de nature à faire rescinder la vente (art. 1638, C. civ.).

III. — Nous avons dit que les servitudes diffèrent essentiellement des obligations.

On peut accorder à une personne des droits ayant le même objet et le même nom que les servitudes ; mais ce ne sont point là des servitudes proprement dites : de pareils contrats doivent se régler, quant à leurs effets, par les termes qu'ils emploient. Demolombe (6) pose à cet égard divers exemples et établit d'ailleurs comme règle : « que l'existence de deux héritages appartenant à des maîtres différents est une condition indispensable de la servitude réelle, et qu'il faut que la charge imposée à l'un en faveur de l'autre soit telle, passivement et activement, qu'elle suppose nécessairement une relation entre deux héritages ; et qu'elle ne puisse pas, en quelque sorte, se concevoir indépendamment de ces héritages » (7).

---

(1) Demolombe, *Servitudes*, n° 3.
(2) Demolombe, n°ˢ 699 et suiv. ; Aubry et Rau, t. III, p. 2, note 3 ; Laurent, t. VII, n° 145.
(3) Pardessus, *Des servitudes*, n°ˢ 19 et 20 ; Duranton, t. V, n° 462.
(4) Cass., 2 février 1825 (art. 5399, J. N.).
(5) Demolombe, n° 1.
(6) N°ˢ 679 et suiv.
(7) Conf. Aubry et Rau, p. 61 et 62, texte et note 6 ; Laurent, n°ˢ 147 et 148.

Il faut donc distinguer si le droit a été stipulé en faveur du fonds ou en faveur de la personne seulement, et rechercher si, par sa nature, le droit concédé procure une utilité réelle à l'héritage ou seulement un avantage, un agrément personnel. Dans le doute, il est préférable de regarder la convention comme personnelle : c'est la décision la plus favorable à la liberté des héritages.

Ainsi on ne saurait considérer comme constitutifs d'une servitude la convention par laquelle une personne s'engagerait à certains services ou prestations, même pour la conservation ou l'exploitation d'un fonds déterminé, ni l'établissement sur un fonds d'un droit d'usage ou de jouissance au profit d'une personne ou de ses héritiers.

Les droits qui n'ont pour objet que l'avantage personnel du propriétaire et non l'utilité de l'héritage lui-même, ne peuvent être non plus constitués à titre de servitude ; telle serait la concession d'un droit de chasse ou de pêche (1). Suivant Laurent (2), le droit de chasse pourrait être démembré de la propriété, à titre de servitude, dans les cas exceptionnels où ce droit procurerait une utilité aux héritages mêmes dans l'intérêt desquels il est établi.

Mais on doit considérer comme revêtues du caractère de servitudes les charges effectivement établies au profit d'un fonds, alors même que le propriétaire en retirerait un certain avantage, soit pour son usage personnel, soit pour son industrie. Ainsi, constituent des servitudes le droit de prendre, dans une forêt, le bois nécessaire au chauffage d'une maison, et le droit d'extraire d'un fonds l'argile destinée à l'exploitation d'une tuilerie (3).

3. — Nous avons vu que, par sa définition même, la servitude est une *charge*, c'est-à-dire une chose *incorporelle* qui n'a point d'existence sans deux propriétés dont l'une, appelée « fonds servant », est grevée au profit de l'autre, dénommée « fonds dominant » (4).

Elle ne saurait donc être vendue, louée ou hypothéquée sans le fonds qui en profite. Celui auquel elle aurait été vendue ou donnée, ne pourrait purger les droits des créanciers du vendeur ou donateur (5).

4. — Si deux héritages sont nécessaires à l'existence d'une servitude, il faut cependant que ces héritages n'appartiennent pas au *même propriétaire ;* car, dans ce cas, ce serait à titre de propriété et non de servitude que le propriétaire jouirait de l'utilité que l'un des deux héritages retirerait de l'autre (art. 637, C. civ.) (6).

Cependant, celui qui est propriétaire exclusif d'un fonds et co-propriétaire d'un autre, peut avoir une servitude sur celui-ci pour l'utilité du premier (7).

Il est bien entendu qu'une servitude peut exister, c'est-à-dire qu'un fonds peut avoir un droit sur un autre fonds, bien que ces deux fonds aient appartenu au même propriétaire ; mais la servitude ne commence que lorsque ces deux fonds cessent de se trouver dans la même main.

5. — Les deux fonds nécessaires à l'existence d'une servitude doivent être au moins *voisins*. Mais il n'est pas nécessaire qu'ils soient *contigus*, le Code ne l'exige pas (8).

6. — La servitude se confond quelquefois avec le droit de propriété résultant de l'indivision des choses que leur nature ou leur destination ne permet pas de partager : tel serait le cas d'une allée commune, d'un puits commun, d'une galerie commune dans des carrières (9). Mais si l'objet n'était pas nécessaire à l'exploi-

---

(1) Aubry et Rau, p. 61.
(2) N° 146.
(3) Demolombe, t. II, n° 684; Aubry et Rau, p. 62; Laurent, n° 145; Paris, 26 mai 1857; Grenoble, 23 mai 1858.
(4) Demolombe, t. II, n° 669.
(5) Demolombe, n° 670; Aubry et Rau, p. 64; Laurent, n° 152.

(6) Demolombe, n° 695; Aubry et Rau, p. 63; Laurent, n° 143.
(7) Demolombe, n° 596; Aubry et Rau et Laurent, *ut suprà*.
(8) Demolombe, n° 692; Aubry et Rau, p. 63; Laurent, n° 143.
(9) Cass., 28 octobre 1891.

tation des deux héritages, le principe général qui s'oppose à l'indivision forcée reprendrait son empire (art. 815, C. civ.).

7. — De même que l'hypothèque, la servitude est un *droit réel*; mais celle-ci est de plus une charge qui gêne l'exercice du droit de propriété, en quelques mains que passe le fonds servant; tandis que l'hypothèque laisse, jusqu'à la purge, au propriétaire du fonds hypothéqué la faculté, sinon de disposer de la chose, du moins d'en jouir comme avant l'affectation de l'hypothèque.

Du reste, ces deux droits diffèrent encore sous d'autres rapports : l'hypothèque est l'accessoire d'une obligation personnelle; la servitude est un droit principal; elle n'a pas besoin d'inscription pour être conservée, elle n'est pas sujette au rachat, à moins d'une loi expresse, et elle ne se résout pas en dommages-intérêts; mais elle doit être transcrite (1).

8. — Les servitudes sont *perpétuelles* de leur nature, mais non de leur essence. Il n'est point interdit de limiter la durée de la servitude, par exemple à la vie du propriétaire actuel du fonds dominant, ou au temps pendant lequel il restera propriétaire (2).

9. — Toutes les servitudes sont *indivisibles* dans l'obligation ou l'exécution (art. 1218, C. civ.), même sans stipulation : en effet, étant acquise à un fonds dans l'état où il se trouve au moment de l'acquisition, elles sont dues par cela même à l'intégralité de ce fonds et à chacune de ses parties (3).

A cet égard, Demolombe s'exprime ainsi : « L'indivisibilité des servitudes se résume, en effet, en cette double idée : que la servitude est due à tout le fonds dominant et à chacune des parties de ce fonds; qu'elle est due positivement par tout le fonds servant et par chacune des parties de ce fonds. Mais l'indivisibilité de la servitude n'empêche pas : 1° qu'elle ne soit susceptible d'être limitée, dans son exercice, sous le rapport du lieu, du temps ou du mode (art. 708, C. civ.); 2° qu'en cas de division du fonds, la servitude ne soit susceptible elle-même d'être conservée ou perdue séparément pour l'une ou l'autre des portions. »

10. — **Caractères accidentels.** — Outre les caractères généraux que nous venons d'énumérer, les servitudes ont encore des caractères accidentels qui servent à les classer différemment :

11. — Elles sont *urbaines*, si elles sont établies pour l'usage des bâtiments, par exemple pour soutenir le mur du voisin; *rurales*, si elles doivent servir au fonds de terre : tel est un droit de passage sur un fonds (4).

12. — Elles sont *continues*, lorsque l'usage est ou peut être continué sans avoir besoin du fait actuel de l'homme : tels sont le droit d'appuyer une poutre et le droit d'égout; *discontinues*, quand le fait actuel de l'homme est nécessaire à leur exercice : par exemple les servitudes de passage (5).

Une servitude ne cesse pas d'être continue par cela seul qu'en fait elle ne s'exerce pas continuellement ou même, lorsqu'en fait l'exercice en est interrompu pendant des intervalles plus ou moins longs, par des obstacles qui, pour être levés, exigent le fait de l'homme. D'autre part, une servitude discontinue ne cesse pas d'avoir ce caractère par cela seul qu'elle se manifeste par des signes apparents (6).

13. — Elles sont *apparentes*, lorsqu'elles s'annoncent par des ouvrages extérieurs, comme une porte; *non apparentes*, quand elles n'ont pas de signe extérieur de leur existence : telle est la prohibition de bâtir sur un fonds (7).

La servitude est apparente, bien que les travaux qui l'annoncent ne soient pas

---

(1) L. 28 mars 1855, art. 2.
(2) Aubry et Rau, p. 64 ; Demolombe, n°° 803, 1053, 1055 ; Laurent, n° 154.
(3) Demolombe, n° 701 ; Aubry et Rau, p. 64 ; Laurent, n° 157.

(4) Demolombe, n° 705.
(5) Demolombe, n°° 704 et suiv.
(6) Aubry et Rau, p. 66 et 67 ; Laurent, t. VIII n°° 127 et 128.
(7) Demolombe, n° 718.

établis sur le fonds servant; il suffit qu'ils soient visibles pour le propriétaire de cet héritage (1).

14. — Elles sont *actives*, lorsqu'on les considère par rapport au fonds dominant; et passives, envisagées au point de vue du fonds servant.

15. — Enfin, elles sont *affirmatives*, si elles obligent le propriétaire à souffrir qu'on fasse quelque chose sur son fonds, qu'on puise de l'eau à sa source, par exemple; et *négatives*, lorsqu'elles obligent seulement le propriétaire du fonds servant à n'y pas faire certains actes de propriété : par exemple, à ne pas bâtir.

§ 2. DES DIFFÉRENTES ESPÈCES DE SERVITUDES.

16. — Les rédacteurs du Code civil ont divisé les servitudes en trois classes :
  a) Les servitudes qui dérivent de la situation des lieux (art. 640 et suiv.) ;
  b) Les servitudes établies par la loi (art. 649 et suiv.) ;
  c) Et les servitudes établies par le fait de l'homme (art. 686 et suiv.).
La plupart des auteurs ont critiqué cette classification et l'ont considérée comme inexacte en ce que les servitudes dérivant de la situation des lieux et celles qui dérivent des obligations imposées ne forment en réalité qu'une seule classe : les servitudes légales (2).

Nous partageons entièrement cet avis ; aussi, dans cette étude, nous diviserons les servitudes en deux catégories seulement :
  a) Les *servitudes légales*, qui comprendront aussi bien les servitudes qui dérivent de la situation des lieux, que celles établies par la loi ;
  b) Et les *servitudes conventionnelles*, c'est-à-dire les servitudes établies par le fait de l'homme.

ART. 1er. — *Servitudes légales.*

17. — Les servitudes établies par la loi ont pour objet, soit l'utilité publique ou commune, soit l'utilité des particuliers. Nous allons examiner séparément chacune d'elles.

1° Servitudes légales d'intérêt public ou commun.

18. — L'article 650 du Code civil ne cite, comme servitudes établies pour l'utilité publique ou commune, que celles qui ont pour objet le marchepied ou chemin de halage, le long des rivières navigables ou flottables, et la construction ou réparation des chemins et autres ouvrages publics ou communaux.

Mais la multiplicité des communications et les progrès de la science ont depuis fait établir un grand nombre d'autres servitudes, ainsi que nous allons le voir.

Les servitudes d'utilité publique ne donnent pas droit par elles-mêmes, et en l'absence d'une disposition formelle, à une indemnité (3).

19. — **Ban de vendange.** — On appelle ainsi l'arrêté que le maire d'une commune a le droit de prendre et de faire publier et par lequel il fixe l'ouverture des vendanges sur les terrains non clos.

L'effet du ban de vendange est d'empêcher de récolter avant le jour marqué et, par suite, de mettre obstacle au grapillage des récoltes. Mais chacun peut

---

(1) Demolombe, n°ˢ 715 et 718; Aubry et Rau, p. 68; Laurent, n° 136; Caen, 3 juillet 1847; Cass., 19 juin 1865.
(2) Toullier, t. II, n°ˢ 484 et 485; Demolombe, n° 7;

Marcadé, sur l'article 639, n° 2; Aubry et Rau, t. III, p. 2, note 3; Laurent, t. VII, n° 170.
(3) Cass., 8 mai 1876 (S. 1876-1-339); Demolombe, t. II, n° 304.

retarder ses vendanges autant qu'il le juge à propos, ce retard ne pouvant faire aucun tort aux voisins.

Le ban de vendange ne peut être établi que dans les communes où le conseil municipal l'a ainsi décidé par délibération soumise au conseil général et approuvée par lui. — S'il est établi, il est réglé chaque année par arrêté du maire. — Les prescriptions de cet arrêté ne sont pas applicables aux vignobles clos (1).

20. — Chemins de fer. — L'article 3 de la loi du 15 juillet 1845 a étendu aux propriétaires riverains des chemins de fer les servitudes imposées par les lois et règlements sur la grande voirie et qui concernent l'alignement, l'écoulement des eaux, l'occupation temporaire en cas de réparation, la distance à observer pour les plantations et l'élagage des arbres plantés, le mode d'exploitation des mines, tourbières, carrières et sablières dans la zône déterminée à cet effet, enfin les lois et règlements sur l'extraction des matériaux nécessaires aux travaux publics (V. *infrà*, n° 27).

Aucune construction autre qu'un mur de clôture ne peut être établie dans une distance de deux mètres d'un chemin de fer; cette distance est calculée, soit de l'arrête supérieure du remblai, soit du bord extérieur des fossés du chemin ; et, à défaut d'une ligne tracée, à partir des rails extérieurs de la voie de fer (2).

Sont applicables aux chemins de fer les dispositions par lesquelles la loi du 9 ventôse an XIII interdit aux riverains des grandes routes de planter des arbres sans autorisation à moins de six mètres de la voie (3).

Dans les localités où le chemin de fer se trouve en remblai de plus de trois mètres au-dessus du terrain naturel, les riverains ne peuvent pratiquer, sans autorisation préalable donnée après avoir entendu ou appelé les fermiers ou concessionnaires, des excavations dans une zône de largeur égale à la hauteur verticale du remblai (4).

Il ne peut être établi à une distance de moins de vingt mètres d'un chemin de fer desservi par des machines à feu, des couvertures en chaume, des meules de paille, de foin, et aucun autre dépôt de matières inflammables, sauf les dépôts des récoltes, mais seulement pour le temps de la moisson (5).

Aucun dépôt de pierres ou d'objets non inflammables ne peut être fait à une distance de moins de cinq mètres sans l'autorisation préalable et toujours révocable du préfet. Il faut excepter les dépôts temporaires d'engrais et autres objets nécessaires à la culture des terres, et, si le chemin est en remblai, les dépôts de matières inflammables dont la hauteur n'excède pas celle du remblai du chemin. Ces différentes distances peuvent être diminuées en vertu de décrets rendus après enquête (6).

21. — Chemin de halage. — On appelle *chemin de halage* ou *marchepied* l'espace de terrain que les riverains des cours d'eau navigables ou flottables doivent fournir à titre de servitude légale, et moyennant indemnité payable par l'Etat, pour le service et les besoins de la navigation.

Il doit avoir une largeur déterminée, mais qui varie suivant le mode de tirage des bateaux. Cette largeur est de vingt-quatre pieds du bord, quand le trait se fait par des chevaux ; et les plantations : haies, fossés et clôtures, doivent être à la distance de trente pieds au moins du bord, le tout du côté du tirage des bateaux, c'est-à dire du chemin de halage. En outre, on doit laisser une largeur de dix pieds sur l'autre bord qu'on appelle contre-chemin.

Si le tirage ne se fait pas par des chevaux, il doit être laissé un espace de dix pieds sur chaque bord.

Les propriétaires des immeubles ruraux sur chaque bord des rivières *non*

---

(1) L. 9 juillet 1889, art. 13.
(2) L. 15 juillet 1845, art. 5.
(3) Conseil d'Etat, 27 février 1891.

(4) Loi 15 juillet 1845, art. 6.
(5) Même loi, art. 7.
(6) Même loi, art. 7, 8 et 9.

navigables, et des ruisseaux où le flottage se fait à bûches perdues, sont tenus de laisser seulement un chemin de quatre pieds pour laisser le passage des ouvriers (1).

La largeur se calcule d'après la hauteur moyenne des eaux (2).

L'administration peut, si le service ne doit pas en souffrir, restreindre la largeur des chemins de halage et cela particulièrement quand il y a des maisons, travaux d'art, murailles et clôtures en haies vives à détruire (3). Si ces destructions sont nécessaires, il n'y a pas lieu à indemnité, à moins que la navigabilité de la rivière dans le lieu de la démolition n'ait été déclarée que depuis le décret du 22 janvier 1808 et postérieurement aux constructions (4). C'est au conseil de préfecture à statuer sur cette indemnité (5).

Il suffit que les fleuves et rivières soient navigables pour que le chemin de halage doive exister : Il n'y a pas de distinction à faire entre les divers moyens de navigation.

L'administration ayant seule qualité pour déterminer les rivières navigables, c'est d'elle aussi que dépend l'établissement de cette servitude sur les fonds riverains (6). Le conseil de préfecture est incompétent à cet égard, et, de plus, la décision de l'administration, en pareil cas, n'est pas susceptible de recours contentieux devant le conseil d'Etat (7).

Les chemins de halage ne sont pas dus :

a) Aux rivières qui ne sont pas flottables ; il n'est dû pour le service de celles-ci qu'un simple trottoir ou marchepied à l'usage des ouvriers employés à la direction de la flotte (art. 630, C. civ.) (8).

b) Le long des bras non navigables des rivières navigables (9).

c) Le long des canaux faits de mains d'hommes, parce que ces canaux comprennent comme accessoire un espace suffisant pour le halage (10).

d) Le long des rivages de la mer (11).

Mais ils sont dûs :

a) Le long des îles qui sont dans les rivières navigables (12).

b) Le long des rivières naturelles rendues navigables par les travaux de canalisation (13).

L'usage de cette servitude n'est accordé que pour le seul service de la navigation, c'est-à-dire : le halage ou le tirage des bateaux.

22. — Chemins ruraux. — Les chemins ruraux sont les chemins appartenant aux communes, affectés à l'usage du public, qui n'ont pas été classés comme chemins vicinaux (14).

L'affectation à l'usage du public peut s'établir notamment par la destination du chemin, jointe soit au fait d'une circulation générale et continue, soit à des actes réitérés de surveillance et de voirie de l'autorité municipale (15).

Tout chemin affecté à l'usage du public est présumé, jusqu'à preuve contraire, appartenir à la commune sur le territoire de laquelle il est situé (16).

L'ouverture, le redressement, la fixation de la largeur et de la limite des chemins ruraux sont prononcés par la commission départementale. — A défaut du consentement des propriétaires, l'occupation des terrains nécessaires pour

(1) Ord. 13 août 1669, art. 7, titre 28 ; Loysel, *instit.* ; Ord. décembre 1672, art. 7, chap. 17 ; Cons. d'Etat. juin 1772 ; Décret, 16 messidor an XIII et 22 janvier 1808.
(2) Garnier, n°° 82 et 477 ; Proudhon, n° 744 ; Décret du direct. des ponts et chaussées, 4 février 1821.
(3) Decr., 22 janvier 1808, art. 4.
(4) Cons. d'Etat, 9 février 1854.
(5) Cons. d'Etat, 6 mai 1826 et 25 août 1841.
(6) Arg., art. 650, C. civ.
(7) Cons. d'Etat. 13 août 1850.

(8) Proudhon, *Dom. publ.*, n° 786.
(9) Proudhon, n° 783.
(10) Proudhon, n° 798 ; Cons. d'Etat, 6 juin 1856.
(11) Proudhon, n° 712.
(12) Proudhon, n° 791 ; Lettre du direct. des ponts et chaussées, 27 juillet 1823.
(13) Cons. d'Etat, 6 mars 1856.
(14) L. 20 août 1881, art. 1.
(15) Même loi, art. 2.
(16) Art. 3.

l'exécution des travaux d'ouverture, de redressement ou d'élargissement ne peut avoir lieu qu'après une expropriation poursuivie conformément aux dispositions des §§ 2 et suivants de l'article 16 de la loi du 21 mai 1836. — Quand il y a lieu à l'occupation, soit de maisons, soit de cours ou jardins y attenant, soit de terrains clos de murs ou de haies vives, la déclaration d'utilité publique devra être prononcée par un décret, le Conseil d'Etat entendu, et l'expropriation sera poursuivie comme il vient d'être dit. — La commune ne pourra prendre possession des terrains expropriés avant le paiement de l'indemnité (1).

Lorsque des extractions de matériaux, des dépôts ou enlèvements de terres, ou des occupations temporaires de terrains sont nécessaires pour les travaux de réparation ou d'entretien, effectués par les communes, il est procédé à la désignation et à la délimitation des lieux et à la fixation de l'indemnité, conformément à l'article 17 de la loi du 21 mai 1836 (2).

L'action en indemnité se prescrit par le laps de *deux ans*, conformément à l'article 18 de la même loi (3).

Les arrêtés portant reconnaissance, ouverture ou redressement peuvent être rapportés. — Lorsqu'un chemin rural cesse d'être affecté à l'usage du public, la vente peut en être autorisée par un arrêté du préfet, rendu conformément à la délibération du conseil municipal, et après une enquête précédée de trois publications faites à quinze jours d'intervalle. — L'aliénation n'est point autorisée si, dans le délai de trois mois, les intéressés formés en syndicat consentent à se charger de l'entretien (4).

Lorsque l'aliénation est ordonnée, les propriétaires riverains sont mis en demeure d'acquérir les terrains attenant à leurs propriétés, par un avertissement qui leur est notifié en la forme administrative. En ce cas le prix est réglé à l'amiable ou fixé par deux experts, dont un nommé par la commune, l'autre par le riverain ; à défaut d'accord entre eux, un tiers expert est nommé par ces deux experts. S'il n'y a pas entente pour cette désignation, le tiers expert est nommé par le juge de paix. — Si, dans le délai d'un mois, à dater de l'avertissement, les propriétaires riverains n'ont pas fait leur soumission, il est procédé à l'aliénation des terrains selon les règles suivies pour la vente des propriétés communales (5).

Syndicats. — Lorsque l'ouverture, le redressement ou l'élargissement a été régulièrement autorisé, et que les travaux ne sont pas exécutés, ou lorsqu'un chemin reconnu n'est pas entretenu par la commune, le maire peut d'office, ou doit, sur la demande qui lui est faite par trois intéressés au moins, convoquer individuellement tous les intéressés. Il les invite à délibérer sur la nécessité des travaux à faire et à se charger de leur exécution, tous les droits de la commune restant réservés. — Le maire recueille les suffrages, constate le vote des personnes présentes qui ne savent signer et mentionne les adhésions envoyées par écrit (6).

Si la moitié plus un des intéressés, représentant au moins les deux tiers de la superficie des propriétés desservies par le chemin, ou si les deux tiers des intéressés représentant plus de la moitié de la superficie consentent à se charger des travaux nécessaires pour mettre ou maintenir la voie en état de viabilité, l'association est constituée. — Elle existe même à l'égard des intéressés qui n'ont pas donné leur adhésion. — Pour les travaux d'amélioration, d'élargissement partiel, l'assentiment de la moitié plus un des intéressés représentant au moins les trois quarts de la superficie des propriétés desservies, ou des trois quarts des intéressés représentant plus de la moitié de la superficie, sera exigé. — Pour les travaux

(1) L. 20 août 1881, art. 13.
(2) Art. 14.
(3) Art. 15.

(4) Art. 16.
(5) Art. 17.
(6) Art. 19.

d'ouverture, de redressement et d'élargissement d'ensemble, le consentement même des intéressés sera nécessaire (1).

Le maire dresse un procès-verbal et constate la formation de l'association, en spécifie le but, fait connaître sa durée, le mode d'administration qui en est adopté, le nombre des syndics, l'étendue de leurs pouvoirs, et enfin les voies et moyens qui ont été votés (2).

Ce procès-verbal doit être approuvé par le préfet, affiché dans la commune et publié (3).

Le syndicat ainsi constitué fonctionne conformément aux articles 24 à 32 de la loi du 20 août 1881.

23. — Chemins vicinaux. — Les chemins vicinaux sont les chemins appartenant aux communes, qui ont été déclarés, par l'autorité compétente, nécessaires aux communications, soit des divers points de la commune, soit de la commune avec les communes voisines.

Les chemins ne sont vicinaux qu'après qu'ils ont été classés comme tels par arrêté préfectoral.

Il existe trois sortes de chemins vicinaux : ceux de grande communication, ceux d'intérêt commun ou de moyenne communication, et ceux ordinaires ou de petite communication.

Lorsqu'un chemin vicinal est abandonné ou rendu à la culture, les propriétaires riverains peuvent faire leur soumission de s'en rendre acquéreurs et d'en payer la valeur fixée par des experts (4). S'ils refusent d'user de ce droit, le sol est aliéné dans les formes suivies ordinairement pour la vente des biens communaux, c'est-à-dire par la voie de l'adjudication (5).

Les riverains des chemins vicinaux doivent demander l'alignement, lorsqu'ils veulent construire le long de ces chemins.

Ils sont assujettis à recevoir sur leurs fonds les terres et déblais provenant du curage des fossés ; c'est une servitude naturelle qui résulte de la situation des lieux, et qui se trouve compensée par l'utilité qui résulte des terres du curage (6).

Ils ne peuvent, sans autorisation préalable, faire aucun ouvrage de nature à intéresser la conservation de la voie publique ou la facilité de la circulation, sur le sol ou le long des chemins vicinaux, et spécialement :

a) Faire sur ces chemins ou leurs dépendances, aucune tranchée, ouverture, dépôt de pierres, terres, fumiers, décombres et autres matières ;

b) Y enlever du gazon, du gravier, du sable, de la terre ou autres matériaux ;

c) Y étendre aucune espèce de produits ou matières ;

d) Y déverser des eaux quelconques de manière à causer des dégradations ;

e) Etablir sur les fossés des barrages, écluses, passages permanents ou temporaires ;

f) Construire, reconstruire ou réparer aucun bâtiment, mur ou clôture quelconque à la limite des chemins ;

g) Ouvrir des fossés, planter des arbres, bois, taillis ou haies le long desdits chemins ;

h) Etablir des puits ou citernes à une distance moindre que celle fixée par le règlement général (7).

Les travaux à faire à des constructions, lorsqu'elles sont en saillie sur les

---

(1) L. 20 août 1881, art. 20.
(2) Art. 21.
(3) Art. 22 et 23.
(4) L. 21 mai 1836, art. 19.

(5) Inst. gén., 1870, art. 40.
(6) Proudhon, n° 494.
(7) Art. 172.

alignements d'un plan régulièrement approuvé, ne sont autorisés que dans le cas où ces travaux ne sont pas confortatifs (1).

24. — Cimetières. — Personne ne peut, sans autorisation, élever aucune habitation, ou creuser aucun puits, à moins de cent mètres des cimetières. Les bâtiments existant dans ce rayon ne peuvent non plus être restaurés, ni augmentés sans autorisation. Les puits existants peuvent, après une visite contradictoire d'experts, être comblés en vertu d'un arrêté du préfet, sur la demande de la police locale (2).

Ces dispositions ne s'appliquent, aux termes du décret du 7 mars 1808, qu'aux cimetières transférés dans la campagne, et non à ceux qui sont restés dans l'intérieur des communes, où elles ne pourraient être exécutées sans causer de graves préjudices aux propriétaires voisins (3).

Lorsqu'un nouveau cimetière est établi, les propriétaires des terrains situés dans le rayon de cent mètres, ont droit de réclamer une indemnité pour la diminution de valeur qu'éprouve leur propriété, et pour le dommage effectif et actuel qu'ils souffrent dans le cas où il y a lieu de combler les puits déjà existants (4).

Le rayon de protection établi autour des cimetières constitue une servitude établie dans l'intérêt de la salubrité publique et est, par suite, obligatoire pour l'autorité administrative. De nombreux arrêts ont, en effet, admis la recevabilité du recours pour excès de pouvoir contre des arrêtés préfectoraux, des décisions ministérielles ou des décrets déclaratifs d'utilité publique autorisant ou ordonnant soit la translation, soit l'agrandissement des cimetières, sur des emplacements non situés à la distance légale des habitations (5).

25. — Drainage. — Tout propriétaire qui veut assainir son terrain par le drainage ou tout autre moyen d'assèchement, peut, moyennant une juste et préalable indemnité, en conduire les eaux, souterrainement ou à ciel ouvert, à travers les propriétés qui le séparent d'un cours d'eau ou de toute autre voie d'écoulement. Sont exceptés de la servitude, les maisons, cours, jardins et enclos attenant aux habitations (6). Les propriétaires de fonds ainsi traversés peuvent se servir de ces travaux pour l'écoulement des eaux de leurs terrains, en se soumettant aux obligations imposées par la loi et sauf à supporter une part proportionnelle des travaux dont ils profitent (7)

Des associations de propriétaires constituées en syndicats peuvent s'établir pour l'assainissement de leurs propriétés et obtenir pour leurs travaux la déclaration d'utilité publique (8).

26. — Eaux minérales. — Un décret provisoire du 8 mars 1848, fondé sur ce que les sources d'eaux minérales constituent une richesse nationale dont la conservation importe à la santé publique et à l'humanité, et dans le but de prévenir les tentatives qui pourraient en compromettre l'existence, défendait de faire aucun sondage, aucun travail souterrain dans un périmètre de mille mètres de rayon autour des sources thermales dont l'exploitation était régulièrement autorisée, sans l'assentiment du préfet du département, donné sur avis de l'ingénieur en chef et du médecin inspecteur de l'établissement.

Cette matière a été depuis définitivement réglée par une loi du 22 juillet 1856, qui établit à la charge des héritages voisins des sources thermales, deux sortes de servitudes :

---

(1) Art. 180 dudit Règlement général.
(2) Décret du 7 mars 1808. Par *habitations*, le législateur a entendu désigner tout bâtiment dans lequel se rencontre le fait de la présence habituelle, quoique non permanente de l'homme. Cass., 27 avril 1861, 10 juillet 1863 et 23 février 1867.
(3) Déc. minist. intér., 17 mars 1838.

(4) Foucart, n° 1626.
(5) Cons. d'Etat, 7 janvier 1869, 24 février 1870 et 16 juin 1880.
(6) L., 10 juin 1854, art. 1ᵉʳ.
(7) Même loi, art. 2.
(8) Même loi, art. 3 et 4.

a) L'une qui, par exception au droit absolu de propriété, consiste à empêcher le propriétaire de faire, sans autorisation, sur son fonds aucun sondage ou autre travail souterrain dans le périmètre de protection de la source (1).

b) L'autre qui, par exception à son droit exclusif, consiste à obliger le même propriétaire à souffrir que le propriétaire d'une source minérale déclarée d'intérêt public fasse dans son terrain les travaux de captage et d'aménagement nécessaires pour la conservation, la conduite et la distribution de cette source (2).

27. — Extraction de matériaux. — Les terrains qui contiennent de la pierre, du sable et d'autres matériaux nécessaires à la confection des travaux d'utilité publique, peuvent être fouillés par les entrepreneurs, lorsque ces terrains sont indiqués par les ingénieurs, soit dans les devis et les actes d'adjudication, soit dans un acte d'autorisation postérieur (3).

Mais ce droit ne s'étend pas aux propriétés closes de murs ou d'autres clôtures équivalentes suivant l'usage du pays. Le conseil de préfecture est compétent pour apprécier l'état de clôture. Peu importe d'ailleurs la nature des terrains clôturés (4).

Le propriétaire doit être indemnisé du tort qu'il éprouve, mais l'indemnité ne peut être préalable à l'extraction ; elle ne peut avoir lieu qu'après l'achèvement des travaux, ou au fur et à mesure de l'exécution (5).

28. — Forêts. — Il est interdit d'établir, sans l'autorisation de l'Etat, aucune construction de maisons ou de fermes à la distance de cinq cents mètres des bois ou forêts soumis au régime forestier, sous peine de démolition (art. 153, C. forest.) ; — d'établir aucune maison sur perches, loge, barraque ou hangar, dans l'enceinte et à moins d'un kilomètre des bois et forêts (art. 152) ; — et d'établir des ateliers à façonner le bois, des magasins pour en faire le commerce, des fours à chaux ou à plâtre, des briqueteries, etc., à une certaine distance des bois (art. 154, 155, 156 et 191, C. forest.) (6).

29. — Logements insalubres. — Sont réputés insalubres, les logements qui se trouvent dans des conditions de nature à porter atteinte à la vie ou à la santé de leurs habitants (7).

Dans toute commune où le conseil municipal l'a déclaré nécessaire par une délibération spéciale, il nomme une commission chargée de rechercher et d'indiquer les mesures d'assainissement des logements et dépendances insalubres, mis en location ou occupés par d'autres que le propriétaire, l'usufruitier ou l'usager (8).

S'il est reconnu que les causes d'insalubrité sont du fait du propriétaire, ou de l'usufruitier, l'autorité municipale peut lui enjoindre d'exécuter les travaux jugés nécessaires (9).

30. — Magasins à poudre. — La loi du 22 juin 1857 a établi des servitudes autour des magasins à poudre de la guerre et de la marine. Il ne peut être élevé à une distance moindre de vingt-cinq mètres des murs d'enceinte de ces magasins, aucune construction autre que des murs de clôture. On prohibe, dans le même rayon, l'établissement des conduites de becs à gaz, les clôtures de bois et de haies sèches, les emmagasinements et dépôts de bois, fourrages ou matières combustibles, les plantations d'arbres à haute tige ; et dans un rayon de cinquante

---

(1) L., 10 juin 1854, art. 8.
(2) L., 10 juin 1854, art. 7 ; Demolombe, n° 102 ; Cons. d'État, 15 décembre 1876 ; Cass., 12 mars 1880 (S. 1880-1-380).
(3) Cons. d'État, 3 octobre 1667, 8 décembre 1672, 22 juin 1706, 7 septembre 1755 ; L., 19-22 juillet 1791, art. 1er ; L., 29 pluviôse an VIII, § 4, art. 4 ; L., 16 septembre 1807, art. 55 ; art. 650, C. civ.

(4) Cons. d'Etat, 7 mars 1861.
(5) L., 16 septembre 1807, art. 55.
(6) Code forest., art. 180 ; Foucart, n°° 776 et suivants.
(7) L., 13 avril 1850, art. 1er.
(8) Même loi, art. 2.
(9) Même loi, art. 7.

mètres, les usines et etablissements pourvus de foyers, avec ou sans cheminée d'appel (1).

La suppression de ces différentes choses peut être ordonnée moyennant une indemnité, quand elles sont de nature à compromettre la sûreté ou la conservation des magasins à poudre (2).

31. — Marais (Dessèchement des). — L'Etat a le droit d'ordonner des dessèchements de marais, quand il les juge utiles ou nécessaires. Ces dessèchements sont exécutés par lui ou par des concessionnaires (3).

Dans ce dernier cas, les propriétaires des marais à dessècher sont toujours préférés, s'ils se soumettent à exécuter le dessèchement dans les délais fixés et conformément aux plans adoptés par l'Etat (4).

32. — Marchepied. — V. *suprà*, nº 21, CHEMIN DE HALAGE.

33. — Parcours. — On appelait *parcours* le droit qu'avaient réciproquement les habitants de deux ou plusieurs communes, d'envoyer leurs bestiaux paître sur leurs territoires respectifs en temps de vaine pâture.

Le droit de parcours a été aboli par la loi du 9 juillet 1889 sur le Code rural.

34. — Places de guerre. — Les servitudes définitives établies autour des places de guerre et des postes, résultent du décret du 10 août 1853 qui ne comprend pas moins de quarante-neuf articles.

Ces servitudes s'exercent sur les propriétés qui sont comprises dans trois zones commençant toutes aux fortifications et s'étendant respectivement aux distances : de 250 mètres, 487 mètres et 974 mètres pour les places ; et de 250 mètres 487 et 584 mètres pour les postes (5).

A Paris, le rayon de défense ne comprend qu'une seule zone qui est de 250 mètres.

Dans la *première zone*, il ne peut être fait aucune construction de quelque nature qu'elle puisse être, à l'exception, toutefois, de clôtures de haies sèches ou en planches à claire-voie, sans pans de bois ni maçonnerie, lesquelles pourront être établies librement. Les haies vives et les plantations d'arbres ou d'arbustes formant haies sont spécialement interdites (6).

Dans la *deuxième zone*, il est également interdit, autour des places de première zone, d'exécuter aucune construction quelconque en maçonnerie ni en pisé, mais il est permis d'élever des constructions en bois et en terre, sans y employer de pierres ni de briques, même de chaux, ni de plâtre autrement qu'au crépissage, et à la charge de les démolir immédiatement et d'enlever les décombres et matériaux sans indemnité, à la première réquisition de l'autorité militaire dans le cas où la place, déclarée en état de guerre, serait menacée d'hostilités. Dans les places de deuxième zone et les postes militaires, il est permis d'élever des constructions quelconques ; mais si ces places ou postes sont déclarés en état de guerre, les démolitions qui sont jugées nécessaires n'entraînent aucune indemnité pour les propriétaires (7).

Dans la *troisième zone*, il ne peut être fait aucun chemin, aucune levée ni chaussée, aucun exhaussement de terrain, aucune fouille ou excavation, aucune exploitation de carrière, aucune construction au-dessous du niveau du sol, avec ou sans maçonnerie, enfin aucun dépôt de matériaux ou autres objets sans que leur alignement et leur position aient été concertés avec les officiers du génie, et que le Ministre de la guerre ait déterminé ou fait déterminer par un décret les condi-

---

(1) L., 22 juin 1857, art. 1 et 2.
(2) Foucart, nº 862.
(3) L., 16 septembre 1807, art. 1 et 2.
(4) Même loi, art. 3.

(5) Décret du 10 août 1853, art. 5.
(6) Même décret, art. 7.
(7) Même décret, art. 8.

tions auxquelles les travaux doivent être assujettis dans chaque cas particulier, afin de concilier les intérêts de la défense avec ceux de l'industrie, de l'agriculture et du commerce. — Dans la même étendue, les décombres provenant de bâtisses et autres travaux quelconques ne peuvent être déposés que dans les lieux indiqués par les officiers du génie; sont exceptés toutefois de cette disposition ceux des détritus destinés à servir d'engrais aux terres, et pour les dépôts desquels les particuliers n'éprouvent aucune gêne, pourvu qu'ils évitent de les entasser (1).

Les réparations ne sont permises qu'autant qu'il n'est apporté aucun changement dans la forme et les dimensions des constructions et que les matériaux sont les mêmes (2).

Aux règles que nous venons de rappeler, le décret du 10 août 1853 qui les a édictées, a prévu un grand nombre d'exceptions qui sont indiquées sous les articles 13, 14, 15 et 16.

35. — Routes. — Il existe deux sortes de routes : les *routes nationales* et les *routes départementales*.

Les propriétaires riverains ont, sur les routes, des droits qui constituent de véritables servitudes dérivant de la nature des lieux. Tel est le droit d'avoir des portes et des ouvertures propres à desservir les maisons, les enclos, les champs ; celui d'avoir des droits de jour et d'égout, en se conformant toutefois aux règlements de police (3).

Mais une des plus importantes prérogatives du riverain d'une route est l'exercice du droit de préemption défini par les lois des 28 mai 1841 et 24 mai 1842.

En effet, dans le cas où les délaissés d'une route nationale n'ont pas été classés, soit dans le réseau départemental, soit dans le réseau vicinal, il en est fait remise au Domaine qui est autorisé à les aliéner au compte de l'Etat. Les propriétaires riverains ont alors un droit de préemption pour l'acquisition des parcelles attenantes à leurs propriétés. Ce droit peut être exercé pendant trois mois ; ce délai passé, il est procédé à la vente selon les règles établies pour l'aliénation du domaine de l'Etat (4).

Si la situation des propriétés riveraines le commande, le préfet peut, par arrêté rendu en conseil de préfecture, réserver, pour la desserte de ces fonds, un chemin d'exploitation d'une largeur de cinq mètres au plus.

Le droit de vue appartenant à un riverain sur une route ne fait pas obstacle aux modifications que l'administration croit devoir faire subir à cette route dans l'intérêt général. Mais s'il y a dommage causé, réparation en est due au riverain lésé (5).

Les riverains sont tenus de souffrir le rejet de la terre provenant du curage et de l'entretien des fossés, laquelle ne pourrait, sans inconvénient, rester sur la route (6). Ils sont, en outre, tenus de n'entreprendre aucun travail de nature à faire affluer les eaux fluviales sur la chaussée. Une jurisprudence constante attribue aux faits de cette nature le caractère de contravention de grande voirie.

Pour toutes les propriétés situées le long d'une route, il est nécessaire de demander et d'obtenir un alignement avant d'élever aucune construction en clôture, et même avant de réédifier d'anciens bâtiments ou de rétablir d'anciens murs de clôture, quels que soient les matériaux qui doivent les composer (7).

Il est interdit aux riverains des grandes routes de planter des arbres, sans autorisation, à moins de six mètres de la voie (8).

(1) Décret du 10 août 1853, art. 9.
(2) Même décret, art. 11.
(3) Foucard, t. II, n° 344.
(4) L. 24 mai 1842, article 3.
(5) Cass., 16 mai 1877.

(6) Cons. d'Etat, 3 mai 1720 ; Foucard, n° 349 ; Proudhon, n° 263.
(7) Dict. du not., v° *Alignement*, n° 21.
(8) L., 9 ventôse an XIII ; Cons. d'Etat, 27 février 1891.

Les propriétaires dont les fonds recèlent de la pierre, du grès, du sable et autres matériaux nécessaires aux travaux ordinaires pour les routes, sont obligés de laisser prendre ces matériaux par les entrepreneurs, ou même de souffrir l'expropriation du fonds, le tout moyennant indemnité (1).

Si les entrepreneurs ont besoin d'occuper momentanément les terrains pour le transport ou le dépôt de leurs matériaux, il y a lieu d'observer les mêmes règles.

Lorsqu'une route se trouve impraticable pour quelque cause que ce soit, le voyageur a le droit de passer sur les fonds voisins ; du moins, son action étant licite, il ne peut être passible d'aucune condamnation pour ce fait (2). S'il a été obligé de briser une clôture, le propriétaire du fonds n'a de recours que contre l'Etat (3).

Enfin, il est défendu d'ouvrir des carrières de pierres, moëllons, etc., ou de faire aucune fouille pour tirer de la marne, de la glaise ou du sable, à moins de cinquante-huit mètres du bord de la route ; il est également défendu de placer des galeries à une moindre distance (4).

36. — Sources nécessaires aux habitants d'une commune. — Celui qui a une source dans son fonds, soit qu'elle y jaillisse naturellement, soit qu'elle ait été amenée à la surface du sol par des travaux de sondage, en est propriétaire et peut en user à sa volonté, sauf le droit que les propriétaires des fonds inférieurs peuvent avoir acquis par titre ou par prescription (art. 641, C. civ.) (5).

Cependant, il ne peut en changer le cours, lorsqu'elle fournit aux habitants d'une commune, village ou hameau, l'eau qui leur est nécessaire ; si les habitants n'en ont pas acquis ou prescrit l'usage, il peut réclamer une indemnité qui est réglée par experts (art. 643, C. civ.).

Ce n'est qu'en faveur de l'intérêt général et seulement en cas d'*absolue nécessité* (par exemple, s'il y a pas d'autres eaux dans la contrée), que la loi reconnaît cette limitation apportée au droit du propriétaire de la source. Aussi doit-elle être interprétée restrictivement (6).

Les habitants ont seulement la faculté d'empêcher le propriétaire de mettre obstacle au mouvement naturel des eaux (7). Ils n'ont pas le droit de passage pour accéder aux eaux (8).

Cette servitude ne s'applique qu'aux sources proprement dites et ne doit pas être étendue aux eaux stagnantes, mares, citernes, étangs, réservoirs, etc. (9).

Il a été jugé, cependant, qu'elle s'applique également aux ruisseaux (10).

Mais elle n'emporte pas, pour les habitants, le droit de pénétrer sur le fonds pour y user des eaux (11).

L'action en indemnité que le propriétaire a le droit d'exercer se prescrit, lorsque la commune a, pendant trente ans, joui des eaux de la source à titre de servitude légale, sans qu'elle ait besoin de prouver l'existence de travaux apparents (12).

---

(1) Cons. d'Etat, 7 septembre 1737 ; Décr., 16 septembre 1807, article 55.
(2) L. 6 octobre 1791, titre II, article 41.
(3) Proudhon, n° 264.
(4) Cons. d'Etat, 5 avril 1874.
(5) Aubry et Rau, t. III, p. 34 ; Demolombe, n° 63 ; Laurent, n° 178.
(6) Orléans, 22 août 1856 ; Colmar, 26 novembre 1857 ; Cass., 1er mars 1862 (S. 1862-1-366) ; Bordeaux, 4 décembre 1867 ; Nîmes, 13 juillet 1869 Demolombe, n° 94 ; Massé et Vergé, t. II, § 318, p. 163, note 2 ; Laurent, t. VII, n° 224 ; Aubry et Rau, p. 41.
(7) Cass., 5 juillet 1864, Bordeaux, 6 décembre 1864 ; Agen, 31 janvier 1865 ; Dijon, 9 novembre 1866.
(8) Nîmes, 13 juillet 1869.
(9) Marcadé, art. 643, n° 1 ; Demolombe, n° 91 ; Aubry et Rau, p. 41, note 26 ; Nîmes, 20 novembre 1863 et 13 juillet 1867 ; Montpellier, 16 juillet 1866.
(10) Nancy, 29 janvier 1842 ; Pardessus, n° 138.
(11) Cass., 5 juillet 1864 (*Rev. not.*, n° 1106) ; Bordeaux, 6 décembre 1864 ; Agen, 31 janvier 1865 ; Dijon, 9 novembre 1866 ; Nîmes, 13 juillet 1867 ; Dijon, 5 avril 1891 ; Cass., 14 février 1872 (S. 1872-1-381) ; Aubry et Rau, p. 43 ; Demolombe, n° 96 ; Laurent, n° 218.
(12) Demolombe et Aubry et Rau, *loc. cit.*

37. — Vaine pâture. — La *vaine pâture* est le droit réciproque que les habitants d'une même commune ou d'une section de commune ont d'envoyer leurs bestiaux paître sur les terres les uns des autres, lorsqu'elles sont dépouillées de tous fruits et semences.

Elle a été récemment réglementée par les lois du 9 juillet 1889 et 22 juin 1890, sur le Code rural (titres II et III), dont nous allons reproduire les dispositions.

Le droit de vaine pâture, appartenant à la généralité des habitants et s'appliquant en même temps à la généralité du territoire d'une commune ou d'une section de commune, cessera de plein droit un an après la promulgation de cette dernière loi (c'est-à-dire le 22 juin 1891).

Toutefois, dans l'année de cette promulgation, le maintien du droit de vaine pâture, fondé sur une ancienne loi ou coutume, sur un usage immémorial ou sur un titre, pourra être réclamé au profit d'une commune ou d'une section de commune, soit par délibération du Conseil municipal, soit par requête d'un ou plusieurs ayants droit adressée au préfet. En cas de réclamation particulière, le Conseil municipal sera mis en demeure de donner son avis dans les six mois, à défaut de quoi il sera passé outre. Si la réclamation, de quelque façon qu'elle se soit produite, n'a pas été, dans l'année de la promulgation, l'objet d'une décision, conformément aux dispositions du paragraphe 1ᵉʳ de l'article 3, ci-après relaté, de la loi du 9 juillet 1889, la vaine pâture continuera à être exercée jusqu'à ce que cette décision soit intervenue (1).

La demande de maintien, qu'elle émane d'un Conseil municipal ou qu'elle émane d'un ou plusieurs ayants droit, sera soumise au Conseil général, dont la délibération sera définitive si elle est conforme à la délibération du Conseil municipal. S'il y a divergence, la question sera tranchée par décret rendu en conseil d'Etat. Si le droit de vaine pâture a été maintenu, le Conseil municipal pourra seul ultérieurement, après enquête *de commodo* et *incommodo*, en proposer la suppression, sur laquelle il sera statué dans les formes ci-dessus indiquées (2).

La vaine pâture s'exercera soit par troupeau séparé, soit au moyen du troupeau en commun, conformément aux usages locaux, sans qu'il puisse être dérogé aux dispositions des articles 647 et 648 du Code civil, relatifs au droit de clôture et aux règles expressément établies par la loi du 9 juillet 1889 (3).

Dans aucun cas et dans aucun temps, la vaine pâture ne peut s'exercer sur les prairies artificielles. Le rétablissement de la vaine pâture sur les prairies naturelles, supprimée de plein droit par la loi du 9 juillet 1889, pourra être réclamé dans les conditions où elle s'exerçait antérieurement à cette loi, et en se conformant aux dispositions édictées par les articles précédents. Elle ne peut avoir lieu sur aucune terre ensemencée ou couverte d'une production quelconque faisant l'objet d'une récolte, tant que la récolte n'est pas enlevée (4).

Le droit de vaine pâture, établi comme il vient d'être dit, ne fait jamais obstacle à la faculté que conserve tout propriétaire, soit d'user d'un nouveau mode d'assolement ou de culture, soit de se clôre. Tout terrain clos est affranchi de la vaine pâture. Est réputé clos tout terrain entouré soit par une haie vive, soit par un mur, une palissade, un treillage, une haie sèche d'une hauteur d'un mètre au moins, soit par un fossé d'un mètre vingt centimètres à l'ouverture et de cinquante centimètres de profondeur, soit par des traverses en bois ou des fils métalliques distants entre eux de trente-trois centimètres au plus et s'élevant à un mètre de hauteur, soit par toute autre clôture continue et équivalente faisant obstacle à l'introduction des animaux (5).

L'usage du troupeau en commun n'est pas obligatoire. Tout ayant droit peut

(1) L. 22 juin 1890.
(2) L. 9 juillet 1889, art. 3.
(3) Même loi, art. 4.

(4) L. 22 juin 1890.
(5) L. 9 juillet 1889, art. 6.

renoncer à cette communauté et faire garder par troupeau séparé le nombre de têtes de bétail qui lui est attribué par la répartition générale (1).

La quantité de bétail proportionnée à l'étendue du terrain de chacun est fixée dans chaque commune ou section de commune entre tous les propriétaires ou fermiers exploitants, domiciliés ou non domiciliés, à tant de têtes par hectare, d'après les règlements et usages locaux. En cas de difficulté, il y est pourvu par délibération du Conseil municipal soumise à l'approbation du préfet (2).

Tout chef de famille domicilié dans la commune, alors même qu'il n'est ni propriétaire ni fermier d'une parcelle quelconque des terrains soumis à la vaine pâture, peut mettre sur lesdits terrains, soit par troupeau séparé, soit dans le troupeau commun, six bêtes à laine et une vache avec son veau, sans préjudice des droits plus étendus qui lui seraient accordés par l'usage local ou le titre (3).

Le droit de vaine pâture doit être exercé directement par les ayants droit et ne peut être cédé à personne (4).

Les Conseils municipaux peuvent toujours, conformément aux articles 68 et 69 de la loi du 5 avril 1844, prendre des arrêtés pour réglementer le droit de vaine pâture, notamment pour en suspendre l'exercice en cas d'épizootie, de dégel ou de pluies torrentielles, pour cantonner les troupeaux de différents propriétaires ou les animaux d'espèces différentes, pour interdire la présence d'animaux dangereux ou malades dans les troupeaux (5).

Néanmoins, la vaine pâture fondée sur un titre et établie sur un héritage déterminé, soit au profit d'un ou de plusieurs particuliers, soit au profit de la généralité des habitants d'une commune, est maintenue et continuera à s'exercer conformément aux droits acquis. Mais le propriétaire de l'héritage grevé pourra toujours s'affranchir, soit moyennant une indemnité fixée à dire d'experts, soit par voie de cantonnement (6).

Il a été jugé que l'on ne doit pas considérer comme un droit de vaine pâture, le droit aux seconds fruits que possède une commune sur les prés d'une autre commune, alors qu'il n'y a pas réciprocité ; et que ce droit fondé en titre n'est autre chose qu'une servitude conventionnelle de pacage (7).

2° Servitudes légales d'intérêt privé.

38. — Les servitudes légales d'intérêt privé sont relatives :
   a) Au bornage des propriétés ;
   b) A leur clôture ;
   c) Aux cours d'eau ;
   d) A l'égout des toits ;
   e) A la mitoyenneté ;
   f) Aux passages ;
   g) Et aux vues.
Nous allons examiner séparément chacune d'elles.

39. — Bornage. — Nous avons relaté tout ce qui concerne cette matière sous le mot BORNAGE (PROCÈS-VERBAL DE).

Ajoutons seulement ici que, d'après l'opinion qui paraît la plus autorisée, le bornage ne peut être considéré comme parfait que si la plantation des bornes placées par l'expert, du consentement des parties, a été suivie d'un procès-verbal constatant l'opération et signé par les intéressés (8).

(1) L. 29 juillet 1889, art. 7.
(2) Même loi, art. 8.
(3) Même loi, art. 9.
(4) Même loi, art. 10.
(5) Même loi, art. 11.

(6) L. 22 juin 1890.
(7) Besançon, 16 juin 1891 ; Romorantin, 4 juillet 1891.
(8) Tr. de paix de Ballon (Sarthe), 30 septembre 1891 ; Curasson, t. II, p. 464.

40. — Chemins et sentiers d'exploitation. — Les chemins et sentiers d'exploitation sont ceux qui servent exclusivement à la communication entre divers héritages, ou à leur exploitation. Ils sont, en l'absence de titre, présumés appartenir aux propriétaires riverains, chacun *en droit soi;* mais l'usage en est commun à tous les intéressés. — L'usage de ces chemins peut être interdit au public (1).

Tous les propriétaires dont ils desservent les héritages sont tenus, les uns envers les autres, de contribuer, dans la proportion de leur intérêt, aux travaux nécessaires à leur entretien et à leur mise en état de viabilité (2).

Les chemins et sentiers d'exploitation ne peuvent être supprimés que du consentement de tous les propriétaires qui ont le droit de s'en servir (3).

Toutes les contestations relatives à la propriété et à la suppression de ces chemins et sentiers sont jugées par les tribunaux, comme en matière sommaire. — Le juge de paix statue sans appel, s'il y a lieu, sur toutes les difficultés relatives aux travaux prévus par l'article 34 ci-dessus rappelé (4).

Dans les cas prévus par cet article 34, les intéressés peuvent toujours s'affranchir de toute contribution en renonçant à leurs droits, soit d'usage, soit de propriété, sur les chemins d'exploitation (5).

41. — Clôture. — On entend par *clôture*, les murs, fossés, haies et tout ce qui enferme les cours, jardins et héritages ruraux.

Tout propriétaire, dit l'article 647 du Code civil, peut clore son héritage, sauf l'exception portée en l'article 682 qui est ainsi conçu : « Le propriétaire dont les fonds sont enclavés et qui n'a sur la voie publique aucune issue, ou qu'une issue insuffisante pour l'exploitation, soit agricole, soit industrielle de sa propriété, peut réclamer un passage sur les fonds de ses voisins, à la charge d'une indemnité proportionnée au dommage qu'il peut occasionner. »

La faculté de se clore n'est soumise à aucune règle dans les campagnes; mais dans les villes et faubourgs « chacun peut contraindre son voisin à contribuer aux constructions et réparations de la clôture faisant séparation de leurs maisons, cours et jardins, assis èsdites villes et faubourgs. La hauteur de la clôture est fixée suivant les règlements particuliers ou les usages constants et reconnus; et, à défaut d'usages et de règlements, tout mur de séparation entre voisins qui serait construit ou rétabli, doit avoir au moins 32 décimètres de hauteur, compris le chaperon dans les villes de 50,000 âmes et au-dessus, et 26 décimètres dans les autres (art. 663, C. civ.). »

Le droit de contraindre le voisin est imprescriptible; à moins de convention contraire, la clôture peut être exigée, encore que, pendant plus de trente ans, les héritages n'auraient pas été clos (6).

Tout terrain clos est affranchi de la vaine pâture (7).

De même le ban des vendanges n'est pas applicable aux vignobles clos (8).

Est réputé clos tout terrain entouré soit par une haie vive, soit par un mur, une palissade, un treillage, une haie sèche d'une hauteur d'un mètre au moins, soit par un fossé de 1^m,20 à l'ouverture et de 50 centimètres de profondeur, soit par des traverses en bois ou des fils métalliques distants entre eux de 33 centimètres au plus et s'élevant à 1 mètre de hauteur, soit par toute autre clôture continue et équivalente faisant obstacle à l'introduction des animaux (9).

42. — Eaux courantes et eaux pluviales. — Celui dont une eau cou-

---

(1) L. 20 avril 1881, art. 33.
(2) Même loi, art. 34.
(3) Même loi, art. 35.
(4) Même loi, art. 36.
(5) Même loi, art. 37.
(6) Cass., 15 décembre 1857 ; Rendu, *Dict. des*

constr., n° 1195 ; Laurent, n° 441 ; Aubry et Rau, t. II, p. 177; Demolombe, t. II, n° 22.
(7) L. 9 juillet 1889, art. 6.
(8) Même loi, art. 13.
(9) Même loi, art. 6.

rante traverse l'héritage peut en user, comme bon lui semble, dans l'intervalle qu'elle y parcourt; mais il est obligé de la rendre, à la sortie de son fonds, à son cours ordinaire. Si cette eau borde sa propriété, il peut s'en servir, à son propre usage, pour l'irrigation de ses propriétés (art. 644, C. civ.). Ce droit d'usage, toutefois, n'est accordé qu'aux riverains : ainsi, il ne saurait appartenir à celui dont l'héritage est séparé du cours d'eau par un chemin public ou par un chemin privé appartenant à un tiers (1). Mais il appartient aux riverains pour la totalité des fonds qui forment, sans solution de continuité, un seul et même domaine contigu au cours d'eau (2).

L'eau qui traverse une propriété intermédiaire dans un canal construit de main d'homme, n'est pas soumise à cette disposition; les riverains n'y peuvent faire de prise. Un cours d'eau de cette nature doit être considéré comme la propriété de celui qui possède l'établissement pour lequel il paraît avoir été formé. Nul autre ne peut prendre l'eau de ce canal ou y faire écouler des eaux que la disposition des lieux n'y porterait pas naturellement (3).

Toutefois, l'intérêt de l'agriculture et l'équité peuvent rendre les propriétaires riverains du canal admissibles à réclamer, pour les besoins de leurs propriétés, le superflu des eaux qu'il porte à l'établissement auquel il est affecté (4).

Le propriétaire du fonds qui est traversé par une rivière ou un ruisseau peut en abréger le cours en effaçant ses sinuosités; il peut en rétrécir le lit, en ralentir le cours, en diminuer le volume, pourvu qu'il n'expose pas les terres voisines à être inondées dans la crue des eaux. Ce droit peut être pratiqué par deux ou plusieurs riverains opposés (5).

Il peut s'en servir non seulement pour l'irrigation, mais encore pour les autres usages d'utilité ou d'agrément (6). Il peut même y faire des prises d'eau à l'aide de barrages et de saignées, pourvu qu'il rende les eaux à leur cours ordinaire à leur sortie de son fonds (7). Mais il ne saurait pour cela être autorisé à absorber complètement les eaux au préjudice des riverains inférieurs, alors même qu'elles ne traverseraient pas, mais borderaient simplement la propriété de ces riverains (8).

Celui qui n'est riverain que d'un seul côté ne peut se servir de l'eau qui borde sa propriété que pour l'irrigation; il ne saurait, en conséquence, faire des prises d'eau destinées à des usages professionnels ou d'agrément (9). On ne saurait toutefois lui dénier le droit de se servir de l'eau pour de simples usages domestiques (10).

A-t-il le droit de disposer, soit en le retenant pour l'employer à d'autres usages, soit en le cédant à des tiers, du superflu des eaux qu'il était autorisé à dériver pour les besoins de l'irrigation? Les auteurs se prononcent généralement pour la négative (11).

Le propriétaire d'un fonds inférieur est obligé de recevoir du fonds plus élevé les eaux qui en *découlent naturellement*, sans que la main de l'homme y ait contribué (12) : il ne peut point élever de digue qui empêche cet écoule-

---

(1) Aubry et Rau, t. III, p. 47; Daviel, t. II, n° 598; Demolombe, n° 139; Dijon, 23 janvier 1867.
(2) Demolombe, t. I, n° 147; Laurent, t. VII, n° 281.
(3) Pardessus, n° 112.
(4) Arg., art. 645, C. civ.
(5) Dict. du not., v° SERVITUDE, n°° 30 et 31; Besançon, 24 mai 1828 (art. 6798, J. N.).
(6) Duranton, t. V, n° 225; Demolombe, n°° 163 et 164; Garnier, t. II, n° 88; Aubry et Rau, t. III, p. 48, texte et note 12.
(7) Demolombe, n° 167.

(8) Daviel, t. II, n° 581; Aubry et Rau, p. 48, texte et note 15; Cass., 4 et 17 décembre 1861; Chambéry, 27 mars 1863; Dijon, 1er décembre 1865.
(9) Aubry et Rau, t. III, p. 49 et 50, texte et notes 19 et 20.
(10) Cass., 10 décembre 1862; 16 février 1866.
(11) Demante, t. II, n° 495 bis; Demolombe, n° 155; Daviel, t. II, n° 588; Aubry et Rau, p. 51, texte et note 24.
(12) Aubry et Rau, t. III, p. 8. — L'obligation subsiste, même lorsque les deux fonds sont séparés par la voie publique. Cass., 3 août 1852 et 24 juin 1867.

ment (1). De son côté, le propriétaire supérieur ne peut rien faire qui aggrave la servitude du fonds inférieur (art. 640, C. civ.). Il ne peut donc, à l'aide de travaux faits de main d'homme, augmenter le volume des eaux, en rendre le cours plus rapide (2), en détourner le cours et les imposer à un fonds qui en serait naturellement exempt. Il ne peut non plus, sous prétexte d'user des eaux à son gré, les rendre malsaines ou corrompues en y jetant des matières infectes ou en y faisant rouir du chanvre, par exemple (3); toutefois cette règle d'équité est susceptible de modifications suivant les circonstances, par exemple : le droit de former des établissements utiles aux arts, qui ne peuvent user des eaux courantes sans les salir, emporte implicitement celui d'employer les eaux de cette manière (4).

Tout propriétaire peut se procurer un passage artificiel pour l'écoulement de ses eaux nuisibles, moyennant indemnité (5).

Mais doit-on accorder au propriétaire supérieur le droit d'exécuter sur son fonds des ouvrages d'assainissement et d'irrigation pour des travaux et constructions autres que ceux nécessaires pour la culture? Demolombe (6) se prononce pour l'affirmative. D'autres auteurs estiment que, dans ce cas, le propriétaire supérieur pourrait seulement invoquer les dispositions de la loi du 10 juin 1854 pour réclamer le passage des eaux nuisibles sur le fonds inférieur (7).

Si la succession des temps ou quelque accident imprévu avait comblé le lit des eaux, les propriétaires des fonds inférieurs pourraient être contraints d'en faire le curage, chacun dans l'étendue de son domaine (8). Cette opinion est combattue par certains auteurs qui se fondent sur ce que l'obligation du propriétaire du fonds inférieur consiste à souffrir et ne s'étend pas à faire (9). MM. Aubry et Rau estiment, néanmoins, que le propriétaire du fonds inférieur, s'il n'est pas obligé au curage en vertu de l'article 640, peut cependant être tenu d'en supporter les frais, en vertu de la loi du 14 floréal an XI.

Dans le cas où l'écoulement des eaux nuirait au fonds inférieur, détruirait des plantations, empêcherait la culture par l'éboulement des roches de sable ou des terres, il n'y aurait lieu à aucuns dommages-intérêts : nul n'est responsable des effets de la nature (10).

La servitude établie par l'article 640 peut être aggravée, restreinte ou complètement supprimée par l'effet d'une convention ou de la prescription trentenaire. Mais pour que le propriétaire inférieur puisse se prévaloir de cette prescription, il faut que les travaux exécutés sur son fonds aient eu pour résultat de modifier, quant à l'écoulement des eaux, la situation respective des deux fonds (11).

43. — Eaux de source. — Tout propriétaire qui a une source dans son fonds, avons-nous dit ci-dessus, n° 36, en est, en principe, le maître absolu; d'où, pour lui, le droit d'en disposer à son gré, d'en absorber les eaux ou de les détourner, sans que les propriétaires inférieurs soient recevables à demander qu'il soit tenu de les laisser écouler sur leurs fonds (12).

Mais l'article 641 ne s'applique pas aux sources qui jaillissent dans le lit d'un ruisseau, lesquelles sont considérées comme eaux courantes et régies par l'article 644 (13).

(1) Cass., 4 juillet 1860; Demolombe, n° 38.
(2) Cass., 11 décembre 1860; Besançon, 10 mars 1868; Aubry et Rau, p. 11.
(3) Cass., 23 août 1843, 9 janvier 1856.
(4) Pardessus, n° 91.
(5) L. 29 avril 1845 et 10 juin 1864; Aubry et Rau, t. III, p. 9 et 10, texte et notes 8 et 10.
(6) N° 39.
(7) Aubry et Rau, t. III, p. 11, note 21.
(8) Pardessus, n° 92 (art. 2539-5°, J. N.).
(9) Delvincourt, t. I, p. 536; Dubreuil, Législ.

des eaux, p. 154; Aubry et Rau, p. 10, texte et note 14.
(10) Garnier, Rég. des eaux, p. 93; Pardessus, n° 82; Marcadé, art. 640, n° 1; Demolombe, n° 32; Aubry et Rau, n° 10.
(11) Aubry et Rau, p. 12; Demolombe, n° 49; Cass., 10 novembre 1886.
(12) Cass., 29 janvier 1840, 8 février 1858; Aubry et Rau, p. 35; Demolombe, n° 66.
(13) Montpellier, 12 janvier 1870.

Le propriétaire du fonds où jaillit la source n'en est plus le maître absolu, lorsque les propriétaires inférieurs ont acquis le droit de recevoir les eaux qui en proviennent par *titre* ou par *prescription* (art. 641), ou encore par la *destination du père de famille* (1).

Il y a titre quand le propriétaire de la source a cédé, par vente ou échange, ou a donné au propriétaire inférieur, la propriété de la source ou l'usage des eaux (2).

La prescription ne peut s'acquérir que par une jouissance non interrompue pendant trente ans, à partir du moment où le propriétaire du fonds inférieur a fait et terminé des ouvrages apparents destinés à faciliter la chute et le cours de l'eau dans sa propriété (art. 642, C. civ.).

Mais sur quel fonds doivent être édifiés les ouvrages? Sur le fonds supérieur ou sur le fonds inférieur? La question est vivement controversée. La jurisprudence et un grand nombre d'auteurs décident que les travaux doivent être faits, au moins en partie, sur le fonds supérieur; ils se fondent sur les termes mêmes de l'article 642, et les principes généraux admis en matière de prescription qui veulent que, pour prescrire, on possède *animo domini et in alieno fundo* (3).

Les travaux doivent être présumés faits par le propriétaire inférieur, quand c'est à lui seul qu'ils profitent (4).

44. — Egout des toits. — Tout propriétaire de bâtiments doit établir les toits de manière que les eaux pluviales s'écoulent sur son terrain ou sur la voie publique; il ne peut les faire verser sur le fonds de son voisin (art. 681, C. civ.).

Le sens de la loi, dit Marcadé sur l'article 681, n'est pas que le propriétaire qui établit un toit doive empêcher ses eaux d'aller sur le fonds voisin, mais seulement qu'il n'a pas le droit d'aménager la construction de façon à les y faire aller (V. *suprà*, n° 43).

Bien que les fonds soient séparés par la voie publique, le propriétaire du fonds supérieur ne peut recevoir les eaux pluviales sur un seul point, pour leur donner ensuite une direction dommageable aux fonds inférieurs (art. 640 et 681, C. civ.) (5).

Cette règle s'applique dans tous les cas; lors même que le fonds couvert par le toit serait supérieur au fonds voisin, car on ne peut pas dire que les eaux d'un toit tombent naturellement, selon le sens attaché à leur écoulement (6).

De même, il n'existe pas de servitude naturelle du fonds inférieur envers le fonds supérieur, pour l'égout des eaux ménagères (7).

Mais le droit d'écoulement des eaux sur la voie publique, qui appartient à chacun, comprend tant les eaux pluviales tombant des toits, que les eaux ménagères, sous les conditions déterminées par les règlements de police (8).

Néanmoins, du moment que les eaux d'un toit sont tombées sur le terrain du propriétaire de ce toit, elles peuvent suivre la pente naturelle du terrain (9). Le voisin ne peut se plaindre, lorsque les eaux pluviales ne lui arrivent pas d'une manière plus préjudiciable, ni plus incommode que si aucune construction n'avait été élevée sur le fonds supérieur (10).

(1) Cass., 20 décembre 1825 et 30 juin 1841; Aubry et Rau, p. 36; Demolombe, n° 83.
(2) Cass., 21 août 1873 (S. 1873-1-358); Aubry et Rau, p. 40.
(3) Cass., 6 juillet 1825; 5 juillet 1837; 15 avril 1845; 15 février 1854; 18 mars 1857; 8 février 1858 et 23 janvier 1867; Dijon, 5 avril 1871 (S. 1872-2-79); Cass., 23 novembre 1875; 16 décembre 1879; 11 janvier 1881 et 13 mars 1888; Proudhon, n° 1372; Daviel, n°° 775 et 776; Demolombe, n° 80; Laurent, n° 200. — *Contrà* : Aubry et Rau, p. 37.

(4) Cass., 23 novembre 1875 et 3 mai 1880 (S. 1880-1-406).
(5) Cass., 8 janvier 1834 (art. 8505, J. N.).
(6) Pardessus, n° 212; Paris, 5 mai 1819; Cass., 15 mars 1830 et 19 juin 1865.
(7) Cass., 15 mars 1830 et 3 juin 1891.
(8) Cass., 22 mars 1876 art. 21464, J. N.).
(9) Lepage, *Lois des bâtiments*, t. I, p. 210
(10) Demolombe, t. II, n° 589; Demante, t. II, n° 536 *bis*; Aubry et Rau, t. II, p. 200, texte et note 6.

Mais il ne faut pas que l'eau du toit soit réunie dans des godets ou tuyaux qui produiraient un ruisseau sur le voisin (1).

L'égout du toit doit tomber en deçà de la ligne séparative de la propriété voisine; car étant placé sur cette même ligne, l'égout atteindrait cette propriété. L'espace à laisser est ordinairement fixé au double de l'avancement du toit (2).

Si le voisin a un mur contigu à l'espace laissé pour l'écoulement des eaux, cet espace doit être pavé pour empêcher l'eau de nuire aux fondements du mur du voisin (3).

La voie publique recevant l'égout des toits des maisons, les propriétaires riverains profitent ainsi de la pente des rues (4). Cependant la jouissance immémoriale sur le chemin ou sur la rue, de l'égout des toits, ne peut se transformer en véritable servitude; car la prescription ne peut s'acquérir sur ce qui, comme la voie publique, est hors du commerce (5).

L'article 681 établit, au profit du propriétaire du toit, une présomption simple, mais non une présomption légale de propriété de la partie du terrain que couvre la saillie de son toit; et cette présomption peut être détruite par de simples présomptions contraires (6).

45. — Mitoyenneté. — La mitoyenneté est la copropriété d'un mur, d'une haie, d'un fossé, etc., séparant deux héritages contigus.

La mitoyenneté n'est pas la communauté. En effet, la chose est commune, lorsque, dans sa totalité, comme dans chacune de ses parties, elle appartient à deux ou plusieurs personnes, sans qu'on puisse indiquer quelle partie appartient à l'une plutôt qu'à l'autre (7). Au contraire, un mur mitoyen est celui qui est placé sur les extrémités des deux héritages contigus, moitié sur l'un, moitié sur l'autre, de telle sorte que la véritable ligne de séparation des héritages se trouve à la moitié du mur. Ce mur n'est pas commun, il est mitoyen. La moitié qui appartient à chacun des deux voisins est connue et déterminée : c'est celle qui joint sa propriété. Toutefois, comme les deux parties du mur sont inséparables, le mur est considéré comme une chose commune entre les deux voisins (8).

Finalement, dit Demolombe, la mitoyenneté est, en réalité, un état de communauté et d'indivision; seulement, c'est une communauté *sui generis*; et de même qu'on la désigne sous le nom spécial de *mitoyenneté*, elle a aussi des règles particulières qui lui sont propres.

La mitoyenneté constitue une véritable communauté avec indivision forcée, et cette dérogation à l'article 815 du Code civil résulte implicitement de l'article 656, aux termes duquel l'abandon de la mitoyenneté est le seul moyen pour le propriétaire d'un mur mitoyen de se dispenser de contribuer aux réparations et construction de ce mur (9).

46. — Mur. — La mitoyenneté d'un mur peut s'établir de deux manières :
   a) Par la construction d'un mur à frais communs sur les limites de deux fonds contigus;
   b) Par la vente de la moitié du mur séparatif et du terrain qu'il occupe, consentie par l'un des voisins à l'autre.

Dans ces différents cas, les conventions faites sont la loi des parties. Mais à défaut de convention, la mitoyenneté se reconnaît à l'aide de présomptions légales fixées par le législateur :

(1) Lepage, p. 211.
(2) Pardessus, n° 213.
(3) Pardessus, n° 213; Demolombe, n° 587; Aubry et Rau, t. II, p. 200.
(4) Davenne, *De la voirie*, p. 125.
(5) Duranton, t. V, p. 295.
(6) Cass., 28 juillet 1851; Paris, 24 août 1864; Aubry et Rau, t. II, n° 185; Demolombe, n° 593;
Perrin et Rendu, n° 1685; Laurent, t. VIII, n° 72; V. aussi, Cass., 28 février 1872 (S. 1872-1-240).
(7) Demolombe, t. XI, n° 309.
(8) Toullier, t. III, n°· 188 et 189; Demolombe, *loc. cit.*
(9) Aubry et Rau, t. II, p. 417, texte et note 3; Laurent, t. VII, n° 494.

Lorsqu'un mur sépare deux bâtiments, la portion du mur qui dépasse la sommité des constructions appartient au propriétaire du bâtiment le plus élevé, parce que c'est la suite et la dépendance de la partie du mur qui fait l'objet d'une propriété exclusive (1).

Si le mur sert de séparation entre cours et jardins, il est présumé mitoyen, alors même que l'un des héritages se trouverait en état complet de clôture, tandis que l'autre ne serait pas entièrement clos (2).

Quand le mur sert de séparation entre enclos dans les champs, le mur sera présumé mitoyen, sans qu'on ait à distinguer si l'un des fonds est entièrement entouré de murs, et si l'un se trouve fermé sur un ou plusieurs côtés, par des clôtures d'une autre nature (3).

Mais si le mur au lieu d'être, comme nous venons de le supposer, entre bâtiments, entre cour et jardin, entre enclos, sépare seulement un bâtiment d'avec un jardin ou une cour, une vigne, une terre labourable ou un terrain vide, il n'est pas mitoyen (4).

On ne saurait considérer comme mitoyen le mur servant de soutènement à une terrasse. Il n'en serait autrement que si ce mur s'élevait au-dessus du niveau de l'héritage et formait un véritable mur de clôture (5).

S'il se trouvait dans les champs un mur séparatif de deux fonds qui ne seraient, ni l'un ni l'autre, cour, jardin ou enclos, on devrait le présumer mitoyen; non pas en vertu de l'article 653, qui est muet sur ce cas, mais par la raison qu'aucun des propriétaires n'y pourrait prétendre plus de droit que l'autre, tant qu'il ne justifierait pas sa prétention (6).

Pour résoudre la question de savoir s'il y a lieu ou non à l'application des présomptions de mitoyenneté dont parle l'article 653, il ne faut pas, enseignent MM. Aubry et Rau (7), s'attacher exclusivement à la disposition actuelle des localités, et il convient de tenir compte de leur état à l'époque de la construction du mur. Le voisin qui se prétend propriétaire exclusif d'un mur peut donc écarter la présomption de mitoyenneté résultant en apparence de la disposition actuelle des lieux en prouvant, et ce, même par témoins, que les conditions auxquelles cette présomption est subordonnée n'existaient pas lors de la construction du mur, pourvu toutefois qu'il ne se soit pas écoulé trente ans depuis l'établissement du nouvel état de choses (8).

Il y a marque de non-mitoyenneté, lorsque la sommité du mur est droite et à plomb de son parement d'un côté, et présente de l'autre un plan incliné. Lors encore qu'il n'y a que d'un côté ou un chaperon ou des filets et corbeaux de pierre qui y auraient été mis en bâtissant le mur. Dans ces cas, le mur est censé appartenir exclusivement au propriétaire du côté duquel sont l'égout ou les corbeaux et filets de pierre (9).

Le *titre*, de nature, d'après l'article 653, à combattre la présomption de mitoyenneté, peut être authentique ou sous seing privé; mais la preuve testimoniale ne saurait être employée pour détruire cette présomption (10).

---

(1) Aubry et Rau, p. 418 ; Laurent, n° 525 ; Demolombe, n° 317.
(2) Aubry et Rau, p. 418 ; Laurent, n° 528 ; Demolombe, n° 327. — *Contra* : Mourlon, t. I, p. 771 ; Marcadé, sur l'article 655.
(3) Aubry et Rau, n° 319 ; Demolombe, n° 328.
(4) Marcadé, sur l'article 653, n° 2 : Duranton, t. V, n° 303 ; Demolombe, n° 323 ; Aubry et Rau, p. 419, texte et note 9 ; Laurent, n° 526 ; Demante, t. II, n° 507 *bis* ; Pau, 18 août 1834 ; Cass., 4 juin 1845 ; Pau, 7 février 1862. — *Contra* : Toullier, t. II, n° 187 ; Pardessus, t. I, n° 159 ; Merlin, § 1, n° 3 ; Delvincourt, t. I, p. 394 ; Solon, n° 135.

(5) Aubry et Rau, p. 219, texte et note 10 ; Laurent, n° 529 ; Demolombe, n° 330 ; Orléans, 1er décembre 1848 ; Bordeaux, 18 mai 1858.
(6) Duranton, n° 305 ; Pardessus, n° 159 ; Demolombe, n° 329.
(7) P. 420.
(8) Cass., 10 juillet 1865 ; Laurent, n° 530.
(9) Art. 654, C. civ. Cet article doit être interprété limitativement. Orléans, 4 juillet 1891 ; Aubry et Rau, t. II, § 222, note 18 ; Laurent, t. VII, n° 536. — *Contra* : Demolombe, t. XI, n° 341.
(10) Cass., 10 juillet 1865 ; Angers, 3 janvier 1850 ; Aubry et Rau, t. II, p. 422 ; Demolombe, n° 333.

La réparation et la reconstruction du mur mitoyen, comme de toute clôture mitoyenne, fut-ce une cloison en briques (1), sont à la charge de tous ceux qui y ont droit et proportionnellement aux droits de chacun (art. 655, C. civ.). En cas de désaccord entre deux propriétaires d'un mur mitoyen, sur le mode à suivre pour la reconstruction devenue nécessaire de ce mur, cette reconstruction doit avoir lieu dans les mêmes dimensions et avec les mêmes matériaux semblables à ceux de l'ancien mur (2).

Tout copropriétaire d'un mur mitoyen peut se dispenser de contribuer aux réparations et reconstruction en abandonnant le droit de mitoyenneté, pourvu que le mur mitoyen ne soutienne pas un bâtiment qui lui appartient (art. 656, C. civ.). Et la faculté accordée par cet article s'applique aux murs de clôture dans les villes et faubourgs, comme dans les campagnes (3).

Le copropriétaire qui, dans son intérêt, démolit et reconstruit un mur mitoyen suffisant pour sa destination, doit supporter seul les frais de démolition et de reconstruction (4), et par exemple les frais de clôture et d'étais (5), ceux de raccord et de réfection qui ne contiennent aucun ouvrage d'une nature exceptionnelle (6), même ceux de la jambe étrière et de la jambe léontine (7).

Doit être considéré comme suffisant le mur mitoyen qui, quoique délabré, n'est pas en assez mauvais état pour que sa réfection immédiate soit nécessaire (8); le mur qui, quoique ancien, ne menace pas ruine et peut durer encore un certain temps (9).

Lorsqu'un mur séparatif de deux propriétés a été reconstruit dans l'intérêt exclusif d'un des propriétaires, l'autre n'est tenu de prendre à sa charge une portion des frais qu'au moment où il se sert dudit mur pour y appuyer des constructions nouvelles (10). C'est la plus-value résultant de la construction qu'il doit payer alors (11).

Tout co-propriétaire peut faire bâtir contre un mur mitoyen, et y faire placer des poutres ou solives dans toute l'épaisseur du mur, à cinquante-quatre millimètres près, sans préjudice du droit qu'a le voisin de faire réduire à l'ébauchoir la poutre jusqu'à la moitié du mur, dans le cas où il voudrait lui-même avoir des poutres dans le même lieu ou y adosser une cheminée (art. 657, C. civ.).

Il peut y adosser non seulement une maison d'habitation, mais encore une grange, un hangar, etc. Il peut, à plus forte raison, y appliquer un treillis d'espaliers, y faire des peintures, etc., toutes choses qu'il ne pourrait faire, s'il n'avait pas la mitoyenneté (12).

Mais celui qui fait creuser un puits ou une fosse d'aisance près d'un mur mitoyen ou non, celui qui veut y construire cheminée, âtre, forge, four ou fourneau, y adosser une étable, ou établir contre ce mur un magasin de sel ou amas de matières corrosives, ou même de terres jectisses, est obligé à laisser la distance prescrite par les règlements et usages particuliers sur ces objets, ou à faire les ouvrages prescrits par les mêmes règlements et usages, pour éviter de nuire au voisin (art. 674, C. civ.).

(1) Rennes, 28 juillet 1884.
(2) Caen, 28 février 1857 ; Aubry et Rau, p. 424; Demolombe, n° 395; Laurent, n° 544. — Mais les réparations ne doivent se faire à frais communs que quand elles sont le résultat de la vétusté, d'un cas fortuit ou quand elles sont produites par tout autre motif dont la cause ne saurait directement être mise à la charge de l'un des copropriétaires.
Si ces réparations sont devenues nécessaires par le défaut d'entretien de la part d'un des communistes, la totalité de la dépense en incombe à ce dernier. Lyon, 30 octobre 1891.
3) Cass., 27 janvier 1874 et 26 juillet 1882.
4) Paris, 30 décembre 1864, 7 et 22 février 1872, art. 18202, 20776, J. N.) ; Cass., 19 mars 1872, et

sur renvoi, Amiens, 28 février 1873 : Paris, 24 mars et 17 juin 1872, 15 février et 3 août 1873, 24 mars et 24 novembre 1874 (art. 21109, J. N.) ; 15 décembre 1875; 24 mars 1879 (S.1879-2-139); Cass., 30 mars 1883.
(5) Paris, 22 février 1872, 24 mars 1874, 15 décembre 1875.
(6) Paris, 22 février 1872, 15 février 1873, 24 mars et 24 novembre 1874, 15 décembre 1875.
(7) Paris, 17 juin 1872, 3 août 1873.
(8) Paris, 17 juin 1872 et 3 août 1873.
(9) Paris, 15 février 1873 et 24 mars 1884; Cass., 17 novembre 1875 (art. 21319, J. N.).
(10) Paris, 18 juin 1872.
(11) Paris, 7 février et 31 mars 1872.
(12) Demolombe, n° 410.

47. — Exhaussement. — Tout copropriétaire peut faire exhausser le mur mitoyen ; mais il doit payer seul la dépense de l'exhaussement, les réparations d'entretien au-dessus de la hauteur de la clôture commune, et en outre l'indemnité de la charge en raison de l'exhaussement et suivant la valeur (art. 658, C. civ.). Toutefois, cet exhaussement ne serait pas permis, s'il était fait uniquement dans le but de nuire (1).

Si le mur mitoyen n'est pas en état de supporter l'exhaussement, celui qui veut l'exhausser doit le faire reconstruire en entier à ses frais, et l'excédent d'épaisseur doit se prendre de son côté (art. 659, C. civ.).

Dans ce dernier cas, il n'y a pas lieu à indemnité de surcharge (2).

C'est au copropriétaire du mur mitoyen qui veut l'exhausser qu'incombe la charge de s'assurer, avant tout, si ce mur est en état de supporter l'exhaussement ou s'il ne doit pas être reconstruit ; à défaut par lui d'avoir pris cette précaution préalable, il est responsable des désordres et dégradations que causerait à la propriété du voisin la surcharge qu'il a imposée à tort au mur mitoyen (3).

En thèse générale, les auteurs n'accordent d'indemnité que lorsque le voisin souffre préjudice dans la chose mitoyenne même ; mais ils refusent toute indemnité pour le dommage que le voisin éprouverait dans ses autres biens. Le principe peut donc se formuler ainsi : le propriétaire ne doit pas réparer le dommage qu'il cause en usant de son droit d'exhausser et de reconstruire, à moins qu'il ne lèse le droit de mitoyenneté du voisin (4).

Le voisin qui n'a pas contribué à l'exhaussement peut en acquérir la mitoyenneté en payant la moitié de la dépense qu'il a coûtée, et la valeur de la moitié du sol fourni pour l'excédent d'épaisseur, s'il y en a (art. 660, C. civ.).

Celui qui a exhaussé le mur mitoyen a le droit de pratiquer dans la nouvelle portion, dont il reste propriétaire exclusif, des jours de souffrance, à fer maillé et verre dormant (5).

48. — Acquisition de mitoyenneté. — Tout propriétaire joignant un mur a la faculté de le rendre mitoyen, en tout ou en partie, en remboursant au maître du mur la moitié de sa valeur, et la moitié de la valeur du sol sur lequel le mur est bâti (art. 661, C. civ.). Cette faculté doit être strictement limitée au cas où l'héritage du propriétaire qui prétend user de cette faculté, atteint directement le mur qu'il s'agit de rendre mitoyen (6). Mais il peut être exercé sans qu'il soit nécessaire de justifier d'un motif d'utilité (7).

Le propriétaire du mur ne pourrait s'opposer à l'acquisition de la mitoyenneté que si les servitudes dont il jouit étaient inconciliables avec la mitoyenneté (8), par exemple, si le propriétaire avait acquis, par titre ou prescription, sur le fonds de celui qui veut acquérir, la servitude de jour ou d'aspect (9).

Mais de simples jours de souffrance pratiqués dans le mur, même depuis plus de trente ans, ne feraient point obstacle à l'acquisition de la mitoyenneté ; seulement ils devraient être bouchés (10).

Le propriétaire qui achète la mitoyenneté d'un mur dans lequel des cheminées ont été pratiquées antérieurement n'a pas le droit d'en exiger la suppression (11), — à moins que, par leur mode de construction, elles soient absolument

---

(1) Aubry et Rau, p. 427, texte et note 35 ; Paris, 8 juillet 1859 et 13 juin 1864 ; Toulouse, 22 novembre 1864.
(2) Pardessus, n° 174 ; Demolombe, n° 404.
(3) Bordeaux, 21 avril 1864.
(4) Aubry et Rau. p. 427, texte et notes 41 à 43 ; Cass., 11 avril 1864 (S. 1864-1-165) ; Demolombe, n° 405 et 406 ; Mourlon, t. I", p. 777. — Contra : Laurent, n° 561. V. Cass., 18 août 1874 (S. 1874-1-461).
(5) Toullier, n° 527 ; Duranton, n° 333 ; Pardessus, n° 211 ; Demolombe, n° 408 ; Dict. du not. n° 68.

(6) Bordeaux, 3 janvier 1888.
(7) Cass., 3 juin 1850 ; Bordeaux, 31 mai 1882 ; Demolombe, n° 359.
(8) Cass., 13 janvier 1879 (S. 1879-1-264).
(9) Cass., 23 juillet 1850 ; 25 janvier 1869 (S. 1869-1-156) ; Grenoble, 16 décembre 1871 ; Aubry et Rau, p. 432 ; Demante, t. II, n° 515 bis ; Demolombe, n° 874.
(10) Castelnaudary, 10 juin 1873 ; Paris, 15 juillet 1882 ; Cass., 13 juin 1888 ; Demolombe, n° 870 ; Aubry et Rau, p. 431 ; Laurent, n° 520.
(11) Bourges, 19 février 1872.

incompatibles avec le droit de mitoyenneté et ne compromettent la sécurité du voisin (1).

Le droit d'acquérir la mitoyenneté s'applique à toute espèce de murs ; elle ne s'étendrait pas, toutefois, aux clôtures en planches et pieux (2).

Le paiement préalable du prix de la mitoyenneté est la condition nécessaire de l'acquisition de la mitoyenneté : le propriétaire du mur a le droit de faire tomber, en cas de non paiement, la construction indûment assise (3).

Le vendeur a pour garantie du prix, le privilège et l'action résolutoire de tout vendeur et peut agir, en paiement, contre tout tiers acquéreur, pourvu que le privilège ait été conservé, soit par la transcription et l'inscription d'office, soit par une inscription prise directement par le créancier avant la transcription du titre de l'acquéreur (4).

Mais, en l'absence de convention réglant la prise de possession ou d'une décision judiciaire pouvant en tenir lieu, le propriétaire, dont le mur a été utilisé par le voisin, peut réclamer le paiement de la mitoyenneté à l'acquéreur de l'immeuble, sans être tenu de recourir à un mode quelconque de publicité, soit transcription, soit inscription (5).

L'un des voisins ne peut pratiquer dans le corps d'un mur mitoyen aucun enfoncement, ni appliquer ou appuyer aucun ouvrage, sans le consentement de l'autre, ou sans avoir, à son refus, fait régler par experts les moyens nécessaires pour que le nouvel ouvrage ne soit pas nuisible aux droits de l'autre (art. 662, C. civ.) ; néanmoins, chacun des voisins peut se servir du mur pour les différents usages auxquels il est propre, d'après sa destination. A cet égard, il n'y a rien d'absolu ni d'invariable ; la destination du mur, les services qu'on peut en tirer, sont choses relatives qui dépendent de l'état du mur, des matériaux qui le composent, de sa solidité, des habitudes du pays et de l'usage des lieux (6).

Aucun des deux voisins ne peut, sans le consentement de l'autre, pratiquer dans le mur mitoyen, aucune fenêtre ou ouverture en quelque manière que ce soit, même à verre dormant (art. 675, C. civ.). Il ne peut pas abaisser le mur mitoyen, quand même il serait plus élevé qu'un mur de clôture ordinaire. En un mot, il ne peut rien faire qui nuise aux droits de l'autre. C'est le principe posé dans l'article 622 du Code civil (7).

Chacun des propriétaires doit établir les ouvrages qu'il élève ou qu'il appuie sur le mur, de manière qu'ils ne s'avancent pas du côté de l'héritage voisin ; dans le cas contraire, le voisin devrait être indemnisé (8).

Chacun peut contraindre son voisin, dans les villes et faubourgs, à contribuer aux constructions et réparations de la clôture faisant séparation de leurs maisons, cours et jardins assis èsdites villes et faubourgs : la hauteur de la clôture sera fixée suivant les règlements particuliers ou les usages constants et reconnus ; et, à défaut d'usage et de règlements, tout mur de séparation entre voisins, qui sera construit ou rétabli à l'avenir, doit avoir au moins 32 *décimètres* de hauteur, compris le chaperon, dans les villes de 50,000 âmes et au-dessus, et 26 *décimètres* dans les autres (art. 663, C. civ.).

Lorsqu'on reconstruit un mur mitoyen, les servitudes actives et passives se continuent à l'égard du nouveau mur, sans toutefois qu'elles puissent être aggra-

(1) Nevers, 4 mai 1891 (*La Loi*, 6 mai 1891).
(2) Cass., 15 décembre 1857 ; Caen, 31 janvier 1877 ; Aubry et Rau, p. 429 ; Demolombe, n° 356 *bis* ; Laurent, n° 508.
(3) Paris, 14 juin 1888 (art. 24151, J. N.) ; Seine, 17 décembre 1888.
(4) Seine, 8 février 1880, 17 décembre 1881, 26 juin 1884, 23 juin 1885, 17 décembre 1887 ; Paris, 25 novembre 1885 ; Lille, 29 mai 1888 ; Demolombe, n° 367 ; Laurent, n°° 521-523.

(5) Paris, 14 juin 1888 ; Cass., 10 avril 1889 ; Paris, 14 janvier 1890 (art. 24151, 24242, 24495, J. N.).
(6) Delvincourt, p. 161, note 2 ; Toullier, n° 206 ; Demolombe, n° 411 ; Aubry et Rau, p. 425, texte et notes 33 et 34 ; Laurent, n° 558.
(7) Conf. : Aubry et Rau, p. 418, texte et note 46.
(8) Toullier, n°° 212 et 334 ; Pardessus, n°° 171 et 201 ; Duranton, t. V, n° 837 ; Demolombe, n° 415.

vées, et pourvu que la reconstruction se fasse avant que la prescription soit acquise (art. 665, C. civ.).

A moins de convention contraire, on doit nécessairement reconstruire le nouveau mur sur le même alignement que l'ancien.

La mitoyenneté finit de trois manières :

  a) Lorsque l'un des voisins la cède à l'autre de gré à gré (V. *infrà*, v° VENTE).

  b) Lorsqu'il l'abandonne pour se dispenser des réparations ou de la reconstruction (V. *suprà*, v° ABANDON DE MITOYENNETÉ).

  c) Et lorsqu'il acquiert par prescription (V. *suprà*, v° PRESCRIPTION).

49. — *Étages d'une maison.* — Il peut y avoir mitoyenneté, non seulement entre les propriétaires de deux héritages, mais aussi entre les propriétaires des différents étages d'une maison : alors, outre les murs, les toits, les poutres et les escaliers sont mitoyens. C'est l'opinion générale (1).

Il a été jugé, cependant, que l'article 664 du Code civil, en déterminant dans quelle proportion chacun des propriétaires doit concourir aux réparations, ne leur attribue pas pour cela des droits égaux à la propriété des gros murs, mais indique, au contraire, que chacun n'est propriétaire que de la partie du mur contre laquelle est établi l'étage qui lui appartient, et, par conséquent, est exclusif de la mitoyenneté (2).

Le propriétaire de l'étage le plus élevé peut-il l'exhausser ? La jurisprudence la plus récente lui refuse ce droit, s'il n'a pas le consentement de tous les propriétaires (3). Aubry et Rau font une distinction : l'opposition uniquement formée par celui qui n'est propriétaire que du rez-de-chaussée ne leur paraît pas devoir être un obstacle à l'exhaussement projeté ; tandis qu'il n'en serait pas de même si l'opposition émanait du propriétaire d'un étage supérieur ; mais, en tout cas, l'exhaussement ne devrait être permis qu'après qu'une expertise aurait constaté qu'il n'en résultera aucun dommage pour les étages inférieurs.

Chacun des propriétaires, ayant la propriété absolue de la partie de la maison qui lui appartient, peut y faire tous les changements qu'il juge convenable ; son droit n'a d'autre limite que celui du droit de ses voisins ; leurs rapports sont régis par les principes généraux, d'après lesquels la propriété de l'un est nécessairement limitée par la propriété de l'autre (4).

Il a été jugé, cependant, que le propriétaire du rez-de-chaussée ne peut transformer en porte une fenêtre donnant sur la cour commune (5).

Si les titres de propriété ne règlent pas le mode de réparations et reconstructions, elles doivent être faites ainsi qu'il suit : Les gros murs et le toit sont à la charge de tous les propriétaires, chacun en proportion de la valeur de l'étage qui lui appartient ; le propriétaire de chaque étage fait le plancher sur lequel il marche ; le propriétaire du premier étage fait l'escalier qui y conduit, le propriétaire du second étage fait, à partir du premier, l'escalier qui conduit chez lui, et ainsi de suite (art. 664, C. civ.) (6).

Le Code ne cite que ces cas : il ne dit rien des réparations concernant les voutes des caves, les allées, portes, puits, fosses d'aisances, grenier, sol et autres choses communes. Par cette raison même que ces choses sont communes, chacun doit y contribuer en proportion de la valeur de son étage, s'il n'y a rien de contraire dans les conventions ou dans les usages locaux (7).

(1) Aubry et Rau, p. 415 ; Laurent, n° 480.
(2) Pau, 7 février 1862.
(3) Aix, 26 avril 1845 ; Grenoble, 18 novembre 1862 ; Aix, 16 juin 1863 ; Laurent, n° 492 ; Demolombe, n° 487.
(4) Aubry et Rau, p. 416 ; Laurent, n° 491 ; Demolombe, n° 436.

(5) Grenoble, 18 novembre 1862.
(6) Cass., 31 juillet 1872 ; Riom, 21 mars 1877 ; Lyon, 22 novembre 1887 ; — et chacune des parties de la maison habitée par les divers propriétaires est tenue de subir le passage des ouvriers chargés de faire les réparations (Grenoble, 26 janvier 1892).
(7) Cass., 22 avril 1860 et 31 juillet 1872.

Cependant, M. Duranton (1) fait une exception à l'égard des voûtes de caves. Il les met à la charge du propriétaire du rez-de-chaussée, comme étant le plancher sur lequel il marche. Cette opinion paraît juste, si l'on considère l'avantage qu'a ce propriétaire de ne pas contribuer aux dépenses de l'escalier.

La loi ne parle pas non plus des impôts. Dans le silence des titres à cet égard, chacun des copropriétaires doit y contribuer comme pour les gros murs et le toit, parce qu'en effet, c'est une charge de toute la propriété. Il est bien entendu, toutefois, que l'impôt des portes et fenêtres reste à la charge de chacun de ceux qui les ont dans leur étage ; celui de la porte commune entrerait seul dans les dépenses générales (2).

Dans les divers cas où il s'agit d'établir la contribution des copropriétaires, on doit estimer la valeur de l'étage de chacun proportionnellement à toute la maison. Chaque pièce doit être estimée, comme si elle était nue, sans considérer autre chose que sa dimension et son utilité (3).

En cas d'incendie ou de démolition de la maison, les auteurs décident généralement que les différents propriétaires ne sont pas tenus de contribuer aux frais de reconstruction et que chacun d'eux peut demander la licitation du sol et des matériaux (4).

50. — *Fossé.* — On distingue trois espèces de fossés :

    a) Ceux qui servent à l'*écoulement des eaux pluviales* :

    b) Ceux qui servent de *clôture ou séparation des héritages* ;

    c) Et ceux qui ont pour objet d'*intercepter les passages.*

I. — Les fossés qui servent à l'*écoulement des eaux pluviales* sont, en général, réputés mitoyens aux propriétés riveraines, et ils appartiennent également aux voisins suivant la largeur de leur possession, mais il ne leur est pas permis de les supprimer ; au contraire, ils sont tenus de les entretenir et curer à leurs frais, chacun pour la portion qui le concerne, sauf à partager la vase qui en provient pour l'engrais des propriétés (5).

Le propriétaire qui creuse un fossé sur sa propriété peut lui donner toute la largeur qu'il juge à propos ; mais l'usage l'oblige à laisser au delà du fossé, près du voisin, un espace appelé *réparation* (6). D'après MM. Aubry et Rau (7), les anciens usages ne seraient plus obligatoires comme tels ; mais il appartient aux tribunaux, en constatant l'imminence d'éboulements de terre causés par un fossé trop rapproché, d'en ordonner le reculement à la distance fixée par les anciens usages.

Il n'est permis ni aux maîtres de fossés, ni à leurs voisins, de semer ou de planter aucune chose sur le terrain laissé pour la *réparation*, suivant l'usage ; ce terrain doit rester en état d'abandon.

Les propriétaires peuvent faire planter des bornes au delà de leurs fossés pour fixer la largeur de leurs berges. Les voisins peuvent, de leur côté, provoquer la même mesure pour prévenir toute usurpation (8).

II. — Toute clôture qui sépare des héritages, est réputée mitoyenne, à moins qu'il n'y ait qu'un seul des héritages en état de clôture, ou, s'il n'y a titre, prescription ou marque contraire. — Pour les fossés, il y a marque de non-mitoyenneté lorsque la levée ou le rejet de la terre se trouve d'un côté seulement du fossé. — Le fossé est censé appartenir exclusivement à celui du côté duquel le rejet se trouve (art. 666, C. civ.) (9).

(1) T. V, n° 342.
(2) Duranton, t. V, n° 346 ; Aubry et Rau, p. 415 ; Laurent, n° 490 ; Demolombe, n°° 428 et 430.
(3) Toullier, t. III, n° 228 ; Aubry et Rau, p. 416 ; Demolombe, n° 429.
(4) Aubry et Rau, p. 417 : Laurent, n° 498 ; Demolombe, n° 440.

(5) Pardessus, n° 182.
(6) Demolombe, t. I, n° 464.
(7) T. II, p. 219, texte et notes 5 et 6.
(8) Vaudoré, n° 161.
(9) L. 20 avril 1881.

La clôture mitoyenne doit être entretenue à frais communs ; mais le voisin peut se soustraire à cette obligation en renonçant à la mitoyenneté. Cette faculté cesse si le fossé sert habituellement à l'écoulement des eaux (art. 667, C. civ.).

Le voisin, dont l'héritage joint un fossé ou une haie non mitoyens, ne peut contraindre le propriétaire de ce fossé ou de cette haie à lui céder la mitoyenneté. — Le copropriétaire d'une haie mitoyenne peut la détruire jusqu'à la limite de sa propriété, à la charge de construire un mur sur cette limite. — La même règle est applicable au copropriétaire d'un fossé mitoyen qui ne sert qu'à la clôture (art. 668, C. civ.).

Un des voisins ne peut contraindre l'autre à faire un fossé commun pour la séparation de leurs héritages (1).

De même, aucun des voisins ne peut demander le partage du terrain sur lequel le fossé est établi ; la mitoyenneté du fossé constitue, comme celle d'un mur, une indivision forcée (2).

III. — Lorsque des fossés sont faits à frais communs entre propriétaires voisins pour *intercepter le passage*, celui qui ne veut pas entretenir le fossé peut en combler la moitié et y cultiver comme auparavant (3).

51. — *Haie.* — Il y a deux sortes de haie :
    a) La *haie vive*, faite d'arbrisseaux en végétation ;
    b) Et la *haie sèche*, formée de morceaux de bois séchés en terre, de branchages réunis ensemble ou de fils de fer appelés ronces artificielles.

La haie vive n'est permise près de la limite de la propriété voisine qu'à la distance prescrite par les règlements particuliers actuellement existants, ou par des usages constants et reconnus, et, à défaut de règlements et usages, qu'à la distance de *deux mètres* de la ligne séparative des deux héritages pour les plantations dont la hauteur dépasse deux mètres, et à la distance d'un *demi-mètre* pour les autres plantations (art. 671, C. civ.) (4).

La haie sèche, au contraire, peut être fixée sur la ligne de démarcation. L'article 671 implique en effet cette solution ; puisque, d'une part, il ne s'applique qu'aux haies vives, et que, d'autre part, les haies sèches n'ont pas les inconvénients qui ont exigé la disposition de cet article et qui consistent dans les anticipations des racines et des branches (5).

L'espace légal qui sépare la haie vive du terrain voisin est présumé appartenir au propriétaire de la haie, sauf preuve contraire ; et si le voisin ne réclame pas dans les trente ans, cette prescription est inattaquable (6).

La haie sèche ou vive, comme toute clôture qui sépare les héritages, est réputée mitoyenne, à moins qu'il n'y ait qu'un seul des héritages en état de clôture, ou s'il y a titre, prescription ou marque de non-mitoyenneté (art. 666, C. civ.).

La haie mitoyenne doit être entretenue à frais communs ; mais le voisin peut se soustraire à cette obligation en renonçant à la mitoyenneté (art. 667, C. civ.).

Tant que dure la mitoyenneté de la haie, les produits appartiennent aux propriétaires, par moitié (art. 669, C. civ.).

Les arbres qui se trouvent dans la haie mitoyenne sont mitoyens comme la

(1) Toullier, t. III, n° 227.
(2) Demolombe, n° 463 ; Aubry et Rau, p. 434, texte et note 67.
(3) Fournel, *Du voisinage*, v° Fossé).
(4) Les cinquante centimètres de terrain au delà de la haie vive servent à sa nourriture et appartiennent au propriétaire de la haie. La propriété exclusive de la haie vive entraîne donc nécessairement la propriété exclusive d'un demi-mètre de terrain au delà, mesuré du centre de la haie. Toutefois, le pro-

priétaire d'une haie séparative n'est point fondé à se prévaloir de l'usage local qui lui attribue la propriété d'un mètre de terrain au delà sur l'héritage voisin, lorsqu'il est établi qu'au moment où cette haie a été plantée les deux héritages alors réunis et partagés depuis, appartenaient au même propriétaire. Cass., 23 novembre 1891. — Rapp. Cass., 12 mars 1872 ; Demolombe, t. I, n° 471.
(5) Fournel, Pardessus, etc.
(6) Duranton, t. V, n° 384.

haie ; ces arbres plantés sur la ligne séparative de deux héritages sont aussi réputés mitoyens. Lorsqu'ils meurent ou lorsqu'ils sont coupés ou arrachés, ces arbres sont partagés par moitié. Les fruits sont recueillis à frais communs et partagés aussi par moitié, soit qu'ils tombent naturellement, soit que la chute en ait été provoquée, soit qu'ils aient été recueillis. Chaque propriétaire a le droit d'exiger que les arbres mitoyens soient arrachés (art. 670, C. civ.).

Le voisin, dont l'héritage joint une haie non mitoyenne, ne peut contraindre le propriétaire de cette haie à lui céder la mitoyenneté. Le copropriétaire d'une haie mitoyenne peut la détruire jusqu'à la limite de sa propriété, à la charge de construire un mur sur cette limite (art. 668, C. civ.).

52. — *Arbres. Arbustes. Arbrisseaux.* — Il n'est permis d'avoir des arbres, arbrisseaux et arbustes près de la limite de la propriété voisine qu'à la distance prescrite par les règlements particuliers actuellement existants, ou par des usages constants et reconnus, et, à défaut des règlements et usages, qu'à la distance de *deux mètres* de la ligne séparative des deux héritages pour les plantations dont la hauteur dépasse *deux mètres*, et à la distance d'un *demi-mètre* pour les autres plantations (1). Les arbres, arbustes et arbrisseaux de toute espèce peuvent être plantés en espaliers, de chaque côté du mur séparatif, sans que l'on soit tenu d'observer aucune distance, mais ils ne pourront dépasser la crête du mur. Si le mur n'est pas mitoyen, le propriétaire seul a le droit d'y appuyer ses espaliers (art. 671, C. civ.).

Le voisin peut exiger que les arbres, arbrisseaux ou arbustes, plantés à une distance moindre que la distance légale, soient arrachés ou réduits à la hauteur ci-dessus indiquée, à moins qu'il n'y ait titre, destination du père de famille ou prescription trentenaire. Si les arbres meurent, ou s'ils sont coupés ou arrachés, le voisin ne peut les remplacer qu'en observant les distances légales (art. 672, C. civ.).

Celui sur la propriété duquel avancent les branches des arbres du voisin peut contraindre celui-ci à les couper. Les fruits tombés naturellement de ces branches lui appartiennent. Si ce sont les racines qui avancent sur son héritage, il a le droit de les y couper lui-même. Le droit de couper les racines ou de faire couper les branches est imprescriptible (art. 673, C. civ.).

53. — Passage. — On entend par *passage*, en matière de servitude, le droit de passer sur le fonds d'autrui.

54. — *Enclaves.* — Le propriétaire dont les fonds sont enclavés et qui n'a sur la voie publique aucune issue, ou n'a qu'une *issue insuffisante* (2) pour l'exploitation, soit agricole, soit industrielle de sa propriété, peut réclamer un passage sur les fonds de ses voisins, à la charge d'une indemnité proportionnée au dommage qu'il peut occasionner (art. 682, C. civ.). Les termes de cet article ayant été modifiés par la loi du 20 août 1881, on doit, laissant de côté certaines solutions de la jurisprudence antérieure, considérer un fonds comme *enclavé*, non seulement quand le passage est impossible sans passer sur les fonds voisins, mais encore quand le passage est rendu difficile ou périlleux, à raison de certains obstacles naturels ou accidentels (3).

Bien que la loi ne parle que du *propriétaire*, cette servitude peut être réclamée par tous les exploitants, en vertu d'un droit réel, comme l'usufruitier, l'usager, l'emphytéote ; mais non le fermier et le locataire qui n'ont qu'un droit, celui

---

(1) C'est du cœur de l'arbre à la limite du fonds que la distance légale doit se mesurer. Aubry et Rau, p. 213 ; Laurent, t. VIII, n° 8.

(2) Par exemple, un chemin public impraticable aux charrettes. Nîmes, 27 mai 1891.

(3) Cass., 17 janvier 1882 et 31 mars 1885.

d'exiger que le propriétaire les fasse jouir de la chose louée ; c'est à celui-ci à réclamer le passage (1).

Le passage doit régulièrement être pris du côté où le trajet est le plus court du fonds enclavé à la voie publique, à moins que le trajet le plus court n'offre des difficultés de passage (2). Néanmoins, il doit être fixé dans l'endroit le moins dommageable à celui sur le fonds duquel il est accordé (art. 683, C. civ.) (3).

La servitude de passage continue de subsister, nonobstant la réunion ultérieure du fonds enclavé à d'autres héritages touchant à la voie publique (4).

Si l'enclave résulte de la division d'un fonds par suite d'une vente, d'un échange, d'un partage ou de tout autre contrat, le passage ne peut être demandé que sur les terrains qui ont fait l'objet de ces actes. Toutefois, dans le cas où un passage suffisant ne pourrait être établi sur les fonds divisés, l'article 682 ci-dessus rappelé serait applicable (art. 684, C. civ.).

Il a été jugé que, lorsque, dans un partage, une cour et un passage ont été laissés en commun entre les copartageants pour le service des immeubles compris dans ce partage, ces cour et passage ne peuvent servir à chacun des copartageants que pour l'exploitation desdits immeubles et nullement pour celle d'autres immeubles acquis par l'un d'eux ultérieurement (5).

L'assiette et le mode de servitude de passage pour cause d'enclave sont déterminés par trente ans d'usage continu. — L'action en indemnité dans le cas prévu par l'article 682, est prescriptible, et le passage peut être continué, quoique l'action en indemnité ne soit plus recevable (art. 685, C. civ.).

55. — *Cas divers.* — L'intérêt de la propriété a fait admettre dans d'autres cas le passage forcé.

Ainsi, on peut contraindre le propriétaire d'un fonds voisin à donner passage pour y aller prendre des matériaux ou des meubles qui y auraient été entraînés par un débordement, ou apportés de toute autre manière (6).

Une personne qui a laissé tomber un objet précieux dans un puits ou dans une fosse d'aisances peut obliger le propriétaire de ce puits ou de cette fosse à les laisser vider si cela est nécessaire, sauf indemnité (7).

L'obligation de permettre l'entrée de son héritage a lieu, encore, lorsque quelque accident imprévu ou seulement la succession du temps a obstrué le cours des eaux qui découlent des fonds supérieurs, et les fait refluer d'une manière nuisible sur ces fonds, et que les propriétaires désirent, pour leur utilité, rétablir le cours des eaux dans son ancien état. Les lois donnent une action aux propriétaires supérieurs pour contraindre l'inférieur à leur permettre l'entrée de son fonds, en s'obligeant toutefois à réparer le dommage et à l'indemniser (8).

Avant le Code, plusieurs Coutumes connaissaient enfin la servitude du *tour de l'échelle* qui donnait le droit de faire passer des ouvriers sur le fonds du voisin et d'y passer des échelles, dans les cas de réparations à faire à une maison ou à un mur contigu à ce fonds, mais le Code civil ne l'a pas maintenue ; elle ne peut donc être réclamée qu'en vertu d'un titre, car, étant discontinue, elle ne peut être acquise par prescription. — Le propriétaire doit s'imputer de n'avoir pas laissé un

(1) Demolombe, t. XII, n° 100 ; Laurent, t. VIII, n°° 74 et 75 ; Cass., 16 juin 1880 (S. 1880-1-456).
(2) Cass., 16 juillet 1878, 7 mai 1879 (S. 1880-1-78) ; Aubry et Rau, p. 29 ; Demolombe, n° 613 ; Laurent, n° 93.
(3) Poitiers, 5 mars 1891.
(4) Cass., 19 janvier 1848 ; Bordeaux, 25 juin 1863 ; Lyon, 12 juillet 1865 ; Amiens, 9 décembre 1868 ; Cass., 19 juin 1872 (S. 1872-1-205) ; Bourges, 13 janvier 1873 ; Cass., 26 août 1874 (S. 1874-1-460),

21 avril 1875 (S. 1875-1-304), 24 novembre 1880 (S. 1881-1-222) ; Demolombe, t. XII, n°° 642, 643.— *Contrà* : Aubry et Rau, t. III, p. 32 ; Perrin et Rendu, n° 3248 ; Laurent, t. VIII, n° 110.
(5) Paris, 6 novembre 1863 ; Orléans, 12 novembre 1881 et 12 février 1891. — *Contrà* : Bordeaux, 31 mai 1887.
(6) Pardessus, n° 226.
(7) Toullier, t. III, n° 554.
(8) Toullier, t. XI, n° 327.

espace suffisant de terrain pour réparer facilement ses bâtiments ou ses murs. Tous les auteurs sont d'accord sur ce point (1).

56. — Sentiers. — V. *suprà*, n° 40, CHEMINS ET SENTIERS D'EXPLOITATION.

57. — Vues. — En général, on distingue sous ce nom toute espèce d'ouverture ayant pour objet de donner du jour à un édifice.

Toutefois les *vues* proprement dites se distinguent des *jours*, en ce que les premières ont pour but de faciliter ou d'ouvrir l'aspect des objets extérieurs ; et que les autres sont destinés seulement à éclairer, à donner passage à la lumière.

« La servitude de jour, dit Pardessus (2), ne s'entend que de la simple lumière sans qu'on puisse plonger les regards sur le fonds assujetti ; la servitude de vue comprend, en outre, la faculté de regarder librement sur ce fonds (3). »

58. — *Vues proprement dites*. — Une conséquence de la propriété est d'avoir le droit de regarder à l'extérieur de la maison ; mais ce droit ne doit s'exercer immédiatement que sur les points dont on est propriétaire (4) ; autrement, il constitue une servitude, qu'on ne peut acquérir que par titre ou par prescription.

D'autre part, lors même qu'on use de la vue sur sa propriété, il peut arriver que le terrain qui se trouve entre la fenêtre et la propriété du voisin soit si étroit que la vue s'exerce en grande partie sur celle-ci ; dès lors, la loi a dû modifier le droit de propriété et déterminer l'espace qui donnerait le droit d'exercer sa vue sans limitation, et c'est ce qui forme une servitude légale.

Les vues sont *droites* ou *obliques*. Les premières s'exercent par des ouvertures faites dans un mur parallèle à la ligne de séparation des deux héritages ; les autres pratiquées dans un mur qui fait l'angle de cette ligne (5).

On ne peut avoir de vues droites ou fenêtres d'aspect, ni balcons ou autres semblables saillies sur l'héritage clos, ou non clos, de son voisin, s'il n'y a *dix-neuf décimètres* (1 mètre 90 cent.) de distance entre le mur où on les pratique et ledit héritage (art. 678, C. civ.).

N'est point considérée comme vue droite, dans le sens de cet article, une *claire-voie* établie pour servir de clôture entre deux héritages sur un mur élevé de deux pieds au-dessus du sol (6). Les dispositions de la loi ne s'appliqueraient pas davantage à des portes à panneaux pleins et sans vitrage (7).

On ne peut avoir de vues par côté ou obliques sur l'héritage, clos ou non clos de son voisin, s'il n'y a pas *six décimètres* (60 centimètres) de distance (art. 679, C. civ.), en comptant de l'arête de la fenêtre (8).

On doit observer la distance prescrite, à la ville comme à la campagne, sans égard pour les circonstances, mais il faut que la vue puisse s'exercer sur l'héritage voisin. Si donc le propriétaire de la fenêtre d'aspect construisait un mur assez élevé pour dérober la vue de l'héritage voisin, le propriétaire de celui-ci ne pourrait se plaindre (9). Laurent (10) enseigne, toutefois, que la disposition restric-

---

(1) Pardessus, n° 227 ; Delvincourt, t. I, p. 558 ; Toullier, t. III, n° 359 ; Demolombe, n° 423 ; Aubry et Rau, t. III, p. 3 ; Laurent, t. VIII, n° 117 ; Grenoble, 17 mai 1870 (art. 20782, J. N.) ; Poitiers, 17 mai 1875 ; Bordeaux, 24 janvier 1882 ; Cass., 29 juillet 1889 (*Rev. not.*, n° 8181).
(2) N° 238.
(3) Demolombe, n° 528.
(4) Ou sur les terrains dépendant du domaine public ou municipal affectés à la voie publique. En ce cas, le droit d'ouvrir des jours. de prendre des vues ou d'établir des balcons ne souffre d'autres restrictions que celles qui sont déterminées par les pouvoirs administratifs. Mais ce droit ne reçoit aucune limitation des dispositions des articles 678 et 679, C. civ.,

qui ont pour seul objet de régler les rapports de voisinage entre les propriétés privées. Cass., 28 octobre 1891 (S. 1892-1-23).
(5) Demolombe, n° 528.
(6) Bordeaux, 28 août 1835 ; Demolombe, t. II, n° 561 ; Aubry et Rau, t. II, p. 206 et 207, texte et note 27 ; Laurent, t. VIII, n° 43.
(7) Aubry et Rau, t. II, p. 207 ; Laurent, t. VIII, n° 43 ; Bordeaux, 22 décembre 1863 et 16 juin 1864 ; Agen, 23 juin 1864 ; Cass., 28 juin 1865.
(8) Riom, 4 décembre 1884.
(9) Demolombe, n° 529 ; Aubry et Rau, p. 202 ; Laurent, n° 41.
(10) N° 44.

tive de la loi s'applique même au cas où la vue donne sur un mur de clôture qui empêche de voir chez le voisin. La Cour de Lyon s'est prononcée en ce sens par un arrêt du 4 novembre 1864.

La loi redeviendrait applicable, si le mur était abaissé de manière à laisser voir par-dessus, à moins que cet état de choses n'ait subsisté pendant plus de trente ans (1).

La distance de *dix-neuf décimètres* n'est pas obligatoire, si la fenêtre est ouverte sur une rue ou sur un chemin public ayant moins de 19 décimètres (2).

La distance dont il est parlé dans les articles 678 et 679 du Code civil, se compte depuis le parement extérieur du mur où l'ouverture se fait; et, s'il y a un balcon ou autres semblables saillies, depuis leur ligne extérieure jusqu'à la ligne de séparation des deux propriétés (art. 680, C. civ.).

Lorsque les clôtures sont mitoyennes, la ligne se prend à la moitié de ces clôtures (3).

Les balcons dont parle l'article 680 sont seulement ceux existant dans le mur où l'ouverture se fait. Si le mur opposé formant la ligne séparative des deux propriétés avait des balcons ou autres ouvrages avancés, leur saillie ne serait pas prise en considération, et la distance légale se mesurerait jusqu'à l'aplomb des fondations de ce mur (4).

D'après la rédaction de la loi, la distance de vues obliques semble aussi devoir être comptée à partir du parement extérieur du mur. Mais, évidemment, la manière dont l'article 680 veut que la distance soit calculée ne s'applique qu'aux vues droites, autrement toutes vues de côté seraient interdites; car, à quelque distance de la propriété voisine qu'elles fussent pratiquées, elles se trouveraient souvent d'être dans un mur qui toucherait immédiatement l'héritage du voisin. La nature des choses exige donc qu'on suive, dans la fixation de leur distance, les règles que l'usage et les coutumes auraient introduites, et que les six décimètres se comptent à partir de l'arête du jambage de la croisée jusqu'à la ligne séparative des deux héritages (5).

Un voisin ne pourrait éluder les prohibitions de l'article 680, en construisant dans un mur et seulement à la distance requise pour les vues de côté, un balcon dont la saillie lui procurerait des vues droites sur l'héritage voisin. Il devra donc laisser, entre le côté du balcon et la propriété voisine, la distance précitée pour les vues droites (6). La disposition de la loi s'applique aux balcons, saillies, terrasses, plateformes ou belvédères; elle s'appliquerait même à un toit fait en forme de terrasse (7).

Ces principes ne devront pas s'appliquer dans toute leur étendue aux ouvertures qu'un propriétaire pratique dans son toit et qui ne regardent que le ciel. S'il existe un espace suffisant pour qu'on ne puisse pas regarder perpendiculairement sur la propriété du voisin, celui-ci devrait être, attendu le défaut d'intérêt, déclaré non recevable dans sa demande en suppression des fenêtres établies à une moindre distance que celle prescrite par la loi (8).

59. — *Jours.* — L'un des voisins ne peut, sans le consentement de l'autre, pratiquer dans le mur mitoyen aucune fenêtre ou ouverture, en quelque manière que ce soit, même à verre dormant (art. 675, C. civ.).

---

(1) Toullier, t. III, p. 528; Duranton, t. V, n° 409; Delvincourt, t. I, p. 407.
(2) Toullier, n° 528; Duranton, n° 412; Delvincourt, t. I, p. 407; Demolombe, n° 566; Aubry et Rau, p. 207, texte et note 31: Laurent, n° 47 et 48; Cass., 1er mars 1848 et 1er juillet 1861; Rennes, 30 avril 1867 (art. 19503, J. N.).
(3) Aubry et Rau, p. 205 et 206; Laurent, n° 58.
(4) Pardessus, n° 205; Duranton, n° 408; Demolombe n° 554; Aubry et Rau, p. 206.

(5) Pardessus, n° 207; Duranton, n° 413; Demolombe, n° 552; Aubry et Rau, p. 206, note 25; Laurent, n° 57.
(6) Pardessus, n° 207; Toullier, n° 522; Duranton, n° 413; Demolombe, n° 548.
(7) Aubry et Rau, p. 205, texte et note 21; Laurent, n° 55.
(8) Pardessus, n° 207; Demolombe, n° 570; Aubry et Rau, p. 209; Laurent, n° 56; Metz, 13 avril 1853; Colmar, 2 mai 1855; Liège, 10 juillet 1867.

Le propriétaire d'un mur non mitoyen, joignant immédiatement l'héritage d'autrui, peut pratiquer dans ce mur des jours ou fenêtres à fer maillé et verre dormant. Ces fenêtres devront être garnies d'un treillis de fer, dont les mailles auront un décimètre d'ouverture au plus, et d'un chassis à verre dormant (art. 676, C. civ.).

Ces fenêtres ou jours ne peuvent être établis qu'à vingt-six décimètres au-dessus du plancher ou sol de la chambre qu'on veut éclairer, si c'est à rez-de-chaussée, et à dix-neuf décimètres au-dessus du plancher pour les étages supérieurs (art. 677, C. civ.).

Par chassis à verre dormant, on entend ceux qui sont arrêtés dans le mur et à demeure, en un mot scellés de manière à ne pouvoir s'ouvrir (1).

Les articles 676 et 677 ne s'expliquent point sur l'étendue des ouvertures; il faut en conclure que chacun est libre de leur donner la hauteur, la largeur et l'évasement qu'il juge à propos (2).

Lorsque les jours servent à éclairer un escalier, et que les marches sont le long du mur dans lequel on pratique les ouvertures, on doit, à chaque étage, compter la distance légale à partir de la plus haute marche qui est au dessous des vues, et leur faire suivre la direction de l'escalier (3).

Quant aux soupiraux des caves, il n'est pas toujours possible de donner aux voûtes qu'elles éclairent la hauteur voulue par la loi, à raison du peu d'intervalle qui est souvent entre le sol et la voûte. Le voisin qui n'en éprouverait aucun tort, ne pourrait s'en plaindre (4).

60. — *Modification à la servitude légale de vue.* — L'obligation d'observer les distances légales peut cesser par l'acquisition de la servitude, par titre ou par prescription (5).

I. — Le *titre* fixe ordinairement l'étendue du droit de vue et ses conditions, le nombre et la dimension des jours, etc...; mais les termes de la rédaction de l'acte constitutif de la servitude doivent être considérés avec d'autant plus de soin que, dans certains cas, ils peuvent influer sur ses effets; ainsi quand le titre parle d'une servitude de *jour*, elle est moindre que celle de vue (6).

Il n'est pas non plus indifférent que le titre porte *la vue* ou *les vues*. Par ce dernier mot, on entend les ouvertures qui peuvent donner la lumière avec plus d'étendue que de simples *jours*, ce qui n'empêcherait pas celui qui les supporte de planter ou construire dans les distances légales. Au contraire, *la vue* signifie *le prospect*, c'est-à-dire le droit de voir librement toutes les choses que la perspective présente aux regards (7).

En effet, les jours établis par *convention* ou titre de servitude sont de deux espèces : celle qui donne le droit de prendre le jour sur l'autre héritage, et celle qui oblige le propriétaire de l'héritage asservi à ne rien faire qui puisse gêner l'usage de ce jour. La première convention n'emporte pas garantie du *jour*, et le propriétaire de l'héritage assujetti peut faire toutes constructions, lors même qu'elles obscurciraient *ce jour*. La seconde convention peut seule produire un effet contraire (8).

II. — Le droit de vue peut, comme les servitudes continues et apparentes, s'acquérir par la *prescription* ou possession pendant trente ans et réunissant les qualités exigées par la loi (V. *infrà*, n° 93).

(1) Demolombe, n° 533.
(2) Pardessus, n° 210; Toullier. n° 526; Demolombe, n° 537; Aubry et Rau, p. 204.
(3) Pardessus, n° 210; Duranton, n° 405; Demolombe, n° 535; Aubry et Rau, p. 203.
(4) Pardessus, n° 210; Demolombe, n° 533; Aubry et Rau, p. 203.

(5) Demolombe, n° 577.
(6) Demolombe, n° 578.
(7) Pardessus, n° 210; Demolombe, n° 578; Laurent, t. VIII, n° 251.
(8) Demolombe, n° 578; Laurent, t. VIII, n° 251.

Le droit de vue acquis par ce mode empêche d'obstruer les fenêtres par des plantations ou constructions ; car, à cet égard, on doit assimiler la servitude acquise par prescription à celle qui est acquise par titre : la prescription reposant sur la présomption d'un consentement tacite de la part du propriétaire servant ou même de l'existence d'un titre ancien qui s'est perdu (1).

Les trente ans commencent à courir du jour où les ouvrages qui donnent à la servitude le caractère d'apparence et de continuité, sans lequel on ne pourrait acquérir la prescription, ont été achevés et où en a commencé l'usage.

Art. 2. — *Servitudes conventionnelles.*

61. — Principes. — Par servitudes *conventionnelles*, il faut entendre aussi bien les modifications aux servitudes légales d'intérêt privé, que les servitudes établies par le fait de l'homme.

En principe, toutes les servitudes qui ne sont pas défendues sont permises, et liberté entière est donnée à l'homme de les établir (art. 686, C. civ.) (2).

La loi ne défend les servitudes qui ont les caractères essentiels à cette sorte de droits, que dans le cas où elles sont contraires à l'ordre public ou aux bonnes mœurs (art. 686 et 1137, C. civ) (3).

L'homme a donc le droit, dans cette limite, d'établir telles servitudes qu'il juge convenable ; mais il ne saurait être contraint à en consentir hors les cas prévus par la loi ; on doit, en effet, user de sa chose de manière à ne pas préjudicier à autrui (4).

Il résulte de ces principes que les servitudes qui peuvent être établies par l'homme sont indéterminées, à la différence des servitudes légales qui n'existent qu'autant qu'elles ont été formellement et expressément établies par un texte de loi.

Comme parmi ces dernières, il s'en trouve qui ont rapport à l'intérêt des particuliers seulement, elles sont susceptibles de prendre un caractère de servitudes conventionnelles et de passer ainsi de l'empire de la loi sous celui de la convention particulière. Toutefois, cela ne doit avoir lieu qu'à la condition de ne pas rendre sans effet les précautions d'intérêt public imposées par le législateur (5).

Ainsi, l'article 675 du Code civil refuse à un voisin le droit de vue dans certains cas, et dans d'autres ne le permet qu'à certaines conditions : cela n'empêche pas que ce voisin ne puisse acquérir ces vues ou obtenir la dispense de ces conditions (6).

Une servitude peut être établie sous condition, — ou pour un certain temps, ou stipulée avec telles autres clauses non contraires à l'intérêt public (7).

Elle peut être constituée sous condition suspensive ou résolutoire, ou à terme (8).

C'est le titre constitutif de la servitude qui en règle l'usage et l'étendue ; s'il ne le fait pas, ou s'il n'existe pas de titre, il faut s'en référer aux règles du Code civil (art. 686).

Les servitudes ne se supposant pas, il faut que la volonté de les établir soit formellement exprimée ; car la liberté est la règle, et la servitude l'exception.

Toutefois, si la servitude était indispensable et qu'elle fût l'accessoire nécessaire d'une autre mentionnée dans la convention, elle devrait être accordée, bien qu'elle n'eût pas été expressément stipulée (9).

---

(1) Duranton, n° 326 ; Marcadé, art. 688, n° 3 ; Demolombe, n° 580 ; Laurent, n° 252.
(2) Favard, section 3, § 1 ; Aubry et Rau, p. 60 et 61.
(3) Demolombe, n° 666
(4) Pardessus, n° 229.

(5) Pardessus, n° 229.
(6) Pardessus, n° 230.
(7) Merlin, v° SERVITUDE, § 14, n° 6.
(8) Demolombe, n° 703 ; Laurent, n° 171.
(9) Pardessus, n° 233.

Forme. — Les servitudes conventionnelles peuvent être constituées, soit par acte sous seing privé, soit par acte notarié.

Si l'acte est dressé par un notaire, il doit être reçu en *minute*, et porté au *répertoire.*

Formalités. — La servitude ne pouvant être établie que par le concours de la volonté de deux parties, leur consentement à l'acte doit être expressément constaté.

Transcription. — V. *infrà*, n° 91.

62. — Division. — On peut citer à titre d'exemples de servitudes pouvant être établies par le fait de l'homme :

    a) La servitude *oneris ferendi* ;
    b) La servitude *projiciendi* ;
    c) La servitude *altiùs non tollendi* ;
    d) La servitude *non œdificandi* ;
    e) Les servitudes de passage, la plus fréquemment stipulée, de puisage, d'abreuvage, de vue, etc...

I. — La servitude *oneris ferendi* est celle qui consiste à faire supporter une charge par le mur du voisin.

Duranton (1) avait prétendu que le propriétaire du mur grevé de cette servitude était tenu, à moins de stipulation contraire, d'entretenir ce mur en état de supporter la charge de l'édifice dominant; mais cette doctrine a été combattue, avec raison, par tous les auteurs (2).

Celui à qui la servitude est due ne peut placer dans le mur du voisin un plus grand nombre de poutres qu'il n'a été convenu, ni les mettre ailleurs qu'à l'endroit indiqué (3).

Cette servitude ne s'éteint point par cela seul que les poutres ou solives qui auraient été appuyées dans ou sur le mur du voisin, viendraient à périr de vétusté, ou seraient enlevées pour d'autres causes. Elles peuvent être remplacées, et ce n'est qu'autant que trente années se seraient écoulées qu'on pourrait invoquer la prescription (4).

II. — La servitude *projiciendi* consiste ordinairement dans la faculté de pouvoir faire avancer sa galerie, son balcon, ou toute autre saillie, comme le bord d'un toit, sur le terrain voisin, mais sans pouvoir l'y appuyer, à moins de convention contraire (5).

Lorsqu'il y a aussi faculté par le titre, de pouvoir faire écouler les eaux du toit sur le terrain du voisin, c'est la servitude d'égout; tandis que si l'on ne doit pas faire tomber les eaux, mais les diriger ailleurs, par le moyen d'un conduit, c'est la servitude *projiciendi* seulement.

III. — La servitude *altiùs non tollendi* est la prohibition de bâtir au delà d'une hauteur déterminée. Elle est ordinairement établie pour que le propriétaire du fonds dominant ait des vues ou un aspect plus agréables.

Elle a seulement pour objet d'empêcher le voisin de bâtir au delà de la hauteur convenue, mais non de l'empêcher d'y planter des arbres, d'y avoir des bosquets; à la différence de la servitude de prospect qui interdirait, non pas seulement de planter des arbres, mais de faire toute chose qui nuirait à la beauté de l'aspect que l'on s'est proposé d'avoir (6).

Cette servitude ne renferme pas la servitude de *vue;* elle se borne simplement

---

(1) T. V, n° 503.
(2) Demante, t. II, n° 555 *bis*; Demolombe, t. II, n° 874 ; Aubry et Rau, p. 89, texte et note 6; Laurent, t. VIII, n° 242.
(3) Duranton, n° 505.
(4) Duranton, n° 504.
(5) Duranton, n° 506.
(6) Duranton, n° 511 ; Cass., 12 décembre 1836.

à empêcher celui qui s'y est soumis, de bâtir, ou de bâtir au delà de la hauteur convenue (art. 678, C. civ.) (1).

IV. — La servitude *non œdificandi* est la prohibition absolue de bâtir. Elle constitue une servitude non apparente qui ne peut être établie que par titre.

En cas de doute sur le caractère et l'étendue de la servitude, le droit d'interpréter le titre constitutif appartient aux tribunaux (2).

On rencontre assez fréquemment cette servitude dans les ventes de terrains.

V. — Un propriétaire peut concéder sur son fonds au profit d'une autre personne tel droit de passage qu'il juge à propos. Le titre constitutif de la servitude fixe dans quelles conditions elle peut et doit s'exercer, et il est nécessaire que ces conditions soient précisées avec soin (3). — Ainsi, il est nécessaire d'indiquer si le passage est concédé seulement pour y passer à pied ou, au contraire, avec cheval et voiture, bœufs et charrettes; s'il doit s'exercer en tous temps et saisons, ou à des époques déterminées; le jour, ou le jour et la nuit; quelle est la largeur du passage; dans quelles conditions il sera entretenu.

Il est également utile d'expliquer si le passage peut être utilisé pour toutes sortes de causes et au gré du propriétaire à qui la servitude est accordée. En cas de silence du titre, il a été jugé :

Que la servitude de passage pour l'accès d'un jardin ne peut, sans aggravation, servir à l'accès et à l'issue d'une maison d'habitation édifiée sur l'extrême limite de la propriété (4).

Que celle établie pour l'usage d'une maison et des bâtiments y attenant ne saurait, après la démolition des bâtiments, subsister pour aller du sol de l'un au sol de l'autre, et à plus forte raison pour le service de fonds ruraux distincts, bien qu'ils soient contigus (5).

Que le propriétaire du fonds servant peut faire couvrir l'allée qui sert au passage (6) ; ou clore ce fonds, à l'aide de barrières ou de grilles fermant à clefs, pourvu qu'il n'occasionne par là aucune gêne à l'exercice de la servitude, en remettant, par exemple, une clef au propriétaire du fonds dominant (7).

Les juges du fond ont, d'ailleurs, un pouvoir souverain pour rechercher si les travaux effectués ou l'usage fait de la servitude sont de nature à l'aggraver (8).

Si le fonds qui a droit à la servitude de passage vient à être divisé, le passage reste dû pour chaque portion de l'héritage; mais pour que la servitude ne soit pas aggravée, tous les co-propriétaires seront obligés d'exercer le passage par le même endroit (art. 700, C. civ.).

1° Capacité pour consentir les servitudes conventionnelles.

63. — La servitude ayant pour effet de diminuer les droits d'une propriété, il en résulte que les propriétaires seuls du fonds peuvent en consentir l'établissement (9). Rien n'empêche toutefois qu'on ne constitue valablement une servitude dont on n'est point encore propriétaire, pour le cas où on le deviendrait (10).

Ce principe posé, nous allons examiner, au point de vue de la capacité, les différentes personnes susceptibles de consentir des servitudes.

64. — Administrateur. — Les administrateurs légaux des biens d'une

---

(1) Duranton, n° 512 ; Cass., 16 avril 1890.
(2) Cass., 6 juillet 1891.
(3) Lyon, 23 avril 1881; Caen, 26 février 1883; Demolombe, n° 926.
(4) Cass., 8 août 1868 (art. 19467, J. N.).
(5) Cass., 15 avril 1868 (S. 1868-1-395); Toulouse, 12 juin 1883.
(6) Aix, 19 janvier 1855; Bordeaux, 30 mars 1887;

Aubry et Rau, § 254, note 6; Demolombe, t. XII, n° 893.
(7) Cass., 16 juin 1870 ; Caen, 23 décembre 1871, 20 janv. 1891 et 20 janv. 1892; Amiens, 27 janv. 1892.
(8) Cass., 5 mai 1857, 8 et 15 avril 1866 et 8 novembre 1886.
(9) Demolombe, n° 734.
(10) Aubry et Rau, p. 171; Laurent, t. VII, n° 128.

personne, d'un établissement public, ne peuvent, sans les formalités de l'aliénation, imposer une servitude sur les héritages qu'ils gèrent ou administrent (1).

65. — Conseil judiciaire. — La personne pourvue d'un conseil judiciaire ne peut établir une servitude sans l'assistance de ce dernier.

66. — Co-propriétaire. — Il est évident que le co-propriétaire d'un héritage peut le grever de servitudes avec le consentement de ses co-propriétaires.

Ce consentement peut être donné pour différents motifs, à diverses époques, de manières différentes, et même par les héritiers ou représentants d'un ou plusieurs co-propriétaires (2).

Le consentement des co-propriétaires ne serait pas nécessaire, si le cédant n'avait déclaré imposer la servitude que sur sa part, et que la nature des choses ne s'y opposât pas (3).

La constitution de servitude par l'un des copropriétaires devient efficace, lorsque, par le résultat du partage ou de la licitation, l'héritage grevé tombe en totalité ou en partie dans le lot de celui qui a constitué la servitude ; dans le premier cas, la servitude frappe l'immeuble tout entier ; dans le second, la servitude grève seulement la portion échue au constituant (4). Suivant Laurent, cependant (5), la servitude constituée par le copropriétaire est sans effet, si le fonds n'est pas attribué en entier au constituant (V. infrà, n° 83).

67. — Curateurs. — Leur incapacité est la même que celle des administrateurs (V. suprà, n° 64).

68. — Emphytéote. — L'emphytéote peut-il constituer une servitude ? L'affirmative soutenue par Pardessus (6) est rejetée par Duranton (7). Mais Demolombe enseigne que la servitude ainsi constituée serait résoluble, en même temps que son droit lui-même.

69. — Envoyé en possession. — Les envoyés en possession des biens d'un absent peuvent valablement consentir des servitudes sur les biens de l'absent. Ces servitudes sont définitives si l'envoyé devient propriétaire de ces biens ; dans le cas contraire, elles cessent, sans que la stipulation ainsi intervenue puisse être opposée au véritable propriétaire (8).

70. — Femme mariée. — La femme mariée sous le régime de la communauté ou séparée de biens ne peut créer de servitudes sur ses biens, sans y être dûment autorisée (9). Mariée sous le régime dotal, elle ne peut, même avec cette autorisation, imposer des servitudes que sur ses biens paraphernaux (10).

71. — Fermier. — (V. infrà, n° 81).

72. — Grevé de substitution. — Un grevé de substitution peut créer une servitude pour le temps pendant lequel il restera propriétaire (11).

73. — Interdit. — (V. infrà, n° 80).

74. — Locataire. — (V. infrà, n° 81).

75. — Mandataire. — Il est bien entendu que le mandataire ne peut constituer une servitude que si son mandant a lui-même cette capacité. En outre, le mandat doit être exprès (art. 1988, C. civ.).

76. — Mari. — Ce que nous avons dit de l'administrateur s'applique au mari, quant aux biens personnels de sa femme, eu égard aux distinctions légales entre le régime dotal et celui de la communauté ; eu égard encore à la différence

---

(1) Pardessus, n° 246.
(2) Pardessus, n° 258 ; Demolombe, n° 742.
(3) Pardessus, n° 254.
(4) Aubry et Rau, p. 71.
(5) N° 158.
(6) N° 245.

(7) N° 542.
(8) Pardessus, n° 248 ; Demolombe, n° 741.
(9) Duranton, t. V, n°° 535 à 540 ; Toullier, t. III, n° 568 ; Pardessus, n° 246.
(10) Pardessus, n° 249.
(11) Pardessus, n° 247 ; Demolombe, n° 741.

qui existe entre les actes onéreux et les actes gratuits sous le régime de la communauté.

L'inaliénabilité de biens dotaux s'oppose en général, et sauf l'effet de la prescription dans le cas où, par exception, elle est possible, à ce que ces biens puissent être grevés de servitude. Il a été jugé en ce sens que le mari ne peut valablement reconnaître l'existence d'un passage sur le fonds dotal, sans contrevenir à l'inaliénabilité de ce fonds, s'il n'est pas établi que cette servitude se trouve dans les conditions légales d'un passage de nécessité en cas d'enclave (1).

77. — Mineur. — (V. *infrà*, n° 80).

78. — Nu-propriétaire. — Le nu-propriétaire d'un immeuble ne peut y imposer des servitudes qu'avec le consentement de l'usufruitier, à moins que ces servitudes ne doivent avoir d'effet qu'après l'expiration de l'usufruit (2).

79. — Propriétaire. — Tout propriétaire ayant la capacité de disposer peut consentir une servitude ; mais il ne le peut que dans la proportion des droits qu'il possède, et sans pouvoir nuire à ceux d'autrui. Par conséquent, lorsqu'il s'agit de propriétaires n'ayant que des droits résolubles, la servitude établie par eux cesse lors de l'extinction ou de la résolution de leurs droits (3).

80. — Tuteurs. — Les tuteurs ne peuvent, sans les formalités d'aliénation, imposer une servitude sur les héritages de leurs pupilles (4).

81. — Usufruitier. — L'usufruitier ne peut imposer une servitude sur le fonds dont il jouit (5). A plus forte raison, en est-il de même d'un fermier ou d'un locataire.

Cependant, l'usufruitier peut concéder, pour la durée de sa jouissance, des droits analogues aux servitudes, pourvu que l'exercice de ces droits ne nuise pas au nu-propriétaire (6).

2° Capacité pour acquérir les servitudes conventionnelles.

82. — On peut acquérir une servitude, bien qu'on soit incapable d'en consentir ; les règles, dans ces deux cas, sont absolument différentes (7).

Ainsi, une servitude peut être acquise par les *mineurs*, les *femmes mariées*, sans l'autorisation de tuteurs ou maris, sauf leur restitution, si l'acquisition était onéreuse. Cette solution est fondée sur ce que les servitudes, en accordant des droits aux fonds, en augmentent la valeur.

De même les *tuteurs* et les *administrateurs* des biens d'autrui, en général, quoique non propriétaires, peuvent aussi acquérir des servitudes au profit des fonds qu'ils sont chargés de gérer.

83. — En principe, nul ne peut, en son propre nom, acquérir de servitude en faveur d'un fonds dont il n'a pas la propriété (8).

L'*usufruitier* doit être présumé avoir acquis la servitude *in perpetuum*, et pour l'avantage du fonds, à moins qu'établie à titre gratuit, ou à raison de stipulation spéciale de l'acte constitutif, la servitude ne dût être envisagée comme établie pour l'avantage particulier de l'usufruitier (9).

Le *fermier* ou *locataire* ne peut, en cette qualité, stipuler au profit du fonds dont il jouit, que de simples obligations personnelles devant cesser avec le bail (10).

---

(1) Cass., 17 juin 1863 (art. 17818, J. N.).
(2) Pardessus, n° 244 ; Demolombe, n° 739.
(3) Toullier, t. III, n° 571 ; Duranton, t. V, n° 545 ; Demolombe, n° 745.
(4) Pardessus, n° 246.
(5) Pardessus, n° 245 ; Demolombe, n° 736.
(6) Aubry et Rau, p. 72. — *Contrà* : Laurent, n° 159.

(7) Toullier, t. III, n°° 575, 576 ; Pardessus, n° 259 ; Delvincourt, t. I, p. 411 ; Duranton, t. V, n°° 556 et 557 ; Demolombe, n° 759 ; Laurent, n°° 164 et suiv.
(8) Pardessus, n° 261 ; Demolombe, n° 758.
(9) Demolombe, n°° 759 et 764 ; Aubry et Rau, p. 73, texte et note 11 ; Laurent, n° 167.
(10) Duranton, t. V, n° 549.

Le copropriétaire peut, sans aucun doute, stipuler un droit de servitude au profit du fonds commun (1). Mais, suivant Laurent (2), l'effet de cette servitude serait subordonné au résultat du partage (V. *suprà*, n° 66).

Enfin, la servitude acquise par celui qui n'avait qu'un droit de propriété résoluble suit le sort de ce droit : dans ce cas se trouvent les servitudes stipulées par le donataire dont la donation a été révoquée, et celles qui ont été acquises par l'acheteur à réméré, lorsque le vendeur a exercé son droit de réméré (3).

3° Sur quels biens les servitudes conventionnelles peuvent être établies.

84. — Biens susceptibles d'être grevés. — Les immeubles réels sont seuls susceptibles d'être grevés de servitudes ; par conséquent, les immeubles fictifs, comme l'usufruit, ne peuvent l'être (4).

De même que l'intérêt public peut modifier le droit de propriété, il peut aussi diminuer le droit d'établir des servitudes : les lois et règlements doivent, sur ce point, renfermer des prohibitions expresses (5).

Différentes servitudes peuvent à la fois grever un héritage au profit d'un même fonds ou de fonds divers, pourvu qu'elles ne se nuisent pas respectivement (6).

Plusieurs héritages appartenant à différents propriétaires peuvent avoir la même servitude sur un fonds, par le même lieu et à la même heure ; par exemple, une fontaine peut fournir de l'eau à divers fonds, mais un ordre doit être établi pour le libre exercice de chacun.

En conséquence, le consentement du propriétaire du fonds dominant n'est pas nécessaire pour que le débiteur d'une servitude puisse concéder le même droit à un autre fonds, sauf toutefois les droits acquis au premier propriétaire (7).

Un même fonds peut aussi avoir une servitude sur plusieurs héritages en commun ; et ces héritages doivent être considérés comme si chacun d'eux en devait une séparément (8).

La servitude n'a pas une existence principale et distincte du fonds sur lequel elle porte et dont elle n'est qu'un accessoire inséparable ; aussi ne peut-elle être aliénée, cédée, ni louée séparément du fonds auquel elle est attachée ; il ne peut non plus être créé de servitude sur une servitude (9). Il n'en résulte pas qu'on ne puisse communiquer les avantages qui résultent des servitudes ; par exemple, qu'en recevant activement et passivement les eaux d'un fonds supérieur, on ne puisse valablement s'obliger à les transmettre à tel ou tel héritage : une pareille obligation n'est pas, en effet, imposée à la servitude, mais bien au fonds dont elle fait partie (10).

Cependant, pour qu'on puisse s'obliger ainsi, il faut que le fonds dominant et le fonds servant n'en souffrent point par une diminution des droits ou une augmentation de charges (11).

La superficie participe de la nature du fonds, mais elle en est distincte : par conséquent elle est, même seule, susceptible de servitude, soit qu'elle appartienne ou non au même propriétaire que le fonds.

85. — Biens exempts de servitudes. — Deux classes d'immeubles, dont l'une comprend ce qui forme le Domaine public, et l'autre ce qui forme le Domaine municipal, sont exempts de servitudes (12).

(1) Demolombe, n° 761 ; Aubry et Rau, p. 73.
(2) N° 165.
(3) Duranton, n°° 554, 555 ; Demolombe, n° 764.
(4) Arg., art. 637, C. civ.
(5) Pardessus, n° 37.
(6) Pardessus, n° 38.
(7) Pardessus, n° 38.
(8) Pardessus, n° 38.
(9) Demolombe, t. II, n° 670 ; Aubry et Rau, p. 68 et 69, texte et note 1 ; Laurent, t. VII, n° 129.
(10) Pardessus, n° 38.
(11) Pardessus, *ibid.*
(12) Cass., 5 mars 1828 (art. 6584, J. N.).

La première classe comprend les biens qui ont pour objet l'usage de tous, ou le service de l'Etat, tels que les routes et les fleuves ; la seconde, les immeubles qui, outre l'usage de tous, ont encore pour objet l'intérêt local: tels sont les chemins vicinaux, les places, etc. (1).

Les immeubles placés hors du commerce, étant inaliénables et imprescriptibles, ne peuvent être grevés de servitudes par le fait de l'homme. Ainsi, on ne peut acquérir sur les fonds qui forment les dépendances du Domaine public, des droits de servitude qui seraient de nature à entraîner ou à modifier la destination à laquelle ces fonds sont affectés (2).

A ce qui compose le domaine public ou municipal, il faut ajouter, comme régies par les mêmes principes, certaines propriétés privées qui, de leur nature, sont parfaitement analogues à l'un et à l'autre : tels sont, des ponts, des canaux de navigation, appartenant à des particuliers ou à des sociétés (3). Ce n'est pas que les particuliers ne puissent en user et en jouir autant que leur nature et leur destination le permettent ; mais cet usage et cette jouissance ne peuvent pas être considérés comme servitudes. Ils ne sont point, en effet, exercés en faveur d'un fonds, puisque même ceux qui ne possèdent rien en profitent.

Ces objets sont si bien dispensés de servitudes qu'ils peuvent en être affranchis, lors même qu'elles résulteraient de la disposition naturelle des lieux; par exemple, lorsqu'ils sont forcés de recevoir les eaux qui découlent d'un héritage supérieur (4).

Le Gouvernement ou l'administration locale aurait le droit d'exiger cet affranchissement au préjudice, non seulement du propriétaire du fonds supérieur, mais encore du propriétaire voisin, dont l'héritage se trouverait grevé de la servitude par le changement.

86. — Ces principes exigent toutefois une distinction. Ils s'appliquent, dit Demolombe (5), rigoureusement à toutes servitudes qu'on pourrait tenter d'acquérir sur des fonds du domaine public et du domaine communal, contrairement à la destination de ces fonds. Mais ils ne s'appliquent pas aux ouvrages établis conformément à la destination de ces mêmes fonds ; par exemple, aux portes, fenêtres ou égouts ouverts sur des rues et places publiques : ces ouvrages doivent être maintenus, pourvu toutefois qu'ils ne soient pas contraires aux règlements administratifs (6).

L'usage qu'un particulier fait d'une voie publique, conformément à sa destination, quoique n'ayant pas le caractère d'une véritable sertitude, n'en constitue pas moins un droit dont il ne peut être privé sans indemnité (7).

Lorsque les propriétés cessent d'être publiques ou municipales, par suite d'une concession faite à des particuliers par le Gouvernement ou l'administration locale, les avantages dont jouissaient auparavant les citoyens, par exemple celui d'avoir des vues et de passer, sont conservés (8). Cette règle est fondée sur les principes de l'équité. Il serait trop injuste, en effet, que les particuliers, lorsqu'ils n'ont rien à se reprocher, se vissent ravir, par des concessionnaires, des droits qu'ils avaient en quelque sorte acquis, sur la foi de l'autorité publique (9).

Il n'est pas douteux que, lorsque la destination publique ou municipale a cessé, la chose ainsi rentrée dans le domaine privé ne soit susceptible de servitudes.

(1) Pardessus, n° 38.
(2) Aubry et Rau, p. 69.
(3) Pardessus, n° 45.
(4) Pardessus, n° 59.
(5) N°° 698 et suiv.
(6) Troplong, *Prescription*, n° 178 ; Aubry et Rau, p. 69, texte et note 4.
(7) Aubry et Rau, p. 69 et 70, texte et note 5 ;

Laurent, n° 183 ; Cons. d'Etat, 6 août 1852 ; Rouen, 26 janvier 1853.
(8) Toullier, t. II, n° 480 ; Proudhon, t. II, n° 369; Demolombe, n° 856.
(9) Cass., 11 février 1828, 6 octobre 1837, 10 novembre 1841, 12 juillet 1842, 2 mai 1844 ; Cons. d'Etat, 6 décembre 1855 ; Orléans, 30 juillet 1861; Limoges, 9 janvier 1866.

87. — Il y a lieu de remarquer que si les propriétés dont nous venons de parler ne peuvent pas être grevées de servitudes, elles peuvent en avoir sur les biens des particuliers ; ces derniers peuvent même à leur égard en être passibles dans les cas où ils ne le seraient pas envers de simples individus (1).

88. — Hors les cas que nous venons d'indiquer, toutes les propriétés peuvent être grevées de servitudes, même celles de l'État, des communes et des établissements publics ; seulement, à l'égard de ces derniers, il peut y avoir des formes particulières à observer.

4° Comment les servitudes conventionnelles s'établissent.

89. — Les servitudes conventionnelles peuvent résulter :
  a) D'un *titre ;*
  b) De la *destination du père de famille ;*
  c) Ou de la *prescription.*

90. — **Titre.** — Les servitudes peuvent être établies par tout titre propre à transférer la propriété. Le mot *titre* est employé par la loi dans le sens de la cause efficiente du droit, et non dans le sens d'un écrit (2).

Ainsi les actes de libéralités entre-vifs ou testamentaires, la vente, l'échange, les partages, en un mot tous les contrats en général, peuvent constituer des servitudes (3).

Les servitudes peuvent être établies par jugements, lorsque ceux-ci prononcent la validité d'une servitude conventionnelle contestée, lorsqu'ils adjugent des biens sous certaines charges imposées dans l'adjudication (4). Mais le juge ne peut pas créer des servitudes, et son pouvoir se borne à déclarer l'existence des servitudes contestées (5).

Lorsqu'un notaire est appelé à dresser un acte constitutif d'une servitude, il importe de désigner clairement dans l'acte, le fonds dominant, le fonds servant, et le genre de service qui doit avoir lieu ; si l'un de ces points était absolument incertain, la stipulation tomberait (6). Mais ces désignations suffisent ; et, bien qu'il soit toujours fort utile que le mode, les conditions d'exercice et les accessoires soient circonstanciés, cela n'est pas absolument nécessaire (7). Dans le doute, la condition du fonds servant doit être envisagée avec faveur et l'on doit plutôt restreindre qu'étendre les servitudes.

91. — *Transcription.* — D'après l'article 2 de la loi du 23 mars 1855, tout acte (entre-vifs) constitutif de servitudes, ou portant renonciation à ces droits et tout jugement qui en déclare l'existence en vertu d'une convention verbale sont sujets à transcription. Il n'y a pas lieu de distinguer entre les diverses espèces de servitudes, continues ou discontinues, apparentes ou occultes (8).

Jusqu'à cette transcription, les droits résultant des actes et jugements ne peuvent être opposés aux tiers qui ont des droits sur l'immeuble servant et qui les ont régulièrement conservés (9).

Cette règle s'applique même aux dispositions d'un acte de partage qui établissent des servitudes au profit des copartageants (10).

91 bis. — *Purge.* — Les servitudes constituées sur un fonds grevé d'hypothèques ne sont pas susceptibles d'être purgées, car les services fonciers étant, par leur essence même, incessibles, ne peuvent être frappées de saisie immobi-

---

(1) Pardessus, n° 52.
(2) Demolombe, n° 729.
(3) Favard, section 3, § 3 ; Demolombe, n° 729.
(4) Toullier, t. III, n°° 603 et 604.
(5) Aubry et Rau, p. 71 ; Laurent n° 144.

(6) Pardessus, n° 284.
(7) Pardessus, *ibid.* ; Demolombe, n° 731.
(8) Demolombe, n° 733 ; Riom, 26 février 1891.
(9) L. 23 mars 1855, art. 3.
(10) Pau, 26 janvier 1875 (S. 1875-2-216).

lière (1). Le droit de mitoyenneté d'un mur acquis par un propriétaire conformément à l'article 661 du Code civil n'est pas non plus susceptible d'être purgé (2).

92. — Destination du père de famille. — On appelle ainsi la disposition ou l'arrangement que le propriétaire de deux fonds contigus a fait pour leur *utilité* respective, au moyen de jours, égouts, passages et autres servitudes. Lorsque, par la suite, les deux fonds viennent à appartenir à différents maîtres, le service que l'un tirait de l'autre devient *servitude*.

La destination du père de famille vaut *titre* à l'égard des servitudes continues et apparentes (art. 692, C. civ.). Cet effet de destination du père de famille est fondé sur la présomption d'une convention tacite, au moment de la séparation des deux héritages, de laisser les choses dans le même état (3).

Mais pour produire l'effet d'une servitude, il faut que les arrangements faits par le propriétaire originaire des deux fonds aient un caractère de perpétuité; qu'ils ne soient pas une distribution passagère, et n'aient point eu pour effet une commodité momentanée (4).

Il faut également que les arrangements n'aient point été faits pour l'utilité purement *personnelle* ou de simple agrément du propriétaire primitif des deux fonds; car, ce qui caractérise la servitude, c'est qu'elle ait pour objet *l'utilité de deux fonds* (art. 637 et 686, C. civ.).

La destination du père de famille ne s'étend d'ailleurs qu'aux choses qui sont une conséquence nécessaire de la conservation des lieux au même état, comme les fenêtres, les gouttières, qui ne peuvent subsister sans la création des servitudes de vues et d'égouts; mais elle ne s'applique à la servitude de passage que lorsqu'elle est nécessaire pour la jouissance (5).

Elle peut modifier l'obligation imposée, par l'article 640 du Code civil, au fonds inférieur de recevoir les eaux qui découlent naturellement du fonds supérieur (6).

Le droit absolu de disposition du propriétaire sur les eaux de la source qui se trouve dans son fonds et sur les eaux pluviales qui tombent sur ce fonds peut se trouver modifié également par la destination du père de famille (7).

La destination du père de famille permet de conserver les arbres excédant *deux mètres* de hauteur et plantés à une distance moindre que la distance légale; mais si les branches meurent, sont coupées ou arrachées, le voisin ne peut les remplacer qu'en observant les distances légales (art. 672, C. civ.).

Les servitudes *non œdificandi*, ou *altiùs tollendi*, étant non apparentes, ne peuvent s'acquérir par la destination du père de famille. Le propriétaire dont le fonds est grevé par destination du père de famille d'une servitude de *vue* n'en conserve pas moins la faculté de construire à la distance fixée par les articles 678 et 679 du Code civil (8).

93. — Il n'y a destination du père de famille que lorsqu'il est prouvé que les deux fonds actuellement divisés ont appartenu au même propriétaire, et que c'est par lui que les choses ont été mises dans l'état duquel résulte la servitude (art. 693, C. civ.).

(1) Pont, *Hyp.*, n° 1288; Demolombe, t. XII, n°° 670 et 748; Aubry et Rau, § 250-8; Laurent, t. XXI, p. 416; Dalmbert, *Purge des hyp.*, n° 89; Paris, 4 janvier 1831. — V. toutefois, Labbé, *Rev. crit.*, 1856, p. 281; Dalloz, v° *Priv. et hyp.*, n°° 1774 et suiv.

(2) Dalmbert, *loc. cit.*

(3) Toullier, t. III, n° 614.

(4) Toullier, t. III, n°° 605 et 615; Duranton, t. V, n°° 566 et 568; Pardessus, n° 288; Dalloz, t. XII, p. 67.

(5) Toullier, t. III, n° 614.

(6) Aubry et Rau, t. III, p. 12.

(7) Duranton, t. V, n° 186; Demolombe, t. I, n°° 88 et 105; Aubry et Rau, t. III, p. 36 et 43.

(8) Toullier, t. III, p. 533; Demolombe, n° 579; Aubry et Rau, p. 87, texte et note 11; Pau, 12 décembre 1834; Caen, 13 mai 1837; Cass., 15 février 1843; Aix, 18 novembre 1854; Cass., 10 avril 1855, 17 août 1858 et 5 août 1862.

Cette règle est applicable, soit que les signes de servitude existassent avant la réunion des deux héritages dans la main du même propriétaire, soit qu'il les ait établis depuis cette réunion (1), soit encore que les choses aient été mises ou laissées, car les choses sont censées avoir été mises dans leur état par le propriétaire, lorsque, pouvant changer cet état, il ne l'a pas fait (2).

La destination du père de famille produit son effet, quelle que soit la cause qui ait opéré la séparation : partage, acte d'aliénation volontaire ou forcée ; il en est de même, si le propriétaire des deux fonds a perdu la propriété de l'un d'eux par la prescription de dix ou vingt ans (3).

94. — Si le propriétaire des deux héritages entre lesquels il existe un signe apparent de servitude, dispose de l'un des héritages, sans que le contrat contienne aucune convention relative à la servitude, elle continue d'exister activement ou passivement en faveur du fonds aliéné ou sur le fonds aliéné (art. 594, C. civ.).

Cet article coïncide avec l'article 1638 du Code civil qui n'oblige le vendeur à la garantie que pour les servitudes non *apparentes* et qui par conséquent le décharge de toute garantie, quand elles sont apparentes sans considérer si elles sont continues ou non (4).

La combinaison de l'article 694 avec les articles 692 et 693 a donné lieu à de sérieuses difficultés qui prennent spécialement leur source dans la différence de rédaction de l'article 692, qui exige que la servitude soit *continue et apparente* tandis que l'article 694 veut seulement qu'elle soit *apparente*.

Plusieurs systèmes se sont produits : celui qui prévaut en doctrine et a été consacré par la jurisprudence établit une distinction : lorsqu'il s'agit d'une servitude continue et apparente, elle sera considérée, après la séparation des héritages, comme établie par la destination du père de famille, à moins qu'il ne soit prouvé que le titre qui a opéré la séparation des deux héritages contient une clause contraire. Celui qui invoque la servitude n'a donc aucune preuve à faire : c'est le cas prévu par les articles 691 et 693. S'il s'agit, au contraire, d'une servitude qui est apparente seulement sans être continue, la destination du père de famille ne vaudra titre qu'à charge par celui qui revendique la servitude de représenter l'acte qui a opéré la séparation des héritages pour établir qu'il ne contient pas de convention contraire au maintien de la servitude : c'est le cas de l'article 694 (5).

Quoique l'article 694 ne parle que de *deux héritages*, la destination du père de famille existerait également, si le propriétaire d'un même fonds établissait au profit de l'une des parties de ce fonds une charge grevant une autre partie (6).

94 bis. — Les servitudes acquises par destination du père de famille sont opposables aux tiers indépendamment de toute transcription (7).

95. — Prescription. — On prescrit par la possession (art. 2229, C. civ.). Ce qui caractérise cette possession, en matière de servitude, c'est, non de détenir effectivement, comme cela a lieu à l'égard des objets corporels, mais de tirer de la servitude le profit et de faire tous les actes qui lui sont propres (8).

---

(1) Pardessus, n° 395 ; Toullier, t. III, n° 612 ; Merlin, v° *Servitudes*, § 19, n° 3 ; Demolombe, t. II, n° 814 ; Aubry et Rau, t. III, p. 83 et 84, texte et note 2. — *Contrà :* Duranton, t. V, n°ˢ 570 et 574 ; Marcadé, art. 694, n° 3.

(2) Toullier, n° 609 ; Favard, section 3, § 4 ; Dalloz, t. XII, p. 68.

(3) Marcadé, articles 692 et 693 ; Demolombe, t. II, n°ˢ 809 et 827 ; Aubry et Rau, p. 84, texte et note 3 : Cass., 30 novembre 1853.

(4) Duranton, n° 752.

(5) Demolombe, t. II, n° 821 ; Aubry et Rau, § 252-9 ; Cass., 8 juin 1842, 17 novembre 1847, 30 no-

vembre 1853, 27 mars 1866, 5 juin 1872, 22 avril 1873 et 2 mai 1876.

(6) Duranton, t. V, n° 566 ; Demolombe, n° 826 ; Aubry et Rau, p. 83, texte et note 1 ; Cass., 26 août 1837, 24 février 1840, 17 novembre 1847 et 7 avril 1863.

(7) Rivière et François, *Explication de la loi du 23 mars 1855*, n° 38 ; Flandin, *Transcription*, t. I, n° 412 à 416 ; Grosse, n° 405 ; Aubry et Rau, p. 88, texte et note 12 ; Laurent, t. VIII, n° 190. — *Contrà :* Mourlon, *Transcription*, n°ˢ 115 et 116 ; Verdier, n° 232.

(8) Pardessus, n° 276 ; Demolombe, n° 774.

Pour que la possession puisse conduire à l'acquisition de la servitude, il faut que cette servitude ait été exercée à titre de droit et non par tolérance. — La précarité de l'exercice de la servitude peut être constatée par un acte de reconnaissance émané du propriétaire du fonds dominant. Un pareil acte fait obstacle à toute prescription de leur part, tant de celui de qui il émane que de ses successeurs universels (1).

La possession susceptible de prescrire doit être publique et continue (art. 2229, C. civ.) ; les actes qui la remplacent doivent donc l'être aussi (2). Or, comme ils ne peuvent pas l'être dans toute espèce de servitude, il en résulte que les servitudes ne s'acquièrent pas toutes indistinctement par prescription. On ne peut acquérir par ce moyen que les servitudes *continues* et *apparentes* (art. 690, C. civ.) ; les servitudes discontinues, apparentes ou non, ne peuvent s'établir que par titre (art. 691, C. civ.).

Les servitudes discontinues ou non apparentes ne peuvent s'acquérir par prescription, alors même qu'elles auraient été exercées en vertu d'un titre émané *a non domino*. Le titre dont parle l'article 691 est un titre émané du propriétaire de la servitude (3).

Dans aucun cas, le titre n'abrège le temps de la prescription ; parce qu'en matière de servitude, le Code n'admet pas d'autre prescription que celle de trente ans (art. 690, C. civ.) (4).

La possession même immémoriale ne suffit pas pour établir les servitudes non continues et apparentes (art. 691, C. civ.).

Mais si l'on ne peut acquérir par prescription une servitude discontinue et non apparente, rien n'empêche qu'on acquière de cette manière la propriété du terrain uniquement affecté à un usage qui constituerait une servitude de cette nature, s'il était exercé sur le fonds d'autrui. C'est ainsi, notamment, que le passage pratiqué sur des sentiers d'exploitation servant à desservir des fonds appartenant à des propriétaires différents, peut et doit même, en général, être considéré comme ayant été exercé non à titre de servitude, mais à titre de copropriété, et en vertu d'une convention tacite, convention dont l'existence, au bout de trente années, ne peut plus être contestée (5).

Il est évident que l'aliénabilité est nécessaire à l'héritage pour qu'on puisse le grever d'une servitude par prescription. Ainsi, l'acquisition par prescription d'une servitude sur le fonds total ne serait possible que dans les cas exceptionnels où l'article 1561 permet la prescription du fonds dotal (art. 1561, C. civ.) (6).

L'acquisition d'une servitude au moyen de la prescription peut avoir lieu par le fermier, le locataire, l'usufruitier, le co-propriétaire, pour le compte du propriétaire ou de tous les co-propriétaires.

En ce qui concerne les conditions ordinaires de possession, V. *suprà*, v° PRESCRIPTION.

(1) Marcadé, art. 2220, n° 2 ; Demolombe, n° 779 *ter*, Aubry et Rau, p. 80, texte et note 16 ; Laurent, n°° 205 et 206 ; Cass., 14 novembre 1853 et 15 juin 1868.

(2) Demolombe, n° 774.

(3) Troplong, *De la participation*, t. II, n° 857; Demante, t. II, n° 546 *bis*, 2 ; Demolombe, n° 788 ; Aubry et Rau, p. 78, texte et note 2 ; Laurent, n° 196.

(4) L'article 2265 du Code civil est entièrement étranger à l'acquisition des servitudes, bien que celles-ci soient déclarées *immeubles* par l'article 526. On ne peut donc leur appliquer la prescription de dix ou vingt ans. Cass., 10 décembre 1834 ; Orléans, 31 décembre 1835 ; Bordeaux, 29 mai 1838 ; Cass. 14 novembre 1853 ; Agen, 23 novembre 1857 (S. 1857-2-769) ; Aubry et Rau, t. III, p. 78 ; Demolombe, t. XII, n° 781 ; Laurent, t. VIII, p. 194.

(5) Cass., 11 décembre 1827, 27 décembre 1830, 12 décembre 1853 ; Poitiers, 15 mai 1856 ; Cass., 21 novembre 1866 et 26 décembre 1871 ; Bordeaux, 6 août 1873 et 21 août 1873 ; Cass., 5 janvier 1874 ; 3 décembre 1878 et 18 août 1879 (S. 1880-1-464) ; Aubry et Rau, t. III, p. 82 ; Pardessus, n° 217 ; Curasson, t. II, n° 48.

(6) Aubry et Rau, p. 70.

5° Exercice des servitudes.

96. — « Quand on établit une servitude, dit l'article 696 du Code civil, on est censé accorder tout ce qui est nécessaire pour pouvoir en user. Ainsi la servitude de puiser de l'eau à la fontaine d'autrui emporte nécessairement le droit de passage. »

Par contre, la constitution d'une servitude n'emporte pas, virtuellement et dans tous les cas, la concession d'autres servitudes qui ne sont point indispensables à son usage, mais qui seraient seulement de nature à rendre plus commode l'exercice de la servitude. Ainsi, la servitude d'aqueduc ne comprend pas nécessairement la servitude de passage ni celle du tour d'échelle (1).

97. — L'usage de la servitude ne doit pas être diminué ni rendu plus incommode par le fait du propriétaire du fonds débiteur. Ainsi l'état des lieux ne saurait être changé par lui, ni la servitude transportée hors de l'endroit primitivement assigné (art. 701, C. civ.) (2).

Cependant, le propriétaire du fonds servant ne pourrait pas s'opposer aux changements d'utilité et même de pur agrément qui n'occasionneraient aucune incommodité (3). Toutefois, le propriétaire du fonds servant peut être privé de ce bénéfice, lorsqu'il a été déclaré expressément par le titre constitutif de la servitude que les lieux resteront dans le même état.

98. — En général, la servitude grève la totalité de l'héritage, sans que le partage puisse en affranchir aucune partie (art. 700, C. civ.) (4). — Si le fonds dominant vient à passer d'un propriétaire unique à plusieurs propriétaires entre lesquels il est divisé, ou à plusieurs co-propriétaires par indivis, chacun des propriétaires ou co-propriétaires est en droit d'exercer la servitude, mais sans qu'il en résulte une aggravation de charge pour le fonds servant (5).

99. — Le fonds dominant doit être considéré dans l'état où il se trouvait lors de l'établissement de la servitude; et l'héritage grevé doit, autant que possible, satisfaire à tous les besoins de ce fonds ainsi considéré (6). Le bénéfice d'une servitude ne saurait donc être appliqué, par voie d'extension, à des fonds que des propriétaires auraient réunis au fonds dominant, postérieurement à la constitution de la servitude (7).

100. — La condition de celui qui doit la servitude ne peut être aggravée par les changements que pourrait faire celui à qui elle est due : ce dernier ne peut jouir de son droit que suivant son titre (art. 702, C. civ.). Mais le propriétaire du fonds servant ne peut se plaindre qu'autant que le changement opéré lui cause un préjudice nuisible (8).

101. — Celui qui a le droit d'exercer une servitude doit en jouir avec modération. Ainsi, lorsqu'un titre lui donne le droit de faire passer les eaux de sa maison dans celle qui l'avoisine, il doit empêcher qu'elles n'entraînent des matières étrangères ; et si ce titre ne porte pas que toutes les eaux indistinctement auront leur cours, il ne peut y faire passer que des eaux pures et incapables de nuire à la propriété sur laquelle la servitude est établie (9).

102. — La servitude consiste non point à faire, mais à souffrir : c'est donc au

---

(1) Demolombe, n° 832; Aubry et Rau, p. 89; Laurent, n° 248; Cass., 18 juillet 1843; Riom, 24 janvier 1856.
(2) Demolombe, n° 891.
(3) Demolombe, n° 893; Aubry et Rau, p. 98 et 99.
(4) Toullier, n°° 632 et 633; Delvincourt, t. I, p. 420 et 421; Pardessus, n°° 61 et 64; Aubry et Rau, p. 65; Laurent, n° 234; Cass., 25 août 1863.

(5) Demolombe, n°° 858 et 859; Aubry et Rau, p. 96; Laurent, n°° 278 et suiv.
(6) Toullier, t. III, n°° 650 et 651.
(7) Aubry et Rau, p 92; Laurent, n° 256.
(8) Aubry et Rau, p. 93; Laurent, n° 265; Cass., 17 mai 1843 et 20 décembre 1858.
(9) Pardessus, n° 54.

propriétaire du fonds dominant à faire les ouvrages nécessaires à l'usage et à la conservation de la servitude (art. 698, C. civ.) (1).

103. — Mais celui à qui une servitude est due n'a le droit de faire que les ouvrages nécessaires pour en user et la conserver (art. 697, C. civ.). Ainsi, il lui est permis d'aplanir le terrain d'un passage, de le paver, d'y faire même un escalier, si la servitude ne peut être utile que de cette manière (2).

Ces ouvrages sont à ses frais et non à ceux du propriétaire du fonds assujetti ; à moins que le titre d'établissement de la servitude ne dise le contraire (art. 688, C. civ.).

Dans le cas même où le propriétaire du fonds assujetti est chargé par le titre de faire à ses frais les ouvrages nécessaires pour l'usage ou la conservation de la servitude, il peut toujours s'affranchir de la charge en abandonnant le fonds assujetti au propriétaire du fonds auquel la servitude est due (art. 699, C. civ.) (V. *suprà*, v° ABANDON PAR SUITE DE SERVITUDE).

Les travaux nécessaires à l'exercice de la servitude peuvent être mis, par la convention, à la charge du propriétaire du fonds servant. Dans ce cas, cette obligation passe aux propriétaires successifs du fonds servant (3). Les travaux sont à la charge du propriétaire du fonds servant, dans tous les cas, lorsque c'est par sa faute qu'ils sont devenus nécessaires (4).

104. — En résumé, tout ce qu'on peut dire sur le mode d'user des servitudes se réduit à deux règles générales : la première, que toujours on doit accorder le plus grand avantage de l'héritage qui en jouit avec la moindre incommodité de l'héritage assujetti ; la seconde, que, dans le doute, il faut se décider pour ce qui est le plus favorable à ce dernier, de manière qu'en fait, il ne devienne pas tout à fait inutile à son propriétaire (5).

6° Actions relatives aux servitudes.

105. — Les actions relatives aux servitudes sont réelles (art. 526, C. civ. ; art. 59, C. proc. civ.).

106. — En général, celui à qui une servitude est due, peut exercer les actions accordées à tout propriétaire d'une chose corporelle ou incorporelle, pour la conservation de ses droits, même les actions possessoires (6) ; mais à l'égard de ces derniers, il faut distinguer entre les servitudes *continues et apparentes*, qui peuvent s'acquérir par la prescription sans titre, et les servitudes *continues non apparentes* ou *discontinues* qui ne peuvent s'acquérir sans titre.

L'action possessoire a toujours été admise pour les servitudes prescriptibles sans titre : le possesseur annal d'un pareil droit de servitude en est réputé propriétaire. S'il est troublé dans sa possession par le propriétaire du fonds servant, il peut exercer l'action possessoire et se faire provisoirement maintenir ou réintégrer dans la jouissance de son droit.

Quant aux servitudes continues non apparentes et aux servitudes discontinues, nous avons vu qu'elles ne peuvent s'acquérir que par titre ; la possession immémoriale ne suffit pas pour les établir (art. 691, C. civ.). Cette possession toujours précaire ne peut donc servir de fondement à l'action possessoire, fondée elle-même sur ce que la possession étant un moyen d'acquérir, le possesseur est présumé propriétaire tant que la chose n'est pas revendiquée (7).

---

(1) Aubry et Rau, p. 89 ; Laurent, n° 240.
(2) Pardessus, n° 55.
(3) Aubry et Rau, p. 90 et 91, texte et note 11 ; Demolombe, n° 880 ; Marcadé, art. 697 à 699 ; Laurent, n° 243 ; Cass., 7 mars 1859 et 3 avril 1865.
(4) Aubry et Rau, p. 91 ; Laurent, *loc. cit.* ; Cass., 7 décembre 1859.

(5) Pardessus, n° 62.
(6) Demolombe, n° 938 ; Aubry et Rau, p. 96 ; Laurent, n° 286.
(7) Pardessus, Toullier, Duranton, etc. — *Contrà :* Demolombe, n° 945.

C'est à celui qui prétend avoir droit à une servitude discontinue, telle qu'une servitude de passage, à en rapporter la preuve : ce point semble aujourd'hui constant en doctrine et en jurisprudence (1).

Le propriétaire du fonds dominant peut actionner au possessoire ceux qui le troublent dans l'exercice de son droit, lorsque la servitude est à la fois continue et apparente, ou lorsque la servitude étant discontinue ou non apparente, il produit à l'appui de sa possession un titre émané du propriétaire du fonds servant ou de ses auteurs (2).

107. — L'exercice des actions relatives aux servitudes appartient aux propriétaires, à l'usufruitier, mais non au locataire.

108. — C'est devant les juges de la situation des lieux que doivent être portées les actions relatives aux servitudes, puisque ce sont des actions réelles.

7° Extinction des servitudes.

109. — Les différentes manières dont s'éteignent les servitudes sont les suivantes :

 a) La confusion ;
 b) Le non-usage ;
 c) La résolution ;
 d) La remise volontaire ;
 e) La condition ;
 f) L'abandon ;
 g) L'expropriation ;
 h) Le jugement ;
 i) Et la cessation simple.

Nous allons examiner successivement chacune d'elles.

110. — Confusion. — La propriété étant supérieure à tous les droits réels et les comprenant tous dans son ensemble, personne ne peut avoir de servitude sur sa propre chose : la servitude s'éteint donc, lorsque les deux fonds nécessaires à son existence appartiennent au même propriétaire (art. 705, C. civ.) (3).

Ainsi, lorsque celui qui a acheté l'héritage sur lequel il exerce une servitude le revend ensuite, il le transmet libre de cette servitude, à moins d'une réserve expresse dans l'acte. Il faut toutefois excepter le cas où la servitude serait apparente, et où le signe aurait été laissé jusqu'au moment de la vente : il y aurait alors une nouvelle servitude (art. 694, C. civ.) (4).

Mais il faut que la totalité des deux héritages passe dans les mêmes mains, ou du moins que la totalité de la partie sur laquelle la servitude s'exerce déterminément, s'y trouve réunie avec le fonds dominant (5).

Du reste, il importe peu que ce soit le propriétaire du fonds asservi qui acquière le fonds dominant ou réciproquement, ou que ce soit un tiers qui acquière les deux fonds (6). Il faut seulement que la propriété des deux fonds dans les mains d'un seul soit parfaite. Ainsi un mari et une femme ne font point confusion de la servitude que l'héritage de l'un a sur l'autre (7).

En général, l'extinction qu'opère la confusion est définitive. Cependant, lorsque la propriété n'a été conférée que sous une condition résolutoire, ou qu'elle cesse par une éviction légale, la résolution du titre fait revivre la servitude : tel

---

(1) Agen, 30 novembre 1852 et 28 novembre 1857 ; Cass., 20 avril 1870 ; Lunéville, 12 mars 1891.
(2) Aubry et Rau, p. 97.
(3) Demolombe, n° 981.
(4) Delvincourt, t. I, p. 422 ; Toullier, t. III, n° 670 ; Pardessus, n° 229 ; Demolombe, n° 985 ; Aubry et Rau, p. 104 ; Laurent, n° 301.

(5) Duranton, t. V, n° 618 ; Pardessus, n° 298.
(6) Demolombe, n° 982.
(7) Pardessus, n° 300 ; Toullier, t. III, n°° 666 *ter* et 667 ; Favard, v° *Servitude*, section 5, n° 4 ; Delvincourt, t. I, p. 422.

serait le cas de celui qui, investi d'une succession, en serait dépossédé par un héritier plus proche (1).

La confusion a lieu par la réunion opérée par toute espèce de titres translatifs de propriété : il suffit que ces titres n'excluent pas l'idée de la confusion ; ce qui arriverait dans le cas d'acceptation de la succession sous bénéfice d'inventaire (2).

L'acceptation pure et simple d'une succession emporte confusion. Cependant, il faut excepter le cas de vente par un héritier de l'universalité de ses droits dans une hérédité comprenant un fonds grevé de servitude : dans ce cas, la servitude revit, car l'acquéreur est censé avoir voulu acheter tout ce dont le défunt jouissait (3).

Dans ce cas, la confusion cesse entre les parties seulement, mais non à l'égard de tiers (4).

111. — Non-usage. — Le non-usage éteint définitivement les servitudes, mais il faut qu'il ait lieu pendant trente ans. Peu importe, du reste, la cause d'où provient ce non-usage (art. 665, 703, C. civ.) (5).

Cependant, si le propriétaire du fonds dominant n'a pu empêcher cette cause et qu'il n'ait pas été libre d'user de son droit, la servitude ne sera pas éteinte : *Contrà non valentem agere non currit prescriptio* (6). L'opinion contraire, soutenue par Delvincourt et Malleville, est fondée sur la nécessité de prévenir le procès et sur l'inconvénient d'admettre les prétentions de celui qui, après un long intervalle, réclamerait une servitude sur un fonds qui aurait passé successivement dans plusieurs mains.

Si l'impossibilité d'user était le fait du propriétaire du fonds servant, la servitude serait conservée par une protestation ; mais la protestation devrait rester sans effet, si c'était celui à qui la servitude est due qui eût rendu l'usage impossible (7).

L'écoulement du laps de trente ans a pour effet d'éteindre la servitude *ipso facto* ; et la circonstance quelle aurait été exercée après l'accomplissement de la prescription serait en général inefficace pour la faire renaître (8). Il en serait toutefois autrement, s'il résultait des circonstances de fait qu'en tolérant l'exercice de la servitude, après son extinction par le non-usage, le propriétaire du fonds servant a entendu renoncer au bénéfice de la prescription (9).

L'acquéreur du fonds assujetti ne peut, dans le silence du titre, invoquer le non-usage pendant dix ou vingt ans, pour le prétendre libéré ; car l'article 690 du Code civil, particulier aux servitudes, ne parle que de la prescription de trente ans ; et, selon l'article 2264, les règles générales de la prescription ne s'appliquent point aux objets régis par un titre spécial (10).

De plus, l'obligation de supporter les servitudes étant réelle, sa nature est, à l'égard des tiers, la même qu'à l'égard de celui qui a contracté personnellement l'engagement (11).

C'est par les principes généraux sur la prescription qu'on doit décider contre

---

(1) Demolombe, n° 984.
(2) Pardessus, n° 299 ; Demolombe, n° 982.
(3) Toullier, t. III, n°° 668 et 669 ; Duranton, t. V, n°° 666 à 671 ; Demolombe, n° 986.
(4) Aubry et Rau, p. 104, texte et note 13. — *Contrà* : Laurent, n° 303.
(5) Toullier, t. III, n° 668 ; Demolombe, n° 988.
(6) Toullier, t. III, n°° 671 et suiv. ; Favard, section 5, n° 6.
(7) Delvincourt, t. I, p. 427 et 428.
(8) Pardessus, n° 312 ; Delvincourt, t. I, p. 423 et 424 ; Demolombe, n°° 795 et 1019 Aubry et Rau,

p. 105 ; Cass., 7 juillet 1856 et 23 juillet 1860 ; Poitiers, 6 mai 1891.
(9) Mêmes auteurs ; Laurent, n° 319.
(10) Cass., 16 avril 1888, 18 novembre et 31 décembre 1845, 14 novembre 1853, 23 novembre 1875 et 22 février 1881 (S. 1882-1-111) ; Aubry et Rau p. 77 ; Demolombe, n° 1004
(11) Toullier, t. III, n° 688 ; Pardessus, n° 306 ; Demolombe, n° 1004 ; Aubry et Rau, p. 108 ; Cass., 18 novembre 1845, 14 novembre 1853, 23 novembre 1875 (S. 1876-1-103) ; Agen, 24 novembre 1857. — *Contrà* : Troplong, t. II, n° 853 ; Demante, t. II n° 565 *bis* ; Laurent, n° 314.

quelle personne ou au profit de qui elle court en matière de servitude, et quelles sont les causes de suspension (V. *suprà*, v° PRESCRIPTION).

Le non-usage n'éteint pas la servitude dans le cas où le fonds dominant appartient à plusieurs par indivis, si parmi les copropriétaires il s'en trouve un contre lequel la prescription ne puisse courir; un mineur, par exemple (art. 710, C. civ.) (1). Il en serait de même, quoique la prescription pût [courir contre tous les copropriétaires, si l'un d'eux avait joui de la servitude; le droit des autres aurait été conservé (art. 709, C. civ.).

L'extinction de la servitude principale emporte extinction de la servitude accessoire; mais l'exercice de cette dernière ne suffit pas pour conserver la première. En effet, la servitude accessoire n'a pas d'existence propre, indépendante de celle de la servitude principale (2).

La prescription peut, dans certains cas, ajouter aux servitudes déjà acquises; elle peut de même les diminuer (art. 708, C. civ.).

Toutefois, en ce qui concerne les servitudes discontinues, l'usage n'en doit pas nécessairement être considéré comme incomplet ou restreint, par cela seul que le propriétaire de l'héritage dominant n'aurait pas fait tous les actes que comportait la servitude. Ainsi, celui auquel son titre confère un droit de passage à pied ou à cheval, ou en voiture, conserve son droit tout entier, lorsque n'ayant pas d'équipage ou d'exploitation rurale, il s'est borné à exercer le passage à pied (3).

Le non-usage commence, pour les servitudes discontinues, du jour où l'on a cessé d'en jouir, par exemple, lorsqu'on a cessé de passer; pour les servitudes continues, du jour où il a été fait un acte contraire à la servitude, par exemple, dès le moment où l'on a bouché une fenêtre (art. 707, C. civ.). La loi ne dit pas que cet acte doive être fait par le propriétaire du fonds asservi (4).

A qui incombe la preuve de l'extinction de la servitude? La question est controversée. Les uns décident que c'est à celui qui réclame une servitude et à qui on oppose le non-usage pendant trente ans, à prouver la non-extinction (5).

Il nous semble plus exact d'admettre que c'est au débiteur de la servitude, qui en oppose l'extinction par le non-usage durant trente ans, à faire la preuve du non-usage (6).

112. — Résolution. — La résolution ou la rescision du titre de celui qui n'avait que des droits résolubles ou sujets à rescision, à la propriété sur laquelle il a consenti une servitude, en opère l'extinction, mais seulement d'après les distinctions suivantes:

L'extinction a lieu avec la résolution ou la rescision, si celles-ci ont une cause nécessaire inhérente au contrat. Ainsi, doivent cesser les servitudes imposées par le donataire dépossédé pour survenance d'enfants; celles imposées par l'acquéreur avec clause de rachat, quand le réméré est exercé (7).

Dans le cas contraire, l'extinction de la servitude a encore lieu si la résolution ou la rescision ne sont que l'effet indirect et éloigné de la volonté de celui qui l'a consentie et non la conséquence de son fait direct; par exemple, s'il laisse rescinder la vente faute de paiement ou pour lésion de plus des sept douzièmes, ou si c'est un donataire qui voit la donation révoquée pour inexécution de ses engagements. Dans ces divers cas et autres semblables, il y a résolution de la servitude (8).

---

(1) Demolombe, n° 1000; Aubry et Rau, p. 65; Laurent, n° 321.
(2) Demolombe, n° 831; Aubry et Rau. p. 89.
(3) Cass., 5 juin 1860 et 29 avril 1882 (S. 1884-1-391); Demolombe, t. XII, n° 1029; Aubry et Rau, t. III, p. 109.
(4) Malleville, art. 707; Delvincourt, t. I, p. 424; Toullier, t. III, n° 692; Duranton, t. V, n° 685; Demolombe, n° 986; Aubry et Rau, p. 104 et 105; Laurent, n° 307 et 308.

(5) Perrin et Rendu, n° 3907; Aubry et Rau, t. III, p. 106; Demolombe, n° 1025; Cass., 15 février 1842 (S. 1842-1-344); Douai, 20 novembre 1858.
(6) Rouen, 20 mars 1868; Lyon, 9 avril 1881 (S. 1884-2-164); Pardessus, t. II, n° 308; Laurent, t. VIII, n° 315 et suiv.
(7) Pardessus, n° 315. Demolombe, n° 1049.
(8) Mêmes auteurs.

Mais il en serait autrement, si la résolution ou la rescision arrivait par l'effet de la volonté directe et immédiate du possesseur : les servitudes subsisteraient. La résolution n'est plus nécessaire et forcée (1).

On ne doit pas appliquer ces principes, lorsque ce sont les droits de celui qui acquiert la servitude qui cessent : alors la servitude continue, parce qu'elle est due aux fonds et non à la personne (2).

113. — Remise volontaire. — Celui qui peut disposer de la propriété de son fonds peut également disposer de la servitude qui lui est due, en faire la remise ou y renoncer. En effet, la servitude étant l'obligation d'un fonds envers un autre, cette obligation peut s'éteindre par la remise volontaire, suivant le principe commun à toutes les obligations (art. 1234, C. civ.) (3).

Cette remise étant une véritable aliénation ne peut être faite que par ceux qui ont la capacité d'aliéner (4).

Le copropriétaire d'un fonds commun ne peut faire la remise de la servitude qui est due tout entière à l'héritage entier ; mais la remise qu'il aurait faite l'empêcherait de réclamer personnellement l'usage de la servitude (5). — D'un autre côté, la remise faite à l'un des copropriétaires du fonds ne profite point aux autres parce que la remise ne se présume pas et que nul ne peut stipuler pour un autre (6).

La renonciation à un droit de servitude peut avoir lieu expressément ou tacitement (7). La renonciation ne pourrait s'induire de ce fait unique que le propriétaire du fonds dominant aurait laissé établir, sans protestation, des ouvrages faisant obstacle à l'exercice de la servitude (8).

Pour produire son effet entre les parties, la renonciation n'a pas besoin d'être acceptée.

La remise de la servitude établie au profit d'un fonds hypothéqué sans l'assentiment des créanciers hypothécaires, ne peut pas nuire à leurs droits ; et cela même lorsque la servitude n'a été établie que depuis la constitution d'hypothèque car le droit hypothécaire s'est étendu à cette amélioration de l'héritage (art. 2133, C. civ.) (9).

114. — Condition. — La servitude peut s'éteindre par l'événement de la condition sous laquelle l'extinction en a été stipulée (10).

115. — Abandon. — Elle s'éteint encore lorsque le propriétaire d'un fonds, grevé de servitudes, abandonne ce fonds au propriétaire auquel cette servitude est due, pour s'affranchir des charges et réparations qui lui sont imposées par son titre (art. 699, C. civ.). (V. *suprà*, vᵒ ABANDON PAR SUITE DE SERVITUDE.)

116. — Expropriation. — La servitude peut s'éteindre également par l'abolition ou l'expropriation pour cause d'utilité publique (11).

117. — Jugement. — Elle s'éteint encore, mais rarement, par l'autorité des tribunaux, à titre de dommages-intérêts envers celui à qui on aurait fait tort par abus du droit de servitude (12).

118. — Cessation simple. — Enfin les servitudes cessent lorsque les choses se trouvent en état tel qu'on ne peut en user (art. 708, C. civ.). Ce n'est pas là une extinction de droit ; l'exercice seulement en est suspendu. Si les choses sont rétablies dans leur premier état, la servitude revit (art. 704, C. civ.).

Elle ne doit être ni moins commode, ni plus onéreuse lorsque c'est par le fait

---

(1) Duranton, t. V, nᵒˢ 672 et suiv.; Toullier, t. III, nᵒ 682; Demolombe, nᵒ 1049.
(2) Pardessus, nᵒ 315; Toullier, t. III, nᵒ 681; Demolombe, nᵒ 1051.
(3) Toullier, t. III, nᵒ 505; Demolombe, nᵒ 1036.
(4) Pardessus, nᵒ 314; Demolombe, nᵒ 1037.
(5) Pardessus, nᵒ 315; Toullier, nᵒ 675; Demolombe, nᵒ 1038.
(6) Pardessus, nᵒ 316; Demolombe, nᵒ 1038.

(7) Toullier, nᵒ 671; Duranton, nᵒ 651; Demolombe. nᵒ 1039.
(8) Demolombe, nᵒ 1043; Aubry et Rau, p. 110; Laurent, nᵒˢ 336 et 338.
(9) Duranton, nᵒ 658.
(10) Duranton, t. V, nᵒˢ 680 et 681; Toullier, t. III, nᵒ 683; Pardessus, nᵒ 817; Favard, sect. 5, nᵒ 5.
(11) Pardessus, nᵒ 320.
(12) Pardessus, *loc. cit.*

de l'homme, et non par la nature seule, que les choses sont établies (art. 703 et 704, C. civ.) (1).

Il en est ainsi quelle que soit la cause de cessation de l'usage; il suffit qu'elle ne soit pas imputable au propriétaire du fonds asservi (art. 701, C. civ.) (2).

Si l'impossibilité d'user de la servitude durait pendant trente ans, sans renouvellement de titre de la part de celui à qui elle est due, l'extinction s'opérerait par l'effet de la prescription (art. 704, 2263, C. civ.) (3).

§ 3. RESPONSABILITÉ NOTARIALE.

119. — La réception d'un acte quelconque, relatif aux servitudes ou aux mitoyennetés ne peut entraîner la responsabilité du notaire qui l'a reçu, qu'autant que cet officier public en a causé la nullité pour vice de forme, ou pour violation des prescriptions formelles de la loi ; — ou encore dans le cas où il aurait négligé de le faire transcrire (lorsque cette transcription est nécessaire), si les parties l'en avaient chargé.

§ 4. HONORAIRES.

120. — **Etablissement d'un mur à frais communs.** — L'acte qui contient les conditions de construction d'un mur mitoyen est un acte simple, nécessairement classé dans la catégorie des contrats à honoraires fixes; il serait à notre avis suffisamment rémunéré par un droit de 5 francs.

121. — **Vente de mitoyenneté.** — Comme il s'agit de la mutation d'un droit immobilier, que l'acte contient un mouvement de valeurs déterminées, qu'il y a un prix stipulé entre les parties, l'honoraire proportionnel est applicable, et cet honoraire proportionnel ne peut être que le droit de vente amiable d'immeubles à 1 %.

Presque tous les tarifs adoptent, du reste, ce chiffre de rémunération, et nous ne voyons aucun motif sérieux qui puisse le faire repousser. Les actes de cession de mitoyenneté ne sont pas à vrai dire des actes difficiles, mais la préparation et la rédaction sont toujours longues et minutieuses.

Le *minimum* de cet honoraire ne doit pas être inférieur à 5 francs.

122. — **Servitudes (Concession ou rachat).** — Tout acte de concession ou de rachat de servitude n'est autre qu'un acte d'aliénation d'un droit réel immobilier, passible à l'enregistrement du droit de 5 fr. 50 % ou du droit de donation, suivant les cas, et soumis à la formalité de la transcription.

Par suite, il rentre incontestablement dans la clause des actes assujettis à l'honoraire proportionnel.

Cet honoraire, en effet, a toujours été perçu dans les diverses compagnies notariales et est fixé à 1 %.

Mais comme les constitutions de servitudes peuvent être faites à titre onéreux ou à titre gratuit, il y a lieu d'appliquer, soit le tarif des *ventes volontaires d'immeubles*, soit celui des *donations* selon le caractère du contrat.

§ 5. ENREGISTREMENT.

123. — Les actes et conventions qui établissent des servitudes sur des biens fonds, ou qui contiennent l'abandon de servitudes précédemment créées, sont

(1) Toullier, t. III, n** 684 et 685; Duranton, t. III, n** 654 à 657; Delvincourt, t. I, p. 427; Demolombe, n° 971; Aubry et Rau, p. 102; Laurent, n° 291.

(2) Pardessus, n** 294 et 295.
(3) Pardessus, n° 296; Demolombe, n° 979; Aubry et Rau, p. 102, texte et note 7; Laurent, n° 295. — *Contrà* : Marcadé, art. 703 et 704.

passibles du droit de 5 fr. 50 °/₀ fixé pour les aliénations d'immeubles ou de droits réels immobiliers (1).

Le consentement à recevoir sur son terrain les eaux pluviales provenant des bâtiments de son voisin emporte création d'une servitude foncière, et donne ouverture au même droit sur le prix stipulé (2). — Il en est de même de l'acte par lequel un particulier, pour ne plus recevoir sur son héritage les eaux provenant de la maison de son voisin, consent à construire à ses frais, un puisard dans la cour de ce dernier ; en pareil cas, le droit est dû sur le montant de la dépense à faire (3).

124. — La vente d'un droit de mitoyenneté est passible d'un droit de 5 fr. 50 °/₀ (4).

125. — La concession d'une servitude peut n'avoir que le caractère de louage. Ainsi l'acte par lequel le propriétaire d'une maison concède, pour un délai déterminé, mais inférieur à trente ans, au propriétaire de la maison voisine, le droit d'établir des jours dans le mur qui sépare leurs propriétés, moyennant une redevance annuelle n'est sujet qu'au droit de 0 fr. 20 °/₀ (5).

126. — Il n'est dû aucun droit proportionnel, soit d'échange, soit de vente, sur l'acte par lequel plusieurs propriétaires se concèdent réciproquement le droit de passer sur les fonds qu'ils possèdent sur le même territoire (6).

127. — L'acte contenant remise pure et simple d'un droit de servitude est, comme renonciation, sujet au droit fixe de 3 francs (7) ; faite *in favorem*, elle pourrait être assujettie au droit de vente ou de donation.

§ 6. FORMULES.

1. *Constitution d'une servitude de passage.*
2. *Convention relative aux eaux d'une source.*
3. *Convention relative à des vues et jours.*
4. *Convention relative à une plantation d'arbres.*
5. *Clause relative à un droit de puisage.*
6. *Clause relative à une servitude de tour d'échelle.*
7. *Etablissement d'un mur mitoyen.*
8. *Vente de mitoyenneté.*
9. *Abandon par suite de servitude.*
10. *Abandon de mitoyenneté.*
11. *Renonciation à une servitude.*

1. — Constitution d'une servitude de passage.

Pardevant..., etc.
    Ont comparu :
M. Léon Marchal, propriétaire, demeurant à...   *D'une part.*
Et M. Alfred Colson, propriétaire, demeurant à...   *D'autre part.*
Lesquels ont fait entre eux les conventions suivantes:
    M. Colson est propriétaire d'une pièce de terre située sur le territoire de la commune de..., lieudit..., portée au cadastre sous le numéro... de la section..., et ayant une contenance de...
    Cet immeuble est enclavé et n'a sur la voie publique aucune issue ; mais la loi lui donne le droit de passage, par le trajet le plus court, sur une pièce de terre de la contenance de..., appartenant à M. Marchal, et portée au cadastre sous le numéro... de la section...
    Pour éviter à l'avenir toutes difficultés, les comparants ont fixé de la manière suivante

---

(1) Instr. Rég., 20 mars 1827, n° 1205, § 13 (art. 6081, J. N.) ; Cass., 4 février 1835.
(2) Déc. min. fin., 18 septembre 1811.
(3) Dél. Rég., 22 octobre 1817.
(4) LL., 22 frimaire an VII, art. 69 § 7, n° 1, et 28 avril 1816, art. 54.

(5) Seine, 6 décembre 1843.
(6) Dél. Rég., 18 septembre 1830 et 17 octobre 1843.
(7) L. 28 février 1872, art. 4.

l'endroit le moins dommageable par l'exercice du passage, et l'indemnité annuelle à payer par M. Colson à M. Marchal.

1° Pour l'exploitation de sa pièce de terre, M. Colson devra passer... (*Désigner l'endroit*).

2° Il payera à M. Marchal le... de chaque année, une indemnité annuelle de...

Une expédition des présentes sera transcrite au bureau des hypothèques de...

Il est fait élection de domicile...

Dont acte...

2. — Convention relative aux eaux d'une source.

Pardevant..., etc.

Ont comparu :

1° M. Paul Jozon, propriétaire, demeurant à...   *D'une part.*

2° MM. Pierre et Francois Rivaud, cultivateurs, demeurant à...   *D'autre part.*

Lesquels ont exposé ce qui suit :

Dans une prairie, dénommée *Les Fonts*, située à..., section..., n°..., de la commune de..., et appartenant à M. Jozon, se trouve une source dont ce dernier, d'après la loi, peut user à son gré, sans même que MM. Rivaud, propriétaires des fonds inférieurs, puissent avoir aucun droit sur les eaux qui en découlent et qu'ils sont toutefois tenus de recevoir sur leurs prés.

Cependant MM. Rivaud, qui ont l'intention de faire construire sur leur fonds une usine à..., auraient le plus grand besoin que l'usage de ces eaux leur fût assuré pour l'alimentation de leur fabrique. Aussi ont-ils proposé à M. Jozon de leur conférer cet usage ; M. Jozon y ayant consenti, les comparants ont fait entre eux la convention suivante :

M. Jozon conserve la propriété de la source qui se trouve dans sa prairie des Fonts ; toutefois, à partir du 1er janvier prochain, il ne pourra plus user exclusivement des eaux qui en découlent, mais seulement pour l'irrigation de ses prés, et l'excédent appartiendra à MM. Rivaud pour l'irrigation de leurs prairies et l'alimentation de leur usine.

Pour recevoir ces eaux et les conduire sans perte sur les propriétés de MM. Rivaud, un canal sera creusé, aux frais de ces derniers, tant sur la propriété de M. Jozon, à partir... (*désigner exactement*), que sur les fonds de MM. Rivaud, et l'entretien de ce canal sera exclusivement à la charge de ces derniers.

La quantité d'eau réservée par M. Jozon pour l'irrigation de ses prés, ne pourra dépasser, aux époques où il en fera usage, le tiers du volume d'eau fourni par la source.

Pour prix de la présente concession, M. Jozon reconnaît que MM. Rivaud viennent de lui verser à l'instant, à la vue des notaires soussignés, la somme de 10,000 francs, dont il leur donne quittance.

Une expédition des présentes sera transcrite au bureau des hypothèques de..., etc

Election de domicile est faite...

Dont acte...

3. — Convention relative à des vues et jours.

Pardevant..., etc.

A comparu :

M. Aurélien Pajot, propriétaire, demeurant à...

Lequel a, par ces présentes, autorisé M. Paul Rivière, boulanger, demeurant à..., ici présent, à pratiquer une fenêtre, au lieu des jours qui existent actuellement dans le mur de sa maison, contigu au parc de M. Pajot, situé...

Cette fenêtre aura 1 mètre de hauteur et 50 centimètres de largeur, et sera construite à 2 mètres 50 centimètres au-dessus du plancher du local qu'elle est destinée à éclairer. Dans ces conditions, elle pourra subsister à perpétuité, mais seulement pour éclairer ledit local et non comme fenêtre d'aspect. Aussi est-il expressément convenu entre les parties que M. Rivière devra, à ses frais, faire pratiquer cette fenêtre qui sera garnie d'un verre mat, ne pourra s'ouvrir, et sera munie à l'extérieur d'un treillis en fer.

Une expédition des présentes sera transcrite..., etc.

Dont acte...

4. — Convention relative à une plantation d'arbres.

Pardevant..., etc.

A comparu :

M. Jules Richon, cultivateur, demeurant à...

Lequel a, par ces présentes, déclaré autoriser M. Eugène Loubeau, propriétaire, demeurant à.., ici présent,

A planter dans le terrain dépendant de sa maison située à... des arbres à haute tige, à la distance d'un mètre 20 centimètres de la ligne séparative de ce terrain et du jardin contigu qui appartient à M. Richon ; renonçant, par suite, à se prévaloir des dispositions du Code relatives à la distance légale.

Cette autorisation, accordée dans l'intérêt de la propriété de M. Loubeau, constituera une servitude qui profitera à ce dernier ou à ses enfants, mais qui devrait cesser si M. Loubeau venait à vendre ou à transmettre sa propriété à des personnes autres que ses enfants.

Dont acte...

5. — Clause relative à un droit de puisage.

... Art... Le propriétaire du premier lot, dans l'intérêt et pour l'utilité des biens qui lui ont été attribués, aura la faculté, qui lui est concédée à perpétuité, pour lui et tous tiers détenteurs, de puiser à la pompe et au puits, qui se trouvent à l'extrémité du deuxième lot, chaque jour, de huit heures du matin à cinq heures du soir, toute l'eau qui sera nécessaire aux besoins de son ménage.

A cet effet, une porte sera pratiquée aux frais du propriétaire du premier lot, dans le mur séparatif des deux propriétés, etc...

6. — Clause relative à une servitude de tour d'échelle.

Art... Le propriétaire du troisième lot, pour l'entretien et la réparation des bâtiments qui lui ont été attribués, aura, à titre de servitude, le tour d'échelle sur le terrain faisant partie du premier lot, ainsi que le droit d'y déposer immédiatement contre le mur les matériaux nécessaires à l'entretien ou à la réparation, le tout sans aucune indemnité.

Ce droit devra être exercé pendant la saison convenable ; il ne pourra l'être plus d'une fois par année, et les travaux ne devront pas se prolonger pendant plus de quinze jours.

7. — Établissement de mur mitoyen.

Pardevant..., etc.

Ont comparu :

M. Paul Meunier, propriétaire, demeurant à...   *D'une part.*

Et M. Edmond Lerond, propriétaire, demeurant à...   *D'autre part.*

Lesquels, désirant séparer par un mur mitoyen les deux terrains qu'ils possèdent à..., etc., sont convenus de ce qui suit :

1° Ils feront construire sur toute la longueur de la ligne séparative de leurs propriétés, un mur de... centimètres de largeur, à asseoir par moitié sur chacune de ces propriétés.

2° Ce mur aura une hauteur de... mètres, jusqu'au chaperon qui sera établi avec égout sur les deux terrains.

3° Les fondations auront la profondeur qui sera reconnue nécessaire pour la solidité du mur.

4° La construction sera faite en moëllons de roche dure cimentés et recrépis avec mortier de chaux et sable.

5° Elle aura lieu sous la direction et la surveillance de M. Meunier.

6° Et le prix en sera payé par moitié entre les comparants.

Dont acte...

8. — Vente de mitoyenneté.

Pardevant..., etc.
  A comparu :
M. Charles Lemaire, propriétaire, demeurant à...
Lequel a, par ces présentes, vendu avec toutes garanties de droit,
A M. Louis Marchal, propriétaire, demeurant à..., ici présent et qui accepte

Désignation.

La mitoyenneté du mur qui sépare les deux jardins de MM. Lemaire et Marchal, situés à..., etc., et du sol sur lequel il est construit ; lequel mur a... mètres de longueur, . . mètres de hauteur, et... centimètres d'épaisseur.
(Ou : La mitoyenneté de l'exhaussement fait par M. Lemaire dans le courant de l'année..., sur le mur mitoyen qui séparait leurs propriétés situées à..., etc , et de la moitié du sol fourni par lui pour élargir la base du mur ; lequel exhaussement a ...mètres de hauteur au-dessus du mur primitif dont la hauteur était originairement de ...mètres et dont l'épaisseur a été portée de..., à... centimètres).
Ainsi que ce mur existe et figure au plan qui a été dressé par M..., etc., et qui sera annexé aux présentes après avoir été certifié véritable par les comparants en présence des notaires soussignés.

Origine de propriété.

M. Lemaire est propriétaire du mur dont la mitoyenneté est présentement vendue pour l'avoir fait construire de ses deniers personnels sans avoir conféré aucun privilège de constructeur ou d'entrepreneur, et du terrain sur lequel il repose, pour l'avoir acquis avec la propriété dont il dépend, de M ..., etc.

Jouissance.

M. Marchal aura, à compter de ce jour, la propriété et la jouissance de la mitoyenneté qui vient de lui être vendue, et il pourra en jouir conformément à la loi.

Conditions.

1° Le mur dont il s'agit deviendra mitoyen dans l'état où il se trouve, sans que M. Lemaire soit tenu d'y faire aucune réparation.
2° Pour constater la mitoyenneté, les filets et corbeaux qui existent actuellement du côté de M. Lemaire devront être remplacés, à frais communs, par un chaperon à deux égouts.
3° M. Marchal paiera les frais et honoraires des présentes et ceux qui en seront la conséquence.

Prix.

La présente vente est faite et acceptée moyennant le prix principal de..., que M. Marchal a payé, à l'instant, en bonnes espèces de monnaie comptées et délivrées à la vue des notaires soussignés, à M. Lemaire qui le reconnaît et lui en donne quittance.
(Pour la suite, voir les formules du mot VENTE).
  Dont acte...

9. — Abandon par suite de servitude.

(V. suprà, les formules du mot ABANDON PAR SUITE DE SERVITUDE).

10. — Abandon de mitoyenneté.

(V. suprà, les formules du mot ABANDON DE MITOYENNETÉ).

11. — Renonciation à une servitude.

(V. suprà, v° RENONCIATION, la formule de Renonciation à servitude).

SOCIÉTÉS EN GÉNÉRAL

La Société est un contrat par lequel deux ou plusieurs personnes conviennent de mettre quelque chose en commun, en vue de partager le bénéfice qui pourra en résulter (art. 1832, C. civ.).

Sommaire.

§ 1. NATURE DU CONTRAT DE SOCIÉTÉ.

1. — D'après la définition même qui en a été donnée par les rédacteurs du Code civil, la société est un contrat *consensuel, synallagmatique,* et *à titre onéreux* :

Consensuel, parce que, comme les contrats en général, le contrat de société se forme par la seule volonté des parties, en l'absence de tout écrit, du moins pour les sociétés civiles. En ce qui concerne les sociétés commerciales, V. *infrà,* nᵒˢ 35 et suivants ;

Synallagmatique, puisque les contractants s'obligent les uns envers les autres ;

A titre onéreux, parce que le contrat assujettit chacun des associés à donner ou à faire quelque chose.

Mais c'est une question très controversée de savoir si le contrat de société est *commutatif* (1). La solution n'a heureusement aujourd'hui qu'un intérêt purement théorique.

2. — Les conditions essentielles à l'existence d'une société sont les suivantes :

---

(1) Pour l'affirmative : Pothier, *Traité de la société,* nᵒ 7 ; Guillouard, *Traité du contrat de société,* nᵒˢ 10 et suiv. ; Lyon-Caen et Renault, *Traité de droit commercial,* t. II, nᵒ 82. — Pour la négative : Pont, *Du contrat de société,* nᵒ 12 ; Bravard, *Traité de droit commercial,* t. I, p. 68 ; Demangeat, note su Bravard, *op. cit.,* p. 168, 169.

a) Chaque contractant, c'est-à-dire chaque associé, doit faire un apport;

b) Les associés doivent avoir pour but de réaliser des bénéfices provenant d'opérations qui, d'après les principes généraux du droit, soient licites;

c) Chaque associé doit être exposé, en cas d'insuccès des affaires sociales, à perdre au moins sa mise;

d) Chaque contractant doit avoir l'intention de former une société. C'est cette dernière condition que l'on désigne ordinairement sous le nom d'*affectio societatis*.

3. — Le contrat de société présente des affinités avec d'autres contrats, et il importe de ne pas les confondre. Nous allons, à ce point de vue, examiner brièvement chacun de ces contrats.

4. — Louage. — Tout d'abord, parlons du contrat de louage.

« La société, dit M. Guillouard (1), se rapproche du louage de choses dans l'hypothèse où le propriétaire d'un immeuble le loue à un commerçant ou à un industriel, en stipulant qu'en outre d'un loyer fixe, il lui sera donné chaque année une part des bénéfices du commerce ou de l'industrie de son locataire. Mais on ne doit pas hésiter à y voir un contrat de louage, car il a pour objet la jouissance d'une chose moyennant un prix; et si les bénéfices sont partagés dans une certaine proportion, le propriétaire de la maison n'est exposé, dans aucun cas, à supporter les pertes, ce qui exclut toute idée de société. »

Le *métayage* ou *colonage partiaire* constitue, d'après l'opinion dominante, un bail et non un contrat de société (2), et cette opinion a été confirmée par les travaux préparatoires de la loi du 18 juillet 1889.

En ce qui concerne le contrat de *cheptel*, il faut distinguer selon que le cheptel est *simple* ou *à moitié*; mais, dans les deux cas, la question a été résolue par le Code civil :

L'article 1804 dit que le *cheptel simple* est un bail; et l'article 1818 déclare formellement que le *cheptel à moitié* est une société. En effet, le but de ce dernier contrat est la jouissance en commun d'une chose fournie pour moitié par chacun des deux contractants.

Enfin le contrat de société a des analogies avec le contrat de *louage d'ouvrage ou d'industrie;* mais, à moins de circonstances particulières qui le transforment en une société, ce contrat n'est qu'un louage de services.

Ainsi, le commis qui, au lieu d'appointements fixes, reçoit une part quelconque de bénéfices annuels, est locateur de services sous condition aléatoire; mais il n'est pas associé. Il n'a aucun droit de co-propriété dans les marchandises achetées avec les fonds du commettant; il ne peut, à moins de convention expresse, avoir aucune part aux délibérations sociales. De plus, associé aux bénéfices, il ne l'est pas aux pertes, et, dès lors, l'un des caractères essentiels du contrat de société manque à cet égard. Enfin l'intention de former une société fait absolument défaut (3).

Il en est de même, dit M. Guillouard (4), de la convention par laquelle un entrepreneur principal cède à un sous-entrepreneur une partie des travaux qu'il a alloués, avec le droit de toucher directement la portion correspondante dans le prix de l'entreprise. Le sous-entrepreneur, en effet, comme l'entrepreneur principal, se charge de faire un ouvrage à ses risques et périls; il ne met rien en commun avec

---

(1) N° 11.
(2) Nîmes, 14 août 1850 ; Angers, 18 mai 1868 ; Cass., 8 février 1875; Pau, 5 avril 1884 ; Riom, 19 novembre 1884; Aubry et Rau, § 371-16; Laurent, t. XXV, n° 447; Guillouard, *Louage*, n° 614 ; Baudoin, *Bail à métairie*, p. 20. — *Contrà :* Limoges, 21 décembre 1839; 6 juillet 1840; Agen, 7 février

1850 ; Grenoble, 20 mars 1868; Bordeaux, 28 juin 1854.
(3) Troplong, n° 46; Dict. du not., n° 17 ; Alauzet, t. I, n° 81 ; Bédarride, n° 18; Pont, n° 87; Laurent, t. XXVI, n° 154; Lyon-Caen et Renault, n° 58 ; Guillouard, n° 14; Cass., 2 juillet 1861.
(4) N° 15.

l'entrepreneur principal, mais, comme celui-ci, il loue son industrie; seulement, au lieu de traiter directement avec celui pour le compte duquel le travail est effectué, il traite avec l'entrepreneur principal (1).

Mais la convention par laquelle une personne concourt à des opérations d'achat et de vente d'immeubles notamment, avec la condition qu'elle prendra une part dans les bénéfices comme dans les pertes, constitue entre les parties un acte de société et non simplement un louage d'industrie. La partie qui se prévaut de cette convention pour réclamer ce qui peut lui revenir à titre de bénéfices, est donc un associé, et non un simple commis intéressé; elle ne peut exiger sa part en espèces qu'après liquidation des opérations sociales (2).

5. — Mandat. — Malgré l'analogie qui existe parfois entre le contrat de société et le *mandat*, nous croyons qu'à moins de stipulation expresse de la part des intéressés, il y a mandat salarié et non société dans le cas où le propriétaire d'une chose charge une autre personne de la vendre moyennant un prix déterminé, sous la condition que si ce prix est dépassé, elle aura droit à la totalité ou à une certaine partie de la différence. La solution dépend du reste des circonstances et de l'intention des parties (3).

6. — Prêt. — Le contrat de société a aussi quelques points de similitude avec le contrat de *prêt*. Lorsque le bailleur de fonds reçoit pour la totalité ou partie de son intérêt, une part dans les bénéfices de l'entreprise, quel est le caractère de la convention? Nous estimons que, pour se prononcer, il faut rechercher quelle a été l'intention des parties.

« En principe, dit M. Guillouard (4), et à défaut de clauses ou de circonstances particulières de nature à faire donner au contrat une autre interprétation, nous croyons que la participation du bailleur de fonds aux bénéfices, doit faire attribuer au contrat le caractère d'une société. Le prêteur cherche à obtenir l'intérêt de son argent, l'associé, une part des bénéfices de la société dans laquelle il entre : tel est l'effet naturel des deux contrats. »

Le versement dans une société, d'une somme remboursable en divers termes constitue un prêt, encore que les associés, au lieu de payer les intérêts à celui de qui les versements émanent, lui aient abandonné une partie des bénéfices du commerce. Cette seule circonstance, alors qu'il n'y a eu ni intention des parties de s'associer, ni mise en commun des capitaux, ni participation aux pertes, ne suffit point à conférer aux prêteurs la qualité d'associé. Mais les emprunteurs peuvent demander la restitution de tout ce que le prêteur a touché au delà du taux de l'intérêt légal (5). Il en serait autrement, et le contrat constituerait une société et non un prêt, si le prétendu prêteur s'était réservé certaines prérogatives qui ne peuvent appartenir qu'à un associé : par exemple, le droit de prendre communication des livres et d'assister aux inventaires (6).

7. — Vente. — Le contrat de *vente* ressemble parfois au contrat de société. Ainsi lorsqu'un auteur et un éditeur font un traité au sujet de la publication d'un ouvrage et conviennent de partager les bénéfices dans des proportions déterminées, la nature du contrat dépend absolument de l'intention des parties, *affectio societatis* (7).

8. — Communauté. Indivision. — La société présente une analogie plus apparente que réelle avec la *communauté* et l'*indivision*. La différence essentielle

(1) Dijon, 20 juillet 1875.
(2) Lyon, 5 mai 1867 (art. 19053, J. N.).
(3) Guillouard, n° 16.
(4) N° 18.
(5) Pont, n° 92; Laurent, t. XXVI, n° 152; Cass., 16 juin 1863; Grenoble, 29 janvier 1870; Cass., 8 janvier 1872.

(6) Pont, n° 93; Lyon-Caen et Renault, n° 63; Paris, 10 août 1807; Lyon, 20 août 1849; Cass., 11 avril 1850; Douai, 8 février 1875; Cass., 9 juillet 1885; Grenoble, 18 mars 1887.
(7) Pont, n° 94; Laurent, n° 153; Guillouard, n° 19.

qui existe entre elles est la volonté d'une spéculation à faire en commun : ce caractère distinctif de la société fait en effet défaut dans la communauté.

9. — Personnalité des sociétés. — Une société constitue-t-elle un *être moral* ayant une personnalité indépendante, distincte de celle des associés?

10. — L'affirmative n'a jamais été contestée aux *sociétés commerciales* : l'ancien droit lui-même l'avait admis (1).

11. — En ce qui concerne les sociétés civiles, la question est très controversée en doctrine :

Dans un premier système, on soutient que le principe de la personnalité des sociétés civiles n'existait pas en droit romain et dans notre ancien droit; que rien, ni dans les travaux préparatoires du Code civil, ni dans le Code lui-même, ne révèle l'intention de modifier si profondément les règles du contrat de société ; qu'au contraire, l'article 529 du Code civil, en ne déclarant meubles que les obligations et actions « dans les compagnies de finance, de commerce et d'industrie », exclut, par là même, les actions dans les compagnies civiles ; qu'enfin, l'article 59 du Code de procédure, en disposant que l'on devra assigner « *les sociétés de commerce*, tant qu'elles existent, en leur maison sociale », a maintenu la distinction ancienne entre les sociétés civiles et les sociétés commerciales (2). M. Guillouard (3) reconnaît l'être moral aux sociétés de mines seules, à raison des dispositions spéciales et exceptionnelles de la loi du 21 avril 1810. Il conteste la personnalité civile, non seulement aux sociétés civiles ordinaires, mais encore à celles constituées sous une forme commerciale : ce qui est contraire, sur ce dernier point, à la doctrine dominante et à la jurisprudence (4).

Dans le système contraire, on invoque également le droit romain et l'ancien droit; mais on prétend surtout que le Code civil, bien que ne proclamant pas textuellement le principe de la personnalité, contient un certain nombre de dispositions qui la supposent nécessairement, notamment : 1° les articles 1845, 1846, 1847, 1848 et 1850, qui parlent de la dette des associés vis-à-vis de la société, et non vis-à-vis les uns des autres; 2° l'article 1857, qui règle les pouvoirs d'administration des associés sur les immeubles appartenant à la société; 3° l'article 1860, qui défend l'aliénation des biens sociaux, par l'associé non administrateur, même pour sa part. On invoque enfin l'article 8 de la loi du 21 avril 1810, qui porte que les actions ou intérêts dans une société ou entreprise pour l'exploitation des mines (société civile de sa nature) seront réputés meubles, *conformément à l'article 529 du Code civil*, et semble ainsi établir que, pour les sociétés civiles, aussi bien que pour les sociétés commerciales, c'est l'être moral qui est propriétaire des biens sociaux mobiliers et immobiliers sur lesquels les associés n'ont, dans tous les cas, qu'un droit mobilier (5).

C'est dans ce dernier sens que s'est prononcée la jurisprudence.

La Cour de cassation a formellement décidé que les sociétés civiles forment,

---

(1) Troplong, n° 58; Dict. du not., n° 19 ; Aubry et Rau, t. I, § 54, 21 et 26 ; Lyon-Caen et Renault, t. II, n° 124 ; Guillouard, n° 21 ; Cass., 10 mars 1877; 8 mars 1883 et 17 décembre 1891.
(2) Thiry, *Rev. crit.*, 1854 p. 412, et 1855, p. 289; Frémery, *Étude de droit comm.*, t. IV, p. 30; Vincent, *Législ. comm.*, t. I, p. 297, et *Soc. par act.*, p. 6 et 7 ; Aubry et Rau, § 377-16 ; Alauzet, *C. de comm.*, t. I, n° 136 ; Demangeat sur Bravard-Veyrières, *Traité de dr. comm.*, t. I, p. 174 et suiv.; Pont, *Soc.*, n° 126 ; Lyon-Caen et Renault, *Traité de dr. comm.*, t. I, n° 105 et 140; Guillouard, *Traité du contrat de soc.*, n° 25.
(3) N° 25 et 362.
(4) Aubry et Rau, § 54-28 ; Pont , *Soc.*, n° 124 ;

Lyon-Caen et Renault, n° 135 ; Houpin, *Traité des sociétés par actions*, n° 22 ; Cass., 3 février 1868 (D. 1868-1-225). — V. toutefois Laurent, t. XXVI, n° 221 et 223
(5) *Conf.* : Duranton, t. XVII, n° 334 et 388; Pardessus, *Cours de dr. comm.*, t. IV, n° 975 et 976; Proudhon, *De l'usufruit*, t. IV, n° 2064 et 2065; Delamarre et Lepoitevin, *Traité de dr. comm.*, t. II, p. 464 ; Championnière et Rigaud, *Traité des droits d'enreg.*, t. III, n° 2753 ; Troplong, *Du contrat de société*, t. I, n° 58 et suiv.; Duvergier, id., n° 141, 381 et suiv. ; Bravard-Veyrières, *Traité de dr. commerc.*, t. I, p. 174 et suiv.; Vavasseur, t. I, n° 27 ; Larombière, *Des oblig.*, t. III, art. 1291, n° 6 ; Houpin, *Soc. par act.*, n° 8.

pendant leur durée et jusqu'à l'issue de leur liquidation, un être moral comme les sociétés commerciales (1).

La Cour d'Orléans a jugé également que les sociétés civiles forment un corps moral, une personne distincte des associés ; que, tant que dure la société, les associés n'ont sur les immeubles en faisant partie aucun droit individuel et privatif de co-propriété, mais seulement un intérêt constituant un droit purement mobilier ; d'où il suit que l'inscription d'hypothèque légale de la femme d'un co-associé ne saurait utilement s'asseoir sur les immeubles sociaux (2).

Enfin, le principe de la personnalité des sociétés civiles a été consacré expressément par un arrêt de la Cour de cassation du 23 février 1891 : « Attendu qu'il est de l'essence des sociétés civiles, aussi bien que des sociétés commerciales de créer au profit de l'individualité collective, des intérêts et des droits propres et distincts des intérêts et des droits de chacun de ses membres ; que les textes du Code civil (notamment les articles 1850, 1852, 1867, 1845, 1846, 1847, 1848, 1855, 1859) personnifient la société d'une manière expresse, en n'établissant jamais des rapports d'associé à associé et en mettant toujours les associés en rapport avec la société ; que les sociétés civiles constituent, tant qu'elles durent, une personne morale, laquelle est propriétaire du fonds social ; que, par suite, l'arrêt attaqué, en déclarant sans valeur et inopérante l'hypothèque consentie par Rigal à la Banque des Alpes-maritimes, sur des immeubles qui n'étaient pas la co-propriété par indivis de trois associés, mais la propriété exclusive de la société dont l'existence a été reconnue, n'a violé aucun des textes ou des principes invoqués... » (3).

Nous verrons plus loin, soit dans le cours de cette étude, soit en étudiant chacune des différentes espèces de sociétés, à quelles conséquences entraîne la théorie consacrée par la jurisprudence.

12. — En ce qui concerne les associations autres que les sociétés proprement dites, c'est-à-dire n'ayant pas le lucre pour objet, tout ce que nous venons de dire est pour elles sans influence.

En principe, elles ne constituent pas des personnes civiles.

Mais nos lois ont apporté des dérogations à ce principe en faveur des sociétés de secours mutuels (4), des associations syndicales (5), des syndicats professionnels (6).

Et, en dehors de ces exceptions, les associations, quel que soit leur objet, peuvent acquérir le bénéfice de la personnalité, en obtenant une déclaration d'utilité publique, qui est faite par décret rendu sur l'avis du Conseil d'Etat, ou parfois par une loi.

§ 2. DISTINCTION DES SOCIÉTÉS CIVILES ET COMMERCIALES

13. — Considérées au point de vue de la nature de leur objet, les sociétés sont *civiles* ou *commerciales*.

Cette distinction est d'une importance pratique considérable. Il nous suffira, pour le démontrer, de signaler les différences principales qui existent entre elles :

1° Nous venons déjà de voir, du reste, que les auteurs ne sont pas d'accord pour accorder aux sociétés civiles la personnalité dont jouissent incontestablement les sociétés commerciales, et que la jurisprudence seule est unanime à leur reconnaître ce droit ;

---

(1) Cass., 8 novembre 1836, *loc. cit.* ; Cass., 9 mai 1864 (S. 1864-1-239) et 23 février 1889. — *Conf.* : Paris, 6 mars 1849 (S. 1849-2-427).

(2) *Conf.* : Caen, 12 décembre 1888 (*J. des soc.*, 1888, p. 44).

(3) *J. du not.*, 1891, p. 753.

(4) L. 15 juillet 1850 ; Décrets des 14 juin 1851 et 26 mars 1852.

(5) Lois des 21 juin 1865 et 22 décembre 1888.

(6) L. 22 mars 1884, art. 6.

2° Nous verrons plus loin, en parlant de la forme et des formalités, que les sociétés civiles ne sont soumises à aucune forme particulière ni à aucune formalité de publicité, tandis que les sociétés commerciales doivent être constatées par des actes publics ou sous signatures privées (art. 39, C. com.), et sont soumises à des formalités de publicité (1).

3° Dans les sociétés civiles, les associés ne sont tenus des dettes sociales que pour la part qui leur incombe personnellement (art. 1862, C. civ.); dans les sociétés commerciales, au contraire, les associés en nom collectif sont solidaires pour tous les engagements de la société (art. 22, C. com.).

4° Aux termes du paragraphe 3 de l'article 1865 du Code civil, la mort naturelle de l'un des associés dissout la société civile; dans les sociétés commerciales il n'en est pas de même dans tous les cas (2);

5° Contrairement aux sociétés commerciales, les sociétés civiles peuvent être déclarées en faillite ou mises en liquidation judiciaire (3); les premières sont justiciables des tribunaux de commerce, les autres des tribunaux civils.

6° Enfin, la prescription des actions contre les sociétés civiles est de trente ans, tandis que, dans les sociétés commerciales, elle n'est que de cinq ans contre les associés non liquidateurs ou leurs représentants.

14. — Objet. — Nous venons de voir que ce qui distingue les sociétés civiles et les sociétés commerciales, c'est la nature de l'objet.

La qualité des associés et la forme que les parties ont donnée à la société sont sans influence. Ainsi, des commerçants peuvent très bien constituer une société civile, et des non-commerçants une société commerciale (4), de même que la forme commerciale donnée à une société civile n'en change pas la nature (5).

« Pour savoir si une société est civile ou commerciale, dit M. Guillouard (6), il faut uniquement s'attacher à son objet : la société a-t-elle pour but de faire des opérations commerciales, elle sera une société de commerce; elle sera, au contraire, une société civile, si l'objet qu'elle se propose est purement civil. C'est le même *criterium* que l'on suit pour savoir si une personne a ou n'a pas la qualité de commerçante : fait-elle sa profession habituelle de l'exercice d'actes de commerce? De même pour la société, on examinera si l'objet pour lequel elle est constituée, si les opérations qu'elle se propose de faire ont ou non un caractère commercial, sans se préoccuper ni de la forme que les associés ont donnée à l'acte, ni de la profession habituelle des associés (7). »

15. — *Sociétés civiles.* — Par application de ces principes, ont été considérées comme civiles les sociétés formées :

1° Pour l'achat et la revente d'immeubles (8), à moins que leur exploitation ne se complique d'opérations commerciales qui forment le principal objet de la société ;

2° Pour obtenir et exploiter une concession d'eaux destinées à alimenter un canal d'irrigation (9);

---

(1) L. 24 juillet 1867, art. 55 et suiv.
(2) Pont, n° 101; Laurent, n° 215; Guillouard, n° 90.
(3) Laurent, n° 213; Lyon-Caen et Renault, t. II, n° 89; Guillouard, n° 90.
(4) Pont, n° 104; Guillouard, n° 91.
(5) Cass., 13 mai 1857, 9 novembre 1858, 27 mars 1866 et 28 janvier 1884; Toulouse, 23 mars 1887; Cass., 12 décembre 1887; Paris, 8 mars 1889.
(6) N° 91.
(7) Paris, 15 février, 17 et 29 août 1868; Cass., 3 février 1869, 21 juillet 1873 et 28 janvier 1884; Orléans, 28 juillet 1887; Cass., 12 décembre 1887; Pont, n° 118; Lyon-Caen et Renault, n° 92.

(8) Cass., 4 juin 1850 (S. 1850-1-593); Aix, 10 novembre 1854 (S. 1855-2-245), Paris, 15 février, 17 et 29 août 1868 (S. 1868-2-329); Cass., 3 février 1869 (S. 1869-1-217); Grenoble, 19 mars 1870 et Cass., 18 décembre 1871 (S. 1871-2-35 et 1-196); Cass., 26 février 1872 (S. 1872-1-175); Cass., 21 juillet 1873 (S. 1873-1-456); Nieuport, 31 mars 1882 (J. S., 1883, p. 663); Annecy, 28 décembre 1884 (J. S., 1888 p. 225); Lyon-Caen et Renault, n° 277; Pont, n° 104 et suiv.; Vavasseur, n° 6 et suiv.
(9) Paris, 17 août 1868 (D. 1868-2-192); Cass., 21 juillet 1873 (S. 1873-1-456), 6 janvier 1874 (S. 1877-1-27), 17 mars 1874 (S. 1874-1-106), 16 juin 1874 (S. 1874-1-345).

3° Pour l'établissement et l'exploitation, dans une ville, d'eaux potables provenant de sources dont la société est propriétaire (1);

4° Pour l'exploitation de sources d'eaux minérales et d'établissements thermaux (2), même avec adjonction d'un hôtel meublé (3);

5° Pour l'exploitation d'une mine (4), alors même qu'il serait mélangé à la houille, pour l'agglutiner, une substance achetée en vue de cette opération (5); que la société adjoindrait, comme accessoire de l'exploitation, la construction d'un chemin de fer à voie étroite destiné uniquement à l'exploitation de la mine (6); ou aurait pour objet non seulement l'exploitation de mines, mais encore le traitement et la vente de minerais, la construction d'édifices, le transport des produits (7); ou aurait projeté de se livrer à des opérations de commerce, si, en fait, ce projet ne s'est pas réalisé (8). La société fondée pour l'exploitation de mines de fer serait aussi civile, malgré la création accessoire, prévue par les statuts, d'établissements industriels pour transformation, achat et vente de minerais, et de toute entreprise de transport nécessaire à la société (9). Mais est commerciale la société minière qui a pour objet de se livrer à des opérations financières et commerciales et qui, en fait, se livre presque exclusivement à ce genre d'opérations (10);

6° Pour la recherche d'une mine (11). Mais la société serait commerciale, si elle faisait l'exploitation pour le compte d'autres personnes au profit desquelles la concession serait obtenue (12);

7° Pour la recherche et l'exploitation de l'ardoise dans les terrains de la société (13);

8° Pour l'exploitation d'une carrière (14), si la main-d'œuvre n'est pas l'objet principal de la spéculation de la société (15);

9° Pour la construction et l'exploitation d'un canal maritime de grande navigation (celui de Panama) (16);

10° Pour la construction et l'exploitation d'un marché aux chevaux et fourrages, la location, la mise en valeur et la réalisation des terrains de la société (17);

11° Pour l'établissement d'une école de dressage, avec interdiction de toute opération commerciale (18).

Les sociétés fromagères sont civiles (19); elles ont une existence spéciale et sont assujetties à des règles distinctes de celles des autres sociétés (20).

(1) Paris, 21 juin 1884, et autorités citées, J. S., 1888, p. 608.

(2) Metz, 16 mars 1865 (S. 1865-2-265); Cass., 27 mars 1876; Montpellier, 28 août 1874 (S. 1874-2-299); Paris, 24 mars 1888 (R. S., 1888, p. 375). — V. aussi Cass., 27 mars 1866 (S. 1866-1-211).

(3) Seine, 8 octobre 1879 (J. S., 1880, p. 613). V. toutefois Paris, 4 février 1875 (D. 1876-2-185).

(4) L. 21 avril 1810; Aix, 31 octobre 1864; Cass., 31 janvier 1865 (S. 1864-1-123); Nancy, 18 mai 1872 (D. 1873-2-103); Luxembourg, 6 mars 1875 (J. S., 1883, p. 645); Paris, 21 août 1877; Lyon, 13 février 1878 (S. 1878-2-325); Cass., 1er juillet 1878 (S. 1878-1-414); Amiens, 26 février 1881 (J. S., 1883, p. 60); Seine, 5 juin 1883 (J. S., 1883, p. 587); Cass., 28 janvier 1884 (R. S., 1884, p. 547); Agen, 2 juin 1886 (J. S., 1886, p. 177; R. S., 1887, p. 364).

(5) Lyon, 19 mars 1879 (J. S., 1883, p. 655); Lyon, 24 mars 1887 (R. S., 1888, p. 141).

(6) Paris, 8 janvier 1876 (Le Droit du 21).

(7) Paris, 1er avril 1876 (Le Droit, du 3 septembre); Seine, 5 octobre 1882 (R. S., 1883, p. 187).

(8) Paris, 21 juin 1884 (R. S., 1888, p. 573).

(9) Seine, 5 octobre 1882 (R. S., 1888, p. 187). V. aussi Bruxelles 26 janvier 1882 (J. S., 1883, p. 659).

(10) Agen, 2 juin 1886 (J. S., 1888, p. 177; R. S., 1887, p. 364).

(11) Paris, 11 janvier 1841 (D. 1841-2-114); Rennes, 19 août 1857; Seine, 3 janvier 1888 (R. S., 1888, p. 202); Marseille, 18 octobre 1888 (R. S., 1889, p. 211). V. Troplong, n° 333 et suiv.

(12) Troplong, n° 334; Vavasseur, n° 15.

(13) Nancy, 12 décembre 1885, et autorités citées (J. S., 1888, p. 36; R. S., 1886, p. 153).

(14) Bordeaux, 23 novembre 1854 (D. 1855-5-7).

(15) Paris, 17 novembre 1886 (J. S., 1888, p. 167); Cass., 12 décembre 1887 (R. S., 1888, p. 129).

(16) Seine (trib. civ.), 4 février 1889 (loc. cit.); Paris, 8 mars 1889 (loc. cit.). V. Conseil d'Etat, 22 mars 1851; Cass., 16 novembre 1865 (D. 1866-1-254). — Contrà : Seine (trib. comm.), 18 février 1889 (loc. cit.). V. aussi, sur la nature immobilière du droit résultant de la concession d'un canal maritime : Vavasseur (Revue des sociétés, 1889, p. 33 et suiv.); Seine. 4 février 1889 précité. V. aussi Cass., 5 mars 1829, 22 avril 1844 et 7 novembre 1865 (D. 1844-1-219 ; 1866-1-254).

(17) Seine, 17 novembre 1883 (loc. cit.).

(18) Caen, 28 mars 1887 (J. S., 1888, p. 591; R. S., 1888, p. 32).

(19) Besançon, 12 mars 1866 (D. 1867-2-33); Chambéry, 20 mai 1870 (D. 1872-2-16) ; Lyon, 16 mars 1883 (R. S., 1883, p. 667); Besançon 19 février 1884 (R. S., 1884, p. 217); Vavasseur, nos 17, 54, 237.

(20) Lyon, 16 février 1881 (J. S., 1883, p. 341).

Les compagnies d'assurances mutuelles ont aussi un caractère civil, parce qu'elles ne sont pas contractées dans un but de spéculation et ne peuvent jamais procurer de bénéfices (1). Il en est ainsi, même lorsqu'elles sont constituées entre commerçants, pour se couvrir de pertes commerciales (2). Mais la dénomination d'assurance mutuelle prise par une société n'empêche pas de la considérer comme une société commerciale, si elle a été formée dans un but de spéculation, et se livre à des agissements commerciaux (3).

16. — *Sociétés commerciales.* — Sont commerciales, les sociétés ayant pour objet l'exercice habituel des actes de commerce, notamment :

1° L'achat de denrées et marchandises, pour les revendre, soit en nature, soit après les avoir travaillées et mises en œuvre ; ou même pour en louer simplement l'usage (art. 632, C. comm.). (V. sur le caractère des sociétés à capital variable et notamment des sociétés de consommation, *infrà*, v° SOCIÉTÉS PAR ACTIONS).

2° L'entreprise de manufacture, de commission, de transport par terre ou par eau (art. 632, C. comm.) ;

3° L'entreprise de fournitures, d'agences, bureaux d'affaires, établissements de vente à l'ancan, de spectacles publics (*id.*) ;

4° Les opérations de change, banque ou courtage ; les opérations de banques publiques (*id.*), l'endossement des lettres de change, l'achat habituel des effets publics et leur revente (4) ;

5° Les entreprises de construction, et les achats, ventes et reventes de bâtiments pour la navigation intérieure et extérieure (art. 633, C. comm.) ;

Les sociétés ayant pour objet l'achat et la vente d'immeubles, et qui, en principe, sont civiles, deviennent commerciales lorsque leur exploitation se complique d'opérations commerciales, qui en forment le principal objet (les terrains étant l'accessoire), comme l'entreprise de constructions, reconstructions, démolitions (5); ou si le but vrai est la spéculation sur les titres d'actions de la société (6) ;

6° Les expéditions maritimes (art. 633, C. comm.) ;

7° Les achats ou ventes d'agrès, apparaux et avitaillements (*id.*) ;

8° Les affrètements ou nolissements, les emprunts ou prêts à la grosse (*id.*) ;

9° Les assurances et autres contrats concernant le commerce de mer (*id.*) ;

10° Les assurances à primes fixes contre l'incendie, la grêle et autres sinistres (7) ; les assurances à primes fixes sur la vie (8) ;

11° L'obtention de la concession, la construction et l'exploitation d'un chemin de fer (9) ;

12° L'exploitation de brevets ayant pour objet un matériel et un outillage de typographie, impliquant nécessairement des achats et reventes de marchan-

---

(1) Rouen, 9 octobre 1820; Douai, 4 décembre 1810; Cass., 15 juillet 1829; Paris, 18 mars 1857 (S. 1858-2-197); Cass., 13 mai 1857 (S. 1858-1-129); Cass., 8 février 1860 (S. 1860-1-207); Rouen, 6 octobre 1876 ; Cass., 17 juin 1879 (J. S., 1880, p. 391); Conseil d'Etat, 20 juin 1879 (J. S., 1880, p. 396); Pau, 8 mai 1885 (J. S., 1888, p. 44); Besançon, 4 août 1885 (R. S., 1885, p. 608). — V. Clément, *De l'assurance mutuelle*, p. 29 et suiv.

(2) Seine, 2 mai 1883 (J. S., 1888, p 250; R. S., 1884, p. 102); Seine, 1er décembre 1885 (J. S., 1888, p. 249); Paris, 4 février et 20 avril 1886 (R. S., 1888, p. 210 et 335).

(3) Paris, 6 mai 1888 (R. S., 1888, p 301).

(4) Malepeyre et Jourdain, p. 6; Ruben de Couder, v° *Société*, n° 84.

(5) Aix, 5 août 1868 (S 1868-2-334); Cass., 20 avril et 6 juillet 1868, 3 février 1869 (S. 1868-1-296; 1869-1-217); Lyon, 8 décembre 1870 (D. 1871-2-142); Seine, 24 août 1881 (J. S., 1863, p. 530); Seine, 30 avril 1883 (R. S., 1884, p. 311); Aix, 3 avril 1884 (R. S.,

1885, p. 92); Cass., 29 avril et 28 octobre 1885 (R. S., 1885, p. 460; 1886, p. 7); Seine, 12 décembre 1885 (J. S., 1888, p. 249); Paris, 31 mars 1887 (J. S., 1888, p. 104; R. S., 1887, p. 432) ; Seine, 17 janvier 1888 (J. S., 1888, p. 425).

(6) Aix, 14 juin 1882 (J. S., 1883, p. 654 ; R. S., 1883, p. 729); Cass., 28 janvier 1884 (J. S., 1888, p. 608).

(7) Rouen, 24 mai 1825 ; Liège, 7 avril 1825 ; Paris, 23 juin 1825; Cass., 28 avril 1882 et 1er avril 1830 ; Caen, 6 août 1845 ; Marseille, 8 juillet 1861 ; Agnel, *Man. gén. des ass.*, n° 212 ; Vincens, t. I, p. 348 ; Grun et Jolyat, *Ass. terr.*, n° 316 ; Quesnault, p. 314 ; Troplong, n° 345; Alauzet, t. I, n° 208; Molinier, n° 246 ; Pardessus, n° 286; Malepeyre et Jourdain, p. 8 ; Delangle, n° 32 ; Ruben de Couder, v° *Société*, n° 85 ; Vavasseur, n° 18.

(8) Vavasseur, n° 18.

(9) Paris, 26 juillet 1834, 19 mai 1848 et 26 mai 1857 ; Vavasseur, n° 18; Ruben de Couder, n° 84.

dises (1). M. Pouillet (2) enregistre, sans la critiquer, une décision aux termes de laquelle les inventions n'étant brevetables qu'à la condition d'être empreintes d'un caractère individuel, la société qui a pour objet d'exploiter l'invention elle-même est nécessairement commerciale (3);

13° L'exploitation d'un traité par lequel le directeur d'une société d'assurances mutuelles se charge de pourvoir à forfait à toutes les dépenses d'établissement et de gestion de la société (4).

17. — En outre des conventions des parties, les sociétés sont régies, savoir : Les sociétés civiles, par les articles 1832 et suivants du Code civil.

Et les sociétés commerciales, par ceux de ces mêmes articles qui n'ont rien de contraire aux lois et usages du commerce, par les articles 18 et suivants du Code de commerce, par la loi du 24 juillet 1867 et par les lois spéciales au commerce.

§ 3. DES DIFFÉRENTES ESPÈCES DE SOCIÉTÉS.

18. — Nous avons vu, sous le paragraphe qui précède, que, suivant la *nature* de leur objet, les sociétés sont civiles ou commerciales.

19. — **Sociétés civiles.** — Les sociétés *civiles* sont, selon *l'étendue* de leur objet : *universelles* ou *particulières* (art. 1835, C. civ.).

20. — *Sociétés universelles.* — Les sociétés universelles sont de deux sortes : les sociétés *de tous biens présents* et les sociétés *universelles de gains* (art. 1836, C. civ.).

21. — La société *de tous biens présents* est celle par laquelle les parties mettent en commun tous les biens meubles et immeubles qu'elles possèdent actuellement, et les profits qu'elles pourront en tirer. Elles peuvent aussi y comprendre toute autre espèce de gains ; mais les biens qui pourraient leur advenir par succession, donation ou legs, n'entrent dans cette société que pour la jouissance : toute stipulation tendant à y faire entrer la propriété de ces biens est prohibée, sauf entre époux, et conformément à ce qui est réglé à leur égard (art. 1837, C. civ.).

22. — La société *universelle de gains* renferme tout ce que les parties acquerront par leur industrie, à quelque titre que ce soit, pendant le cours de la société ; les meubles que chacun des associés possède au temps du contrat y sont aussi compris ; mais leurs immeubles personnels n'y entrent que pour la jouissance seulement (art. 1838, C. civ.). — La simple convention de société universelle, faite sans autre explication, n'emporte que la société universelle de gains (art. 1839, C. civ.).

23. — *Sociétés particulières.* — La société *particulière* est celle qui ne s'applique qu'à certaines choses déterminées ou à leur usage, ou aux fruits à en percevoir (art. 1841, C. civ). — Le contrat par lequel plusieurs personnes s'associent, soit pour une entreprise désignée, soit pour l'exercice de quelque métier ou profession, est aussi une société particulière (art. 1842, C. civ.).

24. — **Sociétés commerciales.** — Les sociétés *commerciales* se composent des sociétés suivantes :

    a) La société en nom collectif ;

    b) La société en commandite, simple ou par actions ;

    c) La société anonyme ;

    d) L'association en participation.

---

(1) Paris, 9 février 1884 (R. S., 1885, p. 9).
(2) *Brevets d'invention*, n° 321.
(3) V. toutefois, *Rev. soc.* (*loc. cit.*).

(4) Rouen, 8 mars 1886 et Cass., 28 décembre 1886 (R. S., 1886, p. 327 ; 1887, p. 120).

La société à capital variable ne constitue pas un type nouveau de société. La variabilité du capital n'est qu'une modalité des sociétés à forme civile ou commerciale (1).

25. — *Société en nom collectif.* — La société en nom collectif est celle que contractent deux personnes ou un plus grand nombre, et qui a pour objet de faire le commerce sous une raison sociale (art. 20, C. comm.).

26. — *Société en commandite.* — La société en commandite se contracte entre un ou plusieurs associés responsables et solidaires, et un ou plusieurs associés, simples bailleurs de fonds, que l'on nomme *commanditaires* ou *associés en commandite*. Elle est régie sous un nom social qui doit être nécessairement celui d'un ou plusieurs des associés responsables et solidaires (art. 23, C. comm.).

27. — *Société anonyme.* — La société anonyme est une pure association de capitaux. Elle n'existe point sous un nom social ; elle n'est désignée par le nom d'aucun des associés. Elle est qualifiée par la désignation de l'objet de son entreprise (art. 29 et 30, C. comm.).

28. — *Association en participation.* — Enfin, les associations en participation sont relatives à une ou plusieurs opérations de commerce ; elles ont lieu pour les objets, dans la forme, avec les proportions d'intérêt et aux conditions convenues entre les participants (art. 48, C. comm.).

29. — **Société à capital variable.** — La société à capital variable n'est pas, à proprement parler, une société distincte ; c'est plutôt, comme nous venons de le dire, une modalité qui peut affecter toute société. Aussi toutes les sociétés peuvent-elles être à capital variable. Par conséquent, on peut appeler société à capital variable toute société dans les statuts de laquelle il a été stipulé que le capital social sera susceptible d'augmentation par des versements successifs faits par les associés ou l'admission d'associés nouveaux, et de diminution, par la reprise totale ou partielle des apports effectués (2).

30. — **Sociétés d'assurances mutuelles.** — En outre de ces différentes espèces de sociétés, il existe encore une association, connue sous le nom de société d'assurances mutuelles, qui n'est point considérée, par la doctrine et la jurisprudence, ni comme société civile, ni comme société commerciale. Il y manque, en effet, un élément essentiel à l'existence de toute société : l'intention de faire un bénéfice, puisque les membres se proposent seulement de se garantir contre une certaine catégorie de risques. Les sociétés d'assurances sont réglementées par le décret du 22 janvier 1868.

30 bis. — Nous examinerons plus loin, et dans tous leurs détails, chacune de ces différentes sociétés (V. *infrà*, vᶦˢ SOCIÉTÉS CIVILES, SOCIÉTÉS COMMERCIALES ORDINAIRES et SOCIÉTÉS PAR ACTIONS).

§ 4. FORMES. FORMALITÉS

ART. 1ᵉʳ. — *Formes.*

31. — **Sociétés civiles.** — « Toutes sociétés, dit l'article 1834 du Code civil, doivent être rédigées par écrit, lorsque leur objet est d'une valeur de plus de 150 francs. La preuve testimoniale n'est point admise contre et outre le contenu en l'acte de société, ni sur ce qui serait allégué avoir été dit avant, lors et depuis cet acte, encore qu'il s'agisse d'une somme ou valeur moindre de 150 francs. »

Ce texte n'a nullement pour but de soumettre la formation des sociétés civiles

---

(1) Houpin, *Soc. par act.*, n° 554. | (2) L. 24 juillet 1867, art. 48.

à la nécessité d'un acte écrit; car elles peuvent être établies de toutes manières. Mais le législateur a voulu placer le contrat de société, au point de vue de la preuve, sous la même loi que les contrats en général, en prohibant la preuve testimoniale au delà de 150 francs.

« La formalité de l'écriture, a dit Treilhard, dans son *Exposé des motifs au corps législatif*, n'est pas nécessaire pour la substance d'un contrat; elle est prescrite seulement pour la preuve : le contrat est parfait entre les parties contractantes par le consentement et indépendamment de tout écrit; mais les tribunaux n'en peuvent reconnaître l'existence que lorsqu'elle est prouvée, et la prudence ne permet pas d'admettre d'autres preuves que celles qui résultent d'un acte, quand il a été possible d'en faire. Cette disposition n'est pas particulière au contrat de société : elle s'applique à toute espèce de conventions. »

32. — Que doit-on considérer pour déterminer ce chiffre de 150 francs? Est-ce la mise ou le profit, ou les deux ensemble? La majorité des auteurs estime que la preuve testimoniale sera ou ne sera pas admissible, suivant que la valeur de toutes les *mises réunies* ne dépasse pas 150 francs, ou sera supérieure à cette somme (1).

33. — Il est bien entendu que l'on ne devrait pas considérer comme tombant sous la prohibition de la loi la preuve des faits dont l'objet unique serait de fixer le sens et la disposition de l'acte social. De tels faits allégués pour révéler la vraie pensée des parties, peuvent être prouvés même par témoins (2).

34. — La prohibition de la preuve testimoniale édictée par l'article 1834, ne concerne que les associés entre eux; mais les tiers peuvent établir l'existence de la société par toutes sortes de preuves, pourvu qu'elle ait agi ostensiblement comme personne civile; à défaut de quoi ils n'ont d'action que contre celui des associés avec lequel ils ont traité personnellement (3). Suivant Laurent (4), l'article 1834 s'appliquerait aux tiers comme aux parties, et les tiers ne seraient admis à prouver par témoins l'existence de la société qu'autant qu'il leur aurait été impossible de se procurer une preuve écrite conformément à l'article 1348 du Code civil.

35. — **Sociétés commerciales.** — Les sociétés commerciales doivent toutes être constatées par écrit, authentique ou sous seing privé.

36. — *Sociétés en nom collectif et en commandite simple.* — Les sociétés en nom collectif et en commandite simple doivent être constatées par des actes publics ou sous signatures privées, en se conformant, dans ce dernier cas, aux articles 1325 du Code civil et 39 du Code de commerce. Ainsi, il faut qu'il y ait autant d'originaux que d'associés et que chaque original contienne la mention qu'il a été fait double, triple, quadruple, etc.

37. — *Sociétés en commandite par actions.* — L'acte constitutif peut être authentique ou sous seing privé; il peut être fait en double original, quel que soit le nombre des associés ; l'un des originaux doit être annexé à la déclaration notariée constatant la souscription du capital social et le versement du quart, et l'autre reste déposé au siège social (5).

38. — *Sociétés anonymes.* — Aux termes de l'article 40 du Code de commerce, les sociétés anonymes ne pouvaient être formées que par des actes publics. Mais cet article a été abrogé par la loi du 24 juillet 1867 qui permet aux sociétés anonymes, quel que soit le nombre des associés, de se former par un acte sous

(1) Troplong, t. I, n° 202; Larombière, t. V, art. 1341, n° 15; Aubry et Rau, § 378; Pont, n° 145; Laurent, n° 175 ; Guillouard, n° 88; Cass., 5 janvier 1875.
(2) Pont, n° 142.

(3) Duvergier, *Du contrat de société*, n° 77 ; Troplong, n°² 210 et 211; Pont, n° 158; Guillouard, n° 87; Alger, 4 juin 1877 (art. 21841, J. N.).
(4) N° 178.
(5) L. 24 juillet 1867, art. 1°°.

seing privé fait en double original, dont il est fait usage comme pour les sociétés en commandite par actions (1).

39. — Toutefois, comme la loi du 24 juillet 1867 a prescrit, pour la publicité des sociétés commerciales — en nom collectif, en commandite simple ou par actions, ou anonymes — le dépôt au greffe de deux originaux de l'acte de société, il convient de faire deux originaux supplémentaires, à moins que l'un de ceux prescrits soit déposé pour minute à un notaire qui en délivrera des expéditions pour la publication.

40. — *Associations en participation.* — Les associations en participation peuvent être constatées par la représentation des livres, de la correspondance, ou par la preuve testimoniale, si le tribunal juge qu'elle peut être admise (art. 49, C. com.).

41. — **Dispositions générales.** — La loi prescrit, nous venons de le voir, un acte écrit pour les sociétés en nom collectif, en commandite ou anonymes ; mais elle n'indique pas les énonciations qu'il doit contenir. — La seule règle générale à observer est que l'acte de société doit renfermer toutes les dérogations que les parties entendent apporter aux dispositions légales interprétatives de leur volonté (2).

Les parties ont le choix entre l'acte authentique et l'acte sous seing privé.

Il y a cependant des cas où il est nécessaire que l'acte soit authentique, à raison des clauses inscrites dans l'acte de société, par exemple, lorsque les associés veulent donner aux gérants ou administrateurs le pouvoir d'hypothéquer les immeubles sociaux (V. *infrà*, v° SOCIÉTÉS PAR ACTIONS).

Aux termes de l'article 20 de la loi du 5 juillet 1844, toute cession totale ou partielle d'un brevet doit être faite par acte notarié, après le paiement de la totalité de la taxe. Doit-on assimiler l'apport en société à une cession ordinaire ? La jurisprudence résout cette question négativement. (3).

Mais cette solution est combattue par certains auteurs et n'est pas acceptée par l'administration (4). Il est donc au moins prudent de réaliser par acte notarié les statuts d'une société à laquelle il est fait apport de la propriété d'un brevet d'invention.

Il est bien entendu que si, dans le cas où l'acte notarié est obligatoire, on a employé la forme sous seing privé, la nullité n'est applicable qu'à la clause spéciale qui exigerait la forme authentique. Par conséquent, la société et toutes les conventions qui s'y rattachent étroitement, se trouveraient prouvées conformément à l'article 39 du Code de commerce.

Enfin, il est encore un cas où, sans que cela résulte d'une obligation concernant la validité ou la preuve de la société, il convient d'employer la forme authentique : c'est lorsqu'une société est formée entre deux personnes dont l'une est successible de l'autre. Cette forme est, en effet, nécessaire pour que l'héritier ne soit pas tenu de faire le rapport des bénéfices tirés par lui de la société (art. 854, C. civ.) (V. *suprà*, v° PARTAGE).

Les modifications aux sociétés doivent également être rédigées par écrit, mais il n'est pas nécessaire que ce soit dans la même forme que l'acte de société. Ainsi, une société constituée par acte authentique peut être modifiée par acte sous seing privé et inversement.

---

(1) Art. 21 et 47.
(2) Lyon-Caen et Renault, n° 181.
(3) Cass., 24 mars 1864, 24 novembre 1866, 19 juin 1882 ; Paris, 27 mai 1856 ; Rouen, 27 août 1857 ; Paris, 20 décembre 1882 ; Bédarride, n°° 234 et 278 ;

Ruben de Couder, v° *Brev. d'inv.*, n° 402 ; Renouard, n° 171 ; Huard, n° 85.
(4) Lyon-Caen (S. 1883-1-17) ; Pouillet, n° 306 ; Allart, t. II, n° 204 ; Bozérian, *Prop. ind.*, n° 393 ; Nouguier, n° 269 ; Houpin, *J. des soc.*, 1891.

ART. 2. — *Formalités.*

42. — Nous verrons plus loin, sous le § 7, que la transmission de la propriété à l'égard des tiers, ne devient définitive que le jour ou certaines formalités ont été accomplies.

Ces formalités consistent dans :

> *a)* La transcription, lorsque des immeubles sont compris dans les apports (1) ;
> *b)* La signification de l'acte de société au débiteur ou l'acceptation par ce dernier, en cas d'apport d'une créance (art. 1690, C. civ.) (2) ;
> *c)* L'endossement des titres à ordre mis en société (art. 136, C. com.);
> *d)* Le transfert des titres nominatifs (art. 36, C. civ.);
> *e)* La mutation en douane des bâtiments de mer (3) ;
> *f)* L'enregistrement à la préfecture du département de l'acte de société, lorsqu'il contient apport d'un brevet d'invention (4).

43. — Publication. — Toutes les sociétés commerciales, autres que les associations en participation, sont soumises par les articles 55 et suivants de la loi du 24 juillet 1867, à des formalités de publicité destinées à faire connaître aux tiers l'existence de la société et les clauses principales de l'acte social.

Les sociétés commerciales sont, en effet, des personnes morales susceptibles de traiter soit avec d'autres sociétés, soit avec des particuliers, et il est nécessaire que les tiers soient renseignés sur leur capacité.

Ces formalités, que nous allons examiner en détail, sont prescrites sous peine de nullité.

44. — *Publication de la constitution des sociétés.* — Dans le mois de la constitution de toute société commerciale, un double de l'acte constitutif, s'il est sous seing privé, ou une expédition, s'il est notarié, est déposé au greffe de la justice de paix et du tribunal de commerce du lieu dans lequel est établie la société. A l'acte constitutif des sociétés en commandite par actions et des sociétés anonymes sont annexées : 1° une expédition de l'acte notarié constatant la souscription du capital social et le versement du quart ; 2° une copie certifiée des délibérations prises par l'assemblée générale, dans les cas prévus par les articles 4 et 24 (5). En outre, lorsque la société est anonyme, on doit annexer à l'acte constitutif la

---

(1) L. 23 mars 1855 ; Aubry et Rau, t. II, § 209, texte et note 20 ; Demante, t. I, n° 329 ; Lyon-Caen et Renault, n° 21.

(2) Pont, n°° 174 et 259 ; Laurent, n° 246 ; Lyon-Caen et Renault, n° 21 ; Bordeaux 5 août 1868 ; Cass., 28 avril 1869.

(3) L. 27 vendémiaire an II, art. 27.

(4) L. 5 juillet 1844, art. 20 ; Circ. min. agr. et com., 30 décembre 1865 ; Pouillet, *Traité des brevets d'invention*, n° 306 ; Allard, *Brevets d'invention*, n° 38 ; Lyon-Caen et Renault, n° 21. — *Contrà* : Cass., 24 mars 1864 et 19 juin 1882.

(5) Ces articles sont ainsi conçus :
ART. 4. — Lorsqu'un associé fait un apport qui ne consiste pas en numéraire, ou stipule à son profit des avantages particuliers, la première assemblée générale fait apprécier la valeur de l'apport ou la cause des avantages stipulés. — La société n'est définitivement constituée qu'après l'approbation de l'apport ou des avantages donnés par une autre assemblée générale, après une nouvelle convocation. — La seconde assemblée générale ne pourra statuer sur l'approbation de l'apport ou des avantages qu'après un rapport qui sera imprimé et tenu à la disposition

des actionnaires, cinq jours au moins avant la réunion de cette assemblée.

Les délibérations sont prises par la majorité des actionnaires présents. Cette majorité doit comprendre le quart des actionnaires et représenter le quart du capital social en numéraire. — Les associés qui ont fait l'apport ou stipulé des avantages particuliers soumis à l'appréciation de l'assemblée n'ont pas voix délibérative. — A défaut d'approbation, la société reste sans effet à l'égard de toutes les parties. — L'approbation ne fait pas obstacle à l'exercice ultérieur de l'action qui peut être intentée pour cause de dol ou de fraude. — Les dispositions du présent article, relatives à la vérification de l'apport qui ne consiste pas en numéraire, ne sont pas applicables au cas où la société à laquelle est fait ledit apport est formée entre ceux seulement qui en étaient propriétaires par indivis.

ART. 24. — Les dispositions des articles 1, 2, 3 et 4 de la présente loi sont applicables aux sociétés anonymes. — La déclaration imposée au gérant par l'article 1er est faite par les fondateurs de la société anonyme, elle est soumise, avec les pièces à l'appui, à la première assemblée générale, qui en vérifie la sincérité.

liste nominative, dûment certifiée, des souscripteurs, contenant les nom, prénoms, qualités, demeure et le nombre d'actions de chacun d'eux (1).

Ces prescriptions sont applicables même aux sociétés civiles, lorsqu'elles ont revêtu une forme commerciale (2).

Lorsqu'il n'existe pas de tribunal de commerce, le dépôt a lieu au tribunal civil, puisque, dans ce cas, il juge commercialement (3).

Les greffiers ne sont pas juges de la régularité de l'acte déposé (4).

Bien que le dépôt de la liste des souscripteurs soit imposé aux sociétés anonymes et ne soit pas étendu aux sociétés en commandite par actions, il est d'usage, même pour ces dernières sociétés, de copier, à la suite de l'expédition de l'acte notarié de déclaration de souscription et de versement, la liste qui y est annexée (5).

Il a été décidé qu'il est satisfait aux prescriptions de la loi par le dépôt aux greffes d'une expédition délivrée par le notaire des délibérations constitutives à lui déposées pour minute (6).

45. — Dans le même délai d'un mois, un extrait de l'acte constitutif et des pièces annexées est publié dans l'un des journaux désignés pour recevoir les annonces légales. — Il sera justifié de l'insertion par un exemplaire du journal, certifié par l'imprimeur, légalisé par le maire et enregistré dans les trois mois de sa date. — Les formalités prescrites par les articles 55 (V. *suprà*, n° 44) et 56 seront observées, à peine de nullité, à l'égard des intéressés ; mais le défaut d'aucune d'elles ne pourra être opposé aux tiers par les associés (7).

A Paris et dans le département de la Seine, l'annonce légale doit être faite dans l'un des journaux désignés chaque année par le préfet. Mais dans les autres départements, le choix du journal est laissé aux intéressés (8).

Le délai d'un mois commence à courir : pour les sociétés en commandite par actions, du jour de la nomination du premier conseil de surveillance (9) ; — pour les sociétés anonymes, du jour de l'acceptation de leurs fonctions par les premiers administrateurs et par les commissaires (10) ; — et pour les sociétés en nom collectif et en commandite simple, du jour de la formation de la société (11).

En aucun cas, le délai ne peut partir du jour seulement où doivent commencer les opérations de la société (12).

Le mois doit se calculer de quantième à quantième, sans égard à l'inégalité des jours qui composent chaque mois de l'année (13).

Contrairement à ce que nous venons de dire au sujet de la liste des souscripteurs, qui doit figurer intégralement à la suite des expéditions déposées, il n'est

---

(1) L. 24 juillet 1867, art. 55.
(2) Pont, n° 1138 ; Ruben de Couder, v° *Société*, n° 289 ; Houpin, *Sociétés par actions*, n° 11.
(3) Alauzet, n° 806 ; Boistel, n° 349 ; Ruben de Couder, v° *Société*, n° 290 ; Vavasseur, n° 1012.
(4) Lyon-Caen et Renault, n° 308 ; Pont, n° 1136.
(5) Houpin, *Traité des sociétés par actions*, n° 578.
(6) Paris, 29 juillet 1880 ; Cass., 20 décembre 1882.
(7) L. 24 juillet 1867, art. 56.
(8) Décrets des 17 février 1850 et 28 décembre 1870 ; Lyon-Caen et Renault, n° 299 ; Houpin, n° 579.
(9) L. 24 juillet 1867, art. 5, ainsi conçu : Un conseil de surveillance, composé de trois actionnaires, au moins, est établi dans chaque société en commandite par actions. — Ce conseil est nommé par l'assemblée générale des actionnaires immédiatement après la constitution définitive de la société et avant toute opération sociale. — Il est soumis à la réélection aux époques et suivant les conditions déterminées par les statuts. — Toutefois, le premier conseil n'est nommé que pour une année.
(10) Même loi, art. 25, ainsi conçu : Une assemblée

générale est, dans tous les cas, convoquée, à la diligence des fondateurs, postérieurement à l'acte qui constate la souscription du capital social et le versement du quart du capital, qui consiste en numéraire. Cette assemblée nomme les premiers administrateurs ; elle nomme également, pour la première année, les commissaires institués par l'article 32 ci-après. — Ces administrateurs ne peuvent être nommés pour plus de six ans : ils sont rééligibles, sauf stipulation contraire. — Toutefois, ils peuvent être désignés par les statuts, avec stipulation formelle que leur nomination ne sera point soumise à l'approbation de l'assemblée générale. En ce cas, ils ne peuvent être nommés pour plus de trois ans. — Le procès-verbal de la séance constate l'acceptation des administrateurs et des commissaires présents à la réunion. — La société est constituée à partir de cette acceptation.
(11) Pont, n° 1173 ; Vavasseur, n° 1024 ; Ruben de Couder, n° 333 ; Houpin, n° 580.
(12) Lyon, 5 avril 1881 (D. 1882-2-32) ; Cass., 1er février 1881 (S. 1883-1-415).
(13) Vavasseur, n° 1022 ; Houpin, n° 580.

pas nécessaire de la publier; il suffit de mentionner dans l'extrait qu'elle est annexée à l'acte de société (1).

46. — L'extrait doit contenir :

Les noms des associés autres que les actionnaires ou commanditaires;

La raison de commerce ou la dénomination adoptée par la société et l'indication du siège social;

La désignation des associés autorisés à gérer, administrer et signer pour la société;

Le montant du capital social et le montant des valeurs fournies ou à fournir par les actionnaires ou commanditaires;

L'époque où la société commence, celle où elle doit finir, et la date du dépôt fait aux greffes de la justice de paix et du tribunal de commerce (2).

Ces dispositions sont *énonciatives* et non limitatives. La loi suppose que la société est constituée conformément aux principes généraux qui la régissent. Mais s'il y avait des clauses modificatives, l'extrait devrait les contenir (outre celles indiquées par la loi), en tant qu'elles seraient susceptibles de modifier les rapports de la société avec les tiers (3).

Ainsi sont soumis à la publication : 1° les stipulations particulières relatives au capital d'une société en nom collectif et de nature à modifier, à ce point de vue, l'acte social (4); — 2° le choix d'un tiers comme mandataire irrévocable ayant seul la signature sociale; — 3° la stipulation que la société sera tenue seulement des engagements revêtus de la signature de tous les associés en nom collectif, gérants ou administrateurs (5); — 4° celle qui obligerait le gérant à faire toutes les affaires au comptant (6); — 5° celle qui autoriserait le paiement d'intérêts aux commanditaires ou actionnaires, même en l'absence de bénéfices réalisés (7); — 6° la clause autorisant la conversion des actions nominatives en titres au porteur, conformément aux prévisions de l'article 3 de la loi de 1867 (8); — 7° celle par laquelle le pacte social, prévoyant le cas de décès de l'un des associés, ordonne la transformation de la société en nom collectif en une commandite simple (9).

Mais ne sont pas soumises à publication, à peine de nullité : 1° la clause qui permet à l'un des associés, avant l'expiration de la société, de la proroger pour un certain nombre d'années; il suffit que cette clause soit publiée dans le mois de la prorogation (10); — 2° l'indication de l'objet de la société (11). Il est cependant d'usage, et avec raison, de faire connaître aux tiers l'objet social.

Doit-on publier la clause portant qu'en cas de décès d'un associé, la société continuera avec ses héritiers? — La négative a été décidée (12). Nous estimons toutefois, au point de vue pratique, qu'il convient de comprendre cette clause dans l'extrait. La durée et le personnel d'une société en nom collectif intéressent les tiers; il est donc utile de faire connaître la clause autorisée par l'article 1868 du Code civil, par dérogation à l'article 1865 (13).

47. — L'extrait doit énoncer que la société est en nom collectif ou en commandite simple, ou en commandite par actions, ou anonyme, ou à capital variable. — Si la société est anonyme, l'extrait doit énoncer le montant du capital social en numéraire et en autres objets, la quotité à prélever sur les bénéfices pour composer le fonds de réserve. — Enfin, si la société est à capital variable, l'extrait

---

(1) Bédarride, n° 586; Pont., n° 1149; Ruben de Couder, n° 304; Houpin, n° 581.
(2) L. 24 juillet 1867, art. 57.
(3) Pont, n° 1160; Vavasseur, n° 1017; Houpin, n° 596; Lyon, 2 février 1882; Dijon, 14 février 1882.
(4) Cass., 20 juillet 1870 (S. 1872-1-65).
(5) Paris, 15 février 1851 (D. 1851-2-78).
(6) Douai, 21 novembre 1840 (S. 1840-2-497); Cass., 22 décembre 1874 (D. 1876-1-254).
(7) Pont, n° 1160; Vavasseur, n° 1017.

(8) V. Cass., 8 mars 1881 (D. 1881-1-198; S. 1881-1-257).
(9) Lyon, 2 février 1882 (*loc. cit.*).
(10) Bordeaux, 2 mars 1887.
(11) Paris, 3 avril 1884.
(12) Cass., 2 mars 1885 (D. 1885-1-362). V. aussi Rouen, 28 janvier 1884.
(13) Conf. : *Rev. des soc.*, 1884, p. 575; Seine, 6 juin 1872; Vavasseur, n° 1089; Houpin, n° 596.

doit contenir l'indication de la somme au-dessous de laquelle le capital social ne peut être réduit (1).

Au point de vue pratique, nous estimons qu'il est utile pour les sociétés en commandite simple ou par actions et pour les sociétés anonymes, d'indiquer : 1° le montant du capital ou fonds social ; 2° les apports faits par les associés et leur valeur ; 3° si ces apports sont fournis, ou simplement promis (2).

48. — Si la société a plusieurs maisons de commerce situées dans différents arrondissements, le dépôt prescrit par l'article 55 (V. *suprà*, n° 44), et la publication prescrite par l'article 56 (V. *suprà*, n° 45), ont lieu dans chacun des arrondissements où existent les maisons de commerce. — Dans les villes divisées en plusieurs arrondissements, le dépôt sera fait seulement au greffe de la justice de paix du principal établissement (3).

49. — L'extrait des actes et pièces déposées est signé : pour les actes publics, par *le notaire*, et, pour les actes sous seing privé, par *les associés* en nom collectif, par *les gérants* des sociétés en commandite ou par *les administrateurs* des sociétés anonymes (4).

50. — En résumé, l'extrait à publier doit contenir les indications suivantes (5) :

51. — *S'il s'agit d'une société en nom collectif :*
La date et la nature de l'acte constitutif ;
La mention que la société est en nom collectif ;
La raison sociale ;
Le siège social ;
Les noms, prénoms, professions et domiciles des associés ;
Ceux des associés autorisés à gérer ;
Le montant du capital social ;
L'époque où la société commence et celle où elle doit finir ;
La date du dépôt fait aux greffes de la justice de paix et du tribunal de commerce.

52. — *Si la société est en commandite simple ou en commandite par actions :*
La nature et la date de l'acte constitutif ;
Le caractère de la société ;
La raison sociale ;
Le siège social ;
Les noms, prénoms, professions et domiciles des associés responsables ;
Ceux des gérants ;
Le capital social et les valeurs fournies ou à fournir par les actionnaires ou commanditaires ;
L'époque où la société commence et celle où elle doit finir ;
La mention de la souscription du capital social et du versement du quart, constatés par l'acte notarié dont une expédition est jointe à l'un des originaux et à l'expédition de l'acte constitutif ;
La mention des délibérations prises par l'assemblée générale dans le cas prévu par l'article 4 de la loi de 1867, et dont une expédition certifiée a dû pareillement être annexée à l'un des originaux ou à l'expédition de l'acte constitutif.
Ces deux dernières mentions ne sont requises pour l'extrait que lorsqu'il s'agit d'une société en commandite par actions ;
Enfin, la date du dépôt fait aux greffes du tribunal de commerce et de la justice de paix.

---

(1) L. 24 juillet 1867, art. 58.
(2) Houpin, n° 591.
(3) L. 24 juillet 1867, art. 59.
(4) Même loi, art. 60.
(5) Pont, n°' 1166 à 1169 ; Houpin, n° 599.

53. — *Si la société est anonyme :*
La date et la nature de l'acte contenant les statuts ;
Le caractère anonyme de la société ;
La dénomination par elle adoptée ;
Le siège social ;
L'époque du commencement et celle de la fin de la société ;
Le montant et la consistance du capital en numéraire ou en autres objets (apports en nature) ;
La quotité des prélèvements à opérer sur les bénéfices pour constituer le fonds de réserve ;
La souscription du capital social et le versement du quart, constatés par l'acte notarié dont une expédition est annexée à l'un des originaux ou à l'expédition de l'acte constitutif ;
La pièce contenant la liste nominative des souscripteurs, dûment certifiée, et qui a été annexée à l'acte notarié de déclaration de souscription et de versement, sans qu'il soit nécessaire de reproduire les noms des actionnaires compris dans la liste ;
Les délibérations constitutives prises par l'assemblée générale, et dont une copie certifiée a dû être annexée à l'un des originaux ou à une expédition de l'acte constitutif ;
Les noms, prénoms et domiciles des administrateurs ;
La date du dépôt, aux greffes du tribunal de commerce et de la justice de paix, de l'un des originaux ou d'une expédition de l'acte constitutif et des pièces annexées.

54. — *Si la société est à capital variable,* l'extrait doit contenir, outre les énonciations propres à la forme en laquelle elle est constituée, une mention spéciale de la stipulation de variabilité du capital social, et indiquer, de plus, la somme au-dessous de laquelle le capital social ne peut être réduit.

Il est d'usage de comprendre, en outre, dans l'extrait à insérer, les autres dispositions qui peuvent intéresser les tiers, relativement aux pouvoirs des gérants, des administrateurs et de l'assemblée générale, et en ce qui concerne la constitution régulière de la société, bien que la publication de ces dispositions ne soit pas prescrite par la loi. C'est une sage et utile mesure qui ne peut qu'être approuvée et conseillée.

Il est aussi d'usage et il est utile de déposer pour minute, à la suite des statuts, les extraits des actes de dépôt aux greffes et l'exemplaire légalisé et enregistré du journal constatant la publication régulière de la société.

55. — **Nullité.** — Les formalités prescrites par les articles 55 et 56 de la loi de 1867 doivent être observées à peine de nullité à l'égard des intéressés ; mais le défaut de chacune d'elles ne pourrait être opposé aux tiers par les associés (1).

La nullité de la société est encourue pour omission totale ou partielle des formalités dont l'ensemble constitue la publicité légale, et même pour omission de quelques-uns des détails dont chacune de ces formalités se compose (2).

Si la publicité n'a pas été effectuée dans le délai légal, la nullité est encourue, et si elle est demandée, soit par un tiers, soit par un associé, elle devra être prononcée. Mais si, même après l'expiration du délai d'un mois, la publication est faite régulièrement *avant qu'il ait été formé aucune demande en nullité,* cette publication est efficace ; elle donne à la société une existence légale, et rend désormais impossible une demande en nullité. C'est ce qui résulte d'une jurisprudence cons-

---

(1) L. 24 juillet 1867, art. 50. | (2) V. Houpin, n° 602.

tante (1), mais elle n'a d'effet que pour l'avenir, car la société n'existe légalement que du jour où elle a été publiée, et la publicité tardive ne serait pas opposable aux tiers à l'égard des actes passés antérieurement avec la société (2).

La nullité de la société à raison de l'omission ou de l'insuffisance de la publication entraîne la responsabilité de droit commun, conformément à l'article 44 de la loi de 1867 (3) ; cette responsabilité pèse sur le gérant et sur les membres du conseil de surveillance, si la société est en commandite, et sur les premiers administrateurs si elle est anonyme (4).

56. — *Publication des modifications aux statuts.* — Sont soumis aux formalités et aux pénalités prescrites par les articles 55 et 56 (V. *suprà*, n°s 44 et suiv.) : Tous actes et délibérations ayant pour objet la modification des statuts, la continuation de la société au delà du terme fixé pour sa durée, la dissolution avant ce terme et le mode de liquidation, tout changement à la raison sociale. — Sont également soumises aux dispositions des mêmes articles 55 et 56, les délibérations prises dans les cas prévus par les articles 19, 37, 46, 47 et 49 (5) de la loi du 24 juillet 1867 (6).

La loi soumet à la publication tous actes et délibérations ayant pour objet la modification des statuts. Mais cette disposition est trop absolue ; elle doit être entendue en ce sens que la publication requise est nécessaire seulement pour les changements dont le résultat peut être d'altérer le droit des tiers et leurs rapports avec la société ; mais qu'elle n'est pas exigée pour les modifications qui ne concernent que les rapports des associés entre eux et qui portent sur des clauses non soumises elles-mêmes à la publication (7).

Ainsi, ne sont pas sujets à la publication les changements portant sur : 1° les salaires alloués aux gérants (8) ; 2° le droit pour l'assemblée de révoquer le

---

(1) Grenoble, 21 juillet 1823 ; Amiens, 17 février 1878 (S. 1878-2-97); Aix, 10 juin 1882 (J. S., 1886, p. 66; R. S. 1883-1-727); Cass., 20 décembre 1882 (J. S., 1885, p. 248; S. 1883-1-198); Seine, 20 janvier 1883 (J. S., 1885, p. 350 : R. S., 1883, p. 464); Marseille, 9 juin 1885 (J. S., 1887, p. 298); Aix, 28 janvier 1886 (J. S., 1887, p. 61 ; R. S., 1886, p. 453). — *Conf.* : Dalloz, n° 968 ; Delangle, n° 587 ; Bédarride, n° 361 ; Vavasseur, n° 1026 ; Pont, n°s 1228 et suiv. ; Lyon-Caen et Renault, n° 316. — *Contrà :* Lyon, 4 juillet 1827 ; Paris, 11 juillet 1857 (S. 1858-2-40); Frémery, p. 51.

(2) Pont, n° 1295 ; Lyon-Caen et Renault, n° 316 ; Paris, 27 janvier 1855 (D. 1855-2-196); Nancy, 16 mars 1878 (S. 1878-2-158); Cass., 18 février 1879 (S. 1881-1-210). — *Contrà :* Alauzet, n° 374. — V. Vavasseur, n° 1028.

(3) Pont, n° 1295 ; Houpin, n° 607 ; Cass., 16 janvier 1878 (S. 1878-1-441). — V. toutefois Lyon-Caen et Renault, n° 471 ; Douai, 17 décembre 1888 (*J. des soc.*, 1891, 511).

(4) Pont, n°s 1288 et 1295 ; Houpin, n° 607.

(5) Ces articles sont ainsi conçus :
ART. 19. — Les sociétés en commandite par actions antérieures à la présente loi, dont les statuts permettent la transformation en société anonyme autorisée par le gouvernement, pourront se convertir en société anonyme dans les termes déterminés par le titre II de la présente loi, en se conformant aux conditions stipulées dans les statuts pour la transformation.
ART. 37. — En cas de perte des trois quarts du capital social, les administrateurs sont tenus de provoquer la réunion de l'assemblée générale de tous les actionnaires, à l'effet de statuer sur la question de savoir s'il y a lieu de prononcer la dissolution de la

société. — La résolution de l'assemblée est, dans tous les cas, rendue publique. A défaut par les administrateurs de réunir l'assemblée générale, comme dans le cas où cette assemblée n'aurait pu se constituer régulièrement, tout intéressé peut demander la dissolution de la société devant les tribunaux.
ART. 46. — Les sociétés anonymes actuellement existantes continueront à être soumises, pendant toute leur durée, aux dispositions qui les régissent. — Elles pourront se transformer en sociétés anonymes dans les termes de la présente loi, en obtenant l'autorisation du gouvernement et en observant les formes prescrites pour la modification de leurs statuts.
ART. 47. — Les sociétés à responsabilité limitée pourront se convertir en sociétés anonymes dans les termes de la présente loi, en se conformant aux conditions stipulées pour la modification de leurs statuts. — Sont abrogés les articles 31, 37 et 40 du Code de commerce et la loi du 23 mai 1863 sur les sociétés à responsabilité limitée.
ART. 49. — Le capital social ne pourra être porté par les statuts constitutifs de la société au-dessus de la somme de deux cent mille francs. — Il pourra être augmenté par des délibérations de l'assemblée générale, prises d'année en année ; chacune des augmentations ne pourra être supérieure à deux cent mille francs.

(6) Même loi, article 61. — V. sur l'application de ces prescriptions légales, Houpin, *Trait. des soc. par act.*, n°s 609 et suiv.

(7) Pont, n°s 1188 et 1189 ; Vavasseur, n° 1036 ; Lyon-Caen et Renault, n° 303 ; Houpin, n°s 612 et suiv. ; Cass., 21 février 1832 et 15 juillet 1878 (S. 1880-1-105).

(8) Cass., 21 février 1832 (D. 1832-1-11); Bédarride, n° 417 ; Pont, n° 1189.

gérant (1); 3° la convention par laquelle les associés stipulent qu'au lieu de deux inventaires par an prescrits par l'acte de société, il en sera fait un seul (2); 4° les parts attribuées aux associés dans les bénéfices (3). Ces modifications, qui n'intéressent que les associés, n'ont pas besoin d'être publiées par extrait dans les journaux. Mais MM. Lyon-Caen et Renault (4) estiment que l'acte de société entier devant être déposé aux greffes, tous actes y apportant une modification quelconque doivent aussi être déposés; autrement, quand un acte de société a été modifié, on ne pourrait plus dire que l'acte de société se trouve en entier aux greffes. Ce point, ajoutent ces auteurs, a une grande importance pour les sociétés par actions, à raison du droit conféré à toute personne, par l'article 63, de prendre communication et de se faire délivrer extrait ou expédition des pièces déposées aux greffes (5).

Au contraire, les modifications intéressant les tiers, notamment les modifications et additions portant sur les clauses dont l'extrait à publier dans les journaux doit faire mention, aux termes des articles 57 et 58, doivent être portées à leur connaissance par la publication.

Ainsi, bien que l'article 61, dont l'énumération est purement énonciative, ne les vise pas spécialement, sont soumises à la publication, à peine de nullité, les modifications portant sur :

Le changement de siège social (6);

La défense faite par les statuts au gérant de contracter aucun emprunt hypothécaire avant le remboursement des obligations (7);

La réduction de la mise d'un commanditaire (8);

Le prélèvement de l'intérêt des actions sur le capital social (9);

L'augmentation ou la réduction du capital social (10);

La création de succursales (11).

Faisons observer qu'en cas d'augmentation du capital social, il y a lieu de déposer et publier :

La délibération de l'assemblée générale des actionnaires décidant l'augmentation;

La déclaration notariée, faite par les administrateurs ou le gérant, de la souscription intégrale du nouveau capital et du versement, par chaque actionnaire, du quart au moins du montant des actions par lui souscrites;

Et la délibération de l'assemblée générale des actionnaires reconnaissant la sincérité de cette déclaration (si la société est anonyme) et votant les modifications statutaires qui sont la conséquence de l'augmentation du capital (12).

D'après M. Houpin, la délibération de l'assemblée générale autorisant la conversion au porteur des actions libérées de moitié est aussi sujette à la publication (13).

57. — Aux termes de l'article 62 de ladite loi, ne sont pas assujettis aux formalités de dépôt et de publication les actes constatant les augmentations ou la diminution du capital social opérées dans les termes de l'article 48 (14), ou les

(1) Cass., 9 mai 1860 (S. 1860-1-621); Pont, n° 1189.
(2) Paris, 17 novembre 1860.
(3) Cass., 15 juillet 1878, loc. cit.; Lyon-Caen et Renault, n° 303.
(4) N° 303.
(5) V. aussi Rev. soc., 1889, p. 201 et la note.
(6) Rouen, 29 janvier 1869; Vavasseur, n° 1038; Lyon-Caen et Renault, n° 303.
(7) Lyon, 26 novembre 1862 (S. 1864-2-202).
(8) Aix, 30 novembre 1840; Rennes, 3 mai 1849.
(9) Paris, 5 février 1885.
(10) Toulouse, 30 juin 1883.
(11) Pont, n° 1177; Houpin, n° 613. — Contrà : Vavasseur, n° 1038.

(12) Houpin, Soc. par act., n° 612; J. des soc., 1892, p. 45.
(13) Traité des sociétés par actions, n° 612; J. des soc., 1890, p. 521 et suiv. — Contrà : Paris, 26 juillet 1887.
(14) Cet article est ainsi conçu : Il peut être stipulé, dans les statuts de toute société, que le capital social sera susceptible d'augmentation par des versements successifs faits par les associés ou l'admission d'associés nouveaux, et de diminution par la reprise totale ou partielle des apports effectués. Les sociétés dont les statuts contiendront la stipulation ci-dessus seront soumises, indépendamment des règles générales qui leur sont propres suivant leur forme spéciale, aux dispositions des articles suivants.

retraites d'associés, autres que les gérants ou administrateurs, qui auraient lieu conformément à l'article 52 (1).

58. — Les administrateurs en fonction au moment où la nullité des modifications statutaires est encourue pour défaut ou insuffisance de publicité sont responsables envers les intéressés du préjudice qui en est résulté pour ceux-ci (2).

59. — *Publicité permanente.* — Lorsqu'il s'agit d'une société en commandite par actions ou d'une société anonyme, toute personne a le droit de prendre communication des pièces déposées aux greffes de la justice de paix et du tribunal de commerce, ou même de s'en faire délivrer, à ses frais, expédition ou extrait par le greffier ou par le notaire détenteur de la minute. — Toute personne peut également exiger qu'il lui soit délivré au siège de la société une copie certifiée des statuts moyennant une somme qui ne pourra excéder un franc. — Enfin, les pièces déposées doivent être affichées d'une manière apparente dans les bureaux de la société (3).

60. — Dans tous les actes, factures, annonces, publications et autres documents imprimés ou autographiés, émanés des sociétés anonymes ou des sociétés en commandite par actions, la dénomination sociale doit toujours être précédée ou suivie immédiatement de ces mots, écrits lisiblement en toutes lettres : *société anonyme* ou *société en commandite par actions*, et de l'énonciation du montant du capital social. — Si la société a usé de la faculté accordée par l'article 48, cette circonstance doit être mentionnée par l'addition de ces mots : *à capital variable*. — Toute contravention aux dispositions qui précèdent est punie d'une amende de 50 francs à 1,000 francs (4).

§ 5. CAPACITÉ DES ASSOCIÉS.

61. — **Règles générales.** — La société étant un contrat, les parties contractantes doivent avoir la capacité exigée pour tous les contrats.

Les principes généraux sur la capacité sont donc applicables aux sociétés civiles (V. *suprà*, vᵒ CAPACITÉ (NOTIONS GÉNÉRALES SUR LA).

En matière commerciale, la capacité de former le contrat et la capacité de faire le commerce sont corrélatives : ainsi, l'association commerciale est permise à tout français majeur ayant l'exercice de ses droits, puisque tout Français majeur et capable est incontestablement habile à faire le commerce.

Nous allons, du reste, étudier l'application de ces règles générales, à certains cas particuliers.

62. — *Conseil judiciaire* (Pourvu d'un). — Une personne pourvue d'un conseil judiciaire ne peut s'obliger, même avec l'assistance de ce conseil, dans un contrat de société, que cette société soit civile ou commerciale (5).

63. — *Époux.* — Deux époux peuvent-ils former entre eux un contrat de société ?

Une jurisprudence constante décide que le contrat de société est interdit entre époux, qu'il s'agisse d'une société universelle ou particulière, et que les époux soient mariés sous un régime en communauté ou sous le régime de la sépa-

---

(1) Cet article est ainsi conçu : Chaque associé pourra se retirer de la société lorsqu'il le jugera convenable, à moins de conventions contraires et sauf l'application du paragraphe premier de l'article 51. Il pourra être stipulé que l'assemblée générale aura le droit de décider, à la majorité fixée pour la modification des statuts, que l'un ou plusieurs des associés cesseront de faire partie de la société. — L'associé qui cessera de faire partie de la société, soit par l'effet de sa volonté, soit par suite de décision de l'assemblée

générale, restera tenu pendant cinq ans, envers les associés et envers les tiers, de toutes les obligations existant au moment de sa retraite.

(2) Houpin, nᵒ 627 ; Toulouse, 30 juin 1888. L'action en nullité des modifications non approuvées ni publiées se prescrit par trente ans (Cass., 8 août 1892).

(3) L. 24 juillet 1867, art. 63.

(4) Même loi, art. 64. — V. Houpin, nᵒ 628.

(5) Cass., 3 décembre 1850 ; Demolombe, t. VIII, nᵒ 761 ; Laurent, t. V, nᵒ 351 ; Guillouard, nᵒ 34.

ration de biens, l'association exigeant une complète égalité entre les associés et un concours de volontés individuelles pouvant s'exercer librement, ce qui ne saurait avoir lieu de mari à femme, sans porter atteinte aux obligations dérivant du mariage et aux droits de la puissance maritale (1).

Mais la question est très discutée par les auteurs.

Les uns prétendent que la société doit être considérée comme possible entre époux, à moins qu'il ne résulte des circonstances que les parties ont voulu atteindre un but illégal, spécialement déroger à leurs conventions matrimoniales, contrairement à l'article 1395 du Code civil (2). M. Delsol (3) soutient même que, quel que soit le régime sous lequel des époux sont mariés, il ne résulte en principe de leur qualité d'époux aucune incapacité pour eux de former entre eux une société en nom collectif. M. Pont admet la possibilité de la formation entre époux d'une société universelle de biens. Quant à M. Duvergier (4), il semble ne contester la validité entre époux, qu'autant qu'il s'agit de sociétés universelles et nullement lorsqu'il s'agit de sociétés particulières.

D'autres, au contraire, partagent l'avis de la jurisprudence (5).

Mais la nullité d'une telle société, lorsqu'elle a été créée dans un but d'intérêt licite en lui-même, n'empêche pas que, jusqu'au moment où cette nullité a été demandée par les intéressés, il ait pu y avoir entre les prétendus associés des rapports de fait, qui doivent se régler sans que l'un s'enrichisse aux dépens de l'autre, et qui, par conséquent, ouvrent à chacun d'eux le droit réciproque de provoquer un partage de l'actif et du passif résultant des opérations qui auraient été faites en commun (6) (V. *suprà*, v° CONTRAT ENTRE ÉPOUX).

64. — *Étranger.* — L'association commerciale est permise aux étrangers même non domiciliés en France, car le commerce est de droit naturel et les étrangers sont admis à le faire en France sans condition de domicile ni de réciprocité, sauf, bien entendu, les obligations et les conséquences inhérentes à la qualité de commerçant et dont les étrangers sont tenus en France, comme les commerçants français (7).

65. — *Femme mariée.* — Elle ne peut, sans l'autorisation de son mari, contracter une société civile ; mais, conformément aux règles ordinaires sur l'autorisation maritale, cette autorisation n'a pas besoin d'être expresse, il suffit qu'elle soit tacite, du moment où la volonté du mari d'autoriser sa femme résulte clairement des circonstances (8).

Nous avons vu, *suprà*, v° AUTORISATION POUR FAIRE LE COMMERCE, que la femme mariée peut être autorisée à faire le commerce individuellement. Elle peut, par suite, être autorisée à contracter une société commerciale ; mais il lui faut pour cela une nouvelle autorisation (9).

66. — *Mandataire.* — Toute personne peut se faire représenter par un mandataire dans un contrat de société, pourvu qu'elle lui ait donné les pouvoirs suffisants. Le mandat doit être spécial, ou, dans tous les cas, assez étendu pour que la

(1) Cass., 9 août 1851 ; Paris, 14 avril 1856; Metz, 22 août 1861 ; Nancy, 16 janvier 1886 ; Paris, 24 mars 1870; Dijon, 27 juillet 1870 ; Paris, 24 janvier 1885 ; Caen, 21 avril 1886 ; Nîmes, 18 décembre 1886 ; Cass., 7 mars 1888 (*J. du not.*, n° 4060) et 8 décembre 1891 (art. 25791, J. N.).

(2) Pont, *Droit commercial*, t. II, n° 1257 ; Massé et Vergé, t. IV, § 715, note 8; Troplong, t. I, n° 210 ; Pont, n°° 35-38 ; Laurent, t. XXVI, n° 140 ; Lyon-Caen et Renault, n° 78.

(3) *Rev. prat.*, t. I, p. 433.

(4) N° 102.

(5) Delvincourt, t. III, p. 280 et 451 ; Duranton, t. XVII, n° 347 ; Molinier, n° 117 ; Alauzet, t. I, n° 152 ; Planiol, *Rev. crit.*, 1888, p. 275 ; Guillonard, *Contrat de mariage*, t. I, n° 229 et *Contrat de société*, n° 35 ; Rodière et Pont, t. I, n° 151 ; Demolombe, t. IV, n° 238.

(6) Paris, 24 janvier 1885 ; Cass., 7 mars 1888.

(7) Pont, t. VII *bis*, n° 823.

(8) Cass., 27 avril 1884 ; Pont, n° 33 ; Guillonard, n° 34. — Comp., Cass., 14 novembre 1820, 1er mars 1826 et 27 mars 1832.

(9) Cass., 9 novembre 1859 ; Lyon, 28 juin 1866 ; Demolombe, *Du mariage*, n° 297.

volonté de contracter au besoin une société soit certainement entrée dans les prévisions du mandant (1).

La procuration doit être authentique dans tous les cas où l'acte de société doit être dressé dans cette forme.

67. — *Mineur émancipé.* — Le mineur émancipé ne peut contracter une société civile, puisqu'il n'a que la capacité d'administrer son patrimoine et non celle de l'obliger (2).

Le mineur émancipé de dix-huit ans, pouvant être autorisé à faire le commerce, peut, par suite, être autorisé à entrer dans une société commerciale. Mais l'autorisation générale de faire le commerce ne suffit pas ; il faut une autorisation spéciale (V. *suprà*, v° AUTORISATION POUR FAIRE LE COMMERCE).

68. — *Porté-fort.* — Lorsqu'une société a été constituée par un tiers sans mandat, mais se portant fort d'une personne dont il promet la ratification, la société est régulièrement constituée, si cette ratification a lieu (art. 1120, C. civ.).

L'effet de cette ratification *entre les parties*, rétroagit au jour de la formation de la société : *ratihabitio mandato æquiparatur*.

Mais, *à l'égard des tiers*, l'acte de société n'a pas d'existence légale avant la ratification (3).

69. — *Tuteur.* — Le tuteur d'un mineur ou d'un interdit n'ayant pas le pouvoir d'obliger son pupille, ne peut contracter une société civile ou commerciale (4).

70. — Exceptions. — Aux termes de l'article 1840 du Code civil, nulle société universelle ne peut avoir lieu qu'entre personnes capables de se donner ou de recevoir l'une de l'autre, et auxquelles il n'est point défendu de s'avantager au préjudice d'autres personnes.

Le législateur, prévoyant que la société universelle, même réduite aux biens présents, fournirait aux parties un moyen facile de s'avantager, et mesurant les inconvénients qu'un pareil contrat présenterait entre personnes capables de s'avantager, a pris un parti radical : sans examiner si, en fait, les associés avaient voulu s'avantager, il a présumé que les associés avaient voulu faire une donation, et il a annulé le contrat de société. Il a ainsi assimilé cette sorte de société à la donation ; et de cette assimilation découlent les conséquences suivantes : 1° L'article 911 du Code civil relatif à l'interposition de personnes est applicable à ces sociétés ; 2° conformément à l'article 960 du même Code, ces sociétés doivent être révoquées pour cause de survenance d'enfants à l'un des associés.

La seconde partie de l'article 1840 prévoit le cas où l'un des associés a des héritiers à réserve ; mais la portée de la loi est-elle la même dans cette seconde hypothèse que dans la première, et la société sera-t-elle nulle dans les deux cas ; ou, au contraire, si l'un des associés a des héritiers réservataires, ne doit-on pas décider seulement que l'avantage qui résultera du contrat de société serait réductible à la quotité disponible ? La question est controversée (5).

71. — Effets de l'incapacité. — D'après l'article 854 du Code civil, il n'est pas dû de rapport pour les associations faites sans fraude entre le défunt et

---

(1) Cass., 20 mars 1860 ; Pont, n° 76 ; Lyon-Caen et Renault, n° 81 *bis* ; Guillouard, n° 32. — V. cependant, Cass., 4 janvier 1843.

(2) Pont, *Du contrat de mariage*, n° 28 ; Guillouard, n° 34.

(3) Cass., 6 avril 1842, 4 août 1847, 10 juillet 1850; Pont, n° 17 ; Larombière, t. I, art. 1120, n° 7 ; Demolombe, t. XXIV, n° 230 ; Guillouard, n° 32 *bis*. Laurent, t. XXVI, n° 138, fait une distinction : elle rétroagit pour les sociétés civiles et non pour les sociétés commerciales, à raison de la publicité qui doit être donnée à ces dernières.

(4) Lyon-Caen et Renault, n° 81 *bis*. — V. aussi Guillouard, n° 34.

(5) Pour la nullité : Laurent, t. XXVI, n° 242 ; Duvergier, n° 119. — Pour la réduction : Troplong, t. I, n°ˢ 305-308 ; Pont, n°ˢ 222-224 ; Aubry et Rau t. IV, § 379, texte et note 7 ; Guillouard, n° 39 Lyon-Caen et Renault, n° 79.

l'un de ses héritiers, lorsque les conditions en ont été réglées par un acte authentique.

Par conséquent, lorsque le défunt a formé une société, même particulière, avec un de ses successibles, celui-ci doit le rapport des bénéfices qu'il en a tirés :

1° Lorsque l'acte de société n'est pas authentique ;

2° Et quand la société a été faite frauduleusement, même par acte authentique.

Lorsqu'une société a été constituée avec un incapable, la nullité ne peut en être demandée que par lui.

Quant à la manière dont la société doit être liquidée, il faut distinguer :

Si l'incapable est un mineur ou une femme mariée non autorisée, ou s'il y a violation de l'article 1840 du Code civil, la liquidation doit ramener les choses au point initial ;

Si la société est attaquée pour avoir été contractée au détriment de l'héritier réservataire de l'un des associés, les juges rechercheront d'abord si la société a eu pourbut et pour résultat de faire fraude aux droits du réservataire ; dans le cas de l'affirmative, ils détermineront le chiffre de la réduction, si la réserve a été entamée, et maintiendront à concurrence de la quotité disponible les avantages résultant de la société (1).

§ 6. Objet de la société.

72. — Toute société, dit l'article 1833 du Code civil, doit avoir un *objet licite.*

Par *objet*, il faut entendre ici le but que la société poursuit, la cause pour laquelle les associés se sont réunis : ainsi la construction et l'exploitation d'une ou plusieurs lignes ferrées, sont l'*objet* d'une société de chemins de fer.

D'une manière générale, tout ce qui n'est pas dans le commerce, tout ce qui est contraire à l'ordre public ou aux bonnes mœurs, ne peut faire l'objet d'une société.

Ainsi une société ne peut avoir pour objet :

La vente des armes ou munitions de guerre et des effets d'équipement militaire (2) ;

La vente de remèdes secrets (3) ;

La vente de substances vénéneuses (4) ;

La vente du tabac (5);

La vente des cartes à jouer (6) ;

La vente des poudres (7) ;

La vente des allumettes (8) ;

La vente et le transport du gibier pendant la fermeture de la chasse (9) ;

La traite des nègres (10);

Le trafic des fonctions publiques ou des décorations (11).

73. — Dans les espèces que nous venons de citer, l'objet a été reconnu illicite par des lois spéciales, et il ne peut se présenter à ce sujet aucune difficulté. Mais il en est d'autres où la société doit également être considérée comme

---

(1) Guillouard, n° 41.

(2) L. 19-22 juillet 1791, titre II, article 23 ; L. 28 mars 1793, article 5 ; L. 24 mai 1834 ; L. 14 juillet 1860 ; Décret, 6 mars 1861.

(3) L. 21 germinal an XI, articles 32 et 36 ; Décret, 18 août 1810 ; Décret, 3 mai 1852.

(4) L. 19 juillet 1845 ; Ordonn., 29 octobre 1846.

(5) L. 28 avril 1816, articles 172 et suivants ; L. 21 décembre 1872.

(6) L. 28 avril 1816, art. 160 et suiv.

(7) L. 13 fructidor an V ; Ordonn., 25 mars 1818 ; Ordonn., 19 juillet 1829.

(8) L. 2 août 1872 ; L. 15 mars 1875.

(9) L. 8 mai 1844, art. 4 et 12.

(10) L. 4 mai 1831.

(11) L. 4 juillet 1889.

ayant un objet illicite ; et comme, dans ces derniers cas, il s'élève parfois des difficultés sur l'appréciation du caractère de l'objet, nous allons examiner les espèces principales :

74. — Adjudication publique. — La convention formée entre plusieurs personnes pour que des biens mis en adjudication ne dépassent pas un certain prix, est illicite (1).

75. — Contrebande. — Il en est de même des sociétés établies pour faire la contrebande en France, car elles ont pour but la violation des lois françaises (2).

Mais peut-on fonder une société pour faire la contrebande à l'étranger ? L'affirmative est soutenue par quelques auteurs (3). Mais la négative nous paraît devoir être adoptée de préférence ; une semblable société viole en effet les lois de la police qui doivent s'appliquer aux étrangers comme aux nationaux ; et, du reste, la contrebande est évidemment un acte immoral (4).

76. — Fraude. — Sont également illicites, les sociétés établies pour frauder les droits du Trésor ou les Caisses municipales (5).

77. — Maisons de jeu. — On doit considérer comme illicite toute société qui a pour objet l'exploitation d'une maison de jeu, soit en France (6), soit dans les pays où les maisons de jeu sont prohibées, soit même dans les pays où elles sont tolérées, car elles sont partout contraires à la morale (7).

La même solution devrait être appliquée aux sociétés ayant pour objet l'exploitation d'une maison de tolérance.

78. — Office ministériel. — Les offices ministériels, n'étant pas dans le commerce, ne peuvent être l'objet d'aucun traité, autre que celui qui consiste dans la cession du droit de présentation, concédé par la loi du 28 avril 1816, article 91, consacré par la loi des 21 avril 1832 et 25 juin 1841 ; ils ne peuvent donc faire l'objet d'un contrat de société (8).

Il en est autrement, toutefois, des offices d'agents de change près des Bourses pourvues d'un parquet, car ces officiers ministériels peuvent s'adjoindre des bailleurs de fonds intéressés participant aux bénéfices et aux pertes qui peuvent résulter de l'exploitation de l'office et de la liquidation de sa valeur (art. 75, C. com.) (9).

— Un officier ministériel peut-il donner à ses clercs une part dans les bénéfices de son office, soit comme traitement, soit comme rémunération supplémentaire ?

Nous avons vu (*suprà*, n° 4), qu'une convention de cette nature ne constitue pas une association, mais un simple louage de services, avec une rémunération aléatoire. Tous les auteurs sont d'accord sur ce point, mais ils diffèrent sur la valeur de l'objet du contrat.

La majorité considère que le but est absolument licite (10). « Rien ne s'oppose, dit M. Demolombe, à ce qu'un officier ministériel s'oblige envers un collaborateur, un clerc, un commis, à le rémunérer au moyen de l'abandon d'une certaine partie des produits de sa charge. Mais précisément, ce collaborateur ne sera pas un associé : il restera toujours un clerc, un commis, un employé ; car c'est un point

(1) Cass., 23 avril 1834 ; Pont, n° 41 ; Laurent, n° 161 ; Lyon-Caen et Renault, n° 69 ; Guillouard, n° 53.
(2) Paris, 18 février 1837 ; Pothier, n° 14 ; Troplong, n° 86 ; Duvergier, n° 30 ; Pont, n° 43 ; Lyon-Caen et Renault, n° 70 ; Guillouard, n° 53.
(3) Larombière, *Des obligations*, t. I, art. 1133, n° 41 ; Aubry et Rau, t. IV, § 378 ; Cass., 25 août 1825.
(4) Pothier, n° 58 ; Demangeat, t. I, p. 236 ; Brocher, t. II, p. 92, n° 160 ; Laurent, *Droit civil inter-*
national, t. VIII, n° 114 ; Lyon-Caen et Renault, n° 70 ; Guillouard, n° 54.
(5) Limoges, 18 août 1879 ; Cass., 8 novembre 1880.
(6) L. 21 mai 1836, art. 1er ; Cass., 16 août 1864.
(7) Lyon-Caen et Renault, n° 71 ; Guillouard, n° 54.
(8) Cass., 9 février 1852 et 15 janvier 1855 ; Toulouse, 18 janvier 1866 ; Rennes, 19 janvier 1881 ; Cass., 25 janvier 1887 ; Cass., 18 janvier 1885.
(9) L. 2 juillet 1862.
(10) Pont, n° 45 ; Demolombe, t. XXIV, n° 338 ; Lyon-Caen et Renault, n° 72.

constant aujourd'hui que ce mode de rémunération ne change pas son titre et que le maître n'en peut pas moins le congédier, quand bon lui semble; donc il n'y a là, de la part du maître, et, dans notre hypothèse, de la part du titulaire de l'office, aucune atteinte à sa dignité ni à sa liberté. »

Tel n'est pas l'avis de M. Laurent (1), ni de M. Guillouard (2).

« Mettez à côté de l'officier ministériel, dit ce dernier auteur, un principal clerc qui devra prendre pour lui la moitié des produits nets de l'étude, les règles de la profession, les habitudes de la corporation feront place dans l'étude à un mobile unique, la recherche du gain. Rien n'arrêtera dans cette poursuite l'employé intéressé, ni la dignité d'une fonction qui n'est pas la sienne, ni la responsabilité qui ne pèsera pas sur lui; tout lui sera bon, course aux affaires, détournement de clientèle, etc...

« Ajoutons que si la convention est licite, elle deviendra assez fréquente, et l'emploi de principal clerc, participant aux bénéfices, sera souvent par des gens peu scrupuleux, officiers ministériels révoqués ou contraints de donner leur démission, agents d'affaires tarés. Le titulaire n'apportera à l'étude que son nom et sa présence, dans le cas où elle est obligatoire, le principal clerc gérera en fait l'étude, au grand détriment de la bonne administration, de la justice et des intérêts de la clientèle qui aura été, pour son malheur, amenée dans une étude de ce genre.

« Aussi, croyons-nous tout à fait au caractère illicite d'une convention de ce genre, bien qu'elle ne soit pas une société. »

A notre avis, la question doit surtout être résolue en fait, suivant les circonstances. Si la portion des produits de l'étude attribuée au clerc est importante, — la moitié, par exemple, — on pourra décider qu'il y a une véritable association illicite. — Si au contraire, elle est minime, — le dixième, par exemple, — comme cela a lieu ordinairement, — à Paris principalement, — la convention sera considérée comme ne constituant qu'un mode de rémunération du travail, et dès lors licite (3).

79. — Officine de pharmacie. — Les règlements sur l'exercice de la profession de pharmacien interdisent à toute personne qui n'a pas le titre légal de pharmacien de gérer une officine de pharmacie; il en résulte que toute convention par laquelle le pharmacien s'associe un tiers pour l'exploitation de sa pharmacie, donne à ce tiers un droit d'immixtion dans la gestion de l'officine, et contrevient dès lors aux lois qui règlementent l'exercice de la profession de pharmacien. Le danger est plus grand encore, comme le fait remarquer M. Laurent (4), si l'associé est un médecin, que l'on s'expose à placer entre son devoir médical et l'intérêt de l'officine de laquelle il est associé (5).

80. — Valeurs. — On doit également considérer comme prohibées les sociétés créées pour faire la négociation de valeurs réservée aux agents de change par l'article 76 du Code de commerce (6).

81. — Effets de la nullité. — Lorsqu'une société est annulée pour avoir été constituée avec un objet illicite, cette nullité produit différentes conséquences entre *les parties contractantes* d'une part, et entre *les tiers* d'autre part.

82. — Les *parties contractantes* peuvent être parfois exposées, par suite du caractère illicite de la société, à des poursuites pénales; mais nous ne nous occuperons, ici que des effets civils.

---

(1) N° 160.
(2) N° 47.
(3) Cons., Montpellier, 22 août 1883; Cass., 13 janvier 1835; Riom, 22 juillet 1842 (S. 1842-2-476).
(4) N° 192.

(5) Paris, 27 mars 1862 (art. 17422, J. N.), 31 mai 1866 et 6 décembre 1883 (*Rev. not.*, n° 6815).
(6) Seine, 8 décembre 1887; Lyon-Caen et Renault, n° 69; Guillouard, n° 53.

Ces effets varient suivant que les apports ont été ou non effectués et que la société a ou n'a pas fonctionné.

Si les apports n'ont pas encore été effectués, et si la société n'a pas encore fonctionné et n'a ainsi produit ni bénéfice ni perte, il n'y a aucune difficulté : la société est anéantie, et chacune des parties se trouve dans l'état où elle était avant sa formation (1).

Si les apports ont été effectués, mais sans que la société ait fonctionné, ils doivent être restitués et les associés peuvent les réclamer au détenteur, malgré la nullité du titre à invoquer, en demandant purement la nullité de la société et en se fondant sur le principe qu'un contrat nul ne peut produire aucun effet (2).

Si la société a fonctionné et qu'elle ait produit des bénéfices et des pertes, deux hypothèses peuvent se présenter :

Ou bien la répartition a déjà eu lieu, et alors elle est devenue définitive ;

Ou bien, elle n'a pas encore eu lieu, et, dans ce cas, les associés n'ont aucune action les uns contre les autres pour la faire opérer ; car ils ne peuvent invoquer l'existence de la société et des opérations illicites, et les tribunaux ne peuvent être appelés à se prononcer sur la répartition des bénéfices produits par une association illicite (3).

83. — Entre les associés, la nullité d'une société illicite peut, sans aucun doute, être demandée par un associé contre ses co-associés ; mais peut-elle l'être par *les tiers* contre les associés, et inversement par les associés contre les tiers ?

On est unanime à reconnaître que les tiers peuvent invoquer contre les associés la nullité de la société. Mais la question de savoir si les associés peuvent invoquer la nullité contre les tiers a donné lieu à différents systèmes :

Le premier système conclut à la négative : les associés sont en faute, ils ne peuvent se prévaloir de leur faute contre les tiers (4).

Le second accorde ou refuse ce droit suivant que les tiers ont ignoré ou connu l'existence de la société (5).

Le troisième système donne, dans tous les cas, aux associés le droit de demander la nullité de la société.

Cette dernière opinion nous paraît la plus juridique, car, d'après l'article 1131 du Code civil, le contrat de société, ayant une cause illicite, n'a aucun effet ; il est de plein droit frappé de nullité ; tous les intéressés peuvent donc proposer cette nullité, aussi bien les associés que les tiers (6).

§ 7. Apports.

84. — Nous avons vu que l'article 1832 du Code civil définit la société « un contrat par lequel deux ou plusieurs personnes conviennent de mettre quelque chose en commun... »

La première condition essentielle pour la constitution d'une société est donc

---

(1) Lyon-Caen et Renault, n° 73 ; Guillouard, n° 56.
(2) Cass., 15 janvier 1855, 14 mai 1888 ; Pont, n° 53 ; Laurent, n°⁵ 165, 166 ; Lyon-Caen et Renault, n° 73 ; Guillouard, n° 58.
(3) Paris, 4 février 1854 ; Cass., 10 janvier 1855 ; Dijon, 25 juin 1884 ; Pothier, n° 86 ; Duranton, t. XVII, n° 327 ; Troplong, n°⁵ 99, 102 ; Duvergier, n°⁵ 25 et suiv. ; Aubry et Rau, t. IV, § 378, texte et note 8, p. 551 ; Pont, n°⁵ 54, 57 ; Lyon-Caen et Renault, n° 74 ; Guillouard, n° 57. — Toutefois, la Cour de cassation décide généralement que les associés peuvent agir contre celui qui administrait la société et réclamer leur part dans les bénéfices réels en sa possession. Cass., 24 août 1841 ; Paris, 10 mai 1860, 17 mars 1862 ; Cass., 13 mai 1862, 7 février 1865, 15 novembre 1876 ; Laurent, n°⁵ 166, 168.
(4) Talon, p. 89 et suiv.
(5) Rennes, 9 avril 1851 ; Pont, n° 50. — Comp. Lyon, 28 février 1853.
(6) Laurent, n° 169 ; Lyon-Caen et Renault, n° 74 ; Guillouard, n° 60.

que chaque associé fasse un apport ou s'oblige à le faire. En effet, si l'un des contractants n'apportait rien, il n'en participerait pas moins aux bénéfices, et il y aurait, à son égard, non plus une société, mais une véritable donation.

85. — Il n'est pas nécessaire que les apports soient de même nature, ni de même valeur. Chaque associé, dit l'article 1833, doit apporter à la société, ou de l'argent, ou d'autres biens, ou son industrie. Tout ce qui peut être l'objet d'une obligation peut être apporté en société; par conséquent, l'apport d'un associé peut consister en bien corporel ou incorporel : immeuble, brevet d'invention, ou son industrie.

86. — Les apports *en argent* sont les plus fréquents, aussi classe-t-on généralement les apports en deux grandes catégories : les apports *en nature* et les apports *en numéraire*. Dans les sociétés autres que celles par actions, l'associé évalue lui-même son apport; mais dans celles-ci nous verrons que cette évaluation est soumise à des formes spéciales. (V. *infrà*, v° SOCIÉTÉS PAR ACTIONS.)

Souvent, les apports de sommes d'argent ne sont pas effectués en totalité au moment de la formation de la société. On conçoit, en effet, que dès le début des opérations, la société n'ait pas besoin d'engager toutes ses ressources; et, pour ne pas être obligée au paiement de l'intérêt qui est ordinairement servi aux associés, elle ne reçoit les fonds qu'aux époques qui ont été stipulées ou lorsqu'elle en a besoin, si l'appel de fonds a été laissé à sa disposition.

Lorsque des époques de versement ont été fixées et que les associés ne se sont pas conformés à l'engagement qu'ils avaient pris, les intérêts moratoires courent de plein droit, sans qu'il soit nécessaire d'intenter une demande en justice, et même des dommages-intérêts peuvent être alloués, s'il y a lieu, à la société; le tout conformément à l'article 1846 du Code civil qui a dérogé sur ce point au droit commun.

87. — Les associés, avons-nous dit, peuvent apporter leur *industrie* dans la société ; et cette industrie peut constituer seule leur apport ou n'en être qu'une partie. Mais, d'après l'article 1847 du Code civil, les associés qui se sont soumis à apporter leur industrie à la société lui doivent compte de tous les gains qu'ils ont faits par l'espèce d'industrie qui est l'objet de cette société.

88. — Presque tous les auteurs ont examiné la question de savoir si l'apport d'un associé peut consister dans le *crédit* politique ou commercial dont il jouit.

Tous sont d'accord pour dire que le crédit d'un homme politique, l'influence d'un fonctionnaire ou d'un personnage puissant, ne peut être un apport légitime (1).

Mais ils diffèrent d'opinion au sujet du crédit commercial.

Les uns prétendent qu'il faut assimiler le crédit commercial au crédit politique et décider que, comme lui, il ne peut constituer un apport (2).

Les autres auteurs soutiennent qu'au contraire le crédit commercial peut constituer un apport (3). C'est aussi notre avis.

89. — Les apports peuvent avoir pour objet la pleine propriété, l'usufruit ou la jouissance.

90. — **Apport en pleine propriété.** — Nous avons admis, avec quelques auteurs et une jurisprudence constante, que les sociétés civiles constituent, comme les sociétés commerciales, un être moral jouissant, par conséquent, de la

(1) Troplong, n°ˢ 114 et 115: Duvergier, n° 18 et 20 ; Aubry et Rau, t. IV, § 377, texte et note 2 ; Pont, n°ˢ 64 et 65; Laurent, n° 143; Lyon-Caen et Renault, n° 32 ; Guillouard, n° 64.

(2) Laurent, n° 143; Troplong, t. I, n° 115; Aubry et Rau, t. IV, § 377.
(3) Duvergier, n° 20; Pont, n° 65; Lyon-Caen et Renault, n° 32 ; Guillouard, n° 64.

personnalité. Nous n'avons donc pas à faire ici la distinction donnée par l'opinion contraire, et nous dirons que la propriété de l'apport est, dans toutes les sociétés civiles ou commerciales, transmise de l'associé qui en fait l'apport, à la société, lors même que cet apport consisterait en un bien qui appartiendrait par indivis à tous les associés.

91. — Aux termes de l'article 1845 du Code civil, l'associé est, en cas d'éviction, garant envers la société, de la même manière qu'un vendeur l'est envers un acheteur.

« S'il y a éviction, disent MM. Lyon-Caen et Renault (1), l'apport disparaît ou diminue, suivant que la chose enlevée aux associés constituait toute la mise ou une partie de la mise de l'associé qui s'était engagé à la fournir. Doit-on conclure de là qu'il y a résolution de la société ou seulement droit à des dommages-intérêts? Il semble raisonnable de ne pas donner de solution absolue. Il peut se faire que les parties aient envisagé moins la chose elle-même que la valeur qu'elle avait, de sorte que, dans leur pensée, cette chose pouvait être facilement remplacée par une autre : dans ce cas une condamnation à des dommages-intérêts répare le préjudice causé par l'éviction. — Il peut arriver, au contraire, que la chose ait été prise spécialement en considération, de sorte que la société ne peut plus, sans cette chose, fonctionner comme les parties devaient l'espérer; en pareil cas, la résolution de la société serait la conséquence naturelle de l'éviction » (2).

S'il y a lieu à dommages-intérêts, l'indemnité doit être calculée d'après les principes admis pour la vente, puisque l'article 1845 y renvoie formellement. Si la résolution de la société est prononcée, les parties doivent être replacées dans la position où elles se trouvaient avant la formation de la société; et des dommages-intérêts peuvent être réclamés contre celui qui a causé ce résultat (3).

92. — La garantie serait également due par l'associé, dans le cas où une servitude non déclarée serait constatée sur l'immeuble mis dans la société (4).

93. — Lorsqu'un associé apporte une créance, il en garantit seulement l'existence, comme en matière de vente (art. 1692, C. civ.), et, s'il n'y a pas une convention spéciale, il n'est garant de la solvabilité ni actuelle ni future du débiteur cité (5).

94. — La garantie n'existe pas dans les sociétés universelles, car l'associé s'oblige à apporter tout ce qu'il possède actuellement et non tel bien déterminé, un corps certain, comme l'exige l'article 1845 (6).

95. — Bien que l'article 1845 oblige l'associé à la même garantie que le vendeur d'un corps certain, l'associé ne jouit pas pour cela du privilège que les articles 2102 et 2103 accordent au vendeur.

96. — A quel moment la propriété de l'apport est-elle transmise à la société? Il faut distinguer :

Entre les parties, la propriété est transmise le jour même du contrat de société, s'il s'agit d'un corps certain (art. 1138, C. civ.); elle l'est seulement au moment où la chose apportée a été individualisée, quand il s'agit de chose *in genere*.

A l'égard des tiers, la translation de la propriété ne devient définitive que le jour où les formalités suivantes ont été accomplies :

Pour les immeubles, la transcription hypothécaire (7);

---

(1) N° 17.
(2) *Sic* : Guillouard, n° 180. — *Contra* : ont, n°° 270 et 271.
(3) Pont, n° 282; Duvergier, n°° 160 et 161; Lyon-Caen et Renault, n° 17; Guillouard, n° 180.
(4) Duvergier, n° 166; Pont, n° 278; Lyon-Caen et Renault, n° 19; Guillouard, n° 182.

(5) Lyon-Caen et Renault, n° 20.
(6) Pothier, n° 114; Duvergier, n° 167; Aubry et Rau, t. IV, § 380; Pont, n° 266; Laurent, n° 247; Guillouard, n° 179.
(7) L. 23 mars 1855; Aubry et Rau, t. II, § 209, texte et note 20; Demante, t. I, n° 329; Lyon-Caen et Renault, n° 21; Cass., 25 avril 1893.

Pour les créances, la signification de l'acte de société au débiteur ou son acceptation par acte authentique (1) ;

Pour un titre à ordre, l'endossement (art. 136, C. comm.) ;

Pour les titres nominatifs, le transfert (art. 36, C. comm.) ;

Pour les bâtiments de mer, la mutation en douane (2) ;

Pour un brevet d'invention, l'enregistrement à la préfecture du département, suivant l'opinion de certains auteurs (V. *suprà*, n° 42).

Le fait même de la transmission de la propriété a pour conséquence de réaliser l'apport de l'associé et de mettre à la charge de la société les risques qui pourraient survenir. La perte de cet apport n'entraînerait pas la dissolution de la société (art. 1867, C. civ.).

Nous verrons que, malgré cette transmission de propriété, la loi du 28 février 1872, article 1, n° 1, n'a soumis les apports des associés qu'au droit fixe gradué et non au droit proportionnel de mutation, et que le droit de transcription n'est perçu qu'au moment où cette formalité est exécutée (V. *infrà*, n° 118 et 146).

97. — Apport en usufruit. — Les règles que nous venons d'étudier au sujet de l'apport en propriété, sont, en tous points, applicables à l'apport en usufruit, que cet usufruit soit créé au profit de l'associé, ou créé par lui au profit de la société (3).

98. — Apport en jouissance. — En dehors de l'apport en pleine propriété et de l'apport en usufruit, il y a encore l'apport en jouissance.

Cet apport place l'associé et la société dans une situation analogue à celle créée par le bail entre le bailleur et le preneur.

L'associé conservant la propriété, il n'y a pas de transmission de droit réel, par suite, il n'y a pas lieu à l'accomplissement des formalités de publicité ordinaires : ainsi l'apport de la jouissance d'un brevet ne donne pas lieu à l'enregistrement à la préfecture ; il ne constitue qu'une concession de licence.

Mais on n'est pas d'accord sur la transcription hypothécaire, lorsqu'il s'agit d'immeubles. Les uns estiment que si la jouissance d'un immeuble est apportée pour une durée supérieure à dix-huit ans, il y a lieu à transcription, par application de l'article 2, 4°, de la loi du 23 mars 1855 (4).

D'autres, au contraire, pensent qu'il faut assimiler l'apport en société à un droit d'usufruit et transcrire cet apport, même s'il est fait pour une durée n'ayant pas plus de dix-huit années (5).

En présence de cette divergence d'opinions, nous conseillons de faire toujours transcrire l'acte de société, quelle que soit la durée de la jouissance.

99. — Capital social. — La totalité des divers apports en nature et en numéraire forme le *capital social*. Ce capital peut s'augmenter par suite de l'emploi d'une partie des bénéfices réalisés par la société à l'acquisition de nouveaux biens. L'augmentation du capital peut résulter de l'extension donnée à l'apport de chaque associé. Mais les apports ne peuvent être augmentés par cela seul qu'une partie de l'actif a été perdue, — ou qu'on désire donner un nouveau développement aux affaires sociales, — ou que la société aurait besoin de ressources plus importantes

---

(1) Cass., 28 avril 1869 ; Bordeaux, 5 avril 1868 ; Pont, n°° 174 et 259 ; Laurent, n° 246 ; Lyon-Caen et Renault, n° 21.

(2) L. 27 vendémiaire an II, article 27.

(3) Pont, n° 277 ; Lyon-Caen et Renault, n° 26 ; Guillouard, n° 189.

(4) Flandin, t. I, n° 269 ; Lyon-Caen et Renault, n° 27.

(5) Mourlon, *Traité de la transcription*, t. I, n° 52 ; Guillouard, n° 190.

Tome IV.

pour atteindre son but. Il faut que l'augmentation ait été prévue par les statuts ou que les associés soient d'accord pour y consentir (1).

§ 8. Bénéfices et pertes.

100. — Chaque associé doit avoir droit à une certaine part dans les bénéfices communs et supporter corrélativement une part dans les pertes. Le droit de participer aux bénéfices, accompagné de l'obligation de contribuer aux pertes, constitue une part d'associé. Cette part est désignée parfois sous le nom générique d'intérêt ; mais on distingue aussi, souvent, deux parts d'associé : l'*intérêt* et l'*action*. Cela conduit à reconnaître deux classes de sociétés : les *sociétés par intérêts* ou *sociétés de personnes* et les *sociétés par actions* ou *sociétés de capitaux* (2).

Art. 1er. — *Bénéfices.*

101. — **Réalisation.** — Si la première condition essentielle pour l'existence d'une société est que les associés fassent chacun un apport, la seconde condition est que ces apports soient faits « dans la vue de partager le bénéfice qui pourra en résulter » (art. 1832, C. civ.).

Le but des associés au moment de la formation de la société doit donc être de réaliser des bénéfices : mais il suffit qu'ils aient eu cette volonté au moment du contrat, et si l'éventualité ne se produit pas, si même, au lieu de bénéfices, il y a des pertes, ce contrat n'en constitue pas moins une société.

De ce que toute société doit avoir le lucre pour objet, il résulte que l'on ne doit pas considérer comme de véritables sociétés :

1° Les associations religieuses (3) ;

2° Les associations charitables, scientifiques ou littéraires (4) ;

3° Les assurances mutuelles (5) ;

Le but de ces assurances ne consiste pas, en effet, à réaliser des bénéfices, mais à éviter, à restreindre une perte qui peut atteindre un des membres et qui est supportée par tous ;

4° Les conventions par lesquelles plusieurs propriétaires s'obligent à faire ou à entretenir des travaux pour protéger leurs immeubles contre un danger commun (6) ;

5° Celle par laquelle ils mettent en commun un droit de chasse leur appartenant comme propriétaires des terres ou comme fermiers de la chasse (7).

6° L'association de plaideurs qui s'unissent pour lutter en commun en faveur de leurs intérêts menacés (8).

7° Les sociétés d'agrément, les cercles, par exemple (9).

102. — **Partage.** — Il ne suffit pas, pour qu'il y ait société, que les parties se proposent de réaliser des bénéfices, il faut encore :

---

(1) Pont, nos 312 et 314 ; Lyon-Caen et Renault, no 33 bis.

(2) Lyon-Caen et Renault, no 37.

(3) Guillouard, no 67.

(4) Lyon-Caen et Renault, no 34 ; Guillouard, no 67 ; Les Andelys, 17 juin 1884.

(5) Aubry et Rau, p. 377 ; Pont, no 71 ; Laurent, no 147 ; René Clément, *Des assurances mutuelles*, p. 29 ; Lyon-Caen et Renault, no 34 ; Guillouard, no 68 ; Houpin, *Sociétés par actions*, no 675.

(6) Lyon-Caen et Renault, no 34 ; Guillouard, no 68 ; Cass., 27 juillet 1880 (S. 1881-1-245).

(7) Laurent, no 150 ; Guillouard, no 68. — *Contrà* : Cass., 18 novembre 1865 (S. 1866-1-415).

(8) Guillouard, no 68 ; Cass., 26 mars 1878 (D. 1878-1-303) ; Pont, nos 68 et 71.

(9) Cass., 29 juin 1847 ; Lyon, 1er décembre 1852 ; Aix, 20 mars 1873 ; Nancy, 20 janvier 1877 ; Cass., 19 novembre 1879 ; Paris, 5 et 24 janvier 1888 ; Pont, no 69 ; Laurent, no 150 ; Guillouard, nos 68 et suiv.

1° Que ces bénéfices résultent des opérations à faire en commun. Ainsi, on ne considère pas comme sociétés :

    a) Les *tontines*, qui sont des associations de créanciers de rentes perpétuelles formées sous la condition que les rentes des prédécédés accroîtront aux survivants soit en totalité, soit jusqu'à une certaine concurrence (1);

    b) L'association de deux propriétaires qui refont à frais communs le ruisseau qui les sépare, ou qui élèvent un mur mitoyen sur un terrain dont ils fournissent chacun la moitié (2).

2° Qu'ils soient recueillis en commun par les parties. Aussi n'y a-t-il point de société :

    a) Quand deux co-propriétaires d'une usine conviennent que chacun d'eux l'exploitera à son tour pour son propre compte, à la charge de payer à l'autre une indemnité (3) ;

    b) Quand plusieurs personnes mettent en commun un objet, meuble ou immeuble, ou un capital, pour en jouir alternativement (4).

3° Et que les parties se proposent de partager ces bénéfices lorsqu'ils seront réalisés.

La répartition des bénéfices se fait, soit d'après les bases fixées par l'acte de société, soit d'après la loi.

103. — Les parties peuvent fixer, comme elles l'entendent, la part de chaque associé. Toutefois, il ne peut pas être convenu, sous peine de nullité de l'acte tout entier, que la totalité des bénéfices appartiendra à un associé (art. 1855, C. civ.) ; mais on peut stipuler qu'un associé aura droit à une somme fixe à prélever sur les bénéfices (5), ou à un intérêt de sa mise à un certain taux, avant toute répartition des bénéfices entre les autres associés. Il peut même être alloué à un associé une somme fixe, que la société réalise des bénéfices ou subisse des pertes, pourvu que cette somme ne soit pas excessive ; cette clause cependant, n'empêche pas l'apport de l'associé d'être soumis aux pertes, elle renferme seulement une sorte de vente qu'il fait de ses chances de gain (6).

104. — Lorsque l'acte de société ne détermine point la part de chaque associé dans les bénéfices, la part de chacun est en proportion de sa mise dans les fonds de la société. A l'égard de celui qui n'a apporté que son industrie, sa part dans les bénéfices est réglée comme si sa mise eût été égale à celle de l'associé qui a le moins apporté (art. 1853, C. civ.).

105. — Si, — ce qui n'arrive presque jamais, — les associés sont convenus de s'en rapporter à l'un d'eux ou à un tiers pour le règlement des parts, ce règlement ne peut être attaqué, s'il n'est évidemment contraire à l'équité. Nulle réclamation n'est admise à ce sujet, s'il s'est écoulé plus de trois mois depuis que la partie qui se prétend lésée a eu connaissance du règlement, — ou si ce règlement a reçu de sa part un commencement d'exécution (art. 1854, C. civ.).

106. — Les actes de société fixent presque toujours des périodes après lesquelles on détermine s'il y a des bénéfices ou des pertes. A l'expiration de ces périodes, on distribue les bénéfices ainsi constatés, qu'on appelle *dividendes* dans les sociétés par actions. Ces périodes sont souvent désignées sous le nom

(1) Lyon-Caen et Renault, n° 85; Guillouard, n° 74.
(2) Guillouard, n° 76; Aubry et Rau, t. IV, § 377, texte et note 7; Pont, n° 69.—*Contrà* : Troplong, n° 13.
(3) Cass. 4 janvier 1842 (S. 1842-1-231); Dalloz, v° *Industrie*, n° 418; Pont, n° 801; Lyon-Caen et Renault, n° 36.
(4) Cass., 4 juillet 1826, 29 novembre 1831; Rouen,
5 mars 1846; Dalloz, v° *Société*, n° 104 ; Duvergier, n° 56 ; Aubry et Rau, t. IV, § 876, texte et note 6; Pont, n° 70 et 80; Laurent, n° 151 ; Lyon-Caen et Renault, n° 36 ; Guillouard, n° 75.
(5) Cass., 9 juillet 1885 (S. 1888-1-477).
(6) Lyon-Caen et Renault, n° 45.

d'*exercices sociaux*, et la durée en est ordinairement d'une année. Il existe à cet égard un usage tellement répandu qu'à défaut de convention formelle, on suppose, surtout dans les sociétés commerciales, que l'intention des associés a été d'admettre des exercices annuels (1).

ART. 2. — Pertes.

107. — La dernière condition essentielle de l'existence du contrat de société, est que les pertes que la société peut éprouver soient supportées en commun par les associés.

Comme pour les bénéfices, les associés peuvent, à leur gré, fixer la répartition des pertes entre eux (art. 1853, C. civ.), avec cette seule restriction qu'ils ne peuvent affranchir un associé de toute contribution aux pertes, car il doit les subir au moins jusqu'à concurrence du montant de son apport (2).

108. — Ordinairement, chaque associé a la même part proportionnelle à son apport, c'est la répartition qui résulte implicitement de l'article 1855 du Code civil; en l'absence de convention, c'est cette même proportion qui doit être admise. Mais il peut être stipulé, par exemple, qu'un associé supportera les deux tiers dans les pertes et prendra un tiers dans les bénéfices, tandis qu'un autre associé subira un tiers des pertes et prendra deux tiers des bénéfices (3).

109. — On peut convenir que l'associé qui n'apporte que son industrie ne contribuera pas aux pertes, en ce sens qu'il n'aura pas à payer *de suo*, mais il supportera en réalité les pertes dans une certaine mesure, puisque l'absence de bénéfices l'empêchera d'être rémunéré de son activité. Son apport a été ainsi perdu et l'article 1855, qui, d'ailleurs, défend d'affranchir de toute contribution aux pertes *les sommes ou effets mis dans le fonds de la société*, n'est pas violé (4).

110. — Certains associés sont tenus des dettes sociales sur tous leurs biens, tels sont : les associés en nom collectif et les commandités; d'autres ne le sont que jusqu'à concurrence de leur mise, comme les commanditaires et les membres d'une société anonyme. Aussi, en Angleterre, les sociétés sont-elles divisées en deux grandes catégories : les sociétés à *responsabilité limitée* et celles à *responsabilité illimitée*.

111. — Un associé se fait parfois assurer, par ses co-associés ou par un tiers, la somme qu'il apporte à la société.

Cette clause est, dans le premier cas, contraire à l'article 1855, puisqu'elle a pour but d'affranchir l'apport de cet associé de toute contribution aux pertes (5).

Mais elle est valable, dans le second cas, car l'associé demeure exposé aux pertes dans ses relations avec ses co-associés sociaux (6).

§ 9. RESPONSABILITÉ NOTARIALE.

112. — Le notaire pourrait être déclaré responsable de la nullité des statuts ou de la déclaration notariée de souscription et de versement, par suite d'incapacité ou de vice de forme. Il n'est pas, en principe, responsable de la nullité de la société à raison des autres vices de constitution.

113. — Aucune disposition législative n'impose au notaire l'obligation de

---

(1) Lyon-Caen et Renault, n° 56.
(2) Cass., 14 juin 1882 (S. 1882-1-423) ; Seine, 22 juin 1887.
(3) Pont, n° 464; Laurent, n° 294; Lyon-Caen et Renault, n° 47.
(4) Lyon-Caen et Renault, n° 40 ; Fenet, t. XIV, p. 422; Locré, t. XIV, p. 553.

(5) Pont, n°° 457 et 459 ; Laurent, n° 293; Lyon-Caen et Renault, n° 46 ; Cass., 14 janvier 1882 (S. 1882-1-423).

(6) Pont, n° 458; Pardessus, t. III, n° 998; Lyon-Caen et Renault, n° 46 ; Aix, 4 novembre 1886 (S. 1888-2-73); Douai, 26 avril 1888

publier l'acte de société reçu par lui. Pour qu'il en fût tenu, il faudrait qu'il eût accepté le mandat spécial que les parties lui auraient donné à cet effet. À défaut d'un tel mandat, la publication reste à la charge et sous la responsabilité des parties. Le notaire accomplit sa mission par la seule délivrance des expéditions à déposer et de l'extrait à publier (1). Quoiqu'il en soit, dans la pratique, la publication des actes de société est faite le plus souvent par les soins du notaire, lequel pourrait être déclaré responsable, suivant les circonstances, de la nullité ou des irrégularités de la publication.

C'est ainsi qu'il a été jugé, sous l'empire du Code de commerce, que l'omission dans l'extrait, de la restriction de la signature sociale rendait responsable des obligations plus étendues, dont la société se trouvait, contre son vœu et la convention même des parties, chargée envers les tiers qui ont contracté dans l'ignorance de cette clause restrictive (2).

§ 10. Frais et honoraires.

114. — Frais. — Tous les frais nécessités par la constitution de la société, doivent nécessairement être mis à la charge de cette dernière.

115. — Honoraires. Constitution de société. — Toutes les compagnies notariales, à quelque partie de la France qu'elles appartiennent, sont tombées d'accord pour rémunérer par un honoraire proportionnel les actes de société civile ou commerciale ; divisées quelquefois sur le chiffre de cet honoraire, elles sont du moins restées unanimes sur le principe. Mais cette unanimité ne s'est pas retrouvée dans les délibérations des grands corps judiciaires consultés en 1862. Trois Cours, à notre connaissance (Caen, Douai, Limoges), ont protesté contre le mode de taxe appliqué par le notariat.

« Les tarifs des notaires et *les tribunaux du ressort*, dit dans son rapport du 2 mars 1864 la Cour de Caen, ont classé les contrats de société parmi ceux qui doivent être rémunérés par des honoraires proportionnels ; votre commission, messieurs, partage l'opinion que vous avez déjà émise dans votre délibération du 29 mars 1852, qui soumet ces actes à la taxe du président.

« Les observations présentées à propos des liquidations trouvent ici leur place. Nous les rappelons brièvement. Les mises sociales peuvent être très importantes et la rédaction de l'acte peut être très simple et très facile ; l'honoraire proportionnel sera dès lors exagéré ; il sera insuffisant, si les apports sont minimes et la rédaction de l'acte compliquée. »

« Les tarifs, dit encore la Cour de Douai (3), établissent un émolument fixé d'après l'importance des mises, avec une échelle progressive descendante. Ce mode, qui n'a aucun trait à la difficulté de l'acte, peut parfois aboutir à une rétribution exagérée. Puis, comment tarifer l'apport d'industrie ? Qu'arrivera-t-il dans le cas où la société en commandite par actions se trouve incapable de fonctionner, parce qu'une partie suffisante d'actions n'est pas souscrite ? Peut-on considérer comme mise de fonds réelle le chiffre d'actions dont à l'avance on sait qu'une très faible portion sera appelée ? La commission a pensé qu'il valait mieux établir l'émolument par vacation, sauf au notaire à réclamer des honoraires extraordinaires, en raison de l'importance de l'affaire et des difficultés qu'elle aura présentées. »

Ces objections n'ont pas partout frappé la magistrature, car dix autres Cours (Aix, Amiens, Angers, Besançon, Bordeaux, Bourges, Grenoble, Nancy, Nîmes, Toulouse), et, avec elles, un grand nombre de Tribunaux (Amiens, Beauvais,

---

(1) Pont, n° 1151.— V. Rivière, L. 24 juillet 1867, n° 874.

(2) Douai, 21 novembre 1840 (S. 1841-2-67).
(3) Rapport du 25 mars 1863.

Bergerac, Bordeaux, Laon, Lavaur, Marseille, Reims, Riom, Tours, etc.), se sont prononcés pour l'application de l'honoraire proportionnel. Nous croyons que c'est avec raison.

L'acte de société, en effet, offre au même titre que les partages, les liquidations, les contrats de mariage, les donations, tous les éléments qui justifient et motivent l'honoraire proportionnel : mouvement de valeurs, difficultés de préparation et de rédaction du contrat, responsabilité du notaire, qui s'accroît souvent même, dans la circonstance, de l'obligation d'accomplir des formalités de publicité particulières (1).

Quelles sont donc les objections sérieuses ? Que les difficultés du travail ne sont pas toujours en rapport avec l'importance des valeurs soumises à l'honoraire ? Mais, d'abord, les adversaires de l'honoraire proportionnel raisonnent ici sur des exceptions, comme nous l'avons déjà remarqué. Puis, où trouvera-t-on cette relation parfaite entre l'honoraire et le travail effectué ? Nulle part. Elle n'existe pas plus pour les autres actes soumis, sans conteste, à un honoraire proportionnel, que dans ceux qui paient un émolument fixe, ou pour ceux encore que le juge taxe à la vacation ; et elle est aussi rare dans les fonctions salariées par l'Etat que dans les professions libérales qui vivent de leurs produits. Est-ce que tous les fonctionnaires également rétribués donnent la même somme de travail, et l'augmentation des émoluments est-elle donc partout et toujours la récompense d'un plus grand labeur ou d'un zèle plus dévoué ? Non, certes. Il faut donc traiter humainement les choses humaines, et ne pas repousser un principe uniquement parce qu'il ne convient pas à toutes les situations possibles. Nous l'avons dit ailleurs ; ici, en particulier, ce mode de procéder que le notariat admet n'est pas irréprochable, nous le savons ; mais l'expérience a prouvé qu'il est encore le meilleur. Un usage déjà ancien l'a consacré (2), et il nous est bien permis de rappeler aux esprits récalcitrants cette parole du poëte latin : *Si quid novisti rectius istis, candidus imperti, si non, his utere mecum.* C'est ce qu'a fait le législateur Français lui même ; il a reconnu la valeur de nos usages, puisqu'il les a appliqués dans le décret des 25 octobre et 17 novembre 1865, relatif aux chancelleries de consulats, en taxant à l'honoraire proportionnel les contrats de société et tous les autres actes qui s'y rapportent, tels que les modifications, continuations, dissolutions, liquidations et partages.

Le législateur Italien, dans le tarif légal qui fait suite au projet de loi sur la *réorganisation du notariat* dans la péninsule, autorise aussi la perception de l'honoraire proportionnel : « *Per i contratti di società e di communione di beni, sul valore delle cose conferite in società o poste in comunione* (§ 2, art. 6.). »

L'honoraire proportionnel est encore alloué dans les tarifs légaux Suisses du Valais (3), de Fribourg (4), de Neuchatel (5), du Tessin (6) ;

Dans tous les tarifs Belges que nous avons pu consulter, et parmi lesquels nous citerons ceux d'Anvers, Audenarde, Bruges, Bruxelles, Gand, Liége, Louvain, Mons, Namur, Ypres, etc... ;

Dans le nouveau tarif légal Autrichien du 25 juillet 1871, où le contrat de société figure parmi les actes de la première classe, avec les ventes, les donations, les partages (§ 2, n° 1er) ;

Dans le tarif légal Espagnol du 25 juin 1870, art. 6 ;

Dans le tarif légal Russe du 27 juin 1867, art. 1er.

Pourquoi donc ce qui a été reconnu possible et juste dans tant de pays divers serait-il impossible en France ? Sont-ce les difficultés prévues par la Cour de Douai qui mettraient un obstacle invincible à la perception de l'honoraire pro-

---

(1) Douai, 21 novembre 1840 (D. 1841-2-67.); Eloy, *Traité de la resp. des not.*, t. Ier, n° 196.
(2) Vernet, p. 22.— Renaud, p. 72. — Gagneraux, t. II, p. 413. — Dict. du not., V° Honoraire, n° 53.

(3) Du 8 janvier 1852, art. 8.
(4) Du 15 mai 1851, art. 20.
(5) Du 28 mai 1867, art. 14.
(6) Du 11 décembre 1864, art. 2 et 4, § a.

portionnel ? Elles ne sont pas aussi graves qu'on les a voulu faire ; quelques-unes ont même été prévues et écartées soit par des tarifs étrangers, soit par la loi même. Ainsi, en ce qui concerne l'évaluation de l'apport d'industrie, la difficulté prévue par certaines cours a été écartée par la loi du 28 février 1872, qui exige, pour la perception du droit gradué d'enregistrement, l'évaluation dans l'acte de tous les apports, y compris l'apport d'industrie (1).

— « Que déciderait-on, ajoutent les magistrats de la cour de Douai, dans le cas où la société en commandite par actions se trouverait incapable de fonctionner, parce qu'une partie suffisante d'actions n'aurait pas été souscrite ? » La réponse à cette question est bien facile ; nous la puisons dans l'article 1er de la loi du 24 juillet 1867, qui est ainsi conçu : « Les sociétés en commandite ne peuvent être défi-« nitivement constituées qu'après la souscription de la totalité du capital social et « le versement, par chaque actionnaire, du quart au moins du montant des actions « par lui souscrites. » Si donc l'une ou l'autre de ces deux conditions faisait défaut, la société ne serait pas constituée ; elle n'existerait pas, et comme l'honoraire proportionnel n'est réellement exigible que sur les actes qui reçoivent exécution, le notaire rédacteur du contrat de société ne pourrait recevoir qu'un honoraire fixe gradué d'après le capital nominal, ainsi que nous le verrons plus loin.

— Peut-on considérer comme mise de fonds réelle le chiffre d'actions dont, à l'avance, on sait qu'une très faible portion sera appelée ? Assurément. Car c'est le chiffre des souscriptions qui détermine, fixe le chiffre réel du capital social, et alors même qu'une faible portion seulement du montant des actions est tout d'abord appelée, rien ne prouve que le surplus ne devra pas être payé par les actionnaires, avant la dissolution de la société. C'est, du reste, sur le capital souscrit qu'est perçu le droit gradué d'enregistrement, d'après la loi du 28 février 1872.

En principe donc, aucune raison sérieuse, on le voit, ne s'oppose à l'application de l'honoraire proportionnel aux contrats de société. Il nous reste à rechercher maintenant quel doit être le *quantum* de cet honoraire.

L'honoraire de 1 °/₀, fixé aux chanceliers de consulats par le décret du 17 novembre 1865 (art. 15), est admis par les compagnies notariales de Guéret, Clamecy, Loches, Troyes, Lyon, Gray, Grenoble, Arcis-sur-Aube, Chambéry, Brest, Lorient, Toulon, Cahors, Aix, Draguignan, etc... ; il a été proposé, dans leurs projets de tarif légal, par les cours d'Aix et de Dijon ; mais nous devons faire observer que, parmi les tarifs qui autorisent la perception de cet honoraire, un assez grand nombre ne l'allouent que sur les premiers 5,000 francs, et à partir de 5,000 francs le font décroître de moitié.

L'honoraire de 50 centimes est le plus généralement adopté. Nous le trouvons en usage dans les arrondissements de Nevers, Versailles, Clermont, Vendôme, Sens, Bourges, Strasbourg, Vouziers, Epinal, Lons-le-Saunier, Verdun, Poitiers, Angoulême, Ruffec, Laval, Périgueux, Nontron, Angers, Falaise, Rocroi, Rennes, Saint-Brieuc, Cherbourg, Rouen, Boulogne, Arras, Cambrai, Péronne, Evreux, Pont-Audemer, Chartres, Brive, Nîmes, Avignon, Mont-de-Marsan, Gex, Montauban, Château-Gontier, etc...

Il a été proposé, dans leurs projets de tarif légal, par les cours d'Angers, Besançon, Bourges, Nîmes ; nous pourrions presque dire aussi par la cour de Grenoble, qui indique comme taux de rémunération 0 fr. 60 °/₀.

Enfin, il est en vigueur dans plusieurs tarifs légaux des cantons Suisses, dans la majorité des tarifs Belges et il est accepté par le législateur dans le tarif légal Italien.

_____

(1) Cass., 6 juin 1877 (art. 21690, J. N

C'est aussi celui que nous proposons.

Il serait perçu :

 a) Pour les sociétés civiles et les associations en participation, sur les valeurs établies au contrat, en vue de l'enregistrement ;

 b) Pour les sociétés en nom collectif, en commandite, ou anonymes, sur le capital social exprimé.

Dans ce capital, tout apport en industrie sera évalué d'après l'estimation fixée pour l'enregistrement.

Moyennant l'honoraire qui vient d'être fixé, le notaire ne pourrait réclamer aucune rémunération spéciale pour la minute des actes se rattachant directement et nécessairement à la constitution de la société, tels que les déclarations de souscription, ni pour les soins donnés à la publication de l'acte de société.

Le minimum de l'honoraire serait de 10 francs pour les sociétés civiles et les associations en participation,

De 50 francs pour les sociétés par actions,

Et de 20 francs pour les autres sociétés.

— Dans le cas où une société en commandite par actions, ou anonyme, après avoir été établie par acte, ne pourrait pas se constituer définitivement, soit parce que la souscription du capital social ne serait pas complète, soit parce que les actionnaires n'auraient pas versé le *quart* du montant de leurs actions, l'honoraire proportionnel ne pourrait être perçu sur l'acte de société, puisque cet acte ne pourrait ainsi recevoir aucune exécution (Loi du 24 juillet 1867, art. 1ᵉʳ.)

Le notaire rédacteur du contrat aurait seulement droit à un honoraire gradué, fixé ainsi qu'il suit :

Jusqu'à 2,000 francs. . . . .   20 francs.

De 2,000 à 5,000 francs inclusivement. . . . .   30 —

De 10,000 à 50,000 francs. . . . .   100 —

Et ainsi de suite, à raison de 50 francs par chaque somme ou valeur de 50,000 francs ou fraction de 50,000 francs, sans que l'honoraire, selon la remarque des magistrats de la cour de Nîmes, puisse s'élever, en aucun cas, à plus de 1,000 francs.

— A Paris, l'honoraire perçu sur les sociétés ordinaires, sans actions, est de 0 fr. 50 °/₀ jusqu'à 100,000 francs, et de 0 fr. 25 °/₀ au delà de cette somme.

Il est de 0 fr. 50 °/₀ jusqu'à 500,000 francs pour les sociétés par actions. Au delà de cette somme, il décroît et varie suivant l'importance du capital social.

116. — Prorogation de société. — Les actes de prorogation de société pure et simple, sans augmentation du capital social, donnent ouverture à un simple droit fixe de *6 francs*, selon l'usage généralement suivi.

S'il y avait augmentation du capital social, l'honoraire de *société* serait dû sur les nouvelles valeurs (1).

Minimum : *10 francs*.

117. — Dissolution de société. — Si la dissolution est pure et simple, c'est-à-dire ne contient ni liquidation ni partage, il ne peut être dû qu'un honoraire fixe de *6 francs*.

Si elle est suivie de liquidation et de partage, il sera dû au notaire des honoraires proportionnels de *liquidation*.

Si les associés partagent, sans liquidation ni comptes préalables, il ne sera perçu qu'un droit de *partage*.

---

(1) Tarif des chancelleries de consulats, art. 15.

§ 11. Enregistrement; timbre; droit de transmission; impot sur le revenu.

Art. 1er. — *Enregistrement.*

1° Droit proportionnel de 0 fr. 20 %.

118. — Constitution de société. Loi. — Les actes de formation de société qui ne contiennent ni obligation, ni libération, ni transmission de biens meubles ou immeubles entre les associés ou autres personnes, et qui autrefois n'étaient passibles que du droit fixe de 5 francs (L. 22 frimaire an VII, art. 68, § 3, n° 4, et 28 avril 1816, art. 45, n° 2), auquel la loi du 28 février 1872 avait substitué le droit gradué, sont actuellement passibles d'un droit proportionnel de 0 fr. 20 %, dont la liquidation a lieu suivant les règles concernant la perception des droits proportionnels (L. 28 avril 1893, art. 19, *J. du not.*, 1893, p. 285, 385 et 444).

119. — Sociétés sujettes au droit proportionnel. Assurances mutuelles. — Le droit proportionnel est dû sur les actes constatant la formation de toutes sociétés ayant pour objet une mise en commun, en vue de réaliser des bénéfices (C. civ., 1823).

Les compagnies d'assurances mutuelles n'ayant pas ce caractère, leurs statuts et les adhésions à ces statuts ne sont soumis qu'au droit fixe de 3 francs (1).

120. — Apports nets. — Le droit proportionnel est dû sur le montant net cumulé, déduction faite du passif, des apports mobiliers et immobiliers (2), que les biens soient situés en France ou à l'étranger (3).

Exemple: Des immeubles d'une valeur de 500.000 francs sont apportés à la société, à charge par elle de payer 100,000 francs dont ces immeubles sont grevés. Le droit proportionnel n'est dû que sur les 400,000 francs réellement apportés ; mais la clause imposant à la société l'obligation de payer le passif est passible du droit proportionnel de vente (V. *infrà*, n° 142 à 145, et *J. du not.*, 1893, p. 385).

121. — Apports différents ou inégaux. — L'acte de constitution d'une société dans laquelle un des associés apporte des immeubles et les autres de l'argent ou des valeurs mobilières, n'est point passible du droit de mutation immobilière; car il y a transmission à l'être social, mais non aux autres associés (4).

De même, si des apports inégaux sont faits dans une société dont les bénéfices et les pertes doivent être répartis également entre les associés, il n'est pas dû de droit proportionnel de cession ou d'obligation sur les différences existant entre ces apports (5).

122. — Apport non constaté. — Comme il ne peut exister de société sans apport (C. civ., 1832, 1833), le droit proportionnel serait exigible sur le

---

(1) Garnier, *Rép. gén. de l'enreg.*, n° 15136-4 ; ol. 27 mai 1874 ; *Rép. périod. de Garnier*, art. 3864.
(2) V. Seine, 14 février 1874 (R. p., art. 3849).
(3) Garnier, *Rép. gén.*, n°° 15162, 15174 et suiv.; *Rép. périod.* 1873, p. 262, n°° 9 et 12; Seine, 27 décembre 1873 (R. P., art. 3849).

(4) Délib. Régie, 14 septembre et 13 novembre 1838 ; Cass., 13 juillet 1840; Instr. Régie, 10 mai 1841 ; Dict. du not. et suppl., v° *Société*, n°° 896 à 398.
(5) Epinal, 19 janvier 1878 (art. 21907, J. N.).

montant d'une évaluation à faire par les parties, ou, en cas de refus, par la Régie, si l'acte de société ne faisait mention d'aucun apport social, mais en impliquait l'existence (1).

123. — Apports d'industrie. — De même, le droit établi sur le montant des apports mobiliers ou immobiliers, doit être calculé sur la valeur estimative ou déclarée de tous les apports indiqués ou prévus par l'article 1833, et spécialement sur l'évaluation des apports d'industrie faits par les associés (2). Mais si des négociants ou industriels mettent en société un fonds de commerce ou une usine, l'industrie des associés ne fait pas partie des apports, si elle n'est pas indiquée spécialement, et n'est point sujette au droit proportionnel (3).

124. — Apport non libéré. — Le droit est perçu sur le montant intégral du capital social, sans qu'il y ait lieu de déduire les sommes restant à verser sur la mise sociale, ou sur les actions ou parts d'intérêt libérées partiellement, des associés (4).

125. — Capital actuel. — Si le capital d'une société est, d'après les statuts, d'un million, mais pourra être élevé à deux millions, il n'y a apport actuel que d'un million, et le droit proportionnel n'est exigible que sur cette somme. Ce droit ne deviendra exigible sur le surplus que lorsqu'il sera constaté que les actions qui en sont la représentation ont été émises et souscrites (5).

126. — Constitution définitive. — Le droit proportionnel est perçu lorsque la société est définitivement constituée, c'est-à-dire pour la société en nom collectif ou en commandite simple, sur l'acte même de formation de société, et pour les sociétés anonymes, en commandite par actions, ou à capital variable, après l'accomplissement des formalités prescrites par la loi du 24 juillet 1867, sur le procès-verbal de la délibération constitutive de la société (6).

127 à 128. — Condition suspensive. — De même, si la société, quoique définitivement constituée, est soumise à une condition suspensive, la perception du droit proportionnel n'a lieu qu'après l'accomplissement de la condition (7).

129. — Augmentation du capital. — L'augmentation constatée du capital social, au cours de la société, par suite de souscription en numéraire ou d'apports en nature, donne lieu à la perception du droit proportionnel sur la portion des apports qui n'a pas encore acquitté le droit (8).

130. — Prorogation. — Les actes de prorogation de société sont, comme les actes de constitution, soumis au droit proportionnel sur l'actif net de la société prorogée, déduction faite du passif dont elle est grevée (L. du 28 février 1872, art. 1er).

Décidé que, en cas de prorogation d'une société, il y a lieu de comprendre dans le total des apports, sur lequel le droit se calcule, déduction faite du passif, outre le capital social formé des apports primitifs, les réserves statutaires, extraordinaires et autres, qui sont venues s'y ajouter depuis, et sont destinées à parer à certaines éventualités (9).

L'acte modificatif des statuts, qui contient à la fois augmentation du capital social et prorogation de la société, est passible du droit proportionnel d'après

(1) Montpellier, 23 mai 1877; Cass., 2 juillet 1879 J. N., art. 22138; R. P., art. 4733 et 5299).
(2) Boulogne, 25 février 1875: Reims, 12 mai 1875; Montpellier, 23 mai 1877; Cass., 6 juin 1877 (J. N., art. 21340 et 21690); R. P., art. 4069, 4115, 4699, 4733).
(3) J. N., art. 20336.
(4) Garnier, n° 15163; R. P., 1873, p. 262; J. N., art. 20336.
(5) J. N., art. 20336.
(6) Sol., 8 août 1872; suppl. Dict. not., v° Société, n° 383-2.
(7) Garnier, n° 15160; Rép. pér., 1873, p. 258.
(8) Garnier, n° 15159; Seine, 17 avril 1875; Cass., 19 janvier 1876 (R. P., art. 4137, 4294, 5943; J. N., art. 20336).
(9) Annecy, 20 décembre 1886 (art. 24164, J. N.). —Conf.: Cass., 24 janvier 1876 (art. 21429, J. N.).

l'importance totale du capital social, et non pas seulement d'après le montant de l'augmentation constatée (1).

131. — Transformation. — Lorsqu'une société en commandite, ou une société anonyme autorisée, ou une société à responsabilité limitée est transformée purement et simplement en société anonyme dans les termes de la loi du 24 juillet 1867, l'acte qui constate cette modification n'est pas sujet au droit proportionnel établi pour les actes de formation de société, mais seulement au droit fixe de 3 francs, s'il ne contient d'ailleurs aucun changement dans la durée, ni dans la composition et la division du capital social (2).

Mais on doit considérer, au contraire, comme constituant la création d'une société nouvelle, donnant lieu à la perception du droit proportionnel sur le montant intégral du capital social, l'acte qui change à la fois l'objet, les opérations de la société, sa raison sociale, son capital et les conditions essentielles de son fonctionnement (3).

132. — Sous-société. — Constitue un simple contrat de société, soumis au droit proportionnel, et non une cession partielle d'intérêt dans la société principale, l'acte de sous-société qui constate qu'un associé s'est associé un tiers (C. civ., 1861), pour fournir conjointement l'apport promis par lui à la société principale, et pour partager sa part de bénéfices avec ce tiers (4).

133. — Dissimulation. Droit en sus. — L'article 21 de la loi du 28 avril 1893 dispose, comme l'article 3 de la loi du 28 février 1872, que si, dans le délai de deux ans à partir de l'enregistrement des actes spécifiés en l'article 1er (notamment les actes de formation et de prorogation de société), la dissimulation des sommes ou valeurs ayant servi de base à la perception du droit est établie par des actes ou écrits émanés des parties, ou par des jugements, il sera perçu, indépendamment des droits simples supplémentaires, un droit en sus, lequel ne peut être inférieur à 50 francs.

Il a été fait application de cette peine dans un cas où une société dissoute avait apporté à une société nouvelle tout son actif estimé à une valeur égale à son capital.

Il était constaté, par d'autres actes émanés des parties, que la société nouvelle se trouvait constituée avec une réserve statutaire obligatoire, indépendante de son capital et augmentant d'autant, par conséquent, la valeur réelle de ce capital (5).

134. — Sociétés étrangères. Extrait. — Le droit proportionnel, établi par la loi du 28 avril 1893, est un droit d'acte exigible sur les sociétés étrangères comme sur les sociétés françaises.

Il a été décidé que ce droit est dû sur l'enregistrement d'un simple extrait d'un acte de société passé en pays étranger, lorsque cet extrait contient les clauses relatives à la constitution de la société, à la division en actions, et à la constatation des apports (6).

2° Droits fixes.

135. — Statuts. Déclaration notariée. Adhésion, etc. — Sont assujettis au droit fixe de 3 fr.: 1° l'acte contenant les statuts d'une société anonyme ou

---

(1) Seine, 28 avril 1882 et 18 janvier 1884 (R. P., art. 6031 et 6286; J. N., art. 22914, 23916 et 23204).
(2) Garnier, n° 15174; Sol. Rég., 12 septembre 1876 (R. P., art. 4550; J. N., art. 21621).
(3) Lille, 15 décembre 1876; Rennes, 26 mai 1884; Béthune, 15 janvier 1886 (R. P., art. 4590, 6522, 6670; J. N., art. 21621). V. Paris, 5 décembre 1881.

(4) Garnier, n° 15146; Lille, 17 juillet 1874 (J. N., art. 21125).
(5) Cass., 24 janvier 1876 (R. P., art. 4293; J. N., art. 21429). V. Annecy, 30 décembre 1886 (R. P., art. 6866).
(6) Garnier, Rép. gén., n°° 15159 et 15164; Seine, 27 décembre 1878 (R. P., art. 8849; J. N., art. 21085); Pontoise, 13 février 1877.

en commandite par actions non encore définitivement constituée (1) ; 2° l'acte notarié contenant déclaration de souscription et de versement (L. du 24 juillet 1867, art. 1 et 24) ; 3° l'acte d'adhésion à une société (L. du 28 février 1872, art. 4), si toutefois il ne constate pas un nouvel apport, ou une augmentation du fonds social (2) ; 4° l'acte constatant la souscription d'actions d'une société en formation. L'enregistrement de cet acte ne devient nécessaire que si l'on veut en faire usage, soit en justice, soit dans un acte public (3) ; 5° l'acte d'adhésion à une dissolution de société (4) ; 6° l'acte constatant le dépôt par le gérant d'un certain nombre d'actions pour garantie de sa gestion (5).

136. — Dissolution. — Les actes de dissolution de société ne sont pas soumis au droit proportionnel ; ils sont passibles du droit fixe de 7 fr. 50, lorsqu'ils ne contiennent ni partage, ni obligation, ni cession, ni transmission (LL. des 28 floréal an VII, art. 68, § 3, n° 4 ; 28 avril 1816, art. 4, n° 7 ; 28 février 1872, art. 4).

3° Droits proportionnels divers.

137. — Principe. — Les actes de société sont passibles d'un droit proportionnel spécial lorsqu'ils contiennent obligation, libération ou transmission de biens meubles ou immeubles entre les associés individuellement ou autres personnes. Toutes les autres dispositions pour le compte et dans l'intérêt général de la société, contenues soit en l'acte de société même, soit dans des actes additionnels et supplétifs, n'entraînent que le droit fixe ou proportionnel de 0 fr. 20 °/₀, suivant le cas (6).

138. — Obligation. — Sont passibles du droit de 1 °/₀ (7) : 1° l'obligation prise dans l'acte de société, par l'un des associés, de fournir à la société une somme destinée à former le fonds de roulement, et stipulée productive d'intérêts et remboursable, avant tout partage, sur le capital social (8). Il n'y aurait qu'une simple ouverture de crédit, s'il y avait engagement de verser une somme déterminée en compte courant, dans le cas où les besoins de la société l'exigeraient (9) ; 2° l'apport en société, à titre de commandite, d'une somme devant produire intérêt à 5 °/₀, sans participation aux bénéfices ni aux pertes (10) ; 3° la stipulation du prélèvement par un actionnaire, par préférence aux autres actionnaires, de l'intérêt à 5 °/₀ et du remboursement du capital de ses actions, avec interdiction à la société de tout emprunt avant cet amortissement (11) ; 4° généralement, la stipulation qui exonère l'apport des associés des risques de l'entreprise (12) ; 5° le versement par l'un des associés de l'apport de l'autre, avec stipulation qu'il en fera le retrait au fur et à mesure des paiements du co-associé à la société (13), ou qu'il en sera remboursé sur la part de ce dernier dans les bénéfices (14) ; 6° la stipulation d'un traitement à payer par les associés personnellement (15) ; 7° le certificat, présenté à l'enregistrement, constatant le dépôt dans une maison de banque des sommes versées par les actionnaires pour le premier quart sur leurs actions (16).

139. — Cautionnement. Nantissement. Indemnité. — Sont sujets au droit de 50 cent. °/₀ : 1° le versement d'une somme par un associé, pour garantir

---

(1) Suppl. Dict. not., v° *Société*, n° 383-2.
(2) Supp. Dict. not., n° 384.
(3) J. N., art. 23916.
(4) Sol. 21 juin 1832.
(5) Seine, 26 décembre 1839.
(6) Instr. Régie 3 fruct. an XIII et 22 décembre 1807, n° 360. V. Dict. not., n° 391 ; Garnier, n°° 15183 et suiv. ; Naquet, *Dr. d'enreg.*, n°° 458 et suiv.
(7) V. Dict. not. et supp., n°° 401 et suiv. ; Garnier, n°° 15183 et suiv.
(8) Cass., 29 juillet 1863 (J. N., art. 17790) ; Cass., 25 novembre 1872 (J. N., art. 20535).
(9) Seine, 16 novembre 1860 (J. N., art. 17090).

(10) Avesnes, 28 février 1877 (R. P., art. 4757) ; Cass., 19 mars 1879 (R. P., art. 5211 ; J. N., art. 21818 et 22091).
(11) Seine, 31 août 1860 et Cass., 30 juillet 1861 (J. N., art. 16930 et 17210).
(12) Garnier, n° 15184.
(13) Dict. not., n°° 406 et 407 ; Seine, 16 novembre 1860 ; Cass., 29 juillet 1863 ; Yvetot, 28 juin 1864 (R. P., art. 2121 ; J. N., art. 17096 et 17790).
(14) Alençon, 17 août 1868 ; Seine, 29 avril 1876 (R. P., art. 4487).
(15) Seine, 20 août 1858 (J. N., art. 16380).
(16) Cass., 29 juin 1887 (R. S., 1888, p. 222).

l'exécution d'un engagement personnel (1) ; 2° le cautionnement par la société ou par un tiers de l'engagement d'un associé (2) ; 3° le paiement au fondateur ou au gérant d'une somme pour frais de déplacement et dépenses préliminaires à la constitution de la société (3). Si, dans l'acte de constitution d'une société, le fondateur garantit aux actionnaires un dividende minimum égal à 5 °/₀ du capital versé, il est dû un droit particulier qui ne peut excéder le droit proportionnel sur le montant des apports constatés dans l'acte (4).

140. — Bail. — L'apport par l'un des associés du droit à un bail, à charge par la société d'en exécuter les conditions et de payer le loyer, est passible du droit proportionnel de cession de bail (5). Jugé que lorsque l'un des associés s'oblige à fournir la jouissance du local lui appartenant, où s'exploite un fonds industriel par lui apporté, moyennant une redevance annuelle à payer par la société, il y a convention de bail passible d'un droit particulier (6). Mais le contraire a été décidé dans une espèce où il avait été fait apport de la jouissance d'immeubles, sous la condition qu'il serait prélevé, chaque année, avant partage des bénéfices, une somme déterminée représentant la jouissance locative des immeubles. Il y aurait bail conditionnel, passible du droit à l'évènement, si la jouissance devait continuer après le décès du propriétaire, sans que ses héritiers fûssent associés (7). A notre avis, le droit de bail est dû seulement lorsque le loyer représentatif de la jouissance apportée par un associé n'est pas soumis aux chances de perte de la société et constitue une créance ordinaire (8).

141. — Marché. — Constituent des marchés passibles du droit de 1 °/₀ (9) : 1° l'engagement pris par l'un des associés, dans un acte de société pour l'exploitation d'une usine, de construire cette usine, à ses frais, moyennant un prix à payer par la société (10) ; 2° la convention que le journal dont l'exploitation fait l'objet de la société sera imprimé chez l'un des associés, moyennant un prix à fixer par les parties ou par experts (11) ; 3° l'allocation à forfait, au fondateur de la société, d'une somme destinée à tenir lieu de tous les frais de constitution de l'entreprise (12). Si l'un des associés prend envers la société l'engagement de procéder à l'émission des titres pour le placement desquels la société est constituée, cet engagement a le caractère d'un marché commercial régi par la loi du 11 juin 1859 (13).

142. — Vente. — Les actes de société ne sont soumis au droit proportionnel de 0 fr. 20°/₀, sur les apports que lorsque ces apports sont purs et simples et sans équivalent à payer par la société à l'associé ou à ses créanciers. Quand, au contraire, ces apports ne sont pas soumis aux risques sociaux, et que le prix en est payé, soit à l'associé apporteur, soit, en son acquit, à ses créanciers, il y a mutation à titre onéreux passible du droit proportionnel de vente (14). La jurisprudence a fait de nombreuses applications de ce principe dans des décisions que nous allons rappeler.

143. — Vente mobilière. — Le droit de vente à 2 °/₀ a été reconnu exigible sur : 1° l'apport d'un fonds de commerce, avec stipulation que la valeur en sera payée à l'associé avec les premiers fonds provenant du placement des actions, et

---

(1) Cass., 26 décembre 1832 (J. N., art. 7755) ; Garnier, n° 15262.
(2) Seine, 20 novembre 1861 (R. P., art. 1554, 1912).
(3) Cass., 29 novembre 1869 ; Seine, 29 mars 1878 (R. P., art. 3030, 5165 ; J. N., art. 19754, 21917).
(4) J. N., art. 23342.
(5) Cass., 18 janvier 1871 (R. P., art. 3214 ; J. N., art. 20081).
(6) Lyon, 21 août 1866 (R. P., art. 2503). V. aussi Sol., 23 février 1867 (R. P., art. 2485) ; Seine, 8 juillet 1871 (R. P., art. 3731). — Contrà : Observations sur le jugement de Lyon, J. N., art. 18839 ; Dict. not., n° 421 et suiv.
(7) Seine, 23 août 1873 (R. P., art. 3975 ; J. N., art. 21003).

(8) V. Garnier, n° 15255 et suiv.
(9) V. Garnier, n° 15252 et suiv.
(10) Dict. not., n° 420 ; Trévoux, 10 janvier 1876 (R. P., art. 4448) ; Montreuil, 24 mars 1876 (R. P., art. 4331) ; Senlis, 17 août 1876 (R. P., art. 4507) ; Bar-sur-Seine, 31 août 1880 (R. P., art. 5654) ; Cass., 20 juin 1881 et 5 mai 1884 (R. P., art. 5769, 6342 ; J. N., art. 22596 et 23276).
(11) Pau, 11 mai 1877 (R. P., art. 4829).
(12) Seine, 10 mars 1882 (R. P., art. 5943).
(13) Seine, 14 avril 1882 (R. P., art. 6001).
(14) V. Garnier, n° 15197 et suiv. ; Dict. not. et suppl., v° Société, n° 427 et suiv. ; Cass., 25 juillet et 14 novembre 1893.

qu'il aura la faculté de prendre en paiement des actions (1) ; 2° la stipulation que la différence entre la valeur du fonds de commerce et l'apport de l'associé lui sera payée par prélèvement, avant tout partage, sur les bénéfices (2) ; 3° la stipulation que celui des associés qui fait l'apport le plus élevé prélèvera sur les produits de l'association la somme formant la différence entre la valeur de son apport et celle de l'apport de son associé (3) ; 4° l'apport, par le concessionnaire d'un pont, du droit de péage, moyennant l'attribution à son profit de la moitié des actions et le droit de toucher pour son compte le montant des actions délivrées aux autres associés (4) ; 5° l'apport d'un journal dans les mêmes conditions (5) ; 6° l'apport de tout l'actif social par un associé qui doit recevoir le produit des actions délivrées aux autres associés (6), ou qui reçoit une somme de l'autre associé (7) ; 7° l'apport fait contre l'attribution d'obligations (8), ou contre des titres qualifiés d'actions privilégiées rapportant un intérêt fixe et remboursables à échéance fixe ou par amortissement (9) ; 8° la stipulation aux termes de laquelle une société anonyme s'engage à rembourser aux fondateurs, dont l'apport comprend des travaux d'organisation, le montant des dépenses par eux effectuées pour l'exécution de ces travaux (10) ; 9° l'obligation, prise dans l'acte constitutif d'une société formée pour l'exploitation d'une fabrique de sucre indigène, par des associés qui font l'apport de la fabrique, de livrer à la société, pendant toute sa durée, les betteraves à provenir de leur culture, moyennant un prix à fixer, chaque année, sur des bases déterminées (11). Mais il n'y aurait pas marché actuel si les associés s'étaient simplement interdit de fournir à un autre établissement les betteraves de leur culture, sans s'engager d'ailleurs à faire ces fournitures (12) ; 10° l'apport mobilier fait par un particulier ou par une société à une autre société, à charge par celle-ci de payer le passif dont il est grevé (13) ; 11° l'apport par l'entrepreneur d'un service public dont il était adjudicataire, en mettant la société en son lieu et place, cet apport comprenant le mobilier de l'entreprise que la société est obligée de payer à l'adjudicataire apporteur (14). Décidé que lorsqu'un apport de valeurs mobilières a lieu à titre onéreux, le droit de vente est dû sur le prix réparti proportionnellement aux diverses natures de biens, et non pas en faisant l'imputation sur les valeurs les moins imposées (15).

144. — Vente immobilière. — Par application du même principe, le droit de vente immobilière à 5 fr. 50 °/₀ a été reconnu exigible sur : 1° l'apport d'immeubles acquis précédemment par les apporteurs, à charge par la société d'en payer le prix au précédent vendeur ou à d'autres créanciers (16), notamment au moyen d'un prélèvement sur un fonds d'amortissement composé des bénéfices sociaux et, au besoin, de versements à faire par les associés (17); 2° l'apport d'un bois dont le prix, encore dû, sera payé avec le prix des coupes (18) ; 3° l'apport d'immeubles

(1) Cass., 30 janvier 1850 (J. N., art. 13947).
(2) Seine, 25 avril 1851 (J. N., art. 14669).
(3) Seine, 17 mars 1847 et 25 avril 1851 ; Rouen, 8 mai 1850 et 15 janvier 1851; Dict. not., n°ˢ 429 et 431.
(4) Bordeaux, 11 juin 1845.
(5) Délib., 25 octobre 1839 ; Tours, 18 juin 1841; Valenciennes, 23 juillet 1846 ; Toulouse, 18 février 1848.
(6) Cambrai, 28 juin 1838 ; Seine, 28 avril 1841 et 11 juin 1845 ; délib., 15 mai 1840.
(7) Metz, 31 août 1835; Seine, 14 juin 1838; Dict. not., n° 436.
(8) Cass., Belge, 28 février 1867 (R. P., art. 2514).
(9) Bruxelles, 13 août 1868 (R. P., art. 3341) ; Garnier, n° 15204.
(10) Cass., 28 février 1876 (R. P., art. 4309 ; J. N., art. 21434).
(11) Cass., 20 avril 1870, 21 février 1876 et 14 janvier 1878 (R. P., art. 3125, 4311 et 4865; J. N., art. 19984, 21414 et 21853).

(12) Mons, 11 juillet 1874 (R. P., art. 4512).
(13) Cass., 23 mai 1859 ; Seine, 31 juillet 1857, 16 novembre 1860 et 13 juin 1866 ; Cass., Belgique, 28 février 1867 ; Cass., 15 décembre 1868 (R. P., art. 1445, 2160, 2293, 2514,2819); Garnier, n° 15207.
(14) Cass., 4 août 1869 (R. P., art. 2989).
(15) Alger, 31 janvier 1879 (R. P., art. 5197). V. Garnier, n° 15229.
(16) V. les nombreuses décisions citées : Garnier, Rép. gén. de l'enreg., n° 15200; Dict. not. et supp., v° Société, n°ˢ 448 et suiv., et notamment Cass., 8 mars et 18 août 1842, 8 juillet 1846, 30 janvier 1850, 20 mars 1855, 20 novembre 1861, 8 novembre 1864, 4 août 1869, 24 mai 1875, 28 février et 31 juillet 1876, 6 février 1878 (J. N., art. 13947, 15623, 17286, 18159, 19807, 21240, 21434, 21530, 21843).
(17) Cass., 31 juillet 1876 (J. N., art. 21530).
(18) Epinal, 17 juillet 1878 (R. P., art. 5102).

à charge par la société d'en payer le prix à l'associé apporteur (1), ou lorsque ce prix doit être payé au moyen d'un prélèvement sur les bénéfices (2), ou prélevé sur les apports en numéraire des associés (3), ou sur le produit des actions émises par la société (4), ou payé par les associés personnellement (5) ; 4° l'apport à titre onéreux de la concession d'un canal (6) ; 5° l'apport à titre onéreux fait en échange d'obligations (7) ; 6° l'apport par un débiteur à une société formée avec son créancier, d'immeubles en échange desquels il reçoit la libération de sa dette (8); 7° l'apport par le créancier de sa créance pour le paiement de laquelle le débiteur lui attribue une valeur égale sur les immeubles mis par lui en société (9); 8° la totalité du passif, en cas d'apport par une société à une société nouvelle, de tout son actif à charge d'acquitter son passif (10) ; 9° la transformation d'une société civile en une société anonyme qui prend à sa charge les dettes de l'ancienne société, et spécialement le paiement du prix restant dû au vendeur de l'usine dont l'exploitation fait l'objet de la société (11).

Mais il a été décidé que lorsqu'une société en liquidation fait apport de ses immeubles, moyennant l'attribution d'actions libérées, et cède ensuite ces actions à un tiers, moyennant la somme représentant la valeur de ces immeubles augmentée d'une prime, en vertu d'une convention arrêtée préalablement entre la cédante et le cessionnaire, la régie ne peut, sauf le cas de fraude dûment constatée, prétendre que l'apport des immeubles déguise une vente consentie directement à la société nouvelle moyennant un prix à payer avec le produit d'actions souscrites par le tiers cessionnaire. Il n'est dû, en pareil cas, que le droit gradué (12).

145. — Vente mobilière et immobilière. — Lorsqu'il est fait apport à une société de biens meubles et immeubles, à charge par elle de payer le passif qui grève ces biens, le droit de vente immobilière est dû sur la totalité, à moins d'une désignation et d'une estimation, article par article, des objets mobiliers, et de stipulation à leur égard d'un prix particulier (13). Décidé que lorsque les associés apportent des immeubles, des marchandises et des créances, à charge par la société de payer certaines dettes, le droit de cession doit être, hors le cas d'application de l'art. 9 de la loi du 22 frimaire an VII, imputé de la manière la plus favorable aux parties (14).

146. — Transcription. — L'acte de société constatant des apports immobiliers n'est point sujet, lors de l'enregistrement, au droit de transcription hypothécaire à 1 fr. 50 °/₀, par application de l'art. 54 de la loi du 28 avril 1816 (15), alors même qu'il est stipulé dans l'acte de société qu'il sera procédé aux formalités de transcription et de purge des hypothèques (16). Mais ce droit devient exigible si l'acte de société est présenté à la transcription au bureau des hypothèques (17). Lorsqu'il y a

---

(1) Seine, 23 janvier 1869; Cass., 17 février 1869 (R. P., art. 2875, 2914).
(2) Namur, 10 juin 1875 (R. P., art. 4535).
(3) Saint-Amand, 31 août 1876 ; Cass., 13 août 1877 (R. P., art. 4523, 4750).
(4) Cass., 18 août 1842, 8 novembre 1864, 13 août 1877 ; Amiens, 9 décembre 1852 (J. N., art. 11000, 11273, 11437, 18159, 21753).
(5) Cass., 5 janvier 1853 (J. N., art. 14878); Saint-Amand, 31 août 1876 (loc. cit.).
(6) Seine, 23 août 1873 (R. P., art. 3727).
(7) Cass., Belgique, 28 février 1867 (R. P., art. 2514).
(8) Cass., 13 mai 1879 (R. P., art. 5241 ; J. N., art. 22120). — Contrà : Toulouse, 21 avril 1864 (J. N., art. 18054, 20748, 22120).
(9) Cass., 6 février 1878 (R. P., art. 4867 ; J. N., art. 21843).
(10) Seine, 16 novembre 1860 ; Cass., 15 et 22 décembre 1868, 21 juillet 1884 (J. N., art. 17090, 19513 et 23818); Instr. Régie 28 avril 1869, n° 2384, § 1ᵉʳ.

(11) Cass., 15 février 1888 (J. N., art. 24026).
(12) Seine, 21 mai 1886 (J. N., 23857; J. E., 22684).
(13) Cass., 28 mai 1859 ; Avesnes, 1ᵉʳ juin 1859 (J. N., art. 16622 et 16872); Reims, 27 janvier et 9 août 1877 (R. S., 4719 et 4867).
(14) Liège, 26 mars 1879 (R. P., 5495). V. Andelys, 20 août 1879 (R. P., art. 5671). V. toutefois Alger, 31 janvier 1879.
(15) V. not. Cass., 23 mars 1846 (5 arrêts), 8 juillet 1846, 5 janvier 1848, 5 février 1850 (J. N., art. 11779, 11849, 11988, 12263, 12264, 12312, 12640, 12642, 12789, 13269, 13970) ; Dict. not. et supp., v° Société, n° 457 et suiv.; Garnier, n° 15249 et suiv., 17484.
(16) Cass., 5 février 1850 (J. N. art. 13970). V. Cass., 27 juillet 1860 (J. N., art. 17798).
(17) V. les décisions citées, Dict. not. et supp., v° Société, n° 464, et, notamment, Cass., 27 juillet 1863 et 1ᵉʳ avril 1884 (J. N., art. 17797 et 23219).

des apports mobiliers et immobiliers, le droit de transcription n'est dû que sur la valeur des immeubles par nature et des immeubles par destination ; il ne peut être perçu sur celle des meubles dont la mutation n'est pas assujettie à la transcription (1), à moins que la réquisition de transcription ne s'applique clairement à ces meubles (2). Lorsque la transcription n'est pas divisible, il convient, pour éviter les difficultés de perception, de requérir expressément la transcription en ce qui concerne les immeubles seulement. Si elle est divisible, il y a lieu de faire transcrire un extrait littéral de l'acte de société en ce qui concerne seulement l'apport immobilier.

ART. 2. — Timbre.

1° Actions.

147. — Souscription. — L'acte constatant la souscription d'actions d'une société est assujetti à l'impôt du timbre de dimension (ordinairement 60 cent.) (L. 13 brumaire an VII, art. 12, n° 1 ; L. 2 juillet 1862, art. 17 ; L. 23 août 1871, art. 2). Toute contravention à cette disposition est passible d'une amende de 50 fr. au minimum et en principal (L. 2 juillet 1862, art. 2).

148. — Libération. — Lorsque les actions ou les obligations ne sont pas entièrement libérées lors de la constitution de la société, il est délivré des titres provisoires revêtus d'un timbre proportionnel, sur lesquels sont ordinairement constatés les versements complémentaires. Les quittances inscrites sur ces titres provisoires sont assujetties chacune à un timbre particulier de 10 cent. (3). Mais comme ces titres timbrés peuvent être renouvelés sans payer un nouveau droit, rien ne paraît s'opposer à ce qu'au fur et à mesure de leur libération, ils soient remplacés gratuitement par un autre titre libéré des versements appelés (4).

149. — Timbre des actions au comptant. — Chaque titre ou certificat d'action, dans une société, compagnie ou entreprise quelconque, financière, commerciale, industrielle ou civile, que l'action soit d'une somme fixe ou d'une quotité, qu'elle soit libérée ou non libérée, est assujetti au timbre proportionnel de 50 centimes °/₀ du capital nominal, pour les sociétés, compagnies ou entreprises dont la durée n'excède pas dix ans, et de 1 °/₀ pour celles dont la durée dépasse dix années. A défaut de capital nominal, le droit se calcule sur le capital réel, dont la valeur est déterminée par la déclaration des parties. L'avance en est faite par la compagnie, quels que soient les statuts. La perception de ce droit proportionnel, assujetti à deux décimes, suit les sommes et valeurs de 20 fr. en 20 fr. inclusivement et sans fractions (LL. 5 juin 1850, art. 14 ; 23 août 1871, art. 2 ; 30 juin 1873, art. 3). Ce droit de timbre, payable au comptant, doit être versé au moment où les titres sont présentés à la formalité du timbre et, par conséquent, avant la délivrance matérielle des titres, avant même qu'ils soient signés (5).

150. — Certificats provisoires. — Les certificats provisoires remis lors du versement des fonds aux souscripteurs d'actions ou d'obligations en cours d'émission et qui doivent être échangés ultérieurement contre des titres définitifs, ne peuvent être délivrés que sur du papier timbré et sont sujets au timbre ordinaire de dimension (6). Mais, en contractant auparavant un abonnement (V. infrà, n° 151), la société pourrait souscrire les titres provisoires ainsi que les titres définitifs sur du papier revêtu du timbre d'abonnement (7). Quant aux certificats provisoires

---

(1) Cass., 27 juillet 1863 (J. N., art. 17797).
(2) Cass., 4 décembre 1864 ; Vesoul, 27 février 1865 ; Mantes, 26 janvier 1878 (J. N., art. 18173, 21982 ; R. P., 2023, 2299, 4925).
(3) Cass., 30 mars 1881 et 29 avril 1884 (J. N., art. 22560 et 23257).

(4) Conf., art. 23916, J. N.
(5) Art. 23916, J. N.
(6) Cass., 11 avril 1876 (J. N., art. 21471).
(7) V. Observations, art. 21471, J. N.

d'actions remis par une société *constituée* aux souscripteurs de ces actions, ils sont assujettis au droit de timbre proportionnel établi par la loi du 5 juin 1850, comme les certificats définitifs.

151. — Timbre par abonnement. — Les sociétés, compagnies ou entreprises peuvent s'affranchir des obligations imposées par l'article 14 de ladite loi (V. *supra*, n° 149) en contractant avec l'Etat un abonnement pour toute la durée de la société. Le droit est annuel, et de 5 cent. par 100 fr. (plus les décimes, soit au total de 6 cent.) du capital de chaque action, ou, à défaut de capital nominal, du capital réel à déterminer. Le paiement du droit est fait, à la fin de chaque trimestre, au bureau de l'enregistrement du lieu où se trouve le siège de la société (L. 5 juin 1850, art. 22; L. 23 août 1871, art. 2, et 30 mars 1873, art. 3).

152. — Émission. — La taxe d'abonnement au timbre commence à courir, non pas du jour de la constitution de la société, mais seulement du jour où les titres représentatifs des actions ont été matériellement créés et délivrés aux actionnaires (1). Cependant un titre, bien que non détaché, peut être considéré comme émis et sujet au droit lorsqu'il est signé et à la disposition du souscripteur (2).

153. — Effet et durée de l'abonnement. — L'abonnement par une société pour le timbre de ses actions est contracté pour toute la durée de la société. Le droit de timbre payable par annuités, en vertu de l'abonnement, est irrévocablement acquis au Trésor pendant toute la durée de la société, par le seul fait de l'émission des titres, et ne cesse pas d'être dû par suite de leur annulation ultérieure (3), notamment en cas de réduction du capital social (4).

154. — Dispense du droit. Sociétés infructueuses. — Sont dispensées du paiement du droit annuel par abonnement : 1° les sociétés, compagnies ou entreprises qui, depuis leur abonnement, se sont mises ou ont été mises en liquidation ; 2° celles qui, postérieurement à leur abonnement, n'ont, dans les deux dernières années, payé ni dividendes, ni intérêts. Cette dispense existe tant qu'il n'y a pas de répartition de dividendes ou de paiement d'intérêts (L. 5 juin 1850, art. 24). La dispense n'est pas applicable lorsque la société a payé un intérêt à certains actionnaires (5), ou a produit des bénéfices réservés pour être répartis ultérieurement (6).

La société qui ne paie plus de revenus continue d'être débitrice du droit d'abonnement pendant deux ans (7).

La société qui est déclarée en faillite cesse de devoir le droit de l'abonnement contracté pour le timbre de ses actions (8).

155. — Renouvellement des titres. — Le titre ou certificat d'action délivré par suite de transfert ou de renouvellement est timbré à l'extraordinaire, ou visé gratis pour timbre si le titre ou le certificat primitif a été timbré (L. 15 juin 1850, art. 17): ce qui s'applique aux nouveaux titres délivrés par suite de transfert ou de modification des statuts, aux titres définitifs d'actions délivrés en échange des titres provisoires (9), aux titres d'actions de jouissance délivrés en remplacement d'actions de capital amorties (10). Le visa gratis a lieu si le titre primitif a été revêtu du timbre de 50 c., ou de 1 fr., établi par l'art. 14. Si ce titre a été timbré

(1) Lyon, 16 novembre 1868 ; Douai, 25 mai 1882, (R. P., 6000); J. N. 22981 ; J. S. 1883, p. 742); Seine, 26 mars 1886 (J. N. 23802, 23916).
(2) Dict. not. et supp., v° *Action-actionnaire*, n° 78.
(3) Cass., 9 août 1865 (J. N., art. 18357) et 28 juillet 1868 (R. P., art. 2806; J. N., art. 19462). V. aussi Cass., 27 juillet 1868.
(4) Seine, 12 février 1880 (J. S., 1880, p. 525); Cass., 11 novembre 1879 (J. S., 1880, p. 90) et 14 mai 1881; Sol., 2 juillet 1886 (R. P., art. 6697). V. Garnier (*Abonnement*, n° 41 et suiv.).
(5) Cass., 4 janvier 1865, 28 juillet 1868, 24 novembre 1869 ; Seine, 29 janvier 1880; Cass., 9 août

1875 (J. N., art. 18455, 19462, 19835 et 21360; R. P., art. 4176).
(6) Cass., 5 mai 1875 (R. P., art. 4122) ; Saint-Etienne, 1er décembre 1880 (R. P., art. 5908) ; Sol., 1er août 1883 (R. P., art. 6272).
(7) Cass., 21 décembre 1857 ; Instr. Régie, 1er mai 1858, n° 2118, § 6.
(8) Cass., 8 août 1870 et 8 février 1875 (J. N., art. 21170).
(9) Cass., 11 avril 1876 (J. N., art. 21471 ; R. P., art. 4638).
(10) Garnier, n° 15333.

par abonnement ou a fait l'objet d'une mention d'abonnement au *Journal officiel*, c'est le timbre d'abonnement sans frais qui est apposé (1).

De même, les titres provisoires remis par une société aux porteurs d'actions ou obligations qui déposent leurs titres pour en obtenir la conversion, le remplacement ou le renouvellement, sont exempts d'un nouveau droit de timbre (L. 5 juin 1850, art. 17), lorsque les titres primitifs sont dûment timbrés (2).

156. — Prorogation de société. — Dans le cas de renouvellement d'une société constituée pour une durée n'excédant pas dix années, les certificats d'actions seront de nouveau soumis à la formalité du timbre, à moins que la société n'ait contracté un abonnement qui, dans ce cas, se trouvera prorogé pour la nouvelle durée de la société (L. 5 juin 1850, art. 26).

157. — Timbre. Charge. — Les droits de timbre, au comptant ou par abonnement, des titres d'actions, sont à la charge de la société et doivent être acquittés par elle sans recours contre les actionnaires (3).

158. — Apposition du timbre. Registre. Communication. — Les titres ou certificats d'actions (timbrés au comptant ou par abonnement) sont tirés d'un registre à souche ; le timbre est apposé sur la souche et sur le talon. Le dépositaire du registre est tenu de le communiquer aux préposés de l'enregistrement, selon le mode prescrit par l'art. 54 de la loi du 22 frimaire an VII, et sous les peines y énoncées (L. 25 juin 1850, art. 16 et 22. V. aussi L. 23 août 1871, art. 22 ; L. 21 juin 1875, art. 7).

Un règlement d'administration publique du 27 juillet 1850 a déterminé les formalités à suivre pour l'application du timbre sur les actions. Chaque contravention aux dispositions de ce règlement est passible d'une amende de 50 fr. (L. 5 juin 1850, art. 23).

159. — Amende. — Toute société, compagnie ou entreprise qui sera convaincue d'avoir émis une action en contravention à l'art. 14, au premier paragraphe de l'art. 16 et à l'article 22, sera passible d'une amende de 12 °/₀ du montant de cette action. L'agent de change ou le courtier qui aura concouru à la cession ou au transfert d'un titre ou certificat d'action non timbré sera passible d'une amende de 10 °/₀ du montant de l'action (L. 5 juin 1850, art. 18 et 19).

160. — Cession civile. — Les dispositions de la loi du 5 juin 1850 ne s'appliquent pas aux actions dont la cession n'est parfaite, à l'égard des tiers, qu'au moyen des conditions déterminées par l'art. 1690, C. civ., ni à celles qui en ont été formellement dispensées par une disposition de loi (art. 25) (4).

2° Obligations.

161. — Timbre au comptant. — Les titres d'obligations souscrits par les sociétés, sous quelque dénomination que ce soit, dont la cession, pour être parfaite à l'égard des tiers, n'est pas soumise aux dispositions de l'art. 1690, C. civ., sont assujettis au timbre proportionnel de 1 °/₀ du montant du titre, plus les deux décimes. L'avance en est faite par les sociétés. La perception du droit suit les sommes et valeurs de 20 fr. en 20 fr., inclusivement et sans fractions (LL. 5 juin 1850, art. 27 ; 23 août 1871, art. 2, et 30 mars 1872, art. 3).

162. — Registre. Communication. — Les titres sont tirés d'un registre à souche. Le dépositaire du registre est tenu de le communiquer aux préposés de l'enregistrement, selon le mode prescrit par l'art. 54 de la loi du 22 frimaire

---

(1) Garnier, n° 15346.

(2) Cass., 11 avril 1876 (*loc. cit*)

(8) Sol., 28 juillet 1885 (R. P., art. 6568 ; J. E., art. 22519).

(4) V. Valence, 11 juin 1862 (R. P., 1639).

an VII, et sous les peines y énoncées (L. 5 juin 1850, art. 28. V. aussi sur le droit de communication, LL. 23 août 1871, art. 22, et 21 juin 1875, art. 7).

163. — Amende. — Toute contravention à l'art. 27 et au premier paragraphe de l'art. 28 est passible, contre les sociétés, d'une amende de 10 °/₀ du montant du titre (L. 5 juin 1850, art. 29).

164. — Abonnement. — Les sociétés peuvent s'affranchir des obligations imposées par les art. 27 et 30, en contractant avec l'Etat un abonnement pour toute la durée des titres. Le droit est annuel et de 6 centimes (décimes compris) par 100 fr. du montant de chaque titre. Le paiement du droit est fait à la fin de chaque trimestre au bureau du lieu où les sociétés ont le siège de leur administration (LL. 5 juin 1850, art. 31; 23 août 1871, art. 2; 30 mars 1872, art. 3).

165. — Dispositions diverses. — Les art. 19, 23 et 25 (expliqués *suprà*, nᵒˢ 158 et suiv.) de la loi du 5 juin 1850 sont applicables aux titres compris en l'art. 27 (art. 32).

166. — Obligation notariée. Titres négociables. — Une société peut contracter un emprunt par voie d'émission de titres d'obligations transmissibles, nominatifs ou au porteur, et cet emprunt, ainsi que l'émission des titres, peuvent être constatés par un acte notarié contenant la stipulation d'une affectation hypothécaire au profit des obligataires. Nous indiquerons, en nous occupant des sociétés par actions, la manière de procéder pour la création et l'exercice des garanties, et l'émission des titres d'obligations hypothécaires. Ces titres sont soumis aux droits de timbre au comptant ou par abonnement, que nous venons de faire connaître, et aux droits de transmission. S'ils sont dûment timbrés avant l'enregistrement de l'acte notarié qui les a créés, il ne peut être perçu un droit proportionnel d'obligation, lors de l'enregistrement de cet acte, attendu que le droit de timbre payé sur les titres est qualifié de droit d'enregistrement par la loi du 5 juin 1850 qui l'a établi (1).

167. — Sociétés étrangères. — Les actions et obligations émises par les sociétés, compagnies ou entreprises étrangères sont soumises à des droits de timbre équivalant à ceux qui sont établis sur les valeurs françaises (L. 23 juin 1857). Pour les titres cotés, nominatifs ou au porteur, le droit de timbre est acquitté, dans tous les cas, au moyen de l'abonnement obligatoire de 6 centimes par 100 fr. du capital nominal de chaque titre (Décret du 17 juillet 1857; L. 29 juin 1872). Le nombre des titres qui doit servir de base à la perception du droit de timbre est fixé par le ministre des finances sur l'avis préalable d'une commission spéciale (Décret du 24 mai 1872). Toute société autorisée à faire coter ses titres en France, doit faire agréer par le ministre des finances un représentant responsable (décret du 17 juillet 1857, art. 10). Pour les titres non cotés, le droit de timbre au comptant est de 1 fr. 20 °/₀ (décimes compris) du capital nominal (L. 23 juin 1857, art. 9; 30 mars 1872, art. 2). Nul ne peut négocier, exposer en vente ou énoncer dans les actes de prêt, de dépôt, de nantissement ou dans tout autre acte ou écrit, à l'exception des inventaires, des titres étrangers qui n'auraient pas été dûment timbrés au droit de 1 °/₀ (plus les décimes) du capital nominal, à peine d'amende (L. 30 mars 1872, art. 2).

ART. 3. — *Droit de transmission.*

168. — Principe. — Indépendamment des droits de timbre établis par la loi du 5 juin 1850 (V. *suprà*, nᵒˢ 149 et suiv.), toute cession de titres ou promesse d'actions

(1) Cass., 15 mai 1860, 27 mai 1862 et 16 avril 1866 (R. P., art. 1320, 1630, 1631 et 2271); Garnier, *Rep. gén.*, n° 6973.

et d'obligations dans une société quelconque, financière, industrielle, commerciale ou civile, quelle que soit la date de sa création, est assujettie à un droit de transmission (L. 23 juin 1857, art. 6) (1).

169. — Quotité et assiette du droit. — Ce droit est actuellement de 0 fr. 50 %, sans addition d'aucun décime, de la valeur négociée.

Pour les titres au porteur et pour ceux dont la transmission peut s'opérer sans un transfert sur les registres de la société, le droit est converti en une taxe annuelle et obligatoire de 0 fr. 20 par 100 fr. (aussi sans addition d'aucun décime) du capital desdites actions et obligations, évalué par leur cours moyen pendant l'année précédente, et, à défaut de cours dans cette année, conformément aux règles établies par les lois sur l'enregistrement (LL. 23 juin 1857, art. 6; 29 juin 1872, art. 3).

Toutefois, quand les titres ne sont pas entièrement libérés, le droit de transmission sur les titres nominatifs et au porteur se perçoit sur la valeur nominale, déduction faite des versements restant à faire (L. 30 mars 1872).

170. — Droit de 50 centimes. — Ce droit est dû quand, d'après les statuts, la cession s'opère par le seul moyen d'un transfert effectué sur les registres de la société, conformément à l'art. 36 C. comm. —, notamment sur les transferts de titres provisoires d'actions non libérées (2), — lors même que ce transfert serait rédigé sur deux feuilles détachées, si elles portent une déclaration signée du cédant et du cessionnaire (3).

171. — Taxe de 20 centimes. — Cette taxe annuelle et obligatoire est exigible sur les titres au porteur et aussi sur les titres nominatifs lorsque leur transmission peut s'opérer par l'un quelconque des modes autorisés par la loi, et non par le seul moyen d'un transfert sur les registres de la société (4). Elle est due notamment quand les titres nominatifs se transmettent par un endos (5), alors même que les actionnaires sont tenus de donner connaissance du transfert à la société qui doit le mentionner sur un registre spécial (6). Si les statuts ne déterminent pas le mode de transmission des titres, cette transmission peut avoir lieu suivant tous les modes autorisés par la loi, et dès lors la taxe de 0 fr. 20 par 100 fr. est exigible (7), à moins qu'il ne soit établi que, malgré le silence des statuts, les titres ne sont cessibles que par un transfert sur les livres sociaux (8).

172. — Point de départ. — La taxe de 20 c. par 100 fr. court du jour où la société est constituée, sans distinction à faire entre les titres détachés ou non du registre à souche (9). Toutefois, si les statuts confèrent aux actionnaires le choix entre les titres au porteur et les titres nominatifs, la taxe n'est exigible qu'à partir du jour où les titres au porteur ont été délivrés réellement à la suite de l'option (10).

173. — Paiement. — Le droit, pour les titres nominatifs dont la transmission ne peut s'opérer que par un transfert sur les registres de la société, est perçu au moment du transfert, pour le compte du Trésor, par les sociétés qui en sont constituées débitrices par le fait du transfert. La taxe sur les autres titres, notamment sur ceux au porteur, est payable par trimestre, et avancée par les sociétés, sauf recours contre les porteurs desdits titres (L. 23 juin 1857, art. 7) (11).

---

(1) V. Garnier, nᵒˢ 6921 et suiv.
(2) V Garnier, nᵒ 6947.
(3) Cass., 30 décembre 1884 (R. P., art. 6407). — Contra : Lille, 25 février 1887 (R. P., art. 6898).
(4) Cass., 27 février 1884 (J. N., art. 28180).
(5) Cass., 4 avril 1860 et 2 février 1863 (J. N., art. 16882 et 17640).
(6) Cass., 28 février 1876 (J. N., art. 21436); Cass., 10 juillet 1889 (La Loi du 13 juillet); V. Dict. not. et supp., vᵒ Société, nᵒ 556.
(7) Cass., 15 décembre 1869 et 15 mars 1870 (J. N., art. 19897 et 20135).

(8) Lyon, 9 avril 1886 (R. P., art. 6724).
(9) Cass., 24 avril 1867; Lyon, 28 mai 1868 (J. N., art. 18879 et 19973).
(10) Seine, 21 juin 1878 (art. 22004, J. N.).
(11) Le mode de paiement des droits de transmission établis par la loi du 23 juin 1857 a été réglementé par un décret du 17 juillet 1857, dont il est utile de faire connaître les principales dispositions :

Art. 2. — Le droit de 0,20 c. par 100 fr. établi par les art. 6 et 8 de la loi du 23 juin 1857 (aujourd'hui 0,50 c. par 100 fr.) sur les transferts des actions et

Si des actions nouvelles sont émises au cours d'un trimestre, la taxe n'est due sur ces titres, à la fin du trimestre, que proportionnellement au nombre de jours écoulés depuis l'émission. Mais il a été décidé qu'en cas de conversion des actions nominatives en titres au porteur, la taxe due à la fin du trimestre se calcule pour le trimestre entier sur le nombre total des actions existant sous cette forme au dernier jour du trimestre (1).

174. — Charge du droit. — Les droits et taxes de transfert et de conversion sont avancés par les sociétés qui en sont débitrices envers le Trésor, sauf leur recours contre qui de droit. Le droit de transfert est à la charge du cessionnaire; quant au droit de conversion et à la taxe, ils doivent être supportés par le propriétaire des titres.

175. — Relevé trimestriel. — A la fin de chaque trimestre, les sociétés sont tenues de remettre au receveur de l'enregistrement du siège social le relevé

---

obligations nominatives, ainsi que sur les conversions de titres, sera acquitté, conformément à l'art. 7 de la même loi, par les sociétés, compagnies et entreprises, au bureau de l'enregistrement du siège social, après l'expiration de chaque trimestre, et dans les vingt premiers jours du trimestre suivant. — Le relevé des transferts et des conversions sera remis au receveur de l'enregistrement lors de chaque versement. — Ce relevé énoncera : 1° la date de chaque opération ; 2° les noms, prénoms et domiciles du cédant et du cessionnaire ou du détenteur des titres convertis ; 3° la désignation et le nombre des actions et obligations transférées ou converties ; 4° le prix de chaque transfert ou la valeur des actions et obligations transférées ou converties ; 5° le total, en toutes lettres, de la somme soumise au droit de 50 centimes pour 100 francs.

Art. 3. — La valeur des actions et obligations converties sera établie, pour celles cotées à la Bourse, d'après le dernier cours moyen constaté avant le jour de la conversion, et, pour les autres (celles non cotées), conformément à l'art. 16 de la loi du 22 frimaire an VII.

A l'égard des actions et obligations dont la conversion aura été opérée sans payement des droits, en exécution du dernier paragraphe de l'art. 8 de la loi du 23 juin 1857, les sociétés, compagnies et entreprises remettront au receveur de l'enregistrement un état indicatif du nombre de ces titres, dans les vingt jours qui suivent l'expiration du délai accordé pour la conversion gratuite.

Art. 4. — Les transferts faits à titre de garantie et n'emportant pas transmission de propriété, seront l'objet d'un état spécial joint au relevé trimestriel qui doit être remis au receveur de l'enregistrement, conformément à l'art. 2 du présent règlement. Il ne sera pas tenu compte de ces transferts dans la liquidation des droits.

Art. 5. — Pour l'acquittement de la taxe établie sur les titres au porteur et ceux dont la transmission peut s'opérer sans un transfert sur les registres, les sociétés formeront un état distinct des actions et des obligations de cette nature existantes au dernier jour des trimestres de janvier, avril, juillet et octobre, et elles le déposeront entre les mains du receveur de l'enregistrement du lieu de l'établissement.

Cet état mentionnera le cours moyen, pendant l'année précédente, des actions et obligations cotées à la Bourse

A l'égard de celles non cotées dans le cours de cette année, il contiendra une déclaration estimative faite conformément au premier paragraphe du présent article.

En ce qui concerne les Compagnies qui seront créées à l'avenir après l'ouverture d'un trimestre, le droit ne sera liquidé, pour la première fois, que proportionnellement au nombre de jours écoulés depuis leur constitution.

Art. 6. — Les états, relevés et déclarations qui seront fournis au receveur de l'enregistrement, conformément aux articles précédents, seront certifiés véritables par les directeurs ou gérants des sociétés, compagnies ou entreprises.

Art. 7. — Le cours moyen qui, suivant l'article 6 de la loi du 23 juin 1857, doit servir de base à la perception de la taxe sur les titres au porteur, sera établi en divisant la somme des cours moyens de chacun des jours de l'année, par le nombre de ces cours. A l'égard des valeurs cotées dans les bourses des départements et à la bourse de Paris, il sera tenu compte exclusivement des cotes de cette dernière bourse pour la formation du cours moyen.

Art. 8. — Les titres au porteur des sociétés nouvellement formées ne supporteront la taxe, dans le courant de la première année de la constitution, que d'après une déclaration estimative faite par ces sociétés, de la valeur de leurs titres, conformément à l'art. 16 de la loi du 22 frimaire an VII.

Art. 9. — Les dépositaires des registres à souche et des registres de transferts et conversions de titres de sociétés, compagnies et entreprises, seront tenus de les communiquer sans déplacement, ainsi que toutes les pièces et documents relatifs auxdits transferts et conversions, aux préposés de l'enregistrement, à toute réquisition, et de leur laisser prendre, sans frais, les renseignements, extraits et copies qui seront nécessaires dans l'intérêt du Trésor public, à peine de l'amende prononcée par l'art. 10 du 23 juin 1857, pour chaque refus. — Le refus de la société ou de ses agents sera établi, jusqu'à inscription de faux, par le procès-verbal du préposé, affirmé dans les vingt-quatre heures.

(En ce qui concerne le droit de communication voir l'art. 22 de la loi du 23 août 1871 et l'art. 7 de la loi du 21 juin 1875).

Art. 12. — En cas d'infractions aux dispositions du présent règlement, ou de retard, soit dans le paiement des droits, soit dans le dépôt des états, relevés et déclarations prescrits par les articles précédents, les sociétés, compagnies et entreprises seront passibles de l'amende prononcée par l'art. 10 de la loi du 23 juin 1857, sans préjudice des peines portées par l'art. 39 de la loi du 22 frimaire an VII, pour omission ou insuffisance de déclarations. En cas d'omission ou d'insuffisance dans les états, relevés et déclarations, la preuve en sera faite comme en matière d'enregistrement.

(1) Seine, 4 mai 1884. (V. ce jugement et les observations, art. 28145, J. N.).

des transferts et des conversions, ainsi que l'état des actions et obligations soumises à la taxe (L. 23 juin 1857, art. 7).

176. — Conversion. — Dans les sociétés qui admettent le titre au porteur, tout propriétaire d'actions et d'obligations a toujours la faculté de convertir ses titres au porteur en titres nominatifs, et réciproquement. Dans l'un et l'autre cas, la conversion donne lieu à la perception du droit de transmission de 0 fr. 50 °/₀ (même loi, art. 8).

La conversion au porteur d'un titre nominatif n'est assujettie au droit que lorsqu'elle est facultative pour chaque actionnaire ou obligataire. Mais si la conversion est le résultat d'une mesure générale prise par la société par modification des statuts, notamment s'il a été décidé que les titres, qui auparavant étaient nominatifs, seront nominatifs ou au porteur au choix de l'actionnaire, il n'est pas dû de droit de conversion sur la délivrance des titres au porteur (1).

De même, le droit de conversion n'est pas dû sur l'échange des certificats provisoires nominatifs d'actions contre des titres définitifs au porteur, effectué par voie générale et réglementaire (2).

177. — Transfert d'ordre. — S'il s'agit d'un transfert d'ordre, par suite de mutation par décès ou de partage (3), ou de mutation entre vifs sur laquelle le droit a été acquitté, il n'est dû aucun droit proportionnel, pourvu qu'il soit justifié de l'acquit du droit de mutation par un certificat de l'enregistrement ou par un extrait de l'acte.

178. — Transfert de garantie. — Les transferts de garantie, par suite de remise en gage ou nantissement n'emportant pas transmission de propriété, ne donnent pas lieu à la perception du droit (Décret du 17 juillet 1857, art. 4).

179. — Amende. — Toute contravention aux dispositions des art. 6 et 9 de la loi du 23 juin 1857 et à celles des règlements faits pour leur exécution, notamment du décret du 17 juillet 1857, est punie d'une amende de 100 francs à 5,000 francs, sans préjudice des peines portées par l'art. 39 de la loi du 22 frimaire an VII pour omission ou insuffisance de déclaration (L. 23 juin 1857, art. 10 ; Décret du 17 juillet 1857, art. 12).

180. — Déclaration d'existence de la société. — Les sociétés dont les actions et obligations sont assujetties au droit de transmission établi par l'art. 6 de la loi du 23 juin 1857, sont tenues de faire, au bureau de l'enregistrement du lieu où elles ont le siège de leur principal établissement, une déclaration contenant : 1° l'objet, le siège et la durée de la société ; 2° la date de l'acte constitutif et celle de l'enregistrement de cet acte ; 3° les noms des directeurs ou gérants ; 4° le nombre et le montant des titres émis, en distinguant les actions des obligations, et les titres nominatifs des titres au porteur. *Cette déclaration doit être faite dans le mois de la constitution définitive des sociétés.* En cas de modifications dans la constitution sociale, de changement de siège, de remplacement du directeur ou du gérant, d'émission de titres nouveaux, lesdites sociétés doivent en faire la déclaration, dans le délai d'un mois, au bureau qui aura reçu la déclaration primitive. En cas d'infractions à ces dispositions ou de retard dans le dépôt de la déclaration, les sociétés seront passibles de l'amende prononcée par l'art. 10 de la loi du 23 juin 1857 (Décret du 17 juillet 1857, art. 12) (4).

---

(1) Marseille, 28 mai 1886 (J. N., art. 23743); Sol., 1ᵉʳ mars 1887 (J. N., art. 23916).

(2) Seine, 19 février 1886 ; Sol., 14 février 1887 (R. P., art. 6742 et 6931). — *Contrà* : Marseille, 28 février 1886 (R. P., art. 6766). V. Dissert., R. P., art. 6929.

(3) Sol., 1ᵉʳ juin et déc. min. fin., 14 juin 1887 (R. P., art. 6883).

(4) V. sol. 9 mai 1885 et 19 février 1887 (R. P., art. 6935).

ART. 4. — *Impôt sur le revenu.*

181. — L'article 1er de la loi du 29 juin 1872 est ainsi conçu : « Indépendamment des droits de timbre et de transmission établis par les lois existantes, il est établi, à partir du 1er juillet 1872, une taxe annuelle et obligatoire : 1° Sur les intérêts, dividendes, revenus et tous autres produits des actions de toute nature, des sociétés, compagnies ou entreprises quelconques, financières, industrielles, commerciales ou civiles, quelle que soit l'époque de leur création ; 2° Sur les arrérages et intérêts annuels des emprunts et obligations des départements, communes et établissements publics, ainsi que des sociétés, compagnies et entreprises ci-dessus désignées ; 3° Sur les intérêts, produits et bénéfices annuels des parts d'intérêt et commandites dans les sociétés, compagnies et entreprises dont le capital n'est pas divisé en actions. »

Cette dernière disposition (3°) a été modifiée par la loi du 1er décembre 1875 (V. *infrà*, n° 187) (1).

182. — Societes soumises à la taxe. — Toutes les sociétés divisées en actions, sans exception ni distinction, doivent la taxe sur le revenu, quelle que soit la nature de ces sociétés, quel qu'en soit l'objet et à quelque époque qu'elles aient été créées, notamment les sociétés civiles ayant pour objet l'exploitation d'immeubles indivis entre les associés (2). La taxe sur le revenu est applicable aux sociétés civiles, lors même qu'elles n'auraient ni actions transmissibles, ni capital déterminé (3).

183. — Quotité de la taxe. — La taxe établie par la loi du 29 juin 1872 et fixée à 3 °/₀ (sans addition de décimes) du revenu des valeurs spécifiées en l'article 1er de cette loi (art. 3), a été portée à 4 °/₀ par la loi du 26 décembre 1890.

184. — Actions. — Toutes les actions, sans distinction, sont sujettes à la taxe, dès qu'elles produisent un revenu pour le propriétaire, les actions de jouissance comme celles de capital (4).

185. — Produit des actions. — Tous les revenus, bénéfices et émoluments procurés aux actionnaires sont passibles de l'impôt. Décidé, en conséquence, que cet impôt est dû : 1° sur les bénéfices employés à la libération d'actions nouvelles (5) ou anciennes (6), ou à augmenter la valeur de chaque action (7) ; 2° sur les bénéfices employés au paiement du passif grevant l'apport d'un associé (8) ; 3° sur les bénéfices distribués, alors même qu'ils seraient prélevés sur le capital (9), ou proviendraient d'un don fait à la société par un tiers (10), ou, pour partie, de l'exploitation de biens situés à l'étranger (11) ; 4° sur la part de bénéfices attribuée à un associé en représentation de l'apport de la jouissance d'un immeuble (12) ; 5° sur l'impôt sur le revenu et sur la taxe de transmission que la société a pris à sa charge et qui constitue un supplément de revenu (13) ; 6° sur ce qui, dans les valeurs distribuées par le liquidateur d'une société dissoute, excède les apports des associés (14).

---

(1) V. Garnier, n°ˢ 9517 et suiv. ; suppl. Dict. not., v° *Imp. direct sur le rev. des val. mob.*
(2) Cass., 9 décembre 1876, 9 janvier 1877 et 18 novembre 1878 (J. N., art. 20001).
(3) Seine, 8 juin 1877 ; Cass., 28 janvier 1879 (R. P., art. 5157). V. Béthune, 28 août 1879 (R. P., art. 5368).
(4) Supp. Dict. not., v° *Imp. sur le rev. des val. mob.*, n° 23.
(5) Seine, 11 juillet 1879 et Cass., 7 juin 1880 (J. N., art. 22358).
(6) Cass., 5 juillet 1883 (R. P., art. 6257).
(7) Cass., 7 juin 1880 (J. N., art. 22392).

(8) Cass., 21 avril 1879 (J. N., art. 22106).
(9) Suppl. Dict. not., *loc. cit.*, n° 40.
(10) Cass., 18 mars 1879 (J. N., art. 22094).
(11) Cass., 21 juin 1880 (J. N., art. 22359).
(12) Sol., 31 août 1874 ; Cass., 26 avril 1893.
(13) Cass., 6 juillet 1880 (J. N., art. 22379) ; Laon, 14 juin 1884 (R. P., art. 6452) ; D. M. F., 24 septembre 1883 ; Sol., 3 juillet 1888 (J. E., art. 92382 et 23071).
(14) Nice, 20 juillet 1885 ; Seine, 18 décembre 1885 ; Lyon, 16 avril 1886 ; Seine, 10 décembre 1886 ; Pont-l'Évêque, 14 décembre 1886 ; Cass., 9 février 1887. (R. P., art. 6532, 6623, 6731, 6805, 6829, 6865).

Mais l'impôt n'est pas dû sur les sommes non distribuées employées à former une réserve (1), ni sur celles distribuées à titre d'amortissement du capital (2), ni sur le droit de timbre des actions (au comptant ou par abonnement) que la société conserve à sa charge (3).

186. — Emprunts des sociétés. — L'impôt de 3 %, est, en outre, établi non seulement sur les intérêts des obligations, mais aussi sur ceux de tous les emprunts des sociétés (même de celles non divisées en actions) (4), des départements, communes et établissements publics. Il n'y a pas à distinguer entre les emprunts représentés par des titres d'obligations à long terme ou par des bons à courte échéance, ou même ceux qui ne sont pas représentés par des titres particuliers et sont seulement constatés par des actes notariés ou sous seing privé (5).

Jugé spécialement que l'impôt est dû sur l'intérêt: 1° des bons d'un an à cinq ans émis par une société (6) ; 2° des emprunts contractés par des sociétés au moyen d'émissions de bons nominatifs, au porteur ou à ordre (7); 3° des emprunts hypothécaires des sociétés (8); 4° des simples prêts faits par des actionnaires en vue de pourvoir à des travaux extraordinaires (9) ; 5° des avances faites en vue d'un crédit en compte courant (10) ; 6° des emprunts faits en exécution d'une ouverture de crédit (11), ou par voie d'émission d'obligations (12), même quand celles-ci sont émises en représentation d'un prix de vente (13).

L'impôt n'est pas dû sur la taxe des intérêts des obligations que la société prend à sa charge, cette taxe ne constituant pas, à la différence de ce qui a lieu pour les actions (V. *supra*, n° 185) un supplément de revenu passible du droit (14).

La loi du 29 juin 1872 n'est pas applicable aux emprunts contractés par les sociétés en nom collectif pures et simples. L. 28 avril 1893, art. 36 (*J. du not.*, 1893, p. 285, 385 et 444).

187. — Parts d'intérêt et commandites. — L'impôt de 4 %, a été établi sur les intérêts, produits et bénéfices annuels des parts d'intérêt et commandites dans les sociétés, compagnies et entreprises dont le capital n'est pas divisé en actions.

Il avait été décidé que les sociétés commerciales en nom collectif étaient assujetties à l'impôt comme les sociétés civiles, et que les produits et bénéfices annuels afférents à la part d'intérêt des associés en nom collectif y étaient soumis, ainsi que la part d'intérêt du commanditaire (15). Mais une loi nouvelle du 1er décembre 1875 (16) a disposé (art 1er) que la taxe sur le revenu n'est pas applicable aux parts d'intérêt dans les sociétés commerciales en nom collectif, et qu'elle ne s'applique, dans les sociétés en commandite dont le capital n'est pas divisé en actions, qu'au montant de la commandite.

Mais il a été décidé que, si une société en nom collectif et en commandite est divisée en actions, l'impôt est dû sur les intérêts et dividendes distribués à toutes les actions, même à celles appartenant aux associés en nom collectif, la cession des actions fût elle soumise à des conditions spéciales de préemption ou de retrait (17).

La même loi du 1er décembre 1875 (art. 2) a également exempté de l'impôt les parts d'intérêt dans les sociétés de toute nature, dites de coopération, formées

(1) Suppl. Dict. not., n° 37.
(2) Seine, 4 janvier 1878 (J. N art. 21978).
(3) Sol., 23 juillet 1885 (R. P., art. 6568 ; J. E., art. 22519).
(4) Cass., 2 août 1886 (R. P., art. 6747).
(5) V. Garnier, n° 9546.
(6) Cass., 12 décembre 1877 (J. N., art. 21780 ; R. P., art. 4844).
(7) Seine, 7 mars 1879 (J. N., art. 22256).
(8) Cass., 8 novembre 1880 (J. N., art. 22489); Saint-Etienne, 10 août 1880 et 26 avril 1882 (R. P., art. 5617 5812 et 5980) ; Cass, 2 août 1886

(9) Cass., 24 juillet 1883 (R. P., art. 6222).
(10) Seine, 21 mars 1886, 12 novembre 1886, 14 janvier 1887 (R. P., art. 6701, 6780, 6821).
(11) Cass., 4 avril 1887 (R. P., art. 6878).
(12) Dunkerque, 25 mars 1886 et Cass., 4 avril 1887 (loc. cit.).
(13) Seine, 12 décembre 1884 (R. P., art. 6819).
(14) Déc. min. fin., 24 septembre 1883 (R. P., art. 6270).
(15) Cass., 23 août 1875 (J. N., art. 21290).
(16) J. N., art. 21322.
(17) Cass., 27 mars 1878, 13 mars 1882 et 2 août 1886 (J. N., art. 21878, 22734 et 22915.

exclusivement entre ouvriers ou artisans au moyen de leurs cotisations périodiques (1).

188. — Lots et primes de remboursement. — La loi du 21 juin 1875 a assujetti à la taxe de 3 °/₀ (actuellement 4 °/₀), établie par la loi du 29 juin 1872 les lots et primes de remboursement payés aux créanciers et aux porteurs d'obligations, effets publics et tous autres titres d'emprunt (2).

189. — Détermination de la valeur. — Le revenu et la valeur sur lesquels la taxe est perçue, sont déterminés :

1° Pour les actions, par le dividende fixé d'après les délibérations des assemblés générales d'actionnaires ou des conseils d'administration, les comptes-rendus ou tous autres documents analogues (L. 29 juin 1872, art. 2) ;

2° Pour les obligations ou emprunts, par l'intérêt ou le revenu distribué dans l'année (*id.*) ;

3° Pour les parts d'intérêt et commandites, soit par les délibérations des conseils d'administration des intéressés, soit, à défaut de délibération, par l'évaluation à 5 °/₀ du montant du capital social ou de la commandite, ou du prix moyen des cessions de parts d'intérêt consenties pendant l'année précédente (*id.*). Toutes sociétés civiles ou commerciales non pourvues d'un conseil d'administration doivent la taxe seulement sur l'évaluation à 5 °/₀. Ces sociétés ne sont pas tenues de remettre à la Régie des extraits de leurs comptes particuliers, bilans et inventaires annuels (3), alors même que la société serait pourvue d'une assemblée générale (4).

Les comptes rendus et les extraits des délibérations des conseils d'administration ou des actionnaires, quand il y a lieu de les produire, doivent être déposés dans les vingt jours de leur date au bureau de l'enregistrement du siège social (L. 29 juin 1872, art. 2).

4° Pour les lots, par le montant même du lot en monnaie française ; pour les primes, par la différence entre la somme remboursée et le taux d'émission des emprunts (L. 21 juin 1875, art. 5).

Lorsque les obligations, les effets publics et tous autres titres d'emprunts dont les lots et primes de remboursement sont assujettis à la taxe, ont été émis à un taux unique, ce taux sert de base à la liquidation du droit sur les primes. Si le taux d'émission a varié, il est déterminé, pour chaque emprunt, par une moyenne établie en divisant par le nombre de titres correspondant à cet emprunt le montant brut de l'emprunt total, sous la seule déduction des arrérages courus au moment de chaque vente. A l'égard des emprunts dont l'émission faite à des taux variables n'est pas terminée, la moyenne est établie d'après la situation de l'emprunt au 31 décembre de l'année qui a précédé celle du tirage (Décret du 15 décembre 1875, art. 1er). Lorsque le taux d'émission ne peut être établi conformément à l'art. 1er, ce taux est représenté par un capital formé de vingt fois l'intérêt annuel stipulé lors de l'émission, au profit du porteur du titre. A défaut de stipulation d'intérêt, il est pourvu à la fixation du taux d'émission dans la forme tracée par l'art. 16 de la loi du 22 frimaire an VII (même décret, art. 2).

Les sociétés par actions qui ne distribuent aucun revenu n'ont à payer aucun impôt ; et à défaut de réunion ou délibération de l'assemblée générale des action-

---

(1) V. instr. Régie, 11 décembre 1875, n° 2534, § 2 (J. N., art. 21334). Voir sur les caractères distinctifs de la commandite simple et de la commandite par actions : Garnier (*Rép. périod.*, *étude*, art. 6426) ; Seine, 13 avril 1877 ; Cass., 27 mars 1878 et 13 mars 1882 ; Laon, 14 juin 1884 ; Lille, 21 novembre 1884 ; Seine, 18 décembre 1885 ; Cass., 2 août 1886, 9 février et 10 août 1887 (R. P., art. 4704, 4913, 5906, 6394, 6452, 6628, 6747, 6829, 6930) et les décisions citées, *suprà*, n° 6.

(2) J. N., art. 21198.

(3) Seine, 31 janvier 1874 ; Lille, 27 juin 1874 ; Montbéliard, 30 juillet 1874 ; Lyon, 20 août 1874 ; Saint-Dié, 16 avril 1875 ; Cass., 23 août 1875 (J. N. art. 21290) ; Boulogne, 9 janvier 1879 (R. P., art. 5533) ; Seine, 29 décembre 1882 ; Soissons, 3 janvier 1883 ; Cass., 9 novembre 1886 (R. P., art. 6178 et 6796.

(4) Senlis, 2 juin 1886 et Sol. 5 février 1887 (R. P., art. 6890).

naires ou du conseil d'administration, les sociétés peuvent être admises à justifier aux tribunaux, par la production de leurs livres, qu'elles n'ont fait aucune distribution de dividende ou d'intérêt (1). Mais les sociétés non divisées en actions et non pourvues de conseil d'administration doivent toujours l'impôt sur l'évaluation à 5 °/₀, quel que soit le résultat de leur exploitation (2), sans avoir égard à la plus ou moins value ou même à l'aliénation d'une partie du capital primitif (3).

190. — Paiement de la taxe. — La taxe de 4 °/₀ est avancée par les sociétés, compagnies, entreprises, départements, communes et établissements publics, et payée au bureau de l'enregistrement du siège social ou administratif désigné à cet effet, savoir :

1° Pour les obligations, emprunts et autres valeurs dont le revenu est fixé et déterminé à l'avance, — en quatre termes égaux, d'après les produits annuels afférents à ces valeurs (Décret du 6 décembre 1872, art. 1ᵉʳ) ;

2° Pour les actions, parts d'intérêt, commandites et emprunts à revenu variable, — en quatre termes égaux déterminés provisoirement d'après le résultat du dernier exercice réglé, et calculés sur les quatre cinquièmes du revenu s'il en a été distribué, et, en ce qui concerne les sociétés nouvellement créées, sur le produit évalué à 5 °/₀ du capital appelé. Chaque année, après la clôture des écritures relatives à l'exercice, il est procédé à une liquidation définitive de la taxe dûe pour l'exercice entier. Si de cette liquidation il résulte un complément de taxe au profit du Trésor, il est immédiatement acquitté. Dans le cas contraire, l'excédent versé est imputé sur l'exercice courant, ou remboursé, si la société est arrivée à son terme ou si elle cesse de donner des revenus (*id.*).

Les paiements à faire en quatre termes doivent être effectués dans les vingt premiers jours des mois de janvier, avril, juillet et octobre de chaque année. La liquidation définitive a lieu au moment du dépôt prescrit par l'art. 2 de la loi du 29 juin 1872, des comptes rendus et extraits des délibérations des assemblées générales d'actionnaires ou des conseils d'administration, ou de tous autres documents analogues fixant le dividende distribué. Cette liquidation doit être établie dans les vingt premiers jours du mois de mai pour les sociétés auxquelles leurs statuts n'imposent pas l'obligation de prendre des délibérations sur cet objet. Dans ce cas, la liquidation définitive est opérée à raison de 5 °/₀ du prix moyen des cessions de parts d'intérêt consenties pendant l'année précédente, et, à défaut de cession, d'après l'évaluation à 5 °/₀ du montant du capital social ou de la commandite (Décret du 6 décembre 1872, art. 2).

3° Pour les primes et lots, — dans les vingt jours qui suivent le jour fixé pour le paiement des lots et primes de remboursement. Pour l'acquit de cette taxe, il doit être remis au receveur, lors du paiement, une copie certifiée du tirage au sort, avec un état indiquant pour chaque tirage : 1° le nombre des titres amortis ; 2° le taux d'émission de ces titres, déterminé conformément aux art. 1ᵉʳ et 2ᵉ, s'il s'agit de primes de remboursement ; 3° le montant des lots et des primes échus aux titres sortis ; 4° la somme sur laquelle la taxe est exigible (Décret du 15 décembre 1875, art. 3).

La taxe est avancée par la compagnie, sauf son recours contre l'actionnaire, commanditaire, associé, ou créancier qui doit la supporter. C'est l'usufruitier qui est débiteur de l'impôt sur le revenu applicable aux valeurs dont la nue-propriété appartient à un tiers (4).

191. — Communication. — Les sociétés, compagnies, entreprises et tous

(1) Vannes, 31 août 1874 ; Cass., 13 avril 1886 (R. P., art. 6665).
(2) Boulogne, 9 janvier 1879 ; Marseille, 11 février 1881 (R. P., art. 5701).
(3) Cass., 18 novembre 1878 (J. N., art. 20001).
(4) Seine, 21 juillet 1874 (R. P., art. 4287).

autres établissements assujettis au paiement de la taxe, sont tenus de communiquer aux agents de l'enregistrement, tant au siège social que dans les succursales ou agences, les documents et écritures relatifs aux lots et primes de remboursement, afin que ces agents s'assurent de l'exécution de toutes les dispositions qui précèdent (1).

192. — Contraventions. Poursuites. — Chaque contravention aux dispositions des lois des 29 juin 1872 et 21 juin 1875 et aux décrets des 6 décembre 1872 et 15 décembre 1875 est punie conformément à l'article 10 de la loi du 23 juin 1857 (2), c'est-à-dire d'une amende de 100 francs à 5,000 francs, sans préjudice des peines portées en l'article 39 de la loi du 22 frimaire an VII (droit en sus) pour omission ou insuffisance dans la déclaration. L'article 5 de la loi du 29 juin 1872 ajoute : « Le recouvrement de la taxe sur le revenu sera suivi et les instances introduites et jugées comme en matière d'enregistrement » (3).

193. — Prescription. — L'action de la Régie pour le recouvrement de la taxe, des suppléments de taxes perçues et des amendes encourues, est soumise à la prescription trentenaire (4).

194. — Sociétés étrangères. — Les actions, obligations, titres d'emprunts, quelle que soit, d'ailleurs leur dénomination, des sociétés, compagnies, entreprises, corporations, villes, provinces étrangères, ainsi que de tous autres établissements publics étrangers, dont les titres sont cotés ou circulent en France, ou qui ont pour objet des biens, soit mobiliers, soit immobiliers situés en France, sont soumis à une taxe équivalente à celle établie sur le revenu des valeurs mobilières et sur les lots et primes de remboursement (5).

§ 12. Formules.

1. — Extrait pour la publication d'une société en nom collectif.

Suivant acte reçu par M°..., notaire à..., le..., portant cette mention : Enregistré à..., etc.
M. Louis Dubois, négociant, demeurant à..., et M. Léon Barbier, aussi négociant, demeurant à..., ont formé entre eux une société en nom collectif pour le commerce et la vente de la draperie, des nouveautés et des confections.
Cette société a été contractée pour... années à compter du..., avec faculté pour chacun des associés de provoquer sa dissolution en prévenant son co-associé six mois d'avance.
La raison sociale sera *Dubois et Barbier*. Chacun des associés pourra faire usage de la signature sociale, mais elle n'obligera la société que lorsqu'elle aura pour objet des affaires qui l'intéressent. En conséquence, tous les billets, lettres de change et généralement tous engagements exprimeront la cause pour laquelle ils auront été souscrits.
Le siège de la société est à...
Le capital social a été fixé à... apportés : par M. Dubois pour... en marchandises, ustensiles de commerce, numéraire et créances actives; et par M. Barbier pour... en numéraire; le tout devant être constaté et fourni le...

(1) Décret du 15 décembre 1875, art. 4.
(2) LL. 29 juin 1872, art. 5 ; L. 21 juin 1775, art. 5.
(3) Dict. du not., suppl., v° *Impôt sur le rev. des val. mob.*, n°° 106 et suiv.
(4) Cass., 29 août 1880, 12 avril, 12 juin 1883 et 9 novembre 1886 ; Angers, 2 avril 1886, art. 22622, J. N. ; art. 5354, 6172, 6192, 6796 et 6707, R. P.
(5) L. 29 juin 1872, art. 4 ; Décret du 6 décembre 1872, art. 3 ; Décret du 15 décembre 1875, art. 5. — V. aussi Dict. du not., suppl., *Impôt sur le rev. des val. mob.*, n°° 95 et suiv. ; Garnier, n°° 9536 et suiv.

Deux expéditions dudit acte de société ont été déposées le..., l'une au greffe de la justice de paix de... et l'autre au greffe du tribunal de commerce de...

Pour extrait et mention (1) :

(Signature du notaire.)

2. — Extrait pour la publication d'une société en commandite simple.

Suivant acte reçu par Mᵉ..., notaire à..., le..., portant cette mention : Enregistré à..., etc.

M. Alexandre Belloy, négociant, demeurant à..., a formé, avec différents commanditaires dénommés audit acte, une société en commandite simple dont M. Belloy sera le gérant, pour l'exploitation d'une fabrique de..., située à...

La raison et la signature sociales seront *Belloy et Cⁱᵉ*.

La durée de la société a été fixée à... années à compter du...

Son siège sera à...

Le fonds social a été fixé à la somme de... — M. Belloy a apporté, pour une somme de..., son droit au bail de l'usine et un brevet..., etc... ; et les commanditaires ont apporté une somme totale de..., payable le...

M. Belloy aura seul la gestion et la signature de la société ; il ne pourra faire usage de cette signature que pour les affaires de la société (2).

Deux expéditions dudit acte de société ont été déposées le..., l'une à la justice de paix de... et l'autre au tribunal de commerce de...

Pour extrait et mention :

(Signature du notaire.)

3. — Extraits pour la publication d'une société anonyme.

I. — EXTRAIT DES STATUTS.

Suivant acte reçu par Mᵉ... et son collègue, notaires à..., le..., portant cette mention : Enregistré à..., etc.

M... a établi les statuts d'une société anonyme.

De ces statuts, il a été extrait littéralement ce qui suit :

Art. 1ᵉʳ. — (Reproduire ici les dispositions entières des articles 1, 2, 3, 4, 5, 6, 7, 8, 9, 17, 18, 19, 20, 21, 22, 23, 24, 25, 26, 28, 29, 30, 31, 32, 36, 37, 38, 42, 43, 47 de la formule de société anonyme que nous donnons plus loin (V. *infrà*, vᵒ Sociétés par actions).

Pour extrait :

(Signature du notaire.)

II. — EXTRAIT DE LA DÉCLARATION DE SOUSCRIPTION ET DE VERSEMENT

Suivant acte reçu par Mᵉ... et son collègue, notaires à..., le..., portant cette mention : Enregistré à..., etc.

M... a déclaré : que le capital en numéraire de la société anonyme, fondée par lui, sous la dénomination de *Compagnie des voitures de...*, s'élevant à deux millions de francs, représentés par 4,000 actions de 500 francs chacune, qui étaient à émettre en espèces, a été entièrement souscrit par divers ; et qu'il a été versé, par chaque souscripteur une somme égale au quart du montant des actions par lui souscrites, soit au total cinq cent mille francs, déposés chez M..., banquier.

Et il a représenté, à l'appui de cette déclaration, une pièce contenant les noms, prénoms,

---

(1) Il est utile de comprendre, en outre, dans l'extrait, les clauses susceptibles de modifier les rapports de la société avec les tiers, et celles relatives à la durée, notamment en cas de décès d'un associé, de perte d'une partie du capital social, etc.

(2) D'après les prescriptions des articles 57 et 58 de la loi de 1867, il suffirait strictement de rapporter, dans l'extrait à publier, les dispositions des articles 1 (dénomination), 3 (siège), 4 (durée), 5, 6 et 7 (apports, fonds social et libération des actions), 9 (s'il est stipulé que les actions peuvent être converties au porteur après libération de moitié) 42 et 43 (fonds de réserve). Mais il est d'usage de comprendre dans l'extrait toutes les dispositions des statuts pouvant intéresser les tiers.

qualités et demeures des souscripteurs, le nombre d'actions souscrites et le montant des versements effectués par chacun d'eux. Cette pièce, certifiée véritable, est demeurée annexée audit acte notarié.

Po ir extrait :

(Signature du notaire.)

III. — EXTRAIT DES DÉLIBÉRATIONS CONSTITUTIVES.

De deux délibérations prises les..., etc., par l'assemblée générale des actionnaires de la société anonyme dite *Compagnie des voitures de*...; copies des procès-verbaux desquelles délibérations ont été déposées pour minute à M°..., notaire à..., le..., par acte du...
Il résulte :

I. De la première délibération :

1° Que l'assemblée générale, après en avoir pris connaissance, a reconnu la sincérité de la déclaration de souscription et de versement, faite par le fondateur de ladite société, aux termes de l'acte reçu par ledit M°..., notaire, le... ;

2° Qu'elle a nommé un commissaire chargé, conformément à la loi, d'apprécier la valeur des apports en nature faits à la société par M..., ainsi que les attributions stipulées à son profit en représentation de ces apports et les autres avantages résultant des statuts, et de faire un rapport qui serait soumis à une assemblée ultérieure.

II. De la deuxième délibération :

1° Que l'assemblée générale, ayant pris connaissance du rapport du commissaire, a adopté les conclusions de ce rapport, et, en conséquence, a approuvé les apports faits à la société par M... et les avantages particuliers stipulés par les statuts;

2° Qu'elle a nommé comme premiers administrateurs dans les termes de l'article... des statuts :

M... M... (*indiquer les noms, prénoms, qualités et domiciles des administrateurs*); lesquels ont accepté lesdites fonctions;

3° Que l'assemblée a nommé M... et M... (*noms, prénoms et domiciles*), commissaires (avec faculté d'agir conjointement ou séparément), pour faire un rapport à l'assemblée générale sur les comptes du premier exercice. — MM... ont accepté lesdites fonctions;

4° Qu'elle a approuvé les statuts, et a déclaré la *Compagnie des voitures de*..., définitivement constituée.

Pour extrait :

(Signature du notaire.)

Expéditions : 1° de l'acte contenant les statuts de la société; 2° de l'acte de déclaration de souscription et de versement et de la liste y annexée; 3° de l'acte de dépôt et des deux délibérations constitutives y annexées, ont été déposées le... aux greffes du tribunal de commerce de... et de la justice de paix du canton de...

Pour mention :

(Signature du notaire.)

4. — Extraits pour la publication d'une société en commandite par actions.

Les extraits nécessaires pour la publication d'une société en commandite par actions sont à peu près semblables à ceux d'une société anonyme (**V.** *ci-dessus*). Nous devons cependant faire observer qu'il y a lieu d'indiquer, pour la société en commandite, la raison sociale, les noms et domiciles des personnes responsables et des gérants. La loi ne prescrit pas d'indiquer la quotité des prélèvements à opérer sur les bénéfices pour constituer le fonds de réserve, simplement facultatif dans la société en commandite ; elle ne soumet pas non plus à la vérification de l'assemblée générale des actionnaires la déclaration de souscription et de versement faite par le gérant.

SOCIÉTÉS CIVILES

Les sociétés civiles sont toutes celles qui ont pour objet des opérations étrangères au commerce.

Elles sont, selon l'étendue de leur objet, universelles ou particulières (art. 1835, C. civ.).

Sommaire :

§ 1. Sociétés universelles.

1. — Il existe deux sortes de sociétés universelles : la société de *tous les biens présents* et la société *universelle de gains* (art. 1836, C. civ.).

Les sociétés universelles étaient très fréquentes dans l'ancien droit; elles sont presque tombées en désuétude par suite du fractionnement des intérêts individuels à notre époque. Le Code en a conservé ce qui est compatible avec l'état de nos mœurs (1) ; ainsi, il n'admet pas la société universelle de tous biens présents et à venir, reconnue par l'ancien droit, et qui, sauf stipulation contraire, comprenait même les biens devant échoir aux associés par succession ou par donation (2).

Art. 1er. — Sociétés de tous biens présents.

2. — La société de tous les biens présents est celle par laquelle les parties mettent en commun tous les biens meubles et immeubles qu'elles possèdent actuellement et les profits qu'elles pourront en tirer. La simple stipulation d'une société de tous biens présents comprend tous ces objets ; mais ce n'est que par une stipulation expresse que les parties peuvent y comprendre toute espèce de gains, tels que ceux résultant d'un billet de loterie, de l'invention d'un trésor ou de l'industrie des associés (art. 1837, C. civ.) (3).

Quant aux biens meubles et immeubles qui pourraient advenir aux associés

---

(1) Troplong, n° 256 et suiv.; Pont, n° 163 ; Laurent, n° 231.

(2) Aubry et Rau, p. 552; Pont, n° 167; Guillouard, n° 104.

(3) Troplong, n° 274.

par *succession*, *donation* ou *legs*, ils n'entrent dans cette société que pour la jouissance; toute stipulation tendant à y faire entrer la propriété de ces biens est prohibée, sauf entre époux, et conformément à ce qui est réglé à leur égard (1).

Si une société comprenait tous les biens présents et à venir, même ceux exclus par l'article 1837, elle serait nulle pour le tout, parce que la société contient un enchaînement de conventions et d'accords combinés dans le but d'établir l'égalité des gains et des pertes ; l'un des associés n'aurait probablement pas apporté ses biens présents, si l'autre n'avait apporté ses biens à venir (2).

3. — La loi, dans l'article 1837, n'a pas eu en vue la communauté à titre universel, qui n'est permise que par contrat de mariage (art. 1526, C. civ.). Des époux séparés de biens ne pourraient donc, postérieurement au mariage, contracter une société universelle dans laquelle ils voudraient faire entrer les biens à venir à titre gratuit. Ce serait, en effet, modifier le contrat de mariage (3).

4. — La société de tous biens présents supporte les dettes des associés au moment de l'acte, et celles contractées depuis pour les affaires sociales (4).

Mais elle ne supporte, à moins de stipulation contraire, ni les dettes personnelles des associés contractées pendant la société, ni les dépenses de ménage de chacun d'eux, ni les dots à payer à leurs enfants (5).

Toutefois, on a soutenu, quant aux dettes contractées par les associés sans indication d'emploi, qu'on doit les mettre à la charge de la société, sauf récompenses pour les sommes dont on prouvera que l'emploi a tourné au profit personnel de l'associé personnel débiteur (arg. art. 1419, C. civ.).

M. Duranton (6) pense, au contraire, que la dette doit être laissée à la charge de l'associé qui l'a contractée, sauf récompense envers lui relativement à la somme qu'il prouverait avoir profité à la société.

5. — La société est tenue des intérêts et arrérages des dettes qui grèvent les biens échus aux associés à titre gratuit ou qui sont relatives aux propres de chacun d'eux, lorsque ces biens entrent dans la société pour la jouissance (7).

6. — Elle supporte les pertes, comme elle profite des améliorations des biens des associés, lorsque la propriété en a été mise dans la société. C'est la conséquence de la règle que la chose périt pour le propriétaire, comme elle s'accroît et s'améliore pour lui (8).

7. — Elle ne doit nullement supporter les dépenses résultant de prodigalités, ni les amendes et réparations civiles auxquelles un des associés serait condamné pour délits (9).

ART. 2. — Sociétés universelles de gains.

8. — La société universelle de gains renferme tout ce que les parties acquerront par leur industrie, à quelque titre que ce soit, pendant le cours de la société, les meubles que chacun des associés possède au temps du contrat; mais les immeubles n'y entrent que pour la jouissance seulement (art. 1838, C. civ.).

Elle comprend la jouissance, non seulement des immeubles que les associés possèdent au jour du contrat, mais aussi de ceux qu'ils acquièrent personnellement au cours de la société (10).

---

(1) Troplong, n° 275 (art. 1526, C. civ.).
(2) Troplong, n° 276 ; Duvergier, n° 103; Aubry et Rau, p. 552; Pont, n° 188; Laurent, n° 234; Guillouard, n° 107. — *Contrà* : Duranton, t. XVII, n° 350.
(3) Delvincourt, t. III, p. 221.
(4) Pothier, n° 37 et 38; Troplong, n°° 277 et suiv.; Pont, n° 177; Laurent, n° 287; Guillouard, n° 108.
(5) Troplong, n°° 279 et suiv.; Duranton, n° 357; Duvergier, n° 99; Guillouard, n° 108.

(6) N° 359.
(7) Delvincourt, t. III, p. 220; Duranton, n° 356; Pont, n° 184 ; Laurent, n° 287 ; Guillouard, n° 108. — *Contrà* : Troplong, n° 280.
(8) Dict. du not., v° *Société*, n° 47.
(9) Duranton, n° 358 ; Troplong, n° 262.
(10) Pont, n° 202; Laurent, n° 238; Duvergier, n° 106; Guillouard, n° 110. — *Contrà* : Aubry et Rau, p. 553.

9. — La société comprend ce que chacun des associés acquiert par son industrie seulement ; ainsi la portion du trésor appartenant à l'un des associés, comme propriétaire du fonds, ne tombe pas dans la société ; il en est autrement de la portion attribuée à l'inventeur (1).

10. — Les immeubles acquis à titre *gratuit*, ne provenant pas de l'industrie des associés, n'entreraient pas dans la société (art. 1837 et 1834, C. civ.), non plus que ceux acquis à titre de remploi par chaque associé (2).

11. — D'après certains auteurs, les meubles de chaque associé, lors de l'association, entrent dans l'actif de la société ; par réciprocité les dettes mobilières existantes à la même époque entrent dans le passif (3). Suivant d'autres auteurs, les dettes des associés au moment de la création de la société doivent être supportées par la société et par l'associé, proportionnellement à la valeur comparée des meubles et des immeubles (4).

Ce second système nous paraît manifestement plus équitable.

12. — Quant aux intérêts des dettes des associés, ils sont à la charge de la société, puisqu'elle a la jouissance de tous les biens des associés dont elle n'a pas la propriété (5).

12 bis. — Dans certaines contrées, il est d'usage, dans les familles, lorsqu'un des enfants se marie, de constituer, parmi les clauses du contrat de mariage, une société universelle de gains et acquêts entre les futurs époux, les père et mère de l'enfant qui se marie et quelquefois les autres enfants célibataires. Il a été jugé qu'une telle société est nulle, comme conférant à chacun de ses membres une égalité de droits incompatible avec l'exercice de la puissance maritale (6).

§ 2. SOCIÉTÉS PARTICULIÈRES.

13. — La société particulière est celle qui ne s'applique qu'à certaines choses déterminées ou à leur usage, ou aux fruits à en percevoir (art. 1841, C. civ.).

Le contrat par lequel plusieurs personnes se réunissent, soit pour une entreprise désignée, soit pour l'exercice de quelque métier ou profession, est une société particulière (art. 1842, C. civ.).

Il résulte de ces définitions que les sociétés particulières se divisent en deux catégories :

Les premières, indiquées par l'article 1841, sont celles dans lesquelles la mise consiste en choses déterminées, un immeuble, par exemple, ou un capital. Avec cet immeuble ou avec ce capital, ou avec la jouissance de leurs fruits, les contractants chercheront à réaliser des bénéfices ; c'est une forme très fréquente du contrat de société civile à notre époque.

Les secondes, dit l'article 1842, ont pour but une entreprise désignée, l'exercice de quelque métier ou de quelque profession ; telles sont les sociétés de commerce qui ont pour but une entreprise commerciale déterminée. Beaucoup de sociétés civiles, cependant, rentrent dans cette catégorie : par exemple, les sociétés qui ont pour objet l'exploitation d'une mine, d'une carrière, l'achat et la vente d'immeubles, etc... (V. *suprà*, v° SOCIÉTÉS EN GÉNÉRAL, nᵒˢ 14 et suiv.).

14. — Les sociétés particulières peuvent donc être civiles ou commerciales. Mais comme, d'après les articles 1873 du Code civil et 18 du Code de commerce, les principes qui régissent les sociétés civiles sont aussi applicables aux sociétés de

---

(1) Delvincourt, t. III, p. 221 ; Aubry et Rau, p. 552, texte et note 4 ; Laurent, n° 238.
(2) Duranton, n° 369.
(3) Pothier, n° 52 ; Duvergier, n° 111 ; Duranton, n° 372 ; Troplong, n° 295 ; Laurent, n° 239.

(4) Pont, n° 406 ; Guillouard, n° 111.
(5) Guillouard, n° 112.
(6) Cass., 8 décembre 1891 (art. 24791, J. N.).

commerce, en ce qu'ils ne sont pas contraires aux lois et usages commerciaux, nous allons étudier ici les règles qui leur sont communes, puis, lorsque nous nous occuperons des sociétés commerciales, nous examinerons la législation qui leur est spéciale.

Dans notre étude sur les SOCIÉTÉS EN GÉNÉRAL (V. *suprà*, p. 469, et *J. du not.*, 1893, p. 465), nous avons étudié ce qui concerne la constitution de toute société ; il nous reste à parler de son fonctionnement, de sa dissolution et de sa liquidation.

ART. 1er. — Durée.

15. — Point de départ. — La société commence à l'instant même du contrat, s'il ne désigne une autre époque (art. 1843, C. civ.).

« On peut, disait Pothier (1), contracter une société ou purement et simplement, auquel cas elle commence dès l'instant du contrat, ou pour commencer au bout d'un certain temps. — Ce temps, qui doit être exprimé, fait la matière d'une clause du contrat. On peut faire aussi dépendre d'une condition le contrat de société. »

Ces règles sont toujours applicables : c'est-à-dire que la société peut être formée purement ou simplement, à terme ou sous condition.

Ordinairement, le point de départ est indiqué dans l'acte de société ; s'il ne l'était pas, il y aurait lieu de se conformer à l'article 1843 du Code civil que nous venons de rappeler.

16. — Durée. — S'il n'y a pas de convention sur la durée de la société, elle est censée contractée pour toute la vie des associés, sous la modification portée en l'article 1869 du Code civil ; ou s'il s'agit d'une affaire dont la durée soit limitée, pour tout le temps que doit durer cette affaire (art. 1844, C. civ.).

Il est donc important, lorsqu'on veut déroger aux conditions légales, de le stipuler expressément dans le contrat de société. Il est bien entendu que la stipulation qu'une société ne finira jamais, ne serait pas valable.

Quant à la restriction de l'article 1869 que nous venons de signaler, nous aurons l'occasion de l'examiner en nous occupant de la fin de la société (V. *infrà*, n° 47).

ART. 2. — Apports.

17. — Nous avons examiné, sous le § 7 des SOCIÉTÉS EN GÉNÉRAL, tout ce qui concerne la nature et la réalisation des apports des associés ; il nous reste maintenant à nous occuper de leur restitution.

18. — Apports en propriété. — Lorsqu'un associé a promis d'apporter et a réellement apporté la propriété d'un bien, meuble ou immeuble, à la société, celle-ci devient propriétaire de l'apport ; si donc il vient ensuite à périr, ce sera pour le compte de la société (2).

Si l'objet dont l'apport en propriété a été promis par l'un des associés, périt avant que l'apport n'ait été effectué, et avant que l'associé débiteur de cet apport n'ait été mis en demeure de le réaliser, c'est également pour le compte de la société qu'il périt, car la promesse d'apport est translative de propriété du jour où elle est faite (art. 1138, 1302 et 1589, C. civ.) (3).

Lorsque les objets constituant l'apport, consistent non pas en des corps certains, mais en des choses indéterminées, comme des capitaux, il faut distinguer :

S'ils viennent à périr après leur livraison à la société, c'est pour le compte de la société qu'ils périssent.

(1) Pothier, n° 64.
(2) Pont, n° 365 ; Laurent, n° 267 ; Guillouard, n° 153.
(3) Duranton, t. XVII, n° 467 ; Troplong, n°ˢ 925, 935 ; Duvergier, n°ˢ 421, 425 ; Aubry et Rau, t. IV, § 384, texte et note 5 ; Pont, n°ˢ 377, 380 ; Laurent, n° 268 ; Guillouard, n° 153.

Mais s'ils périssent entre la promesse et la réalisation de l'apport, ce sera pour le compte de l'associé (1).

19. — Apports en usufruit. — En ce qui concerne les apports en usufruit, il ne peut y avoir de promesse d'apport, mais toujours, au contraire, un apport immédiat qui n'est autre chose qu'une constitution d'usufruit faite dans l'acte même de la société. Par suite, si l'objet apporté vient à périr, ce sera toujours pour le compte de la société (2).

20. — Apports en jouissance. — Si les choses, dont la jouissance seulement a été mise dans la société, sont des corps certains et déterminés qui ne se consomment point par l'usage, elles sont aux risques de l'associé propriétaire. Si ces choses se consomment, si elles se détériorent en les gardant, si elles ont été destinées à être vendues, ou si elles ont été mises dans la société sur une estimation portée dans un inventaire, elles sont aux risques de la société. — Si la chose a été estimée, l'associé ne peut répéter que le montant de son estimation (art. 1851, C. civ.).

Art. 3. — *Obligations des associés.*

21. — Distraction de sommes. — L'article 1846 du Code civil, après avoir dit que l'associé qui a promis d'apporter une somme d'argent et qui ne l'a pas fait, devient, de plein droit, débiteur des intérêts de cette somme depuis le jour où il était tenu de l'apporter, ajoute : « Il en est de même à l'égard des sommes qu'il a prises dans la caisse sociale, à compter du jour où il les en a tirées pour son profit particulier; le tout sans préjudice de plus amples dommages-intérêts, s'il y a lieu. »

Il n'est pas nécessaire que les fonds aient été pris dans la caisse sociale, car, chaque fois que l'associé aura pris des fonds appartenant à la société, même avant leur entrée dans la caisse, l'article 1846 lui sera applicable (3).

Peu importe également qu'il en ait ou non tiré profit (4).

Quant aux dommages-intérêts, à la différence des intérêts, qui sont dûs de plein droit, ils sont purement facultatifs et ils peuvent être accordés ou refusés suivant que les intérêts sont inférieurs ou supérieurs an préjudice causé à la société (5).

La disposition de l'article 1846 relative aux intérêts et aux dommages-intérêts est également applicable aux sociétés universelles (6).

22. — Dommages causés. — Chaque associé est tenu envers la société des dommages qu'il lui a causés par sa faute, sans pouvoir compenser avec ces dommages, les profits que son industrie lui aurait procurés dans d'autres affaires (art. 1850, C. civ.).

Cependant si, dans une même affaire, un associé a, à la fois, causé un avantage et occasionné une perte à la société, il peut opposer, en compensation, le profit qu'il a procuré à la société dans cette même affaire (7).

D'une manière générale, l'associé doit être déclaré responsable, si l'on constate qu'il a commis, dans la gestion des affaires sociales, une faute (*in commitendo* ou *in omittendo*) que ne commettrait pas un homme soigneux, et cela quelle que soit la négligence qu'il apporte à ses propres affaires (8).

---

(1) Duranton, n° 396; Duvergier, n°° 147, 149; Pont, n°° 403, 406; Laurent, n° 269; Guillouard, n° 154.

(2) Pont, n°° 381, 384; Laurent, n° 272; Guillouard, n° 156.

(3) Cass., 28 juin 1825; Grenoble, 4 mars 1826; Pont, n° 320; Laurent, n° 156; Guillouard, n° 199.

(4) Cass., 22 mars 1813, 21 juillet 1884; Laurent, n° 257; Guillouard, n° 199.

(5) Cass., 26 août 1835; Pont, n° 324; Laurent, n° 258: Guillouard, n° 201.

(6) Pont, n° 319; Guillouard, n° 264. — *Contra* : Pothier, n° 119.

(7) Duranton, n° 403; Duvergier, n° 331 ; Pont n° 361; Guillouard, n° 204. — *Contra* : Laurent, n° 265.

(8) Duvergier, n° 324; Pont, n°° 353, 354; Laurent, n° 258; Guillouard, n° 205. — V. toutefois, Aubry et Rau, t. IV, § 308, texte et note 28.

23. — Lorsqu'un des associés est, pour son compte particulier, créancier d'une somme exigible envers une personne qui se trouve aussi devoir à la société une somme également exigible, l'imputation de ce qu'il reçoit de ce débiteur doit se faire sur la créance de la société et sur la sienne dans la proportion des deux créances, lors même qu'il aurait, par sa quittance, stipulé l'imputation intégrale sur sa créance particulière ; mais s'il a exprimé dans sa quittance que l'imputation sera faite en entier sur la créance de la société, cette stipulation sera exécutée (art. 1848, C. civ.).

Le législateur a ainsi voulu qu'en principe, l'associé subordonnât son intérêt particulier à l'intérêt social (1), et il a dérogé sur ce point aux règles de l'imputation conventionnelle.

Mais il faut reconnaître qu'il a appliqué les principes de l'imputation légale : ainsi, si la créance de l'associé était exigible et que l'autre ne le fût pas, l'imputation devrait lui profiter (2).

En outre, d'après l'article 1253, le débiteur peut faire, comme bon lui semble, l'imputation de la somme qu'il paie, pourvu qu'elle ne soit pas frauduleuse (3).

L'article 1848 que nous venons de rappeler ne s'applique qu'à l'associé administrateur (4) ; et il n'a aucune efficacité en matière de compensation (5).

24. — Quand un associé a reçu sa part entière de la créance commune, et que le débiteur est, depuis, devenu insolvable, cet associé est tenu de rapporter à la masse commune ce qu'il a reçu, encore qu'il eût spécialement donné quittance pour sa part (art. 1849, C. civ.).

Cela est d'autant plus exact que les associés n'ont pas de part dans les créances sociales, puisque celles-ci appartiennent à la société (être moral) jusqu'au partage.

25. — **Contribution aux frais de conservation.** — Chaque associé a le droit d'obliger ses co-associés à faire avec lui les dépenses qui sont nécessaires pour la conservation des choses de la société (art. 1859, 3°, C. civ.).

Dans ce cas, l'unanimité n'est pas nécessaire, la majorité suffit pour engager la minorité.

Il n'en serait autrement que si les dépenses, au lieu d'être nécessaires, étaient simplement utiles, ou s'il s'agissait de remplacer une chose absolument perdue.

ART. 4. — Administration.

26. — Le législateur a laissé aux parties le soin de régler l'administration de la société formée entre elles ; mais, à défaut de stipulations spéciales, il a tracé les règles de l'administration de la société.

De là deux hypothèses :

Celle où le contrat de société a confié l'administration à l'un ou à plusieurs des associés ;

Et celle où il n'a rien été stipulé au sujet de l'administration de la société.

27. — *Première hypothèse.* — Dans le premier cas, c'est-à-dire lorsqu'un administrateur a été désigné par le contrat de société, on a pu déterminer ses pouvoirs ; s'ils ne l'avaient pas été, ils ne pourraient être fixés que d'une manière concrète et en tenant compte, dans chaque société, du but en vue duquel elle est créée (6).

---

(1) Paris, 26 avril 1850.
(2) Larombière, t. III, art. 1256, n° 6 ; Guillouard, n° 210.
(3) Troplong, n° 559 ; Duvergier, n° 336 ; Pont, n° 333 ; Larombière, art. 1256, n° 6 ; Guillouard, n° 211. — Comp., Laurent, n° 260.
(4) Troplong, n° 558 ; Duvergier, n° 341 ; Larombière, art. 1256, 6° ; Pont, n° 338 ; Guillouard,

n° 211 bis. — *Contrà* : Duranton, n° 401 ; Massé et Vergé, p. 434.
(5) Duvergier, n° 339 ; Pont, n° 340 ; Laurent, n° 262 ; Guillouard, n° 212. — *Contrà* : Massé et Vergé, p. 434.
(6) Guillouard, n° 124. — Comp., Aubry et Rau, t. IV, § 382, texte et note 2 ; Pont, n°° 515, 516 ; Laurent, n° 807.

Ces pouvoirs n'étant que d'administration (art. 1852, C. civ.), ne peuvent l'auto·iser, en principe, à transiger (1); compromettre (2); emprunter (3); conférer une hypothèque sur les immeubles de la société (4); donner à bail les immeubles de la société ou prendre à bail au nom de la société des immeubles appartenant à des tiers, si les baux ont une durée qui excède neuf années ou si l'opération est contraire au but de la société (5); exercer les actions immobilières (6); faire aux meubles ou aux immeubles de la société des innovations qui ne seraient pas nécessitées par le but ou par le fonctionnement de la société (7).

28. — Lorsque plusieurs associés sont chargés d'administrer, sans que leurs fonctions soient déterminées, ou sans qu'il ait été exprimé que l'un ne pourrait agir sans l'autre, ils peuvent faire chacun, séparément, tous les actes de cette administration (art. 1857, C. civ.).

S'il a été stipulé que l'un des administrateurs ne pourra rien faire sans l'autre, un seul ne peut, sans une nouvelle convention, agir en l'absence de l'autre, lors même que celui-ci serait dans l'impossibilité actuelle de concourir aux actes d'administration (art. 1858, C. civ.).

29. — Le pouvoir donné à l'administrateur ou aux administrateurs associés ne peut être révoqué sans cause légitime, tant que dure la société; mais s'il n'a été donné que par acte postérieur au contrat de société, il est révocable comme un simple mandat (art. 1856, C. civ.).

Dans le premier cas, la légitimité de la cause doit être appréciée par les tribunaux, sauf lorsque le gérant est étranger à la société; dans le second, de même que si le gérant n'est pas associé, la volonté de la majorité des associés suffit (8).

Si le gérant est l'un des associés, sa révocation entraîne, dans la première hypothèse, la dissolution de la société, à moins que *tous* les associés ne soient d'accord pour en nommer un autre; mais il n'en est pas de même dans la deuxième hypothèse (9).

En cas de faute lourde, l'administrateur révoqué peut être condamné à des dommages-intérêts (art. 1992, 1850, C. civ.) (10).

30. — *Deuxième hypothèse.* — Lorsque le contrat de société est muet sur le mode d'administration (ce qui est évidemment très rare), la société est régie par l'article 1859 du Code civil ainsi conçu :

« A défaut de stipulations spéciales sur le mode d'administration, l'on suit les règles suivantes : 1° Les associés sont censés s'être donné réciproquement le pouvoir d'administrer l'un pour l'autre. Ce que chacun fait est valable, même pour la part de ses associés, sans qu'il ait pris leur consentement; sauf le droit qu'ont ces derniers, ou l'un d'eux, de s'opposer à l'opération avant qu'elle soit conclue; — 2° Chaque associé peut se servir des choses appartenant à la société, pourvu qu'il les emploie à leur destination fixée par l'usage, et qu'il ne s'en serve pas contre l'intérêt de la société, ou de manière à empêcher ses associés d'en user selon leur droit; — 3° Chaque associé a le droit d'obliger ses associés à faire avec lui les dépenses qui sont nécessaires pour la conservation des choses de la société; — 4° L'un des associés ne peut faire d'innovation sur les immeubles dépendant de la société, même quand il les soutiendrait avantageuses à cette société, si les autres associés n'y consentent.

---

(1) Troplong, n° 690; Pont, n° 528; Laurent, n° 310; Guillouard, n° 124 bis. — *Contra* : Pardessus, t. IV, n° 1014; Duvergier, n° 320.
(2) Mêmes autorités.
(3) Douai, 15 mai 1844; Cass., 22 août 1844; Alger, 18 mai 1863; Laurent, n° 309; Guillouard, n° 125. — Comp., Cass., 18 juin 1872. — *Contra* : Paris, 26 juin 1841; Dalloz, v° *Société*, n° 1299.
(4) Cass., 27 janvier 1868; Troplong, n° 686; Pont, n° 526; Laurent, n° 308; Guillouard, n° 126.

(5) Guillouard, n° 127.
(6) Cass., 19 novembre 1838; Troplong, n° 691; Duvergier, n°˙ 316, 318; Pont, n° 530; Laurent, n° 311.
(7) Guillouard, n° 129.
(8) Pont, n° 498; Guillouard, n° 136.
(9) Pont, n°˙ 502, 510, 411; Guillouard, n° 136.
(10) Cass., 28 mai 1839.

ART. 5. — *Bénéfices et pertes.*

31. — Cette matière a été traitée d'une façon complète sous le paragraphe 8 des SOCIÉTÉS EN GÉNÉRAL; nous ne pouvons donc qu'y renvoyer.

ART. 6. — *Engagements des associés à l'égard des tiers.*

32. — Nous n'avons à nous occuper ici que des sociétés civiles. Lorsque nous étudierons les sociétés commerciales, nous examinerons avec chacune d'elles, les règles qui les concernent spécialement.

Or, au sujet des sociétés civiles, le Code civil s'exprime ainsi :

« Dans les sociétés civiles autres que celles de commerce, les associés ne sont pas tenus solidairement des dettes sociales, et l'un des associés ne peut obliger les autres, si ceux-ci ne lui en ont conféré le pouvoir (art. 1862, C. civ.).

« Les associés sont tenus envers le créancier avec lequel ils ont contracté, chacun pour une somme et part égales, encore que la part de l'un d'eux dans la société fût moindre, si l'acte n'a pas spécialement restreint l'obligation de celui-ci sur le pied de cette dernière part (art. 1863, C. civ.).

« La stipulation que l'obligation est contractée pour le compte de la société, ne lie que l'associé contractant et non les autres, à moins que ceux-ci ne lui aient donné pouvoir ou que la chose n'ait tourné au profit de la société (art. 1864, C. civ.). »

De là, deux choses :
a) Obligations des associés ;
b) Droits des tiers.

33. — **Obligations des associés.** — Trois cas peuvent se présenter :

34. — *Premier cas.* — L'un des associés, non administrateur, traite en son nom personnel et non en celui de la société.

Si l'engagement n'a profité qu'à lui seul et non à la société, il est bien évident qu'il ne lie que lui : tous les auteurs le reconnaissent.(1).

Si la société a profité de cet engagement, M. Guillouard (2) soutient que l'associé contractant est seul lié.

« L'associé qui n'est point administrateur, dit-il, et qui traite en son nom personnel avec un tiers n'a eu l'intention d'obliger que lui, et le tiers créancier n'a compté, lui aussi, que sur un seul débiteur, la personne qui s'engageait envers lui en son nom personnel. Si le bénéfice de l'engagement contracté tourne au profit de la société, il arrivera alors l'une ou l'autre des conséquences suivantes : ou l'associé qui a fait obtenir à la société le profit de son marché personnel, n'a fait qu'accomplir une obligation qui lui incombait en vertu de ses engagements vis-à-vis de la société, et alors il n'aura aucun principe d'action contre les autres associés (3), ou au contraire l'associé n'avait aucune obligation à remplir vis-à-vis de la société.

« Dans cette dernière hypothèse, l'associé a géré l'affaire de la société, il aura donc action contre les autres associés, à concurrence du profit que la société a retiré de l'opération. Quant au tiers créancier, s'il n'a pas d'action directe contre les associés dans la limite de leur enrichissement, il pourra néanmoins agir contre

(1) Aubry et Rau, § 383, texte et note 2 ; Pont, n° 641 ; Laurent, n° 343 ; Guillouard, n° 265. — Comp., Cass., 16 novembre 1870 (D. 1870-1-350).

(2) N° 265.
(3) Cass., 13 mai 1835 (S. 1835-1-854). — Comp., Cass., 8 juin 1869 (S. 1869-1-428).

eux du chef de l'associé qui a traité avec lui, en vertu de la subrogation de l'article 1166 du Code civil... (1). »

35. — *Deuxième cas.* — L'associé, agissant en qualité d'administrateur, a contracté au nom de la société.

S'il agit dans la limite des pouvoirs résultant de l'acte de société ou de l'article 1859 du Code civil, ou en vertu d'un pouvoir spécial de ses co-associés, il oblige les autres associés et s'oblige lui même pour sa part, mais il ne s'oblige personnellement au paiement de toute la dette que s'il n'avait pas indiqué sa qualité au tiers (2).

36. — *Troisième cas.* — L'associé agit au nom de la société, mais sans mandat ou en dehors des limites de son mandat.

Si l'opération a profité à la société, les autres associés seront tenus dans la limite du profit qu'elle en a retiré. C'est la solution donnée par l'article 1864, aux termes duquel la stipulation que l'obligation est contractée pour le compte de la société ne lie que l'associé contractant, à moins que les autres associés ne lui aient donné pouvoir ou *que la chose n'ait tourné au profit de la société.*

Les tiers auront donc une action directe contre tous les associés (3).

37. — Dans les cas où les associés sont tenus des engagements contractés par l'un d'eux, il n'y a pas solidarité entre eux et les dettes se divisent entre les associés *par portions égales*, quel que soit leur intérêt dans la société (4), à moins que l'acte d'obligation n'ait spécialement restreint l'engagement d'un ou plusieurs associés (art. 1862 et 1863, C. civ.). La connaissance que le tiers aurait eue de l'acte de société, qui fixe dans des proportions inégales la part de chaque associé, ne suffirait pas pour limiter le droit de ce tiers. Il faut une convention expresse (5).

38. — **Droits des tiers.** — Nous allons maintenant examiner les droits qui appartiennent soit aux créanciers personnels des associés, soit aux créanciers de la société.

« Les créanciers personnels des associés, dit M. Guillouard (6), ont pour gage tous les biens qui appartiennent à ceux-ci : ils ont donc des droits aussi bien sur la part de leur débiteur dans la société que sur les autres biens qui forment son patrimoine, mais ils ne peuvent exercer ces droits de la même manière et avec la même énergie que sur les autres biens de leur débiteur ; ayants cause de l'un des associés, ils doivent respecter les stipulations de l'acte de société qui les lie au même titre que l'associé dont ils tiennent leurs droits, et ils ne peuvent, par leurs poursuites, empêcher le fonctionnement de la société ni porter atteinte aux droits des autres associés. »

39. — En ce qui concerne les droits des créanciers des sociétés civiles, ils sont différents, suivant que l'on accorde ou que l'on refuse la personnalité à ces dernières.

Pour nous qui avons admis la première solution, nous devons reconnaître aux créanciers de la société *un droit de préférence* sur les biens sociaux, à l'encontre des créanciers personnels des associés, et conclure que tout créancier de la société a droit d'exiger son paiement et sur les biens sociaux et sur les biens des associés, sans qu'il y ait réciprocité pour les créanciers particuliers de chaque associé (7).

Comme conséquence de cette théorie, nous devons admettre que la compen-

(1) Cass., 12 mars 1850, 16 février 1853 ; Aix, 10 mars 1854 ; Troplong, n°° 772 et suiv.; Delamarre et Le Poitvin, t. II, n° 250 ; Aubry et Rau, § 383-2 ; Pont, n°° 651-652 ; Laurent, n° 847.

(2) Troplong, n° 807 ; Duvergier, n° 385 ; Pont, n°° 646-647 ; Laurent, n°° 344-345 ; Guillouard, n° 266. — Comp. Cass., 27 novembre 1861.

(3) Bordeaux, 11 avril 1845 (S. 1846-2-315); Cass., 7 juillet 1868 ; Guillouard, n° 266 *bis.*

(4) Cass., 7 avril 1886 (S. 1889-1-463) ; Duvergier, n° 39 ; Pont, n° 661 ; Laurent, n° 352 ; Guillouard, n°° 267-268.

(5) Douai, 28 mars 1878 (S. 1878-2-305); Cass., 21 février 1883 (D. 1883-1-217); Pont, n° 661 ; Laurent, t. XXVI, n° 352; Guillouard, n° 268.

(6) N° 271.

(7) Duvergier, n° 406 ; Troplong, n° 865. — V. Guillouard, n° 279.

sation ne peut se produire entre la créance d'une personne sur la société et les dettes de cette même personne vis-à-vis de l'un des associés personnellement, ces deux mêmes personnes n'étant pas respectivement créancières et débitrices (1).

ART. 7. — Droits des associés.

40. — Usage des choses de la société. — Aux termes de l'article 1859, 2° du Code civil : « Chaque associé peut se servir des choses appartenant à la société, pourvu qu'il les emploie à leur destination fixée par l'usage, et qu'il ne s'en serve pas contre l'intérêt de la société, ou de manière à empêcher ses associés d'en user selon leur droit ».

Pothier (2), à qui la formule de ce texte a été empruntée, citait les exemples suivants : L'associé pourra se servir d'une maison appartenant à la société, <i>si elle n'est pas destinée</i> à être louée, ou si elle a été mise dans la société pour servir à l'habitation des associés ; ou bien encore, il peut se servir d'un cheval appartenant à la société, <i>dans le temps où il n'y a pas de voyages à faire dans l'intérêt de la société.</i>

Ce même texte est critiqué par M. Guillouard (3) : il prétend que l'usage par l'associé des choses de la société ne doit pas être la règle, mais l'exception, et il propose l'interprétation suivante : « L'associé <i>ne peut pas</i> se servir des choses appartenant à la société, <i>à moins que l'usage qu'il en fait ne nuise pas aux intérêts de la société.</i> »

41. — Conservation des choses de la société. — « Chaque associé, dit l'article 1859, 3° du Code civil, a le droit d'obliger ses co-associés à faire avec lui les dépenses qui sont nécessaires pour la conservation des choses de la société. »

Il est bien entendu que ce droit n'existerait plus, s'il s'agissait de dépenses seulement utiles (4).

42. — Cession de parts. Croupiers. — Aux termes de l'article 1861 du Code civil, chaque associé peut, sans le consentement de ses associés, s'associer une tierce personne relativement à la part qu'il a dans la société ; mais il ne peut pas, sans ce consentement, l'associer à la société, lors même qu'il en aurait l'administration.

« Ces deux solutions, dit Guillouard (5), ne sont nullement contradictoires : l'associé ne peut associer un tiers à la société, car il y introduirait ainsi une personne que les autres associés n'ont pas choisie ; au contraire, lorsqu'il s'associe un tiers à lui-même, il cède tout ou partie des avantages que la société peut lui procurer ; mais le tiers reste étranger aux opérations de la société, et les autres associés ne peuvent se plaindre d'une convention qui ne crée vis-à-vis d'eux aucun lien. »

43. — Lorsqu'un associé s'associe un tiers, celui-ci est ordinairement désigné sous le nom de <i>croupier</i> : l'associé le prend en croupe et le conduit avec lui.

La convention faite entre l'associé et le croupier peut avoir pour objet la totalité ou partie seulement des droits du premier ; dans le premier cas, cette convention est une vente ; dans le second, c'est une société (6).

44. — Un associé, avons-nous dit, ne peut associer quelqu'un à la société sans le consentement de ses co-associés.

---

(1) Troplong, n° 79 ; Larombière, t. III, art. 1291, n° 6 ; Duvergier, n° 381 et suiv.; Demolombe, t. XVIII, n° 566. - Comp. Cass., 17 décembre 1853 (S. 1854-1-701).
(2) N° 84 et 85.
(3) N° 249.
(4) Guillouard, n° 250.

(5) N° 259.
(6) Troplong, n° 757 ; Pont, n° 618 et 619 ; Laurent, n° 337 ; Guillouard. n° 260. — <i>Contrà</i> : Duvergier, n° 375, qui prétend qu'il n'y a, dans les deux cas, qu'une communauté.

Ce consentement doit être donné à l'unanimité, car il s'agit d'apporter une modification au pacte social (1).

Il peut néanmoins être *exprès* ou *tacite*.

Il est *exprès* lorsque, par dérogation aux statuts, les associés ont autorisé un associé à se substituer un tiers ; la preuve doit en être fournie d'après les règles du droit commun.

Il est *tacite* dans les sociétés par actions, par exemple, où la personne de l'associé est indifférente ; le mode de division de ces sortes de sociétés laisse supposer que les associés ont accepté par avance les cessionnaires que chacun des associés pourra se substituer. Du reste, la cessibilité est un des caractères les plus distinctifs de l'action.

La cession faite conformément à ces principes est donc valable entre les associés, et le cessionnaire est substitué à toutes les obligations dont était tenu son cédant envers la société.

La convention qui permet à un associé de céder à une personne sa part dans la société est présumée connue des tiers, lorsque la société est commerciale, à raison de la publicité à laquelle elle est soumise.

Mais le tiers qui traite avec une société civile est en droit de croire qu'elle est organisée suivant le droit commun, avec obligation par chaque associé de répondre personnellement, pour sa part, du paiement des dettes sociales ; et, s'il y a dans les statuts une clause qui déroge à cette règle, il faut en donner connaissance au tiers au moment où l'on contracte avec lui (2).

45. — Généralement, lorsque les statuts autorisent les associés à céder leur part, on stipule au profit de la société un droit de préférence qui consiste à devenir elle-même cessionnaire : cette stipulation est appelée *retrait social*.

Mais, pour pouvoir exercer ce droit, il est nécessaire qu'il lui soit donné connaissance de l'intention du cédant, dans les formes déterminées.

Il est bien entendu qu'elle ne peut exercer le retrait stipulé pour le cas de cession, lorsque l'associé donne sa part en nantissement, ou lorsqu'il s'associe un croupier, car ni le créancier nanti ni le croupier n'entrent dans la société (3).

46. — Créances des associés. — Un associé a une action contre la société, non seulement à raison des sommes qu'il a déboursées pour elle, mais encore à raison des obligations qu'il a contractées de bonne foi pour les affaires de la société et des risques irréparables de sa gestion (art. 1852, C. civ.).

Par *risques inséparables de la gestion*, il faut entendre, par exemple, un vol de valeurs qu'il aurait emportées pendant un voyage fait pour le compte de la société.

Si l'associé qui a déboursé des sommes pour la société a agi en qualité d'administrateur, il a droit aux intérêts de ces sommes.

ART. 8. — *Fin de la société.*

47. — Aux termes de l'article 1865 du Code civil, la société prend fin :
  a) Par l'expiration du temps pour lequel elle a été contractée ;
  b) Par l'extinction de la chose ou la consommation de la négociation ;
  c) Par la mort de quelqu'un des associés ;
  d) Par l'interdiction ou la déconfiture de l'un d'eux ;
  e) Et par la volonté qu'un seul ou plusieurs expriment de n'être plus en société.

(1) Besançon, 28 décembre 1842 et 23 avril 1845 ; S. 1846-2-655) ; Aubry et Rau, t. IV, § 581, texte et note 11 ; Laurent, n° 332 ; Guillouard, n 254.
(2) Aubry et Rau, § 381-13 ; Lyon-Caen (S. 1869- 2-105) ; Guillouard, n° 255. — *Contrà :* Paris, 28 janvier 1868.
(3) Rouen, 2 janvier 1847 ; Cass., 24 novembre 1856.

« Mais, dit M. Guillouard (1), la nomenclature de ce texte n'est pas complète et il y a une cause de dissolution des contrats en général qui s'applique à la société comme aux autres contrats, et que l'article 1865 ne rappelle pas : c'est le *mutuel dissentiment*, la volonté par tous les associés de mettre fin au contrat de société. — D'un autre côté, lorsque la société est contractée pour un temps limité, la simple expression de la volonté de l'un ou plusieurs des associés ne suffit pas pour amener la dissolution de la société. Cette dissolution ne peut être prononcée que par les tribunaux et pour des *causes légitimes* dont ils devront apprécier la gravité. »

La dissolution peut donc avoir lieu :

1° De plein droit;

2° Et par la volonté de l'un des associés ou par une demande en justice.

Dans le premier cas, la dissolution opère non seulement sans la volonté, mais malgré la volonté contraire des associés. Ceux-ci peuvent bien convenir, malgré l'expiration du temps ou la mort de l'un d'eux, de rester en société, mais ce sera alors une société nouvelle qui se formera entre eux, et la volonté des associés est insuffisante pour prolonger la durée d'une société qui est dissoute par la volonté de la loi. En outre, la dissolution a lieu au jour où la cause s'est produite.

Si, au contraire, un associé demande la dissolution de la société, il peut se désister de la demande par lui formée tant que les tribunaux n'ont pas prononcé, et la société continuera de produire ses effets pour l'avenir, comme si cette demande n'avait pas été formée. La dissolution, dans ce cas, n'a lieu que du jour du jugement qui la prononce.

Nous allons, du reste, examiner séparément chacune des causes de dissolution.

48. — **Expiration du temps fixé.** — Lorsque, ce qui est le cas général, la durée de la société a été fixée dans le contrat, la dissolution a lieu à l'expiration du temps fixé, peu importe que l'opération en vue de laquelle elle a été constituée soit ou non terminée (2).

Cependant, si, dans l'esprit des parties, l'indication du délai était purement accessoire et que le but de la société ait été l'objet principal, il n'y aurait pas lieu de tenir compte du terme fixé et la société devrait exister jusqu'à la fin des opérations (3).

49. — Si toutes les parties sont d'accord, elles peuvent dissoudre la société avant l'expiration du temps fixé : c'est ce que nous avons appelé le *mutuel dissentiment*.

50. — Elles peuvent également la proroger au delà du terme convenu (art. 1866, C. civ.).

La prorogation, dit cet article 1866, ne peut être prouvée que par un écrit revêtu des mêmes formes que le contrat de société. Mais cette présomption, qui ne s'applique qu'à la preuve proprement dite, n'empêche pas que la prorogation ne puisse être faite même tacitement, si elle n'est pas contestée (4).

Lorsqu'une société a été prorogée, y a-t-il une nouvelle société ou bien seulement la continuation de l'ancienne? La question est controversée.

Troplong (5) et Pont (6) pensent que c'est la même société qui subsiste sans interruption entre les mêmes personnes, avec le même capital et les mêmes moyens, avec le même but et le même objet, et ne présentant de modifications que dans le temps de sa durée, changé par la volonté des parties.

MM. Laurent (7) et Guillouard (8) font une distinction : ils appliquent la

(1) N° 276.
(2) Troplong, n° 870; Pont, n° 683; Guillouard, n° 280.
(3) Bruxelles, 13 janvier 1810; Pont, n° 684; Laurent, n° 366; Guillouard, n° 280.
(4) Cass., 14 mars 1848, 17 décembre 1889; Guillouard, n° 284; Laurent, n° 368.
(5) N° 915.
(6) N° 686.
(7) N° 371.
(8) N° 286.

théorie de Troplong et Pont lorsque la société a été prorogée avant son expiration ; mais ils la repoussent au cas où la prorogation n'intervient qu'après l'expiration du temps fixé pour la société : la société a été dissoute, disent-ils, et on ne peut la faire revivre par une convention nouvelle.

51. — Extinction de la chose. — La société est dissoute de plein droit, soit par la destruction matérielle de l'objet de la société, soit lorsqu'un événement rend cet objet impropre à l'usage pour lequel il a été mis en société (1).

L'article 1865, en parlant de l'extinction de la chose, ne prévoit que la perte totale. Mais, que faut-il décider en cas de perte partielle? La solution dépend de l'importance de la fraction perdue : si cette importance est telle que la société ne puisse plus atteindre son but et réaliser les bénéfices en vue desquels elle a été formée, la dissolution pourra avoir lieu ; mais si la partie perdue ne porte que sur une faible partie de la chose, la société continuera (2).

Aux termes de l'article 1867, la perte de la mise de l'un des associés peut entraîner la dissolution de la société dans les circonstances suivantes :

Lorsque l'apport est d'un corps certain, sa perte avant sa réalisation entraîne la dissolution de la société ; mais si cet apport porte sur plusieurs objets et que l'un d'eux vienne seulement à périr, il faut établir la distinction que nous venons de rappeler et qui est basée sur l'importance de l'objet perdu.

Quand l'apport consiste seulement dans la jouissance de certains objets, la perte de la chose apportée entraîne aussi la dissolution de la société, sauf dans les cas prévus par l'article 1851 du Code civil (3).

52. — Consommation de la négociation. — Lorsqu'une société a été formée en vue d'une opération déterminée, elle ne doit évidemment prendre fin qu'après la consommation de la négociation, lors même que, dans le contrat, les parties auraient fixé un terme ; car ce terme est sans aucun doute une condition accessoire subordonnée à l'achèvement de l'entreprise (4).

Si l'opération est rendue impossible par un cas de force majeure, la société finira dans ce cas avant son achèvement (5).

53. — Décès de l'un des associés. — Les sociétés dont nous nous occupons, étant des sociétés de personnes, on conçoit facilement que le législateur ait stipulé que la disparition de l'une d'elles entraîne la dissolution de la société et n'oblige pas les autres associés à continuer la société avec ses héritiers ou représentants.

Cette règle s'applique à toute société, à durée limitée ou à durée illimitée (6).

54. — Mais l'article 1868 permet aux associés de stipuler dans le contrat, qu'en cas de mort de l'un d'eux, la société continuera entre les héritiers de l'associé prédécédé et les associés survivants.

Peu importe que les héritiers soient majeurs ou mineurs (7) ; et qu'ils aient accepté la succession purement et simplement ou sous bénéfice d'inventaire (8).

Par *héritiers*, il faut entendre tous ceux qui sont appelés à représenter l'associé décédé : héritiers réguliers ou irréguliers, légitimes ou testamentaires (9).

Si on a employé dans le contrat, l'expression *représentants*, il faut entendre par là tous ceux qui, à un titre quelconque, succèdent aux droits de l'associé,

---

(1) Guillouard, n° 288.
(2) Pont, n° 694 ; Laurent, n° 372 ; Guillouard, n° 289 ; Cass., 16 juin 1873 (S. 1873-1-386).
(3) Aubry et Rau, § 384, texte et note 9, Guillouard, n° 290.
(4) Bruxelles, 13 janvier 1810 ; Nîmes, 2 janvier 1839 (S. 1839-2-75) ; Guillouard, n° 292.
(5) Duvergier, n° 414 ; Pont, n° 682 et 684 ; Laurent, n° 366 ; Guillouard, n° 293 ; Cass., 17 décembre 1834 (S. 1835-1-65).
(6) Aubry et Rau, t. IV, § 384 ; Cass., 30 nov. 1892

(7) Bordeaux, 29 juillet 1862 ; Aix, 16 décembre 1868 ; Riom, 21 mai 1884 : Cass., 2 et 10 mars 1885 ; Paris, 7 avril 1887 ; Duranton, t. XVII, n° 483 ; Troplong, n° 954 ; Aubry et Rau, § 384, texte et note 8 ; Pont, n° 716 ; Laurent, n° 380 ; Guillouard, n° 298. — Contrà : Duvergier, n° 441.
(8) Riom, 21 mai 1884 ; Pont, n° 715 ; Guillouard, n° 299.
(9) Troplong, n° 952 ; Duvergier, n° 440 ; Pont, n° 715 ; Guillouard, n° 300.

même ceux qui achètent les droits de l'associé décédé sur la poursuite des créanciers (1).

La clause que nous venons d'examiner et qui stipule que les héritiers de l'associé décédé lui succéderont dans la société, est-elle pour eux obligatoire, ou pourront-ils, tout en acceptant la succession de l'associé, refuser d'entrer dans la société ? La question est controversée.

La deuxième solution est soutenue par MM. Pont (2), Aubry et Rau (3); et la première (qui nous paraît plus juridique) par M. Guillouard (4).

55. — Ce même article 1868 permet aussi de stipuler qu'en cas de mort d'un associé, la société continuera entre les associés survivants, à l'exclusion des héritiers du prédécédé. Dans ce cas, dit-il, l'héritier du décédé n'a droit qu'au partage de la société, eu égard à la situation de cette société lors du décès, et ne participe aux droits ultérieurs qu'autant qu'ils sont une suite nécessaire de ce qui s'est fait avant la mort de l'associé auquel il succède.

Mais comme une liquidation de la société serait très gênante, on stipule ordinairement que la part des héritiers sera fixée par le dernier inventaire social, et on fixe les termes et les époques de paiement.

56. — Puisque, d'une part, il est permis de stipuler dans le contrat de société, soit que la société continuera avec l'héritier de l'associé décédé, soit qu'elle continuera entre les associés survivants ; et que, d'autre part, à défaut de convention de ce genre, la société est dissoute à la mort de l'un des associés, on peut insérer dans le contrat une clause donnant aux associés survivants l'option entre ces trois partis : dissoudre et liquider la société, la continuer entre eux, ou la continuer avec les héritiers de l'associé décédé (5).

57. — L'*absence*, même déclarée, de l'un des associés, n'entraîne pas, de plein droit, la dissolution de la société (6).

58. — **Interdiction de l'un des associés.** — L'interdiction de l'un des associés — qu'elle soit judiciaire ou légale — est une cause de dissolution de la société.

Mais on ne doit pas assimiler à l'interdit la personne pourvue d'un conseil judiciaire (7). Dans ce cas, toutefois, s'il n'y a pas dissolution de plein droit, il peut y avoir lieu à demande judiciaire en dissolution, dans les termes de l'article 1871. — Il en serait de même dans le cas de placement de l'un des associés dans un établissement public d'aliénés (8).

59. — **Déconfiture, faillite ou mise en liquidation judiciaire d'un associé.** — La déconfiture, la faillite et la mise en liquidation judiciaire de l'un des associés mettent fin à toute espèce de société, aussi bien à celles qui ont été contractées en vue de capitaux à fournir par les associés, qu'à celles où l'on a cherché le concours personnel de ceux-ci (9).

Toutefois, cette règle n'est pas d'ordre public, et les associés peuvent convenir que la société continuera malgré l'un ou l'autre de ces divers événements (10).

La dissolution peut être demandée soit par les co-associés, soit par l'associé même qui est tombé en déconfiture, a été déclaré en faillite, ou mis en liquidation

---

(1) Paris, 13 août 1834 ; Troplong, Duvergier, Pont et Guillouard, *loc. cit.*
(2) Nᵒˢ 594 et 714.
(3) § 384, texte et note 8.
(4) Nᵒ 301.
(5) Guillouard. nᵒ 304.
(6) Demolombe, t. II, nᵒ 144 ; Pont, nᵒ 707; de Moly, *Traité des absents*, nᵒ 735 ; Guillouard, nᵒ 309.
(7) Aubry et Rau, § 384, texte et note 9; Pont,

nᵒ 723 ; Laurent, nᵒ 385 ; Guillouard, nᵒ 313. — *Contrà :* Duranton, nᵒ 474 ; Duvergier, nᵒ 543-444.
(8) Guillouard, nᵒ 313.
(9) Paris, 5 janvier 1853 ; Lyon-Caen et Renault, nᵒ 322 et 324 ; Guillouard, nᵒ 318.
(10) Orléans, 29 août 1844 ; Cass., 7 décembre 1858, 18 janvier 1881; Riom, 21 mai 1884; Cass., 10 mars 1835; Aubry et Rau, § 384, texte et note 12 ; Pont, nᵒˢ 729-730 ; Laurent, nᵒ 391 ; Guillouard, nᵒ 318.

judiciaire, soit par ses ayants cause, soit par les créanciers (1). Il en est de même de l'adjudicataire ou du cessionnaire de la part d'un des associés (2).

60. — Volonté des parties. — L'article 1865 du Code civil dit, d'une manière générale, que la société finit notamment « par la volonté qu'un seul ou plusieurs associés expriment de n'être plus en société ».

Cette disposition est complétée par les articles 1869 et 1870 ainsi conçus :

La dissolution de la société par la volonté de l'une des parties ne s'applique qu'aux sociétés dont la durée est illimitée et s'opère par une renonciation notifiée à tous les associés, pourvu que cette renonciation soit de bonne foi et non faite à contre temps (art. 1869, C. civ.) ;

La renonciation n'est pas de bonne foi lorsque l'associé renonce pour s'approprier à lui seul le profit que les associés s'étaient proposé de retirer en commun. — Elle est faite à contre-temps, lorsque les choses ne sont pas entières et qu'il importe à la société que sa dissolution soit différée (art. 1870, C. civ.).

61. — Ce droit est tellement essentiel que les associés ne pourraient pas dans le contrat s'interdire de l'exercer (3).

62. — Justes motifs. — La dissolution des sociétés à terme ne peut être demandée par l'un des associés avant le terme convenu, qu'autant qu'il y en a de justes motifs, comme lorsqu'un autre associé manque à ses engagements, ou qu'une infirmité habituelle le rend inhabile aux affaires de la société, ou autre cas semblables, dont la légitimité et la gravité sont laissées à l'appréciation des juges (art. 1871, C. civ.).

En d'autres termes, et, d'une manière générale, on peut dire que la dissolution peut être demandée et doit être prononcée toutes les fois que la prolongation de la société mettrait en péril l'intérêt social, ou l'intérêt de quelques-uns des associés.

Aux exemples cités par le législateur et qui consistent dans le manquement de l'un des associés à ses engagements (4) et l'infirmité habituelle qui rend l'un des associés inhabile aux affaires de la société (5), il faut ajouter les exemples suivants : la mésintelligence grave entre les associés (6), les prélèvements exagérés faits par l'un d'eux (7), l'absence de bénéfices (8), l'opposition persistante d'un associé à des mesures utiles à la société, etc., etc. (9).

Le droit de demander la dissolution de la société pour cause légitime est, comme le droit de renonciation dans les sociétés à durée illimitée, un droit éventuel auquel les associés ne peuvent renoncer par avance (10).

ART. 9. — *Liquidation et partage.*

63. — Tout ce qui concerne la liquidation et le partage des sociétés, aussi bien civiles que commerciales, a été longuement traité sous le mot PARTAGE (LIQUIDATION ET), nᵒˢ 2092 à 2138.

ART. 10. — *Sociétés civiles concernant les immeubles occupés par les associations religieuses et écoles congréganistes.*

64. — Voir *infrà*, vᵒ SOCIÉTÉS PAR ACTIONS, la formule de société civile par actions et la note.

---

(1) Pont, nᵒ 729 ; Laurent, nᵒ 390 ; Guillouard, nᵒ 319.
(2) Guillouard, nᵒ 319.
(3) Troplong, nᵒ 973 ; Aubry et Rau, § 384, texte et note 15 ; Pont, nᵒ 742 ; Laurent nᵒ 396 ; Guillouard, nᵒ 332.
(4) Cass., 27 mars 1844 ; Bordeaux, 29 juillet 1857 ; Seine, 4 février 1889.

(5) Pothier, nᵒ 152.
(6) Aix, 18 juin 1822 ; Grenoble, 20 mars 1868 ; Lyon, 12 janvier 1882 ; Orléans, 19 novembre 1887.
(7) Cass., 21 février 1888.
(8) Cour suprême d'Autriche, 30 juin 1887.
(9) Aubry et Rau, § 382.
(10) Aubry et Rau, § 384, texte et note 20 ; Guillouard, nᵒ 336.

§ 3. Responsabilité notariale.

65. — Nous en avons parlé plus haut (V. *suprà*, v° Sociétés en général, § 9).

§ 4. Frais et honoraires.

66. — V. ce que nous avons dit, *suprà*, v° Sociétés en général, § 10.

§ 5. Enregistrement.

67. — Cette matière a été traitée plus haut d'une manière très complète (V. *suprà*, v° Sociétés en général, § 11).

§ 6. Formules.

1. *Société universelle.*
2. *Société particulière.*

3. *Société particulière (autre formule).*

1. — Société universelle.

Pardevant..., etc.

Ont comparu :

M. Jacques Brunel, propriétaire, demeurant à...

D'une part.

Et M. Antoine Lucas, rentier, demeurant à...

D'autre part.

Lesquels ont, par ces présentes, établi entre eux une société universelle de tous biens présents, dont ils ont réglé les conditions de la manière suivante :

Art. 1er. — Il y aura, à compter de ce jour, entre M. Brunel et M. Lucas, une société universelle de tous les biens, meubles et immeubles, dont les comparants sont aujourd'hui propriétaires, de tous les profits qu'ils pourront en tirer et de toute espèce de gains qu'ils pourront obtenir pendant la durée de la société, ainsi que de la jouissance des biens meubles et immeubles dont ils pourront devenir propriétaires par succession, donation, legs ou autrement, pendant le temps que durera la société.

En conséquence, toutes les dettes et charges de la société, présentes et à venir, seront payées et supportées par la société à l'exception de celles provenant de successions, donations ou legs recueillis pendant la société, dont celle-ci ne sera chargée que pour les intérêts ou arrérages courus pendant sa durée.

Art. 2. — L'actif de la société, en meubles et immeubles, et les pertes et charges, seront partagés et supportés entre les associés par égale portion.

Art. 3. — La présente société durera jusqu'au décès du premier mourant des associés, et sera éteinte et dissoute de plein droit à partir de cette époque.

Art. 4. — Elle pourra être dissoute également pendant la vie des associés, mais seulement après un avertissement extrajudiciaire donné au moins six mois à l'avance par celui qui demandera la dissolution.

Art. 5. — Les biens actuels que les comparants font entrer dans la société consistent, savoir :

De la part de M. Brunel (*désigner les biens, en établir la propriété*) ;

Et de la part de M. Lucas, etc.

(*Indiquer également les dettes actuelles, s'il en existe*).

Art. 6. — M. Brunel aura l'entière gestion et administration de la société ; il pourra seul contracter et signer, sans que M. Lucas puisse, dans aucun temps ni en aucune circonstance, s'immiscer dans la gestion tant que durera la société.

(*Ou bien*: M. Brunel aura l'administration de la société ; mais il ne pourra, sans le consentement de son co-associé, consentir les actes quelconques engageant la société).

Art. 7. — Les associés pourront continuer à demeurer et vivre en commun, ou bien se séparer, comme bon leur semblera, sans qu'en cas de séparation la société soit dissoute par ce fait seul.

En cas de séparation, M. Brunel continuera à administrer la société, comme il est dit ci-dessus, et il devra payer à M. Lucas, mensuellement, la somme de..., pour subvenir à ses dépenses personnelles.

M. Brunel fera alors un prélèvement égal sur les revenus de la société.

Les associés ne seront ni l'un ni l'autre tenus de rendre compte des sommes ainsi prélevées.

Art. 8. — Lors de la dissolution de la société par le décès de l'un des associés, il sera fait inventaire de tout l'actif qui la composera, et qui sera partagé par moitié entre les héritiers du prédécédé et le survivant ; ce dernier aura un délai de..., pour rendre aux héritiers du prédécédé la portion revenant à leur auteur, sans intérêts jusque là.

Art. 9. — Dans le cas où la société viendrait à être dissoute de la manière prévue dans l'article 4 ci-dessus, celui des associés qui aurait provoqué la dissolution n'aurait le droit de reprendre qu'une somme de..., plus les effets corporels à son usage ; tout le surplus de l'actif de la société appartiendra en toute propriété à l'autre associé qui aura alors un délai de... pour payer à son co-associé la somme de..., avec intérêts à 5 % par an, à compter du jour de la dissolution.

Art. 10. — Pour l'exécution des présentes, les parties élisent domicile, etc

Dont acte...

2. — Société particulière.

Pardevant..., etc.

Ont comparu :

M. Alexis Lejeune, cultivateur, demeurant à...,

D'une part.

Et M. Paul Bonneau, cultivateur, demeurant à...,

D'autre part.

Lesquels ont dit qu'ils sont dans l'intention de s'associer pour l'exploitation de la ferme de La Flie et ses dépendances, située commune de..., dont M. Lejeune est locataire, aux termes du bail consenti à son profit pour vingt-sept années qui commenceront à courir le 11 novembre 1892, par M. Joseph Lunel, propriétaire, demeurant à,.., suivant bail dressé par Mᵉ..., notaire à..., le...

En conséquence, ils ont réglé, de la manière suivante, les conditions de leur association.

Art. 1ᵉʳ. — M. Lejeune et M. Bonneau s'associent pour l'exploitation en commun de ladite ferme de La Flie ; ils auront droit à tous les bénéfices que pourront leur procurer cette exploitation, et ils en supporteront les charges chacun par moitié.

Art. 2. — Cette société, étant civile et particulière, sera réglée par les dispositions du Code civil (art. 1841 et suiv.).

Elle partira du..., époque à laquelle il y aura lieu de commencer les premiers travaux nécessaires à l'exploitation de la ferme de La Flie, et elle durera jusqu'à l'expiration du bail ci-dessus relaté.

Art. 3. — MM. Lejeune et Bonneau fourniront, par égale portion, les sommes nécessaires à l'acquisition de tous les bestiaux, instruments aratoires, pailles, fumiers, semences, etc., qui devront être employés pour l'exploitation de la ferme, sans que chacun d'eux puisse être tenu de débourser au delà de la somme de... francs. — Chacun des associés aura le droit de fournir en nature les objets susmentionnés, jusqu'à concurrence d'une valeur égale à la portion à laquelle il est tenu ; ces objets seront reçus sur une estimation amiable entre les associés.

Art. 4. — M. Lejeune aura la gestion et l'administration de la société; il sera chargé de l'acquisition de tout le matériel, de la vente des denrées et récoltes, du règlement des comptes des ouvriers et généralement de la recette et de la dépense de tout ce qui concerne la société.

M. Bonneau, de son côté, sera chargé de la direction du travail, de la surveillance et de la conduite de toutes les personnes attachées à l'exploitation, et généralement de tout ce qui a rapport aux travaux de culture.

ART. 5. — Les comparants ne pourront, sous aucun prétexte, céder à qui que ce soit leurs droits à l'association.

ART. 6. — Pour subvenir à leurs dépenses personnelles, chacun des associés pourra prélever annuellement une somme de... sur les produits de la société.

ART. 7. — Le prix du fermage dû à M. Lunel, les gages des domestiques, ouvriers, charretiers, etc., le chauffage, la lumière, les contributions, la nourriture des associés, celle de leurs femmes et de leurs enfants, enfin toutes les autres dépenses relatives à l'exploitation de la ferme, seront à la charge de la société. Quant aux frais de voyage, ils seront payés sur le simple mémoire de celui des associés qui les aura faits.

ART. 8. — Pour constater l'état de la société, un inventaire en deux originaux sera dressé chaque année à l'époque du...

Les bénéfices seront laissés dans la société jusqu'à concurrence de la somme de... pour former un fonds destiné à parer aux pertes qui pourraient subvenir par quelque cause que ce soit, et le surplus sera partagé annuellement (ou à l'expiration de la société) entre les associés par égale portion.

ART. 9. — En cas de décès de l'un des associés, la présente société sera dissoute de plein droit et le survivant aura la faculté de conserver seul l'exploitation et le droit au bail de la ferme de La Flie, ensemble tout l'actif appartenant à la société, en remboursant aux héritiers du prédécédé la somme revenant à leur auteur d'après le dernier inventaire, auquel ils seront tenus de se rapporter.

Le survivant devra faire connaître son intention à cet égard dans les .. mois du décès du prémourant, et s'il use de cette faculté, il aura un délai de..., sans intérêts pour se libérer envers lesdits héritiers de la somme dont il se trouvera débiteur vis-à-vis d'eux.

Pour l'exécution des présentes, etc.

Dont acte...

3. — Société particulière (autre formule).

Pardevant..., etc.

Ont comparu :

1° M. Louis Loriot, rentier, demeurant à...;
2° M. Eugène Corniquet, entrepreneur, demeurant à...;
3° M. Gaston Legrand, propriétaire, demeurant à...;

Lesquels ont établi, ainsi qu'il suit, les statuts d'une société civile :

ART. 1er. — Il est formé, entre les comparants, une société civile ayant pour objet l'acquisition d'un terrain sis à..., appartenant à..., et de tous autres immeubles, l'édification de constructions, la mise en valeur, l'exploitation et la revente de ces immeubles.

ART. 2. — La durée de la société est fixée à... années, à compter de ce jour.

ART. 3. — Chacun des associés apporte à la société une somme de... francs qu'il s'oblige à lui verser au fur et à mesure de ses besoins, sans intérêts.

ART. 4. — M. Corniquet aura l'administration et tiendra les écritures et la caisse de la société. Toutefois, les achats, ventes, marchés, emprunts, dations d'hypothèques, ne pourront être réalisés qu'avec le concours des trois associés.

ART. 5. — Il aura droit, comme administrateur, à un prélèvement de... par an, qui sera porté au compte des frais généraux de la société.

ART. 6. — Il sera fait chaque année, au 31 décembre, un inventaire de l'actif et du passif de la société. Cet inventaire sera signé par les trois associés.

Les bénéfices nets constatés par cet inventaire seront partagés par tiers entre les associés; les pertes, s'il en existe, seront supportées dans la même proportion.

ART. 7. — En cas de décès de l'un des associés pendant le cours de la société, elle ne sera pas dissoute; elle continuera, au contraire, entre les associés survivants et les héritiers et représentants de l'associé décédé, lesquels devront déléguer l'un d'entre eux pour les représenter dans tous leurs rapports avec la société et pour la réalisation de tous les actes sociaux (*Pour les autres hypothèses pouvant être prévues*, V. *infrà*, v° SOCIÉTÉS COMMERCIALES ORDINAIRES, *la formule de* SOCIÉTÉ EN NOM COLLECTIF).

ART. 8. — Lors de la dissolution de la société, la liquidation sera faite par les associés ou par celui ou ceux d'entre eux qu'ils désigneront.

ART. 9. — Pendant la durée de la société et, après sa dissolution, jusqu'à l'issue de sa liquidation, les immeubles et autres biens de la société appartiendront toujours à l'être moral et collectif, et ne pourront être considérés comme étant la co-propriété indivise des associés.

Dont acte...

SOCIÉTÉS COMMERCIALES ORDINAIRES

Par sociétés commerciales ordinaires, il faut entendre les sociétés commerciales de personnes, par opposition aux sociétés par actions, qui sont des sociétés de capitaux.

Les sociétés commerciales ordinaires comprennent :

1° La société en nom collectif;
2° La société en commandite simple;
3° Et la société en participation.

Sommaire :

§ 1. Société en nom collectif.
    Art. 1. Raison et signature sociales.
    Art. 2. Gestion. Pouvoirs.
    Art. 3. Solidarité.
    Art. 4. Liquidation et partage.
§ 2. Société en commandite simple.
§ 3. Société en participation.
§ 4. Responsabilité notariale.
§ 5. Frais et honoraires.
§ 6. Timbre et enregistrement.
§ 7. Formules.

§ 1. SOCIÉTÉ EN NOM COLLECTIF.

1. — La société en nom collectif est celle que contractent deux personnes ou un plus grand nombre, et qui a pour objet de faire le commerce sous une raison sociale (art. 20, C. com.).

C'est la société commerciale qui se rapproche le plus des sociétés civiles; comme elles, elle est une société de personnes.

Aussi, outre les règles relatives aux SOCIÉTÉS EN GÉNÉRAL, celles qui régissent les sociétés civiles particulières lui sont applicables, en ce qu'elles ne sont pas contraires aux règles qui lui sont absolument spéciales et que nous allons examiner.

ART 1ᵉʳ. — *Raison et signature sociales.*

2. — **Raison sociale.** — On entend par *raison sociale* le nom sous lequel existe l'être moral que l'on appelle « société » et sous lequel sont signés les engagements pris pour le compte de la société (1).

La raison sociale n'a rien de commun avec le nom ou l'enseigne qui peut être donné à l'établissement exploité par la société. L'enseigne ou le nom de l'établissement peut survivre à la société elle-même, tandis que la raison sociale finit ou s'éteint avec la société (2).

3. — Les noms des associés peuvent seuls faire partie de la raison sociale (art. 21, C. com.). Néanmoins, il n'est pas nécessaire que tous les noms des associés y figurent ; dans ce cas, on en énonce un ou plusieurs et on les fait suivre des mots *et Compagnie*, ou, par abréviation *et Cⁱᵉ*. Lorsque ces mots ne sont pas ajoutés à la raison sociale, c'est qu'elle comprend les noms de tous les associés (3).

En conséquence :

1° Dès qu'un associé se retire de la société ou vient à décéder, son nom, s'il figurait dans la raison sociale, doit en être immédiatement retranché (4) ;

2° Quand l'établissement appartenant à une société en nom collectif a été cédé à une société comprenant d'autres personnes, la société cessionnaire ne peut pas fonctionner sous la raison sociale de la société cédante (5) ;

3° Lorsqu'une société en nom collectif est transformée en société en commandite, à raison de ce que l'un des associés devient commanditaire, le nom de cet associé doit cesser de figurer dans la raison sociale (6).

4. — Une société ne cesse pas d'être en nom collectif, par cela seul qu'elle n'a pas de raison sociale, alors que les conventions des parties ne permettent pas de considérer la société comme une simple association en participation (7). La société en nom collectif doit être regardée comme la société commerciale de droit commun (8).

5. — Des associés qui, dans la vue de se procurer un crédit, joindraient à leur raison sociale le nom d'une personne qui ne serait pas réellement associée, commettraient une véritable escroquerie à l'égard des tiers qu'ils auraient ainsi trompés (art. 405, C. pén.). Et, en tous cas, la personne non associée dont le nom aurait été joint à la raison sociale, de son consentement, pourrait être obligée solidairement (9). Mais il en serait autrement si cette personne était étrangère à la fraude (10).

Il n'y aurait même pas seulement escroquerie, mais faux caractérisé de la part de l'associé qui, après la dissolution de la société, emploierait, pour ses affaires personnelles, le nom social de la société dissoute (11).

6. — **Signature sociale.** — Celui ou ceux des associés qui ont les pouvoirs de traiter au nom de la société, doivent signer les traités non pas de leur nom personnel, mais de la raison sociale, par exemple : *Renaud et Vincent*, ou *Mangin et Cⁱᵉ*, ou encore *Thirion, Martin et Cⁱᵉ*.

Nous allons voir, sous l'article suivant, quelles personnes ont le droit d'employer la signature sociale et dans quelles limites elles peuvent user de ce droit.

---

(1) Troplong, n° 360 ; Lyon-Caen et Renault, n° 152.

(2) Bédarride, n° 140 ; Alauzet, n° 281 ; Pont, n° 837 ; Lyon-Caen et Renault, n° 156 ; Cass., 6 juin 1859.

(3) Troplong, n° 360 ; Pont, n° 838 et 840 ; Lyon-Caen et Renault, n° 152.

(4) Pont, n° 840.

(5) Lyon-Caen et Renault, n° 154.

(6) *Id. ibid.*

(7) Pont, n° 1339 ; Cass., 10 août 1859. — *Contrà :* Troplong, n° 376 ; Bédarride, n° 127.

(8) Lyon-Caen et Renault, n° 150.

(9) Pardessus, n° 978 ; Troplong, n° 373 ; Delangle, n° 223 ; Bédarride, n° 135 ; Pont, n° 842.

(10) Lyon-Caen et Renault, n° 153.

(11) Cass., 28 germinal an XIII et 16 octobre 1806 ; Delangle, n° 224 ; Faustin-Hélie, *Théorie C. pén.*, t. II, n° 541 ; Pont, n° 843 ; Lyon-Caen et Renault, n° 253.

7. — Gestion. — Nous avons fait remarquer, en examinant les sociétés civiles particulières, que le législateur a laissé aux parties le soin de régler l'administration de la société formée entre elles, et que, s'il a tracé certaines règles à ce sujet, c'est uniquement pour le cas où le contrat serait muet sur ce point. Cette dernière hypothèse est très rare en matière de sociétés commerciales.

8. — En principe, toutes les sociétés sont représentées par des mandataires qui, dans les sociétés de personnes, ont le titre de gérants.

Les gérants sont désignés par les associés. Cette désignation a lieu, d'ordinaire, dans le contrat même de société; mais elle peut avoir lieu par acte postérieur. Dans le premier cas, les gérants dits *gérants statutaires* ne peuvent être révoqués par leurs co-associés, mais seulement par les tribunaux, pour cause légitime (art. 1856, C. civ.); ils n'ont pas la faculté de renoncer au mandat qu'ils ont accepté et qui est aussi irrévocable que le contrat de société (art. 1134, C. civ.).

Au contraire, dans le second cas, les gérants ne sont que de simples mandataires, qui peuvent être révoqués *ad nutum* par les autres associés, ou renoncer à leurs fonctions (art. 2003, C. civ).

9 — Le gérant peut être un associé, ce qui est le cas le plus général, ou une personne étrangère à la société. Dans ce dernier cas, il est toujours révocable par les associés, lors même qu'il aurait été nommé par les statuts.

10. — Contrairement à ce qu'elle a fait pour les sociétés par actions, la loi n'a pas réglementé, dans les sociétés en nom collectif, le droit de surveillance des associés non gérants. Aussi, ceux-ci peuvent-ils, dans les statuts, régler l'exercice de ce droit comme bon leur semble. Une renonciation à ce droit, quelqu'insolite qu'elle soit, serait valable; mais elle ne saurait, bien entendu, empêcher que l'un d'eux se plaignît des fraudes commises dans la gestion (1).

11. — Ordinairement, on attribue au gérant soit un traitement fixe, soit une commission, soit, s'il est associé, une part plus grande dans les bénéfices (2).

12. — Pouvoirs. — En règle générale, les pouvoirs des gérants sont déterminés dans l'acte de société. En l'absence de stipulations, ils sont déterminés par la loi, ainsi que nous l'avons vu en étudiant les sociétés civiles particulières. Dans le premier cas, il faut suivre exactement les conditions imposées; dans la seconde, il n'y a qu'à appliquer les principes légaux.

La stipulation, dans un acte de société en nom collectif, que la signature sociale attribuée à chacun des associés ne pourra être employée en dehors des affaires de la société, n'a d'effet qu'entre les associés (Cass., 22 juin 1881; Lyon, 23 mars 1892).

13. — Les associés en nom collectif indiqués dans l'acte de société sont solidaires pour tous les engagements de la société, encore qu'un seul des associés ait signé, pourvu que ce soit sous la raison sociale (art. 22, C. com.).

L'engagement contracté au nom de la société entraîne une double obligation : l'une principale, celle de l'être moral, c'est-à-dire de la société; l'autre subsidiaire ou accessoire, celle des associés. Suivant l'opinion générale, les créanciers sociaux ne peuvent agir contre les associés individuellement qu'après avoir obtenu un jugement de condamnation contre la société (3). Mais le jugement obtenu contre la

---

(1) Lyon-Caen et Renault, n° 254.
(2) Aix, 2 mai 1869.

(3) Delangle, n° 263; Bédarride, n° 165; Pont, n°° 1403 et 1406; Cass., 10 avril 1877

société est de plein droit exécutoire contre les associés, et confère l'hypothèque sur leurs immeubles, aussi bien que sur les immeubles de la société (1).

Bien que les associés en nom collectif soient solidaires pour tous les engagements de la société, ils n'en sont tenus que subsidiairement à titre spécial, et en dehors des actions dont ladite société peut être elle-même principalement l'objet. — Par suite, la compensation ne saurait s'opérer entre la créance qu'un associé en nom collectif a sur un tiers, et celle que le tiers a sur la société, alors que celui-ci n'a pas élevé de réclamation directe et personnelle contre l'associé (2).

14. — La solidarité n'empêche pas que l'obligation ne se divise entre les héritiers de chaque associé, suivant la loi générale des obligations, sauf aux créanciers à se pourvoir sur les biens de la société (3).

15. — Elle n'a lieu qu'à l'égard des créanciers de la société ; ils peuvent demander à chacun des associés la totalité de ce qui leur est dû ; mais les associés entre eux ne sont tenus des dettes sociales que chacun pour la part qu'il a dans la société.

La solidarité n'existant qu'au profit des tiers, et non dans les rapports des associés entre eux, l'associé qui a payé en totalité la dette sociale, n'a de recours contre ses co-associés que pour leur part et portion, conformément à l'article 1214 du Code civil (4).

16. — L'obligation est solidaire, quoiqu'un seul des associés ait signé, ce qui suppose que, par l'acte de société dûment publié, il n'y a point exclusion expresse du pouvoir d'engager les autres ; autrement la société ne serait point obligée par la signature de celui des associés auquel ce pouvoir aurait été interdit ; quoiqu'il eût signé sous la raison sociale, il demeurerait seul obligé envers ceux avec lesquels il aurait négocié, et qui devraient s'imputer d'avoir mal à propos traité avec lui (5).

En principe, et à défaut de stipulation particulière, le pouvoir de gérer et d'obliger la société dans les sociétés en nom collectif appartient à tous les associés et à chacun d'eux (6) (art. 1859, C. civ.). Lorsque l'acte de société a institué une gérance et a confié l'administration et la signature sociale, soit à l'un ou à quelques uns des associés, soit même à un tiers, le gérant ou les gérants seuls ont le pouvoir de traiter pour la société et de l'obliger (7).

17. — Pour qu'un associé puisse engager seul la société, il faut qu'il ait signé sous la raison sociale et agi au nom de la société, sans cela il serait censé n'avoir contracté que pour son compte particulier (8). Mais il en serait autrement si l'engagement pris sous la signature avait pour objet des choses manifestement étrangères au commerce de la société (9).

18. — La signature sociale comporte contre tous les associés d'une société commerciale un engagement solidaire, dont ils ne peuvent se dégager en prouvant que l'obligation a eu pour objet une dette personnelle à l'associé signataire, et antérieure à l'existence de la société (10).

Toutefois, si l'engagement, ayant pour cause le paiement de dettes personnelles, a été consenti et conclu de mauvaise foi entre le gérant et le tiers créancier, il ne saurait, quoique souscrit de la raison sociale, donner à ce dernier le droit de s'attaquer à la société et aux autres associés (11).

19. — La solidarité qui distingue la société en nom collectif est tellement de l'essence de cette société, que les parties ne pourraient en être déchargées **par**

(1) Pont, n° 1407.
(2) Cass , 20 juillet 1874 ; Rouen, 26 janvier 1877 ; Cass., 20 avril 1885 (art. 23438, J. N.).
(3) Dict. du not., v° *Société*, n° 216.
(4) Pont, n° 1408.
(5) Troplong, n° 805.
(6) V. Lyon-Caen et Renault, n°° 265 et 267.

(7) Orléans, 16 juin 1869.
(8) Troplong, n° 805 ; Pont, n° 1395.
(9) Pont, n° 1397.
(10) Cass.. 11 mai 1836, 22 avril 1843 (art. 12368, J. N.), 7 mai 1851 et 21 février 1860 ; Pont, n° 1398.
(11) Pont, n° 1399.

une stipulation spéciale, quoique insérée dans l'extrait qui doit être affiché (1). Mais si la solidarité est de l'essence des sociétés en nom collectif, pour les engagements pris envers les tiers, cette règle ne s'applique pas aux rapports des associés entre eux. Ainsi, il a été jugé qu'on doit tenir pour valable et obligatoire, entre les associés, la convention par laquelle, après avoir dit que les bénéfices et les pertes seront répartis également, on ajoute, comme stipulation expresse, que tel ou tel des associés ne pourra jamais être engagé au delà de sa mise (2).

20. — La solidarité qui naît de la société en nom collectif n'est pas seulement passive, en ce que chacun des associés doit payer les dettes pour le tout ; elle est active, aussi, en ce que chacun des associés, ayant la gestion des affaires sociales, peut exiger des débiteurs la totalité des sommes dues à la société (art. 1857, 1859, C. civ.) (3).

21. — Dans la société en nom collectif, tous les associés étant tenus personnellement de toutes les dettes sociales, la faillite de la société entraîne de plein droit celle de chacun des associés. L'associé solidairement responsable doit être considéré comme étant en état de cessation de paiements dès l'époque où la société elle-même a cessé ses paiements (4).

ART. 4. — Liquidation et partage.

22. — En nous occupant des sociétés civiles, nous avons vu, sous l'article 8 du § 3, comment, d'une manière générale, les sociétés prennent fin.

En ce qui concerne la liquidation et le partage des sociétés, ils ont été traités *supra*, v° PARTAGE (LIQUIDATION ET), n°s 2092 à 2138. .

Toutes ces règles étant applicables aux sociétés en nom collectif, nous n'avons donc pas à les rappeler ici. Ajoutons seulement que, lorsqu'il est stipulé par les statuts qu'en cas de décès de l'un des associés, la société sera dissoute de plein droit, et le partage opéré d'après un inventaire amiable fait entre les intéressés, cette clause est valable, même s'il y a des mineurs (5).

§ 2. SOCIÉTÉ EN COMMANDITE SIMPLE.

23. — La société en commandite est une société qui se contracte entre un ou plusieurs associés responsables et solidaires, appelés généralement *commandités*, et un ou plusieurs associés simples bailleurs de fonds que l'on nomme *commanditaires* ou *associés en commandite*, et qui ne sont responsables que jusqu'à concurrence de leur mise (art. 24 et 26, C. com.).

Elle est régie sous un nom social qui doit être nécessairement celui d'un ou de plusieurs des associés responsables et solidaires (art. 23, C. com.).

Il existe deux sortes de sociétés en commandite : la *société en commandite simple* et la *société en commandite par actions* (V. SOCIÉTÉS EN GÉNÉRAL, n° 19).

La société en commandite *simple* se distingue de la société en commandite *par actions* par la nature et le mode de transmission du titre ou du droit du commanditaire. Dans la société en commandite simple, l'associé n'a qu'une part d'intérêt qui ne peut pas être cédée, sans le consentement des coassociés ; tandis que l'action est cessible par la seule volonté de son propriétaire (V. sur les caractères distinctifs de l'action et de la part d'intérêt, *infrà*, v° SOCIÉTÉS PAR ACTIONS, n° 1).

Les principes qui régissent les sociétés en commandite simple ont été tracés

(1) Alauzet, n° 286 ; Pont, n° 1380 ; Molinier, n° 603 ; Lyon-Caen et Renault, n° 159.
(2) Paris, 15 mars 1866 (art 18503, J. N.).
(3) Delangle, n° 261 ; Bédarride, n° 168 ; Alauzet, n° 287 ; Pont, n° 1414.

(4) Massé, t. II, n° 1170 ; Demangeat, t. V, p. 677 ; Limoges, 26 novembre 1859 ; Cass., 17 avril 1861 et 13 mai 1879.
(5) Cass., 30 novembre 1892 ; Nîmes, 11 décembre 1893.

par les articles 23 à 38 du Code de commerce ; et comme ils sont également applicables aux sociétés en commandite par actions, nous les examinerons plus loin (V. *infrà*, v° SOCIÉTÉS PAR ACTIONS, n°⁸ 270 et suiv.).

Nous n'avons donc que quelques mots à dire au sujet de la commandite simple.

24. — Constitution de la société. — La société en commandite simple, comme du reste la société en nom collectif, exige uniquement pour sa constitution définitive, l'existence d'un contrat publié conformément à la loi (V. *suprà*, v° SOCIÉTÉS EN GÉNÉRAL, n° 30) ; tandis que la société en commandite par actions est soumise à diverses règles spéciales dont nous nous occuperons, *infrà*, v° SOCIÉTÉS PAR ACTIONS.

25. — Gestion de la société. — Nous traiterons, en nous occupant des *sociétés par actions*, de tout ce qui concerne la nomination du gérant, sa révocation, ses pouvoirs, ses devoirs et sa responsabilité.

Nous parlerons également du conseil de surveillance qui n'est imposé qu'aux sociétés en commandite par actions (1).

26. — Droits et obligations des commanditaires. Défense d'immixtion. — Ces différents points seront aussi traités sous le mot SOCIÉTÉS PAR ACTIONS.

27. — Dissolution de la société. — La société en commandite simple se dissout dans tous les cas que nous avons examinés au sujet des SOCIÉTÉS CIVILES, (n° 47). — Pour la dissolution et la liquidation des sociétés en commandite par actions (V. *infrà*, v° SOCIÉTÉS PAR ACTIONS, n°⁸ 533 et suiv.).

27 bis. — Liquidation et partage. — V. *suprà*, v° PARTAGE (LIQUIDATION ET), n°⁸ 2092 à 2138.

§ 3. SOCIÉTÉ EN PARTICIPATION.

28. — La société en participation est celle par laquelle deux ou plusieurs personnes conviennent d'être de part dans une certaine négociation qui sera faite par l'une d'entre elles en son nom seul (2).

Elle est régie par les articles 47, 48, 49 et 50 du Code de commerce.

La société en participation peut avoir pour objet une série d'affaires, tout aussi bien qu'une seule affaire ; elle peut comprendre toute une branche de commerce et être contractée pour une durée indéfinie. Ainsi, on a considéré comme pouvant être la matière d'une association en participation : l'exploitation du transport des passagers par bateaux à vapeur, une entreprise de bains publics, l'exploitation de brevets d'inventions, la publication d'un journal, le commerce de grains, une entreprise de commissions, etc. (3).

Suivant certains auteurs, la participation ne pourrait être qu'une convention essentiellement transitoire et ne pourrait s'appliquer qu'à des opérations transitoires comme elle. Si les parties s'étaient associées en vue d'une exploitation constituant un commerce fixe et continu, embrassant un ensemble d'affaires, sans limitation de durée, il n'y aurait pas association en participation (4). — Mais nous venons de voir que la jurisprudence est fixée en sens contraire.

La société en participation constitue du reste une société véritable, sans qu'il y ait à distinguer si les apports sont mis en commun, s'ils appartiennent en totalité à l'un des participants, ou s'ils restent fractionnés entre les mains des associés. Il

---

(1) L. 24 juillet 1867, art. 5.
(2) Pothier, n° 61.
(3) Cass., 5 juillet 1825 ; Bordeaux, 14 mai 1841 ; Amiens, 18 janvier 1843 ; Paris, 9 mars 1843 ; Rouen, | 19 janvier 1844 ; Agen, 23 novembre 1853 ; Cass., 4 décembre 1860.

(4) Pont, n° 1790.

en résulte que la société en participation doit réunir les éléments nécessaires et essentiels de toute société : la volonté des parties de s'associer, la réalisation d'une mise, la vue d'un bénéfice à partager, un objet certain, une cause licite (1).

29. — Caractères. — Les caractères essentiels de la société en participation sont les suivants :

a) Elle n'a point d'existence à l'égard des tiers ;

b) Elle n'a pas besoin d'être publiée ;

c) Elle agit sous le nom des associés, sans avoir ni raison sociale ni signature qui l'oblige, et ne constitue donc pas un être moral.

d) Elle n'a point de domicile propre.

Par application de ces principes, il a été jugé :

1° Que la société de commerce qui n'a ni raison sociale, ni signature spéciale, ni installation commune pour l'exploitation, ni les autres éléments propres à révéler aux tiers une individualité morale, et qui, d'ailleurs, a été qualifiée par les associés de participation, ne peut être annulée pour défaut de publication (2) ;

2° Qu'il y a société en participation, non assujettie aux formalités de publicité prescrites par le Code de commerce, lorsque l'association n'a pas de personnalité propre, qu'elle reste occulte, et que les associés ne traitent qu'en leur nom individuel (3) ;

3° Que l'association en participation est de sa nature occulte et inconnnue des tiers ; qu'elle n'a pas besoin de publicité à l'époque de sa dissolution pas plus qu'à l'époque de sa formation ; qu'elle ne constitue pas un être moral et juridique ; que les tiers, sauf les cas exceptionnels où l'association tout entière aurait profité de leurs travaux ou avances, n'ont d'action directe que contre l'associé avec lequel ils ont traité ; qu'après sa dissolution, il n'y a pas lieu de nommer un liquidateur, et qu'il ne peut y avoir lieu qu'à un compte de profits et pertes à établir entre les associés, au prorata de leur intérêt (4) ;

4° Que l'association en participation ne constituant pas une personne morale distincte de la personne des associés, et n'établissant entre les participants aucun droit de co-propriété sur les apports respectifs des associés, les choses mises en commun restent la propriété de celui qui les a apportées ou qui les a acquises en son nom personnel, durant l'association. — C'est donc à bon droit qu'un arrêt a refusé d'ordonner, sur la demande de l'un des associés, la réalisation par vente aux enchères de la carrière apportée par l'autre associé et dont l'exploitation a fait l'objet de la société, sauf aux parties à régler leurs droits respectifs dans la liquidation (5).

30. — La société en participation doit être considérée comme une société ordinaire si les associés agissent sous une raison sociale, s'ils ont assigné à leur association un domicile social, si l'association a été organisée en vue d'une installation et d'une action en commun (6).

Mais la publicité donnée à l'association ne suffirait point à compromettre l'existence de la société en participation, ni à modifier les relations de tiers avec les associés (7).

Du reste, la question de savoir si une association commerciale constitue une société en participation ou une société en nom collectif, est une question de fait que les juges du fond apprécient souverainement (8).

31. — Fonctionnement. — Il peut y avoir des sociétés en participation proprement dites et des participations en commandite, selon que tous les associés

---

(1) Pont, n°° 1779, 1780.
(2) Paris, 7 février 1863 (art. 17692, J. N.).
(3) Paris, 27 mars 1866 (art. 18630, J. N.).
(4) Paris, 8 août 1870 (art. 20112, J. N.).

(5) Cass., 22 décembre 1874 (art. 21159, J. N.).
(6) Pont, n°° 1806-1808 ; Cass., 29 juillet 1883.
(7) Pont, n° 1805; Seine, 24 décembre 1890.
(8) Cass , 8 mai 1867.

participent aux pertes comme aux bénéfices pour une certaine part, sans limitation, ou que certains participants limitent leur perte au montant de leur apport (1).

32. — L'administration de la société en participation appartient le plus souvent à un seul des participants, mandataire irrévocable des associés. Les pouvoirs du gérant sont très étendus ; ils subsistent, même après la dissolution de la société, pour la liquidation des opérations (2).

33. — La société en participation n'étant pas un être moral, il n'y a pas de fonds commun ; par suite il ne peut y avoir des créanciers de la société préférables aux créanciers personnels des associés (3). — Toutefois, un auteur enseigne que si les biens de la société appartiennent en co-propriété à tous les associés, les créanciers de la société sont préférables, sur le fonds social et sur l'ensemble des biens dont ce fonds se compose, aux créanciers personnels des associés (4).

34. — Les actions à intenter contre une société en participation doivent être portées devant le tribunal du domicile de l'associé qui a contracté (5).

35. — Les membres d'une société en participation ne sont pas tenus solidairement des obligations souscrites par chacun d'eux pour l'objet de l'association ; ils ne sont même tenus que de leurs engagements personnels (6).

La société en participation n'ayant pas une personnalité distincte de celle des participants, les tiers qui ont contracté avec l'un des associés dont ils sont demeurés créanciers, n'ont aucun compte à demander de leur chef aux autres participants. En conséquence, ils ne peuvent prétendre à une action directe et à plus forte raison à une action solidaire contre ces derniers, alors même que ceux-ci auraient profité de l'opération (7).

D'après la jurisprudence, les participants qui se sont immiscés dans la gestion ou qui ont agi en commun sont, dès le principe même, obligés solidairement, comme s'ils avaient formé une société en nom collectif, en sorte qu'ils peuvent tous et chacun être poursuivis directement et solidairement (8).

En supposant que le tiers qui n'a traité qu'avec l'un des membres de la société en participation n'ait pas d'action directe contre les autres associés, l'associé avec qui le tiers a traité peut contraindre ses co-participants à lui fournir, conformément aux conventions arrêtées entre eux, les sommes nécessaires pour l'acquittement des obligations par lui contractées (9).

36. — **Liquidation et partage.** — Tout ce qui concerne la liquidation et le partage des sociétés en participation a été traité *suprà*, vº PARTAGE (LIQUIDATION ET), nᵒˢ 2138 et suivants.

§ 4. RESPONSABILITÉ NOTARIALE.

37. — Les principes généraux de la responsabilité notariale en matière de société ont été traités plus haut au sujet des SOCIÉTÉS EN GÉNÉRAL, nᵒˢ 112 et suiv.

§ 5. FRAIS ET HONORAIRES.

38. — V. *suprà*, vº SOCIÉTÉS EN GÉNÉRAL, nᵒˢ 114 et suivants.

---

(1) Pont, nº 1824 ; Poitiers, 18 janvier 1860.
(2) Pont, nᵒˢ 1842-1848; Seine, 24 décembre 1890.
(3) Cass., 2 juin 1834, 19 mars 1838 ; Troplong, nº 1853.
(4) Pont, nº 1853. — V. Cass., 17 août 1864.
(5) Cass., 14 mars 1810 ; Orléans, 16 novembre 1859; Cass., 4 juin 1860, 16 août 1875; Pardessus, nº 1045; Pont, nº 1773.

(6) Cass., 9 janvier 1821, 8 janvier 1840 ; Lyon, 28 janvier 1849 : Duranton, nº 456 ; Troplong, nº 780 et suiv. ; Pont, nº 1792.
(7) Cass., 21 mars 1876, 26 août 1879, 27 février 1883.
(8) Aix, 4 juin 1868 ; Poitiers, 6 août 1870 ; Pont, nº 1799.
(9) Aix 16 mai 1868.

§ 6. Timbre et enregistrement.

39. — Ce sujet a été traité, *suprà*, v° Sociétés en général, n°ˢ 118 et suivants.

§ 7. Formules.

1. *Société en nom collectif.*
2. *Société en commandite simple.*
3. *Société en participation.*

4. *Prorogation d'une société en nom collectif.*
5. *Dissolution d'une société en nom collectif.*
6. *Extraits pour publier.*

1. — Société en nom collectif.

Pardevant..., etc.
      On comparu :
      M. Louis Dubois, négociant, demeurant à...,

D'une part;

Et M. Léon Barbier, aussi négociant, demeurant à...,

D'autre part.

      Lesquels, désirant former entre eux une société en nom collectif, en ont arrêté les conditions de la manière suivante :

Formation de la société. — Objet. — Durée.

Art. 1ᵉʳ. — Il y aura entre MM. Dubois et Barbier une société en nom collectif ayant pour objet le commerce et la vente de la draperie, des nouveautés et des confections.

Art. 2. — Cette société est contractée pour... années consécutives, qui commenceront le... et finiront à pareil jour de l'année... Néanmoins, il sera libre à chacun des associés de provoquer la dissolution avant le terme du...; mais celui qui voudra se retirer ne pourra le faire qu'en prévenant son coassocié de son intention, six mois au moins à l'avance.

Siège. — Raison et signature sociales.

Art. 3. — Le siège de la société est fixé à...

Art. 4. — La raison et la signature sociales seront *Dubois et Barbier*; chacun des associés aura le droit de faire usage de la signature sociale, mais il n'obligera la société que lorsqu'il s'agira d'affaires qui l'intéressent. En conséquence, tous billets, lettres de change et généralement tous engagements exprimeront la cause pour laquelle ils auront été souscrits.

Capital social. — Apports.

Art. 5. — Le capital social est fixé à la somme de..., composée :
      1° De... formant l'apport de M. Dubois dont... francs en marchandises et ustensiles de commerce, et... francs en numéraire et créances actives d'un recouvrement certain, le tout déduction faite de toutes dettes et charges commerciales, suivant l'inventaire qui en sera fait entre les comparants ;
      2° Et de... francs en numéraire, formant l'apport de M. Barbier.
      Lesquels apports seront constatés et fournis le... prochain, jour fixé pour le commencement de la société.
      Les apports des associés produiront, au profit de chacun d'eux, des intérêts à 5 °/₀ l'an, qui seront portés au compte des frais généraux de la société et seront payables par trimestre.

Art. 6. — Chacun des associés aura le droit de verser en compte courant au delà de sa mise, du consentement de son coassocié, les sommes dont la société aurait besoin; ces sommes lui produiront intérêt à 5 °/₀ par an à compter du jour du versement; elles ne pourront être retirées par celui qui les aura versées qu'après qu'il aura averti son coassocié de son intention, au moins... mois à l'avance.

Obligations des associés. — Prélèvements.

ART. 7. — Les associés devront consacrer tout leur temps et donner tous leurs soins aux affaires de la société, sans pouvoir faire aucune opération commerciale pour leur compte particulier, ni s'intéresser directement ou indirectement dans aucun autre établissement de commerce.

ART. 8. — Les associés prélèveront annuellement et par douzième chaque mois, pour subvenir à leurs dépenses personnelles, savoir : M. Dubois la somme de..., et M. Barbier, celle de... francs. Ces prélèvements seront portés au compte des frais généraux de la société.

ART. 9. — Les loyers nécessaires à la maison de commerce, les appointements des employés et gens de service, et généralement toutes les dépenses relatives au commerce, seront à la charge de la société. Quant aux frais des voyages que les associés pourraient être dans l'obligation de faire pour les affaires de leur commerce, ils seront payés sur la production d'un simple état de celui qui les aura faits.

ART. 10. — Les livres seront tenus suivant les usages du commerce. M. Dubois sera seul chargé de la comptabilité et de la caisse.

Bénéfices et pertes.

ART. 11. — Il sera fait, chaque année, au mois de... un inventaire en double original, qui constatera l'actif et le passif de la société à cette époque.

Les bénéfices constatés par cet inventaire, déduction faite de tous les frais généraux, appartiendront : à M. Dubois pour..., et à M. Barbier pour...

Les pertes, s'il en existe, seront supportées dans la même proportion.

Dissolution. — Liquidation.

ART. 12. — La société sera dissoute de plein droit par le décès de l'un des associés avant l'expiration du terme fixé pour sa durée; dans ce cas, la veuve et les héritiers de celui qui sera décédé ne pourront faire apposer des scellés, former aucune opposition, ni procéder à aucun inventaire judiciaire.

Le survivant des associés aura la faculté de conserver pour son compte personnel l'établissement commercial, ensemble le matériel et les marchandises en dépendant, à la valeur qui en sera fixée par deux experts respectivement choisis, ou nommés d'office, à la requête de la partie la plus diligente, par M. le président du tribunal; lesquels experts, en cas de désaccord, nommeront un tiers-expert pour les départager (ou... et généralement tout l'actif social, à charge par le survivant de tenir compte aux héritiers et représentants de l'associé prédécédé du montant de ses droits tels qu'ils auront été fixés par le dernier inventaire, sans qu'ils puissent rien prétendre pour les affaires postérieures à cet inventaire, lesquelles demeureront activement et passivement pour le compte personnel de l'associé survivant).

La somme dont le survivant devra compte aux veuve et héritiers devra, pour leur part, sera payable en... fractions, dont la première sera exigible... mois après le décès, la seconde, etc., avec les intérêts à... °/₀ par an à compter du jour du décès.

Le survivant devra faire connaître aux héritiers de son coassocié, dans les trois mois du décès de celui-ci, son intention d'user ou non de la faculté qui vient de lui être réservée.

Si le survivant n'use pas de cette faculté, il sera procédé à un inventaire, en la forme commerciale, des biens et valeurs de la société, et la liquidation sera faite par le survivant.

Ou bien : En cas de décès de l'un des associés avant l'expiration du terme fixé pour sa durée, la société ne sera pas dissoute; elle continuera d'exister entre l'associé survivant, comme seul gérant ayant la signature sociale, et les héritiers et représentants de l'associé décédé, lesquels deviendront commanditaires pour le montant des droits de leur auteur dans la société, tels qu'ils résulteront du dernier inventaire social.

L'associé survivant devenu gérant de la société, aura droit à un traitement de... par an, à prélever par douzième de mois en mois et à porter au compte des frais généraux de la société; mais il est entendu que les allocations fixées sous l'article 8 cesseront d'être perçues de part et d'autre.

Les héritiers de l'associé décédé seront tenus de déléguer l'un d'entre eux pour les représenter dans tous leurs rapports avec la gérance.

Il devra être dressé acte de la conversion de la société.

Si la société était formée entre plus de deux personnes, la clause pourrait être rédigée dans les termes suivants :

En cas de décès de l'un des associés pendant le cours de la société, elle continuera entre les survivants qui resteront propriétaires de tout l'actif social, à la charge de rembourser aux représentants de l'associé décédé le montant des droits de leur auteur dans la société d'après le dernier inventaire, plus une portion des bénéfices présumés de l'année courante, proportionnelle au temps écoulé jusqu'au décès et calculée sur la moyenne des deux dernières années ; ce remboursement aura lieu, etc.

Dans le cas où l'un des deux associés survivants viendrait lui-même à décéder, la société sera dissoute de plein droit.

Art. 13. — Six mois avant l'expiration de la présente société, les associés se feront respectivement connaître leur intention de la continuer ou de la liquider. Dans le premier cas, ils prendront, pour assurer la continuation, les arrangements nécessaires; dans le second cas, la liquidation commencera dès le jour où finiront les... années pour lesquelles elle est contractée, et... mois avant cette époque, il ne sera fait aucune opération dont le résultat serait de nature à retarder les époques des rentrées ; les associés feront, au contraire, en sorte d'activer la réalisation des bénéfices, et le recouvrement des capitaux.

Art. 14. — La liquidation sera faite par les soins des deux associés, elle devra être terminée dans le délai d'une année ; et si à l'expiration de ce terme il reste encore des sommes à recouvrer, il en sera fait des lots qui seront tirés au sort. Sur l'actif social net chacun des associés prélèvera, avant partage, une somme égale à son apport; le surplus sera partagé conformément à l'article 11.

Contestations.

Art. 15. — En cas de contestations soit entre les associés, soit avec leurs veuves et héritiers ou ayants cause, au sujet de la présente société, elles seront jugées par le tribunal de commerce de...

Publications.

Art. 16. — Pour faire publier le présent acte de société conformément à la loi, tout pouvoir nécessaire est donné au porteur d'une expédition ou d'un extrait.

Dont acte...

2. — Société en commandite simple.

Pardevant..., etc.

Ont comparu :

M. Alexis Belloy, négociant, demeurant à...,

D'une part ;

Et MM. Charles Nouvion, propriétaire..., Jules Lemaire..., Gaston Perdu..., et Emile Ledru, demeurant à...

Tous d'autre part.

Lesquels ont établi, ainsi qu'il suit, les statuts d'une société en commandite devant exister entre eux :

Formation de la société. — Objet.

Art. 1er. — Il est formé une société en commandite simple entre M. Belloy, qui en sera le gérant, et MM. Nouvion, Lemaire, Perdu et Ledru comme commanditaires.

Art. 2. — Cette société a pour objet l'exploitation d'une fabrique de..., située à..., que M. Belloy a louée moyennant..., pour... années qui commenceront à courir à partir du..., suivant bail passé devant Me..., etc.

Raison et signature sociales. — Durée. — Siège.

ART. 3. — La raison et la signature sociales seront : *Belloy et C¹ᵉ.*

ART. 4. — La durée de la société est fixée à... années consécutives, qui commenceront le... prochain.

ART. 5. — Le siège de la société sera à..., dans les lieux loués pour l'exploitation de ladite fabrique.

Capital social. — Apports.

ART. 6. — Le fonds social est fixé à la somme de... francs.

M. Belloy apporte à la société son droit au bail sus-énoncé, le brevet qui lui a été délivré (désigner le brevet); le tout évalué à la somme de...

De leur côté, MM. Nouvion, Lemaire, Perdu et Ledru apportent à la société une somme de..., qu'ils s'obligent, chacun par quart, à verser à M. Belloy, le jour fixé pour le commencement de la société.

ART. 7. — Les mises sociales produiront au profit de chaque associé, au prorata des sommes fournies, des intérêts sur le pied de cinq pour cent par an, payables de six mois en six mois.

ART. 8. — Dans le cas où, pour l'intérêt de la société, M. Belloy voudrait verser des fonds au delà de sa mise sociale, il ne pourra le faire que du consentement de ses coassociés; ils seront portés au crédit de son compte et lui produiront également des intérêts à cinq pour cent, mais ils ne lui donneront aucun droit au partage des bénéfices.

Les fonds ainsi versés ne pourront être retirés que six mois après un avertissement.

Administration.

ART. 9. — M. Belloy aura seul la gestion et la signature de la société ; il ne pourra faire usage de cette signature que pour les affaires sociales. Il aura le droit notamment de transiger et de compromettre, donner mainlevée de toutes inscriptions, saisies et oppositions, avant ou après paiement.

Il doit consacrer tout son temps et donner tous ses soins aux affaires de la société.

ART. 10. — Les opérations de la société seront constatées par des registres tenus dans les formes prescrites par le Code de commerce.

Les sociétaires commanditaires auront le droit de prendre communication de ces registres et de tous les documents relatifs à la société, toutes les fois qu'ils le jugeront convenable.

Charges.

ART. 11. — Les charges de la société consistent principalement dans : 1° le loyer des lieux occupés par la fabrique; 2° les frais de voyage faits pour les besoins de la société ; 3° les appointements des commis et employés; 4° les contributions à la charge de l'usine et frais de patente.

M. Belloy sera logé dans les bâtiments de l'usine, et il ne devra pour cela aucun loyer.

Inventaire annuel.

ART. 12. — Chaque année dans le courant du mois de..., il sera dressé, sous la surveillance d'un commissaire de la commandite, un inventaire général de l'actif et du passif de la société. Il en sera donné connaissance aux commanditaires convoqués à cet effet à un jour déterminé.

ART. 13. — Un commissaire de la commandite sera nommé chaque année lors de la réunion dont il vient d'être parlé en l'article 12 ci-dessus. Il pourra être réélu.

M. Nouvion est nommé commissaire pour entrer en fonctions le..., jour fixé pour le commencement de la société.

Bénéfices et pertes.

ART. 14. — Les bénéfices constatés par l'inventaire seront partagés dans les proportions suivantes :

M. Belloy recevra un quart en sa qualité de gérant et comme rémunération de sa gestion, les trois autres quarts seront répartis entre lui et les autres sociétaires en proportion de leurs apports respectifs.

Les pertes, s'il en existe, seront supportées dans les mêmes proportions, sans que, dans aucun cas, les commanditaires puissent être engagés au delà de leur commandite.

Dissolution. — Liquidation.

ART. 15. — La société ne pourra être dissoute avant le terme fixé pour sa durée ; néanmoins, dans le cas où le capital social se trouverait entamé de plus de moitié par suite de pertes survenues par une cause quelconque, chacun des associés aura le droit de demander la dissolution et la liquidation de la société dans le mois de la clôture de l'inventaire.

ART. 16. — Dans le cas de décès de M. Belloy, la société sera dissoute de plein droit et il sera procédé à la liquidation de concert avec sa veuve ou ses héritiers. A cet effet, il sera nommé un liquidateur tant par ses représentants que par les associés commanditaires, et le reliquat net de la liquidation sera partagé entre les ayants droit dans la proportion de leur mise de fonds.

ART. 17. — Le décès de l'un des commanditaires n'entraînera pas la dissolution de la société qui continuera avec ses héritiers ; ceux-ci devront confier leurs pouvoirs à l'un d'eux pour les représenter dans toutes les opérations de la société où leur concours pourrait être nécessaire.

ART. 18. — A l'expiration du terme fixé pour la durée de la société, M. Belloy conservera l'établissement commercial et le brevet d'invention pour l'estimation qui leur sera donnée, ainsi que le matériel, les marchandises fabriquées et les matières premières qui pourront exister en nature ; le prix en sera fixé, soit à l'amiable entre les parties, soit en cas de dissentiment par des experts choisis, l'un par M. Belloy et l'autre par les commanditaires avec l'adjonction d'un tiers expert, s'il y a lieu.

Les sommes dont M. Belloy se trouvera débiteur envers les commanditaires seront payables dans un délai de... avec l'intérêt à... pour cent par an jusqu'au remboursement, ils commenceront à courir du jour de la dissolution de la société.

Toutefois lesdites sommes deviendraient immédiatement et de plein droit exigibles en cas de cession par M. Belloy de son établissement ou de son brevet.

Les deniers comptants et les valeurs en portefeuille seront partagés entre les associés en proportion de leurs droits. Les valeurs douteuses et celles qui seront considérées comme étant d'un recouvrement désespéré seront laissées en commun ; M. Belloy en poursuivra le recouvrement et il en fera compte à ses coassociés aussitôt qu'il aura entre les mains au moins une somme de... à distribuer.

Enfin la liquidation sera faite par M. Belloy sous la surveillance d'un commissaire de la commandite. Il rendra compte tous les mois de l'état de la liquidation.

Contestations.

ART. 19 — Toutes les difficultés et contestations qui pourraient s'élever entre les associés pour l'exécution des présentes seront jugées par le tribunal de commerce de...

ART. 20. — Dans aucun cas et pour quelque cause que ce soit, il ne pourra être requis d'apposition de scellés ni d'inventaire, soit à la requête des associés eux-mêmes, soit à la requête de leurs héritiers ou représentants.

Publications.

ART. 21. — Pour faire publier le présent acte de société partout où besoin sera, tout pouvoir est donné au porteur d'une expédition ou d'un extrait.

Dont acte...

3. — Société en participation.

Pardevant..., etc.

Ont comparu :

M. Charles Adam, négociant, demeurant à...   *D'une part* ;
Et M. Louis Blaise, sans profession, demeurant à...   *D'autre part.*

Lesquels ont arrêté ainsi qu'il suit les conditions d'une association en participation :

ART. 1er — Il est formé, entre MM. Adam et Blaise, une association en participation pour l'exploitation de l'établissement de... situé à..., appartenant à M. Adam.

ART. 2. — Cette association aura une durée de... années, à compter de ce jour.

ART. 3. — M. Adam continuera de gérer son établissement en son nom personnel.
M. Blaise vérifiera ou fera vérifier, quand bon lui semblera, la comptabilité qui sera tenue conformément aux usages de commerce.

ART. 4. — Il sera fait au... prochain, un inventaire de l'actif et du passif de l'établissement, pour servir de base à la répartition des bénéfices et à la liquidation.

ART. 5. — M. Blaise versera à cette époque à M. Adam une somme de..., qui sera employée de concert entre eux pour les besoins du commerce de M. Adam.

ART. 6. — Il sera procédé chaque année, au..., à l'inventaire de l'établissement.
Tout ce qui excédera le montant de l'estimation originaire, augmenté de la somme de..., versée par M. Blaise, constituera les bénéfices de l'association.
Le déficit, s'il y en avait, constituera la perte.

ART. 7. — Les bénéfices appartiendront à M. Adam pour..., et à M. Blaise pour...
La perte serait supportée dans la même proportion.

ART. 8. — En cas de décès de M. Adam, l'association sera dissoute de plein droit.
En cas de décès de M. Blaise, l'association continuera avec ses héritiers et représentants, lesquels seront tenus de se faire représenter par un seul d'entre eux pour leurs rapports avec M. Adam.

ART. 9. — Lors de la dissolution de l'association, il sera procédé à sa liquidation ; M. Adam conservera son établissement dont il sera fait une nouvelle estimation, et M. Blaise reprendra en espèces, la somme de..., versée à M. Adam.
Tout ce qui excédera l'estimation originaire augmentée de cette somme de..., sera partagé entre les associés dans la proportion fixée en l'article 7. Le déficit, s'il en existait, serait supporté dans la même proportion.
Pour l'exécution de présentes, les parties élisent domicile en leur demeure respective sus-indiquée.

Dont acte...

4. — Prorogation d'une société en nom collectif.

Pardevant..., etc.

Ont comparu :

M. Emile Crépon, négociant, demeurant à...,   *D'une part* ;
Et M. Bernard Savary, aussi négociant, demeurant à...,   *D'autre part.*

Lesquels ont, par ces présentes, déclaré proroger pour... années entières et consécutives, qui commenceront le..., et finiront à pareille époque de l'année..., la société en nom collectif dont le siège est à.., qu'ils ont formée entre eux sous la raison sociale *Crépon et Savary*, pour... années qui finiront ledit jour... prochain, à l'effet de faire le commerce de..., et dont les statuts ont été établis suivant acte reçu par Me..., notaire à..., etc., publié conformément à la loi.

Cette prorogation de société est consentie sous les conditions contenues dans ledit acte de société, sauf les modifications ci-après :

Art. 1er. — (*Etablir toutes les modifications que les associés jugent à propos de faire aux anciens statuts*).

Art... — Toutes les dispositions de l'acte de société du... auxquelles il n'est pas dérogé par ces présentes, continueront à produire leur effet.

Art... — Pour faire publier ces présentes, conformément à la loi, tout pouvoir est donné au porteur d'une expédition ou d'un extrait.

Dont acte...

5. — Dissolution d'une société en nom collectif.

Pardevant..., etc.

Ont comparu :

M. Emile Crépon, négociant, demeurant à...,　　　　　*D'une part*;

Et M. Bernard Savary, aussi négociant, demeurant à...,　　*D'autre part.*

Lesquels ont arrêté ce qui suit :

Art. 1er. — La société en nom collectif, ayant son siège à..., établie entre les comparants sous la raison *Crépon et Savary*, pour le commerce de..., aux termes d'un acte reçu par Me..., notaire à..., le..., sera dissoute le premier... prochain.

Art. 2. — M. Crépon est seul chargé de la liquidation de la société, et les pouvoirs les plus étendus lui sont conférés à cet effet. Il aura le droit notamment de toucher toutes sommes, vendre les marchandises, régler tous comptes, payer le passif, exercer toutes poursuites, faire mainlevée de toutes inscriptions, saisies et oppositions, avec désistement de tous droits ; le tout avec ou sans paiement.

Pour s'indemniser de ses peines et soins comme liquidateur, M. Crépon retiendra et prélèvera à son profit 5 °/₀ de tous les recouvrements qu'il effectuera sur ceux qui resteront à faire au jour ci-dessus fixé pour la dissolution de la société.

Art. 3. — D'ici au jour de cette dissolution, il ne sera fait aucun achat ou autre opération qui tendraient à retarder la rentrée des fonds et bénéfices.

La vente et les recouvrements seront, au contraire, suivis de manière à accélérer ces rentrées autant qu'il sera possible.

Art. 4. — Aussitôt après la confection de l'inventaire qui devra être fait lors de la dissolution de la société, les deniers comptants, déduction faite des dettes de la société, seront partagés entre les associés, dans la proportion de leur intérêt respectif.

Art. 5. — Si, dans une année à partir du jour de la dissolution de société, toutes les marchandises comprises en l'inventaire de dissolution ne sont pas vendues, il sera procédé à leur vente aux enchères, à moins que M. Crépon ne préfère les prendre pour son compte, sur le pied de l'estimation qui en sera faite par experts respectivement choisis par les associés.

Art. 6. — M. Crépon continuera le bail pour le temps qui en restera à courir à compter du jour de la dissolution de la société, à la charge d'en payer les loyers et d'en exécuter toutes les autres conditions. A partir du même jour il pourra continuer pour son compte le même commerce, dont l'achalandage lui appartiendra moyennant la somme de..., qu'il s'oblige de payer à son associé, avec l'intérêt à 5 °/₀ par an, dans une année à compter du jour de la dissolution de la société.

Art. 7. — Pour faire publier ces présentes, etc.

Dont acte...

6. — Extraits pour publier.

Nous avons donné ces formules, *suprà*, v° Sociétés en général, p. 523 et 524.

SOCIÉTÉS PAR ACTIONS (1)

Les sociétés par actions sont des sociétés de capitaux dont le capital social est divisé en fractions égales et cessibles, qu'on appelle « actions ».

Sommaire :

---

(1) Ainsi que nous l'avons annoncé dans notre Préface, cette partie de l'ouvrage a été extraite du *Traité théorique et pratique des sociétés par actions fran-* çaises *et étrangères et des sociétés d'assurances,* de M. C. HOUPIN, principal clerc de notaire à Paris, directeur du *Journal des sociétés.*

§ 1ᵉʳ. DE L'ACTION.

1. — Caractères de l'action. — Quels sont les caractères distinctifs de l'*action* et de la *part d'intérêt?* — Cette question a une grande importance, en droit civil et en droit fiscal, parce que les sociétés par intérêt sont régies par le droit commun, alors que les sociétés par actions sont assujetties à des règles particulières, que nous expliquerons, et à des impôts spéciaux. La loi n'a défini ni l'action ni la part d'intérêt. La doctrine et la jurisprudence sont très divisées sur ce point, qui domine la matière si délicate des sociétés par actions (1).

En doctrine, divers systèmes ont été soutenus : 1° Une société par actions est celle dont le capital est divisé en parts d'égale valeur (art. 34, C. com.) (2); 2° le signe distinctif de l'action réside dans la forme extérieure du titre. Est-il suscep-

---

(1) V. le rapport de M. Bozérian, au Sénat, relatif au nouveau projet de loi sur les sociétés.
(2) Malepeyre et Jourdain, *Soc. par act.*, p. 199; Troplong, *Soc.*, t. I, n° 128; Dalloz, *Rép.*, v° *Société*, n° 1108 ; Demante, *Cours de dr. civ.*, n° 2357 bis.

tible de la négociation commerciale ? c'est une action ; dans le cas contraire, c'est un intérêt (1) ; 3° **Les sociétés par actions sont surtout des associations de capitaux,** les sociétés par intérêt sont des associations de personnes, et la cessibilité du titre est l'élément distinctif de l'action (2) ; 4° **L'action est le droit de l'associé quand la** considération de la personne est restée étrangère à la formation du contrat et que la cessibilité a été envisagée comme un acte normal et ordinaire (3).

Il semble résulter de l'ensemble de la jurisprudence de la Cour de cassation en matière fiscale (4) et de la doctrine dominante que c'est la cessibilité qui est le caractère le plus distinctif de l'action créée dans une association de capitaux et non de personnes ; et que la division du capital en parts distinctes, d'un chiffre unitaire, et cessibles à des tiers, implique une association de capitaux, alors même que certaines restrictions auraient été apportées à la libre disposition du titre. Ce dernier point nous paraît toutefois d'une application délicate, car les entraves apportées au droit de cession des titres pourraient, dans certains cas, révéler l'intention de former une association de personnes, et enlever à ces titres le caractère de l'action (5). Il en serait ainsi, notamment si ces titres ne pouvaient être cédés qu'avec l'assentiment de tous les associés (6).

ART. 1er. — *De l'action dans les sociétés civiles.*

2. — Constitution civile. — Une société ayant un objet civil peut-elle diviser son capital en actions nominatives ou au porteur, en conservant, pour sa constitution, la forme d'un contrat purement civil ? — Cette importante question est controversée (7).

L'action dans les sociétés civiles est pratiquée depuis longtemps (8). Nous considérons qu'elle n'a rien d'illicite, parce qu'elle n'est prohibée par aucun texte légal, et que la loi du 24 juillet 1867 ne régit pas les sociétés civiles par actions qui se constituent sous la forme civile : cela ressort de la discussion de cette loi (9).

3. — La question de savoir si la société civile constitue, comme la société commerciale, un être moral distinct de la personne des associés, est aussi très

(1) Vavasseur, *Soc.*, n° 332; Deloison, *id.*, n° 258. — Conf.: Seine, 27 avril 1888.

(2) Bravard-Veyrières et Demangeat, *Traité de dr. commerc.*, t. I, p. 261; Molinier, *Soc. comm.*, 512; Bédarride, *Soc.*, t. II, n° 318.

(3) Beudant, *Rev. crit. de lég. et de jurisp.*, 1869, t. XXXIV, p. 148, 160, 161; Rousseau, *Soc. comm.*, t. I, 990; Pont, t. I, n°° 598 et suiv.; Lyon-Caen et Renault, *Précis de dr. commerc.*, 372; Ruben de Couder, *Dict. de dr. comm.*, v° *Société en commandite*, n° 73. V. Batbie, *Rev. crit. de lég.*, 1869, p. 329.

(4) Les sociétés par actions se distinguent des sociétés avec parts d'intérêt en ce que les premières constituent des associations de capitaux, tandis que les secondes sont formées *intuitu personnæ*, et que la cessibilité est le véritable caractère de l'action (Cass., 9 février 1887 (S. 1888-1-177). — Il y a société par actions lorsque le fonds social a été divisé en un certain nombre de parts représentées par des titres individuels et séparés du pacte social, et que la transmission de ces titres peut avoir lieu librement, conformément à l'article 1690 du Code civil, au profit des tiers et des associés eux-mêmes, sans le consentement des co-associés (Cass., 5 novembre 1888 (art. 23128 ; J. E.). V. aussi Cass., 8 juillet 1868, 27 mars 1878, 18 mars 1882 et 15 janvier 1890.

(5) Cass., 10 août 1887 (art. 23941, J. N.; art. 22907, J. E.).

(6) V. *J. des soc.*, 1886, p. 590. — *Adde*: Boulogne, 9 février 1879; Marseille, 11 février 1881; Seine, 24 juillet 1882, 22 juin 1883, 1er février 1884, 4 mars 1885, 30 novembre 1886; Soissons, 3 janvier 1883; Laon, 14 juin 1884; Péronne, 29 août 1884; Gand, 19 mai 1886; Seine, 27 avril 1888; Marseille, 15 mars 1888; Douai, 11 juillet 1888; Vavasseur, *des soc.*, 1887, p. 338.

(7) Voir, pour l'affirmat.: Vavasseur, *Soc.*, n° 98, lequel cite, dans le sens de son opinion : Troplong, n°° 148 et 1078 ; Duvergier, n°° 485 et 486, où est rapportée une consultation en ce sens de MM. Hennequin, Crémieux, Horson, Scribe, Dupin ; Bédarride, n° 93; Nougier, t. II, p. 273; Vavasseur, *Rev. des soc.*, 1883, p. 471 et 472. — Négat.: Sirey, 1841-2-482; Vincens, *Législ. commentée*, t. I, p. 353 ; Delangle, t. I, n°° 34 et suiv.; Paris, 8 décembre 1842.

(8) V. Troplong, *Sociétés*, n° 143.

(9) Cass., 28 novembre 1873 (S. 1875-1-281 ; Labbé (S. 1884-1-364) ; Vavasseur, n° 346. — Nous reconnaissons d'ailleurs que la non-réglementation des actions dans les sociétés civiles constitue une regrettable lacune législative ; cette lacune est destinée à disparaître lors de la réforme de la loi de 1867 ; mais actuellement, nous estimons que rien ne s'oppose à la création d'actions dans les sociétés purement civiles. — V. Dijon, 19 mars 1868 (S. 1868-2-333); Vavasseur, n° 347. — *Contra*: Labbé, note sous Cass., 21 février 1883 (S. 1884-1-36).

controversée en doctrine. La jurisprudence se prononce généralement, avec raison croyons·nous, dans le sens de l'affirmative (1) (V. *suprà*, v° SOCIÉTÉS EN GÉNÉRAL, n° 9 et suiv.).

4. — Quelle sera, dans le cas de constitution d'une société civile par actions, l'étendue de la responsabilité des associés actionnaires? — Il faut distinguer : s'il n'y a pas, dans le contrat de société, de clause dérogatoire au droit commun, les associés seront tenus des dettes sociales dans les termes des articles 1862, 1863 et 1864, C. civ., c'est-à-dire qu'ils seront tenus, même au delà de leur mise, sans solidarité, chacun pour une part égale (2). Mais s'il a été stipulé dans les statuts que les actionnaires ne seront engagés vis-à·vis des tiers qu'à concurrence du montant de leurs actions, quelle sera la situation des actionnaires à l'égard des tiers? — Un arrêt s'est prononcé pour la responsabilité indéfinie et égale des actionnaires, malgré une clause statutaire stipulant qu'il n'y aura pas d'appel de fonds au delà du montant des actions (3). Décidé aussi que les membres d'une société qui, aux termes de l'article 1863, C. civ., sont tenus envers les créanciers de la société chacun pour une somme et part égales, ne peuvent s'affranchir de cette obligation en stipulant dans l'acte de société qu'ils ne seront pas tenus sur leurs biens personnels des dettes sociales et que le paiement de celles-ci ne pourra être poursuivi que sur les biens dépendant de la société : une telle clause n'est pas opposable aux tiers (4). Enfin d'autres arrêts ont consacré la responsabilité indéfinie, mais proportionnelle aux mises ou aux actions de chacun des associés (5).

Au point de vue pratique, il faut, pour limiter la responsabilité des actionnaires d'une société purement civile :· 1° Insérer une stipulation spéciale dans les statuts de la société; 2° faire connaître expressément cette stipulation dérogatoire au droit commun, aux tiers qui traitent avec la société, et le constater dans la convention (6).

5. — Constitution commerciale. — Une société, bien qu'ayant un objet civil, au lieu de se constituer dans les formes et sous les conditions indiquées au Code civil, peut adopter, pour sa constitution, la forme commerciale de la commandite ou de l'anonymat, et diviser son capital en actions. C'est un point admis par la jurisprudence et la majorité des auteurs (7).

6. — Sous l'empire de la loi du 24 juillet 1867, on pouvait se demander si les dispositions de cette loi étaient applicables aux sociétés civiles par actions qui avaient emprunté la forme anonyme ou de la commandite, notamment en ce qui concernait le taux et la négociation des actions et coupons d'actions, la souscription intégrale du capital social et le versement du quart, l'approbation des apports et avantages particuliers, la conversion des actions nominatives en titres au porteur,

(1) V. notamm.: Cass., 8 novembre 1836 et 9 mai 1864 (S. 1836-1-371 ; 1864-1-239) ; Paris, 6 mars 1849 (S. 1849-2-427); Orléans, 26 août 1869 (S. 1870-2-113); Caen, 12 décembre 1881.
(2) Vavasseur, *Rev. des soc.*, 1883, p. 473 et suiv.
(3) Douai, 23 mars 1878 (S. 1878-2-305).
(4) Paris, 12 mai 1881, et Cass., 21 février 1883; Labbé (S. 1884-1-361).
(5) Lyon, 8 août 1873 (S. 1873-2-105); Douai, 23 mars 1878, 23 août 1882 et 24 décembre 1883. V. Paris, 27 juin 1882. — Conf.: Vavasseur, *Rev. des soc.*, 1883, p. 635. V. toutef. Pont, Soc., n° 656 et suiv.
(6) Pont, n° 661 et 662 ; Laurent, t. XXVI, n° 352 ; Douai, 23 mai 1878. V. pour le cas d'émission d'obligations, Seine, 9 avril 1886 et les décisions citées (*J. des soc.*, 1888, p. 368). — Quand les statuts d'une société civile par actions déclarent que l'assemblée générale des actionnaires régulièrement

constituée représente l'universalité des actionnaires, et que ses délibérations sont obligatoires pour tous, l'associé est tenu de toutes les dettes contractées par la société en vertu de délibérations régulières de l'assemblée générale. Cass., 2 juillet 1884.
(7) Cass., 27 mars 1866 (S. 1866-1-211) ; Paris. 15 février, 17 et 28 août 1868 (S. 1868-2-329) ; Lyon, 8 août 1873 (S. 1874-2-105); Cass., 28 janvier 1884 ; Seine, 20 juillet 1886 ; Troplong, n° 328 ; Bravard, t. I, p. 680 ; Rivière, n° 39 ; Alauzet, n° 508 ; Boitel, n° 156 ; Delecroix, Soc. de mines, n° 281 et suiv.; Lyon-Caen et Renault, n° 535 ; Pont, n° 122 ; Vavasseur, n° 347 et suiv. ; V. le traité de M. Eugène Dreyfus sur les *Sociétés civiles à formes commerciales en France et à l'étranger.* — Contra : Delangle, Sociétés, n° 28 et suiv.; Vincens, *Législation commentée*, t. I, p. 349 et suiv.; Bédarride, n° 97 et 123.

l'administration et le contrôle, les assemblées générales, le fonds de réserve imposé aux sociétés anonymes, la publicité, les sanctions civiles (1), les sanctions pénales (2), etc.

7. — La loi du 1ᵉʳ août 1893 a tranché la difficulté en ajoutant à celle du 24 juillet 1867 un article 68 ainsi conçu : « Quel que soit leur objet, les sociétés en commandite ou anonymes, qui seront constituées dans les formes du Code de commerce ou de la présente loi, seront commerciales et soumises aux lois et usages du commerce. »

8. — Il résulte de cette disposition : 1° qu'une société ayant un objet civil peut revêtir la forme de la société en commandite par actions ou de la société anonyme ; 2° qu'une telle société est soumise à toutes les règles de la loi de 1867, modifiées et complétées par celle du 1ᵉʳ août 1893 ; 3° qu'elle doit être traitée comme une société de commerce.

Par suite de cette dernière solution : une société anonyme ou en commandite par actions, même civile par son objet, peut être déclarée en faillite, ou mise en liquidation judiciaire ; elle est obligée de tenir les livres prescrits pour les commerçants ; les contestations entre les associés sont de la compétence des tribunaux de commerce (art. 631, C. comm.).

9. — L'article 68, précité, ne s'applique qu'aux sociétés constituées postérieurement à la promulgation de la loi du 1ᵉʳ août 1893.

ART. 2. — *De l'action dans les sociétés commerciales.*

10. — Les actions créées dans les sociétés commerciales (commandite et anonyme) sont réglementées par les dispositions de la loi du 24 juillet 1867. Elles sont de diverses espèces.

11. — Actions de capital et d'apport. — Les actions de capital ou payantes sont celles dont le montant est versé en argent. Les actions de fondation ou d'apport sont celles attribuées aux associés qui font des apports en nature. Ces deux sortes d'actions représentent le fonds social ; elles confèrent les mêmes droits et avantages. Toutefois, les actions d'apport ne sont négociables que deux ans après la constitution de la société (3).

12. — Actions de priorité. — Les actions de priorité ou privilégiées (peu usitées en France, mais répandues à l'étranger, notamment en Angleterre) ne nous paraissent contraires à aucune disposition légale et d'ordre public (4).

13. — Actions de prime. — Les actions de prime sont celles attribuées à certaines personnes pour les rémunérer des soins qu'elles donnent à la fondation

(1) Toullier, *Soc.*, 482; Delangle, 148; Rivière, 89; Duvergier, *Lois*, 1856, p. 384 ; Beslay, 71; Boistel, n° 120; Lyon-Caen et Renault, n° 586 ; Pont, n° 123; Vavasseur, n° 847 et suiv.; Ledru, *loc. cit.*; Seine, 20 juillet 1886 ; Toulouse, 23 mars 1887; Seine, 20 avril 1889; Paris, 20 juillet 1890: Houpin, *J. des soc.*, 1891, p. 512. — *Contra* : Aix, 11 janvier 1887 (*Gaz. du pal.*, 1887, p. 586). Suivant cet arrêt, la loi de 1867, spécialement dans les articles 1 et 24, n'est pas applicable aux sociétés civiles qui adoptent la forme de l'anonymat.

(2) Lyon-Caen (S. 1875-1-281); Pont, *Soc.*, n° 1814; Vavasseur, *Soc.*, n° 788; Deloison, id., n° 488; Dreyfus, p. 152; Rubat de Mérac, n° 27; Houpin,

J. des soc., 1891, p, 512.—*Contra* : Cass., 28 novembre 1878 (S., 1875-1-281); Orléans, 28 juillet 1887.

(3) L. 1ᵉʳ août 1893.

(4) Conf.: Vavasseur, n° 187 et 530; Deloison, n° 264; Paris, 10 janvier 1867 (D. 1869-2-289); Paris, 19 avril 1875 (D. 1875-2-161); Paris, 28 mai 1884; Venise, 1ᵉʳ décembre 1884 ; Cass., Florence, 10 décembre 1885 ; Seine, 25 juin 1883; Lyon, 4 mars 1891. Les actions de priorité ne pourraient être créées au cours de la société sans le consentement unanime des actionnaires, à moins d'une disposition formelle dans les statuts. Paris, 19 avril 1875, *loc. cit.*; Vavasseur, n° 531. —V. sur la nature et les avantages des actions de priorité: Houpin. *Tr. des soc. civ. et comm.*, n° 266.

et à l'organisation de la société, sans qu'elles soient obligées de faire aucun versement.

On reconnaît généralement que les dispositions de l'article 1er de la loi de 1867, qui exige la souscription intégrale du capital social, s'opposent à la création et à la délivrance d'actions non payantes.

Malgré l'avis de certains auteurs (1), nous croyons aussi qu'aucune action de capital ne peut exister en dehors du capital social, et que par suite, la création d'actions de prime est illicite dans tous les cas (2).

D'après M. Pont, les services rendus à la société, lorsqu'ils ne constituent pas des apports en nature soumis aux appréciations et approbations imposées par la loi de 1867, doivent être rémunérés en argent; ils ne peuvent l'être en actions délivrées gratuitement.

Mais les services pourraient être rémunérés par l'attribution de parts de fondateur donnant droit à une quotité dans les bénéfices sociaux (V. infrà, nos 15 et suiv.).

14. — Actions de jouissance. — Souvent les statuts stipulent qu'il sera prélevé chaque année une portion des bénéfices sociaux pour la formation d'un fonds destiné à l'amortissement du capital des actions, par voie de tirage au sort.

Les actions ainsi amorties ou remboursées sont remplacées par des actions de jouissance, lesquelles participent à la distribution des dividendes, après le service d'un premier dividende, à titre d'intérêt, aux actions de capital, et à la répartition de l'actif social après le remboursement de toutes les actions.

15. — Parts de fondateur. Caractère. — Les parts de fondateur ou parts bénéficiaires (appelées aussi, inexactement à notre avis, actions de jouissance ou actions industrielles) sont attribuées, par les statuts, aux associés qui apportent leur industrie, ou aux fondateurs de la société, pour eux et ceux qui fournissent leur concours. Parfois, elles sont destinées à compléter les avantages représentatifs d'apports en nature.

Ces parts ne sont réglementées par aucun texte législatif; mais leur légalité, consacrée par la pratique, n'est pas contestée aujourd'hui (3).

Quel est leur caractère juridique? — Suivant certains auteurs, les parts ne représentent qu'un droit de créance d'une portion de bénéfices contre la société (4). D'autres auteurs estiment que ces parts sont de véritables actions (5). Ces deux solutions ne nous paraissent pas fondées, et nous considérons que les parts de fondateur ne constituent ni des actions ni un droit de créance contre la société; elles ne sont que des titres d'intérêts conférant un droit aux bénéfices (6).

16. — Droits. — La part de fondateur ne confère aucun droit sur le capital social et n'en fait pas partie; elle donne seulement droit, pendant le cours de la société, à un prélèvement déterminé sur les bénéfices nets de l'exploitation sociale,

---

(1) Lyon-Caen et Renault, n° 413; Ruben de Couder, v° Société anonyme, n° 105; Beslay et Lauras, n° 184 et suiv. — V. aussi Rivière, n° 85; Dalloz, v° Société, n° 1182; Ameline, Revue prat., t. XXIV, p. 349.

(2) Vavasseur, n° 529; Beudant Revue crit., t. XXXVI, p. 116; Alauzet, n° 639; Pont, n° 888.

(3) Pont, n° 866; Lyon-Caen et Renault, n° 376; Ruben de Couder, v° Société anonyme, n°s 92 et suiv.; Houpin, J. du not., 1894, p. 289.

(4) Rousseau, Quest. nouv. sur les Soc., p. 159; J. des Soc., 1880, 600; Deloison, Soc., n° 325; Wahl, Titres au porteur, n° 292; Bouvier-Bangillon, L. 1er août 1893, p. 150.

(5) Thaller, Rev. crit., 1881, 584; 1887, 220; Chavegrin, note (S. 1889-1-417); Lyon-Caen et Renault, n° 560 bis. V. aussi Vavasseur, n° 534.

(6) Houpin, J. des Soc., 1894, 184, et J. du Not., 1894, 289; Tr. des soc. civ. et comm., n° 273; Seine, 24 septembre 1894.

après déduction des frais généraux, du service des emprunts, de la réserve légale et de l'intérêt payé au capital-actions.

A l'expiration de la société, tout ce qui excède le capital social, remboursé aux actionnaires après extinction du passif, constitue les bénéfices nets et définitifs de la société, et doit être réparti entre les actionnaires et les porteurs de parts dans la proportion déterminée aux statuts.

17. — Titres. — Les parts de fondateur peuvent être représentées par des titres nominatifs ou des titres au porteur, transmissibles par toutes les voies civiles et commerciales.

Ordinairement, les statuts indiquent la forme et le mode de transmission de ces titres, ou confèrent au gérant ou au conseil d'administration le pouvoir de les déterminer.

Les dispositions de l'article 1er de la loi de 1867, sur le minimum du taux des actions, ne sont pas applicables aux parts de fondateur, lesquelles ne représentent pas une portion du capital social (1).

Nous estimons aussi que les parts de fondateur peuvent être mises au porteur avant la libération de toutes les actions et que l'article 4 de la loi de 1867, spécial aux actions, n'est pas applicable aux parts de fondateur (2).

Enfin, le nouvel article 3 de la loi de 1867 (3), d'après lequel les *actions* représentant des apports en nature ne peuvent être détachées de la souche et ne sont négociables que deux ans après la constitution de la société, ne saurait être appliqué aux parts de fondateur, lesquelles ne constituent pas juridiquement des actions (4).

18. — Assemblées générales. — Les propriétaires de parts de fondateur n'ont pas le droit d'assister aux assemblées générales des actionnaires. Ils n'ont pas à s'immiscer dans les décisions du conseil d'administration (5). Ils doivent, pour l'exercice de leurs droits, s'en rapporter aux délibérations régulièrement prises par les actionnaires.

Toutefois, l'assemblée générale n'a pas le droit de réduire la part proportionnelle de bénéfices attribuée par les statuts aux parts de fondateur, ni de mettre à néant, par une dissolution arbitraire et frauduleuse, les avantages concédés aux parts (6). Dans ce cas, la dissolution est néanmoins valablement prononcée par l'assemblée générale des actionnaires, en exécution du pouvoir à elle conféré par les statuts; mais la société est passible, envers les propriétaires de parts, de dommages-intérêts à fixer suivant l'importance du préjudice causé (7). La dissolution peut néanmoins être valablement prononcée par l'assemblée générale, pour de justes motifs et sans fraude aux droits des porteurs de parts de fondateurs (8).

19. — Taux et division des actions. — Le capital de la société anonyme se divise en actions et même en coupons d'actions d'une valeur égale (art. 34, C. comm.).

D'après l'article 1er de la loi du 24 juillet 1867, modifié par celle du 1er août

(1) Beslay et Lauras, n** 89 et suiv.; Alauzet, n* 638 ; Bédarride, art. 1er, n° 13; Ruben de Couder, v° *Société anonyme*, n* 47; Dict. du not., suppl., v* *Société par actions*, n° 10; Houpin, *loc. cit.* — V. toutefois Mathieu et Bourguignat, n** 9 et 182.
(2) *Contrà* : Thaller, *Rev. de législ.*, 1881, p. 519 et suiv.
(3) L. 1er août 1893.
(4) Houpin, *J. des Soc.*, 1894, 184, et *Tr. des soc. civ. et comm.*, n* 274; Bouvier-Bangillon, p. 149 ;

Faure, p. 65 ; Génevois, p. 92 ; Paris, 14 janvier 1895 (*J. des Soc.*, 1895, 77).
(5) Seine, 24 juin 1886.
(6) Paris, 16 février 1885 et 18 janvier 1886; Cass., 29 février 1888 ; Seine, 10 mars 1890 ; Paris, 17 juin 1891, et Cass., 4 juillet 1893.—V. toutefois, Seine, 2 mars 1885.
(7) Seine, 10 mars 1890 ; Paris, 17 juin 1891; Cass., 4 juillet 1893 ; Seine, 24 septembre 1894.
(8) Cass., 29 février 1888.

1893, les sociétés en commandite ne peuvent diviser leur capital en actions ou en coupures d'actions de moins de 25 francs, lorsque le capital n'excède pas 200,000 francs ; de moins de 100 francs, lorsque le capital est supérieur à 200,000 francs (1).

Cette disposition est applicable aux sociétés anonymes (art. 24).

20. — Égalité. — L'égalité des actions est un des caractères des sociétés anonymes. On décide généralement qu'elle n'est de l'essence d'aucune société, que l'article 34 du Code de commerce n'édicte pas une prescription d'ordre public et n'a pas de sanction (2) ; mais l'opinion contraire est soutenue par d'importantes autorités (3).

21. — Actions. — La limite *minima* fixée par la loi s'applique à toutes les actions composant le fonds ou capital social, mais non aux parts de fondateur (V. *suprà*, n° 17), ni aux actions de jouissance (4), ni aux obligations émises par les sociétés (5).

22. — Base. — La base qui sert à calculer le minimum est le capital indiqué aux statuts, lors même qu'il ne devrait pas être appelé immédiatement en totalité, sans qu'il y ait à tenir compte de la plus ou moins-value qui se produirait ultérieurement dans l'actif social par suite de bénéfices ou de pertes.

23. — Augmentation du capital social. — Si, par suite du développement de ses affaires, la société se trouve amenée à augmenter, au cours de ses opérations, son capital primitif, il y a lieu de fixer le taux des actions nouvelles en égard à la totalité du capital social (6).

24. — Forme des actions. — Pour faciliter la cession des actions, on délivre ordinairement aux actionnaires des titres destinés à constater leurs droits. Ces titres peuvent avoir diverses formes, que nous allons énumérer (7).

25. — Action nominative. — Le titre est nominatif quand le nom et le droit de propriété de l'actionnaire sont mentionnés sur les registres de la société et sur un titre spécial.

En la forme, ce titre est une feuille assez grande détachée d'un registre à souche, constatant, avec les nom, prénoms, profession et demeure de l'actionnaire, le nombre et les numéros des actions qu'il possède.

Il présente, au bas ou au dos, une partie blanche divisée ou non en petits carrés où l'on marque, par un timbre, le paiement des dividendes à mesure qu'il est effectué.

Quelquefois, on imprime sur ces titres les parties principales des statuts sur les droits des actionnaires.

Les intérêts et dividendes sont payables au porteur, même pour les titres

---

(1) L. 1er août 1893 (*J. du not.*, p 526.
(2) Alauzet, n°ˢ 529 et 531; Rivière, n° 180; Vavasseur; n°ˢ 5 et 473; Hémar, conclusions sur arrêt de Paris du 19 avril 1875 (D. 1875, 2, p. 161); Boistel, p. 208; Paris, 4 avril 1884; Paris, 28 mai 1884.
(3) Bravard, p. 192; Troplong. n° 477; Bédarride, n°ˢ 330 et suiv.; Dalloz, v° *Société*, n° 1496; Pont, n° 1585; Dict. du not., suppl., v° *Société par actions*, n° 2.
(4) Romiguière, n°ˢ 11 et 12; Rivière, n° 13; Beslay et Lauras, n°ˢ 89 et suiv.; Alauzet, n° 688; Bédarride, n° 7; Pont, n° 866; Ruben de Couder, v° So-

ciété anonyme, n° 47. — *Contrà* : Mathieu et Bourguignan, n°ˢ 9 et 182; Duvergier, *Lois*, t. LVᵛ p. 386.
(5) Pont. n° 865.
(6) Duvergier, *Lois*, 1856, p. 834; Beslay et Lauras, n°ˢ 151 et suiv.; Boistel, n° 247 : Lyon-Caen et Renault, n° 418; Ruben de Couder, v° *Société anonyme*, n° 41; Pont, n° 864; Vavasseur, n°ˢ 472 et 473. V. Houpin, Soc. civ. et comm., n° 480.
(7) Lyon-Caen et Renault. n° 379 *bis*; Ruben de Couder, v° *Société anonyme*, n° 110 et suiv.; Houpin, *Soc. civ. et comm.*, n°ˢ 281 et suiv.

nominatifs ; mais le titulaire ou son mandataire peut seul recevoir le remboursement du capital et exercer les autres droits attachés à l'action.

La transmission des actions nominatives a lieu ordinairement par un transfert sur les registres de la société (V. *infrà*, n° 59).

26. — Action au porteur. — Le titre au porteur ne contient pas le nom de l'actionnaire, et celui qui le possède doit être considéré par la société et les tiers comme en étant propriétaire. Il présente les mêmes dispositions générales que le titre nominatif. Toutefois, la partie supérieure porte, au lieu du nom de l'actionnaire, les mots *action au porteur* avec le capital de l'action et un numéro d'ordre. La partie inférieure est divisée en un grand nombre de petits carrés appelés *coupons*, servant à toucher les dividendes annuels, portant chacun la date de leur échéance, c'est-à-dire de l'époque à laquelle ils doivent être détachés et touchés. Il y a autant de titres pareils qu'il y a d'actions.

Les actions au porteur se transmettent par la simple tradition.

27. — Action mixte. — Il y a quelquefois des titres mixtes qui participent de la nature des deux espèces de titres.

Ils sont nominatifs par le nom du titulaire ; mais, comme les titres au porteur, ils sont munis de coupons de dividende à détacher au fur et à mesure de leur échéance (1).

27 bis. — Les actions d'apport (art. 3 nouveau L. de 1867) peuvent être mises au porteur à l'origine de la société (2).

28. — Forme. Principe. — D'après la loi du 17 juillet 1856, sur les sociétés en commandite, et celle du 23 mai 1863, sur les sociétés à responsabilité limitée, les actions étaient nominatives jusqu'à leur entière libération. Le même principe s'est trouvé implicitement maintenu par l'article 3 de la loi du 24 juillet 1867, qui permet la conversion au porteur des actions non entièrement libérées, sous certaines conditions que nous expliquerons plus loin (3).

29. — Statuts. — Les statuts déterminent la forme des titres d'actions entièrement libérées. Ils peuvent stipuler que l'action sera et restera nominative, ou bien (ce qui a lieu le plus souvent) qu'elle sera nominative ou au porteur, au choix de l'actionnaire.

30. — Actions libérées et non libérées. — Les actions peuvent être, les unes libérées en totalité, et les autres libérées partiellement : c'est ce qui se présente notamment lorsqu'il est attribué en représentation d'apports en nature, des actions entièrement libérées, et que les actions de numéraire ne sont libérées que du quart.

Les titulaires des actions libérées sont-ils fondés à demander la délivrance de titres au porteur, ou faut-il, si les statuts autorisent la conversion des actions de numéraire après libération de moitié, attendre que les formalités prescrites par l'article 3 de la loi de 1867, pour la conversion de ces derniers titres, soient réalisées ?

La jurisprudence s'est prononcée dans le premier sens, et a décidé que les actions d'apport entièrement libérées peuvent être immédiatement délivrées en titres au porteur (4).

---

(1) V. Rataud, *Rev. crit.*, 1882, p. 215.
(2) Lyon-Caen et Renault, L. 1er août 1893, n° 24 ; Houpin, *Tr. des Soc. civ. et comm.*, n° 289.
(3) Pont, n° 914.
(4) Paris, 30 janvier 1882 ; trib. comm. Lyon, 13 juillet 1882.

31 à 35. — Conversion au porteur des actions libérées de moitié.
— L'article 3 de la loi de 1867 permettait de stipuler, mais seulement par les statuts constitutifs, que les actions ou coupons d'actions pourraient, après avoir été libérés de moitié, être convertis en actions au porteur par délibération de l'assemblée générale. Mais cette disposition a été abrogée par la loi du 1er août 1893, qui a modifié l'article précité en ce sens que *les actions sont nominatives jusqu'à leur entière libération* (1).

Toutefois, cette disposition nouvelle ne s'applique qu'aux sociétés constituées depuis la loi du 1er août 1893. En ce qui concerne les sociétés constituées antérieurement, l'article 7 de cette loi dispose que « pour les sociétés par actions en commandite ou anonymes, déjà existantes, sans distinction entre celles antérieures à la loi du 24 juillet 1867 et celles postérieures, il n'est pas dérogé à la faculté qu'elles peuvent avoir de convertir leurs actions en titres au porteur avant libération intégrale ».

36. — Paiement des actions. — Chacune des actions composant le capital social doit être libérée, en totalité ou en partie, avant la constitution de la société (V. *infrà*, nos 99 et suiv.) (2).

Lorsqu'elles ne sont libérées que partiellement, les statuts, tantôt déterminent le mode et les époques des appels de fonds, suivant le but de l'entreprise et les besoins de la société, tantôt confèrent les pouvoirs nécessaires à cet effet au gérant ou au conseil d'administration.

37. — Anticipation. — Les actionnaires ne peuvent, sous aucun prétexte, devancer les appels de fonds, dont l'époque n'a pas été déterminée par les statuts ou par une délibération postérieure du conseil d'administration ou de l'assemblée générale.

Ils n'ont pas, non plus, le droit de se libérer par anticipation, si les dates de versement sont fixées : la présomption de l'article 1187 du Code civil n'étant pas applicable en matière commerciale (3).

38. — Mode de paiement. — Le versement légal (de la totalité, lorsque les actions n'excèdent pas 25 francs, et du quart, au moins, lorsqu'elles sont de 100 francs et au-dessus) doit avoir lieu en *espèces ;* c'est ce que décide le § 2 de l'article 1er de la loi du 1er août 1893 (4).

39. — Constatation. — Le versement du premier quart est constaté par un récépissé qui, après la constitution de la société, est échangé contre un titre d'action ; les versements ultérieurs sont constatés sur ce titre ; après le dernier versement, on délivre ordinairement de nouveaux titres d'actions entièrement libérés.

40. — Intérêts. — Les sommes dues à la société par les actionnaires produisent, de plein droit, des intérêts au taux légal, à compter de leur exigibilité (art. 1846, C. civ.) (5), et, si celle-ci n'est pas indiquée d'une manière précise dans les statuts, à compter du jour de l'appel de fonds, et non du jour de la demande en justice (6).

---

(1) L. 1er août 1893, art. 2.
(2) L. 24 juillet 1867, article 1er.
(3) Dalloz, vo *Obligation*, no 1271 ; Vavasseur, no 490.

(4) *J. du not.*, 1893, p. 526.
(5) Vavasseur, no 178 ; Lyon-Caen et Renault, no 375 ; Aix, 1er mars 1869 (S. 1870-2-78).
(6) Paris, 18 février et 14 juin 1888.

Ces intérêts se prescrivent par cinq ans (1).

41. — Faillite. Liquidation. — La faillite de la société rend **exigibles** les sommes restant dues sur les actions, nonobstant les termes et délais accordés par les statuts aux actionnaires (2).

Les syndics ont tout pouvoir pour faire les appels de fonds nécessaires au paiement du passif, et exiger des actionnaires la libération intégrale de leurs actions (3).

Le liquidateur a également le droit de poursuivre le paiement des sommes restant dues sur les actions et qui sont nécessaires à l'extinction du passif social (4).

Les actionnaires poursuivis par le syndic ou le liquidateur ne sont pas fondés à exiger qu'il soit préalablement dressé par le poursuivant, pour justifier sa demande, un état de la situation active et passive (5).

42. — Poursuites. Vente de titres. — En cas de non-versement des sommes exigibles sur les actions, la société a, pour arriver au paiement de ce qui lui est dû, deux actions (6) :

1° Une action personnelle contre ses débiteurs, dans les termes du droit commun ;

2° Une sorte d'action réelle, qui lui permet, soit en vertu d'une disposition des statuts, soit en vertu d'une autorisation de justice, de faire vendre aux frais, risques et périls de l'actionnaire en retard, les actions sur lesquelles les versements sont dus.

Il est d'usage de stipuler dans les statuts que la société pourra faire vendre les titres sur lesquels les versements seront en retard ; qu'à cet effet, les numéros des titres seront publiés dans l'un des journaux d'annonces légales du siège social ; qu'après cette publication, dans un certain délai (quinze jours, par exemple), la société, sans mise en demeure préalable, et sans autre formalité ultérieure, aura le droit de faire vendre, sur duplicata, les actions dont il s'agit, à la Bourse de Paris par le ministère d'un agent de change si les actions sont cotées, et, dans le cas contraire, aux enchères publiques, en l'étude et par le ministère d'un notaire, pour le compte et aux risques et périls des retardataires ; que le prix net de la vente s'imputera, dans les termes de droit, sur ce qui sera dû à la société par l'actionnaire exproprié, qui restera passible de la différence ou profitera de l'excédent.

Les actions sur lesquelles des versements restent à effectuer sont vendues, après l'accomplissement des formalités prescrites par les statuts, *entièrement libérérées des versements appelés.*

Par suite, l'acquéreur n'a d'autre charge que celle de payer son prix, et il ne peut être tenu des versements exigibles restant à faire, la société ne conservant

---

(1) Seine, 3 décembre 1888.
(2) Paris. 1ᵉʳ août 1850 (S. 1850-2-374); Cass., 18 avril 1877 (S. 1879-1-69); Bordeaux, 3 mars 1884; Vavasseur, n° 523 ; Ruben de Couder, v° *Société en commandite*, n°⁸ 422 et 423.
(3) Cass., 26 mai 1886; Lyon, 2 mai 1888.
(4) Paris, 8 février 1884 ; Paris, 7 août, 19 et 31 décembre 1884 ; 17 novembre 1887, 4 mai 1888 et 30 janvier 1889 ; Seine, 3 janvier 1889 ; Paris, 30 janvier 1889 et 1ᵉʳ février 1894 ; Cass., 9 novembre 1892 ; Bédarride, n° 591; Pont, n°⁸ 1935, 1952 et 1965; Vavasseur, n° 245. — V. aussi, sur le droit du liquidateur d'une société civile par actions, Douai, 24 décembre 1888.

(5) Paris, 15 avril 1885; Cass., 26 mai 1886; Cass., 30 octobre 1886, *loc. cit.*, Paris, 4 mai 1888 ; Limoges, 27 juillet 1888 ; Paris, 6 février 1891; Pont, n° 1966. — V. toutefois, Seine, 12 octobre 1888.
(6) Cass., 31 août 1887.

de recours, en cas de déficit à payer sur les titres vendus, que contre les débiteurs antérieurs (1).

Si donc les actionnaires n'effectuent pas, sur un appel de fonds, le versement du second quart, la société a le droit de faire vendre en Bourse, par duplicata, les titres de leurs actions, aux frais et risques des actionnaires, sous forme d'actions libérées de moitié. bien que le quart seul ait été versé.

Ce mode d'exécution est conforme aux usages de la Bourse (2).

43. — Nullité de la société. — La nullité de la société n'est pas opposable par les associés aux tiers (3), notamment aux créanciers sociaux.

Les actionnaires ne sont donc pas fondés à opposer, à l'encontre de ces derniers, la nullité de la société pour se décharger de l'obligation de libérer leurs actions (4).

Par suite, c'est à bon droit que les syndics ou les liquidateurs procèdent à des appels de fonds (5).

44. — Compétence. — La souscription d'actions d'une société commerciale constituant un acte de commerce, les tribunaux de commerce sont seuls compétents pour statuer sur les demandes en paiement d'actions non libérées (6).

45. — Responsabilité des souscripteurs et cessionnaires. — En principe, le souscripteur, qu'il ait ou non cédé ses actions, est personnellement débiteur du montant intégral des titres qu'il a souscrits, nonobstant toute stipulation contraire.

Les cessionnaires successifs d'actions, même ceux qui les ont aliénées, régulièrement à des tiers ou irrégulièrement à la société, sont également responsables des versements restant à faire, au même titre que le souscripteur primitif et concurremment avec lui.

C'est pour assurer le recours de la société contre ces différentes personnes que les titres doivent rester nominatifs jusqu'à leur entière libération (7).

Les titulaires successifs d'une action sont codébiteurs solidaires de la somme due par cette action (8).

Ces principes ont été consacrés par la loi du 1er août 1893, qui a ajouté à l'article 3 de la loi de 1867 la disposition suivante : « Les titulaires, les cessionnaires intermédiaires et les souscripteurs sont tenus solidairement du montant de l'action. »

46 à 52. — L'article 3 de la loi de 1867 autorisait la conversion au porteur des actions libérées de moitié ; puis il ajoutait : « Soit que les actions restent

(1) Paris, 15 avril 1885 ; Cass., 20 février 1888 et la note de M. Labbé (S. 1888-1-401). — V. toutefois Lyon-Caen et Renault, n° 375.

(2) Cass., 31 octobre 1887; Paris, 26 novembre 1887; Seine, 8 décembre 1888; Cass., 20 février 1888 ; Paris, 4 décembre 1888 et 6 mai 1891. — V. Cass., 4 décembre 1888.

(3) L. 24 juillet 1867, art. 7 et 41.

(4) Paris, 5 février 1872 (S. 1873-2-75) ; Cass., 5 juin 1885; Cass., 8 janvier 1887; Douai, 28 novembre 1888 et les décisions citées ; Vavasseur, n° 706; Pont, n° 1243.

(5) Paris, 14 juin 1888 ; Cass., 15 novembre 1892.

(6) V. les autorités citées, infrà, n° 98; Vavasseur, n° 752.

(7) Paris, 2 juin 1876 (S. 1879-2-33); Cass., 21 juillet 1879 (S. 1880-1-5); Cass, 24 novembre 1880 (D. 1881-1-70); Cass., 12 avril 1881 (S. 1881-1-241); Cass;. 3 avril 1883 (J. des val. mob., 1883, p. 437); Cass., 3 janvier 1887; Paris, 5 mars 1887; Cass., 27 juin 1887, V. Paris, 17 janvier 1884; Seine, 9 novembre 1887.—Conf.: Beudant, Rev. crit., t. XXXIII, p. 18 et suiv,; Boistel, p. 177; Pont, n°° 946 et 947; Lyon-Caen et Renault, n° 430; Vavasseur, n°° 497 et suiv.: Ruben de Couder, v° Soc. anon., n°° 170 et 174 ; Dict. du not., suppl., v° Soc. par act., n° 25.

(8) Seine, 11 mai 1885.

nominatives, après la délibération de l'assemblée générale, soit qu'elles aient été converties en actions au porteur, les souscripteurs primitifs qui ont aliéné les actions et ceux auxquels ils les ont cédées, avant le versement de moitié, restent tenus du paiement du montant de leurs actions, pendant un délai de deux ans, à partir de la délibération de l'assemblée générale. »

Cet article a été modifié par la loi du 1ᵉʳ août 1893, en ce sens que tout souscripteur ou actionnaire qui a cédé son titre cesse, *deux ans après la cession*, d'être responsable des versements non encore appelés. »

L'article 7 de la même loi contient la disposition transitoire suivante : « Pour les sociétés par actions en commandite ou anonymes déjà existantes, sans distinction entre celles antérieures à la loi du 24 juillet 1867 et celles postérieures, il n'est pas dérogé à la faculté qu'elles peuvent avoir de convertir leurs actions en titres au porteur avant la libération intégrale. Quant aux actions nominatives des mêmes sociétés, les deux ans après lesquels tout souscripteur ou actionnaire qui a cédé son titre, cesse d'être responsable des versements non appelés, ne courront, à l'égard des créanciers antérieurs à la présente loi, qu'à partir de l'entrée en vigueur de la loi, et sauf application de l'article 2257 du Code civil pour les créances conditionnelles ou à terme et les actions en garantie. »

Le souscripteur ou le cessionnaire intermédiaire qui s'est trouvé obligé de libérer l'action dont il n'est pas propriétaire, a un recours, soit contre ceux auxquels il a transmis le titre, soit contre le porteur actuel. Chaque cessionnaire a le même recours contre celui qui a fait la cession.

53. — Négociation des actions. — L'article 2 de la loi du 24 juillet 1867 dispose que les actions ou coupons d'action sont négociables après le versement du quart.

Cette disposition doit s'entendre en ce sens que toutes les actions doivent être libérées du quart.

Il faut de plus que toutes les formalités prescrites par la loi pour la constitution de la société aient été remplies : déclaration notariée, vérification des apports en nature et des avantages particuliers, nomination et acceptation des premiers administrateurs et des commissaires.

Les actions ne sont donc réellement négociables, suivant les formes commerciales, qu'après la constitution définitive de la société.

Cela résulte de la discussion de la loi au Corps législatif (1).

Aussi a-t-il été jugé que la négociation commerciale de promesses d'actions avant la constitution de la société est frappée d'une nullité d'ordre public et ne peut produire aucun effet (2).

54. — Cession civile. — C'est seulement la négociation, c'est-à-dire la transmission par les voies commerciales, qui est interdite jusqu'à la constitution de la société ; mais les actions peuvent, même avant le versement du quart, faire l'objet d'une cession civile, par acte public ou sous seing privé, à titre gratuit ou onéreux (3).

(1) Boistel, n° 260; Lyon-Caen et Renault, n° 326 bis; Bédarride, n°ˢ 56 et 57 ; Mathieu et Bourgnignat, n° 28 ; Pont, n°ˢ 907 et 908 ; Vavasseur, n° 477 ; Ruben de Couder, v° Soc. anon., n°ˢ 118 et suiv. ; Dict, du not., supp., v° Soc. par act., n° 13 ; Lyon, 7 janvier 1881 (S. 1881-2-25); Paris, 2 mars 1883 ; Seine. 22 août 1883 ; Paris, 18 août 1884 ; Orléans, 9 février 1886 ; Paris, 1ᵉʳ juillet 1886 ; Paris, 23 mai 1887 (D. 1888-2-78).

(2) Lyon, 12 juillet 1882 ; Paris, 2 août 1883 ; Paris, 18 août 1884 ; Paris, 1ᵉʳ juillet 1886.

(3) Mathieu et Bourguignat, n° 26 ; Bédarride, n°ˢ 51 et 58 ; Lyon-Caen et Renault, n° 426 bis ; Vavasseur, n° 475 ; Pont, n° 902 ; Rousseau, n° 1097 ; Ruben de Couder, v° Soc. anon., n° 121 ; Dict. du not., suppl., v° Sociétés par actions, n° 13 ; Lyon, 2 mars 1883 ; Paris, 14 novembre 1888.

54 bis. — Actions d'apport. — Aux termes de l'article 3 de la loi de 1867, modifié par la loi du 1er août 1893, « les actions représentant des apports ne peuvent être détachées de la souche et ne sont négociables que deux ans après la constitution définitive de la société. Pendant ce temps, elles devront, à la diligence des administrateurs, être frappées d'un timbre indiquant leur nature et la date de cette constitution ».

Ce qui est prohibé pendant deux années, c'est seulemeut la *négociation*, c'est-à-dire la cession par les voies commerciales. La cession civile à titre gratuit ou onéreux, avec observation des formalités prescrites par l'article 1690 du Code civil, demeure permise. Les actions d'apport pourraient aussi être l'objet d'un nantissement civil (art. 2075 et suiv., C. civ.).

55. — Nullité de la société. — La nullité de la société, à raison d'irrégularités dans sa constitution, notamment pour défaut de versement du quart, n'entraîne pas la nullité des négociations d'actions opérées après la constitution de la société, pourvu que la constitution et les titres des actions émises aient été réguliers en la forme (1).

Il ne reste, en pareil cas, à l'acheteur, qu'un recours en garantie contre son vendeur, pour vice caché, conformément aux articles 1641 et suivants du Code civil (2).

56. — Chambres syndicales. Cote officielle. Responsabilité. — Les actions d'une société ne peuvent être négociées officiellement aux bourses françaises, par le ministère des agents de change, qu'après avoir été admises à la cote officielle par les Chambres syndicales des agents de change, sur la production d'une demande adressée par les représentants de la société, et appuyée des diverses pièces justificatives, et notamment des pièces constitutives (3).

57. — Transfert des actions. — *Actions au porteur.* — Elles se transmettent par la simple tradition du titre (art. 35, C. comm.).

Les cotes et paraphes d'inventaire, ou toutes autres mentions de même nature

---

(1) Lyon, 22 janvier 1884; Lyon, 16 mai 1884; Cass., 8 juin 1885; Seine, 20 juillet 1887; Douai, 28 novembre 1888; Paris, 2 août 1890.

(2) Lyon, 22 ou 25 juin 1887.

(3) Les pièces et renseignements exigés par la compagnie des agents de change de Paris, à l'appui des demandes de cette nature, sont les suivants :
1° Demande au syndic (il *n'y a pas de formule obligatoire*);
2° Deux exemplaires des statuts;
3° Pièces constitutives (expédition de l'acte notarié de déclaration de souscription du capital et de versement du quart des actions; état nominal des souscripteurs; — procès-verbaux d'assemblées générales constitutives; — rapport des commissaires chargés de vérifier les apports, s'il y a lieu);
4° Pièces de publication légale;
5° Spécimen des titres;
6° Taux d'émission;
7° Libération actuelle;
8° Epoques de jouissance;
9° Jouissance actuelle;
10° Derniers inventaires et comptes rendus d'assemblées générales, s'il y en a eu;
11° Adhésion à la circulaire relative au paiement des coupons présentés par la Chambre syndicale;

12° Engagement de fournir à la Chambre syndicale 200 listes de chaque tirage, s'il y a lieu; lesdites listes devront être du format du Bulletin des oppositions (32 centimètres sur 23) et contenir, intercalés en caractères ou couleurs différents, les numéros des titres sortis antérieurement et non encore présentés au remboursement;
13° Adhésion à la formule d'acceptation de transfert, spéciale pour les agents de change, si les titres sont nominatifs;
14° Engagement de faire parvenir à la Chambre syndicale le compte-rendu de chacune des assemblées générales que pourra tenir la société.
Les Chambres syndicales d'agents de change ont un pouvoir souverain pour l'admission des valeurs à la cote officielle. En conséquence, elles n'ont, à cet égard, ni à solliciter ni à obtenir (pour les valeurs françaises) l'autorisation du Ministre des finances (Trib. Lyon, 22 ou 25 juin 1887 (*loc. cit.*). Mais elles engagent leur responsabilité, quand elles admettent à la cote officielle des actions d'une société dont elles ont pu vérifier la constitution irrégulière (Cass., 4 décembre 1876 (S. 1878-1-869); Cass., 5 mai 1886; Amiens, 13 juillet 1887; trib. Lyon, 22 juin 1887 (*loc. cit.*); Buchère et Lechopié, *la Coulisse et le Monopole*, p. 14. — *Contra* : Mollot, *Bourse de commerce*, n° 681).

indûment appliqués sur les titres au porteur, sont sans effet en ne sauraient donc entraver la libre circulation et transmission des actions (1).

58. — *Actions à ordre.* — Lorsque les actions sont à ordre, elles se transmettent au moyen d'un endos régulier (2), sans qu'il soit nécessaire de l'inscrire sur le registre des transferts de la société, à moins qu'il ne soit reconnu, par interprétation des statuts, que cette formalité est une condition essentielle de la validité de la cession (3).

59. — *Actions nominatives.* — D'après l'article 36 du Code de commerce, rendu applicable aux sociétés anonymes par l'article 21 de la loi du 24 juillet 1867, la propriété des actions peut être établie par une inscription sur les registres de la société.

Dans ce cas, la cession s'opère par un déclaration de transfert inscrite sur les registres et signée de celui qui fait le transfert ou d'un fondé de pouvoirs.

Le plus souvent le transfert est constaté par une feuille spéciale signée du cédant et du cessionnaire, et inscrit sur les registres de la société.

Le transfert ainsi opéré saisit le cessionnaire à l'égard du cédant et des tiers, sans acceptation authentique ni signification.

Le cessionnaire d'actions nominatives, qui s'est chargé d'en faire opérer le transfert, est tenu de remplir cette formalité, et peut être condamné à le faire dans un délai déterminé et sous une sanction pénale (4).

La tradition des titres, accompagnée de la remise d'un transfert en blanc, ne suffit pas pour prouver la cession à l'égard des tiers; mais, entre les parties, la propriété des actions nominatives se transmet par le seul effet des conventions (5).

L'article 36 du Code de commerce n'est pas limitatif et exclusif des autres modes de transmission.

Les actions pourraient donc être cédées (à moins de stipulation contraire) par voie d'endossement, ou par une cession régulièrement signifiée à la société, avec sommation d'opérer le transfert sur les registres (6).

60. — Cession. Consentement de la société. — Nous avons dit (*suprà*, n° 1) que la cessibilité est le caractère le plus distinctif de l'action. Les statuts pourraient-ils restreindre l'exercice de ce droit, en stipulant que les actions ne pourront être cédées qu'avec le consentement du gérant ou du conseil d'administration, ou de l'assemblée générale des actionnaires?

M. Pont (7) résout cette question négativement. Mais les auteurs se prononcent généralement en sens contraire (8).

La Cour de cassation semble avoir consacré cette doctrine dominante, en

(1) Cass., 31 mai 1881.
(2) Troplong, n° 146; Lyon-Caen et Renault, n° 379 bis; Pont, n° 911 et 1588; Ruben de Couder, v° Soc. anon., n° 423.
(3) Cass., 26 janvier 1869 (S. 1869-1-322); Pont, n° 909 et 912. — V. aussi Cass., 5 mars 1857, 8 et 15 décembre 1869, 14 mars 1870 (S. 1867-1-136; 1870-1-177 et 271).
(4) Paris, 14 novembre 1888.
(5) Cass., 29 juin 1885.
(6) Troplong, n° 146; Alauzet, n° 452; Rivière,
n° 41; Beslay et Lauras, n° 223 et suiv.; Pont, n° 911; Lyon-Caen et Renault, n° 377; Ruben de Couder, v° Soc. anon., n° 137; Cass., 4 décembre 1867 (S. 1868-1-39); Paris, 30 juin 1886. — Contra: Vasseur, n° 479; Beudant, Rev. crit., t. XXXIV, p. 134 et suiv.; V. Cass., 8 mars 1886.
(7) N° 1587.
(8) Rivière, n° 180; Alauzet, n° 529 et 531; Boistel, p. 208; Mathieu et Bourguignat, n° 4; Vavasseur, n° 481; Houpin, Tar. des soc. civ. et comm., n° 317.

décidant que la restriction apportée à la libre disposition des actions ne fait pas obstacle à la circulation des titres et ne suffit pas pour leur enlever le caractère d'action (V. *suprà*, n° 1).

Nous estimons qu'il peut être valablement stipulé que certains associés auront un droit de préemption pour l'achat des actions (1), ou que les actions ne pourront être cédées à des personnes étrangères à la société qu'autant que ces cessionnaires auront été agréés par le conseil d'administration ou par l'assemblée générale (2).

61. — Conversion. — Quand les statuts ne contiennent aucune restriction à cet égard, les actions entièrement libérées peuvent être converties du nominatif au porteur, et du porteur au nominatif, au gré de chaque actionnaire.

62. — Droits attachés à l'action. — L'action est un droit qui participe de la créance et de la propriété. Elle confère à l'actionnaire :

1° Le droit à une part proportionnelle des dividendes et de l'actif social ;

2° Le droit de prendre part aux assemblées générales, et de céder son titre à des tiers ; le tout sauf les restrictions qui peuvent être stipulées par les statuts.

63. — Indivisibilité des actions. — Les actions sont indivisibles. Cette règle doit être admise même dans le silence des statuts.

Il en résulte que chacun des héritiers d'un actionnaire ne peut, tant que dure l'indivision, réclamer un titre distinct ni le paiement de sa part dans les dividendes.

De même, si l'action n'est pas libérée, la société n'est pas tenue de recevoir un paiement partiel (3).

64. — Perte et vol de titres nominatifs et au porteur. — Le propriétaire de titres d'actions ou d'obligations peut en être dépossédé à la suite d'une perte, d'un vol, d'un abus de confiance, etc.

Que doit-il faire ? Quels sont ses droits ?

Il faut distinguer suivant qu'il s'agit de titres *nominatifs* ou *au porteur*.

Le propriétaire d'un titre nominatif, qui s'en trouve privé sans sa volonté, doit d'abord faire signifier de suite à la société une opposition au paiement des intérêts ou dividendes et au remboursement du capital, pour éviter qu'un tiers se présente et exerce les droits d'actionnaire ou d'obligataire.

Puis, dès qu'il a justifié de ses droits, le titulaire véritable, dépossédé, peut exiger le paiement des intérêts et dividendes échus, se faire rembourser le capital exigible, et réclamer un duplicata de son titre (4).

Quand il s'agit de titres ou coupons détachés *au porteur*, la situation du propriétaire dépossédé est moins favorable ; elle est actuellement réglée par la loi du 25 juin 1872 et par un règlement d'administration publique du 10 avril 1873 (5), auxquels il y a lieu de se reporter.

(1) Paris, 80 mars 1880 ; Cass., 13 mars 1882.
(2) Chambéry, 2 avril 1889.
(3) Lyon-Caen et Renault, n° 379; Molinier, n° 419 ; Dalloz, v° *Société*, n° 1113 ; Vavasseur, n° 104.
(4) Lyon-Caen et Renault, n° 388 ; Ruben de Couder, v° *Société anon.*, n° 211.

(5) Voir, sur les formalités à remplir en pareil cas et sur les droits de l'actionnaire ou obligataire: Lyon-Caen et Renault, n° 384 et suiv.; Ruben de Couder, v° *Société anon.*, n° 218 et suiv.; Houpin, Tr. des soc. civ. et comm., n° 825 à 832.

§ 2. De l'obligation.

Art. 1ᵉʳ. — *Caractères généraux.*

65. — But. — Les capitaux dont les sociétés ont besoin pour leurs opérations sont fournis, en premier lieu, par la mise des premiers actionnaires : le capital social originaire. Mais ces ressources peuvent être insuffisantes. La société, pour les compléter, a deux moyens : augmenter son capital, ou recourir à un emprunt, notamment en émettant des titres d'*obligations négociables.*

66. — Différences avec l'action. — L'obligation diffère de l'action en ce que, notamment, l'obligation est la créance qui résulte d'un prêt ; elle donne droit, ordinairement, à un revenu invariable, appelé intérêt ; c'est une valeur de placement.

L'action, au contraire, est une part d'associé et produit des revenus essentiellement variables suivant l'importance des bénéfices nets de la société ; c'est une valeur de spéculation.

Les obligataires viennent sur l'actif social au marc le franc avec les autres créanciers de la société.

Les actionnaires n'ont droit au fonds social que lorsque tous les créanciers, obligataires et autres, ont été désintéressés (1).

Nous ajouterons que les actionnaires, en leur qualité d'associés, prennent part à l'administration de la société, tandis que les obligataires, simples créanciers, n'ont aucun droit de s'y immiscer.

67. — Titres. — Les droits des obligataires peuvent être représentés par des titres ayant les mêmes formes que les actions.

Mais il importe de remarquer que tandis que la création des actions est sévèrement réglementée par des dispositions d'ordre public (2), les émissions d'obligations jouissent, dans le silence de la loi spéciale, du bénéfice de la liberté des conventions. C'est donc aux principes généraux, au droit commun seul, qu'il faut recourir pour la solution des questions que soulèvent les droits et engagements résultant de la qualité d'obligataire.

68. — Émission. Conditions. Prime de remboursement. — Les titres d'obligations sont d'un capital déterminé : 300 francs, 500 francs, etc.; ils produisent un intérêt fixe qui ne peut dépasser le taux légal.

Il arrive aussi fréquemment que les obligations procurent des avantages en dehors de l'intérêt.

Ainsi, une société émet des obligations à 300 francs ; celui qui verse cette somme, formant le *taux d'émission*, reçoit un titre par lequel la société s'engage à lui rembourser 500 francs — *capital nominal* — et à lui payer l'intérêt à 3 °/₀, soit 15 francs.

La différence entre la somme promise par la société, constitue la *prime de remboursement.*

Le remboursement a lieu par voie de tirages au sort annuels, de manière à se compléter pour toutes les obligations dans un certain délai : trente, cinquante, quatre-vingt-dix ans, par exemple.

(1) Lyon-Caen et Renault, n° 878; Gand, 5 août 1881. | (2) L. 24 juillet 1867.

La prime de remboursement n'est ainsi qu'un intérêt mis en réserve pour être payé en une seule fois à tous les obligataires avec le capital dont il se trouve faire partie.

69. — Lots. — Mais l'emprunt avec lots, c'est-à-dire avec attribution de sommes importantes aux obligations dont les numéros sortent les premiers lors de chaque tirage au sort, tombe sous la prohibition de la loi du 21 mai 1836, qui défend les loteries, et n'est valablement contracté qu'en vertu d'une loi (1).

69 bis. — Impôts. — En principe, le droit de timbre des obligations, fixe ou par abonnement, reste à la charge de la société débitrice ; mais la taxe annuelle de 20 centimes par 100 francs, représentative du droit de transmission sur les titres au porteur, et l'impôt de 4 °/₀ sur les intérêts, sont à la charge de l'obligataire.

70. — Exigibilité. — En principe, le porteur d'obligations d'une société commerciale ne peut être contraint à recevoir son remboursement avant l'époque fixée par les statuts ou l'acte d'emprunt, l'article 1187 du Code civil n'étant pas applicable en matière de commerce (2).

71. — Faillite. Liquidation. Prime de remboursement. — En cas de faillite d'une société qui a émis des obligations avec prime, les obligataires (dont la créance est devenue exigible) sont admis au passif, non pas pour le montant du prix de remboursement, mais pour le prix d'émission augmenté de la portion acquise de la prime de remboursement (3).

72. — Obligations non libérées. Responsabilité des souscripteurs et acquéreurs. Faillite. Liquidation. — Lorsque les obligations émises par une société ne sont pas immédiatement libérées en totalité, quelle est l'étendue de la responsabilité des souscripteurs, acquéreurs et porteurs, envers la société, à raison des versements restant à faire ?

Cette importante question est neuve en jurisprudence ; mais elle a été l'objet, récemment, d'une étude intéressante de M. de Chauveron (4).

Les dispositions de la loi du 24 juillet 1867 sur la responsabilité des souscripteurs et cessionnaires *d'actions*, ne sont pas applicables en matière d'obligations.

Et c'est par les principes du droit commun que la question dont il s'agit doit être résolue.

Des distinctions sont nécessaires.

Si les titres d'obligations sont nominatifs, la société a le droit de réclamer indistinctement et solidairement à tous les titulaires successifs d'un même titre, qui figurent sur son registre de transferts, le montant des versements à effectuer, quelle que soit leur situation actuelle à l'égard du titre.

Mais que décider *quand les titres sont émis au porteur* ? A notre avis, la souscription à des titres d'obligations au porteur, libérées partiellement, emporte virtuellement l'engagement d'effectuer les versements restant à faire. En outre, le

---

(1) Cass., 10 février, 24 mars et 4 mai 1866 (S. 1866-1-340); Cass., 14 janvier 1876 (S. 1876-1-433).
(2) Nancy, 10 juillet 1882 et les nombreuses autorités citées (*J. des soc.*, 1888, p. 474).
(3) Paris, 23 mars 1862 (S. 1862-2-327); Cass., 10 août 1863 (S. 1863-1-428); Paris, 25 mars 1868 (S. 1868-2-287); Douai, 24 janvier 1873 (S. 1873-2-

244); Lyon, 8 août 1878 (S. 1874-2-105); Paris, 15 janvier 1878 et 28 janvier 1879 (S. 1879-2-52); Seine, 22 décembre 1855; Buchère, *Traité des valeurs mobilières*, n° 447. V. Deloison, *Traité des soc.* n°ˢ 299 et suiv.
(4) *Gaz. des trib.*, 7, 8 et 9 février 1889; *J. des soc.*, 1889, p. 182.

dernier porteur de ces titres (lorsque sa possession est prouvée) nous semble tenu de ces versements comme propriétaire. C'est ainsi que le possesseur d'une action au porteur est tenu d'effectuer le versement des sommes restant dues sur son action. La doctrine d'après laquelle le porteur a le droit d'opter entre le paiement ou l'abandon de l'action a été condamnée par la Cour de cassation (V. *suprà*, n° 50). Ce principe général nous semble applicable aux obligations aussi bien qu'aux actions, abstraction faite des dispositions de la loi de 1867. Nous croyons donc que la société a, dans tous les cas, une action contre le souscripteur et contre le dernier porteur, pour obtenir le paiement de ce qui lui est dû, indépendamment du droit qu'elle se réserve ordinairement, lors de l'émission, de faire vendre, en bourse ou devant notaire, les titres eux-mêmes non libérés des sommes exigibles.

Quid juris, si la société est tombée en faillite ? Le syndic a-t-il les mêmes droits que la société ? Les engagements contractés par les obligataires subsistent-ils toujours ? — M. de Chauveron résout négativement cette importante question, par des motifs qui nous paraissent absolument juridiques. Il en devrait être ainsi en cas de liquidation de la société : les obligataires ne sont pas tenus, à notre avis, de compléter leurs versements. Toutefois, en ce qui concerne la liquidation qui, à la différence de la faillite, ne rend pas, par elle-même, les dettes sociales immédiatement exigibles (1), la solution pourrait, croyons-nous, être différente, si la société en liquidation était en situation d'exécuter ses engagements et de faire face, dans les conditions convenues, au service des intérêts et au remboursement du capital des obligations émises (2)

73. — Obligations sorties au tirage. Coupons. Imputation. — Dans le cas où les sociétés ont continué à payer les intérêts ou dividendes des actions, obligations ou tous autres titres remboursables par suite d'un tirage au sort, elles ne peuvent répéter ces sommes lorsque le titre est présenté au remboursement.

Cette question, controversée sous la loi de 1867 (3), a été résolue dans le sens indiqué par la loi du 1er août 1893.

ART 2. — *Des obligations hypothécaires négociables.*

74. — Principe. — Les sociétés, pour attirer plus facilement des capitaux destinés au développement de leurs opérations, émettent quelquefois des obligations négociables garanties par une hypothèque sur leurs immeubles. Dans une étude spéciale publiée par le *Journal des notaires et des avocats* (4), M. Houpin a examiné le caractère juridique de l'hypothèque ainsi constituée et les moyens à employer pour l'établir et l'exercer régulièrement.

Il est de principe que l'hypothèque peut être attachée à une obligation souscrite au profit du porteur de l'original en brevet ou de la grosse exécutoire (5), ou à un billet à ordre notarié (6). Il a été décidé aussi que la subrogation à l'hypothèque peut être valablement faite au moyen de simples billets à ordre, créés en exécution et en représentation d'une obligation hypothécaire (7). Il est, du reste,

(1) Liège, 29 mai 1884.
(2) V. note sous Cass., 6 janvier 1885, 2 février et 20 mai 1887 (S. 1888-1-57 et suiv.); Seine, 9 janvier et 26 juillet 1889, 22 juin 1890.
(3) Conf.: Cass., 29 juillet 1879; Seine, 15 mai 1885; Rennes, 16 novembre 1885; Seine, 14 avril 1886; Seine, 14 mars 1888; Seine, 26 janvier 1889. — Contrà : trib. comm. Seine, *Jurispr. fin.*, 1882, p. 16; Buchère, *Val. mob.*, p. 420 et 421 ; de Folleville,

Des titres au port., n° 366; *Rev. prat.*, t. IX, p. 405; *Rev. soc.*, 1885, p. 297; 1889, p. 151; Nantes, 7 janvier 1885. V. Seine, 14 août 1885.
(4) Art. 21750.
(5) Bordeaux, 7 février 1846.
(6) Lyon, 4 juin 1830; Alger, 7 mai ou 5 juillet 1870 (art. 20287, J. N.).
(7) Rouen, 9 mars 1830; Cass., 10 août 1831 (art. 7513, J. N.).

TOME IV. 37

constant que l'hypothèque attachée à une créance payable au porteur du titre, ou
à un billet à ordre, se transmet de plein droit, en vertu de l'article 1692 du Code
civil, avec et comme la créance elle-même (1). Par analogie, on doit reconnaître
que l'on peut imprimer une garantie hypothécaire (ou autre) aux obligations nominatives ou au porteur émises par les sociétés ou par des particuliers. Lorsque
l'hypothèque est établie, elle s'attache aux obligations et profite à ceux qui en
deviennent propriétaires (2).

**75. — Création des obligations. Hypothèque. Représentants des
obligataires.** — Mais de quelle manière et en quelle forme l'hypothèque peut-
elle être constituée?

Il y a lieu, tout d'abord, de faire un acte notarié de création d'obligations
hypothécaires. Les obligations sont souscrites, soit par les établissements financiers
qui les mettent ensuite, à leurs risques et périls, en circulation dans le public, soit
directement par des particuliers.

Ces obligations devant être possédées par un grand nombre de personnes, il
est indispensable de constituer un ou plusieurs représentants légaux de tous les
obligataires, et de centraliser dans leurs mains tous les pouvoirs nécessaires. L'acte
de création d'obligations hypothécaires doit constituer ces représentants, et leur
conférer les pouvoirs d'exercer, même en présence d'incapables et comme condition essentielle du prêt, tous les droits attachés aux obligations, accepter l'hypothèque, prendre inscription à leur profit commun, donner mainlevée de cette
inscription, recevoir toutes notifications, poursuivre en délaissement tous tiers
détenteurs, exercer toutes poursuites et actions judiciaires, etc.

On doit considérer (3) que cette désignation des représentants des obligataires, cette stipulation *sui generis* faite par des personnes capables et imposée à
tous les obligataires futurs, est licite. C'est un mandat stipulé par avance, et ce
mandat formant la condition d'un contrat synallagmatique et étant établi dans
l'intérêt commun, en quelque sorte indivisible, de toutes les parties, créanciers et
débiteurs, doit rentrer dans la classe des mandats irrévocables (4).

Un objection a été faite : aux termes de l'article 2148 du Code civil, l'inscription hypothécaire doit contenir les noms, prénoms, profession et domicile *du
créancier;* elle ne peut donc être prise au nom du représentant des porteurs d'obligations, les véritables créanciers (5). Cette objection n'est pas fondée. Il faut, il
est vrai, que l'inscrivant se fasse connaître, afin que les intéressés sachent à qui
adresser la demande en radiation, s'il y a lieu ; mais il n'est pas nécessaire que
l'inscrivant désigné dans l'inscription soit le véritable créancier. Il s'en suit qu'un
mandataire peut prendre inscription en son nom, et passer sous silence le nom de
son mandant, le véritable créancier (6). C'est pour cela qu'une hypothèque peut
valablement se rattacher à une créance à ordre ou au porteur (7). Du reste la loi
prescrit au créancier de se faire connaître dans son intérêt, non dans l'intérêt des
tiers. La désignation du créancier n'est pas substantielle, et son absence ou son
insuffisance ne saurait être une cause de nullité de l'inscription, alors surtout que
l'inscrivant s'est fait connaître (8).

(1) Dict. du not., v° *Endossement*, n° 7; Troplong, *Vente*, t. II, n° 906 ; Duvergier, *id.*, t. II,
n° 212 ; Rougier, *Lettre de change*, n° 430 ; Marcadé,
art. 1692, n° 3 ; Cass., 21 février 1838 et 11 juillet 1839 ; Alger, 5 juillet 1870 (art. 10165 et 20287,
J. N.).
(2) Conf. : Lyon, 6 mai 1886.
(3) Art. 21750, J. N.
(4) Dict. du not., v° *Mandat*, n° 268 et 282. —
Conf. : Aix, 8 avril 1878 (S. 1879-2-413); Douai,
12 août 1880 ; Lille, 30 juillet 1880 ; trib. Lyon, 6 mai
1886 ; Cass., 8 janvier 1888.

(5) V. *Rev. des soc.*, 1886, p. 595.
(6) Cass., 6 juillet 1842 (S. 1842-2-802).
(7) Voir en ce sens, note de M. Labbé sous l'arrêt
d'Aix précité (S. 1879-2-313).
(8) Troplong, *Hyp.*, t. VI, n° 679 ; Pont, *Hyp.*,
n° 960; Aubry et Rau, § 276, 26 ; Laurent, t. XXXI,
n°° 45 et 95 ; Cass., 16 mai 1809, 15 février et 1er octobre 1810, 17 mars 1813, 26 juillet 1825 (S. 1826-1-
92), 26 juillet 1858 (P. 1860, p. 153), 4 janvier 1863
(P. 1863, p 449); Rouen, 29 avril 1874 (S. 1874-2-
277); Poitiers, 10 juin 1879 (S. 1879-2-109); Lyon,
6 mai 1886 (*loc. cit.*); Labbé (*loc. cit.*).

Dans tous les cas, la validité de l'inscription ne nous paraît pas contestable, quand elle est prise au nom des premiers souscripteurs des obligations, constitués par l'acte hypothécaire représentants des porteurs futurs des titres d'obligations.

Lorsque dans l'acte d'obligation hypothécaire, passé par une société, un mandataire est désigné pour représenter collectivement tous les obligataires, et que ce mandataire se trouve dans l'impossibilité de remplir ses fonctions, il appartient aux tribunaux de pourvoir à son remplacement (1).

76. — Société civile. — Pour centraliser les droits et pouvoirs de tous les porteurs d'obligations, on peut aussi, à notre avis, former une société civile entre tous les obligataires et conférer, aux administrateurs de cette société, les pouvoirs nécessaires pour l'exercice de tous les droits commun (2).

On a contesté la validité d'une société civile constituée dans ces conditions, par le motif qu'elle ne comporte ni apport, ni fonds commun, ni bénéfices possibles à réaliser en commun (3). Mais cette critique ne nous paraît pas fondée. La jurisprudence reconnaît la validité des sociétés civiles formées par des actionnaires à l'effet d'exercer, à frais communs et sous une direction spéciale, une action sociale ou des actions individuelles fondées sur les mêmes causes et intentées contre les mêmes personnes. Pourquoi n'en serait-il pas de même pour les sociétés civiles d'obligataires (4)?

77. — Pouvoirs de l'assemblée générale. — Les pouvoirs de l'assemblée générale (de même que ceux des administrateurs) sont déterminés par les statuts de la société civile. Il a été jugé que la délibération d'une assemblée générale des porteurs d'obligations d'une société, décidant que les titres actuels seront annulés et remplacés par des titres nouveaux, et donnant décharge à la société d'un certain nombre de coupons, est valable et obligatoire pour tous les porteurs d'obligations (5). Mais l'assemblée générale ne peut pas, en principe, à moins de stipulation formelle des statuts, aliéner les droits inhérents aux titres, spécialement, une réduction au taux d'intérêt sur les obligations (6).

---

(1) Cass., 19 février 1884.
(2) Houpin (art. 21750, J. N.).
(3) Labbé, note sous l'arrêt d'Aix, du 8 avril 1878 (S. 1879-2-313); Lyon, 6 mai 1886 ; Duval, conclusions sur un jugement du tribunal de la Seine, du 22 avril 1886.
(4) Aussi la Cour de Paris et la Cour de cassation ont-elles déclaré valable une société civile ayant pour objet de centraliser la conservation, la protection et la défense des intérêts communs à tous les obligataires ; ainsi que l'acceptation, par le directeur de cette société, de l'hypothèque conférée à la sûreté des obligations. Paris, 5 décembre 1885 ; Bourges, 8 mai 1888 ; Cass., 3 décembre 1889. Conf. : Vavasseur, n°° 542 et 550; Deloison, n° 303. — Il a, en outre, été décidé que, lorsqu'une société souscrit une ouverture de crédit, par voie d'émission d'obligations hypothécaires transmissibles, l'inscription de l'hypothèque peut être valablement prise au nom des représentants de la société civile, formée entre les obligataires, sans qu'il soit nécessaire d'indiquer les noms des propriétaires des obligations. Ces obligations, si elles sont au porteur, peuvent même, au point de vue de l'hypothèque, être transmises par la simple remise des titres. Paris, 15 mai 1878 (art. 22096, J. N.; S. 1883-1-218).
Dans l'espèce de l'arrêt du 5 décembre 1885, la société civile avait été contractée entre deux porteurs d'obligations, se portant fort pour tous les autres souscripteurs actuels et futurs. Mais il a été décidé, depuis, que la société civile n'est valable que sous la condition que ses membres soient porteurs d'obligations souscrites à l'époque de sa constitution ; et que l'hypothèque conférée est nulle, comme la société

elle-même, si celle-ci comprenait, parmi ses membres, des souscripteurs futurs qui n'étaient point encore créanciers, et au profit desquels on ne pouvait stipuler une garantie hypothécaire. Seine, 22 avril 1886. Cette décision a été rendue contrairement aux conclusions de M. Duval, substitut, lequel a soutenu la validité de la société civile formée par plusieurs associés se portant fort pour les autres, et a invoqué l'opinion de M. Pont, Soc. civ., n° 17. — Nous considérons que si la société civile est valable, il n'en est pas de même de l'hypothèque, laquelle ne peut être conférée que pour sûreté d'une créance certaine ou conditionnelle par suite d'un prêt ou d'un engagement de prêter (V. Pont, Hyp., n°° 710 et suiv.). L'hypothèque est inhérente à un droit de créance et ne peut exister alors que ce droit n'a pas encore pris naissance ; elle serait critiquable si elle était consentie au profit d'obligataires futurs, n'ayant pas encore souscrit, et, dès lors, n'étant point créanciers. M. Labbé (S. 1879-2-113) estime cependant que l'hypothèque constituée dans ces conditions est valable. Quoi qu'il en soit, il nous paraît prudent et préférable, au point de vue de la validité de l'hypothèque, que toutes les obligations pour sûreté desquelles elle est consentie soient souscrites.
Si l'on faisait néanmoins un acte de création d'obligations hypothécaires non encore souscrites, il conviendrait de constater la souscription des obligations dans un acte ultérieur contenant réitération de l'hypothèque et de prendre l'inscription hypothécaire en vertu de ces deux actes. — V. Bourges, 8 mars 1888.
(5) Seine, 25 mars 1888. — V. aussi Paris, 4 novembre 1887.
(6) Seine, 15 juin 1887.

78. — Titres. — Les titres d'obligations délivrés aux créanciers doivent mentionner qu'ils sont créés en vertu de l'acte d'émission d'obligations hypothécaires ; il est utile d'en rappeler les principales dispositions.

79. — Sociétés commerciales. Non authenticité. — Avant la loi du 1er août 1893, lorsque les statuts d'une société civile ou commerciale conféraient aux représentants de cette société le pouvoir d'hypothéquer les immeubles sociaux, il était nécessaire, pour la validité de l'hypothèque, que ces statuts fussent authentiques. De même, si les administrateurs ou gérants de la société emprunteuse agissaient dans l'acte en vertu d'une délibération de l'assemblée générale des actionnaires autorisant l'hypothèque, ou en vertu d'une délibération du conseil d'administration déléguant un administrateur pour réaliser l'hypothèque, cette délibération devait être passée devant un notaire. Ces principes résultent d'une jurisprudence constante, rappelée *suprà*, p. 76 et 77.

Pour faire disparaître les inconvénients résultant de cette jurisprudence, la loi précitée a ajouté, a la loi du 24 juillet 1867, un article 69 ainsi conçu : « Il pourra être consenti hypothèque au nom de *toute société commerciale*, en vertu des pouvoirs résultant de son acte de formation même sous seing privé, ou des délibérations ou autorisations constatées dans les formes réglées par ledit acte. L'acte d'hypothèque sera passé en forme authentique, conformément à l'article 2127 du Code civil. »

Cette disposition s'applique à toutes les sociétés commerciales antérieures ou postérieures à la loi nouvelle (1), et à elles seules. Elle régit donc les société de commerce en nom collectif, en commandite par intérêts, en commandite par actions et anonymes, ainsi que les sociétés à responsabilité limitée qui subsistent encore. Elle régit aussi les sociétés, civiles par leur objet, constituées, depuis la loi du 1er août 1893, sous la forme de la commandite ou de l'anonymat, puisque, d'après cette loi, ces sociétés sont commerciales. Est-elle applicable aux sociétés, civiles par leur objet, constituées sous la forme commerciale de la commandite simple ou par intérêts ? La question est controversée (2). Enfin, l'article 69 est-il applicable aux sociétés, civiles par leur objet, constituées sous la forme commerciale de la commandite par actions ou de l'anonymat avant la loi nouvelle ? Un auteur se prononce pour la négative (3), deux autres pour l'affirmative (4). En présence de cette controverse, il est prudent, au point de vue pratique, tant que la jurisprudence ne se sera pas prononcée, d'exiger l'authenticité des statuts ou délibérations lorsqu'il s'agit de constituer une hypothèque au nom d'une société, civile par son objet, constituée, avant ou après la loi nouvelle, sous la forme de la commandite simple ; ou au nom d'une société, civile par son objet, constituée, avant la loi du 1er août 1893, sous la forme de la commandite par actions ou de l'anonymat.

80. — Sociétés civiles. Authenticité. — Ainsi que nous venons de le rappeler la loi du 1er août 1893, qui permet la constitution de l'hypothèque en vertu destatuts ou de délibérations sous seing privé, ne concerne que les sociétés commerciales, et n'est pas applicable aux sociétés civiles (avec ou sans actions) régies par le Code civil, ni même a des sociétés dont l'objet est civil et qui sont constituées sous certaines formes commerciales. Ces sociétés restent soumises à la jurisprudence consacrée antérieurement à la loi nouvelle.

On doit en conclure ce qui suit : si l'hypothèque est conférée par le gérant ou par le conseil d'administration d'une société civile, en vertu des pouvoirs à lui

---

(1) Bouvier-Bangillon, L. 1er août 1893, p. 184 ; Houpin, J. du n°t., 1894, p. 418.
(2) *Négat.* : Lyon-Caen et Renault, L. 1er août 1893, n° 51. V. aussi Faure, p. 142 et 143.—*Affirm.* : Bou-vier-Bangillon, p. 27 ; Perrin, p. 25 et 26 ; Houpin, J. du n°t., 1894. p. 417.
(3) Perrin, p. 27.
(4) Bouvier-Bangillon, p. 184 ; Houpin, *loccit.* .

conférés par les statuts, il est nécessaire, pour la validité de l'hypothèque, que ces statuts soient authentiques, ou déposés pour minute avec reconnaissance des signatures. Si les administrateurs ou gérants agissent en vertu d'une délibération de l'assemblée générale des actionnaires, cette délibération doit être constatée en la forme authentique. Il en est de même si un ou plusieurs administrateurs agissent en vertu d'une délibération du conseil d'administration, les déléguant à l'effet de réaliser l'emprunt et de consentir l'hypothèque ; le tout à peine de nullité de l'hypothèque. Il ne suffirait pas que les procès-verbaux de délibération sous seing privé fussent déposés pour minute en l'étude d'un notaire (1). Le notaire devra donc se rendre à la réunion des actionnaires convoqués en assemblée générale, ou du conseil d'administration ; il assistera personnellement à la délibération qui sera prise, et il en dressera un procès-verbal notarié. Si des actionnaires se font représenter par des mandataires, les procurations doivent, à notre avis, être authentiques (2).

81. — Forme du procès-verbal. — Il n'est pas nécessaire que le procès-verbal notarié de délibération soit signé par tous les actionnaires présents; il suffit, comme pour les procès-verbaux ordinaires, qu'il soit signé par les membres composant le bureau, conformément aux statuts. La stipulation statutaire portant que les procès-verbaux seront signés par les membres du bureau sont applicables aussi bien aux délibérations authentiques qu'aux autres délibérations. A notre avis, les actionnaires ne doivent pas, nécessairement, signer le procès-verbal par le motif que, *en droit*, ils n'y sont pas *parties*. Ce point a été établi dans une étude spéciale (3). La présence des actionnaires est constatée dans un acte notarié qui tient lieu de feuille de présence, et qui est signé par les actionnaires présents et par les membres du bureau de l'assemblée, qui en certifient l'exactitude. Cet acte est annexé à la minute du procès-verbal de délibération.

§ 3. Constitution de la société par actions.

82. — Observation générale. — La constitution d'une socété par actions est une œuvre compliquée et délicate.

Les intéressés, leurs conseils et particulièrement les notaires appelés à les guider, doivent apporter les soins les plus éclairés à la confection de cette œuvre.

Ils ne doivent pas perdre de vue qu'une simple irrégularité dans l'une des formalités de constitution prescrites par la loi est de nature à faire prononcer la nullité de la société, et que cette nullité entraîne de graves responsabilités pour le gérant et les membres du conseil de surveillance de la société en commandite, les fondateurs et les premiers administrateurs de la société anonyme.

83. — Formalités. — Pour constituer définitivement une société par actions il y a lieu :

    a) De dresser les statuts ;
    b) De recueillir les souscriptions des actions composant le capital social ;
    c) De faire verser par chaque actionnaire la totalité des actions ou coupures d'actions souscrites par lui, lorsqu'elles n'excèdent pas 25 francs, et le quart au moins des actions, lorsqu'elles sont de 100 francs et au-dessus ;

---

(1) Seine, 19 janvier 1886 (*J. des soc.*, 1890, p. 326).
(2) Houpin, art. 21750, J. N.; *J. des soc.*, 1888, p. 661; Bouvier-Bangillon, p. 184. — V. toutefois

Cass., 23 décembre 1885 (art. 22897 et 23511, J. N.; Lyon-Caen et Renault, *Traité de dr. comm.*, t. 1, n° 587.
(3) Houpin, *J. des soc.*, 1888, p. 661 et suiv.

d) De constater ces souscriptions et versements dans une déclaration faite par acte notarié ;

e) De faire apprécier la sincérité de cette déclaration notariée par les actionnaires de la société anonyme ;

f) De réunir les actionnaires en assemblées générales, pour la vérification et l'approbation des apports en nature et des avantages particuliers, s'il en existe, la nomination des membres du conseil de surveillance de la société en commandite. la nomination des administrateurs et des commissaires de la société anonyme

Nous allons expliquer ces diverses formalités, prescrites par la loi du 24 juillet 1867, pour la constitution des sociétés par actions.

Art. 1er. — *Des statuts.*

84. — Rédaction. — La première formalité à remplir pour arriver à la constitution de la société, c'est de rédiger des statuts, c'est-à dire les conditions de son organisation et de son fonctionnement : travail d'une importance toute particulière, pour lequel il n'est pas de formule absolue, et qui doit être combiné et établi suivant l'objet et le but de l'entreprise, et les circonstances spéciales de chaque affaire. Nous expliquerons plus loin les diverses dispositions que les statuts doivent renfermer.

5. — Forme. — Les sociétés commerciales doivent être constituées par actes publics ou sous signature privée (art. 69, C. comm.). Autrefois, les sociétés anonymes ne pouvaient être formées que par acte authentique (art. 40, C. comm.). Mais la loi du 24 juillet 1867 a fait cesser cette différence ; il résulte des articles 1er et 21 de cette loi, que les statuts des sociétés en commandite par actions et des sociétés anonymes peuvent être dressés, soit par acte authentique, soit par acte sous seing privé.

86. — Acte authentique. — Il n'est plus nécessaire d'employer la forme authentique pour la passation des statuts, lorsqu'ils confèrent le pouvoir d'hypothéquer les immeubles sociaux, soit au gérant de la société en commandite (1), soit au conseil d'administration de la société anonyme (2) (V. *suprà*, n° 79).

87. — Acte sous seing privé. — En principe, les actes de société sous seing privé doivent être faits, comme tous les contrats synallagmatiques, en autant d'originaux qu'il y a de parties ayant un intérêt distinct (art. 1325, C. civ. ; art. 39, C. comm.). Mais la loi du 24 juillet 1867 a apporté une dérogation à cette règle, quant aux sociétés en commandite par actions et aux sociétés anonymes, en disposant que l'acte contenant les statuts de ces sociétés, s'il est sous seing privé, sera, quel que soit le nombre des associés, fait en *double original*, dont l'un sera annexé à l'acte notarié de déclaration de souscription et de versement et l'autre restera déposé au siège social (art. 1er et 24) ; sans préjudice des originaux dont la confection est nécessaire pour satisfaire aux prescriptions relatives à la publication de l'acte de société (3).

Toutefois, il suffirait de rédiger l'acte en double original si, comme il arrive le plus souvent dans la pratique, on déposait aux greffes du tribunal de commerce et de la justice de paix, pour les publications, des expéditions des statuts sous seing privé, délivrées par le notaire qui a reçu l'acte de déclaration de souscription et de versement, auquel doit être annexé l'un des doubles de l'acte de société (art. 1er).

---

(1) Cass., 23 décembre 1885 (art. 23511, J. N.). Voir toutefois *Dissert.* (art. 22897, J. N.).

(2) L. 1er août 1893, art. 6.
(3) Pont, n° 112z.

88. — Parties. — Les statuts sont signés par le ou les fondateurs de la société. Il n'est pas nécessaire que les actionnaires ordinaires y concourent.

89. — Notaire. — L'article 8 de la loi du 25 ventôse an XI dispose que les notaires ne pourront recevoir des actes dans lesquels leurs parents ou alliés, en ligne directe à tous les degrés, et en ligne collatérale jusqu'au degré d'oncle ou de neveu inclusivement, seraient parties, ou qui contiendraient quelque disposition en leur faveur.

Un notaire ne peut, en conséquence, recevoir ni les statuts d'une société par actions, ni la déclaration de souscription et de versements si, parmi les fondateurs, figure un de ses parents ou alliés au degré prohibé, puisque les fondateurs sont parties à l'acte. Il doit aussi s'abstenir de recevoir ces actes, quand il a souscrit des actions, ou que l'un de ses parents ou alliés au degré prohibé figure parmi les souscripteurs (1).

Il a même été décidé que l'acte constitutif d'une société anonyme, qui a été reçu par un notaire, souscripteur d'actions par l'intermédiaire d'un prête-nom, est nul (en vertu des articles 8 et 68 de la loi de ventôse), et entraîne la nullité de la société ; et que les tiers, demandeurs en nullité, sont admis à se prévaloir d'une contre-lettre établissant que les actions ont été en réalité souscrites par le notaire, bien que la convention n'ait été ni connue de la société, ni acceptée par elle (2). Toutefois, un arrêt a jugé que les actes constitutifs d'une société ne sont pas nuls parce qu'ils ont été reçus par un notaire souscripteur de quelques actions seulement (3).

Mais le notaire pourrait, sans contrevenir à la prohibition de l'article 8 de la loi de ventôse, recevoir des actes concernant une société par actions constituée, dans laquelle lui ou des parents ou alliés posséderaient des actions, pourvu toutefois que leur intérêt ne fût pas assez important pour faire suspecter son impartialité (4). S'il s'agit d'une société n'ayant qu'un très petit nombre d'actionnaires, et si l'intérêt du notaire ou de ses parents est relativement important, celui-ci agira prudemment en s'abstenant de prêter son ministère.

90. — Modification. — Les statuts d'une société par actions ne constituent qu'un projet tant que la société n'est pas définitivement constituée. Ils peuvent donc être valablement modifiés, soit par les fondateurs, par acte spécial, avant l'assemblée constitutive (5), soit par les actionnaires, dans cette assemblée (6).

Bien que la loi ne prescrive pas de soumettre les statuts à l'approbation des actionnaires, comme formalité de constitution, nous estimons que les modifications statutaires apportées par les fondateurs doivent être approuvées par les actionnaires dans l'assemblée constitutive, et que si ces modifications portaient sur l'un des éléments essentiels de la société, le consentement unanime des actionnaires serait nécessaire.

ART. 2. — *De la souscription du capital social.*

91. — Souscription intégrale. — Quand les statuts sont dressés, si la société n'est pas exclusivement composée d'apports en nature, les fondateurs doivent obtenir la souscription des actions composant le capital en numéraire.

Une société en commandite par actions ou anonyme ne peut être définitivement constituée qu'après la souscription de *la totalité* du capital social (7).

92. — Emissions successives. — La loi, en exigeant la souscription

---

(1) Conf.: sur ces deux points, *Dissert.* (art. 21281, J. N.).
(2) Cass. civ., 11 décembre 1888 (art. 24169, J. N.); Montpellier, 3 février 1890.
(3) Orléans, 15 février 1888. V. aussi Rouen, 14 décembre 1875 (S. 1876-2-69) ; Toulouse, 19 mai 1890.
(4) Conf.: Grenoble, 8 mars 1832 ; Cass., 30 juillet 1834 (S. 1834-1-678) ; Paris, 22 mai 1848

(art. 7766 et 13897, J. N.; S. 1848-2-332); Cass., 6 janvier 1862 (S. 1862-1-22); Douai, 3 février 1876 (S. 1876-2-69); Bastiné, 88 ; Génébrier, 105-21 ; Rutgeerts et Amiaud, 286 ; Vavasseur, n° 793 ; *Journal des notaires,* art. 21281.
(5) Seine, 20 janvier 1883.
(6) Seine, 16 mai 1887.
(7) L. 24 juillet 1867 (art. 1 et 24).

immédiate et intégrale du capital social, ne rend plus possible l'émission des actions par séries successives, comme cela se pratiquait autrefois (1). Mais si l'on prévoit que le capital de fondation pourra devenir insuffisant, les statuts peuvent autoriser l'assemblée générale des actionnaires à voter, au cours de la société, l'augmentation du capital social (2).

Les statuts pourraient-ils autoriser valablement le gérant, ou le conseil d'administration, à augmenter le capital social, à concurrence d'une somme déterminée? — La question est délicate, et la solution peut dépendre des circonstances. S'il s'agit d'un capital dont la société aura besoin pour ses opérations, immédiatement ou dans un temps rapproché, on pourra considérer qu'il constitue un capital de fondation émis irrégulièrement après la constitution de la société. Nous estimons qu'il est préférable, dans tous les cas, de faire voter par l'assemblée générale l'émission de capital postérieure à la constitution de la société (3).

93. — Souscription partielle. — Si le capital social indiqué dans les statuts ou dans les bulletins de souscription n'était souscrit qu'en partie, les actionnaires ne pourraient, sans leur consentement unanime (4) et celui des fondateurs, réduire ce capital au montant des actions souscrites, et constituer la société. Il faudrait considérer les souscriptions comme non avenues, et constituer, sur d'autres bases, une nouvelle société (5).

Il est même douteux que les statuts, prévoyant l'insuccès de la souscription totale, puissent autoriser la majorité des souscripteurs à réduire le capital aux sommes réellement souscrites et à constituer la société avec le capital réduit (6).

94. — Capacité des souscripteurs. — Pour souscrire des actions non entièrement libérées, il faut avoir la capacité de s'obliger, puisque la souscription emporte engagement de verser le montant des actions. En conséquence ne peuvent souscrire :

Un tuteur ou un mineur émancipé, sans une délibération du conseil de famille homologuée par le tribunal (7) ;

La femme mariée, même séparée de biens, sans l'autorisation de son mari (8) ;

Un mineur (9).

95. — Gérant. — Aucun texte de loi n'interdit au gérant de souscrire une partie des actions pour son compte personnel (10).

96. — Engagement. Dol. — L'engagement résultant de la souscription doit être pur et simple, définitif, irrévocable et sans condition (11). Mais il est su-

---

(1) Romiguière, n°ˢ 13 et 14; Vavasseur, n°ˢ 373 et suiv.; Lyon-Caen et Renault, n° 415; Mathieu et Bourguignat, n° 12; Bédarride, n° 12; Pont, n° 887; Ruben de Couder, v° *Société en commandite*, n° 93.
(2) Vavasseur, n° 375. V. Paris, 2 août 1890.
(3) V. Vavasseur, n° 378 *bis*; Paris, 14 janvier 1891.
(4) Seine, 3 avril 1889; Cass., 10 avril 1889.
(5) Paris, 24 mars 1859 (S. 1859-2-437); Paris, 28 mai 1872; Bédarride, n°ˢ 21 et suiv.; Boistel, n° 252; Beslay et Lauras, n° 108; Alauzet, n° 640; Vavasseur, n°ˢ 388 et 389; Pont, n° 886.
(6) Négat. : Bédarride et Pont, *loc. cit.*; Mornard, p. 54; Ruben de Couder, v° *Société en commandite*, n° 95. — Affirm. : Vavasseur, n° 390; Beudant, *Rev. crit.*, t. XXXVI, p. 114; Alauzet, n° 640; Beslay et Lauras, n°ˢ 198 et suiv.; Boistel, n° 252; Lyon-Caen, et Renault, n° 414.
(7) Paris, 21 mai 1884 et 13 janvier 1885 (art. 23218 et 23418, J. N.). — V. aussi Seine, 30 octobre 1883.
(8) Douai, 15 mai 1882 (art. 22818, J. N.); Seine,

6 novembre 1884; Toulouse, 6 juin 1883; Seine, 18 juillet 1883; Paris, 4 novembre 1887. V. Cass., 25 mai 1886; Seine, 28 septembre 1887.
(9) Seine, 10 mars et 5 décembre 1885.
(10) Frémery, p. 14 et suiv.; Dalloz, v° *Société*, n° 1162; Delangle, n° 505; Bédarride, n° 144; Lyon-Caen et Renault, n° 412; Beudant, *Rev. crit.*, t. XXXVI, p. 127; Sourdat, *Soc. en comm.*, p. 104; Pont, n° 1444; Paris, 17 juillet 1882. — *Contrà* : Devilleneuve, Massé et Dutruc, n° 927; Molinier, n° 254; Alauzet, n° 641; Mornard, *Soc. par act.*, p. 53; Ruben de Couder, v° *Société en commandite*, n° 91. — D'après M. Vavasseur, n° 379, le gérant ne pourrait souscrire que des actions entièrement libérées pour garantir les faits de gestion.
(11) Paris, 10 janvier 1861 (S. 1861-2-188); Paris, 16 janvier 1862 (D. 1862-2-84); Cass., 12 août 1863, 6 novembre 1865, 18 février 1868, 14 décembre 1864; 3 mai 1875 (S. 1866-1-109; 1870-1-165); Pont, n° 881 et suiv.

bordonné à la condition que la société soit régulièrement constituée. L'engagement devient donc nul lorsque la société est irrégulièrement constituée, et il n'y a pas de lien de droit obligeant le souscripteur aux versements complémentaires (1).

Les manœuvres dolosives des fondateurs, pour obtenir des souscriptions, ne peuvent entraîner la nullité de la souscription à l égard des créanciers sociaux de bonne foi (2).

Les souscriptions doivent être réelles et sérieuses (3).

97. — Forme. Preuve. — La souscription d'actions est une convention synallagmatique qui n'est parfaite que par l'existence certaine et le concours des deux volontés. Aussi M. Pont (4) est-il d'avis que, dans la pratique, les sociétés en formation, ou leurs fondateurs, devraient prendre le soin, pour éviter toute incertitude et toute discussion sur ce point, de préparer en double original des bulletins de souscription sur lesquels le souscripteur et le représentant de la société en formation apposeraient leur signature. Ce titre provisoire qui, la société constituée, serait remplacé par le titre définitif des actions souscrites, suffirait par lui-même à établir que les parties sont réciproquement engagées.

Le souscripteur doit mettre de sa main, sur le bulletin de souscription : « *Bon pour...* », avec indication du nombre d'actions en toutes lettres. L'absence de cette mention ne constitue qu'une nullité relative couverte par l'exécution de l'engagement ; ce bulletin peut servir comme commencement de preuve (5).

Toutefois, la loi du 24 juillet 1867 n'édicte pas la nécessité d'un bulletin de souscription ni d'aucune forme spéciale pour constater l'engagement pris par les souscripteurs d'actions (6).

98. — Acte de commerce. — On décide généralement que la souscription d'actions d'une société commerciale constitue un acte de commerce, qui soumet l'actionnaire à la juridiction consulaire (7).

ART. 3. — *Du versement du quart.*

99. — Versement sur chaque action. — Les sociétés en commandite ou anonymes ne peuvent être définitivement constituées qu'après le versement *en espèces*, par chaque actionnaire, du montant des actions ou coupures d'actions souscrites par lui. lorsqu'elles n'excèdent pas 25 francs, et du quart au moins des actions, lorsqu'elles sont de 100 francs et au-dessus (8).

100. — Action d'apport. — Sous l'empire de la loi de 1867, et d'après la jurisprudence, les apports en nature pouvaient être faits à la société moyennant l'attribution d'actions libérées du quart seulement, les apporteurs restant débiteurs des trois autres quarts.

La loi du 1er août 1893 exige que les actions d'apport soient désormais intégralement libérées, et a inséré dans l'article 3 de la loi de 1867 les nouvelles dispositions suivantes :

---

(1) Paris, 6 décembre 1886 ; Amiens, 12 juillet 1883; Cass., 10 août 1884 ; Bordeaux, 8 mars 1885.
(2) Paris, 5 février 1873 (S. 1873-2-75); Paris, 20 mai 1876 et 14 février 1880. — V. Paris, 11 mars 1885 ; Cass., 7 juin 1886.
(3) Amiens, 24 décembre 1886 ; Paris, 28 juillet 1887. — V. Paris, 18 mars 1887 (D. 1888-1-129).
(4) N° 880.
(5) Nantes, 28 juin 1879.
(6) V. sur la preuve de la souscription, Cass., 19 décembre 1882; Bordeaux, 3 mars 1884 ; Poitiers, 24 février 1886 ; Paris, 18 mars 1887.

(7) V. not. Cass., 13 août 1856 (S. 1856-1-769) et 3 mars 1863 (S. 1863-1-137) ; Paris, 8 août 1866 (S. 1867-2-101) ; Bourges, 26 décembre 1870 (S. 1870-2-318) ; Paris, 21 mai 1884 et 8 décembre 1885 ; Lyon-Caen et Renault, n° 352 ; Ruben de Couder, v° *Soc. an.*, n° 89. — *Contrà :* Angers, 18 janvier 1865 (S. 1865-2-211); Paris, 24 janvier 1874 (D. 1874-2-216) ; Pont, *Rev. de lég.*, t. XX, p. 352 ; Lyon, 31 juillet 1889.
(8) L. 1867, art. 1er, modifié par la loi du 1er août 1893 (*J. du not.*, 1893, p. 526).

« Les actions représentant des apports devront toujours être intégralement libérées au moment de la constitution de la société.

« Ces actions ne peuvent être détachées de la souche et ne sont négociables que deux ans après la constitution définitive de la société. Pendant ce temps elles devront, à la diligence des administrateurs, être frappées d'un timbre indiquant leur nature et la date de cette constitution. » (1).

101. — Epoque et maintien du versement. — Le versement doit avoir lieu avant la déclaration notariée de souscription et de versement.

Il a été décidé cependant qu'il suffit qu'il ait été effectué postérieurement à cet acte, mais antérieurement à la réunion de l'assemblée constitutive chargée de vérifier l'exactitude de cette déclaration (2), et même jusqu'à la constitution de la société, résultant de l'acceptation de leurs fonctions par les administrateurs (3).

Il faut non seulement que le quart ait été versé, mais encore que ce versement existe dans son intégralité jusqu'au jour de l'assemblée générale chargée d'en faire la vérification (4), et même jusqu'au jour de la constitution de la société.

102. — Mode du versement. — Sous la loi de 1867, le versement pouvait être réel (5) et fait en numéraire, ou en valeurs équivalentes d'un recouvrement certain et immédiat, par exemple, des billets de banque ou des bons du Trésor à vue (6).

D'après la nouvelle loi du 1er août 1893, le versement doit être fait *en espèces*, ou en billets de banque, ce qui équivaut au numéraire.

Tout autre mode de versement serait illégal.

ART. 4. — *De la déclaration notariée de souscription et de versement.*

103. — La souscription de la totalité du capital social et le versement, par chaque actionnaire, du quart au moins du montant des actions par lui souscrites,

(1) L. 1er août 1893 (J. du not., 1893, p. 526).
(2) Seine, 16 mai 1887.
(3) Lyon, 11 août 1882. V. cet arrêt et les observations critiques auxquelles il a donné lieu, J. des soc., 1884, p. 278.
(4) Seine, 20 septembre 1884. En conséquence, le quart n'est pas réputé versé, si le banquier chargé du placement est autorisé à prélever par anticipation sa commission sur le versement, ou, d'une manière générale, si les fondateurs disposent, avant la constitution de la société, de tout ou partie de la somme versée par les souscripteurs (Paris, 10 mars 1885 ; Lyon, 25 avril 1885 ; Paris, 16 juillet 1885 (D. 1886-2-205) ; Cass., 17 juillet 1885 (S. 1887-1-286) ; Paris, 5 mars 1886 ; Seine, 24 juin 1887 ; Cass., 2 mai 1887. V. Paris, 24 juin 1885. — Contra : Seine, 27 mars 1884 ; V. aussi Lyon, 6 mars 1888 ; Paris, 10 août 1888).
En présence de cette jurisprudence, il importe que les fondateurs maintiennent dans leur intégralité, jusqu'au jour de la constitution de la société, les fonds provenant des versements faits par les actionnaires, et différent jusque-là le paiement des sommes pouvant être dues par la société pour placement de titres, frais de constitution, etc. Il a été décidé que le premier quart ne peut être réputé versé sur les actions lorsque la société n'en a pas eu la libre et entière disposition à partir de sa constitution (Paris, 2 décembre 1886).
(5) Un simple débit de compte ou toute autre écriture ne saurait en tenir lieu. Paris, 19 mars 1883 ; Seine, 13 décembre 1882 ; Coulommiers, 13 juillet 1884 ; Paris, 4 et 27 décembre 1884. V. aussi Aix, 16 mai 1860 (S. 1860-2-439) ; Cass., 24 avril 1861 (S. 1862-1-182) ; Poitiers, 24 février 1886 ; Seine, 13 décembre 1886 ; Paris, 26 juillet 1887 (D. 1388-1-145) ; Paris, 15 février 1888, 5 juillet et 8 août 1889, 17 juin 1890, 9 juin 1891 ; Pont, n° 892. V. toutefois Lyon, 11 août 1882 ; Lyon, 2 mars 1883 ; Paris, 22 mai 1882 et Cass., 20 janvier 1885 ; Bruxelles, 13 août 1883 (D. 1884-2-126) ; Paris, 27 décembre 1884. Suivant ces derniers arrêts, le versement peut avoir lieu par débit de compte, pourvu que les fonds soient réellement à la disposition de la société.
(6) Cass., 11 mai 1863 (S. 1863-1-284) ; Paris, 28 mai 1869 (S. 1870-2-69) ; Cass., 27 janvier 1873 (S. 1873-1-163) ; Paris, 13 janvier 1882 ; Lyon, 9 février 1883 ; Seine, 29 avril 1885 ; Poitiers, 24 février 1886 ; Orléans, 15 février 1888.

doivent être constatés par une déclaration faite dans un acte notarié : par le gérant, si la société est en commandite, et par les fondateurs de la société, si elle est anonyme (1).

104. — **Gérant.** — Quand la société est en commandite, la déclaration est faite par le gérant désigné dans les statuts.

105. — **Fondateurs.** — Si la société est anonyme, la déclaration est faite par les véritables fondateurs de la société ; elle ne serait pas valablement passée par un prête-nom (2). Elle doit, à notre avis, émaner de tous les fondateurs 3).

Sont fondateurs de la société ceux qui créent l'entreprise, dressent les statuts, font appel aux capitaux et réunissent les premières assemblées (4), et ceux qui ont concouru à l'organisation et à la mise en mouvement de la société (5).

106. — **Authenticité.** — La déclaration doit être faite dans un acte notarié. La loi, en exigeant ainsi l'intervention d'un officier public, a pensé qu'il ne manquerait pas de conseiller les parties, de leur rappeler les sanctions civiles et pénales attachées au fait d'une fausse déclaration, de leur signaler les omissions et irrégularités qui auraient été commises et les moyens de les réparer (6).

Quand les personnes chargées de la déclaration donnent pouvoir à l'une d'elles ou à un tiers de la passer en leur nom, il nous paraît nécessaire que la procuration soit réalisée par acte authentique. De même, si parmi les fondateurs se trouve une société existante, une société anonyme par exemple, la délibération par laquelle les administrateurs délèguent l'un d'eux à l'effet de passer la déclaration notariée de souscription et de versement, doit être régularisée en la forme authentique (7). Elle est une application du principe général, consacré par la jurisprudence, notamment en matière de constitution d'hypothèque (V. supra, n° 79), qui assujettit le mandat aux mêmes formes que l'acte pour lequel il est donné. Une déclaration notariée réalisée en vertu de pouvoirs sous seing privé serait, à notre avis, irrégulière et pourrait vicier la constitution de la société.

107. — **État de souscription et de versement.** — Pour que l'exactitude de la déclaration notariée soit encore mieux assurée, la loi prescrit d'y annexer : la liste des souscripteurs et l'état des versements effectués (art. 1 et 24). Il n'est pas nécessaire de dresser séparément ces listes et état ; une seule pièce suffit pour satisfaire à la double exigence de la loi (8).

Elle contient :

a) Les noms, prénoms, profession et domicile de chacun des souscripteurs. L'omission volontaire des qualités pourrait suffire pour entraîner la nullité de la société (9).

b) Le nombre des actions souscrites et le montant des versements effectués par chacun des souscripteurs.

108. — **Annexe.** — Cet état de souscription et de versement doit être annexé à la déclaration notariée, après avoir été certifié véritable par le gérant ou les fondateurs. Cette annexe est exigée par la loi, qui prescrit d'annexer, en outre,

(1) L. 24 juillet 1867, art. 1 et 24.
(2) Seine, 13 juillet 1885.
(3) Houpin, *J. des soc.*, 1884, p. 38. — V. toutefois, Paris, 1er août 1888.
(4) Pont, n°° 1127 et 1291 ; Vavasseur, n°° 831 et suiv. ; Aix, 13 août 1860 (S. 1861-2-157) ; Paris, 28 mars 1869 (S. 1870-2-69) ; Paris, 18 mai 1869 (D. 1869-2-147) ; Amiens, 16 janvier 1875 (S. 1875-2-113) ; Cass., 13 mars 1876 (D. 1877-1-49) ; Paris, 16 août 1879 ; Paris, 5 décembre 1881 (D. 1885-2-355) ; Paris, 13 janvier 1882 ; Seine, 13 juillet 1885 ; Poitiers, 24 février 1886 ; Grenoble, 15 juin 1886 ; Cass., 19 octobre 1886 (S. 1886-1-472) ; Cass., 10 janvier 1887 ; Toulouse, 28 mars 1887 ; Cass., 9 avril 1888 ; Douai, 17 décembre 1888.

(5) Cass., 9 avril 1888 (S. 1888-1-207). — V. Cass., 21 juillet 1890.
(6) Duvergier, *Lois*, 1856, p. 357 ; Mathieu et Bourguignat, n° 18 ; Beslay et Lauras, n° 169 ; Lyon-Caen et Renault, n° 417 ; Pont, n° 1129.
(7) Houpin, *J. des soc.*, 1884, p. 38.
(8) Mathieu et Bourguignat, n° 20 ; Lyon-Caen et Renault, n° 417 ; Pont, n° 1133.
(9) Seine, 13 juillet 1885. La liste pourrait cependant ne pas renfermer les prénoms et professions, pourvu que les énonciations y contenues soient suffisantes pour rendre toute confusion impossible, et pour permettre aux tiers de s'assurer de la réalité et de la solvabilité des actionnaires primitifs. Seine, 22 avril 1886 et 14 janvier 1888.

l'un des doubles de l'acte de société, s'il est sous seing privé, ou une expédition, s'il est notarié et s'il a été passé chez un notaire autre que celui qui a reçu la déclaration (art. 1 et 24).

109. — Déclaration statutaire. — Ordinairement les statuts sont dressés avant la souscription du capital social et le versement du quart. C'est en prévision de ce cas que la loi prescrit une déclaration notariée spéciale. Mais quand le capital est souscrit et le quart versé au moment même de l'acte de société, cet acte, dressé en la forme notariée, peut contenir les déclarations et énonciations prescrites par les articles 1 et 24 de la loi de 1867, pour constater la souscription de l'intégralité du capital social et le versement du quart. Il n'est pas nécessaire de dresser une déclaration notariée séparée et d'y annexer des documents dont les éléments se trouvent dans l'acte même de société (1). Il nous paraît toutefois plus rationnel d'établir les statuts avant de recueillir les souscriptions, et de constater les souscriptions et versements par un acte distinct des statuts.

Art. 5. — De la vérification de la déclaration notariée.

110. — Société en commandite. — L'article 6 de la loi du 24 juillet 1867 dispose que le premier conseil de surveillance doit, immédiatement après sa nomination, vérifier si toutes les dispositions prescrites pour la constitution de la société ont été remplies. C'est donc ce premier conseil qui, dans les sociétés en commandite par actions, est chargé de vérifier la sincérité de la déclaration notariée, faite par le gérant, de la souscription du capital social et du versement du quart.

Les membres du conseil sont tenus de faire la vérification par eux-mêmes ; ils manqueraient à leur devoir s'ils s'en rapportaient aux assurances qui leur seraient données par les gérants ou par les fondateurs (2).

La loi ne prescrit pas la rédaction d'un procès-verbal constatant la vérification, par le conseil de surveillance, de la sincérité de la déclaration notariée faite par le gérant (3).

111. — Société anonyme. — La déclaration notariée faite par les fondateurs de la société anonyme est soumise, avec les pièces à l'appui, à la première assemblée générale, qui en vérifie la sincérité (4).

La vérification de la sincérité de la déclaration notariée qui, dans les sociétés en commandite, incombe au premier conseil de surveillance, doit donc être faite, dans les sociétés anonymes, par la première assemblée générale constitutive.

112. — Pièces à l'appui. — Les pièces à l'appui, qui doivent être soumises, avec la déclaration notariée, à l'assemblée des actionnaires, sont : la liste des souscripteurs, l'état des versements et l'un des doubles de l'acte de société, s'il est sous seing privé, ou une expédition, s'il est notarié et s'il a été passé devant un notaire autre que celui qui a reçu la déclaration (5). Il nous paraît utile, bien que cela ne soit pas prescrit, de représenter à l'assemblée une pièce constatant le dépôt, entre les mains du banquier de la société ou d'une autre personne, de la somme versée sur les actions.

112 bis. — Assemblée générale. — La première assemblée générale appelée, dans les sociétés anonymes, à vérifier la sincérité de la déclaration de

---

(1) Vavasseur, n° 480; Seine, 28 octobre 1881.
(2) Décidé, en conséquence, qu'ils sont personnellement responsables de la nullité de la société, prononcée pour défaut, soit de souscription de la totalité du capital, soit de versement du quart sur toutes les actions. Aix, 16 mai 1860 et Cass., 24 avril 1861 (S. 1860-2-439 ; 1862-1-182) ; Agen, 6 décembre 1860 et

Cass., 11 mai 1863 (S. 1861-2-299 ; 1863-1-284) ; Pont, n°° 1054 et 1130 ; Lyon-Caen et Renault, n° 425 ; Vavasseur, n° 665.
(3) Pont, n° 1053.
(4) L. 24 juillet 1867, art. 24.
(5) Mathieu et Bourguignat, n° 182.

souscription et de versement, est celle qui, d'après l'article 23, doit être, dans tous les cas, convoquée à la diligence des fondateurs, postérieurement à l'acte constatant la souscription du capital social et le versement du quart de ce capital en numéraire, pour la nomination des premiers administrateurs et des commissaires, et la constitution définitive de la société, lorsqu'il n'y a pas lieu d'apprécier les apports en nature et les avantages particuliers. C'est à cette hypothèse que s'applique l'article 25 (1). Dans le cas contraire, la vérification a lieu dans la première assemblée générale constitutive qui doit, conformément à l'article 4, nommer un ou plusieurs commissaires chargés de faire un rapport sur les apports et avantages.

113. — Convocation. — La loi déclare que l'assemblée générale sera convoquée, à la diligence des fondateurs, *postérieurement* à l'acte notarié de déclaration de souscription et de versement. Il a été décidé, en conséquence, que la première assemblée générale des actionnaires doit, *à peine de nullité de la société*, être convoquée *avant et non après* l'acte qui doit constater la souscription du capital et le versement du quart (2). Nous appelons l'attention des praticiens sur cette formalité essentielle qui n'est pas toujours, croyons-nous, strictement observée.

ART. 6. — Des apports en nature.

114. — Consistance. — Les apports en nature sont tous ceux qui ne consistent pas en numéraire (ou en valeurs d'un recouvrement certain et immédiat), tels que les apports ayant pour objet un immeuble, une usine, une mine, un fonds de commerce, un brevet d'invention, une marque de fabrique (3), l'actif d'une ancienne société, une concession de chemin de fer, les actions d'une autre société valablement constituée (4), etc.

115. — Brevet d'invention. — Les brevets d'invention peuvent être apportés à une société, soit pour la pleine propriété, soit pour la jouissance seulement (5).

Lorsque le titulaire d'un brevet en apporte la jouissance à la société constituée pour l'exploiter, la société est tenue, à moins de stipulation contraire, de payer les annuités dues, et devient, par suite, responsable de la déchéance du brevet prononcée pour défaut de paiement de ces annuités (6).

116. — Apport. Vente. Caractère. — Il y a apport lorsque l'associé doit recevoir, comme équivalent de la valeur de ce qu'il a abandonné à la société, des actions libérées en tout ou en partie (V. *supra*, n° 100), ou une part des bénéfices sociaux à réaliser. Au contraire, il y a vente quand il reçoit une somme d'argent à payer à lui-même ou à ses créanciers par la société. Si la cession a lieu moyennant l'attribution d'actions et une somme d'argent, elle constitue pour partie un apport et pour le surplus une vente (7).

117. — Garantie. — Si l'apport consiste en un corps certain et que la

---

(1) Mathieu et Bourguignat, n° 182.
(2) Paris, 2 décembre 1886.
(3) Paris, 11 février 1888.
(4) Paris, 26 juillet 1887 (D. 1888-145).
(5) Il a été jugé que la mise en société de la propriété d'un brevet ne peut être assimilée à la cession de ce brevet, et n'est point dès lors assujettie aux formes prescrites par l'article 20 de la loi du 5 juillet 1844, aux termes duquel toute cession totale ou partielle d'un brevet d'invention ne peut être faite que par acte notarié et après le paiement de la totalité de la taxe. Cass., 24 mars 1864 (S. 1864-1-374); Douai, 11 juillet 1888; Cass., 19 juin 1882; Huard, R p. des brev. d'inv., n° 35; Renouard, n° 171. — Mais

l'administration n'accepte pas cette jurisprudence et assimile l'apport à une cession ; elle exige l'acte authentique et le versement de la totalité de la taxe (Instr. min. du 30 décembre 1865 et 6 décembre 1889). — Conf. : Houpin, J. des soc., 1891, p. 242.
(6) Rouen, 29 décembre 1871 (S. 1872-2-51); Cass., 29 mai 1877 (S. 1878-1-402). — V. en ce qui concerne les droits de la société sur les brevets apportés en propriété ou en jouissance, notamment en cas de dissolution : Dijon, 1er mars 1865 (S. 1865-2-94); Cass., 2 mai 1865-1-207); Aix, 7 avril 1865 (S. 1866-2-357) ; Seine, 22 mars 1888.
(7) Orléans, 11 mai 1882 ; Vavasseur, n° 95. — V. Douai, 26 juillet 1887 ; Seine, 28 juillet 1887.

société en soit évincée, l'associé en est garant envers la société, de la même manière
qu'un vendeur l'est envers son acheteur (art. 1843, C. civ.) (1).

118. — Immeuble grevé. — Un immeuble grevé d'inscriptions peut être
apporté à la société avec obligation par l'apporteur d'éteindre personnellement les
causes de ces inscriptions et de justifier de leur radiation dans un délai déterminé ;
et, pour garantir la société contre les poursuites des créanciers et assurer le recours
qu'elle aurait à exercer contre l'apporteur, il est d'usage de stipuler dans les statuts
que tout ou partie des actions à lui attribuées en représentation de son apport ne
lui seront remises qu'après justification de la radiation des inscriptions, et resteront,
jusque-là, déposées dans la caisse sociale, à titre de garantie (2).

119. — Formalités. — L'apport a pour effet, en droit civil, de transférer à
la société, être moral, la propriété de ce qui en est l'objet. Cette transmission de
propriété n'est opposable aux tiers qu'autant qu'elle est portée à leur connaissance
conformément au droit commun. La publicité commerciale ne saurait en tenir
lieu (3).

En conséquence, l'apport de créances doit être signifié aux débiteurs, ou
accepté dans les termes de l'article 1690, C. civ. (4). Et si l'acte de société contient
un apport immobilier, il doit être transcrit au bureau des hypothèques de la situation des immeubles (5). A défaut de transcription, la propriété n'est transférée
qu'au regard de l'apporteur et de la société (6).

Le gérant ou les administrateurs sont responsables du préjudice qu'a pu causer
l'omission de cette formalité (7).

120. — Apport fictif ou simulé. — Est nulle la société dont le capital
se compose d'apports absolument fictifs et non vérifiés (8).

Mais, sauf les cas de dol et de fraude, ne peuvent être réputés fictifs les
apports en nature régulièrement approuvés par l'assemblée générale (9).

Lorsque les administrateurs (ou fondateurs) ont dissimulé à l'assemblée générale l'existence des charges qui grevaient l'immeuble apporté, l'appréciation par
l'assemblée générale de la valeur de l'apport en nature ne fait pas obstacle à l'action
ultérieure intentée pour dol ou fraude (10).

ART. 7. — *Des avantages particuliers.*

121. — En principe, tous les associés doivent être placés dans des conditions
rigoureusement égales, vis-à-vis les uns des autres, quant aux profits à retirer de
l'association. Tout ce qui rompt cette règle d'équilibre, toute clause de l'acte social
qui autorise un ou plusieurs associés désignés, à opérer, sur le fonds commun ou
sur ses produits, un prélèvement que les autres associés n'auraient pas le droit de
faire, constitue donc un avantage particulier dans le sens de l'article 4 de la loi
de 1867, lequel dispose que, lorsqu'un associé stipule à son profit des avantages
particuliers, la première assemblée générale fait apprécier la cause des avantages
stipulés.

122. — Actions d'apport. Bénéfices. — Les actions ou la part de bénéfices attribuées en représentation d'apports en nature constituent incontestablement

---

(1) V. Cass., 20 novembre 1888.
(2) V. Paris, 5 décembre 1881 ; Seine, 5 juin 1883 ; Paris, 9 juillet 1883 ; Toulouse, 18 janvier 1887 ; Cass., 4 juin 1887.
(3) Paris, 18 décembre 1884.
(4) Paris, 20 mars 1868 et Cass., 28 avril 1869 (D. 1869-1-445); Paris, 18 décembre 1884 (*loc. cit.*); Vavasseur, n° 97.
(5) Vavasseur, n° 97; Seine, 17 mai 1888.
(6) Amiens, 10 juillet 1883.

(7) Seine, 20 janvier 1883, 22 septembre 1887 ; Cass., 14 juin 1887.
(8) Paris, 14 avril 1883 ; Seine, 13 avril 1885; V. aussi sur les apports fictifs ; Lyon-Caen et Renault, n° 257 et 258 ; Pont, n° 59 ; Vavasseur, n° 21; Rousseau, n° 50.
(9) Lyon, 2 mars 1883 ; Paris, 10 mai 1883. V. Seine, 28 juillet 1887, 20 avril 1889 ; Lyon, 29 octobre 1890.
(10) Cass., 6 juin 1885 (S. 1887-1-284).

des avantages particuliers. Il en est de même des rémunérations ou remboursement stipulés au profit d'associés à raison d'études, démarches et avances faites pour la création de la société (1).

123. — Gérant. — Constitue aussi un avantage particulier, soumis à vérification, l'attribution au gérant statutaire d'une société en commandite, d'une portion des bénéfices sociaux, pour le rémunérer de ses fonctions administratives (2). La simple attribution au gérant, d'un traitement fixe dont le chiffre est fixé par les statuts, a-t-il également le caractère d'un avantage particulier? — La négative est enseignée par plusieurs auteurs (3). Nous estimons, au contraire, que le traitement fixe est soumis à vérification au même titre que l'allocation de bénéfices. Que ce traitement ait pour cause les fonctions administratives du gérant ou sa responsabilité, ou qu'il représente un apport industriel — ce qu'il est impossible de déterminer — il faut qu'il soit apprécié et approuvé par les actionnaires (4). Constituent encore des avantages particuliers les indemnités de logement, de frais de bureau, de dépenses de voiture, allouées au gérant en sus du traitement fixe (5).

124. — Administrateurs. — Le même principe est-il applicable en ce qui concerne l'attribution d'une portion de bénéfices, faite aux administrateurs d'une société anonyme? Cet avantage est-il sujet à vérification? — L'affirmative est enseignée par M. Pont (6), alors même que les administrateurs ne sont pas désignés par les statuts. A notre avis, les allocations sont sujettes à vérification lorsque les administrateurs sont désignés par les statuts ; mais elles en sont exemptes quand ils ne sont nommés que par l'assemblée constitutive, parce que, dans ce dernier cas, on ne se trouve pas en présence d'avantages stipulés à leur profit par des personnes connues et qui statutairement s'imposent ou sont imposées à la société (7). Il en serait de même à l'égard des jetons de présence attribués aux administrateurs. Si ces divers avantages étaient fixés, non par les statuts, mais par l'assemblée générale constitutive, il n'y aurait pas lieu de les faire apprécier.

125. — Conseils de surveillance. Commissaires-censeurs. — L'allocation de jetons de présence aux membres du conseil de surveillance, dans les sociétés en commandite, et aux commissaires-censeurs, dans les sociétés anonymes (personnes ne pouvant être désignées par les statuts) ne constituent pas, pour nous, un avantage particulier sujet à vérification (8).

126. — Groupe d'actionnaires. — Les avantages attribués à un ou plusieurs actionnaires non gérants ni fondateurs, ou à un groupe d'actionnaires, sont soumis à vérification (9).

127. — Avantage collectif. — Mais si tous les associés étaient appelés, au même titre, à profiter d'une clause des statuts, il n'y aurait plus stipulation d'un avantage particulier, et l'approbation ne serait pas nécessaire (10).

128. — Marchés. — Les contrats passés par les fondateurs et administra-

(1) Bédarride, n° 102; Mathieu et Bourguignat, n° 37.

(2) Mathieu et Bourguignat, n° 40 ; Rivière, n° 52; Mornard, p. 68 ; Bédarride, n° 103 et suiv.; Romignière, n° 42 ; Pont, n° 976; Vavasseur, n° 411 ; Bordeaux, 20 novembre 1865 (S. 1866-2-119); Agen, 7 juin 1879 (D. 1879-2-247).

(3) Mathieu et Bourguignat, n° 40 et p. 454 à la note (S. 1868-1-146); Pont, n° 977 ; Ruben de Couder, v° Soc. en command., n° 120.

(4) Houpin, Dissert., Journal des soc., 1882, p. 233 et suiv.; Alauzet, v° Société, n° 457 ; Beslay et Lauras, n° 404; Bédarride, n° 102; Rousseau, n° 1129 ; Vavasseur, n° 411 ; Mornard, p. 439 ; Bordeaux, 20 novembre 1865 (S. 1886-2-119).

(5) Pont, n° 976.
(6) N° 975.
(7) Houpin (loc. cit.); Lyon, 1er août 1882. V. Beslay et Lauras, n° 403 ; Vavasseur, n° 410 ; Seine, 16 mai et 4 avril 1887 ; Seine, 9 août 1882 ; Agen, 7 janvier 1879 (D. 1879-2-247).
(8) Conf.: Houpin (loc. cit.); Vavasseur, n° 410. — Contra : Pont, n° 975. — De même, on ne peut considérer comme avantages particuliers, la stipulation statutaire de la réserve au profit des fondateurs de la souscription au pair d'un certain nombre d'actions (Seine, 25 juin 1888).
(9) Beslay et Lauras, n° 402; Pont, 978 ; Vavasseur, n° 410; Douai, 12 avril 1867.
(10) Beslay et Lauras, n° 403 ; Pont, n° 979; Seine, 28 juillet 1884 ; Paris, 4 avril 1884.

teurs statutaires avec certains actionnaires, en vue de la société à former, ne sont pas des avantages particuliers, dans le sens de l'article 4, lorsqu'ils constituent des traités commerciaux présentant des chances de gain et rentrant, par suite, dans la compétence du conseil d'administration (1).

129. — Agences. — Les avantages concédés à des actionnaires, tels que les agences de la société fondée, qui ne portent pas atteinte au capital social et qui ne comportent aucun prélèvement sur les bénéfices sociaux au profit des concessionnaires, ne constituent pas des avantages particuliers soumis à la vérification (2).

130. — Appréciation judiciaire. — La question de savoir si les rétributions allouées par les statuts aux gérants, administrateurs ou autres associés constituent un avantage particulier à leur profit, est une question contentieuse qui doit être résolue par les tribunaux, et non par l'assemblée générale (3).

ART. 8. — *De la vérification des apports en nature et des avantages particuliers.*

1° Apports soumis à la vérification.

131. — L'article 4 de la loi du 24 juillet 1867 est ainsi conçu : « Lorsqu'un associé fait un apport qui ne consiste pas en numéraire, ou stipule à son profit des avantages particuliers, la première assemblée générale fait apprécier la valeur de l'apport ou la cause des avantages stipulés. — La société n'est définitivement constituée qu'après l'approbation des apports ou des avantages, donnée par une autre assemblée générale, après une nouvelle convocation. — La seconde assemblée générale ne pourra statuer sur l'approbation de l'apport ou des avantages qu'après un rapport qui sera imprimé et tenu à la disposition des actionnaires cinq jours au moins avant la réunion de cette assemblée. — Les délibérations sont prises par la majorité des actionnaires présents. Cette majorité doit comprendre le quart des actionnaires et représenter le quart du capital social en numéraire. Les associés qui ont fait l'apport ou stipulé les avantages particuliers soumis à l'appréciation de l'assemblée n'ont pas voix délibérative. — A défaut d'approbation, la société reste sans effet à l'égard de toutes les parties. — L'approbation ne fait pas obstacle à l'exercice ultérieur de l'action qui serait intentée pour cause de dol ou de fraude. — Les dispositions du présent article, relatives à la vérification de l'apport, qui ne consiste pas en numéraire, ne sont pas applicables au cas où la société à laquelle est fait ledit apport est formée entre ceux seulement qui en étaient propriétaires par indivis. »

Les dispositions de cet article, placé sous le titre des sociétés en commandite par actions, ont été déclarées applicables aux sociétés anonymes, par l'article 24, sauf les modifications, que nous expliquerons, en ce qui concerne la composition des assemblées générales.

132. — Apports et avantages soumis à vérification. — La loi soumet à la vérification des actionnaires les apports qui ne consistent pas en numéraire, c'est-à-dire les apports en nature.

Les droits aléatoires mis à la disposition de la société pour que celle-ci en tire profit, alors que le fonds social ne saurait être diminué de la valeur des droits ainsi cédés, ne peuvent être considérés comme un apport soumis à vérification (4).

La vérification ne s'appliquant qu'aux apports, il n'y a pas lieu de faire vérifier

---

(1) Seine, 29 novembre 1886.
(2) Paris, 27 juin 1888.
(3) Cass., 13 décembre 1867 (S. 1868-1-145); Va- | vasseur, n° 410; Mornard, p. 68; Pont, n° 981; Dict. du not. suppl., v° *Soc. par act.*, n° 51.
(4) Paris, 27 juin 1888.

la valeur d'un bien meuble ou immeuble qui entre dans l'actif social à titre de vente ferme (1).

Les avantages particuliers prévus par les statuts ne sont soumis à la vérification que lors de la constitution de la société; mais cette vérification n'est pas exigée pendant le fonctionnement de la société (2).

L'approbation des apports en nature et des avantages particuliers peut, sans vicier la constitution de la société, faire, par anticipation, l'objet d'une convention entre certains actionnaires, parce qu'elle laisse entier le pouvoir d'appréciation de l'assemblée générale, qui est seule chargée de les vérifier (3).

133. — Exception. Apports indivis. — La loi fait une exception au principe de la vérification de l'apport en nature, en déclarant que les dispositions de l'article 4 ne sont pas applicables au cas où la société à laquelle est fait ledit apport est formée entre ceux seulement qui en étaient propriétaires par indivis. C'est ce qui a lieu lorsque le fonds social se compose uniquement des biens possédés indivisément et apportés par les fondateurs, seuls actionnaires de la société.

L'exception s'applique aussi au cas de transformation d'une société préexistante bien que les associés ne soient pas copropriétaires indivis de l'actif (appartenan' à l'être moral) qui constitue l'apport fait à la société transformée. C'est même le cas que le législateur a eu en vue principalement (4).

Si la copropriété indivise n'existait pas en réalité et avait été simulée frauduleusement pour éviter la vérification de l'apport, la société serait nulle (5).

134. — Apports divis. — Mais l'exception est-elle également applicable lorsque les biens composant le fonds social appartiennent *divisément* aux apporteurs, spécialement en cas de fusion de deux sociétés et d'apport, par chacune d'elles, de son actif à la nouvelle société; ou, si des concessions divises ayant été accordées, les concessionnaires forment entre eux une société par actions dans laquelle ils réunissent leurs concessions respectives?

La Cour de cassation a résolu affirmativement cette importante question, et décidé, au cas de fusion de deux sociétés, qu'il ne peut y avoir vérification des apports en nature que lorsqu'il existe un capital en numéraire, et par les souscripteurs de ce capital (6).

Cette jurisprudence nous paraît critiquable (7), et nous conseillons, au point de vue pratique, de faire procéder à la vérification des apports, toutes les fois que ces apports n'appartiennent pas par indivis aux seuls associés fondateurs.

135. — Capital en numéraire. — Pour que l'exception de l'article 4 soit applicable, il faut que la société se compose exclusivement d'apports en nature indivis, ou que le capital en numéraire soit souscrit par les fondateurs qui font les apports indivis. Si le capital était souscrit par des étrangers, il y aurait lieu à vérification par ceux-ci des apports en nature, alors même que tout le capital en numéraire serait souscrit par l'acte social lui-même et immédiatement versé : la discussion contradictoire et l'acceptation des statuts seraient insuffisantes, et il faudrait réunir les deux assemblées prescrites par la loi (8).

---

(1) Cass., 14 juillet 1873 (D. 1876-1-160 ; Vavasseur, n° 409.

(2) Bordeaux, 25 janvier 1888.

(3) Cass., 20 novembre 1888.

(4) Tripier, t. I, p. 117 et 118 ; Beudant, *Rev. crit.*, t. XXXVI, p. 150 ; Pont, n° 970; Dict. du not., suppl., v° *Soc. par act.*, n° 49; Cass., 10 mai 1869; Grenoble, 11 décembre 1872.

(5) Paris, 24 avril 1877 ; Seine, 5 août 1885 ; 20 mai 1887.

(6) Cass., 26 avril 1880. V. aussi (motifs) Nîmes, 30 juin 1885; Seine, 23 juillet 1889, 30 juillet 1890.

— Conf. : Boistel, p. 176 ; Beudant, *Rev. crit.*, t XXXVI, p. 150 ; Vavasseur, n°° 416, 437 à 439; Labbé (S. 1888, p. 449).

(7) Conf. : Lyon-Caen (S. 1877-2-1) ; *Précis. de dr. commerc.*, n° 412; Labbé (S. 1881-1 et suiv.); Pont, n°° 972 et 1009; Ruben de Couder, v° *Soc. en command.*, n° 153 ; Beslay et Lauras, n°° 483 et suiv. ; Seine, 15 octobre 1879 ; 20 juillet 1888.

(8) Pont, n° 973; Ruben de Couder, v° *Soc. en comm.*, n° 155. — *Contrà* : Beudant, *Rev. crit.*, t. XXXVI, p. 151; Boistel, n° 258.

2° Des assemblées générales pour l'appréciation des apports et avantages.

136. — Convocation et mission. — Tous les actionnaires doivent être convoqués aux assemblées, dites constituantes, chargées notamment d'apprécier la valeur des apports en nature et la cause des avantages particuliers. Les statuts ne pourraient donc exiger qu'un actionnaire ait un certain nombre d'actions pour prendre part à ces assemblées (1).

137. — *Forme.* — La convocation qui doit précéder chacune des assemblées n'est soumise à aucune forme particulière. Ordinairement les statuts règlent le mode de convocation : il y a lieu de s'y conformer (2).

Les actionnaires sont souvent appelés aux assemblées par un avis inséré dans une ou plusieurs feuilles d'annonces légales de la localité ; il nous semble préférable de convoquer les actionnaires *individuellement* par lettres ou circulaires adressées à chacun d'eux (3).

La convocation doit indiquer le lieu, le jour et l'heure de la réunion. Chacune des assemblées doit être réunie sur une convocation spéciale. Le fait de la réunir par une convocation unique constituerait une irrégularité (4).

138. — *Délai.* — La loi ne dit rien non plus de l'intervalle à laisser entre la convocation et la réunion de l'assemblée. Les fondateurs doivent disposer les convocations de manière à donner à tout souscripteur qui voudrait prendre part aux délibérations de l'assemblée et y figurer en personne, le temps nécessaire pour s'y rendre, eu égard à la distance de son domicile (5).

La loi prescrivant, comme nous allons l'expliquer, que le rapport sur l'appréciation des apports et avantages soit tenu à la disposition des actionnaires cinq jours au moins avant la réunion de la deuxième assemblée, les deux réunions doivent être nécessairement séparées par un intervalle de plus de cinq jours francs (6).

139. — *Première assemblée. Mission.* — La loi prescrit deux réunions, ayant chacune une mission spéciale et déterminée. La première assemblée fait apprécier la valeur de l'apport ou la cause des avantages stipulés (art. 4). Elle ordonne les mesures de vérification et d'instruction qu'elle juge utiles, et en prescrit l'exécution. Elle peut recourir à une expertise ou faire procéder à la vérification par une commission (7). Ordinairement, l'assemblée désigne un ou plusieurs commissaires chargés de recueillir les documents et renseignements nécessaires, et de faire un rapport à la deuxième assemblée (8).

140. — *Deuxième assemblée. Rapport.* — La seconde assemblée ne pourra statuer sur l'approbation de l'apport et des avantages qu'après un rapport qui sera imprimé et tenu à la disposition des actionnaires cinq jours au moins avant la réunion de l'assemblée (9).

Ce rapport, dont la loi ne précise ni l'objet ni le contenu, doit être le résumé ou le compte rendu des travaux de vérification et d'appréciation faits en exécution

(1) Tripier, *Loi de 1856*, p. 92 et 93 ; Lyon-Caen et Renault, n° 420 ; Mornard, p. 71 ; Pont, n°° 982 et 983 ; Ruben de Couder, v° *Soc. en comm.*, n° 132 ; Dict. du not., suppl., v° *Soc. par act.*, n° 52.
(2) Paris, 24 mai 1860 ; Angers, 26 avril 1866 ; Ruben de Couder, v° *Soc. en comm.*, n° 126.
(3) Conf. : Mathieu et Bourguignant, n° 48 ; Pont, n° 984 ; Dict. du not., suppl., v° *Soc. par act.*, n° 52.
(4) Pont, n° 1087 ; Ruben de Couder, v° *Soc. en comm.*, n° 125. Lorsque la première convocation déclare renvoyer à un jour fixé pour la deuxième réunion, il n'est pas besoin d'une convocation nouvelle (Paris, 22 novembre 1861), pourvu que tous les ac-

tionnaires soient présents à cette première assemblée.
(5) Pont, n° 985 ; Dict. du not., suppl., v° *Soc. par act.*, n° 52. — V. Paris, 12 décembre 1889.
(6) Devilleneuve, Massé et Dutruc, n° 985 Boistel, n° 256 ; Pont, n° 986.
(7) Pont, n°° 990 et 991.
(8) MM. Beudant, *Rev. crit.*, t. XXXVI, p. 141, et Beslay et Lauras, n° 424, pensent que la nomination d'une commission est obligatoire. Mais M. Pont, n° 990, estime que la première assemblée est entièrement libre du choix et de l'exécution des mesures à prendre.
(9) L. 24 juillet 1867, art. 4.

de la première réunion. Le rapporteur est ordinairement désigné par la première assemblée générale. Si elle avait nommé une commission de contrôle, celle-ci pourrait abandonner le soin de faire le rapport à l'un de ses membres ou à une autre personne désignée (1).

Le rapport doit être non seulement rédigé et imprimé, mais encore tenu à la disposition de tous les souscripteurs cinq jours au moins (c'est-à-dire cinq jours francs) (2) avant la réunion de la deuxième assemblée. Il n'est pas nécessaire qu'il soit adressé aux souscripteurs, mais seulement tenu à leur disposition, soit au futur siège social, soit dans un autre lieu déterminé et porté à leur connaissance (3) dans l'avis de convocation, lequel doit être adressé cinq jours francs au moins avant la réunion. L'original du rapport, signé de ceux qui l'ont dressé, reste déposé au siège social.

141. — *Délibération. Approbation.* — L'assemblée doit statuer et délibérer sur l'approbation des apports et des avantages ; elle n'est pas tenue d'adopter les appréciations et les conclusions du rapport. Si elle approuve les apports et avantages, tels qu'ils sont stipulés aux statuts, ils deviennent définitifs.

142. — *Refus. Frais.* — Si, par suite de l'exagération des évaluations, la délibération aboutit à un refus d'approbation, elle entraîne la nullité des souscriptions et rend impossible la constitution de la société (4). Dans ce cas, les sommes versées par les souscripteurs doivent leur être restituées sans intérêts (5), et les frais d'organisation exposés pour arriver à la constitution de la société restent à la charge des fondateurs (6). Le défaut d'approbation des apports et avantages n'empêcherait pas la constitution de la société si tous les intéressés, fondateurs et universalité des actionnaires étaient d'accord pour les réduire. Mais le vote de la majorité des actionnaires, d'accord avec les intéressés, suffirait-il et pourrait-il lier la minorité ? — L'affirmative semble résulter nettement des travaux préparatoires de la loi de 1867 (7). Une clause spéciale, insérée dans les statuts, lèverait toute discussion sur ce point (8).

143. — *Dol.* — L'approbation donnée aux apports et aux avantages particuliers, par l'assemblée générale, ne fait pas obstacle à l'exercice ultérieur de l'action qui peut être intentée pour cause de dol ou de fraude (9). C'est l'application spéciale aux sociétés des principes généraux du droit (10). Le recours serait aussi admis pour erreur de calcul ou autres portant sur la substance de la chose (11).

144. — **Composition et vote. Société en commandite.** — Les délibérations relatives à l'approbation des apports et avantages sont prises à la majorité des actionnaires présents. Cette majorité doit comprendre le quart des actionnaires et représenter le quart du capital social en numéraire (12). Ces dispositions s'appliquent aux deux assemblées (13).

(1) Pont, n° 998.
(2) Voir par analogie, Seine, 28 mars 1887.
(3) Beslay et Lauras, n°° 433 et suiv. ; Mathieu et Bourguignat, n° 44 ; Bédarride, n° 106 ; Pont, n° 996. — V. Paris, 12 décembre 1889 et 3 février 1891.
(4) L. 24 juillet 1867, art. 4.
(5) Mathieu et Bourguignat, n° 52 ; Pont, n° 1021.
(6) Tripier, *Loi de 1867*, t. I. p. 116 ; Foureix, p. 144 ; Rivière, n° 204 ; Dalloz, v° *Société*, n° 1200 ; Bédarride, n° 144 ; Beudant, *Rev. crit.*, t. XXXVI, p. 154 ; Mathieu et Bourguignat, n° 51 ; Pont, n° 1020 ; Ruben de Couder, v° *Société en commandite*, n° 145. — *Contrà :* Beslay et Lauras, n° 476. Voir de Courcy, *Soc. an.*, p. 87 ; Alauzet, n° 461 ; Vavasseur, n° 423.
(7) Tripier, *Loi de 1867*, t. I, p. 469, 500, 509 et 525 ; Beslay et Lauras, n°° 468 et suiv. ; Boistel, n° 257 ; Beudant (*loc. cit.*, p. 144 et suiv.) ; Sourdat,

Soc. en comm., p. 83 et suiv. ; Bédarride, n°° 116 et suiv. ; Mathieu et Bourguignat, n° 48 ; Mornard, p. 165 et suiv. ; Lyon-Caen et Renault, n° 421 ; Pont, n° 1028 ; Ruben de Couder, v° *Soc. en comm.*, n° 143. — *Contrà :* Dalloz, n° 1191 ; Alauzet, n° 460 ; Lombard, p. 88 ; Vavasseur, n° 407.
(8) Beudant et Alauzet (*loc. cit.*) ; Vavasseur, n° 408.
(9) L. 24 juillet 1867, art. 4, § 7.
(10) Pont, n° 1016 ; Cass. 6 juin 1885.
(11) Beudant, *Rev. crit.*, t. XXXVI, p. 143 ; Pont, n° 1017 ; Vavasseur, n° 413.
(12) L. 24 juillet 1867, art. 4.
(13) Rivière, n° 43 ; Ameline, p. 368 ; Mathieu et Bourguignat, n° 45 ; Devilleneuve, Massé et Dutruc, n° 988 ; Ruben de Couder, v° *Soc. en comm.*, n° 135 ; Vavasseur, n°° 402 et suiv. — V. toutef. Bédarride, n° 110 ; Lyon-Caen et Renault, n° 420 ; Pont, n° 1000.

145. — *Vote.* — Les délibérations sont prises à la majorité (c'est-à-dire la moitié plus un) des actionnaires présents (art. 4), ou représentés par mandataires (1). Chaque actionnaire n'a qu'une voix dans les assemblées constitutives, sans que les statuts puissent modifier ce mode de computation des voix (2). Le vote peut avoir lieu par assis et levé (3).

146. — *Associés apporteurs.* — Les associés qui ont fait des apports ou stipulé des avantages particuliers, soumis à l'appréciation de l'assemblée, n'ont pas voix délibérative (art. 4). Ils peuvent assister à la réunion, mais ils n'ont pas le droit de voter pour la délibération qui les concerne, même dans le cas où ils auraient souscrit des actions de numéraire (4). S'ils avaient pris part au vote d'approbation de leurs apports, la société serait nulle (5). Mais la loi ne défend pas aux apporteurs de voter dans les délibérations qui concernent d'autres associés ayant fait des apports ou stipulé des avantages particuliers (6).

147. — *Quart des actionnaires.* — La loi exige que la majorité comprenne, en premier lieu, le quart des actionnaires. Les associés, qui ont fait des apports ou stipulé des avantages particuliers, mais qui ont le droit de voter sur ceux des autres associés, peuvent concourir à former la majorité dans l'assemblée et à constituer le quart des actionnaires que doit représenter cette majorité (7). M. Pont estime même que tous les actionnaires, y compris ceux dont les apports en nature sont en délibération, comptent pour le calcul de ce quart (8). Cela nous paraît contestable, lorsque les apporteurs n'ont pas le droit de voter.

148. — *Quart du capital en numéraire.* — Enfin la majorité doit représenter le quart du capital en numéraire (art. 4), abstraction faite des apports en nature.

149. — *Majorité insuffisante.* — Quand l'assemblée ne réunit pas un nombre d'actionnaires représentant le quart du capital social, la loi n'autorise pas, en ce cas, pour les sociétés en commandite, la réduction de la fraction de capital dont la représentation est exigée, alors même que cela serait stipulé par les statuts. Les dispositions de l'article 30 de la loi de 1867, spéciales aux sociétés anonymes, ne sont pas applicables aux sociétés en commandite (9). Mais on pourrait convoquer une nouvelle assemblée et constituer la société avec la majorité légale (10).

149 bis. — Mais qu'arriverait-il lorsque les apporteurs souscrivent plus des trois quarts du capital en numéraire ? Suivant certaines décisions, la constitution de la société est impossible, puisque les souscripteurs non-apporteurs qui, seuls, ont le droit de voter, ne représentent pas le quart du capital en numéraire (11). Suivant d'autres décisions, la majorité exigée par la loi doit se calculer sur le capital en numéraire, abstraction faite des actions souscrites par les apporteurs (12).

150. — **Composition et vote. Société anonyme.** — L'article 4 de la

---

(1) Romiguière, n° 40 ; Rivière, n° 46 ; Ameline, p. 370 ; Alauzet, n° 650 ; Beslay et Lauras, n° 455 ; Pont, n° 1003. — *Contra* : Bravard, *Loi de 1856*, p. 35.

(2) Tripier, *Loi de 1836*, p. 92 et 93 ; Lyon-Caen et Renault, n° 420 ; Mornard, p. 71 ; Pont, n° 1005.

(3) Seine, 26 avril 1858 ; Ruben de Couder, v° *Soc. en comm.*, n° 138.

(4) Rivière, n° 47 ; Mathieu et Bourguignat, n° 45 ; Alauzet, n° 459 ; Bédarride, n° 123 ; Lyon-Caen et Renault, n° 420 ; Rousseau, n° 1143 ; Tonnelier, *Des apports en nature dans les sociétés par actions*, n° 46 ; Lacointa (S. 1888-417) ; Vavasseur, n° 419 ; Pont, n° 1008. — V. toufois Houpin, *Traité des sociétés*, n° 158 ; Paris, 12 janvier 1887 et 17 novembre 1891.

(5) Cass., 22 février 1888 (S. 1888-1-417 et la note). Mais, à notre avis, cette nullité n'existerait qu'autant que les apports n'auraient pas été approu-

vés par une majorité suffisante en dehors des apporteurs. Il importe donc, au point de vue pratique, de constater dans le procès-verbal que les apporteurs n'ont pas pris part au vote émis sur l'approbation de leurs apports.

(6) Pont, n° 1008.

(7) Boistel, n° 256 ; Mornard, p. 71 ; Pont, n° 1009 et 1011 ; Ruben de Couder, v° *Soc. en comm.*, n° 137.

(8) Conf. : Amiens, 24 décembre 1886.

(9) Pont, n° 1001 ; Vavasseur, n° 422.

(10) Conf. : Alauzet, n° 461, Mathieu et Bourguignat, n° 46 ; Vavasseur, n° 422. — *Contra* : Bédarride, n° 108 et 109 ; Pont, n° 1001.

(11) Amiens, 24 décembre 1886 ; Angers, 27 juillet 1887 ; Seine, 8 juin 1891 ; Paris, 17 février 1892 ; Lacointa (S. 1888-1-117). — V. Cass., 22 février 1888.

(12) Paris, 12 janvier 1887 et 17 novembre 1891 ; Vavasseur, n° 419.

loi de 1867, sur l'appréciation des apports et avantages concernant les sociétés en commandite, est déclaré applicable, par l'article 24, aux sociétés anonymes. Mais les articles 27 et 30 soumettent les assemblées de ces dernières sociétés à des règles particulières que nous allons exposer.

151. — *Moitié du capital.* — « Les assemblées, dit l'article 30, qui ont à délibérer sur la vérification des apports doivent être composées d'un nombre d'actionnaires représentant la moitié au moins du capital. Le capital, dont la moitié doit être représentée pour la vérification des apports et avantages, se compose seulement des apports non soumis à vérification. »

Doit-on cumuler les prescriptions des articles 4 et 30, c'est-à-dire exiger, d'une part, pour la composition de l'assemblée générale, la représentation de la moitié du capital social, et d'autre part, pour la validité du vote, la double majorité du quart en nombre et en somme ? — L'affirmative a été jugée (1). Et malgré un avis contraire (2) cette solution nous paraît plus sûre à suivre.

152. — *Voix.* — Dans les assemblées appelées à vérifier les apports faits aux sociétés anonymes, tout actionnaire, quel que soit le nombre des actions dont il est porteur, peut prendre part aux délibérations avec le nombre de voix déterminé par les statuts, sans qu'il puisse être supérieur à dix (art. 27) (3). Dans le silence des statuts, chaque actionnaire n'aurait droit qu'à une voix.

153. — *Nouvelle convocation.* — Il peut arriver que l'assemblée ne réunisse pas, à une première réunion, le capital exigé par la loi. Dans cette prévision, il est dit dans un paragraphe spécial de l'article 30 de la loi (applicable aux sociétés anonymes, et non aux sociétés en commandite (*suprà*, n° 149) : « Si l'assemblée générale ne réunit pas un nombre d'actionnaires représentant la moitié du capital social, elle ne peut prendre qu'une délibération provisoire. Dans ce cas, une nouvelle assemblée générale est convoquée. Deux avis, publiés à huit jours d'intervalle, au moins un mois à l'avance, dans l'un des journaux désignés pour recevoir les annonces légales, font connaître aux actionnaires les résolutions provisoires adoptées par la première assemblée, et ces résolutions deviennent définitives si elles sont approuvées par la nouvelle assemblée, composée d'un nombre d'actionnaires représentant le cinquième au moins du capital social. » Ce qui doit s'entendre également du capital non soumis à vérification, c'est-à-dire du capital en numéraire (4).

154. — *Procès-verbal.* — Il doit être dressé procès-verbal des délibérations des deux assemblées générales constitutives (5). Ce procès-verbal est écrit ordinairement sur un registre spécial et signé par les membres composant le bureau de l'assemblée (6).

155. — *Extraits.* — Les copies ou extraits de ces procès-verbaux, à produire aux tiers, sont délivrés par ceux auxquels le pouvoir en a été conféré par les statuts : ordinairement le gérant et un membre du conseil de surveillance de la société en commandite, ou un ou deux administrateurs de la société anonyme.

156. — *Dépôt pour minute.* — Il est d'usage de déposer pour minute, à la suite des statuts, les copies, certifiées conformes, des procès-verbaux des deux

---

(1) V. Angers, 27 juillet 1887 ; Paris, 12 janvier 1887 et 17 novembre 1891. — Conf. : Lacointa (S. 1888-417) ; Deloison, n° 328. V. Mathieu et Bourguignat, n° 200.

(2) *Rev. des soc.*, 1888, p. 183.

(3) Vavasseur, n° 894.

(4) Mathieu et Bourguignat, n° 201 ; Alauzet, n° 744 ; Ruben de Couder, v° *Soc. anon.*, n° 414.

(5) Pont, n° 998 ; *Dict. du not.*, suppl., v° *Soc. par act.*, n° 53.

(6) Il a été décidé : 1° que le procès-verbal d'assemblée générale, qui n'est revêtu d'aucune signature, est nul (Lyon, 26 novembre 1863 (S. 1864-2-202).

— Conf., Ameline. *Rev. prat.*, t. XXIV, p. 369; Pont, n° 998 et 1669) ; 2° que, toutefois, le défaut de signatures, sur le registre des délibérations, des deux procès-verbaux d'assemblées constitutives, n'entache pas la société de nullité, lorsqu'il n'est pas contesté que les délibérations ont eu lieu dans le sens indiqué, et que des actes, contenant les mêmes constatations que les procès-verbaux non signés, ont été déposés chez un notaire et publiés conformément à la loi. (Paris, 29 juillet 1880 ; Cass., 20 décembre 1882 (S. 1883-1-193 ; D. 1883-1-301). — V. aussi Houpin J. des soc., 1888, p. 661 et suiv.

assemblées générales constitutives. Bien que cela ne soit pas strictement nécessaire, nous croyons qu'il est utile de déposer en même temps : un exemplaire, enregistré et légalisé, du journal contenant l'avis de convocation ; la feuille de présence, sur timbre, des actionnaires présents à chaque assemblée, et les pouvoirs de ceux qui se sont fait représenter. On dépose aussi les pièces relatives à la publication de la société. De cette manière, les fondateurs assurent la conservation et facilitent la communication aux intéressés de toutes les pièces constatant la constitution régulière de la société.

Art. 9. — *Formalités complémentaires de constitution.*

157. — Société en commandite. — La société en commandite par actions se trouve définitivement constituée par l'accomplissement des formalités qui viennent d'être rappelées : souscription intégrale du capital social ; versement par chaque actionnaire du quart au moins du montant des actions par lui souscrites ; déclaration par le gérant, dans un acte notarié, constatant ces souscriptions et versements, avec annexe de la liste et, s'il y a lieu, de l'un des originaux ou d'une expédition de l'acte de société; approbation des apports et des avantages particuliers par l'assemblée générale des actionnaires (1).

Mais la loi (art. 5) prescrit, en outre, la nomination d'un conseil de surveillance, par l'assemblée générale des actionnaires, immédiatement après la constitution définitive de la société et avant toute opération. Cette formalité est un complément nécessaire de la constitution, puisque le gérant ne peut commencer les opérations sociales et que la société ne peut fonctionner qu'après la nomination du conseil de surveillance. Nous expliquerons plus loin tout ce qui concerne la nomination et les attributions de ce conseil.

158. — Société anonyme. — Un certain nombre d'associés est nécessaire pour la formation d'une société anonyme. En outre, la société ne peut être constituée définitivement et fonctionner qu'après avoir complété son organisation par la nomination d'administrateurs et de commissaires.

159. — *Minimum d'actionnaires.* — La société anonyme ne peut être constituée si le nombre des associés est inférieur à sept (2). La dissolution de la société peut être prononcée sur la demande de toute partie intéressée, lorsqu'un an s'est écoulé depuis l'époque où le nombre des associés est réduit à sept (art. 38).

160. — *Administrateurs. Nomination. Durée.* — La société anonyme est administrée par un ou plusieurs mandataires à temps, révocables, salariés ou gratuits, pris parmi les associés (art. 22).

En principe, les administrateurs sont nommés par l'assemblée générale des actionnaires. Ils ne peuvent être nommés pour plus de six ans. Toutefois, ils peuvent être désignés par les statuts, avec stipulation formelle que leur nomination ne sera pas soumise à l'approbation de l'assemblée générale. En ce cas, ils ne peuvent être nommés pour plus de trois ans (art. 25).

161. — *Commissaires.* — L'assemblée générale annuelle désigne un ou plusieurs commissaires, associés ou non, chargés de faire un rapport à l'assemblée générale de l'année suivante sur la situation de la société, sur le bilan et sur les comptes présentés par les administrateurs (3). A la différence des administrateurs les commissaires ne peuvent être désignés par les statuts ; ils doivent toujours être nommés par l'assemblée générale des actionnaires.

---

(1) L. 24 juillet 1867, art. 1 à 4.
(2) L. 24 juillet 1867, art. 23. — V. Cahors, 31 juillet 1885.

(3) L. 24 juillet 1867, art. 32.

162. — *Assemblée générale.* — Une assemblée générale est, dans tous les cas, convoquée à la diligence des fondateurs, postérieurement à l'acte qui constate la souscription du capital social et le versement du quart du capital qui consiste en numéraire. Cette assemblée nomme les premiers administrateurs ; elle nomme également, pour la première année, les commissaires institués par l'article 32 (1). Lorsqu'il n'y a pas d'apports en nature ni d'avantages particuliers, cette assemblée est la première qui, aux termes de l'article 24, est appelée à vérifier la sincérité de la déclaration de souscription et de versement. Dans le cas contraire, la deuxième assemblée générale qui, d'après l'article 4, doit statuer sur l'approbation des apports et avantages, a qualité pour procéder à la nomination des premiers administrateurs et des commissaires (2).

163. — *Composition et vote.* — L'assemblée qui a à délibérer sur la nomination des administrateurs et des commissaires (et aussi sur la sincérité de la déclaration de souscription et de versement) doit être composée d'un nombre d'actionnaires représentant la moitié au moins du capital social. Si l'assemblée générale ne réunit pas un nombre d'actionnaires représentant la moitié du capital social, elle ne peut prendre qu'une délibération provisoire. Dans ce cas, une nouvelle assemblée générale est convoquée. Deux avis, publiés à huit jours d'intervalle, au moins un mois à l'avance, dans l'un des journaux désignés pour recevoir les annonces légales, font connaître aux actionnaires les résolutions provisoires adoptées par la première assemblée, et ces résolutions deviennent définitives, si elles sont approuvées par la nouvelle assemblée, composée d'un nombre d'actionnaires représentant le cinquième au moins du capital social (3).

Il suffit que le vote sur la nomination des administrateurs et des commissaires réunisse la majorité relative des votants (4).

164. — *Acceptation.* — Le procès-verbal de la séance constate l'acceptation des administrateurs et des commissaires présents à la réunion (5).

Mais s'ils sont absents et s'ils ne sont pas représentés par un mandataire qui ait pouvoir d'accepter pour eux, on admet généralement que l'acceptation pourra être faite par un acte ultérieur, authentique ou sous seing privé, lequel devra être annexé au procès-verbal (6). Et à défaut d'acte spécial — qui n'est prescrit à peine de nullité par aucun texte — l'acceptation des administrateurs et des commissaires résulterait des faits qui, dans le silence de la loi sur le mode de preuve, peuvent être consultés, et que les tribunaux apprécient souverainement (7).

165. — *Procès-verbal. Extraits. Dépôt.* — Il doit être dressé un procès-verbal de chacune des délibérations constitutives (V. *suprà*, nᵒˢ 154 à 156).

166. — *Constitution de la société.* — La société anonyme se trouve constituée à partir de l'acceptation des administrateurs et des commissaires (8).

167. — Publication. — Enfin, lorsque la société en commandite ou anonyme est définitivement constituée, il reste encore une formalité essentielle à remplir. Elle doit être publiée, dans le mois de la constitution, à peine de nullité à l'égard des intéressés (9). Nous avons expliqué les dispositions relatives à la publication des actes de société (V. *suprà*, vᵒ SOCIÉTÉS EN GÉNÉRAL, nᵒˢ 43 et suiv.).

---

(1) L. 24 juillet 1867, art. 25.
(2) Pont, nᵒ 1062.
(3) L. 24 juillet 1867, art. 30.
(4) Seine, 29 juin 1870 ; Vavasseur, nᵒ 791.
(5) L. 24 juillet 1867, art. 25.
(6) Mathieu et Bourguignat, nᵒ 187 ; Pont, nᵒ 1066.
(7) Bédarride, nᵒ 375 ; Pont, nᵒ 1067 ; Cass., 13 no-

vembre 1876 (D. 1878-1-6) ; Lyon, 11 août 1882 et les conclusions de M. Baudouin, avocat général.
(8) L. 24 juillet 1867, art. 25 ; Lyon-Caen et Renault, nᵒ 425 ; Mathieu et Bourguignat, nᵒˢ 74 et suiv.; Rousseau, nᵒˢ 1210 et 1211.
(9) L. 24 juillet 1867, art. 55 et suiv

§ 4. Fusion. Transformation. Augmentation de capital.

Art. 1er. — De la fusion.

168. — Deux ou plusieurs sociétés similaires peuvent convenir de réunir et confondre leurs intérêts par une fusion. Ce contrat innommé est permis en vertu du principe de la liberté des conventions (art. 1134, C. civ.). Mais à quelles conditions ce traité est-il soumis, s'il est contracté par des sociétés par actions, ou s'il donne naissance à une société par actions (1) ?

169. — **Consentement.** — Quand les statuts n'ont pas prévu la fusion, elle ne peut avoir lieu que du consentement unanime des associés : une majorité, quelle qu'elle fût, serait insuffisante (2).

Quand, au contraire, la fusion est prévue et autorisée par les statuts, elle est valablement votée par la majorité dans une assemblée générale d'actionnaires régulièrement composée. On doit, dans tous les cas, s'il s'agit d'une société anonyme, observer l'article 31 de la loi de 1867, qui exige que la moitié au moins du capital social soit représentée dans les assemblées délibérant sur la modification des statuts.

170. — **Société nouvelle. Appréciation des apports.** — La fusion de plusieurs sociétés, prévue par leurs statuts, n'entraîne pas nécessairement création d'une société nouvelle (3). Mais il a été jugé, d'après les circonstances, qu'il y avait création d'une nouvelle société (4). C'est là, avant tout, une question de fait et d'appréciation.

Quand la fusion des deux sociétés entraîne leur dissolution et engendre une société nouvelle, à laquelle chacune des sociétés fait apport de son actif et, s'il y a lieu, de son passif, les actionnaires de chaque société prennent une délibération à l'effet d'autoriser la fusion et de conférer les pouvoirs nécessaires pour la rédaction des statuts et les formalités de constitution de la société nouvelle. De nouveaux statuts sont dressés et publiés. Si l'on ajoute un capital en numéraire aux apports en nature des deux sociétés fusionnées, il y a lieu de faire apprécier les apports et les avantages particuliers par les souscripteurs de ce capital (5). Ces différents points ne souffrent pas de difficultés.

Mais s'il y a fusion pure et simple des deux sociétés, convient-il de faire apprécier, par les actionnaires de chacune d'elles, l'apport et les avantages de l'autre société ? — La Cour de cassation a décidé que, en pareil cas, les formalités prescrites par les articles 1, 4, 24, 25 et 41 de la loi de 1867 ne sauraient s'appliquer (6).

Mais cette décision nous a paru critiquable (V. *suprà*, n° 134), et, en présence de la controverse qui subsiste sur cette délicate question, nous conseillons de remplir, en cas de fusion, les formalités de vérification prescrites par la loi.

171. — **Assemblée générale.** — Dans tous les cas, il y a lieu de réunir une assemblée générale des actionnaires des deux sociétés fusionnées pour nommer les premiers administrateurs et les commissaires de la nouvelle société, à moins qu'ils n'aient été désignés dans les statuts par tous les actionnaires. Il importe de remarquer que le vote sur le principe de la fusion aura lieu suivant le mode prévu

---

(1) V. sur le caractère et les effets de la fusion et sur la transcription, Paris, 20 mars 1891 et la note critique de M. Houpin, J. des soc., 1892, p. 78).
(2) Vavasseur, n°° 167 et 428; Pont, n°° 1090 et 1690 ; Houpin, J. des soc., 1880, p. 545 ; Paris, 4 avril 1881 : Seine, 7 juillet 1882 ; Seine, 1er mars 1888 R. S. 1888-329); Paris, 4 avril 1881 (J. S. 1881, p. 284).

(3) Paris, 21 août 1860 et Cass., 8 février 1861 ; Aix, 5 juillet 1871 et Cass., 16 avril 1872 (D. 1873-1-78). — V. Paris, 20 mars 1891.
(4) Paris, 24 mars 1859 (S. 1859-1-78). — V. aussi Cass., 18 juillet 1865 (D. 1866-1-88).
(5) L. 24 juillet 1867, art. 4.
(6) Cass., 26 avril 1880 — V. Paris, 20 mars 1891.

par les statuts pour le cas de fusion (1) ; le suffrage universel ne s'impose pas ici nécessairement. Au contraire, à l'assemblée constitutive convoquée pour la nomination des administrateurs et des actionnaires, *tous* les actionnaires doivent être appelés, et chacun d'eux doit voter avec le nombre de voix déterminé par les nouveaux statuts et qui ne peut excéder dix voix (2).

172. — Passif. — Lorsqu'une société, grevée d'un passif, veut se fusionner avec une autre société, on peut employer trois combinaisons (3) :

Première combinaison. — L'ancienne société acquitte personnellement son passif, en réalisant une partie de son actif, et apporte ensuite le surplus de cet actif à la société nouvelle.

Deuxième combinaison. — L'ancienne société fait apport de ses biens à la nouvelle société et *reste personnellement chargé d'acquitter le passif*. Il est attribué, en représentation de cet apport, une somme, en actions, égale à la valeur des biens apportés. L'ancienne société acquitte son passif avec des fonds lui appartenant et qu'elle peut se procurer, notamment par la cession d'une partie des actions à elle attribuées (4).

Troisième combinaison. — L'ancienne société fait apport de ses biens à la nouvelle société, à charge par celle-ci de payer, en l'acquit de l'apporteuse, le passif dont ces biens sont grevés. Cette disposition a un caractère mixte : elle renferme une *vente* à concurrence du passif à payer par la nouvelle société (5), et, pour le surplus seulement, un apport, en représentation duquel des actions doivent être attribuées (6).

La Cour de cassation a consacré la validité d'une société à laquelle une société se fusionnant avait apporté ses biens, à charge par la nouvelle société de payer le passif les grevant, bien que le capital social eût été fixé à une somme égale à l'entière valeur des biens apportés (sans déduction du passif à payer) et divisé en actions d'une valeur égale attribuées à la société apporteuse. Mais cette décision ne nous a semblé justifiée, ni en droit, ni en fait (7), et, bien quelle ait été défendue par un éminent jurisconsulte (8), nous estimons qu'elle ne saurait être ni approuvée ni suivie dans la pratique (9).

172 bis. — Annexion. — Dans ce deuxième mode de fusion, l'une des sociétés vient s'annexer à une autre à laquelle elle apporte ses biens et souvent son passif. Si cet apport embrasse l'universalité de l'actif et des dettes, il a pour effet d'entraîner la dissolution de la première société. La seconde survit avec le même être moral ; il y a seulement, pour elle, accroissement du fonds social par suite de l'apport. Cette sorte de fusion est donc régie, en ce qui concerne la société survivante, par les règles relatives à l'augmentation du capital (V. *infrà*, nos 185 et suiv.) (10).

ART. 2. — *De la transformation.*

173. — La loi du 24 juillet 1867 a prévu et réglementé trois espèces de transformations en sociétés anonymes des sociétés antérieures à sa promulgation :

(1) Arg., art. 19, L. 24 juillet 1867.
(2) L. 24 juillet 1867, art. 27 ; Vavasseur, n° 441. Voir Lyon, 6 février 1868 (D. 1868-2-68).
(3) V. Douai, 31 mai 1889 ; Seine, 23 juillet 1889 ; Paris, 14 janvier 1891.
(4) On pourrait aussi créer des actions de priorité, lesquelles seraient attribuées à l'ancienne société qui les remettrait ensuite en paiement à ses créanciers, s'ils consentaient à ce mode de libération.
(5) Orléans, 11 mai 1882 ; Douai, 26 juillet 1886.
(6) Seine, 28 juillet 1887.

(7) V. Cass., 9 novembre 1887 (*J. des soc.*, 1888, p. 137).
(8) M. Labbé (S. 1887-449 et suiv.).
(9) Voir notre étude spéciale de la question, *J. des soc.*, année 1889, p. 213 et suiv. — Sur la question de savoir si la cession, par voie de fusion, de l'actif d'une société peut avoir lieu avant l'extinction de son passif, V. Seine, 12 novembre 1888, 7 avril 1884, 15 janvier 1885 ; Paris, 24 juin 1884, 15 février 1887 ; Rouen, 7 avril 1886 ; Cass., 19 février 1890 ; Rouen, 30 juin 1890.
(10) V. Paris, 20 mars 1891.

1º La transformation des sociétés en commandite par actions dont les statuts permettent la transformation en sociétés anonymes autorisées;

2º La transformation des sociétés anonymes qui étaient soumises à l'autorisation du Gouvernement;

3º La transformation des sociétés à responsabilité limitée.

174. — Sociétés en commandite par actions. — L'article 19 de la loi de 1867 dispose que les sociétés en commandite par actions antérieures à la loi, dont les statuts permettent la transformation en sociétés anonymes autorisées par le Gouvernement, pourront se convertir en sociétés anonymes dans les termes déterminés par le titre II de ladite loi en se conformant aux conditions stipulées dans les statuts pour la transformation. Cet article est aussi applicable aux sociétés en commandite par actions fondées depuis la promulgation de la loi de 1867 (1).

174 bis. — Société nouvelle. — La question de savoir si la transformation en société anonyme d'une société en commandite, antérieure ou postérieure à la loi de 1867 opère virtuellement une société nouvelle, est controversée, et sa solution dépend souvent des circonstances (2).

175. — *Consentement.* — En principe, une société en commandite ne peut être transformée en société anonyme sans le consentement unanime des associés, car c'est là une modification à des conditions essentielles et fondamentales du contrat (3). Mais il en serait autrement, — et c'est le cas prévu par l'article 19, — si la transformation était permise par les statuts; elle pourrait alors être votée par une délibération de l'assemblée générale extraordinaire des associés, votant à la majorité, dans les conditions établies pour les modifications statutaires (4).

176. — *Formalités.* — La transformation pure et simple d'une société en commandite en société anonyme entraîne certaines formalités à remplir pour mettre la société, sous sa nouvelle forme, en harmonie avec les prescriptions de la loi de 1867. Ainsi, il y aura lieu de rédiger de nouveaux statuts, ou de les modifier, en ce qui concerne l'administration, le contrôle, le fonds de réserve, etc.; de nommer les premiers administrateurs et les commissaires. Le capital de la société transformée devra être intégralement souscrit et chacune des actions devra être libérée du quart au moins. Il sera utile d'annexer une liste des actionnaires, à moins que cela ait été fait lors de la constitution de la société en commandite (art. 1 et 24). Il n'y a pas à procéder à la vérification des apports, puisqu'il n'y a pas constitution d'une société et que, dans tous les cas, les apports se trouvent appartenir aux associés indivis, ou à l'être moral qu'ils représentent.

Mais si le capital social originaire n'est plus intact par suite des pertes subies par la société, devra-t-on réduire le capital nominal au capital réel? — La Cour de cassation a décidé, en droit, que si le capital originaire de la société en commandite n'existait plus intégralement lors de sa transformation en société anonyme, il y avait là une cause de nullité de cette dernière société, aux termes des articles 1, 24 et 41 de la loi de 1867 (5).

177. — Sociétés anonymes autorisées. — Avant la loi de 1867, les sociétés anonymes ne pouvaient exister et modifier leurs statuts qu'avec l'autorisation du Gouvernement. Cela résultait de l'article 37 du Code de commerce, qui a été abrogé par l'article 47 de ladite loi. L'article 46 de la même loi déclare que les sociétés anonymes existantes continueront à être soumises, pendant leur durée, aux dispositions qui les régissent, et qu'elles pourront se transformer en sociétés

(1) Paris, 7 avril 1887.
(2) V. Pont, n° 1094; *Journ. enreg.*, art. 22444; Lyon, 6 février 1868; Besançon, 15 juin 1869; Paris, 5 décembre 1881; Amiens, 6 août 1885; Paris, 7 avril 1887.
(3) V. Aix, 14 juin 1879 et les autorités citées à la note; Pont. n° 1096; Vavasseur, n° 456; Paris, 16 août 1879; Lille, 15 juin 1885; Amiens, 6 août 1885.
(4) Vavasseur, n° 762.
( ) Cass., 12 mars 1888. — V. aussi Besançon, 15 juin 1869; Paris, 16 août 1879; Amiens, 6 août 1885; Vavasseur, n° 458.

anonymes dans les termes de ladite loi, en obtenant l'autorisation du Gouvernement et en observant les formes prescrites pour la modification de leurs statuts.

178. — *Continuation.* — Ainsi, les sociétés anonymes autorisées par le Gouvernement ne sont pas obligées de se placer sous le régime de la loi de 1867 ; si elles n'usent pas de la faculté que leur accorde l'article 46, elles restent soumises, pendant leur durée, aux dispositions qui les régissent. Mais elles ne peuvent obtenir du Gouvernement l'autorisation de modifier leurs statuts sur l'un des éléments essentiels. Depuis la loi de 1867, qui a eu pour but de dégager le Gouvernement de la responsabilité que lui imposaient l'autorisation et la surveillance des sociétés anonymes, le Conseil d'Etat n'autorise que rarement, difficilement, et sur des points secondaires, les modifications aux statuts (1).

179. — *Transformation. Formalités.* — Si les sociétés anonymes autorisées veulent se placer sous le régime de droit commun de la loi de 1867, elles doivent prendre une délibération de l'assemblée générale des actionnaires en la forme prescrite pour les modifications aux statuts, puis adresser une demande au Ministre du commerce (2).

L'autorisation du Gouvernement est accordée par décret. Les sociétés font ensuite (ou préalablement sous la condition suspensive de l'autorisation de la transformation), sans le concours du Gouvernement, les modifications et remplissent les formalités qui sont la conséquence de la transformation, pour mettre les statuts et la société en harmonie avec la loi de 1867. Un nouveau conseil d'administration et des commissaires doivent être nommés. Enfin, la transformation doit être publiée.

L'autorisation du Gouvernement n'est pas nécessaire à la société qui, au lieu de se transformer, se substitue une société nouvelle (3).

180. — **Sociétés à responsabilité limitée.** — Les sociétés à responsabilité limitée régies par la loi du 24 mai 1863 ne se distinguaient guère des sociétés anonymes actuelles que par la quotité de leur capital. Cette loi a été abrogée par l'article 47 de la loi du 24 juillet 1867, lequel dispose que les sociétés à responsabilité limitée pourront se convertir en sociétés anonymes dans les termes de cette dernière loi, en se conformant aux conditions stipulées pour la modification de leurs statuts.

181. — *Faculté.* — Comme les sociétés anonymes autorisées, les sociétés à responsabilité limitée ne sont pas tenues d'user de la faculté de conversion : elles peuvent rester soumises, pendant leur durée, à la loi de 1863 (4).

182. — *Conversion. Formalités.* — Si les sociétés à responsabilité limitée veulent se convertir en sociétés anonymes dans les termes de la loi de 1867, elles doivent se conformer aux conditions stipulées pour la modification de leurs statuts, c'est-à-dire que la conversion doit être votée, à moins de stipulation contraire, par une assemblée composée de la moitié au moins du capital social (5). Il n'est pas nécessaire que la possibilité de la transformation ait été prévue par les statuts (6). Il peut y avoir lieu d'apporter certaines modifications aux statuts pour les mettre en harmonie avec la loi de 1867. L'assemblée générale doit procéder à la nomination

---

(1) Voir le remarquable rapport de M. Chauchat au Conseil d'Etat, *J. des soc.*, 1881, p. 397, 563, 625 et suiv. V. aussi Pont, n° 1069.
(2) On réclame ordinairement des sociétés, la production à l'appui de cette demande, des pièces suivantes : 1° extrait de la délibération décidant la transformation ; 2° deux exemplaires des journaux contenant l'avis de convocation ; 3° une liste des actionnaires présents à l'assemblée ; 4° copie ou extrait

du rapport présenté par le conseil d'administration à la même assemblée ; 5° les bilans annuels pendant les cinq dernières années ; 6° et quelques exemplaires imprimés des statuts.
(3) Cass., 17 août 1875.
(4) Pont, n° 1099.
(5) L. 1863, art. 14 ; L. 1867, art. 31.
(6) Bédarride, n°° 518 et 521 ; Pont, n° 1100. — *Contrà* : Rivière, n° 307 ; Alauzet, n° 573.

d'un nouveau conseil d'administration et de commissaires; enfin la transformation doit être publiée.

183. — Sociétés civiles. — Les sociétés civiles constituées sous d'autres formes, pourront, si leurs statuts ne s'y opposent pas, se transformer en sociétés en commandite ou en sociétés anonymes, par décision d'une assemblée générale spécialement convoquée et réunissant les conditions tant de l'acte social que de l'article 34 de la loi de 1867 (1).

Art. 3. — De l'augmentation du capital social (2).

184. — L'augmentation de capital est celle qui intervient au cours de la société, après le commencement de ses opérations et pour en étendre l'importance ou pour éteindre un passif existant.

185. — Consentement. Assemblée générale. — Le capital social étant l'un des éléments essentiels du contrat de société ne peut, suivant nous (la question est controversée), être augmenté que du consentement unanime des actionnaires, à moins que ce pouvoir n'ait été expressément conféré par les statuts à l'assemblée générale des actionnaires, délibérant, si la société est anonyme, conformément aux dispositions de l'article 31 de la loi du 24 juillet 1867 (V. infrà, n° 492).

C'est l'assemblée générale elle-même qui doit voter l'augmentation du capital social. Les statuts ne sauraient valablement en conférer l'autorisation au conseil d'administration.

186. — Dédoublement des actions. — En cas d'augmentation du capital social, les actions primitives (d'apport ou de numéraire) entièrement libérées peuvent être dédoublées et converties en actions nouvelles libérées de moitié (3).

Mais comme cette opération entraîne une obligation par les actionnaires au paiement de la seconde moitié des actions nouvelles, elle n'est possible et valable qu'avec le consentement de tous les anciens actionnaires (4).

187. — Société nouvelle. — L'augmentation de capital ne donne pas naissance, par elle-même, à une société nouvelle (5), surtout lorsqu'elle a été prévue par les statuts (6).

Mais il en serait autrement, si l'augmentation importante du capital coïncidait avec une extension des affaires sociales et des modifications sérieuses dans la constitution primitive.

188. — Formalités. — L'augmentation du capital social, au cours de la société, est soumise, en ce qui concerne la souscription intégrale des actions nouvelles et le versement du quart, aux mêmes règles que le capital primitif, les prescriptions y relatives de la loi de 1867, spécialement celles de l'article 1er étant d'ordre public.

---

(1) L. 1er août 1893, art. 7.
(2) V. notre étude sur les augmentations de capital (J. des soc., 1892, p. 30).
(3) Seine, 28 juillet 1884.
(4) Seine, 28 mai 1886.—V. Paris, 26 juillet 1887 (D. 1888-2-145).
(5) Cass., 24 mai 1869 (S. 1870-1-125); 26 mai

1869 (S. 1870-1-79); Grenoble, 28 décembre 1871 (S. 1872-2-37); Cass., 27 janvier 1878 (S. 1873-1-168); Angers, 5 juillet 1876 (D. 1877-2-30); Cass., 13 novembre 1876 (S. 1878-1-203); Vavasseur, n° 377; Journ. de l'enreg., art. 22144; Paris, 3 juin et 12 août 1890.
(6) Pont, n°° 875 et 1089.

Ce principe a été consacré par une jurisprudence aujourd'hui constante (1). En conséquence, il est nécessaire que le nouveau capital soit intégralement souscrit, que le quart au moins soit versé sur chaque action ; que ces souscription et versement soient constatés par une déclaration authentique faite par le gérant ou par les administrateurs, avec annexe d'un état, et, si la société est anonyme, que la déclaration notariée soit soumise à l'assemblée générale des actionnaires qui en vérifie la sincérité (2).

189. — Assemblée générale. — Mais de quels actionnaires doit être composée l'assemblée générale appelée à vérifier la sincérité de la déclaration relative à l'augmentation du capital ? — On doit appeler *tous* les souscripteurs des nouvelles actions. L'assemblée doit aussi comprendre les anciens actionnaires. Et il a été justement décidé que la délibération de l'assemblée est nulle si, à défaut de convocation des anciens actionnaires, elle ne comprenait que les nouveaux souscripteurs (3).

190. — Appréciation des apports. — Lorsque le capital social vient à être augmenté, il n'y a pas lieu de faire procéder, par l'assemblée générale des nouveaux actionnaires, à la vérification des apports *originaires* qui en étaient dispensés (4), ni, à plus forte raison, de la valeur des biens composant le fonds social lors de l'augmentation (5).

191. — L'augmentation du fonds social peut avoir lieu, soit par l'émission d'un capital en numéraire, soit au moyen de l'apport en nature de biens meubles ou immeubles, fait à la société par une ou plusieurs personnes ou par une autre société. Dans ce dernier cas, y a-t-il lieu de faire apprécier par les actionnaires la valeur de cet apport et l'importance des avantages, consistant ordinairement dans l'attribution d'actions nouvelles créées à titre d'augmentation du capital primitif ? — La solution affirmative nous paraît découler du principe, consacré par la jurisprudence, qui assimile le capital d'augmentation au capital originaire et le soumet aux mêmes règles et formalités (6). M. Pont (7) et M. Vavasseur (8) sont d'un avis contraire ; mais leur opinion, sur ce point, n'est que la conséquence de leur théorie, condamnée par la jurisprudence, que les dispositions des articles 1 et suivants de la loi de 1867 sont inapplicables aux augmentations de capital.

192. — Société antérieure à 1867. — Lorsque la société anonyme qui veut augmenter son capital a été fondée avant la promulgation de la loi de 1867, les administrateurs sont dispensés de se soumettre aux prescriptions de cette loi (9), à moins que l'augmentation du capital ne donne naissance à une nouvelle société (10).

192 bis. — Nullité. — Si l'augmentation du capital n'est pas régulièrement votée, si elle n'est pas accompagnée et suivie des formalités prescrites par la loi, elle est nulle. Mais cette nullité ne porte que sur l'augmentation, et, suivant deux

---

(1) V. Aix, 9 avril 1867 (S. 1870-1-425) ; Cass., 27 janvier 1873 (S. 1873-1-163) ; Orléans, 7 mars 1876 (S. 1878-1-201) ; Cass., 5 novembre 1879 (S. 1880-1-172) ; Amiens, 5 août 1882 ; Paris, 5 février 1883 et 19 mars 1883 ; Lyon, 2 mars 1883 ; Paris, 15 juin 1883 ; Seine, 14 septembre 1883 ; Seine, 9 avril 1884 ; Cass., 6 juin 1885 (S. 1887-1-284) ; Lille, 15 juin 1885 ; Cass., 17 juillet 1885 (S. 1887-1-286) ; Seine, 2 avril 1886 ; Seine, 28 mai 1886 ; Paris, 28 décembre 1886 (S. 1888-2-87) ; Cass., 2 mai 1887 ; Seine, 16 mai 1887 ; Paris, 10 août 1888. — Conf.: Alauzet, n° 448 ; Rivière, *Loi de 1867*, n° 17 ; Bourguignat (S. 1876-1-409) ; Lyon-Caen et Renault, n° 418 ; Rousseau, n° 1377 et suiv. ; Buchère, *J. des soc.*, 1883, p. 471 et suiv.; Ruben de Couder, v° *Soc. an.*, n° 196. — *Contrà* : Beslay et Lauras, n° 149 ; Pont, n° 896 ;

Vavasseur, n° 376 ; Montpellier, 8 février 1880. — V. aussi Thaller, *J. des soc.*, 1882, p. 819.
(2) V. Houpin, *Traité des soc.*, n° 202 ; *J. des soc.*, 1892, p. 30.
(3) Seine, 29 juin 1887 ; Paris, 20 juin 1891 ; Houpin, *loc. cit.*
(4) Seine, 28 mai 1886 ; Paris, 26 juillet 1887.
(5) Houpin, *loc. cit.* — *Contrà* : Concl. sur Paris, 20 juin 1891.
(6) Houpin, *J. des soc.*, 1892, p. 30.
(7) N° 966.
(8) N°° 378 et 482.
(9) Cass., 24 mai 1869 (S. 1870-1-125) ; 8 janvier 1878 (S. 1878-1-409) ; 12 février 1879 (S. 1879-1-217).
(10) Pont, n° 1089 ; Bourguignat (S. 1878-1-409).

décisions, sur les augmentations ultérieures (1) ; elle n'entraîne pas la nullité de la société régulièrement constituée (2).

193. — Responsabilité. — Les administrateurs de la société anonyme en fonctions au moment de l'augmentation irrégulière du capital social sont responsables de la nullité envers les actionnaires, mais seulement s'il y a une corrélation entre les pertes subies par ces derniers et l'irrégularité de l'augmentation, et dans la mesure du préjudice éprouvé (3). La responsabilité est la même envers les tiers (4).

Les membres du conseil de surveillance de la société en commandite ont le devoir de surveiller et contrôler la souscription et le versement d'une augmentation de capital, et pourraient être déclarés responsables de la nullité de cette augmentation (5).

§ 5. Nullité des sociétés par actions et responsabilité.

Art. 1er. — De la nullité.

194. — Est nulle et de nul effet, à l'égard des intéressés, toute société en commandite par actions constituée contrairement aux prescriptions des articles 1, 2, 3, 4 et 5 de la loi du 24 juillet 1867, et toute société anonyme pour laquelle n'ont pas été observées les dispositions des articles 22, 23, 24 et 25 de ladite loi (6).

195. — Causes de nullité. — La nullité de la société est la sanction première et principale des prescriptions imposées par la loi pour la constitution des sociétés par actions. Ainsi, la société en commandite par actions ou la société anonyme est nulle :

    a) Si elle émet des actions ou coupures d'actions de moins de 25 francs, lorsque le capital n'excède pas 200,000 francs, et de moins de 100 francs, lorsqu'il est supérieur ;

    b) Si elle est constituée avant la souscription de la totalité du capital social et le versement légal par chaque actionnaire ;

    c) Si les souscriptions et versements n'ont pas été dûment constatés par une déclaration notariée du gérant ou des fondateurs, avec annexe de la liste des souscripteurs et de l'état des versements, et, s'il y a lieu, des statuts ; ou si cette déclaration a été faite faussement (7) ;

    d) Si cette déclaration notariée n'est pas soumise à la première assemblée générale de la société anonyme, qui en vérifie la sincérité ;

    e) Si les actions ou coupures d'actions ont été stipulées négociables avant le versement légal ; — si les actions sont mises au porteur avant leur entière libération ; — si les actions représentant des apports ne sont pas intégralement libérées au moment de la constitution de la société ;

---

(1) Seine, 28 mars 1886 ; Paris, 26 juillet 1887.
(2) Bourguignat (S. 1876-1-409) ; Buchère, *J. des soc.*, 1883, p. 528); Lyon-Caen et Renault, n° 444 ; Vavasseur, n° 492 : Cass., 21 juillet 1879 (D. 1879-1-321) ; Cass., 11 avril 1881 (D. 1881-1-433) ; Seine, 19 avril 1883 ; Paris, 1er août 1885 ; Seine, 21 janvier 1889. — V. aussi Grenoble, 28 décembre 1871 (D. 1872-2-203) ; Cass., 14 janvier 1878 (D. 1878-1-160) ; Lyon, 11 août 1882.
(3) Seine, 14 septembre 1883 ; Seine, 28 mai 1886 ;

Seine, 16 mai 1887 ; Paris, 3 janvier 1888 ; Seine, 18 décembre 1888.
(4) Cass., 16 janvier 1878 ; Seine, 20 mai et 23 juillet 1889, 23 octobre 1890 ; Paris, 14 janvier 1891.
(5) Nîmes, 18 juillet 1 88. — V. Seine, 21 janvier 1889.
(6) Même loi, art. 7 et 41.
(7) Cass., 12 avril 1864 (S. 1864-1-169) ; Mornard, p. 239.

f) Si elles ont été créées ou converties originairement en titres au porteur avant qu'il ait été satisfait aux dispositions de l'article 3 (1) ;

g) Si les apports eu nature et les avantages particuliers n'ont pas été vérifiés et appréciés par l'assemblée générale des actionnaires, dans les conditions déterminées par les articles 4, 24, 27 et 30.

h) S'il n'a pas été nommé par l'assemblée générale de la société en commandite, un conseil de surveillance, avant toute opération sociale (art. 5) ;

i) Si l'assemblée générale de la société anonyme n'a pas nommé les premiers administrateurs, pris parmi les actionnaires, et les commissaires pour la première année ;

j) Si les assemblées constitutives n'ont pas été composées régulièrement (2) ;

k) Si la société anonyme a été constituée avec un nombre d'associés inférieur à sept (3) ;

l) Si la société n'a pas été régulièrement publiée dans le mois de sa constitution.

196. — *Formalités constitutives.* — Les articles 7 et 41 ne prononcent la nullité de la société que pour le cas seulement où la société a violé la loi dans l'un de ses éléments constitutifs. Les dispositions impératives de ces articles sont restreintes et limitées aux vices inhérents à la constitution même de la société ; elles ne s'étendent pas aux actes irréguliers postérieurs à la constitution (4). Les faits postérieurs à la constitution sont seulement susceptibles de motiver une dissolution (5), ou la nullité des délibérations irrégulièrement prises (6).

197. — *Nullité.* — L'article 3 de la loi du 1er août 1893 a ajouté à l'article 8 de la loi de 1867 la disposition suivante : « L'action en nullité de la société ou des actes de délibération postérieurs à sa constitution, n'est plus recevable lorsque, avant l'introduction de la demande, la cause de nullité a cessé d'exister... Si, pour couvrir la nullité, une assemblée générale devait être convoquée, l'action en nullité ne sera plus recevable à partir de la date de la convocation régulière de cette assemblée. »

198. — D'après l'article 7 de la même loi : « Les dispositions de l'article 8 s'appliquent aux sociétés déjà constituées sous l'empire de la loi du 24 juillet 1867. Dans les mêmes sociétés, l'action en nullité résultant des articles 7 et 41 ne sera plus recevable si les causes de nullité ont cessé d'exister au moment de la présente loi. » (7).

199. — **Action judiciaire.** — La nullité édictée par la loi n'opère pas de plein droit ; elle doit être judiciairement prononcée ; jusque là, la société existe. Mais dès que la nullité est demandée par un intéressé, les tribunaux ne peuvent se dispenser de la prononcer, si la cause en est justifiée (8).

La demande en nullité est recevable, même lorsqu'elle n'est pas accompagnée d'une demande en responsabilité contre les fondateurs ou administrateurs (9).

---

(1) Mais lorsque les statuts autorisent cette conversion dans les termes de la loi de 1867, la conversion irrégulièrement faite postérieurement à la constitution, ne saurait entraîner la nullité de la société régulièrement constituée à son origine (Lyon, 11 août 1882 ; Paris, 23 avril 1884).

(2) Lyon, 6 février 1868 ; Dijon, 25 janvier 1884.

(3) Voir sur ces diverses causes de nullité ; Pont, nᵒˢ 1284 et 1235 ; Vavasseur, nᵒ 711 ; Ruben de Couder, vᵒ *Soc. en comm.*, nᵒ 164,

(4) Grenoble, 28 décembre 1871 (D. 1873-2-206);

Cass., 14 juillet 1873 (S. 1874-1-125) ; Cass., 21 juillet 1879 ; Lyon, 11 août 1882 ; Paris, 23 août 1884 et 1ᵉʳ août 1885 ; Vavasseur, nᵒ 492 ; Lyon-Caen et Renault, nᵒ 144.

(5) Grenoble 28 décembre 1871 ; Paris, 25 avril 1884.

(6) Lyon, 11 août 1882, *loc. cit.* ; Pont, nᵒ 1692.

(7) L. 1ᵉʳ août 1893, art. 3 et 7.

(8) Lyon-Caen et Renault, Mornard, Pont, *loc. cit.* ; Vavasseur, nᵒ 709.

(9) Paris, 1ᵉʳ août 1888.

200. — *Compétence.* — La nullité peut être demandée par voie d'action principale, ou opposée par voie d'exception ou, d'une manière accessoire, au cours d'une instance engagée dans un intérêt qui se trouve lié à l'existence de la société.

Dans le premier cas, l'action doit nécessairement être portée devant le tribunal du lieu où est le siège social.

Dans le second cas, le juge de l'action, ou celui appelé à statuer sur l'intérêt à l'occasion duquel l'existence légale de la société est en question, est naturellement celui de l'exception (1).

201. — *Prescription.* — Les actions en nullité contre les actes constitutifs des sociétés sont prescrites par *dix ans.*

Cette prescription ne peut, toutefois, être opposée avant l'expiration des deux années qui suivront la promulgation de la loi du 1er août 1893 (2).

202. — *Dissolution.* — La nullité de la société pourrait être demandée, même après la dissolution de la société (3) et sa liquidation (4), si la nullité devait produire pour le demandeur des résultats différents de ceux qui sont la conséquence de la dissolution.

203. — **Effets du jugement.** — Les effets du jugement qui a prononcé la nullité de la société ne sont pas limités à celui qui l'a obtenu : la société est annulée à l'égard de tous autres intéressés, et toute demande nouvelle serait sans objet et irrecevable (5).

204. — *Tiers.* — La nullité de la société ne peut être opposée par les associés aux tiers (6), c'est-à-dire à quiconque n'a pas été partie à la convention, comme les créanciers sociaux, ou les créanciers personnels des associés. Ceci s'applique aux sociétés anonymes aussi bien qu'aux sociétés en commandite.

205. — *Syndic.* — La nullité de la société ne peut non plus être opposée par les actionnaires au syndic qui représente la masse des créanciers. Les actionnaires ne seraient donc pas fondés à se soustraire aux paiements qui leur sont réclamés par le syndic, en invoquant la nullité de la société, ni à retarder ces paiements sous prétexte qu'ils auraient une action en responsabilité à intenter contre les fondateurs et administrateurs de la société (7).

206. — *Liquidateur.* — Les liquidateurs peuvent aussi procéder à des appels de fonds, nonobstant la nullité de la société (8).

207. — *Faillite. Concordat.* — La nullité d'une société ne fait pas obstacle à ce que cette société soit déclarée en faillite (9). Une société dissoute et frappée de nullité ne peut obtenir un concordat (10).

208. — *Intéressés.* — La nullité de la société peut être invoquée par les intéressés. L'intérêt qu'une personne doit avoir pour demander cette nullité est un intérêt juridique provenant de ce qu'elle a contracté avec la société ou les asso-

---

(1) Pont, n° 1238.

(2) L. du 1er août 1893 (*J. du not.*, 1893, p. 526.

(3) Cass., 8 juin 1862 (S. 1863-1-189).

(4) Cass., 7 mars 1849 (S. 1849-1-397); Lyon, 9 février 1883 ; Paris, 28 avril 1884 (D. 1884-2-206); Douai, 13 août 1885; Pont. n° 1240.—V. cep. Cass., 24 janvier 1872 (S. 1872-1-880).

(5) Cass., 12 juillet 1869 (S. 1870-1-82); Cass., 2 juillet 1873 (S. 1873-1-306); Seine, 22 mars 1886; Gand, 23 juillet 1887; Pont, n° 1242.

(6) L. 24 juillet 1867, art. 7.

(7) Paris. 8 février 1884; Lyon, 16 mai 1884; Paris, 8 décembre 1885; Seine, 18 janvier 1886.

(8) Paris, 14 juin 1888.—V. supra, n° 50.

(9) Paris, 5 février 1872 (S. 1873-2-75); Cass., 15 mars 1875 (D. 1876-1-312) ; Cass., 25 février 1879 (D. 1880-1-20); Lyon, 21 décembre 1888, 18 mars et 16 mai 1884 ; Douai, 28 décembre 1885; Angers. 13 avril 1886; Lyon-Caen et Renault, n° 311; Deloison, n° 95; Ruben de Couder, v° *Société*, n° 395.—*Contrà*: Caen, 18 mai 1864 (S. 1865-2-57); Cass., 24 août 1863 (D. 1864-1-353); Paris, 3 mars 1876 (D. 1876-2-103); Vavasseur, *Traité des soc.*, n° 718 bis et *Rev. des soc.*, 1884, p. 502. V. Rousseau, *Rép. de doctrine et de jurisp. en matière de soc. comm.*, p. 158 et suiv.

(10) Lyon-Caen et Renault, t. II, p. 925, et *Rev. crit.*, 1885, p 297; Pic, *Annales de dr. commerc.*, 1887, p. 137, et *Traité des faillites*, p. 184; Duvivier, *Traité des faillites des soc.*, p. 197.

ciés, et de ce que sa situation serait améliorée si la nullité de la société était prononcée (1). Ainsi, il faut ranger parmi les personnes intéressées ayant le droit de faire prononcer la nullité de la société :

1° Les actionnaires ;
2° Les créanciers sociaux ;
3° Les créanciers personnels des associés ;
4° Le syndic de la faillite et le liquidateur de la société.

209. — *Actionnaires.* — Chacun d'eux a le droit de demander la nullité de la société (2), même le gérant (3).

Le détenteur d'actions au porteur en étant réputé propriétaire peut demander la nullité de la société, sans qu'aucune fin de non-recevoir lui soit opposable (4), sauf le cas de dol ou fraude (5).

Les actionnaires peuvent demander la nullité, même lorsqu'ils n'ont pas versé le montant intégral de leurs actions (6), et nonobstant toute exécution de l'acte de société (7), à moins que cette exécution ne soit entière, spécialement si, la société étant expirée, sa dissolution avait été suivie de liquidation et partage entre les associés (8).

210. — *Créanciers sociaux.* — Les créanciers sociaux sont fondés à demander la nullité de la société (9), même s'ils avaient personnellement connaissance de la cause de nullité au moment où ils ont traité avec la société. Il a été décidé que la disposition de l'article 7 de la loi du 24 juillet 1867, portant que la nullité ne peut être opposée aux tiers par les associés, est générale et ne distingue pas entre les tiers de bonne foi et ceux qui auraient connu la cause de nullité (10) (V. *supra*, n° 204).

211. — *Créanciers personnels des associés.* — La jurisprudence et les auteurs rangent les créanciers personnels des associés parmi les intéressés admis à nier la société, même dans le cas où ils en auraient connu l'existence.

Toutefois, les créanciers personnels des associés ne peuvent demander la nullité de la société qu'autant que leur créance a acquis date certaine avant la dissolution de la société irrégulièrement constituée (11).

212. — *Syndic.* — Le syndic de la faillite de la société représente la masse des créanciers et même les actionnaires, qui sont rangés au nombre des personnes intéressées à demander la nullité de la société (12).

213. — *Liquidateur.* — Le liquidateur d'une société dissoute nous paraît avoir qualité pour former une demande en nullité de la société, comme étant le représentant des actionnaires intéressés (V. *infra*, n° 253 *bis*). Mais il ne pourrait intenter cette demande dans l'intérêt des créanciers, qu'il ne représente pas, à moins que ceux-ci n'aient adhéré à la liquidation (13).

214. — **Conséquences de la nullité.** — Une société annulée pour inaccomplissement des conditions auxquelles sa constitution était subordonnée, est censée, alors même qu'elle a fonctionné en fait, n'avoir jamais existé et n'avoir pu produire aucun effet. Toutefois, ce principe n'est pas absolu ; il y a des distinctions à faire suivant les personnes qui veulent se prévaloir de la nullité, ou à qui on

---

(1) Lyon-Caen et Renault, n° 435.
(2) Cass., 2 juillet 1817 et 22 mars 1844 (D. 1845-1-113) ; Paris, 16 juillet 1869 (D. 1873-1-333) ; Paris, 5 août 1869 (S. 1870-2-33) ; Paris, 16 avril 1870 (D. 1870-2-121) ; Pont, n° 1247.
(3) Cass., 3 juin 1862 (S. 1863-1-189) ; Cass., 22 novembre 1869 (S. 1870-1-55) ; Lyon, 9 février 1883 (D. 1883-2-413) ; Mathieu et Bourguignat, n° 70 ; Rivière, n° 67 ; Mornard, p 242 ; Pont, n° 1247.
(4) Seine, 12 mai 1888.
(5) Seine, 12 mars 1884 ; Paris, 23 avril 1884.
(6) Lyon, 12 janvier 1872 (S. 1872-2-65).

(7) Cass., 30 janvier 1839 (S. 1839-1-393).
(8) Cass., 27 mai 1861 (S. 1862-1-47).
(9) Cour de la Réunion, 16 juin 1876 (D. 1878-2-201).
(10) Cass., 25 février 1885 ; Pont, n°° 1243 et 1249 ; Vavasseur, n° 1028. — Comp., Lyon, 8 février 1883.
(11) Cass., 7 mars 1849 (S. 1849-1-33., , Delangle, n° 513 ; Alauzet, n° 380 ; Pont, n° 1251.
(12) Lyon, 29 mars 1860 (S. 1860-2-365) ; Angers, 13 janvier 1869 (S. 1870-2-31) ; Mornard, p. 242 ; Pont, n° 1252.
(13) Rouen, 1er avril 1881 (D. 1882-2-92).

l'oppose. Nous examinerons successivement quels sont les effets de la nullité à l'égard : 1° des associés entre eux ; 2° des associés dans leurs rapports avec les créanciers sociaux ; 3° des associés dans leurs rapports avec leurs créanciers personnels ; 4° des créanciers entre eux.

215. — *Associés entre eux.* — Entre les associés, la nullité est absolue et irrévocable. Si la société n'a pas encore fonctionné, lors de son annulation, elle est considérée comme n'ayant jamais existé, et chaque actionnaire a le droit de ne pas verser sa mise et de se faire rembourser les sommes qu'il aurait versées (1). Si, au contraire, la société s'est mise à l'œuvre et a continué les opérations jusqu'au jour où la nullité a été déclarée, cette nullité n'a d'effet que pour l'avenir ; mais pour le passé, spécialement quant aux opérations auxquelles elle a donné lieu, la société doit être considérée comme ayant eu une existence de fait et devant être liquidée entre les associés (V. *suprà*, v° PARTAGE, n°⁸ 2092 et suiv.).

216. — *Créanciers sociaux et associés.* — Après avoir déclaré que la société irrégulièrement constituée est nulle à l'égard des intéressés, la loi ajoute que cette nullité ne pourra être opposée aux tiers par les associés. Il en résulte que les créanciers sociaux peuvent, à leur gré et suivant leur intérêt, soit invoquer la nullité, alors même qu'ils en auraient eu connaissance, et repousser l'existence de la société, soit négliger la nullité et tenir la société pour existante et valable (2).

217. — *Créanciers personnels.* — Les créanciers personnels des associés peuvent avoir à demander, *proprio nomine*, la nullité de la société, notamment dans le but de faire rentrer dans le patrimoine de leur débiteur les biens qu'il aurait apportés à la société. Dans ce cas, ils exercent leurs actions aussi pleinement que si la société n'avait jamais existé, quand même ils auraient eu connaissance de son existence matérielle. Ces créanciers peuvent aussi avoir intérêt à demander la nullité de la société, non pas en leur propre nom par l'action directe, mais par l'action oblique, du chef de leur débiteur, conformément à l'article 1166 du Code civil (3).

218. — *Créanciers entre eux.* — Les créanciers d'une société ont des droits privilégiés sur ce qui constitue l'actif social, mais à la condition que la société soit régulièrement constituée et forme un être moral, propriétaire exclusif du fonds social, et distinct des associés. Si, la société ayant été irrégulièrement constituée, on se trouve en présence de créanciers personnels des associés se prévalant de la nullité et de créanciers sociaux prétendant, au contraire, faire considérer la société comme valable à leur égard, comment concilier ces prétentions contradictoires ? — On décide que la nullité, provoquée par les créanciers personnels, à l'encontre des créanciers sociaux, doit prévaloir, et que les premiers ont le droit de concourir avec les seconds, au même rang, au marc le franc, à la répartition de l'actif social (4). Par contre, les créanciers sociaux ont le droit de venir par concurrence et au marc le franc avec les créanciers personnels sur les biens particuliers des associés (5).

219. — *Actionnaires.* — Dans tous les cas, les actionnaires d'une société annulée ne peuvent être contraints au paiement du passif social et des engagements de la société que jusqu'à concurrence du montant de leurs actions (6).

---

(1) Grenoble, 29 janvier 1870 (S. 1870-2-217) ; Pont, n° 1262. — V. Cass., 6 novembre 1853 (S. 1853-1-618).
(2) Cass., 23 février 1859 (S. 1860-1-157) ; Aix, 4 janvier 1868 (D. 1869-2-242) ; Paris, 5 février 1872 (S. 1872-2-75) ; Pont, n° 1255 ; Lyon-Caen et Renault, n° 809.
(3) Pont, n° 1261.
(4) Cass., 13 février 1855 (S. 1855-1-721) ; Angers, 2 août 1865 (S. 1867-2-75) ; Rennes, 6 mars 1869 (S. 1869-2-254) ; Cass. 11 mai 1870 (S. 1870-1-428) ;

Grenoble, 28 décembre 1871 (S. 1872-2-87) ; Lyon, 28 janvier 1873 (S. 1874-2-254) ; Angers, 5 décembre 1873 (D. 1877-5-415) ; Cass., 5 juillet 1879 (D. 1880-1-123) ; Paris, 12 février 1885 ; Cass., 5 janvier 1886 (D. 1886-1-122) ; Vavasseur, n° 1031 ; Lyon-Caen et Renault, n° 311 ; Bédarride, n° 583 ; Pont, n°⁸ 1271 et suiv.
(5) Cass., 22 mars 1843 (S. 1844-1-759). — V. aussi les autorités citées dans la note précédente.
(6) Vavasseur, n°⁸ 258 et 1029. — V. Toulouse, 23 mars 1887.

ART. 2. — *De la responsabilité civile résultant de la nullité.*

220. — La nullité d'une société, pour infraction aux prescriptions relatives à sa constitution, entraîne des responsabilités pécuniaires contre ceux auxquels elle est imputable. Ces responsabilités sont consacrées par l'article 8 de la loi du 24 juillet 1867, en ce qui concerne les sociétés en commandite par actions, et par l'article 42 de la même loi, en ce qui concerne les sociétés anonymes. Ces articles sont ainsi conçus :

Art. 8. « Lorsque la société est annulée, aux termes de l'article précédent, les membres du premier conseil de surveillance peuvent être déclarés responsables avec le gérant, du dommage résultant, pour la société ou pour les tiers, de l'annulation de la société. La même responsabilité peut être prononcée contre ceux des associés dont les apports ou les avantages n'auraient pas été vérifiés et approuvés conformément à l'article 4 ci-dessus. »

Art. 42. « Lorsque la nullité de la société ou des actes et délibérations a été prononcée aux termes de l'article précédent, les fondateurs auxquels la nullité est imputable et les **administrateurs en fonctions au moment** où elle a été encourue, sont *responsables solidairement, envers les tiers et les actionnaires, du dommage résultant de cette annulation* » (*Loi du 1er août 1893*).

221. — Créanciers. Actionnaires. — Ainsi la responsabilité des auteurs de la nullité d'une société par actions existe au profit de ceux qui éprouvent un préjudice de cette nullité, c'est-à-dire :

1° Les tiers, ou les créanciers de la société ;

2° Les actionnaires.

C'est donc aux créanciers et aux actionnaires, ou à leurs représentants, qu'appartient l'action en responsabilité.

222. — Nullité prononcée. — En principe, les responsabilités dont il s'agit ne sont encourues que lorsqu'il y a eu infraction aux prescriptions ou à l'une des prescriptions relatives à la constitution primitive de la société; et elles ne peuvent être appliquées qu'autant que la nullité de la société a été prononcée par les tribunaux pour infraction aux règles constitutives (1).

223. — Fraude. — Il n'est pas nécessaire, pour que l'action en responsabilité soit admise, de prouver qu'il y a fraude ou dol; il suffit d'établir l'infraction aux dispositions de la loi sur la constitution de la société (2).

1° Personnes responsables.

224. — Société en commandite. — Dans les sociétés en commandite, sont ou peuvent être déclarés responsables : les gérants, les membres du conseil de surveillance, et les associés qui ont fait des apports en nature ou stipulé des avantages particuliers. Cela résulte de l'article 8 de la loi du 24 juillet 1867, qui a reproduit, avec quelques modifications, l'article 7 de la loi du 17 juillet 1856.

225. — Gérant. — La constitution de la société est l'œuvre du gérant ; c'est lui qui est chargé, en première ligne, des formalités nécessaires à la perfection du contrat. Si la société est nulle, c'est à lui que la faute en est directement imputable. Il est donc responsable de cette nullité.

226. — Premier conseil de surveillance. — Le premier conseil de surveillance doit, immédiatement après sa nomination, vérifier si toutes les dispositions de la loi relatives à la constitution de la société ont été remplies (3). Comme sanction

(1) Cass., 9 juillet 1861 (S. 1861-1-705); Lyon, 24 juin 1871 (S. 1872-2-94); Pont, n°° 1279 à 1281. | (2) Cass., 18 mai 1887. | (3) L. 24 juillet 1867, art. 6.

de cette obligation, la loi (1) déclare que les membres du premier conseil peuvent
être déclarés responsables avec le gérant du dommage résultant de l'annulation de
la société.

227. — *Apporteurs.* — Les associés qui ont fait des apports en nature ou
stipulé des avantages particuliers ont pour devoir de veiller à ce que les apports
et avantages soient vérifiés et approuvés, conformément à l'article 4 ; et, s'ils
négligent de remplir cette obligation, ils peuvent être déclarés responsables de la
nullité qui en serait la conséquence.

228. — Société anonyme. — Sont responsables de la nullité de la société
anonyme, pour vices de constitution, les fondateurs et administrateurs en fonctions
au moment où la nullité est encourue ; peuvent aussi être déclarés responsables de
cette nullité les associés dont les apports ou les avantages n'auraient pas été vérifiés
et approuvés. Cette responsabilité est édictée par l'article 42 de la loi de 1867
(*suprà*, n° 220), lequel reproduit l'article 25 de la loi du 23 mai 1863 (V. pour la
nullité résultant du défaut de publication (*suprà*, v° Sociétés en général, n° 55).

229. — *Fondateurs.* — La loi déclare, en premier lieu, responsables de la
nullité de la société anonyme les fondateurs auxquels la nullité est imputable, c'est-
à-dire ceux qui créent l'entreprise, dressent les statuts, font appel aux capitaux et
réunissent les assemblées constitutives (V. *suprà*, n° 105) (2).

Les fondateurs sont responsables des déclarations mensongères faites par leurs
mandataires relativement à l'accomplissement des formalités de constitution (3).

230. — *Administrateurs.* — Les premiers administrateurs sont-ils responsables ?

La négative est soutenue par quelques auteurs, avec certaines distinctions (4).

Mais on décide généralement que les administrateurs nommés par l'assemblée
générale constitutive sont, aussi bien que ceux désignés par les statuts, solidairement responsables de la nullité de la société, parce qu'ils sont en fonctions au
moment où cette nullité est encourue, et qu'ils ont pour devoir de vérifier si la
société est régulièrement constituée (5).

Et la responsabilité édictée par l'article 42 contre les administrateurs, atteint
aussi bien ceux qui ne seraient nullement propriétaires d'actions, que les administrateurs propriétaires du nombre d'actions déterminé par les statuts (6).

231. — *Apporteurs.* — Les associés qui ont fait des apports en nature ou
stipulé des avantages particuliers peuvent aussi être déclarés responsables de la
nullité de la société, mais seulement si elle est prononcée pour défaut de vérification et d'approbation de ces apports et avantages (7).

232. — *Commissaires-vérificateurs.* — Les commissaires-vérificateurs peuvent être déclarés solidairement responsables du préjudice causé par la majoration
dolosive des apports en nature, lorsqu'ils ont sciemment approuvé les estimations
fausses, établies de mauvaise foi, et ont prêté leur concours à des manœuvres
destinées à tromper le public (8) ; ou lorsque, le rapport ayant été préparé par l'un

(1) L. 24 juillet, 1867 art. 8.
(2) V. Cass., 11 juin 1883.
(3) Amiens, 24 décembre 1386; Cass., 10 janvier 1887
(S. 1888-1-374). — V. Bordeaux, 9 mars 1874 (S. 1876-
1-361).
(4) Alauzet, n° 759 ; Mathieu et Bourguignat,
n° 243 ; Pont, n° 1293 ; Vavasseur, n° 834 ; Montpellier, 5 février 1880.
(5) Conf.: Bédarride, n°° 479 et suiv.; Lyon-Caen et
Renault, n° 472 ; Boistel, n° 286 ; Dict. du not., supp.,
v° Soc. par act., n°160 ; Paris, 28 mai 1869 (D. 1869-
2-145) ; Cass., 27 janvier 1873 (S. 1873-1-163) ; Orléans, 9 mai 1876 (D. 1878-1-6) ; Lyon, 9 février 1883;
Grenoble, 6 mai 1883; Toulouse, 28 novembre 1883;
Paris, 27 décembre 1883 ; Lyon, 14 août 1885 ; Seine,
18 janvier 1886 ; Poitiers, 26 juillet 1886 ; Cass.,
19 octobre et 8 novembre 1886 et note de M. Labbé
(S. 1888, p. 358) ; Paris, 5 décembre 1887 ; 17 juillet 1888 ; Paris, 28 octobre 1887, 5 juillet et 8 août
1889 ; Cass., 9 juin 1891.
(6) Lyon, 25 mars 1887 ; Paris, 10 juillet 1885 et
Cass., 8 novembre 1886 (S. 1883-358).
(7) Pont, n° 1292 ; Mathieu et Bourguignat, n° 82.
(8) Nantes, 20 juin 1885 ; Rennes, 12 juillet 1886.

des fondateurs ou sous son inspiration, ils n'ont fait qu'y apposer leur signature, sans même prendre soin de le lire (1).

233. — *Tiers.* — Peuvent aussi être déclarés responsables du préjudice causé aux intéressés par la nullité de la société :

    a) Le propriétaire du journal qui, en dehors de son concours prêté à la souscription par la publicité, s'est directement mêlé à l'émission des actions, en lui ouvrant ses bureaux et en se faisant le banquier de la société, et, en outre, a fait modifier, par son influence, la composition du conseil d'administration (2) ;

    b) Le rédacteur en chef qui a été directement mêlé à certains de ces actes et a couvert l'entreprise d'un patronage suffisant pour provoquer la confiance du public (3) ;

    c) Ceux qui, sans être fondateurs ni administrateurs, ont concouru sciemment aux vices de constitution (4) ;

    d) La société de crédit qui, chargée de l'émission des actions, moyennant l'attribution d'actions et de droits de commission, a, dans le but de provoquer des souscriptions, publié des articles de propagande mensongers et frauduleux, réuni à son siège social les assemblées constitutives et ouvert ses guichets au public (5).

Mais l'étendue de cette responsabilité spéciale doit être déterminée par les règles du droit commun, suivant le dommage causé, au profit seulement de ceux qui auraient été lésés par ce dommage (6).

2° Caractère de la responsabilité.

234. — **Société en commandite. Gérant.** — C'est au gérant qu'il incombe de pourvoir à l'accomplissement des formalités constitutives. Si les prescriptions de la loi n'ont pas été régulièrement observées, la faute lui en est directement imputable. Il est donc la première personne responsable de la nullité de la société (7). Toutefois, sa responsabilité n'est pas absolue, mais relative et subordonnée aux faits et circonstances dont les juges doivent faire l'appréciation ; elle ne saurait être considérée comme encourue à raison du fait seul de l'annulation de la société (8). Mais s'il y a faute reconnue, elle doit entraîner la responsabilité du gérant (9).

235. — *Conseil de surveillance. Apporteurs.* — « Lorsque la société est annulée, aux termes de l'article précédent, dit l'article 8, les membres du conseil de surveillance peuvent être déclarés responsables avec le gérant... La même responsabilité peut être prononcée contre ceux des associés dont les apports ou les avantages n'auraient pas été vérifiés et approuvés. »

La responsabilité est donc facultative dans les sociétés en commandite par actions ; les tribunaux, maîtres de l'appliquer ou non, suivant les circonstances, sont investis d'un pouvoir discrétionnaire. Ce principe résulte des termes de la loi et du rapport de M. Mathieu au Corps législatif (10).

---

(1) Poitiers, 26 juillet 1886. V. aussi Paris, 27 décembre 1883 ; Seine, 19 janvier 1884.
(2) Seine, 30 juillet 1886.
(3) Seine, 30 juillet 1886.
(4) Poitiers, 26 juillet 1886.
(5) Cass., req., 11 juin 1888, 21 octobre 1890. V. aussi Seine, 13 décembre 1886.
(6) Vavasseur, n° 332.
(7) L. 24 juillet 1867, art. 8.
(8) Cass., 18 décembre 1867 (S. 1868-1-145).
(9) Mathieu et Bourguignat, n° 76 ; Pont, n° 1285 ; Sirey, note sous l'arrêt précité.

(10) Tripier, t. I, p. 121 ; Rivière, n° 80 ; Bédarride, n° 98 ; Alauzet, n° 201 ; Dalloz, n° 1233 ; Pont, n° 1297 ; Vavasseur, n° 671 ; Cass., 18 décembre 1887 (loc. cit.), 11 mai 1870 (S. 1870-1-425) et 8 mars 1876 (S. 1876-1-409) ; Seine, 21 janvier 1879. — Contrà : Romiguière, n° 98. La responsabilité des membres du conseil de surveillance a été appliquée notamment : 1° lorsque la société a été irrégulièrement constituée et que les vices de constitution pouvaient être aisément aperçus, le conseil acceptant sans contrôle la liste de souscripteurs et la déclaration notariée du gérant (Paris, 22 décembre 1858 et Cass., 2 avril 1879 (D. 1859-1-

La responsabilité des associés dont les apports en nature ou les avantages particuliers n'ont pas été vérifiés, est aussi facultative.

236. — *Solidarité.* — La loi de 1867, modifiant sur ce point l'article 7 de la loi du 17 juillet 1856, ne prononce aucune solidarité entre les membres du conseil de surveillance et avec le gérant, à raison des condamnations qui seraient prononcées contre eux.

En principe, la responsabilité du gérant, celle du conseil et celle des apporteurs sont distinctes, et celle des membres du conseil est individuelle (1). La solidarité n'existe donc pas de plein droit. Mais les juges peuvent la prononcer, spécialement entre les membres du conseil, par application des règles du droit commun, quand il s'agit d'un quasi-délit invisible et auquel tous ont participé (2).

237. — **Société anonyme.** — L'article 42 de la loi du 24 juillet 1867 exprime formellement que les fondateurs et les administrateurs *sont* solidairement *responsables* envers les tiers. La responsabilité est donc obligatoire pour le juge, dans les sociétés anonymes, en tant du moins que l'action est poursuivie contre les fondateurs et premiers administrateurs. Si la nullité est prononcée pour vices de constitution, les tribunaux, en reconnaissant l'existence d'une faute dommageable, ne peuvent se dispenser d'accueillir l'action en responsabilité dirigée contre ces derniers.

238. — *Solidarité.* — Les fondateurs et les administrateurs sont *solidairement* responsables de la nullité de la société : l'article 42 le déclare expressément. La responsabilité solidaire peut être réclamée non seulement par les tiers, mais encore par les actionnaires. Elle a été proclamée par de nombreux arrêts (3).

Cette responsabilité est la sanction du devoir qui incombe collectivement aux premiers administrateurs, aussi bien qu'aux fondateurs, de veiller à ce que la société soit exempte de nullité. Par suite, les administrateurs ne sauraient, pour se soustraire à la responsabilité solidaire, exciper de leur ignorance touchant la nullité originaire de la société (4). Et il n'est pas nécessaire d'établir une faute personnelle à la charge de celui contre qui est dirigée l'action en responsabilité (5).

239. — **Société civile anonyme.** — L'adoption de la forme anonyme par les sociétés civiles les soumet aux dispositions de la loi du 24 juillet 1867, notamment en ce qui concerne la responsabilité et la solidarité des fondateurs, administrateurs, etc. (V. sur cette question controversée, *suprà*, n° 6).

3° Etendue de la responsabilité.

240. — **Société en commandite.** — La responsabilité du gérant résultant de l'annulation de la société est celle du droit commun (6). À l'égard des

---

187) ; Aix, 16 mai 1860 ; Cass., 24 avril 1861 (D. 1860-2-118 ; 1861-1-428) ; Toulouse, 13 avril 1863 et Cass., 12 avril 1864 (D. 1864-1-377) ; Cass., 11 mai 1863 (D. 1863-1-213) ; Paris, 4 août 1882 (R. S. 1883-265); Paris, 27 décembre 1883 (D. 1885-2-222) ; 2° lorsque les membres du conseil de surveillance ont connu la cause de nullité, laissé la société fonctionner, et que le vice originaire a eu pour conséquence d'aggraver la position des tiers qui ont contracté avec la société (Paris, 25 mars 1867).

Mais il n'y a pas lieu à responsabilité du conseil, lorsque l'insuffisance des souscriptions et le non-versement du quart n'ont été pour rien dans la ruine de la société (Paris, 16 janvier 1863 ; Cass., 28 août 1864 (D. 1864-1-367) ; Aix, 9 avril 1867 (D. 1870-1-401) ; Cass.,16 juillet 1873 (D. 1874-1-15); Paris,16 août 1879), ou lorsqu'il est établi que les souscripteurs se sont volontairement prêtés à l'irrégularité de la constitution en ne faisant aucun versement. (Paris, 30 mai 1888).

(1) V. Seine, 21 janvier 1889.

(2) Caen, 16 août 1864 (S. 1865-2-33) ; Cass., 14 août 1867 et 17 février 1868 (S. 1867-1-401, 1868-1-261) ; Lyon, 24 juin 1871 (S. 1872-2-94) ; Cass., 17 juillet 1876 (S. 1876-1-407) ; Pont, n° 1300; Vasseur, n° 677 ; Dict. not., supp., v° Soc. par act., n° 93.

(3) V. not., Seine, 12 mars 1881 ; Paris, 13 février 1882; Seine, 30 juillet 1884; Nantes, 20 juin 1885; Cass., 8 juillet 1885 ; Douai, 29 mai 1886 ; Paris, 10 juillet 1886; Cass., 8 novembre 1886 (S. 1888-1-353).

En ce qui concerne les actionnaires, V. not., Cass., 16 avril 1878, 4 juin 1883, 18 mai 1885 et les conclusions de M. le conseiller Babinet, sur ce dernier arrêt. — Conf. Mathieu et Bourguignat, n° 244; Houpin, J. des soc., 1887, p. 208.

(4) Seine, 30 juillet 1884.

(5) Lyon, 9 février 1853 ; Cass., 19 octobre 1886; Cass., 8 novembre 1886 et les autorités citées (S. 1888-1-354).

(6) V. les autorités citées suprà, n° 249.

créanciers sociaux, cette responsabilité se confond avec celle à laquelle il est tenu comme gérant et qui l'oblige à payer indéfiniment l'intégralité du passif social. Envers les actionnaires, la responsabilité du gérant doit être appréciée d'après les circonstances, et en considérant le préjudice qui a pu résulter pour eux de la nullité de la société, — comme cela a lieu en matière de société anonyme (V. *infrà*, n° 246).

241. — *Conseil de surveillance.* — Sous l'empire de la loi du 17 juillet 1856 (art. 7), les membres du conseil de surveillance pouvaient être déclarés responsables de toutes les opérations faites postérieurement à leur nomination. Mais, à cette lourde responsabilité, l'article 8 de la loi du 24 juillet 1867 a substitué, plus justement, la responsabilité du dommage résultant pour la société et pour les tiers de l'annulation de la société. C'est une responsabilité de droit commun (1).

242. — *Apporteurs.* — La responsabilité des associés qui ont fait des apports en nature ou stipulé des avantages particuliers non vérifiés et approuvés, doit aussi être appréciée d'après le dommage résultant pour la société et pour les tiers de l'annulation de la société pour absence de vérification des apports et des avantages (V. *infrà*, n° 250).

243. — *Recours.* — Les membres du conseil de surveillance, condamnés à des dommages-intérêts par suite de l'annulation de la société, auraient un recours à exercer contre le gérant, chargé en première ligne de l'accomplissement des formalités constitutives à remplir avant la nomination du conseil. La loi les déclare responsables avec le gérant, ce qui implique l'idée d'un recours à exercer contre lui (2).

244. — **Société anonyme.** — La loi de 1867 (art. 42) déclarait les fondateurs auxquels la nullité était imputable et les administrateurs en fonctions au moment où elle était encourue, solidairement responsables envers les tiers ; et la jurisprudence les obligeait à répondre de la totalité du passif social, alors même que les pertes auraient été causées par des fautes ou des malheurs indépendants des vices de la constitution de la société, ou que les dettes auraient été créées après la retraite ou la démission des administrateurs. C'était un principe constant en jurisprudence (3).

245. — Cette responsabilité était la même vis-à-vis des actionnaires. Toutefois, à l'égard de ces derniers, on décidait généralement qu'elle devait être appréciée d'après les règles du droit commun ; qu'elle n'était encourue qu'autant qu'il était démontré que le préjudice dont les actionnaires demandaient réparation provenait directement des causes mêmes qui avaient vicié la consti-

---

(1) Par suite, non seulement les tribunaux sont maîtres aujourd'hui d'appliquer ou de ne pas appliquer la responsabilité contre les membres du conseil de surveillance, comme conséquence de l'annulation de la société pour vice de constitution, mais encore, l'annulation étant prononcée pour cette cause, ils doivent vérifier si l'annulation a été ou non dommageable pour les tiers et apprécier l'importance de ce dommage. Pont, n° 1305 ; Vavasseur, n° 675 ; Lyon, 12 avril 1889. V. Cass., 14 août 1872 (D. 1872-1-396).

(2) Bédarride, n° 107 ; Dalloz, n° 1242 ; Rivière, n° 84 ; Alauzet, n°478 ; Vavasseur, n° 678. — Mais les associés dont les apports ou avantages n'auraient pas été vérifiés et approuvés, et qui, par suite, seraient déclarés responsables, n'auraient pas de recours à exercer contre le gérant, si la nullité venait précisément du défaut de vérification, car ils auraient participé personnellement à la faute commise. Dans ce cas, il y aurait à faire entre le gérant et les apporteurs une équitable répartition des dommages-intérêts. Vavasseur, n° 679.

(3) Cass., 27 janvier 1873 (S. 1873-1-163); Cass., 13 mars 1876 (S. 1876-1-361); Paris, 9 avril 1878 et Cass., 25 février 1879; Paris, 13 février 1882; Paris, 3 mai 1881; Beauvais, 24 juillet 1882; Lyon, 1" août 1882 ; Lyon, 9 février 1883 ; Grenoble, 6 mai 1883 ; Toulouse, 28 novembre 1883; Paris, 27 décembre 1883; Cass., 8 juillet 1885; Seine, 5 août 1885; Paris, 8 janvier 1886; Seine, 18 janvier 1886; Poitiers, 24 février 1886; Poitiers, 26 juillet 1886 ; Seine, 13 décembre 1886 ; Amiens, 24 décembre 1886 ; Lyon, 25 mars 1887 ; Lyon, 25 juin 1887 ; Cass., 9 juin 1891. — Conf.: Griolet, Dalloz, 1869-2-145 ; Rivière, n° 274 ; Dict. du not., suppl., v° *Soc. par act.*, n° 162. — *Contra* : Mathieu et Bourguignat, n° 243; Alauzet, n° 557 ; Romiguière, n°" 159 et suiv.; Sourdat, *Traité de la resp.*, n° 1250; Boistel, p. 216; Pont, n°" 1306 et suiv. ; Vavasseur, n°" 846 et 847. Suivant ces auteurs, la responsabilité doit être appliquée, conformément au droit commun, suivant l'importance du préjudice éprouvé par suite de la nullité.

tution de la société ; et que, par suite, les actionnaires n'avaient droit qu'à des dommages-intérêts à déterminer dans la mesure du préjudice éprouvé par cette nullité (1).

246. — La loi du 1ᵉʳ août 1893 a généralisé ce principe. Autant, disait le rapporteur à la Chambre des députés, il est juste et nécessaire que chacun reste responsable des conséquences de ses fautes, autant il est inadmissible qu'à l'occasion d'une faute commune, on soit condamné à plus et autre chose qu'à ce qui est la stricte et entière exécution. C'est pour ce motif que le § 1ᵉʳ de l'article 42 de la loi de 1867 a été modifié par la nouvelle loi, qui dispose : « Lorsque la nullité « de la société ou des actes et délibérations a été prononcée aux termes de l'article « précédent, les fondateurs auxquels la nullité est imputable et les administrateurs « en fonctions au moment où elle a été encourue sont responsables solidairement, « envers les tiers et les actionnaires, du dommage résultant de cette annulation (2).»

C'est donc aux juges qu'il appartiendra ensuite de fixer et apprécier le dommage résultant de l'annulation de la société.

247. — *Défaut de publication.* — Il est à remarquer que les articles 8 et 41 de la loi de 1867 ne parlent de la responsabilité des fondateurs et administrateurs que lorsque la société est constituée contrairement aux dispositions des articles 1 à 5, 22 à 25 ; on en conclut généralement que la responsabilité du gérant et des membres du conseil de surveillance de la société en commandite, et celle des fondateurs et administrateurs de la société anonyme pour défaut ou insuffisance de publication de la société doivent, à défaut de la responsabilité spéciale édictée par les articles 8 et 41, être appliquées suivant le droit commun (V. *suprà*, vᵒ SOCIÉTÉS EN GÉNÉRAL, nᵒ 55).

248. — *Répartition de la responsabilité.* — Lorsque les fondateurs et premiers administrateurs ont été déclarés responsables, soit envers les créanciers sociaux, soit envers les actionnaires, des conséquences de la nullité de la société, l'importance de cette responsabilité doit être répartie entre eux, soit selon la part de chacun dans les infractions qui ont amené la nullité (3), soit suivant la part et l'intérêt de chacun dans la société (4).

249. — *Recours.* — La nullité de la société résultant d'une faute commise par les fondateurs et administrateurs, aucun recours en garantie n'est accordé aux uns ni aux autres (5).

Mais celui ou ceux des fondateurs ou administrateurs solidairement responsables, qui ont payé la dette commune, sont fondés à recourir contre leurs codébiteurs, en vertu des articles 1213 et 1214 du Code civil, à l'effet de leur faire supporter leur part de cette dette (6).

250. — *Apporteurs.* — L'article 42 de la loi de 1867 déclare que la responsabilité solidaire des fondateurs et premiers administrateurs, pour cause de nullité

---

(1) Paris, 28 avril 1887.
(2) Cass., 27 janvier 1873 (S. 1873-1-163) : Cass., 2 juillet 1873 (S. 1873-1-306) ; Paris, 15 août 1879 ; Nîmes, 21 janvier 1881 ; Paris, 13 janvier 1882 ; Lyon, 9 février 1883 ; Lyon, 16 mai 1884 ; Cass., 3 juin 1885 ; Cass., 8 juillet 1885 ; Seine, 18 janvier 1886 ; Seine, 22 mars 1886 ; Rennes, 12 juillet 1886 ; Cass., 8 novembre 1886 ; Paris, 28 avril 1887 ; Lyon, 25 juin 1887 ; Paris, 24 novembre 1887 ; Paris, 28 juin 1888 ; Cass., 23 décembre 1889 ; Orléans, 24 juillet 1890 ; Paris, 10 juin et 2 août 1890. — Conf. : Pont, nᵒ 1308 ; Vavasseur, nᵒ 849 ; Lyon-Caen et Renault, nᵒ 873 ; Ruben de Couder, vᵒ Soc. an., nᵒˢ 451 et 452 ; Dict. du not., suppl., vᵒ Soc. par act., nᵒ 163. V. toutefois Cass. (req.), 18 mai 1885. Suivant cet arrêt, la responsabilité est du montant intégral de la souscription des actionnaires, en principal et intérêts, sans qu'il y ait lieu de rechercher si le préju-

dice subi par les actionnaires a été causé par la nullité de la société. — V. J. du not., 1893, p. 526.
(3) Grenoble, 6 mai 1883 ; Vavasseur, nᵒ 836.
(4) Cass., 18 juillet 1883 ; Toulouse, 23 mars 1887 ; Dict. not., suppl., vᵒ Soc. par act., nᵒ 164 ; Vavasseur, nᵒ 836. V. aussi Bordeaux, 9 mars 1874 (D. 1877-1-49). — Il a été décidé que ceux des administrateurs qui ont ignoré les vices de constitution peuvent être exonérés de la responsabilité solidaire encourue par les fondateurs (Toulouse, 28 novembre 1883).
(5) Cass., 16 avril 1878 ; Douai, 2 juillet 1879 ; Paris, 27 décembre 1883. — *Contrà* : Vavasseur, nᵒ 637. Cet auteur accorde aux administrateurs un recours contre les fondateurs, s'ils n'ont pas participé aux actes irréguliers qui ont vicié la constitution de la société et s'ils les ont ignorés.
(6) Toulouse, 28 novembre 1883.(loc. cit.) ; Paris 10 juillet 1885 ; Cass., 8 novembre 1886.

de la société, peut aussi être prononcée contre ceux des associés dont les apports ou les avantages n'auraient pas été vérifiés et approuvés conformément à l'article 24. Cette responsabilité des associés apporteurs diffère essentiellement de celle des fondateurs et administrateurs, en ce qu'elle est facultative, tandis que celle de ces derniers est obligatoire. En cas de nullité de la société pour inobservation des prescriptions relatives à la vérification et à l'approbation des apports en nature ou des avantages particuliers, les associés auteurs des apports ou au profit desquels les avantages auraient été stipulés pourraient, suivant les circonstances être condamnés, ou être affranchis de toute responsabilité ou de la solidarité (1).

4° De l'action en responsabilité.

251. — L'action en responsablité, comme l'action en nullité, appartient à tous ceux et à chacun de ceux qui éprouvent un préjudice de la nullité, c'est-à-dire aux créanciers et aux actionnaires ou à leurs représentants.

252. — Créanciers. Syndic. — Elle appartient, en premier lieu, aux créanciers sociaux. En cas de faillite de la société, l'action est exercée par le syndic agissant au nom de la masse des créanciers et dans l'intérêt collectif (2).

253. — Actionnaires. Syndic. — L'action en responsabilité appartient aussi aux actionnaires. Cette action est différente, dans ses conséquences, de celle exercée par les créanciers, la responsabilité envers les actionnaires étant celle de droit commun et tendant à la réparation du préjudice éprouvé par chacun d'eux par suite de la nullité (3).

254. — Liquidateur. — Les liquidateurs de la société représentent la masse sociale. Ils ne peuvent, en principe, former une demande en responsabilité du dommage personnel causé aux actionnaires (4); ils n'ont pas non plus qualité pour représenter les tiers, dont ils n'ont reçu aucun mandat. Par suite, ils ne sont pas recevables à se prévaloir de la disposition de l'article 42 de la loi de 1867, aux termes de laquelle les fondateurs et administrateurs sont responsables solidairement envers les tiers (5).

255. — Action judiciaire. Fondateurs et administrateurs. — L'action en responsabilité doit, rationnellement, être intentée contre les fondateurs et premiers administrateurs, que la loi déclare solidairement responsables des conséquences de la nullité (6).

256. — Mise en cause du liquidateur. — Les créanciers et actionnaires, lorsqu'ils intentent une action en nullité et en responsabilité contre les fondateurs et administrateurs, sont-ils obligés de mettre en cause le liquidateur de la société dissoute? — La négative résulte d'un jugement du tribunal de la Seine (7). Mais la Cour de Paris a décidé que la demande en nullité est non recevable lorsque la société n'est pas mise en cause (8). A notre avis, le représentant de la société doit

---

(1) Pont, n°° 1298 et 1301; Vavasseur, n° 835. V. *supra*, n°° 258 et 259. — Lorsque les souscripteurs en numéraire s'entendent avec les apporteurs en nature pour majorer les apports, les acheteurs de bonne foi, lésés par la fraude du syndicat des apporteurs et souscripteurs primitifs, ont le droit d'intenter contre eux une action en dommages-intérêts (Cass., 19 février 1889).

(2) Cass., 16 mars 1870 (S. 1870-1-209), 27 janvier 1873 (J. P. 1873-1-888); 21 décembre 1875 (S. 1879-1-97); 13 mars 1876 (S. 1876-1-367).

(3) Il en résulte que la question de savoir si, en cas de faillite, l'action en responsabilité doit être exercée par le syndic, au nom des actionnaires, doit être résolue par une distinction. S'il s'agit d'une action ayant pour objet la réparation d'un préjudice

égal pour tous les actionnaires, elle peut être intentée par le syndic au nom de la masse des actionnaires qu'il représente dans ce cas (Vavasseur, n° 749; Pont, n° 1543). Mais il en serait autrement, si l'action était basée sur un préjudice particulier éprouvé par un ou plusieurs actionnaires. Dans ce dernier cas, l'action en responsabilité appartient aux actionnaires lésés, seuls (Seine, 30 juillet 1884).

(4) Lyon, 9 février 1883 (D. 1883-2-113).

(5) Paris, 14 juin 1888.

(6) V. Agen, 19 mars 1888 et 7 mars 1889; Houpin, *J. des soc.*, 1887, p. 205; *Soc. par act.*, n° 271.

(7) Seine, 9 avril 1885.

(8) Paris, 9 avril 1887.

être mis en cause au point de vue de la demande en nullité (1). Mais il en serait autrement si, la nullité de la société ayant été prononcée, une action en responsabilité était intentée contre les fondateurs et administrateurs, ou contre les membres du conseil de surveillance (2).

257. — Compétence. — L'action en responsabilité est presque toujours jointe à l'action en nullité. Lorsque la société est de nature commerciale, les tribunaux consulaires sont seuls compétents pour connaître de l'action en responsabilité (3). Si la société a un objet civil, la demande doit être formée devant le tribunal civil, alors même que la société aurait été constituée sous la forme commerciale.

C'est devant le tribunal du siège social que l'action principale doit être portée (4).

258. — Prescription. — L'action en responsabilité pour les faits dont la nullité résulte, cesse d'être recevable, lorsque, avant l'introduction de la demande, la cause de nullité a cessé d'exister, et, en outre, que trois ans se sont écoulés depuis le jour où la nullité était encourue (5).

Cette disposition s'applique aux sociétés déjà constituées sous l'empire de la loi de 1867.

En tous cas, l'action en responsabilité pour les faits dont la nullité résultait, ne cessera d'être recevable que trois ans après la loi du 1ᵉʳ août 1893 (6).

ART. 3. — *Sanctions pénales.*

259. — Le législateur a pensé que la responsabilité civile ne serait pas toujours une sanction suffisante des prescriptions édictées, et il a prononcé des peines dans certains cas, notamment à raison des faits frauduleux de constitution des sociétés par actions.

Les autres peines ne touchant pas à la constitution même des sociétés, nous n'avons pas à nous en occuper quant à présent.

Celles dont il s'agit ici sont au nombre de quatre et pour les motifs suivants :

    a) L'émission d'actions ou de coupons d'actions d'une société constituée contrairement aux dispositions des articles 1, 2 et 3 ;
    b) Le fait par le gérant de commencer les opérations sociales avant l'entrée en fonctions du conseil de surveillance ;
    c) La négociation d'actions irrégulières ;
    d) La simulation et la fraude à l'occasion des souscriptions et des versements.

Ces peines édictées par les articles 13, 14, 15 et 16 de la loi du 24 juillet 1867, en ce qui concerne les sociétés en commandite, ont été déclarées applicables aux sociétés anonymes par l'article 45 de la même loi.

260. — Être moral. — Les peines qui ont pour sanction la contrainte par corps, telles que celles résultant d'infractions de la loi de 1867, sont essentiellement personnelles ; elles ne sauraient atteindre une société, qui ne peut, dès lors, être actionnée devant les tribunaux criminels (7).

---

(1) Paris, 1ᵉʳ août 1868 (D. 1869-2-65) ; Vavasseur, n° 751.
(2) Cass., 17 février 1868 (D. 1868-1-177); Vavasseur, n° 751.
(3) Cass., 26 mai et 21 juin 1869 (D. 1869-1-351); Paris, 28 juin 1870; Vavasseur, n° 752.
(4) Paris, 29 décembre 1885 ; Vavasseur, nᵒˢ 952 et suiv.

(5) L. 1867, art. 8, complété par l'article 3 de la loi du 1ᵉʳ août 1893.
(6) Art. 7 de la loi du 1ᵉʳ août 1893 (*J. du nᵒ*, 1893, p. 526).
(7) Paris, 16 décembre 1887; Orléans, 8 novembre 1887.

261. — Emission d'actions d'une société irrégulièrement constituée. Loi. — L'émission d'actions ou de coupons d'actions d'une société constituée contrairement aux dispositions des articles 1, 2 et 3 de la loi, est punie d'une amende de 500 francs à 10,000 francs (1).

262. — Caractères de l'émission. — L'émission d'actions, prévue et punie par l'article 13, est le fait de créer et de remettre au public des titres qui présentent une société comme légalement constituée, tandis qu'elle ne l'est pas (2).

263. — Personnes responsables. — En cas d'infraction, la responsabilité incombe au gérant de la société, ou aux fondateurs par les ordres de qui l'émission a été faite, ainsi qu'au banquier dans les bureaux duquel elle a été opérée (3).

264. — Opérations du gérant avant l'entrée en fonctions du conseil de surveillance. — « Sera puni de la même peine (amende de 500 francs à 10,000 francs), le gérant qui commence ses opérations avant l'entrée en fonctions du conseil de surveillance » (art. 13).

La loi punit ainsi le gérant qui contrevient à la prescription de l'article 5, lequel dispose qu'un conseil de surveillance, composé de 3 actionnaires au moins, est nommé par l'assemblée générale des actionnaires, immédiatement après la constitution définitive de la société, et *avant toute opération sociale*. Les opérations sociales s'entendent des affaires mêmes, des actes commerciaux en vue desquels la société s'établit, et non des mesures préliminaires et des faits de préparation (4).

265. — Négociation d'actions irrégulières. — La négociation d'actions ou de coupons d'actions dont la valeur ou la forme serait contraire aux dispositions des articles 1, 2 et 3 de la loi, ou pour lesquels le versement du quart n'aurait pas été effectué, conformément à l'article 2, est punie d'une amende de 500 francs à 10,000 francs. Sont punies de la même peine toute participation à ces négociations et toute publication de la valeur des actions (art. 14).

Ainsi la loi punit trois infractions :

1° La négociation d'actions ou de coupons d'actions dont *la forme ou la valeur* serait contraire aux dispositions des articles 1, 2 et 3, ou pour lesquels le versement du quart n'aurait pas été effectué conformément à l'article 2. Il ne s'agit ici que de la négociation qui s'opère par l'une des voies commerciales (transfert, endossement, tradition des titres, etc.), et non de la transmission suivant les modes du droit civil.

2° La participation aux négociations prohibées : ce qui atteint le cessionnaire et les intermédiaires (banquiers, agents de change, courtiers) qui prêtent leur ministère (5) ;

3° La publication de la valeur des actions dont la négociation est interdite : publication par voie de circulaires, affiches, prospectus, journaux (6).

---

(1) L. 24 juillet 1868, art. 13.
(2) Cass., 23 juin 1883 (D. 1883-1-425) ; Coulommiers, 22 juillet 1884 ; Paris, 4 décembre 1884. V. Cass. 16 novembre 1888. — V. sur le caractère de l'émission : Paris, 19 mars 1888 (S. 1888-2-97 ; D. 1884-1-425) ; Paris, 2 et 4 décembre 1884 ; trib. correct., Seine, 16 décembre 1886. — Décidé : 1° que le simple fait d'ouverture d'une souscription publique d'actions d'une société en commandite projetée, et de remise aux souscripteurs d'un récépissé de versement, n'a pas le caractère d'émission d'actions d'une société constituée, et ne tombe pas sous l'application de la loi pénale (Cass., 8 février 1881 ; Pont, n° 1315 ; Vavasseur, n° 715 *ter*. V. sur la responsabilité pénale résultant d'une émission d'actions faussement pré-

sentée comme une augmentation de capital, Cass. (ch. crim.), 2 mars 1888) ; 2° que les administrateurs qui, connaissant les vices de constitution d'une société, adressent au public, pour obtenir la souscription d'actions nouvelles, des circulaires, prospectus et bulletins de souscription, commettent le délit prévu au § 1er de l'article 13 de la loi de 1867 (Amiens, 15 mars 1888).
(3) Pont, n° 1315.
(4) Pont, n° 1316.
(5) Pont, n° 1319 ; Vavasseur, n° 719.
(6) Pont, n° 1320.—V. en outre sur l'application de l'article 14 : Paris, 19 mars 1883, 10 mai 1883 et 9 juillet 1883 ; Cass., 3 juin 1885.

266. — Simulation et fraude à l'occasion des souscriptions et versements. — « Sont punis des peines portées par l'article 405 du Code pénal, sans préjudice de l'application de cet article à tous les faits constitutifs du délit d'escroquerie : 1° ceux qui, par simulation de souscriptions ou de versements, ou par publication, faite de mauvaise foi, de souscriptions et de versements qui n'existent pas, ou de tous autres faits faux, ont obtenu ou tenté d'obtenir des souscriptions ou des versements ; 2° ceux qui, pour provoquer des souscriptions et des versements ont, de mauvaise foi, publié les noms de personnes désignées, contrairement à la vérité, comme étant ou devant être attachées à la société à un titre quelconque (art. 15) (1).

267. — Caractère des infractions. — Les divers faits prévus et punis par les articles 13, 14 et 15 constituent-ils indistinctement de véritables délits, ou de simples contraventions ?

La jurisprudence a décidé que l'émission d'actions d'une sociétée formée contrairement aux prescriptions des articles 1 et suivants, constitue une infraction punissable en dehors de toute question d'intention frauduleuse, un délit emportant l'application des règles du droit commun relatives à la complicité (2). Il en est de même de la négociation d'actions irrégulières (3).

268. — Circonstances atténuantes. — L'article 16 de la loi de 1867 rend applicable aux faits prévus par les articles 13, 14 et 15, l'article 463 du Code pénal, lequel permet la réduction des peines s'il existe des circonstances atténuantes.

269. — Prescription. — Les peines édictées par les articles 13 et 15 étant correctionnelles, c'est par la prescription de trois ans que s'éteint l'action publique, et non par la prescription d'un an applicable aux contraventions (4).

§ 6. Société en commandite par actions.

Art. 1er. — Caractères généraux.

270. — Nature. — La société en commandite se contracte entre un ou plusieurs associés, responsables et solidaires, et un ou plusieurs associés simples bailleurs de fonds, que l'on nomme commanditaires ou associés en commandite (art. 23, C. comm.), et qui ne sont responsables que jusqu'à concurrence de leur mise (art. 26, C. comm.).

271. — La société en commandite participe ainsi de la société en nom collectif et de la société anonyme.

272. — Associé responsable. — La commandite peut se former entre un seul associé, responsable indéfiniment sur ses biens des engagements sociaux, et un ou plusieurs commanditaires (5).

273. — Associés solidaires. — Lorsqu'il y a plusieurs associés solidaires et en nom, soit que tous gèrent ensemble, soit qu'un ou plusieurs gèrent pour tous,

---

(1) Voir sur l'application de ces peines : Pont, n°° 1323 et suiv. ; Vavasseur, n° 717 ; Cass., 13 mai 1857 (S. 1858-1-129) ; Rouen, 22 mars 1882 ; Seine, 20 décembre 1882 ; Paris, 9 juillet 1883.
(2) Paris, 2 et 4 décembre 1884 ; Cass., 28 février 1885 (S. 1887-1-41) ; Cass., 17 juillet 1885 et les nombreuses autorités citées (S. 1887, p. 226) ; Paris, 20 décembre 1886 (S. 1882-2-37) ; Cass., 20 avril 1888. — *Contra* : Boistel, n° 274 ; Bédarride, n°° 286 et suiv. ; Lyon-Caen et Renault, n° 438 ; Mornard, p. 259 ; Pont, n°° 1312 et suiv. ; Vavasseur, n°° 724 et suiv. ; Ruben de Couder, v° *Soc. en command.*, n° 186 *bis*.

(3) V. Cass., 11 août 1859 (S. 1859-1-971) ; Cass., 17 juillet 1885 ; Paris, 28 décembre 1886 (*loc. cit.*).
(4) Paris, 10 mai et 9 juillet 1883 ; trib. Lyon, 26 août 1884 ; Paris, 2 décembre 1884 (S. 1886-2-240) ; Grenoble, 15 juillet 1886 (S. 1886-2-241) ; Paris, 28 décembre 1886 (*loc. cit.*), 28 avril 1887 ; Amiens, 15 mars 1888. — *Contra* : Ledebt, *Rev. soc.*, 1883, p. 189 ; Pont, n° 1558, suivant lesquels la prescription des faits constitutifs d'une simple contravention est d'un an.
(5) Pardessus, n° 1032 ; Alauzet, n° 533 ; Boistel, n° 197 ; Lyon-Caen et Renault, n° 346 ; Pont, n° 1425. V. Aix, 18 novembre 1857 (S. 1858-2-473).

la société est à la fois en nom collectif à leur égard, et société en commandite à l'égard des simples bailleurs de fonds (art. 24, C. comm.).

274. — Raison sociale. — La société en commandite est régie sous un nom social qui doit être nécessairement celui d'un ou de plusieurs des associés responsables et solidaires (art. 23, C. comm.). Le nom d'un associé commanditaire ne peut faire partie de la raison sociale (art. 25, C. comm.), sans placer, vis-à-vis des tiers, ce commanditaire sur la même ligne que les associés responsables (1).

La raison sociale ou de commerce est le nom qui constate la personnalité juridique de la société. Elle peut être composée du nom d'un ou plusieurs des associés responsables ; mais à cause des commanditaires, il y a lieu d'y ajouter, dans tous les cas, *et Compagnie* (2).

275. — Objet. Siège. Durée. — Les statuts doivent aussi indiquer : l'objet de la société, son siège et la durée pour laquelle elle est contractée.

Nous expliquerons plus loin, en traitant de la *société anonyme*, les règles relatives à ces trois éléments essentiels de toute société commerciale (n°° 375 et suiv.).

ART. 2. — Constitution de la société.

276. — Nous avons à résumer ici les formalités qui sont prescrites par la loi du 24 juillet 1867 pour la constitution des sociétés en commandite par actions, et que nous avons expliquées sous le paragraphe troisième.

I. — Statuts rédigés par acte notarié, ou par acte sous seing privé en plusieurs originaux (V. *suprà*, n°° 85 et suiv.).

II. — Souscription intégrale du capital social (V. *suprà*, n°° 99 et suiv.).

III. — Versement légal, en espèces, par chaque actionnaire, à raison du montant des actions par lui souscrites (V. *suprà*, n°° 99 et suiv.).

IV. — Déclaration faite dans un acte notarié, par le gérant, de la souscription intégrale du capital et du versement légal sur chaque action souscrite, avec annexe à cet acte : 1° d'une liste contenant les nom, prénoms, profession et demeure des souscripteurs, le nombre des actions souscrites et le montant des versements effectués par chacun d'eux ; 2° de l'un des doubles de l'acte de société, s'il est sous seing privé, ou d'une expédition, s'il est notarié et s'il est passé chez un notaire autre que celui qui a reçu la déclaration (V. *suprà*, n°° 103 et suiv.).

V. — Si les statuts contiennent des apports en nature ou stipulent des avantages particuliers :

1° Première assemblée générale des actionnaires, chargée de faire apprécier la valeur des apports et la cause des avantages stipulés ; ordinairement, nomination d'un ou plusieurs commissaires chargés de faire un rapport à le deuxième assemblée.

2° Deuxième assemblée générale des actionnaires pour l'approbation des apports et avantages. Cette seconde assemblée ne peut statuer sur l'approbation qu'après un rapport imprimé et tenu à la disposition des actionnaires, 5 jours au moins avant la réunion de ladite assemblée.

Les délibérations des deux assemblées doivent être prises à la majorité des actionnaires présents. Cette majorité doit comprendre le quart des actionnaires et représenter le quart du capital en numéraire.

Les associés qui ont fait l'apport ou stipulé les avantages particuliers soumis à l'appréciation de l'assemblée n'ont pas voix délibérative.

Les dispositions ci-dessus, relatives à la vérification de l'apport qui ne consiste

---

(1) Troplong, n° 419 ; Bédarride, n° 185 ; Delangle, n° 336 ; Lyon-Caen et Renault, n° 346 ; Pont, | n° 1426 ; Vavasseur, n° 290 ; Paris, 18 janvier 1877. (2) Pont, n°° 834 et 1426.

pas en numéraire, ne sont pas applicables aux cas où la société à laquelle est fait ledit apport est formée entre ceux seulement qui en étaient propriétaires par indivis (V. *suprà*, nᵒˢ 131 et suiv.).

La société en commandite par actions se trouve constituée par l'accomplissement des formalités qui viennent d'être rappelées ; mais, pour compléter cette constitution et permettre le fonctionnement de la société, il y a lieu de nommer un conseil de surveillance. Nous établirons plus loin les règles relatives à la nomination et aux attributions du conseil de surveillance.

Enfin la société doit être publiée dans le mois de sa constitution (V. *suprà*, vᵒ SOCIÉTÉS EN GÉNÉRAL, nᵒˢ 43 et suiv.).

La société en commandite par actions est, en outre, soumises aux règles générales que nous avons exposées sur le taux des actions, leur forme et leur négociation, la responsabilité des souscripteurs et cessionnaires (V. *suprà*, nᵒˢ 19 et suiv.). Nous allons expliquer les règles de son fonctionnement et de son organisation qui comprend, en dehors des actionnaires commanditaires, un ou plusieurs gérants et un conseil de surveillance.

ART. 3. — *Du gérant et de la gestion.*

1ᵉ Nomination. Révocation.

277. — La société en commandite, être moral, fonctionne par l'intermédiaire d'un ou de plusieurs gérants qui la représentent à l'égard des tiers. La gestion appartient, de droit, aux associés en nom, aux commandités ; mais en fait, le pouvoir de gérer est habituellement conféré à un seul d'entre eux (1).

Le gérant administre seul la société. La société peut nommer avec le gérant un co-gérant ou gérant-adjoint ; les commanditaires ou actionnaires ordinaires ne peuvent, sans compromettre leur situation, faire aucun acte de gestion, même en vertu de procuration (art. 27, C. comm.).

278. — Nomination. Révocation. — Le gérant d'une société en commandite par actions doit être désigné par les statuts.

À l'égard des commanditaires, le gérant est un simple mandataire ; mais le mandat dont il est investi n'est pas sous tous les rapports un mandat ordinaire. Spécialement, en ce qui concerne le droit de révocation, il y a lieu de distinguer suivant que le gérant a été nommé par les statuts, ou postérieurement.

279. — Gérant statutaire. — D'après l'article 1856 du Code civil, le pouvoir conféré à l'associé chargé de l'administration, par une clause spéciale du contrat de société, ne peut être révoqué sans cause légitime, tant que dure la société. Cette règle est applicable aux sociétés en commandite. Le gérant statutaire est donc irrévocable en principe, à moins de stipulation contraire, jusqu'à l'expiration de la société (2). Il ne pourrait être révoqué que pour infidélité, malversation, incapacité manifestée par des fautes lourdes ou des négligences coupables et autres causes légitimes dont la gravité est laissée à l'appréciation des tribunaux, ou de l'assemblée générale des actionnaires, si les statuts lui confèrent le pouvoir de révoquer le gérant (3).

280. — Gérant non statutaire. — Aux termes de l'article 1856 précité du Code civil, lorsque le pouvoir conféré à l'associé chargé de l'administration a été donné par acte postérieur au contrat de société, il est révocable comme un simple mandat. Mais il pourrait être déclaré irrévocable, soit par les statuts, si c'est en

---

(1) Pont, nᵒ 1481; Dict. not. et supp., vᵒ *Société*, nᵒ 229-1. — *Contrà* : Sourdat, p. 143 et 144.
(2) Cass., 28 avril 1863 (S. 1863-1-383); Pont, nᵒ 1436. — Comp., Cass., 6 janvier 1875 (S. 1875-1-24).

(3) Cass., 9 mai 1859 (S. 1860-1-442); 28 avril 1863 (S. 1863-1-383) et 25 novembre 1872 (S. 1873-1-185); Vavasseur, nᵒ 146; Pont, nᵒ 1437.

vertu d'une clause statutaire qu'il a été nommé, soit même, avec le consentement toutefois de tous les associés, par l'acte postérieur ou la délibération qui l'a nommé (1).

La révocation du gérant est prononcée par l'assemblée générale des actionnaires votant à la majorité des voix, sauf stipulation particulière dans les statuts (2).

281. — Démission. — Le gérant statutaire ne peut donner sa démission sans motifs légitimes ; sinon, il est passible de dommages-intérêts (3). Le gérant non statutaire est toujours libre, à moins qu'il n'ait pris un engagement contraire, de renoncer à son mandat (4), conformément aux articles 2003 et 2007 du Code civil.

Lorsque le gérant donne sa démission motivée, elle doit être maintenue, si les tribunaux, investis à cet égard d'un pouvoir souverain d'appréciation, approuvent la légitimité des motifs allégués (5).

282. — Dissolution de la société. — La société serait-elle dissoute par la révocation ou le décès du gérant ? — Oui, *ipso jure*, s'il s'agissait d'un gérant statutaire dont le choix a été une des conditions essentielles du contrat, à moins que les associés ne s'entendent *tous* sur le choix d'un successeur. Mais s'il s'agissait d'un gérant nommé postérieurement aux statuts, son décès, sa révocation ou sa démission ne ferait pas obstacle à la continuation de la société, et il pourrait être procédé à son remplacement (6). Les statuts prévoient ordinairement — et c'est une sage disposition — le cas de révocation ou de décès du gérant, et indiquent expressément le parti à prendre dans l'une ou l'autre hypothèse. Le plus souvent, on confère à l'assemblée générale des actionnaires le pouvoir de nommer un nouveau gérant.

2° Pouvoirs.

283. — Vis-à-vis des tiers, le gérant de la société en commandite est la personnification même, le représentant légal de la société, qu'il oblige directement par les actes qu'il passe, sous la raison sociale, dans la limite de ses pouvoirs légaux ou statutaires.

En principe, le gérant, dans les sociétés en commandite, a des pouvoirs qui ne diffèrent pas de ceux du gérant des sociétés en nom collectif (7).

284. — Plusieurs gérants. — S'il y a plusieurs gérants, chacun d'eux peut, à moins de stipulation contraire, faire tous actes d'administration (art. 1875, C. civ.) ; s'il a été stipulé qu'ils devraient agir conjointement, l'un d'eux ne peut agir sans l'autre, même en cas d'empêchement de celui-ci, sauf le cas d'urgence (8).

285. — Statuts. — Les statuts déterminent ordinairement les pouvoirs attribués au gérant. Dans ce cas, il doit se renfermer dans les limites qui lui ont été tracées. Aussi est-il utile, pour éviter les difficultés, d'indiquer avec soin et aussi complètement que possible, les pouvoirs du gérant qui sortent d'une administration ordinaire.

286. — Administration. — En l'absence de dispositions spéciales, le gérant a le droit de faire tous les actes d'administration que comportent les besoins

(1) Duvergier, n° 294 ; Troplong, n° 669 ; Vavasseur, n° 147.
(2) Duvergier, 293 ; Vavasseur, n° 148 ; Ruben de Couder, n°° 249 à 251 ; Paris, 31 juillet 1881.
(3) Malepeyre et Jourdain, p. 123 ; Dalloz, n° 443; Vavasseur, n° 149.
(4) Pothier, n° 71 ; Duvergier, n° 292 ; Molinier, n° 296; Vavasseur, n° 149.
(5) Paris, 12 février 1883 (D. 1884-2-144); Rouen, 4 juillet 1888.
(6) Pont, n°° 502 et 1900. — V. Cass., 9 mai 1860 (S. 1860-1-621); Dalloz, n° 443; Troplong, n° 677; Vavasseur, n° 150.
(7) Pont, n°° 1440 à 1442.
(8) Duvergier, n° 303 ; Delangle, n° 108; Molinier, n° 197; Vavasseur, n°° 152 à 154.

de la gérance, ou ceux qu'exigent les opérations commerciales ou industrielles en vue desquelles la société a été formée.

Ainsi le gérant pourra : vendre ou acheter les choses nécessaires au commerce ou à l'industrie de la société ; louer les locaux nécessaires à l'exploitation ; poursuivre les débiteurs, toucher les sommes dues à la société, payer celles dont elle est débitrice, en donner ou retirer quittance ; régler tous comptes ; souscrire et endosser les billets, lettres de change, mandats ; faire aux bâtiments, usines et machines, toutes réparations utiles ; donner mainlevée de toutes inscriptions, avec désistement des droits de privilège, hypothèque et autres droits réels, mais seulement comme conséquence d'un paiement ; faire aussi mainlevée de toutes oppositions, saisies et autres empêchements ; choisir à son gré, les employés nécessaires à l'expédition des affaires et les révoquer (1).

Les pouvoirs du gérant peuvent être restreints par les statuts.

287. — Actes excédant l'administration. — Le gérant ne peut faire aucun acte de disposition. La distinction entre les actes d'administration et les actes de disposition est fort délicate. Il n'y a pas de règle absolue, et il n'est guère possible de dire, *à priori* et en thèse générale, ce qu'un gérant, dont les attributions ne sont pas déterminées par les statuts, peut faire, et ce qui lui est interdit. Cela dépend, non pas seulement du caractère des actes pris en eux-mêmes, mais encore et surtout du rapport de ces actes avec le but de l'association. La question est donc autant de fait que de droit, et doit être résolue suivant les circonstances (2).

Nous allons essayer cependant de déterminer les actes qui excèdent ordinairement les pouvoirs du gérant.

288. — Achat et vente d'immeubles. Fonds de commerce. — En principe, le gérant ne peut acheter et vendre des immeubles pour la société. Il ne pourrait, non plus, bien entendu, vendre l'usine ou le fonds de commerce dont l'exploitation fait l'objet de la société (3). Mais le gérant aurait plein pouvoir d'acheter et vendre des immeubles, si la société avait pour objet la spéculation et la revente des immeubles : ce serait, dans ce cas, un acte d'administration (4).

289. — Remise de dette. — Le gérant ne peut faire remise d'une dette (5). Cependant, en cas de faillite d'un débiteur de la société, le gérant aurait qualité pour faire remise d'une portion de la dette, soit en adhérant au concordat, soit en consentant à un contrat d'atermoiement (6).

290. — Transaction. Compromis. — Le gérant pourrait excéder ses pouvoirs en faisant une transaction ou un compromis (7). Mais ces actes seraient valables s'ils portaient sur des choses dont le gérant a la disposition, par exemple sur des marchandises et effets, et généralement sur les intérêts du commerce ou de l'industrie de la société (8).

291. — Mainlevée. — Le gérant n'a pas qualité pour se désister d'une hypothèque ou autre garantie appartenant à la société, ni pour donner mainlevée d'une inscription, avant l'extinction de la créance.

---

(1) Cass., 10 mars 1841 et 16 avril 1844 ; Lyon, 26 août 1857 (S. 1857-2-703). V. Troplong, n°° 714 et 931 ; Vavasseur, n°° 158 et suiv. ; Pont, n°° 1358 et 1442 ; Ruben de Couder, n°° 200 et suiv. ; Douai, 7 août 1889 ; Seine, 2 septembre 1889 ; Cass., 8 avril 1889 ; Cass., 8 avril 1889.

(2) V. Paris, 26 juin 1841 (S. 1841-1-395) ; Cass., 8 mai 1852 (S. 1853-1-617) ; Cass., 18 juin 1872 (S. 1873-1-19) ; Cass., 23 novembre 1875 (S. 1876-1-24) ; Pont, n° 1356 et suiv., 1445.

(3) Troplong, n° 632 ; Delangle, n° 151 ; Vavasseur, n° 160 ; Ruben de Couder. n° 216 ; Cass., 10 mai 1808 et 21 avril 1841.

(4) Malepeyre et Jourdain, p. 54 ; Dalloz, n° 465 ; Vavasseur, n° 161.

(5) Pothier, n° 69 ; Troplong, n° 689 ; Delangle, n° 133 ; Vavasseur, n° 162.

(6) Pardessus, n° 1014 ; Malepeyre et Jourdain, p. 53 ; Molinier, n° 307 ; Foureix, n° 50 ; Pont, n° 1658.

(7) Pothier, n° 68 ; Delangle, n° 688 ; Cass., 8 août 1825 ; Vavasseur, n° 162.

(8) Troplong, 690 ; Pardessus, t. IV, n° 1014 ; Malepeyre et Jourdain, p. 55 et 56 ; Molinier, n°° 306 et 808 ; Ruben de Couder, n° 205 ; Vavasseur, n° 162 ; Pont, n° 1360 ; Rouen, 19 août 1841.

292. — Emprunt. — En principe, le gérant ne peut, sans autorisation préalable de l'assemblée générale, contracter des emprunts au nom de la société (1). Ces emprunts ne seraient valables que dans la mesure des besoins de l'administration (2). Dans tous les cas, s'ils avaient tourné au profit de la société, elle y serait obligée (art. 1864, C. civ.) (3).

293. — Hypothèque. — Le mandat doit être exprès, lorsqu'il s'agit d'hypothéquer (art. 1988, C. civ.). D'où la conséquence que le gérant n'a le droit d'hypothéquer les immeubles sociaux qu'en vertu d'une autorisation des statuts, ou des associés (4), ou de l'assemblée générale des actionnaires (5). Mais la délibération de l'assemblée générale, à l'effet de consentir une hypothèque, ne doit plus, à peine de nullité, être dressée en la forme authentique (L. 1er août 1893).

294. — Actions judiciaires. — Le gérant a qualité, au nom de la société, pour intenter toutes actions judiciaires et y défendre, sauf celles relatives aux choses dont l'aliénation lui est interdite (6).

295. — Remise ou restitution aux actionnaires. — Est nul tout traité passé par le gérant, ayant pour résultat d'affranchir un actionnaire de l'obligation de verser sa mise, ou de lui restituer les sommes par lui versées (7). Est également nulle la convention par laquelle le gérant s'engage à reprendre les actions à la volonté du souscripteur (8), et celui-ci est tenu de rapporter les sommes que le gérant lui aurait restituées sur la commandite (9).

296. — Rachat d'actions. — Le gérant ou les administrateurs ne peuvent valablement racheter les actions de la société, pour le compte de celle-ci, au moyen de fonds faisant partie du capital social (10) (V. *infrà*, n° 494).

297. — Rémunération. — Les statuts fixent ordinairement les avantages, en traitement fixe ou participation dans les bénéfices, attribués au gérant, à titre de rémunération de sa gestion et de sa responsabilité, ou ils réservent à l'assemblée générale des actionnaires le pouvoir de déterminer ces avantages.

3° Devoirs.

298. — Indépendamment des devoirs généraux qui sont le corrélatif de ses pouvoirs, le gérant de la société en commandite par actions a des devoirs spéciaux à remplir. Il doit :

a) Convoquer l'assemblée générale des actionnaires pour la nomination du conseil de surveillance, non seulement lors de la constitution, mais encore au cours de la société, toutes les fois qu'il y a lieu de renouveler ou compléter le conseil, par suite de démission ou décès ;

---

(1) Duvergier, n° 314; Delangle, n° 140; Malepeyre et Jourdain, p. 55; Mornard, p. 110; Douai, 15 mai 1844.
(2) Troplong, n°s 684 et suiv.; Pardessus, n° 1014; Alauzet, n° 540; Vavasseur, n° 163; Ruben de Couder, n° 202.
(3) Cass., 7 juillet 1868 (S. 1868-1-357); 8 juin 1869 (D. 1872-1-135), et 15 janvier 1872 (S. 1872-1-9).
(4) Troplong. n° 686; Delangle, n°s 646 et 647; Vavasseur, n° 163; Paris. 15 juillet 1887 (D. 1877-2-168); Nancy, 26 mars 1879 (S. 1880-2-47). — V. Cass., 8 novembre 1868 (S. 1870-1-23).
(5) Cass, 7 mai 1844 (S. 1845-1-53), 3 mai 1853 (S. 1853-1-617. V. Cass., 27 janvier 1868 (S. 1868-1-53).
(6) Duvergier, n° 315 et 318; Troplong, n° 691; Vavasseur, n° 164; Cass, 14 février 1859.
(7) Paris, 26 novembre 1853, 28 janvier 1856, 1er juillet 1859, 16 janvier et 1er mai 1862; Cass., 6 novembre 1865 (S. 1886-1-100); Pont, n° 1443.

(8) Paris, 3 juin 1856.
(9) Paris, 1er février et 11 juillet 1861.
(10) Cass., 18 février 1868 (S. 1868-1-241); Cass., 14 décembre 1869 (S. 1870-1-16); Riom. 22 février 1870 (S. 1870-2-219); Bourges, 22 décembre 1870 (S. 1870-2-318); Cass, 2 juillet 1878 (S. 1881-1-411); Paris, 12 février 1879 (S. 1882-2-121); Paris, 28 mars 1879; Caen, 11 mai 1880; Paris, 18 novembre 1880 (S. 1882-2-175); Grenoble, 26 janvier 1881 (S. 1882-2-175); Paris, 4 février 1881 (S. 1882-2-121); Paris, 13 décembre 1881; Orléans, 5 août 1882 (S. 1884-2-57); Paris, 19 février 1885; Toulouse, 21 mai 1886; Paris, 4 janvier et 5 mars 1887; Douai, 31 mars 1887; Cass., 3 janvier 1887; Toulouse, 14 juin 1887. — Conf.: Beudant, *Rev. crit.*, 1870, t. XXXVI, p. 122; Alauzet, t. I, p. 450; Ruben de Couder, n° 94; Mathieu et Bourguignat, n° 151; Vavasseur, n° 383 et suiv.; Deloison, t. II, p. 726; Lyon-Caen (S. 1882-2-121); Pont, n° 1444.

b) Etablir chaque année l'inventaire détaillé de l'actif et du passif de la société, et le bilan résumant cet inventaire ;

c) Déposer ces documents et le rapport du conseil de surveillance, au siège social, pour que tout actionnaire puisse en prendre connaissance quinze jours au moins avant la réunion de l'assemblée générale (1).

d) Rendre compte, chaque année, à l'assemblée générale, tant dans un rapport écrit que par les explications orales qui peuvent lui être demandées, des opérations sociales, de leur résultat, des affaires engagées, en un mot de tout ce qui a trait à l'exécution de son mandat ;

e) Se tenir à la disposition du conseil de surveillance pour la vérification, par les membres de ce conseil, des livres, de la caisse, du portefeuille et des valeurs de la société ;

f) Faire aux actionnaires la répartition en dividendes des bénéfices réalisés, constatés en l'inventaire (2).

4° Responsabilité.

299. — Gestion. — Dans ses rapports avec les associés, le gérant est un simple mandataire ; sa responsabilité, vis-à-vis d'eux, est donc celle du mandataire, telle qu'elle est établie par l'article 1992 du Code civil (3). — Par suite, il répond non seulement du dol, mais encore des fautes qu'il commet dans sa gestion.

La faute est nécessaire pour que sa responsabilité soit engagée ; il ne suffirait pas qu'une affaire par lui entreprise eût mal tourné (4). Les tribunaux ont un pouvoir discrétionnaire pour déterminer d'après les circonstances, l'étendue de la responsabilité du gérant (5).

300. — Dettes sociales. — Le gérant d'une société en commandite est personnellement et indéfiniment responsable de toutes les dettes sociales, sans exception, solidairement avec la société (6). S'il y a plusieurs gérants, cette responsabilité est solidaire (art. 24, C. comm.). Au cas de nomination successive de plusieurs gérants, au cours de la société, chaque gérant est responsable, à moins de convention contraire, des dettes créées pendant son administration, de celles créées antérieurement (7), et des suites préjudiciables des affaires engagées pendant sa gérance, si le préjudice est la conséquence d'une faute imputable au gérant (8).

La responsabilité légale qui pèse sur le gérant et qui est justifiée par l'étendue de ses pouvoirs ne pourrait être diminuée ou supprimée par une convention avec les actionnaires (9).

En cas de distribution de dividendes fictifs, le gérant reste chargé de la dette sociale, non seulement pour la portion que les actionnaires de mauvaise foi ne rendent pas aux tiers, mais encore pour celle qui, ayant été reçue par les actionnaires de bonne foi, ne peut en aucun cas leur être réclamée. Et la prescription abrégée de l'article 10 de la loi de 1867 ne pouvant être invoquée par le gérant, il n'est déchargé que par la prescription trentenaire (10).

301. — Actionnaires. — L'action en responsabilité à raison des fautes du gérant peut être exercée contre ce dernier par les actionnaires, individuellement

(1) L. 24 juillet 1867, art. 12.
(2) Pont, n°° 1500, 1517 et suiv.
(3) Rennes, 2 août 1886.
(4) Pont, n° 1523.
(5) Paris, 18 mars 1868 ; Cass., 18 décembre 1867 (J. trib. comm., t. XII, p. 468, t. XVII, p. 137. V. Cass., 28 mai 1889.
(6) Seine, 24 mai 1887.
(7) Paris, 18 août 1860 et 21 août 1862 ; Pont, n° 1525.
(8) Rennes, 2 août 1886, *loc. cit.*
(9) Dijon, 28 février et 16 mai 1853 (S. 1853-2-488) ; Cass., 27 décembre 1853 (S. 1854-1-433) ; Paris, 16 mars et 4 novembre 1859, 8 avril 1861, 22 janvier 1862.
(10) Lescœur, p. 218; Boistel, p. 190; Pont, n° 1526.

ou par mandataire (1), soit pendant le cours de la société, dès qu'il y a préjudice pour eux, par exemple si le passif est supérieur à l'actif, soit après la dissolution de la société (2).

302. — Créanciers. — Les créanciers peuvent aussi exercer l'action en responsabilité contre le gérant, si la société n'est plus *in bonis*, quand il y a certitude pour eux de ne pas recevoir ce qui leur est dû (3). En cas de faillite, l'action peut incontestablement être intentée par les syndics ; ils ont même seuls le droit de la former s'il s'agit d'obtenir réparation d'un préjudice commun à tous les créanciers.

303. — Compétence. — Le créancier non commerçant peut intenter l'action en responsabilité dirigée contre le gérant ou les membres du conseil de surveillance, soit devant le tribunal civil, soit devant le tribunal de commerce (4).

Art. 4. — *Du conseil de surveillance.*

1° Nomination. Révocation.

304. — L'article 5 de la loi du 24 juillet 1867 est ainsi conçu : « Un conseil de surveillance, composé de trois actionnaires au moins, est établi dans chaque société en commandite par actions. Ce conseil est nommé par l'assemblée générale des actionnaires immédiatement après la constitution définitive de la société, et avant toute opération sociale. Il est soumis à la réélection aux époques et suivant les conditions déterminées par les statuts. Toutefois, le premier conseil n'est nommé que pour une année. »

305. — Définition. — Le conseil de surveillance peut être défini : un comité composé d'un minimum de trois membres nommés par les actionnaires et parmi les actionnaires, qui sont chargés de représenter les intérêts de leurs mandants commanditaires, exclus de la gestion, en exerçant un contrôle permanent et efficace sur tous les actes du gérant. Le rôle du conseil de surveillance est donc de servir en quelque sorte de contre-poids aux pouvoirs du gérant.

306. — Nomination. — Le premier conseil est nommé par l'assemblée générale des actionnaires immédiatement après la constitution définitive de la société et avant toute opération sociale. C'est au gérant qu'incombe le devoir de provoquer cette nomination.

Le premier conseil de surveillance peut être nommé (c'est même ce qui se pratique ordinairement) dans l'assemblée générale constitutive qui vote l'approbation des apports et des avantages particuliers, pourvu que cette nomination soit indiquée dans l'avis de convocation (5). S'il n'y a pas d'apports ou avantages à faire apprécier, ou si le conseil de surveillance n'a pas été nommé dans l'assemblée constitutive, il doit être pourvu à la nomination par une assemblée générale spécialement convoquée à cet effet. La loi ne fixe ni dans quel délai ni à quelle majorité la nomination doit avoir lieu ; il suffit que le conseil de surveillance soit nommé avant toute opération sociale (6), et à la majorité des actionnaires présents votant par tête, à moins que les statuts ne l'aient autrement réglé (7).

Au cours de la société, les membres du conseil de surveillance sont nommés par l'assemblée générale ordinaire.

---

(1) L. 24 juillet 1867, art. 17.
(2) En cas de faillite, c'est aux syndics qu'il appartiendrait, en principe, d'agir en réparation d'un préjudice commun à tous les actionnaires ; mais l'action individuelle subsisterait s'il s'agissait d'un préjudice particulier à un ou plusieurs actionnaires individuellement. Pont, n° 1543 ; Paris, 22 avril 1870 S. 1871-2-169) ; Cass., 7 mai 1872 (S. 1872-1-128).
(3) Pont, n° 1544. — V. Orléans, 20 décembre 1860

(S. 1861-2-289) ; Cass., 28 juin 1862 (S. 1862-1-625) ; Angers, 13 janvier 1869 (S. 1880-2-81).
(4) Cass., 26 juin 1867 et 21 juillet 1878 (S. 1867-1-290 ; 1873-1-446) ; Lyon-Caen et Renault, n° 450.
(5) Pont, n° 1033 ; Vavasseur, n° 569.
(6) Pont, n° 1035.
(7) Bédarride, n° 141 ; Mathieu et Bourguignat, n° 57 ; Vavasseur, n° 570 ; Pont, n° 1037 ; Dict. du not., suppl., n° 66.

307. — Nombre. — Les membres du conseil de surveillance doivent être au nombre de trois au moins. On admet généralement que la société pourrait cependant se constituer avec un conseil inférieur à trois membres, s'il y avait moins de trois actionnaires (1).

308. — Vacance. — Si, au cours de la société, le conseil de surveillance vient à être réduit au-dessous de trois membres, par empêchement, absence, démission ou décès, le gérant ou les membres en exercice doivent convoquer sans retard l'assemblée générale des actionnaires pour compléter le conseil. Toutefois le défaut de reconstitution du conseil ne saurait, comme l'enseignent certains auteurs (2), entraîner la nullité de la société, régulièrement constituée à l'origine.

Pour éviter cette difficulté, il est prudent de nommer soit un plus grand nombre de membres du conseil de surveillance, soit deux ou plusieurs membres suppléants, devant prendre, dans un ordre déterminé, les places qui deviendraient vacantes.

309. — Actionnaires. — Les membres du conseil de surveillance doivent être pris parmi les actionnaires de la société. Cette qualité est nécessaire. Mais il suffit qu'ils possèdent chacun une action. Ordinairement, les statuts stipulent que les membres doivent être propriétaires d'un certain nombre d'actions déposées dans la caisse sociale et inaliénables pendant la durée de leurs fonctions. Cette stipulation est licite et obligatoire (3).

310. — Durée du mandat. — Le premier conseil ne peut être nommé pour plus d'une année. Il est ensuite soumis à la réélection aux époques et suivant les conditions déterminées par les statuts. La durée des fonctions n'est pas autrement déterminée. Le conseil ne pourrait cependant être nommé pour toute la durée de la société. Les membres sortants sont rééligibles (4). On stipule ordinairement, — c'est la mesure la plus sage, — que le conseil se renouvellera partiellement chaque année, et que les membres sortants seront désignés par le sort pour les premières années et ensuite par rang d'ancienneté. Si les membres du conseil continuaient leur mandat, après son expiration, sans réélection, ils engageraient leur responsabilité dans les termes du droit commun ; mais la société ne serait pas nulle pour cela (5).

311. — Rémunération. — Ordinairement, les statuts accordent aux membres du conseil de surveillance des jetons de présence, dont la valeur est déterminée par l'assemblée générale des actionnaires.

2° Attributions.

312. — Constitution. Vérification. — Le premier conseil doit, immédiatement après sa nomination, vérifier si toutes les dispositions contenues dans les articles 1 à 5 ont été observées (6).

Le premier devoir du conseil de surveillance est donc de vérifier si les formalités prescrites par la loi pour la constitution de la société, et que nous avons rappelées, *suprà*, n° 276, ont été régulièrement remplies. Les membres du conseil sont tenus de faire la vérification eux-mêmes : ils ne doivent pas s'en rapporter aux

---

(1) Aix, 18 novembre 1857 (S. 1858-2-473; D. 1858-2-127) ; Bédarride, n°° 132 et suiv. ; Vavasseur, n° 571 ; Pont, n° 1039 ; Dict. du not., suppl., n° 68. — *Contrà* : Rivière, n° 62 ; Mathieu et Bourguignat, n° 65 ; Ruben de Couder, n° 271.
(2) Duvergier, *Lois* 1856, p. 341 ; Pont, n° 1040. V. Mathieu et Bourguignat, n° 60.
(3) Mathieu et Bourguignat, n°59 ; Ameline, p. 59 ; Beslay et Lauras, n° 553 et suiv. ; Sourdat, p. 134 ;

Dict. du not., suppl., n° 69. V. cep. Bédarride, n° 189 ; Pont, n° 1044.
(4) Mathieu et Bourguignat, n° 62 ; Pont, n° 1048; Vavasseur, n° 573.
(5) Lyon, 24 juin 1871 (S. 1872-2-94) ; Cass., 14 juillet 1873 (S. 1874-1-425) ; Pont, n° 1059 ; Vavasseur, n° 578.
(6) L. 24 juillet 1867, art. 6.

déclarations du gérant ou des fondateurs (1). Cette vérification est importante et grave ; car si la société était annulée, comme irrégulièrement constituée, les membres du premier conseil pourraient être déclarés responsables avec le gérant des dommages résultant pour la société et pour les tiers de cette annulation (art. 8).

313. — Augmentation du capital. Vérification. — Dans le cas d'augmentation du capital par souscription d'actions nouvelles, le conseil de surveillance en fonctions est tenu, aussi bien que lors de la constitution de la société, de vérifier la réalité de la souscription et des versements (2).

314. — Vérification au cours de la société. Loi. — Les membres du conseil de surveillance sont chargés de vérifier les livres, la caisse, le portefeuille et les valeurs de la société (3), c'est-à-dire tout ce qui constitue ou constate l'actif et le passif sociaux (4).

315. — Immixtion. — Ils doivent exercer un contrôle, mais en prenant soin d'éviter tout acte d'immixtion dans les affaires sociales dont le gérant a seul l'administration, afin de n'être pas déclarés responsables dans les termes de l'article 28 du Code de commerce, auquel la loi de 1867 n'a pas dérogé.

316. — Contrôle personnel. — La vérification peut être faite par tous les membres collectivement, ou séparément, en leur nom collectif, par chacun d'eux (5) ; mais elle ne saurait être confiée à des mandataires (6).

317. — Epoque. — La vérification doit être faite au moins une fois par an, à l'époque de l'inventaire, pour le rapport à faire à l'assemblée. Il peut y être procédé au moment qui paraît le plus convenable aux membres du conseil, même en tout temps et aussi souvent qu'ils le jugent nécessaire, sans pouvoir cependant paralyser l'action du gérant (7).

318. — Communication. — Les membres du conseil ont le droit et le devoir de vérifier les livres, la caisse, le portefeuille et les valeurs de la société, ce qui emporte le droit d'exiger du gérant communication des pièces, des registres, de la correspondance et de tous les documents susceptibles d'aider à l'exercice d'un contrôle rigoureux et exact. Ils doivent aussi vérifier la qualité aussi bien que la quantité des valeurs et des marchandises, le matériel, l'outillage, les brevets d'invention, les actions de la société, les immeubles, etc. (8).

La vérification et la communication ont lieu sur place, au siège social et sans déplacement ; elles n'impliquent pas le droit d'avoir copie des pièces, mais seulement de prendre des notes ou copies partielles nécessaires pour le rapport (9).

319. — Rapport. — La loi de 1867 charge, en outre, les membres du conseil de surveillance de faire « chaque année, à l'assemblée générale, un rapport dans lequel ils doivent signaler les irrégularités et inexactitudes qu'ils ont reconnues dans les inventaires, et constater, s'il y a lieu, les motifs qui s'opposent aux distributions de dividendes proposées par le gérant » (art. 10). Le rapport trace l'état vrai de la société, contient l'analyse exacte et raisonnée de l'inventaire présenté par le gérant (10). Il doit émaner du conseil entier. S'il y a des divergences, elles seront exprimées et soumises à l'assemblée générale, et il sera utile que le rapport soit inséré dans le procès-verbal de délibération de l'assemblée (11).

(1) Aix, 16 mai 1860 ; Cass., 24 avril 1861 et 11 mai 1863 (S. 1860-2-439 ; 1862-1-182 ; 1863-1-284); Pont, n° 1054 ; Dict. du not., suppl., n° 72.
(2) Aix, 9 avril 1867 (S. 1870-1-425) ; Cass., 5 novembre 1879 (S. 1880-1-172) ; Rivière, Loi de 1867, 17 ; Alauzet, n° 640 ; Bourguignat, Observations sous l'arrêt d'Aix ; Ruben de Couder, n° 285. — Contrà : Pont, n° 1502.
(3) L. 24 juillet 1867, art. 10.
(4) Dalloz, n° 1226.
(5) Rivière, n° 85 ; Dalloz, n° 1224 ; Lyon-Caen et Renault, n° 443 ; Vavasseur, n° 582 ; Pont, n° 1506.

(6) Vavasseur, Pont (loc. cit.).
(7) Lyon-Caen et Renault, n° 443 : Pont, n° 1509.
(8) V. Lyon, 11 juillet 1873 (S. 1874-2-73) ; Angers, 10 mars 1875 (S. 1876-1-409) ; Orléans, 21 juillet 1875 (S. 1876-2-101) ; Pont, n° 1510.
(9) Paris, 9 juillet 1866 (S. 1867-2-262) ; Mornard, p. 128 ; Vavasseur, n° 583.
(10) Pont, n° 1512; Vavasseur, n° 586; Mathieu et Bourguignat, n° 86 ; Lyon-Caen et Renault, n° 444.
(11) Mathieu et Bourguignat, n° 87 ; Vavasseur, n° 585 ; Pont, n° 1512.

320. — Convocation des actionnaires. Dissolution. — Enfin, l'article 11 de la loi de 1867 dispose que le conseil de surveillance peut convoquer l'assemblée générale et, conformément à son avis, provoquer la dissolution de la société.

321. — Délibérations. — Pour l'exercice de ses pouvoirs, le conseil de surveillance délibère à la majorité de ses membres. La minorité du conseil n'aurait pas le droit de convoquer l'assemblée générale et de lui soumettre une proposition de dissolution (1). Les membres du conseil ne peuvent voter par procuration (2). Les statuts déterminent le nombre des membres dont la présence est nécessaire pour la validité des délibérations ; ce nombre ne peut, croyons-nous, être inférieur à trois (minimum du conseil, d'après la loi).

Le conseil nomme ordinairement un président parmi ses membres.

Les délibérations et décisions du conseil sont constatées par des procès-verbaux inscrits sur un registre spécial et signés conformément aux prescriptions des statuts.

3° Responsabilité.

322. — Les dispositions relatives à la responsabilité des membres du conseil de surveillance sont contenues dans les articles 9 et 15, § 5, de la loi du 24 juillet 1867, ainsi conçus : Article 9 : « Les membres du conseil de surveillance n'encourent aucune responsabilité en raison des actes de la gestion et de leurs résultats. Chaque membre du conseil de surveillance est responsable de ses fautes personnelles, dans l'exécution de son mandat, conformément aux règles du droit commun. » Article 15, § 5 : « Les membres du conseil de surveillance ne sont pas civilement responsables des délits commis par le gérant. »

323. — Convention d'irresponsabilité. Nullité. — Il ne pourrait être stipulé valablement par les statuts, ou par une convention, ou par un vote de l'assemblée générale, que les membres du conseil de surveillance ne seront pas responsables de leurs fautes : une telle convention serait nulle, et ne pourrait être sanctionnée par la justice (3).

324. — Gestion du gérant. Délits. — Le gérant reste maître absolu de la gestion et de la direction des affaires sociales, sans que les membres du conseil de surveillance puissent, en principe, ni lui prescrire, ni l'empêcher d'agir. Comme conséquence, ces derniers sont déclarés par la loi irresponsables des actes de gestion et de ses résultats, ainsi que des délits commis par le gérant, lequel doit assumer seul la responsabilité de ses actes.

325. — Fautes. — Dans leurs rapports avec la société, les membres du conseil de surveillance sont de véritables mandataires. A ce titre, et en vertu du principe général de l'article 1992 du Code civil, ils répondent non seulement du dol, mais encore des fautes qu'ils commettent dans leur gestion. Sous l'empire de la loi de 1867 et contrairement à ce qui existait auparavant (4), il n'est plus nécessaire d'établir contre eux qu'ils ont sciemment laissé commettre des inexactitudes ou accepté des fictions en connaissance de cause : la négligence ou la simple faute suffit pour entraîner la responsabilité, dans les termes du droit commun (5).

---

(1) Rivière, n°° 93 et 94; Dalloz, n° 1235 ; Vavasseur, n° 595.
(2) Mathieu et Bourguignat, n° 63 ; Bédarride, n° 146 ; Pont, n° 1506.
(3) Douai, 29 juin 1861 (S. 1861-2-547) ; Angers, 13 janvier 1869 (D. 1869-2-90) ; Bourges, 10 mars 1869 et 21 août 1871 (S. 1871-2-255 et 257) ; Dijon, 7 mai 1874 (S. 1879-1-97) ; Lyon-Caen et Renault, n° 448.
(4) L. 17 juillet 1856.
(5) Pont, n°° 1535 et 1586. Ainsi, les membres du conseil de surveillance sont responsables par négligence, s'il n'a pas été fait d'inventaire régulier, s'ils n'ont pas vérifié attentivement les comptes, les livres et le portefeuille, s'ils ont laissé figurer dans les comptes des valeurs irrecouvrables, s'ils n'ont pas constaté dans leur rapport annuel que les dividendes proposés dépassaient les bénéfices réalisés, s'ils ont négligé de provoquer la dissolution de la société, alors que l'intérêt des actionnaires l'exigeait. V. Lyon, 8 juin 1864 (S. 1865-2-38) ; Caen, 16 août 1864 (S. 1865-2-33) ; Angers, 12 janvier 1867 (S. 1868-1-261) ;

326. — Responsabilité individuelle. — En principe, chacun des membres du conseil de surveillance est responsable de ses fautes personnelles, sans solidarité soit avec les autres membres, soit avec le gérant. La solidarité ne saurait résulter que des principes généraux du droit, comme dans le cas d'une décision collective, de complicité de fraudes commises par le gérant, ou lorsqu'il est impossible de déterminer la part de responsabilité de chacun (1).

327. — Quantum. — La mesure de la responsabilité et le chiffre de la réparation sont appréciés souverainement, d'après les circonstances, par les juges du fond, qui tiennent compte de la bonne foi des membres du conseil de surveillance, de la gratuité et de la durée de leurs fonctions, de leur degré de capacité, de la difficulté de la tâche pour redresser ou corriger une comptabilité, correcte en apparence, mais au fond confuse et embrouillée ; en un mot, de toutes les circonstances susceptibles d'atténuer ou d'aggraver la responsabilité (2).

328. — Actionnaires. — Les actionnaires peuvent exercer l'action en responsabilité, soit pendant le cours de la société, soit après sa dissolution.

329. — Créanciers. — Les membres du conseil sont aussi responsables de leurs fautes envers les créanciers, conformément aux articles 1382 et 1383 du Code civil (3) ; mais ces derniers ne peuvent exercer l'action en responsabilité que si la société n'est plus in bonis.

330. — Compétence. — En principe, l'action en responsabilité doit être portée devant les tribunaux de commerce.

331. — Prescription. — La prescription de l'action en responsabilité contre les membres du conseil de surveillance est triennale, si elle dérive d'un délit (art. 638, C. instr. crim.) ; dans les autres cas, elle est de cinq ans, à partir de la fin ou de la dissolution de la société (art. 64, C. comm.), si la société a été régulièrement constituée (4).

ART. 5. — *Droits et obligations des commanditaires-actionnaires.*

1° Bénéfices. Droit de communication.

332. — Bénéfices. — Le commanditaire est un associé ; il peut, par suite, exercer tous les droits attachés à cette qualité. Il participe aux bénéfices de la société, proportionnellement au nombre de ses actions et conformément aux stipulations des statuts.

333. — Intérêts. — En principe, l'associé commanditaire n'a droit qu'à des dividendes, c'est-à-dire à une part des bénéfices réalisés par la société. Dès lors et

Orléans, 21 juillet 1875 (S. 1876-2-101) ; Cass., 15 avril 1873 (S. 1875-1-216) ; Cass , 17 mai 1876 (S. 1876-1-415) ; Angers, 5 juillet 1876 (S. 1877-2-265) ; Cass , 17 juillet 1876 (S. 1876-1-407) ; Orléans, 30 juillet 1881 (D. 1882-2-121) ; Paris, 27 décembre 1883 (D. 1885-2-222) ; Aix, 12 juin 1884 ; Bordeaux, 24 mai 1886 ; Rennes, 2 août 1886 ; Cass., Lyon, 12 avril 1889 ; Cass., 28 mai 1889 ; Lyon-Caen et Renault, n° 447 ; Pont, n°° 1538 et 1539 ; Vavasseur, n°° 696 et 697 ; Dict. du not., suppl., n°° 101 et 102 V. sur l'irresponsabilité des membres du conseil de surveillance, dans certaines hypothèses : Orléans, 9 août 1883 (D. 1884-2-137) ; Amiens, 6 août 1885 (J. Cour d'Am., 1885, p. 223) ; Paris, 30 mai 1888.

(1) Colmar, 9 juin 1869 (D. 1869-2-171). Lyon, 24 juin 1871 (S. 1872-2-94) ; Lyon, 11 juillet 1873 (S. 1874-2-73) ; Dijon, 7 mai 1874 (S. 1879-1-97) ; Angers, 10 mars 1875 (S. 1876-1-409) ; Orléans, 21 juillet 1875 (S. 1876-2-101) ; Cass., 21 décembre 1875 (D. 1877-1-17) ; Angers, 5 juillet 1876 (D. 1877-2-80) ; Cass., 8 mars 1876 (S. 1876-1-409) ; Cass., 17 juil-

let 1876 (S. 1876-1-407) ; Cass., 12 février 1879 (S. 1879-1-217) ; Mathieu et Bourguignat, n°° 79, 102 ; Bédarride, n° 199 ; Beslay et Lauras, n° 676 ; Boistel, 287 ; Lyon-Caen et Renault, n° 447 ; Pont, n° 1534 ; Mornard, p. 140 ; Vavasseur, n° 698 ; Dict. du not., n°° 104 et 105.

(2) Caen, 16 août 1864 (S. 1865-2-33) ; Donai, 29 juin 1861 (S. 1861-2-547) ; Aix, 9 avril 1867 (D. 1870-1-401) ; Angers, 11 juin 1867 (D. 1868-2-19) ; Bourges, 10 mars 1869 et 21 août 1871 (S. 1871-2-255 et 257) ; Cass., 26 mai 1869 (D. 1869-1-401), 28 février 1870 (S. 1871-1-242), 14 août 1872 (S. 1878-1-215) ; Lyon, 11 juillet 1873 (S. 1874-2-73) ; Dijon, 7 mai 1874 (D. 1877-1-17) ; Orléans, 21 juillet 1875 (S. 1876-2-101) ; Cass., 21 décembre 1875 (loc. cit.) ; Angers, 5 juillet 1876 (S. 1877-2-265) ; Orléans, 30 juillet 1881 (D. 1882-2-121).

(3) Dijon, 7 mai 1874 (D. 1877-1-17). — V. Paris, 4 août 1882.

(4) Vavasseur, n°° 703 et suiv. ; Pont, n°° 2003 et suiv. ; Paris, 14 avril 1883.

dans le silence des statuts, le gérant ne doit pas et ne peut pas payer aux actionnaires l'intérêt de leurs actions; le paiement d'intérêts constituerait une distribution anticipée de dividendes fictifs, à défaut de bénéfices réalisés ultérieurement, et soumis aux règles que nous exposerons plus loin. La stipulation pure et simple d'un intérêt au profit des actionnaires n'autoriserait pas son paiement en l'absence de bénéfices (1).

Mais les statuts stipulent assez fréquemment que les sommes versées par les actionnaires produiront des intérêts *qui seront portés au compte des frais généraux* comme charge sociale. Cette clause est insérée depuis longtemps dans les statuts des sociétés industrielles (chemins de fer, canaux, etc.) qui ne peuvent commencer leur exploitation et réaliser des bénéfices qu'après une longue période préparatoire. Sa validité était généralement reconnue avant la loi du 24 juillet 1867 ; et comme cette loi ne l'a pas proscrite, on doit reconnaître qu'elle est toujours licite (2).

Pour être opposable aux tiers, la stipulation d'intérêts à prélever sur les frais généraux, même en l'absence de bénéfices, doit être régulièrement publiée. Il ne suffirait pas du dépôt aux greffes de l'expédition de l'acte de société qui contiendrait la clause ; il faut encore qu'elle soit insérée dans l'extrait publié dans le journal d'annonces légales (3).

334. — Communication. — Quinze jours au moins avant l'assemblée générale annuelle, tout actionnaire, fût-il propriétaire d'une seule action, peut prendre, par lui-même ou par un fondé de pouvoirs, au siège social, communication du bilan, des inventaires et du rapport du conseil de surveillance (4).

335. — Libération des actions. — Les actionnaires-commanditaires sont tenus d'opérer le versement de leurs mises, c'est-à-dire du montant de leurs actions. Ils ne sont passibles des pertes que jusqu'à concurrence des fonds qu'ils ont mis ou dû mettre dans la société (art. 26, C. comm.), à la différence du gérant qui est tenu au paiement des dettes sociales indéfiniment et sur tous ses biens.

2° Défense d'immixtion.

336. — Le commanditaire ne conserve l'avantage de n'être tenu jusqu'à concurrence de sa mise qu'à la condition de rester étranger à l'administration. En conséquence, la loi lui interdit de faire aucun acte de gestion, même en vertu de procuration. Les avis et conseils, les actes de contrôle et de surveillance n'engagent point l'associé commanditaire (art. 28, C. comm.).

Cette rigueur de la loi a pour but d'empêcher les associés commanditaires d'abuser de leur qualité pour entreprendre, au nom d'autrui et sans encourir personnellement aucun risque, des spéculations hasardeuses (5).

337. — Distinction. — Au point de vue de l'immixtion, on distingue les actes extérieurs, c'est-à-dire ceux qui mettent l'associé commanditaire en rapport

---

(1) Seine, 27 octobre 1858 (D. 1859-3-24) ; Nancy, 18 février 1878 ; Cass., 7 mai 1878 (D. 1879-1-134) ; Lyon, 28 janvier 1890 ; Besançon, 19 mars 1890. V. toutefois Vavasseur, n° 658.

(2) Conf. : Cass., 14 février 1810, 8 mai 1867 (S. 1867-1-253), 6 mai 1868 (S. 1868-1-243) ; Paris, 1er juin 1876 et 9 août 1877 (S. 1878-2-225) ; Douai, 9 avril 1879 (S. 1879-2-320) ; Cass., 7 mai 1878 (S. 1880-1-107) et 8 mars 1881 ; Rouen, 15 juin 1882 (D. 1884-2-61) ; Mathieu et Bourguignat, n° 92 ; Rivière, n° 104 ; Rousseau, n° 915 ; Labbé, *Observ.* (S. 1878-2-225) ; Pont, n° 1456 ; Dict. du not. et suppl., v° *Société*, n° 230; Ruben de Couder, v° *Soc. en command.*, n°s 402 et suiv. — *Contrà* : Bédarride,

n° 283 ; Delangle, n°s 361 et suiv. ; Bravard et Demangeat, p. 216 ; Rivière, *Loi de 1867*, n° 104 ; Marseille, 25 novembre 1886.

(3) Rennes, 25 août 1863 (S. 1864-2-63) ; Lyon, 9 juin 1864 ; Rennes, 7 août 1867 (D. 1870-2-179) ; Troplong, n° 191 ; Mathieu et Bourguignat, n° 192 ; Rousseau, n° 915 ; Bédarride, n° 263 ; Lyon-Caen et Renault, n° 456 ; Labbé, *loc. cit.* ; Pont, n° 1456 ; Vavasseur, n° 660. — *Contrà*: Cass., 8 mai 1867 (S. 1867-1-253) ; Paris, 1er juin 1876 (S. 1878-2-225) ; Angers, 18 janvier 1865 (S. 1865-2-211) ; Douai, 9 avril 1879.

(4) L. 24 juillet 1867, art. 12.

(5) Pont, n° 1457.

avec les tiers, comme représentant la société, et les actes qui, renfermés dans le sein de la société, peuvent être considérés comme actes de gouvernement intérieur. Les premiers sont interdits au commanditaire ; il peut concourir aux actes de la seconde espèce sans compromettre sa qualité (1).

338. — Preuve. Interprétation. — Les faits de gestion et d'immixtion sont valablement établis, de la part des tiers, par des écrits de toute nature et même par témoins (2). Les juges sont investis d'un pouvoir souverain pour décider si les faits articulés par des créanciers contre des commanditaires constituent ou non des actes d'immixtion dans la gestion de la société (3).

339. — Procuration. — Non seulement le commanditaire ne peut faire personnellement des actes de gestion, mais encore il ne peut pas servir d'intermédiaire pour des actes de cette nature et les faire comme mandataire en vertu de la procuration du gérant. Si le commanditaire est employé de la société, il doit éviter de se faire donner une procuration pour des actes de gestion.

340. — Employé. — L'ancien article 27 du Code de commerce déclarait que le commanditaire ne pouvait être employé pour les affaires de la société. Ces mots ayant été supprimés par la loi du 6 mai 1863, on doit reconnaître que le commanditaire peut avoir un emploi dans la société comme teneur de livres, employé aux écritures, garçon de recette ou de bureau (4).

Le commanditaire peut être préposé aux achats et ventes, comme un commis voyageur, pourvu qu'il n'agisse que d'après la direction du gérant (5).

341. — Avis et conseils. — Les commanditaires peuvent, sans engager leur responsabilité, donner des conseils ou des avis au gérant (art. 28, C. comm.). Ces avis et conseils ne sont pas, du reste, obligatoires pour les tiers et n'empêchent pas le gérant d'agir avec ceux-ci contrairement à ces avis (6).

342. — Surveillance et contrôle. — La surveillance des opérations sociales, l'examen des livres ou autres actes de contrôle peuvent sans danger être faits par les commanditaires.

343. — Autorisation au gérant. — Les commanditaires peuvent aussi prendre part à des délibérations touchant certains actes faits ou à faire par le gérant. Cette délibération ne constitue pas un acte d'immixtion ; elle ne renferme qu'un simple avis ou une approbation, si les actes dont il s'agit rentrent dans les pouvoirs du gérant (7). Il en serait de même s'il s'agissait d'actes excédant les pouvoirs du gérant. L'autorisation donnée par les commanditaires pour passer un acte n'entraînerait pas immixtion : ce qui aurait lieu notamment à l'égard de délibérations d'actionnaires ayant pour objet d'autoriser l'aliénation d'un immeuble, la constitution d'une hypothèque, un emprunt, de remplacer le gérant ou d'apporter des modifications aux statuts (8).

Il en devrait être ainsi à notre avis, alors même que l'autorisation des commanditaires serait exigée pour la validité de certains actes *à l'égard des tiers*. Mais cette question fort délicate est toutefois controversée (9).

---

(1) Pont, n° 1460 ; Dict. du not., v° *Société*, n° 233 bis.

(2) Pardessus, n° 1037 ; Malepeyre et Jourdain, p. 164 ; Delangle, n° 401 ; Troplong, n° 437 ; Bédarride, n° 257 ; Pont, n° 1463.

(3) Cass., 6 février 1843 (S. 1843-1-346) ; Cass., 24 mai 1859 (S. 1859-1-618) ; Pont, n° 1463.

(4) Lyon-Caen et Renault, n° 360 ; Bédarride, n° 254 ; Dalloz, n° 1376.

(5) Rapport de M. Deschamps sur la loi de 1863 (D. 1863-4-53) ; Boistel, n° 204. — V. aussi Cass., 9 février 1864 (S. 1864-1-89).

(6) Rapport de M. Deschamps sur la loi de 1863, *loc. cit.*

(7) Lyon, 5 août 1848 (S. 1844-2-311) ; Cass.,

23 mars 1846 (S. 1846-1-770) ; Seine, 7 janvier 1887.

(8) Pardessus, n° 1031 ; Troplong, n° 424 ; Alauzet, n° 318 ; Bédarride, n° 245 ; Lombard, p. 66 ; Pont, n° 1461 ; Dict. du not., v° *Société*, n° 234 ; Ruben de Couder et les nombreuses décisions et autorités citées, n° 451 et suiv. ; Vavasseur, n° 301 et 303 ; Cass., 5 janvier 1859 (S. 1860-1-444) ; Cass., 30 avril 1862 (S. 1863-1-p. 195).

(9) V. Duvergier, *Rev. étr.*, 1842, p. 789 ; Malepeyre et Jourdain, n° 122 ; Delangle, n° 589 ; Vavasseur, n° 302 ; Pont, n°° 1461 et 1462 ; Dict. du not., v° *Société*, n° 234 bis ; Paris, 4 janvier 1844 (S. 1844-2-71) ; Nancy, 29 janvier 1887. — V. aussi Amiens, 24 décembre 1886.

3° Responsabilité en cas d'immixtion.

344. — En cas de contravention à la prohibition mentionnée dans l'article 27, l'associé commanditaire est obligé, solidairement avec les associés en nom collectif, pour les dettes et engagements de la société, qui dérivent des actes de gestion qu'il a faits, et il peut, suivant le nombre et la gravité de ces actes, être déclaré solidairement obligé pour tous les engagements de la société ou pour quelques-uns seulement (1).

345. — Etendue. Distinction. — En principe, le commanditaire, en cas d'immixtion, n'est obligé solidairement avec les associés en nom que pour les dettes et engagements de la société dérivant des actes de gestion qu'il a faits. Cette responsabilité est forcée, obligatoire. Si le commanditaire a fait des actes multiples et en quelque sorte habituels de gestion, il peut être déclaré solidairement obligé pour tous les engagements de la société, ou pour quelques-uns seulement, suivant les circonstances appréciées par les tribunaux, et dans la mesure fixée par eux (2).

346. — Créanciers. — En cas d'immixtion d'un commanditaire, les créanciers sociaux, soit individuellement, soit collectivement, par eux-mêmes ou par les mandataires qui les représentent, par exemple des syndics, sont en droit de le faire déclarer solidairement responsable dans les termes de la loi (3).

347. — Associés en nom collectif ou gérant. — Les associés en nom collectif ou le gérant ont-ils le même droit? — On décide généralement que les tiers ont seuls qualité, à l'exclusion des associés, pour faire déclarer le commanditaire qui s'est immiscé dans la gestion de la société, solidairement responsable avec les associés en nom collectif, et que, par suite, le commanditaire, déchu de sa qualité vis-à-vis des tiers, la conserve à l'égard des associés en nom collectif ou du gérant, et a le droit de répéter contre eux tout ce qu'il a payé aux créanciers sociaux au delà de sa mise (4).

ART. 6. — *Inventaire. Distribution des bénéfices. Restitution des dividendes fictifs. Pénalités.*

348. — Bénéfices. — En principe et d'après les règles du droit civil, les bénéfices ou les pertes d'une société ne se règlent qu'à son expiration, par comparaison de l'actif au jour de sa formation avec l'ensemble des valeurs sociales au moment de la liquidation. Mais obliger les associés à immobiliser leurs capitaux et à attendre, sans retirer de dividendes, jusqu'au jour de la liquidation, c'eût été mettre un obstacle insurmontable à la formation des sociétés commerciales. Aussi la loi a-t-elle supposé et admis la possibilité de faire, au cours de la société et sous forme de dividendes, des répartitions périodiques de bénéfices. Ces bénéfices sont des fruits civils (art. 582, C. civ.).

349. — Inventaire. — Tout commerçant est tenu de faire, tous les ans, un inventaire de ses effets mobiliers et immobiliers et de ses dettes actives et passives, et de le copier, année par année, sur un registre spécial à ce destiné (art. 9, C. comm.). C'est cet inventaire, par lequel est marquée la clôture de chaque exercice, qui sert de base pour les répartitions périodiques. Il met en regard

---

(1) L. 23 mai 1863, art. 28.
(2) Pont, n° 1471.
(3) Paris, 26 mars 1840 (S. 1840-2-250); Orléans, 23 janvier 1861 (D. 1861-2-160); Cass., 16 février 1864 (S. 1864-1-65).
(4) Bordeaux, 4 décembre 1860 (S. 1861-2-190);

Caen, 16 mai 1864 (S. 1865-2-33); Lyon, 27 mai 1865 (S. 1866-2-16); Paris, 6 juillet 1865 (S. 1866-2-219); Pardessus n° 1088; Malepeyre et Jourdain, p. 167; Persil, art. 28, n° 3; Molinier, p. 505; Alauzet, n° 325; Foureix, n° 122; Troplong, n° 440; Dalloz, n° 1381; Vavasseur, n° 308; Ruben de Couder, n° 487.

l'actif et le passif. L'actif se compose des valeurs appartenant à la société, telles que matériel, marchandises, effets et valeurs en portefeuille, créances, espèces en caisse et en dépôt. Le passif comprend : le capital social, les dettes de toute nature, le fonds de réserve, s'il en existe un (il n'est obligatoire que dans les sociétés anonymes). S'il ressort de la balance de ces divers éléments un excédent d'actif, c'est un bénéfice qui peut et doit être réparti entre les associés sous forme de dividende.

Mais il faut, comme condition essentielle de la légitimité de la répartition des dividendes, que l'inventaire soit exact et sincère. Il ne doit présenter ni erreur, ni amoindrissement, ni exagération. Deux conditions sont exigées : l'exactitude matérielle des relevés, sans omission, et la sincérité des évaluations (1).

La confection d'un inventaire présente de grandes difficultés qui tiennent à la nature même des choses (2).

Pour qu'il y ait possibilité de répartition, il faut que les bénéfices soient certains et réalisés, ou réellement acquis. Mais faut-il ne comprendre sous ces expressions que les bénéfices encaissés ? L'affirmative résulte d'un arrêt de la Cour de cassation, d'après lequel l'article 13 de la loi de 1856 exigeait formellement que les dividendes répartis fussent réellement acquis et le résultat d'une opération accomplie réalisé (3).

350. — Répartition. — Les bénéfices constatés par l'inventaire et répartis en dividendes appartiennent aux actionnaires. Ceux-ci ont le droit d'en exiger le paiement. L'assemblée générale elle-même ne pourrait pas, sans l'assentiment de tous, employer ces dividendes notamment à l'acquisition d'un immeuble social (4).

351. — Répétition. — Les sommes distribuées à titre de bénéfices aux actionnaires ne sont pas sujettes à répétition si, au moment où la répartition en a été faite, il y avait réellement des bénéfices à recueillir, c'est-à-dire un actif excédant le capital social. Mais si l'on avait distribué, sous le nom de bénéfices, une portion du capital lui-même, la répétition pourrait être exercée sous certaines conditions. A cet égard, l'article 10, § 3, de la loi de 1867 dispose : « Aucune répétition de dividendes ne peut être exercée contre les actionnaires, si ce n'est dans le cas où la distribution en aura été faite en l'absence de tout inventaire ou en dehors des résultats constatés par l'inventaire » (5).

La loi prohibe toute répartition aux actionnaires, à titre d'intérêts ou de dividendes, en l'absence de bénéfices sociaux, de sommes qui ne peuvent être prises qu'en diminution du capital social (6). Les juges du fait apprécient souverainement, d'après l'examen des inventaires et bilans, si les dividendes distribués ont un caractère fictif (7).

352. — Intérêts. — La loi parle de la restitution des dividendes. Elle ne s'appliquerait pas aux sommes payées aux actionnaires à titre d'intérêt annuel de leur mise, en exécution d'une clause du pacte social qui autorisait ce paiement comme charge sociale (8). Nous avons démontré plus haut la légalité de cette clause (V. *suprà*, n° 313).

---

(1) Seine, 29 avril 1885.
(2) V. sur les inventaires et les bilans, les études de M. Vavasseur (*Rev. des soc.*, 1883, p. 55 et suiv.), et de M. Didier (*J. des soc.*, 1885, p. 128 et suiv.). V. aussi sur la confection des inventaires et le mode d'évaluation de l'actif : Cass., 23 juin 1883 (D. 1883-1-425) ; Paris, 16 mai 1884; Seine, 20 septembre 1884, 10 décembre 1884 ; Lyon, 12 mars 1885 ; Seine, 29 avril 1885 ; Cass., 13 juin 1885 ; Seine, 21 avril 1886 ; 15 novembre 1886; Paris, 18 mars 1887.
(3) Cass., 28 juin 1862 (S. 1862-1-625). V. aussi Caen, 16 août 1864 (S. 1865-2-33) ; Dalloz, n° 1890 ; Exposé des motifs de la loi du 23 mai 1863 (Tripier, p. 31). V. Paris, 19 mars 1883 ; Cass., 14 février 1810,

14 mai 1847 (S. 1847-1-585) ; Cass., 25 novembre 1861 (S. 1862-1-189) ; Paris, 22 avril 1870 (S. 1871-2-169) ; Cass., 7 mai 1872 (S. 1872-1-124); Pont, n° 1480 ; Vavasseur, n°° 614 et suiv.; Ruben de Couder, n°° 362 et suiv.; Rapport de M. du Miral, *Loi de 1863* (Tripier, p. 55 et 56) ; Mathieu et Bourguignat, n° 90 ; Alauzet, n°° 683 et 684.
(4) Rouen, 8 août 1868 (S. 1869-2-236).
(5) V. Paris, 23 juillet 1889, 19 mars et 5 mai 1890 ; Cass., 16 juin 1891.
(6) Amiens, 15 mars 1888.
(7) Cass., 19 novembre 1887.
(8) Paris, 18 avril 1860 (D. 1861-2-123) ; Seine, 21 avril 1885.

Les intérêts des sommes que l'actionnaire est condamné à rapporter à titre de dividendes fictifs ne sont dûs qu'à compter du jour de la demande (1).

353. — Action en répétition. — L'action en restitution de dividendes fictifs peut être exercée par les créanciers sociaux, ou en cas de faillite par le syndic, ou même par le gérant, au nom de la société, si l'action en responsabilité formée contre le gérant et les membres du conseil de surveillance ne procure pas aux créanciers une complète satisfaction (2). L'action est formée exclusivement contre l'actionnaire qui a touché le dividende fictif, qu'il soit ou non resté en possession du titre, ou, s'il est décédé, contre ses héritiers et représentants (3). Elle doit être portée devant le tribunal civil (4).

354. — Prescription. — L'action en répétition, dans le cas où elle est ouverte, se prescrit par cinq ans à partir du jour fixé pour la distribution des dividendes. Cela résulte de l'article 10 de la loi de 1867.

355. — Responsabilité pénale du gérant. — Sont punis des peines portées par l'article 405 du Code pénal, sans préjudice de l'application de cet article à tous les faits constitutifs du délit d'escroquerie, les gérants qui, en l'absence d'inventaires ou au moyen d'inventaires frauduleux, ont opéré entre les actionnaires la répartition de dividendes fictifs. Les membres du conseil de surveillance ne sont pas civilement responsables des délits commis par le gérant (5). La distribution de dividendes fictifs est un délit dont la mauvaise foi est un des éléments constitutifs (6), et les règles de droit commun sur la complicité sont applicables à ce délit (7). Le juge du fond décide souverainement si les dividendes distribués sont fictifs ou non (8).

La loi frappe spécialement le gérant, qu'elle considère comme l'auteur du délit. Cependant, si les membres du conseil de surveillance avaient pactisé avec le gérant, ils pourraient être poursuivis correctionnellement comme complices (9).

L'action pénale résultant du délit de distribution de dividendes fictifs se prescrit par trois ans à partir du jour de la distribution (10).

ART. 7. — *Des assemblées générales.*

356 — Assemblées au cours de la société. — Il doit y avoir, tous les ans, dans les sociétés en commandite par actions, une assemblée générale ordinaire, et il peut y avoir des assemblées générales extraordinaires. La loi de 1867 a prévu et réglé la composition des assemblées et la formation de la majorité dans les sociétés anonymes (art. 27 et suiv.). Mais elle ne contient, par une singularité inexplicable, aucune disposition en ce qui concerne les sociétés en commandite par actions (11). Le législateur a ainsi laissé à ces sociétés toute liberté pour régler,

---

(1) Caen, 16 août 1864 (S. 1865-2-33); Pau, 18 décembre 1865 (S. 1866-2-178); Bourges, 21 août 1871 (S. 1871-2-257); Pont, n° 1489.

(2) Mathieu et Bourguignat, n° 114; Ameline, *Rev. prat.*, p. 95; Lyon-Caen et Renault, n° 454; Pont, n° 1491; Vavasseur, n° 645; Cass., 3 mars 1863 (S. 1863-1-187); Bourges, 21 août 1871 (D. 1873-2-34); Cass., 15 novembre 1869 (S. 1870-1-216).

(3) Mathieu et Bourguignat, n° 115; Ameline, n° 96; Lyon-Caen et Renault, n° 454; Pont, n° 1491.

(4) Angers, 18 janvier 1865; Cass., 8 mai 1867 (S. 1865-211; 1867-2-1-253); Pont, n° 1492.— *Contrà:* Cass., 3 mai 1863 (S. 1863-1-137); Caen, 16 août 1864; Pau, 18 décembre 1865 (S. 1865-2-33; 1866-2-178). Suivant ces derniers arrêts, la juridiction consulaire serait seule compétente.

(5) L. 1867, art. 15.

(6) Paris, 24 juin 1885. — V. Villey, note sous Cass., 28 février 1885 (S. 1887-1-41).

(7) Cass., 23 juin 1883 (D. 1883-1-425).

(8) Cass., 17 juillet 1885 (S. 1887-1-286; D. 1886-1-273). — Il faut pour que la loi soit applicable: 1° l'absence d'inventaire (ce qui établit une présomption de fraude contre le gérant) ou la confection d'un inventaire frauduleux (la fraude doit être établie par ceux qui attaquent l'inventaire) (V. sur la confection des inventaires et les inventaires frauduleux, les autorités citées, n° 349); 2° la distribution effective de dividendes fictifs, c'est-à-dire pris sur le capital.

(9) Tripier, *Loi de 1867*, t. II, p. 501; Pont, n° 1556.

(10) Rennes, 3 novembre 1887.

(11) Il n'y a de règle que pour les assemblées appelées à voter sur les apports en nature et les avantages particuliers (art. 4).

par leurs statuts, le régime intérieur des assemblées ordinaires ou extraordinaires tenues au cours de leur existence. Ce sont donc les statuts qu'il faut consulter et appliquer (1).

Dans le silence des statuts, le vote pour les délibérations ordinaires, a lieu par tête, à la majorité des actionnaires présents, quelque minime que soit leur nombre et quelque peu élevé que soit le chiffre du capital représenté (2). (Sur la forme des procès-verbaux d'assemblées d'actionnaires et des copies et extraits à en délivrer, V. *infrà*, n°ˢ 472 et 473).

357. — Assemblée annuelle. — Les actionnaires doivent être convoqués en assemblée générale ordinaire, au moins une fois par an, pour entendre le rapport du conseil de surveillance prescrit par l'article 10 de la loi (*suprà*, n° 319), vérifier les comptes du gérant, approuver ou contester l'inventaire et les propositions de répartition de dividendes, nommer les membres du conseil de surveillance, quand leurs fonctions sont sur le point d'expirer.

358. — Communication. — Dans ce but, l'article 12 de la loi de 1867 autorise tout actionnaire (n'eût-il qu'une action), quinze jours au moins avant la réunion de l'assemblée générale, à prendre par lui ou par un fondé de pouvoirs, au siège social, communication du bilan, des inventaires et du rapport du conseil de surveillance. Les statuts pourraient aussi exiger la communication du rapport du gérant, dont la loi ne parle pas. Le gérant est tenu de déposer ces documents au siège social (où la communication doit être faite sans déplacement) et d'avertir les actionnaires par insertions dans les journaux ou par lettres individuelles, que ces pièces sont à leur disposition. La communication est obligatoire (3).

359. — Modifications aux statuts. — Les modifications aux statuts doivent, quand les statuts sont muets sur ce point, être votées avec le consentement unanime des actionnaires. Les délibérations de l'assemblée générale ne lient ni les absents ni les dissidents (4).

360. — Majorité factice. Pénalité. — Sont punis d'une amende de 500 francs à 10,000 francs et peuvent, en outre, être condamnés à la peine de l'emprisonnement de quinze jours à six mois : 1° ceux qui, en se présentant comme propriétaires d'actions ou de coupons d'actions qui ne leur appartiennent pas, ont créé frauduleusement une majorité factice dans une assemblée générale, sans préjudice de tous dommages-intérêts, s'il y a lieu, envers la société ou envers les tiers ; 2° ceux qui ont remis des actions pour en faire un usage frauduleux (5). Ces dispositions s'appliquent aux assemblées initiales comme à celles ordinaires ou extraordinaires tenues au cours de la société (6). La loi ne serait pas applicable si un actionnaire sérieux s'était fait représenter aux assemblées par un tiers auquel il aurait remis ses actions, ou par plusieurs étrangers, pour augmenter le nombre de voix en cas de limitation dans les statuts (7). Il n'y aurait pas non plus délit consommé, mais tentative de délit, si le vote des faux actionnaires était resté dans la minorité (8). On décide généralement que le détenteur d'actions, en vertu

(1) Ils pourraient, par exemple, exiger un certain nombre de voix d'après le nombre d'actions, prescrire pour la validité des délibérations la représentation d'une certaine portion du capital, au moins, par les actionnaires présents, etc. Pont, n° 1520 ; Vavasseur, n° 426.
(2) Lyon-Caen et Renault, n° 441 ; Boistel, n° 298 ; Mornard, p. 190 ; Ruben de Couder, v° Soc. en command., n° 338.
(3) V. Lyon, 17 novembre 1869 ; Cass., 3 décembre 1872 ; Orléans, 30 avril 1887 ; Seine, 14 juin 1890 et 9 juin 1891.
(4) Paris, 18 mai 1862 (S. 1862-2-161); Aix, 30 janvier 1868 (S. 1868-2-343); Rouen, 8 août 1868

(S. 1869-2-236); Cass., 14 décembre 1869 (S. 1870-1-165); Lyon, 9 janvier 1870 (S. 1870-2-235); Paris, 19 avril 1875 (S. 1876-2-113); Alauzet, n° 542; Rivière, n° 230 ; Dutruc, Devilleneuve et Massé, 1284; Lyon-Caen et Renault, n° 441 ; Ballot, Rev. prat., t. VI, p. 109 et suiv. ; Ruben de Couder, v° Soc. en command., n° 339 et suiv.
(5) L. 24 juillet 1867, art. 13.
(6) Tripier, t. II, p. 549.
(7) Mathieu et Bourguignat, n° 132; Alauzet, n° 512; Rivière, n° 118; Bédarride, n° 276 ; Pont, n° 1551.
(8) Pont, n° 1551.

d'une opération de report, peut, sans encourir la peine, faire partie des assemblées générales et y voter, à moins que l'ingérence des reporteurs soit la suite d'une manœuvre pratiquée en vue de créer une majorité factice (1).

ART. 8. — *Des actions judiciaires.*

361. — L'article 17 de la loi du 24 juillet 1867, est ainsi conçu : « Des actionnaires représentant un vingtième du capital social peuvent, dans un intérêt commun, charger à leurs frais un ou plusieurs mandataires de soutenir, tant en demandant qu'en défendant, une action contre les gérants ou contre les membres du conseil de surveillance, et de les représenter, en ce cas, en justice, sans préjudice de l'action que chaque actionnaire peut intenter individuellement. »

362. — **But.** — Le législateur s'est proposé, en organisant ce mode d'action, de faciliter aux minorités d'actionnaires, agissant dans un intérêt commun, l'accès de la justice par la simplification et l'économie, en évitant les significations à chacun des actionnaires intéressés (2). C'est une dérogation à l'ancienne maxime : *Nul, en France, ne plaide par procureur.*

363. — **Hypothèse de la loi. Gérant. Conseil de surveillance.** — La loi suppose, dans l'article 17, un différend, un débat s'élevant entre : d'une part, les associés ou une partie des associés, et, d'autre part, le gérant ou les membres du conseil de surveillance, c'est-à-dire les mandataires de la société. Dans ce cas, il est permis aux actionnaires de s'affranchir de la règle commune et de désigner un ou plusieurs commissaires pour faire, dans leur intérêt commun, tant en demandant qu'en défendant, tous les actes de la procédure engagée. Le droit de déléguer des commissaires n'existerait pas au profit des actionnaires s'ils n'étaient pas en présence du gérant ou des membres du conseil de surveillance en exercice. Décidé, en conséquence, qu'il n'en saurait être ainsi, quand il s'agit d'une action intéressant tout le corps social demandant compte de leur gestion à d'anciens gérants ; c'est au nouveau gérant seul qu'il appartient d'intenter une telle action (3). L'article 17 ne serait pas applicable à l'action intentée au nom et aux frais de la société (4).

364. — **Groupes d'actionnaires.** — La disposition de la loi serait-elle applicable au cas d'une contestation engagée au sein de la société entre deux groupes d'actionnaires ? — L'affirmative est généralement admise (5).

365. — **Vingtième du capital.** — La loi exige, en premier lieu, qu'à eux tous, les actionnaires agissant dans un intérêt commun représentent le vingtième au moins du capital social. Si un groupe représentant cette fraction avait déjà constitué un mandataire, un autre groupe représentant moins d'un vingtième pourrait se réunir et constituer le même mandataire (6).

366. — **Pluralité d'actionnaires.** — Il faut, en second lieu, la réunion de plusieurs actionnaires agissant dans un intérêt commun : un seul actionnaire, même dans le cas où il représenterait le vingtième du capital, ne serait pas admis à user du bénéfice de la loi (7).

367. — **Affaires sociales.** — Enfin, il est nécessaire qu'il s'agisse d'intérêts ou de contestations touchant l'association elle-même. Si, par exemple, les

---

(1) Cass., 3 février 1862 (S. 1862-1-369); Paris, 19 avril 1875 (S. 1876-2-113); Bravard, t. II, p. 126 ; Mollot, *De la Bourse*, n° 477 ; Buchère, *Traité des valeurs au porteur*, n° 812. — *Contrà :* Pont, n° 1552: Bozérian, *De la bourse*, t. I, n°° 88 et suiv.; Bédarride, *Bourse de commerce*, n° 109 ; Boistel, p. 414.
(2) V. le rapport de la commission, Tripier, t. I, p. 146.
(3) Paris, 21 février 1874 (S. 1874-2-143); Pont, n° 1566 ; Vavasseur, n° 734 ; Dict. not. supp., n° 86.

(4) Seine, 7 mai 1885.
(5) Duvergier, *Lois* 1856, p. 350 ; Bravard, p. 174; Romiguière, n° 164 ; Mathieu et Bourguignat, n° 160; Bédarride, n° 312 et suiv.; Sourdat, p. 211; Pont, n° 1567 ; Lyon-Caen et Renault, n° 457 ; Dict. du not., supp., n° 86. — *Contrà :* Rivière, n° 131 ; Dalloz, n° 1409 ; Dolez, p. 351; Lescœur, p. 240; Vavasseur, n° 734.
(6) Bourges, 21 août 1871 (S. 1872-2-257).
(7) Angers, 26 avril 1866 (S. 1867-2-103).

actionnaires sont poursuivis comme débiteurs de tout ou partie de leurs actions, c'est une procédure qui rentre dans les règles du droit commun. Si, au contraire, ils sont appelés en justice pour le règlement des intérêts sociaux, c'est le cas du commissariat (1).

368. — Nomination. — La loi laisse aux intéressés le soin de procéder comme ils l'entendent à la nomination d'un ou plusieurs commissaires, associés ou non, chargés de les représenter. Les actionnaires peuvent se réunir sur la convocation de l'un d'eux. La nomination des mandataires a lieu à la majorité des suffrages des membres adhérents au procès (2).

369. — Pouvoirs. — Les commissaires étant des mandataires, leurs pouvoirs sont ce que les font les actionnaires intéressés. Si l'acte de nomination est muet, il y aurait à se référer aux principes généraux du mandat. Les actionnaires ne pourraient instituer un commissariat permanent. Les commissaires doivent être nommés pour chaque affaire. En principe, ont-ils le pouvoir d'agir dans tous les degrés de juridiction et notamment, sans renouvellement de mandat, d'interjeter appel, se pourvoir en cassation? — La question est controversée (3).

Le mandataire a, au moins, et en dehors des pouvoirs spéciaux que pourraient lui conférer les actionnaires, celui de faire et de recevoir la signification des actes de procédure. Seraient frustratoires les frais occasionnés par la signification faite par copies séparées à chacun des actionnaires (4).

Les jugements rendus avec les commissaires sont en premier ressort, même à l'égard des actionnaires dont l'intérêt est inférieur à 1,500 fr., si l'intérêt collectif des actionnaires excède ce chiffre (5).

§ 7. Société anonyme.

Art. 1er. — *Caractères généraux*.

370. — Caractère. — La société anonyme est une pure association de capitaux, sans aucun élément personnel. C'est là son caractère essentiel et distinctif. Cette forme de société est principalement employée pour l'exploitation des grandes entreprises industrielles et commerciales : les chemins de fer, les canaux, les mines, les assurances, les banques, etc.

371. — La société anonyme a été d'abord réglementée par le législateur de 1807 (art. 29 et suiv., C. comm.). Sous l'empire du Code de commerce, elle ne pouvait exister qu'avec l'autorisation du Gouvernement (art. 37). La loi du 23 mai 1863 dispensait de cette autorisation certaines associations qui, sous la qualification de sociétés à responsabilité limitée, étaient de véritables sociétés anonymes. Enfin, la loi du 24 juillet 1867, qui régit aujourd'hui les sociétés anonymes, accorda la même faveur à ces sociétés. En effet, l'article 21 de cette loi dispose : « A l'avenir, les sociétés anonymes pourront se former sans l'autorisation du Gouvernement. Elles seront soumises aux dispositions des articles 29, 30, 32, 33, 34 et 36 du Code de commerce, et aux dispositions contenues dans le présent titre. » — Mais les associations de la nature des tontines et les sociétés d'assurances sur la vie, mutuelles ou à primes, restent soumises à l'autorisation et à la surveillance du Gouvernement (art. 66).

372. — Dénomination. — « La société anonyme n'existe point sous un

---

1) Dalloz, n° 1408 ; Pont, n° 1571.
(2) Dalloz, n° 1405 ; Rivière, n°° 126 et 127 ; Vavasseur, n° 787 ; Pont, n°° 1571 et 1572.
(3) Affirm. : Rivière, n° 140 ; Bédarride, n° 308 ; Pont, n° 1574. — Négat. : Dalloz, n° 1414 ; Dolez, p. 351 ; Vavasseur, n° 738.

(4) Cass., 28 décembre 1886.
(5) Angers, 18 janvier 1845 (S. 1865-2-213) ; Pau, 18 décembre 1865 (S. 1866-2-178) ; Pont, n° 1575 ; Vavasseur, n° 738. — V. sur les actions judiciaires, Houpin, *Soc. par act.*, n°° 343 *bis* et suiv.

nom social ; elle n'est désignée par le nom d'aucun des associés. Elle est qualifiée par la désignation de l'objet de son entreprise » (art. 29 et 30, C. comm.). Ces dispositions sont impératives et obligatoires.

Il n'y a pas de raison sociale, car elle implique l'idée d'une réunion d'associés personnellement et solidairement responsables. Si donc une société dite anonyme agissait sous une raison sociale, elle serait, en réalité, soit une société en nom collectif, soit une société en commandite.

La loi déclare que la société anonyme est qualifiée par la désignation de l'objet de son entreprise, par exemple : *Compagnie des mines d'Anzin; Compagnie des chemins de fer de l'Ouest.* Comme plusieurs compagnies ont souvent le même objet, on leur donne des noms de fantaisie pour les distinguer ; c'est ce qui arrive notamment pour les sociétés d'assurances qui sont fort nombreuses : *La Nationale, le Phénix, l'Union, la France, l'Urbaine,* expressions qu'on fait suivre de la dénomination générale « *Compagnie d'assurances contre l'incendie* (ou : *sur la vie*) ».

Le nom commercial constitue une propriété ; aussi une société en possession d'une dénomination a-t-elle le droit d'empêcher une autre société, fondée postérieurement, de prendre une dénomination similaire : ainsi, la *Banque de Paris et des Pays-Bas* a pu empêcher une autre banque de prendre la dénomination de *Banque de Paris* (1).

373. — Responsabilité limitée des associés. — Comme conséquence du principe que la société anonyme est une association de capitaux, la loi déclare que les associés ne sont passibles que de la perte du montant de leur intérêt dans la société (art. 33, C. comm.). Les associés sont donc simplement obligés au versement de leur mise. Dès qu'ils ont exécuté cette obligation, ils ne peuvent être recherchés à raison de dettes sociales ; et un appel de fonds ne peut leur être adressé qu'en vertu d'une clause formelle des statuts, ou d'une délibération prise par eux à l'unanimité : une décision votée à la majorité serait insuffisante (2).

374. — Division du capital en actions. — Une autre conséquence du caractère de la société anonyme, c'est que le capital est divisé en actions. « *Le capital de la société anonyme,* — dit l'article 34 du Code de commerce auquel renvoie la loi de 1867, — *se divise en actions, ou même en coupons d'actions d'une valeur égale.* » — *Les sociétés anonymes* — disposent, en outre, les articles 1 et 27 de la même loi — *ne peuvent diviser leur capital en actions ou coupons d'actions de moins de 100 francs, lorsque ce capital n'excède pas 200,000 francs, et de moins de 500 francs lorsqu'il est supérieur.* » — L'action n'est qu'une fraction aliquote du fonds social. L'égalité des actions peut avoir lieu en somme fixe ou en quotité. Ainsi, une société au capital de 500,000 francs, peut émettre 1,000 actions de 500 francs ou 1,000 actions d'un millième chacune. Il n'y a pas de différence au fond (3). Mais il est d'usage et préférable d'indiquer le capital de chaque action (*suprà*, n°° 19 et suiv.).

La disposition précitée de l'article 34 du Code de commerce est-elle facultative ou obligatoire? Une société anonyme pourrait-elle se constituer sans actions? — Plusieurs auteurs, s'appuyant sur la liberté des conventions, enseignent l'affirmative (4) ; mais la solution contraire nous paraît plus juridique. Elle résulte de la discussion au Corps législatif de la loi de 1867, et du rapprochement des articles 34 et 38 du Code de commerce (5).

375. — Objet. — Toute opération commerciale ou industrielle peut devenir l'objet d'une société anonyme : telle est, notamment, l'exploitation d'un brevet

---

(1) Seine, 23 décembre 1879.
(2) Malepeyre et Jourdain, p. 213 ; Troplong, n° 182 ; Delangle, n° 441 ; Pont, n° 1584 ; Dict. du not., suppl., v° Soc. par act., n° 116.
(3) Pont, n° 1565.

(4) Rivière, n° 180; Alauzet, n° 529 ; Boistel, n° 208; Vavasseur, n°° 776 et suiv.
(5) Troplong, n° 447 ; Bédarride, n°° 330 et suiv. ; Dalloz, n° 1496 ; Pont, n° 1585.

d'invention (1), ou la publication d'un journal (2). — L'objet forme l'un des éléments essentiels de la société ; il doit être indiqué avec exactitude et précision. Il est civil ou commercial suivant la nature des opérations entreprises par la société. S'il est civil, la société peut néanmoins se constituer sous la forme anonyme (V. *suprà*, n° 5).

376. — Siège. — Toute société a un domicile social qui est au lieu où elle a réellement son principal établissement (art. 59, C. pr.) (3).

Le siège social indiqué dans les statuts est ordinairement, mais n'est pas nécessairement le domicile social, lequel est fixé par la loi, non par la convention. Le siège statutaire n'est constitutif du domicile de la société que lorsque celle-ci y possède réellement son principal établissement (4).

Lorsque le siège social d'une société a été fixé par les statuts dans un lieu déterminé où elle a son principal établissement, c'est le tribunal de ce lieu qui est compétent pour la déclaration de faillite (5). Si le siège social établi par les statuts se trouve dans un lieu autre que le principal établissement, c'est le tribunal de ce dernier lieu qui est seul compétent (6).

Une société ne saurait avoir, légalement, plusieurs domiciles ; mais elle peut avoir plusieurs maisons de commerce ou des succursales : c'est ce que prévoit l'article 59 de la loi de 1867.

Le siège social ne peut être transféré au cours de la société qu'avec le consentement unanime des associés, ou en vertu d'une délibération de l'assemblée générale, prise conformément à une stipulation spéciale des statuts (V. *infrà*, n° 490).

377. — Durée. — La durée d'une société commerciale est un élément essentiel du contrat, et doit, à peine de nullité, être fixée par les parties. La disposition de l'article 1844 du Code civil ne serait pas applicable (7).

378. — Nombre des associés. — La société anonyme ne peut être constituée si le nombre des associés est inférieur à sept (8) (V. *suprà*, n° 159).

ART. 2. — Constitution de la société.

379. — Résumé. — Nous avons expliqué les formalités prescrites par la loi du 24 juillet 1867 pour la constitution des sociétés par actions. Nous croyons utile de les résumer ici, en ce qui concerne les sociétés anonymes.

I. — Statuts rédigés par acte notarié ou par acte sous seing privé en plusieurs originaux (V. *suprà*, n°* 85 et suiv.).

II. — Souscription intégrale du capital social (V. *suprà*, n°* 91 et suiv.).

III. — Versement légal, en espèces, par chaque actionnaire, sur le montant des actions par lui souscrites (V. *suprà*, n°* 99 et suiv.).

IV. — Déclaration faite, dans un acte notarié, par les fondateurs, de la souscription intégrale du capital et du versement légal sur chaque action souscrite, avec annexe à cet acte : 1° d'une liste contenant les noms, prénoms, professions et demeures des souscripteurs, le nombre des actions souscrites et le montant des versements effectués par chacun d'eux; 2° de l'un des doubles de l'acte de

(1) L. 25 novembre 1806.
(2) L. 10 juillet 1828, art. 4.
(3) Cass., 1er décembre 1884.
(4) Cass., 1er février 1881 (D. 1881-1-314); Cass., 30 janvier 1882 (S. 1882-1-50); Cass., 16 avril 1883. Il a été décidé que le domicile social n'est pas au lieu d'exploitation de l'usine, mais au siège social indiqué par les statuts : 1° si c'est au siège statutaire qu'habite le gérant, que sont les bureaux, les livres, la caisse, que se tiennent les assemblées générales, que se réunit le conseil de surveillance. Cass., 30 décembre 1840, 17 avril 1866 (D. 1868-1-280). V. aussi

Cass., 21 juin 1880 (S. 1881-1-130). V. toutefois Cass., 10 février 1863 (S. 1863-1-199) ; 2° si, en outre, c'est là que les actions ont été souscrites, et qu'est le centre des opérations de la société. Cass., 4 mai 1857 (D. 1857-1-40*).
(5) V. Cass., 11 août 1884 ; Cass., 1er décembre 1884; Cass., 4 août 1885 ; Cass., 30 juin 1886.
(6) Bordeaux, 18 janvier 1888.
(7) Lyon, 24 juin 1870 (S. 1871-2-70); Vavasseur, n° 267. — Contrà : Pont, n° 830.
(8) L. 24 juillet 1867, art. 23.

Tome IV.   **41**

société, s'il est sous seing privé, ou d'une expédition, s'il est notarié et s'il a été passé chez un notaire autre que celui qui a reçu la déclaration (V. *suprà*, n°s 103 et suiv.).

V. — Les associés doivent être au nombre de sept au moins (V. *suprà*, n° 159).

VI. — Convocation, par les fondateurs, d'une première assemblée générale, *postérieurement* à l'acte qui constate la souscription du capital et le versement du quart, pour vérifier la sincérité de la déclaration notariée, qui lui est soumise avec les pièces à l'appui (V. *suprà*, n°s 111 et suiv.).

. VII. — Si les statuts contiennent des apports en nature ou des avantages particuliers :

1° Première assemblée générale des actionnaires (celle qui vérifie la sincérité de la déclaration notariée), ayant pour objet de faire apprécier la valeur des apports et la cause des avantages stipulés ; nomination d'un ou plusieurs commissaires chargés de faire un rapport à la deuxième assemblée générale ;

2° Deuxième assemblée générale des actionnaires, pour l'approbation des apports et avantages. Cette seconde assemblée ne peut statuer sur cette approbation qu'après un rapport imprimé et tenu à la disposition des actionnaires, cinq jours au moins avant la réunion de ladite assemblée.

Les dispositions ci-dessus, relatives à la vérification de l'apport en nature, ne sont pas applicables au cas où la société à laquelle est fait ledit apport est formée entre ceux seulement qui en étaient propriétaires par indivis (n°s 131 et suiv.).

VIII. — Assemblée générale, convoquée par les fondateurs postérieurement à la déclaration notariée de souscription et de versement, pour nommer les premiers administrateurs (associés et révocables, *infrà*, n°s 386 et suiv.) et les commissaires institués par l'article 32. Cette assemblée générale est la même que celle qui vérifie la déclaration notariée lorsqu'il n'y a pas d'apports en nature et d'avantages particuliers. Dans le cas contraire, la nomination des administrateurs et des commissaires a lieu dans la seconde assemblée qui approuve les apports et avantages.

IX. — Les assemblées qui ont à délibérer sur la sincérité de la déclaration faite par les fondateurs, aux termes du § 2 de l'article 24, sur la vérification des apports et avantages, doivent être composées d'un nombre d'actionnaires représentant la moitié au moins du capital social. — Le capital social, dont la moitié doit être représentée pour la vérification des apports, se compose seulement des apports non soumis à la vérification.

Les apports et avantages doivent être approuvés par une majorité comprenant le quart des actionnaires et représentant le quart du capital social en numéraire (art. 4 et 24).

Si l'assemblée ne réunit pas un nombre d'actionnaires représentant la moitié du capital social, elle ne peut prendre qu'une délibération provisoire. Dans ce cas, une nouvelle assemblée générale est convoquée. Deux avis, publiés à huit jours d'intervalle, au moins un mois à l'avance, dans un des journaux désignés pour recevoir les annonces légales, font connaître aux actionnaires les résolutio s provisoires adoptées par la première assemblée, et ces résolutions deviennent définitive si elles sont approuvées par la nouvelle assemblée, composée d'un nombre d action naires représentant le cinquième au moins du capital social (1) (V. *suprà*, n°s 136 et suiv., 160 et suiv.).

Les administrateurs ne peuvent être nommés pour plus de six ans. Toutefois, ils peuvent être désignés par les statuts, avec stipulation formelle que leur nomina-

---

(1) L. 24 juillet 1867, art. 30.

tion ne sera pas soumise à l'approbation de l'assemblée générale. En ce cas, ils ne peuvent être nommés pour plus de trois ans.

Le procès-verbal de la séance constate l'acceptation des administrateurs et des commissaires présents à la réunion.

La société est constituée à partir de cette acceptation (1) (V. *suprà*, n° 166).

Enfin, la société doit être publiée dans le mois de sa constitution (V. *suprà*, v° SOCIÉTÉS EN GÉNÉRAL, n°˚ 43 et suiv.).

La société anonyme est, en outre, soumise aux règles spéciales que nous venons d'expliquer (n°˚ 370 et suiv.) et aux règles générales que nous avons exposées sur : le taux des actions, leur forme et leur négociation, la responsabilité pes souscripteurs et cessionnaires (n°˚ 19 et suiv.).

380. — Fonctionnement de la société. — La société anonyme doit, pour fonctionner, posséder trois organes ayant chacun son utilité particulière et sa mission spéciale. Ce sont :

1° Les administrateurs, chargés, comme mandataires des actionnaires, de la gestion des affaires sociales ;

2° Les commissaires de contrôle ou censeurs, appelés à surveiller les actes des administrateurs, et à faire un rapport annuel aux actionnaires sur la situation de la société ;

3° Et l'assemblée générale des actionnaires, en qui réside un pouvoir souverain pour la sauvegarde des intérêts sociaux, et pour pourvoir aux actes dépassant les attributions des administrateurs.

ART. 3. — *Du conseil d'administration.*

1° Nomination.

381. — « Les sociétés anonymes sont administrées par un ou plusieurs mandataires à temps, révocables, salariés ou gratuits, pris parmi les associés (2). »

Dans la société anonyme le droit de gérer les affaires sociales appartient, en principe, à tous les associés ; mais comme il n'est pas possible qu'il soit exercé par la masse des actionnaires, il s'en suit qu'il doit être délégué à un ou plusieurs mandataires.

382. — Nomination. — A l'origine de la société, les premiers administrateurs sont nommés par l'assemblée générale de tous les actionnaires. Cependant, ils peuvent être désignés par les statuts, avec stipulation que leur nomination ne sera pas soumise à l'assemblée générale (V. *suprà*, n° 160). Lorsque les fonctions des premiers administrateurs sont expirées, il est procédé à leur remplacement par l'assemblée générale des actionnaires délibérant et votant conformément à l'article 29 de la loi de 1867.

383. — Réélection. — Les administrateurs sont indéfiniment rééligibles, sauf stipulation contraire (3). L'exclusion des anciens administrateurs ne pourrait que nuire à la société, en la privant de l'avantage de conserver à sa tête des hommes reconnus spécialement capables de la diriger, et en faisant disparaître l'esprit de suite si nécessaire pour le succès des entreprises commerciales et industrielles.

384. — Durée. — Le délai maximum pour lequel les administrateurs peuvent être nommés est de *six ans*, qu'il s'agisse des premiers administrateurs ou de ceux qui sont nommés au cours de la société. Toutefois, quand les premiers administrateurs sont désignés par les statuts, avec stipulation que leur nomination ne sera pas

---

(1) L. 24 juillet 1867, art. 25.
(2) L. 24 juillet 1867, art. 22.

(3) L. 24 juillet 1867, art. 25.

soumise à l'approbation de l'assemblée générale, la durée de leurs fonctions ne peut excéder *trois ans* (1).

La loi fixe une durée maxima qui peut être moindre, mais ne saurait être dépassée.

Pour empêcher le changement brusque pouvant résulter d'un renouvellement intégral de tous les administrateurs, souvent on stipule dans les statuts que le conseil se renouvellera partiellement chaque année ou tous les deux ou trois ans (suivant le nombre des administrateurs) et que le renouvellement aura lieu par voie de tirage au sort pendant les premières années, et ensuite par ancienneté, lorsque le roulement est établi.

385. — Nombre. Nominations provisoires. — La société anonyme est administrée par *un ou plusieurs* mandataires (2).

Ordinairement il est nommé plusieurs administrateurs. Dans ce cas, la réunion des administrateurs est qualifiée, dans l'usage, de *conseil d'administration*. Le nombre des administrateurs varie suivant l'objet de la société et les nécessités qu'impose la conduite des affaires sociales.

Quelquefois les statuts fixent un minimum et un maximum, en stipulant, par exemple, que le conseil sera composé de cinq membres au moins et de huit au plus. On ajoute que les membres du conseil auront la faculté de s'adjoindre de nouveaux membres jusqu'au nombre maximum, s'ils le jugent utile pour les besoins du service et l'administration de la société ; que, dans ce cas, les nominations faites à titre provisoire par le conseil, seront soumises, lors de sa première réunion, à la confirmation de l'assemblée générale qui détermine la durée du mandat.

D'un autre côté, il peut arriver, au cours de la société, que, par une cause quelconque (décès, démission, etc.), des vacances viennent à se produire dans le conseil d'administration. Il est d'usage de stipuler (pour ne pas arrêter le fonctionnement de la société et pour éviter la convocation immédiate des actionnaires) qu'en pareil cas les administrateurs restants, délibérant à la majorité des voix, auront le droit de pourvoir provisoirement au remplacement pour compléter le conseil, sauf à l'assemblée générale, lors de sa première réunion, à procéder à l'élection définitive.

Bien que ces stipulations, dont l'utilité est évidente, ne soient indiquées dans aucune disposition de la loi de 1867, elles sont incontestablement licites, d'autant qu'elles laissent complètement réservé le droit souverain de l'assemblée générale (3).

Lorsque les statuts fixent un nombre minimum d'administrateurs, ce nombre ne peut être restreint par l'assemblée générale des actionnaires (à moins d'une modification des statuts régulièrement votée et publiée); et les décisions prises par le conseil insuffisamment composé sont nulles (4) (V. *infrà*, n° 410).

386. — Révocation. — Les administrateurs sont des mandataires révocables (5).

La révocabilité des administrateurs est une règle d'ordre public, à laquelle il ne pourrait être dérogé par une clause des statuts enlevant à la société le droit absolu de révoquer ses administrateurs (6). Il n'y a pas à distinguer, à cet égard, entre les administrateurs nommés par les statuts et ceux nommés depuis par les actionnaires (7).

---

(1) L. 24 juillet 1867, art. 25.
(2) L. 24 juillet 1867, art. 22.
(3) Rivière, n° 208 ; Devilleneuve, Massé et Vergé, n° 1226 ; Alauzet, n° 741 ; Pont, n° 1604 ; Paris, 24 janvier 1889.
(4) Paris, 24 janvier 1889.
(5) L. 24 juillet 1867, art. 22.
(6) Cass., 30 avril 1878, *loc. cit.* ; Cass., 10 janvier 1881 (S. 1881-1-251 ; D. 1881-1-161); Malepeyre et

Jourdain, p. 230 ; Lyon-Caen et Renault, n° 477 ; Pont, n° 1610 ; Dict. du not., suppl., v° *Soc. par act.*, n° 130.
(7) Cass., 28 juillet 1869 et 30 avril 1878, *loc. cit.*; Agen, 7 janvier 1879 (D. 1879-2-247) ; Marseille, 7 mars 1882 ; Alger, 17 novembre 1884 ; Bédarrida, n° 842 ; Lyon-Caen et Renault, n° 477 ; Pont, n° 1608; Vavasseur, n° 795 ; Dict. du not., supp., n° 130.

La révocation est prononcée par l'assemblée générale des actionnaires votant à la majorité ordinaire (1). Cette révocation n'est pas soumise aux formes prescrites par l'acte de société pour la modification des statuts (2).

387. — Démission. — Mais, de leur côté, les administrateurs ont le droit de faire cesser, par leur seule volonté, le mandat dont ils sont investis, en se démettant de leurs fonctions, sans avoir à motiver ou justifier leur retraite, pourvu toutefois que leur renonciation ne soit pas intempestive et inopportune, et ne préjudicie pas aux actionnaires (3).

La démission donnée par un administrateur, postérieurement aux faits qui engagent sa responsabilité, ne saurait, bien entendu, l'en dégager (4).

388. — Conditions d'éligibilité. Associés. — « Les administrateurs doivent être pris parmi les associés. » C'est une condition essentielle exigée par l'article 22 de la loi de 1867, intéressant la constitution même de la société, et sous la sanction de l'article 41, lorsqu'il s'agit de la nomination des premiers administrateurs (5). Le choix des actionnaires ne peut donc porter que sur des personnes qui, lors de leur nomination, sont d'ores et déjà associées (6). Il a été toutefois décidé que pour être administrateur, il n'est pas nécessaire d'être actionnaire au moment de l'élection, et qu'il suffit d'acquérir le nombre statutaire d'actions de garantie avant l'entrée en fonctions (7).

389. — Incompatibilités : militaires, notaires. — Il y a certaines fonctions officielles qui sont incompatibles avec l'administration des sociétés anonymes et, en général de toute société commerciale et industrielle ; citons notamment : 1° les *militaires* ou fonctionnaires appartenant à l'armée, auxquels une circulaire ministérielle du 24 décembre 1869 défend d'entrer dans un conseil d'administration, quel que soit leur grade ; 2° les *notaires*, auxquels l'ordonnance du 4 janvier 1843 interdit de s'immiscer dans l'administration d'aucune société, entreprise ou compagnie de finance, de commerce ou d'industrie. Nous estimons que les notaires doivent aussi s'abstenir d'accepter les fonctions de commissaires de contrôle de sociétés anonymes.

Nous devons signaler, en outre, la loi du 24 novembre 1883, qui déclare déchu de son mandat ou y ayant renoncé, tout sénateur ou député qui, au cours de son mandat, aura fait ou laissé figurer son nom, *avec sa qualité de membre de l'une ou l'autre Chambre*, dans les annonces, affiches, réclames faisant appel au public, pour l'émission de valeurs mobilières.

390. — Actions de garantie. Loi. — « Les administrateurs doivent être propriétaires d'un nombre d'actions déterminé par les statuts. Ces actions sont affectées, en totalité, à la garantie de tous les actes de la gestion, même de ceux qui seraient exclusivement personnels à l'un des administrateurs. Elles sont nominatives, inaliénables, frappées d'un timbre indiquant l'inaliénabilité et déposées dans la caisse sociale » (8).

391. — Nombre. — C'est aux statuts qu'il appartient de déterminer le nombre d'actions dont chaque administrateur doit être propriétaire. La loi du 23 mai 1863 exigeait que les administrateurs fussent propriétaires par parts égales d'un vingtième du capital social. Mais cette disposition n'a pas été reproduite par la loi de 1867, qui laisse aux intéressés le soin de fixer eux-mêmes le nombre des

(1) Vavasseur, n° 795.
(2) Cass., 28 juillet 1868, *loc. cit.*; Paris, 7 janvier 1882.
(3) Arg., art. 1869 et 2009, C. civ.; Pont, *Petits contrats*, n° 1610 ; Vavasseur, n° 796 ; Ruben de Couder, n° 280 ; Dict. du not., supp., n° 280.
(4) Paris, 14 mars 1868 ; Cass., 27 janvier 1873 (D. 1873-1-331).

(5) Mathieu et Bourguignat, n° 170 ; Frénoy, *Rev. soc*, 1883, p. 357 et suiv.
(6) Seine, 29 octobre 1886. V. Frénoy, *Rev. soc.*, 1883, p. 358 ; Lyon, 2 mars 1883.
(7) Lyon, 2 mars 1883 ; Paris, 3 février 1891, 12 décembre 1889. V. aussi Alger, 30 décembre 1890.
(8) L. 24 juille 1867, art. 26.

actions devant garantir d'une façon sérieuse et efficace la gestion des administrateurs.

Le chiffre des actions sera fixé suivant l'importance du capital social. Mais il suffirait strictement de stipuler que chaque administrateur doit être propriétaire d'une action.

Les statuts pourraient stipuler que les administrateurs fourniront le nombre d'actions exigées, dans des proportions inégales (1).

Il n'est pas nécessaire que les administrateurs possèdent, lors de leur nomination, le nombre d'actions déterminé par les statuts ; il suffit de l'acquérir avant leur entrée en fonctions (2).

392. — Affectation. — Les actions des administrateurs, dont le nombre est fixé statutairement, sont affectées en totalité à la garantie de tous les actes de la gestion, même de ceux qui seraient exclusivement personnels à l'un des administrateurs. Les actions possédées par les administrateurs sont un cautionnement.

393. — Forme. Dépôt. — Les actions de garantie sont nominatives, inaliénables, frappées d'un timbre indiquant l'inaliénabilité et déposées dans la caisse sociale. Les administrateurs des sociétés anonymes étant tenus de posséder des actions nominatives affectées à la garantie de leur gestion, ne peuvent s'affranchir de cette obligation en déposant dans la caisse sociale des titres au porteur (3), alors même que, d'après les statuts, les titres sont au porteur.

394. — Inaliénabilité. Insaisissabilité. — Les actions de garantie sont inaliénables. La loi ne les déclare pas insaisissables (4) ; mais la saisie dont elles viendraient à être frappées ne permettrait pas de faire procéder à la vente avant la fin de la gestion à la garantie de laquelle les actions sont spécialement affectées.

395. — Sanction. — En cas d'infraction aux dispositions de l'article 20, quelle est la sanction ? — Le silence des statuts sur le dépôt de garantie ne saurait être considéré comme une cause de nullité de la société (5), ni des actes passés par les administrateurs, au regard des tiers. Mais la rectification des statuts pourrait être demandée par ceux-ci et par les associés eux-mêmes. Les administrateurs qui s'y refuseraient s'exposeraient à des dommages-intérêts. Ils devraient même s'abstenir de tous actes de gestion tant qu'il n'aurait pas été satisfait à l'article 26 (6).

396. — Disponibilité. — L'indisponibilité des actions de garantie cesse quand les administrateurs ont rendu leurs comptes et que ces comptes ont été approuvés par l'assemblée générale. Il doit alors être remis aux anciens administrateurs des actions libres, en échange de celles qui étaient inaliénables et frappées du timbre indiquant cette inaliénabilité (7).

397. — Avantages. — Les administrateurs sont des mandataires salariés ou gratuits (art. 22). Le plus souvent les statuts leur accordent, à raison de leurs fonctions, une rémunération sous la forme de jetons de présence, ou d'allocation d'une part dans les bénéfices de la société. Cette part ne peut être prise que sur les bénéfices nets mis en distribution et effectivement réalisés (8), dans les mêmes conditions que les dividendes répartis aux actionnaires. Par suite, un ancien administrateur ne peut réclamer, après sa sortie, sa part dans le fonds de réserve (9).

---

(1) Mathieu et Bourguignat, n° 194 ; Alauzet, n° 472 ; Pont, n° 1622.

(2) Lyon, 2 mars 1883 ; Seine, 12 juillet 1888 ; Paris, 12 décembre 1889 ; Douai, 7 août 1890.

(3) Paris, 26 novembre 1885.

(4) Paris, 20 novembre 1889.

(5) Pont, n° 1625 ; Lyon, 14 août 1885 ; Lyon, 25 mars 1887.

(6) Mathieu et Bourguignat, n° 192 ; Alauzet, n° 742 ; Pont, n° 1626 ; Ruben de Couder, n° 295. — Contrà : Lyon-Caen et Renault, n° 479.

(7) Devilleneuve, Massé et Dutruc, n° 1231 ; Alauzet, n° 742 ; Pont, n° 1627 ; Dict. du not., suppl., n° 131. — Contrà : Bédarride, n°° 334 et 339, qui admet que les actions de garantie sont libérées dès le jour de la cessation des fonctions des administrateurs.

(8) Paris, 9 janvier 1888.

(9) Paris, 9 mars 1888 ; Paris, 8 février 1890. V. Seine, 9 avril 1888 ; Paris, 8 janvier et 20 novembre 1889, 31 décembre 1890 ; Cass., 16 juin 1891.

La clause des statuts qui détermine la rémunération des administrateurs ne fait pas obstacle à ce que quelques-uns d'entre eux soient investis par le conseil de fonctions distinctes de celles dont ils étaient tenus comme administrateurs, et reçoivent une rémunération spéciale (1).

2° Pouvoirs.

398. — Les pouvoirs des administrateurs n'ont été définis ni par le Code de commerce, ni par la loi spéciale du 24 juillet 1867. Ordinairement, les statuts sociaux déterminent l'étendue de ces pouvoirs. (Cela est très utile en ce qui concerne les pouvoirs qui excèdent l'administration, tels que ceux de donner mainlevée sans paiement, transiger, compromettre, etc) S'ils sont muets ou insuffisants, on doit, croyons-nous, appliquer les règles du mandat (2), et décider, en principe, que les administrateurs des sociétés anonymes étant, comme les gérants des sociétés en commandite, des mandataires, ont les mêmes pouvoirs que ceux-ci (3). Ces pouvoirs ne vont pas jusqu'aux actes de disposition, mais ils s'étendent à tous les actes d'administration, quelque importants qu'ils soient, rentrant dans l'objet et le but de la société.

399. — **Pouvoirs statutaires.** — Les administrateurs dont les pouvoirs ont été déterminés par les statuts n'obligent la société qu'autant qu'ils agissent dans la sphère de leurs attributions, dans la limite de leurs pouvoirs. Les actes qui les excèdent sont nuls (4).

Lorsque les administrateurs ont ainsi excédé leur pouvoirs, ils doivent supporter les conséquences des actes par eux consentis, et restent personnellement responsables des emprunts (5), à moins que la société en ait profité, ou que les actes aient été expressément approuvés par l'assemblée générale des actionnaires (6).

400. — **Pouvoirs légaux.** — Nous avons dit que, dans le silence des statuts, les administrateurs, mandataires des associés, ont, en principe, les mêmes pouvoirs d'administration que les gérants des sociétés en commandite. Nous ne pouvons donc que nous référer, à cet égard, aux explications que nous avons fournies (V. *suprà*, n°⁸ 283 et suiv.).

Il a été décidé, spécialement, que les administrateurs n'ont pas le droit, sans y être autorisés par les statuts ou par l'assemblée générale des actionnaires : d'emprunter (7), de conférer une hypothèque sur les immeubles sociaux (8), de transiger, ni compromettre (9), à moins qu'il ne s'agisse d'intérêts relatifs au commerce ou à l'industrie de la société (V. *suprà*, n° 290).

401. — **Signature des actes.** — Les statuts stipulent ordinairement que les ventes, achats, baux, quittances, mainlevées, marchés, transferts de valeurs et généralement tous actes concernant la société, décidés par le conseil, ainsi que les mandats et retraits de fonds chez les banquiers, débiteurs et dépositaires, et les souscriptions, endos ou acquits d'effets de commerce, sont signés par un ou (le plus souvent) par deux administrateurs, à moins d'une délégation spéciale du conseil à

---

(1) Douai, 31 décembre 1883.
(2) Lyon-Caen et Renault, n° 479.
(3) Pont, n° 1631.
(4) Nancy, 22 décembre 1842 (S. 1843-2-881) ; Bordeaux, 6 août 1853 (S. 1855-2-717) ; Cass., 22 janvier 1867 (S. 1867-1-124) ; Cass., 9 juillet 1872 (S. 1873-1-256) ;Paris, 19 juin 1885 (D. 1886-2-18).
(5) Douai, 15 mai 1844 (S. 1844-2-403) ; Cass., 26 juin 1844 ; Bédarride, n° 285 ; Mathieu et Bourguignat, n° 253 ; Dalloz, n° 1526.
(6) Cass., 24 mars 1852 (S. 1852-1-436) ; Cass., 18 mars 1876 (S. 1876-1-361); Cass, 14 janvier et

23 février 1885 ; Rouen, 13 juin 1887 ; Seine, 17 mai 1888 ; Pont, n° 1630 ; Vavasseur, n° 820 ; Dict. du not., suppl., n° 135. — Comp., Cass., 20 février 1877 (D. 1877-1-201).
(7) Bordeaux, 6 août 1853 (S. 1855-2-717) ; Alger, 18 mars 1863 (S. 1863-2-156); Cass., 22 janvier 1867 (S. 1867-1-124); Lyon, 22 décembre 1888 ; Pont, n° 1629; Dict. du not., suppl., n° 134.
(8) Paris, 5 juillet 1877 (D. 1877-2-168).
(9) Cass., 1ᵉʳ avril 1834 (S. 1834-1-794); Pont, n° 1632. — Comp. Cass., 29 août 1859 (S. 1860-1-526).

un administrateur ou à tout autre mandataire. — Cette disposition est très utile ; car, en son absence, le conseil devrait, dans chaque circonstance, agir par tous ses membres, ou prendre une délibération pour autoriser l'opération et déléguer une personne à l'effet de la réaliser (1).

3° Devoirs.

402. — Prescriptions diverses : communication ; état ; inventaire ; convocation ; fonds de réserve. — A côté des pouvoirs des administrateurs se placent leurs devoirs. Il y en a de généraux : ce sont ceux qui s'imposent à tous mandataires, et pour lesquels nous ne pouvons que renvoyer aux règles du mandat. Il y a, en outre, des devoirs particuliers prescrits par la loi de 1867. Ainsi ils doivent :

a) Communiquer aux commissaires, pendant le trimestre qui précède la réunion annuelle de l'assemblée générale, les livres et les documents nécessaires pour l'examen des opérations sociales (art. 33) ;

b) Faire dresser, chaque semestre, un état de situation sommaire et, chaque année, un inventaire général de l'actif et du passif (art. 34) ;

c) Convoquer l'assemblée générale annuelle pour lui soumettre les comptes de l'exercice écoulé et, s'il y a lieu, la distribution de dividendes (art. 34) ;

d) Faire aux commissaires et aux actionnaires les communications prescrites par les articles 34 et 35 ;

e) Faire procéder au remplacement des administrateurs et des commissaires (art. 32) ;

f) Exercer sur les bénéfices le prélèvement annuel du vingtième au moins, destiné à la constitution du fonds de réserve (art. 36) ;

g) En cas de perte des trois quarts du capital social, convoquer l'assemblée générale des actionnaires pour statuer sur la dissolution de la société (art. 37).

403. — Entreprise du marché avec la société. Interdiction. Loi. — Il fallait éviter que les administrateurs fussent placés entre leur intérêt et celui de la société ; car ce dernier intérêt aurait pu souvent être mal défendu et quelquefois ouvertement sacrifié. Dans ce but, l'article 40 de la loi de 1867 dispose : « Il est interdit aux administrateurs de prendre ou de conserver un intérêt direct ou indirect dans une entreprise ou dans un marché fait avec la société ou pour son compte, à moins qu'ils n'y soient autorisés par l'assemblée générale. Il est, chaque année, rendu à l'assemblée générale un compte spécial de l'exécution des marchés ou entreprises, par elle autorisés, aux termes du paragraphe précédent. »

404. — Opérations défendues. — La loi de 1863 (art. 23), interdisait aux administrateurs de prendre ou conserver un intérêt dans une *opération quelconque* faite avec la société. Mais cette interdiction, trop absolue, a subi une atténuation par la loi de 1867, qui ne défend que l'intérêt dans une *entreprise* ou un *marché*, ce qui ne s'applique qu'à des opérations embrassant une série de fournitures ou de travaux, et non à des opérations instantanées et journalières (2).

---

(1) Voir sur des questions de signature par deux administrateurs : Paris, 23 février et 31 mars 1888 ; Seine, 8 mars 1888 ; Anvers, 25 juin 1888 ; Paris, 7 mai 1889.

(2) V. Cass., 16 juin 1891. Ainsi, les administrateurs pourront, sans autorisation, faire avec la société des actes isolés de commerce, fussent-ils même très répétés, comme lui vendre ou lui acheter des marchandises vendre son papier à l'escompte, ou lui porter le leur (Devilleneuve, Massé et Dutruc, n° 1310 ; Boistel, n° 312 *bis* ; Lyon-Caen et Renault, n° 480 ; Pont, n° 1637) ; mais ils ne pourraient pas se charger envers la société d'une construction, d'une fourniture au mois ou à l'année, faire une assurance contre l'incendie, ou un abonnement pour assurance maritime (Boistel, n° 312 *bis* ; de Courcy, p. 179 et suiv. ; Pont, n° 1637).

La prohibition de la loi ne s'applique qu'aux marchés et entreprises qui se concluent de gré à gré, et non à ceux qui se font par adjudication, avec publicité et concurrence. Ce point a été nettement résolu dans la discussion de l'article 40 au Corps législatif (1).

405. — Intérêt direct ou indirect. — Dans les marchés et entreprises de gré à gré, les administrateurs ne peuvent prendre un intérêt direct, ni même indirect. Si l'intérêt direct est facile à reconnaître, il n'en est pas toujours de même de l'intérêt indirect. Les tribunaux ont, à ce sujet, un large pouvoir d'appréciation (2).

406. — Autorisation de l'assemblée générale. — Du reste, l'interdiction peut être levée au moyen d'une autorisation demandée par les administrateurs et accordée par l'assemblée générale des actionnaires. Cette autorisation pourrait intervenir utilement, même après la convention faite avec la société ou pour son compte, car ce n'est pas la convention qui est interdite par la loi. Si, l'affaire conclue, l'assemblée générale refusait l'autorisation ainsi demandée après coup, l'administrateur aurait à opter entre son intérêt et sa fonction (3).

407. — Compte annuel. — En outre, et pour prévenir les fraudes qui pourraient être pratiquées dans l'exécution des opérations avec l'assentiment de l'assemblée générale, la loi exige qu'il soit, chaque année, rendu à l'assemblée générale un compte spécial de l'exécution des marchés ou entreprises par elle autorisés. C'est le conseil d'administration qui est chargé de faire ce compte rendu et, à son défaut, le commissaire de surveillance (4).

408. — Sanction. — Quelle serait la sanction de l'infraction commise par un administrateur à la prohibition de l'article 40 ? — L'infraction est dépourvue de toute sanction pénale (5); elle pourrait entraîner la révocation de l'administrateur, comme tout manquement aux devoirs de sa fonction (6). Mais quel serait le sort du marché intervenu ? — Une distinction paraît légitime : si le marché avait été conclu avec une personne étrangère, sans dol ni fraude, il n'y aurait aucun motif d'en prononcer la résiliation ; mais l'administrateur serait passible de dommages-intérêts envers la société si le marché ou l'entreprise non autorisée avait été pour elle une cause de préjudice (7). Au contraire, si l'administrateur a traité directement avec la société, la nullité des conventions peut être demandée pour cause d'incapacité de l'administrateur (art. 1596, C. civ.) (8).

4° Délibérations.

409. — Réunions. — Les administrateurs, chargés de la direction, du fonctionnement et de la surveillance des opérations sociales, doivent se réunir aussi souvent que l'exige l'intérêt de la société, et même périodiquement, pour délibérer en commun sur les affaires qui la concernent.

410. — Délibérations. — En principe, tous les administrateurs doivent prendre part aux délibérations. L'absence répétée et persistante d'un membre pourrait constituer une négligence blâmable et légitimer sa révocation. Comme un ou plusieurs administrateurs peuvent se trouver empêchés d'assister aux séances,

---

(1) Tripier, t. II, p. 237 et suiv.; Rivière, n°° 264 et 265; Alauzet, n° 756; Bédarride, n° 472; Mathieu et Bourguignat, n° 233; Lyon-Caen et Renault, n° 480; Pont, n° 1638; Vavasseur, n° 826; Dict. du not., suppl., n° 136.
(2) Mathieu et Bourguignat, n° 235; Devilleneuve, Massé et Dutruc, n° 1311; Lyon-Caen et Renault, n° 480. — V. Vavasseur, n° 825.
(3) Pont, n°° 1639 et 1640. — V. toutefois Vavasseur, n° 824.
(4) Pont, n° 827.

(5) Seine, 4 août 1886.
(6) Rivière, n° 263; Boistel, n° 312 *bis*; Pont, n° 1642.
(7) Devilleneuve, Massé et Dutruc, n° 1312; Alauzet, n° 756; Bédarride, n° 470; Lyon-Caen et Renault, n° 180; Pont, n° 1642; Vavasseur, n° 828. — *Contrà* : Boistel, n° 312 *bis*.
(8) Bédarride, n° 471; Lyon-Caen et Renault, Pont, *loc. cit.* — V. toutefois Seine, 23 avril 1887; Toulouse, 25 mai 1886.

les statuts indiquent ordinairement et sagement le nombre des membres dont la présence est nécessaire pour la validité des délibérations.

Sont nulles, les décisions prises par un conseil d'administration qui n'est pas composé du nombre d'administrateurs prescrit par les statuts (1).

411. — Mandataire. — Un administrateur ne pourrait se faire remplacer par un tiers aux délibérations du conseil. La prohibition inscrite à cet égard dans les statuts est de droit (2). Nous pensons même que le concours des administrateurs doit être personnel et que ceux-ci ne pourraient donner de procuration à l'un d'eux pour les représenter.

412. — Président. — Le conseil nomme, parmi ses membres, un président chargé notamment de convoquer les administrateurs et de présider leurs séances. En cas de partage dans les délibérations, la voix du président est prépondérante, lorsque cela est stipulé par les statuts.

413. — Secrétaire. — Le conseil désigne aussi la personne devant remplir les fonctions de secrétaire. Les statuts stipulent souvent que le secrétaire peut être pris même en dehors du conseil. Il est évident que, dans ce dernier cas, le secrétaire n'a pas voix délibérative; son rôle se borne à dresser les procès-verbaux des délibérations du conseil.

414. — Procès-verbaux. — Les délibérations du conseil d'administration sont constatées par des procès-verbaux inscrits sur un registre spécial tenu au siège de la société. Les statuts indiquent ordinairement par qui ces procès-verbaux doivent être signés. S'ils ne renfermaient aucune disposition à cet égard, nous estimons qu'il conviendrait de faire signer les procès-verbaux par tous les administrateurs qui ont pris part à la délibération.

Les procès-verbaux doivent être dressés en la forme authentique lorsqu'il s'agit d'autoriser la constitution d'une hypothèque au nom de la société, ou de déléguer un administrateur pour constituer l'hypothèque (V. *suprà*, n° 79).

415. — Copies. Extraits. — Les statuts doivent également indiquer par qui (un ou deux administrateurs, ou un administrateur et le directeur) sont signés les copies ou extraits des procès-verbaux de délibération à produire en justice ou aux tiers. Dans le silence des statuts, il y a lieu de faire certifier les copies ou extraits par les administrateurs qui ont pris part à la délibération ou par ceux d'entre eux qui restent en fonctions.

5° Responsabilité.

416. — « Les administrateurs ne sont responsables que de l'exécution du mandat qu'ils ont reçu. Ils ne contractent, à raison de leur gestion, aucune obligation personnelle ni solidaire, relativement aux engagements de la société (art. 32, C. comm.). En outre, l'article 44 de la loi du 24 juillet 1867 dispose : « Les administrateurs sont responsables, conformément aux règles du droit commun, individuellement ou solidairement, suivant les cas, envers la société ou envers les tiers, soit des infractions aux dispositions de la présente loi, soit des fautes qu'ils auraient commises dans leur gestion, notamment en distribuant ou en laissant distribuer des dividendes fictifs. »

417. — Infractions légales. — Les administrateurs sont responsables, en premier lieu, des infractions aux dispositions de la loi, c'est-à-dire aux prescriptions relatives au fonctionnement de la société. Nous avons rappelé (V. *suprà*, n°s 402 et suiv.) les devoirs spéciaux des administrateurs. Le manquement à ces devoirs

---

(1) Paris, 20 mai 1887 et 24 janvier 1889. | (2) Vavasseur, n° 814.

obligerait les administrateurs à réparer le dommage qui en résulterait (1). Les administrateurs seraient aussi responsables de la violation des statuts (2).

418. — Fautes. Droit commun. Application. — Les administrateurs sont responsables conformément aux règles du droit commun des fautes (3) qu'ils auraient commises dans leur gestion. Lorsque la loi place dans le droit commun le fondement de la responsabilité, cela doit s'entendre non pas seulement des règles tirées du mandat (art. 1992, C. civ.), mais aussi de celles dérivant du contrat de société (art. 1850, C. civ.), et même du principe général consacré par les articles 1382 et 1383 du Code civil, si un quasi-délit a été commis à l'occasion ou à la suite du mandat.

Les administrateurs ne sont pas responsables de la nullité d'une délibération prise par l'assemblée générale des actionnaires en contravention à l'article 3 de la loi de 1867 (4).

419. — Distribution de dividendes fictifs. — La loi a énoncé elle-même, à titre d'exemple, une faute grave dont les administrateurs doivent répondre : c'est la distribution, faite ou tolérée par eux, de dividendes fictifs (5). Nous avons expliqué (*supra*, nos 351 et suiv.) ce qu'il faut entendre par dividendes fictifs distribués (6).

Il a été décidé, en conséquence, que les administrateurs qui ont participé au vote et à la mise en distribution de dividendes fictifs sont solidairement responsables envers les tiers qui ont acheté leurs titres sur la foi des annonces de ces dividendes (7).

420. — Actes des directeurs, délégués et employés. — Les administrateurs qui choisissent parmi eux un directeur restent soumis, dans les termes de l'article 44, à la responsabilité collective que le droit commun et les statuts leur imposent (8).

Ainsi, ils peuvent être déclarés responsables des détournements commis par l'administrateur délégué (9); mais leur responsabilité doit être atténuée, s'ils prouvent qu'ils ont donné aux affaires sociales les soins habituels d'une bonne administration, ou que leurs instructions n'ont pas été suivies (10); ou bien si les statuts ont fait aux délégués une situation indépendante du conseil d'administration (11).

Lorsque le directeur n'est pas administrateur, les administrateurs sont responsables, en premier lieu, si leur choix s'est porté sur une personne notoirement incapable ou insolvable (art. 1994, C. civ.). En outre, comme ils conservent, après la délégation, tout au moins les attributions d'un conseil de surveillance, ils deviennent responsables des fautes qui auraient été commises par leurs délégués et qu'une surveillance plus attentive et une direction plus assidue auraient pu empêcher (12).

Enfin, lorsque les administrateurs se sont, en vertu d'une disposition des statuts, substitué un mandataire étranger à la société (13), ils en sont responsables, sans

---

(1) Pont, n° 1700.

(2) Seine, 27 juillet 1866 et Paris, 30 juillet 1867 (D. 1867-2-288); Pont, n° 1701.

(3) La question de savoir quand il y a faute est une question de fait à résoudre d'après les circonstances, et dont la solution, par ce motif, est absolument abandonnée aux appréciations des juges du fond. Cass., 11 juillet 1870 (S. 1870-1-365); Pont, n° 1702. V. Paris, 12 août 1879 (D. 1880-2-41); Cass., 10 août 1880 (S. 1882-1-311; D. 1881-1-457); Lyon, 12 août 1885 (D. 1886-2-133); Nantes, 26 juin 1886; Seine, 18 janvier 1886; Cass., 13 avril 1886; Lyon, 25 mars 1887; Cass., 18 mai 1887; Rouen, 30 juin 1890.

(4) Cass., 12 avril 1881 (S. 1881-1-241; D. 1881-1-433).

(5) V. Pont, n° 1710; Alauzet, n° 767; Mathieu et Bourguignat, n° 254.

(6) V. Vavasseur, nos 868 et suiv.

(7) Seine, 8 janvier 1885.

(8) Mathieu et Bourguignat, n° 180. — V. Seine, 7 février 1887.

(9) Paris, 15 juillet 1876. — V. toutefois, Seine, 7 février 1887.

(10) Paris, 30 juillet 1867 (D. 1867-2-331); Paris 29 juillet 1873.

(11) Cass., 11 juillet 1870 (D. 1871-1-137). — V. Bordeaux, 8 mars 1886.

(12) Colmar, 3 juillet 1867 et Cass., 13 janvier 1869; Paris, 14 mars 1868; Vavasseur, n° 802. — V. Nantes, 26 juin 1886.

(13) L. 24 juillet 1867, art. 22.

restriction ni réserve ; cette responsabilité s'étend à l'insolvabilité future du mandataire et aux fautes par lui commises (1).

421. — Solidarité. — L'article 44 déclare les administrateurs responsables conformément aux règles du droit commun, *individuellement ou solidairement.*

En principe, la responsabilité est individuelle et doit être appliquée à chacun des administrateurs en raison de ses propres fautes et dans la mesure du préjudice qu'il aura personnellement causé (2).

Mais le principe de la responsabilité individuelle souffre des exceptions. Il y a solidarité si la faute est commune à tous, par exemple pour une décision prise en conseil d'administration (3) ; ou s'il est impossible de reconnaître la part de chacun (4) ; ou s'il s'agit d'un ensemble indivisible de fautes (5).

422. — Société. — Les administrateurs sont, comme mandataires, responsables envers la société, non seulement du dol, mais encore de la faute (art. 1992, C. civ.), avec ce tempérament que la responsabilité relative à la faute devra être appliquée plus ou moins rigoureusement, suivant que le contrat sera salarié ou gratuit (6).

Le mandat des administrateurs étant collectif, donné au nom de la société, l'action qui en naît appartient à la société, et l'assemblée générale peut en disposer et y renoncer. Si elle y a renoncé, directement ou indirectement, en ratifiant les actes des administrateurs, aucun actionnaire ne peut plus les poursuivre de ce chef (7) (V. *infrà*, n° 426).

423. — Actionnaires. — Toutefois, les actionnaires à l'égard desquels les actes de gestion présentent le caractère de quasi-délits, conservent le droit de poursuivre la réparation du préjudice qui en est résulté pour eux. Ce n'est pas l'action sociale (dont nous avons parlé au numéro précédent) qu'ils exercent, mais une action individuelle fondée sur l'article 1382. Ainsi, les personnes qui n'ont été déterminées à acheter des actions que par des rapports et des bilans frauduleux des administrateurs, sont recevables à agir personnellement en dommages-intérêts contre ceux-ci, malgré la transaction faite avec la société (8) (V. *suprà*, n° 418).

424. — Tiers. — Les administrateurs des sociétés anonymes n'étant pas, comme les gérants des autres sociétés, associés en nom, n'obligent que le capital social et ne peuvent jamais être poursuivis personnellement, mais seulement comme administrateurs de la société et détenteurs de ses capitaux (art. 32) (9).

Mais ils peuvent être obligés exceptionnellement, envers les tiers, par les faits dommageables qu'ils ont commis envers eux, dans les termes du droit commun de l'article 1382 du Code civil (10).

425. — Compétence. — Le mandat donné aux administrateurs d'une société anonyme commerciale ayant un caractère exclusivement commercial, toute action relative à l'exécution de ce mandat et à la responsabilité des administrateurs doit être portée devant la juridiction consulaire (11).

---

(1) Vavasseur, n° 807 ; Mathieu et Bourguignat, n° 179. — V. Bordeaux, 8 mars 1886.
(2) Paris, 16 août 1870 (S. 1871-2-169) ; Lyon, 17 août 1865 (S. 1866-2-231) ; Paris, 1er août 1883.
(3) Paris, 1er août 1868 (D. 1869-2-65).
(4) Lyon, 17 août 1865 (D. 1866-2-231) ; Rouen, 25 juillet 1887.
(5) Lyon, 8 août 1864 (S. 1864-2-38) ; Lyon, 11 juillet 1873 (S. 1874-2-73) ; Paris, 1er août 1883. V. aussi sur la responsabilité : Seine, 22 mars 1886 ; Paris, 1er août 1883 ; Pont, n° 1703.
(6) Pont, n° 1705.
(7) Paris, 16 (ou 22) avril 1870 (S. 1871-2-169) ; Paris, 20 février 1875 (D. 1877-2-54) ; Cass., 20 février 1877 (S. 1877-1-445) ; Pont, n° 1707 et 1708).

(8) Paris, 1er août 1868 (D. 1869 2-5) ; Paris, 16 ou 22 avril 1870 (loc. cit.) ; Cass., 7 mai 1872 (S. 1872-1-123) ; Cass., 11 novembre 1873 et 9 juin 1874 (S. 1874-1-67-296) ; Vavasseur, n° 863 et suiv. ; Pont, n° 1711.
(9) Cass., 6 mai 1835 ; Orléans, 20 juillet 1853 (S. 1853-2-485). — V. aussi Cass., 16 juin 1851 (S. 1851-1-583), 19 novembre 1856 (S. 1857-1-83), 15 juin 1857 (S. 1859-1-132).
(10) Cass., 13 janvier 1869 (S. 1869-1-209) ; Cass., 20 décembre 1872 ; Paris, 30 juin 1883 et 23 avril 1884 ; Boistel, n° 814 ; Pont, n° 1709 ; Dict. du not., suppl., n° 173 et 174.
(11) Seine, 8 décembre 1881 ; Nantes, 8 décembre 1883 ; Toulouse, 25 novembre 1885.

426. — Quitus. — A l'expiration de leurs fonctions, les administrateurs doivent rendre compte de leur gestion à l'assemblée générale des actionnaires, qui a qualité pour apprécier souverainement les actes de gestion, leur donner *quitus* et renoncer à l'action sociale.

Le *quitus* peut être annulé s'il a été donné par erreur ou surpris par dol (1).

427. — Prescription. — La prescription de l'action en responsabilité contre les administrateurs est triennale, si la responsabilité dérive d'un délit (art. 368, C. instr. crimm.). Dans les autres cas, elle est de cinq ans à partir de la fin ou de la dissolution de la société (art. 64, C. comm.), si la société a été régulièrement constituée (2).

ART. 4. — *De la direction et des mandataires substitués.*

428. — Administrateur délégué. — Il est d'usage, dans beaucoup de sociétés anonymes, de charger une ou plusieurs personnes de la direction et de l'expédition des affaires courantes de la société. S'il y a, dans le sein du conseil d'admininistration, un homme capable, ayant des aptitudes spéciales au but que poursuit la société, le directeur peut être pris parmi les administrateurs : il a, dans ce cas, le titre d'*administrateur délégué* (3). C'est cette faculté de droit commun (4) que le législateur a cru devoir formuler en disposant que « ces mandataires (les administrateurs) peuvent choisir parmi eux un directeur » (5). En cas de silence des statuts, il n'y a pas incompatibilité entre les fonctions de directeur d'une société et celles d'administrateur. Le directeur, devenu administrateur, sans cesser ses premières fonctions, n'est autre qu'un administrateur délégué (6).

429. — Comité de direction. — Au lieu d'un directeur unique, les statuts peuvent autoriser le conseil d'administration à déléguer une partie de ses pouvoirs à un comité de direction composé de plusieurs administrateurs et nommés par le conseil. Ce comité est chargé de l'exécution des décisions du conseil et des opérations du service courant.

430. — Délégation partielle. — Le conseil d'administration peut aussi, même en l'absence d'une disposition statutaire, en vertu de l'article 1994 du Code civil, déléguer ses pouvoirs à un administrateur et même à une personne étrangère à la société, mais seulement pour une ou plusieurs affaires déterminées (7).

431. — Directeur étranger. — Mais le plus souvent, le directeur est pris, d'après les statuts, en dehors du conseil d'administration, et ne prend part à ses délibérations qu'avec voix consultative.

Le directeur agit dans la limite des pouvoirs déterminés par les statuts ou par le conseil d'administration. Ordinairement, il dirige le travail des bureaux et des usines, tient les livres et la correspondance, passe les marché autorisés par le conseil, effectue les recettes et dépenses de la société, suit les actions judiciaires, etc. (8). Il ne peut faire autre chose que des actes d'administration, sans y être régulièrement autorisé.

432. — Nomination. — Ordinairement, le directeur est nommé par le conseil d'administration. Il pourrait cependant être nommé par l'assemblée générale des actionnaires.

433. — Révocation. — Le directeur d'une société anonyme est-il révocable *ad nutum* ? — L'affirmative n'est pas douteuse, en présence des dispositions

(1) Seine, 16 juillet 1888.
(2) Paris, 14 avril 1883.
(3) V. Seine, 14 avril 1882.
(4) Mathieu et Bourguignat, n° 174.

(5) L. 24 juillet 1867, art. 22, § 2.
(6) Paris, 20 mai 1887.
(7) Vavasseur, n° 804.
(8) Lyon-Caen et Renault, n° 482.

de l'article 22 de la loi de 1867, lorsque le directeur est choisi parmi les adminis-
teurs de la société ; et, en cas de révocation, même arbitraire, le directeur administrateur n'a droit à aucune indemnité, fût-elle stipulée (1). Il en serait de même
du directeur non administrateur chargé par l'assemblée générale des actionnaires,
ou par le conseil d'administration (2), de la gestion de la société, notamment du
directeur général d'une compagnie d'assurances (3).

Mais il en serait autrement à l'égard du directeur des travaux, homme tech-
nique, dirigeant simplement l'exploitation, choisi par le conseil d'administration.
La situation du directeur est, dans ce cas, régie par les règles du contrat de louage,
et il peut être convenu qu'il ne pourra être révoqué sans dommages-intérêts, à
moins que la révocation ne soit justifiée par des motifs graves (4).

434. — Pouvoirs. — Le directeur d'une société ne peut engager celle-ci
que dans les limites des pouvoirs qui lui sont attribués statutairement (5).

435. — Mandataire substitué. — Les administrateurs peuvent, en outre,
si les statuts le permettent, se substituer un mandataire étranger à la société et dont
ils sont responsables envers elle (6). Ce mandataire, — qu'il ne faut pas confondre
avec les directeurs techniques, chefs de travaux ou de comptabilité, les chefs
d'exploitation employés par le conseil à la gestion des affaires sociales (V. *supra*,
n° 433), — s'entend de celui (actionnaire ou non, mais non administrateur) que les
administrateurs mettraient en leur lieu et place, avec pouvoir de faire tout ce qu'ils
pourraient faire eux-mêmes pour l'exécution de leur mandat (7).

Mais il importe de remarquer que, par dérogation à l'article 1994 du Code
civil, cette faculté de substituer ne peut être exercée qu'à la double condition :
1° que les statuts auront expressément permis la substitution : leur silence équivaudrait à l'interdiction formelle de toute faculté (8) ; 2° que les administrateurs
resteront personnellement responsables d'une manière absolue du mandataire
substitué.

436. — Responsabilité des délégués. — Les directeurs, délégués et
mandataires du conseil d'administration, à quelque titre et de quelque manière
qu'ils aient été nommés, sont responsables, par application des règles du mandat
et selon les termes mêmes de l'article 1992 du Code civil, non seulement de leur
dol, mais aussi des fautes qu'ils ont commises dans leur gestion, et du dommage
qu'ils ont causé même par négligence ou imprudence (9). La société a contre
eux l'action directe de l'article 1994 (10).

ART. 5. — *Des commissaires de surveillance.*

437. — Utilité. — La gestion des administrateurs a besoin d'être contrôlée.
Le contrôle constitue pour les actionnaires non administrateurs et pour les tiers

---

(1) Cass., 30 avril 1878 (S. 1878-1-313); Agen,
7 janvier 1879 (S. 1879-2-14); Cass., 10 janvier 1881
(S. 1881-1-251; D. 1881-1-161); Paris, 13 décembre 1883 ; Paris, 29 janvier 1885; Pont, n° 1610.
V. toutefois Pardessus, n° 1841 ; Boistel n° 172 ; Mathieu et Bourguignat, n° 172.

(2) Rennes, 23 avril 1883.

(3) Cass., 30 avril 1878 et 10 janvier 1881 (*loc. cit.*);
Agen, 7 janvier 1879 (D. 1879-2-247); Nîmes,
4 mars 1881 ; Paris, 24 novembre 1884; Seine, 1er décembre 1884; Paris, 20 novembre 1885 ; Paris,
20 janvier 1886 ; Paris, 4 novembre 1886 (S. 1886-2-
235); Cass., 16 novembre 1886 (S. 1888-1-307) ;
Paris, 7 juillet 1887; Cass., 21 juillet 1887 (S. 1888-1-
307); Seine, 28 octobre et 10 novembre 1887; Cass.,
2 juillet 1888 (S. 1888-1-421).

(4) Dalloz, n° 1521; de Courcy, p. 15; Boistel,
n° 309 ; Alauzet, n° 534 ; Bédarride, n° 792 et 797 ;

Mathieu et Bourguignat, n° 178 ; Cass., 30 avril 1878
(S. 1878-1-313); Cass., 10 janvier 1881, *loc. cit.* :
Paris, 21 juin 1883 ; Paris, 13 décembre 1883, *loc.
cit.* ; Seine, 8 janvier 1885. — Voir Seine, 5 janvier 1888 ; Vavasseur, *Traité des soc.*, n°° 797 bis et
suiv.; *Rev. des soc.*, 1889, p. 164 et suiv. — Voir
aussi, sur la révocation de l'agent d'une société ·
Paris, 20 novembre 1888 et les autorités citées.

(5) Seine, 5 janvier, 5 et 11 mai 1888, 25 novembre 1889 ; Paris, 27 juillet 1888.

(6) L. 24 juillet 1867, art 22.

(7) Pont, n° 1616.

(8) Pont, n° 1617.

(9) Vavasseur, n° 808; Seine, 14 septembre 1883 ;
Paris, 12 août 1884 ; Bordeaux, 8 mars 1886 ; Montpellier, 26 mars 1890.

(10) Paris, 22 avril 1870 et 29 juillet 1873.

une garantie efficace (1). Ce contrôle, qui dans les sociétés en commandite appartient aux membres du conseil de surveillance, est confié, dans les sociétés anonymes, à certaines personnes appelées *commissaires de surveillance, ou censeurs.*

438. — En effet, l'article 32 de la loi de 1867 dispose : « L'assemblée générale annuelle désigne un ou plusieurs commissaires, associés ou non, chargés de faire un rapport à l'assemblée générale de l'année suivante, sur la situation de la société, sur le bilan et sur les comptes présentés par les administrateurs. La délibération contenant approbation du bilan et des comptes est nulle, si elle n'a été précédée du rapport des commissaires. — A défaut de nomination des commissaires, par l'assemblée générale, ou en cas d'empêchement ou de refus d'un ou de plusieurs des commissaires nommés, il est procédé à leur nomination ou à leur remplacement, par ordonnance du président du tribunal de commerce du siège de la société, à la requête de tout intéressé, les administrateurs dûment appelés. »

439. — **Nomination.** — A l'origine de la société, les commissaires sont nommés par l'assemblée générale constitutive (V. *suprà*, nᵒˢ 161 et suiv.). Au cours de la société, ils sont nommés par l'assemblée générale annuelle, qui se réunit pour approuver les comptes des administrateurs. La nomination a lieu à la simple majorité des voix, conformément aux dispositions des articles 27, § 1ᵉʳ et 29 de la loi de 1867. Si l'assemblée générale annuelle omettait de faire cette nomination, ou si un ou plusieurs des commissaires nommés refusaient la mission ou étaient empêchés de la remplir, il n'y aurait pas lieu de la convoquer à nouveau. Il serait procédé, d'après les prescriptions de l'article 32 « à leur nomination ou à leur remplacement, par ordonnance du président du tribunal de commerce du siège de la société, à la requête de tout intéressé, les administrateurs dûment appelés. » Les intéressés sont les tiers ou les actionnaires.

440. — **Associés ou non.** — A la différence des administrateurs qui doivent être nécessairement associés, les commissaires peuvent être choisis en dehors de la société (art. 32).

441. — **Durée des fonctions.** — En toute hypothèse, les commissaires sont désignés pour *une* année seulement. Cela résulte des articles 25 et 32. Toutefois, les commissaires sont, chaque année, rééligibles (2).

442. — **Nombre.** — Le nombre des commissaires n'est pas déterminé par la loi ; l'assemblée générale a donc, à cet égard, une liberté entière pour en désigner un ou plusieurs. Elle peut désigner un commissaire et un commissaire-suppléant.

443. — **Salaire.** — Leur mandat peut être gratuit ou salarié. Ils ont droit, ordinairement, à une rémunération dont l'importance est fixée par l'assemblée générale (3).

444. — **Révocation.** — En principe, les commissaires, sont révocables, comme mandataires (4).

445. — **Démission.** — Mais ils peuvent donner leur démission, que les administrateurs ont qualité pour recevoir ou rendre (5).

446. — **Rapport.** — Les commissaires de surveillance ont pour principale mission de faire à l'assemblée générale annuelle un rapport sur la situation de la société, sur le bilan et sur les comptes présentés par les administrateurs (art. 32). Ce rapport a pour but d'éclairer les actionnaires, de les renseigner sur la marche de l'administration et ses résultats. La délibération de l'assemblée générale contenant approbation du bilan et des comptes serait nulle si elle n'était précédée du rapport des commissaires (art. 32).

---

(1) Rapport de M. du Miral au Corps législatif (Tripier, *Loi de 1863*, p. 49).
(2) Pont, n° 1650.
(3) V. Seine, 21 septembre 1833.
(4) Pont. n° 1651.
(5) Seine, 18 février 1885.

Le rapport doit être rédigé assez tôt pour que chaque actionnaire puisse exercer le droit, qui lui est conféré par l'article 35 de la loi de 1867, de s'en faire délivrer copie au siège social, quinze jours au moins avant la réunion de l'assemblée générale. La loi n'en détermine pas la forme. A cet égard, toute liberté est laissée aux commissaires. Ce qui importe avant tout, pour que le rapport réponde à la pensée de la loi, c'est qu'il renseigne exactement l'assemblée générale, et en conséquence il doit, non seulement constater la situation matérielle de la société, mais encore contenir l'appréciation des opérations (1).

447. — Communication des livres. — « Pendant le trimestre qui précède l'époque fixée par les statuts pour la réunion de l'assemblée générale, les commissaires ont droit, toutes les fois qu'ils le jugent convenable dans l'intérêt social, de prendre communication des livres et d'examiner les opérations de la société (art. 33) » Ce qui comporte le droit d'examiner le livre de caisse et du dépôt des titres, la caisse elle-même, les états du matériel, les procès-verbaux des assemblées générales, les annexes de ces procès-verbaux, les feuilles de présence et d'émargement, et généralement de prendre connaissance de tous les documents nécessaires pour exercer le contrôle sur toutes les opérations de la société.

Ce droit de communication et d'examen est ainsi accordé afin de mettre les commissaires à même de dresser leur rapport annuel en connaissance de cause. Il résulte des termes de l'article 33 que le contrôle exercé par les commissaires dans les sociétés anonymes n'est pas permanent comme celui qu'exerce le conseil de surveillance dans les sociétés en commandite par actions. C'est seulement pendant le trimestre précédant la réunion de l'assemblée générale que les commissaires peuvent user de leur droit d'examen et de vérification (2).

D'autres pièces sont encore mises à la disposition des commissaires. Un état sommaire de la situation active et passive de toute société anonyme doit être dressé chaque semestre. Cet état est mis à la disposition des commissaires. De même, l'inventaire qui doit être établi chaque année, conformément à l'article 9 du Code de commerce, le bilan et le compte des profits et pertes sont mis à la disposition des commissaires, le quarantième jour au plus tard avant l'assemblée générale (3).

Les commissaires ont le droit, non seulement de prendre communication, mais, en outre, de se faire délivrer des extraits et même des copies des documents énoncés aux articles 33 et 34 de la loi de 1867 (4).

Les pouvoirs légaux des commissaires ne pourraient pas être restreints; mais les statuts pourraient valablement étendre leur surveillance, même la rendre permanente (5).

448. — Convocation de l'assemblée générale. — Enfin les commissaires peuvent toujours, en cas d'urgence, convoquer l'assemblée générale des actionnaires (6). La loi leur confère ce droit, sans restriction ni limite; ils peuvent l'exercer à toute époque, mais ils ne doivent pas recourir à cette mesure extraordinaire sans motifs graves (7).

449. — Responsabilité. — « L'étendue et les effets de la responsabilité des commissaires envers la société sont déterminés d'après les règles générales du mandat (8). Ainsi les commissaires doivent répondre non seulement de leur dol, mais encore de leur faute (9). La responsabilité des commissaires est personnelle;

(1) Lyon, 11 novembre 1887; Paris, 1er juin 1889.
(2) Boistel, n° 322; Lyon-Caen et Renault, n° 484; Pont, n° 1658. — Comp. de Courcy, p. 134 et suiv.
(3) L. 24 juillet 1867, art. 34.
(4) Paris, 9 juillet 1866 (S. 1867-2-262).
(5) Conf.: Mathieu et Bourguignat, n° 249; Alauzet, n° 763; Pont, n° 1661; Lyon-Caen et Renault, n° 484; Ruben de Couder, v° Soc. anon., n° 388; Vavasseur, n° 891. — V. cep. Romiguière, Loi 1863, p. 122.

(6) L. 24 juillet 1867, art. 33; Paris, 13 novembre 1891.
(7) Rapport de M. Mathieu (Tripier, t. I, p. 45); Pont, n° 1659.
(8) L. 1867, art. 43; Paris, 14 décembre 1880; Cass., 4 juin 1863 (D. 1883-1-385).
(9) Colmar, 3 juillet 1867 (S. 1869-1-209); Paris, 27 décembre 1883; Lyon, 12 août 1884; Pont, n° 1696.

elle serait collective si elle était commune à tous, ou s'il n'était pas possible de fixer la part de chacun dans la faute (1). La responsabilité des commissaires existe non seulement envers la société, mais aussi envers les tiers (2).

450. — Conseil judiciaire. — Lorsque les opérations d'une société anonyme peuvent donner naissance à un contentieux important, il est institué, dans l'intérêt de l'admininistration, un conseil judiciaire, composé de jurisconsultes. Les fonctions de ce conseil consistent à donner son avis sur toutes les affaires contentieuses, à éclairer, en cette matière, la marche de l'administration, soit verbalement, soit par des consultations écrites qui restent dans les archives, pour la justification des administrateurs. Les conseils judiciaires n'encourent aucune responsabilité pécuniaire, par suite des consultations qu'ils ont données; ils ne seraient responsables que de leur dol (3).

ART. 6. — Des assemblées générales.

451. — Principe. — La société anonyme est gérée par le conseil d'administration. Mais les administrateurs n'ont que des pouvoirs restreints. Les actionnaires, réunis en assemblée générale, aux époques et dans les conditions et limites déterminées par les statuts, ont une action prépondérante et souveraine dans l'administration. Ils sont en quelque sorte la société personnifiée, pour nommer les mandataires, contrôler les opérations et statuer sur les cas qui n'ont pas été abandonnés à la décision des mandataires seuls.

452. — Division. — Il y a pour les sociétés anonymes trois sortes d'assemblées, qui sont, dans l'usage, qualifiées : <i>assemblées constituantes, assemblées ordinaires et assemblées extraordinaires.</i> Nous avons expliqué tout ce qui concerne les assemblées ayant pour objet la constitution de la société (<i>suprà</i>, nᵒˢ 136 et suiv., 162 et 163). Il ne nous reste à traiter ici que des assemblées ordinaires et extraordinaires qui se réunissent au cours de la société. Nous exposerons d'abord les règles communes à toutes les assemblées, puis les règles particulières à chacune d'elles.

1° Règles communes aux assemblées ordinaires et extraordinaires.

453. — Composition des assemblées. — Les assemblées générales ne peuvent être composées que d'actionnaires, c'est-à-dire de propriétaires de titres, représentant une fraction du capital ou fonds social. D'où la conséquence que les possesseurs de parts bénéficiaires, ne donnant droit qu'à un tantième des bénéfices, n'ont jamais qualité pour assister aux assemblées générales, même, à notre avis, après le remboursement du capital de toutes les actions. Mais il en serait autrement des propriétaires de titres appelés actions de jouissance, délivrés après le remboursement du capital des actions amorties (4).

454. — <i>Nantissement.</i> — L'actionnaire qui, ayant fait un emprunt, a consenti au profit du créancier gagiste un transfert de ses actions, à titre de garantie, conserve le droit de voter à l'assemblée générale (5).

455. — <i>Actions de report.</i> — Celui qui a fait une opération de report, étant propriétaire des titres par lui achetés, peut, en principe, comme tout porteur d'actions, assister et voter aux assemblées générales (6).

<hr>

(1) Bédarride, nᵒˢ 490 et 491; Lyon-Caen et Renault, nᵒ 485; Seine, 28 novembre 1884 (<i>loc. cit.</i>); Pont, nᵒ 1698. — <i>Contrà :</i> Rivière, nᵒ 278.
(2) Cass., 13 janvier 1869 (S. 1869-1-209); Boistel, nᵒ 323; Lyon-Caen et Renault, nᵒ 485; Pont, nᵒ 1697. V. aussi Lombard, p. 143; Mathieu et Bourguignat, nᵒ 247; Lescœur, nᵒˢ 339 et 348. — <i>Contrà :</i> Bédarride, nᵒ 489.

(8) Ruben de Couder, vᵒ <i>Soc. anon.,</i> nᵒˢ 895 à 897.
(4) Conf. : Deloison, nᵒ 445; Vavasseur, nᵒ 904.
(5) Alger, 17 novembre 1884.
(6) Cass., 3 février 1862 (S. 1862-1-369); Paris, 19 février 1875 (S. 1876-2-113); Paris, 4 juillet 1890; Cass., 12 juin 1891; Bravard, t. II, p. 126; Mollot, <i>De la bourse,</i> nᵒ 477; Buchère, <i>Traité des val. mob.,</i> nᵒ 812; Vavasseur, nᵒ 905; Ruben de Couder, nᵒ 420;

456. — *Transfert non signé. Acquisition en bourse.* — Le droit d'assister et de voter à l'assemblée générale appartient également aux porteurs d'actions dont le transfert a été régularisé et signé sur les registres, bien que l'inscription du transfert sur ces registres n'ait pas été signé par les administrateurs (1).

457. — *Suffrage universel.* — En principe et suivant le droit commun, tout actionnaire, ne possédât-il qu'une action, a le droit de faire partie de l'assemblée générale et doit y être convoqué. C'est ce qui a lieu lorsque les statuts ne contiennent aucune stipulation particulière à cet égard.

458. — *Suffrage restreint. Nombre d'actions exigé.* — Mais il y a des sociétés anonymes dont les actions sont tellement divisées qu'ouvrir l'accès des assemblées à tous les actionnaires, ce serait s'exposer à avoir des réunions tumultueuses, dans lesquelles il serait impossible de discuter utilement et de délibérer. Aussi l'article 27 de la loi du 24 juillet 1867 permet-il aux fondateurs d'organiser comme ils l'entendent la représentation des actionnaires dans les assemblées générales. « Les statuts déterminent — dit cet article — le nombre d'actions qu'il est nécessaire de posséder, soit à titre de propriétaire, soit à titre de mandataire, pour être admis dans l'assemblée. » Dans la plupart des sociétés et d'après les prescriptions des statuts, il faut posséder un certain nombre d'actions (5, 10, 20...) pour pouvoir faire partie de l'assemblée générale. Le chiffre des actions dont la possession est nécessaire pour assister aux assemblées doit être fixé eu égard à l'importance du capital social et aux circonstances de chaque société.

Bien que la disposition précitée de l'article 27 suive immédiatement la prescription de l'assemblée ordinaire, et que la plupart des auteurs en placent le commentaire dans les règles spéciales aux assemblées ordinaires, nous n'hésitons pas à considérer qu'elle s'applique également aux assemblées extraordinaires (2).

Lorsque les statuts d'une société anonyme décident que l'assemblée se compose des actionnaires propriétaires d'un certain nombre d'actions, tout actionnaire remplissant cette condition a le droit d'y prendre part, alors même qu'il aurait un intérêt indirect dans la résolution présentée à cette assemblée (3). Est nulle l'assemblée générale qui, en dehors des cas spéciaux déterminés par la loi de 1867, a été arbitrairement composée de tous les actionnaires, contrairement aux statuts stipulant qu'elle se compose de tous les actionnaires propriétaires de cinq actions au moins (4).

Toutefois, « tous propriétaires d'un nombre d'actions inférieur à celui déterminé pour être admis dans l'assemblée pourront se réunir pour former le nombre nécessaire et se faire représenter par l'un d'eux » (addition par l'article 4 de la loi du 1ᵉʳ août 1893 au paragraphe premier de l'article 27 de la loi de 1867).

459. — *Dépôt de titres.* — Les statuts prescrivent ordinairement le dépôt par les actionnaires, dans la caisse sociale ou dans tout autre endroit, de leurs titres au porteur, un certain nombre de jours avant l'époque fixée pour la réunion. Il est remis, en échange, à chaque déposant, une carte nominative et personnelle qui lui permet d'assister à l'assemblée. — Les propriétaires d'actions nominatives sont dispensés de cette formalité; il suffit qu'ils représentent leurs titres (5).

460. — *Mandataires.* — En principe, tout actionnaire peut se faire représenter aux assemblées générales par un mandataire, même étranger à la société, à moins d'interdiction dans les statuts (6). Ordinairement, il est stipulé que les

---

Dict. du not., suppl., n° 146. V. toutefois Pont, *Soc.*, nᵒˢ 1552 et 1675, et *Petits contrats*, t. I, n° 625, et t. II, n° 1151; Bozérian, *De la bourse*, t. I, nᵒˢ 88 et suiv.; Bédarride, *Bourse de commerce*, n° 109 *bis*.
(1) Alger, 17 novembre 1884.
(2) Houpin, *J. des soc.*, 1880, p. 549 et suiv.

(3) Paris, 13 mars 1884. V. aussi Cass., 27 juillet 1881 (*Le Droit* du 27 août). — *Contrà :* Vavasseur, n° 903.
(4) Seine, 2 septembre 1885 (*loc. cit.*).
(5) Seine, 1ᵉʳ août 1883 ; Marseille, 23 décembre 1885; Seine, 16 mai 1889 ; Paris, 27 juillet 1887.
(6) Pont, n° 1668 ; Vavasseur, n° 905.

actionnaires ne peuvent se faire représenter que par un autre actionnaire, et même par un membre de l'assemblée, si les statuts exigent un certain nombre d'actions pour y assister.

461. — Convocation. — Les actionnaires qui ont le droit d'assister aux assemblées générales doivent y être convoqués. La loi n'a indiqué ni la forme, ni le délai à observer pour les convocations ; ce sont les statuts qui doivent le déterminer, et ses stipulations font la loi de tous les actionnaires (1).

462. — *Administrateurs. Commissaires. Actionnaires.* — La convocation des assemblées a lieu, au cours de la société, par les administrateurs et, en cas d'urgence, par les commissaires (art. 33). La loi n'a pas voulu admettre, sur ce point, l'initiative individuelle des actionnaires. Toutefois, en cas d'inertie calculée des administrateurs et des commissaires pour la convocation de l'assemblée, l'autorisation pourrait être donnée à des actionnaires, après l'expiration du délai statutaire de convocation, par jugement, ou même, en cas d'urgence, par le juge de référé (2).

463. — *Délai.* — Les statuts indiquent le délai à observer pour les convocations (le plus souvent 15 jours, 20 jours, ou un mois avant l'assemblée). — Pour l'assemblée annuelle, ce délai doit être au moins de 15 jours francs, afin de permettre aux actionnaires d'exiger la communication, au siège social, de l'inventaire, de la liste des actionnaires, du bilan et du rapport des commissaires, conformément à l'article 35 de la loi de 1867 (3).

464. — *Mode.* — Les convocations aux assemblées peuvent avoir lieu par lettres individuelles adressées aux titulaires d'actions nominatives ; elles sont faites le plus souvent par un avis inséré dans un journal d'annonces légales du lieu où est fixé le siège social. Cela est même nécessaire, s'il y a des actions au porteur. Il convient, du reste, d'observer ce qui est stipulé, à cet égard, dans les statuts.

465. — *Lieu de réunion.* — L'assemblée générale se réunit à l'endroit indiqué dans les statuts ou l'avis de convocation, soit au siège social, soit dans un local spécial.

466. — *Ordre du jour.* — Les avis de convocation doivent faire connaître les questions qui seront mises à l'ordre du jour de l'assemblée générale (4) ; mais il n'y a rien de sacramentel dans les termes de leur rédaction (5), et le juge du fait apprécie souverainement le sens et la portée de l'ordre du jour (6). Ainsi, la convocation pure et simple à l'assemblée générale annuelle indique suffisamment, à notre avis, que les actionnaires auront à statuer sur l'approbation des comptes, la distribution d'un dividende, la nomination d'administrateurs et de commissaires. Les administrateurs peuvent aussi être révoqués et remplacés sans qu'il soit nécessaire d'inscrire cette question à l'ordre du jour (7).

Si l'assemblée ordinaire devait prendre des résolutions extraordinaires, comme l'autorisation d'un emprunt, etc., l'avis de convocation devrait en faire une mention sommaire.

C'est surtout pour les assemblées extraordinaires devant statuer sur des modifications aux statuts qu'il importe et que les statuts prescrivent d'indiquer l'objet de la réunion. Mais il n'est pas nécessaire de relater le texte même des modifications projetées.

467. — Délibération. Feuille de présence. — « Il est tenu une feuille

---

(1) Seine, 17 mai 1885.
(2) Paris, 16 juillet 1872 ; Seine, 24 février 1881. V. Seine, 6 juillet 1887, 28 mars 1889, 15 décembre 1890.
(3) Vavasseur, n° 906.
(4) V. Alger, 31 décembre 1887 ; Paris, 13 novembre 1890 ; Bruxelles, 27 octobre 1880.

(5) Vavasseur, n° 906 *bis*.
(6) Cass., 28 février 1885 (D. 1885-1-413 ; S. 1885-1-337).
(7) Paris, 7 janvier 1882, 6 mars 1890 ; Alger, 30 décembre 1890.

de présence ; elle contient les noms et domicile des actionnaires et le nombre d'actions dont chacun d'eux est porteur. Cette feuille, certifiée par le bureau de l'assemblée, est déposée au siège social et doit être communiquée à tout requérant » (1).

La feuille de présence est signée lors de leur entrée en séance, par chacun des actionnaires qui assistent à la réunion ; elle contient, sous forme de tableau et dans des colonnes distinctes : 1° les noms et domiciles des actionnaires ; 2° le nombre d'actions dont chacun d'eux est propriétaire ou porteur ; 3° le nombre de voix auxquelles il a droit ; 4° et enfin un espace nécessaire pour chaque signature. Cette feuille est certifiée, *in fine*, par la signature des membres du bureau de l'assemblée ; elle est déposée au siège social, et doit être communiquée à tout requérant, actionnaire ou non (2). Ces dernières prescriptions sont une sage précaution contre les fraudes dont la tenue de ces assemblées n'est que trop fréquemment l'occasion (3).

Une feuille spéciale de présence ne serait pas nécessaire si le procès-verbal de l'assemblée générale était signé par tous les actionnaires présents et renfermait l'indication de leurs noms et du nombre de leurs actions.

468. — *Bureau.* — Les statuts, dans le silence de la loi, règlent ce qui a trait à la formation et à la composition d'un bureau nécessaire pour l'ordre et la régularité des délibérations. L'indication de ce bureau se trouve dans l'article 23 précité de la loi de 1867.

Le bureau est ordinairement composé du président du conseil d'administration ou, en cas d'empêchement, d'un membre du conseil délégué à cet effet, et qui remplit les fonctions de président de l'assemblée ; puis, des deux plus forts actionnaires présents et acceptants, adjoints au président comme scrutateurs. Le bureau ainsi composé se complète en désignant lui-même son secrétaire (4).

469. — *Majorité des voix.* — Dans toutes les assemblées générales (ordinaires et extraordinaires) les délibérations sont prises à la majorité des voix (5), c'est-à-dire à la moitié plus une des voix des membres présents (6). La majorité relative des votants ne suffirait pas : les abstenants doivent être considérés comme désapprouvant la proposition qui, dès lors, doit être rejetée, ou tout au moins ajournée, comme n'étant pas votée par la majorité des membres présents (7).

Les statuts peuvent stipuler qu'en cas de partage la voix du président est prépondérante, et exiger une majorité supérieure à la moitié (par exemple les deux tiers ou les trois quarts) pour le vote des résolutions importantes, notamment de celles relatives à des modifications statutaires.

470. — *Nombre de voix.* — En principe et dans le silence des statuts, tout actionnaire faisant partie de l'assemblée n'a droit qu'à une voix, quel que soit le nombre de ses actions (8). Mais ordinairement les statuts déterminent, conformément à l'article 27 de la loi de 1867, le nombre de voix appartenant à chaque actionnaire, en égard au nombre d'actions dont il est propriétaire ou porteur, et fixent le maximum des voix, afin d'éviter la prépondérance absolue des gros actionnaires. Ce maximum pourrait être supérieur à dix voix, car la limitation établie par le deuxième alinéa de l'article 27 ne s'applique qu'aux assemblées constituantes.

Le fait par un actionnaire de s'assurer la majorité dans une assemblée, en disposant d'un nombre de voix supérieur à celui que les statuts lui attribuent, par la

---

(1) L. 24 juillet 1867, art. 28.

(2) Pont, n° 1666.

(3) Rapport de M. du Miral (Tripier, *Loi de 1863*, p. 49).

(4) Devilleneuve, Massé et Dutruc, n° 1276 ; Lyon-Caen et Renault, n° 743 ; Mathieu et Bourguignat, n° 209 ; Alauzet, n° 743 ; Pont, n° 1665.

(5) L. 24 juillet 1867, art. 28.

(6) Pont, n° 1667.

(7) Vavasseur, n° 901.

(8) Duvergier, n° 228 ; Mathieu et Bourguignat, n° 207 ; Alauzet, n° 746 ; Bédarride, n° 399 ; Boistel, n° 319 ; Lyon-Caen et Renault, n° 489 ; Pont, n° 1676.

remise d'un certain nombre de ses titres à des tiers complaisants, entraîne la nullité de la délibération (1).

471. — *Vote.* — Lorsque les statuts donnent plusieurs voix à certains actionnaires et que, par suite, le suffrage n'est pas égalitaire, on doit procéder à l'appel nominal afin de pouvoir compter les suffrages. Le vote ne pourrait avoir lieu à mains levées sous peine de la nullité de la délibération (2).

472. — *Procès-verbal.* — Il doit être dressé procès-verbal des délibérations prises par les actionnaires en assemblée générale. Les statuts prescrivent ordinairement que ce procès-verbal sera signé par les membres du bureau, ou du moins par le président et le secrétaire. Il peut être utile de stipuler que les procès-verbaux authentiques devront être également signés des membres du bureau seulement.

Quelle serait la valeur des procès-verbaux non-signés ? — Un arrêt a prononcé la nullité du procès-verbal d'une assemblée ordinaire pour défaut de signature (3). La Cour de cassation, au contraire, a déclaré valable le procès-verbal d'une assemblée ordinaire qui portait quelques-unes seulement des signatures exigées par les statuts (4).

473. — *Extraits.* — Les statuts déterminent également par qui devront être signés les copies ou extraits des procès-verbaux de délibération à produire aux tiers. Ce pouvoir est conféré soit au président du conseil d'administration ou, à son défaut, à un autre administrateur, soit à deux administrateurs, soit à un administrateur et au directeur.

474. — *Effet des délibérations.* — L'assemblée générale régulièrement constituée représente l'universalité des actionnaires ; ses délibérations, prises dans les limites de la loi et des statuts, sont obligatoires pour tous les associés (5) ; elles ne peuvent être critiquées par l'un des membres de la minorité de l'assemblée ; elles sont, au contraire, inopposables aux tiers ; mais ces derniers ne peuvent les attaquer, par application de l'article 1167 du Code civil, qu'autant qu'ils justifient d'un préjudice (6).

475. — *Irrégularités.* — L'insuffisance ou l'irrégularité d'une délibération peut être couverte par une seconde délibération émanée d'une assemblée régulière (7). La nullité résultant d'un excès de pouvoirs de l'assemblée générale ne peut être invoquée que par les actionnaires faisant partie de la minorité dissidente (8).

476. — *Pouvoirs de l'assemblée. Durée.* — Les pouvoirs de l'assemblée générale des actionnaires existent, non seulement pendant la durée de la société, mais encore jusqu'à l'issue et pour les besoins de la liquidation. L'assemblée a notamment le droit de nommer les liquidateurs, d'examiner et d'approuver leurs comptes. Les statuts contiennent ordinairement des dispositions à cet égard.

477. — *Majorité factice. Pénalité.* — « Sont punis d'une amende de 500 à 10,000 francs et peuvent, en outre, être condamnés à la peine de l'emprisonnement de quinze jours à six mois, ceux qui, en se présentant comme propriétaires d'actions ou de coupons d'actions qui ne leur appartiennent pas, ont créé frauduleusement une majorité factice dans une assemblée générale, sans préjudice de tous dommages-intérêts, s'il y a lieu, envers la société ou envers les tiers ; ceux qui ont remis les actions pour en faire l'usage frauduleux. » — Ces dispositions, édictées par l'article 13 de la loi de 1867, en ce qui concerne les sociétés en commandite

---

(1) V. Paris, 13 mars 1884 (D. 1885-2-14).
(2) Bruxelles, 12 mars 1877 ; Vavasseur, n° 902. V. Alger, 30 décembre 1890.
(3) Lyon, 26 novembre 1863 (S. 1864-2-202). Conf., Pont, n° 1669 ; Dict. du not., suppl., n° 144.
(4) Cass., 28 janvier 1878 (S. 1878-1-450). V. Va-

vasseur, n° 907 *bis* ; Choppard, *Rev. des soc.*, 1883, p. 572 et suiv. — V. aussi Cass., 20 décembre 1882.
(5) Paris, 12 mars 1885.
(6) Paris, 13 mars 1884 (D. 1885-2-14).
(7) Paris, 1er août 1868 (D. 1869-2-65).
(8) Dijon, 25 juillet 1884.

par actions, ont été déclarées applicables aux sociétés anonymes, par l'article 45 de la même loi (V. *suprà*, n° 360).

2° Des assemblées ordinaires.

478. — « Il est tenu, chaque année au moins, une assemblée générale à l'époque fixée par les statuts (1) », à l'effet d'examiner les comptes de l'administration et de délibérer sur les affaires sociales.

479. — Époque. — Les statuts fixent l'époque de la réunion de l'assemblée générale annuelle. Lorsque l'exercice social est clos le 31 décembre, les actionnaires ne peuvent être réunis avant le milieu du mois de février, l'inventaire, le bilan et le compte des profits et pertes devant être mis à la disposition des commissaires le quarantième jour, au plus tard, avant l'assemblée générale (art. 34).

Si les administrateurs négligeaient de convoquer l'assemblée générale annuelle, tout actionnaire aurait incontestablement le droit de les mettre en demeure de le faire.

480. — Communication. — Afin de permettre aux actionnaires de faire par avance un utile examen et de donner plus d'autorité aux décisions de l'assemblée générale, la loi prescrit que « quinze jours au moins avant la réunion de l'assemblée générale, tout actionnaire pourra prendre, au siège social, communication de l'inventaire et de la liste des actionnaires, et se faire délivrer copie du bilan résumant l'inventaire et du rapport des commissaires » (art. 35). Le législateur entend que *dans les quinze jours* qui précéderont la réunion de l'assemblée générale et jusqu'au jour même de la réunion, les actionnaires pourront, quand ils le voudront, venir au siège social demander ou prendre communication des pièces et documents (2). Si cette communication avait été refusée, l'assemblée serait nulle (3). Le droit de communication est conféré à tous les actionnaires, même à ceux qui ne seraient pas admis à l'assemblée générale (4).

La liste générale des actionnaires est celle qui est annexée à l'acte notarié de déclaration de souscription et de versement (5). Les actionnaires exclus du vote peuvent aussi, indépendamment de la liste des actionnaires, prendre, le jour même de la réunion ou postérieurement, connaissance de la feuille de présence des actionnaires ayant assisté aux assemblées, puisque cette feuille doit, suivant l'article 28, être déposée au siège social et communiquée à tout requérant.

La communication des pièces indiquées en l'article 35, à l'époque qu'il fixe, est obligatoire ; celle de toutes autres pièces, des livres, procès-verbaux et autres documents, peut être ordonnée par les tribunaux, à toute époque, s'il est justifié d'un intérêt sérieux (6).

La délibération portant approbation du bilan et des comptes est nulle : 1° s'il n'est pas constaté par le procès-verbal ou prouvé autrement, que le rapport des commissaires a été précédemment déposé dans les délais légaux (7) ; 2° si dans les quinze jours avant la réunion, les actionnaires n'ont pu prendre communication, au siège social, de l'inventaire qui n'avait pas été établi (8). Il importe donc que les documents énoncés en l'article 35 soient effectivement à la disposition des actionnaires quinze jours avant la réunion de l'assemblée générale, et que le procès-verbal de délibération constate l'exécution de cette prescription légale.

Il doit être donné lecture à l'assemblée du rapport du commissaire, dressé conformément à l'article 32 (V. *suprà*, n° 446, et *infrà*, n° 499).

(1) L. 24 juillet 1867, art. 27.
(2) Pont, n° 1671.
(3) Seine, 28 mars 1887.
(4) Boistel, n° 324 ; Lyon-Caen et Renault, n° 444 ; Pont, n° 1672.
(5) Pont, n° 1672.
(6) Arg. Cass., 3 décembre 1872 (S. 1873-1-33) ; Lyon-Caen et Renault, n° 444.
(7) Seine, 9 mars 1887.
(8) Seine, 28 mars 1887.

481. — Majorité. — Les assemblées générales ordinaires, c'est-à-dire celles qui ont à délibérer dans des cas autres que ceux prévus par les articles 30 et 31 (constitution de la société, modification des statuts, etc.) doivent être composées d'un nombre d'actionnaires représentant le quart au moins du capital social. Si l'assemblée ne réunit pas ce nombre, elle ne peut prendre de résolution ; une nouvelle assemblée est convoquée dans les formes et avec les délais prescrits par les statuts, et elle délibère valablement, quelle que soit la portion du capital représentée par les actionnaires présents (1).

Les délibérations sont prises à la majorité des voix des actionnaires présents (V. sur la convocation, la composition et le vote de l'assemblée, *suprà*, n°⁵ 461 et suiv.).

482. — Mission et pouvoirs de l'assemblée. — Les assemblées générales ordinaires ont pour mission :

1° De nommer, remplacer ou réélire les administrateurs dont les fonctions sont expirées, et même de les révoquer, s'il y a lieu ;

2° De désigner, chaque année, le commissaire ou les commissaires pour l'année suivante ;

3° D'entendre le rapport des administrateurs et celui des commissaires ;

4° D'approuver le bilan et les comptes, ainsi que la distribution de dividendes proposée. L'assemblée peut valablement modifier la valeur donnée dans les statuts aux éléments de l'actif (2).

5° D'examiner les actes de gestion des administrateurs et de leur donner *quitus*. Lorsque l'ordre du jour porte *vote sur l'approbation des comptes*, le *quitus* peut comprendre tous les faits de gestion antérieurs à la réunion (3).

Enfin les assemblées ordinaires délibèrent et statuent sur les diverses propositions qui leur sont soumises relativement à l'administration. Il leur appartient, non seulement de statuer sur les points qui leur sont expressément réservés par les statuts, mais encore de suppléer à l'action des administrateurs en tout ce qui, dans le domaine de l'administration, excéderait leurs pouvoirs (4).

L'assemblée générale ne peut délibérer et voter que sur les questions mises à l'ordre du jour (V. *suprà*, n° 466), et il a été décidé que la délibération d'une assemblée générale qui a voté un appel de fonds, sans que cette mesure fût portée à l'ordre du jour, est nulle, bien que certains actionnaires eussent été représentés par des mandataires, ceux-ci ne pouvant valablement voter que sur les questions portées à la connaissance de leurs mandants par l'ordre du jour (5).

3° Des assemblées extraordinaires.

483. — Les assemblées extraordinaires sont celles qui ont pour objet d'apporter des modifications au pacte social ; elles sont réglementées par l'article 31 de la loi du 24 juillet 1867, ainsi conçu : « Les assemblées qui ont à délibérer sur des modifications aux statuts, ou sur des propositions de continuation de la société, au delà du terme fixé pour sa durée, ou de dissolution avant ce terme, ne sont régulièrement constituées, et ne délibèrent valablement qu'autant qu'elles sont composées d'un nombre d'actionnaires représentant la moitié au moins du capital social. »

484. — Moitié du capital. — A raison de la gravité des mesures prévues en l'article 31, la loi exige que l'assemblée générale appelée à les décider soit composée d'un nombre d'actionnaires représentant la moitié au moins du capital

---

(1) L. 24 juillet 1867, art. 29.
(2) Seine, 9 avril 1888.
(3) Cass., 23 février 1885.

(4) Pont, n° 1681 ; Dict. du not., suppl., n° 147.
(5) Seine, 24 juin 1887.

social, c'est-à-dire du fonds social tout entier, capital en numéraire et apports en nature (1). La règle est absolue, sans restriction. L'article 29, relatif aux assemblées générales ordinaires, et l'article 30, relatif aux assemblées constituantes, prévoient que si une première assemblée ne réunit pas la portion de capital exigée, une seconde assemblée, représentant une portion moins forte du capital, pourra délibérer valablement. Mais ce sont là des dispositions particulières étrangères aux assemblées dont s'occupe l'article 31. Il faut en conclure que les statuts, prévoyant le cas où, à une première réunion, la moitié du capital social ne serait pas représentée, ne peuvent stipuler valablement qu'une délibération ultérieure serait valable, soit avec le cinquième du capital social, comme pour les assemblées constituantes, soit avec toute autre fraction et quel que fût le nombre des associés présents. Une nouvelle assemblée pourrait être convoquée, il est vrai ; mais il est toujours nécessaire que la moitié du capital soit représentée (2).

La représentation de la moitié du capital doit être réalisée dans l'assemblée elle-même. Il ne serait pas permis de compléter ce chiffre au moyen d'adhésions ultérieures d'actionnaires n'ayant pas siégé à cette assemblée (3).

Les délibérations d'assemblées générales extraordinaires ne réunissant pas la moitié au moins du capital social, sont donc nulles (4).

485. — Composition. — L'assemblée est composée des actionnaires qui, d'après les statuts, ont le droit d'y assister. En effet, il peut être stipulé que les assemblées extraordinaires, de même que les assemblées ordinaires, seront composées seulement des actionnaires possédant un certain nombre d'actions (V. *suprà*, n° 458).

Mais qu'arriverait il si les actions étaient disséminées en un si grand nombre de mains qu'il ne se trouvât pas assez d'actionnaires censitaires pour représenter la moitié du capital social ? — C'est, croyons-nous, aux statuts à prévoir et prévenir cette difficulté, en stipulant : *s'il y a des actions au porteur*, que si, sur une première convocation, l'assemblée n'a pu être régulièrement constituée avec les possesseurs du nombre d'actions prescrit, il pourra être convoqué une deuxième assemblée générale à laquelle, par exception, seront appelés tous les actionnaires propriétaires d'un nombre d'actions moins élevé (à déterminer), ou tous les actionnaires, sans exception ; et, *si toutes les actions sont nominatives*, qu'en cas d'insuffisance des possesseurs du nombre d'actions exigé pour la composition de l'assemblée générale, celle-ci sera complétée en y appelant tous les possesseurs possédant *tant* d'actions, ou tous les actionnaires.

486. — Majorité. — Les délibérations sont prises à la majorité des voix des actionnaires présents, et ces voix sont comptées conformément aux statuts (V. *suprà*, n°ˢ 469 et suiv.).

487. — Pouvoirs de l'assemblée générale. Principe. — Dans quels cas l'article 31 de la loi de 1867 doit il recevoir son application, et quelle est l'étendue des pouvoirs de l'assemblée générale extraordinaire ? Qu'arriverait-il si les statuts ne contenaient aucune stipulation sur leur modification ? — Des auteurs enseignent que la majorité d'une assemblée générale où la moitié du capital social est représentée, peut apporter des modifications aux statuts, alors même que ceux-ci n'ont pas prévu ce cas (5). Cette doctrine nous paraît critiquable. En principe, le

---

(1) Ruben de Couder, n° 433 ; Vavasseur, n° 898.

(2) Houpin, *J. des soc.*, 1880, p. 538. Conf. : Devilleneuve, Massé et Dutruc, n° 1283 ; Alauzet, n° 745 ; Rivière, n° 229 ; Mathieu et Bourguignat, n° 203 ; Pont, n° 1685 ; Lyon-Caen et Renault, n° 491 ; Ruben de Couder, n° 430 ; Dict. du not., suppl. n° 149. V. Alger, 31 décembre 1889.

(3) Mathieu et Bourguignat n° 203 ; Alauzet, n° 745 ; Pont, n° 1684.

(4) Seine, 7 octobre 1879.

(5) Mathieu et Bourguignat, n° 202 ; Rivière, n° 230 ; De Courcy, p. 127. — V. aussi Lyon-Caen et Renault, n° 491. Suivant ces derniers auteurs, l'assemblée générale ne pourrait, dans le silence des statuts, voter que des modifications secondaires ne portant pas atteinte aux bases fondamentales de la société.

contrat de la société fait la loi de tous les associés qui l'ont formé ou qui s'y trouvent soumis; il doit recevoir son exécution, et ne peut être modifié que du consentement unanime des intéressés. C'est l'application de la règle qui préside à la formation de tout contrat (art. 1134, C. civ.). Ainsi, sous l'empire du Code de commerce, il a été décidé que l'assemblée générale ne pourrait, à moins que le droit de modification aux statuts lui eût été conféré par le contrat de société, déroger aux clauses du pacte social, qu'autant que la dérogation aurait été votée par l'unanimité des actionnaires (1). Le législateur de 1867 ou plutôt de 1863 (car l'article 31 de la loi du 24 juillet 1867 est la reproduction de l'article 14 de la loi du 23 mai 1863) n'a pas, croyons-nous, entendu conférer aux assemblées générales le pouvoir absolu, illimité, de modifier, dans tous les cas, le pacte social; il a voulu seulement que des résolutions de cette nature ne pussent, à cause de leur gravité, être prises, si les statuts permettaient les modifications, que par une assemblée d'actionnaires représentant la moitié du capital social. En un mot, la loi a simplement réglementé les assemblées générales pour le cas où la société voudrait user du droit, qu'elle se serait réservé, de modifier ses statuts. D'où la conséquence que, dans le silence du contrat, les modifications ne seraient pas valables si elles n'étaient consenties par *tous* les actionnaires (2).

488. — Statuts. Pouvoir général. — Si, comme nous le croyons, le droit de modifier les statuts n'existe qu'autant qu'il a été stipulé, il faut reconnaître que l'étendue de la compétence et des pouvoirs de l'assemblée générale, régulièrement constituée, doit résulter des dispositions mêmes des statuts. Il s'agit là d'un mandat *sui generis* qu'il faut renfermer dans les limites qui lui ont été tracées. L'assemblée ne pourra donc faire que les modifications prévues par les statuts.

Mais que décider au cas où l'acte donne le pouvoir général de modifier les statuts? Quelle est l'étendue de cette disposition? — La Cour de Paris l'a nettement déterminée dans un arrêt du 19 avril 1875 (3), et bien que la jurisprudence ait, depuis, paru vouloir s'écarter du principe posé par cet arrêt (4), nous persistons à penser que l'assemblée générale ne peut modifier les statuts sur les bases constitutives et essentielles de la société, à moins que le droit ne lui en ait été spécialement et expressément conféré par le pacte social.

Mais quelles sont les bases essentielles du contrat de société? — Il est difficile de formuler une réponse précise et complète. Toutefois, on doit, à notre avis, ranger dans cette catégorie : 1° l'objet de la société; 2° la durée; 3° le siège; 4° le capital social; 5° le partage des bénéfices; 6° la fusion. Nous allons examiner chacune de ces modifications essentielles.

488 bis. — Objet. — En principe, l'objet de la société ne peut être changé sans le consentement unanime des actionnaires (art. 1134 et 1859, C. civ.) (5).

489. — Durée. — La durée de la société ne pourrait être, à moins d'une stipulation spéciale, ni prorogée, ni diminuée par une dissolution anticipée, sauf l'exception résultant de l'article 37 de la loi de 1867, pour le cas de perte des trois quarts du capital social (6).

490. — Siège. — Il a été décidé que la clause d'un acte de société, relative au siège social, étant un des éléments essentiels des statuts, ne peut être modifiée que du consentement unanime des actionnaires; que, par suite, est nulle la délibé-

(1) Paris, 1er août 1868 (D. 1868-2-65).
(2) Conf.: Pont, n° 1688; Vavasseur, n° 167 et 908; Ruben de Couder, n° 436; Rousseau, n° 1548; Houpin, J. des soc., 1880, p. 542 et suiv.; Paris, 19 avril 1875 (S. 1876-2-118); Paris, 30 juillet 1891.
(3) S. 1876-2-119.
(4) Paris, 13 avril 1884 et 13 janvier 1885. — V. aussi Seine, 14 novembre 1887.

(5) Cass., 17 février 1853, 17 avril 1855; Paris, 18 mars 1862, 19 avril 1875; Besançon, 31 juillet 1889 ; Seine, 25 juin 1891. V. toutefois les décisions citées, Houpin, Traité des soc., n° 525.
(6) Paris, 20 mai 1869 (D. 1870-2-12); Marseille, 9 novembre 1886; Paris, 30 juillet 1891. — V. Seine, 24 juillet 1883 ; Paris, 24 juin 1884.

ration d'une assemblée générale d'actionnaires qui, à une simple majorité seulement, a décidé le transfert du siège social d'une ville dans une autre (1). Il est donc important de conférer statutairement à l'assemblée générale des actionnaires, votant dans les conditions fixées par l'article 31 de la loi de 1867, le pouvoir de décider le transfert du siège social par modification des statuts.

491. — Capital social. Principe. — Le capital social forme un élément essentiel de la société; il ne peut donc, en principe, à notre avis, être modifié. Nous allons examiner dans quelles conditions la société a le droit de décider l'augmentation du capital social ou sa réduction.

492. — Augmentation du capital. — Le capital social ne peut être augmenté que du consentement unanime des actionnaires, à moins qu'il ne soit stipulé, dans les statuts, que l'assemblée générale, réunie dans les conditions prescrites par l'article 31 de la loi de 1867, aura le droit de décider l'augmentation du capital (2). Le contraire a été jugé, il est vrai, par deux arrêts récents (3). Mais ces décisions, qui ont été critiquées (4) perdent de leur autorité au point de vue de l'augmentation du capital social, parce qu'elles ont été rendues dans des espèces où il s'agissait de statuer sur la réduction de ce capital.

493. — Réduction du capital. — Le capital social peut-il être réduit ? Par exemple, les actions sont libérées du quart; l'assemblée générale, délibérant conformément à l'article 31 de la loi de 1867, peut-elle décider valablement comme cela a été pratiqué, pour un certain nombre de sociétés, depuis plusieurs années, que le capital sera réduit aux versements effectués ; qu'en conséquence, il sera délivré aux actionnaires une action nouvelle de 500 fr. entièrement libérée, en échange de quatre actions anciennes libérées de 125 fr. ? — L'affirmative est certaine lorsque les statuts accordent à l'assemblée générale le pouvoir de décider la réduction du capital social. Mais nous pensons que l'opération est illicite, sans le consentement unanime des actionnaires, quand les statuts autorisent l'augmentation du capital sans parler de sa réduction (5).

La jurisprudence s'est généralement prononcée en sens contraire, et a décidé que, *à moins d'interdiction* dans les statuts, l'assemblée générale des actionnaires peut décider valablement la réduction du capital social, sous la seule réserve du droit des tiers (6). Mais cette jurisprudence ne nous paraît pas justifiée (7).

La réduction du capital social, même autorisée par les statuts, n'est pas opposable aux tiers, créanciers antérieurs de la société (8).

494. — Rachat d'actions par la société. — Les administrateurs d'une société anonyme, comme les gérants d'une société en commandite par actions, ne peuvent réduire le capital, soit par un rachat, soit par un remboursement d'actions avec les deniers sociaux. Le rachat par une société de ses propres actions, au moyen de fonds faisant partie du capital social, est condamné par une jurisprudence constante (V. *suprà*, n° 296).

Il a été décidé toutefois : 1° que, à moins d'interdiction formelle dans les statuts, l'assemblée générale des actionnaires a le droit de racheter aux conditions dont ils sont seuls juges, les actions souscrites par un ou plusieurs d'entre eux (9);

(1) Marseille, 23 décembre 1885 et 20 septembre 1886.
(2) Paris, 10 mars 1862 (S. 1862-2-161); Lyon, 9 janvier 1870 (S. 1870-2-235); Troplong, n° 181 ; Delangle, n° 442; Vavasseur, n° 167, 374 et suiv.; Deloison, n° 439 ; Hémar, (*loc. cit.*) ; Houpin, (*loc. cit.*).
(3) Paris, 13 mars 1884 et 13 janvier 1885.
(4) *J. des soc.*, 1885, p. 441.
(5) Houpin, *J. des soc.*, 1882, p. 712 et suiv. ; Toulouse, 14 juin 1887 ; Paris, 15 mars 1890; Seine, 11 avril et 1er octobre 1883 ; Paris, 13 mars 1883 et 13 janvier 1885 ; Seine, 14 novembre 1887.
(6) Seine, 27 juillet 1885.
(7) Houpin, *J. des soc.*, 1885, p. 441 ; *Traité des soc.*, n° 530. Conf. : Pont, n° 1689; Rousseau, t. II, n° 1548 ; Labbé (S. 1881-441). V. Bourgeois, *J. des soc.*, 1888, p. 46.
(8) Cass., 3 janvier 1887 ; Paris, 11 janvier et 27 juillet 1888.
(9) Paris, 13 mars 1884. V. Aix, 22 mars 1888.

2° que l'assemblée générale a le droit d'autoriser le rachat, en Bourse, d'une partie des actions de la société, alors que ce rachat ne s'adresse pas à une catégorie spéciale de vendeurs de titres, que le demandeur est propriétaire d'actions déjà soumises à une première réduction, sans protestation de sa part, et qu'à la suite de cette réduction les statuts portaient : « Le capital social est fixé, *quant à présent*, à... », ce qui indiquait suffisamment qu'il pouvait être sujet à modification (1).

Mais il a été jugé que si une société a le droit de réduire son capital, ce n'est qu'à la condition qu'elle ne porte point atteinte au principe de l'égalité de droits entre actionnaires, tels qu'ils ont été établis par les statuts sociaux (2).

Nous considérons que, si les statuts ne permettent pas la réduction du capital elle ne peut pas plus avoir lieu, sans le consentement de tous les associés, par voie de rachat et d'extinction d'un certain nombre d'actions, que par l'échange d'actions non libérées contre de nouvelles actions entièrement libérées (3).

495. — Réduction autorisée. Formalités. — Quand les statuts permettent la réduction du capital social, il y a lieu de faire voter par l'assemblée générale extraordinaire des actionnaires: 1° cette réduction ; 2° les modifications statutaires qui en sont la conséquence ; 3° les pouvoirs nécessaires à conférer au conseil d'administration pour l'exécution des résolutions prises et la constatation définitive de la réduction et des modifications.

496. — Partage des bénéfices. — L'assemblée générale ne pourrait modifier les droits conférés aux actionnaires dans la répartition des bénéfices et de l'actif social (4).

497. — Fusion. — Enfin, la fusion d'une société avec une autre société n'est possible qu'avec le consentement unanime des actionnaires, à moins que les statuts n'aient expressément conféré ce droit à l'assemblée générale (V. *suprà*, n° 168).

Art. 7. — *Etat semestriel. Inventaire. Fonds de réserve. Répartition des bénéfices.*

498. — Etat semestriel. Inventaire. — Dans le but de fournir à tous les actionnaires le moyen de s'éclairer et de statuer en connaissance de cause, l'article 34 de la loi du 24 juillet 1867 exige que toute société anonyme dresse, chaque semestre, un état sommaire de sa situation active et passive. Cet état est mis à la disposition des commissaires.

En outre et dans le même but, il doit être établi, chaque année, conformément à l'article 9 du Code de commerce, un inventaire contenant l'indication des valeurs mobilières et immobilières et de toutes les dettes actives et passives de la société. Nous avons expliqué (*suprà*, n° 349) les conditions que doit réunir cet inventaire. (Voir sur la communication de l'inventaire, n° 480).

---

(1) Seine, 27 juillet 1885.
(2) Paris, 23 mars 1888.
(3) Conf., Vavasseur, n°° 383 et 384; Toulouse, 14 juin 1887 (*loc. cit.*). — V. Paris, 11 janvier 1888.
(4) La jurisprudence a annulé : 1° la délibération par laquelle l'assemblée générale a décidé, à la majorité, que le dividende afférent à chaque action sur les bénéfices annuels, au lieu d'être attribué aux actionnaires, conformément aux statuts, sera appliqué à l'acquisition d'un immeuble pour le compte de la société (Rouen, 8 août 1868 (S. 1869-2-236) ; 2° une délibération qui avait décidé la création d'actions de priorité donnant droit à des avantages dont étaient privés les actionnaires originaires : le pouvoir d'augmenter le capital ne suffirait pas pour autoriser la création d'actions de priorité (Paris, 19 avril 1875 (S. 1876-2-113); Cass., 20 décembre 1882 (S. 1883-1-

198); Vavasseur, n°° 168 et 581. V. Paris, 17 mars 1885); 3° la délibération par laquelle l'assemblée générale a résolu de faire primer, dans la répartition de l'actif, les actions d'apport par les actions de capital, et de faire servir l'actif social à rembourser d'abord les actions de capital (Paris, 27 juin 1884. Conf. : sur le principe : Bruxelles, 9 février 1842 ; Angers, 26 avril 1866 (S. 1867-2-103) ; Dutruc, v° Soc., n° 148 ; Vavasseur, n° 167 ; Houpin, *J. des soc.*, 1880, p. 544 ; Deloison, n° 439) ; 4° la délibération par laquelle l'assemblée générale a décidé que la totalité des bénéfices de l'année sera versée à la réserve, alors que les statuts prescrivent qu'après déduction de toutes les charges, il sera payé aux actionnaires un intérêt de leur capital par prélèvement sur les bénéfices annuels (Lyon, 6 mars 1888).

499. — Rapport des commissaires. — C'est l'inventaire approuvé qui sert de base pour la répartition des dividendes. Mais la loi déclare que la délibération contenant approbation du bilan et des comptes est nulle, si elle n'a pas été précédée du rapport, que les commissaires doivent faire annuellement à l'assemblée générale, sur la situation de la société, sur le bilan et sur les comptes présentés par les administrateurs (1). Ce rapport constitue donc une formalité substantielle préalable à toute approbation des comptes. S'il était omis, la résolution approbative serait nulle, et cette nullité pourrait être poursuivie, suivant le droit commun, par tout intéressé, actionnaire ou non (V. *suprà*, nᵒˢ 446 et 480).

500. — Fonds de réserve. — L'intégralité des bénéfices nets produits annuellement par l'exploitation des affaires de la société n'est pas susceptible d'être distribuée. La loi, dans un esprit de sage prévoyance et dans l'intérêt de la société, a prescrit la formation, au moyen du prélèvement d'une partie des bénéfices, d'un fonds de réserve destiné à subvenir aux besoins et dépenses extraordinaires et imprévus. Cette obligation résulte de l'article 36 de la loi de 1867, ainsi conçu : « Il est fait annuellement, sur les bénéfices nets, un prélèvement d'un vingtième au moins, affecté à la formation d'un fonds de réserve. Ce prélèvement cesse d'être obligatoire lorsque le fonds de réserve atteint le dixième du capital social. »

501. — Bénéfices nets. — On entend par bénéfices nets les bénéfices, les produits de l'entreprise, déduction faite des frais généraux et des charges incombant chaque année à la société (V. *suprà*, nᵒˢ 332 et suiv.). On reconnaît généralement qu'il y a lieu de comprendre dans ces charges et, par conséquent, de déduire des bénéfices, pour la formation du fonds de réserve, les sommes payées aux actionnaires à titre d'intérêt de leur mise, en exécution d'une clause des statuts (Voir sur la légalité de cette clause, *suprà*, nᵒ 333) (2). Ainsi, supposons un capital-actions de deux millions et un bénéfice, déduction faite des frais généraux ordinaires, de 150,000 francs ; on prélèvera sur cette somme l'intérêt du capital, soit, à 5 %, 100,000 francs ; il ne restera plus qu'un bénéfice net de 50,000 francs qui servira de base au prélèvement pour le fonds de réserve, et dont le vingtième sera de 2,500 francs. En un mot, le prélèvement de l'intérêt passera avant celui de la réserve.

On doit considérer comme licite la clause portant qu'en cas d'insuffisance des produits d'une année pour servir l'intérêt à 5 %. des actions, la différence sera prélevée sur le fonds de réserve.

502. — Minimum. — Le prélèvement pour la formation du fonds de réserve est du *vingtième* au moins des bénéfices nets. Ce prélèvement cesse d'être obligatoire lorsque le fonds de réserve a atteint le *dixième* du capital social. Il devient alors facultatif et volontaire ; mais si, après avoir atteint cette quotité, il est entamé, les prélèvements doivent recommencer (3). Les statuts pourraient prescrire un fonds de réserve plus important, en augmentant la proportion indiquée par la loi, soit quant au prélèvement annuel, soit quant à la fraction du capital à réserver ; par exemple : le dixième des bénéfices jusqu'au cinquième du capital.

503. — Non prélèvement. Responsabilité. Dividendes fictifs. — Si les administrateurs négligent d'opérer le prélèvement légal ou statutaire, ils encourent, envers les personnes lésées, une responsabilité personnelle, conformément à l'article 44 de la loi de 1867 (4). En outre, les bénéfices distribués, sans déduction

---

(1) L. 24 juillet 1867, art. 32.

(2) *Instruction minist.* du 11 juillet 1819 : Mathieu et Bourguignat, nᵒ 224 ; Vavasseur, nᵒ 910 ; Pont, nᵒ 1504 ; Lyon-Caen et Renault, nᵒ 493 ; Ruben de Couder, nᵒ 252 ; Dict. du not., supp., nᵒ 156 ; Lyon, 6 mars 1888. — *Contrà* : Alauzet, nᵒ 751 ; Bédarride,

nᵒˢ 445 et suiv. ; Boistel, nᵒ 325 ; de Courcy, p. 151 et suiv.

(3) Lyon-Caen et Renault, nᵒ 498.

(4) Pont, nᵒ 1197 ; Lyon-Caen et Renault, nᵒ 493 ; Vavasseur, nᵒ 909.

de la portion destinée à la réserve, constituent, au moins pour cette portion, des dividendes fictifs (1).

504. — Fonds de prévoyance. — Indépendamment du fonds de réserve obligatoire, les statuts peuvent autoriser ou prescrire des réserves supplémentaires, destinées à faire face à certains besoins spéciaux : amortissement des frais de premier établissement, du matériel, etc., ou à la formation d'un fonds de prévoyance. Dans le silence des statuts, la question de savoir si l'assemblée générale n'excéderait pas son droit en votant, au cours de la société, la création d'un fonds de prévoyance, est délicate et devrait, croyons-nous, en principe, être résolue négativement (2).

505. — Fonds d'amortissement. — Ce fonds, formé au moyen d'un prélèvement sur les bénéfices, est affecté au remboursement annuel d'un certain nombre d'actions, par voie de tirage au sort : ce qui est licite (3). La loi de 1867 ne précise rien relativement à la constitution du fonds d'amortissement ; du reste le fonds de réserve, quand il n'est pas absorbé, en remplit le rôle à la dissolution de la société. Mais les statuts de beaucoup de sociétés contiennent la stipulation d'un fonds d'amortissement ; c'est un moyen de faciliter le placement des actions, grâce à la perspective du remboursement qu'il donne aux actionnaires (4). Les actionnaires dont les actions ont été ainsi amorties n'ont plus droit aux intérêts ni au capital de leurs titres, qui sont remplacés par des *actions de jouissance* (*suprà*, n° 14) ; mais ils exercent tous les autres avantages attachés à l'action, notamment ils ont droit à un dividende et à une part proportionnelle de l'actif social, à la dissolution de la société, après remboursement du capital de toutes les autres actions.

506. — Distribution de dividendes. Prescription. — Ce qui reste disponible sur les bénéfices nets de la société, après le prélèvement de la réserve légale ou statutaire et de la portion qui peut être attribuée aux administrateurs et au directeur, doit être réparti, à titre de dividende, entre les actionnaires, proportionnellement au nombre de leurs actions. Le paiement du dividende se fait annuellement, à l'époque fixée par les statuts, ou par l'assemblée générale, ou, si le pouvoir lui en a été conféré, par le conseil d'administration.

Les dividendes de toute action nominative ou au porteur, sont valablement payés au porteur du titre ou du coupon.

Ceux non réclamés dans les cinq ans de leur exigibilité sont prescrits au profit de la société (art. 2277, C. civ.).

507. — Dividendes fictifs. Restitution. Pénalité. — Les dispositions des articles 13, 14 et 16 de la loi de 1867 sont applicables en matière de société anonyme, sans distinction entre celles existantes et celles qui se constituent sous l'empire de ladite loi. Les administrateurs qui, en l'absence d'inventaire, ou au moyen d'inventaires frauduleux, auraient opéré la distribution de dividendes fictifs, seront punis de la peine qui est prononcée, dans ce cas, par le n° 3 de l'article 15, contre les gérants des sociétés en commandite. Sont également applicables en matière de société anonyme, les dispositions des trois derniers paragraphes de l'article 10 (art. 45).

Le directeur d'une société anonyme peut être puni comme complice du délit de distribution de dividendes fictifs, commis par les administrateurs (5).

Les administrateurs sont responsables, conformément aux règles du droit commun, individuellement ou solidairement, suivant les cas, envers la société ou envers les tiers, des fautes qu'ils auraient commises dans leur gestion, notamment

---

(1) Lyon-Caen et Renault, n° 493.
(2) Paris, 23 mars 1870 et 9 mai 1876 ; Vavasseur, n° 607, 637 et 912 ; Seine, 5 mai 1884.
(3) Bâle, 11 février 1887.
(4) Lyon-Caen et Renault, n° 493.
(5) Paris, 19 mars 1883.

en distribuant, ou en laissant distribuer sans opposition, des dividendes fictifs (art. 44).

ART. 8. — Des actions judiciaires.

508. — L'article 39 de la loi du 24 juillet 1867 déclare applicable aux sociétés anonymes l'article 17 ainsi conçu : « Des actionnaires représentant le vingtième du capital social peuvent, dans un intérêt commun, charger, à leurs frais, un ou plusieurs mandataires de soutenir, tant en demandant qu'en défendant, une action contre les gérants ou contre les membres du conseil de surveillance, et de les représenter, en ce cas, en justice, sans préjudice de l'action que chaque actionnaire peut intenter en son nom personnel. »

509. — **Commentaire. Renvoi.** — Le commentaire de l'article 17, et par conséquent de l'article 39 de la loi de 1867 et des règles relatives aux actions judiciaires, a été présenté plus haut (n°ˢ 361 et suiv.). Toutes ces règles sont applicables aux sociétés anonymes.

510. — **Compétence.** — L'article 39 ne touche pas aux règles générales de la compétence. En conséquence, et la loi spéciale étant muette à cet égard, c'est au tribunal du lieu où la société a son siège social ou ses établissements qu'il appartient de statuer sur les actions dirigées contre elle (1).

§ 8. DE LA SOCIÉTÉ A CAPITAL VARIABLE (OU COOPÉRATIVE).

511. — **But.** — Les dispositions de la loi du 24 juillet 1867, sur les sociétés à capital variable, ont été conçues dans une pensée de sollicitude pour les classes ouvrières, en vue de faciliter le développement des sociétés coopératives, qui sont florissantes en Angleterre. A l'origine, elles visaient uniquement les sociétés de consommation, les sociétés de crédit, et les sociétés de production, dénommées sociétés de coopération par le premier projet de loi. Mais aujourd'hui, sous cette dénomination nouvelle de société à capital variable, le législateur embrasse toutes les sociétés, quels que soient l'objet de l'entreprise et la condition sociale des associés (2).

512. — **Caractère.** — La société à capital variable ne constitue pas un type nouveau de société. La variabilité du capital n'est qu'une modalité des sociétés soit à forme civile (3), soit en nom collectif ou en commandite, soit anonymes. Ces quatre sociétés sont à capital variable lorsque, conformément à l'article 48 de la loi de 1867, il est stipulé que « le capital social sera susceptible d'augmentation par des versements successifs faits par des associés, ou l'admission d'associés nouveaux, et de diminution par la reprise totale ou partielle des apports effectués ». Le même article ajoute que « les sociétés dont les statuts contiendront la stipulation ci-dessus seront soumises, indépendamment des règles générales qui leur sont propres, suivant leur forme spéciale, aux dispositions des articles suivants » (art. 49 à 54).

513. — Les sociétés à capital variable sont civiles ou commerciales selon la nature de leurs opérations.

Sont civiles :

<blockquote>a) Les sociétés de production, quand elles ont pour but l'exploitation d'une des industries extractives ou agricoles ;</blockquote>

---

(1) Cass., 16 mars 1874 (S. 1875-1-51); Pont, n° 1722.
(2) Pont, n° 1728 à 1732. V. sur la situation légale des sociétés coopératives, Hubert-Valleroux, Rev. soc., 1884, p. 251.

(3) Vavasseur, 933 ; Ruben de Couder, vᵒ Soc. à cap. var., n° 5 ; Lyon-Caen et Renault, n° 504. — Contrà : Pont, n°ˢ 1733 et 1767.

b) Les sociétés de consommation, quand elles ne vendent pas au public, mais seulement aux associés (1).

Sont commerciales :

a) Les sociétés de production, quand elles se rattachent à l'industrie commerciale ou manufacturière;

b) Les sociétés de consommation, quand elles vendent non seulement aux associés, mais encore au public (2);

c) Les sociétés de crédit mutuel (3).

514. — Variabilité du capital. — La variabilité du capital consiste, d'après l'article 48 précité, en ce que le capital social est susceptible d'augmentation et de diminution. Cette disposition est indivisible, et il ne pourrait être stipulé valablement, par les statuts, que le capital ne sera susceptible que d'augmentation et non de diminution, ou *vice versa* (4).

515. — Dispositions communes. — Parmi les dispositions relatives aux sociétés à capital variable, celles ci-après sont applicables à toutes les sociétés, quel qu'en soit le type (art. 51, 52, 53 et 54).

516. — Retraite. — La faveur essentielle consiste dans la faculté, pour chaque associé, de se retirer de la société quand il le juge convenable (art. 52). Cette faculté doit être combinée avec les dispositions des articles 1869 et 1870 du Code civil, qui n'autorisent la renonciation à la société qu'à la condition qu'elle soit de bonne foi et n'ait pas lieu à contre temps, ce qui, toutefois, dans l'esprit de la loi de 1867, doit s'interpréter largement en faveur de l'associé qui demande à se retirer de la société (5).

517. — Reprise d'apport totale ou partielle. — Les associés ont la faculté de retirer la totalité ou une partie de leur mise : le capital de la société est, en effet, susceptible de diminution par la reprise *totale ou partielle* des apports effectués (art. 48). Cette faculté existe même dans les sociétés par actions, et n'est pas inconciliable avec le principe de la division du capital en actions d'égale valeur (6).

L'associé qui se retire volontairement a le droit de reprendre en totalité les apports qu'il a faits (art. 48); mais il ne peut rien exiger de plus, ni prétendre à aucune fraction de l'actif social supérieure à sa mise (7).

518. — Restriction. Minimum du capital. — L'article 52 autorise chaque associé à se retirer de la société, lorsqu'il le juge convenable, *à moins de conventions contraires*, et sauf l'application du § 1er de l'article 51, aux termes duquel « les statuts détermineront une somme au-dessous de laquelle le capital ne pourra être réduit par la reprise des apports autorisée par l'article 48 ». Ainsi, le capital social est-il, par une cause quelconque, réduit au dixième, fixé comme minimum par l'article 51, aucun associé ne pourra plus se retirer de la société par la reprise de la mise entière. A-t-il été stipulé par les statuts que le capital irréductible serait, non du dixième fixé par la loi, mais du cinquième, du quart, de la moitié, la faculté de sortir de la société cessera pour tous les associés du jour où le capital social se trouvera réduit à la portion déterminée. Ce droit a-t-il été réglementé d'une manière spéciale, par exemple (ce qui n'est pas sans utilité) subordonné à la condition que les retraites ou reprises d'apport seront soumises à

(1) Lyon-Caen et Renault, n° 513 ; Conseil d'Etat, 17 novembre 1876 et 8 juin 1877 ; Nantes, 26 juin 1886 ; Périgueux, 5 août 1887 ; Paris, 20 mars 1888.
(2) Nantes, 26 juin 1886 (*loc. cit.*). V. sur le caractère des sociétés de consommation : Bourges, 19 janvier 1869 et la note (S. 1869-2-313).
(3) Lyon-Caen et Renault, n° 518.
(4) Lyon, 12 janvier 1872 (S. 1873-2-65); Boistel, n° 337; Vavasseur, n° 973; Pont, n° 1738; Dict. du

not., suppl., v° Soc. à cap. var., n° 2. — *Contrà* Mathieu et Bourguignat, n° 269; Bédarride, n°° 535 et 536; Alauzet, n° 785; Lyon-Caen et Renault, n° 517; Ruben de Couder, v° Soc. à cap. var., n° 8.
(5) Vavasseur, n° 981; Alauzet, n° 800; Devilleneuve, Massé et Dutruc, n° 1347; Pont, n° 1758. — *Contrà* : Bédarride. n° 568; Boistel, n° 341.
(6) V. Pont, n°° 1754 et 1755.
(7) Pont, n° 1762. — *Contrà* : Bédarride, n° 574.

l'approbation du conseil d'administration ou de l'assemblée générale, ou encore qu'elles ne pourront être opérées qu'après avoir été annoncées un certain temps à l'avance, le droit ne pourra être exercé que conformément à la règle arrêtée (1).

519. — Exclusion. — Si chaque associé peut se retirer de la société quand il le juge convenable, la société, de son côté, a le droit de se réserver la faculté d'imposer la retraite, dans le but d'assurer la vie des sociétés coopératives fondées sur la confiance réciproque, l'honnêteté et le zèle pour la chose commune. « Il pourra être stipulé que l'assemblée générale aura le droit de décider, à la majorité fixée pour la modification des statuts, que l'un ou plusieurs des associés cesseront de faire partie de la société (art. 52, § 2).

Ce droit d'exclusion cesse, comme la faculté de retraite, quand le capital est réduit au minimum déterminé par la loi ou la convention. Toutefois, la société pourra en user, si elle trouve un tiers qui veuille se substituer à l'associé à exclure en le désintéressant, ou si les associés consentent à le désintéresser eux-mêmes au moyen d'une cotisation (2).

L'associé exclu par un vote de l'assemblée a droit à la part qui lui revient dans l'actif social, liquidé au moment de son exclusion, à moins que les statuts n'aient déterminé le mode d'évaluation de cette part, en disant, par exemple, qu'elle sera calculée d'après le dernier inventaire (3).

520. — Charges sociales. — Aux termes du § 3 de l'article 52 « l'associé qui cessera de faire partie de la société, soit par l'effet de sa volonté, soit par suite de décision de l'assemblée générale, restera tenu pendant cinq ans, envers les associés et envers les tiers, de toutes les obligations existant au moment de sa retraite ». Ainsi, les tiers pourront, en cas d'insuffisance de l'actif, poursuivre pendant cinq ans, contre l'associé, l'exécution des obligations contractées avant sa retraite volontaire ou forcée, mais jusqu'à concurrence de sa mise seulement, s'il n'est qu'actionnaire ou commanditaire. Les associés eux-mêmes auraient un recours contre lui si, par suite de la réalisation de l'actif, ils se trouvaient lui avoir remboursé plus que ce qui lui revenait en réalité (4).

521. — Représentation en justice. Administrateurs. — « La société, quelle que soit sa forme, est valablement représentée en justice par ses administrateurs », (5) ce qui s'applique même aux sociétés purement civiles (6).

522. — Dissolution. — « La société ne sera point dissoute par la mort, la retraite, l'interdiction, la faillite ou la déconfiture de l'un des associés; elle continuera, de plein droit, entre les autres associés » (art. 54). Les héritiers, représentants ou créanciers de l'associé décédé, interdit, tombé en faillite ou en déconfiture, n'ont d'autres droits que celui de faire régler la part de leur auteur ou de leur débiteur; la société est dissoute à leur égard. Cette règle s'applique même aux sociétés par actions (7).

523. — Règles spéciales aux sociétés par actions. — Plusieurs dérogations aux principes généraux ont été établies en faveur des sociétés par actions

---

(1) Dict. du not., suppl., n° 4. Le droit d'exclusion est ainsi subordonné à trois conditions. Il faut : 1° qu'il ait été réservé ou stipulé par les statuts ; 2° que la retraite de l'associé soit prononcée par une délibération de l'assemblée générale ; 3° que cette délibération soit prise à la majorité fixée pour la modification des statuts. Si le pacte social n'avait pas prévu la modification des statuts, il y aurait lieu d'appliquer les dispositions de l'article 31 de la loi de 1867; par suite, la délibération serait prise à la majorité des voix des membres présents représentant la moitié au moins du capital social (Pont, n° 1760). La décision de l'assemblée prononçant l'exclusion est souveraine et ne saurait être déférée aux tribunaux

(Bédarride, n° 572; Pont, n° 1760; Dict. du not., suppl., n° 5).
(2) Lyon-Caen et Renault, n° 508; Pont, n° 1761.
(3) Pont, n° 1761; Dict. du not., suppl., n° 6.
(4) Pont, n°° 1763 et 1764.
(5) L. 24 juillet 1867, art. 58.
(6) Rivière, n° 350; Alauzet, n° 802; Bédarride, n° 576; Lescœur, p. 258 et 259; Boistel, n° 343; Lyon-Caen et Renault, n° 509; Ruben de Couder, n° 25. — *Contra* : Pont, n° 1767; Dict. du not., suppl., n° 11; Boitard et Colmet-d'Aage, *Lec. proc.*, 1, p. 146.
(7) Pont, n°° 1768, 1769; Dict. du not., suppl., n° 12.

à capital variable, en ce qui concerne : 1° le taux des actions; 2° le versement obligatoire; 3° le chiffre du capital social originaire et des augmentations annuelles; 4° la forme des actions; 5° le mode de transfert. Nous allons les examiner séparément.

524. — Taux des actions. — D'après l'article 50 de la loi de 1867, « les actions ou coupons d'actions ne pouvaient être inférieurs à 50 francs. » Cette disposition a été abrogée par la loi du 1er août 1893, qui autorise les actions de 25 francs (1).

525. — Minimum de versement. — En outre, et par une nouvelle dérogation à l'article 1er de la loi de 1867, qui exige le versement du quart sur chaque action, l'article 51, § 3, ne prescrit, pour la constitution des sociétés à capital variable, que le versement du dixième, soit de 5 francs par action. Les auteurs enseignent même généralement, en s'appuyant sur la différence des textes, qu'il n'est pas nécessaire que le versement du dixième soit effectué par chaque actionnaire, sur chaque action, et qu'il suffit que le dixième du capital social existe dans la caisse sociale, quelles que soient les proportions dans lesquelles il aura été fourni par chacun (2).

526. — Souscription intégrale. — La règle qui, pour les sociétés ordinaires par actions, subordonne la constitution de la société à la souscription intégrale du capital, est également applicable aux sociétés à capital variable (3).

527. — Limitation du capital et des augmentations annuelles. — Comme compensation aux faveurs dont jouissent les sociétés à capital variable constituées par actions, la loi a apporté certaines restrictions, ayant pour but d'éviter que les sociétés riches profitent, par la spéculation, des facilités accordées aux sociétés à capital variable.

La première de ces restrictions résulte de l'article 49 ainsi conçu : « Le capital social ne pourra être porté, par les statuts constitutifs de la société, au-dessus de la somme de 200,000 francs. Il pourra être augmenté par des délibérations de l'assemblée générale prises d'année en année; chacune des augmentations ne pourra être supérieure à 200,000 francs. » (4).

La limite ainsi fixée au montant du capital primitif et aux augmentations qui peuvent y être apportées, s'applique exclusivement aux sociétés par actions (5).

Nous estimons, contrairement à l'opinion des auteurs, que les augmentations de capital votées par l'assemblée générale sont subordonnées, comme celles des sociétés ordinaires par actions, à la souscription intégrale du nouveau capital et au versement du minimum fixé par l'article 51 (V. suprà, nos 187 et suiv.) (6).

528. — Minimum. — La loi ne fixe, pour le capital, aucun minimum; il n'y a donc, à cet égard, d'autres règles à suivre que celles propres à chaque société par actions avec laquelle a été combinée la société à capital variable (7).

529. — Forme des actions. — Par dérogation à l'article 3 de la loi de 1867, d'après lequel il peut être stipulé dans les statuts des sociétés ordinaires, que les actions ou coupons d'actions pourront, après avoir été libérés de moitié, être convertis en actions au porteur, par délibération de l'assemblée générale, l'article 50, en ce qui concerne les sociétés à capital variable, dispose que « les actions ou

(1) t. du not., 1893, p. 526.
(2) Alauzet, n° 792; Boistel, n° 340; Lyon-Caen et Renault, n° 511; Vavasseur, n° 989; Ruben de Couder, n° 81. — Contrà: Pont, n° 1745; Dict. du not., suppl., n° 8.
(3) Bédarride, n° 556; Boistel, n° 340; Pont, n° 1746.
(4) Mathieu et Bourguignat, n° 283; Alauzet, n° 787; Devilleneuve Massé et Dutruc, n° 1332; Ruben de Couder, n° 39.
(5) Bédarride, n° 554; Alauzet, n° 791; Boistel, n° 339; Pont, n° 1751; Ruben de Couder, n° 44. — Contrà : Rivière, n° 835; Dict. du not., suppl., n° 10.
(6) Mathieu et Bourguignat, n° 290; Devilleneuve, Massé et Dutruc, n° 1337; Pont, n° 1752; Ruben de Couder, n° 45.
(7) Voir sur les variations et l'augmentation du capital social : Rev. soc., 1887, p. 228.

coupons d'actions seront nominatifs, même après leur entière libération. » C'est pour éviter l'agiotage que la loi proscrit ainsi l'action au porteur.

530. — Négociation. — En outre, les actions ou coupons d'actions ne sont négociables qu'après la constitution définitive de la société (art. 50, § 2).

531. — Transfert. — « La négociation ne peut avoir lieu que par voie de transfert sur les registres de la société, et les statuts pourront donner, soit au conseil d'administration, soit à l'assemblée générale, le droit de s'opposer au transfert » (art. 50, § 3). La loi s'étant proposé d'empêcher l'introduction dans la société d'associés dont la versatilité, l'inaptitude ou l'incapacité seraient pour elle une menace ou un danger permanents, cette disposition exclut la cession par la voie civile, comme la cession commerciale (1). Le droit d'opposition au transfert des actions étant exorbitant du droit commun, doit être renfermé dans les limites tracées par la loi. En conséquence, l'exercice de ce droit ne pourra être conféré qu'à l'assemblée générale seule, à l'exclusion du gérant et du conseil de surveillance, si la société est en commandite, et au conseil d'administration et à l'assemblée générale, si elle est anonyme (2).

532. — Publication. — Les sociétés à capital variable sont soumises à la publication, dans les formes et conditions que nous avons expliquées (V. *suprà*, v° SOCIÉTÉS EN GÉNÉRAL, n°^ 43 et suiv.).

§ 9. DE LA DISSOLUTION ET DE LA LIQUIDATION.

ART. 1er. — *Dissolution.*

533. — Expiration. Consommation de l'objet. Décès. Faillite. — Les sociétés par actions, comme les sociétés en général, finissent : 1° par l'expiration du temps pour lequel elles sont contractées ; 2° par l'extinction de la chose, ou la consommation de la négociation (art. 1865, C. civ., 1° et 2°) (3).

Mais les autres causes de dissolution indiquées en l'article 1865 ne sont pas, en principe, applicables aux sociétés par actions. Ainsi, la mort, l'interdiction ou la déconfiture d'actionnaires ou d'administrateurs de la société anonyme — association de capitaux — ne sont pas des causes de dissolution (4).

Quant au décès ou à la révocation du gérant statutaire d'une société en commandite, dont le choix a été une des conditions essentielles du contrat, il entraînerait la dissolution de la société à moins que les associés ne s'entendent tous sur le choix d'un nouveau gérant, ou que celui-ci soit nommé par l'assemblée générale à qui les statuts auraient conféré pouvoir à cet effet (V. *suprà*, n° 282).

534. — On décide généralement que la faillite de la société ne saurait en entraîner la dissolution (5). Il a été décidé également qu'en admettant que la dissolution de la société ne résulte pas de plein droit de la faillite ou de la déconfiture du gérant, cette dissolution peut néanmoins être prononcée par les tribunaux pour de justes motifs (6).

535. — Dissolution anticipée. — L'assemblée générale des actionnaires

---

(1) Mathieu et Bourguignat, n° 277; Alauzet, n° 788; Boistel, n° 338; Lyon-Caen et Renault, n° 514; Pont, n° 1748 et suiv. — *Contrà* : Vavasseur, n° 988.

(2) *Contrà* : Bédarride, n° 557; Boistel, n° 340; Pont, n° 1747; Ruben de Couder, n° 85; Dict. du not., suppl., n° 8.

(3) V. Pont, n°^ 1888 et suiv. ; Vavasseur, n°^ 212

et suiv.; Dict. du not., suppl., v° *Société*, n°^ 166 et suiv.

(4) Pont, n°^ 1896 et 1901; Vavasseur, n° 282.

(5) Cass., 9 mai 1854 (S. 1854-1-673); Lyon, 3 juillet 1862 (S. 1863-2-139) ; Paris 12 juillet 1869 (S. 1871-2-233) ; Pont, n° 1909. — *Contrà* : Pardessus, n° 1060; Troplong, n° 939; Amiens, 30 janvier 1869 (D. 1869-1-98).

(6) Paris, 28 novembre 1875 (D. 1877-2-141).

représentant la moitié du capital social (1) ne pourrait pas, à notre avis, voter la dissolution anticipée d'une société anonyme, à moins d'une stipulation expresse dans les statuts (V. *suprà*, n° 489). Il en serait de même, *a fortiori*, en ce qui concerne la société en commandite (2).

Lorsque l'assemblée générale des actionnaires est autorisée, par les statuts, à voter la dissolution de la société, cette dissolution peut être soumise à une condition suspensive, notamment celle que le liquidateur fera l'apport de l'actif à une société à constituer (3).

536. — Cause légitime. — La dissolution de la société peut être demandée avant le terme convenu, s'il y a de justes motifs dont la légitimité et la gravité sont laissées à l'arbitrage des juges. Cette cause de dissolution, indiquée en l'article 1871 du Code civil, est applicable aux sociétés par actions (4).

Les tribunaux peuvent prononcer la dissolution de la société, notamment lorsque son fonctionnement est devenu impossible (5).

Lorsqu'une clause des statuts porte que la dissolution anticipée pourra être prononcée par l'assemblée générale pour des motifs graves et légitimes, on doit entendre cette clause dans le sens que la gravité et les motifs sont laissés à l'appréciation souveraine, non de la majorité, mais des tribunaux, sur la demande des actionnaires ayant formé la minorité (6).

537. — Perte des trois quarts du capital. — La loi de 1867 prévoit plusieurs cas spéciaux dans lesquels la dissolution de la société peut être demandée. L'article 37 contient les dispositions suivantes : « En cas de perte des trois quarts du capital social, les administrateurs sont tenus de provoquer la réunion générale de tous les actionnaires, à l'effet de statuer sur la question de savoir s'il y a lieu de prononcer la dissolution de la société. La résolution de l'assemblée est, dans tous les cas, rendue publique. A défaut par les administrateurs de réunir l'assemblée générale, comme dans le cas où cette assemblée n'aurait pu se constituer régulièrement, tout intéressé peut demander la dissolution de la société devant les tribunaux. »

Les actionnaires qui veulent provoquer la dissolution de la société doivent justifier de la perte des trois quarts du capital social (7), c'est-à-dire du capital nominal exigible, et non pas seulement du capital réalisé (8).

C'est aux administrateurs qu'incombe l'obligation de provoquer la délibération de l'assemblée générale des actionnaires, sous peine d'engager leur responsabilité ; en cas d'inaction de leur part, les commissaires ont le droit d'agir (art. 33). Tous les actionnaires, sans exception, même ceux ne possédant qu'une action, doivent être convoqués ; la clause des statuts, d'après laquelle les propriétaires d'un certain nombre d'actions ont seuls le droit d'assister aux assemblées générales, n'a pas ici d'application.

L'assemblée générale statue sur la question de dissolution ou de continuation ; elle doit être composée d'un nombre d'actionnaires représentant la moitié au moins du capital social (9). Elle peut prononcer elle-même la dissolution (10). Si elle est d'avis de continuer la société, nonobstant la perte des trois quarts du capital social, il semble que les actionnaires ne pourraient pas individuellement s'adresser aux

---

(1) L. 24 juillet 1867, art. 31.
(2) Alauzet, n° 507; Mathieu et Bourguignat, n° 97 ; Dolez, p. 317; Pont, n° 1928.
(3) Seine, 1ᵉʳ octobre et 12 novembre 1883 ; Paris, 16 juillet 1887.
(4) V. Bordeaux, 18 octobre 1877 ; Bordeaux, 14 août 1889 ; Paris, 17 février 1889.
(5) Lyon, 16 février 1881; Seine, 4 mars 1886;

Paris, 7 juin 1886 ; Seine 15 avril 1887 ; Bordeaux, 14 août 1889.
(6) Marseille, 9 novembre 1886.
(7) Seine, 8 août 1884.
(8) Mathieu et Bourguignat, n° 226 ; Rivière, n° 246 ; Bédarride, n° 251 ; Pont, n° 1918.
(9) Mathieu et Bourguignat, n° 228; Dict. du not. suppl., n° 184.
(10) Dict. du not., suppl., n° 184.

tribunaux pour faire prononcer la dissolution anticipée (1). Mais ce droit appartiendrait à tout intéressé, actionnaire ou créancier, si l'assemblée générale n'avait pas été réunie par les administrateurs ou les commissaires, ou si elle n'avait pu se constituer régulièrement.

Dans tous les cas, soit que l'assemblée consultée admette, soit qu'elle repousse la dissolution, sa résolution doit être rendue publique, par la publication de la délibération, faite conformément aux articles 55, 56 et 61 de la loi de 1867.

538. — Moins de sept actionnaires. — D'après l'article 23 de la loi de 1867, les sociétés anonymes ne peuvent être constituées si le nombre des associés est inférieur à sept. Mais il peut se faire que, la société étant régulièrement constituée, le nombre des associés tombe au-dessous de sept. L'article 38, statuant dans cette prévision, dispose que « la dissolution peut être prononcée sur la demande de toute partie intéressée, lorsqu'un an s'est écoulé depuis l'époque où le nombre des associés est réduit à moins de sept. »

Cette dissolution est facultative pour les tribunaux. L'action en dissolution n'est au surplus recevable que lorsqu'une année entière s'est écoulée depuis le jour où le nombre des actionnaires est tombé au-dessous du chiffre exigé. Les actionnaires peuvent profiter de ce délai pour s'adjoindre de nouveaux associés et éviter la dissolution.

539. — Actionnaire unique. — La réunion de toutes les actions d'une société aux mains d'un seul associé emporte la dissolution de la société (2). Mais comment constater cette dissolution et établir le droit privatif de propriété du dernier actionnaire sur tous les biens meubles et immeubles composant l'actif social ? — Nous considérons, au point de vue pratique, qu'il y a lieu de faire un acte notarié pour constater : 1° Le fait de la possession, par un seul associé, de toutes les actions au porteur ; 2° la dissolution de la société, qui est la conséquence de cette possession exclusive. A l'appui de sa déclaration, le dernier actionnaire représentera au notaire les titres de toutes les actions sociales. Si ces titres sont trop nombreux pour pouvoir être annexés à l'acte notarié, il sera utile de mentionner sur chacun d'eux la dissolution constatée par l'acte dont il s'agit (3).

540. — Commandite. — L'article 11 de la loi de 1867 dispose que le conseil de surveillance peut convoquer l'assemblée générale, et, conformément à son avis, provoquer la dissolution de la société (4). Ce droit ne saurait être enlevé ni restreint par les statuts (4). La dissolution de la société peut donc être proposée par le conseil de surveillance, non seulement dans les cas prévus par les statuts, mais dans tous ceux où l'intérêt de la société l'exige (5).

Le conseil de surveillance n'aurait pas le droit de saisir directement les tribunaux de la dissolution ; il doit d'abord en référer à l'assemblée générale, puisqu'il ne peut provoquer la dissolution que conformément à l'avis de cette assemblée (6).

C'est aux tribunaux qu'il appartient, en principe, de prononcer la dissolution, l'article 11 de la loi de 1867 ne dérogeant pas, en ce point, à l'article 1871 du Code civil. L'assemblée générale n'aurait le droit de dissoudre la société qu'autant que le pouvoir lui en aurait été expressément conféré par les statuts (7).

Lorsque, en l'absence d'une stipulation statutaire, l'assemblée générale est

(1) Dalloz, n° 1234 ; Rivière, n° 113 ; Vavasseur, n° 915 ; Mathieu et Bourguignat, n° 227. — Contrà : Pont, n° 1919.
(2) Cass., 10 avril 1867 (D. 1867-1-397) ; Garnier, art. 2577 ; Vavasseur, n° 222.
(3) V au point de vue fiscal, Houpin. Traité des soc., n° 638 ; Bordeaux, 26 mars 1890 ; Cass., 17 mai 1890.
(4) Dalloz, n° 1231 ; Vavasseur, n° 587 ; Pont, n° 1513.

(5) Mathieu et Bourguignat, n° 96 ; Lyon-Caen et Renault, n° 446 ; Pont, n° 1513 et 1922.
(6) Dalloz, n° 1223 ; Vavasseur, n° 588 ; Lyon-Caen et Renault, n° 446 ; Pont, n° 1513 et 1921.
(7) Paris, 20 mai 1869 (D. 1870-2-12) ; Tripier, t. I, p. 599 ; Mathieu et Bourguignat, n° 97 ; Bédarride, n° 287 ; Lyon-Caen et Renault, n° 446 ; Vavasseur, n° 589 ; Pont, n° 1923 ; Dict. du not., suppl., n° 182.

d'avis de provoquer une dissolution judiciaire, l'action est introduite par le conseil de surveillance ou par des commissaires spéciaux désignés à cet effet (1). Si, au contraire, l'assemblée générale se prononce contre la mesure de la dissolution, le conseil de surveillance n'a pas qualité pour agir. Mais les actionnaires conservent le droit d'exercer eux-mêmes, ensemble ou individuellement, l'action en dissolution, par application de la disposition générale de l'article 1871 du Code civil (2).

ART. 2. — Liquidation.

541. — Caractère. Etre moral. — Par l'effet de la dissolution, la société cesse d'exister pour l'avenir et pour les opérations en vue desquelles elle avait été constituée. Elle ne peut plus, en principe, faire d'opérations nouvelles. Mais elle continue d'exister pour régler ses affaires accomplies, c'est-à-dire pour se liquider. Dans cette phase qu'ouvre la dissolution, la société conserve son caractère d'être moral ; elle subsiste et persiste, tant activement que passivement, pour les besoins de la liquidation, non seulement dans les rapports de la société avec les tiers, mais encore dans les rapports avec les associés eux-mêmes (3).

542. — Assemblée générale. — Pendant la durée de la liquidation, les pouvoirs de l'assemblée générale continuent (V. *suprà*, n° 476) (4). Le juge du fait apprécie souverainement si la liquidation de la société est close (5).

En prononçant la dissolution de la société, l'assemblée générale détermine le mode de liquidation, s'il n'est pas fixé par les statuts (6).

543. — Liquidateur. — Le liquidateur est celui qui a pour mission de régler les affaires de la société, après sa dissolution, et de la liquider. C'est le continuateur du gérant ou des administrateurs, dont les fonctions ont cessé. Il est le mandataire et le représentant de la société dans l'intérêt des associés ; mais il ne la représente en aucune manière dans l'intérêt des créanciers sociaux, lesquels n'ont pas qualité pour demander la nomination ou la révocation d'un liquidateur (7).

544. — Nomination. — Le liquidateur doit, en principe, être nommé par les actionnaires. Les statuts pourraient stipuler, cependant, que la liquidation sera faite par le gérant ou par les administrateurs en exercice au moment de la dissolution (8).

On décide généralement que le liquidateur doit être choisi par l'unanimité des actionnaires, à moins que le droit de le désigner n'ait été conféré par les statuts à l'assemblée générale (9).

Ordinairement, les statuts confèrent à l'assemblée générale des actionnaires le pouvoir de prononcer la dissolution de la société, de régler le mode de liquidation et de nommer un ou plusieurs liquidateurs dont elle détermine les pouvoirs.

---

(1) Pont, n° 1921.
(2) Bédarride, n°° 239 et suiv. ; Lyon-Caen et Renault, n° 446 ; Pont, n° 1924 ; Vavasseur, n° 591 ; Dict. du not., n° 183 ; Paris, 19 avril 1875.
(3) Voir, sur ce principe et ses conséquences : Pont, n°° 1930 et suiv. ; Vavasseur, n° 249 ; Ruben de Couder, v° *Soc. en nom coll.*, n°° 537 et suiv. ; Cass., 29 mai 1865 (S. 1865-1-325), 27 juillet 1863 S. 1863-1-457), 3 février et 22 décembre 1868, 23 mai 1870, 6 mars 1872 et 8 février 1875 (D. 1868-1-225 ; 1869-1-156 ; 1870-1-415 ; 1872-1-169 ; 1875-1-308) ; Cass., 16 août 1880 (D. 1882 1-80) ; Seine, 10 décembre 1883 ; Cass., 11 mars 1884 (D. 1884-1-199 ; S. 1885-1-447) ; Bordeaux, 30 mars 1886 ; Seine, 17 mai 1886 et 5 mars 1887 ; Paris, 31 mars 1887 ; 28 décembre 1888 ; Paris, 19 juin 1890.
(4) Seine, 3 février 1888.

(5) Cass., 18 décembre 1883 (D. 1884-1-402).
(6) Marseille, 9 juin 1885.
(7) Paris 20 juillet 1842 ; Lyon, 27 mai 1859 et 24 décembre 1860 (S. 1860-2-16 ; 1861-2-557) ; Aix, 31 mai 1871 (S. 1872-2-47) ; Paris, 3 janvier 1886 ; Paris, 15 novembre 1886 ; Pont, n°° 1936 et 1949 ; Lévi-Lion, *De la liquidation des sociétés commerciales*, p. 38 et suiv.
(8 Pont, n° 1939.
(9) Troplong, n° 1025 ; Vavasseur, n° 242 ; Bédarride, n° 485 ; Pont, n° 1941 ; Lyon-Caen et Renault, n° 564 ; Lyon, 22 août 1825 ; Cass., 17 juin 1823 ; Paris, 27 décembre 1874. — *Contrà* : Delangle, n° 685 ; Bravard, p. 480 ; Boistel, n° 380, lesquels pensent que la majorité suffit pour procéder légalement à la nomination du liquidateur.

En pareil cas, et lorsque la dissolution est prononcée amiablement, c'est aux actionnaires seuls, régulièrement assemblés, qu'il appartient de nommer les liquidateurs. Il n'y a pas lieu à la nomination de liquidateurs judiciaires (1).

Les intéressés peuvent, à leur gré, nommer comme liquidateurs d'une société en commandite par actions, soit un ou plusieurs associés, soit même une ou plusieurs personnes étrangères à la société (2).

Quand le liquidateur vient à décéder ou à être révoqué, on procède à son remplacement, par une délibération de l'assemblée générale (3), ou par un jugement si les actionnaires ne sont pas d'accord.

545. — Durée. — Le mandat du liquidateur prend fin par l'achèvement des opérations de liquidation (4).

Le jugement qui prononce la nullité de la société n'a pas pour effet de mettre fin aux pouvoirs de liquidation (5).

546. — Révocation. — Le liquidateur désigné d'avance dans les statuts ne peut être révoqué que pour des motifs légitimes et par les tribunaux. Quant au liquidateur, associé ou étranger, nommé après la dissolution de la société, il est révocable *ad nutum*, comme tout mandataire, soit par tous les associés, soit par l'assemblée générale, si elle a pouvoir à cet effet (6).

547. — Liquidateur judiciaire. — Si les associés ne peuvent se mettre d'accord pour la nomination du liquidateur, ou si la liquidation de la société est prononcée judiciairement, le liquidateur doit être nommé par les tribunaux (7), sauf le droit des associés, s'ils sont ensuite tous d'accord, de substituer un liquidateur de leur choix au liquidateur judiciaire (8).

Le jugement qui prononce la nullité d'une société ne met pas fin aux pouvoirs conférés par un précédent jugement aux liquidateurs (9).

Une loi récente du 4 mars 1889, promulguée le 5, modifie la législation des faillites, et permet à tout commerçant qui cesse ses paiements d'obtenir le bénéfice de la liquidation judiciaire, telle qu'elle est réglée par cette loi, en se conformant à ses dispositions (10). Les articles 3 et 4 de cette loi sont ainsi conçus :

« Art. 3. — En cas de cessation de paiements d'une société en nom collectif ou en commandite, la requête contient le nom et l'indication du domicile de chacun des associés solidaires, et elle est signée par celui ou ceux des associés ayant la signature sociale. En cas de cessation de paiements d'une société anonyme, la requête est signée par le directeur ou l'administrateur qui en remplit les fonctions. Dans tous les cas, elle est déposée au greffe du tribunal dans le ressort duquel se trouve le siège social. A défaut de siège social en France, le dépôt est effectué au greffe du tribunal dans le ressort duquel la société a son principal établissement. »

---

(1) Seine, 5 et 25 juin 1883; Paris, 31 janvier, 8 avril, 28 mai 1884; Seine, 23 août 1884; Paris, 1er août 1885; Seine, 5 mars 1887; Pont, n° 1939; Vavasseur, n° 242.
(2) Bordeaux, 20 août 1839 (D. 1840-2-44); Troplong, n° 1082; Lyon-Caen et Renault, n° 564; Pont, n° 1944.
(3) Seine, 22 juillet 1891.
(4) Lyon-Caen et Renault, n° 571; Pont, n° 1948.
(5) Paris, 10 juillet 1885; Paris, 28 avril 1887; Douai, 11 août 1887. — V. Lyon, 25 avril 1885.
(6) V. Rennes, 7 juin 1865 (S. 1865-2-339); Cass., 7 janvier 1868 (S. 1868-1-172); Cass., 30 avril 1873 (S. 1873-1-123); Lyon-Caen et Renault, n° 571; Pont, n° 1945.
(7) Troplong, n° 1028; Lyon-Caen et Renault, n° 564; Pont, n° 1942.
(8) Pont, *loc. cit.* — Il a été décidé qu'il y a lieu de nommer un liquidateur judiciaire : 1° si ceux

nommés par l'assemblée générale ont fait à l'assemblée un rapport incomplet de la situation, et s'ils ont refusé de la convoquer pour lui rendre compte de leur mission (Seine, 23 novembre 1883); 2° si la société a été déclarée nulle (Paris, 28 mai 1884); 3° s'il n'a pas été pourvu par les intéressés, conformément aux statuts, au fonctionnement de la liquidation (Seine, 28 avril 1886); 4° si la dissolution de la société est prononcée par les tribunaux, sans qu'on puisse exciper d'une clause des statuts d'après laquelle l'assemblée générale doit être consultée sur le mode de liquidation et la nomination du liquidateur; cette clause ne devant recevoir son application qu'autant que la dissolution est elle-même prononcée par l'assemblée générale (Seine, 31 août 1887. Voir aussi Paris, 20 février 1880).
(9) Paris, 28 avril 1887.
(10) V. le texte de cette loi (art. 24217, J. N.).

« Art. 4 (1ᵉʳ et 2ᵉ alinéas). — Le jugement qui statue sur une demande d'admission à la liquidation judiciaire est délibéré en chambre du conseil et rendu en audience publique. Le débiteur doit être entendu en personne, à moins d'excuses reconnues valables par le tribunal. Si la requête est admise, le jugement nomme un des membres du tribunal juge commissaire et un ou plusieurs liquidateurs provisoires. Ces derniers, qui sont immédiatement prévenus par le greffier, arrêtent et signent les livres du débiteur dans les vingt-quatre heures de leur nomination et procèdent avec celui-ci à l'inventaire. Ils sont tenus, dans le même délai, de requérir les inscriptions d'hypothèques mentionnées en l'article 490 du Code de commerce.

« Dans le cas où une société est déclarée en état de liquidation judiciaire, s'il a été nommé antérieurement un liquidateur, celui-ci représentera la société dans les opérations de la liquidation judiciaire. Il rendra compte de sa gestion à la première réunion des créanciers. Toutefois, il pourra être nommé liquidateur provisoire. »

Les pouvoirs des liquidateurs judiciaires nommés en vertu de la loi précitée sont déterminés par le législateur, et diffèrent sensiblement des pouvoirs des liquidateurs de sociétés. Comment se combineront et se concilieront les pouvoirs respectifs de ces liquidateurs? — La loi n'en dit rien, et il y a à craindre de la confusion et des difficultés, à ce point de vue, lors de l'application de la loi nouvelle sur la liquidation judiciaire.

548. — Pouvoirs. — Lorsque l'acte qui constitue le liquidateur détermine ses pouvoirs, celui-ci doit s'y conformer et ne pas sortir des limites qui lui sont assignées.

Mais quels sont, en principe, dans le silence des actes, les pouvoirs du liquidateur? — On peut poser en thèse que les attributions et les pouvoirs du liquidateur s'étendent à tous les actes, à toutes les opérations que peuvent exiger le règlement final des affaires de la société (1), la réalisation de l'actif, le paiement du passif et la répartition du surplus de l'actif entre les actionnaires (2).

En conséquence, il a le droit :

a) D'acheter des marchandises et de continuer l'exploitation pour maintenir l'usine ou le fonds en activité jusqu'à la vente (3); mais il ne peut se livrer à des opérations commerciales nouvelles, notamment dans le but de réaliser des bénéfices (4) ;

b) De faire tous actes d'administration, poursuivre et opérer le recouvrement des créances de la société, donner, comme conséquence du paiement, mainlevée des inscriptions et garanties qui les conservent, acquitter les dettes à la charge de la société (5) ;

c) De poursuivre l'appel des versements non effectués sur les actions (V. *supra*, n° 41), surtout si l'assemblée générale lui a conféré ce pouvoir (6) ;

d) De céder les créances à terme, et généralement de réaliser tout l'actif mobilier (7) ;

e) D'endosser et négocier des effets de commerce (8) ;

(1) Paris, 20 juin 1881 et les autorités citées; J. des soc., 1881, p. 421 ; Paris, 24 juin 1884; Paris, 14 décembre 1887.
(2) Lyon, 13 janvier 1877 (D. 1879-2-195).
(3) Dijon, 17 mars 1862 (D. 1862-2-94).
(4) Paris, 25 janvier 1870.
(5 Toulouse, 2 août 1861; Cass., 27 juillet 1863 (S. 1863-1-457) ; Cass., 29 mai 1865 (D. 1865-1-380); Cass., 27 juillet 1867 et 16 février 1874 (D. 1874-1-460 et 414); Bourges, 21 août 1871 (S. 1872-2-257); Pont, n° 1963.

(6) Cass., 16 février 1874 (D. 1874-1-114).
(7) Pont, n° 1956.
(8) Rouen, 26 août 1845 (D. 1850-2-2). V. aussi Rouen, 12 avril et 26 août 1845 (S. 1846-2-565 et 566); Paris, 17 mars et 29 août 1849 (D. 1849-2-176; 1850-2-2); Pardessus, n° 1078 ; Malepeyre et Jourdain, p. 332; Vincens, t I, p. 362 ; Delangle, 690 ; Pont, n° 1955. — Contra : Frémery, p. 68 et suiv. ; Troplong, n° 1012.

f) De donner en nantissement des marchandises sociales (1) ;

g) De vendre les immeubles de la société. La question de savoir si, en principe, le liquidateur d'une société a qualité pour vendre des immeubles, sans mandat spécial, est controversée (2). Mais, lorsqu'il s'agit d'une société de capitaux, par actions, la conservation des immeubles — qui, du reste, seraient presque toujours impartageables, — n'est certainement pas entrée dans les prévisions des associés, et ces immeubles, comme tout le surplus de l'actif social, doivent être réalisés, pour, le produit, être réparti en espèces entre les actionnaires. La vente des immeubles peut avoir lieu même amiablement, de gré à gré (3), surtout lorsque le liquidateur a reçu les pouvoirs les plus étendus à l'effet de réaliser les valeurs sociales (4) ;

h) Et d'ester en justice, donner et recevoir toutes assignations, interjeter appel, se pourvoir en cassation, saisir, exproprier (5).

Le liquidateur peut-il transiger et compromettre ? — Ce point est aussi très controversé (6). Nous estimons que ce pouvoir lui appartient, au moins pour les opérations ordinaires de commerce (7).

Le liquidateur a qualité pour actionner les anciens administrateurs comme actionnaires ou comme responsables individuellement ou solidairement des fautes commises et afin de voir prononcer contre eux une condamnation ; mais il ne peut valablement les prendre uniquement comme membres de l'ancien conseil d'administration et assigner ainsi la société, dont il est le représentant, dans la personne de ses anciens administrateurs (8).

Le liquidateur ne peut, en principe : 1° conférer des hypothèques sur les immeubles de la société (9); 2° emprunter, même pour payer les dettes exigibles (10); 3° souscrire les titres d'une société nouvelle (11).

Quand plusieurs liquidateurs ont été nommés par l'assemblée générale, sans que leurs fonctions aient été déterminées, chacun d'eux peut faire séparément tous les actes de liquidation (art. 1857, C. civ.) (12).

Le liquidateur judiciaire n'est pas tenu de se conformer aux prescriptions des statuts relatives à la liquidation, sauf aux actionnaires à saisir la justice de leurs griefs, en cas d'abus (13).

549. — Apport à une nouvelle société. — Il est incontestable que le liquidateur ne pourrait, en vertu de ses seuls pouvoirs, faire l'apport à une nouvelle société des droits, actions et obligations, c'est-à-dire de l'actif et du passif de la société dissoute, et stipuler, comme prix de cet apport, l'attribution d'actions libérées de la nouvelle société aux actionnaires de l'ancienne. Mais l'assemblée

---

(1) Paris, 17 mars 1849, *loc. cit.*; Cass., 5 mars 1850 (D. 1850-1-167); Pont, n° 1954. — *Contrà :* Boistel, n° 382 ; Ruben de Couder, v° *Soc. en nom coll.*, n° 576.

(2) *Affirm. :* Lyon-Caen et Renault, n° 568 ; Pont, n° 1957. V. Cass., 24 juille' 1871 (S. 1871-1-47). *Contrà :* Bravard et Demangeat, p. 434; Pardessus, n° 1074 ; Delangle, n° 691; Boistel. p. 265; Malepeyre et Jourdain, p. 329; Alanzet, n° 619 ; Ruben de Couder v° *Soc. en nom coll.*, n° 570.

(3) Malepeyre et Jourdain, p. 329; Troplong, n° 1007 ; Pont, n° 1957. — *Contrà :* Bédarride, n° 497; Dalloz, n° 1033 ; Vavasseur, n° 247.

(4) Paris, 12 mai 1885. V. Bordeaux, 30 mars 1886.

(5) Lyon-Caen et Renault, n° 566 ; Pont, n° 1964; Douai, 18 juillet 1883 (S. 1883-2-565).

(6) *Affirm. :* Rennes, 21 mars 1831 (Dalloz, n° 1058). Paris, 6 janvier 1854 (D. 1854-2-713) ; Douai, 9 juillet 1887; Pardessus, n° 1074 ; Alauz-t. n° 429 ; Vincens, n° 362; Horson, t. I, p. 49; Boistel, n° 282 ;

Lyon-Caen et Renault, n° 569 ; Pont, n° 1959. Comp. : Aix, 31 mai 1871 (S. 1872-2-47). *Négat. :* Cass., 8 août 1825 ; Troplong, n° 1023 ; Merlin, v° *Soc*., sect. 8, n° 6 ; Delangle, n° 688 ; Persil, p. 364 ; Bédarride, n° 600 et suiv.; Bravard et Demangeat, p. 433 et 434; Dolez, p. 250; Malepeyre et Jourdain, p. 332 ; Ruben de Couder, v° *Soc. en nom coll.*, n° 568.

(7) Conf. : Vavasseur, n° 241.

(8) Paris, 28 décembre 1888.

(9) Cass., 2 juin 1836 (S. 1836-1-621) ; Bédarride, n° 497 ; Pardessus, n° 1074 ; Bravard, p. 435 ; Boistel, n° 382 ; Vavasseur, n° 244. — *Contrà :* Pont, n° 1958.

(10) Troplong, n° 1012; Horson, p. 41; Frémery, p. 70 ; Delangle, n° 688 . Bédarride. n° 490; Cass., 3 avril 1819 ; Boulogne-sur-Mer, 28 mai 1886. V. Pont, n° 1960. — *Contrà :* Seine, 13 juillet 1883.

(11) Paris, 24 juin 1884.

(12) Douai, 9 juillet 1887.

(13) Seine, 8 avril 1886 ; Cass., 8 avril 1886.

générale peut-elle autoriser le liquidateur à faire un semblable apport? — Oui, si les statuts portent formellement qu'en cas de dissolution l'assemblée générale règle le mode de liquidation et peut autoriser le liquidateur à faire le transfert ou l'apport à une autre société ou à toute autre personne de l'actif et du passif de la société dissoute (1). Mais si les statuts se bornaient à donner à l'assemblée le pouvoir de régler le mode de liquidation, elle ne pourrait, à notre avis, autoriser le liquidateur à faire un pareil apport, car ce n'est pas là une liquidation. En effet, la liquidation est la réalisation de l'actif pour aboutir à sa distribution, en espèces, aux actionnaires, après le paiement du passif. Or, ces derniers, loin d'être désintéressés, se trouveraient engagés malgré eux dans une nouvelle société (2). A défaut de stipulation spéciale, le consentement de tous les actionnaires serait nécessaire (3)

Les tribunaux pourraient-ils, en prononçant la dissolution d'une société, autoriser le liquidateur à faire l'apport, à une société nouvelle, de tout ou partie de l'actif de la société dissoute, contre l'attribution d'actions de la nouvelle société ?

Cette autorisation a été accordée aux liquidateurs de plusieurs sociétés importantes. Le liquidateur de la société du *Petit Journal* a été autorisé à apporter l'actif de la société ancienne, après extinction de son passif, à une société nouvelle. Pour la *Société immobilière*, le tribunal de la Seine, après avoir ordonné, à la requête des liquidateurs, la mise en vente de tous les immeubles non réalisés, sur des mises à prix qu'il a fixées, a autorisé les liquidateurs à apporter à une société les immeubles dont les mises à prix n'auraient pas été couvertes, pour le montant des mises à prix augmenté des frais de mise en vente applicables aux lots non adjugés (4). Enfin, le même tribunal, en prononçant la dissolution anticipée de la société du canal de Panama, a autorisé le liquidateur à céder ou apporter à toute société nouvelle tout ou partie de l'actif social, et a même ordonné l'exécution provisoire de son jugement, nonobstant appel (5).

550. — Devoirs. — Dès son entrée en fonctions, le liquidateur doit : 1° faire inventaire de l'actif et du passif de la société : cet inventaire doit être fait en la forme commerciale ; il n'y a pas lieu de procéder à un inventaire notarié ni à une estimation par un commissaire-priseur et des experts (6) ; 2° exiger des gérants ou administrateurs le compte de la gestion et de l'administration dont ils étaient chargés an moment où la société a pris fin ; s'il était lui-même alors gérant ou administrateur, son compte de gestion rentrerait naturellement dans le compte de la liquidation (7).

Il doit, en outre, pendant la durée de ses fonctions : 1° tenir les livres prescrits par les lois et usages du commerce ; 2° dresser des états de situation ; 3° réunir annuellement l'assemblée générale et lui rendre compte de sa gestion (8) ; 4° réaliser l'actif et payer le passif ; 5° apporter à la liquidation tous les soins d'un bon père de famille ; il est donc responsable de son dol et de sa faute, ce qui sera appliqué plus ou moins rigoureusement, suivant que ses fonctions seront salariées ou gratuites (9).

Le liquidateur n'est pas tenu de donner caution, à moins que cette condition ne lui soit imposée (10).

Les liquidateurs d'une société anonyme qui, alors que cette société est en état de cessation de paiements, prolongent leur gestion par des expédients destinés

(1) Cass., 17 août 1875 (D. 1876-1-859) ; Vavasseur, n° 248 *bis.*
(2) Rousseau, *Quest. nouv.*, p. 111 ; Vavasseur, n° 248 *bis.* — V. Deloison, n° 125 *bis* ; Cass., 20 mars 1860 (S. 1861-1-62).
(3) Vavasseur, n° 451 ; Deloison, *loc. cit.*
(4. V. Deloison, n° 125 *bis.*
(5) Seine, 4 février 1889. Conf. : Cass., 23 décembre 1889.

(6) Seine, 11 novembre 1887.
(7) Delangle, n° 694 ; Troplong, n° 1016 et suiv.; Pont, n° 1950.
(8) V. Seine, 23 novembre 1888.
(9) V. Pont, n° 1971 et suiv.; Ruben de Couder, v° *Soc. en nom coll.*, n° 588 et suiv.
(10) Pont, n° 1951.

à reculer la déclaration de faillite, commettent une faute dont ils sont responsables envers la masse (1).

551. — Compte. — Quand les opérations de la liquidation sont terminées, le liquidateur doit en rendre compte aux associés, c'est-à-dire, pour les sociétés par actions, à l'assemblée générale des actionnaires. S'il lui a été alloué un traitement, il le prélève sur l'actif, ainsi que les sommes qu'il a avancées, avec l'intérêt du jour des avances constatées (art. 2001, C. civ.). Mais pourrait-il effectuer ce prélèvement à l'encontre des créanciers sociaux dont il n'est pas le mandataire? — La question est controversée (2). Il nous semble que les frais et honoraires du liquidateur sont privilégiés comme ayant pour effet la conservation de l'actif formant le gage commun des créanciers. Il a été décidé que les tiers qui ont fait un prêt au liquidateur ne peuvent acquérir un droit de préférence contre la masse créancière que ce liquidateur ne représente pas (3). L'assemblée générale a le droit d'approuver les comptes du liquidateur et de lui donner *quitus*.

552. — Répartition. — Le produit de la liquidation doit servir tout d'abord à payer le passif et les charges de la société envers les tiers. Les liquidateurs engageraient leur responsabilité s'ils faisaient une répartition aux actionnaires avant la complète extinction du passif (V. *suprà*, n° 171) (4). Après le règlement des engagements sociaux, le produit net de la liquidation doit être réparti entre les actionnaires conformément aux statuts, proportionnellement au nombre de leurs titres. Si toutes les actions ne sont pas également libérées, on rembourse les sommes versées sur les actions, et le surplus est partagé entre les actionnaires.

553. — Prescription. Associés. — L'article 64 du Code de commerce dispose que : « Toutes actions contre les associés non liquidateurs et leurs veuves, héritiers ou ayants cause, sont prescrites cinq ans après la fin ou la dissolution de la société, si l'acte de société qui énonce la durée ou la dissolution a été affiché et enregistré conformément aux articles 42, 43 et 46, et si, cette formalité remplie, la prescription n'a été interrompue à leur égard par aucune poursuite judiciaire ».

Cette prescription pourrait être invoquée par les actionnaires qui, au moment de la dissolution, seraient encore débiteurs envers la société de partie de leurs actions (5).

On décide généralement que l'action directe en restitution, appartenant aux créanciers contre les actionnaires, fondée sur ce que l'actif social a été distribué à ceux-ci avant que les créanciers sociaux fussent intégralement payés, se prescrit également par cinq ans (6).

Le bénéfice de la prescription quinquennale peut-il être invoqué par les *associés liquidateurs* à raison des obligations auxquelles ils sont soumis comme associés? — Cette question est vivement controversée (7).

(1) Paris, 17 mai 1888.
(2) *Affirm.* : Dijon, 17 mars 1862 (S. 1863-2-100) ; Aix, 11 novembre 1871 (D. 1873-2-78) ; Lyon, 11 juillet 1873 (S. 1874-2-73) ; Seine, 28 septembre 1888 (*La Loi* des 2 et 3 novembre). *Négat* : Paris, 20 janvier 1842 (D. 1842-2-131) ; Lyon, 27 mai 1859 (S. 1860-2-16) ; Lyon, 24 décembre 1860 (S. 1361-2-557) ; Aix, 31 mai 1871 (S. 1872-2-47) ; De Villeneuve, Massé et Dutruc, n° 640 ; Pont, n° 1936 ; Ruben de Couder, v° *Soc. en nom coll.*, n° 603.
(3) Douai, 24 novembre 1886.
(4) Conf. : Rouen, 25 juillet 1887 ; Seine, 4 octobre 1883. — V. toutefois, Rouen, 30 juin 1890.
(5) Cass., 21 juillet 1835 (S. 1836-1-121) ; Bédarride, n° 659 ; Alauzet, n° 438; Lombard, p. 161 ; Dalloz, n° 1439 ; Boistel, p. 265 ; Pont, n° 2007. — *Contra* : Bravard et Demangeat, p. 298 ; Lyon-Caen et Renault, n° 581 ; Seine, 21 avril 1886, suivant lesquels la prescription est de rente ans.
(6) Cass., 27 janvier 1873 (S. 1873-1-433) ; Labbé (note sous cet arrêt ; Lombard, p. 161 ; Bois el, p. 266 ; Dolez, p. 265. — *Contrà* : Lyon-Caen et Renault, n° 586 ; Pont, n° 2009.
(7) *Affirm.* : Malepeyre et Jourdain, p. 343 et suiv.; Bravard et Demangeat, p. 305 et suiv. ; Alauzet, n° 438 et suiv.; Dolez, p. 268 et suiv. ; Lyon-Caen et Renault, n° 583; Pont, n° 2010; Ruben de Couder, v° *Soc. en nom coll.*, n° 605. — *Négat.* : Pardessus, n° 1090; Vincens, p. 372; Troplong, n° 1051; Dalloz, n° 1066; Bédarride, n° 676 et suiv.; Lombard. p. 159; Boistel, p. 267 et 268 ; Cass., 28 mai 1872 ,S. 1873-

Les dispositions de l'article 64 du Code de commerce ne sont pas applicables aux sociétés civiles constituées sous une forme commerciale (1).

554. — Liquidateur. — Quant aux actions appartenant aux associés contre le liquidateur, à raison de cette qualité, elles se prescrivent par trente ans, dans les termes du droit commun (2).

§ 10. Responsabilité notariale.

555. — Voir ce que nous avons dit à ce sujet, *supra*, v° Sociétés en général, n°° 112 et suivants.

§ 11. Frais et honoraires.

556. — Cette matière a été traitée, *supra*, v° Sociétés en général, n°° 114 et suivants.

§ 12. Enregistrement. Timbre. Droit de transmission.
Impot sur le revenu.

557. — Nous avons traité ces divers sujets, d'une façon très complète, *supra*, v° Sociétés en général, n°° 118 et suivants.

§ 13. Formules.

I. STATUTS.

1. *Société civile par actions.*
2. *Société en commandite par actions.*
3. *Société anonyme.*
4. *Société anonyme de coopération à capital variable.*

II. DÉCLARATIONS NOTARIÉES.

1. *Déclaration de souscription et de versement (société en commandite).*
2. *Déclaration de souscription et de versement (société anonyme).*
3. *État de souscription et de versement (société anonyme).*

III. PROCÈS-VERBAUX D'ASSEMBLÉES GÉNÉRALES CONSTITUTIVES.

1. *Première assemblée d'une société en commandite.*

2. *Deuxième assemblée d'une société en commandite.*
3. *Première assemblée d'une société anonyme.*
4. *Deuxième assemblée d'une société anonyme.*

IV. EXTRAITS POUR LA PUBLICATION D'UNE SOCIÉTÉ EN COMMANDITE PAR ACTIONS ET D'UNE SOCIÉTÉ ANONYME.

V. PROCÈS-VERBAUX DE DÉLIBÉRATIONS.

1. *Assemblée générale d'actionnaires décidant l'augmentation du capital social.*
2. *Assemblée générale d'actionnaires constatant l'augmentation du capital social.*

1-149). Voir sur toutes les questions relatives à la prescription quinquennale: Pont, n°° 2003 et suiv.; Lyon-Caen et Renault, n°° 580 et suiv.; Ruben de Couder, v° Soc. en nom coll., n°° 654 et suiv.; Vavasseur, n°° 254 et 255.

(1) Cass., 28 janvier 1884 (J. S. 1884-547).

(2) Pont, n°° 910 et suiv.; Lyon-Caen et Renault, n° 583.

3. *Procès-verbal authentique d'une délibéra-*
   tion prise par le conseil d'administra-
   tion.
4. *Procès-verbal authentique d'une délibération*
   prise par l'assemblée générale des action-
   naires.

5. *Feuille de présence.*

VI. OBLIGATIONS HYPOTHÉCAIRES NÉGOCIABLES.

1. *Acte de création d'obligations.*
2. *Société civile entre les obligataires.*

I. STATUTS

1. — Société civile par actions (1).

Pardevant... etc.

    Ont comparu :

1° M. Eugène Jumel, propriétaire, demeurant à ...

2° M. Jules Edouard Lemaire, rentier, demeurant à ...

3° M. ... etc.

Lesquels, ont établi, ainsi qu'il suit, les statuts d'une société civile qu'ils sont convenus de former.

ART. 1er. — *Constitution de la société. Objet.*

Il est formé, par ces présentes, entre les comparants et les personnes qui deviendraient propriétaires des actions ci-après créées, une société civile et particulière ayant
pour objet :

L'administration et l'exploitation par location ou autrement, d'un immeuble situé à ...,
rue ..., dont l'apport sera fait ci-après à la société par M. Jumel ; ledit immeuble actuellement occupé par une école et un orphelinat de jeunes filles ;

L'achat ou la location de tous autres immeubles qui seraient reconnus utiles à la société,
et leur administration et exploitation ;

L'aliénation de la totalité ou de partie des immeubles sociaux, par voie de vente ou
échange, et généralement toutes opérations auxquelles ces immeubles pourront donner lieu.

ART. 2. — *Raison sociale.*

Cette société aura la dénomination de : « *Société civile immobilière de...* »

ART. 3. — *Durée. Siège social.*

Sa durée est fixée à ... années, à partir de ce jour ; mais elle pourra être prorogée
ou dissoute par anticipation, par décision de l'assemblée générale des intéressés.

Le siège social est à ..., dans ledit immeuble, rue ...

ART. 4. — *Apports.*

Il est fait apport à la société par M. Jumel, sous la garantie de droit :

1° De l'immeuble situé à ..., rue ..., consistant en (*établir la désignation*) ;

---

(1) Les établissements et associations n'ayant pas
une existence légale (notamment les écoles libres,
les établissement religieux, de bienfaisance et autres
non reconnus) ne peuvent posséder d'immeubles, ni
contracter. Comment procéder lorsque des immeubles
leur sont nécessaires ? Ces situations sont fort délicates. Nous estimons qu'il convient de former, entre
plusieurs personnes faisant des apports sérieux en
nature ou en espèces, une société civile ayant pour
objet l'administration, l'exploitation, et, s'il y a lieu,
l'acquisition des immeubles nécessaires. S'il est créé
des actions, il est utile, à cause du but de la société,
de les rendre nominatives et de réglementer leur
mode de transmission. Quand la société, ainsi constituée, est devenue propriétaire des immeubles, elle en
fait bail à loyer à l'établissement. De cette manière,
la société, propriétaire des immeubles, est juridiquement distincte de l'établissement non reconnu, lequel
se trouve simple locataire des immeubles qu'il occupe.
La formule que nous donnons peut être appliquée
dans des situations analogues. On peut aussi former
une société civile anonyme

2° Et des meubles meublants et objets mobiliers, se trouvant actuellement dans ledit immeuble, et qui sont décrits et estimés à la somme de ... dans un état dressé par M Jumel sur ... feuilles de papier timbré à 1 fr. 80 ; lequel état est demeuré ci-annexé après avoir été certifié véritable, signé et paraphé par M. Jumel, en présence des notaires soussignés

Cet apport est fait par M. Jumel à la charge par la société :

De prendre l'immeuble et les objets mobiliers dans l'état où ils se trouvent ;

De supporter les servitudes passives apparentes ou occultes, qui peuvent grever ledit immeuble, sauf à la société à profiter de celles actives, s'il en existe, à ses risques et périls, sans répétition contre M. Jumel.

« M. Jumel déclare qu'il n'a personnellement créé aucune servitude sur ledit immeuble, « et qu'il n'est pas à sa connaissance qu'il en soit grevé d'aucune:

D'acquitter, à partir de ce jour, les contributions, taxes de balayage et primes d'assurance de l'immeuble.

M. Jumel déclare :

Que l'immeuble dont il s'agit n'est grevé d'aucune inscription ;

Qu'il est célibataire (1) et qu'il n'est pas et n'a jamais été tuteur de mineurs ou interdits, ni chargé d'autre fonction emportant hypothèque légale.

Un extrait des présentes. en ce qui concerne l'apport immobilier, sera transcrit au bureau des hypothèques de ... ; et. s'il existe des inscriptions, M. Jumel devra en rapporter à la société les certificats de radiation.

M. Jumel remettra à la société les titres de propriété qu'il a en sa possession.

ART. 5. — *Capital social.*

Le fonds ou capital social est composé :

1° De l'immeuble sis à ..., rue ..., et des objets mobiliers se trouvant dans cet immeuble et décrits en l'état ci-annexé ; lesdits immeuble et objets mobiliers apportés par M. Jumel pour la somme de . . . . Fr.   150.000 »

Ladite somme totale applicable pour 10,000 fr. aux objets mobiliers, et pour 140,000 fr. à l'immeuble.

2° Et la somme de 50.000 fr. en numéraire . . . . Fr.   50.000 »
apportée à la société, savoir :

Par M. Jumel pour ...

Par M. Lemaire pour ...

Par M. ..., etc.

Ces sommes ont été versées à la société, ainsi que les parties le reconnaissent.

Ensemble. . . . . Fr.   200.000 »

Le capital social pourra être augmenté ou réduit, par décision de l'assemblée générale des actionnaires.

ART. 6. — *Actions.*

Le fonds social est divisé en 200 actions de mille francs chacune, qui représenteront l'ensemble de l'intérêt social, tant que le chiffre dudit capital n'aura pas été modifié.

Il est attribué à M. Jumel, en représentation de son apport de l'immeuble rue ..., et des objets mobiliers se trouvant dans cet immeuble, 150 actions entièrement libérées.

Et les autres comparants auront droit chacun à autant d'actions libérées qu'ils apportent de sommes de mille francs.

Les titres d'actions sont nominatifs.

Ils seront extraits d'un livre à souche, numérotés et signés par le président et un autre membre du comité de direction ci-après institué.

ART. 7. — *Droits des actionnaires.*

Chaque action donnera au titulaire un droit proportionnel égal, d'après le nombre

---

(1) Si l'apporteur était marié, il y aurait lieu de faire concourir sa femme à l'apport, ou de faire remplir les formalités de purge légale.

d'actions existant, dans les produits de la société et dans tout l'actif social; mais elle aura toujours son caractère de valeur mobilière, conformément aux dispositions de l'article 529 du Code civil.

Le décès ou tout autre empêchement d'un associé ne pourra donner lieu à la dissolution de la société, qui continuera avec ses héritiers ou représentants.

En aucun cas, soit pendant la société, soit en état de liquidation, il ne pourra être requis d'apposition de scellés sur les papiers ou valeurs de la société, ni d'inventaire ou état de situation, par les héritiers d'un associé.

La propriété de chaque action est indivisible à l'égard de la société. Les héritiers ou représentants d'un actionnaire seront tenus, pour l'exercice de leurs droits, de se faire représenter par un seul d'entre eux, ou par un mandataire commun pris parmi les autres titulaires d'actions.

La propriété d'une action emporte de plein droit, pour le titulaire ou ses ayant-droit, adhésion aux présents statuts et aux décisions de l'assemblée générale des actionnaires prises dans les limites de ces statuts.

Chaque actionnaire ne peut être engagé au delà du capital fourni par lui à la société, à moins d'une autorisation spéciale prise ou autorisée par lui.

Ou : chaque actionnaire ne sera tenu des dettes et engagements de la société que jusqu'à concurrence du montant de ses actions. En conséquence les tiers ne pourront exercer leurs droits et poursuites que sur l'actif social. Tous actes portant engagement au nom de la société devront rapporter textuellement la présente disposition, à défaut de quoi les membres qui les auront signés ou autorisés en seront seuls responsables.

ART. 8. — *Cession des actions.*

La cession des actions s'opérera par une déclaration de transfert inscrite sur un registre tenu au siège social et signée par le cédant et le cessionnaire ou leurs fondés de pouvoirs. Mention en sera faite sur le titre et signée par l'un des membres du comité de direction institué ci-après.

Les cessions d'actions ne pourront être faites qu'à des personnes déjà titulaires de parts, ou qui seront agréées par le comité de direction.

En cas de cession à une personne déjà actionnaire, la régularisation du transfert sur le registre de la société aura lieu aussitôt que la demande en sera faite.

En cas de cession projetée à une personne étrangère à la société, le titulaire de l'action en fera la déclaration à la société par lettre chargée (ou sur un registre spécial au siège de la société), en indiquant les noms, prénoms et domicile du cessionnaire.

Dans le mois qui suivra cette déclaration, le comité de direction statuera, à la majorité de ses membres, sur l'acceptation ou sur le refus du transfert.

La décision du comité de direction ne sera pas motivée, et, dans le cas de refus, elle ne pourra jamais donner lieu à aucune réclamation quelconque contre ses membres, ni contre la société. Il en sera donné connaissance par lettre chargée au titulaire de l'action.

En cas d'acceptation, le transfert sera opéré au nom du cessionnaire désigné, aussitôt la décision du comité de direction.

Les dispositions qui précèdent seront applicables à tous les cas de cession, même à celles qui auraient lieu par adjudication publique, en vertu d'ordonnance de justice ou autrement.

Mais les mutations d'actions par donation entre vifs à des parents de titulaires, et les mutations par décès au nom d'héritiers ou de légataires, seront opérées sur la remise des pièces justificatives régulières à la société.

ART. 9. — *Administration de la société.*

La société sera administrée et représentée vis-à-vis des tiers par un comité appelé comité de direction, composé de 3 membres au moins et de 5 au plus, pris parmi les actionnaires et nommés par l'assemblée générale.

Les membres du comité seront nommés pour trois ans (1).

Toutefois, le premier comité sera composé de :

---

(1) Ils pourraient être nommés pour une plus longue durée.

M. Eugène Jumel, président;
M. Jules-Edouard Lemaire ;
Et M. Charles Foucault.

En cas de décès, démission ou empêchement d'un membre du comité, il pourra être pourvu provisoirement à son remplacement par le comité, et la première assemblée générale qui suivra confirmera la nomination, s'il y a lieu.

Art. 10. — *Devoirs du conseil de direction.*

Le Comité de direction se réunira aussi souvent que les besoins de la société le comporteront et au moins une fois tous les ... mois, au siège social, sur la convocation du président.

La présence de trois membres au moins sera nécessaire pour que le comité puisse délibérer valablement. Ses décisions seront prises à la majorité des voix des membres présents. En cas de partage la voix du président sera prépondérante.

Les délibérations du comité seront inscrites sur un registre et signées par les membres présents ou au moins par la majorité d'entre eux.

Les extraits ou expéditions des délibérations du comité seront certifiés et signés par le président du comité, et ils feront foi partout où besoin sera.

Art. 11. — *Pouvoirs du conseil de direction.*

Le comité de direction aura les pouvoirs suivants :
Il administrera les valeurs immobilières et mobilières de la société ;
Il fera tous les baux et locations suivant le mode, pour la durée et aux prix et conditions qu'il jugera convenables, d'après la destination ou l'appropriation des immeubles de la société;
Il pourra faire toutes résiliations ;
Il représentera la société en toutes circonstances dans les rapports qui pourront exister avec l'œuvre ou les représentants de l'œuvre établie dans les locaux appartenant à la société ;
Il fera faire les travaux, réparations et installations qu'il jugera utiles ;
Il fera tous achats et ventes d'objets mobiliers et valeurs mobilières ;
Toutefois lorsque des travaux ou un achat devront motiver une dépense supérieure à ... francs, le comité ne pourra les exécuter qu'après autorisation de l'assemblée générale ;
Il représentera la société vis-à-vis des tiers et de toutes administrations, notamment de la ville de..., des contributions, des compagnies d'assurances, des eaux et du gaz, dans toutes circonstances où il y aura lieu relativement aux immeubles et intérêts de la société ;
Il touchera et recevra toutes sommes dues à la société, à tel titre et pour quelque cause que ce soit, et il paiera ou ordonnancera le paiement de celles qu'elle pourra devoir ;
Il réglera et arrêtera tous comptes avec tous créanciers et débiteurs ;
Il donnera toutes quittances et consentira toutes mainlevées d'inscriptions, oppositions, saisies, avec désistement d'hypothèque et autres droits, le tout avant ou après paiement ;
Il pourra transiger, compromettre sur toutes questions relatives à l'administration ;
Il fera tous actes nécessaires et prendra toutes mesures qu'il jugera utiles pour l'exercice de ses pouvoirs ainsi que pour l'exécution des décisions de l'assemblée générale, dans le cas où il aura été appelée à statuer.

Les actes et engagements concernant la société seront signés par tous les membres du comité, à moins d'une délégation spéciale à l'un ou à plusieurs d'entre eux par une décision du comité ou de l'assemblée générale. Ils devront rapporter la disposition du dernier alinéa de l'article 7 ci-dessus.

Les fonctions de membres du comité de direction sont gratuites.

Art. 12. — *Inventaire social.*

Il sera tenu des écritures régulières des opérations de la société.
Un inventaire ou état de situation de la société sera dressé à la fin de chaque année.
L'année sociale commencera le... et finira le...
Le premier exercice comprendra le temps à courir d'ici au...

Art. 13. — *Constitution de l'assemblée générale.*

L'assemblée générale des actionnaires, régulièrement constituée, représentera l'universalité des actionnaires, et ses décisions seront obligatoires pour tous, même pour les absents ou dissidents.

Une assemblée générale ordinaire aura lieu chaque année, dans le courant du mois de..., au siège social, ou à tout autre endroit fixé par le comité de direction.

En outre, l'assemblée générale pourra être réunie extraordinairement, à toute époque, par le comité de direction.

Les convocations pour l'assemblée seront faites par le comité de direction, par lettres recommandées à la poste, adressées, au moins dix jours d'avance, aux actionnaires, au dernier domicile qu'ils auront fait connaître à la société.

Tous les actionnaires auront le droit d'assister à l'assemblée générale.

L'assemblée ne sera régulièrement constituée que si le tiers des actions y est représenté, sauf ce qui sera dit ci-après pour certains cas spéciaux.

Si l'assemblée générale ne réunissait pas le tiers des actions, il en serait convoqué une seconde à dix jours d'intervalle au moins, et à cette seconde assemblée la délibération serait régulièrement prise quel que soit le nombre des actions représentées.

Les actionnaires pourront donner mandat pour les représenter à l'assemblée, mais seulement à un autre actionnaire.

L'assemblée générale sera présidée par le président du comité de direction, ou, à son défaut, par un autre membre du comité. Les deux plus forts actionnaires seront scrutateurs, et le bureau nommera un secrétaire, s'il y a lieu.

Les décisions de l'assemblée seront prises à la majorité des voix des membres présents ; chaque associé aura autant de voix qu'il possédera ou représentera d'actions, sans cependant pouvoir dépasser... voix, tant en son nom que comme mandataire (*ou* : chaque actionnaire n'a droit qu'à une voix quel que soit le nombre de parts qu'il possède).

Une feuille de présence sera signée par les actionnaires, et il sera dressé procès-verbal ordinaire ou authentique des délibérations de l'assemblée. Les procès-verbaux seront signés par les membres du bureau.

Les copies ou extraits de ces délibérations, certifiés et signés par le président du comité de direction, ou par le président de l'assemblée, feront foi partout où il y aura lieu de les produire.

Art. 14. — *Pouvoirs de l'assemblée générale.*

L'assemblée générale entendra le rapport du comité de direction sur la situation de la société ;

Elle approuvera ou rejettera les comptes qui lui seront présentés ;

Elle décidera l'emploi ou la distribution des produits de la société, et elle déterminera le chiffre des réserves à constituer, s'il y a lieu ;

Elle nommera le comité de direction ;

Elle autorisera tous travaux et achats d'objets mobiliers et valeurs mobilières, dont la dépense sera supérieure à..., pour une même opération, et elle conférera au comité de direction toutes autres autorisations dans les cas d'administration pour lesquels ses pouvoirs seraient reconnus insuffisants ;

Enfin l'assemblée générale pourra décider : l'achat ou l'apport de nouveaux immeubles, et des échanges et ventes, même de la totalité des immeubles sociaux ; des emprunts avec hypothèque sur les immeubles sociaux ou avec toutes autres garanties ; des modifications aux statuts, et notamment l'augmentation ou la réduction du fonds social ; la prorogation ou la dissolution de la société, et sa fusion avec d'autres sociétés. Mais pour les divers cas énoncés dans le présent alinéa, les décisions ne seront valablement prises que par une majorité représentant au moins la moitié des actions.

Art. 15. — *Dividendes.*

Les distributions de produits ou bénéfices de la société qui seront décidées par l'assemblée générale auront lieu aux époques qu'elle aura fixées.

Tout dividende non réclamé dans les cinq ans du jour où il aura été mis en distribution sera acquis à la société.

ART. 16. — *Dissolution de la société.*

A l'expiration de la société ou en cas de dissolution anticipée, il sera procédé à sa liquidation de la manière réglée par l'assemblée générale qui nommera un ou plusieurs liquidateurs.

Les liquidateurs pourront, avec l'autorisation de l'assemblée, faire la transmission à une autre société de la totalité ou de partie de l'actif social, par voie d'apport ou autrement.

Les pouvoirs de l'assemblée générale seront continués jusqu'à la fin de la liquidation, notamment pour décider les distributions qui seront faites ou l'emploi des fonds de la liquidation, et pour donner décharge aux liquidateurs.

ART. 17. — *Liquidation de la société.*

Pendant la durée de la société et après sa dissolution, jusqu'à la fin de la liquidation, les immeubles et autres valeurs de la société appartiendront toujours à l'être moral et collectif, et en conséquence aucune partie de l'actif social ne pourra être considérée comme étant la propriété indivise des actionnaires pris individuellement.

ART. 18. — *Juridiction compétente. Élection de domicile.*

En cas de contestations quelconques entre les associés, ou entre la société et des associés, au sujet des affaires sociales, elles seront soumises à la juridiction du tribunal civil de. .

Tout actionnaire sera tenu d'élire domicile dans l'arrondissement de... ; faute de quoi toutes notifications, significations et assignations lui seront valablement faites au parquet de M. le procureur de la République près ledit tribunal.

Dont acte...

2. — Société en commandite par actions (1).

Pardevant, etc...

A comparu :

M. Auguste Lemaire industriel, demeurant à...

Lequel a établi, ainsi qu'il suit, les statuts d'une société en commandite par actions qu'il se propose de fonder.

TITRE Ier. — *Objet. Raison sociale. Durée. Siège.*

Art. 1er. — Il est formé, par ces présentes, une société en commandite par actions qui existera entre M Lemaire, comme seul gérant responsable, et les propriétaires des actions ci-après créées, comme simples commanditaires.

Art. 2. — La société a pour objet la fabrication, la vente et la location des...

Art. 3. — La raison et la signature sociales sont : *Lemaire et compagnie.*

Art. 4. — La durée de la société est de... années qui commenceront à courir du jour de sa constitution définitive, laquelle aura lieu conformément aux dispositions de la loi du 24 juillet 1867.

Art. 5. — Le siège social est à..., rue...

Il pourra être transféré par le gérant dans tout autre endroit de la même ville. Le transfert dans une autre ville ne pourra avoir lieu qu'en vertu d'une délibération de l'assemblée générale des actionnaires, prise conformément à l'art. 35 ci-après.

(1) Cette formule (applicable principalement au cas de constitution d'un capital en numéraire, sans apport en nature, avec création d'actions transmissibles sous certaines restrictions) pourrait être modifiée, en certaines parties, suivant les circonstances, conformément à la *formule* n° 3 (Société anonyme).

Tome IV. 44

TITRE II. — *Capital social. Actions.*

Art. 6. — Le capital social est fixé à deux millions de francs.

Il est divisé en quatre mille actions de 500 francs.

Ces actions devront être souscrites et entièrement libérées en espèces avant la constitution de la société.

Le capital social pourra être augmenté, en vertu d'une délibération de l'assemblée générale des actionnaires, prise, sur la proposition du gérant dans les formes et conditions prescrites par l'art. 35 ci-après. Dans ce cas, les anciens actionnaires auront un droit de préférence, proportionnel au nombre de leurs actions, pour la souscription des nouvelles actions.

Art. 7. — Les actions sont et restent toujours nominatives. Il ne peut être décidé, en aucun cas, qu'elles pourront être converties en titres au porteur.

Art 8. — Les versements effectués par les actionnaires sont constatés par un récépissé nominatif provisoire, qui sera, après la constitution définitive de la société, échangé contre un titre définitif d'action nominatif et entièrement libéré.

Les titres définitifs d'actions sont extraits d'un registre à souche, numérotés, revêtus du timbre de la société et de la signature du gérant et de l'un des membres du conseil de surveillance.

Art. 9. — (1) La cession des actions s'opère par une déclaration de transfert inscrite sur les registres de la société, et signée par le cédant et le cessionnaire.

La cession d'actions à une personne déjà actionnaire sera régularisée immédiatement.

En cas de cession projetée à une personne étrangère à la société, le cédant sera tenu d'en consigner la déclaration sur un registre spécial, au siège de la société, en indiquant les nom, prénoms, profession et domicile du cessionnaire, ainsi que le prix de la cession.

Dans les cinq jours qui suivront cette déclaration, le gérant devra en aviser les autres actionnaires. Pendant les quinze jours qui suivront cet avis, tout actionnaire aura le droit de se rendre acquéreur des actions mises en vente, pourvu que son offre soit égale au prix indiqué dans la déclaration ; lequel prix ne pourra jamais dépasser la valeur de l action capitalisée au taux de 6 %, d'après le revenu de l'année précédente.

Si plusieurs actionnaires veulent user de ce droit de préemption, la vente sera consentie au plus offrant

Dans ces conditions, le transfert sera régularisé d'office par le gérant, avec la signature du cessionnaire, sans qu'il soit besoin de celle du cédant Notification en sera faite à ce dernier, qui devra se présenter dans les bureaux de la société pour recevoir son prix.

Si aucun actionnaire n'a usé du droit de préemption dans le délai fixé, le transfert sera régularisé au profit de la personne désignée dans la déclaration.

Les dispositions du présent article sont applicables à tous les cas de cession, même aux cessions qui auraient lieu par adjudication publique, en vertu d'ordonnance de justice ou autrement. L'adjudication devra être notifiée dans les trois jours, par l'acquéreur, au gérant, lequel devra en aviser les autres actionnaires dans le délai de cinq jours. Pendant les quinze jours qui suivront cet avis, les actionnaires auront le droit de préemption dans les conditions ci-dessus spécifiées.

Les mutations d'actions par donation entre-vifs ou par décès, au profit de parents au degré successible des titulaires ou entre conjoints, sont opérées immédiatement sur la production à la société des pièces justificatives régulières.

Si les donataires ou légataires ne sont pas parents au degré successible, il devront se faire agréer par la première assemblée générale qui suivra la notification faite à la société du don ou legs.

Dans le cas où ils ne seraient pas agréés, ils seront tenus de céder leurs actions, soit à un actionnaire, soit à une personne agréée par le gérant, et ce, dans un délai d'un mois du jour de la notification à eux faite de la décision de l'assemblée générale.

Le gérant devra, sur la demande du donataire ou légataire non agréé, aviser les action-

___
(1) On peut insérer ici soit les dispositions ci-après, soit l'art. 8 de la *formule* 1 ci-dessus.

naires du nombre d'actions à vendre et leur indiquer le domicile du vendeur, auquel les acquéreurs devront adresser leurs offres

A défaut de cession dans le délai ci-dessus indiqué, le gérant devra désigner aux donataires ou légataires non agréés, un acquéreur auquel ces derniers seront tenus de vendre leurs actions à un prix qui, sauf entente entre les intéressés, ne pourra être inférieur au pair.

Faute par le gérant d'indiquer un acquéreur dans le délai de vingt jours, les donataires ou légataires resteront définitivement actionnaires.

Art. 10. — Les actions sont indivisibles et la société ne reconnaît qu'un propriétaire pour chaque action.

Les copropriétaires d'une action sont tenus de se faire représenter par une seule et même personne.

Art. 11. — Les droits et obligations attachés à l'action suivent le titre dans quelques mains qu'il passe; la propriété d'une action emporte de plein droit adhésion aux statuts et délibérations de la société.

Les héritiers, représentants et créanciers de l'actionnaire ne peuvent, sous aucun prétexte, provoquer l'apposition des scellés sur les biens ou valeurs de la société, en demander la licitation ou le partage, ni s'immiscer en aucune manière dans son administration; ils doivent, pour l'exercice de leurs droits, s'en rapporter exclusivement aux inventaires sociaux et aux délibérations de l'assemblée générale.

Titre III. — *Administration de la société. Gérance.*

Art. 12. — La société est administrée par M. Lemaire, seul gérant responsable; il a la signature sociale et la direction exclusive des affaires de la société. Il ne peut faire usage de la signature que pour les affaires sociales.

Il a les pouvoirs les plus étendus pour agir au nom de la société en toute circonstance, et pour faire en conséquence toutes les opérations se rattachant à son objet, tel qu'il est déterminé par l'art. 2. Il peut transiger, compromettre, donner tous désistements et mainlevées, avec ou sans paiement.

Mais il ne peut conclure aucun emprunt, ni aliéner ou hypothéquer les immeubles sociaux, sans y être autorisé par une délibération de l'assemblée générale.

Art. 13. — En garantie de sa gestion, le gérant doit laisser dans la caisse sociale ... actions, lesquelles sont inaliénables et jouissent d'ailleurs des mêmes avantages que les autres actions.

Art. 14. — Le gérant peut se faire aider et représenter par des mandataires ou délégués, mais sous sa responsabilité.

Tout mandat ou délégation doit être spécial et temporaire.

Art. 15. — En raison de ses fonctions et de la responsabilité attachée à sa gestion, le gérant a droit : 1° à un traitement de... fr. par an, payable par douzième et porté au compte des frais généraux ; 2° au logement gratuit, à l'éclairage et au chauffage à l'établissement de la société ; 3° et à une part de bénéfices qui sera déterminée sous l'art. 41 ci-après.

Le gérant doit consacrer tout son temps et tous ses soins aux affaires sociales.

Art. 16. — Le gérant peut convoquer l'assemblée générale des actionnaires toutes les fois qu'il le juge convenable.

Les propositions qu'il veut soumettre à l'assemblée générale sont communiquées au conseil de surveillance quinze jours d'avance.

Art. 17. — Le décès du gérant, ou sa retraite pour quelque motif que ce soit, n'entraîne pas la dissolution de la société

En cas de retraite volontaire du gérant, celui-ci peut présenter son successeur dont la nomination est soumise à l'assemblée générale des actionnaires.

En cas de décès, ce droit est dévolu au conseil de surveillance, lequel doit immédiatement convoquer l'assemblée générale des actionnaires pour nommer un nouveau gérant ou pourvoir à la liquidation de la société.

Les héritiers ou ayants cause du gérant ne peuvent, en aucun cas, faire apposer les scellés sur les papiers et registres de la société, ni faire procéder à aucun inventaire judiciaire des valeurs sociales.

TITRE IV. — *Conseil de surveillance.*

Art. 18. — Il est créé un conseil de surveillance composé de cinq actionnaires qui représentent les actionnaires dans leurs rapports avec la gérance ; ils sont nommés par l'assemblée générale.

Art. 19. — Le premier conseil est nommé pour une année seulement, par la deuxième assemblée générale constitutive de la société. Il doit vérifier, immédiatement après sa nomination, si toutes les dispositions contenues dans les art. 1 à 5 de la loi du 24 juillet 1867 ont été observées.

Art. 20. — Le conseil de surveillance est ensuite nommé pour cinq ans, et renouvelable par cinquième d'année en année. Le sort décide de l'ordre de sortie de chacun d'eux pour la première série seulement, ils sortent ensuite par rang d'ancienneté. Ils sont toujours rééligibles.

Art. 21. — Dans le cas où il y a lieu de remplacer un des membres du conseil par suite de décès, démission ou toute autre cause, le conseil pourvoit lui-même à ce remplacement en attendant l'époque fixée pour l'assemblée générale, qui fait alors une nomination définitive.

Le membre remplaçant ne prend les fonctions que pour le temps restant à courir jusqu'à l'expiration des fonctions de celui qu'il est appelé à remplacer.

Art. 22. — Le conseil nomme parmi ses membres un président. En cas d'absence, le doyen d'âge remplit les fonctions de président.

La présence de trois membres est nécessaire pour la validité des délibérations du conseil. Les délibérations sont prises à la majorité des voix des membres présents ; en cas de partage, la voix du président est prépondérante. Nul ne peut voter par procuration dans le sein du conseil.

Art. 23. — Le conseil se réunit au siège social chaque fois qu'il le juge convenable, et au moins une fois par mois. Il peut être convoqué extraordinairement par son président ou par le gérant de la société.

Art. 24. — Ses délibérations et ses décisions sont inscrites sur un registre spécial et signées par le président et le secrétaire.

Les copies ou extraits de ces délibérations, qu'il y aurait lieu de produire en justice ou ailleurs, sont signés par le gérant et par l'un des membres du conseil.

Art 25. — Les membres du conseil de surveillance vérifient les livres, la caisse, le portefeuille et les valeurs de la société.

Ils font chaque année, à l'assemblée générale, un rapport dans lequel ils signalent, s'il y a lieu, les irrégularités et inexactitudes qu'ils ont pu reconnaître dans les inventaires et constatent les motifs qui pourraient s'opposer aux distributions de dividendes proposées par le gérant. Ce rapport est déposé au siège social quinze jours au moins avant l'assemblée générale, pour être communiqué aux actionnaires qui le désirent.

Le conseil de surveillance peut convoquer l'assemblée générale et, conformément à son avis, provoquer la dissolution de la société.

Art 26. — Les fonctions de membre du conseil de surveillance sont gratuites. Elles donnent droit seulement à des jetons de présence dont la valeur est déterminée par l'assemblée générale.

TITRE V. — *Assemblées générales.*

Art. 27. — L'assemblée générale régulièrement convoquée et constituée représente l'universalité des actionnaires.

Art. 28. — L'assemblée générale se compose de tous les actionnaires propriétaires de... actions au moins.

Tout actionnaire ayant droit de faire partie de l'assemblée, ne peut s'y faire représenter que par un mandataire membre de l'assemblée. La forme des pouvoirs est arrêtée par le gérant.

Art. 29. — Les délibérations sont prises à la majorité des voix des membres présents. En cas de partage, la voix du président est prépondérante.

Chaque actionnaire a autant de voix qu'il possède de fois... actions, sans pouvoir, en aucun cas, réunir plus de... voix, tant en son nom que comme mandataire (1).

Art. 30. — L'assemblée générale ordinaire se réunit chaque année au siège social, au plus tard dans le courant du mois de...

Il peut être convoqué d'autres assemblées générales toutes les fois que le gérant ou le conseil de surveillance le jugent convenable dans l'intérêt de la société.

Art. 31. — Les convocations sont faites par un avis inséré, vingt jours au moins avant l'époque fixée pour la réunion, dans l'un des journaux de...

Pour les assemblées extraordinaires, les convocations indiquent sommairement l'objet de la réunion.

Art. 32. — L'assemblée ordinaire est régulièrement constituée lorsque les membres présents représentent, par eux-mêmes ou comme mandataires, le quart du capital social.

Si cette condition n'est pas remplie, il est convoqué, à quinze jours d'intervalle, une nouvelle assemblée. Les délibérations sont valables quel que soit le capital représenté, mais seulement sur les objets à l'ordre du jour de la première assemblée.

Art. 33. — L'assemblée générale est présidée par le président du conseil de surveillance, et, en son absence, par le doyen d'âge de ce conseil. Les deux plus forts actionnaires présents à l'assemblée sont scrutateurs. Le bureau nomme le secrétaire.

Art. 34. — L'assemblée générale annuelle entend le rapport du conseil de surveillance, discute les comptes, les approuve s'il y a lieu, fixe les dividendes à répartir, nomme les membres du conseil de surveillance, autorise tous achats, échanges et ventes d'immeubles, tous emprunts et émissions, hypothécaires ou autres, nomme un nouveau gérant, s'il y a lieu de le remplacer, enfin elle délibère et statue généralement sur toutes les affaires et sur les intérêts de la société.

Art. 35. — L'assemblée générale peut apporter aux présents statuts les modifications dont l'expérience aura fait reconnaitre l'utilité.

Elle peut décider notamment :

1° L'augmentation ou la réduction du fonds social ;
2° Son amortissement total ou partiel ;
3° La prolongation ou la dissolution anticipée de la société ;
4° Sa réunion ou fusion avec d'autres sociétés ;
5° La conversion de la présente société en société anonyme.

Les modifications peuvent même porter sur l'objet de la société, mais sans pouvoir le changer complètement ni l'altérer dans son essence.

Dans ces divers cas, l'assemblée générale, composée conformément à l'art. 28, n'est régulièrement constituée et ne peut délibérer valablement que si les membres présents représentent la moitié du capital social.

Les résolutions, pour être valables, doivent être votées à la majorité des voix, (ou : les deux tiers des voix) des membres présents.

Art. 36. — Les délibérations de l'assemblée sont constatées par des procès-verbaux transcrits sur un registre spécial. Ces procès-verbaux, de même que ceux qui seraient dressés en la forme authentique, sont signés par les membres composant le bureau.

Les extraits à produire en justice ou ailleurs sont délivrés et signés par le gérant et visés par l'un des membres du conseil de surveillance.

Une feuille de présence, signée par chaque membre de l'assemblée et mentionnant le nombre des actions qu'il possède, reste annexée à la minute du procès-verbal, avec les pouvoirs ; cette feuille doit être certifiée par le bureau de l'assemblée.

(1) Il est prudent de limiter ainsi le nombre de voix appartenant à un actionnaire, afin d'éviter l'influence prépondérante que pourrait avoir sur les votes un actionnaire qui aurait une très grande quantité d'actions.

TITRE VI. — *Inventaire. Répartition des bénéfices.*

Art. 37. — L'année sociale commence le 1er janvier et finit le 31 décembre.

Par exception, le premier exercice comprendra le temps écoulé entre la date de la constitution définitive de la société et le 31 décembre suivant.

Art. 38. — Il doit être tenu des écritures des affaires sociales, suivant les usages du commerce.

Le gérant dresse, chaque semestre, un état résumant la situation active et passive de la société. Cet état est mis à la disposition du conseil de surveillance.

Il est fait, en outre, chaque année, par les soins du gérant, un inventaire général de l'actif et du passif de la société. Cet inventaire est soumis à l'examen du conseil de surveillance.

Art. 39. — Le conseil fait chaque année un rapport à l'assemblée générale sur l'inventaire et sur les propositions de distribution de dividendes faites par le gérant.

A cet effet, celui-ci remet au conseil, au moins quarante jours avant la réunion de l'assemblée, tous les comptes spéciaux et les pièces à l'appui.

Art. 40. — Les produits nets annuels, déduction faite de toutes les charges sociales, constituent les bénéfices.

Art. 41. — Sur les bénéfices nets, il est prélevé 5 °/₀ pour former un fonds de réserve (1). L'excédent est réparti dans la proportion suivante :

80 °/₀ aux actionnaires ;
20 °/₀ au gérant.

Art. 42. — Le prélèvement annuel de 5 °/₀ sur les bénéfices pour la formation d'un fonds de réserve cesse d'être obligatoire lorsque ce fonds a atteint le dixième du capital. Il reprend son cours si, par un motif quelconque, cette réserve vient à être entamée.

Art 43. — Le paiement des dividendes se fait annuellement au porteur des titres, à l'époque fixée par le gérant, sur l'avis du conseil de surveillance. Tous dividendes non réclamés dans les cinq ans de leur exigibilité sont prescrits au profit de la société.

TITRE VII. — *Dissolution. Liquidation.*

Art. 44. — En cas de perte de la moitié du fonds social, le gérant et le conseil de surveillance sont tenus de convoquer l'assemblée générale à l'effet de statuer sur la continuation ou la dissolution de la société.

Art. 45. — Dans aucun des cas de dissolution de la société, il ne peut être apposé de scellés, soit au domicile du gérant, soit au siège de la société, ni être provoqué d'autres inventaires que ceux qui doivent être faits en la forme commerciale.

Art. 46 — A l'expiration de la société ou en cas de dissolution anticipée, la liquidation est faite par le gérant, auquel il est adjoint, si l'assemblée le juge convenable, un ou plusieurs liquidateurs nommés par elle.

Pendant le cours de la liquidation, les pouvoirs de l'assemblée générale se continuent comme pendant l'existence de la société, pour tout ce qui concerne cette liquidation.

Toutes les valeurs de la société sont réalisées par les liquidateurs, qui ont, à cet effet, les pouvoirs les plus étendus.

Les liquidateurs peuvent, avec l'autorisation de l'assemblée générale, faire transport à une autre société de l'ensemble des biens, droits et obligations tant actifs que passifs de la société dissoute.

Après l'acquit du passif et des charges sociales, le produit net de la liquidation sera employé à rembourser le montant des actions ; le surplus, s'il en existe, sera réparti entre le gérant et les actionnaires, conformément à l'art. 41.

---

(1) Bien que la formation d'un fonds de réserve soit simplement facultative dans les sociétés en commandite, il est toujours d'une sage prévoyance de la stipuler.

Titre VIII. — *Contestations.*

Art. 47. — Toutes les contestations qui pourraient s'élever pendant la durée de la Société, ou lors de sa liquidation, soit entre les actionnaires, le gérant et la Société, soit entre les actionnaires eux-mêmes, relativement aux affaires sociales, seront jugées conformément à la loi, et soumises à la juridiction des tribunaux compétents du département (ou de l'arrondissement) de ..

A cet effet, tout actionnaire non résidant à..., doit y faire élection de domicile, faute de quoi ce domicile sera élu de plein droit au parquet de M. le procureur de la République près le tribunal de première instance de...

Titre IX. — *Constitution de la société.*

Art. 48. — La présente société ne sera définitivement constituée qu'après :

1° Que les 4,000 actions composant le capital social auront été souscrites, et que chaque actionnaire aura versé le montant intégral des actions par lui souscrites : ce qui sera constaté par une déclaration notariée du gérant ;

2° Qu'une première assemblée générale aura reconnu la sincérité de la déclaration de souscription et de versement (1) et nommé un ou plusieurs commissaires chargés de faire un rapport à la deuxième assemblée sur les avantages particuliers stipulés par les statuts au profit du gérant ;

3° Qu'une deuxième assemblée générale aura, après un rapport imprimé, émanant du ou des commissaires, qui sera tenu à la disposition des actionnaires, cinq jours au moins avant la réunion, statué sur les apports et avantages particuliers, nommé les membres du conseil de surveillance et constaté leur acceptation.

Les délibérations de ces deux assemblées seront prises conformément aux dispositions de l'art. 4 de la loi du 24 juillet 1867.

Par exception, ces deux assemblées pourront être convoquées, la première trois jours d'avance et la seconde huit jours d'avance (2), chacune par un avis inséré dans un journal d'annonces légales de... et par lettres adressées à chacun des souscripteurs.

Art. 49. — La société sera publiée conformément à la loi. Pour faire les dépôts et publications, tous pouvoirs sont donnés au porteur d'une expédition ou d'un extrait des présentes et des actes constitutifs de la société.

Dont acte.

3. — Société anonyme.

Pardevant, etc...

A comparu :

M. Léon Richard, entrepreneur de transports et messageries, demeurant à...

Lequel a, par ces présentes, établi, ainsi qu'il suit, les statuts d'une société anonyme qu'il se propose de fonder :

Titre Ier. — *Dénomination. Objet. Siège. Durée.*

Art. 1er. — Il est formé entre les propriétaires des actions ci-après créées, une société anonyme, sous la dénomination de « Compagnie des voitures de... »

Art. 2. — La société a pour objet :

1° L'exploitation dans la ville de ... de tous les services d'omnibus et voitures pour voyageurs, ainsi que tous les services de messageries, pour le factage des marchandises ;

2° Toutes autres entreprises de transports de voyageurs ou de marchandises et toutes

---

(1) Cette vérification n'est pas imposée à l'assemblée générale par la loi de 1867 ; elle incombe au premier conseil de surveillance.

(2) Le délai pour la convocation de la deuxième assemblée générale doit être de cinq jours francs au moins, délai pendant lequel le rapport des commissaires doit être mis à la disposition des actionnaires.

acquisitions d'établissements se rattachant à l'industrie dont il s'agit, ou pouvant en faciliter l'extension et le développement ;

3° L'acquisition ou la prise à loyer de tous immeubles construits ou non, de chevaux et de tous biens mobiliers nécessaires à cette industrie ;

4° L'édification sur les immeubles de toutes constructions ou la restauration de celles existantes et leur appropriation aux besoins de l'exploitation ;

5° Et la participation directe ou indirecte de la société dans toutes les opérations commerciales ou industrielles pouvant se rattacher à un des objets précités, par voie de création de sociétés nouvelles, d'apport, de fusion ou autrement.

Art. 3. — Le siège social est à..., rue..., n°...

Il pourra être transféré en tout autre lieu, en vertu d'une délibération de l'assemblée générale prise conformément à l'art. 37 ci-après.

Art. 4. — La durée de la société est fixée à... années, à compter du jour de sa constitution définitive, sauf les cas de dissolution anticipée ou de prorogation prévus par les présents statuts.

Titre II. — Apport. Fonds social. Actions.

Art. 5. — M. Richard apporte à la société :

I. — Le fonds ou établissement d'entreprise de transports et messageries qu'il exploite à..., ensemble la clientèle et l'achalandage y attachés ;

Le bénéfice de tous traités et marchés qui ont pu être passés relativement à l'exploitation dont il s'agit ;

Et le droit, pour le temps qui en restera à courir, à compter du jour de la constitution définitive de la société, au bail d'un immeuble sis à..., rue..., consenti à M. Richard, par M..., pour un temps devant expirer le..., moyennant un loyer annuel de..., sur lequel il a été payé... fr. imputables sur les six derniers mois de jouissance, aux termes d'un acte reçu par Me..., notaire à..., le...;

Ensemble les loyers payés d'avance à M..., ainsi qu'il est dit ci-dessus.

II. — ... chevaux servant à l'exploitation de ladite entreprise ;

III. — La jouissance du matériel en location servant à la même exploitation, et le bénéfice de toutes conventions qui ont pu être passées à cet égard avec des tiers ;

IV. — Et les approvisionnements qui pourront se trouver en magasin lors de la constitution définitive de la société.

La société jouira et disposera des biens et droits ci-dessus énoncés, comme de chose lui appartenant en pleine propriété, à partir du jour de sa constitution définitive.

Elle prendra lesdits biens et droits, dans l'état où le tout se trouvera lors de l'entrée en jouissance, sans recours ni répétition contre M. Richard, pour raison de mauvais état, vétusté, vices rédhibitoires ou toute autre cause.

Elle devra exécuter les charges et conditions des baux et locations et en acquitter les loyers à partir du jour de sa constitution définitive.

Elle devra exécuter également les traités et marchés et sera subrogée dans tous les droits et obligations pouvant en résulter.

En représentation de cet apport, il est attribué à M. Richard, 4,000 actions de la société, entièrement libérées (1).

---

(1) *Autres clauses d'apport :*

Apport d'un brevet. — Attribution d'actions. — Parts bénéficiaires.

M... fait apport à la présente société :

D'un brevet, d'une durée de quinze ans, à lui délivré par le gouvernement français, le..., sous le n°..., pour l'exploitation en France d'un appareil... (*Désigner l'invention*).

La présente société sera propriétaire de ce brevet à compter du jour de sa constitution définitive, et pourra, en conséquence, le céder, concéder des licences ou en disposer autrement comme bon lui semblera ;

elle profitera de tous certificats d'addition et de perfectionnement que M... viendrait à obtenir par la suite relativement à ladite invention.

M... s'oblige à payer et supporter des taxes dues pour toute la durée dudit brevet, et à justifier de ce paiement avant la constitution définitive de la société ; *ou :* la société devra acquitter les taxes qui seront dues pour ledit brevet à compter du...

En représentation et pour prix de cet apport, il est attribué à M...

1° ... actions entièrement libérées de la présente société ;

2° Et... pour cent de ce qui restera disponible sur les bénéfices nets de la société, après le prélèvement

Art. 6. — Le fonds social est fixé à quatre millions de francs, et divisé en huit mille actions de cinq cents francs chacune.

Sur ces actions, quatre mille entièrement libérées ont été attribuées, ainsi qu'il est dit ci-dessus, à M. R.chard, en représentation de ses apports.

Les 4,0J0 actions de surplus seront souscrites et payables en numéraire.

Art. 7. — Le capital social pourra être augmenté, en une ou plusieurs fois, par la créations d'actions nouvelles, en vertu d'une décision de l'assemblée générale des actionnaires, prise dans les termes de l'article 37 ci-après.

Les propriétaires des actions antérieurement émises auront, dans la proportion des titres par eux possédés, un droit de préférence à la souscription des actions nouvelles.

de la réserve légale, et de cinq pour cent pour l'intérêt des actions, ainsi qu'il sera stipulé, art. ... ci-après.

Pour représenter ce droit aux ... pour cent de bénéfices attribué à M..., il est créé ... parts bénéficiaires dont les titres, nominatifs ou au porteur, seront délivrés dans les formes qui seront arrêtées par le conseil d'administration, et seront transmissibles de la même manière que les actions ; ils ne confèrent aucun droit d'immixtion dans les affaires de la société, ni aucun droit de présence aux assemblées générales.

Pour faire enregistrer et régulariser la transmission du brevet, après la constitution définitive de la société, tous pouvoirs sont donnés au porteur d'une expédition ou d'un extrait des présentes.

Autre clause de création de parts bénéficiaires.

Pour représenter les ... pour cent attribués au fondateur dans les bénéfices, et pour faciliter la disposition des droits qui lui appartiennent, il est créé par les présentes ... parts de fondateur, sans fixation de valeur nominale.

Ces titres seront délivrés aussitôt après la constitution de la soc'été.

Ils seront au porteur et ne donneront aucun droit de présence aux assemblées générales des actionnaires.

Ces parts de fondateur ne confèrent aucun droit de propriété sur l'actif social, mais seulement un droit de partage dans les bénéfices réalisés annuellement comme il sera dit, article ... et la faculté prévue par l'article ... en cas d'augmentation du capital, de souscrire, de préférence à tous autres, moitié des nouvelles actions à émettre, proportionnellement au nombre de titres possédés.

Elles ne pourront être supprimées et leurs droits diminués, en cas de fusion, reconstitution et annexion de la société ; au contraire, elles participeront à toute exten-ion du capital social qui aurait lieu tant par l'appel d'un capital nouveau, que par voie d'acquisitions, d'apports faits à la société, ou autrement.

(Ajouter, s'il y a lieu : De son côté, la société elle-même, son liquidateur en cas de dissolution, ou toute autre société qui l'aura remplacée ou absorbée, pourra racheter les parts de fondateur présentement créées, au prix déterminé par la moyenne des revenus afférents à ces parts de fondateur pendant les deux derniers exercices, calculés au denier 20, et si ces exercices n'ont donné aucun revenu, au prix fixé par deux experts nommés par le président du tribun.l de commerce de..., lesquels, s'ils ne sont pas d'accord, s'adjoindront un troisième expert pour les départager.)

Apport d'un établissement industriel ou commercial.

M... apporte à la société :

L'établissement industriel (on commercial) de..., qu'il possède et exploite à..., composé de :

1° La clientèle ou achalandage (*ajouter les brevets, s'il en existe*) ;

2° Le matériel ou outillage de toute nature servant à son exploitation ;

3° Les marchandises ou dépendant ;

4° Le droit, pour le temps qui en reste à courir, à partir de la constitution de la société, au bail consenti à M... par M..., pour ... années qui ont commencé le..., d'un immeuble sis à.., moyennant un loyer annuel de..., payable les... et sur lequel M... a payé ... fr. pour six mois de loyer d'avance ; le tout ainsi qu'il résulte d'un acte reçu par M.., notaire à..., le... (*Si le bail stipule des charges extraordinaires, il y a lieu de les estimer pour la perception du droit d'enregistrement de cession de bail*) ;

5° Les six mois de loyer payés d'avance ainsi qu'il vient d'être dit.

Apport d'une concession minière.

M... apporte à la société :

La concession dite... des mines de..., situées sur les territoires de..., à lui accordée suivant décret de M. le président de la République française en date du...

Apport-vente d'immeubles.

M... et Mme... son épouse qu'il autorise, demeurant ensemble à..., font conjointement l'apport à la société, en s'obligeant solidairement à la garantie de droit,

Des immeubles dont la désignation suit :

1° Une propriété... (*établir la désignation*).

Cet apport est fait à la présente société :

1° A la charge par elle de payer en l'acquit de M. et Mme... à Mme... la somme de... restant dûe sur le prix de la vente à eux consentie par cette dernière de la propriété désignée sous l'art. 1er, suivant contrat reçu par M^e..., notaire à..., le... ; plus les iutérêts à cinq pour cent de ladite somme à partir du jour de la constitution de la société ;

2° Et, en outre, moyennant l'attribution de... actions de 500 fr. chacune entièrement libérées (ou libérées de... chacune, *le quart au moins*) de la présente société, qui seront remises à M..., aussitôt après l'accomplissement des formalités de transcription et de purge qui seront remplies sur ledit apport, et la justification qu'il n'existe sur les immeubles apportés aucune autre inscription que celle garantissant la somme de... que la société est chargée de payer à Mme...

M... sera tenu d'établir, par acte ensuite des présentes sous... de ce jour, l'origine de propriété régulière des immeubles ci-dessus désignés.

(*Établir ensuite, comme en matière de vente, la clause d'entrée en jouissance, avec l'énonciation des baux, s'il en existe ; les charges et conditions de l'apport : non garantie de contenance, servitudes, impôts ; la clause de transcription ; l'état civil et la situation hypothécaire*).

L'assemblée générale, sur la proposition du conseil d'administration, fixera les conditions des émissions nouvelles, ainsi que les délais et les formes dans lesquels le bénéfice des dispositions qui précèdent pourra être réclamé.

Art. 8. — Le montant des 4,000 actions à souscrire en numéraire est payable, savoir :

Un quart ou 125 fr., lors de la souscription.

Et le surplus, au fur et à mesure des besoins de la société, aux époques qui seront déterminées par le conseil d'administration.

Les appels de fonds seront portés à la connaissance des actionnaires par un avis inséré un mois au moins avant l'époque fixée pour chaque versement, dans un journal d'annonces légales de ..

Art. 9. — Le premier versement de 125 francs est constaté par un récépissé nominatif qui sera, dans le mois de la constitution de la société, échangé contre un titre provisoire d'action également nominatif.

Tous versements ultérieurs, sauf le dernier, seront mentionnés sur ce titre provisoire.

Le dernier versement sera fait contre la remise du titre définitif, qui sera nominatif ou au porteur, au choix de l'actionnaire (1).

Art. 10. — Les titres provisoires ou définitifs d'actions sont extraits d'un livre à souche, revêtus d'un numéro d'ordre, du timbre de la société et de la signature de deux administrateurs.

Art. 11. — A défaut de versement sur les actions aux époques déterminées conformément à l'article 8, l'intérêt sera dû par chaque jour de retard, à raison de 6 °/₀ l'an, sans qu'il soit besoin d'une demande en justice, ni d'une mise en demeure.

Art 12. — La société pourra faire vendre les titres dont les versements seront en retard ; à cet effet les numéros de ces titres seront publiés dans l'un des journaux de... désignés pour les annonces légales.

Quinze jours après cette publication, la société, sans mise en demeure et sans autre formalité ultérieure, aura le droit de faire procéder, même successivement, sur duplicata, à la la vente des actions dont il s'agit, à la Bourse de Paris, par le ministère d'un agent de change, si les actions sont cotées, et, dans le cas contraire, aux enchères publiques, en l'étude et par le ministère d'un notaire, pour le compte et aux risques et périls des retardataires.

Les titres antérieurement délivrés deviendront nuls de plein droit, par suite de la vente, et il sera délivré aux acquéreurs des titres nouveaux portant les mêmes numéros que les titres correspondants annulés.

En conséquence, toute action qui ne portera pas la mention régulière des versements qui auraient dû être opérés cessera d'être admise à la négociation et au transfert ; aucun coupon ni dividende ne lui sera payé.

Le prix net de la vente desdites actions s'imputera, dans les termes de droit, sur ce qui sera dû à la société par l'actionnaire exproprié, qui restera passible de la différence ou profitera de l'excédent.

La société conservera d'ailleurs et pourra exercer, même après la vente des actions en retard et pour la somme restant due, l'action personnelle et de droit commun contre les retardataires et leurs garants.

Art. 13. — La cession des titres nominatifs s'opérera conformément à l'article 36 du Code de commerce et aux dispositions d'ordre arrêtées par le conseil d'administration (2).

La cession des actions au porteur se fera par la simple tradition du titre.

Art. 14. — Les actions sont indivisibles à l'égard de la société, qui ne reconnaît qu'un seul propriétaire pour chaque action.

---

(1) Si l'on veut réserver à la société le droit de convertir au porteur les titres d'actions libérées de moitié, conformément à l'art. 3 de la loi du 24 juillet 1867 — ce qui est toujours une mesure grave — il y a lieu d'ajouter ici :

Toutefois, après que les actions auront été libérées de moitié, les titres pourront être convertis en actions au porteur, en vertu d'une délibération de l'assemblée générale, prise conformément à l'art 37 ci-après.

(2) Si l'on veut apporter une restriction au droit de libre cession des actions, voir les formules précédentes.

Les propriétaires indivis sont tenus de se faire représenter auprès de la société par un seul d'entre eux considéré par elle comme seul propriétaire.

Art. 15. — Les actionnaires ne sont responsables que jusqu'à concurrence du montant des actions qu'ils possèdent.

Les droits et obligations attachés à l'action suivent le titre dans quelques mains qu'il passe. La possession d'une action emporte de plein droit adhésion aux statuts de la société et aux résolutions prises par l'assemblée générale.

Les héritiers ou créanciers d'un actionnaire ne peuvent, sous aucun prétexte, provoquer l'apposition des scellés sur les biens et valeurs de la société, ni s'immiscer en quelque manière que ce soit dans les actes de son administration ; ils doivent, pour l'exercice de leurs droits, s'en rapporter aux inventaires sociaux et aux décisions de l'assemblée générale.

Art. 16. — Chaque action donne droit, dans la propriété de l'actif social et dans le partage des bénéfices, à une part proportionnelle au nombre des actions émises, et ce, dans les termes de l'article 42 ci-après (1).

TITRE III. — *Administration de la société.*

Art. 17. — La société est administrée par un conseil d'administration composé de six membres au moins et de dix au plus, pris parmi les associés et nommés par l'assemblée générale des actionnaires.

La durée de leurs fonctions est de six années.

Les administrateurs peuvent toujours être réélus (2).

Art. 18. — A l'expiration de la durée de ses fonctions, le premier conseil sera soumis en entier à la réélection, et, à partir de cette époque, le conseil se renouvellera chaque année par sixième, par voie de tirage au sort, et ensuite par ancienneté.

Art. 19. — Les membres du conseil ont la faculté de s'adjoindre de nouveaux membres jusqu'au nombre de dix, s'ils le jugent utile pour les besoins du service et l'intérêt de la société. Dans ce cas, les nominations faites à titre provisoire par le conseil sont soumises, lors de sa première réunion, à la confirmation de l'assemblée générale, qui détermine la durée du mandat.

Si une place d'administrateur devenait vacante dans l'intervalle de deux assemblées générales, les administrateurs restants, délibérant à la majorité des voix, pourront pourvoir provisoirement au remplacement, et l'assemblée générale, lors de sa première réunion, procédera à l'élection définitive.

L'administrateur nommé en remplacement d'un autre, ne demeure en fonctions que pendant le temps qui reste à courir de l'exercice de son prédécesseur, à moins que l'assemblée ne fixe, par sa décision, la durée des fonctions de l'administrateur remplaçant.

Art. 20. — Les administrateurs doivent être propriétaire chacun de ... actions nominatives de la société pendant toute la durée de leurs fonctions.

Ces actions sont affectées en totalité à la garantie des actes de l'administration, frappées d'un timbre indiquant leur inaliénabilité et déposées dans la caisse sociale.

Art. 21. — Le conseil nomme parmi ses membres un président qui peut toujours être réélu. Il fixe la durée de ses fonctions.

---

(1) *S'il est nécessaire de contracter immédiatement un emprunt, la clause suivante pourra être insérée :*

TITRE III

Emprunts.

Art. 17. — Le conseil d'administration est investi, par ces présentes, du droit d'emprunter en une ou en plusieurs fois, pour le compte de la société, avec ou sans hypothèque sur les immeubles sociaux, par voie d'émission d'obligations ou autrement, jusqu'à concurrence d'une somme de ... destinée notamment au paiement des ... que la société a été chargée d'acquitter à Mme ... ainsi qu'il est stipulé sous l'art. 5 ci-dessus.

Il déterminera le mode des emprunts, le taux de l'intérêt et toutes les conditions, conférera les garanties, réalisera les emprunts et émissions ; le tout au mieux des intérêts de la société.

Tout emprunt excédant ... fr. ne pourra être fait par le conseil d'administration, qu'en vertu d'une autorisation de l'assemblée générale des actionnaires.

(2) *Si les administrateurs étaient nommés statutairement, pour trois ans, conformément à l'art. 25 de la loi du 24 juillet 1867, ajouter :*
Toutefois les premiers administrateurs seront :
1° M. ... (*nom, prénoms, qualité et demeure*).
2° M. ..., etc.
Ces premiers administrateurs resteront en fonctions pendant trois ans, et leur nomination ne sera pas soumise à l'approbation de l'assemblée générale.

En cas d'absence du président, le conseil d'administration est présidé par l'administrateur le plus âgé.

Le conseil désigne aussi la personne devant remplir les fonctions de secrétaire, laquelle peut être prise même en dehors du conseil.

Art. 22. — Le conseil d'administration se réunit au siège de la société, sur la convocation du président ou de trois de ses membres, aussi souvent que l'intérêt de la société l'exige, et, de droit, au moins une fois par mois.

La présence de la moitié au moins des membres du conseil est nécessaire pour la validité des délibérations.

Les délibérations sont prises à la majorité des voix des membres présents. En cas de partage, la voix du président est prépondérante.

Nul ne peut voter par procuration dans le sein du conseil.

Art. 23. — Les décisions sont constatées par des procès-verbaux inscrits sur un registre tenu au siège de la société et signés par le président et par deux au moins des administrateurs présents.

Les copies ou extraits des délibérations à produire en justice ou ailleurs sont certifiés par le président du conseil ou, à son défaut, par un autre administrateur.

Art. 24. — Le conseil d'administration a les pouvoirs les plus étendus pour l'administration et la gestion de toutes les affaires de la société.

Il a notamment les pouvoirs suivants, lesquels sont énonciatifs et non limitatifs :

Il représente la société vis-à-vis des tiers ;

Il autorise tous actes relatifs aux opérations de la société ;

Il fait les règlements de la compagnie ;

Il autorise tous retraits, transferts, aliénations de fonds de rentes et autres valeurs de la société ; il décide toutes cessions, échanges, aliénations, acquisitions et locations mobilières et immobilières quelconques ;

Il statue sur tous marchés et entreprises rentrant dans l'objet de la société, fixe les dépenses générales d'administration, règle les approvisionnements de toute sorte ; il touche les sommes dues à la société, et décide l'emploi des fonds disponibles ;

Il nomme, révoque et destitue tous les agents et employés de la société, fixe leurs traitements, remises, salaires et gratifications, ainsi que toutes les autres conditions de leur admission ou de leur retraite ;

Il nomme les membres du comité de direction ;

Il décide la création de succursales ;

Il arrête les comptes annuels et les soumet à l'assemblée générale des actionnaires ; il délibère et statue sur toutes propositions à lui faire, et arrête l'ordre du jour ;

Il convoque les assemblées aux époques fixées par les statuts, et extraordinairement s'il le juge utile ;

Il autorise toutes actions judiciaires tant en demandant qu'en défendant ;

Il peut traiter, transiger, compromettre, sur toutes les affaires de la société, consentir tous désistements de droits de privilèges, hypothèques, actions résolutoires et autres droits de toute nature, et toutes mainlevées d'inscriptions, saisies, oppositions et autres, empêchements quelconques ; le tout avec ou sans paiement.

Art. 25. — Les ventes, échanges, achats, baux, quittances, mainlevées, marchés, transferts de valeurs, et généralement tous actes concernant la société, décidés par le conseil, ainsi que les mandats et retraits de fonds sur les banquiers, débiteurs et dépositaires, et les souscriptions, endos ou acquits d'effets de commerce, sont signés par deux administrateurs faisant partie du comité de direction dont il sera ci-après parlé, s'il en existe un, à moins d'une délégation spéciale du conseil à un administrateur ou à tout autre mandataire.

Art. 26. — Les administrateurs ne sont responsables que de l'exécution du mandat qu'ils ont reçu.

Ils ne contractent, à raison de leur gestion, aucune obligation personnelle ni solidaire relativement aux engagements de la société.

Art. 27. — Les administrateurs ont droit à des jetons de présence dont la valeur sera fixée par l'assemblée générale. Ils ont droit en outre à une part des bénéfices nets de la société, ainsi qu'il sera dit sous l'article 42.

TITRE IV. — *Comité de direction* (1).

Art. 28. — Le conseil d'administration peut déléguer partie de ses pouvoirs à un comité de direction composé du président du conseil et de trois autres membres au plus pris dans le sein du conseil et nommés par lui.

Ce comité est chargé de l'exécution des décisions du conseil et des opérations du service courant ;

Il prépare et fait exécuter, après les avoir fait approuver par le conseil, toutes les dispositions et tous les ordres des divers services de l'exploitation ,

Il dirige le travail des bureaux et des divers services, nomme et révoque tous agents, signe la correspondance, établit tous comptes d'exploitation ;

Il passe les marchés autorisés par le conseil, fait tous achats d'approvisionnements ; il effectue les recettes et les dépenses de la société ;

Il suit les actions judiciaires, tant en demandant qu'en défendant ;

Il fait tous actes conservatoires.

Les membres du comité de direction ont droit à une rémunération spéciale dont l'importance est fixée par l'assemblée générale, et ce, indépendamment, bien entendu de leur part dans la portion de bénéfices déterminée par l'article 42.

Le conseil d'administration et le comité de direction peuvent, en outre, déléguer partie de leurs pouvoirs à un ou plusieurs de leurs membres, ou même à des personnes étrangères à la société, par un mandat spécial et pour des objets déterminés.

TITRE V. — *Commissaires.*

Art. 29 — Il est, chaque année, nommé par l'assemblée générale des actionnaires, un ou plusieurs commissaires chargés de faire un rapport à l'assemblée générale de l'année suivante, sur la situation de la société, sur le bilan et sur les comptes présentés par le conseil d'administration.

Ils peuvent être pris en dehors des actionnaires et sont rééligibles à l'expiration de leurs fonctions.

Pendant le trimestre qui précède l'époque fixée pour la réunion de l'assemblée générale, les commissaires ont le droit, toutes les fois qu'ils le jugent convenable dans l'intérêt social, de prendre communication des livres et d'examiner les opérations de la société.

Ils peuvent, en cas d'urgence, convoquer l'assemblée générale.

Ils ont droit à une rémunération dont l'importance est fixée par l'assemblée générale.

TITRE VI. — *Assemblées générales.*

Art. 30. — L'assemblée générale, régulièrement constituée, représente l'universalité des actionnaires ; ses décisions sont obligatoires pour tous, même pour les absents, les dissidents et les incapables.

Art. 31. — L'assemblée générale se tient chaque année avant la fin du mois de... aux jour et lieu désignés par le conseil.

L'assemblée générale peut être convoquée extraordinairement, soit par les administrateurs, soit par les commissaires en cas d'urgence.

Les convocations d'assemblées sont faites quinze jours au moins à l'avance par un avis inséré dans un des journaux désignés pour les annonces légales à...

Art. 32. — L'assemblée générale se compose des actionnaires propriétaires de... actions au moins (sauf ce qui sera dit sous l'article 37 ci-après).

Nul ne peut y représenter un actionnaire s'il n'est lui-même membre de l'assemblée.

---

1) *Autre clause :*

Direction.

Art. 28. — Le conseil d'administration peut déléguer partie de ses pouvoirs à un directeur, membre du conseil d'administration ou non, pour l administra- tion courante et journalière de la société, et l'exécution des décisions du conseil d'administration.

Le directeur est nommé et peut être révoqué par le conseil d'administration, lequel est autorisé à déterminer l'étendue des attributions et pouvoirs du directeur, l'importance de ses avantages, et les conditions de sa retraite ou de sa révocation.

Le conseil d'administration détermine la forme dans laquelle les actionnaires devront, pour assister aux assemblées, justifier de la possession des actions nécessaires ou en effectuer le dépôt dans un délai qui ne pourra être moindre de cinq jours avant la réunion.

Les délibérations sont prises à la majorité des voix des membres présents; en cas de partage, la voix du président est prépondérante.

Chaque membre de l'assemblée a autant de voix pu'il possède de fois... actions (sauf ce qui sera dit article 37 ci-après) ; néanmoins nul ne peut représenter en totalité, soit en son nom personnel, soit comme mandataire, plus de... voix.

Art. 33. — Pour que les délibérations de l'assemblée générale soient valables, elle doit être composée d'un nombre d'actionnaires représentant le quart au moins du capital social, sauf ce qui sera dit sous l'article 37 ci-après.

Si cette condition n'est pas remplie, l'assemblée générale est convoquée de nouveau selon les formes prescrites par l'article 31. Dans cette seconde réunion, les délibérations sont valables quel que soit le nombre d'actions représentées, mais elles ne peuvent porter que sur les objets mis à l'ordre du jour de la première réunion.

Art 34. — L'ordre du jour est arrêté par le conseil d'administration.
Aucun autre objet que ceux à l'ordre du jour ne peut être mis en délibération.

Art. 35. — L'assemblée est présidée par le président du conseil d'administration, ou par celui des administrateurs qui le remplacerait.

Les fonctions de scrutateurs sont remplies par les deux plus forts actionnaires présents, et, sur leur refus. par ceux qui viennent après jusqu'à acceptation.

Le bureau désigne son secrétaire.

Il est tenu une feuille de présence. Elle contient les noms et domiciles des actionnaires présents et le nombre des actions possédées ou représentées par chacun d'eux; cette feuille est certifiée par le bureau et reste annexée au procès-verbal.

Art. 36. — L'assemblée générale entend le rapport des administrateurs sur les affaires sociales : elle entend également le rapport des commissaires sur la situation de la société, sur le bilan et sur les comptes présentés par les administrateurs :

Elle discute, approuve ou rejette les comptes, elle fixe les dividendes;

Elle nomme les administrateurs toutes les fois qu'il y a lieu de les remplacer ;

Elle choisit les commissaires ;

Elle détermine les allocations du conseil d'administration en jetons de présence et celles des membres du comité de direction et des commissaires ;

Elle délibère sur les propositions portées à l'ordre du jour ;

Elle autorise tous emprunts hypothécaires ou autres, par voie d'émission d'obligations ou autrement ;

Enfin elle prononce souverainement sur tous les intérêts de la société, et confère au conseil les autorisations nécessaires pour tous les cas où les pouvoirs à lui attribués seraient insuffisants.

La délibération contenant l'approbation du bilan et des comptes doit être précédée du rapport des commissaires, à peine de nullité.

Art. 37. — L'assemblée générale, convoquée extraordinairement, peut. sur l'initiative du conseil d'administration. apporter aux statuts des modifications dont l'utilité serait reconnue par lui, et d cider notamment :

L'augmentation du capital social par la création d'actions nouvelles, par voie d'apport ou contre espèces ;

La réduction du capital social ;

L'amortissement total ou partiel de ce capital ;

La prorogation ou la dissolution anticipée de la société;

La fusion ou l'alliance de la société avec d'autres sociétés constituées ou à constituer.

Mais, dans les cas prévus par le présent article, l'assemblée générale ne peut délibérer valablement qu'autant qu'elle réunit un nombre d'actionnaires représentant la moitié au moins du capital social.

L'assemblée est composée comme il est dit art. 32. Toutefois. lorsque sur une première convocation, l'assemblée n'aura pu être régulièrement constituée conformément à l'alinéa qui précède. il pourra être convoqué une deuxième assemblée générale, à laquelle, par derogation à ce qui est dit audit art. 32, seront appelés tous les actionnaires (ou tous les actionnaires propriétaires de ... actions au moins).

La seconde assemblée ne sera elle même régulièrement constituée que si les actionnaires présents ou représentés représentent la moitié du capital social. Dans ce cas spécial, chaque actionnaire a autant de voix qu'il possède de fois .. actions, soit par lui-même, soit comme mandataire, sans pouvoir en aucun cas réunir plus de ... voix.

Les avis de convocation doivent indiquer sommairement l'objet de la réunion lorsque l'assemblée doit délibérer sur l'un des cas prévus au présent article.

Art. 38. — Les délibérations de l'assemblée générale sont constatées par des procès-verbaux inscrits sur un registre spécial. Ces procès-verbaux, ainsi que ceux qui seraient dressés en la forme authentique, sont signés par les membres composant le bureau.

Les copies ou extraits des délibérations, à produire en justice ou ailleurs, sont signés par le président du conseil ou, à son défaut, par un autre administrateur.

TITRE VII. — *États semestriels Comptes annuels. Fonds de réserve.*
Répartition des bénéfices.

Art. 39. — L'année sociale commence le 1er janvier et finit le 31 décembre.

Par exception, le premier exercice comprendra le temps écoulé depuis la constitution définitive de la société jusqu'au 31 décembre 18...

Art. 40. — Il est dressé chaque semestre un état sommaire de la situation active et passive de la société.

Cet état est mis à la disposition des commissaires.

Il est, en outre, établi chaque année, conformément à l'article 9 du Code de commerce, un inventaire contenant l'indication des valeurs mobilières et immobilières et de toutes les dettes passives et actives de la société.

L'inventaire, le bilan et le compte des profits et pertes sont mis à la disposition des commissaires le quarantième jour au plus tard avant l'assemblée générale. Ils sont présentés à cette assemblée.

Quinze jours avant l'assemblée générale, tout actionnaire peut prendre, au siège social, communication de l'inventaire et de la liste des actionnaires et se faire délivrer, à ses frais, copie du bilan résumant l'inventaire et du rapport des commissaires.

Art. 41. — Il est ouvert un compte spécial lequel comprendra tous les frais faits pour parvenir à la constitution définitive de la société. Ce compte sera amorti dans les délais et proportions qui seront déterminés par le conseil d'administration.

Art. 42. — Sur les bénéfices nets, déduction faite de tous frais et charges, il est d'abord prélevé :

1° 5 °/₀ pour constituer la réserve légale ;

2° Et une somme suffisante pour payer aux actionnaires 5 °/₀ des sommes dont les actions sont libérées.

Le solde est réparti comme suit :

1° ... °/₀ au conseil d'administration dont les membres feront entre eux le partage comme ils l'entendront ;

2° Et le surplus aux actionnaires (1).

---

(1) *Ajouter, s'il y a lieu :*
Toutefois, sur la proposition du conseil d'administration, l'assemblée générale aura le droit de prélever, sur ce surplus, une part de bénéfices destinée à constituer un fonds de prévoyance.

Autre rédaction, au cas de constitution d'un fonds de prévoyance et de parts bénéficiaires :

Art. 42. — Sur les bénéfices nets, déduction faite de tous frais et charges, il est prélevé chaque année :

1° Cinq pour cent pour la constitution de la réserve légale ;

2° Une somme destinée à l'amortissement du fonds social, calculée de telle sorte que le capital puisse être complètement amorti dans un délai de ... ;

3° La somme nécessaire pour servir aux actions amorties et non amorties, un intérêt ou premier dividende de 5 °/₀.

Le surplus sera réparti :

10 °/₀ aux parts de bénéfices, ainsi qu'il est dit en l'article ... ;

10 °/₀ aux administrateurs ;

Et 80 °/₀ à titre de dividende, aux actions de capital non amorties et à celles de jouissance qui auront été délivrées en échange de celles amorties, comme il sera dit article ... ci-après.

Art. 43. — Le fonds d'amortissement se compose :

1° Du prélèvement stipulé en l'article qui précède ;

2° Des intérêts afférents aux actions amorties ;

Art. 43. — Le fonds de réserve se compose de l'accumulation des sommes produites par le prélèvement annuel opéré sur les bénéfices en exécution de l'article précédent.

Lorsque le fonds de réserve aura, au moyen de ce prélèvement, atteint une somme égale au ... (dixième au moins du capital social, le prélèvement pourra cesser d'avoir lieu. Il reprendra son cours si la réserve vient à être entamée (1).

Art. 44. — Le paiement des intérêts et dividendes se fait annuellement à l'époque fixée par le conseil d'administration.

Le conseil d'administration pourra néanmoins, dans le courant de chaque année, procéder à la répartition d'un a-compte sur le dividende de l'année courante, si les bénéfices réalisés le permettent.

Art. 45. — Les intérêts et dividendes de toute action, soit nominative, soit au porteur, sont valablement payés au porteur du titre ou du coupon.

Les intérêts ou dividendes non réclamés dans les cinq ans à partir de l'échéance sont prescrits au profit de la société.

TITRE VIII. — *Dissolution. Liquidation.*

Art. 46. — En cas de perte des trois quarts (*ou de la moitié*) du capital social, les administrateurs sont tenus de provoquer la réunion de l'assemblée générale de tous les actionnaires à l'effet de statuer sur la question de savoir s'il y a lieu de continuer la société ou de prononcer sa dissolution. La résolution de l'assemblée est, dans tous les cas, rendue publique.

Art. 47. — A l'expiration de la société ou en cas de dissolution anticipée, l'assemblée générale règle, sur la proposition des administrateurs, le mode de liquidation et nomme un ou plusieurs liquidateurs dont elle détermine les pouvoirs.

Les liquidateurs pourront, en vertu d'une délibération de l'assemblée générale, faire le transport ou l'apport à une autre société ou à toute autre personne, des droits, actions et obligations de la société dissoute.

L'assemblée générale, régulièrement constituée, conservera, pendant la liquidation, les mêmes attributions que pendant le cours de la société ; elle a, notamment, le droit d'approuver les comptes de la liquidation et d'en donner quittance.

A l'expiration de la société et après le règlement de ses engagements, le produit net de la liquidation sera employé d'abord au remboursement des sommes versées sur les actions, si elles ne sont pas toutes libérées entièrement, et le surplus sera partagé entre les actionnaires proportionnellement au nombre de leurs actions.

3° De l'intérêt des sommes non encore employées l'amortissement.

Ce fonds est employé chaque année, jusqu'à due concurrence, au remboursement d'un nombre d'actions à déterminer, comme il est dit à l'article 42.

S'il arrivait que, dans le cours d'une ou plusieurs années, les produits nets de l'exploitation fussent insuffisants pour assurer le remboursement du nombre d'actions à amortir, la somme nécessaire pour compléter le fonds d'amortissement serait prélevée sur les premiers produits nets des années suivantes, par préférence et antériorité à toutes attributions de dividende aux actionnaires et aux propriétaires de parts de bénéfices.

Art. 44. — La désignation des actions à amortir a lieu au moyen d'un tirage au sort qui se fait annuellement aux époques et suivant les formes déterminées par le conseil d'administration. Les numéros des actions désignées par le sort pour être remboursées sont publiés dans un journal d'annonces légales, à ...

Les propriétaires des actions désignées par le tirage au sort pour le remboursement, recevront :

1° Le capital effectivement versé de leurs actions ;

2° L'intérêt de ladite somme calculé à raison de 5 °/₀ jusqu'au jour indiqué pour le remboursement ;

3° Les dividendes de l'exercice expiré le 31 décembre précédent ;

4° Et, en échange de leurs actions primitives, des actions spéciales, dites actions de jouissance, qui ne donnent plus droit qu'à leur part proportionnelle de 80 °/₀ dans les bénéfices nets de la société, déterminée par l'article 42.

Ces actions conservent, sauf le prélèvement de l'intérêt ou premier dividende de 5 °/₀, les mêmes droits que les autres non amorties.

(1) *Au cas de constitution d'un fonds de prévoyance, on peut ajouter* : En cas d'insuffisance des produits d'une année pour distribuer un intérêt de 5 °/₀ par chaque action, la différence pourra être prélevée sur le fonds de prévoyance et subsidiairement sur le fonds de réserve.

(*S'il n'y a pas de fonds de prévoyance, on peut même stipuler le prélèvement, sur le fonds de réserve, de la somme nécessaire pour compléter la distribution d'un intérêt ou premier dividende de 5 °/₀.*)

Titre IX. — *Contestations.*

Art. 48. — En cas de contestations, tout actionnaire doit faire élection de domicile à..., et toutes assignations et notifications sont valablement données à ce domicile.

A défaut d élection de domicile, cette élection a lieu, de plein droit, au parquet du procureur de la République près le tribunal civil de...

Le domicile élu formellement ou statutairement comme il vient d'être dit, entraîne attribution de juridiction aux tribunaux compétents de...

Art. 49. — Les contestations touchant l'intérêt général et collectif de la société ne peuvent être dirigées contre le conseil d'administration, ou l'un de ses membres, qu'au nom de la masse des actionnaires et en vertu d'une délibération de l'assemblée générale.

Tout actionnaire qui veut provoquer une contestation de cette nature doit en faire, quinze jours au moins avant la prochaine assemblée générale, l'objet d'une communication au président du conseil d'administration, qui est tenu de mettre la proposition à l'ordre du jour de cette assemblée.

Si la proposition est repoussée par l'assemblée, aucun actionnaire ne peut la reproduire en justice dans un intérêt particulier ; si elle est accueillie, l'assemblée générale désigne un ou plusieurs commissaires pour suivre la contestation.

Les significations auxquelles donne lieu la procédure sont adressées uniquement aux commissaires.

Titre X. — *Constitution de la société.*

Art. 50. — La présente société ne sera définitivement constituée qu'après :

1° Que toutes les actions à souscrire, et payables en numéraire, auront été souscrites et qu'il aura été versé un quart sur chacune d'elles, ce qui sera constaté par une déclaration notariée, accompagnée d'une liste de souscription et de versement contenant les énonciations légales, et qui sera faite, ensuite des présents statuts, par le fondateur de la société (*ou* : par M..., l'un des fondateurs, auquel les autres fondateurs donnent tous pouvoirs à cet effet) ;

2° Qu'une première assemblée générale, où tous les actionnaires auront le droit d'assister, aura reconnu la sincérité de la déclaration de souscription et de versement, et nommé un ou plusieurs commissaires à l'effet de faire un rapport à la deuxième assemblée générale sur l'appréciation de la valeur des apports en nature faits par M... et la cause des avantages particuliers résultant des statuts ;

3° Qu'une deuxième assemblée générale aura, après un rapport imprimé, émanant du ou des commissaires et qui sera tenu à la disposition des actionnaires cinq jours au moins avant la réunion, statué sur les apports et les avantages stipulés, nommé les membres du premier conseil d'administration, le ou les commissaires, et constaté leur acceptation.

Les délibérations de ces deux assemblées devront être prises à la majorité des voix des actionnaires présents et dans les conditions prescrites par l'art. 30 de la loi du 24 juillet 1867.

Enfin chaque personne figurant à ces assemblées aura au moins une voix et autant de voix qu'elle représentera de fois cinq actions, sans pouvoir cependant avoir plus de dix voix en tout.

Par exception, ces deux assemblées pourront être convoquées , savoir : la première au moins trois jours à l'avance, et la deuxième, au moins huit jours à l'avance, par des lettres adressées aux actionnaires et par une insertion dans un journal d'annonces légales à... :

Art. 51. — Pour faire publier les présents statuts et tous actes et procès-verbaux relatifs à la constitution de la société, tous pouvoirs sont donnés au porteur d'une expédition ou d'un extrait de ces actes et procès-verbaux.

4. — Société anonyme de coopération à capital variable.

Pardevant, etc...

    Ont comparu :

MM...

Lesquels ont établi, ainsi qu'il suit, les statuts d'une société civile anonyme à capital variable, qu'ils se proposent de fonder.

Tome IV.

TITRE Iᵉʳ. — *Dénomination. Objet. Durée. Siège.*

Art. 1ᵉʳ. — Il est formé, entre les comparants et ceux qui seront ultérieurement admis, une société civile coopérative de consommation, anonyme, à capital et personnel variables, conformément aux dispositions de la loi du 24 juillet 1867.

Art. 2. — La société prend la dénomination de : *Société ... à capital variable.*

Art. 3. — Elle a pour but :
1° De fournir à ses associés des produits et marchandises de qualité vraie et de poids sincère ;
2° De réaliser, par la création de magasins coopératifs, et au bénéfice de ses membres, des économies sur leurs dépenses de consommation.

Art. 4. — La société achète en gros, ou reçoit en consignation dans ses magasins tous produits et marchandises qu'elle revend à ses associés suivant le cours du jour.
Elle pourra, en vertu de délibérations prises par l'assemblée générale, créer ou aider à créer dans la suite tous établissements ou institutions d'utilité générale fondés sur le principe coopératif.

Art. 5. — La société vendra expressément au comptant; sous aucun prétexte, elle n'accordera de crédit à qui que ce soit.

Art. 6. — La durée de la société est fixée à... années, à compter du jour de sa constitution définitive, sauf les cas de prorogation ou de dissolution anticipée prévus aux présents statuts.

Art. 7. — Le siège social est à...

TITRE II. — *Capital social. Actions.*

Art. 8. — Le capital social est fixé, quant à présent, à la somme de... francs (1).
Il est divisé en... actions de... francs chacune (2).

Art. 9. — Le capital social pourra être augmenté, soit par l'admission de nouveaux sociétaires, soit par délibération de l'assemblée générale des actionnaires, conformément aux articles 48 et 49 de la loi du 24 juillet 1867.

Art. 10. — Il pourra, par contre, être réduit par suite de reprise d'apports résultant de retraite, exclusion ou décès d'associés. Mais le capital ne pourra être réduit au-dessous de la somme de... francs (3).

Art. 11. — Le montant des actions est payable en espèces, savoir : ... francs en souscrivant (4), et le surplus...
Les actionnaires pourront se libérer par anticipation.

Art. 12. — Les actions sont nominatives, même après leur entière libération.

Art. 13. — Lors du premier versement, il sera remis aux souscripteurs un récépissé nominatif portant un numéro d'ordre, et sur lequel seront inscrits les paiements postérieurs. Après entière libération, ce récépissé sera échangé contre un titre définitif signé de deux administrateurs.

Art. 14. — Les sommes (de... francs au minimum) versées sur les actions produiront, à partir du premier mois suivant, un intérêt de 5 °/₀, qui ne pourra être prélevé que sur les bénéfices.

Art. 15. — Les actions ne sont transmissibles qu'après l'autorisation du conseil d'administration, et par voie de transfert signé par le cédant et le cessionnaire sur un registre spécial de la société.

Art. 16. — Toute action est indivisible ; la société ne reconnait qu'un propriétaire pour chaque action.

---

(1) 200,000 fr. au plus (L. 24 juillet 1867, art. 48).   (3) Le dixième du capital (*id.*, art. 51).
(2) ... fr. au moins (*id.*, art. 49).   (4) Le dixième (*id.*, art. 51).

Loi du 1ᵉʳ Août 1893

La possession d'une action emporte de plein droit adhésion aux statuts de la société et aux décisions de l'assemblée générale.

TITRE III. — *Admissions. Retraites. Exclusions.*

Art. 17. — Nul ne sera admis comme associé qu'en vertu d'une décision du conseil d'administration, prise à la majorité des voix.

Le candidat refusé a le droit de faire appel à l'assemblée générale qui, dans ce cas, statue au scrutin secret.

Art. 18. — Les nouveaux actionnaires devront verser lors de leur admission : 1° une somme de... francs à valoir sur le capital nominal de chaque action ; 2° une somme représentant la part proportionnelle afférente à chaque action dans le fonds de réserve, suivant l'importance qu'il aura alors. Le surplus du capital de l'action ou des appels déjà faits sur les actions des fondateurs, sera payable dans un délai de... mois

Art. 19. – Tout sociétaire a le droit de se retirer de la société, au moyen d'une déclaration signée de lui sur un registre spécial tenu au siège de la société.

Art. 20. — Tout sociétaire qui sera en retard de plus d'un mois pour le versement des sommes exigibles sera mis en demeure par le conseil d'administration ; s'il ne s'exécute pas dans le mois suivant et s'il ne donne pas des excuses valables, il pourra y être contraint par les voies de droit, ou même être déclaré démissionnaire par l'assemblée générale.

Art. 21. — L'assemblée générale, à la majorité des voix nécessaires pour modifier les statuts, a le droit de prononcer l'exclusion d'un associé.

Art. 22. — La retraite et l'exclusion d'associés cessent d'être praticables si le capital est réduit au minimum fixé par l'art. 10.

Art. 23. — Lors de la retraite volontaire ou forcée d'un associé, la société lui rembourse contre remise de son action : 1° son apport social ; 2° sa part du fonds de réserve. S'il y a des pertes, le remboursement n'a lieu que sous la déduction de la part de l'associé dans les pertes. La somme à rembourser reste dans la caisse sociale jusqu'à la clôture de l'inventaire suivant.

L'associé qui cesse de faire partie de la société, reste tenu pendant cinq ans envers ses co-associés et envers les tiers de toutes les dettes et de tous les engagements de la société contractés avant sa sortie. Mais cette responsabilité ne peut excéder le montant de ses actions.

Art. 24. — En cas de retraite volontaire ou forcée, de même qu'en cas de décès ou de faillite d'un associé, la société n'est pas dissoute ; elle continue de plein droit entre les autres membres, sans qu'en aucun cas, il puisse y avoir lieu à apposition de scellés, ni à inventaire spécial.

Art. 25. — Un règlement particulier, proposé par le conseil d'administration et approuvé par l'assemblée générale ordinaire, détermine au surplus les conditions de l'admission, de la retraite et de l'exclusion des associés.

TITRE IV. — *Administration de la société.*

Art. 26. — La société est administrée par un conseil composé de... membres nommés par l'assemblée générale et choisis parmi les associés.

Art. 27. — Le conseil se renouvelle par quart chaque année ; les membres sortants sont toujours rééligibles. Le sort détermine les noms des administrateurs qui doivent sortir les trois premières années.

En cas de vacance, pour une cause quelconque, dans le courant de l'année, le conseil pourvoit provisoirement au remplacement.

Art. 28. — Les administrateurs doivent être propriétaires, pendant la durée de leurs fonctions, de chacun ... actions au moins. Ces actions sont affectées à la garantie de tous les actes de la gestion ; elles sont inaliénables, frappées d'un timbre indiquant l'inaliénabilité et déposées dans la caisse sociale.

Art. 29. — Chaque année, le conseil nomme parmi ses membres, un président et un secrétaire.

Art. 30. — Le conseil d'administration se réunit, au lieu désigné par la convocation, aussi souvent que les besoins de la société l'exigent, et au moins ... fois par ...

La présence de ... membres au moins est nécessaire pour la validité des délibérations.

Les délibérations sont prises à la majorité des voix des membres présents. En cas de partage, la voix du président est prépondérante.

Les délibérations du conseil sont transcrites sur un registre spécial et signées au moins du président et du secrétaire. Les copies ou extraits sont certifiés par le président.

Art. 31. — Le conseil a les pouvoirs les plus étendus pour la gestion des biens et affaires de la société.

Il pourvoit à l'établissement, l'aménagement, l'approvisionnement des magasins sociaux, à la préparation, suivant les procédés qui lui paraissent les plus convenables, des denrées et marchandises destinées à la vente. Il règle le mode, les conditions et le prix de la vente. Il peut traiter, transiger, compromettre, donner tous désistements et mainlevées, avec ou sans paiement.

Il convoque l'assemblée générale, arrête les comptes à lui soumettre et propose, s'il y a lieu, la répartition des bénéfices.

Il représente la société en justice, tant en demandant qu'en défendant.

Art. 32. — Le conseil peut déléguer tout ou partie de ses pouvoirs à un ou plusieurs agents pris dans son sein ou parmi les autres associés.

Il a notamment le droit de nommer un directeur chargé de l'administration courante et journalière et de la gestion des établissements de la société. Il détermine ses attributions et pouvoirs, le chiffre de sa rémunération, les conditions de sa nomination, de sa retraite et de sa révocation.

Art. 33. — Les administrateurs ont droit à des jetons de présence, dont la valeur est fixée par l'assemblée générale, et à une part de bénéfices fixée par l'article 46.

Titre VI. — Commissaires.

Art. 34. — Il est nommé chaque année, dans l'assemblée générale ordinaire, un commissaire, associé ou non, chargé de remplir la mission de surveillance prescrite par la loi.

Il a droit, en tout temps et toutes les fois qu'il le juge convenable dans l'intérêt social, de prendre communication des livres pour examiner les opérations de la société. En cas d'urgence, il peut convoquer l'assemblée générale.

Il peut, en outre, recevoir telles attributions qu'il convient à l'assemblée générale de lui conférer.

Art. 35. — A la fin de chaque exercice, le commissaire fait un rapport à l'assemblée générale ordinaire sur la situation de la société, sur le bilan et sur les comptes présentés par les administrateurs.

Il doit remettre ce rapport au conseil au moins vingt jours avant la réunion de l'assemblée générale.

Il est alloué au commissaire la rétribution que fixera l'assemblée générale.

Titre VII. — Assemblées générales.

Art. 36. — L'assemblée générale régulièrement constituée représente l'universalité des actionnaires.

Elle se compose de tous les associés.

Art. 37. — L'assemblée générale ordinaire est convoquée par le conseil d'administration chaque année dans le courant du mois de...

L'assemblée générale se réunit en outre extraordinairement toutes les fois que le conseil d'administration en reconnaît l'utilité ou que le commissaire le requiert d'urgence.

Art. 38. — Les assemblées générales ordinaire et extraordinaire sont convoquées vingt jours au moins à l'avance par lettres adressées aux actionnaires et par une insertion faite dans un journal de...

Art. 39. — L'assemblée ordinaire est valablement constituée lorsque les intéressés présents par eux-mêmes ou par mandataires représentent le quart au moins du capital social.

Dans le cas où une assemblée générale ne réunirait pas les conditions nécessaires, une nouvelle convocation sera faite à quinzaine de la manière sus-indiquée, et les décisions qui seront prises seront valables, quel que soit le nombre des actions représentées, pourvu qu'elles ne portent que sur les objets mis à l'ordre du jour de la première réunion.

Nul ne peut être représenté que par un membre de l'assemblée générale.

Il est dressé une feuille de présence mentionnant les noms et domiciles des associés et le nombre de leurs actions. Cette feuille, certifiée par le bureau, est communiquée à tout requérant.

Les délibérations sont prises à la majorité des voix.

Chaque actionnaire a autant de voix qu'il possède d'actions, sans qu'aucun des actionnaires puisse posséder plus de ... voix, soit par lui-même, soit comme fondé de pouvoirs.

Art. 40. — L'assemblée générale ordinaire et extraordinaire est présidée par le président du conseil d'administration, et, en cas d'empêchement, par le membre désigné par le conseil à cet effet.

Les deux plus forts actionnaires présents et acceptants remplissent les fonctions de scrutateurs.

Le secrétaire est désigné par le bureau.

Art. 41. — L'ordre du jour est arrêté par le conseil d'administration.

Il n'y est porté que les propositions émanant du conseil ou du commissaire, et celles qui auraient été communiquées au conseil lui-même, cinq jours au moins avant la réunion, avec la signature de... membres de l'assemblée.

Il ne peut être mis en délibération que les objets portés à l'ordre du jour.

Art. 42. — L'assemblée générale ordinaire entend les rapports des administrateurs et du commissaire sur la situation de la société, sur le bilan et sur les comptes ;

Elle discute et, s'il y a lieu, approuve les comptes ;

Elle détermine la valeur des jetons de présence du conseil et l'indemnité du commissaire ;

Elle fixe les dividendes à répartir ;

Elle autorise tous emprunts et en fixe les conditions ;

Elle nomme les administrateurs à remplacer et le commissaire pour l'exercice suivant ;

Elle délibère et statue souverainement sur toutes les questions qui ne sont pas du ressort du conseil d'administration et lui confère tous les pouvoirs supplémentaires qui seraient reconnus utiles.

Art. 43. — L'assemblée générale peut apporter des modifications ou additions aux statuts, proroger ou dissoudre la société, augmenter le capital social, réunir ou fusionner la société avec d'autres.

Dans ces divers cas, l'assemblée doit être composée d'un nombre d'actionnaires représentant la moitié au moins du capital social, et les avis de convocation doivent indiquer sommairement l'objet de la réunion.

Art. 44. — Les délibérations des assemblées générales ordinaires ou extraordinaires sont constatées par des procès-verbaux inscrits sur un registre spécial et signés par les membres du bureau, ou au moins par la majorité d'entre eux Les copies ou extraits de ces procès-verbaux à produire partout où besoin sera, seront signés par le président du conseil ou par le membre qui le remplacera.

TITRE VIII. — *États semestriels. Inventaires. Bénéfices.*

Art. 45. — L'année sociale commence le premier janvier et finit le trente et un décembre ; par exception, le premier exercice comprendra le temps écoulé entre la constitution de la présente société et le trente et un décembre mil huit cent quatre-vingt...

Il sera dressé chaque semestre, par les soins du conseil d'administration, un état sommaire de la situation active et passive de la société, et au trente et un décembre de chaque année un inventaire général de l'actif et du passif.

Cet inventaire est présenté à l'assemblée générale, et tout actionnaire peut en prendre connaissance à l'avance au siège social.

En outre, une copie sera remise à tout actionnaire qui en fera la demande.

Art. 46. — Sur les bénéfices nets et annuels déduction faite des frais généraux, il est prélevé une somme nécessaire pour payer un intérêt de 5°/. sur les sommes dont les actions seront libérées.

L'excédent des bénéfices est réparti :

... pour cent à tous les associés en raison de leurs actions ;

... pour cent à tous les associés consommateurs, proportionnellement à l'importance de leurs achats dans les magasins de la société, pourvu que ces achats atteignent... fr. par semestre.

... au conseil d'administration au prorata de ses jetons de présence.

Art. 47. — Le payement des dividendes aura lieu dans le courant du premier trimestre après la clôture de l'exercice.

Quant aux intérêts, ils seront payés à l'époque qui sera fixée par le conseil d'administration.

Art. 48. — Il est créé un fonds de réserve composé de l'accumulation des sommes prélevées sur les bénéfices annuels conformément à l'article 46.

Il est destiné à faire face aux dépenses extraordinaires et imprévues.

Le prélèvement cessera d'être obligatoire lorsque le fonds aura atteint le... du capital social.

Art. 49. — A l'expiration de la société et après la liquidation de ses engagements, le fonds de réserve sera partagé entre toutes les actions.

Titre IX. — *Dissolution. Liquidation.*

Art. 50. — En cas de perte des trois quarts du capital social, les administrateurs sont tenus de convoquer l'assemblée générale de tous les actionnaires à l'effet de statuer sur la question de savoir s'il y a lieu de prononcer la dissolution de la société.

La résolution de l'assemblée sera dans tous les cas rendue publique.

Art. 51. — A l'expiration de la société ou en cas de dissolution anticipée, l'assemblée générale règle le mode de liquidation et nomme un ou plusieurs liquidateurs.

Pendant la liquidation, les pouvoirs de l'assemblée générale se continuent comme pendant l'existence de la société.

Toutes les valeurs de la société sont réalisées par les liquidateurs qui ont, à cet effet, les pouvoirs les plus étendus, et le produit, après le prélèvement des frais de liquidation, en est réparti aux actionnaires.

Les liquidateurs peuvent, avec l'autorisation de l'assemblée générale, faire le transport à une autre société de l'ensemble des biens, droits et obligations tant actifs que passifs de la société dissoute.

Titre X. — *Contestations.*

Art. 52. — Toutes contestations entre les actionnaires et la société seront jugées par les tribunaux compétents de...

En cas de contestations, tout actionnaire devra faire élection de domicile à...

A défaut d'élection de domicile à.., tous actes seront valablement signifiés au parquet de M. le Procureur de la République près le tribunal civil de...

Titre XI. — *Constitution de la société.*

Art. 53. — La présente société ne sera définitivement constituée qu'après :

1° Que les... actions composant le capital de fondation auront été souscrites et qu'il aura été versé par chaque souscripteur une somme égale au .. du montant des actions par lui souscrites; ce qui sera constaté par une déclaration faite en suite des présentes par les fondateurs de la société ;

2° Qu'une assemblée générale (convoquée... jours d'avance par lettres individuelles) aura reconnu la sincérité de la déclaration notariée, nommé les premiers administrateurs et le commissaire, et constaté leur acceptation.

Art. 54. — Pour faire, partout où besoin sera, les publications légales, tous pouvoirs sont donnés au porteur d'une expédition ou d'un extrait des actes et délibération constitutifs.

Dont acte...

II. DÉCLARATIONS NOTARIÉES

1. — Déclaration de souscription et de versement
(Société en commandite) (1).

Pardevant Me... etc.

A comparu :

M. Auguste Lemaire, industriel, demeurant à...

Lequel a exposé ce qui suit :

Aux termes d'un acte sous signatures privées, en date à... du... M. Lemaire, comparant, a établi les statuts d'une société en commandite par actions « Lemaire et Cⁱᵉ », dont il doit être le gérant. ayant pour objet la fabrication, la vente et la location des... et dont le siège doit être à..., rue ..

Le capital social a été fixé à deux millions de francs, et divisé en 4,000 actions de 500 francs chacune, devant être souscrites et entièrement libérées en numéraire, avant la constitution de la société.

Ces faits exposés, M. Lemaire déclare :

Que les 4.000 actions représentant le capital social de 2 millions de francs de la société « Lemaire et Cⁱᵉ », ont été souscrites par .. personnes, dans des proportions différentes ;

Qu'il a été versé par chacun des souscripteurs une somme égale au montant intégral des actions par lui souscrites : ce qui forme un total de deux millions de francs ;

Et que cette somme est déposée chez ·l..., banquier à...

Et, de suite, le comparant a représenté :

1° L'un des originaux de l'acte de société sus-énoncé, écrit sur... feuilles de papier au timbre de 1 fr. 80, contenant... renvois et... mots nuls ;

2° Un état dressé sur une feuille de papier au timbre de 1 fr. 80, et signé par lui, contenant les noms, prénoms, qualités et domiciles des souscripteurs, le nombre des actions souscrites et le montant des versements effectués par chacun d'eux.

Conformément à l'art. 1ᵉʳ de la loi du 24 juillet 1867, ces deux pièces sont demeurées ci-annexées, après avoir été certifiées véritables par le comparant et revêtues d'une mention par les notaires soussignés.

En outre, M. Lemaire, comparant, reconnaît comme émanant bien de lui la signature apposée sur l'original de l'acte de société annexé, et les mots : « Lu et approuvé » qui précèdent cette signature.

Voulant, ledit comparant, que l'acte de société dont il s'agit acquière l'authenticité, de même que s'il eût été reçu par un notaire dans la forme voulue pour les actes authentiques.

Dont acte...

2. — Déclaration de souscription et de versement
(Société anonyme) (2).

Et le...

Pardevant Me .. et

A comparu :

M. Léon Richard, entrepreneur de transports et messageries, demeurant à...

Lequel, après avoir rappelé que suivant acte reçu par Me..., notaire soussigné, le..., et dont la minute précède, il a établi les statuts de la société anonyme dite « Compagnie des voitures de... », au capital de quatre millions de francs. divisé en 8,000 actions de 500 fr. chacune, dont 4.000 ont été attribuées au fondateur en représentation de ses apports en nature, et 4,000 étaient à souscrire en numéraire et à libérer du quart lors de la souscription,

A, par ces présentes, déclaré :

Que les quatre mille actions de cinq cents francs chacune, de ladite société, qui étaient à émettre en espèces, ont été entièrement souscrites par... personnes ;

Et qu'il a été versé, par chaque souscripteur, une somme égale au quart du montant des actions par lui souscrites, soit au total cinq cent mille francs, qui sont déposés chez M..., banquier à...

A l'appui de cette déclaration, le comparant a représenté une pièce, certifiée véritable et signée par lui, contenant les noms, prénoms, qualités et domiciles des souscripteurs, le nombre d'actions souscrites et le montant des versements effectués par chacun d'eux.

Laquelle pièce est demeurée annexée au présent acte, conformément à la loi, après avoir été certifiée *ne varietur* par le comparant et revêtue d'une mention signée des notaires soussignés.

Dont acte...

3. — État de souscription et de versement

(Société anonyme).

Compagnie des voitures de...,

Société anonyme au capital de 4,000,000 de francs, divisé en 8000 actions de 500 francs chacune, dont 4000 actions étaient à souscrire en numéraire.

Liste des souscripteurs de ces 4,000 actions et état des versements effectués par chacun d'eux.

N°s D'ORDRE	NOMS, PRÉNOMS, QUALITÉS ET DOMICILES DES SOUSCRIPTEURS	NOMBRE d'actions souscrites	MONTANT des actions souscrites.	VERSEMENTS effectués (125 fr. par action).
1	Roland (Jules-Edouard), négociant à..., rue..., n°...	50	25.000 »	6.250 »
2	Dutiller (Gaston), banquier à..., rue..., n°...	75	37.500 »	9.375 »
3	Lemaire (Charles-Eugène), propriétaire à...	10	5.000 »	1.250 »
4	Etc...	»	» »	» »
	Total :			
	Des actions souscrites.	4000		
	Du capital de ces actions.		2 000.000 »	
	Des versements effectués.			500.000 »

Le présent état est certifié exact et véritable par **M.** Richard, soussigné, fondateur de ladite société.

Paris, le...

(*Signature*).

III. PROCÈS-VERBAUX D'ASSEMBLÉES GÉNÉRALES CONSTITUTIVES

1. — Première assemblée d'une société en commandite.

L'an..., le..., à.., heures du soir,

Les actionnaires de la société en commandite par actions « Lemaire et Cⁱᵉ » se sont réunis en première assemblée générale constitutive, à..., rue..., sur la convocation de M. Lemaire, fondateur et futur gérant, faite par lettres adressées à chacun des souscripteurs, le... et par un avis inséré le lendemain dans le journal...

Il est dressé une feuille de présence signée de tous les souscripteurs présents. Cette feuille (qui demeurera annexée au présent procès-verbal) constate que (outre M. Lemaire, fondateur-gérant)... souscripteurs sont présents ou représentés, et possèdent ensemble... actions sur les 4,000 composant le capital social.

L'assemblée procède à la composition de son bureau. M... est nommé président. MM... et... sont appelés comme scrutateurs, et M... est désigné comme secrétaire.

Le bureau ainsi composé, M le président déclare la séance ouverte ; il constate, d'après le nombre d'actions représentées par les souscripteurs suivant la feuille de présence, que l'assemblée est régulièrement constituée ; puis, il expose à l'assemblée :

Que suivant acte sous signature privée fait double à.. le..., M. Lemaire a établi les statuts d'une société en commandite par actions « Lemaire et Cⁱᵉ », dont il doit être le gérant, à constituer au capital de 2 millions de francs, divisés en 4.000 actions de 500 fr. chacune, à souscrire et libérer entièrement en numéraire, avant la constitution ;

Qu'aux termes d'un autre acte reçu par le même notaire, le... M. Lemaire a déclaré que les 4,000 actions représentant le capital social avaient été souscrites par... personnes, et que chacun des souscripteurs avait versé le montant intégral de ses actions, soit au total deux millions de francs, laquelle somme a été déposé chez M..., banquier à... ; auquel acte ont été annexés, conformément à la loi, l'état des souscripteurs et des versements, et l'un des doubles des statuts ;

Que l'assemblée est réunie à l'effet: 1º de reconnaitre la sincérité de ladite déclaration de souscription et de versement, 2º de nommer un ou plusieurs commissaires, chargés de faire un rapport à la deuxième assemblée générale constitutive sur les avantages de toute nature stipulés par les statuts au profit du gérant.

M. le président représente et met à la disposition de l'assemblée une expédition de la déclaration notariée, de l'état et des statuts y annexés, un exemplaire, légalisé et enregistré, du journal de... contenant l'avis de convocation.

Après l'échange de quelques explications, M. le président met aux voix les résolutions suivantes, à l'ordre du jour :

Première résolution.

« L'assemblée générale reconnait la sincérité de la déclaration, faite par le gérant, de la « souscription de toutes les actions et du versement du montant intégral de ces actions, aux « termes de l'acte reçu par Mᵉ..., notaire à... le... (1). »

Cette résolution est adoptée à l'unanimité.

Deuxième résolution.

« L'assemblée désigne M... pour apprécier les avantages particuliers stipulés par les statuts au profit du gérant, et pour faire un rapport sur ces avantages, conformément à la « loi. »

Cette résolution est adoptée à l'unanimité des membres présents, sauf M. Lemaire qui s'est abstenu de voter.

Personnne ne réclamant la parole, la séance est levée.

---

(1) Nous avons déjà rappelé que la loi ne prescrit pas la vérification de cette déclaration par l'assemblée générale des actionnaires : c'est au conseil de surveillance qu'il incombe de faire cette vérification. Cependant, en pratique, on fait souvent reconnaître par l'assemblée générale la sincérité de la déclaration. Mais cette formalité, qui peut ne pas être sans utilité, n'est pas nécessaire pour la validité de la constitution de la société en commandite.

De tout ce qui précède, il a été dressé le présent procès-verbal, qui a été signé par les membres du bureau.

2. — Deuxième assemblée d'une société en commandite.

L'an..., le..., à... heures du soir, les actionnaires de la société en commandite par actions « Lemaire et Cⁱᵉ » se sont réunis en seconde assemblée générale constitutive, au siège social à..., rue..., sur la convocation de M. Lemaire, gérant-fondateur, faite par lettres adres-ées à chacun des souscripteurs, et par un avis inséré le... dans le journal..., ainsi que le constate un exemplaire légalisé et enregistré de ce journal.

Il est dressé une feuille de présence signée de tous les actionnaires présents.

L'assemblée procède à la composition du bureau : M..., est nommé président ; MM... et... sont appelés comme scrutateurs, et M... est désigné comme secrétaire.

Le bureau ainsi composé, M. le président déclare la séance ouverte ; il constate, d'après la feuille de présence (laquelle, certifiée par les membres du bureau, demeurera annexée au présent procès-verbal) que, indépendamment de M. Lemaire, gérant..., souscripteurs sont présents ou représentés et possèdent ensemble... actions sur les 4,000 composant le capital social. En conséquence, l'assemblée est déclarée régulièrement constituée.

M. le président expose à l'assemblée :

Que M. ..., commissaire nommé par la première assemblée générale du ..., a rédigé, à la date du..., son rapport sur l'appréciation des avantages particuliers stipulés par les statuts au profit du gérant ;

Que ce rapport, concluant à l'approbation pure et simple de ces avantages, a été imprimé et mis, dès le ..., à la disposition des actionnaires, ainsi que l'énoncent l'avis et les lettres de convocation ;

Que l'assemblée a été convoquée à l'effet de : 1° statuer sur les conclusions du rapport du commissaire ; 2° nommer les membres du premier conseil de surveillance.

Lecture est ensuite donnée par M. ... de son rapport.

Puis, M. le président invite l'assemblée à délibérer sur les questions à l'ordre du jour.

Après échange d'explications, M. le président met aux voix les résolutions suivantes :

Première résolution.

« L'assemblée générale, après avoir pris connaissance du rapport de M. ..., commis-« saire, nommé à la première assemblée du..., adopte les conclusions de ce rapport ; et, « par suite, elle approuve les avantages particuliers stipulés par les statuts au profit de « M. Lemaire, gérant. »

Cette résolution est adoptée à l'unanimité des actionnaires présents, à l'exception de M. Lemaire, lequel s'est abstenu de voter.

Deuxième résolution.

« L'assemblée générale approuve les statuts de la société en commandite par actions « Lemaire et Cⁱᵉ », tels qu'ils résultent de l'acte sous seing privé du ..., et déclare ladite « société définitivement constituée. »

Cette résolution est adoptée à l'unanimité.

Troisième résolution.

« Sont nommés membres du premier conseil de surveillance pour une année :
« 1° M. ...
« 2° M. ... etc.

Cette résolution est adoptée à l'unanimité

MM. ... susnommés, présents, déclarent accepter lesdites fonctions.

Personne ne demandant plus la parole, M. le président déclare la séance levée.

De tout ce qui précède, il a été dressé le présent procès-verbal, qui a été signé par les membres du bureau et les membres du conseil de surveillance.

3. — Première assemblée d'une société anonyme.

L an..., le ..., à ... heures du soir.
A ..., rue ..., n° ...

MM. les actionnaires de la société anonyme dite : Compagnie des Voitures de..., formée au capital de quatre millions de francs divisé en huit mille actions de cinq cents francs chacune, attribuées à l'associé fondateur pour quatre mille et émises contre espèces pour les quatre mille de surplus ;

Se sont réunis en première assemblée générale constitutive, sur la convocation qui leur a été faite d'assister à la présente réunion, suivant avis inséré au journal d'annonces légales, le ..., numéro du ..., et suivant lettres adressées, le ... présent mois (1) à chacun des souscripteurs desdites quatre mille actions, par les soins de l'associé fondateur.

Il est dressé une feuille de présence qui est signée de tous les souscripteurs présents à l'assemblée.

L'assemblée procède à la composition de son bureau.

M. ..., est nommé président.

MM. ..., les plus forts actionnaires présents, sont appelés comme scrutateurs.

Et M. ... est désigné comme secrétaire.

Le bureau ainsi composé, M. le président constate, ainsi qu'il est établi par la feuille de présence, que les actionnaires souscripteurs, présents ou représentés, sont au nombre de ... et possèdent ... actions sur les 4000 souscrites en numéraire. Il constate, en outre, la présence du fondateur-apporteur. La feuille de présence, certifiée par les membres du bureau, demeurera annexée au présent procès-verbal.

L'assemblée, représentant plus de la moitié du capital en numéraire, est déclarée régulièrement constituée.

M. le président met à la disposition des membres de l'assemblée :

1° Une expédition des statuts de la société anonyme dite « Compagnie des Voitures de ... » établis suivant acte reçu par Me ..., notaire à ..., le ... ;

2° L'expédition d'un acte reçu par ledit Me ..., le ... présent mois, contenant déclaration par M. ..., fondateur de la société en formation, que le capital de deux millions de francs, montant des quatre mille actions émises contre espèces sur les huit mille actions de la société dont il s'agit, a été entièrement souscrit, et que chaque souscripteur a versé, conformément aux statuts, une somme égale au quart du montant des actions par lui souscrites, soit un total de cinq cent mille francs, qui ont été déposés chez M. ..., banquier à . . ; auquel acte est demeurée annexée, conformément à la loi, la liste des souscripteurs desdites actions avec état des versements effectués par chacun d'eux ;

3° Un exemplaire légalisé et enregistré du journal Le ... du ..., contenant l'avis de convocation.

M. le président rappelle que l'assemblée est réunie, conformément à la loi, à l'effet de :

1° Reconnaître la sincérité de la déclaration notariée de souscription du capital social et du versement du quart sur toutes les actions souscrites ;

2° Nommer un ou plusieurs commissaires chargés d'apprécier les apports et les avantages stipulés aux statuts, et de faire un rapport à ce sujet à la deuxième assemblée générale constitutive.

Ensuite, M. le président donne lecture à l'assemblée des actes et pièces déposés sur le bureau, et les communique aux actionnaires.

Après l'échange de diverses explications, M. le président met successivement aux voix les résolutions suivantes, à l'ordre du jour.

Première résolution.

« L'assemblée générale, après en avoir pris connaissance, reconnaît sincère et véritable « la déclaration de souscription et de versement faite par le fondateur de la Compagnie des

---

(1) La convocation doit être faite *postérieurement à la déclaration notariée* de souscription et de versement.

« Voitures de..., suivant acte reçu par M⁰..., notaire à..., le..., ainsi que les pièces à l'appui
« de cette déclaration. »
Cette résolution est adoptée à l'unanimité.

Deuxième résolution.

« L'assemblée générale nomme M... (nom, prénoms et domicile), commissaire, chargé de
« faire un rapport, conformément à la loi, sur la valeur des apports en nature faits par M...,
» et les attributions faites à son profit, en représentation de ces apports, ainsi que sur les autres
» avantages stipulés aux statuts. »
Cette résolution est adoptée à l'unanimité des membres présents, à l'exception de M...
(l'apporteur) qui s'est abstenu de voter.
Rien n'étant plus à l'ordre du jour, M. le président lève la séance à ..
De tout ce qui précède, il a été dressé le présent procès-verbal, qui a été signé par le
président, les scrutateurs et le secrétaire.

4. — Deuxième assemblée d'une société anonyme.

L'an..., le..., à... heures du soir.
MM. les actionnaires de la société anonyme dite « Compagnie des voitures de... », formée
au capital de quatre millions de francs, divisé en huit mille actions de cinq cents francs
chacune, attribuées à l'associé fondateur pour quatre mille et émises contre espèces pour les
quatre mille de surplus,
Se sont réunis en deuxième assemblée générale constitutive, au siège social, à..., rue....,
sur la convocation qui leur a été faite d'assister à la présente réunion, suivant avis inséré
au journal le..., numéro du..., et suivant lettres adressées le..., présent mois, à chacun d'eux,
à leur domicile, par les soins de l'associé fondateur.
Il a été dressé une feuille de présence signée des actionnaires présents.
L'assemblée procède à la composition de son bureau.
M... est nommé président.
Les deux plus forts souscripteurs présents, M... et M..., sont appelés comme scrutateurs
M... est désigné comme secrétaire.
M. le président constate, ainsi qu'il est établi par la feuille de présence (laquelle, certifiée par le bureau, demeurera annexée au présent procès-verbal) que les actionnaires souscripteurs, présents ou représentés, sont au nombre de... et représentent... actions sur les
4,000 souscrites en numéraire. Il constate en outre la présence de M..., fondateur, dont
l'apport représente 4,000 actions.
Puis, M. le président présente aux membres de l'assemblée les pièces suivantes :
1° Un exemplaire légalisé et enregistré du journal le..., du... présent mois, contenant
l'avis de convocation ;
2° Le rapport de M..., commissaire, nommé par la première assemblée générale constitutive du... pour l'appréciation de la valeur des apports en nature faits à la société par M...
et des avantages stipulés aux statuts, ledit rapport fait à la date du... présent mois.
M le président déclare que le rapport qui vient d'être énoncé a été imprimé et tenu dès
le... à la disposition de MM. les actionnaires-souscripteurs, au siège social, ainsi que l'indi-
quaient l'avis et les lettres de convocation. Il ajoute qu'un exemplaire de ce rapport a été
adressé à tous les actionnaires souscripteurs le même jour..., ce qui est reconnu par les
actionnaires présents, en ce qui les concerne.
Ensuite, M..., commissaire, sur l'invitation de M. le président, donne lecture du rapport fait par lui, sur l'appréciation des apports en nature et des avantages stipulés aux
statuts, et qui conclut à l'approbation pure et simple de ces apports et avantages (1).
Plusieurs observations sont alors échangées entre divers membres de l'assemblée.
Personne ne demandant plus la parole, M. le président met successivement aux voix les
résolutions suivantes, à l'ordre du jour :

---

(1) Il nous a paru inutile de donner une formule apprécier la valeur des apports et avantages : ce qui
de rapport. Le rapport n'est soumis à aucune forme varie suivant les circonstances et l'objet de chaque
particulière ; il doit indiquer les éléments propres à société.

Première résolution.

« L'assemblée générale, après avoir pris connaissance du rapport de M...., commissaire,
« adopte les conclusions de ce rapport, et, en conséquence, elle approuve les apports en
« nature faits à la société par M..., ainsi que les attributions faites en représentation de ces
« apports et les autres avantages particuliers, ainsi que le tout résulte des statuts. »
Cette résolution est adoptée à l'unanimité des actionnaires présents, moins M..., apporteur, qui n'a pas pris part au vote.

Deuxième résolution.

« L'assemblée générale nomme premiers administrateurs, dans les termes de l'article. .
des statuts :
« 1° M... (nom, prénoms et domicile);
« 2° M..., etc.;
« 3° Etc. »
Cette résolution est adoptée à l'unanimité.
MM..., présents à l'assemblée, déclarent accepter les fonctions d'administrateurs de la
société.

Troisième résolution.

« L'assemblée générale nomme M... et M... (noms, prénoms et domiciles), commissaires
« (avec faculté d'agir conjointement ou séparément) pour faire un rapport à l'assemblée
« générale sur les comptes du premier exercice social et sur la situation de la société,
« conformément à la loi. »
Cette résolution est adoptée à l'unanimité.
MM..., présents à la réunion, déclarent accepter les fonctions de commissaires.

Quatrième résolution.

« L'assemblée générale approuve les statuts de la Compagnie des voitures de..., tels
« qu'ils sont établis par l'acte passé devant Me.... notaire à..., le..., et déclare ladite société
« définitivement constituée, toutes les formalités prescrites par la loi du 24 juillet 1867 ayant
« été remplies. »
Cette résolution est adoptée à l'unanimité.
De tout ce qui précède, il a été dressé le présent procès-verbal, qui a été signé par les
membres du bureau, et par les administrateurs et commissaires, pour l'acceptation de leurs
fonctions.

IV. EXTRAITS POUR LA PUBLICATION D'UNE SOCIÉTÉ EN COMMANDITE PAR ACTIONS ET D'UNE SOCIÉTÉ ANONYME

Nous avons donné ces Formules à la suite des SOCIÉTÉS EN GÉNÉRAL, p. 524 et 525.

V. PROCÈS-VERBAUX DE DÉLIBÉRATIONS

1. — Assemblée générale d'actionnaires décidant l'augmentation du capital social.

L'an..., le..., à... heures du soir.
MM. les actionnaires de la *Société...*, société anonyme au capital d'un million de francs,
Se sont réunis en assemblée générale extraordinaire, au siège social à..., rue..., n°...,

sur la convocation faite par le conseil d'administration, suivant avis inséré dans le journal..., feuille du...

L'assemblée procède à la composition de son bureau. Sont nommés : M..., président ; M... et M..., scrutateurs, et M..., secrétaire.

Ce bureau constate, d'après la feuille de présence signée par les actionnaires (laquelle pièce, certifiée véritable par les membres du bureau, restera annexée au présent procès-verbal), que... actionnaires, possédant... actions, sont présents ou régulièrement représentés. L'assemblée réunissant ainsi plus de la moitié du capital social est déclarée régulièrement constituée.

M. le président communique à l'assemblée un exemplaire légalisé et enregistré du journal contenant l'avis de convocation.

Il rappelle que l'assemblée a été convoquée à l'effet de statuer sur l'augmentation du capital social, et il donne lecture du rapport du conseil d'administration à ce sujet.

Cette lecture terminée, quelques explications sont échangées entre des membres de l'assemblée sur la mesure proposée dont l'utilité est reconnue.

Personne ne demandant plus la parole, M. le président met aux voix la résolution suivante, à l'ordre du jour :

Résolution.

« L'assemblée décide que le capital de la société..., actuellement d'un million de francs, sera augmenté de cinq cent mille francs, et, par conséquent, porté à un million cinq cent mille francs.

« Les cinq cent mille francs d'augmentation sont divisés en mille actions de cinq cents francs chacune, payables, savoir : un quart au moment de la souscription, et le surplus aux époques qui seront fixées par le conseil d'administration, conformément aux dispositions des art... des statuts, qui seront applicables à la présente augmentation de capital.

« Les actions représentant cette augmentation de capital donneront droit à l'intérêt à... pour cent à partir des versements, jusqu'au 31 décembre 189...; à partir du 1er janvier 189..., elles seront assimilées aux actions représentant le capital actuel, et donneront lieu aux mêmes droits.

« Le conseil d'administration est autorisé à recueillir la souscription des nouvelles actions, à recevoir les versements sur ces actions, à faire la déclaration notariée des souscriptions et versements, et à remplir toutes formalités nécessaires pour la régularisation de cette augmentation de capital.

« L'assemblée générale de tous les actionnaires anciens et nouveaux sera convoquée, à l'effet de vérifier la sincérité de ladite déclaration notariée, et de voter les modifications statutaires qui sont la conséquence de l'augmentation du capital. »

Cette résolution est adoptée à l'unanimité.

L'ordre du jour étant épuisé, la séance a été levée.

De tout ce qui précède, il a été dressé le présent procès-verbal qui, après lecture, a été signé par les membres du bureau.

2. — Assemblée générale d'actionnaires constatant l'augmentation du capital social.

L'an..., le..., à... heures du soir.

MM. les actionnaires de la *Société...*, société anonyme au capital d'un million de francs,

Se sont réunis en assemblée générale extraordinaire, au siège social à..., rue..., n°...

L'assemblée procède à la composition de son bureau. Sont nommés : M..., président ; M... et M..., scrutateurs ; M..., secrétaire.

M. le président communique à l'assemblée un numéro enregistré et légalisé du journal..., feuille du..., contenant l'avis convoquant à la présente assemblée les propriétaires des deux mille actions représentant le capital originaire d'un million de francs, et les souscripteurs des mille actions nouvelles représentant l'augmentation de capital de cinq cent mille francs dont il va être question.

Le bureau constate, d'après la feuille de présence signée des actionnaires et souscripteurs (laquelle pièce, certifiée véritable par les membres du bureau restera annexée au présent procès-verbal), que... actionnaires et souscripteurs, possédant ou ayant souscrit... actions, sont présents ou régulièrement représentés L'assemblée générale réunissant ainsi plus de la moitié du capital social ancien et nouveau, est déclarée régulièrement constituée.

M. le président expose :

Qu'aux termes d'une délibération prise le..., l'assemblée générale extraordinaire des actionnaires a décidé que le capital de la société... serait augmenté de cinq cent mille francs, divisés en mille actions de cinq cents francs chacune, payables : un quart lors de la souscription, et le surplus aux époques qui seront fixées par le conseil d'administration ;

Que par suite de cette décision et en vertu des autorisations qui lui ont été données, le conseil d'administration a recueilli la souscription des mille actions nouvelles, et a reçu de chacun des souscripteurs le quart, soit cent vingt-cinq francs, du montant des actions par lui souscrites ;

Que ces souscriptions et versements sont constatés par une déclaration faite, au nom du conseil d'administration, suivant acte reçu par M•..., notaire à..., le...; auquel acte est annexée une pièce contenant les noms des souscripteurs, le nombre des actions souscrites et le montant des versements effectués par chacun d'eux, lesdits versements s'élevant à une somme totale de cent vingt-cinq mille francs, déposée chez M..., banquier à...;

Et que l'assemblée générale de ce jour est réunie à l'effet de vérifier la sincérité de la déclaration notariée précitée, et de modifier l'article... des statuts, comme conséquence de l'augmentation de capital.

M. le président communique à l'assemblée :

1° L'expédition dudit acte notarié, avec, à la suite, la liste des souscripteurs et l'état des versements ;

2• Les engagements de souscription.

M. le président demande ensuite aux actionnaires s'ils ont des observations à présenter ou des explications à réclamer.

Personne ne demandant la parole, M. le président propose à l'assemblée de voter les résolutions suivantes :

Première résolution.

« L'assemblée générale, après vérification, reconnait la sincérité de la déclaration (et « des pièces à l'appui) faite au nom du conseil d'administration, suivant acte reçu par M•..., « notaire à..., le..., de la souscription et du versement du premier quart des mille actions de « cinq cents francs représentant l'augmentation de capital de cinq cent mille francs autorisée « par l'assemblée générale du...

« En conséquence, cette augmentation est définitivement réalisée, et le capital social, « qui était d'un million de francs, est élevé à quinze cent mille francs. »

Cette résolution, mise aux voix, est adoptée à l'unanimité.

Deuxième résolution.

« L'assemblée décide que, par suite de l'augmentation du capital, la rédaction de « l'article... des statuts est modifiée et remplacée ainsi qu'il suit :

« Art...

« Le capital social est fixé à quinze cent mille francs, et divisé en trois mille actions de « cinq cents francs chacune, dont un million de francs formant le capital originaire, et « cinq cent mille francs, montant de l'augmentation résultant des décisions des..., et... »

Cette résolution, mise aux voix, est adoptée à l'unanimité.

La présente délibération et celle du..., ainsi que la déclaration notariée de souscription et de versement, seront publiées conformément à la loi ; et, pour faire les dépôts et publications, tous pouvoirs sont donnés au porteur d'une copie ou d'un extrait.

De tout ce qui précède, il a été dressé le présent procès-verbal, signé par les membres du bureau, après lecture.

3. — Procès-verbal authentique d'une délibération prise par le conseil d'administration.

L'an..., le...

A..., rue.. , n°..., au siège de la compagnie de...

Pardevant M•..., etc.

Ont comparu :

1° M... ; 2° M..., etc...

    Agissant M .., comme président et MM..., comme membres faisant partie du conseil d'administration de la compagnie de..., société anonyme au capital de..., dont le siège est à..., rue..., n°..., et dont les statuts ont été établis aux termes d'un acte reçu par M•..., l'un des notaires soussignés, le... ; ladite société constituée définitivement aux termes de deux délibérations prises par l'assemblée générale des actionnaires le.. , et dont des copies ont été déposées pour minute audit M•..., par acte du..., et publiée conformément à la loi, ainsi que le constatent diverses pièces déposées pour minute au même notaire, par acte du..., suivant.

Lesquels ont dit :

Que les six membres composant le conseil d'administration de ladite société ont été invités, par leur président, à se réunir ces jour, heure et lieu. pour délibérer et statuer sur l'emprunt hypothécaire d'une somme de... fr., qui serait fait du Crédit Foncier de France, au nom et pour le compte de la compagnie de... ;

Qu'aux termes de l'art... des statuts, le conseil d'administration est investi du pouvoir de décider et réaliser tous emprunts de fonds, sous telle forme que ce soit, avec ou sans garanties hypothécaires ;

Que la présence de trois membres au moins est nécessaire, d'après l'art... des mêmes statuts, pour la validité des délibérations ;

Que les comparants sont donc en nombre suffisant et ont pouvoir pour délibérer valablement sur l'emprunt dont il s'agit.

En conséquence, les comparants, èsdite qualité, ont requis M•.. , l'un des notaires soussignés, de dresser procès-verbal en la forme authentique de la délibération qui va être prise par le conseil d'administration de la compagnie de...

Et ils ont signé après lecture.

    (*Signatures*).

Les comparants, ainsi réunis régulièrement en conseil d'administration, ont délibéré ainsi qu'il suit :

M. le président, après explications fournies sur la question à l'ordre du jour, a mis aux voix la résolution suivante :

« Le conseil d'administration décide qu'il y a lieu de :

« Emprunter, au nom et pour le compte de la compagnie de..., du Crédit Foncier de France ou de toutes autres sociétés, ou encore de tous particuliers, jusqu'à concurrence « d'une somme de... francs.

« Affecter et hypothéquer, à la garantie du remboursement de cet emprunt, en principal, « intérêts et accessoires, une maison sise à... (*la désigner*).

« Obliger la compagnie emprunteuse au remboursement de la somme prêtée et au paie-« ment de toutes annuités, de tous intérêts et accessoires, aux époques et de la manière qui « seront convenues, enfin à l'exécution de toutes les conditions du prêt.

« Faire toutes déclarations, délégations et stipulations relativement à l'assurance contre « l'incendie des constructions dépendant de l'immeuble hypothéqué.

« Prendre, au nom de la société et en ce qui concerne cet emprunt, tous engagements « nécessaires ; fournir tous certificats de radiation et toutes autres justifications.

« Le conseil délègue M..., l'un des comparants, administrateur-directeur de ladite com-« pagnie, à l'effet de contracter, réaliser et toucher ledit emprunt, en une ou plusieurs fois, « consentir l'hypothèque et les autres garanties au nom de la compagnie, passer et signer « tous actes, élire domicile, constituer tous mandataires, et généralement faire le nécessaire. »

Cette résolution est adoptée à l'unanimité des administrateurs présents.
De tout ce qui précède, il a été dressé le présent procès-verbal.
Les jour, mois, an et au lieu susdits.
Et les comparants ont signé avec les notaires après lecture faite.

4. — Procès-verbal authentique d'une délibération prise par l'assemblée générale des actionnaires.

L'an..., le..., à... heures du soir,
A..., rue..., n°..., au siège de la société...,
Et pardevant M°... etc.

A comparu :
M...

Agissant en qualité de président du conseil d'administration de la *Société*..., société anonyme au capital de un million de francs, ayant son siège à..., rue..., n°..., dont les statuts ont été établis suivant acte reçu par M° notaire, à..., le..., ladite société constituée définitivement, ainsi qu'il résulte : 1° d'un acte de déclaration de souscription et de versement reçu par M°..., notaire à..., le...; 2° d'une délibération de l'assemblée générale des actionnaires en date du..., dont la copie du procès-verbal a été déposée pour minute au même notaire, par acte du...; le tout publié conformément à la loi, ainsi que le constatent diverses pièces déposées pour minute à M°..., par acte du...

Lequel, èsdite qualité, a exposé :
Qu'aux termes de l'art... des statuts de la société..., l'assemblée générale des actionnaires, réunissant le quart au moins du capital social, a pouvoir notamment d'autoriser tous emprunts hypothécaires ou autres;
Que d'après l'art... des mêmes statuts, la convocation des actionnaires aux assemblées générales est faite quinze jours au moins d'avance, par un avis inséré dans un journal d'annonces légales, de...;
Qu'en conséquence, et suivant avis inséré dans le journal..., feuille du..., dont un exemplaire, revêtu de la signature de l'imprimeur, légalisé par le maire de..., et enregistré, est demeuré ci-annexé après mention, MM. les actionnaires de la société..., ont été convoqués en assemblée générale, pour ces jour, heure et lieu, à l'effet de statuer sur un emprunt hypothécaire à faire au nom et pour le compte de ladite société.
En conséquence, le comparant requiert les notaires soussignés de dresser, en la forme authentique, le procès-verbal de la délibération qui va être prise par l'assemblée générale des actionnaires de ladite société, si les membres présents ou représentés sont en nombre suffisant pour délibérer, à l'effet de statuer sur l'emprunt dont il s'agit.
Et il a signé, après lecture.

(Signature).

A l'instant sont intervenus, pour composer l'assemblée générale des actionnaires de la *Société*..., savoir :
1° M. Georges-Henri Lemaire, rentier, demeurant à..., propriétaire de 200 actions ci 200
2° M. Emile-Victor Bourgoise, négociant, demeurant à..., propriétaire de 100 actions, ci. 100
Agissant, ce dernier, tant en son nom personnel qu'au nom et comme mandataire de M..., en vertu de la procuration qu'il lui a donnée, suivant acte reçu par M°..., notaire à..., le..., dont le brevet original, enregistré et légalisé, est demeuré ci-annexé après mention.
Ledit M..., propriétaire de 50 actions. 50
3° M..., etc...

Total des actions représentées. 1,500
Et les actionnaires intervenants ont signé, après lecture.

(Signatures.)

Conformément à l'art... des statuts, l'assemblée générale procède à la composition de son bureau :

M... occupe le fauteuil de la présidence, comme président du conseil d'administration.

M... et M..., les deux plus forts actionnaires présents, remplissent les fonctions de scrutateurs.

M... est désigné comme secrétaire.

Le bureau, ainsi formé, constate que les actionnaires ont été régulièrement convoqués, et que ceux présents représentant, ainsi qu'il résulte de ce qui précède, 1,500 actions sur les 2,000 dont se compose le capital social, l'assemblée générale est régulièrement constituée.

(Si la signature du procès-verbal, par les actionnaires, présente, à raison de leur grand nombre, des difficultés pratiques insurmontables, on supprimera leur intervention, et les cinq alinéas qui précèdent seront modifiés et remplacés ainsi qu'il suit :

Il a été dressé, par les soins du conseil d'administration, une feuille de présence contenant les noms, prénoms et domiciles des actionnaires et le nombre d'actions possédées par chacun d'eux. Cette feuille est signée, au fur et à mesure de leur entrée, par chacun des actionnaires venus pour assister à l'assemblée générale.

Conformément à l'article... des statuts, l'assemblée des actionnaires présents procède à la composition de son bureau.

M..., etc. *(comme ci-dessus).*

Le bureau, ainsi composé, constate : 1° que les actionnaires ont été régulièrement convoqués ; 2° que, d'après la feuille de présence,... actionnaires sont présents et représentent 1,500 actions sur les 2,000 dont se compose le capital social. En conséquence, l'assemblée générale est déclarée régulièrement constituée.

Cette feuille de présence, certifiée sincère et véritable par les membres du bureau, est demeurée ci-annexée après avoir été certifiée *ne varietur* par ces derniers et revêtue d'une mention par les notaires soussignés.

Dans les deux hypothèses, continuer ainsi le procès-verbal :

M. le président expose ce qui suit à l'assemblée :

Aux termes d'un contrat reçu par M°..., notaire à..., le..., la société de..., a acquis de M..., une propriété sise à..., rue...

Cette acquisition a eu lieu moyennant le prix principal de..., sur lequel... ont été payés comptant ; quant aux... de surplus, ils ont été stipulés payables le...

La société n'ayant pas de ressources disponibles pour effectuer le paiement de cette dernière somme et faire face à diverses dépenses relatives aux améliorations récemment faites à ladite propriété, le conseil d'administration estime qu'il conviendrait d'emprunter une somme de..., en conférant hypothèque sur cette propriété.

Après cet exposé, quelques explications sont échangées entre divers membres de l'assemblée relativement à la proposition d'emprunt dont il s'agit.

Personne ne réclamant plus la parole, M. le président met ensuite aux voix la résolution suivante, à l'ordre du jour :

« L'assemblée générale autorise le conseil d'administration, à l'effet de...

« Emprunter, au nom et pour le compte de la société de..., pour le temps, au taux « d'intérêt et sous les conditions qu'il jugera convenables, d'une ou de plusieurs personnes, « en une ou en plusieurs fois, jusqu'à concurrence d'une somme de...

« Et à la garantie des sommes empruntées, en principal, intérêts et accessoires, conférer « hypothèque sur une propriété sise à... *(la désigner).* »

Cette résolution est adoptée à l'unanimité des actionnaires présents.

De tout ce que dessus a été dressé le présent procès-verbal.

Les jour, mois, an et au lieu susdits.

Et les comparants et intervenants ont signé avec les notaires, après lecture faite.

Si les actionnaires n'interviennent pas au procès-verbal et signent seulement la feuille de présence, terminer ainsi : Et MM..., membres du bureau, ont signé avec les notaires, après lecture faite.

5. — Feuille de présence.

Feuille de présence des actionnaires de la société de..., assistant à l'assemblée générale du...;
dressée pour être annexée au procès-verbal qui sera reçu par M°..., notaire à...

N°° D'ORDRE	NOMS, PRÉNOMS, QUALITÉS ET DOMICILES DES ACTIONNAIRES	NOMBRE D'ACTIONS	NOMBRE DE VOIX	SIGNATURES
1	Lemaire (Louis-Eugène), négociant à..., rue..., n°...	50	5	
2	Grignon, etc.	»	»	
	Total des actions représentées. . .	»		
	Donnant droit à... voix. . . , ...		»	

Certifié sincère et véritable par les membres du bureau.

LE PRÉSIDENT,   LES SCRUTATEURS,   LE SECRÉTAIRE,
(*Signature.*)   (*Signatures.*)   (*Signature.*)

VI. OBLIGATIONS HYPOTHÉCAIRES NÉGOCIABLES (1)

1. — Acte de création d'obligations.

Pardevant M°... etc.

Ont comparu :

M. Jean Albouis, propriétaire, demeurant à...

Agissant au nom et comme président du conseil d'administration de la société anonyme dite : *Compagnie*..., ayant son siège à..., rue.., n°..., dont les statuts ont été établis suivant acte reçu par M°..., notaire à..., le...; ladite société constituée définitivement aux termes d'une délibération de l'assemblée générale des actionnaires, en date du... suivant, dont une copie a été déposée aux minutes dudit M°..., par acte du..., et publiée conformément à la loi, ainsi qu'il résulte de diverses pièces déposées pour minute au même notaire, suivant acte reçu par lui le...;

Et autorisé spécialement aux effets ci-après, aux termes 1° d'une délibération de l'assemblée générale des actionnaires de ladite société, prise devant M°..., l'un des notaires soussignés, qui en a dressé procès-verbal, en minute, le...; 2° et d'une autre délibération prise par le conseil d'administration de la même société, suivant procès-verbal dressé par le même notaire, le... »,

D'une part,

(1) V. *suprà*, n°° 82 à 88

32. 1° M. Charles-Eugène Tanchou, banquier, demeurant à...;

2° M. Edouard Bastard, banquier, demeurant à...,

D'autre part,

Lesquels ont dit et fait ce qui suit :

ART. 1er.

M. Albouis, en sa qualité de président du conseil d'administration de la compagnie..., et en exécution des délibérations authentiques énoncées ci-dessus, déclare, par ces présentes, créer mille obligations hypothécaires de 500 fr. chacune, représentant un emprunt total de 500,000 fr. fait par ladite société, et dont les titres seront émis dans un délai de... de ce jour, aux conditions et sous la garantie ci-après exprimées.

ART. 2.

MM. Tanchou et Bastard déclarent souscrire, chacun pour moitié, la totalité desdites obligations.

M. Albouis reconnait que chacun des souscripteurs lui a fait le versement d'une somme de 125 fr. par obligation.

Quant aux 375 fr. formant les trois quarts de surplus, MM. Tanchou et Bastard s'engagent personnellement, mais sans solidarité entre eux, à les verser à la caisse de la compagnie, savoir:

125 fr. le..., ci. . . . . Fr.	125 »
125 fr. le..., ci.	125 »
Et 125 fr. le..., suivant, ci (1).	125 »
Ensemble . . . . Fr.	375 »

Tout versement en retard porte intérêt de plein droit, en faveur de la société, à raison de 6 °/₀ l'an, à compter du jour de l'exigibilité et sans aucune mise en demeure.

A défaut de paiement des versements exigibles, la société poursuit les débiteurs et peut faire vendre les obligations en retard, soit distinctement de la poursuite personnelle, soit concurremment avec elle.

A cet effet, les numéros des titres sont publiés dans un journal d'annonces légales, à . . . Quinze jours après cette publication, il peut être procédé à la vente desdites obligations, pour le compte et aux risques et périls du retardataire, aux enchères publiques, par le ministère d'un notaire, et cela sans mise en demeure et sans autre formalité.

Les titres ainsi vendus deviennent nuls, et il en est délivré de nouveaux aux acquéreurs sous les mêmes numéros.

Le prix de la vente s'impute sur les sommes dues à la société, et le déficit reste à la charge des obligés aux versements.

Les titres sur lesquels des versements restent à effectuer cessent d'être négociables.

ART. 3.

Les titres des obligations seront au porteur ou nominatifs, au choix des obligataires ; ils mentionneront qu'ils ont été créés aux termes du présent acte et en exécution de la délibération de l'assemblée générale du ..

Les principales dispositions du présent acte seront reproduites sur les titres des obligations.

Les titres porteront les numéros un à mille.

Ils seront extraits d'un livre à souche, dont le talon restera à la compagnie, et ils seront signés par deux administrateurs délégués de cette compagnie. Ils seront aussi signés, à titre de visa, par MM. Tanchou et Bastard, ou tout au moins par l'un d'eux.

Les titres seront remis aux ayants droit après le dernier versement effectué, en échange des récépissés provisoires qui leur auront été délivrés pour constater les versements successifs.

Les droits de timbre de ces titres, la taxe de 3 °/₀ à laquelle les intérêts des obligations sont assujettis, d'après la loi du 29 juin 1872, et tous autres impôts dont ces valeurs ou créances viendraient à être frappées ultérieurement, seront acquittés et supportés par la compagnie.

La transmission des obligations au porteur s'opérera par la simple tradition du titre.

---

(1) Les obligations pourraient être libérées immédiatement, pour la totalité, suivant les circonstances.

Celle des obligations nominatives s'opérera par une déclaration de transfert inscrite sur un registre tenu au siège de la compagnie et signée par le cédant et le cessionnaire ou leurs fondés de pouvoirs. Mention du transfert sera faite sur le titre.

ART. 4.

Les obligations dont il s'agit produiront un intérêt annuel de 25 fr., soit 5 °/₀ par an, que la compagnie payera en deux termes égaux de 12 fr. 50, les 1ᵉʳ janvier et 1ᵉʳ juillet de chaque année, en commençant au 1ᵉʳ juillet 189.. Le 1ᵉʳ janvier prochain (189.), il sera payé seulement les prorata d'intérêts courus jusque-là et calculés au même taux de 5 °/₀ l'an, savoir : pour les 125 fr. déjà versés, à partir d'aujourd'hui, et pour les versements qui restent à faire, à partir des époques auxquelles ils ont été ci-dessus fixés.

Le paiement des intérêts sera fait contre la remise des coupons faisant corps avec les titres des obligations, et dont le détachement aura lieu à chaque semestre.

L'intérêt cessera de courir de plein droit sur les obligations sorties au tirage pour le remboursement, à partir du jour qui sera fixé ci-après pour ce remboursement.

ART. 5.

M. Albouis oblige la compagnie... à rembourser, à leur capital de 500 fr., les obligations présentement créées, dans le délai de dix années et de la manière suivante :

Chaque année, pendant dix ans, le jour de l'assemblée générale ordinaire des actionnaires de la compagnie..., qui a lieu de droit à..., dans le courant du mois de..., et pour la première fois en... 189., il sera procédé au tirage au sort d'un certain nombre d'obligations à rembourser.

D'après un système d'amortissement adopté par les parties et qui a pour résultat de répartir la dette, en capital et intérêts, en annuités à peu près égales, le nombre des obligations à tirer au sort, et dont le remboursement aura lieu le premier juillet de chaque année, est déterminé de la manière suivante :

1° En 1890,	75	obligations, ci	75
2° En 1891,	80	— ci	80
3° En 1892,	85	— ci	85
4° En 1893,	90	— ci	90
5° En 1894,	95	— ci	95
6° En 1895,	100	— ci	100
7° En 1896,	105	— ci	105
8° En 1897,	115	— ci	115
9° En 1898,	125	— ci	125
10° En 1899,	130	— ci	130
	Ensemble 1,000 obligations, ci		1.000

La compagnie... aura la faculté d'anticiper les époques de tirages qui viennent d'être fixées ou d'augmenter, lors des tirages, le nombre des obligations déterminé ci-dessus (ou : la compagnie n'aura pas le droit d'anticiper les époques de tirages qui viennent d'être fixées, sans le consentement écrit des représentants des obligataires.)

Le tirage au sort sera fait par les membres composant le bureau de l'assemblée générale ordinaire des actionnaires de ladite compagnie, à l'ouverture ou au cours de la séance.

MM. Tanchou et Bastard, ou les personnes qui les remplaceront pour représenter la généralité des porteurs d'obligations, ainsi qu'il sera stipulé ci-après, assisteront à ce tirage ; tous les porteurs ou titulaires d'obligations auront aussi le droit d'y être présents.

Il sera dressé procès-verbal du tirage par les membres du bureau de l'assemblée générale.

Dans les quinze jours qui suivront le tirage, les numéros des obligations sorties et remboursables seront publiés, aux frais de la compagnie, dans deux journaux d'annonces légales à... Le remboursement aura lieu à partir du 1ᵉʳ juillet qui suivra le tirage, et pour la première fois le 1ᵉʳ juillet 1890.

Pour être remboursées, les obligations sorties au tirage devront être représentées avec les coupons d'intérêts des échéances postérieures à l'époque du remboursement, et l'intérêt cessera de courir à partir de ladite époque. Le montant de ceux de ces coupons qui ne seront point représentés sera retenu au porteur de l'obligation.

Faute par les ayants droit aux obligations sorties au tirage de se présenter dans les six mois, pour recevoir le remboursement, au siège à..., de la compagnie..., cette compagnie aura la faculté de déposer, si bon lui semble, à la Caisse des dépôts et consignations de..., le montant desdites obligations non présentées, avec affectation spéciale de ce dépôt audit remboursement, que les ayants droit pourront ensuite recevoir à ladite caisse.

Le récépissé qui sera délivré à la compagnie..., par la caisse des consignations, du dépôt dont il s'agit, libérera définitivement ladite compagnie du montant des obligations non présentées, dont les titres seront, dès lors, sans effet contre la compagnie, à partir du jour du dépôt.

Le remboursement du capital et le service des intérêts auront lieu à..., dans les bureaux de la compagnie...

Art. 6.

A la sûreté et garantie du remboursement des mille obligations créées, formant ensemble un capital de 500,000 fr., du paiement de leurs intérêts, ainsi que de tous frais et accessoires, M. Albouis, en sadite qualité, affecte et hypothèque spécialement, ce qui est accepté par MM. Tanchou et Bastard, savoir :

(*Établir ici la désignation, l'origine de propriété et la situation hypothécaire des immeubles*).

M. Albouis déclare que les constructions dépendant des immeubles hypothéqués sont assurées contre l'incendie, par la compagnie... dont le siège est à..., rue..., n°..., pour un temps devant expirer le... et pour une somme de..., ainsi qu'il résulte d'une police n°..., en date à... du..., dont l'un des originaux (ou un duplicata) est demeuré ci-annexé après mention.

En cas d'incendie total ou partiel desdites constructions, les représentants des obligataires exerceront sur l'indemnité de sinistre les droits résultant de la loi du 19 février 1889.

Pour conserver et assurer l'exercice de ces droits, M. Albouis oblige la compagnie débitrice à maintenir et renouveler ladite assurance jusqu'au remboursement intégral des causes de la présente obligation, et à justifier aux représentants des obligataires, à toute réquisition, du paiement exact des primes. Il interdit à ladite compagnie débitrice de restreindre le chiffre de cette assurance, de la résilier avec la compagnie d'assurances et de régler l'indemnité de sinistre, sans le consentement des représentants des obligataires, à peine d'exigibilité immédiate des obligations et de nullité des actes qui interviendraient au mépris de la présente clause, si bon semble auxdits représentants.

Pour faire signifier le présent acte, tout pouvoir est donné au porteur d'un extrait.

Art. 7.

Les obligations créées profiteront de l'hypothèque qui vient d'être conférée et des inscriptions qui seront prises, au même titre et concurremment entre elles.

Le bénéfice de ces garanties et toutes actions auxquelles elles donneront lieu ne pourront être exercés par les porteurs ou titulaires desdites obligations individuellement.

MM. Tanchou et Bastard sont constitués les représentants légaux de tous les ayants droit à ces obligations, quels qu'ils soient, même mineurs ou incapables ; et eux seuls auront le droit de prendre et renouveler les inscriptions de l'hypothèque consentie, recevoir toutes notifications et significations, poursuivre en délaissement les tiers détenteurs, exercer toutes poursuites et actions judiciaires et autres qui auraient lieu dans l'intérêt desdits ayants droit contre la compagnie..., ou tous autres qu'il appartiendra.

En conséquence, toutes inscriptions qui seraient prises au profit des ayants droit individuellement, contre la compagnie, seront nulles de plein droit et ne produiront aucun effet. Elles devront être radiées purement et simplement sur la mainlevée qui sera consentie au nom des requérants, par MM. Tanchou et Bastard, lesquels auront à cet effet plein pouvoir de ces derniers, en conformité de l'art. 10 ci-après. Les frais de mainlevée et de radiation seront supportés par les inscrivants.

Les inscriptions seront prises à la diligence de MM. Tanchou et Bastard, en leur nom et à leur profit, comme étant actuellement propriétaires de toutes les obligations ; elles mentionneront leur qualité de représentants légaux de tous les porteurs et propriétaires futurs des obligataires, quels qu'ils soient.

Les renouvellements, s'il y a lieu, desdites inscriptions, seront faits de la même manière.

Bien que les porteurs ou titulaires des obligations doivent profiter du bénéfice desdites inscriptions, MM. Tanchou et Bastard auront toujours le droit exclusif de se désister au nom de tous ayants droit, et quand bon leur semblera, de l'hypothèque résultant des présentes et de donner mainlevée pure et simple des inscriptions qui auront été prises, soit partiellement, soit définitivement, avant ou après le paiement des obligations.

En un mot, MM. Tanchou et Bastard sont investis des droits les plus étendus de diminuer ou modifier, et même d'anéantir complètement les garanties hypothécaires conférées et l'effet des inscriptions qui auront été prises (1).

En conséquence, les inscriptions devront être rayées conformément aux mainlevées qui auront été consenties par MM. Tanchou et Bastard, sans qu'il puisse y être mis empêchement de la part de qui que ce soit.

Les stipulations contenues dans le présent article sont ainsi arrêtées à titre de condition expresse et essentielle de la création des obligations. Elles seront mentionnées soit en totalité, soit par extrait, sur les titres des obligations.

ART. 8.

Les droits résultant de l'article précédent seront exercés par MM. Tanchou et Bastard, comme bon leur semblera.

Mais il ne pourront se refuser à consentir les mainlevées d'inscriptions et désistements d'hypothèque, jusqu'à due concurrence :

1º Sur la justification qui leur sera faite par la compagnie..., du remboursement d'une ou plusieurs obligations, ou de l'acquisition régulière par ladite société de titres de ces obligations et de leur annulation ;

2º Sur la justification qui leur sera faite du dépôt à la caisse des consignations de sommes suffisantes pour faire face au remboursement des obligations sorties au tirage, et qui n'auraient pas été présentées dans les six mois pour être remboursées.

ART. 9.

MM. Tanchou et Bastard auront la faculté de déléguer l'un d'eux pour exercer tous les droits qui leur sont conférés par les présentes comme représentants des porteurs ou propriétaires d'obligations.

En cas de décès de l'un d'eux, ces droits seront exercés par le survivant.

MM. Tanchou et Bastard et le survivant d'eux auront la faculté de désigner une ou plusieurs personnes pour représenter les ayants droit aux obligations, au lieu et place de mesdits sieurs Tanchou et Bastard ; lesquelles personnes auront tous les droits conférés à ces derniers par le présent acte, notamment ceux énumérés sous les art. 7 et 8 ci-dessus.

En cas de décès d'une ou de plusieurs personnes désignées par MM. Tanchou et Bastard, elles seront remplacées au même titre par un pareil nombre de personnes qu'elles auront désignées et qui seront de plein droit investies des mêmes pouvoirs (2).

Afin de mettre tous les propriétaires d'obligations à même de connaître leurs représentants futurs, les actes qui les désigneront seront passés en minute ensuite du présent acte ou déposés pour minute à la suite de cet acte.

ART. 10.

La possession d'obligations créées en vertu du présent acte emportera de plein droit adhésion pleine et entière à toutes les stipulations qui précèdent, ainsi qu'aux pouvoirs conférés à MM. Tanchou et Bastard ou à la personne ou aux personnes qui les remplaceront, conformément à ce qui a été stipulé sous l'art. 9.

ART. 11.

Les frais, droits et honoraires des présentes, y compris le coût de la grosse à délivrer à MM. Tanchou et Bastard seront supportés par la compagnie...

(1) Si ces pouvoirs étaient considérés comme trop étendus, on pourrait les limiter en conférant simplement aux représentants des obligataires le droit de donner mainlevée sur les immeubles vendus ou échangés, sauf à exiger d'autres garanties, s'ils le jugent utile, et de réduire les inscriptions au fur et à mesure des remboursements, mais sans qu'il soit besoin de constater ces remboursements par acte authentique.

(2) On pourrait aussi conférer le pouvoir de nommer d'autres représentants à la majorité des obligataires réunis en assemblée générale.

Pour l'exécution des présentes, les parties font élection de domicile, savoir :

M. Albouis, au siège de ladite compagnie... ;

Et MM. Tanchou et Bastard, à..., en l'étude de Mᵉ... ;

Mention des présentes est consentie partout ou besoin sera.

Dont acte...

2. — Société civile entre les obligataires.

I. — Il est formé, par ces présentes, une société civile et particulière entre MM. **A**... **B**... **C**... **D**... **E**... **F**..., tous souscripteurs des 1000 actions ci-dessus créées (ou à créer...).

II. — Cette société a pour objet de réunir et centraliser, entre les mains de deux administrateurs, les droits, actions et pouvoirs qui seront ci-après déterminés.

III. — Elle sera gérée et administrée par M... et M...

A ce titre, ils sont seuls chargés de représenter tous les souscripteurs ou propriétaires actuels ou futurs des 1000 obligations, vis-à-vis de la compagnie..., ou tous autres qu'il y aura lieu ; et ils sont investis de tous les droits et pouvoirs les plus étendus pour, dans l'intérêt et au nom des obligataires :

Accepter l'hypothèque qui sera ci-après conférée sur les immeubles de la compagnie..., prendre et renouveler les inscriptions de cette hypothèque, aux noms de M... et M..., comme administrateurs ;

Donner mainlevée de ces inscriptions, avec désistement d'hypothèque, jusqu'à due concurrence, lorsqu'il aura été justifié auxdits administrateurs, par la compagnie débitrice, d'un remboursement d'obligations ;

Faire ces mainlevées purement et simplement, sans qu'il soit besoin que le payement soit constaté par acte authentique ou autrement, la justification desdits payements n'étant nécessaire que de la part de la compagnie..., vis-à-vis des administrateurs, et nullement vis-à-vis des conservateurs d'hypothèques chargés d'opérer les radiations, lesquelles devront être faites dans les termes des mainlevées consenties purement et simplement par les administrateurs, sans qu'il puisse y être mis obstacle par qui que ce soit ;

Donner mainlevée définitive des inscriptions, avec désistement d'hypothèque, soit avant aucun remboursement d'obligations, soit après le remboursement du nombre de ces obligations que les administrateurs apprécieront, sur telles parties des immeubles hypothéqués que les mêmes administrateurs aviseront, et dont la compagnie... demanderait le dégrèvement, à l'occasion de ventes, échanges, ou autrement ;

Exiger et accepter d'autres hypothèques ou d'autres garanties en remplacement, si les administrateurs le jugent utile ;

Faire exécuter contre la compagnie..., les engagements qu'elle a pris envers les souscripteurs d'obligations ; recevoir toutes notifications ; poursuivre en délaissement tous tiers détenteurs ; exercer toutes poursuites ;

En un mot représenter l'intérêt et exercer les actions de tous les souscripteurs et propriétaires d'obligations, chaque fois qu'il y aura lieu, sans aucune restriction ni réserve.

IV. — Les administrateurs pourront, bien entendu, déléguer et constituer tous mandataires, sous leur responsabilité, pour exercer les droits et pouvoirs qui leur sont conférés par le présent acte.

Les souscripteurs ou propriétaires d'obligations ne pourront individuellement exercer aucune action contre la compagnie... ou contre ses administrateurs, ni prendre individuellement aucune inscription hypothécaire. Toutes inscriptions particulières qui seraient prises au profit des obligataires nommément seront nulles de plein droit et devront être radiées sur la simple mainlevée qui serait consentie, au nom et aux frais des inscrivants, par les administrateurs de la société civile, ayant pouvoir à cet effet en vertu des présentes conventions.

Comme aussi les porteurs ou titulaires d'obligations ne pourront, soit collectivement, soit

---

(1) On peut, au lieu de désigner des représentants des obligataires, constituer, entre ceux-ci, une société civile. Cette société est ordinairement formée par l'acte même de création d'obligations hypothécaires ; et, dans ce cas, elle trouve sa place comme article sixième, avant l'affectation hypothécaire, et remplace les dispositions des art. 7, 9 et 10 de la formule précédente. Elle pourrait cependant avoir lieu antérieurement et par acte séparé, en vue d'une émission arrêtée, mais non réalisée

individuellement, former aucun empêchement à la radiation des inscriptions prises au nom et au profit des administrateurs de la présente société, sur les mainlevées qui en auront été données par ces derniers, conformément à ce qui a été dit ci-dessus.

V. — La présente société existera jusqu'au remboursement intégral des 1,000 obligations dont il s'agit, et elle sera dissoute de plein droit par le fait de ce remboursement ou du dépôt à la Caisse des consignations de sommes suffisantes pour rembourser les obligations qui, après le tirage, n'auront pas été présentées dans les six mois pour être remboursées.

Il est bien entendu toutefois que les administrateurs de la présente société auront toujours, même après la dissolution, les droits et pouvoirs nécessaires pour consentir la mainlevée et radiation définitive des inscriptions, après l'extinction complète des obligations sans qu'il soit nécessaire que le remboursement desdites obligations soit constaté vis-à-vis des conservateurs d'hypothèques chargés d'opérer la radiation, ainsi qu'il est dit plus haut.

VI. — En cas de décès ou d'empêchement de l'un des administrateurs de la présente société, l'autre administrateur exercera seul les droits et pouvoirs qui lui sont conférés par le présent acte.

En cas de décès ou d'empêchement des deux, la société sera représentée et administrée par une ou deux personnes qui auront été désignées dans un acte authentique pour leur succéder, soit par les administrateurs actuels, soit par le survivant d'eux, et sans qu'il soit besoin en aucune façon du concours des propriétaires d'obligations (1).

Dans le même cas de décès ou d'empêchement des deux administrateurs, s'ils n'avaient pas pourvu eux-mêmes à la nomination de successeurs dans leurs fonctions, tous les obligataires composant la société civile devraient être immédiatement convoqués en assemblée générale, à la diligence de la compagnie... ou de toute autre partie intéressée, au siège de cette société, à l'effet de nommer d'autres administrateurs.

Cette convocation sera faite au moyen d'un avis inséré dans un journal d'annonces légales de..., et au moyen de lettres adressées aux titulaires des obligations nominatives au moins quinze jours à l'avance.

L'assemblée ne pourra délibérer valablement qu'autant qu'elle se composera de personnes représentant le quart au moins des obligations.

Si cette condition n'a pas été remplie sur une première convocation, il en sera fait une seconde, au moins quinze jours à l'avance.

La délibération prise dans cette seconde réunion sera valable quel que soit le nombre des actions représentées.

Afin de mettre tous les propriétaires d'obligations à même de connaitre les administrateurs futurs de la présente société, les actes ou délibérations qui les désigneront seront passés en minute en suite du présent acte, ou déposés pour minute à la suite de cet acte.

La personne ou les personnes ainsi nommées exerceront tous les droits et pouvoirs conférés par le présent acte à MM... et..., et de la même manière que ces derniers, sans aucune restriction et sans qu'il puisse y être mis obstacle par les obligataires.

En outre, elles seront subrogées de plein droit, par le seul fait de leur nomination et à partir du jour où elles commenceront à exercer leurs fonctions, dans les garanties hypothécaires qui auront été conférées à MM... et... ainsi que dans l'effet de toutes inscriptions qui auront été prises au nom de ceux-ci.

En cas de décès ou empêchement de ces mêmes personnes, elles seront remplacées dans leurs droits, pouvoirs et fonctions, par une ou deux autres personnes, désignées suivant l'un des modes indiqués ci-dessus pour le remplacement des premiers administrateurs ; et il en sera de même pour tous autres remplacements devenus ultérieurement nécessaires.

VII. — Pour l'exécution du présent acte de société, les parties intéressées seront sou-

(1) On pourrait aussi laisser à l'assemblée générale le droit de procéder seule à la nomination de nouveaux administrateurs, en remplacement de ceux désignés originairement dans l'acte de société civile, après que les fonctions de ceux-ci auraient pris fin par suite de décès ou autrement.

mises à la juridiction du tribunal de..., quel que soit leur domicile. Et à défaut d'élection d'un domicile spécial par chacune des parties dans le ressort dudit tribunal, **tous actes** ou exploits pourront être valablement signifiés au parquet de M. le procureur de la République près ledit tribunal.

Toutes demandes et tous actes quelconques destinés aux administrateurs de la société leur seront signifiés ou adressés à leur domicile personnel ou au domicile qu'ils indiqueront à... et qui sera celui de la société.

SUBSTITUTION DE POUVOIRS (V. *suprà*, v° PROCURATION).

FIN DU TOME QUATRIÈME.

TABLE DES MATIÈRES